渡邉義浩・仙石知子 編

全譯三國志

第六冊　蜀書

汲古書院

目次

凡例

一、本書は、南宋の紹興本と紹熙本を組み合わせて影印した百衲本『三國志』を底本とする。

二、百衲本は、裴松之以外の注（陳壽の自注ともされる）を割注で挿入するが、本書はそれを小字で表した。また、百衲本は、裴松之注も割注で挿入するが、本書は割注の位置に［　］に数字を附した記号を入れ、裴松之注は、［　］に数字を附した記号の後に別に示した。なお、百衲本は、裴松之注の中で、不規則に一文字分を空けることがある。それは、そのまま表記した。

三、『三國志』の版本は、百衲本のほかに明版もある。中華書局より一九五九年に出版された標点校勘本は、百衲本を底本に、明の汲古閣本、明の北監本を校刻した清の武英殿本、明の南監本を校印した金陵活字本により校勘をしている。『三國志版本薈萃』（巴蜀書社、二〇一六年）により、それらの諸版本の影印を確認したうえで、中華書局本の校勘を参照し、また盧弼『三國志集解』などの成果も取り入れ、底本とした百衲本に校勘を施した。訂補の必要がある箇所は、百衲本の原文を（　）により、校勘後の文を〔　〕により表記した。なお、翻字に際し、異體字など字形の細かい相違は、正字に統一した。

四、本書は、かかる操作を経たうえで句読点を施した原文を掲げ、書き下し文に（　）で示した補注を附した後、現代文に翻訳した。現代語訳は、日本語として流麗であることよりも、訓読に合わせた現代語であることに努めた。なお、日本の三國志講読の伝統では、董和《とうか》を「とうわ」と読むなど、一部に特殊な読みを用いてきたが、それは尊重した。

五、補注で取り上げた事項に関しては、巻末に索引を附した。

全譯三國志

第六册　蜀書　巻一〜巻十五

【原文】

劉二牧傳第一　　蜀書　　國志三十一

劉焉傳　子璋

劉焉字君郎、江夏竟陵人也。漢魯恭王之後裔、章帝元和中徙封竟陵、支庶家焉。焉少仕州郡、以宗室拜中郎。後以師祝公喪去官[一]。居陽城山、積學教授、擧賢良方正、辟司徒府、歷雒陽令・冀州刺史・南陽太守・宗正・太常。焉覩靈帝政治衰缺、王室多故、乃建議言、刺史・太守、貨賂爲官、割剝百姓、以致離叛。可選清名重臣以爲牧伯、鎭安方夏。焉內求交阯牧、欲避世難。議未卽行、侍中廣漢董扶私謂焉曰、京師將亂、益州分野有天子氣。焉聞扶言、意更在益州。會益州刺史郤儉、賦斂煩擾、謠言遠聞[二]。而幷州殺刺史張壹、涼州殺刺史耿鄙、焉謀得施。出爲監軍使者、領益州牧、封陽城侯、當收儉治罪[三]。扶亦求爲蜀郡西部屬國都尉、及太倉令[1]（會）巴西趙韙去官、俱隨焉[四]。

［裴松之注］

[一] 臣松之案、祝公、司徒祝恬也。

[二] 儉、郤正祖也。

[三] 續漢書曰、是時、用劉虞爲幽州、劉焉爲益州、劉表爲荊州、賈琮爲冀州。虞等皆海內清名之士、或從列卿・尙書以選爲牧伯、各以本秩居任。舊典、傳車參駕、施赤爲帷裳。　臣松之按、靈帝崩後、義軍起、孫堅殺荊州刺史王叡。然後劉表爲荊州、不與焉同時也。漢靈帝紀曰、帝引見焉、宣示方略、加以賞賜、勑焉爲益州刺史。前刺史劉雋・郤儉皆貪殘放濫、取受狠籍、元元無聊、呼嗟充野。焉到便收攝行法、以示萬姓。勿令漏露。使癰疽決潰、爲國生梗。焉受命而行、以道路不通、住荊州東界。

[四] 陳壽益部耆舊傳曰、董扶字茂安。少從師學、兼通數經、善歐陽尙書。又事聘士楊厚、究極圖讖。遂至京師、游覽太學。還家講授、弟子自遠而至。永康元年、日有蝕之。詔擧賢良方正之士、策問得失。左馮翊趙謙等擧扶、扶以病不詣、遙於長安上封事、遂稱疾篤歸家。前後宰府十辟、公車三徵、再擧賢良方正・博士・有道皆不就、名稱尤重。大將軍何進表薦扶曰、資游・夏之德、述孔氏之風、內懷焦・董消復之術。方今幷・涼騷擾、西戎蠢叛。宜勑公車特召、待以異禮、諮謀奇策。於是靈帝徵扶、卽拜侍中。在朝稱爲儒宗、甚見器重。求爲蜀郡屬國都尉。扶出一歲而靈帝崩、天下大亂。後去官、年八十二卒于家。始扶發辭抗論、益部少雙、故號曰[2]（致）〔至〕止。言人莫能當、所至而談止也。後丞相諸葛亮、問秦宓以扶所長。宓曰、董扶褒秋毫之善、貶纖芥之惡。

〔校勘〕

1. 中華書局標点本（以下、「中華書局本」）により、「會」の一字を省く。

2. 百衲本は「致」に作るが、中華書局本により「至」に改める。

《訓読》

劉二牧傳第一　　蜀書　　國志三十一

劉焉傳　子璋

劉焉 字(一)は君郎、江夏竟陵の人なり。漢の魯恭王(二)の後裔たりて、章帝(三)の元和中に竟陵に徙封せられ、支庶 焉《ここ》に家す。焉 少くして州郡に仕へ、宗室を以て中郎(四)を拜す。後に師の祝公の喪を以て官を去る[一]。陽城山に居り、學を積み教授し、賢良方正(五)に擧げられ、司徒府(六)に辟(七)せられ、雒陽令(八)・冀州刺史(九)・南陽太守(一〇)・宗正(一一)・太常(一二)を歴す。焉 靈(一三)帝の政治 衰缺し、王室に故多きを覩《み》て、乃ち建議して言ふに、「刺史・太守、貨賂して官と爲り、百姓を割剝して、以て離叛を致す。清名ある重臣を選びて以て牧伯(一四)と爲し、方夏を鎭安す可し」と。焉 內に交阯牧を求め、世難を避けんと欲す。議 未だ卽ち行はれざるに、侍(一五)中たる廣漢の董扶(一六) 私かに焉に謂ひて曰く、「京師 將に亂れんとし、益州の分野(一七)に天子の氣有り(一八)」と。焉 扶の言を聞きて、意 更めて益州に在り。會《たまたま》 益州刺史の郤儉(一九)、賦斂(二〇) 煩擾たりて、謠言(二一) 遠くに聞こゆ[二]。而して幷州 刺史の張壹(二二)を殺し、涼州 刺史の耿鄙(二三)を殺し、焉の謀 施を得たり。出でて監軍使者(二四)と爲り、益州牧を領(二五)し、陽城侯に封ぜられ、儉を收《とら》へ罪を治むに當たる[三]。扶も亦た求めて蜀郡西部屬國都尉(二六)と爲り、太倉令(二七)たる巴西の趙韙(二八)と及《とも》に官を去り、倶に焉に隨ふ[四]。

[裴松之注]

[一] 臣松之(二九) 案ずるに、祝公は、司徒の祝恬(三〇)なり。

[二] 儉は、郤正(三一)の祖なり。

[三] 續漢書(三二)に曰く、「是の時、劉虞(三三)を用ひて幽州と爲し、劉焉を益州と爲し、劉表(三四)を荊州と爲し、賈琮(三五)を冀州と爲す。虞らは皆 海內の清名の士、或いは列卿・尚書(三六)より選を以て牧伯と爲り、各〻本秩(三七)を以て任に居る。舊典に、傳車(三八)は參駕とし、赤を施して帷裳と爲す」と。　臣松之 按ずるに、靈帝 崩ぜしの後、義軍 起こり、孫堅(三九) 荊州刺史の王叡(四〇)を殺す。然る後に劉表 荊州と爲れば、焉と時を同じくせざるなり。漢靈帝紀(四一)に曰く、「帝 焉を引見し、方略を宣示して、加ふるに賞賜を以てし、焉に勅して益州刺史と爲す。「前刺史の劉雋・郤儉は皆 貪殘にして放濫、取受すること狼籍たりて、元元 聊《たの》しむこと無く、呼嗟 野に充つ。焉 到らば便ちに收攝し法を行ひて、以て萬姓に示せ。漏露せしむこと勿かれ。癰疽をして決潰せしめば、國の爲に梗を生ぜん」と。焉 命を受けて行くも、道路 通ぜざるを以て、荊州（湖北・湖南両省と河南・貴州・広東・広西省の一部）の東界に住《とど》まる」と。

[四] 陳壽(四二)の益部耆舊傳(四三)に曰く、「董扶 字を茂安。少くして師に從ひて學び、數經に兼通し、歐陽尚書(四四)を善くす。又 聘士の楊厚(四五)に事へ、圖讖(四六)を究め極《つ》くす。遂に京師に至り、太學(四七)に游す。家に還りて講授するに、弟子 遠きより至る。永康元年、日 之を蝕する有り。詔して賢良方正の士を擧げ、得失を策問す。左馮翊(四八)の趙謙(四九)ら扶を擧ぐるも、扶 病を以て詣らず、遙か長安より封事を上《たてまつ》り、遂に疾 篤しと稱して家に歸る。前後 宰府に十たび辟せられ、公車(五〇)もて三たび徵せられ、再たび賢良方正・博士・有道(五一)に擧げらるるも皆 就かず、名稱 尤も重し。大將軍(五二)の何進(五三) 表して扶を薦めて曰く、「游(五四)・夏(五五)の德を資《と》り、孔氏(五六)の風を述べ、內に焦(五七)・董(五八)の消復の術を懷く。方今《いま》幷・涼は騷擾し、西戎は蠢叛す。宜しく公車を勅して特に召し、待つに異禮を以てし、奇策を諮謀せしめん」と。是に於て靈帝 扶を徵し、卽ち侍中に拜す。朝に在り稱せられて儒宗と爲り、甚だ器重せらる。求めて蜀郡屬國都尉と爲る。扶 出でて一歲にして靈帝 崩じ、天下 大いに亂る。後 官を去り、年八十二にして家に卒す。始め扶 辭を發し論を抗《あ》げ、益部に雙ぶもの少なし、故に號して至止と曰ふ。人 能く當たるも

の莫く、至る所に談止むを言ふなり。後丞相（五九）の諸葛亮（六〇）、秦宓（六一）に問ふに扶の長ずる所を以てす。宓曰く、「董扶 秋毫の善を褒め、纖芥の惡を貶す」と」と。

（補注）

（一）字は、日常生活に用いられる名。諸葛亮（亮は明るい、明らか）孔明（孔は甚だ、明は亮と同義）のように、字は諱に関連する文字を用いることが多い。これに対して、本来、口にすることを忌避した生前の本名のことを諱《いみな》という。

（二）魯恭王は、劉餘。景帝の子。自らの宮殿を広げるために、孔子の旧宅を破壊し、壁から古文で書かれた經典を得たことで有名である（『漢書』巻五十三 景十三王 魯恭王劉餘傳）。

（三）章帝は、後漢の第三代皇帝（位、七五～八八年）。劉炟。廟號は肅宗。明帝の第五子。儒教を好み、儒者を白虎觀に集めて五經の異同について論議させたほか、班超を任用して西域經営にもつとめた（『後漢書』巻三 章帝紀）。

（四）中郎は、郎官の一つ。郎は、宮殿の門戸宿衛を掌る官の總称。議郎・中郎・侍郎・郎中の各官がある（『漢書』巻十九上 百官公卿表上）。

（五）賢良方正は、臨時の察擧である制擧の名称の一つ。日食などの災異に際して、皇帝は、臨時に中央や地方の長官に命令を発して、資格に該当する人物を推挙させ、しかるべき官職に就かせた。福井重雅『漢代官吏登用制度の研究』（創文社、一九八八年）を参照。

（六）司徒は、官名。三公の一つ。官秩は万石。民政全般をつかさどった。前漢哀帝期に丞相から大司徒に改称されたが、光武帝の建武二十七（五一）年に「大」字を省いて司徒と称した（『漢書』巻十九 百官公卿表上、『後漢書』志二十四 百官一）。漢代における三公の職掌とその政治的位置づけについては、安作璋・熊鉄基『秦漢官制史稿』（斉魯書社、一九八四～八五年）、祝総斌『両漢魏晋南北朝宰相制度研究』（中国社会科学出版社、一九九〇年）、下倉渉「「三公」の政治的地位について」（『集刊東洋学』七八、一九九七年）、紙屋正和「後漢時代における地方行政と三公制度」（『福岡大学人文論叢』三四―四、二〇〇三年）を参照。

（七）辟は、辟召。辟召は後漢時代に盛んに行われた官僚登用制度の一つ。太傅・大將軍・三公（太尉・司徒・司空）・州刺史が直接人材を招聘し、自己の屬官に採用する制度。また、屬官を辟召する權限は、列侯や特進となった者に特例として与えられる場合もあった。永田英正「漢代の選挙と官僚階級」（『東方学報』（京都）四一、一九七〇年）、福井重雅『漢代官吏登用制度の研究』（前掲）を参照。

（八）雒陽令は、雒陽縣の縣令。後漢では、一万戸以上の縣の長官を縣令、それ以下の縣の長官を縣長と称し、県令は官秩が六百石であるが、首都である雒陽縣の縣令は、千石であった（『後漢書』志二十八 百官五）。

（九）刺史は、官名。本来は州内の監察を掌る。前漢武帝の元封五（前一〇六）年、全国を十三州部に分けた際に設置され、州内の郡國を監察した。後漢では、当初は州を単位とした監察官であったが、末期になると、州牧へと継承されていく州の行政官としての性格を帯びた。その官秩は、前漢成帝期までは秩六百石、それ以降は秩二千石であった（『後漢書』志二十八 百官五）。刺史の職掌や州牧との関係については、厳耕望『中国地方行政制度史』（上篇一・二 秦漢地方行政制度）（中央研究院歴史語言研究所、一九六一年）、紙屋正和「漢代刺史の設置について」（『東洋史研究』三三―二、一九七四年）、石井仁「漢末州牧考」（『秋大史学』三八、一九九二年）、王勇華『秦漢における監察制度の研究』（汲古書院、二〇〇四年）を、その就官者については、厳耕望『両漢太守刺史表』（中央研究院歴史語言研究所、一九四八年）を参照。

（一〇）太守は、郡の行政官。二千石の官秩から「二千石」とも称する。両漢時代の就官者については、厳耕望『両漢太守刺史表』（前掲）を参照。

（一一）宗正は、九卿の一つ。諸王・宗室およびその名簿の管理を職掌とする。官秩は中二千石（『後漢書』志二十五 百官二）。

（一二）太常は、九卿の一つ。秦官の奉常。前漢の景帝が、太常と改めた。禮儀・祭祀の統括を職掌とする。官秩は中二千石（『漢書』巻十九上 百官公卿表上、『後漢書』志二十五 百官二）。

（一三）靈帝は、後漢の第十二代皇帝（在位、一六八～一八九年）、諱は宏。桓帝に実子がないため、竇皇太后が解瀆亭侯家より迎えて擁立した。一時、外戚竇武のもと、陳蕃らが要職に就いたが、宦官の反撃に遭い、黨錮の禁により、実権は宦官に奪われた。また光和六（一八四）年には失政から黄巾の乱を惹起し、政局は混迷を極めた（『後漢書』本紀八 靈帝紀）。

（一四）牧伯は、ここでは州牧のこと。『尚書注疏』巻十六 立政に引く鄭玄の言に、「殷の州牧を牧と曰ふ」とあるように、州牧の設置は儒教で理想とされる「封建」の思想に基づいていることが、この言葉から分かる。後漢末から魏晉にかけて、「郡縣」に対して「封建」の思想が優勢となることは、渡邉義浩「「封建」の復権―西晉における諸王の封建に向けて」（『早稲田大学大学院文学研究科紀要』五〇―四、二〇〇五年、『西晉「儒教国家」と貴族制』汲古書院、二〇一〇年に所収）を参照。

（一五）侍中は、皇帝の左右に侍し、諮問に応対する官。皇帝が車駕で外出する際、一人が参乗することが名称の由来となった。官秩は比二千石（『後漢書』志二十六 百官三）。

（一六）董扶は、字を茂安。益州廣漢郡緜竹縣の人。若いころに太學に遊学し、同郷の任安と名声を等しくし、共に同郡の楊厚に師事して、圖讖を学んだ。徵召され侍中となり、劉焉に「益州の分野に天子の氣がある」と言った。劉焉は自ら求め益州牧となり、董扶もまた蜀郡屬國都尉となり、共に蜀に入った（『後漢書』列傳七十二上 方術 董扶傳）。

（一七）分野とは、分野説に基づく地上の範囲。分野説とは、中国全土を天の十二次、あるいは二十八宿に配当し、配当された星の位置によって、それぞれの国（地域）の吉凶を占おうとする古代占星術の基礎理論である。たとえば、歳星（木星）がどの分野にあるのかなどにより、その国（地域）の未来を占うことが多い。

（一八）「益州の分野に天子の氣有り」について陳壽は、これを劉備が天子となることの予言と考えていた。渡邉義浩「陳寿の『三国志』と蜀学」（『狩野直禎先生傘寿記念 三国志論集』三国志学会、二〇〇八年、『西晉「儒教国家」と貴族制』前掲に所収）を参照。

（一九）郤倹は、司隷河南郡偃師縣の人。子に郤揖、孫に郤正。後漢末に益州刺史となったが、税金が重く、それを怨む謠言が遠方にも伝えられた。馬相により殺害された（『三國志』巻三十一 劉焉傳）。『後漢書』列傳六十五 劉焉傳では、「郗儉」に作る。

（二〇）賦は、ここでは算賦（人頭税）のこと。十五歳から五十六歳までは一人あたり百二十錢であった。山田勝芳『秦漢財政収入の研究』（汲古書院、一九九三年）を参照。

（二一）謠言とは、童謠とも表現される。ただし単なる「わらべうた」なのではなく、その形式を借りた豪族層の輿論の発露であった。串田久治『中国古代の「謠」と「予言」』（創文社、一九九九年）を参照。

（二二）張壹は、後漢末に并州刺史となったが、休屠各により殺害された（『三國志』巻三十一 劉焉傳）。『後漢書』列傳六十五 劉焉傳では、「張懿」に作る。

（二三）耿鄙は、涼州刺史。傅燮の制止を聞かず、金城郡の王國・韓遂を討伐して敗退、殺害された（『後漢書』列傳四十八 傅燮傳）。

（二四）監軍使者は、官名。主将以下、征討軍を構成する全将兵の監察を行う天子派遣の監軍。この権限の追認が刺史から州牧への遷官の契機になることは、石井仁「漢末州牧考」（前掲）を参照。

（二五）領は、守と同様、官職の兼任を示す。領は上位が下位、守は下位が上位を兼任することを示すのが原則である。なお、行は代行である。

（二六）屬國都尉は、官名。屬國とは、辺境の異民族が内属した際、土地を割譲してこれを住まわせたもので、屬國都尉は、そこの統治を職掌とする。官秩は比二千石（『後漢書』志二十八 百官五）。鎌田重雄「属国都尉」（『秦漢政治制度の研究』日本学術振興会、一九六二年）を参照。

（二七）太倉令は、官名。大司農に属し、諸郡より輸送された穀物の受納を掌る。官秩は六百石（『後漢書』志二十六 百官三）。

（二八）趙韙は、益州巴西郡安漢縣の人。劉焉の死後、凡庸な劉璋を利用しようとして擁立したが、自分の献言が容れられないことから徐々に反発した。益州豪族と手を組み劉璋を攻めるも、東州兵の抵抗にあって殺された（『三國志』巻三十一 劉璋傳）。

（二九）裴松之は、劉宋の史家・政治家。字は世期。とくに陳壽の『三國志』への注で知られる。國子博士・太中大夫となった（『宋書』巻六十四 裴松之傳）。裴松之注の意義については、渡邉義浩「「史」の自立—魏晋期における別伝の盛行について」（『史学雑誌』一一二—四、二〇〇三年、『三国政権の構造と「名士」』汲古書院、二〇〇四年に所収）。

（三〇）祝恬は、字を伯休。冀州中山國盧奴縣の人。梁冀に阿諛していたが追求を免れ、司徒に就任。翌年、薨じた（『後漢書』列傳五十一 黃瓊傳）。

（三一）郤正は、字を令先。司隷河南郡偃師縣の人。父郤輯が孟達に従って魏に降服したため、学問に打ち込み、名文家となった。劉禪が魏に降服する際に文書を書き、妻子を棄てて劉禪に従った。劉禪をよく輔導したため、「郤正への評価が遅かった」と劉禪は言った。晉の巴西太守に至った（『三國志』巻四十二 郤正傳）。

（三二）續漢書は、書名。西晉の司馬彪の撰。後漢時代に関する紀傳體の歴史書。范曄の『後漢書』には志が欠けていたため、梁の劉昭は『續漢書』より律暦・禮儀・祭祀・天文・五行・郡國・百官・輿服の八志を抜き出しこれを補った。北宋の乾興元（一〇二二）年、孫奭らの建議によりこれが合刻され、現在の『後漢書』の形が整った。『續漢書』は本来、紀・傳・志を合わせて八十三篇あったというが、他篇は失われた（『隋書』巻三十三 經籍志二）。『續漢書』が漢を鑑とする史書であることは、渡邉義浩「司馬彪の修史」（『大東文化大学漢学会誌』四五、二〇〇六年、『西晋「儒教国家」と貴族制』前掲に所収）を参照。

(三三) 劉虞は、字を伯安。徐州東海郯の人。東海恭王劉彊（光武帝の長子）の末裔。幽州牧となり張純の亂を平定、太尉に進み、董卓政権下では大司馬、さらに太傅に任じられた。のち、袁紹らにより皇帝即位を促されるも、拒絶。初平四（一九三）年、対立していた部下の公孫瓚に殺された（『後漢書』列傳六十三 劉虞傳）。

(三四) 劉表は、字を景升。兗州山陽郡高平縣の人。前漢景帝の末裔。黨人の一人。荊州刺史となり、天下の趨勢を日和見していたが、建安十三（二〇八）年、曹操の南征後、間もなく病死した（『三國志』卷六 劉表傳、『後漢書』列傳六十四下 劉表傳）。

(三五) 賈琮は、字を孟堅。兗州東郡聊城縣の人。交阯刺史として反乱を平定したのち、恩愛に満ちた政治を行って、住民に「賈父」と慕われた（『後漢書』列傳二十一 賈琮傳）。

(三六) 尚書は、ここでは官名。後漢では「曹」（部門）ごとに分担して、国家行政を担当した。三公曹（尚書二名・財政）、吏曹（尚書一名・人事）、二千石曹（尚書一名・刑獄）、民曹（尚書一名・建築・土木）、客曹（尚書一名・外交）の五曹六名とする説（『通典』卷二十二 職官四）と、三公曹・吏曹・二千石曹・民曹・南主客曹・北主客曹（客曹が分離した）の六曹六名とする説（『後漢書』志二十六 百官三）、さらに、客曹はそのままで、二千石曹から中都官曹が分離・独立して六曹六名となったという説（『晉書』卷二十四 職官）がある。

(三七) 秩は、漢代における官僚の等級と俸給（秩石）を表現する言葉。漢の秩石には、一万石から百石までがあり、その数字に応じて俸給が、原則として半分が穀物、半分が銭で支給された。秩石は、三公であれば一万石、九卿であれば中二千石、太守であれば二千石などの差等により、その官位の等級をも表現していた。宇都宮清吉「續漢志百官受奉例考、再考」（『漢代社会経済史研究』（弘文館書房、一九五五年）を参照。

(三八) 傳車は、刺史の乗る車。刺史が管轄する部を巡察する時に用いたと應劭の『風俗通』に記される。

(三九) 孫堅は、字を文臺、吳郡富春縣の人。孫策・孫權の父。黃巾の乱では朱儁の部下として活躍し、その後も邊章・韓遂・區星らの討伐に従軍。董卓が政権を握ると、反董卓の呼びかけに応じ、陽人の戦いでこれを破り、洛陽に入場して、荒らされた陵墓の修復を行った。のち、袁術の部曲の将として劉表を攻め、射殺された。孫權の即位後、武烈皇帝と追尊された（『三國志』卷四十六 孫堅傳）。

(四〇) 王叡は、字を通曜。「琅邪の王氏」の祖先にあたる。後漢末に荊州刺史となっていたが、かねてより、武官である孫堅を辱める言辞をとることが多かったため、殺害された（『三國志』卷四十六 孫堅傳）。

(四一) 漢靈帝紀は、書名。『後漢書』『三國志』の注に散見するが、現存しない。

(四二) 陳壽は、字を承祚。益州巴西郡安漢縣の人。蜀漢が滅亡したのち西晉に仕え、諸葛亮の文集『諸葛氏集』を泰始十（二七四）年に編纂、それが評価されて『三國志』の執筆を命ぜられた。『三國志』は、ほぼ同時代史で直筆できないことも多く、『晉書』卷八十二 陳壽傳では、丁儀・丁廙の子に穀物を求め、断られたため二人の傳を立てず、陳壽の父が諸葛亮によって処罰されたのを根に持ち、評に諸葛亮の悪口を書いた、とその曲筆が批判されている。

（四三）益部耆舊傳は、書名。西晉の陳壽の撰。益州出身の優れた人物について記した書籍である（『隋書』巻三十三 經籍志二）。『益部耆舊（傳）雜記』と引用されることもあり、それはこれの付録であろうか。

（四四）歐陽尙書は、後漢の官學である今文學の一つ。伏生から歐陽生へと伝わった尙書は、歐陽生の曾孫である歐陽高のときに『尙書章句』が著され、尙書歐陽氏學が確立した（『漢書』巻八十八 儒林傳）。

（四五）楊厚は、字を仲桓。益州廣漢郡新都縣の人。圖讖の學に通じた楊春卿の孫。安帝に仕え、当時起こった洛陽の洪水の原因を的中させた。さらに順帝の代に侍中となり、西羌と烏桓の侵攻、洛陽の水害、宮中の火災などを的中させた。しかし、宦官に出世を阻まれ、また外戚梁冀の専横を嫌い、蜀に帰って学塾を開き、周舒・董扶・任安ら多くの門生を育成した（『後漢書』列傳二十上 楊厚傳）。

（四六）圖讖は、孔子が未来を予言して著したとされる書物。前漢中末期から後漢にかけて、儒教の神秘化と孔子の神格化が進む中、今文齊詩・魯詩學系の各緯の思想家、その後学、さらにはそれらに思想的影響を受けた思想家、時には方士・陰陽家たちによって、形成されたものと考えられている。安居香山（編）『讖緯思想の総合的研究』（国書刊行会、一九八四年）を参照。

（四七）太學は、漢が首都に設けた教育機関。官僚養成機関として機能した。そこでは、博士の下に弟子をつかせ、儒教や官僚として必要な知識を伝授したとされる（『漢書』巻五十六 董仲舒傳）。ただし、前漢武帝期に、董仲舒の献策によって、太學に五經博士が設置されたとする『漢書』の記載には疑義がある。福井重雅『漢代儒教の史的研究』（汲古書院、二〇〇五年）を参照。

（四八）左馮翊とは、前漢時代の首都長安を中心とする三つの行政区画である三輔、すなわち京兆尹（長安を含みそれ以東）・左馮翊（長陵以北）・右扶風（渭城以西）の一つであり、その行政長官の名である。三輔については、大櫛敦弘「漢代三輔制度の形成」（『中国礼法と日本律令制』東方書店、一九九二年）を参照。

（四九）趙謙は、字を彥信。益州蜀郡成都縣の人。司隸校尉を経て汝南太守となる。黄巾の乱が起こると、汝南に拠る黄巾軍を攻撃するも敗北した。のちに光祿勳から太尉に昇進し、獻帝が長安に遷都する際、車騎將軍の職務を兼任して、先遣隊となった。さらに前將軍・司徒を歴任した（『後漢書』列傳十七 趙典傳附趙謙傳）。

（五〇）公車は、洛陽宮の南闕門。公車は、宮門の外において官民からの上書、各地からの朝貢を公車司馬令が受け付けたほか、皇帝の察擧である公車徵を受けた人物が至る場所であった（『後漢書』志二十五 百官五）。

（五一）有道は、臨時の察擧である制擧の名称。日食などの災異に際して、漢の天子は、臨時に中央や地方の長官に命令を発して、資格に該当する人物を推挙させ、しかるべき官職に就かせた。福井重雅『漢代官吏登用制度の研究』（前掲）を参照。

（五二）大將軍は、武官の最高位。非常設。前漢武帝期に衞青が大將軍となることにより格式が高まり、後漢では、和帝の時に竇憲が任命されて以来、外戚の有力者のための官となり、位は三公をも凌いだ（『後漢書』志二十四 百官一）。

（五三）何進は、字を遂高。荊州南陽郡宛縣の人。異母妹の何太后に引き立てられ、黄巾の乱にあたって大將軍に就任。のち袁氏と協力して宦官誅滅を謀るが、張讓らの反撃に遭い、殺された（『後漢書』列傳五十九 何進傳）。

(五四) 游は、子游。子游は、言偃の字。春秋呉の人。孔子の高弟のいわゆる四科十哲の一人で、文學（学問）に優れていた。七十二子の中で、唯一南方の出身で、のち帰郷して江南に儒教を広め、「南方夫子」と呼ばれた（『史記』巻六十七 仲尼弟子列傳）。

(五五) 夏は、子夏。子夏は、卜商の字。春秋魏の人。孔子の高弟のいわゆる四科十哲の一人で、文學や詩に精通していた。魏の文侯に招かれてその師となり、のちにその詩学は荀子に受け継がれた（『史記』巻六十七 仲尼弟子列傳）。

(五六) 孔氏は、孔子。孔子は、春秋魯の思想家・政治家。魯の定公十四（前四九六）年に大司寇行攝相事となり、その政策を三ヵ月余り行ったが、その治績は近隣の強国である齊が恐れるほどの効果があったとされる（『史記』巻四十七 孔子世家）。多くの優秀な弟子を指導し重要な經典を編纂、儒家の宗となった。金谷治『孔子』（講談社、一九八〇年）を参照。

(五七) 焦は、焦延壽。前漢の易學者。字を贛、梁國の人。『易』の六十四卦を配分し、あらためて一爻を一日にあてて事の吉凶を占ったといい、京房に影響を与えた（『漢書』巻七十五 京房傳）。

(五八) 董は、董仲舒。前漢の春秋公羊學者。廣川の人。『漢書』巻五十六 董仲舒傳によれば、武帝への對策で五經博士の設置を進言、儒教國教化の道を開いた、とされるが、班固の偽作である。渡邉義浩（編）『両漢の儒教と政治権力』（汲古書院、二〇〇五年）を参照。ただし、天子による国家支配を正統化する「天人相關論」が、董仲舒學派を起源とすることは、儒教が国家支配の正当化にはじめて本格的な理論を提供した点において注目しなければならない。

(五九) 丞相は、官名。天子を輔弼する執政官。前漢哀帝期に名を大司徒と改められたが、王莽及び更始帝は丞相と大司徒を並置した（『漢書』巻十九上 百官公卿表上）。後漢の光武帝は、丞相を置かなかったが、後漢末、曹操が三公を廃止して、丞相を設置し、丞相府を覇府とした。蜀漢では、諸葛亮が就任している。

(六〇) 諸葛亮は、字を孔明、琅邪郡陽都縣の人。三顧の禮により劉備に招聘され、孫權と同盟して赤壁の戦いに曹操を破り、入蜀して蜀漢をつくりあげることに力があった。劉備の死後は、丞相として子の劉禪を輔佐し、南征ののち北伐して曹魏と戦い、しばしばこれを破ったが、五丈原で陣没した（『三國志』巻三十五 諸葛亮傳）。渡邉義浩『諸葛亮孔明―その虚像と実像』（新人物往来社、一九九八年）を参照。

(六一) 秦宓は、字を子勅。益州廣漢郡綿竹縣の人。劉焉・劉璋から何度も辟召されたが出仕しなかった。劉備が益州を支配すると、廣漢太守の夏侯纂に招聘されて、師友祭酒・領五官掾となった。劉備の呉への征討を批判して投獄されたが、のちに釈放された。諸葛亮が益州牧を兼任すると別駕從事に任ぜられ、左中郎將、長水校尉に昇った。孫呉の使者である張溫と、蜀漢と孫呉の正統性を論じ、これを圧倒した。大司農まで昇進したが、建興四（二二六）年に卒した（『三國志』巻三十八 秦宓傳）。

［現代語訳］

劉二牧傳第一　蜀書　國志三十一

劉焉傳　子璋

　劉焉《りゅうえん》は字を君郎《くんろう》といい、江夏《こうか》郡竟陵《きょうりょう》縣（湖北省潜江県）の人である。前漢《ぜんかん》の魯《ろ》の恭王《きょうおう》（である劉餘）の後裔で、（後漢の）章帝《しょうてい》の元和《げんわ》年間（八四～八七年）に竟陵縣に封地を移され、分家はそこに家を定めた。劉焉は若いときに荊州《けいしゅう》や江夏郡《こうかぐん》の吏となり、宗室《そうしつ》であることを理由に（郷擧里選を経ずに勅任官の）中郎《ちゅうろう》を拝命した。後に師である（司徒の）祝恬《しゅくてん》の喪《も》に服するために官を辞めた[一]。陽城《ようじょう》山（河南省登封）に居住し、学問を積んで人々に教え、賢良方正《けんりょうほうせい》に察《さつ》擧《きょ》され、司徒府《しとふ》に辟召《へきしょう》されて、雒陽令《らくようれい》・冀州刺史《きしゅうしし》・南陽太守《なんようたいしゅ》・宗《そう》正《せい》・太常《たいじょう》を歴任した。劉焉は靈帝《れいてい》の政治が衰え欠け、王室が多難であることを見て、そこで建議をして、「刺史や太守は、賄賂により官に就き、人々から誅求して、（国家から）離反させています。清廉の名声をもつ重臣を選んで州牧《しゅうぼく》として、中華を静め安んずるべきです」と申しあげた。劉焉は内心では交阯牧《こうしぼく》を求め、世の混乱を避けようと思っていた。（しかし）建議がまだ実行されないうちに、侍中《じちゅう》である廣漢《こうかん》郡（四川省広漢市）の董扶《とうふ》が秘かに劉焉に言って、「京師《けいし》は乱れようとしており、益州《えきしゅう》（四川省と雲南省・貴州省の大部分と陝西省・湖北省の一部）の分野に天子の氣があります」とした。劉焉は董扶の言葉を聞いて、（赴任先の）希望が改まって益州となった。たまたま益州刺史の郤儉《げきけん》が、税金の取り立てが繁雑で、（それを怨む）謠言《ようげん》が遠方にも聞こえてきた[二]。また幷州《へいしゅう》（山西省の大部分と陝西省の北部と内蒙古自治区の一部分）の人々が刺史の張壹《ちょういつ》を殺し、涼州《りょうしゅう》（甘粛省と寧夏回族自治区・青海省など）の人々が刺史の耿鄙《こうひ》を殺したので、劉焉の建議が実施されることになった。（劉焉は京師を）出て監軍使者《かんぐんししゃ》となり、益州牧《えきしゅうぼく》を兼務し、陽城侯《ようじょうこう》に封建され、郤儉を収監して罪の取り調べに当たった[三]。董扶もまた希望して蜀《しょく》郡西部屬國都尉《ぐんせいぶぞっこくとい》となり、太倉令《たいそうれい》である巴西《はせい》郡（四川省重慶市）の趙《ちょう》韙《い》と共に（京師の）官を去って、一緒に劉焉に随った[四]。

[裴松之注]

［一］臣《わたくし》裴松之《はいしょうし》が調べてみますに、祝公《しゅくこう》とは、司徒《しと》の祝恬《しゅくてん》のことです。

［二］（郤）儉は、（蜀漢に仕えた）郤正《げきせい》の祖父である。

［三］『續漢書《しょくかんじょ》』に、「（靈帝は）この時、劉虞《りゅうぐ》を用いて幽州牧となし、劉焉を益州牧となし、劉表《りゅうひょう》を荊州牧《けいしゅうぼく》となし、賈琮《かそう》を冀州《きしゅう》牧《ぼく》とした。劉虞たちはみな天下に清名を持つ士であり、そのうちには九卿《きゅうけい》や尚書《しょうしょ》から選ばれて州牧となったものもおり、それぞれ本《もと》の官秩によって（州牧の）任についた。旧典によれば、（刺史の乗る）傳車《でんしゃ》は三頭立ての馬車とし、赤を用いて（車の垂れ幕である）帷裳《いしょう》とした」とある。　臣《わたくし》裴松之が考えてみますに、靈帝が崩御された後に、義軍が起こり、孫堅《そんけん》が荊州刺史の王《おう》叡《えい》を殺しました。そののちに劉表は荊州牧となっていますので、劉焉と同時に就任したわけではありません。『漢靈帝紀《かんれいていき》』には、「靈帝は劉焉を引見すると、方策を明示して、賞賜を加え、劉焉に勅命して益州刺史とした。（勅命には）「前刺史の劉雋《りゅうしゅん》と郤儉はともに貪欲で民を損ない放埒《ほうらつ》で濫《みだ》らで、（税役を）集めることがでたらめで、民草は楽しむことなく、怨みの声が野に満ちていた。劉焉は到着と共に直ちに（悪辣な官僚を）捕らえて法に付し、それを人々に示せ。逃げられてはならない。腫瘍（のような政治の乱れ）を決壊させれば、国家に禍を生じよう」とあった。劉焉は勅命を受けて（益州に）行ったが、（馬相《ばそう》の乱のため）道路が通じておらず、（益州の）荊州との東の境界に留まっていた」とあります。

［四］陳壽《ちんじゅ》の『益部耆舊傳《えきぶききゅうでん》』に、「董扶《とうふ》は字を茂安《ぼあん》という。若いときから師に付いて学び、複数の經書に兼ね通じたが、とくに歐陽《おうよう》尚書《しょうしょ》を得意とした。また（天子の徵召を受けた）聘士の楊厚《ようこう》に師事し、圖讖《としん》を究め極《つ》くした。かくて京師に至り、太學《たいがく》に遊学した。（そののち）家に帰って講義を授けると、弟子は遠方より至った。永康《えいこう》元（一六七）年、日食があった。（桓帝は）詔《みことのり》して賢良方正の士を挙げ、得失を策問した。左馮翊《さひょうよく》の趙謙《ちょうけん》たちは董扶を推挙したが、董扶は病気を理由に（京師の洛陽に）参詣せず、はるか長安《ちょうあん》（陝西省西安市）より（機密の意見書である）封事《ふうじ》を上奏し、そして病気が悪化したと称して家に帰った。三公《さんこう》府《ふ》に辟召《へきしょう》されること前後十回、（皇帝より）公車徵《こうしゃちょう》されること三回、賢良方正・博士・有道《ゆうどう》に推挙されること二回であったがすべて赴かず、名声は最も重かった。大將軍《だいしょうぐん》の何進《かしん》は上表して董扶を薦め、「（董扶は）子游《しゆう》や子夏《しか》の徳を身につけ、孔子《こうし》の教えを述べ、内に焦延壽《しょうえんじゅ》や董仲舒《とうちゅうじょ》の予言の術を懐《いだ》いております。いま幷《へい》州と涼《りょう》州は騒乱状態で混乱を極め、（西方の異民族である）西戎《せいじゅう》（の羌族）は蠢動《しゅんどう》し反乱しております。どうか公車により（董扶を）特別に徵召《ちょうしょう》し、異例の禮で優遇して、（混乱に対応する）奇策を諮問され謀らせますように」と述べた。ここにおいて靈帝は董扶を徵召して、直ちに侍中《じちゅう》に拝命した。（董扶は）朝廷では称されて「儒宗《じゅそう》」となり、たいへん尊重された。（自分から）求めて蜀郡屬國都尉《しょくぐんぞっこくとい》となった。董扶が（京師より）出で一年で靈帝は崩御し、天下は大いに乱れた。のち官を去り、八十二歳のとき家で卒《しゅ》した。これよりさき董扶は言葉を発して議論を激しくしており、益州《えきしゅう》では並ぶものが少なく、このため号して「至止《しし》」と呼んだ。（董扶の議論に）人が対抗することができず、（董扶の）至った場所では談論が止《や》むことを言う。のち（蜀漢の）丞相《じょうしょう》の諸葛亮《しょかつりょう》は、秦宓《しんふく》に董扶の長所を尋ねた。秦宓は、「董扶《とうふ》は秋の毛のような（少しの）善でも褒め、芥子粒《けしつぶ》のような（少しの）悪でも貶《けな》しました」と言った」とある。

【原文】

是時[1]涼州逆賊馬相・趙祇等、於緜竹縣自號黄巾、合聚疲役之民、一二日中得數千人。先殺緜竹令李升、吏民翕集、合萬餘人。便前破雒縣、攻益州殺儉、又到蜀郡・犍爲、旬月之間、破壞三郡。相自稱天子、衆以萬數。州從事賈龍、[2]（素）領〔家〕兵數百人、在犍爲東界。攝歛吏民、得千餘人、攻相等、數日破走。州界清靜。龍乃選吏卒迎焉。焉徙治緜竹、撫納離叛、務行寬惠、陰圖異計。張魯母始以鬼道、又有少容、常往來焉家。故焉遣魯爲督義司馬、住漢中、斷絶谷閣、殺害漢使。焉上書言、米賊斷道、不得復通。又託他事殺州中豪強王咸・李權等十餘人、以立威刑〔一〕。犍爲太守任岐、及賈龍由此反攻焉。焉擊殺岐・龍〔二〕。

〔裴松之注〕

〔一〕益部耆舊雜記曰、李權字伯豫、爲臨邛長。子福。見犍爲楊戲輔臣贊。

〔二〕英雄記曰、劉焉起兵、不與天下討董卓、保州自守。犍爲太守任岐自稱將軍、與從事陳超擧兵擊焉、焉擊破之。董卓使司徒趙謙將兵向州、說校尉賈龍、使引兵還擊焉。焉出靑羌與戰、故能破殺。

岐・龍等皆蜀郡人。

〔校勘〕

1．中華書局本は、「涼」を「益」に改めるが、従わない。木村正雄「黄巾の叛乱」（『東京教育大学文学部紀要』九一 史学研究、一九七二年、『中国古代農民叛乱の研究』東京大学出版会、一九七九年に所収）を参照。

2．百衲本は、「素領」に作るが、中華書局本により、「領家」に改める。

《訓読》

是の時 涼州の逆賊たる馬相（一）・趙祗（二）ら、緜竹縣に於て自ら黄巾（三）と號し、疲役の民を合聚すること、一二日中に數千人を得たり。先づ緜竹令の李升（四）を殺し、吏民 翕集すること、合はせて萬餘人なり。便ち前みて雒縣を破り、益州を攻めて儉を殺し、又 蜀郡・犍爲に到り、旬月の間、三郡を破壞す。相 自ら天子と稱し、衆は萬を以て數ふ。州從事（五）の賈龍（六）、家兵數百人を領して、犍爲の東界に在り。吏民を攝斂して、千餘人を得、相らを攻め、數日にして破り走らしむ。州界 清靜たり。龍 乃ち吏卒を選びて焉を迎ふ。焉 治を緜竹に徙し、離叛せしものを撫納し、務めて寬惠を行ひ、陰かに異計を圖る。張魯（七）の母 始め鬼道（八）を以て、又 少容（九）有りて、常に焉の家を往來す。故に焉 魯を遣はして督義司馬（一〇）と爲し、漢中に住み、谷閣を斷絕し、漢使を殺害せしむ。焉上書して言ふに、「米賊 道を斷ち、復た通ずるを得ず」と。又 他事に託して州中の豪強たる王咸（一一）・李權（一二）ら十餘人を殺して、以て威刑を立つ[一]。犍爲太守の任岐（一三）、賈龍と及《とも》に此に由り焉に反攻す。焉 擊ちて岐・龍を殺す[二]。

〔裴松之注〕

[一] 益部耆舊雜記に曰く、「李權 字は伯豫、臨邛長と爲る。子は福（一四）。犍爲の楊戲（一五）の輔臣贊（一六）に見ゆ」と。

[二] 英雄記（一七）に曰く、「劉焉 兵を起こすも、天下と與に董卓（一八）を討たずに、州を保ちて自守するのみ。犍爲太守の任岐 自ら將軍と稱し、從事の陳超（一九）と與に兵を擧げて焉を擊つも、焉 擊ちて之を破る。董卓 司徒の趙謙をして兵を將ゐて州に向はしめ、校尉（二〇）の賈龍に說き、兵を引《ひき》ゐ還りて焉を擊たしむ。焉 青羌（二一）を出だして與に戰ふ、故に能く破り殺す。岐・龍ら皆 蜀郡の人なり」と。

（補注）

（一）馬相は、涼州の黄巾。『華陽國志』巻五 公孫述劉二牧志も、涼州の黄巾とする。自ら天子と称したが、益州從事の賈龍により平定された。この乱の参加者を中心に、劉焉政権の軍事的基盤である東州兵が編制されることについては、渡邉義浩「蜀漢政権の支配と益州人士」（『史境』一八、一九八九年、『三国政権の構造と「名士」』前掲に所収）を参照。

（二）趙祗は、涼州の黄巾。馬相に従って、益州で反乱を起こしたが、賈龍に平定された（『三國志』巻三十一 劉焉傳）。

（三）黄巾は、太平道の張角に率いられた反乱軍への蔑称。五行思想に基づき、赤＝火德の漢に代わる、黄＝土德の天下建設を標榜し、目印として黄色い頭巾を着用したため、後漢はこれを黄巾賊と称した。また、そのスローガンである「蒼天 已に死す、黄天當に立つべし」の「蒼天」と「黄天」がそれぞれ儒教の「昊天上帝」と太平道の「中黄太乙」という最高神を指すことについては、渡邉義浩「両漢における天の祭祀と六天説」（『両漢儒教の新研究』汲古書院、二〇〇八年、『後漢における「儒教国家」の成立』汲古書院、二〇〇九年に所収）を参照。

（四）李升は、緜竹令。馬相の乱により、殺害された（『三國志』巻三十一 劉焉傳）。

（五）州從事は、州の屬吏の一つ。州郡の屬吏には、その地方の豪族が就任していることが多く、一屬吏に過ぎない賈龍による馬相の平定は、かれらの勢力の強さを垣間見ることができる。

（六）賈龍は、益州蜀郡の人。馬相の亂を平定して、劉焉を迎え入れた。のち、自己の軍事基盤として東州兵を編制した劉焉が、益州豪族を抑圧すると叛乱を起こすが、東州兵により平定された。渡邉義浩「蜀漢政権の支配と益州人士」（前掲）を参照。

（七）張魯は、字を公祺、沛國豐縣の人。いわゆる五斗米道の教祖。漢中で勢力を築き、朝廷より鎮民中郎將・漢寧太守に任じられた。建安二十（二一五）年、曹操の征伐を受け降伏、鎮南將軍・閬中侯となった（『三國志』巻八 張魯傳）。

（八）鬼道は、ここではシャーマニズムか。五斗米道の鬼道は、広義に用いられる。酒井忠夫「三張五斗米道」（『道家・道教史の研究』国書刊行会、二〇一一年）によれば、「道」は道家の「道」であり、張衡の「道」は、『老子』五千文の都習と天地水の三官手書であり、張魯の鬼道は、巫祝の治病に叩頭思過が加えられ宗教性が強く、義舍の設置と運用も「道」に含まれるという。

（九）少容は、若々しい容姿。曹丕は『典論』の中で、方術を使う甘始を「甘始老有少容」（『三國志』巻二十九 方伎 華佗傳注引文帝『典論』）と表現している。

（一〇）督義司馬は、官名。武官の一つ。

（一一）王咸は、益州豪族。劉焉の弾圧を受けて殺された（『三國志』巻三十一 劉焉傳）。

（一二）李權は、臨邛長。字を伯豫、益州梓潼郡涪縣の人。李福の父。益州豪族であったが、劉焉の弾圧を受けて殺された（『三國志』巻三十一 劉焉傳・同傳注引『益部耆舊雜記』）。

（一三）任岐は、犍爲太守。劉焉による益州豪族弾圧に反発し、賈龍とともに反乱を起こしたが、敗死した（『三國志』巻三十一 劉焉傳）。

（一四）李福は、字を孫德、益州梓潼郡涪縣の人。劉備の益州平定後、書佐となり、成都令を経て、巴西太守、江州督、揚威將軍となった。諸葛亮の臨終の際には、尙書僕射として遺言を聞きに五丈原を赴いている（『三國志』巻四十五 楊戲傳附『季漢輔臣贊』）。

（一五）楊戲は、字を文然。益州犍爲郡武陽縣の人。つとに諸葛亮に認められ、丞相府の主簿になる。亮の没後、尙書右選部郎となり、蔣琬に請われ治中從事となり、蔣琬が大將軍府を開くと東曹掾になった。南中郎・參軍に昇進し、副庲降都督として建寧太守を兼任した。病気により成都へ召還され、護軍監軍に任命され、梓潼太守を経、射聲校尉となった（『三國志』巻四十五 楊戲傳）。

（一六）輔臣贊は、書名、正式な名称は、『季漢輔臣贊』。蜀漢の楊戲の撰。延熙四（二四一）年に諸葛亮をはじめとする季漢の臣下を称えるために著された。陳壽は楊戲の『季漢輔臣贊』を蜀書の最後に引用することで、蜀の正式な国名が季漢であったことを伝えている（『三國志』巻四十五 楊戲傳）。

（一七）英雄記は、書名。曹魏の王粲の撰。『隋書』巻三十三 經籍志二には、『漢末英雄記』八巻と著録される。英雄記は、その略称である。

（一八）董卓は、字を仲穎。涼州隴西郡臨洮縣の人。朝廷を無視して并州で私兵を蓄えていたが、袁紹らによる宦官誅滅の謀議に招かれ、混乱に乗じて少帝と陳留王（後の獻帝）を保護。董皇太后の同族と称し、皇太后の養子であった陳留王の後見を務め、少帝を廃位、獻帝を即位させた。初期こそ黨人の名誉を回復し、「名士」を招いたものの、部下の掠奪を止めず、自身も私腹を肥やして支持を失い、さらに反董卓の兵が蜂起すると、洛陽に放火して長安へ遷都。ついには王允らの謀略により、部下の呂布に殺された（『三國志』巻六 董卓傳、『後漢書』列傳六十二 董卓傳）。

（一九）陳超は、犍爲郡の從事。太守の任岐と共に兵を挙げたが、劉焉に敗れた（『三國志』巻三十一 劉焉傳注引『英雄記』）。

（二〇）校尉は、武官、官秩は比二千石。本来は親衛隊（北軍五校）、もしくは大將軍配下の部隊長職であったが、後漢末には多数の雑号校尉が設置された。

（二一）青羌は、羌族の一派。なお、趙謙が司徒となるのは、董卓の死後の初平三（一九二）年であり（『後漢書』本紀九 獻帝紀）、初平二（一九一）年の賈龍の乱への関与を説く『英雄記』の記述は誤り。したがって、青羌が劉焉の兵の中に存在したことは否定し得ないとしても、賈龍の乱を平定した主力は、東州兵と考えられる。渡邉義浩「蜀漢政権の支配と益州人士」（前掲）を参照。

[現代語訳]

このとき涼州《りょうしゅう》の逆賊である馬相《ばそう》と趙祗《ちょうし》らは、緜竹縣《めんちく》（四川省徳陽市）で自ら黄巾と号し、役務に疲弊した民を集め併せること、一両日中に数千人であった。（馬相らは）まず緜竹令の李升《りしょう》を殺し、吏と民を糾合すること、合わせて一万余人であった。ただちに進んで（廣漢郡の）雒縣《らくけん》（四川省広漢市の北）を打ち破ると、（雒縣に置かれていた）益州《えきしゅう》（刺史の役所）を攻めて郤儉《げきけん》を殺し、また蜀郡《しょく》（四川省の成都市より西）と犍爲郡《けんい》（四川省簡陽以南と貴州省・雲南省の一部）に到着し、一ヵ月の間に、（廣漢・蜀・犍爲の）三郡を破壊した。馬相は自ら天子と称し、その軍勢は万を単位に数えるほどであった。益州從事《えきしゅうじゅうじ》の賈龍《かりゅう》は、家兵数百人を率いて犍爲郡の東の境界にいた。（賈龍は）吏と民を配下におさめて、千余人を得ると、馬相らを攻め、数日で破り敗走させた。益州内は平穏になった。賈龍はそこで吏卒を選んで劉焉を迎えた。劉焉は（益州の）治所を緜竹縣に移し、（馬相の乱に参加して、後漢の支配から）離反したものを手なずけ納め、つとめて寛容と恩恵を施し（かれらを自らの軍事力とすることで）、密かによからぬ計画を立てた。（五斗米道の教主である）張《ちょう》魯《ろ》の母は初めは（巫術である）鬼道によって、また若々しい容姿によって、いつも劉焉の家と往き来した。このため劉焉は張魯を派遣して督義司馬《とくぎしば》として、漢中《かんちゅう》（陝西省漢中市）に住み、（長安への通路である）谷に掛かった架け橋を断絶して、漢の使者を殺害させた。劉焉は上書して、「米賊が道を断ち、（後漢の都の洛陽と）連絡することができません」と言った。また他の事に託《かこ》つけて益州内の豪族《ごうぞく》である王咸《おうかん》・李權《りけん》など十余人を殺して、自己の権力を誇示した［一］。犍爲太守の任岐《じんき》は、賈龍《かりゅう》と共にこれを理由に劉焉に背いて攻撃した。劉焉は任岐と賈龍を撃破して殺害した［二］。

[裴松之注]

［一］『益部耆舊雜記《えきぶききゅうざっき》』に、「李權《りけん》は字を伯豫《はくよ》といい、臨邛長《りんこうちょう》となった。子は李福《りふく》である。犍爲郡の楊戲《ようぎ》が著した『季漢輔臣贊《きかんほしんさん》』に見える」とある。

［二］『英雄記《えいゆうき》』に、「劉焉は兵を起こしたが、天下（の人々）と共

に董卓《とうたく》を討つことはなく、益州を保って自ら守るだけであった。犍爲太守の任岐《じんき》は自ら將軍と称し、犍爲郡從事の陳超《ちんちょう》と共に兵を挙げて劉焉を撃ったが、劉焉はこれを撃破した。董卓は司徒《しと》の趙謙《ちょうけん》に兵を率いて益州に向かわせ、（趙謙は）校尉《こうい》の賈龍《かりゅう》を説得して、兵を率いて劉焉を撃たせた。劉焉は青羌《せいきょう》を出して共に戦い、このため（賈龍を）破り殺した。任岐と賈龍たちはみな蜀郡の人である」とある。

【原文】

焉意漸盛、造作乘輿・車具千餘乘。荊州牧劉表表上、焉有似子夏在西河疑聖人之論。時焉子範爲左中郎將、誕治書御史、璋爲奉車都尉、皆從獻帝在長安〔一〕。惟[1]（小）〔叔〕子別部司馬瑁素隨焉。獻帝使璋曉諭焉、焉留璋不遣〔二〕。時征西將軍馬騰、屯郿而反、焉及範與騰通謀、引兵襲長安。範謀泄、奔槐里、騰敗、退還涼州。範應時見殺。於是收誕行刑〔三〕。議郎河南龐羲、與焉通家、乃募將焉諸孫入蜀。時焉被天火燒城、車具蕩盡、延及民家。焉徙治成都、既痛其子、又感祅災、興平元年、癰疽發背而卒。州大吏趙韙等貪璋溫仁、共上璋爲益州刺史。詔書因以爲監軍使者、領益州牧、以韙爲征東中郎將、率衆擊劉表〔四〕。

〔裴松之注〕

〔一〕英雄記曰、範[2]（聞）父焉爲益州牧、董卓所徵發、皆不至。收範兄弟三人、[3]（鑠）〔鎖〕械於郿塢、爲陰獄以繫之。

〔二〕典略曰、時璋爲奉車都尉、在京師。焉託疾召璋。璋自表省焉。焉遂留璋不還。

〔三〕英雄記曰、範從長安亡之馬騰營、從焉求兵。焉使校尉孫肇將兵往助之、敗於長安。

〔四〕英雄記曰、焉死、子璋代爲刺史。會長安拜潁川扈瑁爲刺史、入漢中。荊州別駕劉闔、璋將沈彌・婁發・甘寧反、擊璋不勝、走入荊州。璋使趙韙進攻荊州、屯朐䏰。上蠢、下如振反。

〔校勘〕

1．百衲本は「小」に作るが、中華書局本により「叔」に改める。
2．中華書局本により、「聞」の一字を省く。
3．百衲本は「鑠」に作るが、中華書局本により「鎖」に改める。

《訓讀》

焉の意 漸く盛んにして、乘輿・車具(一)を造作すること千餘乘。荊州牧の劉表 表上して、「焉 子夏の西河に在りて聖人に疑するの論(二)に似たる有り」とす。時に焉の子たる範(三)は左中郎將(四)と爲り、誕(五)は治書御史(六)、璋(七)は奉車都尉(八)と爲りて、皆 獻帝(九)に從ひ長安に在り〔一〕。惟だ叔子たる別部司馬の瑁(一〇)のみ素より焉に隨ふ。獻帝 璋をして焉を曉諭せしむるも、焉 璋を留めて遣らず〔二〕。時に征西將軍(一一)の馬騰(一二)、郿に屯して反し、焉 範と及《とも》に騰と通謀し、兵を引ゐて長安を襲はんとす。範の謀 泄れ、槐里に奔り、騰 敗れ、退きて涼州に還る。範は時に應じて殺さる。是に於て誕を收めて刑を行ふ〔三〕。議郎(一三)たる河南の龐羲(一四)、焉と通家なれば、乃ち募りて焉の諸孫を將ゐて蜀に入る。時に焉 天火(一五)を被りて城を燒かれ、車具 蕩盡し、延は民家に及ぶ。焉 治を成都に徙すも、既に其の子を痛み、又 祆災(一六)に感じ、興平元年、癰疽 背に發して卒す。州の大吏たる趙韙ら璋の溫仁なるを貪り、共に璋を益州刺史と爲さんと上る。詔書 因りて以て監軍使者と爲し、益州牧を領せしめ、韙を以て征東中郎將(一七)と爲し、衆を率ゐて劉表を撃たしむ[四]。

[裴松之注]

[一] 英雄記に曰く、「範の父たる焉 益州牧爲《た》りて、董卓の徵發する所、皆 至さず。範の兄弟三人を收め、郿塢(一八)に鎖械し、陰獄を爲りて以て之を繫ぐ」と。

[二] 典略(一九)に曰く、「時に璋 奉車都尉と爲りて、京師に在り。焉 疾に託して璋を召す。璋 自ら表して焉を省す。焉 遂に璋を留めて還さず」と。

[三] 英雄記に曰く、「範 長安より亡れ馬騰の營に之き、焉より兵を求む。焉 校尉の孫肇(二〇)をして兵を將ゐて往きて之を助けしむも、長安に敗れたり」と。

[四] 英雄記に曰く、「焉 死するや、子の璋 代はりて刺史と爲る。會《たまたま》長安 潁川の扈瑁(二一)を拜して刺史と爲し、漢中に入らしむ。荊州別駕(二二)の劉闔(二三)、璋の將たる沈彌(二四)・婁發(二五)・甘寧(二六) 反し、璋を撃つも勝たず、走れて荊州に入る。璋 趙韙をして荊州に進攻し、朐䏰に屯せしむ。上は蠢、下は如振の反(二七)。

(補注)

(一) 車具は、車まわりの用具か。『後漢書』列傳六十五 劉焉傳は、「乗輿・車重」に作り、李賢は「重」を輜重と理解している。また、『華陽國志』巻五 公孫述・劉二牧志は、「乗輿・車服」に作る。のちの「千餘乘」という言葉に対応するのは、「乗輿・車重」であるが、ここでは「乗輿・車具」のまま訳出する。

(二) 『史記』巻六十七 仲尼弟子列傳によれば、子夏は孔子の没後、西河で教授して孔子に準えられたという。元の胡三省によれば、劉表は、劉焉が蜀で天子に準えていることを子夏が孔子に準えていることにたとえて批判した、とする。

(三) 範は、劉範。江夏郡竟陵の人。左中郎將。『後漢書』列傳六十二 董卓傳のみ右中郎將とする。益州牧の劉焉の子である(『三國志』巻三十一 劉焉傳)。

(四) 左中郎將は、官名。光祿勳に属する。左署分屬の郎官を掌る。官秩は比二千石(『後漢書』志二十五 百官二)。

(五) 誕は、劉誕。江夏郡竟陵の人。劉焉の子、劉璋の兄。獻帝に従って長安におり、治書御史に任じられた。馬騰らと共に李傕の誅殺を図ったが失敗し処刑された(『三國志』巻三十一 劉焉傳)。

(六) 治書御史は、官名。皇帝の車駕の管理・護衛を職掌とする。光祿勳に属し、官秩は比二千石(『後漢書』志二十五 百官二)。主に宗族・外戚の有力者が任ぜられ、前漢では霍光や劉歆の就官例もある。

(七) 璋は、劉璋。字を季玉。江夏郡竟陵の人。劉焉の子。父の後を継ぎ巴蜀の地を擁したが、劉備に攻められ、降伏した(『三國志』巻三十一 劉璋傳)。

(八) 奉車都尉は、官名。皇帝の車駕の管理・護衛を職掌とする。光祿勳に属し、官秩は比二千石(『後漢書』志二十五 百官二)。主に宗族・外戚の有力者が任ぜられ、前漢では霍光や劉歆の就官例がある。

(九) 獻帝は、劉協、後漢最後の皇帝(在位、一八九～二二〇年)。

董卓により九歳で擁立されたが、袁紹らの挙兵を恐れた董卓に強制され長安に遷都した。董卓が殺害された後も、李傕・郭汜らに翻弄されたが、建安元（一九六）年、洛陽に帰り、その翌年、曹操を頼って許に遷都した。延康元（二二〇）年、曹操の子である曹丕に帝位を禪讓し、退位とともに山陽公となった（『後漢書』本紀九 獻帝紀）。

（一〇）瑁は、劉瑁。劉焉の子。次の段落では、劉璋の兄と記される。『三國志集解』に引く潘眉の説によれば、劉焉の四子は、劉範・劉誕・劉璋・劉瑁の順であるというが未詳。別部司馬として父の側に仕えた。のち曹操より平寇將軍の位を加えられたが、精神病に罹って亡くなった（『三國志』巻三十一 劉璋傳）。

（一一）征西將軍は、官名。前漢以来の方面軍司令官である四征將軍の一つ。西方との戦いが多かった後漢では、征西將軍は花形の將軍職で、若き日の曹操も征西將軍を目指したという（『三國志』巻一 武帝紀注引「魏武故事載公十二月己亥令」）。

（一二）馬騰は、字を壽成、司隸右扶風茂陵縣の人。馬援の末裔。靈帝期に反乱を起こす。興平元（一九四）年、漢に帰順し征西將軍となり、劉焉らと謀って李傕と戦うも、敗北。建安七（二〇二）年、曹操の招きに応じて再度帰順し、衞尉・槐里侯となる。十六（二一一）年、子の馬超が反乱を起こしたため、翌年に誅殺された（『後漢書』列傳六十二 董卓傳、六十五 劉焉傳）。

（一三）議郎は、官名。光祿勳の屬官で、郎官の一つ。官秩は六百石。皇帝の下問に応じ、意見を具申することを掌った（『後漢書』志二十五 百官二）。

（一四）龐羲は、河南の人。娘を劉璋の長子である劉循に嫁がせており、劉焉の家と婚姻関係にあった。のち劉備に仕えて、左將軍司馬となった（『三國志』巻三十一 劉璋傳）。

（一五）天火は、天からの落雷による失火。『春秋左氏傳』宣公 傳十六年に、「夏、成周宣榭火、人火之也。凡火、人火曰火、天火曰災」とある。

（一六）妖災は、よくない災異。災は、天変地異、異は、人間の変貌を中心とする。後漢末、たとえば何休の災異思想については、田中麻紗巳「何休の災異解釈について」（『東方学』六〇、一九八〇年、『両漢思想の研究』研文出版、一九八六年に所収）を参照。

（一七）征東中郎將は、官名。後漢末に多く置かれた雑号中郎將の一つ。

（一八）郿塢は、董卓が長安近くの郿に造成した城砦。長安城と同じ高さの城壁を持ち、「萬歳塢」と名づけ、三十年分の食料を蓄えていた（『後漢書』列傳六十二 董卓傳）。

（一九）典略は、書名。曹魏の郎中の魚豢の撰。『隋書』巻三十三 經籍志二は、八十九巻と著録するが散逸した。

（二〇）孫肇は、劉焉の校尉。長安に劉範を救出に向かったが、敗退した（『三國志』巻三十一 劉焉傳）。

（二一）扈瑁は、潁川の人。劉焉の死後、益州刺史に任命されて漢中にまで至ったが、劉璋に敗退した（『三國志』巻三十一 劉焉傳注引『英雄記』）。

（二二）別駕は、別駕從事。州の屬吏。州の長官が郡國を巡察する際に先導し、併せて衆事を統括する（『後漢書』志二十七 百官四）。

（二三）劉闔は、荊州の別駕從事。劉焉の死後、益州刺史に任命された扈瑁に呼応して、劉璋と戦ったが敗れた（『三國志』巻三十一 劉焉傳注引『英雄記』）。

（二四）沈彌は、劉璋の將。扈瑁に呼応して、劉璋と戦ったが敗れた

（『三國志』巻三十一 劉焉傳注引『英雄記』）。

（二五）婁發は、劉璋の將。扈瑁に呼応して、劉璋と戦ったが敗れた（『三國志』巻三十一 劉焉傳注引『英雄記』）。

（二六）甘寧は、字を興覇、益州巴郡臨江縣の人。若いころ任侠を好み、鈴の音を合図に一味を率いた。劉璋・劉表には重用されず、孫權に仕えた。黄祖を討ち、皖城攻撃で功績を挙げ、折衝將軍となった。建安二十一年、濡須口の戦いで奇襲をかけ、曹操軍を混乱させた。孫權は、「曹操には張遼がいるが、わたしにも甘寧がいる」と溜飲をさげたという（『三國志』巻五十五 甘寧傳）。

（二七）「上蠢、下如振反」の六文字は、趙一清によれば、裴松之の音釈。沈家本は、小字双行にすべきとしている。

［現代語訳］

劉焉の意気は次第に盛んとなり、（天子の乗るような）車と車具を千乗余りも造った。荊州牧《けいしゅうぼく》の劉表《りゅうひょう》は上表して、「劉焉は子夏《しか》が西河で聖人に疑したような振る舞いをしております」と申し上げた。このとき劉焉の子である劉範《りゅうはん》は左中郎將《さちゅうろうしょう》となり、劉誕《りゅうたん》は治書御史《ちしょぎょし》、劉璋《りゅうしょう》は奉車都尉《ほうしゃとい》となって、みな獻帝《けんてい》につき従って長安にいた［一］。ただ三男である別部司馬《べつぶしば》の劉瑁《りゅうぼう》だけは前から劉焉に随従して（益州に）いた。獻帝は劉璋を使者として劉焉をたしなめさせたが、劉焉は劉璋を留めて（都に）帰さなかった［二］。このとき征西《せいせい》將軍の馬騰《ばとう》が、郿《び》縣（陝西省眉県の東）に駐屯して（朝廷に）反乱をおこし、（そこで）劉焉は劉範とともに馬騰と共謀して、兵を率いて長安《ちょうあん》を襲撃しようとした。（しかし）劉範の謀略は漏れ、槐里《かいり》縣（陝西省興平の南東）に逃亡し、馬騰は敗れ、退いて涼州に帰った。劉範はその時すぐに殺された。ここにおいて（朝廷は）劉誕を収監して刑を執行した［三］。議郎《ぎろう》である河南の龐羲《ほうぎ》は劉焉と親戚であるため、劉焉の孫たちに呼びかけ（かれらを）率いて蜀に入った。このとき劉焉は天からの（落雷による）火を受けて城郭を焼かれ、車具は使い物にならなくなり、（火は）延焼して民家に及んだ。劉焉は州治を成都《せいと》縣（四川省成都市）に移したが、亡くした子を悼んでいたうえに、またよくない災異を気に病み、興平《こうへい》元（一九四）年、悪性腫瘍が背中にできて卒した。益州の大官であった趙韙《ちょうい》たちは劉璋が温仁であることを利用しようと、ともに劉璋を益州刺史にしていただきたいと上奏した。詔書が下り（益州の要望に）よって（劉璋を）監軍使者となし、益州牧を兼任させるとともに、趙韙を征東中郎將《せいとうちゅうろうしょう》となし、兵を率いて劉表を攻撃せよとした［四］。

［裴松之注］

［一］『英雄記《えいゆうき》』に、「劉範の父である劉焉は益州牧《えきしゅうぼく》として、董卓の徴発するものを、みな出さなかった。（董卓は）劉範の兄弟三人を収監し、郿塢《びう》で鎖につなぎ、秘密の牢屋をつくってかれらを拘留した」とある。

［二］『典略《てんりゃく》』に、「このとき劉璋は奉車都尉となり、京師《けいし》にいた。劉焉は病に託《かこ》つけ劉璋を呼んだ。劉璋は自ら上表し劉焉を見舞った。劉焉はそのまま劉璋を留め帰さなかった」とある。

［三］『英雄記』に、「劉範は長安より逃れて馬騰の陣営に行き、劉焉に軍勢を求めた。劉焉は校尉《こうい》の孫肇《そんちょ》に兵を率いて行かせ劉範を助けさせたが、長安で敗北した」とある。

［四］『英雄記』に、「劉焉が死ぬと、子の劉璋が代わって益州刺史《えきしゅうしし》となった。ちょうどそのとき長安（の朝廷）は潁川《えいせん》郡（河南省禹縣）の扈瑁《こぼう》を益州刺史とし、漢中《かんちゅう》郡に入らせた。荊州別駕従《けいしゅうべつがじゅう》

事《じ》の劉闓《りゅうこう》、劉璋の將である沈彌《しんび》・婁發《ろうはつ》・甘寧《かんねい》（が扈瑁に呼応して）反し、劉璋を撃ったが勝てず、敗れて荊州に入った。劉璋は趙韙《ちょうい》に荊州に進攻させ、朐䏰《しゅんじん》に駐屯させた。上の字（朐《しゅん》）の音は蠢であり、下の字（䏰《じん》）は如振の反である。

【原文】

璋字季玉、既襲焉位、而張魯稍驕恣、不承順璋、璋殺魯母及弟、遂爲讎敵。璋累遣龐羲等攻魯、[1]〔數爲〕所破。魯部曲多在巴西、故以羲爲巴西太守、領兵禦魯［一］。後羲與璋情好攜隙、趙韙稱兵內向、衆散見殺、皆由璋明斷少而外言入故也［二］。璋聞曹公征荊州、已定漢中、遣河內陰溥致敬於曹公。加璋振威將軍、兄瑁平寇將軍。瑁狂疾物故［三］。璋復遣別駕從事蜀郡張肅、送叟兵三百人并雜御物於曹公、曹公拜肅爲廣漢太守。璋復遣別駕張松詣曹公、曹公時已定荊州、走先主、不復存錄松、松以此怨。會曹公軍、不利於赤壁、兼以疫死。松還、疵毀曹公、勸璋自絕［四］、因說璋曰、劉豫州、使君之肺腑、可與交通。璋皆然之、遣法正連好先主。尋又令正及孟達、送兵數千助先主守禦、正遂還。後松復說璋曰、今州中諸將龐羲・李異等、皆恃功驕豪、欲有外意。不得豫州、則敵攻其外、民攻其內。必敗之道也。璋又從之、遣法正請先主。璋主簿黃權、陳其利害、從事廣漢王累、自倒縣於州門以諫、璋一無所納。勅在所供奉先主、先主入境如歸。先主至江州北、由墊江水、墊音徒協反。詣涪、音浮。去成都三百六十里、是歲建安十六年也。璋率步騎三萬餘人。車乘・帳幔、精光[2]耀日、往就與會。先主所將將士、更相之適、歡飲百餘日。璋資給先主、使討張魯、然後分別［五］。

［裴松之注］

［一］英雄記曰、龐羲與璋有舊、又免璋諸子於難。故璋厚德羲、以羲爲巴西太守。遂專權勢。

［二］英雄記曰、先是、南陽・三輔人流入益州數萬家、收以爲兵、名曰東州兵。璋性寛柔、無威略、東州人侵暴舊民、璋不能禁、政令多闕、益州頗怨。趙韙素得人心、璋委任之。韙因民怨謀叛、乃厚賂荊州請和、陰結州中大姓、與俱起兵、還擊璋。蜀郡・廣漢・犍爲皆應韙。璋馳入成都城守、東州人畏[3]（威）〔韙〕、咸同心幷力助璋。皆殊死戰、遂破反者、進攻韙於江州。韙將龐樂・李異反殺韙軍、斬韙。漢獻帝春秋曰、漢朝聞益州亂、遣五官中郎將牛亶爲益州刺史、徵璋爲卿、不至。

［三］臣松之案、魏臺訪物故之義、高堂隆答曰、聞之先師、物、無也、故、事也、言無復所能於事也。

［四］漢晉春秋曰、張松見曹公、曹公方自矜伐、不存錄松。松歸、乃勸璋自絕。習鑿齒曰、昔齊桓一矜其功而叛者九國。曹操暫自驕伐而天下三分。皆勤之於數十年之內而棄之於俯仰之頃、豈不惜乎。是以君子勞謙日[4]（仄）〔昃〕、慮以下人、功高而居之以讓、勢尊而守之以卑。情近於物、故雖貴而人不厭其重、德洽羣生、故業廣而天下愈欣其慶。夫然、故能有[5]（以）〔其〕富貴、保其功業、隆顯當時、傳福百世。何驕矜之有哉。君子是以知曹操之不能

遂兼天下者也。
［五］呉書曰、璋以米二十萬斛・騎千匹・車千乘・繒絮錦帛、以資送劉備。

〔校勘〕
1. 中華書局本により、「數爲」の二字を補う。
2. 中華書局本は、「曜」につくる。
3. 百衲本は「威」に作るが、中華書局本により「韙」に改める。
4. 百衲本は「仄」に作るが、中華書局本により「昃」に改める。
5. 百衲本は「以」に作るが、中華書局本により「其」に改める。

《訓読》
璋 字は季玉、既に焉の位を襲《つ》ぐも、而れども張魯 稍や驕恣にして、璋に順ふを承けざれば、璋 魯の母及弟《と》を殺し、遂《かく》て讎敵と爲る。璋 累りに龐羲らを遣はし魯を攻むるも、數〻破る所と爲る。魯の部曲(一) 多く巴西に在り、故に羲を以て巴西太守と爲し、兵を領して魯を禦がしむ[一]。後に羲 璋と情好 攜隙し、趙韙 兵を稱《あ》げ內に向かふも、衆 散じ殺さるるは、皆 由りて璋の明斷 少なくして 外言(三)入るの故なり[二]。璋 曹公(二)の荊州を征し、已に漢中を定むるを聞き、河內の陰溥(四)を遣はし敬を曹公に致す。璋に振威將軍(五)、兄の瑁に平寇將軍(六)を加ふ。瑁は狂疾して物故す[三]。璋 復た別駕從事たる蜀郡の張肅(七)を遣はし、叟兵(八)三百人幷びに雜御物を曹公に送り、曹公 肅を拜して廣漢太守と爲す。璋 復た別駕の張松(九)を遣はし曹公に詣らしむるも、曹公 時 已に荊州を定め、先主を走らせたれば、復た松を存錄せず、松 此を以て怨む。會《たまたま》 曹公の軍、赤壁(一〇)に利あらず、兼ぬるに疫死を以てす。松 還るや、曹公を疵毀し、璋に自ら絕つを勸め[四]、因りて璋に說きて曰く、「劉豫州(一一)は、使君の肺腑(一二)なれば、與に交通す可し」と。璋 皆 之を然りとし、法正(一三)を遣はし好《よしみ》を先主に連《むす》ぶ。尋いで又 正及《と》孟達(一四)をして、兵數千を送りて先主の守禦を助けしめ、正 遂て還る。後に松 復た璋に說きて曰く、「今 州中の諸將たる龐羲・李異(一五)らは、皆 功を恃み驕豪、外意有らんと欲す。豫州を得ざれば、則ち敵は其の外より攻め、民は其の內より攻む。必ず敗るるの道なり」と。璋 又 之に從ひ、法正を遣はして先主を請《まね》く。璋の主簿(一六)たる黃權(一七)、其の利害を陳《の》べ、從事たる廣漢の王累(一八)、自ら州門より倒縣して以て諫むるも、璋 一として納るる所無し。在所に勅して先主を供奉せしめ、先主の境を入ること歸るが如し。先主 江州の北に至り、墊江の水に由りて〔墊《たう》の音は徒協の反〕、涪《ふ》に詣る〔音は浮〕。成都を去ること三百六十里、是の歲 建安十六年なり。璋 步騎三萬餘人を率ゐ、車乘・帳幔、精光耀日(一九)たりて、往きて就き與に會す。先主の將ゐる所の將士、更〻相 之き適き、歡飲すること百餘日。璋 先主に資給し、張魯を討たしめ、然る後に分別す[五]。

〔裴松之注〕
［一］英雄記に曰く、「龐羲 璋と舊有り、又 璋の諸子を難より免れしむ。故に璋 厚く羲を德とし、羲を以て巴西太守と爲す。遂て權勢を專らにす」と。
［二］英雄記に曰く、「是れより先、南陽・三輔の人 益州に流入すること數萬家、收めて以て兵と爲し、名づけて東州兵(二〇)と曰ふ。璋 性 寬柔にして威略無し。東州人 舊民を侵暴するも、璋 禁ずる能はず、政令 多く闕け、益州 頗る怨む。趙韙 素より人心を得れば、璋 之に委任す。韙 民の怨むに因り叛を謀る。乃ち厚く賂して荊州に和を請ひ、陰かに州中の大姓(二一)と結び、與に俱に起兵

し、還りて璋を撃つ。蜀郡・廣漢・犍爲 皆 韙に應ず。璋 成都城に馳入して守る。東州人 韙を畏れ、咸 心を同じくし力を幷はせて璋を助く。皆 殊に死戰し、遂に反せし者を破り、進みて韙を江州に攻む。韙の將たる龐樂（二二）・李異 反して韙の軍を殺《やぶ》り、韙を斬る」と。 漢獻帝春秋（二三）に曰く、「漢朝 益州の亂るるを聞き、五官中郎將（二四）の牛亶（二五）を遣はして益州刺史と爲し、璋を徵して卿爲《た》らしめんとするも、至らず」と。

[三] 臣松之 案ずるに、魏の臺（二六） 物故の義を訪ぬるに、高堂隆（二七）答へて曰く、「之を先師に聞くに、物は、無なり、故は、事なり、復た事を能くする所無きを言ふなり」と。

[四] 漢晉春秋（二八）に曰く、「張松 曹公に見ゆるに、曹公 方に自ら矜伐にして、松を存錄せず。松 歸り、乃ち璋に自ら絕つを勸む」と。 習鑿齒（二九）曰く、「昔 齊桓（三〇） 一たび其の功を矜りて叛く者 九國なり（三一）。曹操 暫らく自ら驕伐にして天下 三分す。皆 之に數十年の內に勤むるも而れども之を俯仰の頃に棄つ、豈に惜しからざるや。是を以て君子は勞謙すること日 昃《かたむ》き、以て人に下るを慮り、功 高きも而るに之に居ること讓を以てし、勢 尊きも而るに之を守ること卑を以てす。情 物に近し、故に貴と雖も而も人 其の重を厭はず、德 羣生に洽《あまね》し、故に業 廣くして而も天下 愈〻其の慶を欣ぶ。夫れ然らば、故に能く其の富貴を有《たも》ち、其の功業を保ち、當時に隆顯にして、福を百世に傳ふ。何ぞ驕矜の有るや。君子 是を以て曹操の能く遂に天下を兼ねざる者《こと》を知るなり」と。

[五] 吳書（三二）曰く、「璋 米二十萬斛・騎千匹・車千乘・繒絮錦帛を以て、資を以て劉備に送る」と。

(補注)

(一) 部曲は、隷属民。漢代の部曲については、美川修一「漢代の部曲について」(『史観』七六、一九六七年)、三國六朝の部曲については、唐長孺(著)、川勝義雄(訳)「魏晋南北朝の客と部曲」(『東洋史研究』四〇―二、一九八一年)を参照。

(二) 曹公は、曹操。三國時代の曹魏の事実上の創建者。太祖武帝と追尊される。父曹嵩は、宦官曹騰の養子。黄巾の乱で手柄を立て、濟南の國相となり、袁紹を盟主とする反董卓連合軍に参加。のち後漢最後の皇帝獻帝を許に迎えて勢力を拡大、官渡の戦に袁紹を破って華北を制圧したが、赤壁の戦に敗れ、天下三分の形勢がなった。石井仁『曹操 魏の武帝』(新人物往来社、二〇〇〇年)を参照。

(三) 「漢中を定む」について、何焯は脱文のあることを疑い、王鳴盛・梁章鉅らは、漢中の平定が、この数年後の建安二十(二一五)年であることを指摘している。

(四) 陰溥は、河内の人。中郎將として、曹操の使者となった(『華陽國志』巻五 公孫述劉二牧志)。

(五) 振威將軍は、雜号将軍号の一つ。『後漢書』では、宋登のほか、馬武、後漢末の劉繇が就官している。

(六) 平寇將軍は、雜号将軍号の一つ。

(七) 張肅は、蜀郡の人。弟の張松とともに劉璋に仕えて廣漢太守・別駕從事となった。弟が劉備に内通していたため、罪に巻き込まれるのを恐れて密告した。小男であった弟とは反対に、すぐれた容貌の持ち主であったという(『三國志』巻三十一 劉璋傳・同傳注引『益部耆舊傳』)。

(八) 叟兵は、蜀の異民族兵。叟は蜀夷の別名、あるいは蜀そのものの別名である。『尚書』の孔安國注に「蜀、叟也」とある。

（九）張松は、蜀郡の人。劉璋配下の別駕從事。法正と謀って劉備に益州支配を勧めたが、内通を兄の張肅に密告され斬られた（『三國志』巻三十一 劉璋傳）。

（一〇）赤壁は、建安十三（二〇八）年、曹操が周瑜の指揮する吳軍により敗退した戦い。湖北省赤壁市の西北の長江をはさんで、北が烏林・南が赤壁である。曹操の中国統一は、この敗戦により実現せず、天下三分の形勢が定まった。

（一一）劉豫州は、劉備。字を玄德、涿郡涿縣の人。義弟である關羽・張飛らを率い傭兵のように各勢力を転々としたが、荊州「名士」諸葛亮の協力により荊州南郡に地盤を得、さらには劉璋を征して巴蜀を保有した。曹丕が魏の皇帝となると、後漢の正統を継ぐ者として皇帝に即位したが、章武三（二二三）年に、崩御した。諡は昭烈（『三國志』巻三十二 先主傳）。

（一二）使君は、刺史への尊称。刺史が本来監察官で、使者として派遣されていたことによるものか。ちなみに、郡の行政官である太守は、府君と尊称する。

（一三）法正は、字を孝直、右扶風郿縣の人。はじめ劉璋に仕えるが、のち劉備の入蜀に尽力して重臣となり、官は尚書令に至る。建安二十五（二二〇）年死去し、翼侯と諡される（『三國志』巻三十七 法正傳）。

（一四）孟達は、司隷扶風郿の人、字は子敬のちに子度。劉璋の部下であったが、法正と共に劉備の入蜀を手引きした。劉備に仕えたのち、樊城の戦いでは、劉封を唆して關羽を見殺しにさせた。魏に降って曹丕に厚遇されたが、その死後、立場が悪くなり、諸葛亮の北伐に呼応しようとしたが、司馬懿に討された（『三國志』巻三十七 法正傳、巻四十 劉封傳・巻三十五 諸葛亮傳）。

（一五）李異は、劉璋の將。龐羲と同様に功績を頼んで、驕慢であったという（『三國志』巻三十一 劉璋傳）。

（一六）主簿は、官職名。中央・地方の各官の屬吏として置かれた。文書を担当する（『後漢書』志二十七 百官四）。

（一七）黃權は、字を公衡、益州巴西郡閬中縣の人。劉璋に召されて主簿となる。劉備の入蜀に反対していたが、劉璋降伏後は劉備に仕えて偏將軍に任ぜられた。夷陵の戦いでは鎭北將軍として出陣するも、蜀軍の大敗によって帰路を失い、曹魏に降伏した（『三國志』巻四十三 黃權傳）。

（一八）王累は、廣漢郡の人。劉璋の從事。自らを逆さ吊りにして劉備を益州に招き入れることに反対したが、聞き入れられなかったため、そのまま自害した（『三國志』巻三十一 劉璋傳）。

（一九）精光耀日は、太陽の光があたり、武具が輝く様子。『三國志』巻一 武帝紀注引『魏書』に、「又列鐵騎五千爲十重陣、精光耀日、賊益震懼」とある。

（二〇）東州兵は、劉焉が入蜀後、南陽・三輔からの流民を自己の部曲と軍隊に編成したもの。劉焉・劉璋直属の軍事集団として、政権の軍事的基盤であったが、劉璋のときには、益州豪族との対立が激化していた。渡邉義浩「蜀漢政権の支配と益州人士」（『史境』一八、一九八九年、『三国政権の構造と「名士」』前掲に所収）を参照。

（二一）大姓は、豪族のこと。後漢時代の豪族は、大土地所有に代表される経済的側面、それぞれ独立した戸が、同姓の故を以てその中の有力者を中心に連帯するという同族的結合の側面、賓客を有したり、任俠的結合を持つことにより在地社会に規制力を揮うという社会的側面、代々官職に就いているという政治的側面が、複合的に結合した勢力であった。渡邉義浩「官僚」(『後漢国家の支配と儒教』前掲に所収)を参照。

(二二) 龐樂は、趙韙の將。李異と共に趙韙の部下として劉璋と戦ったが裏切った(『三國志』巻三十一 劉璋傳注引『英雄紀』)。

(二三) 漢獻帝春秋は、書名。袁曄の撰。『隋書』巻三十三 經籍志二に、「獻帝春秋 十巻 袁曄撰」と著録されるが、散逸した。

(二四) 五官中郎將は、官名。諸殿門の宿営と、車駕の警護を職掌とする。光祿勲に属し、官秩は比二千石である(『後漢書』志二十五 百官二)。

(二五) 牛亶は、劉璋の代りに後漢が任命した益州刺史。しかし、劉璋が従わず、刺史は交代しなかった(『三國志』巻三十一 劉璋傳注引『漢獻帝春秋』)。

(二六) 臺は、ここでは尙書臺。魏では、尙書省と呼ばれたが、漢の伝統を受けて尙書臺と呼ぶ場合もある。

(二七) 高堂隆は、後漢末・三國曹魏の学者・官僚。字は升平。魏の成立後、傅を務めた平原王が明帝として即位すると、抜擢されて陳留太守・侍中・太史令・光祿勲などを歴任。しばしば明帝の諮問に応えたほか、度重なる宮殿造営をしきりに諫めた(『三國志』巻二十五 高堂隆傳)。とくに有名な郊祀禮をめぐる議論については、藤川正数『魏晉時代における喪服禮の研究』(敬文社、一九六〇年)を参照。

(二八) 漢晉春秋は、書名。東晉の習鑿之の撰。三國のなかで蜀漢を正と考え、晉が蜀漢を経て、後漢の正統を継承したことを主張する。渡邉義浩「習鑿齒『漢晉春秋』における「正」と「統」」(『狩野直禎先生追悼 三国志論集』三国志学会、二〇一九年)を参照。

(二九) 習鑿齒は、字は彥威、荊州襄陽の人。習氏は襄陽の大豪族で、現在でも、習氏のものであったという水利施設が残る。祖先の習禎が諸葛亮と交友を持つ。『漢晉春秋』を著し、蜀漢を「正」とした(『晉書』巻八十二 習禎傳)。

(三〇) 齊桓は、齊の桓公。春秋時代の齊の君主(位、前六八五年～前六四三年)。名は小伯。僖公の子、襄公の弟。襄公の死後、異母兄の糾と位を争い、勝って即位すると、糾の臣管仲を宰相に迎え、かれの富国強兵策を実施して齊を強國にした。また対外的には諸侯と會盟を行ってその盟主となり、周王をたすけて夷狄の侵入を退けるなど強い政治力を発揮し、春秋最初の覇者の地位を確立した(『史記』巻三十二 齊太公世家)。

(三一)『春秋左氏傳』僖公 傳九年に、「葵丘之會、桓公震而矜之。叛者九國」とあることを踏まえている。

(三二) 呉書は、書名。三國孫呉の歴史書。『隋書』巻三十三 經籍志二に、「呉書二十五卷。韋昭撰。本五十五卷、梁有、今殘缺」と著録される。韋昭を中心に、周昭・薛瑩・梁廣・華覈の五人によって撰定された。孫呉の初代宰相である孫邵の専傳を立てないなど、その記述には偏向が見られる。鳳皇二(二七三)年に韋昭が獄死した後は作業が中断し、未完のまま孫呉の滅亡を迎えた。髙橋康浩「韋昭『呉書』の偏向とその検討」(『六朝学術学会報』九、二〇〇八年、『韋昭研究』汲古書院、二〇一一年に改題のうえ所収)を参照。

[現代語訳]

劉璋《りゅうしょう》は字を季玉《ききょく》といい、父劉焉《りゅうえん》の地位(である益州牧)を継承していたが、張魯《ちょうろ》は次第に驕慢で勝手になり、劉璋に従順でなくなったので、劉璋は張魯の母と弟を殺し、そうして敵となった。劉璋はしきりに龐羲《ほうぎ》たちを派遣して張魯を攻撃したが、しばしば破られた。張魯の部曲《ぶきょく》は多く巴西《はせい》郡（四川省東部）にいたので、このため龐羲を巴西太守として、兵を率いて張魯を防がせた〔一〕。後に龐羲は劉璋と感情的に対立し、（また）趙韙《ちょうい》が兵を挙げて内に攻め込み、軍勢が逃散し殺されたのは、ともに劉璋が明晰な判断力に欠け外からの讒言を聞き入れたことを原因とする〔二〕。劉璋は曹公が荊州《けいしゅう》を征服し、すでに漢中《かんちゅう》を定めたと聞いて、河内《かだい》郡（河南省武陟）の陰溥《いんほ》を派遣して敬意を曹公《そうこう》に表した。（曹操は）劉璋に振威《しんい》将軍、兄の劉《りゅう》瑁《ぼう》に平寇《へいこう》将軍を加号した。（しかし、のちに）劉瑁は精神病で物故した〔三〕。劉璋はまた別駕従事《べつがじゅうじ》である蜀郡の張肅《ちょうしゅく》を派遣して、叟兵《そうへい》三百人と様々な御物を曹公に贈り、曹公は張肅を拝命して廣漢《こうかん》太守とした。劉璋はさらに別駕従事の張松《ちょうしょう》を派遣して曹公に参詣させたが、曹公はすでにそのとき荊州を定め、先主（劉備）を逃走させていたので、ことさら張松を引き立てようとはせず、張松はこれを怨みに思った。あたかも曹公の軍は、赤壁《せきへき》で敗北し、加えて疫病により死者が出た。張松は（益州に）帰ると、曹公を誹謗して、劉璋に（曹操との関係を）自分から絶つことを勧め〔四〕、かわりに劉璋に説いて、「劉豫州《りゅうよしゅう》は、使君《しくん》の親類なので、ともに関係を結ぶべきです」と言った。劉璋すべてこれをその通りとして、法正《ほうせい》を派遣して同盟を先主と結んだ。まもなくまた法正と孟達《もうたつ》に、兵数千を送らせて先主の守備を助けさせ、法正はそうして帰った。のちに張松はまた劉璋に説いて、「いま益州内の將である龐羲《ほうぎ》と李異《りい》らは、みな功績を頼み驕慢で、外部と結ぼうとする意図があります。劉豫州《りゅうよしゅう》を得なければ、敵は益州を外から攻め、民は益州を内から攻めます。（これは）必ず敗れる形勢です」と言った。劉璋はまた張松の意見に従い、法正を派遣して先主を招いた。劉璋の主簿《しゅぼ》である黄權《こうけん》は、劉備の入蜀の利害を述べ、従事《じゅうじ》である廣漢《こうかん》郡の王累《おうるい》は、自ら州門から吊り下げられて諫めたが、劉璋は一つとして納れることはなかった。（劉備が入蜀で）通る道（の役人）に命じて先主をもてなさせ、先主が（益州の）国境を入ることは（家に）帰るよう（に、たやすいこと）であった。先主は江州《こうしゅう》縣（四川省重慶市江北区）の北に至ると、墊《とう》江の流れによって涪《ふ》縣（四川省錦陽市の北東）に至った〔音〔墊《たう》の音は徒協の反である〕、涪は浮《ふ》である〕。（涪縣は）成都《せいと》縣から離れること三百六十里であり、この歳は建安十六（二一一）年であった。劉璋は歩兵と騎兵三万余人を率いて、車の帳《とばり》は、太陽の光に輝かせながら、出迎えにいき会合した。先主の率いる將や兵士は、かわるがわる出かけていき、歓迎の宴会をうけること百余日であった。劉璋は先主に（兵と食糧を）支給して、張魯を討たせることとし、そののちに分かれた〔五〕。

〔裴松之注〕

〔一〕『英雄記《えいゆうき》』に、「龐羲《ほうぎ》は劉璋となじみがあり、また劉璋の子たちを災難から免らせた。このため劉璋は厚く龐羲に恩を感じて、龐羲を巴西《はせい》太守とした。かくて権勢を専らにした」とある。

〔二〕『英雄記』に、「これよりさき、南陽《なんよう》郡（河南省南陽市）と三《さん》輔《ぽ》の民が益州に流入すること数万家におよび、（劉焉はかれらを）収めて兵となし、名づけて東州兵《とうしゅうへい》と呼んだ。劉璋は寛柔な性格で威厳がなかった。（このため）東州兵が益州の人々を侵暴しても、劉璋は禁ずることができず、政令は多く欠け、益州（の人々）はたいへん怨んでいた。趙韙《ちょうい》はもともと人心を得ていたので、劉璋はかれに委ね任せていた。趙韙は民が怨んでいることにより反乱を謀った。そこで手厚く賄賂を贈って荊州《けいしゅう》（の劉表）に和約を請い、秘かに益州内の豪族《ごうぞく》と結んで、一緒に起兵し、引き返して劉璋を攻撃した。蜀《しょく》郡・廣漢《こうかん》郡・犍爲《けんい》郡はみな趙韙に呼応した。劉璋は成都城に馳り入って固守した。東州兵は趙韙を恐れ、みな心を同じくし力を合わせて劉璋を助けた。みなことに死戦して、かくて反乱者を破り、進んで趙韙を江州《こうしゅう》縣に攻めた。趙韙の將である龐樂《ほうがく》と李異《りい》が背いて趙韙の軍を破り、趙韙を斬った」とある。『漢獻帝春秋《かんけんていしゅんじゅう》』に、「漢朝は益州が乱れたことを聞き、五官中郎將《ごかんちゅうろうしょう》の牛亶《ぎゅうせん》を派遣して益州刺史《えきしゅうし》となし、劉璋を徵召《ちょうしょう》して九卿《きゅうけい》にならせようとしたが、至らなかった」とある。

［三］臣 裴松之《はいしょうし》が調べてみますに、曹魏《そうぎ》の尚書臺《しょうしょだい》が「物故」という言葉の意味を尋ねましたところ、高堂隆《こうどうりゅう》は答えて、「これを先師に聞くところでは、物は、無という意味であり、故は、事という意味なので、（物故は）また事ができなくなることを言う」と言ったといいます。

［四］『漢晉春秋《かんしんしゅんじゅう》』に、「張松《ちょうしょう》が曹公に見《まみ》えたとき、曹公はちょうど自ら誇り高ぶっていて、張松を引き立てなかった。張松は帰ると、劉璋に自分から（曹操との関係を）絶つことを勧めた」とある。　習鑿齒《しゅうさくし》は、「むかし齊《せい》の桓公《かんこう》は一たびその功績を誇って背くものは九國であった。曹操はわずかの間自ら驕慢で誇ったため天下は三分した。みな数十年もの間つとめたにも拘らずその努力を一瞬のうちに棄てた、なんと惜しいことであろう。だからこそ君子は謙虚に努力すること日が暮れるまでし、人に遜ることを考え、功績が高くとも謙讓な態度で居り、地位が尊くとも低い姿勢を守るのである。情が人々に近いからこそ、高貴であっても人はその重きを嫌がらず、徳が人々に行き渡るからこそ、功業が広くとも天下はいよいよその慶を喜ぶ。そうであるからこそ、よくその富貴を維持し、その功業を保持し、その当時に隆盛して、幸福を百代後にまで伝えるのである。どうして驕慢で誇ってよいであろうか。君子はこのことから曹操がよく天下を併合できなかった理由を知るのである」と言った。

［五］『吳書《ごしょ》』に、「劉璋は米二十万斛《こく》・騎馬千匹・車千乘・絹織物と錦と練り絹を、物資として劉備に贈った」とある。

【原文】

明年、先主至葭萌、還兵南向、所在皆克。十九年、進圍成都數十日、城中尙有精兵三萬人、穀帛支一年、吏民咸欲死戰。璋言、父子在州二十餘年、無恩德以加百姓。百姓攻戰三年、肌膏草野者、以璋故也。何心能安。遂開城出降。羣下莫不流涕。先主遷璋于南郡公安、盡歸其財物及故佩振威將軍印綬。孫權殺關羽、取荊州、以璋爲益州牧、駐秭歸。璋卒、南中豪率雍闓據益郡反、附於吳。權復以璋子闡爲益州刺史、處交・益界首。丞相諸葛亮平南土、闡還吳、爲御史中丞［一］。初、璋長子循妻、龐羲女也。先主定蜀、羲爲左將軍司馬。璋時從羲啓留循、先主以爲奉車中郎將。是以璋二子之後、分在吳・蜀。

〔裴松之注〕

［一］吳書曰、闡一名緯、爲人恭恪、輕財愛義、有仁讓之風。後疾終

於家。

《訓読》

明年、先主 葭萌に至り、兵を還して南向し、所在 皆 克つ。十九年、進みて成都を圍むこと數十日、城中に尙ほ精兵三萬人有り、穀帛は一年を支へ、吏民も咸《みな》 死戰せんと欲す。璋 言ふに、「父子 州に在ること二十餘年、恩德の以て百姓に加ふること無し。百姓 攻戰すること三年、肌膏 草野にある者は、璋を以ての故なり。何の心ありてか能く安んぜん」と。遂て城を開き出降す。羣下 流涕せざるは莫し。先主 璋を南郡の公安に遷し、盡く其の財物及び故に佩びし振威將軍の印綬を歸す。孫權(一) 關羽(二)を殺し、荊州を取るや、璋を以て益州牧と爲し、秭歸に駐せしむ。璋 卒し、南中の豪率たる雍闓(三)は益郡に據りて反し、吳に附く。權 復た璋の子たる闡(四)を以て益州刺史と爲し、交・益の界首に處らしむ。丞相の諸葛亮 南土を平らぐるや、闡 吳に還り、御史中丞(五)と爲る[一]。初め、璋の長子たる循(六)の妻は、龐羲の女なり。先主 蜀を定むるや、羲を左將軍司馬(七)と爲す。璋 時に羲の啓により循を留むるも、先主 以て奉車中郞將(八)と爲す。是を以て璋の二子の後は、分かれて吳・蜀に在り。

［裴松之注］

［一］吳書に曰く、「闡 一名は緯、人と爲り恭恪にして、財を輕んじ義を愛し、仁讓の風有り。後 疾にて家に終はる」と。

（補注）

（一）孫權は、字を仲謀。揚州吳郡富春縣の人。兄である孫策の後を嗣いで江東を統治した。長江という地の利を生かして曹操に対抗し、蜀の劉備と共に三國鼎立の形勢を実現し、曹丕、劉備に続いて皇帝に即位した。晩年は失政が多く、孫吳の太元二（二五二）年に、崩じた。諡は大皇帝（『三國志』卷四十七 吳主傳）。渡邉義浩「孫呉政権の展開」（『大東文化大学漢学会誌』三九、二〇〇〇年、『三国政権の構造と「名士」』前掲に所収）を参照。

（二）關羽は、字を雲長、司隸河東郡解縣の人。人を殺めて亡命、涿郡で劉備・張飛らと出会い、黃巾の乱に際して共に挙兵した。劉備の益州侵攻時には荊州を守るも、同盟相手の孫吳に裏切られ戦死。のちに壯繆侯と追諡された。同時代の人からは張飛と共に「萬人の敵」と称され、その武勇を高く評価される一方、気性が激しい上に自信過剰という欠点があり、それによって身を滅ぼしたと陳寿は評している（『三國志』卷三十六 關羽傳）。のち、山西商人の守護神である關聖帝君として信仰され、清末には孔子と並称された。渡邉義浩『関羽―神になった「三国志」の英雄』（筑摩書房、二〇一一年）を参照。

（三）雍闓は、益州建寧郡の人。劉備の死後、建寧太守を殺害して反乱を起こした。吳に服属していた交州の士燮を通じて吳に帰服を申し入れ、捕えていた張裔を吳に送り、孫權から永昌太守に任命された。諸葛亮が自ら南征すると、討伐軍の到着前に高定の部下に殺された（『華陽國志』卷四 南中志）。

（四）闡は、劉闡。劉璋の子。劉璋が孫吳に仕えたため、孫吳に仕え益州刺史となった（『三國志』卷三十一 劉璋傳）。

（五）御史中丞は、弾劾を掌る御史臺の長官。もともとは、御史大夫の次官であったが、かつて御史大夫が格上げされて三公の一つの司空となったため、後漢末から三國では、御史臺の長官であった（『後漢書』志二十六 百官三）。

（六）循は、劉循。劉璋の長子。妻は龐羲の娘。劉備に仕えて奉車中郎將となった（『三國志』巻三十一 劉璋傳）。

（七）左將軍司馬は、官名。当時、劉備は左將軍として開府しており、そこに置かれた幕僚の一つ。

（八）奉車中郎將は、官名。雑号中郎將の一つ。

［現代語訳］

翌（建安十七〈二一二〉）年、先主は葭萌縣《かぼう》（四川省広元の南西）に到着し、兵を返して南の（成都に）向かい、行く先々でみな勝利した。建安十九（二一四）年、進攻して成都を包囲すること数十日、城中にはなお精兵三万人がおり、穀物と財貨は一年を支えられるほど残り、吏も民もみな死戦しようとしていた。（ところが）劉璋は、「（われわれ）父子が益州を統治した二十余年、恩徳が人々に加えられることはなかった。人々が戦いに明け暮れること三年、草野（に遺体を放置されてこれ）を肥やした原因は、璋《わたし》による。どんな心があれば安寧でいられようか」と言った。こうして城を開き出て降服した。配下で涙を流さないものはなかった。先主は劉璋を荊州南郡《なんぐん》の公安《こうあん》縣（湖北省公安の北西）に移し、すべての財産とそれまで佩びていた振威《しんい》將軍の印綬を返した。孫權《そんけん》は關羽《かんう》を殺し、荊州を取ると、劉璋を益州牧となし、秭歸《しき》縣（湖北省秭帰）に駐屯させた。劉璋が卒したのち、南《なん》中《ちゅう》の豪族である雍闓《ようがい》が益郡（益州郡のこと。雲南省晉寧）を拠点に（蜀漢に）反乱を起こし、呉に付いた。孫權はまた劉璋の子である劉闡《りゅうせん》を益州刺史となし、交州と益州の境界に居住させた。丞相の諸葛亮が南方を平定すると、劉闡は呉に帰り、御史《ぎょし》中丞《ちゅうじょう》となった［一］。これよりさき、劉璋の長子である劉循《りゅうじゅん》の妻は、龐羲の娘であった。先主は蜀を平定すると、龐羲を左將軍司馬《さしょうぐんしば》とした。劉璋はそのとき龐羲の申し出により劉循を（成都に）留めていたが、先主はこれを奉車中郎將《ほうしゃちゅうろうしょう》とした。これにより劉璋の二子の後裔は、分かれて呉と蜀に居ることになった。

［裴松之注］

［一］『吳書』《ごしょ》に、「劉闡は一名を緯といい、人となりは慎み深く、財を軽んじ義を愛し、仁愛でよく譲る風格があった。後に病により家で卒した」とある。

【原文】

評曰、昔魏豹聞許負之言則納薄姬於室［一］、劉歆見圖讖之文則名字改易、終於不免其身、而慶鍾二主。此則神明不可虛要、天命不可妄冀必然之驗也。而劉焉聞董扶之辭則心存益土、聽相者之言則求婚吳氏、遽造輿服、圖竊神器。其惑甚矣。璋才非人雄、而據土亂世、負乘致寇、自然之理。其見奪取、非不幸也［二］。

［裴松之注］

［一］孔衍漢魏春秋曰、許負、河內溫縣之婦人。漢高祖封爲明雌亭侯。臣松之以爲、今東人呼母爲負、衍以許負爲婦人。如爲有似。然漢高祖時、封皆列侯、未有鄉亭之爵。疑此封爲不然。

［二］張璠曰、劉璋愚弱而守善言。斯亦宋襄公・徐偃王之徒、未爲無道之主也。張松・法正、雖有君臣之義不正、然固以委名附質。進不顯陳事勢、若韓嵩・劉[1]（光）〔先〕之說劉表、退不告絕奔亡、[2]（不）若陳平・韓信之去項羽。而兩端攜貳、爲謀不忠、罪之次

也。

〔校勘〕

1．百衲本は「光」に作るが、中華書局本により「先」に改める。
2．中華書局本により「不」の一字を省く。

《訓読》

評に曰く、「昔 魏豹(一) 許負(二)の言を聞きて則ち薄姫(三)を室に納め［一］、劉歆(四) 圖讖(五)の文を見て則ち名字を改易するも、終に其の身を免れず、而して二主に慶鍾あり。此れ則ち神明は虚しく要《もと》む可からず、天命は妄りに冀ふ可からざるの必然の 驗《あかし》なり。而るに劉焉 董扶の辭を聞きて則ち心 益(六)土に存し、相者の言を聽きて則ち婚を呉氏(七)に求め、遽《には》かに輿服を造り、神器を竊《ぬす》まんことを圖る。其の惑へるや甚し。璋は才人の雄に非ず、而れども土に據り世を亂し、乘を負ひ(八)寇を致すは、自然の理なり。其の奪取せらるは、不幸に非ざるなり」と［二］。

［裴松之注］

［一］孔衍(九)の漢魏春秋(一〇)に曰く、「許負は、河内溫縣の婦人なり。漢の高祖(一一) 封じて明雌亭侯と爲す」と。 臣 松之 以爲へらく、今 東人 母を呼びて負と爲せば、衍 許負を以て婦人と爲す。似たり有りと爲すが如し。然れども漢の高祖の時、皆《すべ》て列侯(一二)に封じ、未だ鄉亭の爵有らず。疑ふらくは此の封 然らずと爲す。

［二］張璠(一三)曰く、「劉璋は愚弱なるに而るに善言を守る。斯れ亦た宋の襄公(一四)・徐の偃王(一五)の徒たりて、未だ無道の主爲《た》らざるなり。張松・法正は、君臣の義 正しからざる有りと雖も、然れども固より委名・附質を以てす。進みて事勢を陳《の》ぶるに顯らかならざれば、韓嵩(一六)・劉先(一七)の劉表に說くが若く、退きて絶を告げずに奔亡し、陳平(一八)・韓信(一九)の項羽(二〇)を去るが若くすべし。而れども兩端し貳を攜へ、謀を爲して忠ならざるは(二一)、罪の次なり」と。

（補注）

（一）魏豹は、魏王室の公子で、のちの西魏王。項羽が擁立していた楚の懐王から兵を借り、魏の二十余城を攻め落とし、魏王と称した。項羽が秦を滅ぼすと、領土を削られ西魏王とされたため、劉邦と結ぶが、劉邦が彭城の戦いに敗れると離反した。しかし、韓信に敗れて庶民に落とされ、側室の薄氏は劉邦の側室となり、のち文帝を生んだ。再び登用されて滎陽を周苛や樅公と共に守ったが、項羽に包囲されると、反乱の恐れがあると周苛と樅公に殺害された（『史記』巻九十 魏豹傳）。

（二）許負は、人相占い。「薄氏が天子を生む」と予言して、魏豹をつけあがらせた（『史記』巻四十九 外戚世家）。

（三）薄姫は、前漢の高祖劉邦の后妃の一人。もとは、魏王魏豹の妾であった。やがて息子の代王の劉恆が、文帝となった（『史記』巻四十九 外戚世家）。

（四）劉歆は、前漢末期の学者・官僚（前三二?～後二三年）。字は子駿。劉向の末子。父と共に宮中の蔵書の校勘・整理に従事し、その作業に基づいて書かれた目録の『七略』は、『漢書』藝文志のもととなった。のち『春秋左氏傳』を學官にたてようと図って強い反対を受け、地方に左遷されて各地の太守を歴任した。王莽が政治の実権を握ると、もと同僚のよしみで抜擢されて国師の待遇まで受けたが、その後、王莽殺害を謀って失敗、自殺に追い込まれた（『漢書』巻三十六 楚元王傳）。

（五）ここでの圖讖は、「劉秀 當に天子と爲るべし」というもので、劉歆はこれに応じるために名を劉秀と改めていた（『後漢書』列傳五 鄧晨傳）。

（六）益士は、益州のこと。劉焉は、もともと交州を希望していたが、「天子の氣」があることを聞き、益州牧となった。

（七）吳氏は、ここでは先主の穆皇后。吳壹の妹。人相占いに、「大貴」の相があると言われ、それを聴いた劉焉が、劉瑁の妻とした（『三國志』巻三十四 穆皇后傳）。

（八）『周易』解卦に、「六三、負且乘、致寇至」とあり、車騎の上に物を乗せる状態で、寇盗が競って奪いあう状態であることをいう。

（九）孔衍は、字を舒元、豫州魯國の人。孔子の二十二世孫。晉の廣陵太守となった（『晉書』巻九十一 儒林 孔衍傳）。

（一〇）漢魏春秋は、書名。孔衍の著。『隋書』巻三十三 經籍志に、九巻と著録されるが、散逸した。

（一一）高祖は、劉邦（位、前二〇二～前一九五年）。前二〇二年の垓下の戦で項羽を破り、前漢を建国した（『史記』巻八 高祖本紀、『漢書』巻一 高帝紀）。高祖劉邦とその家臣に関しては、西嶋定生「中国古代帝国形成の一考察―漢の高祖とその功臣」（『歴史学研究』一四一、一九四九年、『中国古代国家と東アジア世界』東京大学出版会、一九八三年に所収）、李開元『漢帝国の成立と劉邦集団―軍功授益階層の研究』（汲古書院、二〇〇〇年）を参照。

（一二）列侯は、漢の二十等爵中最上位の爵位。後漢では縣侯・鄉侯・亭侯の三種類が有り、それぞれ縣・鄉・亭を食邑とした。列侯に次ぐ爵位に關内侯があり、租税を食むものの封地はない。列侯・關内侯は功臣や寵臣・宦官や外戚、或いは諸侯王の王位を継承しない王子などが封ぜられた（『後漢書』志二十八 百官五）。

（一三）張璠は、安定郡の人、東晉の祕書郎。『周易注』などの著作のほか、『後漢紀』を著した。『三國志』巻四 三少帝紀の注には、「璠 後漢紀を撰し、未だ成らずに似ると雖も、辭藻は觀る可し」とあり、裴松之の注にしばしば引用されている。

（一四）襄公は、春秋時代の宋の君主。楚と泓に戦い、仁に拘り敗れた宋襄の仁の故事で知られる（『史記』巻三十八 宋微子世家）。

（一五）偃王は、徐の王。周の穆王の時の人。仁義を行い、江淮の諸侯三十六國を従えたが、周王の命を受けた楚に討たれたとされる（『淮南子』說山訓）。

（一六）韓嵩は、字を德高、南陽郡の人。曹操への内通を疑われて劉表に投獄された。劉表の死後は、子の劉琮に降伏を奨めて曹操に帰順し、大鴻臚に任ぜられた（『三國志』巻六 劉表傳・同傳注引『先賢行狀』）。

（一七）劉先は、字を始宗。劉表配下の別駕從事。博覧強記で黄老の学を好んだ。曹操が荊州を平定すると曹操に帰順。魏が建国されると尚書令に任ぜられた（『三國志』巻六 劉表傳・同傳注引『零陵先賢傳』）。

（一八）陳平は、漢初の功臣。河南郡陽武縣の人。貧農の家に育ったが読書を好み、みずからは労働しないで兄に扶養されていたという。劉邦の護軍中尉として、項羽と范增の仲を割いて楚軍に打撃を与えるなど、知謀により漢の勝利に貢献した。天下統一後も、しばしば奇計を用いて韓信・陳豨らの謀反を平定した。呂后の死後、太尉の周勃と謀り呂氏一族を誅滅、文帝を擁立した（『漢書』巻四十 陳平傳）。

（一九）韓信は、前漢建国の功臣。はじめ項梁・項羽に従っていたが、のちに劉邦（のちの高祖）の幕下に身を投じる。蕭何から「國士無雙」と称賛されて大將軍となり、關中、次いで齊を平定、齊王を名乗った。前漢成立後、楚王に封ぜられるが、項羽の配下であった鍾離昧を匿ったことで謀反の疑いをかけられ、淮陰侯に降格の上、長安で軟禁状態に置かれる。のちに高祖の留守中に反乱を企てた罪により、処刑された（『史記』巻九十二 淮陰侯列傳、『漢書』巻三十四 韓信傳）。

（二〇）項羽は、名を籍、字を羽といい、下相の人。秦末の群雄。陳勝・呉廣の乱が起こると、叔父の項梁とともに呉で挙兵、楚王の子孫にあたる心を擁立して懐王とし、秦に対抗する勢力を結集した。秦の主力軍と戦って大勝するも、いち早く咸陽を占領していた劉邦と対立、「西楚の覇王」と称して劉邦と天下を争ったが、垓下の戦いで敗れ、自刃した（『史記』巻七 項羽本紀、『漢書』巻三十一 項籍傳）。

（二一）『論語』學而第一に、「曾子曰く、吾 日に三たび吾が身を省みる。人の爲に謀りて忠ならざるか。朋友と交はりて信ならざるか。習はざるを傳へしかと」とある言葉を踏まえている。

[現代語訳]

評にいう、「むかし魏豹《ぎひょう》は許負《きょふ》の（薄氏が天子の子を生むという）予言を聞いて薄姫《はくひ》を側室に納め[一]、劉歆《りゅうきん》は（「劉秀 當に天子と爲るべし」という）圖讖《としん》の文を見て名字を（劉秀に）改変したが、ついにその身を全うできず、（許負の予言は文帝、劉秀が天子となる圖讖は光武帝という）二主の幸いであった。これは神明は根拠なく求めるべきではなく、天命はみだりに冀《こいねが》うべきではないことの必然の証《あかし》である。それなのに劉焉は董扶《とうふ》の（「益州の分野に天子の氣有り」という）言辞を聞いて（天子になろうと）心を益州に動かし、人相占いの（呉壹の妹は「大貴」の相があるという）言葉を聴いて婚姻関係を呉氏に求め、にわかに（天子の）車と服を作り、（天子の地位という）神器を盗もうと図った。その惑えることは甚しい。劉璋は才が英雄ではなく、それなのに（益州の）地を拠点に世を乱し、車の上に（良いものを）乗せて寇盗を招くようなことをしたので、（奪われたことは）自然の理である。劉璋が（益州を）奪われ取られたのは、不幸ではないのである」と[二]。

[裴松之注]

[一] 孔衍《こうえん》の『漢魏春秋《かんぎしゅんじゅう》』に、「許負は、司隷《しれい》河内《かだい》郡溫《おん》縣（河南省温県の南西）の婦人である。漢の高祖《こうそ》は（許負を）封建して明雌《めいし》亭侯《ていこう》とした」とある。臣 裴松之が考えますに、今（劉宋のころ）江東の人は「母」を「負」と呼びますので、孔衍は許負を婦人としたのです。それらしく見える説明です。しかしながら漢の高祖の時には、（封建されるものは）すべて列侯に封建され、まだ郷侯や亭侯の爵位はありませんでした。この封建は事実かどうか疑わしいものです。

[二] 張璠《ちょうはん》は、「劉璋は愚かで脆弱であったが善い言葉を残した。これはまた宋《そう》の襄公《じょうこう》や徐《じょ》の偃王《えんおう》の類であって、無道の君主とすることはできない。張松《ちょうしょう》と法正《ほうせい》は、君臣の義が正しくなかったとは言っても、それでももとより（臣下として）名簿に記され人質を預けたものである。進んで当時の状勢を述べることが明らかにできなければ、韓嵩《かんせん》や劉先《りゅうせん》が劉表《りゅうひょう》に進言した際のように、（説いた後に）退いて絶縁を告げずに逃亡し、（あるいは）陳平《ちんぺい》や韓《かん》

信《しん》が項羽《こうう》のもとを去ったようにすべきである。それなのに二股をかけ異心を抱き、謀事《はかりごと》を行い忠でなかったことは、罪に類することである」と言っている。

【原文】

先主傳第二　　蜀書　　國志三十二

先主傳

先主姓劉、諱備、字玄德、涿郡涿縣人、漢景帝子中山靖王勝之後也。勝子貞、元狩六年、封涿縣陸城亭侯。坐酎金失侯、因家焉[一]。先主祖雄、父弘、世仕州郡。雄擧孝廉、官至東郡范令。

[裴松之注]

[一] 典略曰、備本臨邑侯枝屬也。

《訓読》

先主傳第二　　蜀書　　國志三十二

先主傳

先主(一) 姓(二)は劉、諱(三)は備、字は玄德、涿郡涿縣の人、漢の景帝(四)の子たる中山靖王勝(五)の後なり。勝の子の貞(六)、元狩六年、涿縣の陸城亭侯に封ぜらる。酎金(七)に坐し侯を失ひ、因りて焉《ここ》に家す[一]。先主の祖の雄(八)、父の弘(九)、世〻州郡に仕ふ。雄 孝廉(一〇)に擧げられ、官は東郡の范令に至る。

[裴松之注]

[一] 典略に曰く、「備は本 臨邑侯(一一)の枝屬なり」と。

(補注)

(一) 先主は、『三國志』における劉備の呼称。こののちも先主傳は、「先主」という呼称で記述されていく。呉の建国者である孫權の列傳を呉主傳と銘打ちながら、列傳中では、「孫權」と呼び捨てにしていることとの違いに、陳壽の旧蜀臣としての立場を見ることができる。なお、劉備の子の劉禪は後主と呼ばれる。

(二) 姓は、血縁集団を示す語。これに対して、氏は姓族が分化し、それぞれ居住する土地、さらには始祖との関係、官職などにちなんで区別されたもの。ただし、戰國時代以降、血族意識が狭まったため、姓と氏の区別はなくなり、両者は同義語となった。劉氏は祁姓の帝堯の子孫とされるが、由来については、先祖が劉邑に封ぜられたことによるという説（『通志』巻二十七 氏族略三 以邑爲氏）、「劉累」という名の先祖にちなむという説（『新唐書』巻七十一上 宰相世系表一上）がある。

(三) 諱は、本来、口にすることを忌避した、死者の生前の本名のこと。のちに本名そのものを諱として、文字を書いたり、口にするのを慎むようになった。これを避諱という。諱を呼べるのは、親や師君に限られる。これに対して、日常生活に用いられる名を字《あざな》という。

(四) 景帝は、前漢の第六代皇帝（在位、前一五七～前一四四年）、諱は啓。皇帝権力を強化するため、諸王侯の削減に努め、これに反発した呉楚七國の乱を平定した。この結果、子の武帝のときには、郡國制は事実上の郡縣制へと移行していく（『漢書』巻五 景帝紀）。

(五) 中山靖王の劉勝は、景帝の子、靖は死後におくられた諡《おくりな》である。酒色を好み、多くの男子を儲けた。劉備が祖先とする劉貞は、その中の一人である（『漢書』巻五十三 景十三王 中山靖王劉勝傳）。その陵墓である滿城漢墓からは、漢を代表する金縷玉衣が発見されたことで有名である。なお、司馬光の『資治通鑑』は、劉備までの世系が明らかでないと、劉備が中山靖王の後裔であることを疑い、魏の元號を用いて三國時代を記述する。これに対して、朱子は『資治通鑑綱目』で反論し、季漢こそ正統であると主張している。

（六）劉貞は、劉勝の子。『漢書』巻十五上 王子侯表上によれば、劉貞は、元朔二（前一二七）年六月甲午、四人の兄弟、ならびに趙敬肅王劉彭祖（劉勝の同母弟）の八人の子と共に列侯に封ぜられている。したがって、本文の「元狩六（前一一七）年」は「元朔二（前一二七）年」の誤りであろう。なお、『水經注』巻十一滱水によれば、中山國の陸成縣が劉貞の侯國であったという。

（七）酎金とは、ここでは酎金律のこと。宗廟の祭祀に用いる酒の醸造費として、諸侯王や列侯は黄金を献上した。これを酎金という。酎金の黄金の量が少なかったり、質が悪かった場合、酎金律に基づいて、諸侯王は封戸を削減され、列侯は爵位を剝奪された。前漢の武帝による諸侯の勢力削減策の一つである。『漢書』巻十五上 王子侯表上によれば、劉貞の失侯は、酎金律が厳格に適用され、大量の列侯改易者を出した元鼎五（前一一二）年のことである。

（八）雄は、劉雄。劉備の祖。孝廉に察擧され、范縣令に至ったという（『三國志』巻三十二 先主傳）。

（九）弘は、劉弘。劉備の父。州郡の屬吏となったという（『三國志』巻三十二 先主傳）。

（一〇）孝廉は、中央官僚の任官候補者を選抜する科目の一つ。郡太守・國相によって定期的に察擧されるため「常擧」と呼ぶ。州刺史が察擧する秀才（後漢では茂才という）、臨時におこなわれるため「制擧」と呼ばれる賢良方正などとともに、漢代における官僚登用制度の柱とされた。福井重雅『漢代官吏登用制度の研究』（創文社、一九八八年）を参照。

（一一）臨邑侯は、後漢では光武帝劉秀の兄である劉縯の子の劉復が建武三十（五四）年に封建されている。盧弼は、なぜ劉備を臨邑侯の枝属としたのか分からないと言い、沈家本は、『典略』の説を誤りとする。

［現代語訳］

先主傳第二　蜀書　國志三十二

先主傳

先主《せんしゅ》は姓を劉《りゅう》、諱《いみな》を備《び》、字《あざな》を玄徳《げんとく》といい、涿郡涿縣《たくぐんたくけん》（河北省涿州市）の人で、漢の景帝《けいてい》の子である中山靖王劉勝《ちゅうざんせいおうりゅうしょう》の後裔である。劉勝の子の劉貞《りゅうてい》は、元狩《げんしゅ》六（前一一七）年、涿縣の陸城亭侯《りくじょうていこう》に封ぜられた。酎金《ちゅうきん》律に坐して侯の爵位を失ったので、涿縣に家をかまえた[一]。先主の祖父の劉雄《りゅうゆう》、父の劉弘《りゅうこう》は、代々（地方官吏として）幽州や涿郡の役所に出仕した。劉雄は孝廉《こうれん》に察擧され、官位は東郡《とうぐん》の范縣令《はんけんれい》に至った。

［裴松之注］

[一]『典略』に、「劉備はもと臨邑侯《りんゆうこう》の傍流である」とある。

【原文】

先主少孤、與母販履織席爲業。舍東南角籬上有桑樹、生高五丈餘、遙望見童童如小車蓋。往來者皆怪此樹非凡、或謂當出貴人［一］。先主少時、與宗中諸小兒於樹下戲言、吾必當乘此羽葆蓋車。叔父子敬謂曰、汝勿妄語、滅吾門也。年十五、母使行學、與同宗劉德然・遼西公孫瓚、俱事故九江太守同郡盧植。德然父元起、常資給先主、與德然等。元起妻曰、各自一家、何能常爾邪。起曰、吾宗中有此兒、非常人也。而瓚深與先主相友。瓚年長、先主以兄事之。先主不甚樂讀書、喜狗馬・音樂・美衣服。身長七尺五寸、垂手下膝、顧自見其耳。少語言、善下人、喜怒不形於色。好交結豪俠、年少爭附之。中山大商張世平・蘇雙等、貲累千金、販馬周旋於涿郡。見而異之、乃多與之金財。先主由是得用合徒衆。

［裴松之注］

［一］漢晉春秋曰、涿人李定云、此家必出貴人。

《訓読》

先主 少《わか》くして孤、母と履《くつ》を販《う》り席《むしろ》を織りて業《なりはひ》と爲す。舍の東南角の籬上に桑樹(一)有り、生じて高さ五丈餘り、遙かに望見するに童童(二)たること小車の蓋の如し。往來する者 皆 此の樹の非凡なるを怪しみ、或ひと(三)當に貴人を出だすべしと謂ふ［一］。先主 少き時、宗中の諸小兒と樹下に戲れて言ふ、「吾 必ず當に此のごとき羽葆《うほう》蓋車(四)に乘るべし」と。叔父の子敬(五) 謂ひて曰く、「汝 妄語すること勿かれ、吾が門を滅ぼさん」と。年十五、母 行學せしめ、同宗の劉德然(六)・遼西の公孫瓚(七)と與に、俱に故の九江太守たる同郡の盧植(八)に事ふ。德然の父たる元起(九)、常に先主に資給すること、德然と等し。元起の妻曰く、「各〻自ら一家たるに、何ぞ能く常に爾《しか》るや」と。起曰く、「吾が宗中に此の兒有り、常の人に非ざるなり」と。而して瓚 深く先主と相 友たり。瓚 年長なれば、先主 以て之に兄事す。先主 甚だしくは讀書を樂《ねが》はず、狗馬・音樂・美衣服を喜《この》む。身長は七尺五寸、手を垂るれば膝より下り、顧みれば自ら其の耳を見る(一〇)。語言少く、善く人に下り、喜怒をば色に形《あら》はさず。好みて豪俠と交結し、年少 爭ひて之に附す。中山の大商たる張世平(一一)・蘇雙(一二)ら、貲は千金を累ね、馬を販ひて涿郡に周旋す。見て之を異とし、乃ち多く之に金財を與ふ。先主 是に由り用て徒衆を合するを得たり。

［裴松之注］

［一］漢晉春秋に曰く、「涿人の李定(一三)云ふ、「此の家 必ずや貴人を出ださん」と」と。

（補注）

（一）桑樹と関わり、劉備の生家が樓桑里であったとする記録がある。『水經注』巻十二 巨馬水によれば、劉備の生家は涿縣の酈亭の樓桑里にあったという。『水經注』を著した酈道元は酈亭の出身であり、この記述の信憑性は高い。

（二）童童は、幢幢と同義。樹木の枝や葉がこんもりと覆いかぶさる様子。

（三）裴注に引く『漢晉春秋』によれば、涿縣の人である李定の言葉とされる。

（四）羽葆蓋車は、天子の馬車のこと。『續漢書』志二十九 輿服上には、天子の用いる金根車などには「羽蓋華蚤」が備わるとあり、劉昭注によれば、羽蓋は表側に翡翠（カワセミ）の羽が雲龍のように高く綴られ、裏側に黄色の絹布が施された車蓋をさし、これを黄屋車と称したという。華蚤は車蓋を支える橑（かさぼね）の先端に華形の金の飾りを施したものである。

（五）『三國志』巻四十　劉封傳によれば、孟達は字が「子敬」であったが、先主の叔父の名「子敬」を避け、「子度」と改めている。

（六）劉德然は、劉備の一族。劉備と共に盧植に学んだ（『三國志』巻三十二　先主傳）。

（七）公孫瓚は、後漢末の群雄。字を伯珪、幽州遼西郡令支縣の人。比較的高い家柄の出身であったが、母の出自が卑しかったため、郡の門下書佐より出仕した。それでも太守に才能を認められ、盧植のもとに留学し、劉備と義兄弟となった。のちに、幽州牧の劉虞を殺害して幽州を支配したが、袁紹に敗れ、易京に包囲されて自殺した（『三國志』巻八　公孫瓚傳）。その集団が三国時代の知識人層である「名士」を排除し、商人層を基盤とするものであったことは、渡邉義浩「三国政権形成前史―袁紹と公孫瓚」（『吉田寅先生古稀記念　アジア史論集』東京法令出版、一九九七年、『三国政権の構造と「名士」』前掲に所収）を参照。

（八）盧植は、後漢末の儒將。字を子幹、幽州涿郡涿縣の人。鄭玄と共に馬融に師事した。靈帝期に九江太守・廬江太守を歴任して異民族を平定、侍中・尚書に転じた。文武の才を兼ね備え、「入りては相、出でては將」と称される典型的な儒將である。黄巾の乱に際しては、北中郎將として軍略を練り、自ら張角を破ったが、宦官に賄賂を贈らずに罰せられた。のち董卓の皇帝廢立に抗議して免官され、袁紹の軍師となったが、直後に没した。著書に、『禮記』の解釈をまとめた『禮記解詁』があったが、すでに散逸している（『後漢書』列傳五十四　盧植傳）。

（九）元起は、劉元起。息子の劉德然と同額を盧植に学ぶ劉備に支給していた（『三國志』巻三十二　先主傳）。

（一〇）劉備の耳について、曹操に捕らえられた呂布が、処刑を主張する劉備に向かって、「大耳兒、最叵信（最も信ず叵《べ》からず）」と罵ったとの記録があり（『後漢書』列傳六十五　呂布傳）、劉備の特徴が大きな耳にあったことを窺い得る。

（一一）張世平は、中山國の大商人。馬の売買に涿郡を訪れており、劉備の起兵の際に、金財を与えた（『三國志』巻三十二　先主傳）。

（一二）蘇雙は、中山國の大商人。馬の売買に涿郡を訪れており、劉備の起兵の際に、金財を与えた（『三國志』巻三十二　先主傳）。

（一三）李定は、涿郡の人。劉備の家の東南に生える桑樹を見て、この家は「必ず貴人を出だす」と予言した（『三國志』巻三十二　先主傳注引『漢晉春秋』）。

[現代語訳]

先主は幼いころに父を失い、母とくつを売り蓆《むしろ》を織って生業とした。家の東南の角の籬《まがき》のかたわらに桑の樹があり、大きくなって高さが五丈あまり（約12ｍ）になり、遠くから眺めるとこんもりとして小さな馬車の屋根のようであった。往来する者はみなこの樹が普通ではないことを怪しみ、ある人は（この家から）貴人を出すにちがいないと言った[二]。先主は幼いころ、一族の子供たちと樹の下でふざけて、「わたしは必ずこの樹のような鳥の羽のかざりがついた屋根つきの車に乗ってみせるぞ」と言った。叔父の劉子敬《りゅうしけい》は、「おまえは無闇に物を言うのではない、我が一門を滅ぼすぞ」と言った。（志學の年である）十五歳になると、母は学問に行かせ、同族の劉徳然《りゅうとくぜん》・遼西郡《りょうせいぐん》の公孫瓚《こうそんさん》と、一緒に故《もと》の九江太守《きゅうこうたいしゅ》である同郡の盧植《ろしょく》に学んだ。劉徳然の父である劉元起《りゅうげんき》は、いつも先主に学資を給することが、徳然と同じであった。劉元起の妻は、「それぞれ別の一家であるのに、どうしていつもそのようにするのですか」と言った。劉元起は、「我々の一族の中にはこの児がいる、（その才能は）並の人ではない」と答えた。そして公孫瓚は先主と親密な友であった。公孫瓚が年長なので、先主はこれに兄として仕えた。先主はそれほど読書することはねがわず、犬馬・音楽・美しい衣服を好んだ。身長は七尺五寸（約173㎝）、手を垂らせば膝の下まで届き、振り返れば自分の耳を見ることができた。言葉は少なく、よく人にへりくだり、喜怒は顔色に出さなかった。好んで豪傑と交際し、無頼の少年たちは先を争ってこれに付き従った。中山國《ちゅうざん》（河北省中山郡）の大商人である張世平《ちょうせいへい》・蘇雙《そそう》らは、資産は千金を重ね、馬を売って涿郡《たくぐん》に往来していた。（先主を）見てこれを評価し、そこで多くの金財を与えた。先主はこれによって兵を集めることができた。

［裴松之注］
［一］『漢晉春秋《かんしんしゅんじゅう》』に、「涿縣の李定《りてい》が、「この家は必ず貴人を出すであろう」と言った」とある。

【原文】

靈帝末、黄巾起、州郡各舉義兵。先主率其屬、從校尉鄒靖、討黄巾賊有功、除安喜尉［一］。督郵以公事到縣。先主求謁、不通、直入縛督郵、杖二百。解綬繫其頸、[1]著馬枊、五葬反。棄官亡命［二］。頃之、大將軍何進、遣都尉毌丘毅、詣丹楊募兵。先主與俱行、至下邳遇賊、力戰有功、除爲下密丞。復去官。後爲高唐尉、遷爲令［三］。爲賊所破、往奔中郎將公孫瓚。瓚表爲別部司馬、使[2]（爲）〔與〕青州刺史田楷以拒冀州牧袁紹。數有戰功、試守平原令、後領平原相。郡民劉平、素輕先主、恥爲之下、使客刺之。客不忍刺、語之而去。其得人心如此［四］。

［裴松之注］

［一］典略曰、平原劉子平、知備有武勇。時張純反叛、青州被詔、遣從事將兵討純。過平原、子平薦備於從事。遂與相隨、遇賊於野。備中創陽死、賊去後、故人以車載之、得免。後以軍功、爲中山安喜尉。

［二］典略曰、其後、州郡被詔書、其有軍功爲長吏者、當沙汰之。備疑在遣中。督郵至縣、當遣備、備素知之。聞督郵在傳舍、備欲求見督郵。督郵稱疾、不肯見備。備恨之、因還治、將吏卒更詣傳舍、突入門、言我被府君密教收督郵。遂就[3]牀縛之、將出到界、自解其綬以繫督郵頸、縛之著樹、鞭杖百餘下、欲殺之。督郵求哀、乃釋去之。

［三］英雄記云、靈帝末年、備嘗在京師。後與曹公俱還沛國、募召合衆。會靈帝崩、天下大亂、備亦起軍從討董卓。

［四］魏書曰、劉平結客刺備、備不知而待客甚厚。客以狀語之而去。是時、人民饑饉、屯聚鈔暴。備外禦寇難、內豐財施、士之下者、必與同席而坐、同簋而食、無所簡擇。衆多歸焉。

〔校勘〕

1. 中華書局本は、「着」に作る。
2. 百衲本は「爲」に作るが、中華書局本により「與」に改める。
3. 中華書局本は、「床」に作る。

《訓読》

靈帝の末、黄巾 起こり、州郡 各〻義兵を擧ぐ。先主 其の屬を率ゐ、校尉の鄒靖(一)に從ひて、黄巾の賊を討ちて功有り、安喜尉(二)に除せらる[一]。督郵(三) 公事を以て縣に到る。先主 謁を求むるも、通ぜず、直ちに入り督郵を縛り、杖すること二百。綬(四)を解き其の頸に繫け、馬枊(五)に著《つ》け、五葬の反。官を棄て亡命す[二]。頃之《しばらくして》、大將軍の何進、都尉(六)の毌丘(七)毅を遣はして、丹楊に詣りて募兵せしむ。先主 與に倶に行き、下邳に至りて賊に遇ひ、力戰して功有り、除せられて下密の丞(八)と爲る。復た官を去る。後に高唐の尉と爲り、遷りて令(九)と爲る[三]。賊の破る所と爲り、往きて中郎(一〇)將の公孫瓚に奔る。瓚 表して別部司馬(一一)と爲し、青州刺史の田(一二)楷と與に以て冀州牧の袁紹(一三)を拒がしむ。數〻戰功有り、試みに平原令を守し、後に平原相(一四)を領す。郡民の劉平(一五)、素より先主を輕んじ、之が下と爲るを恥ぢ、客をして之を刺せしむ。客 刺すに忍びず、之を語りて去る。其の人心を得ること此の如し[四]。

〔裴松之注〕

[一] 典略に曰く、「平原の劉子平(一六)は、備に武勇有るを知る。時に張純(一七) 反叛し、青州は詔を被り、從事を遣はして兵を將ゐて純を討たしむ。平原を過ぐるに、子平 備を從事に薦む。遂《かく》て與に相 隨ひ、賊に野に遇ふ。備 創に中り陽《いつ》はりて死し、賊 去りしの後、故人 車を以て之を載せ、免るるを得たり。後 軍功を以て、中山の安喜尉と爲る」と。

[二] 典略に曰く、「其の後、州郡 詔書を被り、其の軍功有りて長吏と爲る者は、當に之を沙汰すべしと。備 遣《はな》つ中に在るを疑ふ。督郵 縣に至り、當に備を遣《お》はんとするも、備 素より之を知る。督郵の傳舍に在るを聞きて、備 督郵に見へんことを求めんと欲す。督郵 疾と稱し、備を見るを肯ぜず。備 之を恨み、因りて治に還り、吏卒を將ゐて更めて傳舍に詣り、突きて門に入り、「我 府(一八)君の密教を被りて督郵を收《とら》ふ」と言ふ。遂て牀に就き之を縛り、將ゐ出でて界に到るや、自ら其の綬を解きて以て督郵の頸に繫け、之を縛りて樹に著け、鞭杖すること百餘り下し、之を殺さんと欲す。督郵 哀を求め、乃ち釋きて之を去らしむ」と。

[三] 英雄記に云ふ、「靈帝の末年、備 嘗て京師に在り。後に曹公と與に倶に沛國に還り、募召して衆を合はす。會《たまたま》 靈帝 崩じ、天下 大いに亂れるや、備も亦た軍を起こし董卓を討つに從ふ」と。

[四] 魏書(一九)に曰く、「劉平 客と結び備を刺さんとするも、備 知らずして客を待つこと甚だ厚し。客 狀を以て之に語りて去る。是の時、人民 饑饉し、屯聚して鈔暴す。備 外は寇難を禦ぎ、內は財施を豐かにし、士の下なる者も、必ず與に席を同じくして坐り、簋を同じくして食べ、簡擇する所無し。衆 多く焉に歸す」と。

（補注）

（一）鄒靖は、後漢末の將。校尉として、黄巾の平定に当たったのち、北軍中候に昇進している。韓遂・邊章の乱にあたり、烏桓兵ではなく鮮卑兵の採用を主張したが、應劭の反対もあり、却下された。鄒靖に同調した大將軍掾の韓卓によれば、鄒靖は辺境近くで暮らし異民族たちの実態を把握していたという（『後漢書』列傳四十八 應劭傳）。

（二）尉は、官名。縣の屬吏。縣内の治安維持をつかさどり、盗賊の捕縛や犯罪の捜査にあたった（『後漢書』志二十八 百官五）。

（三）督郵は、郡の屬吏。管轄下の縣の監察を掌る（『後漢書』志二十八 百官五）。

（四）綬は、官印を下げる組紐。古代中国の官僚は身分標識として、印と綬を預けられていた。印の材質と綬の色は官職の高下によって異なる。『宋書』巻十八 禮志五によれば、縣尉は、「銅印黄綬」とされる。

（五）馬枊《ごう》は、馬を縛り付けておく木の杭のこと。

（六）都尉は、郡に置かれた軍事官。官秩は比二千石。後漢では、光武帝の軍備縮小政策により廃止され、その職掌は太守に併せられた。浜口重国「光武帝の軍備縮小と其の影響」（『東亜学』八、一九四三年、『秦漢隋唐史の研究』上巻、東京大学出版会、一九六六年に所収）を参照。

（七）毌丘毅は、都尉。何進の命を受けて、強兵として名高い丹陽兵を募集に行った（『三國志』巻三十二 先主傳）。

（八）丞は、縣の次官。尉と共に、縣令・縣長の補佐役で、丞は文書行政、尉は賊の取り締まりを担当した（『後漢書』志二十八 百官五）。

（九）令は、縣の行政長官。令は、一万戸以上の縣を支配する。これに対して、一万戸に満たない縣の行政官を長と称する（『後漢書』志二十八 百官五）。

（一〇）中郎將は、官名。光祿勳に属す。五官中郎將、左中郎將、右中郎將、虎賁中郎將、羽林中郎將がある。それぞれ比二千石で、五官郎、左署郎、右署郎、虎賁郎、羽林郎の各種の郎官を統率した（『後漢書』志二十五 百官二）。後漢末には、このほか雑号の中郎將があった。ここでは、後者か。

（一一）別部司馬は、官名。別動隊を指揮する。

（一二）田楷は、公孫瓚の將。『後漢書』では「田揩」につくる。青州刺史に任ぜられ、平原相の劉備を指揮下に置いた。のち袁紹に敗れて戦死した（『三國志』巻八 公孫瓚傳、『後漢書』列傳六十三 公孫瓚傳）。

（一三）袁紹は、字を本初、汝南郡汝陽縣の人。靈帝の死後、宦官誅滅を謀って禁中に兵を入れ、その混乱が結果的に董卓の専横を招いた。名家の経済基盤と、多くの「名士」の支持とを背景に河北を制圧、強大な勢力を築きあげたが、建安五（二〇〇）年、官渡の戦いで曹操に敗れ、建安七（二〇二）年、病死した（『三國志』巻六 袁紹傳）。渡邉義浩「三国政権形成前史—袁紹と公孫瓚」（前掲）を参照。

（一四）相は、國相。郡の太守にあたる國の行政長官。前漢では、丞相と呼ばれていたが、後漢では相と呼ぶ（『後漢書』志二十八 百官五）。

（一五）劉平は、平原國の人。劉備を軽んじ、刺客により暗殺しようとした（『三國志』巻三十二 先主傳）。

（一六）劉子平は、平原國の人。趙一清は、本文では刺客を送った注（一五）の劉平と同一人物ではないのではないか、とする。

（一七）張純は、漁陽郡の人。中平四（一八七）年、同郡の張擧と共に反乱を起こした（『後漢書』本紀八 靈帝紀）。

（一八）府君は、郡太守のこと。なお、州刺史は使君という。

（一九）魏書は、書名。王沈が著した史書。『隋書』巻三十三 經籍志二には、四十八巻と著録する。『晉書』巻三十九 王沈傳によれば、王沈は、曹魏の正元年間（二五四～二五五年）に荀顗・阮籍とともに『魏書』を著したが、司馬氏におもねる記述が多いと評される。満田剛「王沈『魏書』研究」（『創価大学大学院紀要』二〇、一九九九年）を参照。

［現代語訳］

靈帝《れいてい》の末（一八四）年、黄巾が蜂起し、州郡はそれぞれ（黄巾を鎮圧するための）義兵を挙げた。先主は自分に従うものを率いて、校尉《こうい》の鄒靖《すうせい》に従い、黄巾を討伐して功績があり、安喜縣尉《あんきけんい》に任命された［一］。督郵《とくゆう》が公事（である配下の縣の監察）のために安喜縣（河北省定県）に到着した。先主は謁見を求めたが、取り次いでもらえず、直ちに（督郵のいる宿舍に）入って督郵を縛りあげ、棒で打つこと二百回、（安喜縣尉の）印綬《いんじゅ》を解いて督郵の首にかけ、馬つなぎにくくりつけ、（枊《ごう》の字は）五葬の反。官位を棄てて亡命した［二］。しばらくして、大將軍《だいしょうぐん》の何進《かしん》が、都尉《とい》の毌丘毅《かんきゅうき》を派遣して、丹楊《たんよう》郡（安徽省の長江より南と江蘇・浙江省の一部）に至って募兵をさせた。先主は（毌丘毅と）一緒に行き、下邳《かひ》國（江蘇省邳縣より西）に至って賊と遭遇し、力戦して功績があり、除任されて下密《かみつ》縣（山東省昌邑の東）の丞《じょう》となった。また官を去った。後に高唐《こうとう》縣（山東省禹城の南西）の尉《い》となり、栄転して高唐縣令となった［三］。（しかし）賊に破られ、敗走して中郎將《ちゅうろうしょう》の公孫瓚《こうそんさん》のもとに身を寄せた。公孫瓚は上表して（劉備を）別部司馬《べつぶしば》となし、青州刺史《せいしゅうしし》の田楷《でんかい》と共に冀州牧《きしゅうぼく》の袁《えん》紹《しょう》を拒がせた。しばしば戦功があり、試みに平原《へいげん》縣（山東省平原県の南）の縣令を代行し、後に平原國（山東省平原・陵県・斉河・禹城・臨邑・商河・恵民・信陽）の國相《こくしょう》を兼任した。郡民の劉平《りゅうへい》は、以前から先主を軽んじ、先主の下となることを恥じ、客に劉備を刺させようとした。客は刺すことに忍びず、事情を語って去った。劉備が人心を得ることはこのようであった［四］。

［裴松之注］

［一］『典略《てんりゃく》』に、「平原《へいげん》國の劉子平《りゅうしへい》は、劉備に武勇があることを知っていた。このとき張純《ちょうじゅん》が反乱を起こし、青州《せいしゅう》（刺史）は詔を受けて、州從事《しゅうじゅうじ》を派遣して兵を率いて張純を討たせた。平原國を過ぎると、劉子平は劉備を州從事に勧めた。かくて（劉子平と劉備は）共に一緒に（州從事に）随従し、賊と野で戦った。劉備は傷を受け偽って死んだふりをして、賊が去った後、知り合いが車に劉備を載せて、（戦死を）免れることができた。（劉備は）後に軍功により、中山《ちゅうざん》國の安喜《あんき》縣の尉《い》となった」とある。

［二］『典略』に、「その後、州郡は詔書を受け、軍功があって長吏《ちょうり》となった者は、これの善と悪をえりわけるべきとされた。劉備は（自分が）免ぜられる中に入っていると疑っていた。督郵《とくゆう》が縣に至り、劉備を免じようとすると、劉備は初めからこれを知っていた。督郵が伝舍にいることを聞いて、劉備は督郵に面会することを求めようとした。（しかし）督郵は病気と称して、劉備と会わなかった。劉備はこれを恨み、そのため治所に帰り、吏卒を率いて改めて伝舍に到り、突き破って門に入り、「わたしは府君《ふくん》の密命を受けて督郵を捕らえる」と言った。かくて牀《しょう》にいき督郵を縛り、引き出して縣境に至ると、自らその綬《じゅ》を解いてそれを督郵の首に掛け、督郵を縛って木にくくり付け、鞭で打つこと百回余り、督郵を殺そうとした。督郵が許しを請うので、放《はな》ってこれを行かせた」とある。

[三]『英雄記《えいゆうき》』に、「靈帝の末年、劉備ははじめ京師《けいし》にいた。後に曹公《そうこう》と一緒に沛《はい》國（安徽省の淮水より北と江蘇省豊県より南）に帰り、募集して兵を糾合した。たまたま靈帝が崩御し、天下が大いに乱れると、劉備もまた軍を起こし董卓《とうたく》を討つことに従事した」とある。

[四]『魏書《ぎしょ》』に、「劉平《りゅうへい》は客に約束して劉備を刺そうとしたが、劉備は知らずに客を待遇することたいへん厚かった。客は事情を劉備に語って去った。このとき、人々は飢饉にあい、集まって略奪をしていた。劉備は外は暴徒の進入を防ぎ、内は財の施しを豊かにして、士の目下な者も、必ず一緒に同じ席に坐り、同じ器で食べ、えり好みをしなかった。（そのため）大勢の人が劉備に帰服した」とある。

【原文】

袁紹攻公孫瓚、先主與田楷東屯齊。曹公征徐州。徐州牧陶謙、遣使告急於田楷。楷與先主俱救之。時先主自有兵千餘人及幽州烏丸雜胡騎、又略得飢民數千人。既到、謙以丹楊兵四千益先主、先主遂去楷歸謙。謙表先主爲豫州刺史、屯小沛。謙病篤、謂別駕麋竺曰、非劉備不能安此州也。謙死、竺率州人迎先主、先主未敢當。下邳陳登謂先主曰、今漢室陵遲、海內傾覆、立功立事、在於今日。彼州殷富、戶口百萬、欲屈使君撫臨州事。先主曰、袁公路近在壽春。此君四世五公、海內所歸、君可以州與之。登曰、公路驕豪、非治亂之主。今欲爲使君合步騎十萬。上可以匡主濟民、成五霸之業、下可以割地守境、書功於竹帛。若使君不見聽許、登亦未敢聽使君也。北海相孔融謂先主曰、袁公路豈憂國忘家者邪。冢中枯骨、何足介意。今日之事、百姓與能。天與不取、悔不可追。先主遂領徐州[一]。袁術來攻先主。先主拒之於盱眙・淮陰。曹公表先主爲鎭東將軍、封宜城亭侯。是歲建安元年也。先主與術相持經月、呂布乘虛襲下邳。下邳守將曹豹反、間迎布。布虜先主妻子、先主轉軍海西[二]。楊奉・韓暹寇徐・揚間、先主邀擊、盡斬之。先主求和於呂布、布還其妻子。先主遣關羽守下邳。

〔裴松之注〕

[一] 獻帝春秋曰、陳登等遣使詣袁紹曰、天降災沴、禍臻鄙州。州將殂[1]隕、生民無主。恐懼姦雄一旦承隙、以貽盟主日昃之憂。輒共奉故平原相劉備府君以爲宗主、永使百姓知有依歸。方今寇難縱橫、不遑釋甲、謹遣下吏奔告于執事。紹答曰、劉玄德弘雅有信義。今徐州樂戴之、誠副所望也。

[二] 英雄記曰、備留張飛守下邳、引兵與袁術戰於淮陰石亭、更有勝負。陶謙故將曹豹在下邳、張飛欲殺之。豹衆堅營自守、使人招呂布。布取下邳、張飛敗走。備聞之、引兵還、比至下邳、兵潰。收散卒東取廣陵、與袁術戰、又敗。

〔校勘〕

1．中華書局本は、「殞」に作る。

《訓讀》

袁紹 公孫瓚を攻むるや、先主 田楷と與に東して齊に屯す。曹公徐州を征す。徐州牧の陶謙（一）、使を遣はして急を田楷に告ぐ。楷 先主と與に倶に之を救ふ。時に先主 自ら兵千餘人及《と》幽州烏丸（二）の雜胡騎有り、又 略して飢民數千人を得たり。既に到るや、謙 丹楊（三）兵四千を以て先主を益す。先主 遂て楷を去り謙に歸す。謙 先主を表して豫州刺史と爲し、小沛に屯せしむ。謙 病ひ篤く、別駕の麋竺（四）に謂ひて曰く、「劉備に非ざれば此の州を安んずる能はざるなり」と。謙 死するや、竺 州人を牽ゐて先主を迎ふるも、先主 未だ敢て當たらず。下邳の陳登（五） 先主に謂ひて曰く、「今 漢室は陵遲し、海内は傾覆し、功を立て事を立つは、今日に在り。彼の州は殷富にして、戶口は百萬、使君に屈して州事に撫臨するを欲す」と。先主曰く、「袁公路（六） 近く壽春に在り。此の君 四世五公（七）たりて、海內の歸する所なれば、君 州を以て之に與ふ可し」と。登曰く、「公路は驕豪にして、治亂の主に非ず。今 使君の爲に步騎十萬を合はせんと欲す。上は以て主を匡し民を濟ひ、五霸（八）の業を成す可く、下は以て地を割き境を守り、功を竹帛に書す可し。若し使君 聽許せられざれば、登も亦た未だ敢て使君に聽さざるなり」と。北海相の孔融（九） 先主に謂ひて曰く、「袁公路 豈に國を憂ひ家を忘るる者か。冢中の枯骨、何ぞ意に介するに足らん。今日の事、百姓 能に與《くみ》す（一〇）。天 與ふるも取らざれば、悔ゆるも追ふ可からず」と。先主 遂に徐州を領す［一］。袁術 來りて先主を攻む。先主 之を盱眙・淮陰に拒ぐ。曹公 先主を表して鎭東將軍（一一）と爲し、宜城亭侯に封ず。是の歲 建安元年なり。先主 術と相 持すること月を經、呂布（一二） 虛に乘じて下邳を襲ふ。下邳の守將たる曹豹（一三） 反《そむ》し、間きて布を迎ふ。布 先主の妻子を虜とし、先主 軍を海西に轉ず［二］。楊奉（一四）・韓暹（一五） 徐・揚の間を寇さば、先主 邀擊して、盡く之を斬る。先主 和を呂布に求め、布 其の妻子を還す。先主 關羽を遣はして下邳を守らし（一六）む。

［裴松之注］

［一］獻帝春秋に曰く、「陳登ら使を遣はして袁紹に詣りて曰く、「天 災沴を降し、禍は鄗州に臻る。州將（一七）は殂隕し、生民に主無し。姦雄 一旦に隙を承けて、以て盟主（一八）に日昃（一九）の憂を貽《おく》るを恐懼す。輒ち共に故の平原相たる劉備府君を奉じて以て宗主と爲し、永へに百姓をして依歸有るを知らしむ。方今《いま》 寇難 縱橫たりて、甲を釋くに遑《いとま》あらざれば、謹みて下吏を遣はして執事に奔告す」と。紹 答へて曰く、「劉玄德は弘雅にして信義有り。今 徐州 樂《ねが》ひて之を戴くは、誠に望む所に副ふなり」と」と。

［二］英雄記に曰く、「備 張飛（二〇）を留め下邳を守らしめ、兵を引ゐて袁術と淮陰の石亭に戰ひ、更〻勝負有り。陶謙の故將たる曹豹下邳に在り、張飛 之を殺さんと欲す。豹の衆 營を堅くし自ら守り、人をして呂布を招かしむ。布 下邳を取り、張飛 敗走す。備之を聞き、兵を引き還るも、下邳に至りし比《ころ》ほひ、兵 潰ゆ。散卒を收めて東して廣陵を取り、袁術と戰ふも、又 敗る」と。

（補注）

（一）陶謙は、丹陽の人、字を恭祖。黃巾を討伐し、そののち徐州牧となったが、趙昱を左遷し、張昭を捕らえるなど、「名士」を弾圧した。袁術と結んだ陶謙は、袁紹と結んでいた曹操の父曹嵩を殺害、曹操に侵攻された。兗州を攻擊した呂布を討つべく曹操が歸還したのち、援軍に来ていた劉備に徐州を託すと麋竺に遺言して、病死した（『三國志』卷八 陶謙傳）。

（二）烏丸は、内モンゴルの遊牧民族。匈奴の冒頓單于に滅ぼされた東胡の一派とされ、烏桓とも呼ばれる。後漢に服属し、北辺の防衛にあたった。後漢末には袁紹に通じたが、建安十二（二〇七）年、曹操に撃破されて四散した。内田吟風『北アジア史研究 鮮卑柔然突厥篇』（同朋舎出版、一九七五年）を参照。

（三）丹楊兵は、陶謙の出身地である丹楊郡の兵。精兵で知られる。山がちで鉄が取れる地勢の中、武を好む気風が盛んであるからだという（『三國志』巻六十四 諸葛恪傳）。同じく丹楊郡の出身である許耽、そして曹豹が率いていた。

（四）麋竺は、字を子仲、徐州東海郡朐縣の人。別駕從事として、陶謙の徐州統治を支えた。陶謙の遺命により、劉備を徐州に招く。建安元（一九六）年、呂布により徐州を奪われ、妻子を捕虜にされた劉備に、妹を嫁がせ、奴僕二千人・金銀貨幣などを提供して、劉備の経済的な基盤を支えた。劉備が益州を平定して蜀漢を建国すると、安漢將軍に任命され、その席次は軍師將軍の諸葛亮より上であった（『三國志』巻三十八 麋竺傳）。

（五）陳登は、字を元龍、徐州下邳國下邳縣の人、陳珪の子。呂布が徐州を乗っ取ると、表向きは仕えるふりをしながら、曹操に内通して呂布の台頭を抑えた。この功績により伏波將軍を加えられたが、三十九歳で没した（『三國志』巻七 呂布傳附陳登傳）。

（六）袁公路は、袁術。字を公路、豫州汝南郡汝陽縣の人。袁逢の子。董卓が政権を握ると、配下の孫堅を使って南陽郡を奪い、独立。建安二（一九七）年、讖緯の文言に依拠して皇帝を僭称。のち呂布、曹操らと戦って敗れ、国力を失い、建安四（一九九）年、袁紹の庇護を求めて青州へ向かう途中、病死した（『三國志』巻六 袁術傳）。

（七）四世五公は、四世代にわたって五人の三公を輩出した「汝南の袁氏」を称える言葉。袁安・袁敞・袁湯・袁逢・袁隗の五人が三公となっている。「四世三公」ともいう。

（八）五覇は、春秋の五覇。春秋時代に、「尊王攘夷」を掲げて、諸侯を會盟した齊の桓公・晉の文公などをいう。

（九）孔融は、字を文擧、豫州魯國の人。孔子の二十世孫。博覧強記で高い文才を備えたが、やや尊大の風があり、度々曹操を侮蔑。ついに大逆の汚名を着せられ、処刑された（『後漢書』列傳六十 孔融傳）。

（一〇）『周易』繫辭傳下に、「人謀鬼謀、百姓與能」とあり、これを踏まえた表現である。

（一一）鎭東將軍は、四鎭將軍の一つ。四征將軍の一種で、都督を帯び司令官となることができた（『後漢書』志二十四 百官一）。

（一二）呂布は、字を奉先、并州五原郡九原縣の人。董卓を誅殺し、功績により溫侯に任じられたが、李傕らに敗れる。以後各地を転々とし、ついに下邳を奪って徐州刺史を自称。建安三（一九八）年、曹操の征伐を受け降伏し、縊殺された（『三國志』巻七 呂布傳）。

（一三）曹豹は、陶謙の配下。下邳相であったが、徐州を譲られた劉備の配下の張飛とあわず、呂布に降伏した（『三國志』巻三十二 先主傳）。

（一四）楊奉は、董卓配下の將。元は白波賊の帥。獻帝の東遷にあたっては李傕・郭汜らを防ぎ、洛陽まで護衛した。のち、車騎將軍に任ぜられ梁國へ下ったが、賊害をなしたため、劉備によって誅殺された（『三國志』巻六 董卓傳、巻三十二 先主傳）。

（一五）韓暹は、白波の賊。楊奉・董承に従って勢力を拡大したが、のち劉備によって誅殺された（『三國志』巻六 董卓傳、巻三十二先主傳）。

（一六）『通鑑考異』は、關羽が下邳を守るのは、呂布が敗れた後であり、ここの記述は誤りであるという。

（一七）州將は、ここでは州牧のこと。

（一八）盟主は、ここでは袁紹のこと。反董卓連合において、袁紹が盟主であったことから、こう呼んでいる。

（一九）日昃の憂は、昼飯を食べずに昼過ぎまで働くほどの骨折りをする憂いのこと。『尚書』無逸篇に、「文王卑服、即康功、田功。徽柔懿恭、懐保小民、恵鮮鰥寡。自朝至于日中昃、不遑暇食、用咸和萬民」とある。

（二〇）張飛は、字を益德、幽州涿郡の人。關羽とともに劉備の挙兵より従い、程昱に「一万人に匹敵する」と言われた。荊州で曹操に敗れた時には、「わたしが張益德である。やってこい。死をかけて戦おうぞ」と、長坂橋に一人立ちはだかった。益州平定戦では、嚴顔を尊重して味方につけ、漢中争奪戦では張郃を破った。劉備が即位すると車騎將軍となるが、部下に殺害された（『三國志』巻三十六 張飛傳）。

［現代語訳］

袁紹《えんしょう》が公孫瓚《こうそんさん》を攻撃すると、先主は田楷《でんかい》と共に東に向かい齊《せい》（山東省）に駐屯した。曹公が徐州《じょしゅう》（江蘇省の長江以北と山東省の南東部）を征討した。徐州牧《じょしゅうぼく》の陶謙《とうけん》は、使者を派遣して危急を田楷に告げた。田楷は先主と共に一緒に陶謙を救援した。このとき先主は自らの兵千余人と幽州烏丸《ゆうしゅううがん》の雑胡騎を持ち、さらに略奪して飢民数千人を得ていた。到着すると、陶謙は丹楊《たんよう》兵四千を先主の軍に加えた。先主はかくて田楷のもとを去り陶謙に帰属した。陶謙は先主を上表して豫州刺史《よしゅうしし》として、小沛《しょうはい》縣（江蘇省沛県）に駐屯させた。陶謙は病が篤くなると、別駕従事《べつがじゅうじ》の麋竺《びじく》に言って、「劉備でなければこの州を安寧にすることはできない」とした。陶謙が死ぬと、麋竺は徐州の人々を率いて先主を（徐州牧に）迎えたが、先主はまだあえて引き受けなかった。下邳《かひ》國（江蘇省邳県より西と安徽・江蘇省の一部）の陳登《ちんとう》は先主に言って、「いま漢室は次第に衰え、天下は傾き、功績をあげ事業を起こすのは、今日にあります。かの徐州は豊かな土地で、戸口は百万に及び、使君《しくん》に頭を下げて州に臨むことを願っております」とした。先主は、「袁公路《えんこうろ》がこの近くの壽春《じゅしゅん》縣（安徽省寿県）にいる。この方は四世五公《しせいごこう》で、天下の（人心の）帰する人であるから、君は徐州をかれに与えるべきである」と言った。陳登は、「袁公路は驕慢で、乱を治められる君主ではありません。いま使君のために歩兵と騎兵合わせて十万を整えようと考えております。（それがあれば、袁術に対抗できるだけでなく）上は天子を匡《ただ》し民を済《すく》い、五霸《ごは》の業を成すことができ、下は土地を分与されて境界を守り、功績を竹帛《ちくはく》に書き残すことができます。もし使君が許されないのであれば、登《わたし》もまたあえて使君に従わないでしょう」と言った。北海相《ほっかいしょう》の孔融《こうゆう》は先主に言って、「袁公路はどうして国を憂い家を忘れる者であろうか。墓の中の枯れた骨など、どうして意に介するに足ろう。今日の事態は、人々が有能な者に味方している。天が与えているのに取らなければ、悔いても追いかけることはできない」とした。先主はこうして徐州を領有した[一]。袁術が来襲して先主を攻撃した。先主は袁術を盱眙《うい》（江蘇省盱眙）と淮陰《わいいん》縣（江蘇省淮陰市の南西）で拒いだ。曹公は先主を上表して鎮東《ちんとう》將軍となし、宜城亭侯《ぎじょうていこう》に封建した。この歳は建安《けんあん》元（一九六）年である。先主は袁術と互いに対峙すること一月を経て、呂布《りょふ》がその虚に乗じて下邳城を襲撃した。下邳城の守将である曹豹《そうひょう》が寝返り、背いて呂布を迎えた。呂布は先主の妻子を捕虜にし、先主は軍を海西縣《かいせい》（江蘇省灌雲県の東北）に転じた[二]。楊奉《ようほう》・韓暹《かんせん》が徐州と揚州の間を荒らしたので、先主は迎え撃って、すべてこれを斬った。先主は和睦を呂布に求め、呂布は先主の妻子を還した。先主は關羽《かんう》を派遣して下邳城を守らせた。

[裴松之注]

[一]『獻帝春秋《けんていしゅんじゅう》』に、「陳登たちは使者を派遣して袁紹を訪れて、「天は災厄を降し、禍はわが州に至りました。州牧《しゅうぼく》は死去し、民に主が無くなりました。姦雄が少しの隙を衝いて（徐州を混乱させることで）、盟主《めいしゅ》（の袁紹）に昼飯も食べられないほどの憂いをもたらすことを恐れました。そこで共に故《もと》の平原相《へいげんしょう》である劉備府君《りゅうびふくん》を奉じて（州の）宗主となし、永久に人々に拠り所があることを知らせました。ただ今は外からの侵略など難が相次ぎ、武装を解く暇もありませんので、謹んで下吏を派遣して執事（の袁紹）に急ぎ報告する次第です」と言った。袁紹は答えて、「劉玄徳《りゅうげんとく》は度量が広く信義がある。いま徐州が願ってかれを推戴することは、まことに（わたしの）望みに沿ったことである」と言った」とある。

[二]『英雄記《えいゆうき》』に、「劉備は張飛《ちょうひ》を留め下邳城を守らせ、兵を率いて袁術と淮陰《わいいん》縣の石亭《せきてい》で戦い、互いに勝ち敗けがあった。陶謙の故將である曹豹が下邳城におり、張飛はこれを殺そうとした。曹豹の兵は陣営を堅くし自ら守り、人をやって呂布を招かせた。呂布は下邳城を取り、張飛は敗走した。劉備はこれを聞き、兵を引き帰ったが、下邳縣（江蘇省睢寧の北西）に至ったころに、兵は逃散した。散卒を集めて東に向かい廣陵《こうりょう》縣（江蘇省揚州市北西）を取り、袁術と戦ったが、また敗れた」とある。

【原文】

先主還小沛[一]、復合兵得萬餘人。呂布惡之、自出兵攻先主。先主敗走歸曹公。曹公厚遇之、以爲豫州牧。將至沛收散卒、給其軍糧、益與兵使東擊布。布遣高順攻之、曹公遣夏侯惇往、不能救、爲順所敗。復虜先主妻子送布。曹公自出東征[二]、助先主圍布於下邳、生禽布。先主復得妻子、從曹公還許。表先主爲左將軍、禮之愈重、出則同輿、坐則同席。袁術欲經徐州北就袁紹、曹公遣先主督朱靈・路招要擊術。未至、術病死。

[一] 英雄記曰、備軍在廣陵、飢餓困踧、吏士大小自相啖食。窮餓侵逼、欲還小沛、遂使吏請降布。布令備還州、并勢擊術。具刺史車馬・童僕、發遣備妻子・部曲・家屬於泗水上、祖道相樂。魏書曰、諸將謂布曰、備數反覆難養、宜早圖之。布不聽、以狀語備。備心不安而求自託、使人說布、求屯小沛。布乃遣之。

[二] 英雄記曰、建安三年春、布使人賷金欲詣河內買馬、爲備兵所鈔。布由是遣中郎將高順・北地太守張遼等攻備。九月、遂破沛城、備單身走、獲[1]將士・妻息。十月、曹公自征布、備於梁國界中與曹公相遇、遂隨公俱東征。

1. 中華書局本は「其」に作る。張元済『百衲本二十四史校勘記 三國志校勘記』(商務印書館、一九九九年)も、「其」が妥当であるとするが、「獲將士・妻息」でも、意味が通るため、ここでは改めなかった。

《訓読》

先主 小沛に還り[一]、復た兵を合はせ萬餘人を得たり。呂布 之を惡《にく》み、自ら兵を出だして先主を攻む。先主 敗走して曹公に歸す。曹公厚く之を遇して、以て豫州牧と爲す。將ゐて沛に至り散卒を收め、其の軍糧を給し、兵を益與し東のかた布を擊たしむ。布 高順(一)を遣はして之を攻め、曹公 夏侯惇(二)を遣はして往かしむるも、救ふ能はず、順の敗る所と爲る。復た先主の妻子を虜にし布に送る。曹公 自ら出でて東征し[二]、先主を助けて布を下邳に圍み、布を生禽す。先主復た妻子を得、曹公に從ひ許に還る。先主を表して左將軍(三)と爲し、之を禮すること愈〻重く、出づれば則ち輿を同じくし、坐すれば則ち席を同じくす。袁術 徐州を經て北のかた袁紹に就かんと欲するも、曹公先主を遣はして朱靈(四)・路招(五)を督せしめ術を要擊す。未だ至らざるに、術 病もて死す。

[裴松之注]

[一] 英雄記に曰く、「備の軍 廣陵に在りしとき、飢餓して困踧し、吏士の大小 自ら相 啖食す。餓に窮し侵逼せられ、小沛に還らんと欲し、遂に吏をして布に降らんと請ふ。布 備をして州に還し、勢を幷はせて術を擊たしめんとす。刺史の車馬・童僕を具へ、發して備の妻子・部曲・家屬を泗水の上に遣《おく》り、祖道(六)して相樂しむ」と。魏書に曰く、「諸將 布に謂ひて曰く、「備 數〻反覆し養ひ難ければ、宜しく早に之を圖るべし」と。布 聽かず、狀を以て備に語《つ》ぐ。備 心に安んぜざるも自ら託するを求むれば、人をして布に說かしめ、小沛に屯せんことを求む。布 乃ち之を遣る」と。

[二] 英雄記に曰く、「建安三年の春、布 人をして金を齎らし河内に詣りて馬を買はしめんと欲するも、備の兵の鈔める所と爲る。布 是に由り中郎將の高順・北地太守の張遼(七)らを遣はして備を攻めしむ。九月、遂に沛城を破り、備 單身もて走れ、將士・妻息を獲たり。十月、曹公 自ら布を征すや、備 梁國の界中に於て曹公と相 遇ひ、遂に公に隨ひて俱に東征す」と。

(補注)

(一) 高順は、徐州下邳國の人。呂布の配下。建安三(一九八)年、中郎將として張遼らを率い、劉備を小沛城に破り、劉備の妻子を捕らえた。さらに、劉備の救援に駆けつけた曹操軍の夏侯惇とも戦って擊破した。しかし、呂布が曹操に敗れた際に処刑された(『三國志』巻六 呂布傳)。

(二) 夏侯惇は、字を元讓、沛國譙の人。曹操の従兄弟で、挙兵以来の股肱の臣。各地を転戦して軍功を挙げた。呂布討伐時に左眼を負傷して以来、「盲夏侯」と呼ばれた。激しい気性の持ち主であった一方、軍中でも師を迎えて講義を受けたり、余財を人に分け与える清潔な人物であったという。文帝即位後に大將軍となるも、その数ヵ月後に没した。諡は忠侯(『三國志』巻九 夏侯惇傳)。

(三) 左將軍は、將軍号の一つ。前後左右將軍の一つで、その位次は、大將軍・驃騎將軍・車騎將軍・衞將軍に次ぐものであった(『後漢書』志二十四 百官一)。廖伯源『歴史与制度—漢代政治

制度試釈』（香港教育図書公司、一九九七年）を参照。

（四）朱靈は、字を文博、冀州清河國の人。曹操が陶謙を討伐した際、袁紹から派遣され曹操を救援し、そのまま従った。のち、劉備と共に袁術討伐に赴く。潼關の戦いでは、別働隊を率い、渭水の北側に伏せた。張魯との戦いにも従軍して、やがて後將軍となった。文帝が即位すると高唐亭侯に封ぜられた（『三國志』巻十七 徐晃傳附朱靈傳）。

（五）路招は、曹操の將。朱靈と共に袁術討伐に赴く。荊州征伐では、朱霊と共に趙儼の指揮下に入る。漢中征伐でも朱靈と共に夏侯淵の指揮下に入った（『三國志』巻十七 徐晃傳附朱靈傳）。

（六）祖道は、旅行者を送る宴会。あるいは道祖神を祀ること。

（七）張遼は、字を文遠、雁門郡馬邑縣の人。呂布の部下であったが、呂布が敗れると曹操に降伏し、中郎將となり關内侯の爵位を賜った。曹操に重用され活躍し、曹魏を代表する名将となった。諡は剛侯（『三國志』巻十七 張遼傳）。

［現代語訳］

先主は小沛《しょうはい》に帰り［一］、また兵を集めて一万人余りを得た。呂布《りょふ》はこれを憎み、自ら兵を出して先主を攻めた。先主は敗走して曹公に身を寄せた。曹公は手厚く劉備を待遇して、豫州牧《よしゅうぼく》とした。（曹操は劉備を）率いて小沛に至り散卒を受け入れ、その軍糧を供給し、兵を益し与えて東の呂布を撃たせた。呂布は高順《こうじゅん》を派遣して劉備を攻め、曹公は夏侯惇《かこうとん》を派遣して（救援に）赴かせたが、（劉備を）救えず、高順に破られた。（高順は）また先主の妻子を捕虜にし呂布に送った。曹公は自ら東征に赴き［二］、先主を助けて呂布を下邳城に包囲し、呂布を生け捕りにした。先主はまた妻子を取り戻し、曹公に従って許《きょ》縣（河南省許昌市の東）に帰った。（曹操は）上表して先主を左《さ》將軍《しょうぐん》となし、先主を礼することいよいよ重く、出れば輿を同じくし、坐れば席を同じくした。袁術は徐州を経由して北方の袁紹を頼ろうとしたので、曹公は先主を派遣して朱靈《しゅれい》と路招《ろしょう》を監督させて袁術を迎撃しようとした。（しかし）まだ到着しないうちに、袁術は病で卒した。

［裴松之注］

［一］『英雄記《えいゆうき》』に、「劉備の軍が廣陵縣にいたとき、飢餓のため困窮し、軍吏も兵士も身分を問わず自ら互いに食いあった。（劉備は）飢餓に困窮し追い詰められて、小沛に帰ろうと考え、かくて吏をやって呂布に降服することを請うた。呂布は劉備を徐州に返し、軍勢を合わせて袁術を攻撃させようとした。（このため劉備のために）刺史の車馬と童僕を揃え、出発する際には劉備の妻子・部曲・家族を泗水《しすい》のほとりに見送り、（旅行者を送る宴会である）祖道《そどう》をして楽しんだ」とある。『魏書《ぎしょ》』に、「諸將は呂布に言って、「劉備は叛服常無く手なずけにくいので、早くこれを始末した方がよろしいでしょう」とした。呂布は聴かず、ありのままを劉備に告げた。劉備は心中不安を感じたが自ら呂布に身を寄せることを求めたので（逃げ出さず）、人に呂布を説得させ、小沛に駐屯することを求めた。呂布はそこで劉備を（小沛に）いかせた」とある。

［二］『英雄記』に、「建安《けんあん》三（一九八）年の春、呂布は人に金を持たせて河内《かだい》郡に至って馬を買わせようとしたが、劉備の兵にかすめ取られた。呂布はこのため中郎將《ちゅうろうしょう》の高順と北地太守《ほくちたいしゅ》の張遼《ちょうりょう》たちを派遣して劉備を攻めさせた。九月、かくて小沛城を破り、

劉備は単身で逃れ、将士と妻子を鹵獲した。十月、曹公が自ら呂布を征討した際、劉備は梁《りょう》國（河南省の北東部・山西省の南部と河北省・山東省の一部）の境界で曹公と出会い、かくて曹公に随従して共に東征した」とある。

【原文】

先主未出時、獻帝舅車騎將軍董承[一]、1辭受帝衣帶中密詔、當誅曹公。先主未發。是時、曹公從容謂先主曰、今天下英雄、唯使君與操耳。本初之徒、不足數也。先主方食、失匕箸[二]。遂與承及長水校尉种輯・將軍吳子蘭・王子服等同謀。會見使、未發。事覺、承等皆伏誅[三]。

[裴松之注]

[一] 臣松之案、董承、漢靈帝母董太后之姪、於獻帝爲丈人。蓋古無丈人之名、故謂之舅也。

[二] 華陽國志云、于時正當雷震。備因謂操曰、聖人云、迅雷風烈必變、良有以也。一震之威、乃可至於此也。

[三] 獻帝起居注曰、承等與備謀未發、而備出。承謂服曰、郭多有數百兵、壞李傕數萬人。但足下與我同不耳。昔呂不韋之門、須子楚而後高。今吾與子由是也。服曰、惶懼不敢當、且兵又少。承曰、舉事訖、得曹公成兵、顧不足邪。服曰、今京師豈有所任乎。承曰、長水校尉种輯・議郎吳碩是我腹心辦事者。遂定計。

[校勘]

1．劉咸炘は、「辭」の字を削るべきとするが、従わない。

《訓読》

先主 未だ出でざりし時、獻帝の舅たる車騎將軍の董承(一)[一]、帝の衣帶中の密詔に、「當に曹公を誅すべし」とあるを受くると辭す。先主未だ發せず。是の時、曹公 從容として先主に謂ひて曰く、「今 天下の英雄は、唯だ使君と操とあるのみ。本初の徒は、數ふるに足《と》らざるなり」と。先主 方に食せんとし、匕箸を失ふ[二]。遂に承及長水校尉(三)の种輯(四)・將軍の吳子蘭(五)・王子服(六)らと與に謀を同じくす。會《たまたま》使せられ、未だ發せず。事 覺はれ、承ら皆 誅に伏す[三]。

[裴松之注]

[一] 臣 松之 案ずるに、董承は、漢の靈帝の母たる董太后(七)の姪、獻帝に於て丈人(八)爲り。蓋し古は丈人の名無し、故に之を舅と謂ふなり。

[二] 華陽國志(九)に云ふ、「時に于て正に雷震に當たる。備 因りて操に謂ひて曰く、「聖人云ふ(一〇)、「迅雷・風烈には必ず變ず」と、良《まこと》に以《ゆゑ》有るなり。一震の威、乃ち此に於けるに至る可きや」と」と。

[三] 獻帝起居注(一一)に曰く、「承ら備と與に謀るも未だ發せず、而も備 出づ。承 服に謂ひて曰く、「郭多(一二) 數百の兵有りて、李傕(一三)の數萬人を壞つ。但だ足下と我と同《とも》に不《しから》ざるのみ。昔 呂不韋(一四)の門、子楚(一五)を須《ま》ちて後に高し。今 吾と子とは是に由るなり」と。服曰く、「惶懼として敢て當たらず、且つ兵も又 少なし」と。承曰く、「事を擧げ訖はり、曹公の成兵を得るも、足らざるを顧みる

や」と。服曰く、「今 京師 豈に任ずる所有るや」と。承曰く、「長水校尉の种輯・議郎の吳碩（一六）は是れ我が腹心にして事を辧ずる者なり」と。遂て計を定む」と。

（補注）

（一）車騎將軍は、將軍号の一つ。大將軍・驃騎將軍に續く第三位の將軍である（『後漢書』志二十四 百官一）。前漢の文帝のときに太中大夫であった薄昭が任命されたことより始まる（『史記』巻十 孝文帝本紀）。

（二）董承は、董太后の姪、獻帝董貴人の父。董卓の配下であったが、獻帝の東遷にあたっては李傕・郭汜らを防ぎ、洛陽まで護衛した。のち車騎將軍となり、建安五（二〇〇）年、劉備らを引き込み曹操暗殺を謀ったが、事前に漏れ、誅殺された（『三國志』巻一 武帝紀、巻六 董卓傳）。

（三）長水校尉は、官名。北軍中候に属し、宿衛の兵を掌る。官秩は比二千石（『後漢書』志二十七 百官四）。

（四）种輯は、獻帝期の侍中・長水校尉。董卓が乱を起こした際、荀攸・何顒らと暗殺を謀るも失敗に終わる。のち、董承の曹操暗殺計画に加担したが、事前に発覚して誅殺された（『三國志』巻十 荀攸傳、巻三十二 先主傳）。

（五）吳子蘭は、將軍。董承の曹操暗殺計画に加担したが、事前に発覚して誅殺された（『三國志』巻十荀攸傳、巻三十二 先主傳）。

（六）王子服は、字を子由。董承の曹操暗殺計画に加担したが、事前に発覚して誅殺された（『三國志』巻十荀攸傳、巻三十二 先主傳）。

（七）董太后は、河間國の人。解犢亭侯の劉萇の夫人となり、靈帝を生んだ。靈帝が即位すると孝仁皇后という尊号を受けた。しばしば靈帝に、劉協の立太子を勧め、何皇后に恨まれており、何皇太后が臨朝すると激しく対立した。何氏に兄の子の董重を殺されたのち、病で崩御した（『後漢書』本紀十下 董皇后紀）。

（八）丈人は、ここでは、妻の父。獻帝の董貴人は、董承の娘である（『後漢書』本紀十下 伏皇后紀）。

（九）華陽國志は、書名。十二巻、常璩の撰。華陽とは華山（陝西省東部の山）のみなみという意味。古代から東晉までの四川・雲南・貴州方面の歴史・地理を記した書。現存最古の地方誌である。中林史朗『華陽国志』（明徳出版社、一九九五年）を参照。

（一〇）『論語』鄉黨第十に、「迅雷・風烈には必ず變ず」とあり、同文。

（一一）獻帝起居注は、書名。起居注とは、皇帝の言行を近侍の官が記録したもの。『隋書』巻三十三 經籍志二に、「漢獻帝起居注五巻」と著録される。

（一二）郭多は、郭汜。董卓配下の將。官は校尉。董卓の死後、李傕らと残兵を率いて長安を攻め政権を奪取、後將軍・美陽侯となったが、李傕と内紛を起こす。のち郿縣で配下の五習（『後漢書』では伍習）に裏切られ死んだ（『三國志』巻六 董卓傳附郭汜傳）。

（一三）李傕は、董卓配下の校尉。董卓の死後、郭汜らと残兵を率いて長安を攻め政権を奪取、車騎將軍・池陽侯、司隷校尉となったが、郭汜と内紛を起こし、獻帝にも逃げられる。建安二（一九七）年、謁者僕射である裴茂の討伐を受け、誅殺された（『三國志』巻六 董卓傳附李傕傳）。

（一四）呂不韋は、戰國秦の政治家。始皇帝の父の莊襄王を王位につける事に尽力し、秦で權勢を振るった。始皇帝の本当の父親とも

『史記』は伝える。食客・賓客に命じて『呂氏春秋』を編纂させた（『史記』巻六 秦始皇本紀）。

（一五）子楚は、秦の莊襄王。始皇帝の父。人質として趙に出されていたか、呂不韋の尽力により王位継承者となり、紀元前二五〇年に即位した。河外の戦いに敗れ、魏の信陵君に攻め込まれるが、魏王と信陵君とを不和に追い込んで逃れた。在位三年で薨じた（『史記』巻五 秦本紀）。

（一六）呉碩は、議郎。董承の曹操暗殺計画に加担したが、事前に発覚して誅殺された（『三國志』巻十荀攸傳、巻三十二 先主傳）。

[現代語訳]

先主がまだ（袁術の迎撃に）出なかったとき、獻帝《けんてい》の舅である車騎《しゃき》將軍《しょうぐん》の董承《とうしょう》から[一]、獻帝《けんてい》の（恩寵により拝受した）衣帯の中に（隠された）密詔に、「曹公を誅すべきである」と書かれたものを受けたと辞《ことば》をかけられた。先主はまだ行動を起こさなかった。そのとき、曹公はくつろいで先主に言って、「いま天下の英雄は、ただ使君と操《わたし》がいるだけである。袁本初《えんほんしょ》のような徒《やから》は、数えるに足らない」とした。先主はちょうど食べようとしていたが、（驚いて）匕箸《はし》を失った[二]。そうして董承と長水校尉《ちょうすいこうい》の种輯《ちゅうしゅう》・將軍の呉子蘭《ごしらん》・王子《おうじ》服《ふく》たちと共に謀議を一緒にした。たまたま（袁術の迎撃に）使われ、まだ行動を起こさなかった。事が発覚し、董承たちはみな誅殺された[三]。

[裴松之注]

[一] 臣《わたくし》裴松之が考えますに、董承は、漢の靈帝《れいてい》の母である董太后《とうたいこう》の甥で、獻帝《けんてい》には丈人《じょうじん》となります。思いますに古《いにしえ》は丈人という名称がなく、このため董承を舅というのでしょう。

[二]『華陽國志《かようこくし》』に、「このときちょうど雷が轟きわたった。劉備はそこで曹操に言って、「（『論語』郷黨に）聖人（の孔子）は、「轟く雷と激しい風には必ず居住まいを改めた」とありますが、（それは）まことに理由のあることです。（雷の）一鳴りの威力が、これほどまでに至ることができるとは」とした」とある。

[三]『獻帝起居注《けんていききょちゅう》』に、「董承たちは劉備と共に謀議したがまだ（行動は）起こさず、しかも劉備は（都から）出た。董承は王子服《おうじふく》に言って、「郭多《かくた》は数百の兵で、李傕《りかく》の数万人を壊滅させた。ただ足下と我《わたし》とは同じようにはできない。むかし呂不韋《りょふい》の門は、子楚《しそ》を待って後に立派になった。いま吾《わたし》と子《きみ》はこれによろう」とした。王子服は、「恐れ多くて（わたしは）あえて引き受けられません、かつ兵もまた少ないですし」と答えた。董承は、「事を挙げおわり、曹公の正規兵を手にいれても、不十分であろうか」とした。王子服は、「いま京師に（われわれの計画に参加すべき）信頼できるものがありましょうか」と尋ねた。董承は、「長水校尉の种輯と議郎《ぎろう》の呉碩《ごせき》は我《わたし》の腹心であった仕事をこなすことができる者である」と答えた。こうして計略を定めたのである」とある。

【原文】

先主據下邳。靈等還、先主乃殺徐州刺史車冑、留關羽守下邳、而身還小沛[二]。東海昌霸反、郡縣多叛曹公爲先主、衆數萬人。遣孫乾與袁紹連和。曹公遣劉岱・王忠擊之、不克。五年、曹公東征先主、先主敗績

[二]。曹公盡收其衆、虜先主妻子、幷禽關羽以歸。

[裴松之注]

[一] 胡沖吳歷曰、曹公數遣親近、密覘諸將有賓客酒食者、輒因事害之。備時閉門、將人種蕪菁、曹公使人闚門。既去、備謂張飛・關羽曰、吾豈種菜者乎。曹公必有疑意、不可復留。其夜開後柵、與飛等輕騎俱去、所得賜遺衣服、悉封留之、乃往小沛收合兵衆。臣松之案、魏武帝遣先主、統諸將要擊袁術。郭嘉等並諫、魏武不從。其事顯然。非因種菜遁逃而去。如胡沖所云、何乖僻之甚乎。

[二] 魏書曰、是時、公方有急於官渡。乃分留諸將屯官渡、自勒精兵征備。備初謂、公與大敵連、不得東。而候騎卒至、言曹公自來。備大驚、然猶未信。自將數十騎出望公軍、見麾旌、便棄衆而走。

《訓讀》

先主 下邳に據る。靈ら還るや、先主 乃ち徐州刺史の車冑(一)を殺し、關羽を留めて下邳を守らしめ、而して身は小沛に還る[一]。東海の昌霸(二) 反し、郡縣 多く曹公に叛きて先主に爲《つ》き、衆 數萬人なり。孫乾(三)を遣はして袁紹と連和す。曹公 劉岱(四)・王忠(五)を遣はして之を擊つも、克てず。五年、曹公 先主を東征し、先主 敗績す[二]。曹公盡く其の衆を收め、先主の妻子を虜にし、幷はせて關羽を禽《とら》へて以て歸る。

[裴松之注]

[一] 胡沖(六)の吳歷(七)に曰く、「曹公 數〻親近を遣はして、密かに諸將の賓客に酒食有る者を覘《うかが》ひ、輒ち事に因りて之を害す。備 時に門を閉ぢ、人を將ゐて蕪菁を種《う》うに、曹公 人をして門を闚はしむ。既に去り、備 張飛・關羽に謂ひて曰く、「吾 豈に菜を種うる者なるか。曹公 必ず疑意有らん、復た留まる可からず」と。其の夜 後の柵を開け、飛らと與に輕騎もて俱に去り、賜を得し所の衣服を遺し、悉く封して之を留め、乃ち小沛に往きて兵衆を收合す」と。臣 松之 案ずるに、魏の武帝 先主を遣はして、諸將を統べて袁術を要擊せしむ。郭嘉(八)ら並びに諫むるも、魏武 從はず。其の事 顯然たり。菜を種うるに因りて遁逃して去るには非ざるなり。胡沖の云ふ所の如きは、何ぞ乖僻するの甚だしきか。

[二] 魏書に曰く、「是の時、公 方に急は官渡(九)に有り。乃ち諸將を分かち留めて官渡に屯せしめ、自ら精兵を勒《ととの》へて備を征す。備 初め謂ふに、公 大敵と連すれば、東するを得ずと。而るに候騎 卒《には》かに至り、曹公 自ら來たると言ふ。備 大いに驚き、然るに猶ほ未だ信せず。自ら數十騎を將ゐ出でて公の軍を望み、麾旌を見るや、便《ただ》ちに衆を棄てて走《に》ぐ」と。

(補注)

(一) 車冑は、曹操の徐州刺史。袁術の自滅後、劉備が曹操に反旗を翻すと、劉備の襲擊を受けて殺害され、徐州を奪われた（『三國志』卷三十二 先主傳)。

(二) 昌霸は、昌豨と同じ。泰山の賊の一人。かつて呂布と結び曹操と戰った。呂布が敗れたあとも抵抗を続け、ここでは劉備に加担した（『三國志』卷一 武帝紀)。

(三) 孫乾は、字は公祐、青州北海郡の人。劉備が徐州牧のとき、鄭玄の推挙により辟召されて從事となる。建安四（一九九）年、劉備が徐州で曹操と戰う際、袁紹への使者となり、同盟を結んだ。

さらに、荊州の劉表への使者となり、劉備を迎えさせる。劉備の入蜀後、従事中郎から秉忠將軍となり、麋竺や簡雍と同等に優遇されたが、まもなく死去した（『三國志』巻三十八 孫乾傳）。

（四）劉岱は、字は公山、徐州沛國の人。司空長史として、曹操の征伐に従って功を立て、列侯に封建された（『三國志』巻一 武帝紀注引『獻帝春秋』）。

（五）王忠は、扶風の人。曹操に仕えて中郎將となり、征討に従軍した。曹丕は王忠がかつて飢饉のため人を噉《くら》ったことがあると知り、王忠の馬の鞍に繋がせ、笑いものにした（『三國志』巻一 武帝紀注引『魏略』）。

（六）胡沖は、豫州汝南郡固始縣の人、父は胡綜。孫呉の天紀年間（二七七～二八〇年）、中書令に任命され、『呉歴』六巻を撰述した。孫晧が降服する際に降服文を書き、西晉に仕えて尙書郎・呉郡太守となった（『三國志』巻六十二 胡綜傳）。

（七）呉歴は、書名。胡沖の撰。全六巻であったが、散逸した。

（八）郭嘉は、字を奉孝、豫州穎川郡陽翟縣の人。はじめ袁紹に仕えたが、荀彧の推挙を受け曹操に仕えた。烏丸討伐など曹操の北方平定に貢献したが、病を得て三十八歳で卒した。幕僚でもひときわ若く優秀だった郭嘉の死を曹操は悼み、赤壁で敗れた際には、「郭嘉さえおればこうはならなかった」と嘆いたという（『三國志』巻十四 郭嘉傳）。

（九）官渡は、官渡の戦い。建安五（二〇〇）年、河北四州を支配する袁紹の大軍を曹操が白馬と官渡で撃破した戦いの総称。曹操にとって、天下分け目の戦いであった（『三國志』巻一 武帝紀）。

［現代語訳］

先主は下邳《かひ》を拠点とした。朱靈たちが（許に）帰ると、先主はそこで徐州刺史《じょしゅうしし》の車冑《しゃちゅう》を殺し、關羽を留めて下邳を守らせ、自身は小沛に帰った［一］。（劉備に呼応して徐州）東海《とうかい》郡（山東省臨沭・蒼山より南、微山より東）の昌覇《しょうは》が（曹操に）反乱をおこし、（そのほかの徐州の）郡縣も多く曹公に背いて先主につき、その軍勢は数万人となった。（劉備は）孫乾《そんけん》を派遣して袁紹と連合した。曹公は劉岱《りゅうたい》と王《おう》忠《ちゅう》を派遣して劉備を撃ったが、勝てなかった。建安《けんあん》五（二〇〇）年、曹公は先主を東に征討し、先主は敗退した［二］。曹公は尽く劉備の軍勢を収め、先主の妻子を捕虜にし、あわせて關羽を生け捕りにして帰った。

［裴松之注］

［一］胡沖《こちゅう》の『呉歴《ごれき》』に、「曹公はしばしば側近を派遣して、秘かに諸將で賓客に酒食をもてなす者を窺い、そのたびに理由をつけてこれを殺害した。劉備はそのとき門を閉じ、人を率いて蕪菁《かぶら》を植えていると、曹公が人に門から窺わせた。（覗いていた者が）すでに去ると、劉備は張飛と關羽に言って、「吾《わたし》はどうして野菜など植えるものであろうか。曹公は必ず疑うであろう、もう留まることはできない」とした。その夜に裏の柵を開け、張飛らと共に軽騎で一緒に去り、賜物の衣服は残し、すべて封印してこれを留め、そこで小沛に行き軍勢を糾合した」とある。臣《わたくし》裴松之が考えますに、魏の武帝《ぶてい》（曹操）は先主を派遣して、諸將を統括させて袁術を迎撃させました。郭嘉《かくか》たちはみな諫めましたが、魏武は従いませんでした。そのことは明白です。野菜を植えたことで遁走して去ったのでありません。胡沖の言うところは、どうして（事実から）乖離することが甚だしいのでしょうか。

[二]『魏書《ぎしょ》』に、「このとき、曹公は緊急事態を官渡《かんと》に抱えていた。それなのに諸将を分け留めて官渡に駐屯させて、自ら精兵を整えて劉備を征討した。劉備はこれよりさき、曹公は大敵（の袁紹）と対峙しているので、東征することはできないと思っていた。ところが斥候の騎兵が突然やってきて、曹公が自ら来たと報告した。劉備は大いに驚き、それでもなお信じることができなかった。（劉備は）自ら数十騎を率い出て曹公の軍を望見し、旗印を見たとたん、直ちに軍勢を棄てて逃げた」とある。

【原文】

先主走青州。青州刺史袁譚、先主故茂才也、將步騎迎先主。先主隨譚到平原、譚馳使白紹。紹遣將道路奉迎、身去鄴二百里、與先主相見[一]。駐月餘日、所失亡士卒、稍稍來集。曹公與袁紹相拒於官渡、汝南黃巾劉辟等叛曹公應紹。紹遣先主將兵與辟等略許下。關羽亡歸先主。曹公遣曹仁、將兵擊先主。先主還紹軍、陰欲離紹。乃說紹南連荊州牧劉表。紹遣先主將本兵復至汝南、與賊龔都等合、衆數千人。曹公遣蔡陽擊之、爲先主所殺。

[裴松之注]

[一]魏書曰、備歸紹、紹父子傾心敬重。

《訓読》

先主 青州に走る。青州刺史の袁譚(一)、先主の故の茂才(二)なれば、步騎を將ゐて先主を迎ふ。先主 譚に隨ひ平原に到り、譚は使を馳せ紹に白す。紹 將を遣はして道路に奉迎し、身づから鄴を去ること二百里にて、先主と相 見ゆ[一]。駐まること月餘日、失亡する所の士卒、稍稍 來集す。曹公 袁紹と相 官渡に拒ぐや、汝南の黃巾たる劉辟(三)ら曹公に叛きて紹に應ず。紹 先主を遣はして兵を將ゐて辟らと與に許下を略せしむ。關羽 先主に亡歸す。曹公 曹仁(四)を遣はし、兵を將ゐて先主を擊たしむ。先主 紹の軍に還るも、陰かに紹を離れんと欲す。乃ち紹に南のかた荊州牧の劉表と連なるを說く。紹 先主を遣はして本兵を將ゐて復た汝南に至り、賊の龔都(五)らと與に合はせ、衆 數千人なり。曹公 蔡陽(六)を遣はして之を擊つも、先主の殺す所と爲る。

[裴松之注]

[一]魏書曰く、「備 紹に歸すや、紹の父子 心を傾け敬重す」と。

（補注）

（一）袁譚は、袁紹の長子。父の死後、跡目を巡って弟の袁尚と対立、曹操に与してこれに対抗。のち離反するが、曹操配下の曹純率いる騎兵に斬られた（『三國志』巻六 袁紹傳、巻九 曹仁傳附曹純傳）。

（二）茂才は、官僚登用制度の一つ。後漢における察擧者は三公・光祿勳・州刺史である。その制度は前漢武帝期よりはじまり、当初は秀才と呼称されたが、後漢では光武帝劉秀の諱を避けて茂才と称した。福井重雅『漢代官吏登用制度の研究』（前掲）を参照。

（三）劉辟は、汝南郡の人。黄巾の一派。袁紹の味方をして、曹操の後方を攪乱した（『三國志』巻一 武帝紀）。

（四）曹仁は、曹操の従弟。豫州沛國譙縣の人。挙兵以来、曹操に従い、方面軍指令官を歴任した。建安十三（二〇八）年、曹操が赤壁の戦いで敗れた後、攻め寄せた周瑜と江陵で戦い、その陥落後は、樊城を拠点に荊州を守った。やがて、關羽に包囲されるが、これを撃退。文帝の即位と共に車騎將軍・都督荊揚益三州諸軍事に任命され、呉に対する方面軍指令官に就任した（『三國志』巻九 曹仁傳）。

（五）襲都は、汝南郡で活躍した黃巾の一派。官渡の戦いのときに、汝南で曹操の後方を攪乱した（『三國志』巻三十二 先主傳）。

（六）蔡陽は、曹操の配下。建安六（二〇一）年、袁紹の命により、劉備が汝南郡の襲都と合流して数千の軍勢を率いた。蔡陽は曹操の命により汝南郡へ進軍して劉備らと戦ったが敗北し、殺された（『三國志』巻三十二 先主傳）。

［現代語訳］

先主は青州《せいしゅう》（山東省北部）に逃走した。青州刺史の袁譚《えんたん》は、先主の（察擧した）故《もと》の茂才《もさい》であるため、（恩義に報いるため）歩兵と騎兵を率いて先主を出迎えた。先主は袁譚について平原國に至り、袁譚は使者は走らせて袁紹に報告した。袁紹は將を派遣して途中まで奉迎し、自らも鄴《ぎょう》縣（河北省臨漳の南西）を去ること二百里の地点で、先主と面会した［一］。（劉備がそこに）留まること一月余りで、逃亡していた士卒が、しだいに来集してきた。曹公が袁紹と互いに官渡《かんと》で対峙していると、汝南《じょなん》郡（淮河より北、安徽省蒙城より西、河南省周口市より南）の黃巾である劉辟《りゅうへき》たちは曹公に背いて袁紹に呼応した。袁紹は先主を派遣して兵を率いて劉辟たちと共に（曹操の本拠地である）許縣のあたりを荒し回った。（その間、曹操軍にいた）關羽が先主のもとに逃げ帰ってきた。曹公は曹仁《そうじん》を派遣して、兵を率いて（汝南郡の）先主を攻撃させた。（このため）先主は袁紹軍に戻ったが、秘かに袁紹のもとを離れようと考えた。そこで袁紹に南の荊州《けいしゅう》牧《ぼく》の劉表《りゅうひょう》と連合することを説いた。袁紹は先主を派遣してもとからの兵を率いて再び汝南郡に至り、賊の襲都《きょうと》たちと（勢力を）合はせ、軍勢は数千人となった。曹公は蔡陽《さいよう》を派遣してこれを攻撃したが、先主に殺された。

［裴松之注］

［一］『魏書《ぎしょ》』に、「劉備が袁紹に身を寄せると、袁紹父子は心から尊重した」とある。

【原文】

曹公既破紹、自南擊先主。先主遣麋竺・孫乾與劉表相聞。表自郊迎、以上賓禮待之、益其兵、使屯新野。荊州豪傑歸先主者日益多、表疑其心、陰禦之［一］。使拒夏侯惇・于禁等於博望。久之、先主設伏兵、一旦自燒屯僞遁。惇等追之、爲伏兵所破。

［裴松之注］

［一］九州春秋曰、備住荊州數年、嘗於表坐起至廁、見髀裏肉生、慨然流涕。還坐、表怪問備。備曰、吾常身不離鞍、髀肉皆消。今不復騎、髀裏肉生。日月若馳、老將至矣、而功業不建、是以悲耳。世語曰、備屯樊城、劉表禮焉、憚其爲人、不甚信用。曾請備宴會、蒯越・蔡瑁欲因會取備。備覺之、僞如廁、潛遁出。所乘馬、名的盧、騎的盧走、墮襄陽城西檀溪水中、溺不得出。備急曰、的

盧、今日厄矣、可努力。的盧乃一踊三丈、遂得過、乘浮渡河。中流而追者至、以表意謝之、曰、何去之速乎。孫盛曰、此不然之言。備時羈旅、客主勢殊。若有此變、豈敢晏然終表之世而無釁故乎。此皆世俗妄說、非事實也。

《訓読》

曹公 既に紹を破り、自ら南して先主を撃つ。先主 麋竺・孫乾を遣はして劉表と相 聞す。表 自ら郊迎し、上賓の禮を以て之を待ち、其の兵を益し、新野に屯せしむ。荊州の豪傑の先主に歸する者 日に益ゝ多く、表 其の心を疑ひ、陰かに之を禦ぐ[一]。夏侯惇・于禁(一)らを博望に拒がしむ。久之《ひさしくして》、先主 伏兵を設け、一旦 自ら屯を燒き遁と僞る。惇ら之を追ひ、伏兵の破る所と爲る。

［裴松之注］

［一］九州春秋(二)に曰く、「備 荊州に住むこと數年、嘗て表の坐に於て起ち廁に至り、髀裏(三)に肉の生ずるを見て、慨然として流涕す。坐に還り、表 怪みて備に問ふ。備曰く、「吾 常に身 鞍より離れず、髀肉 皆 消ゆ。今 復た騎せず、髀裏に肉 生ず。日月は馳せるが若く、老の將に至らんとするも、而るに功業は建たず、是を以て悲しむのみ」と」と。世語(四)に曰く、「備 樊城に屯し、劉表 焉を禮すも、其の人と爲りを憚り、甚だしくは信用せず。曾て備を請ひて宴會するに、蒯越(五)・蔡瑁(六) 會に因りて備を取らんと欲す。備 之を覺り、僞りて廁に如《ゆ》き、潛かに遁出す。乘る所の馬、名は的盧(七)、的盧に騎して走り、襄陽城の西の檀溪の水中に墮ち、溺れて出づるを得ず。備 急《さしせまり》て曰く、「的盧よ、今日 厄せんか、努力す可し」と。的盧 乃ち一たび踊すること三丈、遂に過ぐるを得、浮に乘り河を渡る。中流にして追ふ者 至りて、表の意を以て之を謝《わ》び、曰く、「何ぞ之を去ることの速きか」と」と。孫盛(八)曰く、「此れ然らずの言なり。備 時に羈旅なれば、客主は勢 殊にす。若し此の變有らば、豈に敢て晏然として表の世を終はりて釁故無きか。此れ皆 世俗の妄說にして、事實に非ざるなり」と。

（補注）

（一）于禁は、字を文則、兗州泰山郡鉅平縣の人。鮑信の義兵に応じ、鮑信の戦死後、曹操の軍司馬となった。張繡に敗れた際には、味方に略奪を働いていた青州兵を攻撃し、高く評価された。關羽に包囲された曹仁を樊城に救援に向かうが、龐德と共に關羽に捕らえられ、助命を請うて許された。のち魏に送還されたが、文帝曹丕に曹操の高陵に描かれた自らが降服する絵を見せられ、病に倒れて死去した（『三國志』卷十七 于禁傳）。

（二）九州春秋は、書名。西晉の司馬彪の著。漢末の出来事を記載している。『隋書』卷三十三 經籍志二 雜史類には、「九州春秋 十卷。司馬彪撰、記漢末事」と著録されている。

（三）髀裏は、ももの裏。功名を立てたり手腕を発揮したりする機会のないのを嘆くことを髀肉の嘆と呼ぶ故事成語の典拠である。

（四）世語は、書名。『魏晉世語』ともいう。西晉の郭頒の撰。裴松之は、「全く脈絡なく最も鄙劣であるが、ときに他と異なったことが書かれているので、よく読まれ、干寶・孫盛などもこれから多く採用している」と述べている。

（五）蒯越は、字は異度、南郡の人。前漢の説客蒯通の末裔とされる。何進に辟召され東曹掾となり、汝陽令に転出して荊州に赴いた。劉表に仕えて荊州平定に尽力したが、曹操侵攻時には曹操に帰順して列侯に封ぜられ、光祿勳となった。曹操は荊州よりも蒯越を得たことの方を喜んだという。建安十九（二一四）年に没した（『三國志』巻六 劉表傳注引『傅子』）。

（六）蔡瑁は、襄陽の人。姉が劉表に嫁したことから、劉表に重用され、外甥の張允とともに劉琮を後継者にするよう画策した。曹操の荊州侵攻時には劉琮に降伏を勧め、曹操に帰順して取り立てられた（『三國志』巻六 劉表傳）。

（七）的盧は、傅玄「乘輿馬賦」によれば、劉備が曹操に身を寄せ、馬をもらうときに、劉備が選んだやせ馬である、という。また、『世說新語』注に引く伯樂の『相馬經』に、白い額の模様が口に入り歯に達している馬を楡雁、あるいは的盧といい、奴が乗ると客死し、主が乗ると棄市される凶馬である、とされている。

（八）孫盛は、太原郡中都縣の人、字を安國。十歳の時に江南に移住した。起家して佐著作郎となり、また陶侃・庾亮・桓溫のもとで參軍を務めた。累遷して祕書監となり、給事中を加えられ、七十二歳で没した。史家としても有名であり、『魏氏春秋』『晉陽秋』『蜀世譜』などを著した（『晉書』巻八十二 孫盛傳）。

［現代語訳］

曹公は袁紹を破ったあと、自ら南征して先主を攻撃した。先主は麋《び》竺《じく》と孫乾《そんけん》を派遣して劉表《りゅうひょう》と連絡した。劉表は自ら郊外まで出迎え、上賓《じょうひん》の礼によって劉備を待遇し、その兵を益し、新野《しんや》縣（河南省新野県）に駐屯させた。荊州の豪族で先主に帰服する者が日ごとに増え、劉表はその心を疑って、秘かにこれを防いだ［一］。（劉表は劉備に）夏侯惇《かこうとん》と于禁《うきん》らを博望《はくぼう》縣（河南省方城の南西）に拒がせた。しばらくして、先主は伏兵を設けて、ある朝自ら屯営を焼き逃げるとみせかけた。夏侯惇らがこれを追うと、伏兵に破られた。

［裴松之注］

［一］『九州春秋《きゅうしゅうしゅんじゅう》』に、「劉備が荊州に住むようになって数年、あるとき劉表《りゅうひょう》の宴席から起って厠《かわや》に行き、髀《もも》の裏に贅肉がついているのを見て、慨然として涙を流した。席に戻ると、劉表が怪んで劉備に（わけを）尋ねた。劉備は、「吾《わたし》はいつも常に身が（馬の）鞍《くら》から離れず、髀肉《ひにく》はみな消えておりました。今はもう騎乗しなくなったので、髀の裏に贅肉がついていました。歳月が過ぎ去ることは走るようで、老いが至ろうとしているのに、功業を建てられず、このため悲しんでおります」と言った」とある。『世語《せご》』に、「劉備は樊城《はんじょう》（山東省兗州市の南西）に駐屯し、劉表はこれを礼遇しながらも、その人となりを憚って、それほどまでには信用しなかった。かつて劉備を招いて宴会をした際、蒯《かい》越《えつ》と蔡瑁《さいぼう》は会に乗じて劉備を討ち取ろうと考えた。劉備はこれを覚《さと》り、偽って厠に行き、秘かに退出した。乗る所の馬は、名を的《てき》盧《ろ》といい、的盧に騎乗して逃れ、襄陽《じょうよう》城（湖北省襄樊市の南）の西の檀渓《だんけい》の川の中に落ち、溺れて出ることができなかった。劉備はさしせまって、「的盧よ、今日は厄をなすのか、努力しろ」と言った。的盧はすると一たび飛び上がること三丈（約6.9メートル）、かくて（檀渓を）通過することができ、浮《いかだ》に乗って川を渡った。川の中流まで来ると追う者があり、劉表の意向であると言って詫び、そして、「どうしてお帰りが早いのでしょうか」と言った」とある。孫盛《そんせい》は、「これはあり得ない話である。劉備はこのとき他国に身を寄せているので、客と主人とは勢が異なる。

もしこの変があったならば、どうして（劉備と劉表の二人は）あえて何事もなかったように劉表の世が終わるまで（関係に）亀裂が入らなかったのであろうか。これはみな世俗の妄説で、事実ではないのである」と言っている。

【原文】

十二年、曹公北征烏丸、先主説表襲許、表不能用[一]。曹公南征表、會表卒[二]、子琮代立、遣使請降。先主屯樊、不知曹公卒至、至宛乃聞之、遂將其衆去。過襄陽、諸葛亮説先主攻琮、荊州可有。先主曰、吾不忍也[三]。乃駐馬呼琮、琮懼不能起。琮左右及荊州人、多歸先主[四]。比到當陽、衆十餘萬、輜重數千兩、日行十餘里。別遣關羽、乘船數百艘、使會江陵。或謂先主曰、宜速行保江陵。今雖擁大衆、被甲者少。若曹公兵至、何以拒之。先主曰、夫濟大事必以人爲本。今人歸吾。吾何忍棄去[五]。

[裴松之注]

[一] 漢晉春秋曰、曹公自柳城還、表謂備曰、不用君言、故爲失此大會。備曰、今天下分裂、日尋干戈。事會之來、豈有終極乎。若能應之於後者、則此未足爲恨也。

[二] 英雄記曰、表病、上備領荊州刺史。　魏書曰、表病篤、託國於備、顧謂曰、我兒不才、而諸將並零落。我死之後、卿便攝荊州。備曰、諸子自賢、君其憂病。或勸備宜從表言。備曰、此人待我厚。今從其言、人必以我爲薄。所不忍也。　臣松之以爲、表夫妻素愛琮、捨適立庶、情計久定。無緣臨終擧荊州以授備。此亦不然之言。

[三] 孔衍漢魏春秋曰、劉琮乞降、不敢告備。備亦不知、久之乃覺、遣所親問琮。琮令宋忠詣備宣旨。是時曹公在宛、備乃大驚駭、謂忠曰、卿諸人作事如此、不早相語、今禍至方告我。不亦太劇乎。引刀向忠曰、今斷卿頭、不足以解忿、亦恥大丈夫臨別復殺卿輩。遣忠去、乃呼部曲議。或勸備劫將琮及荊州吏士、徑南到江陵。備答曰、劉荊州臨亡託我以孤遺。背信自濟、吾所不爲。死何面目、以見劉荊州乎。

[四] 典略曰、備過辭表墓、遂[1]泣涕而去。

[五] 習鑿齒曰、先主雖顚沛險難而信義愈明、勢偪事危而言不失道。追景升之顧、則情感三軍、戀赴義之士、則甘與同敗。觀其所以結物情者、豈徒投醪撫寒、含蓼問疾而已哉。其終濟大業、不亦宜乎。

〔校勘〕

1．中華書局本は、「涕泣」に作る。

《訓讀》

十二年、曹公 北して烏丸を征するや、先主 表に許を襲はんと說くも、表 用ふ能はず[一]。曹公 南のかた表を征するや、會《たまたま》 表 卒し[二]、子の琮 代はりて立ち、使を遣はして降らんことを請ふ。先主 樊に屯し、曹公の卒《には》かに至るを知らず、宛に至り乃ち之を聞き、遂に其の衆を將ゐて去る。襄陽を過ぐるや、諸葛亮 先主に琮を攻むれば、荊州 有《たも》つ可しと說く。先主曰く、「吾 忍びざるなり」と[三]。乃ち馬を駐めて琮を呼ぶも、琮 懼れて起つ能はず。琮の左右及び荊州の人、多く先主に歸す[四]。當陽に到りし比《ころ》ほひ、衆は十餘萬、輜重は數千兩、日行は十餘里なり。別に關羽を遣はして、船に乘せること數百艘、江陵に會せしむ。或もの先主に謂ひて曰く、「宜しく速く行きて江陵を保つべし。今 大衆を擁すると雖も、甲を被《き》る者 少なし。若し曹公の兵 至らば、何を以て之を拒がん」と。先主曰く、「夫れ大事を濟《な》すには必ず人を以て本と爲す。今 人 吾に歸す。吾何ぞ棄去するに忍ばんや」と[五]。

[裴松之注]

[一] 漢晉春秋に曰く、「曹公 柳城より還るや、表 備に謂ひて曰く、「君の言を用ひず、故に爲に此の大會を失す」と。備曰く、「今 天下 分裂し、日に干戈を尋《つ》ぐ。事會の來たるや、豈に終極有らんや。若し能く之に後に應ずれば、則ち此れ未だ恨と爲すに足らざるなり」と」と。

[二] 英雄記に曰く、「表 病むや、備を上して荊州刺史を領せしむ」と。 魏書に曰く、「表 病 篤ければ、國を備に託さんとして、顧み謂ひて曰く、「我が兒 不才にして、而も諸將 並びに零落す。我 死するの後、卿 便《ただ》ちに荊州を攝《をさ》めよ」と。備曰く、「諸子 自づから賢なれば、君 其れ病を憂へよ」と。或もの備に勸むに宜しく表が言に從ふべしと。備曰く、「此の人 我を待すること厚し。今 其の言に從へば、人 必ずや我を以て薄と爲さん。忍びざる所なり」と」と。 臣 松之 以爲へらく、表の夫妻は素より琮を愛し、適を捨て庶を立つ、情計 久しく定まれり。終はりに臨みて荊州を擧げて以て備に授くるは緣無し。此れも亦た然らざるの言なり。

[三] 孔衍の漢魏春秋に曰く、「劉琮 降らんことを乞ふに、敢て備に告げず。備も亦た知らず、久之《ひさしくして》乃ち覺り、親しむ所を遣はして琮に問ふ。琮 宋忠(二)をして備に詣りて旨を宣《の》べしむ。是の時 曹公 宛に在り、備 乃ち大いに驚駭して、忠に謂ひて曰く、「卿ら諸人 事を作すこと此の如し、早に相 語らず、今 禍 至りて方に我に告ぐ。亦た太《はなは》だ劇ならざるや」と。刀を引きて忠に向かひて曰く、「今 卿の頭を斷つも、以て忿を解くに足らず、亦た大丈夫 別れに臨みて復た卿ら輩を殺すを恥づ」と。忠を遣はして去らしめ、乃ち部曲を呼びて議す。或もの備に琮及《と》荊州の吏士を劫將して、徑《ただ》ちに南して江陵に到るを勸む。備 答へて曰く、「劉荊州は亡に臨みて我に託すに孤遺を以てす。信に背きて自ら濟ふは、吾の爲さざる所なり。死して何の面目ありて、以て劉荊州に見えんや」と」と。

[四] 典略に曰く、「備 過りて表の墓に辭し、遂に泣涕して去る」と。

[五] 習鑿齒曰く、「先主 險難に顚沛すると雖も而して信義 愈〻明らかに、勢 偪り 事 危ふくも而して言 道を失はなず。景升の顧を追ひては、則ち情 三軍を感ぜしめ、義に赴くの士に戀はれては、則ち甘んじて與に敗を同じくす。其の物と結ぶの情の所以の者を觀れば、豈に徒だ醪を投げて寒を撫し(三)、蓼《むべ》を含みて疾を問ふのみならんや(四)。其の終に大業を濟すは、亦た宜ならざるや」と。

(補注)

(一) 琮は、劉琮。劉表の子。表の死後、長子の劉琦を差し置いて後を嗣いだ。曹操の南征を受け降伏、青州刺史・諫議大夫・參同軍事に任ぜられた（『三國志』卷六 劉表傳）。

(二) 宋忠は、後漢末の学者。劉表の保護のもと、綦毋闓や司馬徽らとともに、反鄭玄的な經典解釈を特徴とする「荊州學」を興した。門下生に王肅・尹默らがいる（『三國志』巻十三 王朗傳附王肅傳・巻四十二 李譔傳）。加賀栄治『中国古典解釈史 魏晋篇』（勁草書房、一九六四年）を参照。

（三）恩義のある袁盎を助けようとした司馬が、包囲した軍勢に、飲食と酒を分け与えて、泥酔させたという故事（『漢書』巻四十九 袁盎傳）を踏まえている。

（四）眠くなると蓼で目を刺激して、呉の仇に報復するため努力した越王句踐の故事（『呉越春秋』第八 句踐歸國外傳）を踏まえている。

［現代語訳］

建安《けんあん》十二（二〇七）年、曹公が北に向かい烏丸《うがん》を征討すると、先主は劉表《りゅうひょう》に許《きょ》を襲うことを説いたが、劉表は用いることができなかった［一］。（建安十三〈二〇八〉年）曹公が南に向かい劉表を征討すると、ちょうど劉表は卒し［二］、子の劉琮《りゅうそう》が代わって立ち、使者を派遣して降服を求めた。先主は樊城《はんじょう》に駐屯しており、曹公がにわかに至ったことを知らず、（曹操が）宛《えん》縣（河南省南陽市）に至りようやくこれを聞いて、そこでその兵を率いて（樊城を）立ち去った。襄《じょう》陽《よう》城を通過するとき、諸葛亮《しょかつりょう》は先主に劉琮を攻めれば、荊州《けいしゅう》を保持することができますと説いた。先主は、「吾《わたし》は忍びない」と言った［三］。そこで馬を止めて劉琮を呼んだが、劉琮は恐れて起《た》つことができなかった。劉琮の側近や荊州の人々は、多く先主に帰属した［四］。當陽《とうよう》縣（湖北省荊門市の南）に至ったころには、民は十余万人、（荷物を運ぶ）輜重《しちょう》は数千両もあり、一日に行くこと十余里（４㎞あまり）となっていた。（そこで劉備は）別動隊として關羽をいかせ、数百艘の船に乗せ、江陵《こうりょう》縣（湖北省荊州市）で落ち合うことにした。あるものが先主に言って、「速く行軍して江陵を保つべきです。いま大勢のものを抱えていますが、武装している者は多くありません。もし曹公の兵が至れば、どのようにこれを拒ぐのでしょうか」とした。先主は、「そもそも大事をなすには必ず人を本《もと》とする。いま人は吾《わたし》に帰属している。吾は見捨てて去るには忍びない」と言った［五］。

［裴松之注］

［一］『漢晉春秋《かんしんしゅんじゅう》』に、「曹公が柳城《りゅうじょう》縣（遼寧省朝陽市の南西）より帰ると、劉表は劉備に言って、「君の言を用いずに、そのためこの大きな機会を失った」とした。劉備は、「いま天下は分裂し、毎日戦争が続いております。機会が来ることに、どうして終わりがあるでしょうか。もしこのあとの（機会に）乗ずれば、このことを恨みとする必要はありません」と答えた」とある。

［二］『英雄記《えいゆうき》』に、「劉表が病気になると、劉備を上奏して荊州刺史を兼ねさせた」とある。『魏書《ぎしょ》』に、「劉表は病気がおもくなり、国を劉備に託そうとして、（劉備を）顧みて言い、「我《わたし》が子は不才で、（それを支えるべき）諸将もみな歳をとった。我《わたし》が死んだ後、卿《あなた》は直ちに荊州を治めよ」とした。劉備は、「ご子息たちは賢なる資質をお持ちなので、君は病だけを憂えてください」と答えた。あるものが劉備に勧めて劉表の言葉に従うべきであるとした。劉備は、「この人は我《わたし》を厚く待遇した。今その言葉に従えば、人は必ず我を薄情者となそう。（それは）忍びないことである」と答えた」とある。 臣《わたくし》裴松之が考えますに、劉表の夫妻はもともと劉琮を愛し、適子（の劉琦）を捨てて庶子（の劉琮）を立てており、その感情も計略も久しく定まっていまし

た。臨終の際に荊州をあげて劉備に授ける理由はありません。これもまたあり得ない言葉です。

［三］孔衍《こうえん》の『漢魏《かんぎ》春秋《しゅんじゅう》』に、「劉琮は降服を求める際に、あえて劉備に告げなかった。備もまた（劉琮が降服することを）知らず、しばらくしてこれをようやく覚《さと》り、側近を派遣して劉琮に問うた。劉琮は宋忠《そうちゅう》に劉備に至り趣旨を説明させた。このとき曹公は宛縣におり、劉備はそれに大いに驚愕して、宋忠に言って、「卿《あなた》たちは事をこのようにするのか、早く相談もせず、いま禍いが至ってからようやく我《わたし》に告げた。あまりにもひどいやり口ではないか」とした。（そして）刀を引き寄せ宋忠に向かって、「いま卿の首を斬っても、怒りを解くには足らない、また大丈夫が別れに臨んでまた卿のような輩《やから》を殺すことは恥ずかしい」と言った。（こうして）宋忠を去らせて、そこで部曲を呼んで議論をした。あるものが劉備に劉琮と荊州の官吏と兵士を強引に引き連れ、直ちに南にむかい江陵縣に至ることを勧めた。劉備は答えて、「劉荊州（劉表）は臨終に我《わたし》に遺孤を託した。信に背いて自らを救うことは、吾《わたし》はなさない。死んだあと何の面目があって、劉荊州に見えることができようか」とした」とある。

［四］『典略《てんりゃく》』に、「劉備は途中劉表の墓に別れをつげ、そして涙を流して去った」とある。

［五］習鑿齒《しゅうさくし》は、「先主は困難に転倒しても信義はいよいよ明らかで、状勢が切迫し事態が危急を告げても言葉は道を失わなかった。景升《けいしょう》（劉表）の恩顧を追っては、（その）情が三軍を感動させ、（劉備の）義に馳せ参じる士に慕われては、共に敗退することを甘受した。その人と結ぶ情の理由をみれば、どうしてただ醪《どぶろく》を与えて寒さ（に凍えているもの）を慰撫し、（苦《にが》い）蓼《たで》を含んで（民の）病気を見舞ったこと程度のことであろうか。劉備がついに大業を成し遂げたのは、理由のあることなのである」とある。

【原文】

曹公以江陵有軍實、恐先主據之、乃釋輜重、輕軍到襄陽。聞先主已過、曹公將精騎五千急追之、一日一夜行三百餘里、及於當陽之長坂。先主棄妻子、與諸葛亮・張飛・趙雲等數十騎走、曹公大獲其人衆・輜重。先主斜[1]（趣）〔趨〕漢津、適與羽船會、得濟沔。遇表長子江夏太守琦衆萬餘人、與俱到夏口。先主遣諸葛亮自結於孫權［一］。權遣周瑜・程普等水軍數萬、與先主幷力［二］、與曹公戰[2]于赤壁、大破之、焚其舟船。先主與吳軍水陸並進、追到南郡。時又疾疫、北軍多死。曹公引歸［三］。

［裴松之注］

［一］江表傳曰、孫權遣魯肅弔劉表二子、幷令與備相結。肅未至而曹公已濟漢津。肅故進前、與備相遇於當陽。因宣權旨、論天下事勢、致殷勤之意。且問備曰、豫州今欲何至。備曰、與蒼梧太守吳[3]（臣）〔巨〕有舊、欲往投之。肅曰、孫討虜聰明仁惠、敬賢禮士、江表英豪、咸歸附之。已據有六郡、兵精糧多、足以立事。今爲君計、莫若遣腹心使自結於東、崇連和之好、共濟世業。而云欲投吳[4]（臣）〔巨〕。[5]（臣）〔巨〕是凡人、偏在遠郡、行將爲人所併。豈足託乎。備大喜、進住鄂縣、卽遣諸葛亮隨肅詣孫權、結同

盟誓。

[二] 江表傳曰、備從魯肅計、進住鄂縣之樊口。諸葛亮詣吳未還、備聞曹公軍下、恐懼、日遣邏吏於水次、候望權軍。吏望見瑜船、馳往白備。備曰、何以知[6](之)非青・徐軍邪。吏對曰、以船知之。備遣人慰勞之。瑜曰、有軍任、不可得委署。儻能屈威、誠副其所望。備謂關羽・張飛曰、彼欲致我。我今自結託於東而不往、非同盟之意也。乃乘單舸往見瑜。問曰、今拒曹公、深爲得計。戰卒有幾。瑜曰、三萬人。備曰、恨少。瑜曰、此自足用。豫州但觀瑜破之。備欲呼魯肅等共會語。瑜曰、受命不得妄委署。若欲見子敬、可別過之。又孔明已俱來、不過三兩日到也。備雖深愧異瑜、而心未許之能必破北軍也。故差池在後、將二千人與羽・飛俱、未肯係瑜。蓋爲進退之計也。孫盛曰、劉備雄才、處必亡之地、告急於吳、而獲奔助、無緣復顧望江渚而懷後計。江表傳之言、當是吳人欲專美之辭。

[三] 江表傳曰、周瑜爲南郡太守、分南岸地以給備。備別立營於油江口、改名爲公安。劉表吏士見[7](堤)〔從〕北軍、多叛來投備。備以瑜所給地少、不足以安民、[8](後)〔復〕從權借荊州數郡。

〔校勘〕

1. 百衲本は「趣」に作るが、中華書局本により「趨」に改める。
2. 中華書局本は、「於」に作る。
3. 百衲本は「臣」に作るが、中華書局本により「巨」に改める。
4. 百衲本は「臣」に作るが、中華書局本により「巨」に改める。
5. 百衲本は「臣」に作るが、中華書局本により「巨」に改める。
6. 中華書局本により、「之」の一字を省く。
7. 百衲本は「堤」に作るが、中華書局本により「從」に改める。
8. 百衲本は「後」に作るが、中華書局本により「復」に改める。

《訓読》

曹公 江陵に軍實有るを以て、先主の之に據るを恐れ、乃ち輜重を釋《す》て、軍を輕くして襄陽に到る。先主の已に過ぐるを聞き、曹公 精騎五千を將ゐて急ぎて之を追ひ、一日一夜に三百餘里を行き、當陽の長坂に及ぶ。先主 妻子を棄て、諸葛亮・張飛・趙雲(一)ら數十騎にて走れ、曹公 大いに其の人衆・輜重を獲たり。先主 斜めに漢津に趨き、適《たまたま》羽の船と會し、沔を濟るを得たり。表の長子たる江夏太守の琦(二)の衆萬餘人と遇ひ、與に俱に夏口(三)に到る。先主 諸葛亮を遣はして、自ら孫權と結ぶ[一]。權 周瑜・程普(四)ら水軍數萬を遣はして、先主と與に力を幷はせ[二]、曹公と赤壁に戰ひ、大いに之を破り、其の舟船を焚く。先主 吳軍と與に水陸に並進し、追ひて南郡に到る。時に又疾疫あり、北軍 多く死す。曹公 引きて歸る[三]。

〔裴松之注〕

[一] 江表傳に曰く、「孫權 魯肅(五)を遣はし劉表の二子に弔し、幷はせて備と相 結ばしむ。肅 未だ至らずして曹公 已に漢津を濟る。肅 故《ことさ》らに前に進み、備と當陽に相遇す。因りて權の旨を宣《の》べ、天下の事勢を論じ、殷勤の意を致す。且つ備に問ひて曰く、「豫州は今 何こに至らんと欲す」と。備曰く、「蒼梧太守の吳巨(六)と舊有らば、往きて之に投ぜんと欲す」と。肅曰く、「孫討虜は聰明にして仁惠、賢を敬ひ士を禮し、江表の英豪、咸 歸して之に附す。已に六郡を據有し、兵 精にして 糧 多く、以て事を立つに足る。今 君の爲に計るに、腹心を遣はし自ら東と結ばしめ、連和の好を崇び、共に世業を濟《な》すに若くは莫し。而るに吳巨

に投ぜんと欲すと云ふ。巨は是れ凡人、遠郡に偏在し、行〻將に人の併はせる所と爲らん。豈に託するに足らんや」と。備 大いに喜び、進みて鄂縣に住《とど》まり、卽ち諸葛亮を遣はして肅に隨ひ孫權に詣らしめ、同盟の誓を結ぶ」と。

［二］江表傳に曰く、「備 魯肅の計に從ひ、進みて鄂縣の樊口に住まる。諸葛亮 吳に詣りて未だ還らざるに、備 曹公軍の下るを聞きて、恐懼し、日に邏吏を水次に遣はして、權の軍を候望す。吏 瑜の船を望見し、馳せ往きて備に白す。備曰く、「何を以て靑・徐の軍に非ざるを知るか」と。吏 對へて曰く、「船を以て之を知る」と。備 人を遣はして之を慰勞せしむ。瑜曰く、「軍任に有り、署を委ぬるを得可からず。儻《も》し能く威を屈さば、誠に其の望む所に副《そ》はん」と。備 關羽・張飛に謂ひて曰く、「彼 我を致さんと欲す。我 今 自ら東に結託するに而れども往かざるは、同盟の意に非ざるなり」と。乃ち單舸に乘りて往き瑜を見る。問ひて曰く、「今 曹公を拒ぐに、深く計を得たりと爲す。戰卒は幾ら有る」と。瑜曰く、「三萬人なり」と。備曰く、「少なきを恨む」と。瑜曰く、「此れ自づから用ふるに足れり。豫州 但だ瑜が之を破るを觀よ」と。備 魯肅らを呼び共に會語せんと欲す。瑜曰く、「命を受くれば署を委ぬるを得可からず。若し子敬を見んと欲さば、別に之に過ぐる可し。又 孔明 已に俱に來たれば、三兩日を過ぎずに到らん」と。備 深く愧ぢ瑜を異とすと雖も、而れども心に未だ之が能く必ず北軍を破ると許さざるなり。故に差池して後に在り、二千人を將ゐて羽・飛と與に俱にして、未だ瑜に係るを肯ぜず。蓋し進退の計を爲すなり」と。　孫盛曰く、「劉備の雄才、必亡の地に處りて、急を吳に告げ、而して奔助を獲たれば、復た江渚を顧望して後計を懷くに緣無し。江表傳の言、當に是れ吳人 美を專らに欲せんとするの辭なり」と。

［三］江表傳に曰く、「周瑜 南郡太守と爲り、南岸の地を分かちて以て備に給す。備 別に營を油江口に立て、名を改めて公安と爲す。劉表の吏士の北軍に從はせられしは、多く叛き來りて備に投ず。備 瑜の給する所の地 少なく、以て民を安ずるに足らざるを以て、復た權より荊州の數郡を借る」と。

(補注)

（一）趙雲は、字を子龍、常山郡眞定縣の人。はじめ公孫瓚に仕え、公孫瓚の將として袁紹との戰いに派遣された劉備に、主騎として從った。そののち、改めて劉備に仕え、長坂の戰いでは劉禪を救出した。やがて、諸葛亮と共に入蜀して翊軍將軍となり、漢中爭奪戰では曹操の大軍を擊退した。第一次北伐では、おとりとして箕谷に出て、主力軍と勘違いをし大軍を派遣した曹眞に敗れた。しかし、趙雲自らが殿軍となり、軍需物資をほとんど捨てず、將兵をまとめて撤退した。建興七（二二九）年に死去し、順平侯の諡号を贈られた（『三國志』卷三十六 趙雲傳）。

（二）琦は、劉琦。劉表の長子。黃祖の後任として江夏太守に就いた。異母弟の劉琮が曹操に降伏すると、自らは逃れて劉備と合流した。赤壁の戰いの後、劉備より荊州刺史に任ぜられるも、建安十五（二〇九）年に病死した（『三國志』卷六 劉表傳）。

（三）程普は、字を德謀、幽州北平郡の人。孫堅に從い黃巾と戰い、孫策が會稽を取ると吳郡都尉となった。孫策の死後は孫權を支え、建安十三（二〇八）年、左右の都督として周瑜と共に、烏林で曹操を擊退し、南郡の曹仁を敗走させて、裨將軍・江夏太守となり、沙羨に役所を置いた。孫氏最古參、最年長の武將であり、程公と呼ばれて尊重された（『三國志』巻五十五 程普傳）。

（四）赤壁は、湖北省赤壁市の西北。長江をはさんで、北が曹操が陣営を構えた烏林、南が周瑜が陣営を置いた赤壁である。建安十三（二〇八）年に、行われた赤壁の戦いに敗退することで、曹操の中国統一は実現せず、天下三分の形勢が定まった。

（五）魯肅は、字を子敬、徐州臨淮郡東城縣の人。富裕な豪族出身で、その財力を名士との交友に用いた。周瑜の口添えで、孫權に出仕し、「天下三分の計」を説くが、従われなかった。曹操が南下すると劉備と同盟を結び、赤壁の戦いの後には、劉備の荊州南部の領有を「荊州を貸す」という論理により認めさせた。周瑜の死後、大都督として軍を掌握したが、建安二十二（二一七）年、四十六歳で卒した（『三國志』巻五十四 魯肅傳）。

（六）呉巨は、字を子卿。劉表に仕え、蒼梧太守となった。劉表の死後、交州刺史の頼恭を追い出して自立したが、建安十五（二一〇）年、孫權の交州刺史である歩騭に殺された（『三國志』巻五十二 歩騭傳）。

［現代語訳］

曹公は江陵《こうりょう》に軍事物資があるため、先主が江陵を拠点とすることを恐れ、そこで輜重《しちょう》を捨て、軍を身軽にして（急ぎ）襄陽《じょうよう》に到着した。先主がすでに（襄陽を）過ぎたことを聞くと、曹公は精鋭の騎兵五千を率いて急いで劉備を追い、一昼夜に三百余里（約120㎞）を行軍して、當陽《とうよう》縣（湖北省荊門市の南）の長坂《ちょうはん》で（劉備に）追いついた。先主は妻子を棄て、諸葛亮《しょかつりょう》・張飛《ちょうひ》・趙雲《ちょううん》たちと数十騎で逃れ、曹公は大いに劉備に従っていた人々と輜重を得た。先主は斜めに漢津《かんしん》に赴き、ちょうど關羽《かんう》の船団に合流し、沔水《べんすい》を渡ることができた。劉表の長子である江夏太守《こうかたいしゅ》の劉琦の軍勢一万人余りとあい、共に夏口《かこう》（湖北省武漢市の長江南岸の武昌）に到着した。先主は諸葛亮を派遣して自分から孫權と同盟した［一］。孫權は周瑜と程普ら水軍数万を派遣して、先主と共に力を合わせ［二］、曹公と赤壁《せきへき》に戦い、曹操軍を大破して、その船を焼いた。先主は呉軍と共に水陸に並んで進み、（曹操軍を）追って南郡に至った。このときまた流行病がはやって、北軍（曹操軍）が多く死んだ。曹公は（軍を）引いて帰った［三］。

［裴松之注］

［一］『江表傳《こうひょうでん》』に、「孫權は魯肅を派遣して劉表の二人の子を弔問させ、あわせて劉備と手を結ばせようとした。魯肅がまだ至らないうちに曹公はすでに漢津《かんしん》を渡った。魯肅はそれでも前に進み、劉備と當陽縣で遭遇した。そこで孫權の趣旨を述べ、天下の形勢を論じて、誠意を尽くした。かつ劉備に尋ねて、「劉豫州《りゅうよしゅう》はいまどこに行こうと考えておられますか」とした。劉備は、「蒼梧《そうご》太守の呉巨と馴染みがあるので、そこに行って身を寄せるつもりです」と答えた。魯肅は、「孫討虜《そんとうりょ》（孫權）は聡明で仁徳があり、賢人を尊重し名士を礼遇するので、江東の英傑豪勇は、みな帰服して（孫權に）付き従っております。すでに（會稽・丹陽・豫章・廬陵・呉郡・廬江の）六郡を拠点として保ち、兵士は精鋭で軍糧は多く、大業を立てるに足りるものがあります。いま君のためにお計りするに、腹心を派遣して自分から東（の孫權）と結ばせ、同盟の好《よし》みを尊重し、共に大業をなすことがよろしいと思われます。それなのに呉巨に身を寄せそうと仰せられる。呉巨は凡人であり、遠い（蒼梧）郡（湖南省の江永より南、広東省・広西省の一部）に離れて居り、ゆくゆくは誰かに併合されることで

しょう。どうして頼りにするに足りるでしょうか」と言った。劉備は大いに喜び、進んで鄂《がく》縣（湖北省の鄂州市）に止まり、直ちに諸葛亮を派遣して魯肅に随って孫權に至らせ、同盟の誓約を結んだ」とある。

[二]『江表傳』に、「劉備は魯肅の計に従って、進んで鄂縣の樊口《はんこう》に止まった。諸葛亮が呉に至ってまだ帰らないのに、劉備は曹公の軍が攻め下ってくると聞き、恐れて、毎日見回りの役人を水辺にやって、孫權の軍を待ち望んだ。役人は周瑜《しゅうゆ》の船を望み見ると、馬を走らせ劉備に報告した。劉備は、「どうして青州・徐州（出身者を主力とする）の（曹操）軍ではないと分かったのか」と尋ねた。役人は答えて、「船でそれが分かります」とした。劉備は使者を派遣して周瑜の船を慰労させた。（答礼すべきところ）周瑜は、「軍の任務があるので、持ち場を離れることはできません。もし（劉備が）威光を屈しておいでになれば、まことにご希望に沿うようにいたしましょう」と述べた。劉備は（無礼に怒る）關羽と張飛に言って、「周瑜は我《わたし》を来させたいと考えている。我がいま自分から東（の孫權）と結んだのに行かなければ、同盟の意義に反する」とした。そこで一艘の船に乗って出かけていき周瑜と会った。（劉備は周瑜に）問うて、「いま曹公を防ぐのに、深い計略をお持ちのことでしょう。軍勢はどれほどおられますか」とした。周瑜は、「三万人です」と答えた。劉備は、「少ないことを惜しみます」と言った。周瑜は、「これで十分用うるに足ります。劉豫州はただ瑜《わたし》が曹操を破ることをご覧になられよ」と言った。劉備は魯肅たちを呼んで共に語りたいと考えた。周瑜は、「命令を受ければ持ち場を離れることはできません。もし子敬《しけい》にお会いになりたければ、別の日に魯肅のもとに行かれたい。また孔明《こうめい》もすでに一緒に来ているので、二、三日を過ぎないうちに到着するでしょう」と言った。劉備は深く恥じ周瑜を立派だとしたが、それでも心ではまだ周瑜が必ず北（からくる曹操）軍を破ると確信することができなかった。このため（呉軍が前に出るのと）互い違いに後方に位置して、二千人を率いて關羽・張飛と共に、周瑜に関わることをよしとしなかった。おそらく進退の（どちらでもとれる）計を採ったのである」とある。孫《そん》盛《せい》は、「劉備は雄才を抱き、滅亡必死の地に居り、危急を呉に告げ、救助を得たのであれば、また長江の岸で形勢を観望して先々の計を懐くことなどありえない。『江表傳』の記録は、まさしく呉の人が（赤壁の勝利という）美を独占しようとするための言葉である」と言っている。

[三]『江表傳』に、「周瑜は南郡太守《なんぐんたいしゅ》となり、（長江）南岸の地を分けて劉備に与えた。劉備は別に陣営を油江口《ゆこうこう》に立て、名を改めて公安縣とした。劉表の役人や兵士で曹操軍に従わされていた者たちは、多く背いてやって来て劉備に投降した。劉備は周瑜の与えた土地が狭く、民を安寧とするに足りないので、また孫權から荊州（南部）の数郡を借りた」とある。

【原文】

先主表琦爲荊州刺史、又南征四郡。武陵太守金旋・長沙太守韓玄・桂陽太守趙範・零陵太守劉度皆降[一]。廬江雷緒、率部曲數萬口稽顙。琦病死、羣下推先主爲荊州牧、治公安[二]。權稍畏之、進妹固好。先主至京見權、綢繆恩紀[三]。權遣使云、欲共取蜀。或以爲、宜報聽許。吳終不能越荊有蜀。蜀地可爲己有。荊州主簿殷觀、進曰、若爲吳先驅、進未能克蜀、退爲吳所乘、卽事去矣。今但可然贊其伐蜀、而自說新據諸郡、未可興動。吳必不敢越我而獨取蜀。如此進退之計、可以收吳・蜀之利。先主從之、權果輟計。遷觀爲別駕從事[四]。

[裴松之注]

[一] 三輔決錄注曰、金旋字元機、京兆人。歷位黃門郎・漢陽太守、徵拜議郎、遷中郎將、領武陵太守。爲備所攻劫死。子禕、事見魏武本紀。

[二] [1]江表傳曰、備立營於油口、改名公安。

[三] 山陽公載記曰、備還、謂左右曰、孫車騎長上短下、其難爲下。吾不可以再見之。乃晝夜兼行。臣松之案、魏書載劉備與孫權語、與蜀志述諸葛亮與權語正同。劉備未破魏軍之前、尚未與孫權相見、不得有此說。故知蜀志爲是。

[四] 獻帝春秋曰、孫權欲與備共取蜀、遣使報備曰、米賊張魯居王巴・漢、爲曹操耳目、規圖益州。劉璋不武、不能自守。若操得蜀、則荊州危矣。今欲先攻取璋、進討張魯。首尾相連、一統吳・楚、雖有十操、無所憂也。備欲自圖蜀、拒答不聽。曰、益州民富彊、土地險阻、劉璋雖弱、足以自守。張魯虛僞、未必盡忠於操。今暴師於蜀・漢、轉運於萬里、欲使戰克攻取、擧不失利。此吳起不能定其規、孫武不能善其事也。曹操雖有無君之心、而有奉主之名。議者見操失利於赤壁、謂其力屈、無復遠志也。今操三分天下已有其二、將欲飲馬於滄海、觀兵於吳・會。何肯守此坐須老乎。今同盟無故自相攻伐、借樞於操、使敵承其隙。非長計也。權不聽、遣孫瑜率水軍住夏口。備不聽軍過、謂瑜曰、汝欲取蜀、吾當被髮入山、不失信於天下也。使關羽屯江陵、張飛屯秭歸、諸葛亮據南郡、備自住[2]潺陵。權知備意、因召瑜還。

〔校勘〕

1. 中華書局本に従い、すでに前出している「江表傳曰、備立營於油口、改名公安」を省く。
2. 中華書局本は、「孱」に作る。

《訓讀》

先主 琦を表して荊州刺史と爲し、又 南のかた四郡を征す。武陵太守の金旋(一)・長沙太守の韓玄(二)・桂陽太守の趙範(三)・零陵太守の劉度(四) 皆降る[一]。廬江の雷緒(五)、部曲數萬口を率ゐ稽顙《けいさう》す。琦 病もて死するや、羣下 先主を推して荊州牧と爲し、公安に治す[二]。權 稍や之を畏れ(六)、妹を進めて好みを固む。先主 京(七)に至り權を見、恩紀を綢繆す(八)[三]。權 使を遣はして云ふに、「共に蜀を取らんと欲す」と。或もの以爲《い》へらく、「宜しく聽許を報ずべし。吳は終に荊を越へ蜀を有《たも》つ能はず。蜀地は己の有と爲す可し」と。荊州主簿の殷觀、進みて曰く、「若し吳の先驅と爲り、進みて未だ能く蜀に克たず、退きて吳の乘ずる所と爲らば、卽ち事 去りぬ。今 但だ然る可しと其の蜀を伐つに贊し、而して自ら新たに諸郡に據り、未だ興動す可からずと說かん。吳 必ず敢て我を越して獨り蜀を取らず。此の如き進退の計は、以て吳・蜀の利を收む可し」と。先主 之に從ひ、權 果たして計を輟む。觀を遷して別駕從事と爲す[四]。

[裴松之注]

[一] 三輔決錄注[九]に曰く、「金旋は字を元機、京兆の人なり。黄門郎[一〇]・漢陽太守を歷位し、徵せられて議郎を拜し、中郎將に遷り[一一]、武陵太守を領す。備の攻劫する所と爲りて死す」と。子の禕、事は魏武の本紀に見ゆ。

[二] 校勘により省略。

[三] 山陽公載記[一二]に曰く、「備 還り、左右に謂ひて曰く、「孫車騎は上を長《たつと》び下を短《そし》れば、其れ下と爲るは難し。吾 以て再び之を見る可からず」と。乃ち晝夜兼行す」と。臣 松之 案ずるに、魏書に劉備と孫權の語を載せ、蜀志に述ぶる諸葛亮と權の語と正に同じ。劉備は未だ魏軍を破るの前、尙ほ未だ孫權と相 見ず、此の說有ることを得ず。故に蜀志の是爲《た》るを知る。

[四] 獻帝春秋に曰く、「孫權 備と與に共に蜀を取らんと欲し、使を遣はして備に報じて曰く、「米賊の張魯 王として巴・漢に居り、曹操の耳目と爲りて、規りて益州を圖る。劉璋 武ならざれば、自ら守る能はず。若し操 蜀を得なば、則ち荊州 危ふし。今先に攻め璋を取り、進みて張魯を討たんと欲す。首尾 相 連なり、吳・楚を一統せば、十の操有りと雖も、憂ふる所無きなり」と。備 自ら蜀を圖らんと欲し、荅を拒み聽さず。曰く、「益州の民 富彊にして、土地 險阻なれば、劉璋 弱きと雖も、以て自ら守るに足る。張魯は虛僞にして、未だ必ずしも操に忠を盡くさず。今 師を蜀・漢に暴《さら》し、萬里より轉運して、戰ひ克ち攻め取り、擧げて利を失はせざらんと欲す。此れ吳起[一三]も其の規を定むる能はず、孫武[一四]も其の事を善くする能はざるなり。曹操 君を無《な》みするの心有りと雖も、而れども主を奉ずるの名有り。議者 操の利を赤壁に失ふを見、其の力 屈し、復た遠志無きなりと謂ふ。今 操 天下を三分し已に其の二を有し、將に馬を滄海に飲ましめ、兵を吳・會に觀んと欲す。何ぞ此の坐を守りて老を須《ま》つを肯ぜんや。今 同盟 故無く自ら相 攻伐するは、樞を操に借し、敵をして其の隙を承けしむ。長計に非ざるなり」と。權 聽かず、孫瑜[一五]を遣はして水軍を率ゐ夏口に住《とど》めしむ。備 軍の過《よ》ぐるを聽さず、瑜に謂ひて曰く、「汝 蜀を取らんと欲さば、吾 當に被髮して山に入り、信を天下に失はざるなり」と。關羽をして江陵に屯し、張飛を秭歸に屯し、諸葛亮を南郡に據らしめ、備 自ら孱陵に住まる。權 備の意を知り、因りて瑜を召し還らしむ」と。

（補注）

（一）金旋は、字は元機。司隷京兆尹の人。前漢の金日磾の末裔。子は金禕。黄門郎・漢陽太守などを歴任し、中郎將と兼任して武陵太守にも任じられたが、劉備軍に攻められ戰死した（『三國志』巻三十二 先主傳注引『三輔決錄注』）。

（二）韓玄は、曹操の荊州制圧時の長沙太守であるが（『三國志』巻三十七 黄忠傳）、赤壁の戦い後、攻め寄せた劉備軍に降伏した（『三國志』巻三十二 先主傳）。

（三）趙範は、桂陽太守。赤壁の戦い後、攻め寄せた劉備軍に降伏した（『三國志』巻三十二 先主傳）。趙雲に亡き兄の妻樊氏を薦めたが拒否され、曹操の下へ逃亡した（『三國志』巻三十七 趙雲傳注引『趙雲別傳』）。

（四）劉度は、曹操に任命された零陵太守。赤壁の戦い後、攻め寄せた劉備軍に降伏した（『三國志』巻三十二 先主傳）。

（五）雷緒は、揚州廬江郡の人。建安十三（二〇八）年、数万の部曲を率い、荊州南部の四郡を制圧した劉備に帰順した（『三國志』

巻三十二 先主傳）。

（六）妹は、孫夫人。劉備の妻の一人。父は孫堅。兄弟は孫策・孫權・孫翊など。才気・剛勇の点で兄達の面影があり、内の脅威となっていたという（『三國志』巻三十七 法正傳）。

（七）京は、京城ともいう。揚州呉郡の丹徒。『元和郡縣志』巻二十六に、「建安十四年、孫權自呉理丹徒、号曰京城。今州是也」とある。建業に遷都するのは、このあとである。

（八）綢繆は、ここでは『詩經』國風 唐風 綢繆の「綢繆束薪」を踏まえているので、結婚をすることで、異なった家庭の男女が一緒となることのたとえ。劉備と孫權の妹の結婚により、劉家と孫家が一緒となり、その恩紀（恩愛・恩情）が結びあうのである。

（九）三輔決録注は、後漢末の趙岐が著した『三輔決録』に、西晉の摯虞が注を附したもの。『隋書』巻三十三 經籍志二に、「三輔決録七卷。漢太僕趙岐撰、摯虞注」と著録されている。

（一〇）黄門郎は、官名。黄門令の属官で、漢代では、宦官の専任。侍従・応対をつかさどった。日暮れに青瑣門に拝するので、夕郎とも呼ばれる（『後漢書』志二十六 百官三）。冨田健之「漢代における「黄門」の官をめぐって」（『九州大学東洋史論集』一一、一九八三年）を参照。

（一一）禕は、金禕。司隷京兆尹の人。金旋の子。建安二十三（二一八）年、許で反曹操の兵を挙げるが失敗、一族は滅亡した（『三國志』巻一 武帝紀）。

（一二）山陽公載記は、書名。十巻、樂資の撰。山陽公とは、後漢最後の皇帝となった獻帝の魏における爵位である。『隋書』巻三十三 經籍二には著録があるが、いまは散佚した。

（一三）呉子は、呉起。戰國時代の衞の兵法家。その著とされる『呉子』は、門弟あるいは後人の偽作であるが、『韓非子』『史記』等の記述からみて、成書年代は遅くとも前漢初期と比較的早く、広く読まれたものと考えられている。松井武男『呉子』（明徳出版社、一九七一年）を参照。

（一四）孫武は、春秋時代の齊の兵法家。その著書とされる『孫子』は、戦術指南の域を超え、政治・経済上の勝利を主眼に据える戦略書として各時代に重用され、今なお影響力を持つ（『史記』巻六十五 孫子傳）。曹操が付けた魏武注は、現在でも『孫子』を解釈する際の基本となっている。田所義行『孫子』（明徳出版社、一九七〇年）を参照。

（一五）孫瑜は、字を仲異、揚州呉郡富春縣の人。孫靜の子。恭義校尉として賓客をもてなし、丹楊太守になると配下が一万余となった。建安十一（二〇六）年、周瑜と共に山越を討ち、建安十七（二一二）年、濡須口の戦いで孫權に自重を説いたが容れられなかった。奮威將軍を兼ねた。古典を愛好し、馬普を礼遇し、學官を建てた（『三國志』巻五十一 宗室 孫靜傳附孫瑜傳）。

［現代語訳］

先主は劉琦を上表して荊州《けいしゅう》刺史《しし》となし、また南に向かい（武陵郡・長沙郡・桂陽郡・零陵郡の）四郡を征服した。武陵《ぶりょう》太守《たいしゅ》の金《きん》旋《せん》・長沙《ちょうさ》太守《たいしゅ》の韓玄《かんげん》・桂陽太守《けいようたいしゅ》の趙範《ちょうはん》・零陵太守《れいりょうたいしゅ》の劉度《りゅうたく》はみな降服した［一］。廬江郡《ろこうぐん》の雷緒《らいしょ》は、部曲数万人を率いて帰順した。劉琦が病死すると、群臣は先主を推して荊州牧となし、（劉備は荊州牧の）治所を公安に置いた［二］。孫權は次第に劉備を恐れ、妹を（夫人に）進めて友好を固めた。先主は（呉の）京城に至り孫權と会い、婚姻により両家の恩愛を固めた［三］。（やがて）孫權は使者を派遣して、「協力して蜀を取ろうと思う」と言った。（劉備の臣下の）あるものは、「ぜひ（申し出を）聞き届け許すべきです。呉は結局は荊州を越えて蜀を保つことはできません。（協力して攻めても）蜀の地はわれわれのものとすることができます」といった。荊州主簿《しゅぼ》の殷觀《いんかん》は、進み出て、「もし呉の先駆《さきがけ》となり、進んでは蜀に勝つことができず、退いては呉に乗じられれば、直ちに大事は終わってしまいます。今はただよろしいと孫權が蜀を討つことに贊成しておいて、そして自分は新しく荊州四郡を拠点としたので、まだ動くことはできないと説明いたしましょう。呉は必ずやあえて我々を越えて単独で蜀を取りません。このような進退の計は、それにより呉・蜀それぞれに利を収めることができます」と言った。先主はこれに従い、孫權は果たして（蜀侵攻の）計を止めた。殷觀を栄転させて別駕從事《べつがじゅうじ》とした[四]。

[裴松之注]

[一]『三輔決錄注《さんぽけつろくちゅう》』に、「金旋は字を元機《げんき》といい、司隸京兆《しれいけいちょう》の人である。黄門郎《こうもんろう》・漢陽太守《かんようたいしゅ》を歴任し、徵召されて議郎《ぎろう》を拝命し、中郎將《ちゅうろうしょう》に遷り、武陵《ぶりょう》太守を兼任した。劉備に攻撃されて死んだ」とある。（金旋の）子の金禕《きんい》が、（曹操に反乱を起こした）ことは（『三國志』巻一の）魏武（曹操）の本紀に見える。

[二] 校勘により省略。

[三]『山陽公載記《さんようこうさいき》』に、「劉備は帰ると、左右の者に言って、「孫車騎《そんしゃき》（孫權）は上を尊び下を誇《そし》るので、かれの下につくことは難しい。吾《わたし》は再び孫權と会うべきではない」とした。そこで昼夜兼行して（荊州に）戻った」とある。臣 裴松之が考えますに、『魏書《ぎしょ》』に劉備と孫權の言葉を掲載していますが、（それは）『三國志』蜀書に述べられている諸葛亮と孫權の言葉とまさしく同じです。劉備はまだ魏軍を破る前に、なおいまだ孫權と会見していませんので、この話はありえないことです。このため『三國志』蜀書（に述べられる諸葛亮と孫權の言葉とすること）が正しいことが分かります。

[四]『獻帝春秋《けんていしゅんじゅう》』に、「孫權は劉備と共に協力して蜀を取ろうと考え、使者を派遣して劉備に告げて、「米賊の張魯は王として巴《は》郡（四川省重慶市）と漢中《かんちゅう》郡（陝西省漢中市）にいて、曹操の耳目となって、（劉璋が統治する）益州を取るための謀略を練っている。劉璋《りゅうしょう》は武略に乏しいので、自分の力で（張魯から）守ることはできない。もし曹操が蜀を得たならば、荊州が危うい。いま先に攻めて劉璋（の益州）を取り、進んで張魯を討とうと思う。（劉備が益州と荊州で）首尾が繋がり、（孫權が揚州）の呉《ご》と（荊州）の楚《そ》を統一すれば、十人の曹操がいたとしても、憂えることはない」とした。劉備は自分が蜀を（取ることを）図ろうと考えていたので、答えを拒否し（蜀を討つため呉軍が荊州を通ることも）聴さなかった。（劉備は）「益州の民は豊かで強く、地は険阻ですので、劉璋は弱いと言っても、自分で守ることができます。張魯は偽りが多く、いまだ必ずしも曹操に忠を尽くしておりません。いま（あなたは）軍を蜀と漢中にさらし、（揚州という）万里（の遠く）から（輜重を）輸送して、戦いに勝ち（土地を）攻め取り、すべて利を失わないようにさせようと考えておられます。これは呉起《ごき》もその謀を定めることができず、孫武《そんぶ》もその事を遂行できないような（難しい）ことです。曹操は君（主の獻帝）を無みする心があると言っても、それでも（天下の君）主を奉じているという名目があります。議者（の中に）は曹操が利を赤壁《せきへき》（の敗戦）に失ったことを見て、その力は弱まり、また遠

い（漢中や益州を謀る）志は無くなったと申す者もおります。（しかし）いま曹操は天下を三分してすでにその二を保有し、馬に滄海《そうかい》で（水を）飲ませ、兵を呉郡と會稽《かいけい》郡（浙江省紹興市）で観ようと考えております。どうしてこのままの坐を守った状態で老いを待つことがありましょうか。（必ずや益州や揚州に攻め込んでまいります。）いま同盟（関係にある蜀）を理由なく自分から攻撃することは、（外交を操る）枢機を曹操に借し、（領土に侵攻してくる）敵にその隙を衝かせることになります。（益州に攻め込むことは）長久の計ではございません」と答えた。孫権は聴かず、孫瑜《そんゆ》を派遣して水軍を率いさせて夏口《かこう》に止めた。劉備は軍が通過することを聴さず、孫瑜に言って、「汝が蜀を取ろうと考えるのであれば、吾《わたし》は被髪して山に入り、信を天下に失わないようにすべきである」とした。關羽《かんう》を江陵に駐屯させ、張飛《ちょうひ》を秭歸《しき》縣（湖北省秭帰県）に駐屯させ、諸葛亮に南郡《なんぐん》（湖北省南西部）を拠点させて、劉備自身は孱陵《さんりょう》に止まった。孫権は（力づくでも益州侵攻を阻止しようとする）劉備の意図を知って、そのため孫瑜を召還した」とある。

【原文】

十六年、益州牧劉璋、遙聞曹公將遣鍾繇等、向漢中討張魯、內懷恐懼。別駕從事蜀郡張松說璋曰、曹公兵彊無敵於天下。若因張魯之資、以取蜀土、誰能禦之者乎。璋曰、吾固憂之、而未有計。松曰、劉豫州、使君之宗室而曹公之深讎也、善用兵。若使之討魯、魯必破。魯破、則益州彊、曹公雖來、無能爲也。璋然之、遣法正將四千人迎先主、前後賂遺以巨億計。正因陳益州可取之策[一]。先主留諸葛亮・關羽等據荊州、將步卒數萬人入益州。至涪、璋自出迎、相見甚歡。張松令法正白先主及謀臣龐統進說、便可於會所襲璋。先主曰、此大事也、不可倉卒。璋推先主行大司馬・領司隸校尉、先主亦推璋行鎭西大將軍・領益州牧。璋增先主兵、使擊張魯、又令督白水軍。先主幷軍三萬餘人、車甲・器械・資貨甚盛。是歲、璋還成都。先主北到葭萌、未卽討魯、厚樹恩德、以收衆心。

〔裴松之注〕

〔一〕吳書曰、備前見張松、後得法正、皆厚以恩意接納、盡其殷勤之歡。因問蜀中闊[1]（俠）〔狹〕・兵器・府庫・人馬衆寡、及諸要害道里遠近。松等具言之、又畫地圖山川處所。由是盡知益州虛實也。

〔校勘〕

1．百衲本は「俠」に作るが、中華書局本により「狹」に改める。

《訓読》

十六年、益州牧の劉璋、遙かに曹公の將に鍾繇[一]らを遣はして、漢中に向かひ張魯を討たせんとするを聞き、內に恐懼を懷く。別駕從事たる蜀郡の張松　璋に說きて曰く、「曹公の兵　彊きこと天下に敵無し。若し張魯の資に因りて、以て蜀土を取らんとすれば、誰か能く之を禦ぐ者か」と。璋曰く、「吾　固より之を憂ふも、而も未だ計有らず」

と。松曰く、「劉豫州は、使君の宗室にして曹公の深讎たりて、善く兵を用ふ。若し之をして魯を討たしめば、魯 必ずや破れん。魯 破れれば、則ち益州 彊く、曹公 來たると雖も、能く爲すこと無きなり」と。璋 之を然りとし、法正を遣はして四千人を將ゐ先主を迎へしめ、前後 賂遺すること巨億を以て計ふ。正 因りて益州取る可きの策を陳ぶ[一]。先主 諸葛亮・關羽らを留め荊州に據らしめ、步卒數萬人を將ゐて益州に入る。涪に至るや、璋 自ら出迎へ、相 見て甚だ歡ぶ。張松 法正をして先主及《と》謀臣の龐統(二)に白《まう》し說を進めしめ、便《ただ》ちに會する所に於て璋を襲ふ可しとす。先主曰く、「此れ大事なれば、倉卒にす可からず」と。璋 先主を推して行大司馬(三)・領司隷校尉(四)とし、先主も亦た璋を推して行鎭西大將軍(五)・領益州牧とす。璋 先主の兵を增し、張魯を擊たしめ、又 白水の軍を督せしむ。先主 軍三萬餘人を幷はせて、車甲・器械・資貨 甚だ盛んなり。是の歲、璋 成都に還る。先主 北のかた葭萌に到るも、未だ卽ちに魯を討たず、厚く恩德を樹てて、以て衆心を收む。

[裴松之注]

[一] 吳書に曰く、「備 前に張松を見、後に法正を得るに、皆 厚く恩意を以て接納し、其の殷勤の歡を盡くす。因りて蜀中の闊狹・兵器・府庫・人馬の衆寡、及び諸要害の道里の遠近を問ふ。松ら具さに之を言ひ、又 地圖に山川の處所を畫く。是れに由り盡く益州の虛實を知るなり」と。

(補注)

(一) 鍾繇は、字を元常、豫州潁川郡長社縣の人。孝廉に挙げられ、のち三府に辟召されて廷尉正・黃門侍郎となった。李傕らの手から獻帝を守り長安を脱出、御史中丞を経て侍中・尚書僕射に昇進した。曹操は、獻帝を迎えると、荀彧と親しい鍾繇を信任し、司隷校尉を兼任させ、持節を与えて關中の軍事と統治を任せた。曹操が魏王となると、大理を経て相國になるが、魏諷の乱に連座して失脚した。しかし、文帝が即位すると太尉・平陽亭侯、明帝が即位すると太傅・定陵侯となった(『三國志』巻十三 鍾繇傳)。

(二) 龐統は、字を士元、荊州襄陽郡の人。荊州學を修め、帝王の秘策を論じて、龐德公より「鳳雛」と評価された。軍師中郎將となり、益州侵攻の軍師として、劉璋との初対面の席で暗殺するよう献策したが従われなかった。援軍を要請した劉備に、劉璋が老兵だけを送ると、「すぐに成都へ攻め込む、涪水關を取る、荊州に戻る」の三策を献じ、中策を採用された。が、益州の平定を見ず雒城攻撃中に戦死した(『三國志』巻三十六 龐統傳)。

(三) 大司馬は、官名。秦官の太尉。軍事全般を職掌とする。前漢では、武帝のときに、太尉を改めて大司馬を置いた。後漢では、大司徒・大司空とともに三公の一つとなり、建武二十七(五一)年に名を太尉と改められていた(『後漢書』志二十四 百官一)。

(四) 司隷校尉は、官名。もとは監察官。前漢の武帝が征和二(前八九)年に大逆事件の検挙のために臨時に設け、その決着後は三輔(京兆尹・左馮翊・右扶風)・三河(河東・河內・河南)・弘農郡の行政・監察を掌る要職となった。これら地域を司隷校尉部といい、漢の首都圏を形成した(『後漢書』志二十七 百官四)。

(五) 鎭西大將軍は、官名。鎭西將軍は、広義の四征將軍の一つで、都督を帯びて方面軍司令官となった。大が就くと、格上となる。後漢末三國の四征將軍については、石井仁「四征将軍の成立をめぐって」(『古代文化』四五―一〇、一九九三年)を参照。

［現代語訳］

建安《けんあん》十六（二一一）年、益州牧《えきしゅうぼく》の劉璋は、曹公が鍾繇《しょうよう》たちを派遣して、漢中《かんちゅう》に向かい張魯《ちょうろ》を討伐させようとしているとはるかに聞き、内心恐怖を懐いた。別駕從事《べつがじゅうじ》である蜀郡の張松《ちょうしょう》は劉璋に説いて、「曹公の兵は強く天下無敵です。もし張魯（を破った後、そ）の物資によって、蜀の地を取ろうとすれば、誰がこれを防げるでしょうか」とした。劉璋は、「吾《わたし》もともとよりそれを憂えているが、まだ計が立たない」と答えた。張松は、「劉豫州《りゅうよしゅう》は、使君《しくん》の一族で曹公の仇敵で、用兵も巧みです。もし劉備に張魯を討伐させれば、張魯は必ず敗れるでしょう。張魯が敗れれば、益州は強くなり、曹公は来襲しても、なす術《すべ》がないでしょう」と言った。劉璋はこれをそのとおりだ思い、法正《ほうせい》を派遣して四千人を率いて先主を迎えさせ、前後に贈物をすること億（十万）を単位とするほどであった。法正はその機会に益州を取れる策を開陳した［一］。先主は諸葛亮と關羽たちを留めて荊州を拠点として（守らせ）、歩卒数万人を率いて益州に入った。涪縣《ふけん》に至ると、劉璋は自ら出迎えて、会見してたいへん喜んだ。張松は法正に先主と謀臣の龐統に策を進言させて、直ちに会見の場で劉璋を襲うべきとした。先主は、「これは大事であるから、いきなりしてはならない」と言った。劉璋は先主を推薦して行大司馬《こうだいしば》・領司隷校尉《りょうしれいこうい》とし、先主もまた劉璋を推薦して行鎭西大將軍《こうちんぜいだいしょうぐん》・領益州牧《りょうえきしゅうぼく》とした。劉璋は先主の兵を増し、張魯を攻撃させ（ることとし）、また白水關《はくすいかん》（四川省広元市の北）の軍を監督させ（ることとし）た。先主は軍三万人余りを併せて、戦車と甲冑・武器と用具・資材と財貨をたくさん手に入れた。この歳、劉璋は成都に帰った。先主は北に向かい葭萌縣《かぼう》（四川省広元市の南西）に到着したが、まだ直ちに張魯を征討はせず、厚く恩徳を施して、民心を収攬した。

［裴松之注］

［一］『吳書《ごしょ》』に、「劉備は先に張松と会い、後に法正を得たが、ともに手厚く恩情をもって接し、こころからの歓待を尽くした。それにより蜀の広い所と狭い所・兵器・府庫・人馬の多い少ない、及びもろもろの要害の道のりの遠い近いを尋ねた。張松らつぶさにこれを言い、また地図に山川の場所を描いた。これにより尽く益州の虚実を知ることができたのである」とある。

【原文】

明年、曹公征孫權、權呼先主自救。先主遣使告璋曰、曹公征吳、吳憂危急。孫氏與孤本爲脣齒。又樂進在靑泥與關羽相拒。今不往救羽、進必大克、轉侵州界、其憂有甚於魯。魯自守之賊、不足慮也。乃從璋求萬兵及資[1]（寶）〔實〕、欲以東行。璋但許兵四千、其餘皆給半［二］。張松書與先主及法正曰、今大事垂可立、如何釋此去乎。松兄廣漢太守肅、懼禍逮己、白璋發其謀。於是璋收斬松、嫌隙始構矣［三］。璋勅關戍諸將文書、勿復關通先主。先主大怒、召璋白水軍督楊懷、責以無禮、斬之。乃使黃忠・卓膺勒兵向璋。先主徑至關中、質諸將幷士卒妻子、引兵與忠・膺等進到涪、據其城。璋遣劉璝・冷苞・張任・鄧賢等拒先主於涪［三］、皆破敗、退保緜竹。璋復遣李嚴督緜竹諸軍、嚴率衆降先主。先主軍益彊、分遣諸將平下屬縣、諸葛亮・張飛・趙雲等將兵泝流、定白帝・江州・江陽、惟關羽留鎭荊州。先主進軍圍雒。時璋子循守城、被攻且一年。

〔裴松之注〕

〔一〕魏書曰、備因激怒其衆曰、吾爲益州征彊敵、師徒勤瘁、不遑寧居、今積帑藏之財而恡於賞功。望士大夫爲出死力戰、其可得乎。

〔二〕益部耆舊雜記曰、張肅有威儀、容貌甚偉。松爲人短小、放蕩不治節操。然識達精果、有才幹。劉璋遣詣曹公、曹公不甚禮[2]松。主簿楊脩深器之、白公辟松、公不納。脩以公所[3]（譔）〔撰〕兵書示松、松[4]飲宴之間、一看便闇誦。脩以此益異之。

〔三〕益部耆舊雜記曰、張任、蜀郡人、家世寒門。少有膽勇、有志節、仕州爲從事。

〔校勘〕

1. 百衲本は「寶」に作るが、中華書局本により「實」に改める。
2. 中華書局本は「松」を「公」に改めるが、従わない。
3. 百衲本は「譔」に作るが、中華書局本により「撰」に改める。
4. 中華書局本は「宴飲」に作る。

《訓読》

明年、曹公 孫權を征し、權 先主を呼び自ら救はしむ。先主 使を遣はして璋に告げて曰く、「曹公 吳を征し、吳の憂 危急なり。孫氏と孤とは本 脣齒爲《た》り。又 樂進(一) 青泥に在りて關羽と相 拒ぐ。今 往きて羽を救はざれば、進 必ずや大いに克ち、轉じて州界を侵し、其の憂は魯よりも甚だしき有らん。魯は自守の賊なれば、慮るに足らざるなり」と。乃ち璋より萬兵及び資實を求め、以て東して行かんと欲す。璋 但だ兵を許すこと四千、其の餘は皆 半ばを給するのみ〔一〕。張松 書を先主及法正に與《と》へて曰く、「今 大事 立つ可くに垂んとするに、如何ぞ此こを釋てて去るや」と。松の兄たる廣漢太守の肅、禍己に逮ぶを懼れ、璋に白して其の謀を發す。是に於て璋 收めて松を斬り、嫌隙 始めて構ず〔二〕。璋 關戍の諸將に文書を勅するに、復た先主を關通すること勿かれと。先主 大いに怒り、璋の白水軍督たる楊懷(二)を召し、責むるに無禮を以てし、之を斬る。乃ち黃忠(三)・卓膺(四)をして兵を勒して璋に向かはしむ。先主 徑ちに關中に至り、諸將幷びに士卒の妻子を質とし、兵を引きて忠・膺らと與に進みて涪に到り、其の城に據る。璋 劉璝(五)・冷苞(六)・張任(七)・鄧賢(八)らを遣はして先主を涪に拒むも〔三〕、皆 破敗し、退きて緜竹を保つ。璋 復た李嚴(九)を遣はして緜竹の諸軍を督せしむるも、嚴は衆を率ゐて先主に降る。先主の軍 益〻彊く、諸將を分遣して屬縣を平下せしめ、諸葛亮・張飛・趙雲らも兵を將ゐて流を泝り、白帝・江州・江陽を定め、惟だ關羽のみ留まりて荊州に鎭す。先主 軍を進め雒を圍む。時に璋の子の循 城を守り、攻められて且《まさ》に一年にならんとす。

〔裴松之注〕

〔一〕魏書に曰く、「備 因りて激怒し其の衆に曰く、「吾 益州の爲に彊敵を征し、師徒 勤瘁し、寧居に遑あらず。今 帑藏の財を積むも而も賞功を恡《をし》む。士大夫に爲に死力を出して戰ふを望むは、其れ得可きや」と」と。

〔二〕益部耆舊雜記に曰く、「張肅 威儀有り、容貌 甚だ偉なり。松は人と爲り短小、放蕩して節操を治めず。然れども識達にして精果、才幹有り。劉璋 遣はして曹公に詣らしむも、曹公 甚しくは松を禮せず。主簿の楊脩(一〇)深く之を器とし、公に白し松を辟せしむるも、公 納れず。脩 公の撰する所の兵書(一一)を以て松に示す。松 飲宴の間、一たび看て便ちに闇誦す。脩 此れを以て益ゝ之を異とす」と。

[三] 益部耆舊雜記に曰く、「張任、蜀郡の人、家 世ゝ寒門たり。少くして膽勇有り、志節有り、州に仕へて従事と爲る」と。

（補注）

（一）樂進は、字は文謙、兗州陽平郡衞國縣の人。濮陽での呂布・雍丘での張超・苦での橋蕤（袁術の将）との戦いで、一番乗りの戦功を立て、廣昌亭侯に封建された。官渡の戦いでは、淳于瓊を斬り、袁譚・袁尚との黎陽の戦いでは、將の嚴敬を斬り、行遊擊將軍に任ぜられた。建安二十（二一五）年、合肥の戦いでは、城の守備を担当、張遼と李典の奇襲を支援して、孫權を擊破した。のち、右將軍に昇進したが、建安二十三（二一八）年に卒し、威侯と諡された（『三國志』巻十七 樂進傳）。

（二）楊懷は、劉璋の白水軍督。建安十七（二一二）年、劉備が荊州へ戻るとの知らせを受け、高沛と共に喜んで自分から会いに行って、殺害された（『三國志』巻三十七 龐統傳）。

（三）黃忠は、字を漢升、荊州南陽郡の人。長沙太守の韓玄に仕えていたが劉備に帰順し、定軍山の戦いでは夏侯淵を討つ大功を挙げた。劉備は漢中王になると黃忠を後將軍に任命した（『三國志』巻三十六 黃忠傳）。

（四）卓膺は、劉備の將。劉備の入蜀時に黃忠とともに兵を率いて涪城に至り、これを占領した（『三國志』巻三十二 先主傳）。

（五）劉璝は、劉璋の將。建安十七（二一二）年、劉備と涪城で戦って大敗し、雒城に逃れ、劉璋の子劉循とともに城を守ったが、一年後に落城した（『三國志』巻三十二 先主傳）。

（六）冷苞は、劉璋の將。建安十七（二一二）年、劉備と涪城で戦って大敗し、緜竹に逃れた（『三國志』巻三十二 先主傳）。

（七）張任は、益州蜀郡の人、寒門の出身。建安十七（二一二）年、劉備と涪城で戦って大敗し、雒城に逃れ、劉璋の子劉循とともに城を守ったが、一年後に落城した。劉備は降服を勧めたが、最後まで忠義を曲げなかった（『三國志』巻三十二 先主傳注引『益部耆舊雜記』）。

（八）鄧賢は、劉璋の將。建安十七（二一二）年、劉備と涪城で戦って大敗し、緜竹に逃れた（『三國志』巻三十二 先主傳）。孟達の部下に、その反乱の際、司馬懿と通じた鄧賢という人物がおり（『三國志』本紀三 明帝紀）、同一人物の可能性が高い。

（九）李嚴は、字を正方、荊州南陽郡の人。劉備の入蜀を機に護軍となり、緜竹關を守備したが、すぐに劉備へ投降し、裨將軍に任命された。のち犍爲太守・興業將軍となり、諸葛亮・法正・劉巴・伊籍と共に蜀科の制定に尽力した。劉備が白帝城で崩御する際、呼び寄せられて尚書令となり、亮と共に劉禪を補佐するよう遺詔を受けた。中都護として内外の軍事を統括し、永安を鎮撫した。建興九（二三一）年、亮が祁山に布陣すると、軍需輸送を監督したが果たせず、亮に転嫁しようとしたため、罪を問われて庶民に落とされた（『三國志』巻四十 李嚴傳）。

（一〇）楊脩は、字を德祖、司隸弘農郡華陰縣の人。「四世三公」の名門であったが、母が袁術の妹であり、曹操にその才能を愛されながら警戒された。後継者争いで曹植を支持し、建安二十四（二一九）年に殺害された（『三國志』巻九 曹植傳注引『典略』）。

（二）兵書は、ここでは、『兵書接要』か。曹操は、『孫子』に注を附したほか、諸家の兵法を抄集して『接要』を著した（『三國志』巻一　武帝紀）。『隋書』巻三十四　經籍三には、「兵書接要十巻　魏武帝撰」と著録されている。

[現代語訳]

翌（建安十七〈二一二〉）年、曹公が孫権を征討し、孫権は先主を呼び返して救援させようとした。先主は使者を派遣して劉璋に告げ、「曹公が呉を征討し、呉の憂いは差し迫っております。孫氏と孤《わたし》とはもともと脣歯《しんし》の関係です。また樂進《がくしん》が青泥《せいでい》（湖北省襄陽市の西北）で關羽と対峙しております。いま行って關羽を救わなければ、樂進は必ず大勝して、転戦して益州の境界に侵攻し、その憂いは張魯よりも甚だしいことになるでしょう。張魯は自ら守っているだけの賊ですので、恐れるには足りません」とした。そして劉璋に兵一万と軍事物資を求め、それにより東に行こうと考えた。（しかし）劉璋はただ兵四千を（与えることを）認め、そのほか（の要求）はみな半分を支給するだけであった[一]。（一方、劉備が荊州に戻ることを心配した）張松は書簡を先主と法正に与え、「いま大事が成ろうとしているときに、どうしてここを棄てて去るのでしょうか」と伝えた。張松の兄である廣漢太守《こうかんたいしゅ》の張肅は、（張松造反の）禍が自分に及ぶことを恐れ、劉璋に申し出て張松の謀反を暴いた。ここに至り劉璋は収監して張松を斬り、（劉備との）不和が始めて生じた[二]。劉璋は關を守る諸將に文書を出して、二度と先主が關を通ることを許してはならないとした。先主は大いに怒り、劉璋の白水軍督《はくすいぐんとく》である楊懐を召し、その無礼を責めて、これを斬った。そして黄忠《こうちゅう》・卓膺《たくよう》に兵を整えて劉璋に向かわせた。先主は直ちに關の中に至り、諸將ならびに士卒の妻子を人質とし、兵を引いて黄忠・卓膺らと共に進軍して涪《ふ》縣に至り、その城を拠点とした。劉璋は劉璝《りゅうかい》・冷苞《れいほう》・張任《ちょうじん》・鄧賢《とうけん》らを派遣して先主を涪城に防がせたが[三]、みな敗れ、退いて緜竹《めんちく》城（四川省徳陽市の北）を保持した。劉璋はまた李嚴《りげん》を派遣して緜竹の諸軍を督させたが、李嚴は兵を率いて先主に降服した。先主の軍はますます強く、諸將を分け遣わして屬縣を平定させ、諸葛亮・張飛・趙雲らも兵を率いて流れを泝《さかのぼ》り、白帝城《はくていじょう》（四川省奉節の東）・江州《こうしゅう》縣・江陽《こうよう》縣（四川省瀘州市）を平定し、ただ關羽だけが留まって荊州に鎮座した。先主は軍を進めて雒城（四川省広漢の北）を包囲した。このとき劉璋の子である劉循《りゅうじゅん》が雒城を守り、攻められて一年になろうとしていた。

[裴松之注]

[一]『魏書《ぎしょ》』に、「劉備は（劉璋が要求の半分以下しか渡さなかったので）そこで激怒して兵たちに、「吾《わたし》は益州のために強敵の（張魯）を征服しようと、戦士を疲労させ、安寧な暮らしを奪っている。（それなのに劉璋は）金蔵に財を積みながら功績への賞を惜しんでいる。（これでは）士大夫に（益州の）ために死力を出して戦うことを望むのは、できるはずがないではないか」と言った」とある。

[二]『益部耆舊雑記《えきぶききゅうざっき》』に、「張肅は威儀があり、容貌はたいへん堂々としていた。（弟の）張松は人となりが小男で、放蕩三昧で節操がなかった。しかしながら見識は高く判断力に優れ、才能があった。劉璋は派遣して曹公に至らせたが、曹公はそれほど張松を礼遇しなかった。主簿《しゅぼ》の楊脩《ようしゅう》は張松をたいへんな器量と評して、曹公に言って張松を辟召《へきしょう》させようとしたが、曹公は従わなかった。楊脩は曹公が編纂した兵書を張松に見せた。張松は宴会

の間、一度目を通しただけで直ちに暗唱した。張脩はこれによってますます張松を異才とした」とある。

〔三〕『益部耆舊雜記』に、「張任《ちょうじん》は、蜀郡の人で、家は代々寒門である。若いときから大胆で勇気があり、志が高く節操があり、益州に仕えて従事《じゅうじ》となった」とある。

【原文】

十九年夏、雒城破〔一〕、進圍成都數十日、璋出降〔二〕。蜀中殷盛豐樂、先主置酒、大饗士卒。取蜀城中金銀、分賜將士、還其穀帛。先主復領益州牧。諸葛亮爲股肱、法正爲謀主、關羽・張飛・馬超爲爪牙、許靖・麋竺・簡雍爲賓友。及董和・黃權・李嚴等、本璋之所授用也。吳壹・費觀等又璋之婚親也。彭[1](羕)〔羕〕又璋之所排擯也、劉巴者宿昔之所忌恨也。皆處之顯任、盡其器能。有志之士、無不競勸。

〔裴松之注〕

〔一〕益部耆舊雜記曰、劉璋遣張任・[2]與劉璝、率精兵拒捍先主於涪、爲先主所破、退與璋子循守雒城。任勒兵出於雁橋、戰復敗。禽任。先主聞任之忠勇、令軍降之。任厲聲曰、老臣終不復事二主矣。乃殺之。先主歎惜焉。

〔二〕傅子曰、初、劉備襲蜀、丞相掾趙戩曰、劉備其不濟乎。拙於用兵、每戰則敗、奔亡不暇、何以圖人。蜀雖小區險固、四塞獨守之國、難卒并也。徵士傅幹曰、劉備寬仁有度、能得人死力。諸葛亮達治知變、正而有謀、而爲之相。張飛・關羽勇而有義、皆萬人之敵、而爲之將。此三人者、皆人傑也。以備之略、三傑佐之、何爲不[3]濟。典略曰、趙戩、字叔茂、京兆長陵[4]人。質而好學、言稱詩書、愛恤於人、不論疎密。辟公府、入爲尚書選部郎。董卓欲以所私並充臺閣、戩拒不聽。卓怒、召戩欲殺之。觀者皆爲戩懼、而戩自若。及見卓、引辭正色、陳說是非。卓雖凶戾、屈而謝之。遷平陵令。故將王允被害、莫敢近者、戩棄官收斂之。三輔亂、戩客荊州、劉表以爲賓客。曹公平荊州、執戩手曰、何相見之晚也。遂辟爲掾。後爲五官將司馬、相國鍾繇長史、年六十餘卒。

〔校勘〕

1．百衲本は「羡」に作るが、中華書局本により「羕」に改める。
2．中華書局本は、「與」の一字を欠く。
3．中華書局本は、「濟也」に作る。
4．中華書局本は、「人也」に作る。

《訓讀》

十九年夏、雒城 破れ〔一〕、進みて成都を圍むこと數十日、璋 出で降る〔二〕。蜀中 殷盛豐樂たれば、先主 酒を置き、大いに士卒を饗す。蜀城中の金銀を取りて、將士に分賜し、其の穀帛は還す。先主復た益州牧を領す。諸葛亮は股肱爲《た》り、法正は謀主爲り、關羽・張飛・馬超(一)は爪牙爲り、許靖(二)・麋竺・簡雍(三)は賓友爲り。及び董和(四)・黃權・李嚴らは、本 璋の授用する所なり。吳壹(五)・費觀(六)らは又 璋の婚親なり。彭羕(七)は又 璋の排擯する所なり、劉巴(八)は宿昔の忌恨する所なり。皆 之を顯任に處し、其の器能を盡せしむ。志有るの士、競ひて勸めざるは無し。

［裴松之注］

［一］益部耆舊雜記に曰く、「劉璋 張任を遣はして劉璝と與に、精兵を率ゐて先主を涪に拒捍せしむも、先主の破る所と爲り、退きて璋の子たる循と與に雒城を守る。任 兵を勒して雁橋に出で、軍戰ひて復た敗る。任を禽にす。先主 任の忠勇なるを聞きて、軍をして之を降らしむ。任 聲を厲まして曰く、「老臣 終に復た二主に事へず」と。乃ち之を殺す。先主 焉を歎惜す」と。

［二］傅子(九)に曰く、「初め、劉備の蜀を襲ふや、丞相掾の趙戩(一〇)曰く、「劉備は其れ濟らざるか。用兵に拙く、戰ふ毎に則ち敗れ、奔亡して暇あらず、何を以て人を圖らん。蜀は小區と雖も險固なりて、四塞する獨守の國なれば、卒に幷はせるは難きなり」と。徵士の傅幹(一一)曰く、「劉備は寛仁にして度有り、能く人の死力を得たり。諸葛亮は治に達し變を知り、正にして謀有り、而して之が相と爲る。張飛・關羽は勇にして義有り、皆 萬人の敵、而して之が將と爲る。此の三人なる者は、皆 人傑なり。備の略を以て、三傑 之を佐く、何爲《なんす》れぞ濟らざらん」と」と。典略に曰く、「趙戩、字は叔茂、京兆長陵の人なり。質にして學を好み、言は詩書を稱《とな》へ、人を愛恤すること、疎密を論ぜず。公府に辟せられ、入りて尙書選部郎(一二)と爲る。董卓 私する所を以て並びに臺閣を充たさんと欲すも、戩 拒みて聽かず。卓 怒り、戩を召して之を殺さんと欲す。觀る者 皆 戩の爲に懼るるも、而れども戩 自若たり。卓に見ゆに及び、辭を引き色を正し、說の是非を陳ぶ。卓 凶戾なると雖も、屈して之を謝《わ》ぶ。平陵令に遷る。故將の王(一三)允 害を被り、敢て近づく者莫し、戩 官を棄て之を收斂す。三輔亂るるや、戩 荊州に客となり、劉表 以て賓客と爲す。曹公 荊州を平らぐるや、戩の手を執りて曰く、「何ぞ相 見ゆるの晩きや」と。遂に辟して掾と爲す。後に五官將司馬、相國たる鍾繇の長史と爲り、年六十餘にて卒す」と。

（補注）

（一）馬超は、字を孟起、司隷扶風郡茂陵縣の人。涼州に独立勢力を築いていた馬騰の長子。父の馬騰は、曹操に協力して衛尉となったが、馬超は涼州に止まり続け、やがて韓遂と連合して曹操に反旗を翻した。潼關の戦いで賈詡の離間の計に敗れ、漢中の張魯に身を寄せたのち、劉備に仕え、驃騎將軍となったが、翌年卒した（『三國志』巻三十六 馬超傳）。

（二）許靖は、字を文休、豫州汝南郡平輿縣の人。従弟の許劭とともに人物批評家として知られた。董卓が専権を握ると孔伷、會稽太守の王朗、交州の士燮に身を寄せた。劉璋に辟召されて巴郡太守・廣漢太守を歴任、劉備の入蜀時、蜀郡太守であったが逃亡を図り、これを嫌った劉備は登用しなかったが、法正の諫言もあり、左將軍長史に任命した。劉備が漢中王となると太傅となり、即位すると司徒となった（『三國志』巻三十八 許靖傳）。

（三）簡雍は、字を憲和、幽州涿郡の人。劉備と同郷で若いときから知り合いで、從事中郎として使者となった。のち昭德將軍となった（『三國志』巻三十八 簡雍傳）。

（四）董和は、字を幼宰、荊州南郡枝江縣の人。劉璋に仕えて成都令などを歴任、劉備が入蜀すると、掌軍中郎將となり、軍師將軍の諸葛亮とともに、劉備の左將軍大司馬府を取り仕切った（『三國志』巻三十九 董和傳）。

（五）吳壹は、字を子遠、兗州陳留郡の人。劉焉に従って入蜀し、劉璋のとき、中郎將となった。劉備が入蜀すると、護軍・討逆將軍とし、妹は劉備の夫人となった（穆皇后）。關中都督を経て左將軍に移り、諸葛亮の死後は、漢中都督、車騎將軍となった（『三國志』巻四十五 楊戲傳注引『季漢輔臣贊』）。

（六）費觀は、字を賓伯、荊州江夏郡鄳縣の人。劉璋に仕え、李嚴とともに緜竹を守ったが、共に劉備に降服、裨將軍となった。のち巴郡太守・江州都督になった（『三國志』巻四十五 楊戲傳注引『季漢輔臣贊』）。

（七）彭羕は、字を永年、益州廣漢郡の人。劉璋に仕えたが、労役囚とされていた。劉備の入蜀の際、龐統に評価され、蜀平定後、治中從事とされた。囚人から抜擢されて思いあがり、劉備の重用を鼻にかけるので、諸葛亮の進言により、江陽太守に左遷され、反乱を企て処刑された（『三國志』巻四十 彭羕傳）。

（八）劉巴は、字を子初、荊州襄陽郡烝陽縣の人。劉表に辟召されたが応ぜず、曹操が南下すると、曹操のために各郡を帰順させる使者となった。劉備が荊州を支配すると、益州に亡命し、劉備が入蜀すると、前罪を謝して劉備に仕えた。張飛を「兵子」と呼んで共に語ろうとしない態度によって、劉備に嫌われた。法正の死後、後任の尚書令に抜擢され、告天文を制作するなど、学問的にも高い才能を発揮した（『三國志』巻三十九 劉巴傳）。

（九）傅子は、書名。兩漢代までの故事を撰集して、その是非を評定した書（『晉書』巻四十七 傅玄傳）。もとは全一百二十巻であったが（『隋書』巻三十四 經籍志三、『舊唐書』巻四十七 經籍志下、『新唐書』巻五十九 藝文志三）、宋代には全五巻となった（『宋史』巻二百五 藝文志四）。

（一〇）趙戩は、字を叔茂、司隸京兆長陵縣の人。王允に辟召され、尚書選部郎となり、董卓の私的人事要求を拒否した。荊州の劉表の賓客となったのち、曹操の司空掾となり、五官將司馬、相國長史を歴任した（『三國志』巻三十二 先主傳注引『典略』）。

（一一）傅幹は、字を彥材。涼州北地郡靈州縣の人。傅玄の祖父。涼州刺史の耿鄙、馬騰に仕えた後、曹操に帰属した。參軍として、建安十九（二一九）年に孫權征伐を諫めるが聞かれなかった。扶風太守に至った（『後漢書』列傳四十八 傅燮傳）。

（一二）尚書選部郎は、官名。本来は文章の発給を掌っていた尚書臺は、後漢では職務が拡大し、六つの部局に分かれていたが、選部は人事を扱う部署で、そこの郎官。

（一三）故將は、自分を辟召した相手。故君ともいう。これに対して自らは故吏と呼び、直接的な関係がなくなった後も、その恩に謝することが義とされた。

［現代語訳］

建安《けんあん》十九（二一四）年夏、雒城《らく》が陥落し〔一〕、（劉備は）進軍して成都《せいと》城を包囲すること数十日、劉璋が（城を）出て降服した〔二〕。蜀は盛んで豊かであったため、先主は酒宴を催し、大いに士卒をもてなした。蜀の城中の金銀を取って、将士に分け賜い、その穀物と布帛は収納場所に戻した。先主はまた（左將軍に）益州牧を兼ねた。諸葛亮は股肱であり、法正《ほうせい》は謀主であり、關羽・張飛・馬超《ばちょう》は爪牙であり、許靖《きょせい》・麋竺《びじく》・簡雍《かんよう》は賓友であった。そして董和《とうわ》・黄權《こうけん》・李嚴《りげん》たちは、もと劉璋が用いたものたちである。吳壹《ごい》・費觀《ひかん》たちは劉璋の親戚である。彭羕《ほうよう》はまた劉璋の排斥したものであり、劉巴《りゅうは》はむかし（劉備が）嫌い恨んでいたものである。かれらをみな高い地位に処遇し、その才能を尽くさせた。志を持つ士で、競って勤めないものはなかった。

〔裴松之注〕

〔一〕『益部耆舊雜記《えきぶききゅうざっき》』に、「劉璋は張任《ちょうじん》を派遣して劉璝《りゅうかい》と共に、精兵を率いて先主を涪《ふ》城で防がせたが、先主に敗れ、退いて劉璋の子である劉循《りゅうじゅん》と共に雒城を守った。張任は兵を整えて雁橋《がんきょう》に出て、戦ったがまた敗れた。（劉備軍は）張任を生け捕りにした。先主は張任が忠義で勇敢であることを聞きて、軍にこれを降服させようした。張任は声を励まして、「老臣はついにまた二主に仕えることはない」と言った。そこでこれを殺した。先主はこれを歎き惜しんだ」とある。

〔二〕『傅子《ふし》』に、「これよりさき、劉備が蜀を襲うと、丞相掾《じょうしょうえん》の趙戩《ちょうせん》は、「劉備は（蜀を）征服できないであろう。用兵は稚拙で、戦うたびに敗れ、逃げまどって暇もない、どうして人を図ることなどできようか。蜀は小さいけれども険固な地で、四方を囲まれた独りでも守れる国であれば、早く併合することは難しいからである」と言った。（これに対して）徵士《ちょうし》の傅幹《ふかん》は、「劉備は寛仁で度量があり、人に死力を尽くさせる。諸葛亮は政治に熟達して権変を知悉し、正道によりながら権謀もあり、それが劉備の相である。張飛と關羽は勇敢で義理がたく、ともに万人の敵であり、それが劉備の將である。この三人は、みな人傑である。劉備の英略があり、三傑がこれを佐けている、どうして征服できないことがあろうか」と言った」とある。『典略《てんりゃく》』に、「趙戩は、字を叔茂《しゅくぼ》といい、司隷京兆尹長陵《しれいけいちょういんちょうりょう》縣の人である。質朴で学問を好み、言葉は『詩經《しきょう》』『尚書《しょうしょ》』を踏まえ、人を愛し憐れむこと、親疎を問わなかった。三公府に辟召され、（朝廷に）入って尚書選部郎《しょうしょせんぶろう》となった。董卓がお気に入りのもので尚書臺《しょうしょだい》を満たそうとすると、趙戩は拒否して聴かなかった。董卓は怒り、趙戩を召してこれを殺そうと考えた。見ていた者たちはみな趙戩のために恐れたが、それでも趙戩は泰然自若としていた。董卓と会うに及び、言葉を引用して顔色を厳しくし、（董卓の）説の是非を論じた。董卓は凶暴であったが、（趙戩の言葉に）屈して無理を言ったことを詫びた。（趙戩は）平陵令《へいりょうれい》に遷った。故將《こしょう》の王允《おういん》が殺されると、（李傕らを恐れて）あえて近づく者はなかったが、趙戩は官を捨て王允を葬った。三輔《さんぽ》が乱れると、趙戩は荊州に客遇し、（荊州牧の）劉表は賓客とした。曹公が荊州を平定すると、趙戩の手を執って、「なんとお会いするのの晩かったことか」と言った。かくて辟召して司空掾《しくうえん》とした。のちに五官將司《ごかんしょうし》馬《ば》、相國《しょうこく》である鍾繇《しょうよう》の長史《ちょうし》となり、歳六十余りで卒した」とある。

【原文】

二十年、孫權以先主已得益州、使使報欲得荊州。先主言、須得涼州、當以荊州相與。權忿之、乃遣呂蒙襲奪長沙・零陵・桂陽三郡。先主引兵五萬下公安、令關羽入益陽。是歲、曹公定漢中、張魯遁走巴西。先主聞之、與權連和、分荊州江夏・長沙・桂陽東屬、南郡・零陵・武陵西屬、引軍還江州。遣黄權將兵迎張魯、張魯已降曹公。曹公使夏侯淵・張部屯漢中、數數犯暴巴界。先主令張飛、進兵宕渠、與部等戰於瓦口、破部等。[1]〔部〕收兵還南鄭、先主亦還成都。

二十三年、先主率諸將進兵漢中。分遣將軍吳蘭・雷銅等入武都、皆爲曹公軍所沒。先主次于陽平關、與淵・郃等相拒。

二十四年春、自陽平南渡沔水、緣山稍前、於定軍・[2]〔山〕〔興〕勢作營。淵將兵來爭其地。先主命黃忠、乘高鼓譟攻之、大破淵軍、斬淵[3]〔郃〕及曹公所署益州刺史趙顒等。曹公自長安擧衆南征。先主遙策之曰、曹公雖來、無能爲也、我必有漢川矣。及曹公至、先主斂衆拒險、終不交鋒。積月不拔、亡者日多。夏、曹公果引軍還、先主遂有漢中。遣劉封・孟達・李平等攻申耽於上庸。

〔校勘〕

1．中華書局本により、「郃」の一字を補う。

2．百衲本は「山」に作るが、『三國志』巻三十七 法正傳により、「興」に改める。

3．中華書局本により、「郃」の一字を省く。

《訓讀》

二十年、孫權 先主の已に益州を得るを以て、使(一)をして荊州を得んと欲すと報ず。先主 言ふに、「涼州を得るを須ちて、當に荊州を以て相 與ふべし」と。權 之を忿り、乃ち呂蒙(二)を遣はして長沙・零陵・桂陽の三郡を襲奪せしむ。先主 兵五萬を引きて公安に下り、關羽に令して益陽に入らしむ。是の歲、曹公 漢中を定め、張魯 巴西に遁走す。先主 之を聞き、權と連なり和し、分かちて荊州の江夏・長沙・桂陽を東に屬し、南郡・零陵・武陵を西に屬せしめ(三)、軍を引きて江州に還る。黃權を遣はして兵を將ゐて張魯を迎へしむるも、張魯 已に曹公に降る。曹公 夏侯淵(四)・張郃(五)をして漢中に屯せしめ、數數 巴の界を犯暴せしむ。先主 張飛に令して、兵を宕渠に進め、郃らと瓦口に戰はしめ、郃らを破る。郃 兵を收めて南鄭に還り、先主も亦た成都に還る。

二十三年、先主 諸將を率ゐて兵を漢中に進む。分かちて將軍の吳蘭(六)・雷銅(七)らを遣はして武都に入らしむも、皆 曹公の軍の沒する所と爲る。先主 陽平關に次し、淵・郃らと相 拒ぐ。

二十四年春、陽平より南のかた沔水を渡り、山に緣ひ稍や前み、定軍・興勢に於て營を作る。淵の將兵 來りて其の地を爭ふ。先主 黃忠に命じて、高きに乘じて鼓譟して之を攻め、大いに淵の軍を破り、淵及び曹公の署する所の益州刺史の趙顒らを斬る。曹公 長安より衆を擧げて南征す。先主 遙かに之に策して曰く、「曹公 來たると雖も、能く爲すこと無し、我 必ずや漢川を有《たも》たん」と。曹公 至るに及びて、先主 衆を斂めて險を拒ぎ、終に鋒を交へず。月を積むも拔けず、亡者 日〻に多し(八)。夏、曹公(九) 果たして軍を引きて還り、先主 遂に漢中を有つ。劉封・孟達・李平らを遣はして申耽を上庸に攻めしむ。

〔補注〕

（一）このとき、使者として派遣されたものは、諸葛亮の兄の諸葛瑾であった（『三國志』巻四十七 吳主傳）。

（二）呂蒙は、字を子明、豫州汝南郡富陂縣の人。若いころは武勇一辺倒であったが、孫權に諭されて勉学に励み、魯肅にその成長ぶりを「吳下の阿蒙に非ず」と評された。魯肅の死後、後任として軍權を握り、關羽を擊破して荊州を奪回した。荊州を平定した功績で、南郡太守となり、孱陵侯に封建されたが卒した（『三國志』巻五十四　呂蒙傳）。

（三）この分け方だと蜀は長沙郡・桂陽郡を失う代わりに、南郡を持つことができる。呉がすでに奪っていた零陵郡は蜀に返されたことになる。『三國志』巻五十四　魯肅傳によれば、このときは、湘水を境界に荊州を分けたとある。

（四）夏侯淵は、字を妙才、豫州沛國譙縣の人。曹操の親族であり、挙兵以来の股肱の臣。各地を転戦して軍功を挙げる。赤壁の戦い以降は、征西將軍として關中方面の軍事を一任された。建安二十四（二一九）年、定軍山で劉備軍の襲撃を受け戦死した。爵位は博昌亭侯に至り、諡を愍侯という（『三國志』巻九　夏侯淵傳）。

（五）張郃は、字を儁乂、河間國鄚縣の人。はじめ袁紹に仕え、官渡の戦いで曹操に降伏した。曹操は、これを殷の微子啓、漢の韓信になぞらえて歓迎した。以降各地を転戦し、街亭では馬謖を破って諸葛亮の北伐を挫いた。官は征西車騎將軍に至り、鄚侯に封じられる。太和五（二三一）年、北伐から撤退する諸葛亮を追撃して、木門で射殺された（『三國志』巻十七　張郃傳）。

（六）呉蘭は、劉備の將。建安二十二（二一七）年、劉備の漢中進軍に先行して、武都に駐屯した。翌年、曹洪に撃破され、陰平に逃れたが、氐族の強端に斬り殺された（『三國志』巻一　武帝紀）。

（七）雷銅は、劉備の漢中進軍に先行して、武都に駐屯した。翌年、曹洪に撃破された（『三國志』巻三十二　先主傳）。

（八）劉封は、荊州長沙郡の人。劉備の養子で元の姓は寇。武藝に秀で、蜀平定に活躍した。その後、孟達と上庸の守りについたが、もともと仲が悪く、關羽の救援要請を断ったため、孟達は魏に降服した。劉封は、孟達を討伐しようとしたが、敗れて成都に帰った。後顧を憂いた諸葛亮の進言で、自害させられた（『三國志』巻四十七　劉封傳）。

（九）李平は、李嚴のこと。『三國志』巻四十　李嚴傳には、李平と名を改めたことが記されている。ただ、趙一清は、別人の可能性もあるとする。

［現代語訳］

建安二十（二一五）年、孫權は先主がすでに益州を得たので、使者に荊州を返して欲しいと伝えさせた。先主は、「涼州を得たのちに、荊州を与えよう」と答えた。孫權はこれを怒り、そこで呂蒙を派遣して長沙《ちょうさ》郡（湖南省の大部分）・零陵《れいりょう》郡（湖南省の邵陽市より南、衡陽より西、峰山より東）・桂陽《けいよう》郡（湖南省の耒陽より南、広東省英徳より北）の三郡を攻撃して奪取させた。先主は兵五万を率いて公安《こうあん》縣に下り、關羽に命令して益陽《えきよう》縣（河南省益陽市の東）に入らせた。この歳、曹公が漢中を平定し、張魯は巴西《はせい》郡に遁走した。先主はこれを聞くと、孫權と連なり和約し、分けて荊州の江夏《こうか》郡・長沙郡・桂陽郡を東（の孫權）に属し、南郡《なんぐん》・零陵郡・武陵郡を西（の劉備）に属させることにし、軍を引いて江州《こうしゅう》縣に帰った。（劉備は）黄權《こうけん》を派遣して兵を率いて張魯を迎えさせたが、張魯はすでに曹公に降服していた。曹公は夏侯淵《かこうえん》と張郃《ちょうこう》に漢中に駐屯させ、しばしば巴郡《はぐん》の境界を侵させた。先主は張飛に命令して軍勢を宕渠《こうきょ》縣（四川省渠縣の北東）に進軍させ、張郃たちと瓦口《がこう》で戦わせ、張郃たちを破った。張郃は軍勢を撤収して南鄭《なんてい》縣（陝西省漢中市）に帰り、先主もまた成都に帰った。

建安二十三（二一八）年、先主は諸將を率いて軍勢を漢中に進めた。（軍を）分けて將軍の呉蘭《ごらん》と雷銅《らいどう》たちを派遣して武都郡（甘肅省の舟曲より東、陝西省の鳳縣・略陽より東）に入らせたが、みな曹公の軍に戦死させられた。先主は陽平關《ようへいかん》（陝西省勉縣の西）に駐留し、夏侯淵・張郃らと対峙した。

建安二十四（二一九）年春、（劉備は）陽平關から南にむかい沔水《べんすい》を渡り、山にそってやや進み、定軍《ていぐん》と興勢《こうせい》に陣営を造った。夏侯淵の将兵がやって来てその地を争った。先主は黄忠《こうちゅう》に命じて高所に乗じて陣太鼓を打ち鳴らしてこれを攻め、大いに夏侯淵の軍を破り、夏侯淵および曹公が任命した益州《えきしゅう》刺史《しし》の趙顒《ちょうぎょく》たちを斬った。曹公は（自ら）長安より軍勢を挙げて南征した。先主は遠くからこれの策を立てて、「曹公が来たといっても、できることは無く、我々は必ずや漢川を保有しよう」と言った。曹公が至ると、先主は軍勢を収めて険阻な地で防ぎ、こうして戦うことはなかった。何ヵ月経過しても陥落せず、死者は日に増すばかりであった。夏、曹公は果たして軍を引いて帰り、先主はかくて漢中を保った。劉封《りゅうほう》・孟達《もうたつ》・李平《りへい》たちを派遣して申耽《しんたん》を上庸《じょうよう》縣（湖北省竹山の南西）に攻めさせた。

【原文】

秋、羣下上先主爲漢中王、表於漢帝曰、平西將軍・都亭侯臣馬超、左將軍[1]（領）長史・〔領〕鎭軍將軍臣許靖、營司馬臣龐羲、議曹從事中郎・軍議中郎將臣射援〔一〕、軍師將軍臣諸葛亮、盪寇將軍・漢壽亭侯臣關羽、征虜將軍・新亭侯臣張飛、征西將軍臣黄忠、鎭遠將軍臣賴恭、揚武將軍臣法正、興業將軍臣李嚴等一百二十人上言曰、昔唐堯至聖而四凶在朝、周成仁賢而四國作難、高后稱制而諸呂竊命、孝昭幼沖而上官逆謀。皆馮世寵、藉履國權、窮凶極亂、社稷幾危。非大舜・周公・朱虚・博陸、則不能流放禽討、安危定傾。伏惟陛下、誕姿聖德、統理萬邦、而遭厄運不造之艱。董卓首難、蕩覆京畿、曹操階禍、竊執天衡、皇后・太子、鴆殺見害、剝亂天下、殘毀民物。久令陛下蒙塵憂厄、幽處虚邑。人神無主、遏絶王命、厭昧皇極、欲盜神器。左將軍・領司隸校尉・豫荊益三州牧・宜城亭侯備、受朝爵秩、念在輸力、以殉國難。覩其機兆、赫然憤發、與車騎將軍董承同謀誅操、將安國家、克寧舊都。會承機事不密、令操游魂得遂長惡、殘泯海內。臣等每懼王室、大有閻樂之禍、小有定安之變〔二〕、夙夜惴惴、戰慄累息。昔在虞書、敦序九族、周監二代、封建同姓、詩著其義、歷載長久。漢興之初、割裂疆土、尊王子弟、是以卒折諸呂之難、而成太宗之基。臣等以、備肺腑枝葉、宗子藩翰、心存國家、念在弭亂。自操破於漢中、海內英雄望風蟻附。而爵號不顯、九錫未加、非所以鎭衞社稷、光昭萬世也。奉辭在外、禮命斷絶。昔河西太守梁統等値漢中興、限於山河、位同權均、不能相率、咸推竇融以爲元帥、卒立效績、摧破隗囂。今社稷之難、急於隴・蜀。操外呑天下、內殘羣寮、朝廷有蕭牆之危、而禦侮未建、可爲寒心。臣等輒依舊典、封備漢中王、拜大司馬、董齊六軍、糾合同盟、掃滅凶逆。以漢中・巴・蜀・廣漢・犍爲爲國、所署置依漢初諸侯王故典。夫權宜之制、苟利社稷、專之可也。然後功成事立、臣等退伏矯罪、雖死無恨。遂於沔陽設壇場、陳兵列衆、羣臣陪位、讀奏訖、御王冠于[2]先主。

〔裴松之注〕

［一］三輔決錄注曰、援字文雄、扶風人也。其先本姓謝、與北地諸謝同族。始祖謝服爲將軍出征、天子以謝服非令名、改爲射、子孫氏焉。兄堅、字文固、少有美名、辟公府爲黃門侍郎。獻帝之初、三輔饑亂、堅去官、與弟援南入蜀依劉璋、璋以堅爲長史。劉備代璋、以堅爲廣漢・蜀郡太守。援亦少有名行。太尉皇甫嵩賢其才而以女妻之。丞相諸葛亮、以援爲祭酒。遷從事中郎、卒官。

［二］趙高使閻樂殺二世。王莽廢孺子以爲定安公。

〔校勘〕

1．百衲本は「領長史」に作るが、中華書局本により「長史領」に改める。

2．中華書局本は「於」に作る。

《訓讀》

秋、羣下 先主を上して漢中王と爲し、漢帝に表して曰く、「平西將軍(一)・都亭侯の臣馬超、左將軍長史・領鎭軍將軍(二)の臣許靖、營司馬の臣龐羲、議曹從事中郎(三)・軍議中郎將(四)の臣射援(五)［二］・軍師將軍(六)の臣諸葛亮、盪寇將軍(七)・漢壽亭侯の臣關羽、征虜將軍(八)・新亭侯の臣張飛、征西將軍の臣黃忠、鎭遠將軍(九)の臣賴恭(一〇)、揚武將軍(一一)の臣法正、興業將軍(一二)の臣李嚴ら一百二十人 上言して曰く、「昔 唐堯(一三)は至聖にして而れども四凶(一四) 朝に在り、周成(一五)は仁賢にして而れども四國(一六) 難を作《な》し、高后(一七) 制を稱して而も諸呂(一八) 命を竊み、孝昭(一九) 幼沖にして而も上官(二〇) 逆を謀る。皆 世寵に馮り、國權を藉履し、凶を窮め亂を極め、社稷 幾ど危ふし。大舜(二一)・周公(二二)・朱虛(二三)・博陸(二四)に非ずんば、則ち流放し禽討して、危きを安んじ傾くを定む能はず。伏して惟ふに陛下は、誕姿 聖德にして、萬邦を統理するも、而れども厄運にも不造の艱に遭ふ。董卓は難を首《はじ》め、京畿を蕩覆し、曹操は禍を階《すす》め、竊かに天衡を執り、皇后・太子、鴆殺し害せられ、天下を剝亂し、民物を殘毀す。久しく陛下をして蒙塵し憂厄して、虛邑に幽處せしむ。人神 主無く、王命を遏絕し、皇極を厭昧し、神器を盜まんと欲す。左將軍・領司隸校尉・豫荊益三州牧・宜城亭侯の備、朝より爵秩を受け、念ひは力を輸して、以て國難に殉ずるに在り。其の機兆を覩て、赫然として憤發し、車騎將軍の董承と與に謀を同じくして操を誅し、將に國家を安んじ、舊都に克寧せんとす。會《たまたま》承の機事 密ならず、操の游魂をして遂に長惡を得しめ、海內を殘泯す。臣ら每に王室に、大は閻樂(二五)の禍有り、小は定安(二六)の變有らんことを懼れ［二］、夙夜 惴惴《ずゐずゐ》として、戰慄して累息す。昔 虞書(二七)に、「敦く九族を序す」と在り、周 二代を監み、同姓を封建し、詩(二八)は其の義を著はし、歷載すること長久たり。漢 興りしの初め、彊土を割裂し、王の子弟を尊び、是を以て卒に諸呂(二九)の難を折《くぢ》き、而して太宗(三〇)の基を成す。臣ら以へらく、備は肺腑の枝葉、宗子の藩翰、心は國家に存り、念は亂を弭《をさ》むるに在り。自ら操を漢中に破り、海內の英雄 風を望みて蟻附す。而れども爵號 顯はれず、九錫(三一) 未だ加へられざるは、社稷を鎭衞し、萬世を光昭する所以に非ざるなり。辭を奉じて外に在り、禮命 斷絕す。昔 河西太守の梁統(三二)ら漢の中興に値ひ、山河に限られ、位 同じく權 均しかれば、相 率ゐる能はず、咸 竇融(三三)を推して以て元帥と爲し、卒に效績を立て、隗囂(三四)を摧破す。今 社稷の難、隴・蜀より急なり。操 外は天下を呑み、內は羣寮を殘《そこ》なひ、朝廷 蕭牆の危(三五)有るも、而れども禦侮 未だ建たず、寒心と爲す可し。臣ら輒ち舊典に依り、備を漢中王に封じ、大司馬を拜し、六軍(三六)を董齊して、同盟を糾合し、凶逆を掃滅す。漢中・巴・蜀・廣漢・犍爲を以て國と爲し、署する所を置くこと漢初の諸侯王の故典に依る。夫れ權宜の制は、苟も社稷を利すれば、之を專らにするも可なり。然る後に功 成り 事 立たば、臣ら退きて矯罪に伏し、死すると雖も恨むこと無し」と。遂に沔陽に壇場を設け、兵を陳ね衆を列し、羣臣陪位して、奏を讀み訖はるや、王の冠(三七)を先主に御《すす》む。

[裴松之注]

[一] 三輔決錄注に曰く、「援は字を文雄、扶風の人なり。其の先の本姓は謝、北地の諸謝と同族なり。始祖の謝服 將軍と爲りて出征するに、天子 謝服は令名に非ざる(三八)を以て、改めて射と爲し、子孫 焉を氏とす。兄の堅(三九)は、字を文固、少くして美名有り、公府に辟せられて黄門侍郎と爲る。獻帝の初め、三輔 饑亂し、堅官を去り、弟の援と與に南のかた蜀に入り劉璋に依り、璋 堅を以て長史と爲す。劉備 璋に代はるや、堅を以て廣漢・蜀郡太守(四〇)と爲す。援も亦た少くして名行有り。太尉の皇甫嵩(四一) 其の才を賢として女を以て之に妻《めあは》す。丞相の諸葛亮、援を以て祭酒と爲す。從事中郎(四二)に遷り、官に卒す」と。

[二] 趙高(四三) 閻樂(四四)をして二世を殺せしむ。王莽(四五) 孺子(四六)を廢して以て定安公と爲す。

(補注)

(一) 平西將軍は、官名。広義の四征將軍の一つ。征・鎭よりも下位だが、都督を帯びれば、方面軍司令官足り得る。石井仁「四征将軍の成立をめぐって」(前掲)を参照。

(二) 鎭軍將軍は、官名。雑号将軍号の一つ。

(三) 議曹從事中郎は、官名。左将軍府の属僚の一つ。從事中郎については、石井仁「魏晋南朝の従事中郎について」(『東北大学東洋史論集』一二、二〇一六年)を参照。

(四) 軍議中郎將は、官名。雑号中郎將の一つ。

(五) 射援は、字を文雄、司隷扶風の人。兄の射賢と共に乱を蜀に避け、劉備に仕えた。丞相府祭酒、従事中郎となり、官に卒した(『三國志』巻三十二 先主傳注引『三輔決錄注』)。

(六) 軍師將軍は、官名。軍師は、群雄が丁重に自己の陣営に参加してもらうという態度によって就官が成立し、文字どおり、その「師」と認識される官職であった。石井仁「軍師考」(『日本文化研究所研究報告』二七、一九九一年)を参照。

(七) 盪寇將軍は、官名。雑号将軍号の一つ。『後漢書』百官志には掲載されないが、曹魏でも張遼や張郃など、著名な將が就官している。

(八) 征虜將軍は、官名。雑号将軍号の一つ。ただし、後漢では祭遵が就いていた著名な官である。

(九) 鎭遠將軍は、官名。雑号将軍号の一つ。

(一〇) 賴恭は、荊州零陵郡の人。交州刺史の張津が殺害されると、劉表から後任の刺史として任命されたが、士燮のため就任できず、呉巨の元に留まった。劉備が荊州南部を支配すると随従し、のち太常として劉備に即位を促す勸進文に名を連ねた。劉禪が即位すると諡號を検討した(『三國志』巻三十二 先主傳ほか)。

(一一) 揚武將軍は、官名。雑号将軍号の一つ。

(一二) 興業將軍は、官名。雑号将軍号の一つ。

（一三）唐堯は、帝堯陶唐氏。中国の伝説中の帝王であり、五帝の一人。舜に帝位を禪讓したことで知られる（『史記』巻一 五帝本紀）。なお、漢は火德を有した堯の後裔ゆえ火德であると称していた。

（一四）四凶は、ここでは堯の時にいた共工・驩兜・鯀・三苗の総称（『尚書』堯典）。

（一五）周成は、周の成王。西周第二代の王。武王の子。諱を誦。幼年で即位したため、当初は周公が攝政したとされる。禮樂を興し、制度を整えて、善政を行った（『史記』巻四 周本紀）。

（一六）四國は、ここでは管叔・蔡叔・霍叔と殷の武庚のこと。成王の治下で乱を起こした（『史記』巻四 周本紀）。

（一七）高后は、前漢の呂后。高祖劉邦の皇后の呂雉。山陽郡單父縣の出身。惠帝と魯元公主の生母。人となりは剛毅で、劉邦の覇業をよく助け、とくに韓信・彭越・黥布など異姓の諸侯王の謀殺に辣腕を振るった。のち劉邦は戚姫を寵愛し、戚姫の生んだ趙王如意を太子に立てようとしたが、呂后の画策により実現しなかった。劉邦の死後、生子の惠帝が即位すると、皇太后として十六年間にわたって漢の実権を掌握した（『漢書』巻三 高后紀）。

（一八）諸呂は、ここでは、呂祿と呂產。呂產は、梁王・相國となり、南軍を統率し、呂氏の天下を支えた。呂皇太后の死後、反乱を起こしたとされ、北軍が周勃の手に落ちると、帝を盾にして抗戦すべく未央宮に乗り込むが、至らぬうちに劉章の強襲を受け、斬られた（『漢書』巻三 高后紀）。

（一九）昭帝は、前漢第八代の皇帝（位、前八六～前七四年）。諱を弗。八歳で即位し、十八歳で元服を迎えた。霍光の輔政により内政を重んじた（『漢書』巻七 昭帝紀）。

（二〇）上官は、ここでは上官桀と上官安。娘を昭帝の上官皇后としていた上官安は、父の上官桀と共に燕王劉旦らと結託して、霍光の謀殺を企てたが、失敗した（『漢書』巻九十七 外戚傳上）。

（二一）大舜は、虞舜姚嬀氏。中国の伝説中の帝王、名を重華。父母に孝を尽くし、堯の禪讓により帝位につき、天下を治めたとされる（『史記』巻一 五帝本紀）。

（二二）周公は、名を旦。周の文王の子で、武王の弟。兄を輔佐して殷を討ち、その死後は兄の子である成王を後見して攝政に就任した。反乱者を討ち、禮制を定め、成王が成人すると政治を奉還した。周王朝の基盤を完成させた功労者であり、孔子が私淑したことから、儒家の聖人の一人に数えられる（『史記』巻三十三 魯周公世家）。

（二三）朱虛は、劉章。朱虛侯・城陽景王。劉邦の皇后である呂氏の一族が専権を振るった際に、丞相の陳平・太尉の周勃らと共にこれを打倒、文帝を擁立した（『漢書』巻四 文帝紀）。

（二四）博陸は、霍光。博陸侯。前漢の宰相。武帝の遺詔により大司馬・大將軍となり昭帝を補佐した。昭帝の崩御後、一度は昌邑王の劉賀を擁立したが、劉賀が非道であり皇帝に相応しくないとして廃位し、改めて宣帝を立てた（『漢書』巻六十八 霍光傳）。

（二五）閻樂の禍は、秦の二世皇帝が趙高の命令を受けた閻樂に殺害されたこと（本条、裴松之注を参照）。

（二六）定安の變は、前漢の孺子嬰が王莽に廃位されたこと（本条、裴松之注を参照）。

（二七）虞書は、ここでは『尚書』皐陶謨。現行の『尚書』皐陶謨では、「惇敍九族」とあり、字句に異同がある。

（二八）詩は、書名、『詩經』のこと。中国最古の詩集で、紀元前十世紀末ごろから前六世紀はじめごろまでの歌謡三百五篇をおさめる。國風百六十篇、小雅七十四篇、大雅三十一篇、頌四十篇からなる。三千余篇の古い歌謡の中から、孔子が教化に有益なもの三百篇を選び出したと伝えられるが、孔子のころにはすでにほぼ現在と同数であったと考えられている。儒家の經典（五經）の一つとされたため諸家の解釈が生まれ、漢には、魯の申公が伝えた「魯詩」、齊の轅固生が伝えた「齊詩」、燕の韓嬰が伝えた「韓詩」、および毛氏（毛亨・毛萇）が伝えた「毛詩」の四家があった。前漢では、今文で書かれた前三者が學官に立てられ優勢であったが、後漢で古文が盛んになり、馬融・鄭玄らが唯一古文でかかれた「毛詩」を尊び、鄭玄が「毛詩」に「箋」を付けると、他の三家は次第に廃れた。唐初に編纂された「五經正義」が「毛詩」を採用したので、「魯詩」「齊詩」は散佚し、「韓詩」は僅かに外傳を残すのみとなった。ここで踏まえる詩は、『詩經』大雅板の、「价人爲藩、大師維垣、大邦維屏、大宗維翰。懷德維寧、宗子維城、無俾城壞、無獨斯畏」である。

（二九）諸呂の難は、呂皇太后の死後、反乱を企てた呂産などを朱虚侯の劉章などが平定したこと。

（三〇）太宗は、ここでは前漢の文帝。前漢の第五代の皇帝（位、前一八〇～前一五七年）。諱は恆。高祖劉邦の中子で、代王に封建されていたが、朝政を専断していた呂氏が族誅されたあと、陳平・周勃らに迎えられて即位した。道家黄老にもとづく無爲と寛有の施政に努め、刑罰を緩め、誹謗妖言の罪や肉刑を廃止した（『漢書』巻四 文帝紀）。

（三一）九錫は、天子が殊功のあった功臣に賜う九種の栄典。歴史上、前漢から帝位を奪った王莽が賜与されたことに始まる。ただし、王莽の場合には、数は必ずしも九ではなく、後世の模範となるものは、曹操が賜与された九錫であった。渡邉義浩『王莽 改革者の孤独』（大修館書店、二〇一二年）を参照。

（三二）梁統は、字を仲寧、涼州安定郡烏氏縣の人。河西の平定に活躍した。後漢の成立後は、漢の刑罰が軽きに失することを説き、重刑を主張した（『後漢書』列傳二十四 梁統傳）。

（三三）竇融は、字を周公といい、司隷扶風平陵縣の人。河西の名族ので、豪侠の徒として名声を博した。新末の混乱期に河西五郡を支配し、河西五郡大將軍と称していたが、光武帝の即位を聞き、これに帰順した。以後は重用され、大司空を拝命し、安豐侯に封ぜられた（『後漢書』列傳十三 竇融傳）。

（三四）隗囂は、字を季孟、涼州天水郡成紀縣の人。更始帝の挙兵に乗じて兵を挙げ、更始帝が長安に入ると帰参して御史大夫に任じられた。のち隴右を拠点として西州上將軍と自称。その後は光武帝の傘下に入るが、光武帝の公孫述討伐の際、裏切って公孫述につき抵抗した。建武九（三三）年に、病死した（『後漢書』列傳三 隗囂傳）。

（三五）蕭牆の危は、内乱の危険性。『論語』季氏第十六に、「吾恐季孫之憂、不在於顓臾、而在蕭牆之內也」とある。

（三六）六軍は、天子の軍。『春秋左氏傳』成公 傳三年の条に、「十二月甲戌 晉作六軍」とあり、注に、「爲六軍僭王也。萬二千五百人爲軍」とある。

（三七）王の冠は、遠遊冠であると胡三省はいう。遠遊冠については、渡邉義浩・仙石知子（編）『全訳後漢書』志（八）輿服（汲古書院、二〇一五年）を参照。

（三八）射堅は、字を文固、司隷扶風の人。黄門侍郎であったが、後漢末の混乱に入蜀して劉璋に依り長史となった。劉備が入蜀すると廣漢太守・蜀郡太守を歴任した（『三國志』巻三十二 先主傳注引『三輔決録注』）。

（三九）黄門侍郎は、官名。官秩は六百石。少府の属官で、本来は宦官の専任であった。皇帝の側近に侍従して、宮廷内外の連絡をつかさどった（『後漢書』志二十六 百官三）。

（四〇）太尉は、三公の一つ。武官を掌握し、その戦功の評価、賞罰の判定を職掌とする。後漢初期には前漢に倣い大司馬と呼ばれたが、建武二十七（五一）年、太尉と改称された（『後漢書』志二十四 百官一）。

（四一）皇甫嵩は、字を義眞、涼州安定郡朝那縣の人。黄巾の乱では、張角の弟である張梁・張寶を撃破。初平三（一九二）年、董卓の誅殺と並行して、兵を率い董旻らを斬り、族滅を指揮。その功績から驃騎将軍に任ぜられ、また太尉に転じたが、年内に罷免。しばらくして卒した（『後漢書』列傳六十一 皇甫嵩傳）。

（四二）従事中郎は、官名。將軍府の屬官。定員は二名で参謀となり、官秩は六百石である（『後漢書』志二十四 百官一）。石井仁「魏晋南朝の従事中郎について」（前掲）を参照。

（四三）趙高は、秦の宦官。始皇帝の死後、二世皇帝の胡亥の下で権力を掌握し、陳勝・吳廣の乱など帝國の危機に対処せず、秦の滅亡を招いた（『史記』巻六 秦始皇本紀）。

（四四）閻樂は、趙高の壻。咸陽令。二世皇帝を殺害した（『史記』巻六 秦始皇本紀）。

（四五）王莽は、字を巨君。前漢元帝の外戚。社会不安の広がる中、儒教を利用して前漢を簒奪し、新（八～二五年）を建国。強引な復古政策を行ったことから、各地で反乱を招き、ついには更始帝の軍に敗れ、滅亡した（『漢書』巻九十九 王莽傳）。渡邉義浩『王莽—改革者の孤独』（前掲）を參照。

（四六）孺子は、孺子嬰。前漢第十四代皇帝の劉嬰（在位、六～八年）のこと。前漢宣帝の玄孫。平帝の崩御後、王莽によって擁立され、二歳で即位したため、孺子と号される。のちに王莽に帝位を禪讓し、定安公に封ぜられ、新滅亡後、方望に擁立されて天子となり、更始帝と戦うが敗死した（『漢書』巻八十 楚孝王劉囂傳、巻九十九 王莽傳）。

［現代語訳］

（建安二十四〈二一九〉年）秋、臣下たちは先主を上表して漢中《かんちゅう》王となし、漢（の獻）帝に次のように申し上げた、「平西《へいせい》將軍・都亭侯《とていこう》の臣馬超《ばちょう》、左將軍長史《ちょうし》・領鎭軍《りょうちんぐん》將軍の臣許靖《きょせい》、左將軍營司馬《えいしば》の臣龐羲《ほうぎ》、議曹《ぎそう》從事中郎《じゅうじちゅうろう》・軍議《ぐんぎ》中郎將の臣射援《しゃえん》［二］・軍師將軍の臣諸葛亮、盪寇《とうこう》將軍・漢壽《かんじゅ》亭侯の臣關羽、征虜《せいりょ》將軍・新《しん》亭侯の臣張飛、征西《せいせい》將軍の臣黄忠《こうちゅう》、鎭遠《ちんえん》將軍の臣賴恭《らいきょう》、揚武《ようぶ》將軍の臣法正、興業《こうぎょう》將軍の臣李嚴ら百二十人は上言して次のように申し上げます、「むかし唐《とう》堯《ぎょう》は至聖でしたがそれでも（共工・驩兜《かんとう》・鯀《こん》・三苗《さんびょう》の）四凶が朝廷におり、周《しゅう》の成王《せいおう》は仁賢でしたがそれでも（管叔《かんしゅく》・蔡叔《さいしゅく》・霍叔《かくしゅく》・武庚《ぶこう》の）四國が反乱を起こし、高祖《こうそ》劉邦《りゅうほう》の呂后《りょこう》が臨朝稱制《りんちょうしょうせい》して（実権を握ると）呂氏は命を盗み、昭帝《しょうてい》が幼いと上官氏が反逆を謀りました。みな代々の寵愛に依拠し、国家の権力を借りて行い、凶悪を尽くし乱脈を極めて、社稷（国家）はほとんど危ういところでした。（こうした混乱は）舜《しゅん》や周公旦《しゅうこうたん》や朱虚侯《しゅきょこう》（の劉章《りゅうしょう》）や博陸侯《はくりくこう》（の霍光《かっこう》）でなければ、（四凶・四國を）追放流刑し（呂氏・上官氏を）捕らえ征討して、危うきを安んじ傾むきを平らかにすることはできなかったでしょう。伏して思いますに陛下は、大いなる姿と聖徳をそなえ、萬邦《ばんぽう》を統べ治められておりますが、しかしながら厄運にあたり（国家の衰退という）不幸な艱難に遭遇されました。董卓が難を始め、京畿《けいき》を破壊転覆させ、曹操は禍いを進め、秘かに天衡《てんこう》（にも匹敵する天子の権力）を握り、皇后と太子は、鴆毒で殺害され、天下を混乱させ、民草を破滅させせました。久しく陛下を流浪の憂き目にあわせ、人気のない村里に幽閉しました。（また曹操は）人（を統治し）神（を祭祀する）君主を無くし、王命を途絶させ、皇位を覆い隠し、神器を盗もうとしております。左《さ》將軍・領司隸校尉《りょうしれいこうい》・豫荊益《よけいえき》三州の牧・宜城亭侯《ぎじょうていこう》の備は、朝廷より爵位と官秩を受け、思いは力を致して、国難に殉ずることにあります。（かつて）その兆しを見て、赫然《かくぜん》として憤りを発し、車騎將軍の董承と共に謀を同じくして曹操を誅殺して、国家を安んじ、旧都（洛陽）を回復して安寧にしようとしました。（ところが）たまたま董承は機密が保持できず、曹操の浮ついた魂に長い悪を得させ、天下を破滅させせました。臣たちは常に王室に、大は閻楽の禍があり、小は定安の変があることを恐れ[二]、日夜びくびくと、戦慄して息をころしております。むかし（『尚書《しょうしょ》』）虞書（皐陶謨）に、「あつく九族を秩序立てる」とあり、周《しゅう》が（夏・殷の）二代を鑑みて、同姓諸侯を封建し、『詩經《しきょう》』（大雅 板）はその義を明らかにし、記載すること久しいものがあります。前漢が興隆した初め、領土を分割して、王の子弟を尊重し、それによってついに呂氏の乱を（朱虚侯の劉章が）挫き、太宗文帝《たいそうぶんてい》の（隆盛の）基《もとい》を成した。臣らが考えますに、劉備は漢室の末裔であり、（『詩經』の言う）「宗子《そうし》」の藩屛にあたり、心は国家にあり、思いは乱の平定にあります。自ら（軍を率いて）曹操を漢中に破り、天下の英雄は風を望んで蟻のように（劉備に）付いております。しかしながら爵號が高くなく、九錫《きゅうせき》も加えられていないのは、国家を鎮護し、万世を輝かせることではありません。命令を奉じて外にあるため、礼命は断絶しております。むかし河西《かせい》太守の梁統《りょうとう》たちは漢の中興にあたり、山河に遮られて（王命が届かず）、位は同じで権力も均しかったので、互いに率いることができず、みなで竇融《とうゆう》を推して元帥となし、ついに功業を立てて、隗囂《かいごう》を大破しました。いま社稷の難は、（後漢初めに隗囂と公孫述《こうそんじゅつ》が独立していた）隴《ろう》と蜀よりも危急であります。曹操は外は天下を併呑し、内は（漢の）臣下たちをそこない、朝廷は内乱の恐れがあるのに、しかし（強力な武を持つ）禦侮《ぎょぶ》はまだ建ってはおらず、心を凍らせることです。臣らはそこで（漢の）舊典に依拠し、劉備を漢中王に封建し、大司馬《だいしば》を拝命し、六軍《りくぐん》を整えて、同盟を集め、凶逆（な曹操）を討滅いたします。漢中郡・巴《は》郡・蜀郡・廣漢《こうかん》郡・犍《けん》爲《い》郡により漢中王國となし、任命する臣下を置くことは漢初の諸侯王の故事に依拠します。そもそも権宜の制は、少しでも社稷を利するものであれば、専断しても許されるものです。その後に功績が成り大事が実現すれば、臣らは引退して矯詔の罪に伏し、死んだとしても恨むことはございません」とした。かくて沔陽《べんよう》縣（陝西省勉縣の南東）に壇場を設置し、兵を陳《つら》ね衆を列し、群臣は陪位《ばいい》して、上奏文を読み終えると、王の冠を先主に進めた。

［裴松之注］

［一］『三輔決錄注《さんぽけつろくちゅう》』に、「射援《しゃえん》は字を文雄《ぶんゆう》といい、司隷扶風《しれいふふう》の人である。その先祖のもともとの姓は謝で、北地《ほくち》郡（甘粛省環江・馬蓮河流域と寧夏回族自治区の一部）の謝氏と同族である。始祖の謝服《しゃふく》は將軍となって出征する際、天子が（敵に謝《わ》び服するという意味を持つ）謝服は良い名ではないとして、改めて射となし、子

孫はこれを氏とした。兄の射堅《しゃふく》は、字を文固《ぶんこ》といい、若いときから美名があり、三公府《さんこう》に辟召されて黄門侍郎《こうもんじろう》となった。獻帝《けんてい》の初め、三輔《さんぽ》が飢餓に乱れると、射堅は官を去り、弟の射援と共に南に向かい蜀に入って劉璋に依拠し、劉璋は射堅を長史《ちょうし》とした。劉備が劉璋に代わると、射堅を廣漢太守《こうかんたいしゅ》・蜀郡太守《しょくぐん》とした。射援もまた若いときから名声があった。太尉《たいい》の皇甫嵩《こうほすう》はその才を賢と認め娘を妻とさせた。丞相《じょうしょう》の諸葛亮は射援を（丞相府の）軍《ぐん》師祭酒《しさいしゅ》とした。従事中郎《じゅうじちゅうろう》に遷り、官に卒した」とある。

〔二〕趙高《ちょうこう》は閻樂《えんらく》に二世皇帝を殺させた。王莽《おうもう》は孺子嬰《じゅしえい》を廃位して定安公《ていあんこう》とした。

【原文】

先主上言漢帝曰、臣以具臣之才、荷上將之任、董督三軍、奉辭[1]于外、不[2]能掃除寇難、靖匡王室、久使陛下聖教陵遲、六合之內、否而未泰、惟憂反側、疢如疾首。曩者董卓造爲亂階、自是之後、羣兇縱橫、殘剝海內。賴陛下聖德・威靈、人・[3](臣)〔神〕同應、或忠義奮討、或上天降罰、暴逆並殪、以漸冰消。惟獨曹操、久未梟除、侵擅國權、恣心極亂。臣昔與車騎將軍董承、圖謀討操、機事不密、承見陷害、臣播越失據、忠義不果。遂得使操窮凶極逆、主后戮殺、皇子鴆害。雖糾合同盟、念在奮力、懦弱不武、歷年未效。常恐殞沒、孤負國恩、寤寐永歎、夕惕若厲。今臣羣寮以爲、在昔虞書、敦敍九族、庶明勵翼〔一〕、五帝損益、此道不廢。周監二代、並建諸姬、實賴晉・鄭夾輔之福。高祖龍興、尊王子弟、大啓九國、卒斬諸呂、以安大宗。今操惡直醜正、寔繁有徒。包藏禍心、簒盜已顯。既宗室微弱、帝族無位、斟酌古式、依假權宜、上臣大司馬漢中王。臣伏自三省、受國厚恩、荷任一方、陳力未效、所獲已過、不宜復忝高位以重罪謗。羣寮見逼、迫臣以義。臣退惟寇賊不梟、國難未已、宗廟傾危、社稷將墜、成臣憂責碎首之負。若應權通變、以寧靖聖朝、雖赴水火所不得辭、敢慮常宜、以防後悔。輒順衆議、拜受印璽、以崇國威。仰惟爵號、位高寵厚、俯思報效、憂深責重、驚怖累息、如臨于谷。盡力輸誠、獎厲六師、率齊羣義、應天順時、撲討凶逆、以寧社稷、以報萬分。謹拜章因驛、上還所假左將軍・宜城亭侯印綬。於是還治成都。拔魏延爲都督、鎭漢中〔二〕。時關羽攻曹公將曹仁、禽于禁於樊。俄而孫權襲殺羽、取荊州。

〔裴松之注〕

〔一〕鄭玄注曰、庶、衆也、勵、作也、[4](序)〔敍〕、次序也。序九族而親之、以衆明作羽翼之臣也。

〔二〕典略曰、備於是起館舍、築亭障、從成都至白水關、四百餘區。

〔校勘〕

1．中華書局本は「於」に作る。
2．中華書局本は「得」に作る。
3．百衲本は「臣」に作るが、中華書局本により「神」に改める。

4. 百衲本は「序」に作るが、中華書局本により「敍」に改める。

《訓読》

先主 漢帝に上言して曰く、「臣 具臣(一)の才を以て、上將の任を荷ひ、三軍を董督し、辭を外に奉ずるも、寇難を掃除し、王室を靖匡する能はず、久しく陛下をして聖教 陵遲し、六合(二)の內、否にして未だ泰らかず、惟だ憂ひ反側(三)し、疢むこと首を疾むが如く(四)せしむ。曩者《さきに》董卓 造《はじ》めて亂階を爲し、是れよりの後、羣兇 縱橫して、海內を殘剝す。陛下の聖德・威靈に賴り、人・神 同《とも》に應じ、或いは忠義 奮討し、或いは上天 罰を降して、暴逆は並びに殪《たお》れ、以て漸く冰消す。惟だ獨り曹操は、久しく未だ梟除せられず、國權を侵擅して、心を恣《ほしいまま》にし亂を極む。臣は昔 車騎將軍の董承と與に、圖りて操を討つを謀るも、機事 密ならず、承は害に陷せられ、臣は播越して據を失ひて、忠義 果たせず。遂て操をして凶を窮め逆を極め、主后を戮殺し、皇子を鴆害せしむを得たり。同盟を糾合し、念ひは力を奮ふに在ると雖も、懦弱にして武ならず、歷年 未だ效あらず。常に殞沒し、國恩に孤負するを恐れ、寤寐に永歎し、夕惕すること厲むが若し(五)。今臣の羣寮 以《い》爲へらく、昔 虞書に、「敦く九族を敍し、庶明もて勵翼となす」と在り[一]、五帝(六) 損益して、此の道 廢れず。周 二代を監みて、並びに諸姬を建て、實に晉(七)・鄭(八)の夾輔の福に賴る。高祖 龍興するや、子弟を王となして尊び、大いに九國(九)を啟き、卒に諸呂を斬り、以て大宗を安んず。今 操 直を惡《にく》み正を醜《にく》み、寔《まこと》に繁《おほ》くの徒有り。禍心を包藏するも、簒盜は已に顯はる。既に宗室 微弱にして、帝族 位に無く、古式を斟酌するに、假りに權宜に依り、臣を大司馬・漢中王に上すと。臣 伏して自ら三省するに、國の厚恩を受け、任を一方に荷ひ、力を陳ぶるも未だ效あらず、獲る所已に過ぎ、宜しく復た高位を忝けなくして以て罪謗を重ねざるべしと。羣寮に逼まらるるに、臣に迫るに義を以てす。臣 退きて惟ふに寇賊 梟せざれば、國難 未だ已まず、宗廟 傾危し、社稷 將に墜ちんとし、臣に憂責・碎首の負を成す。若し權に應じ變に通じて、以て聖朝を寧靖せしめば、水火の赴く所と雖も辭するを得ず、敢て常宜を慮ばかりて、以て後悔を防がん。輒ち衆議に順ひ、印璽を拜受して、以て國威を崇ばん。仰ぎて爵號を惟ふに、位は高く寵は厚く、俯して報效を思ふに、憂は深く責は重く、驚怖 累息すること、谷に臨むが如し。力を盡くして誠を輸《いた》し、六師を獎厲し、羣義を率齊し、天に應じ時に順ひて、凶逆を撲討して、以て社稷を寧んじ、以て萬分に報ぜん。謹みて拜せし章は驛に因りて、假《あた》へられし所の左將軍(一〇)・宜城亭侯の印綬を還し上らん」と。是に於て還りて成都に治す。魏延を拔きて都督(一一)と爲し、漢中に鎭せしむ[二]。時に關羽 曹公の將たる曹仁を攻め、于禁を樊に禽にす。俄かにして孫權 襲ひて羽を殺し、荊州を取る。

[裴松之注]

[一] 鄭玄(一二)の注に曰く、「庶は、衆なり、勵は、作なり、敍は、次序なり。九族を序して之に親しみ、衆明を以て羽翼の臣と作すなり」と。

[二] 典略に曰く、「備 是に於て館舍を起こし、亭障を築くこと、成都より白水關に至るまで、四百餘區なり」と。

(補注)

(一)『論語』先進第十一に、「季子然問、仲由・冉求、可謂大臣與。子曰、吾以子爲異之問。曾由與求之問。所謂大臣者、以道事君、不可則止。今由與求也、可謂具臣矣」とある、「具臣」を員

数に備わるだけの臣、とする表現を踏まえている。

（二）六合は、天地と四方、天下のこと。否䷋は閉塞して不通の世のこと、泰䷊は君臣上下が和睦して安泰なことを示す易の卦。

（三）『詩經』周南 關雎に、「輾轉反側」とある、心配して寝返りをうつ、という表現を踏まえている。

（四）『詩經』小雅 小弁に、「心之憂矣、疢如疾首」とある、心の憂いが心配として頭を痛ませる、という表現を踏まえている。

（五）『周易』乾卦に、「君子終日乾乾、夕惕若厲」とある、朝から夕まで恐れ慎む、という表現を踏まえている。

（六）五帝とは、伝説上の五人の帝王。黄帝・顓頊・嚳・堯・舜をいう（『史記』巻一 五帝本紀）。

（七）晉は、春秋時代の侯國。前十一世紀末、周の成王の弟叔虞が、唐に封ぜられたことに始まる姫姓の諸侯国。文公の時、楚の北上を抑え、第二の覇者となった。春秋後半には、大夫の勢力が強くなり晉侯の実権を奪い、前四五三年、韓・魏・趙三家に国土を三分され、滅亡した。この分裂を周王が承認して以降を戰國時代と称する（『史記』巻三十九 晉世家）。

（八）鄭は、春秋時代の公國、姫姓。武公が周の平王の東遷に勲功があった。しかし、その子莊公の代には周と事を構えて勝利し、隆盛を迎えたが、死後は衰えた（『春秋左氏傳』隱公 傳元年）。なお、ここでは、晉と鄭を並称しているので、直接的には、犬戎が西周の幽王を殺したとき、晉の文侯と鄭の武公がもとの太子の宜臼を立て平王としたことを指している（『史記』巻四 周本紀）。

（九）九國とは、燕・代・齊・趙・梁・吳・淮南・淮陽を指す。

（一〇）魏延は、字を文長といい、荊州義陽郡の人である。荊州より劉備に随行し、しばしば戦功をあげて兵より出世した。劉備が漢中王に就くと、督漢中・鎭遠將軍に抜擢された。劉備が即位すると、鎭北將軍となり、北伐では督前部・丞相司馬・涼州刺史として、魏の郭淮らを撃破、前軍師・征西將軍・假節に昇進したが、諸葛亮の死後、楊儀と対立して反乱を起こして殺された（『三國志』巻四十 魏延傳）。

（一一）都督は、官名。三國時代に設置され、対象地域に軍政を施行する権限を持つ。このため、都督府を置いて府官を任じ軍事だけでなく民政をも掌握する。四征將軍以上の官が帯びると、方面軍司令官となる。石井仁「都督考」（『東洋史研究』五一―三、一九九二年）を参照。

（一二）鄭玄は、字は康成、北海國高密縣の人。「古典中國」を代表する儒者（一二七～二〇〇年）。太學で学業を受け、また馬融に師事した。のち大儒として名声を博し、学生に教授した。黨錮の禁に遭い、門を閉ざし經学の研鑽につとめた。今文學と古文學を統合した漢代經学上の第一人者として、『周易』『尙書』『毛詩』『儀禮』『周禮』『禮記』『論語』などに注釈をほどこしたほか、著書に『天文七政論』『魯禘祫義』『六藝論』などがある（『後漢書』列傳二十五 鄭玄傳）。加賀栄治『中国古典解釈史』魏晋篇（勁草書房、一九六四年）、池田秀三「緯書鄭氏学研究序説」（『哲学研究』四七―六、一九八三年）、間嶋潤一『鄭玄と『周礼』―周の太平国家の構想』（明治書院、二〇一〇年）を参照。

［現代語訳］

先主は漢（の獻）帝に上言して、「臣《わたくし》は具臣《ぐしん》の才でありながら、（左將軍という）上將の任を担い、三軍を統括して、辭令を（朝廷の）外に奉じましたが、逆賊（の曹操）を払い除き、王室を助け正すことができず、久しく陛下に聖なる教化を台無しにし、天地四方の内を、塞がったまま開いておらず、ただ憂いて寝返りをうち、（心に憂いて）頭を痛ませるような心配をおかけしました。最初に董卓《とうたく》が始めて混乱の端緒となり、それより後に、凶悪な者どもが蹂躙して、天下を損ない虐げました。陛下の聖徳と威霊に頼り、人と神《しん》が共に応じて、あるいは忠義の者が奮討し、あるいは上天が罰を降して、暴逆な者はみな倒れ、ようやく氷が溶けるように消えていきました。ただ一人曹操だけは、久しくいまださらし首にされることから免れ、国権を侵し専断して、心の赴くままに乱をきわめております。臣はむかし車騎將軍の董承と共に、相談して曹操を討つことを謀りましたが、機密が漏れ、董承は殺害され、臣は流浪して拠点を失い、忠義を果たすことができませんでした。こうして曹操は凶逆を極め、皇后を殺戮し、皇子を鴆殺させることを可能にしたのです。（臣は反曹操の）同盟を糾合し、思いは力を奮うことにありましたが、惰弱で武を得意とせず、歴年いまだ功績がございません。常に命運が尽きて、国恩に背くのを恐れ、寝ても醒めても長く歎き、朝から夕まで恐れ慎んでおります。いま臣の屬官《ぞくかん》たちは、むかし（『尚書』の）虞書《ぐしょ》（皐陶謨）に、「九族を秩序立ててこれに親しみ、多くの賢明（な人々）を羽翼の臣下となす」とあるように[二]、（黃帝・顓頊・嚳・堯・舜の）五帝《ごてい》はそれを足したり引いたりして、この（親族を藩屏とする）道は廃れませんでした。周は（夏・殷の）二代を鑑みて、みな（周と同姓の）姫《き》姓たちを（諸侯に）建て、実際に晉《しん》と鄭《てい》が（周を）補佐する福に頼りました。（前漢の）高祖《こうそ》劉邦《りゅうほう》が国家を起こすと、子弟を王として尊重し、大いに九ヵ国を開いたことで、ついに呂《りょ》氏を斬って、大宗《たいそう》（たる皇帝家）を安んじることができたのです。いま曹操は直を憎み正を嫌って、まことに多くの徒衆を集めております。禍をなす心を包み蔵しておりますが、簒奪（の意図）はすでに現れております。もはや宗《そう》室《しつ》は微弱であり、帝族は地位には無く、古《いにしえ》の方法を考えますに、かりに権宜によって、臣を大司馬《だいしば》・漢中王《かんちゅうおう》に上したいと申しております。臣は伏して自らを三たび省みるに、国の厚い恩を受け、任務を一方に担いながら、力を尽くしておりますがいまだ功績があがらず、いただいている官爵はすでに過ぎたるものですから、これ以上高位をかたじけなくして罪を重ねるべきではないと思いました。（ところが）群臣に懇請される際に、（かれらは）臣に義によって迫っております。臣は退いて思いますに逆賊（の曹操）をさらし首にしなければ、国難は止むことがなく、宗廟《そうびょう》は傾き危うく、社稷《しゃしょく》はまさに落ちようとしており、臣に憂いを抱き責任を感じさせ身を砕き（逆賊の討伐を）担わなければならぬ任務となっておるのです。もし権宜の処理に応じ変化に対応して、聖朝を安泰にできるのであれば、水火の赴くところであっても辞することはできませんので、あえて常例に配慮しながらも、後悔を防がなければなりません。そこで衆議に順って、（漢中王の）印璽を拝受して、国威を崇ぶことにいたしました。仰いで（漢中王という）爵号を思いますに、地位は高く恩寵は厚く、俯して報ずべき功績を考えますに、憂慮は深く責任は重く、驚き怖れて息をひそめること、深谷に臨むような思いがいたします。力を尽くして誠を尽くし、六師《りくし》を励まし率いて、群臣の義を整え率いて、天に応じ時に順って、凶逆（な曹操）を討伐して、それにより社稷を安寧にし、（恩寵の）万分の一に報いようと考えております。謹んで拝受しておりました印章《いんしょう》は駅伝によって（運び）、与えられておりました左将《さしょう》軍《ぐん》・宜城亭侯《ぎじょうていこう》の印綬をお返したてまつります」と申し上げた。ここにおいて帰って（漢中王國は）成都《せいと》を治所とした。魏延《ぎえん》を抜擢して（漢中）都督《ととく》として、漢中を鎮守させた[三]。このとき關羽は曹公の将である曹仁《そうじん》を攻め、于禁《うきん》を樊《はん》城に生け捕りにした。（しかし）にわかに孫權が襲擊して關羽を殺し、荊州を奪い取った。

［裴松之注］

［一］鄭玄の（『尙書』の）注に、「庶は、衆《おお》いという意味である、勵は、作るという意味である、敍は、秩序立てるという意味である。九族を秩序立ててこれに親しみ、多くの賢明（な人々）を羽翼の臣下となす（という意味である）」とある。

［二］『典略』に、「劉備はここにおいて館を起工し、亭と砦を築くこと、成都から白水關《はくすいかん》に至るまで、四百ヵ所余りであった」と。

【原文】

二十五年、魏文帝稱尊號、改年曰黃初。或傳聞漢帝見害。先主乃發喪制服、追謚曰孝愍皇帝。是後在所並言衆瑞、日月相屬。故議郎陽泉侯劉豹、靑衣侯向擧、偏將軍張裔・黃權、大司馬屬殷純、益州別駕從事趙莋、治中從事楊洪、從事祭酒何宗、議曹從事杜瓊、勸學從事張爽・尹默・譙周等上言、臣聞、河圖・洛書、五經讖・緯、孔子所甄、驗應自遠。謹[1]按洛書甄曜度曰、赤三日德、昌九世、會備、合爲帝際。洛書寶號命曰、天度帝道、備稱皇。以統握契、百成不敗。洛書錄運期曰、九侯七傑爭命民炊骸、道路籍籍履人頭、誰使主者玄且來。孝經鉤命決錄曰、帝三建九會備。[2](臣)〔巨〕父羣未亡時言、西南數有黃氣、直立數丈、見來積年、時時有景雲祥風從璿璣下來應之、此爲異瑞。又二十二年中、數有氣如旗、從西竟東、中天而行。圖・書曰、必有天子出其方。加是年太白・熒惑・塡星、常從歲星相追。近漢初興、五星從歲星謀。歲星主義、漢位在西、義之上方。故漢法常以歲星候人主。當有聖主起於此州、以致中興。時許帝尙存。故羣下不敢漏言。頃者熒惑復追歲星、見在胃・昴・畢。昴・畢爲天綱、經曰帝星處之、衆邪消亡。聖諱豫覩、推揆期驗、符合數至、若此非一。臣聞、聖王先天而天不違、後天而奉天時、故應際而生、與神合契。願大王應天順民、速卽洪業、以寧海內。

〔校勘〕

1．中華書局本は「案」に作る。

2．百衲本は「臣」に作るが、中華書局本により「巨」に改める。

《訓読》

二十五年、魏の文帝(一) 尊號を稱し、年を改めて黃初と曰ふ。或いは漢帝(二) 害せらると傳聞す。先主 乃ち喪を發し服を制し、追謚して孝愍皇帝と曰ふ。是の後 在所 並な衆瑞を言ひ、日月 相 屬す。故の議郎・陽泉侯の劉豹(三)、靑衣侯の向擧(四)、偏將軍の張裔(五)・黃權、大司馬屬(六)の殷純(七)、益州別駕從事の趙莋(八)、治中從事(九)の楊洪(一〇)、從事祭酒(一一)の何宗(一二)、議曹從事(一三)の杜瓊(一四)、勸學從事(一五)の張爽(一六)・尹默(一七)・譙周(一八)ら上言するに、「臣 聞くならく、河圖・洛書(一九)、五經の讖緯(二〇)は、孔子の甄《あき》らかにする所、驗應は自づから遠《ふか》しと。謹みて按ずるに洛書甄曜度(二一)に曰く、「赤三日の德(二二)、九世に昌んにして、備に會ひ、合して帝際と爲る」と。洛書寶號命(二三)に曰く、「天は帝道を度し、備 皇を稱す。統を以て契を握り、百成して敗れず」と。洛書錄運期(二四)に曰く、「九侯七傑 命を爭ひて民 炊骸し、道路 籍籍 人頭を履む。誰ぞ 主者とせしむ。玄 且に來たらん」と。孝經鉤命決錄(二五)に曰く、「帝 三建し、九に備に會ふ」と。巨(二六)の父たる羣(二七)は未だ亡せざりし時に言ふ、「西南に數〻黃氣有り、直立すること數丈、見《あらは》れ來ること積年、時時 景雲祥風の璿璣(二八)より下り來りて之に應ずる有り、此れ異瑞爲り」と。又 二十二年中、數〻氣有り旗の如く、西より東に竟はり、中天にして行く。圖・書に曰く、「必ず天子有り其の方に出づ」と。加ふるに是の年 太白(二九)・熒惑(三〇)・塡星(三一)、常に歳星(三二)に従ひ相 追ふ。近くは漢 初めて興こるに、五星 歳星に從ひて謀る。歳星は義を主り、漢の位は西に在り、義の上方たり。故に漢の法は常に歳星を以て人主を候《うかが》ふ。當に聖主有り此の州に起こりて、以て中興を致すべし。時に許に帝 尙ほ存す。故に羣下 敢て言を漏らさず。頃者《このごろ》熒惑 復た歳星を追ひ、見《あらは》れて胃(三三)・昴(三四)・畢(三五)に在り。昴・畢は天綱爲り、經に曰ふ「帝星 之に處れば、衆邪 消亡す」と。聖諱 豫《あらか》じめ覩え、揆を推り驗を期すに、符合 數〻至り、此の若きこと一に非ず。臣 聞くならく、聖王は天に先んじて天は違はず、天に後《おく》れて天の時を奉ず、故に際に應じて生まれ、神と契を合すと。願はくは大王天に應じ民に順ひ、速かに洪業に卽きて、以て海内を寧んぜよ」と。

(補注)

(一) 文帝は、ここでは曹丕。字は子桓。曹操の子。父の後を嗣ぎ魏王となり、さらに禪讓を受けて魏を建国した。『典論』において文學を「經國の大業、不朽の盛事」と評価した(『三國志』巻二 文帝紀)。

(二) 李清植によれば、蜀漢を正統とした朱熹の『資治通鑑綱目』以降、獻帝ではなく孝愍皇帝を用いることが増えたという。

(三) 劉豹は、故の議郎で陽泉侯。劉備に皇帝位に就くことを勧めた一人(『三國志』巻三十二 先主傳)。

(四) 向擧は、靑衣侯。劉備に皇帝位に就くことを勧めた一人(『三國志』巻三十二 先主傳)。

(五) 張裔は、字を君嗣。益州蜀郡成都縣の人。春秋公羊學を修め、史記・漢書に通じ、劉備に仕えて巴郡太守、司金中郎將となった。益州太守のとき、反乱を起こした雍闓に捕らえられ、吳に送られた。帰国後は、諸葛亮の丞相府の參軍となり、亮が漢中に出鎮すると、射聲校尉として丞相留守長史を兼ね、亮の政治の公平性を称えた。輔漢將軍となり、留守長史はそのまま兼任したが、建興八(二三〇)年に卒した(『三國志』巻四十一 張裔傳)。

(六) 大司馬屬は、官名。大司馬府の屬官。掾と屬は、三公府や將軍府の属僚。官秩は比四百石から比二百石。三公や將軍が辟召によって自由に選任できた(『後漢書』志二十四 百官一)。

(七) 殷純は、大司馬屬。劉備に皇帝位に就くことを勧めた一人(『三國志』巻三十二 先主傳)。

(八) 趙莋は、益州別駕從事。劉備に皇帝位に就くことを勧めた一人(『三國志』巻三十二 先主傳)。

(九) 治中從事は、官名。州の屬吏の一つ。司隸校尉の屬吏である功曹從事に相当し、州内の人事を掌った(『後漢書』志二十八 百官五)。

(一〇) 楊洪は、字を季休、益州犍爲郡武陽縣の人。劉備が漢中を曹操と争った際、人員の徵発について諸葛亮の諮問に答え、高く評価されて蜀郡太守となった。劉備が崩御し、黃元が反乱を起こすと、不在の諸葛亮に代わって劉禪に進言してこれを平定し、蜀郡太守のまま忠節將軍となり、越騎校尉となったが、建興六（二二八）年に卒した（『三國志』巻四十二 楊洪傳）。

（一一）從事祭酒は、官名。州の屬吏の一つ。

（一二）何宗は、從事祭酒。劉備に皇帝位に就くことを勧めた一人（『三國志』巻三十二 先主傳）。

（一三）議曹從事は、官名。州の屬吏の一つ。

（一四）杜瓊は、字を伯瑜。益州蜀郡成都縣の人。若いころ、任安から圖讖を学び、これに精通した。劉備の益州平定後、議曹從事となり、劉禪の即位後、諫議大夫に任命された。その後、左中郎將、大鴻臚、太常と昇進したが、控えめで口数少なく、世間の事に関与しなかった（『三國志』巻四十二 杜瓊傳）。

（一五）勸學從事は、官名。州の屬吏の一つ。

（一六）張爽は、勸學從事。劉備に皇帝位に就くことを勧めた一人（『三國志』巻三十二 先主傳）。

（一七）尹默は、字を思潛、益州梓潼郡涪縣の人。今文學の蜀學に飽き足らず、李仁と共に荊州に遊学し、司馬徽・宋忠に師事して荊州學を受けた。劉備が入蜀すると、勸學從事となり、勸進文を執筆した。劉禪が立太子されると、太子僕となり、『春秋左氏傳』を教授した。劉禪が即位すると諫議大夫となり、諸葛亮の丞相府に辟召されて、軍師祭酒となった。亮の陣没により成都に戻り、太中大夫に任命された（『三國志』巻四十二 尹默傳）。

（一八）譙周は、字を允南、益州巴西郡西充國縣の人。蜀學と呼ばれる讖緯思想を中心に置く今文學を杜瓊から継承し、諸葛亮に評価され、勸學從事に任命された。亮が五丈原で陣没すると、禁令が出る前に持ち場を離れ、ただ一人弔問に赴き死を嘆いた。しかし、姜維の北伐に反対し、鄧艾が成都に迫ると、劉禪を降服させ、晉に仕えて散騎常侍に昇進した。（『三國志』巻四十二 譙周傳）。なお、何焯はここに譙周が掲載されるのは時期的に早く、沈家本は周羣の誤りであると指摘する。

（一九）河圖・洛書は、予言書。河圖は、黄河から現れた龍馬に描かれていた図。洛水から現れた神龜に描かれていた図である洛書とともに、八卦の手本となったという。なお盧弼は、ここで圖書を多く用いるのは、光武帝の継承であるという。

（二〇）讖緯は、天文占などの未来予言である讖と、經の解釈書である緯の二つを総合した名称。前漢末に今文學者の手により、偽作されたものが多い。安居香山『緯書と中国の神秘思想』（平河出版社、一九八八年）を参照。

（二一）洛書甄曜度は、河圖・洛書の一つ。『雒書乾曜度』ともいう。

（二二）赤三日は、潘眉によれば、高祖劉邦・光武帝劉秀・先主劉備のことであるという。

（二三）洛書寶號命は、河圖・洛書の一つ。

（二四）洛書錄運期は、河圖・洛書の一つ。

（二五）孝經鉤命決錄は、『孝經鉤命決』ともいう。書名。孝經緯の一つ。曹魏の博士である宋均が注を附した（『隋書』巻三十二 經籍志一）。現在は散逸したが、安居香山・中村璋八『重修 緯書集成』巻五（明徳出版社、一九八五年）に輯本がある。

（二六）巨は、周巨。周羣の子。巴西閬中の人。父より学業を受け、讖緯の学に通じていた（『三國志』巻四十二 周羣傳）。

（二七）羣は、周羣。字を仲直、巴西閬中の人。讖緯の学に通じた周舒の子。父より学業を受け、自身も圖讖に通じた。劉璋に辟召されて師友從事となり、劉備が益州を平定したのちは、劉備に仕えた

（『三國志』巻四十二 周羣傳）。なお、周羣が観察していた氣が黄色であったように、本来は土德の曹魏の勃興を周羣は予言していた。蜀學は、それを劉備の即位の予言であるとして、蜀漢政権に迎合したのである。

（二八）璿璣は、星の名。北斗七星の第一星から第四星までの杓の部分。第五星から第七星までは、玉衡という。

（二九）太白は、金星。太陽系の第二惑星。金星は太陽と月を除くと全天でいちばん明るい天体である。その光が白銀を思わせるところから太白と呼んだ。真夜中の空に見ることはなく、日没後の西空、または日の出前の東空に見るのみである。夕空に見えるときには「宵の明星」、暁の空に見えるときには「明の明星」という。金星は、金属と結びついた武器、したがって軍事と関係があるとされていた。

（三〇）熒惑は、火星の別称。『史記』巻二十七 天官書 索隱に、「韋昭曰、火、熒惑也」とある。

（三一）塡星は、土星の別称（『史記』巻二十七 天官書）。

（三二）歳星は、木星。木星は約十二年の運行周期を持つため歳星と呼ばれ、年に名前をつけるために、その運行周期が利用された。その際、木星そのものではなく、木星の影像として太歳という存在を想定し、太歳の位置によって年の干支を定めていた。これを太歳紀年法という。

（三三）胃は、二十八宿の一つ。大崎正次『中国の星座の歴史』（雄山閣、一九八七年）によれば、距星は、牡羊座35星。

（三四）昴は、二十八宿の一つ。大崎正次『中国の星座の歴史』（前掲）によれば、距星は、牡牛座17星。

（三五）畢は、二十八宿の一つ。大崎正次『中国の星座の歴史』（雄山閣出版、一九八七年）によれば、距星は、牡牛座ε星。

［現代語訳］

建安二十五（二二〇）年、魏の文帝《ぶんてい》（曹丕）が（天子の）尊号を称し、元号を改めて黄初《こうしょ》とした。あるいは漢（の獻）帝が弑殺されたという伝聞もあった。先主はそこで喪を発し服を制して、追諡《ついし》して孝愍《こうびん》皇帝《こうてい》とした。この後いたるところで多く瑞祥が現れ、太陽と月があい連なった。（そこで）故《もと》の議郎《ぎろう》・陽泉《ようせん》侯の劉豹《りゅうひょう》、青衣《せいい》侯の向擧《しょうきょ》、偏《へん》將軍の張裔《ちょうえい》・黄權《こうけん》、大司馬屬《だいしばぞく》の殷純《いんじゅん》、益州別駕從事《えきしゅうべつがじゅうじ》の趙莋《ちょうさく》、治《じ》中從事《ちゅうじゅうじ》の楊洪《ようこう》、從事祭酒《じゅうじさいしゅ》の何宗《かそう》、議曹從事《ぎそうじゅうじ》の杜瓊《とけい》、勸學從事《かんがくじゅうじ》の張爽《ちょうそう》・尹默《いんもく》・譙周《しょうしゅう》らは次のように上言した、「臣《われわれ》が聞くところでは、河圖《かと》・洛書《らくしょ》、五經《ごきょう》の讖緯書《しんいしょ》は、孔子《こうし》が明らかとしたもので、（そこでの予言の）驗《しるし》と事應《じおう》は自然と深いものであると。謹んで調べてみますと『洛書甄曜度《らくしょけんようど》』には、「赤三日の德は九世で昌《さか》んとなり、（劉）備に会って、合わさって帝のときになる」とあります。『洛書寶號命《らくしょほうごうめい》』には、「天は帝の道をわたし、（劉）備は皇を称する。統一をする契《わりふ》を握り、百たび成って敗れることはない」とあります。『洛書錄運期《らくしょろくうんき》』には、「九侯と七傑が天命を争って民はむくろを焼き、道路は乱れ人の頭を踏む。（こうした混乱を極めた中で）誰を君主とするのだろうか。（劉備）玄（德）がやって来るであろう」とあります。『孝經鉤命決錄《こうきょうこうめいけつろく》』には、「（漢の）帝位は三たび建ち、九（世目）に（劉）備に会う」とあります。周巨《しゅうきょ》の父である周羣《しゅうぐん》はまだ亡くなる前に、「西南にしばしば黄色の氣《き》があり、直立すること数丈、現れて来たこと積年であり、時時に良い雲と良い風が（北斗七星の杓である）璿璣《せんき》より下り降りてきてこれに応じている、これは異とすべき瑞祥である」と言っておりました。また建安二十二年の内には、しばしば氣が旗のように、西より東にわたり、天いっぱいに進んで行きました。『河圖』・『雒書』には、「必ず天子がありその方角に出る」とあります。加えるにこの年は太白《たいはく》（金星）と熒惑《けいわく》（火星）と塡星《てんせい》（土星）が、常に歲星《さいせい》（木星）に從って互いに追いかけています。近くは漢が初めて興ったときに、五星は歲星に從って相談しておりました。歲星は義を掌るもので、漢の位は西にあり、義の上の方角にあたります。このため漢の法では常に歲星によって人主を占っていたのです。まさしく聖主がありこの（益）州に起って、（漢の）中興をいたすというものです。このときは許縣《きょ》に（獻）帝がなお在《いま》した。そのため羣下はあえて（この）言葉を漏らしませんでした。このごろ熒惑がまた歲星を追い、現れて胃宿《い》・昴宿《こう》・畢宿《ひつ》にあります。昴宿と畢宿は天綱《てんこう》で、經《けい》には「帝の星（である歲星）が（昴宿と畢宿という）天綱に居ると、すべての邪惡は消滅する」とあります。聖なる諱（である備）が予め（『洛書』などの予言書に）見え、予兆をはかり驗を調べると、符合はしばしば一致しており、このようなことは一つではありません。臣が聞くところでは、聖王が天に先んじても天は（その予兆を）違わず、天に遲れても天の時を奉ずることができ、このため時に應じて生まれ、神と契をあわせると申します。願わくは大王は天に應じ民に順って、速やかに洪業（天子の位）に即き、天下を寧んじてください」と申し上げた。

【原文】

太傅許靖・安漢將軍麋竺・軍師將軍諸葛亮・太常賴恭・光祿勳黃[1]（權）〔柱〕・少府王謀等上言、曹丕篡弑、湮滅漢室、竊據神器、劫迫忠良、酷烈無道。人鬼忿毒、咸思劉氏。今上無天子、海內惶惶、靡所式仰。羣下前後上書者八百餘人、咸稱述符瑞・圖讖明徵。間黃龍見武陽赤水、九日乃去。孝經援神契曰、德至淵泉則黃龍見。龍者、君之象也。易乾九五、飛龍在天。大王當龍升、登帝位也。又前關羽圍樊・襄陽、襄陽男子張嘉・王休獻玉璽。璽潛漢水、伏於淵泉、暉景燭燿、靈光徹天。夫漢者、高祖本所起、定天下之國號也。大王襲先帝軌[2]迹、亦興於漢中也。今天子玉璽神光先見、璽出襄陽、漢水之末、明大王承其下流。授與大王、以天子之位。瑞命・符應、非人力所致。昔周有烏魚之瑞、咸曰休哉。二祖受命、圖書先著、以爲徵驗。今上天告祥、羣儒英俊、並[3]（起）〔進〕河・洛、孔子讖記、咸悉具至。伏惟大王出自孝景皇帝中山靖王之胄、本[4]枝百世、乾祇降祚、聖姿碩茂、神武在躬、仁覆積德、愛人好士。是以四方歸心焉。考省靈圖、啟發讖緯、神明之表、名諱昭著。宜卽帝位、以纂二祖、紹嗣昭穆、天下幸甚。臣等謹與博士許慈・議郎孟光、建立禮儀、擇令辰、上尊號。卽皇帝位於成都武擔之[5]（內）〔南〕「二」。爲文曰、惟建安二十六年四月丙午、皇帝備敢用玄牡、昭告皇天上帝・后土神祇。漢有天下、歷數無疆。曩者王莽篡盜、光武皇帝震怒致誅、社稷復存。今曹操阻兵安忍、戮殺主后、滔天泯夏、罔顧天顯。操子丕、載其凶逆、竊居神器。羣臣・將士以爲、社稷墮廢、備宜脩之、嗣武二祖、龔行天罰。備[6]（雖）〔惟〕否德、懼忝帝位。詢于庶民、外及蠻夷君長、僉曰、天命不可以不答、祖業不可以久替、四海不可以無主。率土式望、在備一人。備畏天明命、又懼漢7(邦)〔阼〕將湮于地、謹擇元日、與百寮登壇、受皇帝璽綬。脩燔瘞、告類于天神。惟神8(嚮)〔饗〕祚于漢家、永綏四海〔二〕。

〔裴松之注〕

〔一〕蜀本紀曰、武都有丈夫化爲女子。顏色美好、蓋山精也。蜀王娶以爲妻、不習水土、疾病欲歸國。蜀王留之、無幾物故。蜀王發卒之武都擔土、於成都郭中葬。蓋地數畝、高十丈、號曰武擔也。臣松之案、武擔、山名、在成都西北。蓋以乾位在西北、故就之以即阼。

〔二〕魏書曰、備聞曹公薨、遣掾韓冉奉書弔、幷致賻贈之禮。文帝惡其因喪求好、勅荊州刺史斬冉、絕使命。典略曰、備遣軍謀掾韓冉齎書弔、幷貢錦布。冉稱疾、住上庸。上庸致其書、適會受終、有詔報答以引致之。備得報書、遂稱制。

〔校勘〕

1．百衲本は「權」に作るが、中華書局本により「杜」に改める。

2．中華書局本は「跡」に作る。

3．百衲本は「起」に作るが、中華書局本により「進」に改める。張元済『百衲本二十四史校勘記 三國志校勘記』（前掲）は、宋本は「起」、殿本は「進」であることを述べたうえで、「進」は誤りであろうとする。

4．中華書局本は「支」に作る。

5．百衲本は「內」に作るが、中華書局本により「南」に改める。

6．百衲本は「雖」に作るが、中華書局本により「惟」に改める。

7．百衲本は「邦」に作るが、中華書局本により「阼」に改める。

8．百衲本は「嚮」に作るが、中華書局本により「饗」に改める。なお、『宋書』巻十六 禮志は、上に「尙」の字がある。

《訓読》

太傅の許靖（一）・安漢將軍の麋竺（二）・軍師將軍の諸葛亮・太常の賴恭（三）・光祿勳の黃柱（四）・少府の王謀（五）ら上言するに、「曹丕 簒弑し、漢室を湮滅し、神器を竊みて據り、忠良を劫かし迫り、酷烈にして無道なり。人も鬼も忿毒し、咸 劉氏を思ふ。今 上に天子無く、海內 惶惶として、式仰する所靡し。羣下 前後に上書する者は八百餘人、咸 符瑞・圖讖の明徵を稱述す。間《このごろ》黃龍 武陽の赤水に見はれ、九日にして乃ち去る。孝經援神契（八）に曰く、「德 淵泉に至れば則ち黃龍 見はる」と。龍なる者は、君の象なり。易の乾の九五（九）に、「飛龍 天に在り」と。大王 龍の升るが當《ごと》く、帝の位に登るなり。又 前に關羽 樊・襄陽を圍むや、襄陽の男子たる張嘉（一〇）・王休（一一）玉璽を獻ず。璽 漢水に潛み、淵泉に伏せるも、暉景 燭燿として、靈光は天に徹す。夫れ漢なる者は、高祖 起こりし所に本づき、天下の國號に定むるなり。大王 先帝の軌迹を襲ひ、亦た漢中に興るなり。今 天子の玉璽の神光 先づ見はれ、璽 襄陽より出づるは、漢水の末なれば、大王 其の下流を承くるは明らけし。大王に授け與ふるに、天子の位を以てす。瑞命・符應は、人力の致す所に非ざればなり。昔 周に烏魚の瑞有るや（一二）、咸 休《よ》きかなと曰ふ。二祖の受命するや、圖・書 先づ著はれ、以て徵驗と爲る。今 上天 祥を告げ、羣儒・英俊は、並な河・洛、孔子の讖記を進め、咸 悉く具さに至れり。伏して惟ふに、大王 出づるに孝景皇帝の中山靖王の冑よりし、本枝百世、乾祇 祚を降し、聖姿 碩茂にして、神武 躬に在り、仁は覆ひ德を積み、人を愛し士を好む。是を以て四方 心を歸す。靈圖を考省し、讖緯を啟發するに、神明の表、名も諱も昭らかに著されたり。宜しく帝位に卽きて、以て二祖を纂ぎ、昭穆(一三)を紹嗣すれば、天下 幸甚たり。臣ら謹みて博士(一四)の許慈(一五)・議郎の孟光(一六)と與に、禮儀を建立し、令辰を擇び、尊號を上らん」と。皇帝の位に成都の武擔の南に卽く［一］。文(一七)を爲りて曰く、「惟れ建安二十六年四月丙午、皇帝の備 敢て玄牡を用て、昭らかに皇天上帝・后土神祇に告ぐ。漢 天下を有つこと、歷數 疆《かぎ》り無し。曩者《さきに》王莽 簒盜するも、光武皇帝 震怒して誅を致し、社稷 復た存す。今 曹操 兵を阻みて安忍し、主后を戮殺し、天に滔《はび》こり夏を泯ぼし、天顯を顧みること罔し。操の子たる丕は、其の凶逆に載せ、竊みて神器に居る。羣臣・將士 以爲へらく、社稷 墮廢せば、備 宜しく之を脩め、武は二祖を嗣ぎ、龔ひて天罰を行ふべしと。備 否德を惟《おも》ひ、帝位を 忝《かたじけ》なくするを懼る。庶民、外は蠻夷の君長に及ぶに詢《はか》るに、僉 曰く、「天命は以て答へざる可からず、祖業は以て久しく替《すた》らす可からず、四海は以て主無かる可からず」と。率土の式望は、備一人に在り。備 天の明命を畏れ、又 漢阼の將に地に湮ちんとするを懼れ、謹みて元日を擇び、百寮と與に壇に登り、皇帝の璽綬を受く。燔瘞を脩め、天神に告類す。惟れ神 祚を漢家に饗《さず》け、永く四海を綏《やす》んぜん」と［二］。

［裴松之注］

［一］蜀本紀(一八)に曰く、「武都に丈夫有り化して女子と爲る。顏色 美好なれば、蓋し山の精なり。蜀王 娶りて以て妻と爲すも、水土に習はず、疾病して國に歸らんと欲す。蜀王 之を留むも、幾ばく無くして物故す。蜀王 卒を發し武都に之き土を擔はせ、成都の郭中に葬る。蓋し地 數畝にして、高さ十丈、號して武擔と曰ふなり。臣松之 案ずるに、武擔は、山の名、成都の西北に在り。蓋し乾の位 西北に在るを以て、故に之に就きて以て阼に卽くと。

［二］魏書に曰く、「備 曹公の薨ずるを聞き、掾の韓冉(一九)を遣はして書を奉じて弔ひ、幷はせて賻贈の禮を致す。文帝 其の喪に因り好みを求むるを惡み、荊州刺史に勅して冉を斬り、使命を絕つ」と。典略曰く、「備 軍謀掾(二〇)の韓冉を遣はして書を齎して弔し、幷はせて錦布を貢ぐ。冉 疾と稱し、上庸に住まる。上庸 其の書を致すや、適〻受終(二一)に會し、詔有り答を報じて以て引きて之を致す。備 報書を得、遂《かく》て稱制(二二)す」と。

(補注)

(一) 太傅は、官名。上公の官。周の成王の時に設置されたという古官。蜀漢でも非常置の官で、特定の職掌はなく、皇帝以下を道徳的に導くことを掌った（『後漢書』志二十四 百官一）。

(二) 安漢將軍は、雜号将軍号。王莽が安漢公として勢力を広げ、漢を簒奪したためか、後漢では將軍号として使用されることはほぼなかった。

(三) 太常は、官名。秦官の奉常。前漢の景帝が太常と改めた。九卿の一つ。官秩は中二千石。禮儀・祭祀の統括を職掌とする（『漢書』卷十九上 百官公卿表上）。

(四) 光祿勳は、官名。九卿の一つ。官秩は中二千石。諫議大夫や郎官、五官中郎將など、多数の属僚を統轄し、宮殿の警備をつかさどった。その名称は、前漢成立時には郎中令であったが、武帝期に光祿勳と改称された。米田健志「漢代の光禄動―特に大夫を中心として」(『東洋史研究』五七―二、一九九八年)を参照。
(五)黄柱は、南陽郡の人。光祿勳として、劉備を皇帝に勧進する文に名を連ねた。
(六)少府は、官名。九卿の一つ。官秩は中二千石。内朝の衣服・飲食ほか諸事の統括を職掌とする。諸宦官も名義上は少府の管轄である(『後漢書』志二十六 百官三)。
(七)王謀は、字を元泰、益州漢嘉郡の人。劉璋に仕え、巴郡太守となる。劉備が益州を平定すると別駕從事となり、漢中王になると少府となった。建興元(二二三)年、關内侯に封じられ、後に太常となった(『三國志』卷四十五 楊戲傳注引『季漢輔臣贊』)。
(八)孝経援神契は、孝経緯の一つ。曹魏の博士である宋均が注を附した(『隋書』卷三十二 経籍志一)。現在は散逸したが、安居香山・中村璋八『重修 緯書集成』卷五(明徳出版社、一九八五年)に輯本がある。
(九)易は、『易經』、書名。五経の一つ。経二篇、十翼十篇の十二篇からなる。経は、本来うらない・おみくじの書物であった。のちに学説・教義の拡充を目的として儒家がこれに注目し、経の理解を翼けるものとして十翼の各篇を附し、そこに儒家的な倫理・道徳と宇宙・万物の変化との関係などを盛り込むことで、儒家の経典に仕立て上げたと考えられている。小沢文四郎『漢代易学の研究』(明徳印刷出版社、一九七〇年)を参照。なお、『周易』乾卦 九五に、「飛龍在天」とあり同文。
(一〇)張嘉は、襄陽の人。關羽が襄陽を包囲しているときに、後漢末以来、行方が不明であった玉璽を献納した。
(一一)王休は、襄陽の人。關羽が襄陽を包囲しているときに、後漢末以来、行方が不明であった玉璽を献納した。
(一二)『史記』卷四 周本紀に、「武王渡河、中流、白魚躍入王舟中」とあることを踏まえた表現である。
(一三)昭穆とは、宗廟や木主を並べる順序のこと。この場合は、前漢・後漢の皇帝との継承関係を明らかにすること。
(一四)博士は、官名。太常に属する。博士の専門とする經が學官に建てられ、太學で教授していた(『後漢書』志二十五 百官二)。
(一五)許慈は、字を仁篤、荊州南陽郡の人。劉熙に師事し、鄭玄學を修め、『周易』『尚書』「三禮」『毛詩』『論語』を学んだ。許靖らと共に入蜀し、有職故実を暗記していた胡濟と共に、劉備に學士に任命された。孟光・來敏らと共に漢の故事を扱った。劉禪のとき、大長秋に昇進した(『三國志』卷四十二 許慈傳)。
(一六)孟光は、字を孝裕、司隸河南郡洛陽縣の人。後漢の太尉孟郁の一族。劉備の議郎となり、劉禪のもと大司農に昇進した。「三史」(『史記』・『漢書』・『東觀漢記』)を極め、漢の制度に詳しかった。公羊傳を好み、左氏傳を批判した(『三國志』卷四十二 許慈傳)。
(一七)この文は、劉巴が作ったものである(『三國志』卷三十九 劉巴傳)。
(一八)蜀本紀は、書名。蜀漢の譙周の撰。『隋書』經籍志には、著録されない。
(一九)韓冉は、軍謀掾。曹操の死を弔問するため、劉備から派遣された(『三國志』卷三十二 先主傳注)。なお、韓冉について『魏書』と『典略』で記録を異にしているが、潘眉は『典略』が正しいとする。
(二〇)軍謀掾は、官名。劉備が大司馬府に置いた本来は私的な参謀役。石井仁「軍師考」(『日本文化研究所研究報告』二七、一九九一年）を参照。

（二二）受終は、禪讓を受けること。『尚書』舜典に、「正月上日、受終老文祖」とある。

（二三）稱制は、天子に代わって政令を行うこと。皇太后がそれを行う場合には、臨朝稱制と呼ぶことが多い。

［現代語訳］

太傅《たいふ》の許靖《きょせい》・安漢《あんかん》將軍の麋竺《びじく》・軍師《ぐんし》將軍の諸葛亮・太常《たいじょう》の頼恭《らいきょう》・光祿勳《こうろくくん》の黄柱《こうちゅう》・少府《しょうふ》の王謀《おうぼう》たちは上言して次のように申し上げた、「曹丕《そうひ》は（帝位を）簒奪し（愍帝を殺し）、漢室を滅ぼし、（帝位の象徴の）璽綬《じじゅ》を盗み拠り所とし、忠良（な臣下）を脅し迫り、残酷で無道なものです。人も鬼も憤慨し、みな劉氏（の世）を思っておりました。いま上には天子がなく、海内《かいだい》は乱れて、規範として仰ぐものがございません。羣下がこれまでに上書した者は八百余人、みな符瑞《ふずい》・圖《と》讖《しん》の明らかな徴《しるし》を称《たた》え述べております。ちかごろ黄龍《こうりゅう》が武陽《ぶよう》縣（四川省彭山縣の東）の赤水《せきすい》に現われ、九日間で去りました。『孝經援神《こうけいえんしん》契《けい》』には、「徳が淵泉に至ると黄龍が現れる」とあります。龍というものは、君主の象徴です。『周易《しゅうえき》』乾卦《けんか》の九五には、「飛龍は天にいる」とあります。大王は龍が天に升るように、帝の位に登る運命なのです。また先に關羽《かんう》が樊《はん》城と襄陽《じょうよう》城を包囲したとき、襄陽の男子である張嘉《ちょうか》と王休《おうきゅう》が玉璽を献上しました。璽は漢水《かんすい》に潜み、深い淵に伏せながらも、（その）光はきらきらと輝き、霊なる光は天にまで達していました。そもそも漢というものは、高祖劉邦が興起した場所（である漢中）に本づいて、天下の國號に定められた言葉です。大王（劉備は）先帝（劉邦）の軌跡を踏襲して、また漢中《かんちゅう》に興りました。いま天子の玉璽の神の光が先に現れ、璽そのものが襄陽から出現したのは、（襄陽が）漢水の下流にあたるので、大王が高祖の下流を継承することは明らかでしょう。（これは天と高祖が）大王に授け与えるのに、天子の位としているのです。瑞命や符応は、人の力が致すものではございません。むかし周（の武王）に烏魚《うぎょ》の瑞祥があると、みな「良いことである」と言いました。（前漢の高祖劉邦と後漢の光武帝劉秀という）二祖《にそ》が受命したときには、『河圖』・『洛書』が先に著されており、それが（受命の）徴候となりました。いま上天は瑞祥を告げ、群儒と英俊は、みな『河圖』・『洛書』や、孔子の讖緯《しんい》の書を進め、みな尽く詳細に至っております。伏して思いますに、大王は孝景《こうけい》皇帝の（子である）中山靖王《ちゅうざんせいおう》（劉勝）の後裔であられ、本家分家と百世を経られ、天地の神は幸いを降し、（劉備の）聖なる姿は美しく聳え立ち、神のような武勇を躬に持ち、仁は世を覆ひ徳を積まれ、人を愛し士を好まれております。このために四方は心を帰しているのです。霊なる圖書を考え、讖緯を開き発しますと、神明の（意志の）表われとして、名（の備）も諱（の玄徳）も明らかに（圖書や緯書の中に）著されております。どうか帝位に即かれて、二祖を継がれ、（宗廟の）昭穆《しょうぼく》を嗣がれれば、天下は幸甚であります。臣らは謹んで博士《はくし》の許慈《きょじ》・議郎の孟光《もうこう》と共に、（即位の）儀禮を建立し、良い日を選んで、尊号を上《たてまつ》りましょう」と。（そこで劉備は）皇帝の位に成都の武担《ぶたん》（四川省成都市の西北）の南で即いた［二］。告天文を作って次のようにいった、「これ建安二十六（二二一）年四月丙午《へいご》、皇《こう》帝《てい》の備はあえて玄《くろ》い牡《おうし》を用いて、昭らかに皇天上帝《こうてんじょうてい》・后土神祇《こうどしんぎ》にお告げします。漢が天下を保つことは、その歴数は限りがありません。さきに王莽《おうもう》が（前漢を）簒奪しましたが、光武皇帝は震怒して誅滅され、（漢の）社稷は復た存続しました。いま曹操が兵を頼んで残虐を尽くし、皇后を殺戮し、天にはびこり中夏を滅ぼし、天の明らかな道を顧みませんでした。曹操の子である曹丕《そうひ》は、その凶逆（の心）に任せ、盗んで神器（に象徴される皇帝の位）におります。群臣と将士が考えるに、社稷が滅亡したならば、劉備がこれを修め、武は二祖を継承して、（曹丕を）襲撃して天罰を行うべきであると。備《わたし》は（自らの）徳のなさを思い、帝位をついていることを恐れております。（しかし）庶民や、外は蠻夷の君長にまで聞いてみると、みな、「天命には答えるべきである、祖業は長いあいだ廃らすことはできない、四海は君主が無いわけにはいかない」と申します。国土の望むところは、備一人にございます。備は天の明らかな命を畏れ、また漢の天下が地に湮《お》ちようとしていることを懼れ、謹んで良い日を択び、百官と共に壇に登り、皇帝の璽綬をお受けいたしました。（天地の神々への）禮を脩め、天神《てんしん》に告げ類祭いたします。どうか神よ幸いを漢家に授け、永く四海を安寧にせんことを」と〔二〕。

〔裴松之注〕

〔一〕『蜀本紀《しょくほんぎ》』に、「武都《ぶと》に男があり化して女子となった。顔は美しくすぐれ、おそらく山の精であろう。蜀王《しょくおう》は娶って妻としたが、風土に馴染まず、病気になって国に帰ろうとした。蜀王はこれを留めたが、いくらもなく死去した。蜀王は人夫を動員して武都に行き土を運ばせ、成都《せいと》の城郭の中に葬った。その地は数畝で、高さは十丈、号して武擔《ぶたん》といった。臣 裴松之《はいしょうし》が考えますに、武擔は、山の名であり、成都の西北にあります。おそらく（天を象徴する）乾《けん》の方位が西北であるため、（劉備は）ここに行って即位したのでしょう。

〔二〕『魏書《ぎしょ》』に、「劉備は曹公が薨去したことを聞き、掾の韓冉を派遣して書を奉じて弔い、あわせて賻贈の礼を贈った。文帝は劉備が喪にかこつけて友好を求むることを憎み、荊州刺史に勅命して冉を斬り、（使者の）使命を遂げさせなかった」とある。『典略』に、「劉備は軍謀掾の韓冉を派遣して書をもたらして弔い、あわせて錦布を貢げた。韓冉は病気と称して、上庸郡に止まった。上庸郡（の役人）がその書を届けると、たまたま（曹丕の）禅譲にあたり、詔があって答があり（韓冉を）引きよせてこれを渡した。劉備は返書を得て、天子の命を代行し（て、蜀の地を統治し）た」とある。

【原文】

章武元年夏四月、大赦、改年。以諸葛亮爲丞相、許靖爲司徒。置百官、立宗廟、祫祭高皇帝以下〔一〕。五月、立皇后吳氏、子禪爲皇太子。六月、以子永爲魯王、理爲梁王。車騎將軍張飛爲其左右所害。初、先主忿孫權之襲關羽、將東征。秋七月、遂帥諸軍伐吳。孫權遣書請和、先主盛怒不許。吳將陸議・李異・劉阿等、屯巫・秭歸、將軍吳班・馮習、自巫攻破異等、軍次秭歸。武陵五谿蠻夷遣使請兵。

〔裴松之注〕

〔一〕臣松之以爲、先主雖云出自孝景、而世數悠遠、昭穆難明。既紹漢祚、不知以何帝爲元祖以立親廟。于時英賢作輔、儒生在[1]〔官〕〔宮〕、宗廟制度、必有憲章。而載記闕略、良可恨哉。

〔校勘〕

1．百衲本は「官」に作るが、中華書局本により「宮」に改める。

《訓読》

章武元年夏四月、大赦して、年を改む。諸葛亮を以て丞相と爲し、許靖を司徒（一）と爲す。百官を置き、宗廟を立て、高皇帝より以下を祫祭す[一]。五月、皇后に吳氏（二）を立て、子の禪（三）を皇太子と爲す。六月、子の永（四）を以て魯王と爲し、理（五）を梁王と爲す。車騎將軍の張飛 其の左右の害する所と爲る。初め、先主 孫權の關羽を襲ふを忿り、將に東征せんとす。秋七月、遂に諸軍を帥ゐて吳を伐つ。孫權 書を遣りて和を請ふも、先主 盛んに怒りて許さず。吳將の陸議（六）・李異・劉阿（七）ら、巫・秭歸に屯すれば、將軍の吳班（八）・馮習（九）、巫より攻めて異らを破り、軍 秭歸に次す。武陵の五谿（一〇）の蠻夷に使を遣はして兵を請ふ。

[裴松之注]

[一] 臣 松之 以爲へらく、先主は孝景より出づると云ふと雖も、而れども世數 悠《はる》かに遠く、昭穆 明らかに難し。既に漢祚を紹ぐも、何帝を以て元祖と爲して以て親廟を立つかを知らず。時に于て英賢 輔と作り、儒生 宮に在らば、宗廟の制度、必ず憲章有らん。而れども載記 闕略するは、良に恨む可きなりと。

（補注）

（一）司徒は、官名。秦官の丞相。前漢の哀帝が大司徒と改めた（『漢書』巻十九上 百官公卿表上）。後漢では、大司空・大司馬とともに三公の一つとなり、民政全般を職掌とした。建武二十七（五一）年に大の字を取り、司徒と称された（『後漢書』志二十四 百官一）。蜀漢は、後漢の制度を基本的に継承しているため、すべての官職について、ほぼ後漢の制と同様である。

（二）吳氏は、吳皇后。吳懿の妹、兗州陳留郡の人。大貴の人相であるため、劉焉が子の劉瑁の妻とした。劉瑁の死後、劉備が益州を支配すると、群臣が吳氏を勧めた。劉備は、劉瑁と同姓のため躊躇したが、法正がその親疎を晉の文公と子圉の事例を出して論じたため妻とした。劉備が漢中王となると漢中王后、即位すると皇后、劉禪が即位すると皇太后となり、延熙八（二四五）年に崩御し、惠陵に合葬された（『三國志』巻三十四 先主穆皇后傳）。

（三）禪は、劉禪。字は公嗣、劉備の子、幼名は阿斗、生母は甘夫人。長坂坡で趙雲に救われ、九死に一生を得た。劉備が漢中王になると王太子、皇帝に即位すると皇太子になった。章武三（二二三）年に、皇帝に即位してからは、諸葛亮に全権を委任し、三國の君主の中で、最も長い四十年の在位期間を保った。しかし、諸葛亮の死後は、宦官の黄皓を寵愛して国政を乱し、姜維が剣閣で鍾會と戦っている最中、陰平郡より侵攻した鄧艾に驚き、譙周の勧めで降服した（『三國志』巻三十三 後主傳）。

（四）永は、劉永。字は、公壽。母は不詳。建安二十六（二二一）年、魯王となり、建興八（二三〇）年、甘陵王に移封された。宦官の黄皓を憎み、讒訴されて劉禪と十年間謁見できなかった。劉禪が曹魏に降服すると、洛陽へ移り、奉車都尉となった（『三國志』巻三十四 劉永傳）。

（五）理は、劉理。字は、奉孝。母は不詳。異母兄に劉禪と劉永。妻は馬超の娘。建安二十六（二二一）年、梁王となり、建興八（二三〇）年、安平王に移封された。延熙七（二四四）年に薨去し、悼王と謚された（『三國志』巻三十四 劉理傳）。

（六）陸議は、陸遜のこと。字は伯言、揚州吳郡吳縣の人。「吳の四姓」の筆頭陸氏の傍系に生まれたが、陸康が孫策に殺されると一族の長となった。孫策の死後、孫權に出仕し、孫氏と江東人士の和解の象徴となり、帳下右部署となった。建安二十六（二二一）年、劉備が侵攻すると、大都督に抜擢され、劉備を白帝城に敗走させた。孫權が即位すると、上大將軍・右都護となったが、二宮事件で孫權に叱責され憤死した（『三國志』巻五十八 陸遜傳）。

（七）劉阿は、孫呉の將。劉備と巫・秭歸で戦ったのち、明帝のときに司馬懿とも戦っている（『三國志』巻十七 張郃傳）。

（八）呉班は、字は元雄。兗州陳留郡の人。族兄の呉懿と共に入蜀した。領軍將軍として夷陵の戦いで李異・劉阿らを撃破した。のち、後將軍として北伐に参加し、魏延・高翔と共に司馬懿の軍を撃退し、諸葛亮の没後は、驃騎將軍・假節になり、緜竹侯に封じられた（『三國志』巻三十二 諸葛亮傳注引『漢晉春秋』）。

（九）馮習は、字は休元。荊州南郡の人。劉備と共に入蜀し、呉班と共に、李異・劉阿らを破ったが、陸遜に大敗、乱戦の中で斬られた（『三國志』巻四十五 楊戲傳注引『季漢輔臣贊』）。

（一〇）武陵の五谿の蠻夷は、後漢初、馬援が討伐してから国家の兵に組み込まれ、しばしば反乱を起こした。雄谿、樠谿、無谿、西谿、辰谿の五谿に分かれ住むことより、五谿蠻とも武陵蠻とも呼ばれる。谷口房男「後漢時代の蛮について—武陵蛮を中心として」（『東洋大学紀要』文学部篇二三、一九六九年）を参照。

［現代語訳］

章武《しょうぶ》元（二二一）年夏四月、大赦して、元號を改めた。諸葛亮を丞相とし、許靖《きょせい》を司徒《しと》とした。百官を置き、宗廟《そうびょう》を立て、高皇帝《こうこうてい》（劉邦）より以下（漢の歴代皇帝）をあわせ祀った［一］。五月、皇后に呉《ご》氏を立て、子の劉禪《りゅうぜん》を皇太子とした。六月、子の劉永《りゅうえい》を魯王《ろおう》とし、劉理《りゅうり》を梁王《りょうおう》とした。車騎將軍《しゃきしょうぐん》の張飛がその側近に殺害された。これよりさき、先主は孫權が關羽を襲撃したことを怒り、東征しようとした。秋七月、こうして諸軍を率いて呉を征伐した。孫權は書簡をよこして和を請うたが、先主は盛んに怒って許さなかった。呉將の陸議《りくぎ》・李異《りい》・劉阿《りゅうあ》たちが、巫《ふ》縣（四川省巫山縣の北）と秭歸《しき》縣（湖北省秭帰）に駐屯していたので、將軍の呉班《ごはん》・馮習《ふうしゅう》は、巫縣から攻めて李異たちを破り、軍は秭歸縣に駐屯した。武陵《ぶりょう》郡の五谿《ごけい》の蠻夷に使者を派遣して兵を請うた。

［裴松之注］

［一］臣《わたくし》裴松之《はいしょうし》が考えますに、先主は孝景皇帝より出自すると言っていますが、それでも世代の数が遥かに遠く、昭穆《しょうぼく》を明らかにすることは難しいです。漢祚《かんそ》を紹《つ》ぎましたが、どの皇帝を元祖として親廟《しんびょう》を立てたか明らかではありません。このときは英賢（の諸葛亮が）輔政となり、儒生も宮廷にいたので、宗廟《そうびょう》の制度には、必ずや憲章があったはずです。しかしながら記録が欠落してい（て不明であ）るのは、まことに怨むべきことです。

【原文】

二年春正月、先主軍還秭歸、將軍吳班・陳式水軍屯夷陵、夾江東西岸。二月、先主自秭歸率諸將進軍、緣山截嶺、於夷道猇 許交反 亭、駐營、自佷 佷、音恒 山、通武陵、遣侍中馬良安慰五谿蠻夷、咸相率響應。鎭北將軍黃權、督江北諸軍、與吳軍相拒於夷陵道。夏六月、黃氣見自秭歸十餘里中、廣數十丈。後十餘日、陸議大破先主軍於猇亭、將軍馮習・張南等皆沒。先主自猇亭還秭歸、收合離散兵、遂棄船舫、由步道還魚復、改魚復縣曰永安。吳遣將軍李異・劉阿等踵躡先主軍、屯駐南山。秋八月、收兵還巫。司徒許靖卒。冬十月、詔丞相亮營南北郊於成都。孫權聞先主住白帝、甚懼、遣使請和。先主許之、遣太中大夫宗瑋報命。冬十二月、漢嘉太守黃元、聞先主疾不豫、擧兵拒守。

《訓読》

二年春正月、先主の軍　秭歸に還り、將軍の吳班・陳式(一)の水軍は夷陵に屯し、江の東西岸を夾む。二月、先主　秭歸より諸將を率ゐて軍を進め、山に緣ひ嶺を截ち、夷道の猇〔許交の反〕亭に於て、駐營し、佷〔佷、音は恆〕山より、武陵を通り、侍中の馬良(二)を遣はして五谿の蠻夷を安慰せしめ、咸　相　率ゐて響應す。鎭北將軍(三)の黃權、江北の諸軍を督し、吳軍と夷陵道に相　拒ぐ。夏六月、黃氣　秭歸より十餘里中に見はれること、廣さ數十丈。後　十餘日、陸議　大いに先主の軍を猇亭に破り、將軍の馮習・張南(四)ら皆　沒す。先主　猇亭より秭歸に還り、離散せし兵を收め合はせ、遂に船舫を棄て、步道より魚復に還り、魚復縣を改めて永安と曰ふ。吳　將軍の李異・劉阿らを遣はして先主の軍を踵躡せしめ、南山に屯駐す。秋八月、兵を收めて巫に還る。司徒の許靖　卒す。冬十月、丞相の亮に詔して南北郊(五)を成都に營む。孫權　先主の白帝に住まるを聞き、甚だ懼れ、使を遣はして和を請ふ。先主　之を許し、太中大夫(六)の宗瑋(七)を遣はして命を報ぜしむ。冬十二月、漢嘉太守の黃元(八)、先主の疾　不豫(九)なるを聞き、兵を擧げ拒守す。

（補注）

（一）陳式は、劉備の將。劉備が漢中を攻めた際、馬鳴閣道の封鎖を試みたが、徐晃に敗れた。夷陵の戰いでは、吳班と共に水軍を率い夷陵に駐屯した。諸葛亮の第三次北伐の際、武都と陰平を攻略した（『三國志』卷三十五 諸葛亮傳ほか）。

（二）馬良は、字を季常、荊州襄陽郡宜城縣の人。兄弟五人の中でも、最も優れていたため、「馬氏の五常、白眉を最良とす」と称えられた。諸葛亮と交友関係にあり、赤壁の戰いの後、從事に辟召された。劉備が即位すると侍中になり、吳を征討する際、武陵郡に行き、五谿の蠻族を味方につけたが、夷陵の戰いで戰死した（『三國志』卷三十九 馬良傳）。

（三）鎭北將軍は、四鎭將軍の一つ。四征將軍の一種で、都督を帯び司令官となることができた（『後漢書』志二十四 百官一）。

（四）張南は、字を文進。荊州より劉備に從い、夷陵の戰いで吳軍に大敗し、馮習と共に戰死した（『三國志』卷四十五 楊戲傳注引『季漢輔臣贊』）。

（五）南北郊は、天子が天と地を首都の郊外で祭る祭祀。首都の南の円形の天壇と北の方形の地壇で行う。皇帝の祖先を祀る宗廟と並び、種々の祭祀のなかでは最も重視された。前漢の郊祀は、はじめ方士の影響が顕著であったが、元帝・成帝期より儒教的に改変され、王莽により集大成された。王莽が定めた祭祀の儀注は、「元始中の故事」として、後漢のみならず後世に継承されていく。渡邉義浩『儒教と中国——「二千年の正統思想」の起源』（講談社、二〇一〇年）。

（六）太中大夫は、官名。天子の補佐官であり、一定の職責を持たず、下問への回答や郡國への使者など、状況に応じて任務を与えられる。定員は無く、光祿勳に属し、官秩は千石（『後漢書』志二十五 百官二）。

（七）宗瑋は、太中大夫。夷陵の戦いの後、費禕と共に孫權への使者となり、和睦を成立させた（『三國志』巻三十二 先主傳）。

（八）黃元は、漢嘉太守。劉備の病気を聞き、反乱を起こしたが、益州治中從事の楊洪の進言により派遣された鄭綽・陳曶に平定された（『三國志』巻四十一 楊洪傳）。

（九）不豫は、天子の病氣。『白虎通』に、「天子の病を不豫と曰ふ。政に豫《あず》からざるを言うなり」とある。なお、盧弼は前の「疾」の字は衍字であるとする。

［現代語訳］

章武《しょうぶ》二（二二二）年春正月、先主の軍は秭歸《しき》縣に帰り、將軍の吳《ご》班《はん》・陳式《ちんしょく》の水軍は夷陵《いりょう》縣（湖北省宜昌市の南東）に駐屯して、長江の東西の岸を挟む形とした。二月、先主は秭帰より諸将を率いて軍を進め、山に沿って嶺を横切り、夷道《いどう》縣（湖北省の枝城市）の猇亭《こうてい》〔（猇《こう》は）許交の反〕で、駐営し、佷山《こうざん》〔佷《こう》、音は恒〕より、武陵《ぶりょう》郡を通り、侍中《じちゅう》の馬良《ばりょう》を派遣して五谿《ごけい》の蠻夷を慰撫させたので、（武陵蠻は）みな（首長が族民）を率いて（劉備軍に）呼応した。鎭北《ちんほく》將軍の黃權《こうけん》は、江北の諸軍を督し、吳軍と夷陵道で対峙していた。夏六月、黃色の氣《き》が秭歸縣より十余里中に現れ、広さは数十丈であった。その後十日余りで、陸議《りくぎ》が大いに先主の軍を猇亭に破り、將軍の馮《ふう》習《しゅう》・張南《ちょうなん》たちはみな戦没した。先主は猇亭より秭歸に帰り離散した兵を収め合わせ、かくて船を棄て、歩道により魚復《ぎょふく》縣（四川省奉節の東の白帝）に帰り、魚復縣を改めて永安《えいあん》縣と呼んだ。吳は將軍の李《り》異《い》・劉阿《りゅうあ》たちを派遣して先主の軍を追撃させ、南山に駐屯した。秋八月、（吳軍は）兵を収めて巫縣に帰った。司徒《しと》の許靖《きょせい》が卒した。冬十月、丞相《じょうしょう》の諸葛亮《しょかつりょう》に詔して南北郊《なんぼくこう》を成都に営《せいと》ませた。孫權は先主が白帝城に留まっていることを聞き、たいへん恐れ、使者を派遣して和を請うた。先主はこれを許し、太中大夫《たいちゅうたいふ》の宗瑋《そうい》を派遣して（和約の）命を伝えさせた。冬十二月、漢嘉《かんか》太守の黃元《こうげん》は、先主の病気が重いことを聞き、兵を挙げて抵抗した。

【原文】

三年春二月、丞相亮自成都到永安。三月、黃元進兵攻臨邛縣。遣將軍陳曶 音笏 討元。元軍敗、順流下江。爲其親兵所縛。生致成都、斬之。先主病篤、託孤於丞相亮、尙書令李嚴爲副。夏四月癸巳、先主殂于永安宮、時年六十三［一］。

［裴松之注］

［一］諸葛亮集、載先主遺詔勅後主曰、朕初疾但下痢耳。後轉雜他病、殆不自濟。人五十不稱夭。年已六十有餘、何所復恨。不復自傷、但以卿兄弟爲念。射君到、說丞相歎卿智量、甚大增脩。過於所望。審能如此、吾復何憂。勉之、勉之。勿以惡小而爲之、勿以善小而不爲。惟賢惟德、能服於人。汝父德薄、勿效之。可讀漢書・禮記。閒暇歷觀諸子及六韜・商君書、益人意智。聞丞相爲寫申・韓・管子・六韜一通已畢、未送、道亡。可自更求聞達。臨終時、呼魯王與語、吾亡之後、汝兄弟父事丞相、令卿與丞相共事而

已。

《訓読》

三年春二月、丞相の亮 成都より永安に到る。三月、黄元 兵を進めて臨邛縣を攻む。將軍の陳曶(一)〔音は笏〕を遣はして元を討たしむ。元の軍敗れ、流に順ひて江を下る。其の親兵の縛する所と爲る。生きながらに成都に致し、之を斬る。先主 病 篤く、孤を丞相の亮に託し、尚書令(二)の李嚴を副と爲す。夏四月癸巳、先主 永安宮に殂す(三)、時に年六十三なり[一]。

[裴松之注]

[一] 諸葛亮集(四)に、先主の遺詔して後主を勅するを載せて曰く、「朕 初め疾むは但だ下痢なるのみ。後に轉じて他病を雜へ、殆ど自づから濟《なお》らず。人 五十にして夭と稱せず。年 已に六十有餘、何ぞ復た恨む所あらん。復た自ら傷まざるも、但だ卿ら兄弟を以て念ひと爲す。射君(五) 到りて、丞相 卿が智量、甚だ大いに增脩するを歎ずと說く。望む所に過ぎたり。審らかに能く此くの如くんば、吾 復た何をか憂へん。之に勉めよ、之に勉めよ。惡は小なるを以てして之を爲すこと勿かれ、善は小なるを以てして爲さざること勿かれ(六)。惟だ賢 惟だ德のみ、能く人を服せしむ。汝が父は德薄し、之に效《なら》ふこと勿かれ。漢書(七)・禮記(八)を讀む可し。間暇には諸子及《と》六韜(九)・商君書(一〇)を歷觀し、人の意智を益せ。聞くならく丞相爲めに申(一一)・韓(一二)・管子・六韜の一通を寫し已に畢はるも、未だ送らずして、道に亡ふと。自ら更に聞達を求む可し」と。終はりに臨む時、魯王を呼びて與に語るに、「吾 亡き後、汝ら兄弟は丞相に父事し、卿をして丞相と與に事を共にせしむのみ」と。

(補注)

(一) 陳曶は、將軍。反乱を起こした黄元を討伐した(『三國志』巻三十二 先主傳)。

(二) 尚書令は、官名。少府の属僚で官秩は千石。前漢では皇帝の秘書官であったが、後漢に入ると、上奏関係のほか、重要な業務の全般をも取り仕切るようになった(『後漢書』志二十六 百官三、『通典』巻二十二 職官四)。後漢の官制を継承する蜀漢では、尚書臺は事実上の政府であり、尚書令は、その長官であるが、その最高権力は録尚書事、平尚書事という権限を兼ねる丞相や大司馬にあったため、今でいう官房長官にあたる。

(三) 殂は、死ぬこと。『尚書』堯典に、「二十有八載、帝乃殂落」とある、帝堯の崩御を示す「殂落」を典拠とする。これは、劉備が堯の子孫とされていた漢の末裔であることを示す春秋の筆法である。

(四) 諸葛亮集は、書名。西晉の陳壽の撰。『三國志』諸葛亮傳に、目録が記され、二十四篇、十万四千百十二字とされる。『隋書』巻三十五 經籍志四に、著録がある。

(五) 射君は、ここでは、何焯の『義門讀書記』によれば、射援を指す。

(六) 『周易』繫辭傳下に、「善不積不足以成名。惡不積不足以滅身。小人以小善爲无益。而弗爲也。以小惡爲无傷。而弗去也」とあることを踏まえた表現である。

(七) 漢書は、書名。後漢の班固の著。前漢の高祖から王莽に至る前漢の歴史を扱う正史。司馬遷の『史記』を批判し、父班彪の『後傳』を継承しながら、『尚書』を典範に前漢一代の斷代史を紀傳體により描いた。渡邉義浩『漢書』における『尚書』の継承」（『早稲田大学大学院文学研究科紀要』（六一―一、二〇一六年）を参照。邦訳に、班固（撰）、小竹文夫・武夫（訳）『漢書』（筑摩書房、一九七七～七九年）がある。

（八）禮記は、書名。五經の一つ。中国古代の礼の規定およびその精神を雑記した書物。四十九篇。『儀禮』『周禮』と並び「三禮」と称される。現行の『禮記』は、前漢の戴聖が整理したものに出るとされ、戴德の『大戴禮記』に対して『小戴禮記』とも呼ばれる。下見隆雄『礼記』（明徳出版社、一九七〇年）を参照。

（九）六韜は、書名。周の文王・武王の軍師を務め、殷との戦いにおいて、周を勝利に導いた太公望呂尚が著したとされる兵法書。『漢書』志十 藝文志には、「周史六弢《りくとう》六篇」とある。

（一〇）商君書は、書名。戰國秦の商鞅の学説をまとめたとされ、『漢書』巻三十 藝文志には、二十九篇と著録されるが、現存は二十六篇。記述の中に商鞅死後の事件が見え、すべてが自著とは考えられない。戰國末の法家が商鞅の学説に加筆増補したものであろう。好並隆司『商君書研究』（渓水社、一九九二年）がある。

（一一）申は、申子のこと。書名。戰國時代の鄭の申不害の著とされる。『漢書』巻三十 藝文志には、六篇と著録され、法家に分類されている。

（一二）韓は、韓非子のこと。書名。戰國時代の韓の公子である韓非の撰。すべてが韓非の自著ではなく、後学のものも含まれるが、孤憤・説難・和氏・姦劫弑臣・五蠹・顯學の諸篇は真作に近いとされる。秦の始皇帝は孤憤・五蠹の篇を読んで、いたく感激したという。『韓非子』では、人々は支配と搾取の対象であり、君主に奉仕すべきものとされる。君主と人々の利害は相反するとして、厳格な法で民を規制すべきを説いた。王先慎（撰）、鍾哲（點校）『韓非子集解』（中華書局、一九九八年）、陳奇猷（校注）『韓非子集釋』（中華書局、一九五八年）を参照。

（一三）管子は、書名。春秋の齊の管仲に假託されるが、偽作である。現行は七十六篇、二十四巻（『宋書』巻二百五 藝文志四）。『漢書』巻三十 藝文志は、「筦子八十六篇」とし、道家に分類する。その思想内容に関しては、金谷治『管子の研究―中国古代思想史の一面』（岩波書店、一九八七年）を参照。

［現代語訳］

章武三（二二三）年春二月、丞相の諸葛亮が成都から永安に到着した。三月、黄元は軍を進めて臨邛県《りんこう》（四川省の邛崍）を攻めた。将軍の陳曶《ちんこつ》〔音は笏《こつ》〕を派遣して黄元を征討させた。黄元の軍は敗れ、流れに順って長江を下った。（やがて、黄元は）その護衛兵に捕縛された。生きたまま成都に送致し、これを斬った。先主は病が重篤になると、孤（の劉禪）を丞相の諸葛亮に託し、尚書令《しょうしょれい》の李嚴《りげん》を副とした。夏四月癸巳《きし》、先主は永安宮に殂《そ》した、時に六十三歳であった［一］。

［裴松之注］

［一］『諸葛亮集《しょかつりょうしゅう》』に、先主が遺詔《いしょう》して後主（劉禪）を勅した言葉を次のように載せている、「朕が初め病気になったときは単なる下痢であった。（しかし）後に転じて他の病気が混ざるようになり、ほとんど治らないようである。人は五十なら（死んでも）夭折とは言わない。（朕は）年すでに六十余り、どうしてまた怨むことなどあろうか。しかし自分では傷《いた》まなくとも、ただ卿（劉

禪）たち兄弟だけが心配である。（さきごろ）射君が到着して、丞相が卿（劉禪）の智力が、たいへん増え整ってきたと感嘆していたと言った。（そうであれば）望むところ以上である。本当にそのようであるならば、吾《わたし》はまた何を心配しよう。勉めよ、勉めよ。悪は小さいからといってこれを為してはならず、善は小さいからといってこれを為さないことがあってはならない。ただ賢とただ徳だけが、人を服させることができる。汝《おまえ》の父は徳が薄かった、これに倣《なら》ってはいけない。『漢書《かんじょ》』・『禮記《らいき》』を読まなければならない。時間があれば諸子百家と『六韜《りくとう》』・『商君書《しょうくんしょ》』を通読することで、人としての意志と智慧を増せ。聞くところでは丞相は（卿のために）『申子《しんし》』・『韓非子《かんぴし》』・『管子《かんし》』・『六韜』を一本ずつ写しすでに終わったものの、まだ送るまえに、途中で無くしたという。（卿）自らが積極的に尋ね（人として）達っするために求めなければならない」と。臨終の時に、魯王《ろおう》（劉永）を呼んで語って、「吾《わたし》が死んだ後には、汝《おまえ》たち兄弟は丞相に父として仕え、卿《あいつ》（劉禪）に丞相と一緒に大事を行うようにさせよ」とした。

【原文】

亮上言於後主曰、伏惟、大行皇帝邁仁樹德、覆燾無疆。昊天不弔、寢疾彌留、今月二十四日、奄忽升遐。臣妾號咷、若喪考妣。乃顧遺詔、事惟太宗、動容損益、百寮發哀、滿三日除服、到葬期復如禮、其郡國太守・相・都尉、縣令・長、三日便除服。臣亮親受勅戒、震[1]威神靈、不敢有違。臣請宣下奉行。五月、梓宮自永安還成都、諡曰昭烈皇帝。秋、八月、葬惠陵［一］。

［裴松之注］

［一］葛洪神仙傳曰、仙人李意其、蜀人也。傳世見之。云是漢文帝時人。先主欲伐吳、遣人迎意其。意其到、先主禮敬之、問以吉凶。意其不荅而求紙筆、畫作兵馬・器仗[2]十數紙已、便一一以手裂壞之、又畫作一大人、掘地埋之、便徑去。先主大不喜。而[3]由出軍征吳、大敗還、忿恥發病死、衆人乃知其意。其畫作大人而埋之者、卽是言先主死意。

〔校勘〕

1．中華書局本は「畏」につくる。
2．中華書局本は「數十」につくる。
3．中華書局本は「自」につくる。

《訓読》

亮 後主に上言して曰く、「伏して惟ふに、大行皇帝（一）仁に邁《つと》め徳を樹て、覆燾すること疆《かぎ》り無し。昊天 弔《あはれ》まず、疾に寝《い》ねて彌《や》や留まるも、今月二十四日、奄忽として遐に升る。臣妾 號咷すること、考妣に喪するが若し。乃ち遺詔を顧みるに、事は太宗（二）に惟《つら》ね、動容は損益し、百寮 哀を發すること、三日に滿つれば服を除し、葬期に到らば復た禮の如くし、其れ郡國の太守・相・都尉、縣の令・長は、三日にして便《ただ》ちに服を除せと。臣 亮 親しく勅戒を受け、震威なる神靈に、敢て違ふこと有らず。臣 請ふらくは宣下して奉行せしめん」と。五月、梓宮 永安より成都に還り、諡(三)して昭烈皇帝と曰ふ。秋、八月、惠陵に葬る[一]。

[裴松之注]

[一] 葛洪(四)の神仙傳(五)に曰く、「仙人の李意其(六)、蜀の人なり。傳世 之を見る。是れ漢の文帝の時の人なりと云ふ。先主 呉を伐たんと欲し、人を遣はして意其を迎へしむ。意其 到り、先主 之を禮敬し、問ふに吉凶を以てす。意其 答へずして紙筆を求め、畫きて兵馬・器仗十數紙を作り已《を》はるや、便ちに一一に手を以て裂き之を壞ち、又 畫きて一大人を作り、地を掘りて之を埋め、便ち徑ちに去る。先主 大いに喜ばず。而れども軍を出だして呉を征し、大敗して還り、恥を忿りて病を發して死するに由りて、衆人乃ち其の意を知る。其の畫きて大人を作りて之を埋むる者は、即ち是れ先主の死を言ふの意なり」と。

(補注)

(一) 大行は、天子が崩御して、まだ諡を贈っていない間の尊称。

(二) 太宗は、前漢の文帝の廟號。章學誠は、太宗が劉備の廟號であることを指摘するが、續く短喪が文帝の故事に基づいていることから、ここでは前漢の文帝とすべきである。なお、故事は、政治を行う際に規範となる典拠・先例。後漢では、その基準は經典とならび、前漢より受け継がれてきた「漢家の故事」に求められた。渡邉義浩「後漢における礼と故事」(『両漢における易と三礼』(汲古書院、二〇〇六年、『後漢における「儒教国家」の成立』汲古書院、二〇〇九年所収)を参照。

(三) 諡は、天子の崩御後に贈る名。『逸周書』諡法解によれば、周公が初めて文王の諡の義を制し、諡法を作ったという。『白虎通』諡法では、臣下が天子の善悪を定めるわけではないことを示すために、臣下が南郊で諡を天に告げることを論じている。

(四) 葛洪は、字を稚川、揚州丹陽郡句容縣の人。『抱朴子』を著した。若くして鄭隱に師事、左慈・葛玄・鄭隱と得られた道教經典と神仙道に関する口訣を授けられた。洛陽に上る途中、八王の乱に道を閉ざされ、故郷に戻った。一時、東晉に出仕したのち、羅浮山で錬丹を行い、尸解仙となったと伝えられる。渡邉義浩「『抱朴子』の歴史認識と王導の江東政策」(『東洋文化研究所紀要』一六六、二〇一四年)を参照。

(五) 神仙傳は、書名。東晉の葛洪の著。神仙の術を学んだ葛洪が、神仙の存在を証明するために著した(『隋書』巻三十三 經籍志二 史 雜傳)。

(六) 李意其は、仙人。劉備に呉征討の吉凶を聞かれ、大敗と劉備の死を答えた(『三國志』巻三十二 先主傳注引『神仙傳』)。

[現代語訳]

諸葛亮は後主《こうしゅ》(劉禪)に上言して、「伏して思いますに、大行《たいこう》皇帝は仁に努め徳を立て、(仁徳を)広げること限りありませんでした。(それなのに)天は哀れまず、病気になられてやや持ち直しましたものの、今(四)月二十四日、忽然として遠くに上られました。臣下と妃妾が号泣するさまは、父母の喪のときのようでした。しかし(先帝の)遺詔《いしょう》を顧みますに、喪事を太宗《たいそう》(文帝の故事)に倣われ、(喪に服す)姿形と容貌を(悲しみ過ぎないように)調整し、(中央の)百官が喪に服する際には、三日経てば喪服を脱ぎ、埋葬のときになればまた禮のように(喪服)することとし、郡國の太守《たいしゅ》と國相《こくしょう》と都尉《とい》、縣の縣令《けんれい》と縣長《けんちょう》は、三日経てば直ちに喪服を脱ぐようにせよとございます。臣《わたくし》亮は親しく勅戒を受け、雷のような威を持つ（先帝の）神靈に、あえて違うことはいたしません。臣はこれを下に伝えて行わせることをお許しください」とした。五月、梓宮《しきゅう》が永安《えいあん》から成都《せいと》に帰り、謚《おくりな》して昭烈《しょうれつ》皇帝と呼んだ。秋、八月、惠陵《けいりょう》に埋葬した[二]。

[裴松之注]

[一] 葛洪《かっこう》の『神仙傳《しんせんでん》』に、「仙人の李意其は、蜀の人である。代々李意其を見た人がいる。李意其は前漢の文帝の時の人であるという。先主は吳を征伐しようと考え、人を派遣して李意其を迎えさせた。李意其は到着すると、先主はこれを礼遇し、（遠征の）吉凶を尋ねた。李意其は答えずに紙と筆を求め、兵馬・器仗を十数枚の紙に描き終わると、直ちに一枚ずつ手で裂きこれを破いた。また一人の大人《たいじん》を描き、地を掘ってこれを埋め、直ちに去った。先主はたいへん喜ばなかった。しかし（劉備が）軍を出して吳を征伐し、大敗して帰り、恥を怒って病を発して死んだことにより、衆人はようやく（李意其の行為）の意味を知った。李意其が大人を描いてこれを埋めたのは、なんとこれは先主の死を意味していたのである」とある。

【原文】

評曰、先主之弘毅・寛厚、知人待士、蓋有高祖之風、英雄之器焉。及其舉國託孤於諸葛亮、而心神無貳、誠君臣之至公、古今之盛軌也。機權・幹略、不逮魏武、是以基宇亦狹。然折而不撓、終不爲下者、抑揆彼之量、必不容己、非唯競利、且以避害云爾。

《訓読》

評に曰く、「先主の弘毅・寛厚にして、人を知り士を待つは、蓋し高祖の風有り、英雄の器なり。其の國を擧げ孤を諸葛亮に託し、而して心神 貳無きに及びては、誠に君臣の至公、古今の盛軌なり。機權・幹略は、魏武に逮ばず、是を以て基宇も亦た狹し。然れども折れるも撓《くつ》せず、終に下と爲らざる者は、抑〻彼の量を揆るに、必ず己を容れざるにして、唯だ利を競ふのみに非ず、且つ以て害を避くと爾《しか》云ふ」と。

[現代語訳]

評にいう、「先主の（度量が）弘く毅然としながら（人に）寛厚で、人を知り士を（よく）待遇することは、おもうに高祖《こうそ》（劉邦）の風があり、英雄の器である。その国を挙げて孤を諸葛亮に託して、心から疑うことがなかったことに及んでは、誠に君臣の至公、古今の盛軌である。（劉備の）権謀と才略は、魏武《ぎぶ》（曹操）に及ばず、このため領土もまた狭かった。それでも負けても屈伏せず、最後まで人の下とならなかったのは、そもそも曹操の器量をはかると、必ず自分は容れられない（と考えた）からであり、ただ利を競うだけではなく、害を避けるためであった」と。

【原文】

後主傳第三　　　蜀書　　　國志三十三

後主傳

後主諱禪、字公嗣、先主子也。建安二十四年、先主爲漢中王、立爲王太子。及卽尊號、册曰、惟章武元年五月辛巳、皇帝若曰、太子禪、朕遭漢運艱難。賊臣篡盜、社稷無主。格人・羣正、以天明命、朕繼大統。今以禪爲皇太子、以承宗廟、祇肅社稷。使使持節丞相亮授印綬。敬聽師傅、行一物而三善皆得焉、可不勉與[一]。三年夏四月、先主殂于永安宮。五月、後主襲位於成都、時年十七。尊皇后曰皇太后。大赦、改元。是歲魏黃初四年也[二]。

［裴松之注］

［一］禮記曰、行一物而三善者、惟世子而已。其齒於學之謂也。鄭玄曰、物猶事也。

［二］魏略曰、初備在小沛、不意曹公卒至、遑遽棄家屬、後奔荊州。禪時年數歲、竄匿、隨人西入漢中、爲人所賣。及建安十六年、關中破亂、扶風人劉括、避亂入漢中、買得禪、問知其良家子。遂養爲子、與娶婦、生一子。初禪與備相失時、識其父字玄德。比舍人有姓簡者、及備得益州而簡爲將軍、備遣簡到漢中、舍都邸。禪乃詣簡、簡相檢訊、事皆符驗。簡喜、以語張魯。魯[1]乃洗沐送詣益州、備乃立以爲太子。初備以諸葛亮爲太子太傅、及禪立、以亮爲丞相、委以諸事。謂亮曰、政由葛氏、祭[2]卽寡人。亮亦以禪未閑於政、遂總內外。　臣松之案、二主妃子傳曰後主生於荊州、後主傳云初卽帝位、年十七、則建安十二年生也。十三年敗於長阪、備棄妻子走。趙雲傳曰雲身抱弱子以免、卽後主也。如此、備與禪未嘗相失也。又諸葛亮、以禪立之明年、領益州牧。其年與主簿杜微書曰朝廷今年十八、與禪傳相應、理當非虛。而魚豢云備敗於小沛、禪時年始生。及奔荊州、能識其父字玄德、計當五六歲。[3]備則敗於小沛時、建安五年也。至禪初立、首尾二十四年、禪應過[4]三十矣。以事相驗、理不得然。此則魏略之妄說、乃至二百餘言、異也。又案諸書記及諸葛亮集、亮亦不爲太子太傅。

〔校勘〕

1．中華書局本は、「爲」に作る。
2．中華書局本は、「則」に作る。
3．中華書局本は、「備」に作る。
4．中華書局本は、「二」に作る。

《訓讀》

後主傳第三　　　蜀書　　　國志三十三

後主傳

後主 諱は禪、字は公嗣、先主の子なり。建安二十四年、先主 漢中王と爲るや、立てて王太子と爲す。尊號に卽くに及びて、册して曰く、「惟れ章武元年五月辛巳、皇帝 若《か》く曰く[一]、「太子の禪よ、朕 漢運の艱難に遭ふ。賊臣は篡盜し、社稷に主無し。格人[二]・羣正、天の明命を以て、朕に大統を繼がしむ。今 禪を以て皇太子と爲し、以て宗廟を承け、社稷を祇肅せしむ。使持節[三]たる丞相の亮をして印綬を授けしむ。敬みて師傅に聽かば、一物を行ひて三善 皆 焉を得、勉めざる可けんや」と」と[一]。三年夏四月、先主 永安宮に殂す。五月、後主位を成都に襲ぐ、時に年十七なり。皇后を尊びて皇太后と曰ふ。大赦し、改元す。是の歳魏の黄初四年なり[二]。

[裴松之注]

[一] 禮記に曰く、(四)「一物を行ひて三善をうる者は、惟だ世子のみ。其の學に齒するの謂なり」と。鄭玄曰く、「物は猶ほ事のごときなり」と。

[二] 魏略に曰く、(五)「初め備小沛に在りしとき、意《おも》はざるに曹公卒《には》かに至り、遑遽として家屬を棄て、後に荊州に奔る。禪時に年數歲、竄匿して、人に隨ひ西のかた漢中に入り、人の賣る所と爲る。建安十六年、關中破亂するに及び、扶風の人たる劉括、(六)亂を避け漢中に入り、買ひて禪を得、問ひて其の良家の子なるを知る。遂《かく》て養ひて子と爲し、與へて婦を娶らせ、一子を生む。初め禪備と相失ひし時、其の父の字玄德なるを識る。比《ころ》おい舍人に姓簡なる者有り、(七)備益州を得て而して簡將軍と爲るに及び、備簡を遣はして漢中に到らしめ、都邸に舍《やど》る。禪乃ち簡に詣り、簡相檢訊するに、事皆符驗す。簡喜びて、以て張魯に語る。魯乃ち洗沐して益州に送り詣らしめ、備乃ち立てて以て太子と爲す。初め備諸葛亮を以て太子太傅(八)と爲し、禪立つに及び、亮を以て丞相と爲し、委ぬるに諸事を以てす。亮に謂ひて曰く、「政は葛氏に由り、祭は寡人に卽く」と。亮亦た禪未だ政に閑《なら》はざるを以て、遂て內外を總《す》ぶ」と。臣松之案ずるに、二主妃子傳に後主荊州に生まるると曰ひ、後主傳に初めて帝位に卽くに、年十七と云へば、則ち建安十二年の生まれなり。十三年長阪に敗れ、備妻子を棄てて走る。趙雲傳に雲身ら弱子を抱きて以て免ると曰ふが、卽ち後主なり。此の如くんば、備と禪と未だ嘗て相失はざるなり。又諸葛亮、禪立つの明年を以て、益州牧を領す。其の年主簿の杜微(九)に書を與へて朝廷今年十八と曰ふは、禪の傳と相應じ、理として當に虛に非ざるべし。而も魚豢(一〇)備小沛に敗るると云へば、禪時に年始めて生る。荊州に奔るに及び、能く其の父の字を玄德と識るは、計ふるに五六歲に當たる。備則ち小沛に敗れし時は、建安五年なり。禪初めて立つに至るまで、首尾二十四年、禪應に三十を過ぐべし。事を以て相驗するに、理として然るを得ざるなり。此れ則ち魏略の妄說にして、乃ち二百餘言に至るは、異なり。又諸の書記及《と》諸葛亮集を案ずるに、亮も亦た太子太傅と爲らざるなりと。

(補注)

(一)『尙書』盤庚上に、「王若曰、格汝衆、予告汝訓」とある表現を踏まえている。

(二)ここで踏まえている『尙書』西伯戡黎の「格人・元龜」の正義に、「格訓爲至。至人、謂至道之人。有所識解者也」とあることに從えば、格人は至人のこと。

(三)使持節は、本格的には三國時代から広まった軍隊統率上の肩書の一つ。天子の代理として軍隊を統率し、命令に従わない者を処断する権限を所持していることを示す。同様の肩書きに假節・持節などもあるが、使持節の権限はより大きく、軍事に係わらない場合でも二千石以下の官吏を死刑に処することができた。大庭脩『秦漢法制史の研究』(創文社、一九八二年)を参照。

(四)『禮記』文王世子に、「行一物而三善皆得者、唯世子而已、其齒於學之謂也。鄭玄曰、物猶事也」とあり、字句に異同がある。

(五)魏略は、曹魏の魚豢の撰。元来、曹魏の正史として作られたが、現在では失われている。陳壽の『三國志』は多くこの書によるという。『隋書』經籍志の史部雜史類に、「典略八十九卷、魏郎中魚豢撰」とあり、『舊唐書』經籍志には正史類に、「魏略三十八卷 魚豢撰」、雜史類に「典略五十卷、魚豢撰」とあることより、『魏略』と『典略』との関係には多くの議論がある。

（六）劉括は、扶風の人。人に売られていた劉禪を漢中で買い養子にしていたという（『三國志』卷三十三 後主傳注引『魏略』）。

（七）趙一清は、簡とは簡雍ではないかとする。簡雍は昭德將軍となっている。

（八）太子太傅は、官名。太子を輔弼することを職掌とする（『漢書』卷十九上 百官公卿表上）。

（九）杜微は、字を國輔、益州梓潼郡涪縣の人。若いころ廣漢郡の任安から蜀學を受けた。劉備が益州を平定すると、聾と称して表へ出なかった。諸葛亮は益州牧となると、主簿に任命し、言葉を聞き取れないと言うと、文書を書き与えた。杜微が老齢を理由に仕えたくないと言うと、諫議大夫に任命して、その思いに応え、杜微への敬愛の情を示した（『三國志』卷四十二 杜微傳）。

（一〇）魚豢は、三國時代曹魏の歴史家。京兆の人。『魏略』などを撰した。津田資久「『魏略』の基礎的研究」（『史朋』三一、一九九八年）、滿田剛「敦煌文献所見王沈『魏書』について」（『シルクロード研究』二、二〇〇〇年）を参照。

［現代語訳］

後主傳第三　　蜀書　　國志三十三

後主傳

後主《こうしゅ》は諱《いみな》を禪《ぜん》、字《あざな》を公嗣《こうし》といい、先主（劉備）の子である。建安《けんあん》二十四年、先主は漢中《かんちゅう》王となると、（劉禪を）立てて王太子《おうたいし》とした。（劉備が）帝位に即いた際、册《さく》を下して、「これ章武《しょうぶ》元（二二一）年五月辛巳、皇帝はこのように言った、「太子の禪よ、朕は漢の命運の困難に遭遇した。賊臣（の曹丕）は（漢を）簒奪し、（漢の）社稷《しゃしょく》に主はいなくなった。至人や多くの正しい人が、天の明らかな命により、朕に（漢の）大統を継承させた。いま禪を皇太子とし、宗《そう》廟《びょう》を承け継がせ、社稷をうやうやしく奉ぜさせる。使持節《しじせつ》である丞《じょう》相《しょう》の諸葛亮に（皇太子の）印綬を授けさせる。敬んで師傅（の教え）を聴けば、一つの事を行って三善をみな得られる（のは太子だけである）、勉《つと》めなければならない」と」と[一]。章武三（二二三）年夏四月、先主は永安宮《えいあんきゅう》に崩殂《ほうそ》した。五月、後主が（皇帝の）位を成都で嗣いだ、時に十七歳であった。（吳）皇后を尊んで皇太后と呼んだ。大赦し、改元を行った。この歳は魏の黄初《こうしょ》四年である[二]。

［裴松之注］

[一]『禮記《らいき》』（文王世子）に、「一つの事を行って三善が得られるのは、ただ太子だけである。それは學校で年長者を立てることを言うのである」とある。鄭玄《じょうげん》は、「物は事と同じような意味である」と言っている。

[二]『魏略《ぎりゃく》』に、「むかし劉備が小沛《しょうはい》に居たとき、不意に曹公が突然攻め寄せたので、あわてて家族を棄て、後に荊州《けいしゅう》に逃走した。劉禪はそのとき数歳で、秘かに隠れ、人について西の漢中《かんちゅう》に入り、人に売り飛ばされた。建安《けんあん》十六（二一一）年、關中《かんちゅう》（の馬超）が敗れ混乱すると、扶風《ふふう》の人である劉括《りゅうかつ》は、乱を避けて漢中に入り、買って劉禪を得て、尋ねて劉禪が良家の子であることを知った。そこで養子とし、婦人を与えて娶らせ、一人の

子を生んだ。これよりさき劉禪は劉備とはぐれた時、自分の父の字が玄徳《げんとく》であることを覚えていた。そのころ（劉備の）舍人《しゃじん》に簡という姓の者がおり、劉備が益州《えきしゅう》を得て簡が將軍となるに及び、劉備は簡を派遣して漢中に到らせ、（簡は）都邸《とてい》に宿をとった。劉禪はそこで簡のもとに至り、簡が（劉禪の言葉を事実と）あわせ調べてみると、事柄はみな符合した。簡は喜んで、それを張魯《ちょうろ》に語った。張魯はそこで（劉禪を）沐浴《もくよく》させて益州に送って至らせ、劉備はそれを立てて太子とした。はじめ劉備は諸葛亮を太子太傅《たいしたいふ》としていたが、劉禪が即位すると、亮を丞相《じょうしょう》として、諸事を委ねた。（劉禪は）亮に言って、「政治は諸葛氏に委ね、祭祀は寡人《わたし》が行う」とした。諸葛亮は劉禪がまだ政治に慣れていないので、そこで内外（の政治）を統括した」とある。臣裴松之《はいしょうし》が調べてみると、（『三國志』巻三十四）二主妃子傳に後主は荊州に生まれたといい、（巻三十三）後主傳に初めて帝位に即いたとき、十七歳であったというので、建安十二（二〇七）年の生まれである。建安十三（二〇八）年に長阪《ちょうはん》の戦いに敗れて、劉備は妻子を棄てて敗走した。（巻三十六）趙雲《ちょううん》傳に趙雲は自ら幼子を抱いて逃れたと言っているのが、後主のことである。このようであれば、劉備と劉禪とはいまだかつて生き別れになったことはない。また諸葛亮は、劉禪が即位した翌年に、益州牧を兼ねている。その年に益州主簿《しゅぼ》の杜微《とび》に書簡を与えて朝廷（劉禪）はいま十八歳と言っているのは、劉禪傳と呼応しており、理として虚構ではないと言えよう。しかも（『魏略』を著した）魚《ぎょ》豢《かん》は劉備が小沛に敗れたと言っているので、劉禪はそのときの年に生れている。荊州に逃れるに及んで、よく自分の父の字を玄徳と覚えていたというのであれば、推定すると五、六歳となる。劉備が小沛で敗退した時は、建安五（二〇〇）年である。劉禪が初めて即位するに至るまで、前後二十四年となり、劉禪は三十歳を過ぎている。（これを）事実と検証すると、理としてそのようにはならない。この記述は『魏略』の妄説であり、（そんなことを）なんと二百余字も費やすに至っているのは、驚きである。また多くの記録と『諸葛亮集《しょかつりょうしゅう》』を調べてみると、諸葛亮もまた太子太傅とはなっていないのである。

【原文】

建興元年夏、牂牁太守朱褒擁郡反[一]。先是、益州郡有大姓雍闓反。流太守張裔於吳、據郡不賓、越嶲夷王高定亦背叛。是歲、立皇后張氏。遣尙書郞鄧芝固好於吳。吳王孫權與蜀和親使聘、是歲通好。

[裴松之注]

[一] 魏氏春秋曰、初、益州從事常房行部、聞褒將有異志、收其主簿案問、殺之。褒怒、攻殺房、誣以謀反。諸葛亮誅房諸子、徙其四弟於越嶲、欲以安之。褒猶不悛改、遂以郡叛應雍闓。臣松之案、以爲、房爲褒所誣、執政所宜澄察、安有妄殺不辜以悅姦慝。斯殆妄矣。

《訓読》

建興元年夏、牂牁太守の朱褒(一) 郡に擁り反す[一]。是れより先、益州郡に大姓の雍闓(二) 反する有り。太守の張裔を吳に流し、郡に據り賓《まつら》(三)はず、越嶲の夷王たる高定も亦た背叛す。是の歲、皇后の張氏を立つ。尚書郎(四)の鄧芝(五)を遣はして好《よし》みを呉に固めしむ。呉王の孫權 蜀と和親して使聘し、是の歳 好みを通ず。

[裴松之注]

[一] 魏氏春秋(六)に曰く、「初め、益州從事の常房(七) 部を行くや、褒 將に異志有らんとするを聞き、其の主簿を收《とら》へて案問し、之を殺す。褒 怒り、攻めて房を殺し、誣《し》ふるに謀反を以てす。諸葛亮 房の諸子を誅し、其の四弟を越嶲に徙して、以て之を安ぜんと欲す。褒 猶ほ悛改せず、遂に郡を以て叛し雍闓に應ず」と。臣松之 案ずるに、以爲へらく、房は褒の誣ふる所と爲るも、執政 宜しく澄察すべき所、安んぞ妄りに不辜を殺して以て姦慝を悅ばしむこと有らんや。斯れ殆ど妄なりと。

(補注)

(一) 朱褒は、牂牁太守。建興元(二二三)年に、反乱を犯したが、諸葛亮の南征により平定された(『三國志』巻三十三 後主傳)。

(二) 高定は、越嶲郡の異民族の王。越嶲太守の焦璜を殺したが、呂凱が守る永昌郡を落とすことができず、諸葛亮の南征により平定された(『三國志』巻三十三 後主傳)。

(三) 張氏は、張皇后。張飛の娘で、劉禪の妻。章武元(二二一)年、太子劉禪の妃となり、建興元(二二三)年、劉禪の即位と共に皇后となったが、十五(二三七)年に崩御して、南陵に葬られた(『三國志』巻三十四 後主敬哀皇后傳)。

(四) 尚書郎は、官名。尚書の屬官。前漢では、定員四名が置かれて、尚書の業務を分掌した。後漢では、尚書侍郎三十六名が六つの部局に分屬し、文書の草案起草などを掌った(『後漢書』志二十六 百官三、『通典』巻二十二 職官四)。蜀漢もほぼ同様であったと考えられる。ただし、鄧芝傳では、尚書になったとあり、盧弼は、「郎」は衍字である、としている。

(五) 鄧芝は、字を伯苗、荊州南陽郡新野縣の人。劉備の入蜀後、郫の邸閣の督となり、視察に来た劉備に評価されて、郫縣令・廣漢太守を経て尚書となった。劉禪が即位すると、孫權への使者となり、外交関係を修復した。諸葛亮の北伐に従い、中監軍・揚武將軍として趙雲を支えた。その後も要職を歴任し、前軍師・前將軍、江州都督となった。延熙六(二四三)年、車騎將軍・假節となった。延熙十一(二四八)年には、涪陵の反乱を鎮圧し、民を安堵させている(『三國志』巻四十五 鄧芝傳)。

(六) 魏氏春秋は、書名。東晉の孫盛の撰。『隋書』巻三十三 經籍志二に、「魏氏春秋 二十巻 孫盛撰」と著録される。孫盛は、太原郡中都縣の人、字は安國。官は祕書監に至った(『晉書』巻八十二 孫盛傳)。

(七) 常房は、益州從事。朱褒の反意に気づき、その主簿を拷問して殺し、朱褒の乱の原因となったという(『三國志』巻三十三 後主傳注引『魏氏春秋』)。なお、『華陽國志』は常頎に作る。

[現代語訳]

建興《けんこう》元(二二三)年夏、牂牁《そうか》太守の朱褒《しゅほう》が郡に拠って反乱を起こした[一]。これより先、益州《えきしゅう》郡で豪族の雍闓《ようがい》が反乱を起こしていた。(雍闓は益州)太守の張裔《ちょうえい》を呉に追放し、益州郡に拠って服従せず、越嶲《えっすい》郡(四川省の南西部および雲南省の北中部)の蛮族の王である高定《こうてい》もまた背き反した。この歳、皇后の張氏《ちょうし》を立てた。尚書郎《しょうしょろう》の鄧芝《とうし》を派遣して友好を呉と固めさせた。呉王の孫權《そんけん》は蜀と和親して使者を送り、この歳に友好を通じた。

［裴松之注］

［一］『魏氏春秋《ぎししゅんじゅう》』に、「これよりさき、益州従事《えきしゅうじゅうじ》の常房《じょうぼう》が管轄地域を巡察すると、朱褒《しゅほう》が二心を起こそうとしていることを聞き、その主簿を捕らえて拷問し、これを殺した。朱褒は怒り、攻めて常房を殺し、（常房が）反逆を謀ったと誣告した。諸葛亮は常房の諸子を誅殺し、その四人の弟を越巂郡に流して、朱褒を安んじようとした。朱褒はなお改悛せず、かくて牂牁《そうか》郡（貴州省の大部分）により反乱を起こして雍闓《ようがい》に呼応した」とある。臣裴松之が考えるに、思うに、常房は朱褒に誣告されたのであるから、執政（の諸葛亮）は（その誣告を）見抜くべきであり、どうしてみだりに罪無きものを殺して悪逆な者を悦ばせることがあろうか。『魏氏春秋』の話はほとんど虚妄である。

【原文】

二年春、務農殖穀、閉關息民。

三年春三月、丞相亮南征四郡、四郡皆平。改益州郡爲建寧郡、分建寧・永昌郡爲雲南郡、又分建寧・牂牁爲興古郡。十二月、亮還成都。

四年春、都護李嚴自永安還住江州、築大城［一］。

［裴松之注］

［一］今巴郡故城是。

《訓読》

二年春、農に務め穀を殖やし、關（一）を閉じて民を息はす。

三年春三月、丞相の亮 四郡（二）に南征し、四郡 皆 平らぐ。益州郡を改めて建寧郡と爲し、建寧・永昌郡を分けて雲南郡と爲し、又 建寧・牂牁を分けて興古郡と爲す。十二月、亮 成都に還る。

四年春、都護の李嚴 永安より還りて江州に住《とど》まり、大城を築く［一］。

［裴松之注］

［一］今の巴郡の故城 是れなり。

（補注）

（一）關は、ここでは胡三省によれば、越巂郡の靈關を指す。

（二）四郡は、ここでは盧弼によれば、益州・永昌・牂牁・越巂の南中四郡を指す。

［現代語訳］

建興《けんこう》二（二二四）年春、農業に務めて穀物を殖《ふ》やし、靈關《れいかん》を閉じて民を休息させた。

建興三（二二五）年春三月、丞相の諸葛亮は（益州・永昌・牂牁・越巂の）四郡に南征し、四郡はみな平定された。益州郡を改めて建寧《けんねい》郡（雲南省の東川・大姚より南）とし、建寧郡と永昌《えいしょう》郡（雲南省大理および哀牢山より西）を分けて雲南《うんなん》郡とし、また建寧郡と牂牁《そうか》郡を分けて興古《こうこ》郡とした。十二月、諸葛亮は成都に帰った。

建興四（二二六）年春、都護《とご》の李嚴《りげん》が永安《えいあん》より帰って江州《こうしゅう》に留まり、大城を築いた［一］。

[裴松之注]
[一] 今（劉宋）の巴郡《はぐん》の故城がこれである。

【原文】
五年春、丞相亮出屯漢中、營沔北陽平石馬[一]。

[裴松之注]
[一] 諸葛亮集、載禪三月下詔曰、朕聞天地之道、福仁而禍淫、善積者昌、惡積者喪、古今常數也。是以湯・武脩德而王、桀・紂極暴而亡。曩者[1]（傳）〔漢〕祚中微、網漏凶慝、董卓造難、震蕩京畿。曹操階禍、竊執天衡、殘剝海內、懷無君之心。子丕孤豎、敢尋亂階、盜據神器、更姓改物、世濟其凶。當此之時、皇極幽昧、天下無主、則我帝命[2]殞越于下。昭烈皇帝、體明叡之德、光演文武、應乾坤之運、出身平難、經營四方、人鬼同謀、百姓與能。兆民欣戴、奉順符讖、建位易號、丕承天序、補弊興衰、存復祖業。[3]膺誕皇綱、不墜[4]于地。萬國未定、早世遐殂。朕以幼沖、繼統鴻基、未習保傅之訓、而嬰祖宗之重。六合壅否、社稷不建、永惟所以、念在匡救、光載前緒、未有攸濟、朕甚懼焉。是以夙興夜寐、不敢自逸、每[5]（崇）〔從〕菲薄、以益國用、勸分務穡、以阜民財、授方任能、以參其聽、斷私降意、以養將士。欲奮劍長驅、指討凶逆、朱旗未舉。而丕復[6]殞喪。斯所謂不燃我薪而自焚也。殘類餘醜、又支天禍、恣睢河・洛、阻兵未弭。諸葛丞相、弘毅忠壯、忘身憂國、先帝託以天下、以勖朕躬。今授之以旄鉞之重、付之以專命之權、統領步騎二十萬衆、董督元戎、龔行天罰、除患寧亂、克復舊都、在此行也。昔項籍總一彊衆、跨州兼土、所務者大、然卒敗垓下、死於東城、宗族[7]如焚、爲笑千載、皆不以義、陵上虐下故也。今賊傚尤、天人所怨。奉時宜速。庶憑炎精祖宗威靈相助之福、所向必克。吳王孫權、同恤災患、潛軍合謀、掎角其後。涼州諸國王、各遣月支・康居胡侯支富・康植等二十餘人、詣受節度、大軍北出、便欲率將兵馬、奮戈先驅。天命既集、人事又至、師貞勢并、必無敵矣。夫王者之兵、有征無戰、尊而且義、莫敢抗也。故鳴條之役、軍不血刃、牧野之師、商人倒戈。今旍麾首路、其所經至、亦不欲窮兵極武。有能棄邪從正、簞食壺漿、以迎王師者、國有常典、封寵大小、各有品限。及魏之宗族・支葉・中外、有能規利害、審逆順之數、來詣降者、皆原除之。昔輔果絕親於智氏、而蒙全宗之福、微子去殷、項伯歸漢、皆受茅土之慶。此前世之明驗也。若其迷沈不反、將助亂人、不式王命、戮及妻孥、罔有攸赦。廣宣恩威、貸其元帥、弔其殘民。他如詔書・律令。丞相、其露布天下、使稱朕意焉。

〔校勘〕
1. 百衲本は「傳」に作るが、中華書局本により「漢」に改める。
2. 中華書局本は、「隕」に作る。
3. 中華書局本は、「誕膺」に作る。
4. 中華書局本は、「於」に作る。
5. 百衲本は「崇」に作るが、中華書局本により「從」に改める。
6. 中華書局本は、「隕」に作る。
7. 中華書局本は、「焚如」に改める。

《訓読》
五年春、丞相の亮 出でて漢中に屯し、沔北の陽平の石馬に營す

[一]。

[裴松之注]

[一] 諸葛亮集に、禪の三月に下せし詔(一)を載せて曰く、「朕 聞くならく天地の道は、仁を福《さひは》ひとして淫を禍ひとし、善積の者は昌んに、惡積の者は喪ぶは、(二)古今の常數なりと。是を以て湯(三)・武(四)は德を脩めて王たりて、桀(五)・紂(六)は暴を極めて亡ぶ。曩者《さきに》漢祚 中ごろに微へ、網 凶慝を漏らし(七)、董卓 難を造《な》し、京畿を震蕩す。曹操 禍を階《すす》め、竊みて天衡を執り、海内を殘剝して、君を無《なみ》するの心を懷く。子の丕は孤豎にして、敢て亂階を尋《つ》ぎ、盜みて神器に據り、姓を更め物を改め、世 其の凶を濟《な》す(八)。此の時に當たり、皇極 幽昧にして、天下に主無く、則ち我が帝命 下に殞越す。昭烈皇帝、明叡の德を體し、文武を光演し、乾坤の運に應じ、身を出だして難を平らげ、四方を經營し、人鬼 同に謀り、百姓 能に與《くみ》す。兆民 欣戴し、奉りて符讖に順ひ、位を建て號を易へ、丕《おお》いに天序を承け、弊を補ひ衰を興して、祖業を存復す。誕《ここ》に膺《あた》り(九)皇綱、地に墜ちず。萬國 未だ定まらざるも、早世して遐《ゆ》き殂す。朕 幼沖なるを以て、鴻基を繼統し、未だ保傅の訓を習はず。而して祖宗の重きに嬰《つら》なる。六合 壅否し、社稷 建たず、永く所以を惟ふに、念ひは匡救に在り、前緒を光載せんとするも、未だ攸濟有らす、朕 甚だ焉を懼る。是を以て夙に興き夜に寐ね、敢て自ら逸せず、每に菲薄に從ひて、以て國用を益し、分を勸め穡に務めて、以て民財を皁《ゆた》かにし、方に授け能に任じて、以て其の聽を參《まぢ》へ、私を斷ち意を降して、以て將士を養ふ。劍を奮ひて長驅し、凶逆を指討せんと欲するも、朱旗 未だ擧がらず。而して丕 復た殞喪す。斯れ所謂る我が薪を燃やさずして自ら焚くものなり。殘類の餘醜、又 天禍を支へ、河・洛に恣睢し、兵を阻《たの》みて未だ弭《や》まず。諸葛丞相、弘毅にして忠壯、身を忘れ國を憂へ、先帝 託(一〇)するに天下を以てし、以て朕が躬を勖《はげ》ます。今 之に授くるに旄鉞の重を以てし、之に付するに專命の權を以てし、步騎二十萬の衆を統領し、元戎を董督し、天罰を龔行して、患を除き亂を寧んじ、舊都を克復するは、此の行に在るなり。昔 項籍 一彊の衆を總べ、州を跨ぎ土を兼ねて、務むる所の者は大なれど、然れども卒に垓下(一一)に敗れ、東城に死し、宗族 焚くが如く、笑を千載に爲すは、皆 義を以てせず、上を陵《をか》し下を虐ぐが故なり。今 賊尤《とが》に倣《なら》ひ、天人の怨む所なり。時を奉ずるは速きを宜しきとす。庶はくは炎精の祖宗の威靈 相 助くの福に憑り、向かふ所必ず克たんと。吳王の孫權、同《とも》に災患を恤《うれ》ひ、軍を潛ませ謀を合はせ、其の後に掎角す。涼州の諸國王、各〻月支(一二)・康居(一三)の胡侯たる支富(一四)・康植(一五)ら二十餘人を遣はし、詣りて節度を受け、大軍 北出すれば、便ち兵馬を率將し、戈を奮ひて先驅たらしめんと欲す。天命 既に集まり、人事 又 至り、師 貞《ただ》しく勢 幷はされば、必ず敵すること無し。夫れ王者の兵は、征有りて戰無く、尊にして且つ義なれば、敢て抗すること莫し。故に鳴條(一六)の役に、軍 刃に血ぬらず、牧野(一七)の師に、商人(一八) 戈を倒す。今旍麾 路に首《むか》はば、其の經至する所、亦た兵を窮め武を極むるを欲せず。能く邪を棄て正に從ひ、簞食壺漿(一九)して、以て王師を迎ふる者有らば、國には常典有り、封寵の大小、各〻品限有り。魏の宗族・支葉・中外に及び、能く利害を規り、逆順の數を審らかにし、來り詣りて降る者有らば、皆 原《ゆる》して之に除《さつ》けん。昔 輔果(二〇) 親を智氏に絕ち、而して全宗の福を蒙り、微子(二一) 殷を去り、項伯(二二) 漢に歸して、皆 茅土(二三)の慶を受く。此れ前世の明驗なり。若し其

れ迷沈にして反せず、亂人を將助し、王命を式《のり》とせざれば、戮は妻孥に及び、攸赦有ること罔し。廣く恩威を宣べ、其の元帥に貸《あた》へ、其の殘民に弔《いた》す。他は詔書・律令の如くす。丞相よ、其れ天下に露布し、朕が意を稱《とな》へしめよと」と。

（補注）

（一）この詔は、諸葛亮が北伐に際して上奏した「出師表」に応える詔である。

（二）『周易』坤卦 文言傳に、「積善之家、必有餘慶、積不善之家、必有餘殃」とあることを踏まえた表現である。

（三）湯は、湯王。殷の創設者。殷の始祖とされる契より十四世目。成湯ともいわれ、卜辭では唐（湯と同音）・成・大乙と記される。亳（河南省偃師県）に都をおき、伊尹などの賢臣を用い、異民族を心服させ、その德は禽獸にも及んだという（『史記』卷三 殷本紀）。

（四）武は、武王。西周初代の王。姫發。父である文王の後を承け、殷の紂王を討ち、周を中華の盟主に押しあげた（『史記』卷四 周本紀）。

（五）桀は、桀王。夏王朝最後の王である帝履癸。宮殿を豪奢にして、美女たちを集め、淫靡な音楽を好み、酒池肉林の遊びをし、悪行の限りを尽くしたという。殷の湯王に鳴条の野で敗北して、滅亡した（『史記』卷二 夏本紀）。

（六）紂は、紂王。殷王朝最後の王である帝辛。紂は謚号で、その悪行から人々がつけたという。人並みはずれた資質を持ち、その力は猛獣を組み伏せ、その知は臣下の諫言を言い負かした、という（『史記』卷三 殷本紀）。甲骨資料によると、積極的に人方を征伐して、山東半島の経営に力を注いでいる隙に、西方から周に都を攻略されたという。悪行の多くは、後世の付加である。

（七）『老子』第七十三章に、「天網恢恢、踈而不失」とあることを踏まえた表現である。

（八）『春秋左氏傳』文公傳十八年に、「此三族也、世濟其凶、增其惡名」とあることを踏まえた表現である。

（九）『周書』武成篇に、「我文考文王、克成厥勳、誕膺天命、以撫方夏」とあることを踏まえた表現である。

（一〇）『周書』牧誓篇に、「王左杖黃鉞、右秉白旄以麾」とあることを踏まえた表現である。

（一一）垓下の戦いは、前二〇二年に項羽の楚軍と劉邦の漢軍とが垓下を中心に行った戦い。この戦いで項羽が卒して、劉邦の勝利が完全に決定し、楚漢戦争が終結した（『史記』卷六 秦始皇本紀）。

（一二）月支（月氏）は、春秋・戰國ころから甘粛省に勢力を拡張していたイラン系遊牧民族。シルクロード交流の先駆的役割を担っていた。しかし、匈奴の冒頓單于が台頭すると、壊滅的打撃を受け（前一七六年頃）、月氏の主勢力は西方に逃れ、アフガニスタン北部のバクトリア王国（大夏）を征服した。中国の史料は、敦煌周辺に残留したものを小月氏、西方に移動した勢力を大月氏と呼んでいる（『漢書』卷九十六下 西域 大月氏國傳）。渡邉義浩『三国志よりみた邪馬台国─国際関係と文化を中心として』（汲古書院、二〇一六年）を参照。

（一三）康居は、西域の国名。王は、冬は楽越匿地に治し、春秋は卑闐城に行く。口数は六十万人。大月氏と風俗を共にする。宣帝のとき、匈奴が背き乱れ、漢は呼韓邪單于を擁立したが、郅支單于はこれを恨み漢の使者の谷吉を殺し、康居に拠った。西域都護の甘延壽と副校尉の陳湯は、戊己校尉の西域諸国の兵を徴発して康居に至り、郅支單于を誅殺した（『漢書』巻九十六上 西域傳上）。

（一四）支富は、月氏の諸侯。諸葛亮の北伐に応じて、月氏から派遣されるという（『三國志』巻三十三 後主傳注引『諸葛亮集』）。

（一五）康植は、康居の諸侯。諸葛亮の北伐に応じて、康居氏から派遣されるという（『三國志』巻三十三 後主傳注引『諸葛亮集』）。

（一六）鳴條の役は、殷の湯王が夏の桀王を破った戦い。湯王のもとに諸侯が集まり、桀が打倒された（『史記』巻三 殷本紀）。

（一七）牧野の師は、周の武王（姫發）が殷の紂王（帝辛）を破った戦い（『史記』巻四 周本紀）。

（一八）商は、ここでは殷のこと。殷は、現存が確認される中国最古の王朝。三代（夏・殷・周）の一つ。はじめ始祖の契の封地の名をとって商を国号としたが、盤庚が殷に遷都して以降、殷と号した。初代の湯王から数えて二十八代、六百年以上にわたり、祭政一致の支配を行った。しかし、紂王の暴政によって天下が乱れ、周の武王に滅ぼされた（『史記』巻三 殷本紀）。

（一九）簞食壺漿は、食べ物や飲み物を持参して歓迎すること。『孟子』梁惠王章句下に、「簞食壺漿、以迎王師」とある。

（二〇）輔果は、智果のこと。智宣子が子の智襄子を後継者にしようとしたとき、仁がないと反対し、智氏を捨て「輔」を自らの氏とした（『國語』晉語）。

（二一）微子は、微子啓のこと。微子啓は、殷の紂王の兄。殷の滅亡後、その故都である商邱に封建され、宋を立てた（『史記』巻三十八 宋微子世家）。

（二二）項伯は、項羽の季父。劉邦の謀臣である張良に恩があったため、范増が鴻門の会で、劉邦の命を狙っていることを伝え、項羽の滅亡後、劉姓を賜り諸侯となった（『史記』巻七 項羽本紀）。

（二三）茅土は、諸侯を封建すること。天子が諸侯を封建するときには、その方向の色（東は青、西は白、南は赤、北は黒、中央は黄）の土を白茅に包んで賜ったことによる（『尚書』禹貢）。

［現代語訳］

建興五（二二七）年春、丞相の諸葛亮は（成都から）出て漢中《かんちゅう》郡に駐屯し、沔水《べんすい》の北の陽平《ようへい》の石馬《せきば》（陝西省勉県の東）に陣営を置いた［一］。

［裴松之注］

［一］『諸葛亮集《しょかつりょうしゅう》』に、劉禪が三月に下した詔《みことのり》を載せて次のように言っている、「朕《ちん》が聞くところでは天地の道は、仁を幸いとして淫を禍いとし、善を積む者が盛んになり、悪を積む者が亡ぶのは、古今の定まった命数であると。このため湯《とう》王・武《ぶ》王は徳を脩めて王となり、桀《けつ》王・紂《ちゅう》王は暴を極めて滅亡した。さきに漢の命運は中ごろで衰え、天網は隠れている凶悪を漏らし、董卓《とうたく》が乱を起こし、京師《けいし》と畿内《きだい》は灰塵に帰した。曹操は禍いを進め、盗んで天子の権限を握り、天下を荒れ果てさせ、君（主の愍帝《びんてい》）を無《なみ》する心を懐いた。（曹操の）子の曹丕《そうひ》は孤《みなしご》の豎《こぞう》で、あえて乱れた階梯を継ぎ、盗んで神器に依拠して、（天子の）姓を改め人を変えて、（曹操・曹丕と）代々その凶悪をなした。このときには、皇室の命運は暗くほのかで、天下には君主がおらず、我が（漢の皇）帝の命数は地に落ちた。（そうしたなか先帝の）昭《しょう》烈皇帝《れつこうてい》は、明徳と叡知を体現し、文武の業を輝かせて広め、天地の命運に応じて、世に出でて国難を平定し、四方を経略し、人も

鬼《き》（祖霊）も共に（先帝が即位されるよう）相談し、人々は（先帝の）能を支持した。万民は喜んで（先帝を）推戴し、（先帝は天の）符命《ふめい》と（孔子の）讖緯書《しんいしょ》を奉じて従い、（天子の）位を建て元号を（章武と）変え、大いに天子の序列を受け継ぎ、弊害を補塡し衰退を復興して、先祖の大業（である漢帝國）をまた存在させた。こうして（前漢・後漢の）皇帝が繋いできた大いなる綱が、地に落ちることはなかった。（しかし先帝は）万国がまだ定まっていないのに、早く世を去られ殂《なくな》られた。朕は若年であるのに、大いなる基《いしずえ》を継ぎ、まだ師傅の教えを身につけていないうちに、祖宗の重みを担うことになった。（天地四方の）六合《りくごう》は塞がり、社稷《しゃしょく》は建たず、永くその理由を思いながら、（国家を）匡《ただ》し救うことを願い、（先帝の）緒《はじ》めた大業を輝かせ引き継ごうとしているが、いまだ（天下を）済うこともできず、朕はたいへんこれを恐れている。これにより朝早くに起き夜遅くに寝て、あえて自ら怠ることなく、つねに（徳が）薄い身ながら、それでも国家の用度を益し、分を守りながら農業に務めて、民の財を豊かにして、しかるべき者に仕事を授け能力のある者を任じて、その進言を聞き参考とし、私心を断ち我意を降して、将士を養っている。（自ら）剣を奮って長征し、凶逆（な者）を討伐しようと考えているが、（漢の）朱い旗はまだ掲げることができず、それでも曹丕は自滅して死亡した。これはいわゆる我が薪を燃やしていないのに自分から燃えたというものである。（それでも曹叡ら）残余の醜悪なやからが、また天の禍いを支え、黄河《こうが》・洛水《らくすい》（流域の中原）地域で意のままにふるい、兵を頼んでいまだ止むことがない。諸葛丞相は、度量が大きく毅然として忠義壮健で、身を忘れて国を憂え（る者であるため）、先帝は（丞相に）天下を託し、それにより朕の躬を励ました。いま丞相に（軍の指揮権を象徴する）旄鉞《ぼうえつ》の重権を授け、専断の権限を附し、歩兵と騎兵二十万の軍勢を統率して、大軍を指揮し、天罰を執行して、憂いを除き乱を安んじ、旧都（の洛陽）を回復するのは、この行動にある。むかし項籍《こうせき》（項羽）は強力な軍勢を統率し、州をまたぎ土地を兼ねて、行うことは大きかったが、それでも結局は垓下《がいか》（安徽省霊壁の南東）の戦いに敗れ、東城《とうじょう》縣（安徽省定遠の南東）で死に、宗族は焚くように殺され、笑いを千載に残したのは、みな義によって（戦いを）行わず、上を犯し下を虐げたためである。いま賊（の曹叡）は（項羽の）過失に習い、天と人に怨まれている。（有利な）時を奉ずるのは速いことを良しとする。願わくは（火徳の漢の）炎精《えんせい》の祖宗の威霊がみな助けるという福により、向かうところで必ず勝利をおさめんことを。呉王の孫權は、共に災禍を憂い、軍を潜伏させて謀略をあわせ、敵の背後で掎角《きかく》の勢をとる。涼州の諸国王は、それぞれ月支《げっし》國と康居《こうきょ》國の諸侯である支富《しふ》と康植《こうしょく》たち二十余人を派遣し、（諸葛亮のもとに）至ってその指揮を受け、大軍が北に出れば、直ちに兵馬を統率して、戈を奮い（漢軍の）先駆けとなろうとしている。天命はすでに集まり、人事もまた至り、師《ぐん》が正しく勢力が合わされば、必ず敵対することはできない。そもそも王者の兵は、征討に行くことがあっても（実際の）戦闘はなく、尊貴であり正義であれば、あえて抵抗するものはない。このため鳴條《めいじょう》の役で、軍は刃を血に染めることなく、牧野《ぼくや》の師に、商《しょう》の人は戈を逆に向け（て寝返っ）た。いま（漢の）軍旗が道に向かえば、その通過するところでは、また兵を窮めて武を極め（るような戦いをすることは）ない。よく邪（の魏）を棄てて正（の漢）に従い、簞食壺漿《たんしこしょう》して、王師《おうし》を迎える者があれば、国家には（それに応じる）常典があり、封土《ほうど》や寵爵《ちょうしゃく》の大小は、それぞれ等級によって定められている。魏の宗室や一族や姻戚についても、よく利害を量り、逆順の定めを審らかにして、至って来降する者があれば、みな許してこれに（封土や寵爵）を授けよう。むかし輔果《ほか》は親族関係を智氏と絶ち、宗族を全うする福を受け、微子《びし》は殷を去り、項伯《こうはく》は漢に帰属して、ともに諸侯となる恩恵を受けた。これらは先の世の明らかな証拠である。間違ったまま戻ることができず、反乱している者を助け、王命に従わないのであれば、殺戮は妻子に及び、容赦することはない。広く恩恵と刑罰を宣《の》べ、魏の元帥に与え、魏の損なわれた民に致そう。そのほかは詔書と律令（の定め）のとおりとする。丞相よ、さあ天下に公開して流布させ、朕が意志を唱えさせよ」と。

【原文】

六年春、亮出攻祁山、不克。冬、復出散關、圍陳倉、糧盡退。魏將王雙、率軍追亮。亮與戰、破之、斬雙、還漢中。

七年春、亮遣陳式攻武都・陰平、遂克定二郡。冬、亮徙府營於南山下原上、築漢・樂二城。是歲、孫權稱帝、與蜀約盟、共交分天下。

八年秋、魏使司馬懿由西城、張郃由子午、曹眞由斜谷、斜、餘奢反。欲攻漢中。丞相亮待之於城固・赤阪、大雨道絶、眞等皆還。是歲、魏延破魏雍州刺史郭淮于陽谿。徙魯王永爲甘陵王、梁王理爲安平王。皆以魯・梁在呉分界故也。

九年春二月、亮復出軍圍祁山、始以木牛運。魏司馬懿・張郃救祁山。夏六月、亮糧盡退軍。郃追至靑封、與亮交戰、被箭死。秋八月、都護李平廢徙梓潼郡[一]。

［裴松之注］

［一］漢晉春秋曰、冬十月、江陽至江州有鳥、從江南飛渡江北、不能達、墮水死者以千數。

《訓読》

六年春、亮 出でて祁山を攻むるも、克てず。冬、復た散關より出で、陳倉を圍むも、糧 盡きて退く。魏の將たる王雙(一)、軍を率ゐて亮を追ふ。亮 與に戰ひ、之を破り、雙を斬り、漢中に還る。

七年春、亮 陳式を遣はして武都・陰平を攻め、遂に克ちて二郡を定む。冬、亮 府營を南山の下の原上に徙し、漢・樂の二城を築く。是の歲、孫權 帝を稱し、蜀と與に盟を約し、共に天下を交分す(二)。

八年秋、魏 司馬懿(三)をして西城より、張郃を子午より、曹眞(四)を斜谷より、斜《や》は、餘奢の反。漢中を攻めしめんと欲す。丞相の亮 之を城固・赤阪に待ち、大いに雨ふりて道 絶え、眞ら皆 還る。是の歲、魏延 魏の雍州刺史たる郭淮(五)を陽谿に破る。魯王の永を徙して甘陵王と爲し、梁王の理を安平王と爲す。皆 魯・梁は呉の分界に在るを以ての故なり。

九年春二月、亮 復た軍を出だして祁山を圍み、始めて木牛(六)を以て運ぶ。魏の司馬懿・張郃 祁山を救ふ。夏六月、亮 糧 盡きて軍を退く。郃 追ひて青封に至り、亮と與に交戰し、箭を被りて死す。秋八月、都護の李平 廢せられて梓潼郡に徙る[一]。

[裴松之注]

[一] 漢晉春秋に曰く、「冬十月、江陽より江州に至りて鳥有り、江南より飛びて江北に渡らんとするも、達する能はず、水に墮ち死する者 千を以て數ふ」と(七)。

(補注)

(一) 王雙は、魏の將。太和二（二二八）年冬、陳倉城を包囲していた蜀漢軍が兵糧の枯渇により撤退したとき、曹眞の配下として騎兵を率いて追撃したが、諸葛亮軍の反撃に遭って戦死した（『三國志』巻三十五 諸葛亮傳）。

(二) 豫州・青州・徐州・幽州は吳に、兗州・冀州・并州・涼州は蜀に属する形で、天下を分けた。渡邉義浩「諸葛亮の外交政策（『東洋研究』一九〇、二〇一三年、『三国志よりみた邪馬台国』前掲に所収）。

(三) 司馬懿は、字を仲達、司隷河内郡溫縣の人。西晉の宣帝。「世々二千石」と称される高官を輩出する家柄で、優秀な八兄弟は、字に達が付くため「八達」と評された。文帝のときに、陳羣と並び要職を歴任し、明帝のとき、諸葛亮の北伐に対抗した。景初二（二三八）年、公孫氏を滅亡させ、翌年、明帝が崩御すると、曹爽と共に皇帝曹芳の輔弼となった。正始十（二四九）年、正始の政変で曹爽を打倒し、のちに王淩を自殺させて、司馬氏の権力を確立した（『晉書』帝紀一 宣帝紀）。

(四) 曹眞は、字を子丹、豫州沛國譙縣の人、曹操の族子。勇猛さを評価され虎豹騎を率いた。曹丕が魏王を嗣ぐと、鎭西將軍・假節・都督雍涼諸軍事として蜀漢に備えた。文帝臨終の際、陳羣・司馬懿らと共に後事を託され、明帝を支えた。大將軍として諸葛亮の第一次北伐に応戦し、街亭で張郃に馬謖を大破させた。のち大司馬に昇進し、蜀漢を討伐したが、長雨のため引き上げた。二三一年に死去し、元侯と謚された（『三國志』巻九 曹眞傳）。

(五) 郭淮は、字を伯濟、并州太原郡陽曲縣の人。曹操の漢中討伐に随行し、夏侯淵の司馬となった。曹丕即位の祝賀に遅れたが、弁明を買われ、領雍州刺史となり、羌族の反乱を平定した。のち姜維の侵攻を防ぎ、羌族の迷當を攻撃し、氐族を關中に移住させ、左將軍に昇進した。嘉平元（二四九）年、征西將軍・都督雍涼諸軍事となり、対蜀漢戦線の総司令官となった。翌年、車騎將軍・儀同三司に昇進したが、正元二（二五五）年に卒し、大將軍を追贈され、貞侯と謚された（『三國志』巻二十六 郭淮傳）。

(六) 木牛は、魏への北伐に際して食糧輸送に用いられた諸葛亮の発明品だが、その仕組みは明らかではない。『事物紀原』は小車（単輪の手押し車）の一種であると述べている。

(七) 『宋書』巻三十二 五行志三に、「蜀劉禪建興九年十月、江陽至江州有鳥、從江南飛渡江北、不能達、墮水死者以千餘。是時諸葛亮、連年動衆、志吞中夏、而終死渭南、所圖不遂。又諸將分爭、頗喪徒旅。鳥北飛不能達、嘿水死、皆有其象也。亮竟不能過渭、又其應乎。此與漢・楚國烏鬬墮泗水觕類矣」とあり、鳥が水に堕ちて死ぬ理由を諸葛亮の北伐失敗の象としている。

[現代語訳]

建興六（二二八）年春、諸葛亮は（漢中郡から）出て祁山《きざん》（甘粛省礼県祁山鎮）を攻撃したが、勝てなかった。冬、再び散關《さんかん》（陝西省宝鶏市の南西）から出て、陳倉《ちんそう》（陝西省宝鶏市の東）を包囲したが、軍糧が尽きて撤退した。魏の將である王雙《おうそう》が、軍を率いて諸葛亮を追った。諸葛亮は（王雙）と戦い、これを破り、王雙を斬り、漢中郡に帰った。

建興七（二二九）年春、諸葛亮は陳式《ちんしょく》を派遣して武都《ぶと》郡と陰平《いんぺい》郡を攻撃し、そして勝って（武都と陰平の）二郡を平定した。冬、諸葛亮は丞相府《じょうしょうふ》と陣営を南山（甘粛省漢中市沔県の南）の麓の平原に移し、漢《かん》城（甘粛省漢中市沔県の東南）と樂《らく》城（甘粛省漢中市城固県）の二城を築いた。この歳、孫權は皇帝を称し、蜀と盟約して、共に天下を分割した。

建興八（二三〇）年秋、魏は司馬懿を西《せい》城（陝西省興安市西北）から、張郃《ちょうこう》を子午《しご》谷（陝西省西安市長安県の南）から、曹眞《そうしん》を斜谷《やこく》（陝西省西安市郿県の西南）から、斜《や》は、餘奢の反。漢中郡を攻めさせようとした。丞相の諸葛亮はこれを城固《じょうこ》（陝西省漢中市城固県の西北）と赤阪《せきはん》（陝西省漢中市洋県の東）で待ちうけたが、大雨で道路が断絶して、曹眞たちはみな撤退した。この歳、魏延《ぎえん》は魏の雍州刺史《ようしゅうし》である郭淮《かくわい》を陽谿《ようけい》に破った。魯《ろ》王の劉永《りゅうえい》を移して甘陵《かんりょう》王とし、梁《りょう》王の劉理《りゅうり》を安平《あんぺい》王とした。ともに魯國（山東省の曲阜・滕州市および泗水縣）と梁國が呉に分割した領域に存在するためである。

建興九（二三一）年春二月、諸葛亮はまた軍を（漢中郡から）出して祁山を包囲し、始めて木牛《もくぎゅう》によって（軍糧を）運んだ。魏の司馬懿と張郃が祁山（の魏軍）を救援した。夏六月、諸葛亮は軍糧が尽きて軍を引いた。張郃は追撃して青封《せいほう》に至り、諸葛亮と交戦し、矢を受けて死んだ。秋八月、都護《とご》の李平《りへい》（李嚴）が廃されて梓潼《しとう》郡（四川省綿陽市北東）に従された[一]。

[裴松之注]

[一]『漢晉春秋《かんしんしゅんじゅう》』に、「冬十月、江陽《こうよう》から江州《こうしゅう》まで鳥がおり、江南から飛んで江北に渡ろうとしたが、達することができず、水に落ち死ぬものが千を単位に数えるほどであった」とある。

【原文】

十年、亮休士勸農於黃沙、作流馬・木牛畢、教兵講武。

十一年冬、亮使諸軍運米、集於斜谷口、治斜谷邸閣。是歳、南夷劉冑反、將軍馬忠破平之。

十二年春二月、亮由斜谷出、始以流馬運。秋八月、亮卒于渭濱。征西大將軍魏延、與丞相長史楊儀爭權不和、舉兵相攻、延敗走。斬延首、儀率諸軍還成都。大赦。以左將軍吳壹爲車騎將軍、假節督漢中。以丞相留府長史蔣琬爲尙書令、總統國事。

十三年春正月、中軍師楊儀廢徙漢嘉郡。夏四月、進蔣琬位爲大將軍。

十四年夏四月、後主至湔[一]、登觀阪、看汶水之流、旬日還成都。徙武都氐王苻健及氐民四百餘戶於廣都。

[裴松之注]

[一] 臣松之案、湔、縣名也、屬蜀郡。音翦。

《訓読》

十年、亮 士を休ませ農を黄沙に勸め、流馬(一)・木牛を作り畢はり、兵を教へて武を講ず。

十一年冬、亮 諸軍をして米を運ばしめ、斜谷口に集め、斜谷の邸閣(二)を治む。是の歳、南夷の劉冑(三) 反し、將軍の馬忠(四) 破りて之を平らぐ。

十二年春二月、亮 斜谷より出で、始めて流馬を以て運ぶ。秋八月、亮 渭濱に卒す。征西大將軍の魏延、丞相長史(五)の楊儀(六)と權を爭ひて和ならず、兵を擧げ 相 攻め、延 敗走す。延の首を斬り、儀 諸軍を率ゐて成都に還る。大赦す。左將軍の吳壹を以て車騎將軍と爲し、假節して漢中を督せしむ。丞相留府長史の蔣琬(七)を以て尙書令と爲し、國事を總統せしむ。

十三年春正月、中軍師(八)の楊儀を廢して漢嘉郡に徙す。夏四月、蔣琬の位を進めて大將軍と爲す。

十四年夏四月、後主 湔に至り[一]、觀阪(九)に登り、汶水の流を看て、旬日にして成都に還る。武都の氐王たる苻健(一〇)及《と》氐の民 四百餘戸を廣都に徙す。

[裴松之注]

[一] 臣 松之 案ずるに、湔《せん》は、縣の名なり、蜀郡に屬す。音は翦。

(補注)

(一) 流馬は、木牛と共に諸葛亮の発明とされる輸送車両。譚良嘯『八陣図与木牛流馬—諸葛亮与三国研究文集』(巴蜀書社、一九九六年)、李殿元・李紹先『木牛・流馬之謎』(翌耕図書出版、一九九五年)などに諸説がある。詳細については、諸葛亮傳の裴松之注に記されている。

(二) 邸閣は、食糧庫。日野開三郎「東夷伝用語解—2邸閣」(『東洋史学』六、一九五二年)を参照。

(三) 劉冑は、南夷。建興十一(二三三)年に、反乱を起こした。敗退した庲降都督の張翼は召還されたが、後任の馬忠が赴任するまで前線に留まり、兵糧の準備を整えていたため、馬忠が平定した(『三國志』巻四十五 張翼傳)。

(四) 馬忠は、字を徳信、益州巴西郡閬中縣の人。諸葛亮が丞相府を開くと門下督となり、南征の際には牂牁太守となった。辟召されて丞相參軍となり、蔣琬の下で留府の事務にあたった。張翼に代わって庲降都督となり、劉冑の乱を平定した。延熙五(二四二)年、鎭南大將軍となり、延熙七(二四四)年には、成都で平尚書事に就いたが、費禕の帰還と共に南に戻り、延熙十二(二四九)年に卒した(『三國志』巻四十三 馬忠傳)。

(五) 丞相長史は、丞相府の幕僚長。諸葛亮の丞相府については、石井仁「諸葛亮・北伐軍団の組織と編成について—蜀漢における軍府の発展形態」(『東北大学東洋史論集』四、一九九〇年)を参照。

(六) 楊儀は、字を威公、荊州襄陽郡の人。襄陽太守の關羽に帰順し功曹史となり、劉備に評価されて、左將軍兵曹掾から尙書となったが、劉巴と合わず左遷された。諸葛亮に評価され丞相參軍から丞相長史となり、軍需物資の確保・輸送を担当し北伐を支えた。ただ、狭量で自分の才能を鼻にかけるため、魏延と対立、これを斬るも、後継者が蔣琬となると不満を漏らし、庶民とされた(『三國志』巻四十 楊儀傳)。

(七) 蔣琬は、字を公琰、荊州零陵郡湘鄉縣の人。劉備の入蜀に随従し、廣都縣長となったが政務を顧みず劉備の怒りを買う。諸葛亮に抜擢され、やがて丞相留府長史として後方支援を担当、亮の没後、尙書令を経て、大將軍・錄尙書事に昇進し、蜀の政権を担当した。北伐後の国力回復に努め、延熙九（二四六）年に卒した（『三國志』巻四十四 蔣琬傳）。

（八）中軍師は、丞相府に所属する軍師。石井仁「軍師考」（『東北大学日本文化研究所研究報告』二七、一九九一年）を参照。

（九）氐は、中国の青海湖周辺（青海省）に存在したチベット系民族。紀元前二世紀ごろから青海で遊牧生活を営んでいた。近くには同じく遊牧を生業とする羌族がいた。馬植傑『三国時的羌族和氐族』（『三国史』人民出版社、一九九三年）を参照。

（一〇）苻健は、武都郡の氐族。蜀漢に帰服した際、弟と揉め、疑念を抱かれたが、張嶷が受け入れた（『三國志』巻四十三 張嶷傳）。五胡十六國時代の前秦の初代皇帝苻健とは別人。

［現代語訳］

建興十（二三二）年、諸葛亮は兵士を休ませ農耕を黃沙《こうさ》（陝西省漢中市褒城県の南）で勧め、流馬《りゅうば》・木牛《ぼくぎゅう》を完成させて、兵を教練して演習をした。

建興十一（二三三）年冬、諸葛亮は諸軍に米を運ばせ、斜谷口に集め、斜谷の（食糧庫である）邸閣《ていかく》を整えた。この歲、南夷《なんい》の劉冑《りゅうちゅう》が反乱を起こしたが、將軍の馬忠《ばちゅう》が破ってこれを平定した。

建興十二（二三四）年春二月、諸葛亮は斜谷道より出で、始めて流馬《りゅうば》を用いて（軍糧を）運んだ。秋八月、諸葛亮は渭水《いすい》のほとり（の五丈原）で卒した。征西《せいせい》大將軍の魏延《ぎえん》は、丞相長史《じょうしょうちょうし》の楊儀《ようぎ》と権力を争って不和であり、兵を挙げて互いに攻め、魏延が敗走した。魏延の首を斬り、楊儀は諸軍を統率して成都に帰った。大赦をした。丞相留《りゅう》府《ふ》長史の蔣琬《しょうえん》を尙書令《しょうしょれい》とし、國事を総括させた。

建興十三（二三五）年春正月、中軍師《ちゅうぐんし》の楊儀を免官して漢嘉《かんか》郡（四川省峨辺より西、瀘定より東）に流した。夏四月、蔣琬の位を進めて大將軍《だいしょうぐん》とした。

建興十四（二三六）年夏四月、後主は湔《せん》縣（四川省松潘の北）に至り［一］、觀阪《かんはん》を登り、汶水《ぶんすい》の流れを見て、十日して成都に帰った。（帰服した）武都《ぶと》郡の氐《てい》族の王である苻健《ふけん》と氐族の民四百戸余りを廣《こう》都《と》縣（四川省成都市の南東）に移住させた。

［裴松之注］

［一］臣 裴松之が考えるに、湔《せん》は、縣の名であり、蜀郡に属する。（湔の）音は翦である。

【原文】

十五年夏六月、皇后張氏薨。

延熙元年春正月、立皇后張氏。大赦、改元。立子璿爲太子、子瑤爲安定王。冬十一月、大將軍蔣琬出屯漢中。

二年春三月、進蔣琬位爲大司馬。

三年春、使越嶲太守張嶷平定越嶲郡。

四年冬十月、尙書令費禕至漢中、與蔣琬諮論事計、歲盡還。

五年春正月、監軍姜維督偏軍、自漢中還屯涪縣。

六年冬十月、大司馬蔣琬自漢中還、住涪。十一月、大赦。以尚書令費禕爲大將軍。

七年閏月、魏大將軍曹爽・夏侯玄等向漢中、鎭北大將軍王平、拒興勢圍、大將軍費禕、督諸軍往赴救。魏軍退。夏四月、安平王理卒。秋九月、禕還成都。

八年秋八月、皇太后薨。十二月、大將軍費禕至漢中、行圍守。

九年夏六月、費禕還成都。秋、大赦。冬十一月、大司馬蔣琬卒[一]。

[裴松之注]
[一] 魏略曰、琬卒、禪乃自攝國事。

《訓読》

十五年夏六月、皇后の張氏 薨ず。

延熙元年春正月、皇后の張氏（一）を立つ。大赦し、改元す。子の璿（二）を立てて太子と爲し、子の瑤（三）を安定王と爲す。冬十一月、大將軍の蔣琬 出でて漢中に屯す。

二年春三月、蔣琬の位を進めて大司馬と爲す。

三年春、越嶲太守の張嶷（四）をして越嶲郡を平定せしむ。

四年冬十月、尚書令の費禕（五） 漢中に至り、蔣琬と與に事計を諮論し、歳 盡きて還る。

五年春正月、監軍（六）の姜維（七） 偏軍を督し、漢中より還りて涪縣に屯す。

六年冬十月、大司馬の蔣琬 漢中より還り、涪に住《とど》まる。十一月、大赦す。尚書令の費禕を以て大將軍と爲す。

七年閏月、魏の大將軍たる曹爽（八）・夏侯玄（九）ら漢中に向かひ、鎭北大將軍（一〇）の王平（一一）、興勢の圍（一二）に拒み、大將軍の費禕、諸軍を督して往きて救ひに赴く。魏軍 退く。夏四月、安平王の理 卒す。秋九月、禕 成都に還る。

八年秋八月、皇太后 薨ず。十二月、大將軍の費禕 漢中に至り、圍守を行す。

九年夏六月、費禕 成都に還る。秋、大赦す。冬十一月、大司馬の蔣琬 卒す[一]。

[裴松之注]
[一] 魏略に曰く、「琬 卒し、禪 乃ち自ら國事を攝《をさ》む」と。

（補注）
（一）張氏は、張皇后。張飛の娘で、敬哀皇后の妹。建興十五（二三七）年、貴人となったが、同年六月、姉の張皇后が崩御したため、延熙元（二三八）年、皇后となった。炎興元（二六三）年、劉禪が曹魏に降服すると、翌年ともに洛陽に赴いた（『三國志』卷三十四 後主張皇后傳）。
（二）璿は、劉璿。字を文衡。父は劉禪、母は王氏。妃は費禕の娘。延熙元（二三八）年、十五歳で皇太子に立てられた。炎興元（二六三）年、蜀漢が滅亡すると、翌年、魏の鍾會が姜維と結んで成都で反乱を起こし、衞瓘に指揮された胡烈によって殺された。その際、乱兵によって殺害された（『三國志』卷三十四 劉璿傳）。
（三）瑤は、劉瑤。劉璿の弟。蜀漢の滅亡後、洛陽に移ったが、永嘉の乱に巻き込まれ卒した（『三國志』卷三十四 劉璿傳注引『蜀世譜』)。

(四)張嶷は、字を伯岐、益州巴西郡南充縣の人。縣の功曹のとき、山賊に襲われたが、縣令の家族を守り、劉備に評価された。州の從事となり、山賊を討伐し、後に牙門將軍として、西南夷を討伐した。越巂太守になると、恩信により多数の部族を投降させた。その功で盪寇將軍となり、關內侯を賜った。姜維の北伐に従い、魏の徐質と戰って死んだ(『三國志』巻四十三 張嶷傳)。

(五)費禕は、字を文偉、荊州江夏郡鄳縣の人。蜀漢の建国時に、董允と共に太子舍人となり、劉禪の訓導に当たった。諸葛亮に厚く信頼され、參軍として北伐に随行し、中護軍を経て司馬になり、魏延と楊儀を仲裁した。亮の死後、尙書令となり蔣琬を支え、その死後、大將軍・錄尙書事に就いて政権を掌握した。延熙十六(二五三)年、宴会で魏の降将郭循に殺された(『三國志』巻四十四 費禕傳)。

(六)監軍は、官名。護軍と同様、軍を監察する。石井仁「曹魏の護軍について」(『東北大学日本文化研究所研究報告』二六、一九九〇年)を参照。

(七)姜維は、字を伯約、涼州天水郡冀縣の人。第一次北伐で諸葛亮に帰順した。亮に評価され、中護軍・征西將軍にまで出世すると軍事的才能を自負し、羌族を味方に付け、隴より西を切り取ろうとした。事実、鄧艾に大敗するまでは、領土を拡大していた。蜀が滅亡した時にも、剣閣で鍾會を防いでいた。その後、鍾會を唆し背かせたが、敗れて殺された(『三國志』巻四十四 姜維傳)。

(八)曹爽は、字を昭伯、豫州沛國譙縣の人。曹眞の子。明帝のもと散騎侍郎・城門校尉・武衞將軍を歴任し、父が死ぬと元侯を嗣いだ。病床の明帝に大將軍とされ、都督中外諸軍事・錄尙書事となり、軍事・政治の全権を掌握した。曹芳が帝位を嗣ぐと、上奏して司馬懿を太傅に祭り上げて実権を握ったが、正始の政変で殺害された(『三國志』巻九 曹眞傳附曹爽傳)。

(九)夏侯玄は、字を太初、豫州沛國譙縣の人。夏侯尙の子。二十歳で散騎侍郎・黃門侍郎に任じられたが、明帝にはその浮華を嫌われ免官された。曹爽が政権を握ると、散騎常侍・中護軍となり、ともに玄學に通ずる何晏と政権の中核を成した。正始の政変の際には、洛陽に居らず、のち中書令の李豐の司馬師暗殺計画に関与して殺された(『三國志』巻九 夏侯尙傳附夏侯玄傳)。

(一〇)鎭北大將軍は、官名。広義の四征將軍の一つ。都督を帯び、方面軍司令官になることができた(『後漢書』志二十四 百官一)。

(一一)王平は、字を子均、益州巴西郡宕渠縣の人。漢中の戰いで劉備に降り、牙門將となった。諸葛亮の北伐の際には、街亭の戰いで馬謖に従わず街道に陣を布き、張郃の追撃を防ぎ、參軍・討寇將軍となった。亮の没後は、後典軍・安漢將軍となり、吳懿の副将として漢中に駐屯した。吳懿の死後、前監軍・鎭北大將軍に昇進し、漢中を一任された(『三國志』巻四十三 王平傳)。

(一二)圍は、守備の拠点。後出の圍守もほぼ同じ。胡三省によれば、漢中都督であった魏延が、兵を多くの圍に充たして敵を防ぐ拠点にしたという。

[現代語訳]

建興十五(二三八)年夏六月、皇后の張氏(敬哀皇后)が薨去した。

延熙《えんき》(二三八)元年春正月、皇后の張氏を立てた。大赦して、改元した。子の劉璿《りゅうせん》を立てて太子とし、子の劉瑤《りゅうよう》を安定《あんてい》王とした。冬十一月、大將軍の蔣琬《しょうえん》が（成都より）出て漢中《かんちゅう》に駐屯した。

延熙二（二三九）年春三月、蔣琬の位を進めて大司馬《だいしば》とした。

延熙三（二四〇）年春、越巂《えっすい》太守の張嶷《ちょうぎょく》に越巂郡を平定させた。

延熙四（二四一）年冬十月、尙書令《しょうしょれい》の費禕《ひい》が漢中に至り、蔣琬と一緒に計略を議論し、年末になり帰った。

延熙五（二四二）年春正月、監軍《かんぐん》の姜維《きょうい》が一軍を指揮して、漢中から戻って涪《ふ》縣に駐屯した。

延熙六（二五三）年冬十月、大司馬の蔣琬が漢中から帰り、涪縣に留まった。十一月、大赦した。尙書令の費禕を大將軍とした。

延熙七（二五四）年閏月、魏の大將軍である曹爽《そうそう》・夏侯玄《かこうげん》らが漢中に向かったため、鎭北《ちんほく》大將軍の王平《おうへい》が、興勢《こうせい》の圍《い》で拒ぎ、大將軍の費禕は、諸軍を指揮して行き救援に赴いた。魏軍が撤退した。夏四月、安平《あんぺい》王の劉理《りゅうり》が卒した。秋九月、費禕は成都に帰った。

延熙八（二五五）年秋八月、穆皇太后《ぼくこうたいごう》が薨去した。十二月、大將軍の費禕が漢中に至り、圍守《いしゅ》をめぐった。

延熙九（二五六）年夏六月、費禕が成都に帰った。秋、大赦した。冬十一月、大司馬の蔣琬が卒した［一］。

［裴松之注］

［一］『魏略《ぎりゃく》』に、「蔣琬が卒し、劉禪はそこで自ら国の政治を行った」とある。

【原文】

十年、涼州胡王白虎文・治無戴等率衆降。衛將軍姜維迎逆安撫、居之于繁縣。是歲、汶山平康夷反、維往討、破平之。

十一年夏五月、大將軍費禕出屯漢中。秋、涪陵屬國民夷反、車騎將軍鄧芝往討、皆破平之。

十二年春正月、魏誅大將軍曹爽等、右將軍夏侯霸來降。夏四月、大赦。秋、衛將軍姜維出攻雍州、不克而還。將軍句安・李韶降魏。

十三年、姜維復出西平、不克而還。

十四年夏、大將軍費禕還成都。冬、復北駐漢壽。大赦。

十五年、吳王孫權薨。立子琮爲西河王。

十六年春正月、大將軍費禕、爲魏降人郭循所殺于漢壽。夏四月、衛將軍姜維復率衆圍南安、不克而還。

《訓読》

十年、涼州の胡王たる白虎文（一）・治無戴（二）ら衆を率ゐて降る。衛將軍（三）の姜維 迎逆して安撫し、之を繁縣に居らしむ。是の歲、汶山の平康の夷 反し、維 往きて討ち、破りて之を平らぐ。

十一年夏五月、大將軍の費禕 出でて漢中に屯す。秋、涪陵屬國の民夷 反し、車騎將軍の鄧芝 往きて討ち、皆 破りて之を平らぐ。

十二年春正月、魏 大將軍の曹爽らを誅したれば、右將軍の夏侯霸（四）來降す。夏四月、大赦す。秋、衛將軍の姜維 出でて雍州を攻め、克たずして還る。將軍の句安（五）・李韶（六） 魏に降る。

十三年、姜維 復た西平に出づるも、克たずして還る。

十四年夏、大將軍の費禕 成都に還る。冬、復た北のかた漢壽に駐す。大赦す。
十五年、呉王の孫權 薨ず。子の琮(七)を立てて西河王と爲す。
十六年春正月、大將軍の費禕、魏の降人たる郭循(八)に漢壽に殺す所と爲る。夏四月、衞將軍の姜維 復た衆を率ゐて南安を圍むも、克たずして還る。

（補注）

（一）白虎文は、涼州の胡王。延熙十（二四七）年、部族を率いて蜀漢に帰服した（『三國志』卷三十二 後主傳）。

（二）治無戴は、涼州の胡王。延熙十（二四七）年、部族を率いて蜀漢に帰服した（『三國志』卷三十二 後主傳）。

（三）衞將軍は、官名。後漢では、比公將軍と呼ばれる最高位の將軍号の一つで、大將軍・驃騎將軍・車騎將軍に次ぐ、序列第四位の將軍号である（『後漢書』志二十四 百官一）。蜀漢でもほぼ同様であったと考えられる。

（四）夏侯霸は、字を仲權、豫州沛國譙縣の人。夏侯淵の子。従子の夏侯玄が殺され、仲の悪い郭淮が夏侯玄の後任の征西將軍となったので、蜀漢へ亡命した。張飛の妻が夏侯霸の族妹であったこともあり厚遇され、後に車騎將軍となった（『三國志』卷九 夏侯尚傳附夏侯玄傳）。

（五）句安は、蜀漢の牙門將。延熙十二（二四九）年、曹魏に降服した（『三國志』卷三十二 後主傳）。

（六）李韶は、蜀漢の將。延熙十二（二四九）年、曹魏に降服した（『三國志』卷三十二 後主傳）。

（七）琮は、劉琮。劉璿の弟。景耀五（二六二）年に卒した（『三國志』卷三十三 後主傳）。

（八）郭循は、郭脩と同じ。字は孝先。涼州西平の人。姜維に捕虜とされ、蜀漢の左將軍となっていたが、費禕を殺害した。曹魏は詔を下して、長樂鄉侯に追封し、威侯と謚している（『三國志』卷四 三少帝 齊王芳紀注引『魏氏春秋』）。

［現代語訳］

延熙《えんき》十（二四七）年、涼《りょう》州の胡《こ》王である白虎文《びゃくこぶん》と治無戴《ちむたい》らが部族を率いて帰服した。衞《えい》將軍の姜維《きょうい》が迎えて安撫し、これを繁《はん》縣（四川省彭県の北西）に居住させた。この歳、汶山《ぶんざん》郡（四川省の松潘・茂汶・汶川・理県）の平康《へいこう》縣（四川省の松潘県の西南）の夷が反乱を起こし、姜維が行って討伐し、破ってこれを平定した。

延熙十一（二四八）年夏五月、大將軍の費禕が（成都より）出て漢中に駐屯した。秋、涪陵屬國《ふりょうぞっこく》（四川省彭水県）の民と夷が反乱を起こし、車騎《しゃき》將軍の鄧芝《とうし》が行って討伐し、みな破ってこれを平定した。

延熙十二（二四九）年春正月、魏が大將軍の曹爽《そうそう》らを誅殺したので、右將軍《ゆうしょうぐん》の夏侯霸《かこうは》が（蜀漢に）来降した。夏四月、大赦した。秋、衞《えい》將軍の姜維《きょうい》が出て雍州《ようしゅう》を攻めたが、勝てずに帰った。將軍の句安《こうあん》と李韶《りしょう》が魏に降服した。

延熙十三（二五〇）年、姜維はまた西平《せいへい》縣（河南省西平の西）に出たが、勝てずに帰った。

延熙十四（二五一）年夏、大將軍の費禕は成都に帰った。冬、また北に向かい漢壽《かんじゅ》縣（葭萌縣のこと。四川省広元の南西）に駐屯した。大赦した。

延熙十五（二五二）年、呉王の孫權が薨去した。子の劉琮を立てて西河王とした。

延熙十六（二五三）年春正月、大將軍の費禕が、魏の降人である郭循に漢壽で殺された。夏四月、衛將軍の姜維はまた兵を率いて南安縣《なんあん》（四川省楽安市）を包囲したが、勝てずに帰った。

【原文】

十七年春正月、姜維還成都。大赦。夏六月、維復率衆出隴西。冬、拔狄道・河[1]〔間〕〔關〕・臨洮三縣民、居于緜竹・繁縣。

十八年春、姜維還成都。夏、復率諸軍出狄道、與魏雍州刺史王經戰于洮西、大破之。經退保狄道城、維却住鍾題。

十九年春、進姜維位爲大將軍、督戎馬、與鎭西將軍胡濟期會上邽、濟失誓不至。秋八月、維爲魏大將軍鄧艾所破于上邽。維退軍還成都。是歲、立子瓚爲新平王。大赦。

二十年、聞魏大將軍諸葛誕、據壽春以叛、姜維復率衆出駱谷、至芒水。是歲大赦。

〔校勘〕

1．百衲本は「間」に作るが、中華書局本により「關」に改める。

《訓讀》

十七年春正月、姜維 成都に還る。大赦す。夏六月、維 復た衆を率ゐて隴西に出づ。冬、狄道・河關・臨洮の三縣の民を拔き、緜竹・繁縣に居らしむ。

十八年春、姜維 成都に還る。夏、復た諸軍を率ゐて狄道に出で、魏の雍州刺史たる王經(一)と洮西に戰ひ、大いに之を破る。經 退きて狄道城を保ち、維は却りて鍾題に住《とど》まる。

十九年春、姜維の位を進めて大將軍と爲し、戎馬を督せしめ、鎭西將軍(二)の胡濟(三)と與に上邽に會するを期すも、濟 誓を失ひて至らず。秋八月、維 魏の大將軍たる鄧艾(四)の上邽に破る所と爲る。維 軍を退《ひ》きて成都に還る。是の歲、子の瓚(五)を立てて新平王と爲す。大赦す。

二十年、魏の大將軍たる諸葛誕(六)、壽春に據りて以て叛すと聞き、姜維 復た衆を率ゐて駱谷より出で、芒水に至る。是の歲も大赦す。

〔補注〕

（一）王經は、字を彥緯、冀州清河郡の人。許允と共に名士として知られ江夏太守となり、雍州刺史に昇進した。姜維が隴西郡に侵攻すると、洮西で大敗、狄道城で包囲されたが、陳泰の援軍が来るまで守り通した。その後、司隸校尉・尚書に任じられ、高貴鄉公が司馬昭に殺害されるとき、忠義を貫いて殺された（『三國志』卷二十二 陳羣傳附陳泰傳など）。

（二）鎭西將軍は、官名。広義の四征將軍の一つ。都督を帯び、方面軍司令官になることができた（『後漢書』志二十四 百官一）。

（三）胡濟は、字を偉度、荊州義陽郡の人。諸葛亮の主簿を務め、中監軍・前將軍に昇進し、督漢中として駐留した。延熙十九（二五六）年、鎭西大將軍として姜維の北伐に參加したが、合流できず、姜維は大敗した（『三國志』卷三十九 董和傳など）。

（四）鄧艾は、字を士載、荊州義陽郡棘陽縣の人。司馬懿に見い出され尚書郎となり、運河を開き、淮北・淮南で屯田した。景元四（二六三）年、征西將軍として、鍾會と共に蜀漢を討伐し、劍閣にこだわる鍾會を尻目に、山道を果敢に進み、緜竹に派遣された諸葛瞻を破って、劉禪を降服させた。が、その功績を妬んだ鍾會の讒言により、命を落とした（『三國志』巻二十八 鄧艾傳）。

（五）瓚は、劉瓚。劉璿の弟。蜀漢の滅亡後、洛陽に移ったが、永嘉の乱に巻き込まれ卒した（『三國志』巻三十四 劉璿傳注引『蜀世譜』）。

（六）諸葛誕は、字を公休、徐州琅邪郡陽都縣の人。吏部郎として公平な人事を行った。曹爽のもと揚州刺史・昭武將軍となり、王淩討伐の功績で、鎭東將軍・假節・都督揚州諸軍事となった。毌丘儉と文欽の乱の鎮圧にも功績をあげ、鎭東大將軍・都督揚州諸軍事・儀同三司に任命された。が、司馬氏を恐れ、私兵を蓄え、甘露二（二五七）年、司馬昭の専横に対抗するとして兵を挙げたが、胡奮に敗れた（『三國志』巻二十八 諸葛誕傳）。

［現代語訳］

延熙《えんき》十七（二五四）年春正月、姜維が成都に帰った。大赦した。夏六月、姜維はまた兵を統率して隴西《ろうせい》郡（青海省尖扎より東、甘粛省の蘭州・隴西より南、卓尼より北）に出た。冬、狄道《てきどう》縣（甘粛省臨洮）・河關《かかん》縣（青海省の尖札の南西）・臨洮《りんとう》縣（甘粛省岷県）の三縣の民を移住させ、緜竹《めんちく》縣・繁《はん》縣に居住させた。

延熙十八（二五五）年春、姜維が成都に帰った。夏、また（姜維は）諸軍を統率して狄道縣に出て、魏の雍州刺史《ようしゅうしし》である王經《おうけい》と洮水《とうすい》の西で戦い、大いにこれを破った。王經は撤退して狄道城を保ち、姜維も退いて鍾題《しょうだい》に留まった。

延熙十九（二五六）年春、姜維の位を進めて大將軍とし、兵馬の指揮をとらせ、鎭西《ちんせい》將軍の胡濟《こせい》と共に上邽《じょうけい》縣（甘粛省天水市）で合流することを予定したが、胡濟は約束を守れずに至らなかった。秋八月、姜維は魏の大將軍である鄧艾《とうがい》に上邽縣で敗れた。姜維は軍を引いて成都に帰った。この歳、子の劉瓚《りゅうさん》を立てて新平《しんぺい》王とした。大赦した。

延熙二十（二五七）年、魏の大將軍である諸葛誕《しょかつたん》が壽春《じゅしゅん》縣を拠点に反乱を起こしたと聞き、姜維はまた兵を統率して駱谷《らくこく》（陝西省西安市盩厔県の西南）より出で、芒水《ぼうすい》に至った。この歳にも大赦した。

【原文】

景耀元年、姜維還成都。史官言景星見。於是大赦、改年。宦人黃皓始專政。吳大將軍孫綝廢其主亮、立琅邪王休。

二年夏六月、立子諶爲北地王、恂爲新興王、虔爲上黨王。

三年秋九月、追謚故將軍關羽・張飛・馬超・龐統・黃忠。

四年春三月、追謚故將軍趙雲。冬十月、大赦。

五年春正月、西河王琮卒。是歲、姜維復率衆出侯和、爲鄧艾所破、還住沓中。

《訓読》

景耀元年、姜維 成都に還る。史官 景星 見はると言ふ。是に於て大赦し、改年す。宦人の黃皓(一) 始めて政を專らにす。吳の大將軍たる孫綝(二) 其の主たる亮(三)を廢し、琅邪王の休(四)を立つ。

二年夏六月、子の諶(五)を立てて北地王と爲し、恂(六)を新興王と爲し、虔(七)を上黨王と爲す。

三年秋九月、故の將軍たる關羽・張飛・馬超・龐統・黃忠に追謚す。

四年春三月、故の將軍たる趙雲に追謚す。冬十月、大赦す。

五年春正月、西河王の琮 卒す。是の歳、姜維 復た衆を率ゐて侯和に出で、鄧艾の破る所と爲り、還りて沓中に住《とど》まる。


（補注）
（一）黄皓は、劉禪に寵愛された宦官。董允の死後、陳祗と結託して政務に介入し、黄門令となった。陳祗の死後、中常侍・奉車都尉となり、国政を掌握。姜維を追放し、閻宇を立てようとした。蜀漢滅亡後も、鄧艾に贈賄して生き延びた（『三國志』巻三十九 董允傳）。
（二）孫綝は、字を子通、揚州呉郡富春縣の人。孫峻の従弟。五鳳三（二五六）年、孫峻が魏への北伐中に病気すると、後継者に指名されて呉の実権を掌握した。孫亮が親政すると、問責を受け、参内しなくなった。太平三（二五八）年、宮城を包囲して孫亮を廃位し、琅邪王の孫休を皇帝に迎えた。しかし、永安元（二五八）年、孫休に殺された。（『三國志』巻六十四 孫綝傳）。
（三）亮は、孫亮。字は子明。孫權の末子。赤烏十三（二五〇）年、二宮事件の収拾のため、皇太子となった。太元二（二五二）年、孫權が薨去すると即位した。太傅の諸葛恪が政権を掌握していたが、敗戦を機に専制化すると、孫峻が諸葛恪を殺害し、のち従弟の孫綝が輔政した。十六歳で親政を開始すると、孫綝と対立、廃位され會稽王に落とされた（『三國志』巻四十八 孫亮傳）。
（四）休は、孫休。字は子烈。太元三（二五八）年、廃位された孫亮に代わり、孫恩に迎えられて、三度辞退したのちに即位した。孫綝・孫恩らを昇進させたが、孫綝の権威が君主を凌いでいたので、誅殺した。永安七（二六四）年、蜀漢との旧国境を定めたのちに薨去した（『三國志』巻四十八 孫休傳）。
（五）諶は、劉諶。劉璿の弟。北地王。蜀漢の滅亡時、徹底抗戦を主張したが聞き入れられず、妻子と共に自害した（『三國志』巻三十四 劉璿傳）。
（六）恂は、劉恂。劉璿の弟。劉璿傳注引『蜀世譜』では、詢につくる。蜀漢の滅亡後、洛陽に移った。劉禪が薨去すると安樂公を嗣いだ。のち、永嘉の乱に巻き込まれて卒した（『三國志』巻三十四 劉璿傳注引『蜀世譜』）。
（七）虔は、劉虔。劉璿の弟。劉璿傳注引『蜀世譜』では、璩につくる。蜀漢の滅亡後、洛陽に移ったが、永嘉の乱に巻き込まれて卒した（『三國志』巻三十四 劉璿傳注引『蜀世譜』）。

［現代語訳］

景耀《けいよう》元（二五八）年、姜維が成都に帰った。史官《しかん》が（瑞祥である）景星《けいせい》が現れたと上言した。そこで大赦をして、元号を（景耀と）改めた。宦官《かんがん》の黄皓《こうこう》が政治を専横し始めた。呉の大將軍である孫綝《そんちん》がその君主である孫亮《そんりょう》を廃位して、琅邪《ろうや》王の孫休《そんきゅう》を立てた。

景耀二（二五九）年夏六月、子の劉諶《りゅうじん》を立てて北地《ほくち》王とし、劉《りゅう》恂《じゅん》を新興《しんこう》王とし、劉虔《りゅうけん》を上黨《じょうとう》王とした。

景耀三（二六〇）年秋九月、故《もと》の將軍である關羽・張飛・馬超・龐統・黄忠に（壯繆侯・桓侯・威侯・靖侯・剛侯という）謚を追贈した。

景耀四（二六一）年春三月、故の將軍である趙雲に（順平侯という）謚を追贈した。冬十月、大赦した。

景耀五（二六二）年春正月、西河王の劉琮が卒した。この歳、姜維はまた兵を統率して侯和《こうわ》に出で、鄧艾《とうがい》に敗れ、帰って沓中《とうちゅう》に止まった。

【原文】

六年夏、魏大興徒衆、命征西將軍鄧艾・鎭西將軍鍾會・雍州刺史諸葛緒、數道並攻。於是遣左右車騎將軍張翼・廖化、輔國大將軍董厥等拒之。大赦。改元爲炎興。冬、鄧艾破衞將軍諸葛瞻於緜竹。用光祿大夫譙周策、降於艾、奉書曰、限分江・漢、遇値深遠、偕[1]緣蜀土、斗絕一隅。干運犯冒、漸苒歷載、遂與京畿攸隔萬里。每惟黃初中、文皇帝命虎牙將軍鮮于輔、宣溫密之詔、申三好之恩、開示門戶。大義炳然、而否德暗弱、竊貪遺緒、俛仰累紀、未率大教。天威既震、人鬼歸能之數、怖駭王師、神武所次、敢不革面、順以從命。輒勑羣帥投戈釋甲、官府帑藏一無所毀。百姓布野、餘糧棲畝、以俟后來之惠、全元元之命。伏惟、大魏布德施化、宰輔伊・周、含覆藏疾。謹遣私署侍中張紹・光祿大夫譙周・駙馬都尉鄧良、奉齎印綬。請命告誠、敬輸忠款。存亡勑賜、惟所裁之。輿櫬在近、不復縷陳。是日、北地王諶傷國之亡、先殺妻子、次以自殺[一]。紹・良與艾相遇於雒縣。艾得書、大喜、卽報書[二]、遣紹・良先還。艾至城北、後主輿櫬自縛、詣軍壘門。艾解縛焚櫬、延請相見[三]。因承制拜後主爲驃騎將軍。諸圍守悉被後主勑、然後降下。艾使後主止其故宮、身往造焉。資嚴未發。明年春正月、艾見收。鍾會自涪至成都作亂。會既死、蜀中軍衆鈔略、死喪狼籍、數日乃安集。

〔裴松之注〕

[一] 漢晉春秋曰、後主將從譙周之策、北地王諶怒曰、若理窮力屈、禍敗必及、便當父子・君臣背城一戰。同死社稷、以見先帝可也。後主不納、遂送璽綬。是日、諶哭於昭烈之廟、先殺妻子、而後自殺。左右無不爲涕泣者。

[二] 王隱蜀記曰、艾報書云、王綱失道、羣英並起、龍戰虎爭、終歸眞主。此蓋天命去就之道也。自古聖帝、爰逮漢・魏、受命而王者、莫不在乎中土。河出圖、洛出書、聖人則之、以興洪業。其不由此、未有不顚覆者也。隗囂憑隴而亡、公孫述據蜀而滅、此皆前世覆車之鑒也。聖上明哲、宰相忠賢、將比隆黃軒、侔功往代。銜命來征、思聞嘉響、果煩來使、告以德音。此非人事、豈天啟哉。昔微子歸周、實爲上賓。君子豹變、義存大易。來辭謙沖、以禮輿櫬、皆前哲歸命之典也。全國爲上、破國次之、自非通明[2]達智、何以見王者之義乎。禪又遣太常張峻・益州別駕汝超受節度、遣太僕蔣顯有命勑姜維。又遣尙書郎李虎送士民簿。領戶二十八萬、男女口九十四萬、帶甲將士十萬二千、吏四萬人、米四十餘萬斛、金銀各二千斤、錦綺綵絹各二十萬匹、餘物稱此。

[三] 晉諸公贊曰、劉禪乘騾車詣艾、不具亡國之禮。

〔校勘〕

1. 中華書局本は、「階」に作る。「階」の場合は、「蜀土に階緣し」(蜀土に依拠し)となり、より意味が通るが、そのままにした。

2. 中華書局本は、「智達」に作る。

《訓読》

六年夏、魏 大いに徒衆を興し、征西將軍の鄧艾・鎭西將軍の鍾會(一)・雍州刺史の諸葛緒(二)に命じ、數道より並びて攻めしむ。是に於て左右の車騎將軍たる張翼(三)・廖化(四)、輔國大將軍(五)の董厥(六)らを遣はして之を拒ましむ。大赦す。改元して炎興(七)と爲す。冬、鄧艾 衞將軍の諸葛瞻(八)を緜竹に破る。光祿大夫(九)の譙周の策を用ひて、艾に降り、書を奉げて曰く、「江・漢に限分され、深遠に遇値し、偕に蜀土に緣りて、一隅に斗絕す。運を干《をか》し犯冒し、漸苒 載を歷し、遂て京畿と隔たる攸 萬里なり。毎に惟ふに黃初中、文皇帝 虎牙將軍(一〇)の鮮于輔(一一)に命じ、溫密の詔を宣べ、三好の恩を申《の》べ、門戶を開示せしを。大義は炳然たるに、而れども否德にして暗弱、竊かに遺緒を貪り、俛仰して紀を累ね、未だ大敎に率《したが》はず。天威は既に震ひ、人鬼は能に歸すの數、王師に怖れ駭《おどろ》き、神武の次す所に、敢て面を革めずして、順ひて以て命に從はん。輒ち羣帥に勅して戈を投げ甲を釋《と》かしめ、官府の帑藏は一として毀つ所無し。百姓は野に布し、餘糧は畝に棲《お》きて、以て后來の惠を俟ち、元元の命を全くせんとす。伏して惟ふに、大魏 德を布き化を施し、伊(一二)・周を宰輔とし、覆を含み疾を藏す。謹みて私署せし侍中の張紹(一三)・光祿大夫の譙周・駙馬都尉(一四)の鄧良(一五)を遣はして、印綬を奉賷せしむ。命を請ひ誠を告げ、敬みて忠款を輸《いた》す。存亡の勅賜は、惟だ之を裁く所のみ。輿櫬 近きに在れば、復た縷陳せず」と。是の日、北地王の諶は國の亡びるを傷み、先に妻子を殺し、次に以て自殺す[一]。紹・良は艾と相 雒縣に遇ふ。艾 書を得て、大いに喜び、卽ち書を報じ[二]、紹・良を遣はして先に還らしむ。艾 城北に至るや、後主 輿櫬して自ら縛り、軍壘の門に詣る。艾 縛を解き櫬を焚きて、延《まね》きて相 見ることを請ふ[三]。承制(一六)に因りて後主を拜して驃騎將軍と爲す。諸〻の圍守は悉く後主の勅を被り、然る後に降下す。艾 後主をして其の故宮に止め、身らも往きて焉に造《いた》る。嚴《したく》を資《と》る(一七)も未だ發せず。明年春正月、艾 收《とら》へらる。鍾會 涪より成都に至りて亂を作す。會 既に死すも、蜀中の軍衆 鈔略し、死喪 狼籍せられ、數日にして乃ち安集す。

[裴松之注]

[一] 漢晉春秋に曰く、「後主 將に譙周の策に從はんとするや、北地王の諶 怒りて曰く、「若し理 窮まり 力 屈し、禍敗 必ず及ばば、便ち當に父子・君臣 城を背にして一戰すべし。同《とも》に社稷に死して、以て先帝に見ゆるは可なり」と。後主 納れず、遂に璽綬を送る。是の日、諶 昭烈の廟に哭し、先に妻子を殺し、而る後に自殺す。左右 爲に涕泣せざる者無し」と。

[二] 王隱(一八)の蜀記(一九)に曰く、「艾 書を報じて云ふ、「王綱 道を失ひ、羣英 並び起こり、龍 戰ひ 虎 爭ひて、終に眞主に歸す。此れ蓋し天命の去就の道なり。古の聖帝より、爰《ここ》に漢・魏に逮ぶまで、命を受けて王たりし者は、中土に在らざるは莫し。河は圖を出だし、洛は書を出だし、聖人 之に則りて、以て洪業を興す。其れ此れに由らずして、未だ顚覆せざる者有らざるなり。隗囂 隴に憑りて亡び、公孫述(二〇) 蜀に據りて滅ぶは、此れ皆 前世の覆車の鑒なり。聖上は明哲にして、宰相は忠賢、將に隆を黃軒(二一)に比ひ、功を往代に侔《ひと》しくせんとす。命を銜《う》け來征し、嘉響を聞かんと思ふに、果たして來使を煩はし、告ぐるに德音を以てす。此れ人事に非ず、豈に天啓ならんや。昔 微子 周に歸し、實に上賓と爲る。君子 豹のごとく變ずる(二二)とは、義は大易に存す。來辭は謙沖にし

て、禮を以て輿櫬するは、皆 前哲の歸命の典なり。國を全くするを上と爲し、國を破るは之に次ぐは、通明達智[二三]に非ざるよりは、何を以て王者の義を見んや」と。禪 又 太常の張峻[二四]・益州別駕の汝超[二五]を遣はして節度を受けしめ、太僕[二六]の蔣顯[二七]を遣はして命有りて姜維に勅す。又 尚書郎の李虎[二八]を遣はして士民簿を送る。領すること戶二十八萬、男女の口 九十四萬、帶甲將士 十萬二千、吏 四萬人、米 四十餘萬斛、金銀 各〻二千斤、錦綺綵絹 各〻二十萬匹にして、餘物は此に稱《かな》ふ」と。

[三] 晉諸公贊[二九]に曰く、「劉禪 騾車に乘りて艾に詣る、亡國の禮を具《そな》へず」と。

（補注）

（一）鍾會は、字を士季、豫州潁川郡長社縣の人。魏の太傅である鍾繇の末子。正始年間に祕書郎を経て尙書中書侍郎となった。毌丘儉の乱では、司馬師の軍師として討伐に活躍した。景元四（二六三）年、鎭西將軍・假節・都督關中諸軍事として蜀漢を征討するが、姜維が立て籠もる劍閣を落とせなかった。この間に成都で劉禪を降服させた鄧艾を讒言により失脚させ、全軍を掌握して、司馬昭に反乱を起こしたが、配下の胡烈たちはこれに従わず、姜維もろとも鍾會を殺害した（『三國志』卷二十八 鍾會傳）。

（二）諸葛緒は、徐州琅邪郡の人。雍州刺史のとき、鍾會・鄧艾と共に蜀漢を征討したが、鍾會の讒言により召還される。西晉では、太常・衞尉に至った（『三國志』卷二十八 鍾會傳など）。

（三）張翼は、字を伯恭、益州犍爲郡武陽縣の人。建興九（二三一）年、庲降都督・綏南中郎將として南中を鎮守したが、法に厳格なため劉冑が背き召喚された。諸葛亮に評価され、前軍都督、前領軍を経て尙書となった。延熙十八（二五五）年、姜維が北伐を計画すると、強く反対したが容れられず、鎭南大將軍として北伐に従軍した。蜀漢滅亡時には、姜維と共に劍閣を守備し、のち鍾會の乱で命を落とした（『三國志』卷四十五 張翼傳）。

（四）廖化は、字を元儉、荊州襄陽郡中廬縣の人。關羽の主簿を務めていたが、關羽の敗死後、劉備と出会い夷陵の戦いに参加した。劉備が崩御すると、諸葛亮の參軍となり、督廣武に任じられ、のち陰平太守となった。姜維の北伐を助け、郭淮、鄧艾と戦い、右車騎將軍・假節・領幷州刺史となり、中鄕侯に封ぜられた。蜀漢の滅亡時、劍閣を守備して鍾會軍に抵抗したが、成都が陥落したため降伏した（『三國志』卷四十五 宗預傳附廖化傳）。

（五）輔國大將軍は、官名。雜号将軍号。三國時代には複数の人の就任が確認できる。

（六）炎興は、蜀漢（季漢）最後の元号。火德を継承する季漢が衰退するに際して、火が炎として燃えあがる希望が込められている。

（七）董厥は、字を龔襲、荊州義陽郡の人。丞相府主簿となった。諸葛亮の死後、尙書僕射を経て尙書令となり、輔國大將軍・平臺事に移った。黃皓を排除できなかった。西晉に仕えて相國參軍となり、樊建とともに散騎常侍を兼任し、益州の民心の鎮撫にあたった（『三國志』卷三十五 諸葛亮傳附董厥傳）。

（八）諸葛瞻は、字を思遠、亮の子。父の武鄕侯を嗣ぎ、十七歳で劉禪の娘を娶り、騎都尉を拝命した。翌年、羽林中郎將となり、射聲校尉、侍中、尙書僕射と昇進し、軍師將軍を加えられた。景耀四（二六一）年、行都護・衞將軍・平尙書事として、国政を掌ったが、黃皓の専横を防げなかった。景耀六（二六三）年、緜竹で魏の鄧艾を迎え撃ったが、子の諸葛尙らと共に戦死した（『三國志』巻三十五 諸葛亮傳附諸葛瞻傳）。

（九）光祿大夫は、官名。官秩は比二千石。光祿勲の屬官で、一定の職責を有さず、皇帝の諮問に応じたり、使者として各地に赴くことなど、その時々に任務を与えられた。前漢初期には中大夫と呼称されたが、武帝期に光祿大夫に改称された（『漢書』百官公卿表上、『後漢書』志二十五 百官二）。

（一〇）虎牙將軍は、官名。雑号将軍の一つ。名称は前漢の宣帝期より見え、概ね匈奴討伐の際に任命された（『漢書』巻八 宣帝紀）。

（一一）鮮于輔は、幽州漁陽郡の人。劉虞の従事であったが、劉虞が公孫瓚に殺されたため、閻柔・袁紹らと共に仇を討った。その後は曹操に帰順して建忠將軍・左度遼將軍・昌鄉亭侯となり、文帝即位後は虎牙將軍・輔國將軍に任ぜられた（『三國志』巻八 公孫瓚傳、巻三十 鮮卑傳）。

（一二）伊は、伊尹。殷の名宰相、名は摯。殷の湯王に請われ宰相となり、夏の桀王を討伐して創業の功臣となった。死後、雨・穀物・病気等を主る存在として神格化された（『史記』巻三 殷本紀）。

（一三）張紹は、張飛の子。兄は張苞。兄が夭折し、その子の張遵も幼少であったため、父の後を嗣いだ。劉禪の外戚であり、侍中・尚書僕射に昇進した。蜀漢の滅亡時、譙周・鄧良と共に印璽を携える使者となり、洛陽に随行して、魏から列侯に封じられた（『三國志』巻三十三 後主傳）。

（一四）駙馬都尉は、官名。車駕の副馬の管理・護衛を職掌とする。光祿勲に屬し、官秩は比二千石（『後漢書』志二十五 百官二）。

（一五）鄧良は、鄧芝の子。駙馬都尉として、譙周・張紹と共に印璽を鄧艾に届ける使者となった（『三國志』巻三十三 後主傳）。

（一六）承制は、將軍など皇帝から専断権を認められているものが、皇帝の許可を得ずに、専断権を行使すること。

（一七）嚴を資るとは、ここでは、孫呉を討伐する準備をすること。鄧艾は司馬昭に孫呉討伐を上言していた（『三國志』巻二十八 鄧艾傳）。

（一八）王隱は、字は處叔、陳郡陳縣の人。東晉の太興年間（三一八～三二一年）に著作郎となり、晉史の編纂にあたった。そのころ著作郎の虞預が『晉書』を私撰しており、王隱の『晉書』はそれを盗み写したものであるという（『晉書』巻八十二 王隱傳）。

（一九）蜀記は、王隱の著か。『舊唐書』巻四十六 經籍志上に、「王隱刪補蜀記七巻」と著録され、それによれば、失名氏の『蜀記』を王隱が改作したことになるが、王隱には『晉書』盗作の疑惑もかけられており、判然としない。

（二〇）公孫述は、字を子陽、司隸右扶風茂陵縣の人。王莽の導江卒正（蜀郡太守）。のち、自立して蜀王と称し、さらには偽作した符瑞によって皇帝に即位した。建武十一（三五）年、光武帝の將である吳漢に攻められ、成都に卒した。これにより光武帝の中国統一が達成された（『後漢書』列傳三 公孫述傳）。

（二一）黄軒は、黄帝軒轅のこと。黄帝は、姓は公孫、名を軒轅。炎帝を阪泉に破り、蚩尤を涿鹿で殺し、帝位に就いたとされる。『史記』は、中国の歴史を黄帝から始め、夏・殷・周の始祖をすべて黄帝の子孫と説明している（『史記』巻一 五帝本紀）。

（二二）『周易』革卦 上六に、「君子豹變、小人革面」とある字句に基づくと共に、劉禪の降服書に「小人革面」を踏まえた謙譲表現があったことをも踏まえた表現である。

（二三）『孫子』謀攻篇に、「孫子曰、凡用兵之法、全國爲上、破國次之」とあることを踏まえた表現である。

（二四）張峻は、太常。劉禪が鄧艾に降服した際、その後の指示を受けに行った（『三國志』巻三十三 後主傳）。
（二五）汝超は、益州別駕從事。劉禪が鄧艾に降服した際、その後の指示を受けに行った（『三國志』巻三十三 後主傳）。
（二六）太僕は、官名。九卿の一つ。官秩は中二千石。天子の車駕を管理した（『漢書』百官公卿表上、『後漢書』志二十五 百官二）。
（二七）蔣顯は、蔣琬の子。姜維に降服の勅命を伝えた。鍾會に評価されたが、鍾會の乱の際に卒した（『三國志』巻四十四 蔣琬傳）。
（二八）李虎は、尙書郎。劉禪が鄧艾に降服した際、士民簿を渡しに行った（『三國志』巻三十三 後主傳）。
（二九）晉諸公贊は、書名。西晉の傅暢の著。西晉の名士を叙と韻文の贊により記録したもの（『隋書』巻三十三 經籍志二）。

［現代語訳］

景耀六（二六三）年夏、魏は大いに軍勢を興し、征西《せいせい》將軍の鄧艾《とうがい》・鎭西《ちんせい》將軍の鍾會《しょうかい》・雍州刺史《ようしゅうしし》の諸葛緒《しょかつちょ》に命じて、いくつかの道から同時に侵攻させた。これに対して（後主は）左右の車騎《しゃき》將軍である張《ちょう》翼《よく》と廖化《りょうか》、輔國《ほこく》大將軍の董厥《とうけつ》らを派遣してこれを防がせた。（また）大赦した。元号を改めて炎興《えんこう》とした。冬、鄧艾は衞《えい》將軍の諸葛瞻《しょかつせん》を緜竹《めんちく》縣に破った。（後主は）光祿大夫《こうろくたいふ》の譙周《しょうしゅう》の策を用いて、鄧艾に降服し、書を奉げて次のように言った、「長江と漢水に区切られ、深く遠いところを幸いとして、ともに蜀の地によって、（天下の）一隅に隔絶いたしました。（天子と称して）天運を犯し乱して、次第に年を重ねて、こうして京畿と万里も隔たるところに居りました。常に思いますのは黄初《こうしょ》年間（二二〇～二二六年）中に、文《ぶん》皇帝（曹丕）が虎牙《こが》將軍の鮮于輔《せんうほ》に命じ、内密の詔を宣下して、三つの好条件の恩を示され、（帰順のための）門戸を開いてくださったことです。大義は輝き明らかでしたが、それでも不德で暗弱（な臣《わたくし》）は、密かに（劉備が）遺した端緒を貪《むさぼ》り、瞬く間に年を累《かさ》ね、いまだ大いなる教化に従っておりません。天威はすでに震われ、人も鬼も能に帰すのが命数であれば、王師《おうし》に恐れ驚き、神のような武を持つ（王師の）宿営する場所に、あえて面《おもて》を改めずに（参り）、帰順して命に従わせていただきます。ただちに諸軍に勅命して武器を投げ棄て甲冑を解かせ、官府の倉庫は一つも壊すことはございません。民草はそのまま野に居らせ、余糧は田に置いたまま、後から来る（天子の）恵みを待って、人々の命を全うしたいと存じます。伏して思いますに、大魏は恩德を布き教化を施し、伊尹・周公（のような賢人である司馬昭）を宰相とし、罪有るものでも受け入れております。謹んで私的に任命した侍《じ》中《ちゅう》の張紹《ちょうしょう》・光祿大夫《こうろくたいふ》の譙周《しょうしゅう》・駙馬都尉《ふばとい》の鄧良《とうりょう》を派遣して、印綬を奉じさせていただきます。（天子の）命を請い（臣の）誠を告げ、敬んで忠誠を捧げます。（臣の）存亡の（処置を定める）ご勅賜は、ただお裁きのままに従います。（臣の死体を納める）輿櫬《よしん》は近くにありますので、また縷々述べることはいたしません」と。この日、北地《ほくち》王の劉諶《りゅうじん》は国家が亡びることを傷み、先に妻子を殺し、次に自殺した[一]。張紹と鄧良は鄧艾と雒縣で会った。鄧艾は（後主の降服）書を得て、大いに喜び、すぐに返書を報じ[二]、張紹と鄧良を派遣して先に（後主のもとに）返らせた。鄧艾が成都城の北に至ると、後主は櫬を背負って自らを縛り、軍營の門に至った。鄧艾は縄を解き櫬を焼いて、招いて会うことを請うた[三]。（鄧艾は）承制によって後主を拝して驃騎將軍とした。もろもろの（蜀漢の）圍守はすべて後主の勅命を受け、その後に降服した。鄧艾は後主をその故宮に留め、自身も行ってそこに住んだ。（さらに孫呉を征伐する）支度をしたがまだ出発しなかった。翌年の春正月に、鄧艾は（鍾會の讒言により）捕らえられた。鍾會は涪縣から成都に至って（姜維に唆されて司馬昭に）反乱を起こした。（反乱は失敗し）鍾會はすでに死んだが、蜀に入った軍勢は略奪を行い、死者が出て混乱したが、数日たってようやく安寧になった。

［裴松之注］

［一］『漢晉春秋《かんしんしゅんじゅう》』に、「後主が譙周《しょうしゅう》の（降服）策に従おうとすると、北地《ほくち》王の劉諶《りゅうじん》は怒って、「もし方策が尽き力が及ばず、敗北が必至であれば、父子と君臣は城を背にして一戦すべきです。共に社稷《しゃしょく》に死に、それで先帝に見《まみ》えることがよいでしょう」と言った。後主は聞き入れず、かくて璽綬《じじゅ》を（鄧艾に）送った。その日、劉諶は昭烈帝《しょうれつてい》の廟《びょう》で哭泣し、先に妻子を殺し、その後に自殺した。左右はこのために泣かない者はなかった」とある。

［二］王隱《おういん》の『蜀記《しょくき》』に、「鄧艾《とうがい》は返書を送って、「王の大綱が道を失い、群雄が並び起こり、龍が戦い虎が争って、遂には真主に帰服する。これが思うに天命の去就の道でしょう。古《いにしえ》の聖帝より、漢・魏に至るまで、天命を受けて王となった者で、中原に居ないものはありません。（中原は）黄河が圖（河圖）を出し、洛水が書（洛書）を出し、聖人はこれら（の予言書）に則って、大業を興すことができます。そもそも中原に拠らないもので、転覆しなかった者はありません。隗囂《かいごう》が隴西《ろうせい》に拠って亡び、公孫述《こうそんじゅつ》が蜀に拠って滅んだのは、みな前世の失敗の鑑です。聖上（曹奐）は明哲で、宰相（司馬昭）は忠賢、その隆盛は黄帝《こうてい》になぞらえられ、功績は前代に等しいものです。（艾は征蜀の）命を受けて来征し、良い知らせを聞きたいと思っておりましたが、果たして使者を遣わしていただき、（蜀漢の降服という）徳音を告げていただきました。これは人事ではなく、天の恵みでありましょう。むかし（殷の）微子《びし》は周に帰属し、まことに上賓となりました。君子が豹変することは、『周易《しゅうえき》』にも義として記されております。寄せられた言葉は謙譲で、禮に基づき（降服をする劉禪が）輿櫬《よしん》することは、みな古の賢人が定めた帰命の典拠にかなっております。国を全うすることを上となし、国を破るを次ぐものとすることは、聡明叡知なものが取るべき、王者の義と見なせましょう」と述べた。劉禪はまた太常《たいじょう》の張峻《ちょうしゅん》・益州別駕従事《べつがじゅうじ》の汝《じょ》超《ちょう》を派遣して（その後の）指示を受けさせ、太僕《たいぼく》の蔣顯《しょうけん》を派遣して姜維に（降服するよう）勅命を下した。また尚書郎《しょうしょろう》の李虎《りこ》を派遣して（蜀漢が支配していた）官民の簿を送った。（それによると蜀漢が）領有していた戸は二十八万、男女の口は九十四万人、帯甲の將士は十万二千人、官吏は四万人、（保有していた）米は四十万余斛、金銀はそれぞれ二千斤、錦綺綵絹はそれぞれ二十万匹で、その他はこれに見合った量であった」と。

［三］『晉諸公贊《しんしょこうさん》』に、「劉禪は騾馬《らば》の牽く車に乗って鄧艾のもとに至ったが、（これは）亡国の禮を備えるものではない」とある。

【原文】

後主擧家東遷、既至洛陽。策命之曰、惟景元五年三月丁亥、皇帝臨軒、使太常嘉、命劉禪爲安樂縣公。於戲、其進聽朕命。蓋統天載物、以咸寧爲大、光宅天下、以時雍爲盛。故孕育羣生者、君人之道也、乃順承天者、坤元之義也。上下交暢、然後萬物協和、庶類獲乂。乃者漢氏失統、六合震擾。我太祖承運龍興、弘濟八極。是用應天順民、撫有區夏。于時乃考、因羣傑虎爭、九服不靜、乘間阻遠、保據庸蜀、遂使西隅殊封、方外壅隔。自是以來、干戈不戢、元元之民、不得保安其性、幾將五紀。朕永惟祖考遺志、思在綏緝四海、率土同軌。故爰整六師、耀威梁・益。公恢崇德度、深秉大正、不憚屈身委質、以愛民全國爲貴。降心回慮、應機豹變、履信思順、以享左右無疆之休、豈不遠歟。朕嘉、與君公長饗顯祿。用考咨前訓、開國胙土、率遵舊典、錫茲玄牡、苴以白茅、永爲魏藩輔。往欽哉。公其祗服朕命、克廣德心、以終乃顯烈。食邑萬戶、賜絹萬匹・奴婢百人、他物稱是。子孫爲三都尉、封侯者五十餘人。尚書令樊建・侍中張紹・光祿大夫譙周・祕書令郤正・殿中督張通、並封列侯〔一〕。公[1]（太）〔泰〕始七年薨於洛陽〔二〕。

〔裴松之注〕

〔一〕漢晉春秋曰、司馬文王與禪宴、爲之作故蜀技、旁人皆爲之感愴、而禪喜笑自若。王謂賈充曰、人之無情、乃可至於是乎。雖使諸葛亮在、不能輔之久全、而況姜維邪。充曰、不如是、殿下何由幷之。他日、王問禪曰、頗思蜀否。禪曰、此間樂、不思蜀。郤正聞之、求見禪曰、若王後問、宜泣而答、曰先人墳墓遠在隴・蜀、乃心西悲、無日不思、因閉其目。會王復問、對如前。王曰、何乃似郤正語邪。禪驚視曰、誠如尊命。左右皆笑。

〔二〕蜀記云、諡曰思。公子恂嗣。

〔校勘〕

1．百衲本は「太」に作るが、中華書局本により「泰」に改める。

《訓讀》

後主 家を擧げて東遷し、既に洛陽に至る。之に策命して曰く、「惟れ景元五年三月丁亥、皇帝 軒に臨み、太常の嘉を使とし、劉禪に命じて安樂縣公（一）と爲す。於戲《ああ》、其れ進みて朕の命を聽け。蓋し天を統べ物を載するは、咸寧を以て大と爲し、天下を光宅（二）するは、時雍（三）を以て盛と爲す。故に羣生を孕育する者は、君人の道なり、乃ち天に順承する者は、坤元の義（四）なり。上下 交ごも暢し、然る後に萬物は協和し、庶類は乂を獲たり。乃者《さきに》漢氏 統を失ひ、六合 震擾す。我が太祖 運を承け龍興し、八極を弘濟す。是を用て天に應じ民に順ひ、撫するに區夏有り。時に于て乃《なんぢ》が考、羣傑の虎爭、九服の不靜に因り、間に乘じ遠を阻《たの》み、庸蜀に保據して、遂て西隅をして封を殊にし、方外にして壅隔せしむ。是れより以來、干戈 戢まず、元元の民、其の性を保安するを得ざること、幾《ほとんど》 將に五紀たらんとす。朕 永く祖考の遺志を惟ふに、思ひは四海を綏緝し、率土をば同軌するに在り。故に爰に六師を整へ、威を梁（五）・益に耀かす。公 德度を恢崇し、深く大正を秉り、身を屈し質を委ぬる（六）を憚らず、民を愛し國を全くするを以て貴と爲す。心を降し慮を回《めぐ》らし、機に應じて豹變し、信を履み順を思ひ、以て左右無疆の休を享く、豈に遠からざるや。朕 嘉して、君公に長く顯祿を饗くるを與へん。用て前訓を考咨するに、國を開き土を胙《たま》ふこと、舊典（七）に率遵し、茲の玄牡を錫《さづ》け、苴《つつ》むに白茅を以てし、永く魏の藩輔と爲す。往《い》け欽《つつ》しめや。公 其れ朕が命を祗服し、德心を克廣して、以て乃が顯烈を終はらせよ」と。食邑は萬戶、絹萬匹・奴婢百人を賜ひ、他物は是に稱ふ。子孫は三都尉と爲し、侯に封ずる者五十餘人。尚書令の樊建(八)・侍中の張紹・光祿大夫の譙周・祕書令(九)の郤正・殿中督(一〇)の張通(一一)、並びに列侯に封ぜらる[一]。公 泰始七年洛陽に薨ず[二]。

[裴松之注]

[一] 漢晉春秋に曰く、「司馬文王(一二) 禪と與に宴し、之が爲に故の蜀の技を作さしむに、旁人 皆 之に感愴と爲るに、而れども禪 喜笑すること自若たり。王 賈充(一三)に謂ひて曰く、「人の情無きこと、乃ち是に至る可きか。諸葛亮をして在らしむと雖も、之を輔け久全すること能はず、而るに況んや姜維をや」と。充曰く、「是の如からずんば、殿下 何に由りて之を幷はせん」と。他日、王 禪に問ひて曰く、「頗る蜀を思ふや否や」と。禪曰く、「此の間樂しければ、蜀を思はず」と。郤正 之を聞き、禪に見ゆるを求めて曰く、「若し王 後に問はば、宜しく泣きて答へ、先人の墳墓 遠く隴・蜀に在れば、乃ち心 西に悲しく、日に思はざること無しと曰ひ、因りて其の目を閉づべし」と。會《たまたま》 王 復た問ふに、對ふること前の如し。王曰く、「何ぞ乃ち郤正の語に似たるか」と。禪 驚き視て曰く、「誠に尊命の如し」と。左右 皆 笑ふ」と。

[二] 蜀記に云ふ、「謚して思(一四)と曰ふ。公の子たる恂 嗣ぐ」と。

(補注)

(一) 縣公は、爵位。西晉の五等爵の中で、最上位の「公」のうち、「郡公」に次ぐ地位を持つ。西晉の五等爵制については、渡邉義浩「西晉における五等爵制と貴族制の成立」(『史学雜誌』一一六―三、二〇〇七年、『西晉「儒教国家」と貴族制』汲古書院、二〇一〇年に所収)を参照。

(二) 光宅は、聖徳が遠くまで顕れること。『尚書』堯典序に、「昔在帝堯、聰明文思、光宅天下」とある。

(三) 時雍は、民が和らぎ楽しむこと。『尚書』堯典に、「黎民於變時雍」とある。

(四) 『周易』繫辭傳に、「天尊地卑、乾坤定矣。卑高以陳、貴賤位矣。動靜有常、剛柔斷矣。方以類聚、物以群分、吉凶生矣。在天成象、在地成形、變化見矣」とあることを踏まえた表現である。

(五) 梁は、梁州。『尚書』禹貢の九州の一つであったが、後漢では設置されなかった。蜀漢が滅ぼされると、蜀漢の故地は益州・梁州に分割され、それぞれ八郡とされた。

(六) 質を委ぬは、仕官すること。『春秋左氏傳』僖公 傳二十三年に、「策名委質、貳乃辟也」とある。

(七) 『尚書』禹貢の僞孔傳に、「王者封五色土以爲社。若封建諸侯則各割其方色。……四方各依其方色、……苴以白茅用」とあり、劉禪が封建される安樂縣は洛陽より北に当たるため黒土となる。ここでは、「黑牡」とつくるが、本来は「土」であろう。

(八) 樊建は、荊州義陽の人。劉武と名を等しくした。蜀漢が滅亡した際に尚書令で、西晉から列侯に封ぜられた。のち、給事中となり、武帝から諸葛亮の統治について諮問されている(『三國志』卷三十五 諸葛亮傳注引『漢晉春秋』)。

(九) 祕書令は、官名。皇帝の詔勅を起草する。魏では、中書令と改称され、詔勅政令を管り、政務の枢機にも参与した。

(一〇) 殿中督は、官名。宮殿内の宿営の兵を掌握する。

(一一) 張通は、豫州汝南の人。郤正と共によく劉禪を正した。蜀漢が滅亡した際に殿中督で、西晉から列侯に封ぜられた（『三國志』卷三十三 後主傳）。

（一二）司馬文王は、司馬昭。字を子上、司隷河内郡溫縣の人。毌丘儉と文欽の乱の鎮圧後、兄司馬師が卒すると、大將軍・錄尙書事となり実権を掌握。諸葛誕の乱を平定し、皇帝の曹髦（高貴鄕公）が武力で抵抗したため、賈充に弑殺させ、曹奐（元帝）を擁立し、魏晉革命を決定づけた。景元四（二六三）年、蜀漢を滅ぼし、五等爵制を施行し、州大中正の制に組み合わせ、国家的身分制度としての貴族制を確立した。景元五（二六四）年、晉王となったが、咸熙二（二六五）年病死した（『晉書』卷二 文帝紀）。

（一三）賈充は、字を公閭、平陽郡襄陵縣の人。魏の豫州刺史であった賈逵の子。司馬師の參軍として毌丘儉・文欽の乱平定に功績があった。魏の皇帝曹髦が司馬昭を殺そうとした際、成濟に命じて皇帝を弑殺させた。司馬炎の即位時には、羊祜・荀勗らと共に佐命の功臣となった。孫吳征討戦では、終始開戦に反対し続けたが、総指揮官として孫吳を滅ぼした（『晉書』卷四十 賈充傳）。

（一四）『通鑑考異』によれば、『晉春秋』は諡を「惠公」と伝える。

［現代語訳］

後主は一家をあげて東方に移り、洛陽に到着した。（魏の元帝《げんてい》は）劉禪に策命して、「これ景元《けいげん》五（二六四）年三月丁亥《ていがい》、皇帝は軒に臨み、太常《たいじょう》の嘉を使者として、劉禪に命じて安樂縣公《あんらくけんこう》とする。ああ、それ進んで朕の命を聴け。思うに天を統べ万物を載せるには、みなが安寧であることを尊び、天下に聖徳を行き渡らせるには、民が和らぎ楽しむことを盛んとする。このためあらゆる生を育《はぐく》むことは、君主の道であり、天に従うことは、『周易』乾卦 彖傳の義である。上と下がこもごも伸びやかに、その後に万物が協和し、人々は平安を得るのである。さきに漢氏が統一を失い、天地四方は震え乱れた。我が太《たい》祖《そ》（曹操）は時運を承けて龍のように興り、四方の果てにまで救いの手を差し延べた。これにより天に応じ民に順って、中華を撫して治めたのである。このとき汝の父（劉備）は、群雄の虎のように争い、九服《きゅうふく》（中華と夷狄の世界）が静まらないことにより、間隙に乗じて遠方を頼み、つまらない蜀の地を占領して、かくて（天下の）西の隅を封土を異にする、方外の地として（中華から）隔絶させた。これ以降、戦争は止まず、多くの民草が、その性命を保安できないこと、ほぼ六十年に及ぼうとした。朕は永く父祖の遺志を考え、四海を安定させ、すべての土地を統一することを思いとした。このためここに六軍を整へ、武威を梁《りょう》州・益《えき》州に輝かしたのである。公は徳ある態度を開き尊び、深く大いなる正義を執り、身を屈して仕官することを憚らず、民を愛し国を全うすることを貴んだ。心を降して思慮を巡らし、機に応じて豹変して、信を行い順を思って、左右に境界がなくなる（天下統一）の休《さいわい》をうけた、（その行いは）遠大なものと言えよう。朕は（これを）嘉《よみ》して、君に長く高禄を受ける爵位を授けよう。前例を考えてみるに、国を開かせ領土を賜うことは、旧典の通りとし、（北方領地を象徴する）この黒い土を授け、白い茅《ちがや》で包み、永遠に魏の藩国とする。（領地へ）行け慎めよ。公が朕の命に服従し、徳心をよく広めて、汝の高い勲功を全うせよ」と述べた。（安樂縣公である劉禪の）食邑は一万戸とし、絹一万匹・奴婢百人を賜い、その他の物はこれに見合うものとした。（劉禪の）子孫は（奉車都尉・駙馬都尉・騎都尉の）三都尉とし、侯に封ぜられたものは五十人余り。尚書令《しょうしょれい》の樊建《はんけん》・侍中の張紹《ちょうしょう》・光祿大夫の譙周《しょうしゅう》・祕書令《ひしょれい》の郤正《げきせい》・殿中督《でんちゅうとく》の張通《ちょうとう》は、みな列侯《れっこう》に封ぜられた［一］。安樂縣公（劉禪）は泰始《たいし》七（二七一）年に洛陽で薨去した［二］。

［裴松之注］

［一］『漢晉春秋』に、「司馬文王（司馬昭）が劉禪と宴会をして、劉禪のために故《もと》の蜀の音楽を演奏させると、かたわらの人々はみなこれに感傷的な思いとなったが、しかし劉禪は喜び笑って普通にしていた。司馬文王は賈充に、「人間の情がないこと、なんとここにまで至るものなのか。諸葛亮が生きていたとしても、これを輔弼して長く安泰にすることはできなかったであろう、しかもまして姜維では」と言った。賈充は、「このようでなければ、殿下はどのように（蜀を）併合できたでしょうか」と答えた。他日、司馬文王は劉禪に尋ねて、「少しは蜀を思い出しますか」と言った。劉禪は、「ここは楽しいので、蜀を思うことはありません」と答えた。郤正《げきせい》はこれを聞き、劉禪に会うことを求め、「もし王が後で尋ねられたならば、どうか泣いて答えて、祖先の墳墓が遠く隴・蜀にありますので、そのため心は西を向いては悲しく、一日として思わないことはございませんと言い、そのまま目を閉じられますように」と言った。たまたま司馬文王がまた問うと、（劉禪は郤正に）言われたように答えた。王は、「なんとまあ郤正の言葉に似ていることよ」と尋ねた。劉禪は驚いて目をみはり、「まことにおっしゃるとおりです」と答えた。左右の者はみな笑った」とある。

［二］『蜀記《しょくき》』に、「（安樂縣公劉禪は）諡《おくりな》して思という。安樂縣公の子である劉恂《りゅうじゅん》が（安樂縣公を）嗣いだ」とある。

【原文】

評曰、後主任賢相則爲循理之君、惑閹豎則爲昏闇之后。傳曰、素絲無常、唯所染之、信矣哉。禮、國君繼體、踰年改元。而章武之三年、則革稱建興、考之古義、體理爲違。又國不置史、注記無官。是以行事多遺、災異靡書。諸葛亮雖達於爲政、凡此之類、猶有未周焉。然經載十二而年名不易、軍旅屢興而赦不妄下、不亦卓乎。自亮沒後、茲制漸虧、優劣著矣［一］。

［裴松之注］

［一］華陽國志曰、丞相亮時、有言公惜赦者。亮答曰、治世以大德、不以小惠。故匡衡・吳漢不願爲赦。先帝亦言、吾周旋陳元方・鄭康成間、每見啓告、治亂之道悉矣、曾不語赦也。若劉景升・季玉父子、歲歲赦宥、何益於治。臣松之以爲、赦不妄下、誠爲可稱、至於年名不易、猶所未達。案建武・建安之號、皆久而不改、未聞前史以爲美談。經載十二、蓋何足云。豈別有他意、求之未至乎。亮歿後、延熙之號、數盈二十、茲制漸虧、事又不然也。

《訓讀》

評に曰く、「後主　賢相に任ずれば則ち循理の君と爲り、閹豎に惑はば則ち昏闇の后と爲る。傳（一）に素絲は常無く、唯だ之に染むる所となると曰ふは、信なるかな。禮に、國君　繼體するに、踰年改元すと。而れども章武の三年に、則ち革めて建興（二）と稱するは、之を古義に考ふるに、體理　違と爲す。又　國に史を置かず、注記（三）　官に無し。是を以て行事　多く遺《のこ》さるるも、災異　書せらるること靡し。諸葛亮　爲政に達すと雖も、凡そ此の類は、猶ほ未だ周《あまね》からざる有り。然れども十二を經載するも而も年名 易めず、軍旅 屢〻興すも而も赦 妄りに下さざるは、亦た卓ならずや。亮の沒せしより後、茲の制 漸く虧け、優劣 著はる」と[二]。

[裴松之注]

[一] 華陽國志に曰く、「丞相亮の時、公 赦を惜むと言ふ者有り。亮 答へて曰く、「治世は大德を以てし、小惠を以てせず。故に匡衡(四)・呉漢(五)は赦を爲すを願はず。先帝も亦た言ふに、「吾 陳元方(六)・鄭康成の間を周旋し、毎に啟告せられ、治亂の道に悉《つまびら》かなるも、曾て赦を語らざるなり」と。劉景升・季玉父子の若きは、歲歲 赦宥するも、何ぞ治に益あらん」と」と。 臣 松之 以爲へらく、赦 妄りに下さざるは、誠に稱す可きと爲すも、年名 易へざるに至りては、猶ほ未だ達せざる所なり。案ずるに建武・建安の號、皆 久しくして改めざるは、未だ前史 以て美談と爲すを聞かず。十二を經載するは、蓋し何ぞ云ふに足らんや。豈に別に他意有らんか、之を求むるも未だ至らざるか。亮 歿せしの後、延熙の號は、數 二十に盈ち、茲の制 漸く虧くは、事として又然らざるなりと。

(補注)

(一) 傳は、ここでは言い伝えという意か。素糸で人間に対する影響を論ずるものに、『墨子』所染篇やほぼ同内容の『呂氏春秋』當染篇があり、それを踏まえた表現となっている。

(二)「國に史を置かず」について、劉知幾『史通』曲筆篇は、黃氣が姊歸に現れたこと、成都に景星が出たことなどを『三國志』が記す具体例を挙げながら、陳壽がこのように言うのは、父が諸葛亮に刑罰を受けたことを恨んだ曲筆であるとする。

(三) 注記は、ここでは天文の記録。『史記』巻二十七 天官書に、「余觀史記、考行事、百年之中、五星無出而不反逆行。反逆行、嘗盛大而變色」とあるように、史官に記録されていた「行事」には、本来天文の記録が記されていた。『新唐書』巻二十七上 曆志三上に、「考漢元光已來史官注記、日蝕有加時者凡三十七事」とあるように、その天文記録は注記と呼ばれ、まとめて保存されていた。『後漢書』志二 律曆中に、「案行事史官注、冬・夏至日常不及太初曆五度、冬至日在斗二十一度四分度之一」とあり、漢代には『行事史官注』などとしてまとめられていた。

(四) 匡衡は、字は稚圭、徐州東海郡承縣の人。射策の甲科で合格し、平原郡文學となり、元帝のとき抜擢され、博士・給事中となった。儒教に基づく政策を推進し、韋玄成に代わって元帝の丞相となった。『漢書』卷八十一 匡衡傳に、「比年大赦、使百姓得改行自新、天下幸甚。臣竊見大赦之後、姦邪不爲衰止、今日大赦、明日犯法、相隨入獄、此殆導之未得其務也」とある。

(五) 呉漢は、字を子顏、荊州南陽郡宛縣の人。雲臺二十八將の一人。法を犯して漁陽に逃亡し、更始帝のもとで安樂令となる。王郎の挙兵の際、漁陽太守の彭寵を説得してともに劉秀に帰順。漁陽の烏桓突騎を率い、劉秀軍最強の軍団長として活躍。蜀の平定など数々の武功を残し、「一敵國の若し」と称された。大司馬、廣平侯、諡して忠侯という。『後漢書』列傳八 呉漢傳に、「漢病篤。車駕親臨、問所欲言。對曰、臣愚無所知識、唯願陛下愼無赦而已」とある。

(六) 陳紀は、字を元方、豫州潁川郡許縣の人。陳寔の子、陳羣の父。陳寔の六人の子の中では、弟の陳諶と並んで最も賢かったという。至徳を以て称され、父と同様、高い名声を有していた。黨錮に遭うと、発憤して多くの書物を著し、それらは『陳子』にまとめられた。平原相・侍中・太僕・尚書令・大鴻臚を歴任し、在官中に七十一歳で没した（『後漢書』列傳五十二 陳寔傳附陳紀傳、『三國志』巻二十二 陳羣傳注引『傅子』）。

[現代語訳]

評にいう、「後主は賢相（の諸葛亮）に任せると道理に従う君主となり、閹豎（の黄皓）に惑うと暗愚な君主となった。傳には白糸は常（の色）がなく、ただこれを染める色に染まる（人間も同じである）と言われるが、まことのことである。禮には、國君が君主（の地位）を継承するときには、年を越えてから改元するとある。しかしながら（先主が殂した）章武の三年に、そのまま改めて建興元年と称するのは、古義に考えてみると、体裁の道理が異なることである。また國に史官を置かず、天文の記録が官に無かった。このために行事は多く残されたが、災異が書かれることもなかった。諸葛亮は政治に熟達しているが、およそこの類のことは、なお周到ではなかった。それでも十二年を経ているのに（建興という）元号を改めず、軍をしばしば興しながらも恩赦を妄りに下さなかったのは、卓越したことではあるまいか。諸葛亮が没した後には、この制度は次第に欠けて、その優劣が明確となった」と[一]。

[裴松之注]

[一]『華陽國志《かようこくし》』に、「丞相の諸葛亮の（治世の）時、公は恩赦を惜しんでいる言う者があった。諸葛亮は答えて、「治世は大きな徳で行うもので、小さな恵みをかけたりしない。このため匡衡《きょうこう》も呉漢《ごかん》も恩赦を行うことを願わなかった。先帝もまた、「吾《わたし》は陳紀《ちんき》と鄭玄《じょうげん》の間を行き来し、常に啓発されたが、（二人は）治乱の道を知り尽くしていたが、かつて恩赦を語られることはなかった」とおっしゃっている。劉表《りゅうひょう》や劉璋《りゅうしょう》父子のようなものは、毎年恩赦をしていたが、どうして統治に益があろう」と言った」とある。　臣 裴松之が考えるに、恩赦を妄りに下さないことは、まことに称賛すべきことであるが、元号を変えないということについては、なお理解し難いところがある。（光武帝の）建武や（獻帝の）建安という元号を考えてみると、ともに久しく改めてはいないが、過去の史書がそれを美談となすことは聞かない。十二年を経過したということは、どうして言うに足りることであろうか。別に他意があるのだろうか、この意図を（臣が）考えても理解できないだけなのであろうか。諸葛亮が没した後、延熙の元号は、二十を越えており、（元号を変えないことを評価するのであれば）この制度は次第に欠けたとは、事実として妥当ではない。

【原文】

二主妃子傳第四　　蜀書　　國志三十四

甘皇后傳

先主甘皇后、沛人也。先主臨豫州、住小沛、納以爲妾。先主數喪嫡室、常攝內事。隨先主於荊州、產後主。値曹公軍至、追及先主於當陽長阪。于時困偪、棄后及後主、賴趙雲保護、得免於難。后卒、葬于南郡。章武二年、追諡皇思夫人、遷葬於蜀、未至而先主殂隕。丞相亮上言、皇思夫人、履行脩仁、淑愼其身。大行皇帝、昔在上將、嬪1（配）〔妃〕作合、載育聖躬、大命不融。大行皇帝存時、篤義垂恩、念皇思夫人神柩在遠飄颻、特遣使者奉迎。會大行皇帝崩、今皇思夫人神柩以到、又梓宮在道。園陵將成、安厝有期。臣輒與太常臣賴恭等議、禮記曰、立愛自親始、教民孝也。立敬自長始、教民順也。不忘其親、所由生也。春秋之義、母以子貴。昔高皇帝追尊太上昭靈夫人爲昭靈皇后、孝和皇帝改葬其母梁貴人、尊號曰恭懷皇后、孝愍皇帝亦改葬其母王夫人、尊號曰靈懷皇后。今皇思夫人、宜有尊號、以慰寒泉之思。輒與恭等案諡法、宜曰昭烈皇后。詩曰、穀則異室、死則同穴［一］。故昭烈皇后、宜與大行皇帝合葬。臣請太尉告宗廟、布露天下。具禮儀別奏。制曰可。

〔裴松之注〕

［一］禮云、上古無合葬。中古後因時方有。

〔校勘〕

1．百衲本は「配」に作るが、中華書局本により「妃」に改める。

《訓読》

二主妃子傳第四　　蜀書　　國志三十四

甘皇后傳

先主甘皇后は、沛の人なり。先主 豫州に臨み、小沛に住み、納れて以て妾と爲す。先主 數〻嫡室を喪へば、常に內事を攝《をさ》む。先主に隨ひて荊州に於て、後主を產む。曹公の軍 至るに値たり、追ひて先主に當陽の長阪に及ぶ。時に于て困偪し、后及《と》後主を棄つるも、趙雲の保護に賴り、難より免るるを得たり。后 卒し、南郡に葬る。章武二年、皇思夫人と追諡し、遷して蜀に葬らんとするも、未だ至らずして先主 殂隕す。丞相の亮 上言するに、「皇思夫人は、履行（一） 仁を脩め、淑《よ》く（二）其の身を愼む。大行皇帝、昔 上將に在り、嬪妃 合を作し、聖躬を載育するも、大命 融《なが》からず。大行皇帝 存《いま》せし時、義に篤く恩を垂れ、皇思夫人の神柩 遠きに在りて飄颻せるを念ひ、特に使者を遣はして奉迎せしむ。會《たまたま》 大行皇帝 崩じ、今 皇思夫人の神柩 以て到るに、又 梓宮 道に在り。園陵 將に成らんとし、安厝に期有り。臣 輒ち太常の臣 賴恭らと議するに、禮記に曰く（三）、「愛を立つは親より始め、民に孝を教ふるなり。敬を立つは長より始め、民に順を教ふるなり」と。其の親を忘れざるは、由りて生まるる所なればなり。春秋の義に（四）、「母は子を以て貴し」と。昔 高皇帝 太上昭靈夫人（五）を追尊して昭靈皇后と爲し、孝和皇帝（六） 其の母たる梁貴人（七）を改葬し、尊號して恭懷皇后と曰ひ、孝愍皇帝も亦た其の母たる王夫人（八）を改葬し、尊號して靈懷皇后と曰ふ。今 皇思夫人、宜しく尊號有りて、以て寒泉の思を慰むるべし。輒ち恭らと與に諡法[九]を案ずるに、宜しく昭烈皇后と曰ふべし。詩に曰く[一〇]、「穀《い》きては則ち室を異にし、死しては則ち穴を同にす」と[一]。故に昭烈皇后、宜しく大行皇帝と與に合葬すべし。臣 太尉に請ひて宗廟に告げ、天下に布露す。具ふべき禮儀は別に奏す」と。制曰く「可」と。

[裴松之注]

［一］禮に云ふ[一一]、「上古に合葬無し。中古の後 時に因りて方に有り」と。

(補注)

(一) 履行は、品行と同じ。

(二)『詩經』邶風 燕燕に、「淑愼其身」とあり、毛傳は「淑、善也」とする。

(三)『禮記』祭義に、「子曰、立愛自親始、教民睦也。立教自長始、教民順也」とあり、字句に異同がある。

(四)『春秋公羊傳』隱公元年に、「子以母貴、母以子貴」とあり、同文。

(五) 太上昭靈夫人は、漢の太上皇帝と追尊された劉邦の父の夫人。すなわち、劉邦の母劉媼である。

(六) 孝和皇帝は、後漢の和帝、劉肇。後漢の第四代皇帝（在位、八八～一〇五年）。章帝の皇后竇氏の養子となり、七歳で即位したが、竇太后が臨朝し、外戚竇憲の専横を招いた。のち、宦官の力により、竇氏を打倒して親政を開始、生母の追尊はこれ以降のことである（『後漢書』本紀四 和帝紀）。

(七) 梁貴人は、章帝の貴人。和帝の生母。梁竦の娘。幼年にして母と死別し、舞陰長公主に養育される。章帝の後宮に入って和帝を産むが、これを自身の子として養育しようと企む竇皇后に疎まれる。やがて、父が竇皇后に無実の罪を着せられて誅殺されると、憂悶のうちに死去した。のち和帝が竇氏を誅滅すると名誉を回復され、恭懷皇后と追尊された（『後漢書』本紀十上 皇后紀上）。

(八) 王夫人は、獻帝の母。王美人。妊娠した際、靈帝の何皇后を恐れ薬を飲んでおろそうとしたが果たせず、皇子協（のちの獻帝）を出産したのち、何皇后に鴆殺された（『後漢書』本紀十下 皇后下 靈思何皇后紀）。

(九) 諡法は、『逸周書』諡法解篇。あるいはそれを起源とする諡の付け方。『逸周書』は、晉の孔晁の撰。『尚書』に採られなかった周の詔令に関する文献を収めるという。『舊唐書』巻四十六 經籍上 乙部史録には、「孔晁注『周書』八巻」と著録される。

(一〇)『詩經』王風 大車に、「穀則異室、死則同穴」とあり、同文。

(一一)『禮記』檀弓篇に、「季武子成寢。杜氏之葬、在西階之下。請合葬焉。許之。入宮而不敢哭。武子曰、合葬非古也。自周公以來、未之有改也」とあることを踏まえて、古には「合葬」がないと述べている。

[現代語訳]

二主妃子傳第四　　蜀書　　國志三十四

甘皇后傳

先主の甘皇后《かんこうごう》は、徐州沛國《じょしゅうはいこく》の人である。先主が豫州《よしゅう》を統治して、小沛《しょうはい》に住んでいたとき、納《おさ》めて妾とした。先主はしばしば嫡室を失ったため、（甘皇后が）常に内向きの事を統括した。先主に随って荊《けい》州《しゅう》（に行き、そこ）で、後主を産んだ。曹公の軍が（荊州に）至ると、（曹公は江陵に向け逃走する先主を）追いかけ先主に當陽《とうよう》縣の長阪《ちょうはん》で追いついた。このとき追い詰められ、（先主は）甘皇后と後主を棄てたが、趙雲《ちょううん》の保護に頼って、難を免れることができた。甘皇后が卒すると、南郡《なんぐん》に葬った。章武《しょうぶ》二（二二二）年、（先主は甘皇后を）皇思《こうし》夫人と追謚し、（遺体を）移して蜀で葬ろうとしたが、まだ到着しないうちに先主が殂隕《そいん》した。丞相の諸葛亮は上言して、「皇思夫人は、品行は仁を修め、よくその身を愼まれる淑女でした。大行《たいこう》皇帝が、むかし上將（左將軍）の地位にあられたとき、妃として連れ添われ、聖なる御身（後主）を育まれましたが、天命は永きを許しませんでした。大行皇帝が存《いま》せしとき、義に篤く恩を垂れられ、皇思夫人の神柩が（荊州という）遠方にあり落ち着く場もないことを思われ、特別に使者を派遣して（柩を）奉迎させられました。おりしも大行皇帝は崩殂《ほうそ》され、いま皇思夫人の神柩が到着し、また（大行皇帝の）梓宮も（陵墓への）道中にあります。園陵（惠陵）は完成しようとしており、安置の時期も定まっております。臣《わたくし》はそこで太常《たいじょう》の臣頼恭《らいきょう》らと議しますに、『禮記《らいき》』（祭義）に、「愛を立てるには親から始めるのは、民に孝を教えるためである。敬を立てるには年長者から始めるのは、民に順を教えるためである」とございます。その親を忘れないことは、（自分が）そこより生まれる所であるためです。『春秋公羊傳《しゅんじゅうくようでん》』（隱公元年）の義には、「母は子によって貴い」とございます。むかし（前漢の）高皇帝《こうこうてい》（劉邦）は（母の）太上昭靈《たいじょうしょうれい》夫人《ふじん》を追尊して昭靈皇后となし、孝和皇帝《こうわこうてい》はその母である梁貴人《りょうきじん》を改葬し、尊号を与えて恭懷《きょうかい》皇后と呼び、孝愍皇帝《こうびんこうてい》もまたその母である王夫人《おうふじん》を改葬し、尊号を与えて靈懷皇后と呼んでおります。いま皇思夫人には、ぜひ尊号が与えられ、それによって冥界の悲しみを慰めるべきであります。そこで頼恭らと一緒に謚法を考えてみますに、昭烈《しょうれつ》皇后とお呼びすることがよろしいと存じます。『詩經《しきょう》』（王風大車）にも、「生きているときは室を異にしても、死んでからは穴を同じにする」とございます[一]。それゆえ昭烈皇后は、大行皇帝と一緒に合葬すべきであります。臣は太尉《たいい》に宗廟《そうびょう》に告げることを請い、天下に宣布いたします。具備すべき禮儀については別に上奏いたします」とした。（後主は）制して「よろしい」とした。

［裴松之注］

［一］『禮記』（檀弓《だんぐう》）に、「上古に合葬はなかった。中古の後に時によっては存在することもあった」とある。

【原文】

穆皇后傳

先主穆皇后、陳留人也。兄吳壹、少孤、壹父素與劉焉有舊。是以擧家隨焉入蜀。焉有異志、而聞善相者相后當大貴。焉時將子瑁自隨、遂爲瑁納后。瑁死、后寡居。先主旣定益州、而孫夫人還吳［一］。羣下勸先主聘后。先主疑與瑁同族。法正進曰、論其親疎、何與晉文之於子圉乎。於是納后爲夫人［二］。建安二十四年、立爲漢中王后。章武元年夏五月、策曰、朕承天命、奉至尊、臨萬國。今以后爲皇后、遣使持節・丞相亮授璽綬、承宗廟、母天下。皇后其敬之哉。建興元年五月、後主卽位、尊后爲皇太后、稱長樂宮。壹官至車騎將軍、封縣侯。延熙八年、后薨、合葬惠陵［三］。

〔裴松之注〕

[一] 漢晉春秋云、先主入益州、吳遣迎孫夫人。夫人欲將太子歸吳。諸葛亮使趙雲勒兵斷江留太子。乃得止。

[二] 習鑿齒曰、夫婚姻、人倫之始、王化之本、匹夫猶不可以無禮、而況人君乎。晉文廢禮行權、以濟其業。故子犯曰、有求[1]於人、必先從之。將奪其國、何有於妻。非無故而違禮教者也。今先主無權事之偪、而引前失以爲譬、非導其君以堯・舜之道者。先主從之、過矣。

[三] 孫盛蜀世譜曰、壹孫喬、沒李雄中三十年、不爲雄屈也。

〔校勘〕

1. 中華書局本は「于」に作る。

《訓讀》

穆皇后傳

先主穆皇后は、陳留の人なり。兄の吳壹、少くして孤、壹の父 素より劉焉と舊有り。是を以て家を擧げ焉に隨ひて蜀に入る。焉に異志有り、而して相を善くする者 后を相《み》て當に大貴なるべしといふを聞く。焉 時に子の瑁 自ら隨ふを將ゐて、遂て瑁の爲に后を納る。瑁死し、后 寡り居る。先主 既に益州を定め、而して孫夫人 吳に還る[一]。羣下 先主に后を聘さんことを勸む。先主 瑁と同族なるを疑ふ。法正 進みて曰く、「其の親疎を論ずれば、晉文(一)の子圉(二)に於けると何《いづ》れぞ」と。是に於て后を納れ夫人と爲す[二]。建安二十四年、立てて漢中王の后と爲す。章武元年夏五月、策して曰く、「朕 天命を承け、至尊を奉じ、萬國に臨む。今 后を以て皇后と爲し、使持節・丞相の亮を遣はして璽綬を授け、宗廟を承け、天下に母とす。皇后其れ之を敬しめよ」と。建興元年五月、後主 即位し、后を尊びて皇太后と爲し、長樂宮と稱す。壹 官は車騎將軍に至り、縣侯に封ぜらる。延熙八年、后 薨じ、惠陵に合葬せらる[三]。

〔裴松之注〕

[一] 漢晉春秋に云ふ、「先主 益州に入るや、吳 孫夫人を迎へしむ。夫人 太子を將ゐ吳に歸らんと欲す。諸葛亮 趙雲をして兵を勒へて江を斷ち太子を留めしむ。乃ち止むを得たり」と。

[二] 習鑿齒(三)曰く、「夫れ婚姻は、人倫の始、王化の本、匹夫だに猶ほ以て禮を無《なみ》す可からず、而るに況んや人君をや。晉文 禮を廢し權を行ひて、以て其の業を濟す。故に子犯(四)曰く、「人に求むること有らば、必ず先に之に從ふ。將に其の國を奪はんとするに、何ぞ妻有らんや」と。故無くして禮教に違ふ者に非ざるなり。今先主 權事の偪無く、而るに前失を引きて以て譬と爲すは、其の君を導くに堯・舜の道を以てする者に非ず。先主 之に從ふは、過ちなり」と。

[三] 孫盛の蜀世譜(五)に曰く、「壹の孫の喬(六)、李雄(七)の中に沒すること三十年、雄の爲に屈せざるなり」と。

（補注）

（一）晉文は、晉の文公。文公は、春秋時代の晉の君主。獻公の子で名は重耳。驪姫の乱がおこると讒言をうけて出奔し、ようやく帰還したときはすでに六十二歳であった。そののち、国力を強め二人目の覇者となった（『史記』巻三十九 晉世家）。

（二）子圉は、晉の惠公（夷吾、重耳の異母弟）の太子。子圉が質子として秦にいたとき、秦の公女を娶った。のち、子圉は晉に戻り懐公となった。重耳が秦に入国すると、秦はかつて子圉に嫁いだ公女を重耳に娶らせたが、秦の援助を必要とする重耳は、これを娶った（『史記』巻三十九 晉世家）。

（三）習鑿齒は、字を彥威、荊州襄陽郡襄陽縣の人。「襄陽の習氏」は大豪族で、蜀漢に仕えた習禎の子孫。荊州刺史桓溫の辟召を受けて従事となり、やがて別駕従事となった。桓溫の政敵である會稽王司馬昱（後の簡文帝）にも尊重され、桓溫の前で司馬昱を褒めたことで左遷され、後に滎陽太守となった。地域史である『襄陽耆舊記』のほか、蜀漢を正統とする『漢晉春秋』を著したが、それは桓溫の野望を正すためであるとも言われる（『晉書』巻八十二 習鑿齒傳）。

（四）子犯は、狐偃の字。狐偃は晉の文公の臣下。亡命中の重耳を支え、文公が覇者になることに大きな功績があった（『史記』巻三十九 晉世家）。

（五）蜀世譜は、書名。東晉の孫盛の著。『隋書』經籍志などに著録されず、詳細は不明である。

（六）喬は、吳喬。吳懿の孫。成漢の李雄に捉えられたが、十年間屈伏しなかった（『三國志』巻三十四 穆皇后傳注引『蜀世譜』）。

（七）李雄は、五胡十六國の最初の国家である成漢の初代皇帝。李特の三男。叔父李流の後を嗣ぎ大將軍・益州牧を自称すると、父を殺した益州刺史の羅尚を破って益州を制圧、建初二（三〇四）年に、成都王と称し、建興の年号を建て西晉から完全に自立した。内政を范長生らに任せ、寛容と簡素な政治を行い、在位三十年間の安定を益州にもたらした。三崎良章『五胡十六国の基礎的研究』（汲古書院、二〇〇六年）を参照。

［現代語訳］

穆皇后傳

先主《せんしゅ》の穆皇后《ぼくこうごう》は、兗《えん》州陳留《ちんりゅう》郡（河南省の長垣より南、開封より東、民権より西、扶溝より北）の人である。兄の吳壹《ごい》は、若いときに（父を亡くし）孤となり、吳壹の父がむかしから劉焉《りゅうえん》と馴染みがあった。このため家をあげて劉焉に随って蜀《しょく》に入った。劉焉には（自ら天子となる）野望があり、よく人相を観る者が、穆后をみてたいそう高貴な身分になると言ったという話を聞いた。劉焉はこのとき子の劉瑁《りゅうぼう》が自らのもとにいたので（それを）連れ、かくて劉瑁のために穆后を娶った。劉瑁が死に、穆后は寡婦として暮らしていた。先主がすでに益州《えきしゅう》を定めると、（孫權の妹の）孫夫人《そんふじん》は吳に帰った［一］。臣下たちは先主に穆后を娶ることを勧めた。先主は劉瑁と同族であることを懸念した。法正《ほうせい》が進み出て、「先主と劉瑁との親疎を考えてみますに、（同じ妻を伯父と甥で娶った）晉《しん》の文公《ぶんこう》の子圉《しぎょ》（懷公）との関係に比べられましょうか」と言った。こうして穆后を納れて夫人とした［二］。建安《けんあん》二十四（二一九）年、（先主が）立てて漢中《かんちゅう》王の后とした。章武《しょうぶ》元（二二一）年夏五月、策《さく》文を下して、「朕《ちん》（先主）は天命を承け、至尊（の天子の位）に就き、萬國に君臨した。いま后を皇《こう》后《ごう》となし、使持節《しじせつ》・丞相の諸葛亮を派遣して（皇后の）璽綬《じじゅ》を授け、宗廟《そうびょう》を承け、天下に母とする。皇后これを敬しめ」とした。建興《けんこう》元（二二三）年五月、後主が即位し、后を尊重して皇太后《こうたいごう》となし、長《ちょう》樂宮《らくきゅう》と称した。（兄の吳）壹は官は車騎《しゃき》將軍に至り、縣侯《けんこう》に封建された。延熙《えんき》八（二四五）年、皇太后は薨去《こうきょ》し、（先主の）惠陵《けいりょう》に合葬された［三］。

［裴松之注］

[一]『漢晉春秋《かんしんしゅんじゅう》』に、「先主が益州に入ると、呉は孫夫人を迎えさせた。孫夫人は太子（の劉禪）を連れて呉に帰ろうとした。諸葛亮は趙雲に兵を整えて長江を遮断し太子を留まらせた。このため（孫夫人が太子を連れ帰ることを）止められた」とある。

[二] 習鑿齒《しゅうさくし》は、「そもそも婚姻というものは、人倫の始め、王化の本であり、匹夫ですらなお禮を無視できないものであるのだから、どうして君主が無視できようか。晉の文公は禮を廃して権宜を行うことで（秦の支援を得て）、その大業を成し遂げた。このために子犯《しはん》は、「人に求めることがあれば、必ず先に従うものです。いま國を奪（う援助をもら）おうとしているのに、どうして妻（を問題とする必要）があるでしょうか」と言ったのである。理由なく禮教に背いたわけではないのである。いま先主は権宜を用いるほど切迫していることはなく、それなのに（法正が）先の（文公の）過失を引用して譬えとしたのは、君主を導くときに堯《ぎょう》・舜《しゅん》の道によるものとは言えない。先主が法正に従ったことは、過ちである」と言っている。

[三] 孫盛《そんせい》の『蜀世譜《しょくせいふ》』に、「呉壹の孫の呉喬《ごきょう》は、李雄《りゆう》の手に落ちること三十年、それでも李雄に屈することはなかった」とある。

【原文】

敬哀皇后傳

後主敬哀皇后、車騎將軍張飛長女也。章武元年、納爲太子妃。建興元年、立爲皇后。十五年薨、葬南陵。

《訓讀》

敬哀皇后傳

後主敬哀皇后は、車騎將軍たる張飛の長女なり。章武元年、納れて太子の妃と爲す。建興元年、立てて皇后と爲す。十五年に薨じ、南陵に葬らる。

［現代語訳］

敬哀皇后傳

後主の敬哀皇后《けいあいこうごう》は、車騎《しゃき》將軍である張飛《ちょうひ》の長女である。章武《しょうぶ》元（二二一）年、納れて太子（劉禪）の妃とした。建興元（二二三）年、（後主が）立てて皇后とした。建興十五（二三七）年に薨去し、南陵《なんりょう》に埋葬された。

【原文】

張皇后傳

後主張皇后、前后敬哀之妹也。建興十五年、入爲貴人。延熙元年春正月、策曰、朕統承大業、君臨天下、奉郊廟・社稷。今以貴人爲皇后。使行丞相事・左將軍向朗持節授璽綬。勉脩中饋、恪肅禋祀。皇后其敬之哉。咸熙元年、隨後主遷于洛陽[一]。

［裴松之注］

[一] 漢晉春秋曰、魏以蜀宮人、賜諸將之無妻者。李昭儀曰、我不能二三屈辱。乃自殺。

《訓讀》

張皇后傳

後主張皇后は、前の后たる敬哀の妹なり。建興十五年、入りて貴人と爲る。延熙元年春正月、策して曰く、「朕 大業を統承し、天下に君臨し、郊廟(一)・社稷(二)を奉ず。今 貴人を以て皇后と爲す。行丞相事・左將軍の向朗(三)をして持節して璽綬を授けしむ。勉めて中饋(四)を脩め、恪肅して禋祀せよ。皇后 其れ之を敬めよ」と。咸熙元年、後主に隨ひて洛陽に遷る[一]。

［裴松之注］

［一］漢晉春秋に曰く、「魏 蜀の宮人を以て、諸將の妻無き者に賜ふ。李昭儀(五)曰く、「我 二たび三たび屈辱せらる能はず」と。乃ち自殺す」と。

（補注）

（一）郊廟は、郊祭と宗廟。郊祭は天地を祭る儀禮であり、宗廟では祖先を祀った。渡邉義浩〔主編〕『全譯後漢書』志（二）禮儀（汲古書院、二〇〇二年）を參照。

（二）社稷とは、國家の祭儀及びそれを行う場所。祭儀は春秋の二期あり、春には土地神である社に豊作を願い、秋には穀物神である稷に収穫を感謝する。周に入ると祭場が固定され、稷に先祖神を配したことから政治的色彩を帯び、やがて国家の代名詞に相当する存在となった。池田末利『中国古代宗教史研究―制度と思想』（東海大学出版会、一九八一年）を參照。

（三）向朗は、字を巨達、荊州襄陽郡宜城縣の人。司馬徽に師事して荊州學を修めたのち、劉表に仕えて臨沮縣長となった。劉備に仕え行政能力の高さを評価され、入蜀後、巴西太守・牂牁太守・房陵太守を歴任、劉禪が即位すると、歩兵校尉となり、王連の没後は丞相長史として、南征の留守を守った。北伐では漢中に赴き、親しい馬謖をかばって免職された。亮の死後は、左將軍・行丞相事に昇進し、位は特進となった（『三國志』巻四十一 向朗傳）。

（四）中饋は、家の中で料理をすることから転じて、夫人のこと。ここでは、後宮の夫人たちを統御することをいう。

（五）李昭儀は、後主の昭儀（女官の一つ）。蜀漢の降伏時、曹魏が宮人を諸將に賜ったとき、耐えられないとして自殺した（『三國志』巻三十四 張皇后傳注引『漢晉春秋』）。

［現代語訳］

張皇后傳

後主の張皇后は、先の皇后である敬哀《けいあい》皇后の妹である。建興《けんこう》十五（二三七）年、（後宮に）入って貴人《きじん》となった。延熙《えんき》元（二三八）年春正月に、策《さく》文を下して、「朕《ちん》は大業を継承し、天下に君臨して、郊《こう》廟《びょう》・社稷《しゃしょく》を奉じている。いま貴人を皇后とする。行丞相事《こうじょうしょうじ》・左《さ》將軍《しょうぐん》の向朗《しょうろう》に持節《じせつ》して璽綬《じじゅ》を授けさせる。努めて後宮《こうきゅう》の夫人たちを統御し、愼み敬って祭祀を行え。皇后それこれを敬めよ」とした。咸熙《かんき》元（二六四）年、後主に従って洛陽《らくよう》に遷った［一］。

［裴松之注］

［一］『漢晉春秋《かんしんしゅんじゅう》』に、「魏は蜀の宮人たちを、諸將の妻の無い者に賜わった。李昭儀《りしょうぎ》は、「わたしは二度三度と屈辱を受けられない」と言った。そして自殺した」とある。

【原文】

劉永傳

劉永字公壽、先主子、後主庶弟也。章武元年六月、使司徒靖立永爲魯王。策曰、小子永、受茲青土。朕承天序、繼統大業、遵脩稽古、建爾國家、封于東土、奄有龜・蒙、世爲藩輔。嗚呼、恭朕之詔。惟彼魯邦、一變適道、風化存焉。人之好德、世茲懿美。王其秉心率禮、綏爾士民。是饗是宜。其戒之哉。建興八年、改封爲甘陵王。初、永憎宦人黃皓、皓既信任用事、譖構永[1]於後主、後主稍疏外永、至不得朝見者十餘年。咸熙元年、永東遷洛陽、拜奉車都尉、封爲鄉侯。

〔校勘〕

1．中華書局本は、「于」に作る。

《訓読》

劉永傳

劉永 字は公壽、先主の子、後主の庶弟なり。章武元年六月、司徒の靖をして永を立て魯王と爲せしむ。策して曰く、「小子永よ、茲の青土(一)を受けよ。朕 天序を承け、大業を繼統し、稽古を遵脩し、爾の國家を建て、東土に封じ、龜・蒙(二)を奄有して、世〻藩輔と爲れ。嗚呼、朕の詔を恭しめよ。惟れ彼の魯邦、一變すれば道に適ひ(三)、風化焉《ここ》に存《のこ》る。人の德を好むこと、世〻茲れ懿美たり。王 其れ心を秉りて禮に率《したが》ひ、爾が士民を綏《やす》んぜよ。是れ饗け是れ宜《むべ》とせん。其れ之を戒めよ」と。建興八年、改めて封じて甘陵王と爲す。初め、永 宦人の黃皓を憎み、皓 既に信任せられ事を用ふれば、永を後主に譖構し、後主 稍〻永を疏外し、朝見を得ざる者《こと》十餘年に至る。咸熙元年、永 東のかた洛陽に遷り、奉車都尉を拜し、封じて鄉侯と爲す。

（補注）

（一）『尚書』禹貢篇によれば、諸侯は封建される際に、土地の方角の五行に基づいた色の土を受ける。魯は、洛陽から東に当たるため、青色の土を授かるのである。

（二）龜・蒙は、龜山と蒙山。ともに魯の国境にある。

（三）『論語』雍也第六に、「子曰、齊一變至於魯。魯一變至於道」とあることを踏まえた表現である。

［現代語訳］

劉永傳

劉永《りゅうえい》は字を公壽《こうじゅ》といい、先主の子、後主の庶弟である。章武《しょうぶ》元（二二一）年六月、司徒《しと》の許靖《きょせい》に劉永を立てて魯王《ろおう》とさせた。策文を下して、「小子《しょうし》の永よ、この青い土を受けよ。朕は天序を承け、大業を継承し、古の道を守り修め、汝の國家を建て、東の土地に封建し、龜山《きざん》と蒙山《もうざん》（の内側の魯國）を領有して、代々（帝室の）藩屏となれ。ああ、朕の詔を慎んで受けよ。そもそもかの魯國は、一変すれば道に到達するほど（の禮教の國）で、（孔子の）風化はここに存在する。（魯の國の）人が徳を好むことは、代々美風として伝えられている。王は心を定めて禮に従い、汝の士民を安寧にせよ。（そうすれば天は汝の祭祀を）饗けこれを宜《よし》としよう。これを戒めよ」と言った。建興八（二六四）年、改めて封じて甘陵王《かんりょうおう》とした。これよりさき、劉永は宦官の黃皓《こうこう》を憎み、黃皓がすでに（劉禪に）信任されて政事に関与していたので、劉永を後主に譖訴し、後主は次第に劉永を遠ざけるようになり、朝見できないこと十余年に至った。咸熙《かんき》元（二六四）年、劉永は東に向かって洛陽に遷り、奉車都尉《ほうしゃとい》を拝命し、封建されて郷侯《きょうこう》となった。

【原文】

劉理傳

劉理字奉孝、亦後主庶弟也、與永異母。章武元年六月、使司徒靖立理爲梁王。策曰、小子理、朕統承漢序、祇順天命、遵脩典秩、建爾于東、爲漢藩輔。惟彼梁土、畿甸之邦、民狎教化、易導以禮。往悉乃心、懷保黎庶、以永爾國。王其敬之哉。建興八年、改封理爲安平王。延熙七年卒。謚曰悼王。子哀王胤嗣、十九年卒。子殤王承嗣、二十年卒。景耀四年詔曰、安平王、先帝所命。三世早夭、國嗣頽絶、朕用傷悼。其以武邑侯輯襲王位。輯、理子也。咸熙元年、東遷洛陽、拜奉車都尉、封鄕侯。

《訓読》

劉理傳

劉理 字は奉孝、亦た後主の庶弟たるも、永と母を異にす。章武元年六月、司徒の靖をして理を立て梁王と爲せしむ。策して曰く、「小子理よ、朕 漢序を統承し、祇《つつし》みて天命に順ひ、典秩に遵脩し、爾《なんぢ》を東に建て、漢の藩輔と爲す。惟れ彼の梁土、畿甸の邦にして、民は教化に狎れ、導くに禮を以てし易し。往きて乃《なんぢ》が心を悉《つ》くし、黎庶を懷け保ちて、以て爾が國を永《とこしへ》にせよ。王 其れ之を敬めよ」と。建興八年、改めて理を封じて安平王と爲す。延熙七年に卒す。謚して悼王と曰ふ。子の哀王の胤（一） 嗣ぐも、十九年に卒す。子の殤王の承（二） 嗣ぐも、二十年に卒す。景耀四年に詔して曰く、「安平王は、先帝の命ずる所なり。三世 早夭し、國嗣 頽絶し、朕 用《もつ》て傷悼す。其れ武邑侯の輯（三）を以て王位を襲がせよ」と。輯は、理の子なり。咸熙元年、東のかた洛陽に遷り、奉車都尉を拜し、鄕侯に封ぜらる。

（補注）

（一）胤は、劉胤。劉理の子。劉理の死後、安平王を嗣いだ（『三國志』卷三十四 劉理傳）。

（二）承は、劉承。劉胤の子。劉胤の死後、安平王を嗣いだ（『三國志』卷三十四 劉理傳）。

（三）輯は、劉輯。劉理の子。劉承の死後、安平王を嗣いだ（『三國志』卷三十四 劉理傳）。

［現代語訳］

劉理傳

劉理《りゅうり》は字を奉孝《ほうこう》といい、また後主の庶弟であるが、劉永とは母を異にする。章武元（二二一）年六月、司徒の許靖に劉理を立てて梁《りょう》王とさせた。策文を下して、「小子《しょうし》の理よ、朕は漢序を継承し、敬《つつし》んで天命に順い、典範に則り、汝（の國）を東（の梁）に建て、漢の藩屏とする。そもそもかの梁國は、畿内《きだい》の邦《くに》であり、民は教化に馴れ、礼により導きやすい。（梁國に）行って汝の心を尽くし、民草を懐《なつ》け保って、汝の國を永遠にせよ。王それこれを敬めよ」と言った。建興八（二三〇）年、改めて劉理を封建して安平《あんぺい》王とした。延熙七（二四四）年に卒した。謚して悼王《とうおう》と呼んだ。子の哀王《あいおう》の劉胤《りゅういん》が

（安平王を）嗣いだが、延熙《えんき》十九（二五六）年に卒した。子の殤王《しょうおう》の劉承《りゅうしょう》が（安平王を）嗣いたが、延熙二十（二五七）年に卒した。景耀《けいよう》四（二六一）年に詔して、「安平王は、先帝の任命したものである。（ところが）三代にわたって早死にし、國の嗣が絶え、朕はそのため心を傷めている。そこで武邑侯《ぶゆう》の劉輯《りゅうしゅう》に安平王の位を襲《つ》がせよ」と言った。劉輯は、劉理の子である。咸熙《かんき》元（二六四）年、東に向かって洛陽に移り、（西晉の）奉車都尉《ほうしゃとい》を拝命し、郷侯に封建された。

【原文】

太子璿傳

後主太子璿、字文衡。母王貴人、本敬哀張皇后侍人也。延熙元年正月、策曰、在昔帝王、繼體立嗣、副貳國統、古今常道。今以璿爲皇太子、昭顯祖宗之威。命使行丞相事・左將軍朗、持節授印綬。其勉脩茂質、祗恪道義、諮詢典禮、敬友師傅、斟酌衆善、翼成爾德。可不務脩以自勖哉。時年十五。景耀六年冬、蜀亡。咸熙元年正月、鍾會作亂於成都、璿爲亂兵所害[一]。

[裴松之注]

[一] 孫盛蜀世譜曰、璿弟、瑤・琮・瓚・諶・恂・璩六人。蜀敗、諶自殺、餘皆內徙。値永嘉大亂、子孫絶滅。唯永孫玄奔蜀、李雄僞署安樂公、以嗣禪後。永和三年討李勢、盛參戎行、見玄[1]於成都也。

〔校勘〕

1. 中華書局本は、「于」につくる。

《訓読》

太子璿傳

後主の太子たる璿、字は文衡なり。母の王貴人（一）は、本 敬哀張皇后の侍人なり。延熙元年正月、策して曰く、「在昔《むかし》 帝王、繼體するに嗣を立て、國統を副貳せしむは、古今の常道なり。今 璿を以て皇太子と爲し、祖宗の威を昭顯す。命じて行丞相事・左將軍の朗をして、持節して印綬を授けしむ。其れ勉めて茂質を脩め、祗みて道義を恪《ただ》し、諮るに典禮に詢《はか》り、師傅を敬友し、衆善を斟酌し、爾《なんぢ》が德を翼成せよ。務め脩めて以て自ら勖《つと》めざる可けんや」と。時に年十五なり。景耀六年冬、蜀 亡ぶ。咸熙元年正月、鍾會 亂を成都に作し、璿 亂兵の害する所と爲る[一]。

[裴松之注]

[一] 孫盛の蜀世譜に曰く、「璿が弟は、瑤・琮・瓚・諶・恂・璩の六人なり。蜀 敗れしとき、諶 自殺し、餘は皆 內徙す。永嘉の大亂（二）に値ひ、子孫 絶滅す。唯だ永の孫たる玄（三） 蜀に奔り、李雄 僞はりて安樂公に署して、以て禪の後を嗣がしむ。永和三年 李勢（四）を討つや、盛 戎行に參じ、玄を成都に見るなり」と。

〔補注〕

（一）王貴人は、劉璿の生母。もとは、敬哀張皇后の侍女であった（『三國志』巻三十四 太子璿傳）。

（二）永嘉の大亂は、西晉を滅亡させた反乱。八王の亂による西晉の混乱を契機に自立した匈奴の劉淵は、漢（前趙）を建国した。劉淵の子劉聰は、石勒らを派遣して、洛陽に西晉の懷帝を殺害させ、三一七年、長安に愍帝を殺害、西晉を滅ぼした。三崎良章『五胡十六国、中国史上の民族大移動』（東方書店、二〇〇二年）を参照。

（三）玄は、劉玄。劉永の孫。成漢の李雄より安樂公とされ、劉禪の後を嗣いだ（『三國志』卷三十四 太子璿傳注引『蜀世譜』）。

（四）李勢は、成漢の第五代皇帝。李壽の長子。漢興六（三四三）年に即位したが、嘉寧二（三四七）年、桓溫率いる東晉軍の攻撃を受けて降伏した（『晉書』卷一百二十一 李勢傳）。

［現代語訳］

太子璿傳

後主の太子である劉璿《りゅうせん》は、字を文衡《ぶんこう》という。母の王貴人《おうきじん》は、もともと敬哀張皇后《けいあいちょうこうごう》の侍女であった。延熙《えんき》元（二三八）年正月、策文を下して、「むかし帝王が、帝位を継続するために嗣を立て、國の統を二つにさせたのは、古今の常道である。いま劉璿を皇太子として、祖宗の威靈を昭らかにする。命じて行丞相事・左將軍の向朗に、持節して印綬を授けさせる。それ勉めて優れた素質を修め、敬《つつし》みて道義を正し、諮問するには典禮に基づき、師傅を敬愛し、多くの善を斟酌して、汝の徳を育成せよ。勉めて修めて自ら努力しなければならぬ」と言った。そのとき年は十五であった。景耀六（二六三）年冬、蜀が滅亡した。咸熙元（二六四）年正月、鍾會が乱を成都でおこし、劉璿は乱兵に殺された［一］。

［裴松之注］

［一］孫盛《そんせい》の『蜀世譜《しょくせいふ》』に、「劉璿の弟は、劉瑤《よう》・劉琮《そう》・劉瓚《さん》・劉諶《じん》・劉恂《じゅん》・劉璩《きょ》の六人である。蜀が滅亡したとき、劉諶は自殺し、そのほかの者はみな内地に移住した。永嘉《えいか》の大亂にあって、子孫は絶滅した。ただ劉永の孫である劉玄《げん》が蜀に逃れ、李雄《りゆう》が偽わって安樂公に署し、劉禪の後を嗣がせた。永和《えいわ》三（三四七）年李勢《りせい》を討ったとき、盛《わたし》は遠征に参加したが、そのとき劉玄を成都で見た」とある。

【原文】

評曰、易稱、有夫婦然後有父子。夫人倫之始、恩紀之隆、莫尚於此矣。是故紀錄、以究一國之體焉。

《訓読》

評に曰く、「易に稱すらく（一）、「夫婦有りて然る後に父子有り」と。夫れ人倫の始、恩紀の隆は、此れより尙きは莫し。是の故に紀錄して、以て一國の體を究む」と。

（補注）

（一）『周易』序卦に、「有夫婦然後有父子」とあり、同文。

［現代語訳］

評にいう、『周易』（序卦）に、「夫婦があってその後に父子がある」と称している。そもそも（夫婦・父子は）人倫の始めであり、恩愛の道の興隆する根本であった、これ以上尊いものはない。このために記録して、一国の在り方を究めるのである」と。

【原文】

諸葛亮傳第五　　蜀書　　國志三十五

諸葛亮傳

諸葛亮字孔明、琅邪陽都人[1]也。漢司隸校尉諸葛豐後也。父珪、字君貢、漢末爲太山郡丞。亮早孤。從父玄爲袁術所署豫章太守、玄將亮及亮弟均之官。會漢朝更選朱皓代玄。玄素與荊州牧劉表有舊、往依之[一]。玄卒、亮躬[2]（耕）〔畊〕隴畝、好爲梁父吟[二]。身長八尺、每自比於管仲・樂毅、時人莫之許也。惟博陵崔州平・潁川徐庶元直、與亮友善、謂爲信然[三]。

〔裴松之注〕

[一] 獻帝春秋曰、初、豫章太守周術病卒。劉表上諸葛玄爲豫章太守、治南昌。漢朝聞周術死、遣朱皓代玄。皓從揚州刺史劉繇求兵擊玄。玄退屯西城、皓入南昌。建安二年正月、西城民反、殺玄、送首詣[3]繇。此書所云、與本傳不同。

[二] 漢晉春秋曰、亮家于南陽之鄧縣、在襄陽城西二十里、號曰隆中。

[三] 按崔氏譜、州平、太尉烈子、均之弟也。　魏略曰、亮在荊州、以建安初與潁川石廣元・徐元直、汝南孟公威等俱游學。三人務於精熟、而亮獨觀其大略。每晨夜從容、常抱膝長嘯、而謂三人曰、卿[4]諸人、仕進可至[5]郡守・刺史也。三人問其所[6]志、亮但笑而不言。後公威思鄉里、欲北歸。亮謂之曰、中國饒士大夫、遨遊何必故鄉邪。　臣松之以爲、魏略此言、謂諸葛亮爲公威計者可也。若謂兼爲己言、可謂未達其心矣。老氏稱、知人者智、自知者明。凡在賢達之流、固必兼而有焉。以[7]諸葛之鑒識、豈不能自審其分乎。夫其高吟俟時、情見乎言、志氣所存、既已定於其始矣。若使游步中華、騁其龍光、豈夫多士所能沈翳哉。委質魏氏、展其器能、誠非陳長文・司馬仲達所能頡頏。而況於餘哉。苟不患功業不就、道之不行、雖志恢宇宙而終不北向者、蓋以權御已移、漢祚將傾、方將[8]翼贊宗傑、以興微繼絕克復爲己任故也。豈其區區利在邊鄙而已乎。此相如所謂鵾鵬已翔於遼廓、而羅者猶視於藪澤者矣。公威名建、在魏亦貴達。

〔校勘〕

1．『三國志集解』は、「也」を衍字とする。
2．百衲本は「耕」につくるが、中華書局本により「畊」に改める。
3．張元濟『三國志校勘記』（前掲）は、「劉繇」につくるべきとするが、従わない。
4．中華書局本は、「三」につくるが、従わない。
5．中華書局本は、「刺史・郡守」につくるが、従わない。
6．中華書局本は、「至」につくるが、従わない。
7．中華書局本は、「諸葛亮」につくるが、従わない。
8．中華書局本は、「翊」につくるが、従わない。

《訓讀》

諸葛亮傳第五　　蜀書　　國志三十五

諸葛亮傳

諸葛亮（一） 字は孔明、琅邪陽都の人なり。漢の司隸校尉たる諸葛豐（二）の後なり。父の珪（三）、字は君貢、漢の末に太山郡の丞と爲る。亮 早《つと》に孤たり。從父の玄（四）、袁術の署する所の豫章太守と爲り、玄 亮及《と》亮の弟の均（五）を將ゐて官に之《ゆ》く。會《たまたま》 漢朝 更めて朱皓（六）を選び玄に代はらしむ。玄 素より荊州牧の劉表と舊有らば、往きて之に依る[一]。玄 卒し、亮 躬《み》づから隴畝に畊《たがや》し、好みて梁父（七）の吟を爲す[二]。身長八尺、毎に自ら管仲（八）・樂毅（九）に比するも、時人 之を許すもの莫きなり。惟だ博陵の崔州平（一〇）・潁川の徐庶（一一）元直のみ、亮と友として善く、謂ひて信《まこと》に然りと爲す[三]。

[裴松之注]

[一] 獻帝春秋に曰く、「初め、豫章太守の周術（一二） 病もて卒す。劉表 諸葛玄を上りて豫章太守と爲し、南昌に治せしむ。漢朝 周術の死せるを聞き、朱皓を遣はして玄に代ふ。皓 揚州刺史の劉繇（一三）より兵を求めて玄を撃つ。玄 退きて西城に屯し、皓は南昌に入る。建安二年正月、西城の民 反し、玄を殺し、首を送りて繇に詣す」と。此の書の云ふ所、本傳と同じからず。

[二] 漢晉春秋に曰く、「亮は南陽の鄧縣に家す、襄陽城の西二十里に在り、號して隆中と曰ふ」と。

[三] 崔氏譜（一四）を按ずるに、州平は、太尉たる烈（一五）の子、均（一六）の弟なり。魏略に曰く、「亮 荊州に在り、建安の初を以て潁川の石廣元（一七）・徐元直、汝南の孟公威（一八）らと與に俱に游學す。三人は精熟に務むるも、而れども亮は獨り其の大略を觀るのみ。晨夜の從容せしとき毎に、常に膝を抱き長嘯して、而して三人に謂ひて曰く、「卿ら諸人、仕進して郡守・刺史に至る可きなり」と。三人 其の志ある所を問ふに、亮 但だ笑ひて言はず。後 公威 鄉里を思ひ、北歸せんと欲す。亮 之に謂ひて曰く、「中國 士大夫を饒《あま》せり、遨遊するに何ぞ必ずしも故鄉ならんや」と」と。 臣 松之 以爲へらく、魏略の此の言、諸葛亮 公威の爲に計りし者を謂はば可とするなり。若し兼ねて己の爲の言と謂はば、未だ其の心に達せざると謂ふ可し。老氏（一九） 稱すらく、「人を知る者は智、自らを知る者は明なり」と。凡そ賢達の流に在らば、固より必ず兼ねて有す。諸葛の鑒識を以てすれば、豈に自ら其の分を審らかにする能はざるや。夫れ其の高吟して時を俟つも、情は言に見はれ、志氣の存する所は、既《すで》已に其の始に定まる。若し中華を游步し、其の龍光を騁せしめば、豈に夫れ多士の能く沈翳する所たらんや。魏氏に委質（二〇）し、其の器能を展ばさば、誠に陳長文（二一）・司馬仲達の能く頡頏する所に非ず。さすれば而《すなは》ち況んや餘に於けるをや。苟くも功業 就《な》らず、道の行はざるを患へず、志は宇宙より恢《ひろ》しと雖も而して終に北向せざる者は、蓋し權御 已に移り、漢祚 將に傾かんとするに、方《まさ》に宗傑を翼贊し、微を興し絕を繼ぎ克復するを以て己が任と爲さんとするを以ての故なり。豈に其の區區として邊鄙に在るを利《よ》しとするのみや。此れ相如（二二）の所謂る鵾鵬（二三） 已に遼廓に翔けるも、而れども羅する者は猶ほ藪澤に視る者なり。公威 名は建、魏に在りて亦た貴達す。

（補注）

（一） 諸葛は、二字以上の漢字から構成される複姓。この姓を名乗った経緯について、『三國志』卷五十二 諸葛瑾傳注引『吳書』は、先祖の葛氏が琅邪郡諸縣から陽都縣に移住した際、陽都にすでに葛氏がいたので、諸葛と呼んで区別したと伝え、同『風俗通』は、秦末の陳涉の配下で活躍した葛嬰の孫が、漢の孝文帝に諸縣侯に封ぜられ、諸と葛の二字を併せて氏としたと説明する。

（二） 諸葛豐は、徐州琅邪郡の人。經書に通じて郡文學となり、剛直と評された。元帝のとき司隷校尉となり、外戚の許章を弾劾して、節を取り上げられた。城門校尉に左遷されたのちも、周堪・張猛を弾劾したが、免官された（『漢書』巻七十七　諸葛豐傳）。

（三）珪は、諸葛珪。字を君貢、徐州琅邪郡陽都縣の人。諸葛亮の父。泰山郡の丞（次官）となったが、早く卒した（『三國志』巻三十五　諸葛亮傳）。

（四）玄は、諸葛玄。徐州琅邪郡陽都縣の人。諸葛亮の従父《おじ》。袁術に豫章太守とされたが敗れ、なじみのあった荊州牧の劉表のもとに諸葛亮とその弟の諸葛均を連れて身を寄せた（『三國志』巻三十五　諸葛亮傳）。

（五）均は、諸葛均。徐州琅邪郡陽都縣の人。諸葛亮の弟。諸葛亮と共に荊州襄陽郡で過ごしたのち、蜀漢に仕えて長水校尉となった（『三國志』巻三十五　諸葛亮傳）。

（六）朱皓は、字は文明（文淵）、揚州會稽郡上虞縣の人。朱儁の子。袁術が諸葛玄を豫章太守とした際、朝廷から豫章太守とされた。諸葛玄を破り、豫章太守となったが、笮融に殺された（『三國志』巻四十九　劉繇傳附笮融傳）。

（七）梁父は、泰山の麓の小山で「禪」、泰山での「封」とあわせて「封禪」、と呼ばれる祭祀が行われる。「梁父の吟」は、齊に伝わる歌謡で、春秋時代の齊の宰相であった晏子が、君主に対して傍若無人の振る舞いが多かった三人の勇士に、勇気のある者が取れと言って二つの桃を与え、互いの自尊心の葛藤から三人を自殺させたというものである。以下、原文を掲げておく。「歩出齊東門、遙望蕩陰裡。里中有三墳、累累正相似。問是誰家墓、田疆古冶子。力能排南山、文能絶地紀。一朝被讒言、二桃殺三士。誰能爲此謀、相國齊晏子」（『樂府詩集』巻四十一　相和歌辭　楚調曲上）。なお、『樂府詩集』は、諸葛亮の自作とする。

（八）管仲は、名を夷吾、字を仲といい、春秋時代の齊の宰相。はじめ齊の公子の糾に仕えて対立したが、親友の鮑叔牙の推挙により桓公に用いられ、その宰相となった。商業を重視して国力を蓄えるとともに、民を編成して兵力の強化につとめる富国強兵政策を推進し、その一方で他の諸侯との同盟締結に努めた。これらの政策が功を奏して齊は強国に成長し、諸侯の盟主と認められた桓公は、最初の覇者となった（『史記』巻三十二　齊太公世家）。

（九）樂毅は、戰國時代の魏の人、燕の昭王に招かれて、その將軍となった。対立関係にあった齊に対して、趙・楚・韓・魏と同盟を結んで総攻撃をかけ、七十余城を下したが、昭王が死去すると、子の惠王には用いられなかった（『史記』巻八十　樂毅傳）。

（一〇）崔州平は、崔鈞（『新唐書』巻七十二下　宰相世系表二下）。幽州涿郡安平縣の人。後漢の太尉崔烈の子。崔均の弟。のち「博陵の崔氏」と呼ばれた名門。荊州學を修め、諸葛亮らと交友したが、劉備には仕えず（『三國志』巻三十五　諸葛亮傳）、曹魏の西河太守となった（『新唐書』巻七十二下　宰相世系表二下）。

（一一）徐庶は、字を元直、もとの名は福、豫州潁川郡の人。故郷で人のために殺人を犯し、助けられたのち一年発起して学問に励み、荊州學を修め、諸葛亮や崔州平らと交際した。長坂の戦いの際、母を捕らえられて曹操に降り、のち魏の御史中丞に至った（『三國志』巻三十五　諸葛亮傳附徐庶傳、同傳注引『魏略』）。

（一二）周術は、後漢末の豫章太守。太守のまま病死し、諸葛玄が豫章太守に任命される契機となった（『三國志』巻三十五　諸葛亮傳注引『獻帝春秋』）。

（一三）劉繇は、字を正禮、青州東萊郡牟平縣の人。漢の宗室。揚州刺史として、呉景と孫賁の支持を受け曲阿を治所としたが、袁術が孫策に盧江太守の陸康を攻撃させると、孫策の一族である呉景と孫賁を追放した。太史慈・孫邵・是儀など同郷者や、徐州から逃れた許劭・薛禮・笮融に支持されたが、興平二（一九五）年、孫策に敗れ、間もなく病死した（『三國志』巻四十九 劉繇傳）。

（一四）崔氏譜は、書名。「博陵の崔氏」の家譜と考えられるが、『隋書』・『唐書』に著録されない。

（一五）烈は、崔烈。涿郡安平縣の人。冀州の名士として高く評価されていたが、太尉に就官するにあたり、靈帝に錢を納め「銅臭太尉」と蔑まれた（『後漢書』列傳四十二 崔駰傳附崔烈傳）。

（一六）均は、崔均。字を元平、涿郡安平縣の人。崔烈の子。崔州平の兄。議郎となり、忠直で董卓に殺された崔烈の仇を討とうとしたが、病で卒した（『三國志集解』に引く梁祚『魏國統』）。

（一七）石廣元は、石韜。豫州潁川郡の人。諸葛亮・徐庶・崔州平・孟建と交友して、荊州學を修めた（『三國志』巻三十五 諸葛亮傳注引『魏略』）。

（一八）孟公威は、孟建。豫州汝南郡の人。諸葛亮・徐庶・崔州平・孟建と交友して、荊州學を修め、曹魏に仕えて涼州刺史、征東將軍となった（『三國志』巻十五 溫恢傳）。

（一九）老氏は、『老子』のこと。道家の祖である老子の著とされる。しかし、老子に関する伝記は曖昧であり、『老子』の成立も不明確である。現行本は、王弼注本と河上公注本の二本であるが、馬王堆・郭店などから『老子』の発見が相次ぎ、現行本との比較・校注が進んでいる。池田知久『老子―その思想を読み尽くす』（講談社、二〇一七年）を参照。当該箇所は、『老子』王弼本三十三章に、「知人者智、自知者明」とあり同文。

（二〇）委質は、仕官すること。始めて仕官する臣下は、自らの身を地に投げ出し君主に委ねることによる（『春秋左氏傳』僖公傳二十三年）。

（二一）陳長文は、陳羣。長文は字。豫州潁川郡許縣の人、祖父の陳寔、父の陳紀は共に名声があった。はじめ劉備に仕えたが、のち曹操に随従した。荀彧の娘婿であり、その後継者として順調に出世した。荀彧の死後は、「潁川グループ」の中心人物となった。後継者争いでは一貫して曹丕を支持し、曹丕が即位すると、名士に有利な官僚登用制度である九品中正制度を献策して、採用された。官は司空・錄尙書事・鎭軍大將軍・領中護軍に至る。青龍四（二三五）年に没。謚は靖侯（『三國志』巻二十二 陳羣傳）。

（二二）相如は、司馬相如。字は長緣、益州蜀郡成都縣の人。はじめ前漢の景帝に仕えたが、のち文學の愛好家で知られた梁の孝王のもとに走り、そこで鄒陽・枚乘ら当時の有名文人と知りあった。やがて「子虛の賦」が武帝の目にとまり都に召し出された。「天子游獵の賦」に代表される賦は、漢を代表する文学様式となった（『史記』巻一百一十七 司馬相如傳）。

（二三）司馬相如の「難蜀父老」に、「猶焦朋已翔乎寥廓、而羅者猶視乎藪澤、悲夫」（『漢書』巻五十七下 司馬相如傳）とあることを踏まえた表現である。

［現代語訳］

諸葛亮傳第五　　蜀書　　國志三十五

諸葛亮傳

諸葛亮《しょかつりょう》は、字を孔明《こうめい》といい、徐州琅邪郡陽都縣《じょしゅうろうやぐんようとけん》の人である。前漢の司隷校尉《しれいこうい》である諸葛豐《しょかつほう》の子孫である。父の諸葛珪《けい》は字を君貢《くんこう》といい、後漢《ごかん》末に泰山郡《たいざんぐん》の丞《じょう》となった。諸葛亮は幼いときに父をなくした。従父の諸葛玄《しょかつげん》が袁術《えんじゅつ》の任命により豫章《よしょう》太守になると、玄は諸葛亮と亮の弟の均を連れて豫章郡に赴任した。（しかし）ちょうどそのとき朝廷は改めて朱皓《しゅこう》を豫章太守として玄に代わらせた。玄はかねてから知り合いであった荊州牧《けいしゅうぼく》の劉表《りゅうひょう》のもとに身をよせた[一]。諸葛玄が卒すると、亮は自ら田畑を耕し、その間好んで「梁父《りょうほ》の吟《ぎん》」を口ずさんだ[二]。身長は八尺（約一八四㎝）もあり、つねに自分を管仲《かんちゅう》・樂毅《がくき》に準《なぞら》えていたが、まわりでこれを認める者はいなかった。ただ博陵《はくりょう》の崔州平《さいしゅうへい》と潁川郡《えいせんぐん》の徐庶《じょしょ》（字は）元直《げんちょく》だけは、諸葛亮と親交が深く、まことにそのとおりであると認めていた[三]。

［裴松之注］

［一］『獻帝春秋《けんていしゅんじゅう》』に、「これよりさき、豫章太守の周術《しゅうじゅつ》が病気で卒した。劉表は諸葛玄を上奏して豫章太守として、南昌縣《なんしょう》（江西省南昌市）を治所とさせた。漢の朝廷は周術が死去したと聞き、朱皓《しゅこう》を派遣して諸葛玄に代えた。朱皓は揚州刺史《ようしゅうしし》の劉繇《りゅうよう》から兵を借りて諸葛玄を攻撃した。諸葛玄は撤退して西城に駐屯し、朱皓は南昌縣に入った。建安二（一九七）年正月、西城の民が反乱をおこし、諸葛玄を殺して、首を劉繇に送り届けた」とある。この書籍の言うところは、本伝と同じではない。

［二］『漢晉春秋《かんしんしゅんじゅう》』に、「諸葛亮は南陽《なんよう》郡の鄧縣（湖北省襄樊市の北西）に家をおいた。襄陽城《じょうようじょう》（湖北省襄樊市の南）の西二十里にあり、号して隆中《りゅうちゅう》と呼んだ」とある。

［三］『崔氏譜《さいしふ》』を調べてみると、崔州平は、太尉《たいい》である崔烈《さいれつ》の子、（の）崔均《さいきん》の弟である。『魏略《ぎりゃく》』に、「諸葛亮は荊州にいたころ、建安年間（一九六～二二〇年）の初めに潁川《えいせん》郡の石廣元《せきこうげん》（石韜）・徐元直《じょげんちょく》（徐庶）、汝南《じょなん》郡の孟公威《もうこうい》（孟建）たちと一緒に游学した。三人は（經書の）精読に務めたが、諸葛亮はひとり經書の大略を知るだけに止めた。（諸葛亮は）朝晩のゆったりとした時ごとに、いつも膝を抱き長嘯《ちょうしゅう》して、三人に言って、「卿《きみ》たちは、仕官すれば出世して郡太守《ぐんたいしゅ》や州刺史《しゅうしし》に至ることができる」とした。三人が諸葛亮の志とする所を聞くと、亮はただ笑って答えなかった。のち孟公威が郷里を思い、北に帰ろうとした。諸葛亮は孟建に言って、「中國（中原）では士大夫が余っている、学び活躍する場がどうして故郷でなければならないことがあろう」とした」とある。臣《わたくし》裴松之が考えますに、『魏略《ぎりゃく》』のこの言葉は、諸葛亮が孟建のために計ったことと言うのであればよいが、もし兼ねて自分のための言葉と言うのであれば、諸葛亮の心に達していないものと言うべきである。『老子《ろうし》』（第三十三章）に、「人を知る者は智であり、自らを知る者は明である」とある。およそ賢人達人のたぐいであれば、もとより（人を知ることと自らを知ることとは）兼ね有している。諸葛の鑑識眼によれば、どうして自分の分を審らかにできないことがあろうか。そもそも諸葛亮が（隠棲し）高吟して時を待っていても、その情は言葉に現れ、その志氣が存する所は、すでに始めから定まっている。もし中華（中原）に遊学し、その龍の輝きを発揮したならば、どうしてそもそも多くの士人の中に沈滞しようか。曹魏に仕官し、その器量と能力を発揮すれば、まことに陳長文《ちんちょうぶん》（陳羣《ちんぐん》）や司馬仲達《しばちゅうたつ》（司馬懿）も拮抗することはできない。そうであればどうしてその他の者が及ぶことができようか。かりそめにも功業が就らず、道が行われないことを憂えず、志は宇宙より広いな

がらもそれでもあくまで北（の曹魏）に仕えなかったのは、おそらく権力がすでに移り、漢の命運が傾こうとしているときに、皇族の英傑（である劉備）を翼賛し、衰微（した漢）を興し断絶（した漢）を継ぎ（漢を）復興することを自分の任となそうとしたことによるのであろう。（そうでなければ）どうして小さくなって辺境の田舎にいることを良しとしたであろうか。これ（が分からないの）は司馬《しば》相如《しょうじょ》のいわゆる「鵾鵬《おおとり》はすでに天空に翔け去っているのに、網をかけた者はまだ藪の沢を見ている」というものである。孟公《もうこう》威《い》は名を建といい、曹魏においてまた高官となった。

【原文】

時先主屯新野。徐庶見先主、先主器之。謂先主曰、諸葛孔明者、臥龍也。將軍豈願見之乎[一]。先主曰、君與俱來。庶曰、此人可就見、不可屈致也。將軍宜枉駕顧之。由是先主遂詣亮、凡三往、乃見。因屛人曰、漢室傾頽、姦臣竊命、主上蒙塵。孤不度德量力、欲信大義於天下、而智術[1]（短淺）〔淺短〕、遂用猖[2]（獗）〔蹶〕、至于今日。然志猶未已。君謂、計將安出。亮答曰、自董卓已來、豪傑並起、跨州連郡者、不可勝數。曹操比於袁紹、則名微而衆寡。然操遂能克紹、以弱爲彊者、非惟天時、抑亦人謀也。今操已擁百萬之衆、挾天子而令諸侯。此誠不可與爭鋒。孫權據有江東、已歷三世、國險而民附、賢能爲之用。此可[3]（與）〔以〕爲援而不可圖也。荊州北據漢・沔、利盡南海、東連吳・會、西通巴・蜀。此用武之國、而其主不能守。此殆天所以資將軍。將軍豈有意乎。益州險塞、沃野千里、天府之土。高祖因之、以成帝業。劉璋闇弱、張魯在北、民殷國富、而不知存恤、智能之士、思得明君。將軍既帝室之冑、信義著於四海、[4]（揔覽）〔總攬〕英雄、思賢如渴。若跨有荊・益、保其巖阻、西和諸戎、南撫夷越、外結好孫權、內脩政理、天下有變、則命一上將、將荊州之軍、以向宛・洛、將軍身率益州之衆、出於秦川、百姓孰敢不簞食壺漿、以迎將軍者乎。誠如是、則霸業可成、漢室可興矣。先主曰、善。於是與亮情好日密。關羽・張飛等不悅。先主解之曰、孤之有孔明、猶魚之有水也。願諸君勿復言。羽・飛乃止[二]。

〔裴松之注〕

[一] 襄陽記曰、劉備訪世事於司馬德操。德操曰、儒生俗士、豈識時務。識時務者在乎俊傑。此間自有伏龍・鳳雛。備問爲誰。曰、諸葛孔明・龐士元也。

[二] 魏略曰、劉備屯於樊城。是時曹公方定河北。亮知荊州次當受敵、而劉表性緩、不曉軍事。亮乃北行見備。備與亮非舊、又以其年少、以諸生意待之。坐集既畢、衆賓皆去、而亮獨留、備亦不問其所欲言。備性好結毦、時適有人以髦牛尾與備者、備因手自結之。亮乃進曰、明將軍當復有遠志、但結毦而已邪。備知亮非常人也、乃投毦而答曰、是何言與。我聊以忘憂[5]爾。亮遂言曰、將軍度劉鎭南孰與曹公邪。備曰、不及。亮又曰、將軍自度何如也。備

曰、亦不如。曰、今皆不及、而將軍之衆、不過數千人。以此待敵、得無非計乎。備曰、我亦愁之。當若之何。亮曰、今荊州非少人也。而著籍者寡。平居發調、則人心不悅。可語鎭南令國中、凡有游戸、皆使自實。因錄以益衆可也。備從其計。故衆遂彊。備由此知亮有英略、乃以上客禮之。九州春秋所言亦如之。　臣松之以爲、亮表云、先帝不以臣卑鄙、猥自枉屈、三顧臣於草廬之中、諮臣以當世之事。則非亮先詣備、明矣。雖聞見異辭、各生彼此、然乖背至是、亦良爲可怪。

〔校勘〕

1．百衲本は「短淺」に作るが、中華書局本により「淺短」に改める。

2．百衲本は「獗」に作るが、中華書局本により「蹶」に改める。

3．百衲本は「與」に作るが、中華書局本により「以」に改める。

4．百衲本は「捴覽」に作るが、中華書局本により「總攬」に改める。

5．中華書局本は、「耳」に作る。

《訓読》

時に先主 新野に屯す。徐庶 先主に見《まみ》え、先主 之を器とす(一)。先主に謂ひて曰く、「諸葛孔明なる者は、臥龍なり(二)。將軍 豈に之を見《み》ることを願ふか」と〔二〕。先主曰く、「君と與に倶に來たれ」と。庶曰く、「此の人は就きて見る可きも、屈し致す可からざるなり。將軍宜しく駕を枉《ま》げて之を顧るべし」と。是に由り先主 遂に亮に詣り、凡そ三たび往きて、乃ち見る。因りて人を屛《しりぞ》けて曰く、「漢室 傾頽し、姦臣 命を竊み、主上 蒙塵す。孤 德を度《はか》り力を量らず、大義を天下に信《の》べんと欲するも、而れども智術 淺短にして、遂に用《もっ》て猖蹶し、今日に至る。然れども志 猶ほ未だ已まず。君 謂ふに、計 將《は》た安くにか出でん」と。亮 答へて曰く、「董卓より已來、豪傑 並び起こり、州に跨り郡を連ぬる者、勝《あ》げて數ふ可からず。曹操は袁紹に比ぶれば、則ち名は微にして衆は寡し。然るに操 遂に能く紹に克ち、弱を以て彊と爲るは、惟だ天の時のみに非ず、抑〻亦た人の謀なり。今 操は已に百萬の衆を擁し、天子を挾《たばさ》みて諸侯に令す。此れ誠に與に鋒を爭ふ可からず。孫權は江東を據有し、已に三世を歷《へ》、國は險にして民は附き、賢能 之が用を爲す。此れ以て援と爲す可きも圖る可からざるなり。荊州は北のかた漢・沔に據り(三)、利は南海に盡き、東のかた吳・會に連なり、西のかた巴・蜀に通ず。此れ用武の國なるも、而れども其の主 守る能はず。此れ殆ど天の將軍を資《たす》くる所以なり。將軍 豈に意有るか。益州は險塞にして、沃野千里、天府の土なり。高祖 之に因りて、以て帝業を成せり。劉璋 闇弱にして、張魯 北に在り、民は殷んにして國は富むも、而れども存恤するを知らず、智能の士、明君を得んと思ふ。將軍 既に帝室の胄、信義は四海に著れ、英雄を總攬し、賢を思ふこと渴くが如し。若し荊・益を跨有し、其の巖阻を保ち、西のかた諸戎を和し、南のかた夷越を撫し、外は好《よしみ》を孫權に結び、內は政理を脩め、天下に變有らば、則ち一上將に命じ、荊州の軍を將ゐて、以て宛・洛に向かはしめ、將軍は身づから益州の衆を率ゐ、秦川に出づれば、百姓 孰か敢て簞食壺漿して(四)、以て將軍を迎へざる者あらんや。誠に是の如くんば、則ち霸業 成る可く、漢室 興る可し」と。先主曰く、「善し」と。是に於て亮と情好 日〻に密なり。關羽・張飛ら悅ばず。先主 之を解きて曰く、「孤の孔明有るは、猶ほ魚の水有るがごときなり。願はくは諸君 復た言ふこと勿かれ」と。羽・飛 乃ち止む〔三〕。

[裴松之注]

[一] 襄陽記(五)に曰く、「劉備 世事を司馬德操(六)に訪ぬ。德操曰く、「儒生・俗士、豈に時務を識らんや。時務を識る者は俊傑に在り。此の間 自づから伏龍・鳳雛あり」と。備 問ふに「誰 爲らんや」と。曰く、「諸葛孔明・龐士元なり」と」と。

[二] 魏略に曰く、「劉備 樊城に屯す。是の時 曹公 方に河北を定めんとす。亮 荊州の次に當に敵を受くべきを知るも、而れども劉表は性 緩にして、軍事に曉《あきら》かならず。亮 乃ち北行して備と見ゆ。備 亮と舊あるに非ず、又 其の年少なるを以て、諸生の意を以て之を待つ。坐集 既に畢はり、衆賓 皆 去るも、而れども亮 獨り留まり、備も亦た其の言はんと欲する所を問はず。備は性 毦を結ぶを好み、時に適〻人の髦牛の尾を以て備に與ふる者有らば、備 因りて手づから自ら之を結ぶ。亮 乃ち進みて曰く、「明將軍 當に復た遠志有るべきも、但だ毦を結ぶのみか」と。備 亮の非常の人なるを知るや、乃ち毦を投げて答へて曰く、「是れ何の言や。我 聊か以て憂ひを忘れんとするのみ」と。亮 遂に言ひて曰く、「將軍 劉鎭南を度《はか》るに曹公と孰與《いづ》れぞ」と。備曰く、「及ばず」と。亮 又 曰く、「將軍 自ら度るに何如《いかん》」と。備曰く、「亦た如《し》かず」と。曰く、「今 皆 及ばざるに、而るに將軍の衆は、數千人に過ぎず。此を以て敵を待つは、計に非ざること無きを得んか」と。備曰く、「我も亦た之を愁ふ。當に之を若何《いかん》とすべし」と。亮曰く、「今 荊州は人少なきに非ざるなり。而して籍に著く者 寡なし。平居に發調せば、則ち人心 悅ばず。鎭南に語りて國中に令し、凡そ游戶有らば、皆 自ら實せしむ可し。錄に因りて以て衆を益して可《か》なり」と。備 其の計に從ふ。故に衆 遂に彊し。備 此に由り亮に英略有るを知り、乃ち上客を以て之を禮す」と。九州春秋の言ふ所も亦た之の如し。

臣 松之 以爲へらく、亮の表に云ふに、「先帝 臣の卑鄙なるを以てせず、猥りに自ら枉屈し、臣を草廬の中に三顧し、臣に諮るに當世の事を以てす」と。さすれば則ち亮の先に備に詣るに非ざること、明らかなり。聞見 辭を異にし、各〻彼此を生ずと雖も、然れども乖背すること是に至るは、亦た艮に怪しむ可き爲り。

(補注)

(一) 器は、重んずる、尊重すること。『後漢書』列傳三十六 陳寵傳に、「朝廷器之」とあり、李賢は「器、重也」と注をつける。

(二) 臥龍は、いまだ世の中に出ず、天を駆けめぐっていない龍の意味。本条の注に引く『襄陽記』によれば、龐德公が諸葛亮を「臥龍」、龐統を「鳳雛」、司馬徽を「水鏡」と評したという。また、劉備は司馬徽を訪ね、臥龍・鳳雛の評判を聞いたとする。

(三) 漢・沔は、漢水・沔水をさす。長江最大の支流である漢江の古称。上流の陝西省南部では沔水、湖北省では漢水と呼んだ。

(四) 簞食壺漿は、民が喜び軍隊を迎え、飯を竹製の器に盛り、飲物を壺に入れ兵士を労うこと。『孟子』梁惠王下に、「簞食壺漿、以迎王師」とある。

(五) 襄陽記は、書名。『襄陽耆舊記』のこと。東晉の習鑿齒の撰。襄陽郡出身の優れた人物を記す（『隋書』卷三十三 經籍志二）。

(六) 司馬德操は、司馬徽。德操は字、豫州潁川郡の人。劉表の保護のもと、宋忠や綦母闓らとともに、反鄭玄的な經典解釈を特徴とする「荊州學」を興した。人を見る目に長け、龐德公から「水鏡」という人物評価を得た（『三國志』巻三十七 龐統傳、同傳注引『襄陽記』）。加賀栄治『中国古典解釈史 魏晋篇』（勁草書房、一九六四年）を参照。

［現代語訳］

このとき先主《せんしゅ》（劉備）は新野《しんや》縣に駐屯していた。徐庶《じょしょ》が先主にお目通りをすると、先主は徐庶を尊重した。（徐庶は）先主に言って、「諸葛孔明《しょかつこうめい》という者は臥龍《がりょう》です。將軍は孔明に会うことを願われますか」とした[一]。先主は、「君と共に一緒に来てくれ」と答えた。徐庶は、「この人は（こちらから）行けば会えますが、屈して至らせることはできません。將軍はどうか（尊貴の身を自ら屈して）車をまわして孔明を訪れてください」と言った。これにより先主はこうして諸葛亮を訪ね、およそ三たび行って、ようやく会えた。（先主は）そこで人払いをして、「漢室は傾き崩れ、姦臣《かんしん》（の曹操）が（天子の）命令を盗み、主上（の獻帝）は都（の洛陽）を離れられて（許に）いる。孤《わたし》は（自分の）徳や力（の少なさ）を量らずに、大義を天下に示そうとしたが、知恵も戦術も浅はかで疎く、このために失敗して、今日に至った。それでも（漢室復興の）志《こころざし》がなお已《や》むことはない。君が考えるに、さてどのような計略が出るであろうか」と尋ねた。諸葛亮は答えて、「董卓《とうたく》（が起こした混乱）以来、豪傑が並び起こり、州をあわせ郡を連ね（て自立し）た者は、数え切れないほどです。曹操《そうそう》は袁紹《えんしょう》に比べると、名望はわずかで軍勢は少ないものでした。それなのに曹操がよく袁紹に勝ち、そうして弱者から強者となったのは、ただ天の時（があったから）だけではなく、そもそも人が定めた謀略によります。いま曹操はすでに百万の兵を擁し、天子を（間に）立てて諸侯に命令を下しています。これはまことに（正面から）矛先を争うことはできません。孫權《そんけん》は江東《こうとう》を拠点として保ち、すでに（父の孫堅・兄の孫策と）三代を経ており、國は（長江の）険を持ち民はなつき、賢人や才能のある者は孫權の手足となっています。これは味方とすべきで（攻略を）計るべきではありません。荊州《けいしゅう》は北方では漢水《かんすい》と沔水《べんすい》に拠りながら、南海に達する利点を持ち、東では（江東の）呉郡《ごぐん》・會稽郡《かいけいぐん》に繋がり、西では（益州の）巴郡《はぐん》・蜀郡《しょくぐん》に通じております。（こうした交通の要所なので）武力を用いるべき國ですが、それなのにその主君（の劉表）は守ることすらできません。これはほとんど天が將軍を助けている証拠です。將軍は（荊州を取る）意志があるでしょうか。（また）益州《えきしゅう》は堅固な要塞の地で、豊かな平野が千里も広がる、天の倉庫と言える土地です。高祖《こうそ》（劉邦）は益州に依拠して、帝業を成し遂げました。（ところが益州を支配する）劉《りゅう》璋《しょう》は暗愚で弱く、（敵対する）張魯《ちょうろ》が北方におり、民は盛んで國は富んでいながら、それなのに恩恵を加えることを知らず、智能ある士人は、明君を得たいと願っております。將軍はすでに帝室の後裔であるうえ、その信義は天下に現れ、英雄を掌握して、賢人を渇望しておられます。もし荊州と益州を跨《また》いで持ち、その要害を保ち、西方ではもろもろの西戎《せいじゅう》をなつけ、南方では異民族や越族《えつぞく》を慰撫して、外では友好関係を孫權と結び、内では整った政治を行って、天下に変事が起こったならば、一人の上將に命じて、荊州の軍を率いて、宛《えん》縣や洛《らく》陽《よう》縣（など河南省方面）に向かわせ、將軍は自ら益州の軍勢を率いて、秦川《しんせん》（陝西省方面）に出撃すれば、（曹魏の）人々は飯を竹製の器に盛り飲物を壺に入れ、將軍を歓迎しないものはないでしょう。まことにこのようになれば、霸業は成就し、漢室は復興するのです」と言った。先主は、「よろしい」と言った。こうして諸葛亮との交情は日に日に密接となった。關羽《かんう》や張飛《ちょうひ》たちは（それを）悦ばなかった。先主はこれに弁解して、「孤《わたし》に孔明が必要なのは、なお魚に水が必要であるようなものである。どうか諸君はまた（不平を）言わないでほしい」と言った。関羽と張飛はそこで（不平を言うことを）止めた[二]。

[裴松之注]

[一]『襄陽記《じょうようき》』に、「劉備は世間のことを司馬徽《しばき》に尋ねた。司馬徽は、「儒生や俗人が、どうして時局の要務を分かるでしょうか。時局の要務を識る者は俊傑（の中）におります。このあたりにはもともと伏龍《ふくりゅう》と鳳雛《ほうすう》がおります」と答えた。劉備は「どなたのことでしょうか」と尋ねた。（司馬徽は）「諸葛孔明《しょかつこうめい》と龐士元《ほうしげん》です」と言った」とある。

[二]『魏略《ぎりゃく》』に、「劉備は樊城《はんじょう》に駐屯していた。このとき曹公は河北《かほく》を平定しようとしていた。諸葛亮は荊州が次に攻撃を受けるはずだと分かったが、それでも劉表はゆったりとした性格で、軍事に明らかでなかった。諸葛亮はそこで北に行って劉備にお目通りをした。劉備は諸葛亮と旧知ではなく、また亮が年少であるため、諸生《しょせい》として亮を待遇した。（劉備の主催する）宴会はすでに終わり、多くの賓客がみな帰り、それでも諸葛亮は一人留まっていたが、劉備は亮の言おうとすることを問わなかった。劉備は昔から牛の尾を結ぶことが好きだったが、このときはたまたま旄《ぼう》牛《ぎゅう》の尾を劉備にくれた人があり、劉備はそこで手で自らこれを結んでいた。諸葛亮はそこで進んで、「英明な将軍は遠き志があるべきですが、ただ牛の尾を結ぶだけなのですか」と言った。劉備は諸葛亮が非凡な人であることを知ると、すぐに牛の尾を投げて、「それはどういうことだ。わたしはすこし（牛の尾を結ぶことによって）憂いを忘ようとしていただけだ」と答えた。諸葛亮はそののち劉備に言って、「将軍は劉鎭南《りゅうちんなん》（劉表）を計って曹公とどちら（の力量があるとお考え）ですか」とした。劉備は、「及ばない」と答えた。諸葛亮はまた、「将軍が自分を計ってはどうでしょう」と尋ねた。劉備は、「やはり劣る」と答えた。（諸葛亮は）「いま共に及ばないのに、（曹操に対抗する）将軍の兵は、数千人に過ぎません。これにより敵を待ち受けることは、計略が無さ過ぎると言えないでしょうか」と言った。劉備は、「我《わたし》もまたこれを憂えている。これをどうすればよいであろうか」と尋ねた。諸葛亮は、「いま荊州は人が少ないのではありません。戸籍につく者が少ないのです。（このため戸籍についている）居住者から強制的に徴発すると、人々は悦びません。劉鎭南に語り、国中に命令して、およそ（戸籍についていない）游戸《ゆうこ》があれば、みな自分から戸籍に申告させるべきです。（そして）登録して兵を増やせばよろしいでしょう」と言った。劉備はその計略に従った。このため兵は強くなった。劉備はこれにより諸葛亮に英略があることを知り、そこで上客として亮を礼遇した」とある。『九州春秋《きゅうしゅうしゅんじゅう》』の言うところもまたこのようである。臣裴松之が考えるに、諸葛亮の出師表《すいしのひょう》に、「先帝は臣《わたくし》の卑しきことを厭わず、みずから身を屈して、三たび臣を草廬《そうろ》に顧みられ、臣に当世の情勢をお尋ねになりました」と言っている。そうであれば諸葛亮が先に劉備に至ったのではないことは、明らかである。見聞きしたことが言葉を異なるものとし、それぞれあれこれ（の違い）が生ずるとはいえ、それでも背反することがここにまで至るとは、まことに怪しいこととすべきである。

【原文】

劉表長子琦、亦深器亮。表受後妻之言、愛少子琮、不悦於琦。琦毎欲與亮謀自安之術、亮輒拒塞、未與處畫。琦乃將亮、游觀後園、共上高樓、飮宴之間、令人去梯、因謂亮曰、今日上不至天、下不至地、言出子口、入於吾耳。可以言未。亮答曰、君不見申生在內而危、重耳在外而安乎。琦意感[1]（寤）〔悟〕、陰規出計。會黃祖死、得出、遂爲江夏太守。俄而表卒、琮聞曹公來征、遣使請降。先主在樊聞之、率其衆南行。亮與徐庶並從、爲曹公所追破、獲庶母。庶辭先主而指其心曰、本欲與將軍共圖王霸之業者、以此方寸之地也。今已失老母、方寸亂矣。無益於事。請從此別。遂詣曹公〔一〕。

〔裴松之注〕

〔一〕魏略曰、庶先名福、本單家子、少好任俠・擊劍。中平末、嘗爲人報讎、白堊突面、被髮而走、爲吏所得。問其姓字、閉口不言。吏乃於車上立柱維磔之、擊鼓以令於市鄽、莫敢識者。而其黨伍共篡解之、得脫。於是感激、棄其刀戟、更疎巾・單衣、折節學問。始詣精舍、諸生聞其前作賊、不肯與共止。福乃卑躬早起、常獨掃除、動靜先意、聽習經業、義理精熟。遂與同郡石韜相親愛。初平中、中州兵起、乃與韜南客荊州、到、又與諸葛亮特相善。及荊州內附、孔明與劉備相隨去、福與韜俱來北。至黃初中、韜仕歷郡守・典農校尉、福至右中郎將・御史中丞。逮[2]太和中、諸葛亮出隴右、聞元直・廣元仕財如此、[3]嘆曰、魏殊多士邪。何彼二人不見用乎。庶後數年病卒。有碑在彭城、今猶存焉。

〔校勘〕

1．百衲本は「寤」に作るが、中華書局本により「悟」に改める。
2．中華書局本は、「大」に作る。
3．中華書局本は、「歎」に作る。

《訓読》

劉表の長子たる琦も、亦た深く亮を器とす。表 後妻(一)の言を受け、少子の琮を愛し、琦を悦ばず。琦 毎《つね》に亮と與に自安の術を謀らんと欲するも、亮 輒ち拒塞し、未だ與に處畫せず。琦 乃ち亮を將ゐ、後園に游觀し、共に高樓に上り、飮宴の間、人をして梯を去らしめ、因りて亮に謂ひて曰く、「今日 上は天に至らず、下は地に至らず、言は子の口より出で、吾が耳に入る。以て言ふ可きや未《いま》だしや」と。亮答へて曰く、「君 見ずや申生(二)は內に在りて危く、重耳は外に在りて安きを」と。琦 意に感悟し、陰かに出づる計を規る。會《たまたま》黃祖 死し、出づるを得、遂《かく》て江夏太守と爲る。俄《にはか》にして表 卒し、琮 曹公の來征せるを聞き、使を遣はして降を請ふ。先主 樊に在りて之を聞き、其の衆を率ゐて南行す。亮 徐庶と與に並び從ふも、曹公の追ひ破る所と爲り、庶の母を獲《と》らへらる。庶 先主に辭して其の心《むね》を指して曰く、「本 將軍と與に共に王霸の業を圖らんと欲せし者は、此の方寸の地を以てなり。今 已に老母を失ひ、方寸 亂る。事に益すること無し。此れより別れんことを請ふ」と。遂に曹公に詣る〔一〕。

〔裴松之注〕

〔一〕魏略に曰く、「庶 先の名は福、本 單家(三)の子、少くして任俠・擊劍を好む。中平の末、嘗て人の爲に讎を報じ、白堊もて面を突《いつは》り、被髪して走るるも、吏の得《とら》ふる所と爲る。其の姓字を問はるるも、口を閉ぢて言はず。吏 乃ち車上に柱を立て維《しば》りて之を磔にし、鼓を撃ちて以て市鄽に令《ふれ》せしむるも、敢て識る者莫し。而して其の黨伍 共に簒《うば》ひて之を解き、脱するを得たり。是に於て感激し、其の刀戟を棄て、疎巾・單衣に更め、節を折りて學問せり。始めて精舍に詣るや、諸生は其の前に賊と作るを聞き、肯て與に共に止まらず。福 乃ち躬を卑しくし早に起き、常に獨り掃除し、動靜すること意に先だち、經業を聽習して、義理に精熟す。遂て同郡の石韜と相 親愛す。初平中、中州に兵 起こるや、乃ち韜と與に南して荊州に客し、到るや、又 諸葛亮と與に特に相 善し。荊州の內附するに及び、孔明 劉備と與に相 隨ひて去るも、福は韜と與に倶に北に來たる。黃初中に至り、韜 仕へて郡守・典農校尉(四)を歷し、福は右中郎將・御史中丞に至る。太和中に逮び、諸葛亮 隴右に出で、元直・廣元の仕財すること此の如きを聞き、嘆じて曰く、「魏は殊に士多きか。何ぞ彼の二人の用ひられざるや」と。庶 後 數年にして病に卒す。碑(五)有りて彭城に在り、今も猶ほ焉に存す」と。

(補注)

(一) 後妻は、蔡氏。『三國志集解』によれば、蔡諷の長女が黃承彥の娘で、小女が劉表の後婦であるという。黃承彥の娘が諸葛亮の妻である。

(二) 申生は、春秋時代の晉の獻公の長子。獻公が後妻である驪姫の子を太子にしようとする画策に対して、国内に留まり殺害された。これに対して、亡命して外に出た重耳は、のちに即位して文公となった（『史記』巻三十九 晉世家）。

(三) 單家は、一族の勢力がない家。豪族と反対の意味で用いる。銭大昕によれば、『魏略』には、徐庶をはじめ、嚴榦・李義などの十名を集めた單家の列傳があったという。

(四) 典農校尉は、官名。大司農に属する六品官で、小郡の民屯を掌った（洪飴孫『三國職官表』）。

(五)『水經注』巻二十三 獲水によれば、彭城郡の中には、魏の中郎將徐庶の碑があったという。

［現代語訳］

劉表《りゅうひょう》の長男である劉琦《りゅうき》も、また諸葛亮の才能を高く評価していた。劉表は後妻（の蔡瑁の妹）の言うことを聞いて、弟の劉琮《りゅうそう》を愛し、劉琦を邪魔者扱いにした。劉琦はつねに諸葛亮と共に自分の安全策を相談したいと思っていたが、諸葛亮はそのたびに拒否して、まだ共に謀ることはなかった。劉琦はそこで諸葛亮を連れ、裏庭を逍遙し、一緒に高殿に登り、宴をしている間に、人に梯子を取り外させて、そうして諸葛亮に言った、「今日は上は天に届かず、下は地面につかない（という状況な）ので、言葉は子《あなた》の口から出て、吾《わたし》の耳に入るだけです。これでもお話しいただけないでしょうか」と。諸葛亮は答えて、「君《あなた》はご存じではありませんか（春秋時代の晉の太子であった）申生《しんせい》は国内に留まったため（後妻の驪姫のために）危険にさらされ、重耳《ちょうじ》（後の文公）が国外に出て安全であったことを」とした。劉琦はその意味を悟り、ひそかに（襄陽から外に）出る計略をめぐらせた。たまたま（江夏太守の）黃祖《こうそ》が死亡したので、外に出ることができ、こうして江夏太守《こうかたいしゅ》となっ（て身を守ることができ）た。突然に劉表が卒し、（後を嗣いだ）劉琮は曹操が征服に来ることを聞くと、使者を派遣して降伏を申し出た。先主《せんしゅ》（劉備）は樊《はん》城にあってこのことを聞くと、その軍勢を率いて南に移動した。諸葛亮は徐庶《じょしょ》とともに並んで随行したが、曹操に追撃されて敗れ、徐庶の母を捕虜とされた。徐庶は先主に別れを告げてその胸を指さして、「もともと将軍と共に王覇の業への計略を立てようとしていたところは、この一寸四方の場所（心）でした。今すでに老母を失い、一寸四方は混乱しております。（わたしは将軍の）事業の役に立てません。ここでお別れしたいと思います」と言った。こうして（徐庶は）曹操に降伏した［一］。

［裴松之注］
［一］『魏略《ぎりゃく》』に、「徐庶は先の名を福といい、もと單家《たんか》の子で、若いころには任俠と剣術を好んだ。中平《ちゅうへい》年間（一八四～一八九年）の末、かつて人のために仇討ちをして、白い土で顔面を偽り、髪をざんばらにして逃れたが、吏に捕らえられた。吏に姓名を問われても、口を閉じて言わなかった。吏はそこで車の上に柱を立て括りつけて徐庶を磔《はりつけ》とし、太鼓を撃って市場中に知らせたが、あえて知っているというものはなかった。そして徐庶の仲間は共に奪って徐庶を解放し、（徐庶は）逃れることができた。（徐庶は）これに感激して、その刀や戟《ほこ》を棄て、粗末な頭巾と単《ひと》衣《え》に改め、膝を屈して学問をした。初めて学校に至ると、諸生たちは徐庶が前に賊であったと聞き、あえて共に行動するものはなかった。徐福（徐庶）はそこで辞を低くして早くから起き、いつも一人で掃除をし、行動する際には人の気持ちを汲み、經書を聴き習って、（經書の）解釈に精通した。こうして同（じ潁川）郡の石韜と互いに親愛するようになった。初平《しょへい》年間（一九〇～一九三年）、中原で戦いが起こると、そこで石韜と一緒に南に向かって荊州に客居し、（荊州に）至ってからは、また諸葛亮ととくに親しくなった。荊州（の劉琮）が（曹操に降服して、後漢の支配）内に復帰すると、孔明は劉備に従って去ったが、徐福は石韜と共に北（の曹操のもと）に来た。黄初《こうしょ》年間（二二〇～二二六年）に至り、石韜は仕えて郡太守と典農校尉《てんのうこうい》を歴任し、徐福は右《ゆう》中郎將《ちゅうろうしょう》・御史中丞《ぎょしちゅうじょう》に至った。太和《たいわ》年間（二二七～二三三年）におよんで、諸葛亮は隴右《ろうゆう》（甘粛省の六盤山より西）に出ると、徐庶と石韜の仕えている官職がこのようであることを聞き、嘆いて、「魏はとくに士が多いのであろうか。なんと彼ら二人の用いられないことか」と言った。徐庶はのち数年で病により卒した。（徐庶の）碑は彭城《ほうじょう》縣（江蘇省徐州市）にあり、今もなおそこに在る」とある。

【原文】
先主至于夏口。亮曰、事急矣。請奉命求救於孫将軍。時權擁軍在柴桑、觀望成敗。亮説權曰、海内大亂、將軍起兵、據有江東。劉豫州亦、收衆漢南、與曹操並爭天下。今操芟夷大難、略已平矣、遂破荊州、威震四海。英雄無所用武、故豫州遁逃至此。將軍量力而處之。若能以吳・越之衆、與中國抗衡、不如早與之絶。若不能當、何不案兵束甲、北面而事之。今將軍外託服從之名、而内懷猶豫之計。事急而不斷、禍至無日矣。權曰、苟如君言、劉豫州何不遂事之乎。亮曰、田橫、齊之壯士耳、猶守義不辱。況劉豫州、王室之冑、英才蓋世、衆士慕仰、若水之歸海。若事之不濟、此乃天也。安能復爲之下乎。權勃然曰、吾不能擧全吳之地、十萬之衆、受制於人。吾計決矣。非劉豫州、莫可以當曹操者。然豫州新敗之後、安能抗此難乎。亮曰、豫州軍、雖敗於長阪、今戰士還者及關羽水軍、精甲萬人。劉琦合江夏戰士、亦不下萬人。曹操之衆、遠來疲弊。聞追豫州、輕騎一日一夜、行三百餘里、此所謂彊弩之末、勢不能穿魯縞者也。故兵法忌之曰、必蹶上將軍。且北方之人、不習水戰。又荊州之民附操者、偪兵勢耳、非心服也。今將軍誠能命猛將、統兵數萬、與豫州協規同力、破操軍必矣。操軍破、必北還。如此則荊・吳之勢彊、鼎足之形成矣。成敗之機、在於今日。權大悅、卽遣周瑜・程普・魯肅等水軍三萬、隨亮詣先主、幷力拒曹公[一]。曹公敗于赤壁、引軍歸鄴。先主遂收江南、以亮爲軍師中郎將、使督零陵・桂陽・長沙三郡、調其賦稅、以充軍實[二]。

[裴松之注]

[一] 袁子曰、張子布薦亮於孫權、亮不肯留。人問其故。曰、孫將軍可謂人主。然觀其度、能賢亮而不能盡亮。吾是以不留。 臣松之以爲、袁孝尼著文立論、甚重諸葛之爲人、至如此言則失之殊遠。觀亮君臣相遇、可謂希世一時、終始之分、誰能間之。寧有中違斷金、甫懷擇主。設使權盡其量、便當翻然去就乎。葛生行己、豈其然哉。關羽爲曹公所獲、遇之甚厚、可謂能盡其用矣、猶義不背本。曾謂孔明之不若雲長乎。

[二] 零陵先賢傳云、亮時住臨烝。

《訓読》

先主 夏口に至る。亮曰く、「事 急なり。請ふらくは命を奉じて救を孫將軍に求めん」と。時に權 軍を擁して柴桑に在りて、成敗を觀望す。亮 權に說きて曰く、「海內 大いに亂れ、將軍は兵を起し、江東を據有す。劉豫州も亦た、衆を漢南に收め、曹操と並びて天下を爭ふ。今 操は大難を芟夷し、略ぼ已に平らげ、遂に荊州を破り、威は四海を震はす。英雄も武を用ひる所無く、故に豫州 遁逃して此に至る。將軍 力を量りて之に處せ。若し能く吳・越の衆を以て、中國と抗衡せんとせば、早に之と絕つに如かず。若し當たる能はずんば、何ぞ兵を案じ甲を束ね、北面して之に事へざるか。今 將軍 外は服從の名に託して、內は猶豫の計を懷く。事 急にして斷ぜずんば、禍 至ること日無からん」と。權曰く、「苟《も》し君の言が如くんば、劉豫州 何ぞ遂に之に事へざるか」と。亮曰く、「田橫[一]は、齊の壯士なるのみも、猶ほ義を守り辱しめられず。況んや劉豫州は、王室の胄、英才 世を蓋ひ、衆士の慕仰すること、水の海に歸するが若し。事の濟らざるが若きは、此れ乃ち天なり。安んぞ能く復た之が下と爲《こそ》らんや」と。權 勃然として曰く、「吾 全吳の地、十萬の衆を擧りて、制を人に受くる能はず。吾が計は決せり。劉豫州に非ずんば、以て曹操に當たる可き者莫し。然れども豫州 新たに敗るるの後なるに、安んぞ能く此の難に抗《あ》たるか」と。亮曰く、「豫州の軍、長阪に敗れしと雖も、今 戰士の還る者及び關羽の水軍、精甲萬人なり。劉琦 江夏の戰士を合すること、亦た萬人を下らず。曹操の衆、遠來して疲弊せり。聞くならく豫州を追ふに、輕騎は一日一夜にして、行くこと三百餘里なりと。此れ所謂[二]る「強弩の末、勢 魯縞を穿つ能はざる者なり」と。故に兵法 之を忌みて曰[三]く、「必ずや上將軍を蹶《くじ》く」と。且つ北方の人、水戰に習《な》れず。又 荊州の民 操に附する者は、兵勢に偪られしのみ、心服するに非ざるなり。今 將軍 誠に能く猛將に命じ、兵數萬を統べしめ、豫州と與に規を協《あは》せ力を同《とも》にせば、操の軍を破ること必せり。操の軍 破れなば、必ずや北に還らん。此の如くんば則ち荊・呉の勢 彊く、鼎足の形 成る。成敗の機、今日に在り」と。權 大いに悅び、卽ち周瑜(四)・程普(五)・魯肅(六)ら水軍三萬を遣はし、亮に隨ひ先主に詣り、力を幷はせて曹公を拒がしむ[一]。曹公 赤壁に敗れ、軍を引き鄴に歸る。先主 遂に江南を收め、亮を以て軍師中郎將(七)と爲し、零陵・桂陽・長沙の三郡を督し、其の賦稅を調して、以て軍實に充てしむ[二]。

[裴松之注]

[一] 袁子(八)に曰く、「張子布(九) 亮を孫權に薦むるも、亮 留まるを肯ぜず。人 其の故を問ふ。曰く、「孫將軍は人主と謂ふ可し。然れども其の度を觀るに、能く亮を賢とするも而るに亮を盡くす能はず。吾 是を以て留まらず」と」と。臣 松之 以爲へらく、袁孝尼(一〇) 文を著し論を立つに、甚だ諸葛の人と爲りを重んずるも、此の如き言に至らば則ち之を失すること殊に遠し。亮の君臣 相 遇するを觀るに、希世の一時、終始の分と謂ふ可く、誰か能く之を間せん。寧んぞ中ごろに斷金に違ひ、甫《はじ》めて主を擇ばんと懷ふこと有らんや。設《も》し權をして其の量を盡くさしめば、便ち當に翻然として去就すべきや。葛の生 己を行ふは、豈に其れ然らんや。關羽 曹公の獲ふる所と爲り、之に遇せらること甚だ厚く、能く其の用を盡くすと謂ふ可きも、猶ほ義もて本に背かず。曾《なん》ぞ孔明の雲長に若《し》かずと謂ふや。

[二] 零陵先賢傳(一一)に云ふ、「亮 時に臨烝に住む」と。

（補注）

（一）田横は、戰國の七雄の一つ齊の王族で、前漢初、降服を求める高祖劉邦に抵抗して自ら首をはねて死に、その賓客五百余人もこれに殉じて自殺した（『史記』巻九十四 田儋列傳）。

（二）『漢書』巻五十二 韓安國傳に、「（安國曰）且臣聞之、衝風之衰、不能起毛羽。彊弩之末、力不能入魯縞」とあることを踏まえた表現である。

（三）『孫子』軍爭篇第七に、「五十里而爭利、則蹶上將軍、其法半至」とあり、これを典拠するが、本文には三百里とあるので、典拠とは少しく異なる。

（四）周瑜は、字を公瑾、揚州廬江郡の人。祖父の周景・従父の周忠が太尉を務めた揚州随一の名家「廬江の周氏」の出身で、容貌が美しく「美周郎」と呼ばれた。興平元（一九四）年、孫策が劉繇を攻略するため江東に軍を進めると、合流して劉繇を敗走させ、丹陽を支配し、孫策の建威中郎將となった。建安十三（二〇八）年、曹操が南下すると、降服論が優勢な中、赤壁で曹操を破り、江陵から曹仁を撤退させた。南郡太守となったが、三十六歳で急逝した（『三國志』巻五十四 周瑜傳）。

（五）程普は、字を德謀、幽州北平郡の人。孫堅に従い黄巾と戦い、孫策が會稽を取ると呉郡都尉となった。孫策の死後は、孫權を支え、赤壁の戦いでは、左右の都督として周瑜と共に曹操を撃破した。盪寇將軍に任じられた後、しばらくして卒した（『三國志』巻五十五 程普傳）。

（六）魯肅は、字を子敬、徐州臨淮郡東城縣の人。富裕な豪族出身で、周瑜に二つあった食糧貯蔵庫の一つを与え、評価されて名士となった。孫權に漢室復興と曹操排除の非現実性を説き、天下三分を勧め、すぐには従われなかったが、赤壁の戦いの際、劉備と結んで三分の基礎を築いた。周瑜の死後、奮武校尉として軍を取りまとめ、荊州の貸与をめぐり關羽と対峙したが、四十六歳で卒した（『三國志』巻五十四 魯肅傳）。

（七）軍師中郎將は、官名。軍師は、君主より進退去就の自由を有する賓客として遇され、後漢末に群雄が名士を取り込む際に用いられた。軍師中郎將のその一つである。石井仁「軍師考」（『東北大学日本文化研究所研究報告』二七、一九九一年）を参照。

（八）袁子は、書名。『袁子正論』。曹魏の袁準の撰。袁準は、魏書に伝がある袁渙の子。治世の勢を論じたと『袁氏世範』にある。

（九）張子布は、張昭。子布は字。徐州彭城郡の人。戦乱を避け江東に移住し、孫策の招きで配下となった。孫策は死に臨んで、「国内のことは張昭に問え」と孫權に遺言した。赤壁の戦いの際には、曹操への降服を唱え、やがて孫權と対峙する。孫權は丞相を置く際に、百官が推薦する張昭の任命を二度にわたって拒否し、公孫淵の帰順でも対立した（『三國志』巻五十二 張昭傳）。

（一〇）袁孝尼は、袁準。孝尼は字、豫州陳郡扶樂縣の人。後漢の司徒袁滂の孫で、袁渙の子。『袁子正論』を著した（『三國志』巻十一 袁渙傳）。

（一一）零陵先賢傳は、書名。零陵郡の人物傳。劉巴が張飛を完全に無視した話などを載せる。著書は不明である（『隋書』巻三十三 經籍志二）。

［現代語訳］

先主（劉備）は（曹操の追撃を逃れ）夏口《かこう》に至った。諸葛亮は、「事態は切迫しております。どうか命を奉じて救援を孫（權）將軍に求めさせてください」と言った。このとき孫權は軍を整えて柴桑縣《さいそう》（江西省九江市の南西）におり、勝敗の行方を傍観していた。諸葛亮は孫權に説いて、「天下が大いに乱れ、將軍は兵を起こして江東《こうとう》を支配されました。劉豫州《りゅうよしゅう》（劉備）もまた軍勢を漢水《かんすい》の南におさめて、曹操と並んで天下を争っております。いま曹操は、大乱を切り従え、ほぼ平定し終わり、そうして荊州《けいしゅう》を破り、威勢は四海を震わせています。（こうしたなか）英雄も武力を用いる余地がなく、そのため劉豫州は遁走してここに至りました。將軍も（自分の）力量を考えて、この事態に対処されますように。もし呉《ご》・越《えつ》の勢力で中國（中原の曹操）に対抗しようとするのであれば、即刻曹操と（の関係を）絶たれた方がよいでしょう。もし対抗できないのであれば、どうして兵士を引き甲冑を束ねて、北面し（て臣下の禮をとっ）て曹操に仕えないのでしょうか。いま將軍はうわべは服従の名を装いながら、内心では判断を猶予する計を取っております。事態が切迫しているのに決断しなければ、禍いは日ならずして至るでしょう」と言った。孫權は、「もし君の言葉の通りであれば、劉豫州《りゅうよしゅう》はどうしてあくまで曹操《そうそう》に仕えないのか」と尋ねた。諸葛亮は、「田横《でんおう》は、齊の壮士に過ぎませんでしたが、それでもなお義を守って屈辱を受けませんでした。ましてや劉豫州は、王室の末裔であり、その英才は世に卓絶し、多くの士が敬慕するさまは、あたかも水が海に注ぎこむようです。事が成就しないようなことがあれば、それはつまりは天命なのです。どうして曹操の下につくことなどできましょうか」と答えた。孫權はむっとして、「吾《わたし》はすべての呉の土地と、十万の軍勢をこぞって、人の掣肘を受けることはできない。吾の計は定まった。劉豫州でなければ、曹操に対抗できる者はいない。しかし劉豫州は（曹操に）敗れたばかりであるのに、どのようにこの難局に対処できるのであろうか」と言った。諸葛亮は、「劉豫州の軍は長阪《ちょうはん》の戦いに敗れましたが、これまでに戻ってきた兵士と關羽の水軍、精鋭一万人を擁しております。（加えて）劉琦《りゅうき》が江夏の軍兵を集めており、これもまた一万人を下りません。曹操の軍勢は、遠征して疲弊しております。聞くところでは劉豫州を追うために、軽騎兵は一日一夜で、三百里以上も馳せたといいます。これは、いわゆる「強い弓の矢もその最後には、（薄くて有名な）魯《ろ》の白絹さえ貫けない」という状況です。このため（『孫子』の）兵法ではこれを嫌い、「必ず上將軍（前軍の將）が倒される」と戒めております。さらに北方の人間は、水戦に不馴れです。また荊州の人々で曹操に味方している者は、軍事力に圧迫されただけであり、心から従っているわけではありません。いま將軍が猛將に命じて、兵士数万人を統率させ、劉豫州と計を共に力を併せれば、曹操の軍勢を撃破できることはまちがいありません。曹操の軍が敗れたならば、必ず北方へ帰還します。そうなれば荊州（の劉氏）と呉（の孫氏）の勢力は強大になり、三者鼎立の状勢が形成されます。成功失敗の分かれ目は、今日にあります」と述べた。孫權は大いに喜び、すぐに周《しゅう》瑜《ゆ》・程普《ていふ》・魯肅《ろしゅく》たち水軍三万を派遣し、諸葛亮とともに先主（劉備）のもとへ行かせ、力を併せて曹操を防がせた[一]。曹操は赤壁《せきへき》で敗北し、軍勢を引きあげて鄴《ぎょう》（河北省臨漳の南西）に帰った。先主はこうして江南の地を手中に収め、諸葛亮を軍師中郎將《ぐんしちゅうろうしょう》に任じて、零陵《れいりょう》・桂陽《けいよう》・長沙《ちょうさ》の三郡を治め、その賦税を調達して、軍事費にあてさせた[二]。

[裴松之注]

[一]『袁子《えんし》』に、「張子布《ちょうしふ》（張昭）は諸葛亮を孫權に薦めたが、亮は呉に留まることを承知しなかった。ある人がその理由を尋ねた。（諸葛亮は）「孫將軍は人主の器と言えましょう。しかしながらその度量を観察すると、亮《わたし》を賢人と認めることはできますが亮《わたし》を使い尽くすことはできません。吾《わたし》はこのために留まらないのです」と言った」とある。臣《わたくし》裴松之が考えるに、袁孝尼《えんこうじ》は文を著し論を立てる際に、とても諸葛亮の人となりを尊重しているが、このような言葉に至っては当を失すること甚だしいものがある。諸葛亮（と劉備と）の君臣の出会いをみると、世にも稀なその時だけの出会いで、終始一貫した結びつきと言え、誰がこれを引き裂くことができよう。どうして中途で断金（の契り）に違い、改めて君主を択ぼうなどと思うことがあろうか。もし孫權が諸葛亮の器量を尽くさせたならば、すぐに翻然と（劉備のもとを）去るとでも言うのであろうか。諸葛亮の生き方や自己実現は、どうしてその程度のものであろう。關羽は曹公に捕らえられると、曹操からたいへん厚遇され、（曹操は）關羽の器用を尽くさせたと言うべきであったが、なお（關羽は）義によって本（の劉備）に背くことはなかった。（これに比べて）孔明（諸葛亮）が雲長（關羽）に劣っているとでも言うのであろうか。

[二]『零陵先賢傳《れいりょうせんけんでん》』に、「諸葛亮はこのとき臨烝縣《りんじょう》（湖南省衡州市）に居住した」とある。

【原文】

建安十六年、益州牧劉璋、遣法正迎先主、使擊張魯。亮與關羽鎭荊州。先主自葭萌還攻璋、亮與張飛・趙雲等、率衆泝江、分定郡縣、與先主共圍成都。成都平、以亮爲軍師將軍、署左將軍府事。先主外出、亮常鎭守成都、足食足兵。二十六年、羣下勸先主稱尊號、先主未許。亮說曰、昔吳漢・耿弇等、初勸世祖卽帝位、世祖辭讓、前後數四。耿純進言曰、天下英雄喁喁、冀有所望。如不從議者、士大夫各歸求主、無爲從公也。世祖感純言深至、遂然諾之。今曹氏篡漢、天下無主。大王劉氏苗族、紹世而起。今卽帝位、乃其宜也。士大夫隨大王、久勤苦者、亦欲望尺寸之功、如純言耳。先主於是卽帝位。策亮爲丞相曰、朕遭家不造、奉承大統、兢兢業業、不敢康寧。思靖百姓、懼未能綏。於戲、丞相亮。其悉朕意、無怠輔朕之闕、助宣重光、以照明天下。君其勖哉。亮以丞相、錄尙書事、假節。張飛卒後、領司隸校尉[一]。

[裴松之注]

[一] 蜀記曰、晉初、扶風王駿鎭關中、司馬高平劉寶・長史滎陽桓隰・諸官屬士大夫、共論諸葛亮。于時談者、多譏亮託身非所、勞困蜀民、力小謀大、不能度德量力。金城郭沖以爲、亮權智英略、有踰管・晏、功業未濟、論者惑焉。條亮五事、隱沒不聞於世者、寶等亦不能復難。扶風王慨然善沖之言。 臣松之以爲、亮之異美、誠所願聞、然沖之所說、實皆可疑、謹隨事難之如左。其一事曰、亮刑法峻急、刻剝百姓、自君子・小人咸懷怨歎。法正諫曰、昔高祖入關、約法三章、秦民知德、今君假借威力、跨據一州、初有其國、未垂惠撫。且客主之義、宜相降下。願緩刑弛禁、以慰其望。亮答曰、君知其一、未知其二。秦以無道、政苛民怨、匹夫大呼、天下土崩。高祖因之、可以弘濟。劉璋暗弱、自焉已來、有累世之恩。文法羈縻、互相承奉、德政不擧、威刑不肅。蜀土人士、專權自恣、君臣之道、漸以陵替。寵之以位、位極則賤、順之以恩、恩竭則慢。所以致弊、實由於此。吾今威之以法、法行則知恩。限之以爵、爵加則知榮。榮恩並濟、上下有節。爲治之要、於斯而著。難曰、案法正在劉主前死。今稱法正諫、則劉主在也。諸葛職爲股肱、事歸元首。劉主之世、亮又未領益州、慶賞・刑政、不出於己。尋沖所述亮答、專自有其能、有違人臣自處之宜。以亮謙順之體、殆必不然。又云亮刑法峻急、刻剝百姓。未聞善政以刻剝爲稱。其二事曰、曹公遣刺客見劉備。方得交接、開論伐魏形勢、甚合備計。稍欲親近、刺者尙未得便會、既而亮入、魏客神色失措。亮因而察之、亦知非常人。須臾、客如廁、備謂亮曰、向得奇士、足以助君補益。亮問所在。備曰、起者其人也。亮徐歎曰、觀客色動而神懼、視低而忤數、姦形外漏、邪心內藏、必曹氏刺客也。追之、已越牆而走。難曰、凡爲刺客、皆暴虎馮河、死而無悔者也。劉主有知人之鑒、而惑於此客、則此客必一時之奇士也。又語諸葛云足以助君補益、則亦諸葛之流亞也。凡如諸葛之儔、鮮有爲人作刺客者矣。時主亦當惜其器用、必不投之死地也。且此人不死、要應顯達爲魏。竟是誰乎。何其寂蔑而無聞。

《訓読》

建安十六年、益州牧の劉璋、法正を遣はして先主を迎へ、張魯を擊たしめんとす。亮 關羽と與に荊州に鎭す。先主 葭萌より還りて璋を攻め、亮 張飛・趙雲らと與に、衆を率ゐ江を泝《さかのぼ》り、郡縣を分定し、先主と與に共に成都を圍む。成都 平らぎ、亮を以て軍師將軍と爲し、左將軍の府（一）事を署せしむ。先主 外に出づるや、亮 常に成都に鎭守し、食を足し兵を足す。二十六年、羣下 先主に尊号を稱するを勸むも、先主 未だ許さず。亮 說きて曰く、「昔 吳漢・耿弇(二)ら、初めて世祖(三)に帝位に卽くを勸むるも、世祖 辭讓すること、前後數四たり。耿純(四) 進言して曰く、「天下の英雄 喁喁として、望む所有るを冀《こひねが》ふ。如《も》し議者に從はずんば、士大夫 各〻歸りて主を求め、爲に公に從ふもの無からん」と。世祖 純の言が深く至れるに感じ、遂に之を然諾す。今 曹氏 漢を簒《うば》ひ、天下に主無し。大王は劉氏の苗族、世を紹《つ》ぎて起こる。今 帝位に卽くは、乃ち其れ宜《むべ》なり。士大夫 大王に隨ひ、久しく勤苦する者は、亦た尺寸の功を欲し望むこと、純の言が如きのみ」と。先主 是に於て帝位に卽く。亮に策して丞相と爲して曰く、「朕 家の不造に遭《あ》ひ(五)、大統を奉承するも、競競業業として、敢て康寧ならず。百姓を靖んぜんと思ふも、未だ綏《やすん》ず能はざるを懼る。於戲《ああ》、丞相の亮よ。其れ朕の意を悉《つく》し、怠ること無く朕の闕を輔け、重光(六)を助け宣《の》べて、以て天下を照らし明らしめよ。君 其れ勗《つと》めよや」と。亮 丞相を以て、錄尙書事たりて、節を假せらる。張飛 卒するの後、司隸校尉を領す[一]。

[裴松之注]

[一] 蜀記に曰く、「晉の初め、扶風王の駿(七) 關中に鎭するや、司馬(八)たる高平の劉寶(九)・長史たる榮陽の桓隰(一〇)・諸官屬の士大夫、共に諸葛亮を論ず。時に談者、多く亮の身を託するに所に非ず、蜀の民を勞困せしめ、力は小なるに謀は大きく、德を度り力を量る能はざるを譏る。金城の郭沖(一一) 以爲へらく、亮の權智英略は、管・晏(一二)を踰ゆる有れど、功業 未だ濟《な》らざれば、論者 焉に惑ふと。亮の五事、隱沒して世に聞へざる者を條すれば、寶ら亦た難を復す能はず。扶風王 慨然として沖の言を善しとす」と。 臣 松之 以爲へらく、亮の異美は、誠に聞くを願ふ所なれど、然れども沖の說く所、實に皆 疑ふ可く、謹みて事に隨ひ之を難ずること左の如し。其の一事に曰く、「亮の刑法 峻急にして、百姓を刻剝し、君子・小人より咸 怨歎を懷く。法正 諫めて曰く、「昔 高祖 關に入るや、法三章を約し、秦の民 德を知れり。今 君 威力を假借し、跨ぎて一州に據り、初めて其の國を有つも、未だ惠撫を垂れず。且つ客主の義、宜しく相 降下すべし。願はくは刑を緩め禁を弛めて、以て其の望を慰めん」と。亮 答へて曰く、「君は其の一を知りて、未だ其の二を知らず。秦は無道を以て、政は苛しく民は怨めば、匹夫 大呼して、天下 土崩す。高祖 之に因らば、弘濟を以てす可し。劉璋は暗弱、焉より已來、累世の恩有り。文法 羈縻するも、互ひに相 承奉し、德政は擧がらず、威刑は肅《つつし》まれず。蜀土の人士、權を專らにし自ら恣にして、君臣の道、漸く以て陵替す。之を寵《いつくし》むに位を以てし、位 極まれば則ち賤しみ、之を順《したが》へるに恩を以てし、恩 竭《つ》きれば則ち慢《あなど》る。弊を致す所以は、實に此れに由る。吾 今 之を威するに法を以てし、法 行はれば則ち恩を知る。之を限るに爵を以てし、爵 加はれば則ち榮を知る。恩榮 並び濟《いた》りて、上下 節有り。治を爲すの要、斯《ここ》に於て著はれん」と。難じて曰く、「案ずるに法正は劉主の前に在《おい》て死す。今 法正 諫むと稱すれば、則ち劉主 在《いま》せしなり。諸葛の職は股肱(一三)爲《た》るも、事は元首に歸す。劉主の世、亮 又 未だ益州を領せず、慶賞・刑政は、己より出でず。沖の述ぶる所の亮の答へを尋ぬるに、專ら自ら其の能有りとするは、人臣の自ら處るの宜に違ふ有り。亮が謙順の體を以てせば、殆ど必ず然らざらん。又 亮の刑法 峻急にして、百姓を刻剝すと云ふ。未だ善政をば刻剝を以て稱と爲すを聞かざるなり」と。其の二事に

曰く、「曹公 刺客を遣はして劉備に見へしむ。交接を得るに方《あ》たり、魏を伐つの形勢を開論し、甚だ備の計に合《かな》ふ。稍や親近せんと欲すれど、刺者 尚ほ未だ便會を得ざるに、既にして亮 入れば、魏の客 神色 措を失ふ。亮 因りて之を察し、亦た常人に非ざるを知る。須臾にして、客 廁に如き、備 亮に謂ひて曰く、「向《さき》に奇士を得、以て君を助け補益するに足る」と。亮 所在を問ふ。備曰く、「起つ者 其の人なり」と。亮 徐《おもむ》ろに歎じて曰く、「客を觀るに色 動きて神 懼れ、視 低くして忤《さから》ふこと數〻なり。姦形 外に漏れ、邪心 内に藏む、必ずや曹氏の刺客ならん」と。之を追ふも、已に牆を越へて走る」と。難じて曰く、「凡そ刺客爲るものは、皆 暴虎馮河、死して悔無き者なり。(一四) 劉主 知人の鑒有りて、而も此の客に惑はば、則ち此の客は必ず一時の奇士なり。又 諸葛に語りて以て君を助け補益するに足ると云はば、則ち亦た諸葛の流亞なり。凡そ諸葛の儔が如きもの、人の爲に刺客と作る者有ること鮮し。時の主も亦た當に其の器用を惜しみ、必ずや之を死地に投ぜざるべきなり。且つ此の人 死せざれば、要《からな》ず應に顯達して魏の爲にす。竟に是れ誰ならんか。何ぞ其れ寂蔑にして聞こえざる」と。

(補注)

(一) 署左將軍府事とは、劉備の幕府である左將軍府の事務を総覧すること。當時、劉備は左將軍として開府し、長史の許靖、司馬の龐羲以下の幕僚を任命していた。

(二) 耿弇は、字は伯昭、司隷右扶風茂陵縣の人。雲臺二十八將の一人。漁陽太守の彭寵と上谷太守の父耿況を説得し、二郡を挙げて劉秀陣営に参加。烏桓突騎を率いて活躍し、生涯に四十六郡を平定、三百城を落としたという。建威大將軍、好畤侯（『後漢書』列傳九 耿弇傳）。

(三) 世祖は、後漢の光武帝（在位、二五～五七年）の廟号。光武帝は、荊州南陽郡蔡陽縣の人、諱は秀、字は文叔。兄の劉縯や一族の劉玄（更始帝）らと共に王莽を討ち、漢中興の祖となる（『後漢書』本紀一 光武帝紀）。

(四) 耿純は、字は伯山、冀州鉅鹿郡宋子県の人。雲臺二十八將の一人。鉅鹿の大姓。更始帝の騎都尉であったが、王郎の挙兵に際し、宗族・賓客を率いて劉秀に帰属。射犬聚では賊軍十万余を精兵二千人で撃退した。官位は東郡太守・東光侯に至る。耿純が光武帝に即位を勧進したことは、『後漢書』本紀一上 光武帝紀上 建武元年四月の条に見えるが、表現は大きく異なる。盧弼は、典拠不明としている。

(五) 遭家不造は、『詩經』周頌 閔予小子を踏まえた表現である。

(六) 重光は、周の文王・武王のように、名君が続いて徳を輝かすこと。『尚書』顧命篇に、「昔君文王・武王宣重光」とある。

(七) 駿は、司馬駿。字は子臧、司馬懿の七男。景初三（二三九）年、散騎常侍侍講となり、のち各州都督を歴任。西晉になると、扶風王に封じられ、征西大將軍として關中を守備した。のち驃騎將軍・開府・使持節・都督雍涼等州諸軍事となり、武帝が弟の司馬攸を齊に出鎭させることを誡めたが、納れられず発病し、太康七（二八六）年に卒した（『晉書』卷三十八 扶風王駿傳）。

(八) 司馬は、官名。將軍府の屬官で、軍事を掌る。ここでは、征西大將軍司馬である。

(九) 劉寶は、兗州高平國の人。扶風王司馬駿の征西大將軍司馬として、諸葛亮の事跡を論じた（『三國志』卷三十五 諸葛亮傳注引

『蜀記』)。

(一〇) 桓隰は、雍州滎陽郡の人。扶風王司馬駿の征西大將軍府の長史として、諸葛亮の事跡を論じた(『三國志』巻三十五 諸葛亮傳注引『蜀記』)。

(一一) 郭沖は、金城郡の人。西晉の太康年間(二八〇～二九〇年)に、『諸葛亮隱沒五事』を著した。『舊唐書』巻四十六 經籍志上に、『諸葛亮隱沒五事』一巻、郭沖撰と著録される。『三國志集解』に引く沈家本は、『隋書』に収録されないことから、後人が『蜀記』から抜き書きしたことを疑う。

(一二) 晏は、晏嬰。春秋時代の齊の宰相。靈公・莊公・景公の三代に仕えた(『史記』巻六十二 晏平仲傳)。その言行を編纂した書が『晏子春秋』七巻であるという。なお、諸葛亮が好んだ「梁父の吟」は、晏嬰の智謀を称えたものである。

(一三) 股肱は、腹心のこと。建安十九(二一四)年、成都を陥落させた『三國志』巻三十二 先主傳の記事に、「先主復領益州牧、諸葛亮爲股肱、法正爲謀主、……」とあり、諸葛亮は「股肱」と位置づけられている。

(一四)『論語』述而篇に、「子謂顔淵曰、用之則行、舍之則藏。唯我與爾有是夫。子路曰、子行三軍、則誰與。子曰、暴虎馮河、死而無悔者、吾不與也。必也臨事而懼、好謀而成者也」とあり、これを踏まえた表現である。

[現代語訳]

建安《けんあん》十六(二一一)年、益州牧《えきしゅうぼく》の劉璋《りゅうしょう》は、法正《ほうせい》を派遣して先主を迎え、張魯《ちょうろ》を攻撃させようとした。諸葛亮《しょかつりょう》は關羽《かんう》と共に荊州を守った。先主は葭萌《かぼう》縣から引き返して劉璋を攻撃し、諸葛亮は張飛《ちょうひ》と趙雲《ちょううん》たちと共に、兵を率いて長江をさかのぼり、郡縣を手分けして平定し、先主と共に成都《せいと》城を包囲した。成都は平定され、(劉備は)諸葛亮を軍師將軍《ぐんししょうぐん》とし、左將軍《さしょうぐん》の府事を統括させた。先主が出征すると、諸葛亮はつねに成都で留守を預かり、食糧と兵力を補給した。

建安二十六(二二一)年、群臣は先主に皇帝號を称することを勧めたが、先主はまだ許さなかった。諸葛亮は説得して、「むかし(後漢の初め)吳漢《ごかん》や耿弇《こうえん》たちが、初めて世祖《せいそ》(光武帝)に帝位に即くことを勧めましたが、世祖は辞退すること、前後数回におよびました。耿《こう》純《じゅん》は、「天下の英雄は物欲しげに、望みのもの(の入手)を期待しています。もし(即位を勧進する)議者の意見に従わなければ、士大夫はそれぞれ帰って主君を求め、公(大司馬劉秀)に従う者はいなくなるでしょう」と進言しました。世祖は耿純の言葉の切実さに感じ入り、そうして即位を承諾しました。いま曹氏は漢を簒奪し、天下には主君がおりません。大王(漢中王の劉備)は劉氏の苗裔で、その血筋を継いで起こりました。いま帝位に即くのは、当然のことなのです。士大夫が大王に従って、久しく苦労してきたのは、どんなに小さくとも恩賞が欲しいためであることは、やはり耿純の言葉のとおりです」と言った。先主はここにおいて帝位についた。諸葛亮に策(任命書)を与え、丞相《じょうしょう》に任命して、「朕《ちん》は家室の不幸に遭遇し、皇統を継承したが、慎み恐れて、あえてくつろぐこともない。民(の生活)を安定させようと思うが、まだ綏《やす》んじられていないことを懸念している。ああ、丞相の諸葛亮よ。朕の意志を充分にくみとり、怠りなく朕の欠点を輔佐し、明君が重ねて光を放つのを助け宣《の》べて、天下を照らし明るくせよ。君それつとめよ」と言った。諸葛亮は丞相として、錄尚《ろくしょう》書事《しょじ》を加えられ、節《せつ》を与えられた。(司隸校尉の)張飛の死後、司隸《しれい》校尉《こうい》も兼任した[一]。

[裴松之注]

[一]『蜀記《しょくき》』に、「西晉《せいしん》の初め、扶風王《ふふうおう》の司馬駿《しばしゅん》が關中《かんちゅう》（函谷関より西、秦嶺山脈より北）に出鎮しているとき、司馬《しば》である高平《こうへい》國（山東省微山縣の北西）出身の劉寶《りゅうほう》と長史《ちょうし》である滎陽郡《けいようぐん》（河南省滎陽の北東）の桓隰《かんしつ》と（司馬駿の）諸官属の士大夫は、共に諸葛亮（の事績）を論じた。そのとき論者は、多く諸葛亮が身を託するべきではない（劉備の）所に寄せ、蜀の民を疲労困窮させ、力は小さいのに謀は大きく、徳と力を計れなかったことを非難した。金城郡《きんじょうぐん》（甘粛省永靖の北西）の郭沖《かくちゅう》は、「諸葛亮の状況に応じた智謀と優れた戦略は、（春秋時代の斉の宰相）管仲《かんちゅう》と晏嬰《あんえい》を越えているが、功業が成就しなかったので、論者は（判断に）惑っていると考え、諸葛亮の五つの事柄で、表に現れず世に伝わっていないものを箇条書きに並べると、劉寶たちは論難することができなかった。扶風王は感動して郭沖の言辞を良しとした」とある。臣《わたくし》裴松之が考えるに、諸葛亮の抜きん出た長所は、まことに聞きたいと願うものであるが、しかし郭沖の説くものは、実際にはすべて疑問があるので、謹んで事柄に即しながら批判をすると左記のようになる。その一事に、「諸葛亮の刑法は峻厳であり、人々を痛めつけたので、君子も小人もみな怨みと歎きを懐く。法正《ほうせい》はこれを諫めて、「むかし高祖《こうそ》（劉邦）が關中に入ると、法は三章だけであると約束し、秦の民は徳を知りました。いま君（劉備）は武力により、（荊州と跨《また》いで益州）一州を拠点とし、初めてその国を保ちましたが、まだ恩恵を施しておりません。かつ客（劉備）と主人（益州の民）の義から言っても、遠慮をすべきです。どうか刑を緩め禁令を弛《ゆる》めて、益州の（人々の）思いを慰さめてください」と。諸葛亮は答えて、「君（法正）はその一を知って、いまだその二を知らない。秦は無道で、政治が苛酷で民が怨んでいたので、（陳勝という）一人の男が大声で叫ぶと、天下は崩壊した。高祖はこうしたなか（天下を平定したので）、広く救済するべきであった。（これに対して）劉《りゅう》璋《しょう》は暗弱で、劉焉《りゅうえん》より以来、代々恩恵を施してきた。法律は（人々を）繋いではいたが、互いに馴れ合いがつづき、徳政は行われず、刑罰は厳格ではなかった。蜀地方の人士は、権力を専有して自分勝手で、君臣の道は、次第に廃れた。人を寵愛するために官位を用いると、官位が極まればその価値を感じなくなり、人を従順にするために恩恵を用いると、恩恵が尽きると侮るようになる。（劉璋の支配が）弊害をもたらした理由は、実にこれによる。吾《わたし》はいま人を威圧するために法を用い、法が行われれば恩を知るようになる。人を限定するために爵を用い、爵が加われば栄を知るようになる。恩と栄が並びに成れば、上下に節ができる。治政の要は、ここに現れよう」と言った」とある。（裴松之は）論難をして、「調べてみると法正は劉備の（崩御）の前に死んでいる。いま法正が諫めたと称しているので、劉備存命中のことである。諸葛亮の職は股肱《ここう》（と評されるもの）であったが、国事は元首（である劉備）に帰属していた。劉備の時代、諸葛亮はいまだ（益州牧として）益州を領しておらず、慶賞も刑政も、亮から出てはいない。郭沖が述べる亮の答えを検討すると、もっぱら自らにその能力があるとしているが、（それは）人臣のあるべき姿とは異なっている。諸葛亮の謙遜で慎ましやかな生き方から考えると、ほとんど必ずありえないことである。また（郭沖は）諸葛亮の刑法は峻厳であり、人々を痛めつけたという。いまだ善政を

痛めつけたと称することを聞いたことはない」とした。その二事に、「曹公が刺客をやって劉備に面会させた。面会できると、（刺客は）魏を討伐する方法を論じ、多く劉備の計略と一致した。次第に近づこうとしたが、刺客はなおその機会を得なかったのに、諸葛亮が入ってきたので、魏の刺客は色を失ってそわそわした。諸葛亮はそのために刺客であることを察し、また（刺客が）常人ではないことを知った。しばらくして、刺客が厠に行くと、劉備は諸葛亮に言って、「さきほど優れた人物を得た、君を助け益を挙げうるに足る」とした。諸葛亮はどこにいるかと尋ねた。劉備は、「（座を）起った者がその人である」と答えた。諸葛亮はおもむろにため息をついて、「客を観察すると顔色が変わり精神が恐れ、視線を低くして時々にらんでおりました。姦悪な形は外に漏れ、邪しまな心は内に隠しております、必ずや曹氏の刺客でしょう」と答えた。これを追いかけたが、すでに垣根を越えて逃げていた」とある。（裴松之は）論難して、「およそ刺客というものは、みな暴虎馮河、死んでも悔やまないものである。劉備は人を知る鑑識眼があるのに、この刺客に惑ったのであれば、この刺客は必ず一代の優れた人物である。また（劉備が）諸葛亮に語って君を助け益を挙げうるに足ると言うのであれば、それは諸葛に次ぐものである。およそ諸葛亮のようなものは、人のために刺客となることは少ない。時の君主もまたその器量を惜しみ、必ずこれを死地に投ずることはない。かつこの人は死んでいなければ、必ず栄達して魏のために働いたはずである。結局これは誰なのであろうか。どうして消え去って（世の評判が）聞こえないのであろうか」としている。

【原文】

章武三年春、先主於永安病篤。召亮於成都、屬以後事。謂亮曰、君才十倍曹丕。必能安國、終定大事。若嗣子可輔、輔之。如其不才、君可自取。亮涕泣曰、臣敢竭股肱之力、效忠貞之節、繼之以死。先主又爲詔勅後主曰、汝與丞相從事、事之如父[一]。建興元年、封亮武鄕侯、開府治事。頃之、又領益州牧。政事無巨細、咸決於亮。南中諸郡、並皆叛亂、亮以新遭大喪、故未便加兵、且遣使聘呉、因結和親、遂爲與國[二]。

[裴松之注]

[一] 孫盛曰、夫杖道扶義、體存信順、然後能匡主濟功、終定大業。語曰、弈者擧棊不定、猶不勝其偶。況量君之才否而二三其節、[1] (可)〔何〕以摧服彊鄰、囊括四海者乎。備之命亮、亂孰甚焉。世或有謂備欲以固委付之誠、且以一蜀人之志。君子曰、不然。苟所寄忠賢、則不須若斯之誨、如非其人、不宜啓簒逆之塗。是以古之顧命、必貽話言。詭僞之辭、非託孤之謂。幸値劉禪闇弱、無[2] (倩)〔猜〕險之(情)〔性〕、諸葛威略、足以檢衞異端、故使異同之心無由自起耳。不然、殆生疑隙・不逞之釁。謂之爲權、不亦惑哉。

[二] 亮集曰、是歲、魏司徒華歆・司空王朗・尚書令陳羣・太史令許芝・謁者僕射諸葛璋、各有書與亮、陳天命人事、欲使擧國稱藩。亮遂不報書、作正議曰、昔在項羽起不由德、雖處華夏秉帝者之勢、卒就湯鑊、爲後永戒。魏不審鑒、今次之矣。免身爲幸、戒在子孫。而二三子、各以耆艾之齒、承僞指而進書、有若崇・竦稱莽

之功、亦將偪于元禍苟免者邪。昔世祖之創迹舊基、奮羸卒數千、摧莽彊旅四十餘萬於昆陽之郊。夫據道討淫、不在衆寡。及至孟德、以其譎勝之力、擧數十萬之師、救張郃於陽平、勢窮慮悔、僅能自脫、辱其鋒鋭之衆、遂喪漢中之地。深知神器不可妄獲、旋還未至、感毒而死。子桓淫逸、繼之以簒。縱使二三子多逞蘇・張詭靡之説、奉進驩兜滔天之辭、欲以誣毀唐帝、諷解禹・稷、所謂徒喪文藻、煩勞翰墨者矣。夫大人・君子之所不爲也。又軍誡曰、萬人必死、横行天下。昔軒轅氏、整卒數萬、制四方、定海内。況以數十萬之衆、據正道而臨有罪。可得干擬者哉。

〔校勘〕

1．百衲本は「可」に作るが、『三國志集解』により「何」に改める。

2．百衲本は「倩險之情」に作るが、中華書局本により「猜險之性」に改める。

《訓讀》

章武三年春、先主 永安(一)に於て病 篤し。亮を成都より召し、屬《しょく》するに後事を以てす。亮に謂ひて曰く、「君の才は曹丕(二)に十倍す。必ずや能く國を安んじ、終には大事を定めん。若し嗣子 輔《たす》く可くんば、之を輔けよ。如し其れ不才ならば、君 自ら取る可し」と。亮 涕泣して曰く、「臣 敢て股肱の力を竭《つく》し、忠貞の節を効《いた》し、之に繼ぐに死を以てせん(三)」と。先主 又 詔を爲《つく》り、後主を勅《いまし》めて曰く、「汝 丞相と與に事に従ひ、之に事《つか》ふること父の如くせよ」と[一]。建興元年、亮を武郷侯(四)に封じ、開府(五)し事を治めしむ。頃之《しばらくして》、又 益州牧を領す。政事 巨細と無く、咸《みな》亮に決す。南中(六)の諸郡、並びに皆 叛亂するも、亮 新たに大喪に遭ふを以て、故に未だ便《ただ》ちには兵を加へず、且《しばら》く(七)使を遣はし呉に聘し、因りて和親を結ばしめ、遂に與國と爲す[二]。

［裴松之注］

［一］孫盛曰く、「夫れ道に杖り義を扶け、信順を體存して、然る後に能く主を匡し功を濟《な》して、終には大業を定む。語に曰く(八)、「弈者 棊を擧ぐるに定まらざれば、猶ほ其の偶に勝てず」と。況んや君の才否を量りて其の節を二三(九)するをや、何を以て彊鄰を摧服し、四海を囊括する者か。備の亮に命ずるは、(一〇)亂なること孰《なん》ぞ甚しきかな。世 或いは備は以て委付の誠を固め、且つ以て蜀人の志を一にせんと欲すと謂ふもの有り。君子曰く、「然らず。苟《いや》しくも寄する所が忠賢なれば、則ち斯の若きの誨を須《ま》たず、如し其の人に非ざれば、宜しく簒逆の塗を啟くべからず。是を以て古の顧命は、必ず話言を貽《のこ》す。詭僞の辭は、託孤(一一)の謂に非ず。幸ひにも劉禪は闇弱なれども、猜險の性無く、諸葛の威略は、以て異端を檢衞するに足るに値たらば、故に異同の心をして自づから起きる由無きのみ。然らずんば、殆んど疑隙・不逞の釁を生ず。之を謂ひて權(一二)と爲すは、亦た惑はざるや」と」と。

［二］亮集に曰く、「是の歲、魏の司徒たる華歆(一三)・司空(一四)の王朗(一五)・尚書令の陳羣・太史(一六)令の許芝(一七)・謁者僕(一八)射の諸葛璋(一九)、各〻書を亮に與ふる有りて、天命・人事を陳べ、國を擧げ藩と稱せしめんと欲す。亮 遂に書を報ぜず、正議を作りて曰く、「昔在《むかし》 項羽の起こるや德に由らず、華夏に處り帝者の勢を秉ると雖も、卒に湯鑊に就き、後の永戒と爲る。魏は鑒を審かにせず、今 之に次す。身を免れたるは幸ひ爲るも、戒は子孫に在らん。而るに二三子、各〻

耆艾[二〇]の齒を以て、僞指を承けて書を進むるは、崇[二一]・竦[二二]の莽の功を稱するが若く、亦た將に元禍に偪られ茍免せんとする者有るか。昔 世祖の迹を舊基に創むるや、羸卒數千を奮ひ、莽の彊旅四十餘萬を昆陽[二三]の郊に摧く。夫れ道に據りて淫を討つは、衆寡に在らず。孟德に至るに及びては、其の譎勝の力を以て、數十萬の師を擧げ、張部を陽平に救ふも、勢は窮まり慮は悔ひて、僅かに能く自ら脱するも、其の鋒鋭の衆を辱しめ、遂に漢中の地を喪ふ。深く神器[二四]の妄りに獲《う》可からざるを知り、旋り還りて未だ至らず、毒に感じて死せり。子桓は淫逸たれば、之に繼ぐに簒を以てす。縱《たと》ひ二三子をして多く蘇[二五]・張[二六] 詭靡の説を逞しくし、驩兜[二七] 滔天[二八]の辭を奉進して、以て唐帝を誣毀し、禹[二九]・稷[三〇]を諷解せんと欲せしむるも、所謂《いはゆる》 徒《いたづら》に文藻を喪ひ、煩はしく翰墨を勞せし者なり。夫れ大人・君子の爲さざる所なり。又 軍誡にも曰く、「萬人 死を必すれば、天下に橫行す」と。昔 軒轅[三一]氏は、卒數萬を整へ、四方を制し、海内を定む。況んや數十萬の衆を以て、正道に據りて有罪に臨むをや。得て干擬す可き者あらや」と」と。

(補注)

(一) 永安は、白帝城。夷陵の戦いで孫呉の陸遜に敗れた劉備は、白帝城に逃げ込み、そこを永安と改めて駐留していた（『三國志』巻三十二 先主傳）。

(二) 曹丕は、字を子桓、曹操の子。父の後を継ぎ魏王となり、さらに後漢の獻帝から禪讓を受けて曹魏を建国した。また、『典論』を著した。謚は文である（『三國志』巻二 文帝紀）。

(三) 『春秋左氏傳』僖公 傳九年に掲げる、晉の獻公が臨終の際、その子奚齊の補佐を傅の荀息に託した際の答えである、「臣竭其股肱之力、加之以忠貞。其濟、君之靈也。不濟、則以死繼之」という言葉を踏まえた表現である。

(四) 武鄕は、漢中の南鄭県にあるが、『三國志集解』に引く清の潘眉によれば、もともとは前漢の琅邪郡の屬縣であり、諸葛亮は、郷里の旧県に封ぜられたとする。

(五) 開府は、幕府を開き、自らの幕僚を抱えること。四征將軍以上の将軍職のほか、太傅・丞相・三公などが開府することができた。石井仁「征夷大将軍と中国の将軍」（『秋田大学教育研究紀要』人文科学・社会科学五二、一九九五年）を参照。

(六) 南中は、蜀の南部にあたる現在の雲南省・貴州省などの地。諸葛亮の南征した地域でもある。西晉のとき寧州が置かれた（『晉書』地理志）。『華陽國志』巻四 南中志を参照。益州郡の豪族である雍闓や、越嶲郡の夷王である高定が反乱を起こし、これに牂柯太守の朱褒や益州郡の豪族である孟獲らが呼応していた。

(七) 使は、使者。使者となった鄧芝は、孫呉と同盟して曹魏を打倒した後は両国が戦うだけだ、と言いながらも同盟を締結した。その誠実さを孫権は評価し、蜀漢の使者の中で最も両国を和合させる者は鄧芝である、という手紙を諸葛亮に送っている（『三國志』巻四十五 鄧芝傳）。

(八) 『春秋左氏傳』襄公 傳二十五年に、「弈者擧棋不定、不勝其耦」とあり、字句に異同がある。

(九) 二三は、その心志を移すこと。『毛詩』小雅 白華に、「二三其德」とあり、鄭箋は「變移其心志」とする。

(一〇) 「亂」と孫盛が評する、「君 自ら取る可し」という劉備の遺命について、王船山『讀通鑑論』は、諸葛亮を信頼していないために出した「亂命」であるという。その間に、劉備と諸葛亮との人事を中心とする「せめぎあい」があったことについては、渡邉義浩「蜀漢政権の成立と荊州人士」（『東洋史論』六、一九九八年、『三国政権の構造と「名士」』汲古書院、二〇〇四年に所収）を参照。

（一一）託孤は、幼君を委託し、国政を委ねること。『論語』泰伯篇に、「曾子曰、可以託六尺之孤、可以寄百里之命、臨大節而不可奪也、君子人與、君子人也」とある。

（一二）權は、権宜。本来の正統な方法である「經」に対して、やむを得ぬ措置をいう。堀池信夫「漢代の「權」について」（『両漢における詩と三伝』汲古書院、二〇〇七年）を参照。

（一三）華歆は、字を子魚、平原郡高唐縣の人。德行で知られ、後漢末に大將軍何進に辟召された後、尚書郎・豫章太守・侍中・尚書令を歴任した。曹操が魏王になると御史大夫となり、曹丕が王位を継承した際には相國となった。漢魏革命後は司徒・太尉を歴任した。太和五（二三一）年に病死し、敬侯と謚された（『三國志』巻十三 華歆傳）。

（一四）司空は、官名。三公の一つ。官秩は万石。全土の地図を管理し、治水や宮城の造営などの土木事業をつかさどった。前漢哀帝期に御史大夫から大司空に改称されたが、光武帝の建武二十七（五一）年に「大」字を省いて司空と称した（『漢書』巻十九 百官公卿表上、『後漢書』志二十四 百官一）。

（一五）王朗は、字を景興、東海郡の人。太尉の楊賜に師事し、徐州刺史の陶謙により茂才に察擧された。會稽太守となったが孫策に敗れ、曹操に合流した。魏が建國されると魏郡太守となり、少府・奉常・大理を歴任、曹丕が魏王を嗣ぐと、御史大夫に遷り、曹丕が皇帝に即くと司空となった。曹叡のときに司徒に転じ、太和二（二二八）年に卒した。子は王肅（『三國志』巻十三 王朗傳）。

（一六）太史令は、官名。官秩は六百石。太常の属官で、天文・星暦をつかさどり、それによって吉凶を判別した（『後漢書』志二十五 百官二）。

（一七）許芝は、後漢末の太史丞、魏の太史令。延康元（二二〇）年十月辛亥（九日）、魏王に上奏文を提示して、緯書・讖緯思想、天文・分野説に基づき、漢魏革命の正統性を主張した。また、黄初期より暦法の改訂に加わり（『晉書』巻十七 律暦中）、明帝の太和初に日食への対応を上奏している（『晉書』巻十二 天文中）。

（一八）謁者僕射は、官名。謁者の統率を職掌とする。光祿勳に属し、官秩は、比千石（『後漢書』志二十五 百官二）。

（一九）諸葛璋は、曹魏の謁者僕射。ここにしか記載はなく、詳細は不明である。

（二〇）耆艾は、老人。『禮記』曲禮篇上に、「五十曰艾服官政、六十曰耆指使」とある。

（二一）崇は、陳崇。荊州南陽の人。大司徒司直となり、王莽の片腕として活躍。孫寶や陳遵など、王莽に敵対する人物を弾劾して失脚させた。王莽の即位後も、統睦侯、五威司命將軍として王莽の側近にあり続けた（『漢書』巻九十九 王莽傳）。

（二二）竦は、張竦。字を伯松、司隷扶風杜陵の人。陳遵と親しかった。王莽のとき、陳崇の草案を作り、王莽の死後、賊兵に殺害された（『漢書』巻九十二 遊俠 陳遵傳）。

（二三）昆陽は、ここでは、劉秀（光武帝）が王莽の大軍を撃破した天下分け目の昆陽の戦いを指す。莽新の地皇四（二三）年、大司空王邑・大司徒王尋が率いる四十万余の軍を劉秀が歩兵・騎兵一千人余を率いて撃破した（『後漢書』本紀一上 光武帝紀）。

（二四）神器は、ここでは天下のこと。『老子』第二十九章に、「將欲取天下而爲之、吾見其不得已。天下神器、不可爲也」とある。

（二五）蘇は、蘇秦。雒陽の人、字は季子。張儀とともに齊の鬼谷先生に雄弁の術を学んだとされる戰國時代の縱横家の一人。はじめ秦に遊説するが用いられず、のち燕の文侯に任用され、東方六国に説いて合從同盟を締結、秦に対抗した。功により趙の武安に封ぜられたが、やがて讒言を受けて亡命、齊で暗殺された（『史記』巻六十九 蘇秦傳）。

（二六）張は、張儀。魏の人。蘇秦とともに齊の鬼谷先生に雄弁の術を学んだという戰國時代の縱横家の一人。秦に仕えた張儀は対楚工作を行い、楚の懷王との約束を反故にし、領土を獲得した（『史記』巻七十 張儀傳）。

（二七）驩兜は、堯のときに共工とともに悪事を行い、舜に罰せられ、崇山に追放された人物。『史記正義』は、黄帝の末裔とする。

（二八）滔天は、ここでは天にはびこるほどの大悪。『尚書』堯典に、「蕩蕩懷山襄陵、浩浩滔天」とある。

（二九）禹は、伝説上の帝王。舜に命じられて治水を行い、農業などの産業を整備した。天下が安定すると、舜から禪譲され、平陽に都を定めて夏を開いた（『史記』巻二 夏本紀）。

（三〇）稷は、后稷。周の始祖とされる姫棄。母の姜嫄が巨人の足跡を踏んで妊娠・出産したのち、これを不祥と棄てたため、「棄」と名付けられたという。堯の世に農師となり、舜の世には后稷（農事を掌る官）となり、后稷と呼ばれるようになった（『史記』巻四 周本紀）。

（三一）軒轅は、黄帝のこと。皇甫謐の『帝王世紀』では三皇の一人。司馬遷の『史記』では、五帝の筆頭とする。姓は公孫、名を軒轅。炎帝を阪泉に破り、蚩尤を涿鹿で殺し、帝位に就いたとされる。『史記』では、中国史を黄帝から始め、夏・殷・周の始祖をすべて黄帝の子孫であるとする（『史記』巻一 五帝本紀）。

［現代語訳］

章武《しょうぶ》三（二二三）年春、先主（劉備）は永安《えいあん》（四川省奉節県の東）で重体となった。諸葛亮を成都から呼び、後事を託した。（劉備は）諸葛亮に言った、「君の才能は曹丕《そうひ》の十倍はある。必ず国家を安んじ、最後には（天下統一の）大事業をなしとげよう。もし後継ぎ（劉禪）が補佐するに足れば、これを補佐せよ。もし才能がなければ、君が自ら（皇帝の位を）取るべきである」と。諸葛亮は涙を流して、「臣はすすんで手足となって力を尽し、忠節をささげ、これを死ぬまで貫き通します」と答えた。先主はまた詔をつくり、後主（劉禪）を戒めて、「おまえは丞相《じょうしょう》（諸葛亮をさす）とともに政治を行い、丞相に仕えること父に仕えるのと同じようにせよ」と言った［一］。建興《けんこう》元（二二三）年、後主は諸葛亮を武郷侯《ぶきょうこう》に封じ、丞相府を開いて国事を取り仕切らせた。しばらくして、さらに益州牧《えきしゅうぼく》を兼務した。政治上の事案は大小を問わず、みな諸葛亮が決定した。南中《なんちゅう》（雲南省・貴州省一帯）の諸郡が、そろって反乱をおこしたが、諸葛亮は大喪（劉備の死）にあったばかりなので、まだすぐには兵を出すことはせず、とりあえず使者（の鄧芝）を孫呉に派遣して、和親を結ばせ、そうして同盟国とした［二］。

［裴松之注］

［一］孫盛《そんせい》は、「そもそも道により義を助け、信頼と従順を身につけて、その後に君主を正し功業を成して、最後は大業を定めること

ができる。ことわざに、「碁打ちでも打つ手が定まらないようでは、その相手にも勝てない」とある。ましてや君主の才の有無を計って君主への節義を変えるようでは、どうして強い隣国を征服し、天下を統括できようか。劉備が諸葛亮に命じた遺詔は、乱命であること甚だしい。世間には或いは劉備は委任への誠意を固め、さらに蜀人の志を一つにしようと考えたと言うものもある。君子は、「そうではない。かりにも（後事を）委ねる者が忠賢であれば、このような訓戒を待つ必要はなく、もし（委ねる者が）任に相応しくなければ、簒奪の道を開く（ような言葉を残す）べきではない。このために古《いにしえ》の（死後を委ねる）顧命《こめい》は、必ず話し言葉で遺《のこ》した。詭弁や虚偽の言辞は、託孤《たくこ》に相応しくない。幸いに劉禪は暗弱であったが、猜疑心はなく、諸葛亮の威略は、反対派を押さえ込むに足りたので、（劉禪を諸葛亮が輔弼する体制を）是非する気持ちを（蜀漢の臣下たちが）起こす余地はなかった。そうでなければ、おそらく猜疑による間隙や不逞の気運が生じたであろう。（劉備の）遺詔を権宜とするのは、見当違いではなかろうか」と言った」とある。

［二］『諸葛亮集《しょかつりょうしゅう》』に、「この歳、魏の司徒《しと》である華歆《かきん》・司空《しくう》の王《おう》朗《ろう》・尚書令《しょうしょれい》の陳羣《ちんぐん》・太史令《たいしれい》の許芝《きょし》・謁者僕射《えっしゃぼくや》の諸葛璋《しょかつしょう》は、それぞれ書簡を諸葛亮に与え、天命と人事を述べ、（蜀漢の）国をあげて（曹魏の）「藩」と称させようとした。諸葛亮はまったく返書を送らず、「正議」を作って次のように言った、「むかし項羽《こうう》は徳によらずに起兵したため、中原《ちゅうげん》におり帝王の権力を握りながらも、結局は釜ゆでの刑を受け、後世への永《なが》い戒《いましめ》となった。魏は（項羽を）鑑として手本にせず、いまこれに続こうとしている。自分の身は幸いにも免れたとしても、戒は子孫に現れよう。それなのに二、三の者が、それぞれ老齢でありながら、偽（の朝廷である魏）の命をうけて書簡をよこしたのは、陳崇《ちんすう》や張竦《ちょうしょう》が王莽《おうもう》の功績を称賛したようなもので、また大きな災難に迫られて（やむを得ずに）一時のがれをしようとしたのであろうか。むかし世祖《せいそ》（光武帝）が跡を（継ぐ国家を前漢の）基礎の上に創立しようとしたときには、弱兵数千を奮いたたせ、王莽の強力な旅団四十余万を昆陽《こんよう》（河南省葉県）の郊外で打ち破った。そもそも道義を基に悪人を討伐する場合には、（勝敗は兵の）多寡にはよらない。（曹操）孟徳《もうとく》に至っては、そのごまかしの勝利による力により、数十万の軍勢を起こし、張郃《ちょうこう》を陽平關《ようへいかん》に救おうとしたが、勢いは窮まり計略は誤って、わずかに自身は脱出できたが、その精鋭の軍は屈辱をうけ、そうして漢中《かんちゅう》の地を失った。深く天下は勝手に奪うことができないことを知り、帰還して到着しないうちに、毒にあたって死んだ。（曹丕）子桓《しかん》は度を超えた逸脱を行い、曹操を継承して（後漢を）簒奪した。たとえ二、三の者に盛んに蘇秦《そしん》や張儀《ちょうぎ》のような詭弁の説を逞《たくま》しくさせ、驩兜《かんとう》のような天にはびこるほど悪辞を進め、それにより唐堯《とうぎょう》（の末裔である漢帝）を誣告し、禹《う》や后稷《こうしょく》をあてこすろうとさせても、いわゆる無駄に文才を失い、筆墨を労すというものである。そもそも大人や君子の行わないことである。また軍誡にも、「一万人が死を覚悟すれば、天下に横行できる」と言っている。むかし軒轅《けんえん》氏《し》（黃帝）は、兵卒数万を整えて、四方を制圧し、天下を平定した。まして（蜀漢が）数十万の軍勢により、正道に基づき有罪の（曹魏）に臨むのである。わざわざ刃向かう連中など居るであろうか」と」とある。

【原文】

三年春、亮率衆南征[一]。其秋悉平。軍資所出、國以富饒[二]。乃治戎講武、以俟大擧。五年、率諸軍北駐漢中。臨發、上疏曰、

先帝創業未半而中道崩殂。今天下三分、益州疲弊。此誠危急存亡之秋也。然侍衞之臣、不懈於內、忠志之士、忘身於外者、蓋追先帝之殊遇、欲報之於陛下也。誠宜開張聖聽、以光先帝遺德、恢弘志士之氣。不宜妄自菲薄、引喩失義、以塞忠諫之路也。宮中・府中俱爲一體、陟罰臧否、不宜異同。若有作姦犯科及爲忠善者、宜付有司論其刑賞、以昭陛下平明之理。不宜偏私、使內外異法也。侍中・侍郎郭攸之・費禕・董允等、此皆良實、志慮忠純。是以先帝簡拔以遺陛下。愚以爲、宮中之事、事無大小、悉以咨之、然後施行、必能裨補闕漏、有所廣益。將軍向寵、性行淑均、曉暢軍事、試用於昔日、先帝稱之曰能。是以衆議擧寵爲督。愚以爲、營中之事、悉以咨之、必能使行陳和睦、優劣得所。親賢臣遠小人、此先漢所以興隆也。親小人遠賢臣、此後漢所以傾頹也。先帝在時、每與臣論此事、未嘗不歎息痛恨於桓・靈也。侍中・尚書・長史・參軍、此悉貞亮死節之臣。願陛下親之信之、則漢室之隆、可計日而待也。

臣本布衣、躬耕於南陽、苟全性命於亂世、不求聞達於諸侯。先帝不以臣卑鄙、猥自枉屈、三顧臣於草廬之中、諮臣以當世之事。由是感激、遂許先帝以驅馳。後値傾覆、受任於敗軍之際、奉命於危難之間、爾來二十有一年矣[三]。先帝知臣謹愼、故臨崩寄臣以大事也。受命以來、夙夜憂歎、恐託付不效、以傷先帝之明、故五月渡瀘、深入不毛[四]。今南方已定、兵甲已足、當獎率三軍、北定中原。庶竭駑鈍、攘除姦凶、興復漢室、還于舊都。此臣所以報先帝、而忠陛下之職分也。

至於斟酌損益、進盡忠言、則攸之・禕・允之任也。願陛下、託臣以討賊興復之效、不效、則治臣之罪、以告先帝之靈。[1]〔若無興德之言、則〕責攸之・禕・允等之慢、以彰其咎。陛下亦宜自謀、以諮諏善道、察納雅言、深追先帝遺詔。臣不勝受恩感激、今當遠離、臨表涕零、不知所言。

遂行、屯于沔陽[五]。

[裴松之注]

[一] 詔賜亮金鈇鉞一具、曲蓋一、前後羽葆・鼓吹各一部、虎賁六十人。事在亮集。

[二] 漢晉春秋曰、亮至南中、所在戰捷。聞孟獲者、爲夷・漢所服、募生致之。既得、使觀於營陳之間、[2]〔問〕曰、此軍何如。獲對曰、向者不知虛實、故敗。今蒙賜觀看營[3]（渾）〔陳〕。若祇如此、卽定易勝耳。亮笑、縱使更戰。七縱七禽、而亮猶遣獲。獲止不去曰、公天威也。南人不復反矣。遂至滇池。南中平、皆卽其渠率而用之。或以諫亮。亮曰、若留外人、則當留兵。兵留則無所食。一不易也。加夷新傷破、父兄死喪。留外人而無兵者、必成禍患。二不易也。又夷累有廢殺之罪、自嫌釁重。若留外人、終不相

信。三不易也。今吾欲使不留兵、不運糧、而綱紀粗定、夷・漢粗安故耳。

［三］臣松之案、劉備以建安十三年敗、遣亮使吳、亮以建興五年抗表北伐、自傾覆至此整二十年。然則備始與亮相遇、在敗軍之前一年時也。

［四］漢書地理志曰、瀘惟水出牂牁郡句町縣。

［五］郭沖三事曰、亮屯于陽平、遣魏延、諸軍并兵東下、亮惟留萬人守城。晉宣帝、率二十萬衆拒亮、而與延軍錯道、徑至前、當亮六十里所。偵候白宣帝、說亮在城中兵少力弱。亮亦知宣帝垂至、已與相偪、欲前赴延軍、相去又遠、回迹反追、勢不相及、將士失色、莫知其計。亮意氣自若、勅軍中、皆臥旗息鼓、不得妄出菴幔。又令大開四城門、埽地却洒。宣帝常謂亮持重、而猥見勢弱、疑其有伏兵、於是引軍北趣山。明日食時、亮謂參佐拊手大笑曰、司馬懿必謂吾怯、將有彊伏、循山走矣。候邏還白、如亮所言。宣帝後知、深以爲恨。難曰、案陽平在漢中。亮初屯陽平、宣帝尙爲荊州都督、鎭宛城。至曹眞死後、始與亮於關中、相抗禦耳。魏嘗遣宣帝、自宛由西城伐蜀、値霖雨、不果。此之前後、無復有於陽平交兵事。就如沖言、宣帝既舉二十萬衆、已知亮兵少力弱、若疑其有伏兵、正可設防持重。何至便走乎。案魏延傳云、延每隨亮出、輒欲請精兵萬人、與亮異道會于潼關、亮制而不許。延常謂亮爲怯、歎己才用之不盡也。亮尙不以延爲萬人別統。豈得如沖言、頓使將重兵在前、而以輕弱自守乎。且沖與扶風王言、顯彰宣帝之短、對子毀父。理所不容。而云扶風王慨然善沖之言。故知此書舉引皆虛。

〔校勘〕

1．中華書局本により、「若無興德之言、則」の七字を補う。
2．中華書局本により、「問」の一字を補う。
3．百衲本は「渾」に作るが、中華書局本により「陳」に改める。

《訓読》

三年春、亮 衆を率ゐて南征す［一］。其の秋 悉く平らぐ。軍資の出づる所、國 以て富み饒かなり［二］。乃ち戎を治め武を講じて、以て大擧を俟《ま》つ。五年、諸軍を率ゐて北して漢中に駐す。發するに臨みて、上疏して曰く、

先帝 創業 未だ半ばならずして中道に崩殂（一）せり。今 天下 三分し、益州 疲弊せり。此れ誠に危急存亡の秋《とき》なり。然れども侍衞の臣、内に懈《おこた》らず、忠志の士、身を外に忘るるは、蓋し先帝の殊遇を追ひ、之を陛下に報ゐんと欲すればなり。誠に宜しく聖聽を開張して、以て先帝の遺德を光《かがや》かし、志士の氣を恢弘すべし。宜しく妄りに自ら菲薄し、喩を引き義を失ひて、以て忠諫の路を塞ぐべからず。宮中・府中（二）は倶に一體と爲し、臧否を陟罰するに、宜しく異同あるべからず。若し姦を作し科（三）を犯し及び忠善を爲す者有らば、宜しく有司に付し其の刑賞を論じて、以て陛下 平明の理を昭らかにすべし。宜しく偏私して、内外をして法を異にせしむべからず。侍中・侍郎（四）の郭攸之（五）・費禕・董允（六）らは、此れ皆 良實にして、志慮 忠純なり。是を以て先帝 簡拔して以て陛下に遺せり。愚 以爲へらく、宮中の事、事の大小と無く、悉く以て之に咨り、然る後に施行せば、必ず能く闕漏を裨補し、廣益する所有らん。將軍の向寵（七）は、性行 淑均、軍事に曉暢し、昔日に試用せられ、先帝 之を稱して能と曰へり。是を以て衆議 寵を擧げて督と爲す。愚 以爲へらく、營中の事、悉く以て之に咨らば、

必ず能く行陣をして和睦し、優劣をして所を得しめん。賢臣に親しみ小人を遠ざくるは、此れ先漢の興隆せし所以なり。小人に親しみ賢臣を遠ざくるは、此れ後漢の傾頽する所以なり。先帝在《いませ》し時、臣と此の事を論ずる毎に、未だ嘗て桓・靈に歎息痛恨せずんばあらざりき。侍中・尚書・長史・參軍(八)は、此れ悉く貞良死節の臣なり。願はくは陛下 之に親しみ之を信ぜよ。さすれば則ち漢室の隆、日を計へて待つ可し。

臣は本と布衣、躬づから南陽に耕し、苟も性命を亂世に全くし、聞達を諸侯に求めず。先帝 臣の卑鄙なるを以てせず、猥りに自ら枉屈し、三たび臣を草廬の中に顧み、臣に諮るに當世の事を以てす。是に由り感激し、遂に先帝に許すに驅馳を以てす。後に傾覆に値ひ、任を敗軍の際に受け、命を危難の間に奉じ、爾來二十有一年なり[三]。先帝 臣の謹愼なるを知る、故に崩ずるに臨みて臣に寄するに大事を以てせり。命を受けてより以來、夙夜 憂歎し、託付の効あらず、以て先帝の明を傷けんことを恐る。故に五月 瀘(九)を渡り、深く不毛に入る[四]。今 南方 已に定まり、兵甲 已に足れば、當に三軍を奬率し、北のかた中原を定むべし。庶《こいねが》はくは駑鈍を竭くし、姦凶を攘除し、漢室を興復して、舊都に還らん。此れ臣が先帝に報ひて、陛下に忠なる所以の職分なり。

損益を斟酌し、進みて忠言を盡すに至りては、則ち攸之・禕・允の任なり。願はくは陛下、臣に託すに討賊興復の効を以てし、効あらずんば、則ち臣の罪を治めて、以て先帝の靈に告げよ。若し興德の言無くんば、則ち攸之・禕・允らの慢を責めて、以て其の咎を彰《あら》はせ。陛下も亦た宜しく自ら謀りて、以て善道を諮諏し、雅言を察納し、深く先帝の遺詔を追ふべし。臣 恩を受くるの感激に勝《た》へず。今 遠く離るるに當たり、表に臨みて涕零《お》ち、言ふ所を知らず。

遂に行きて、沔陽に屯す[五]。

[裴松之注]

[一] 詔して亮に金の鈇鉞(一〇)一具、曲蓋(一一)一、前後の羽葆・鼓吹各〻一部、虎賁(一二)六十人を賜ふ。事は亮集に在り。

[二] 漢晉春秋に曰く、「亮 南中に至るや、所在に戰捷す。孟獲(一三)なる者、夷・漢の服する所と爲るを聞きて、募りて之を生致せしむ。既に得たれば、營陣の間を觀せしめ、問ひて曰く、「此の軍は何如」と。獲 對へて曰く、「向者《さきは》は虛實を知らず、故に敗れたり。今 賜を蒙り營陣を觀看す。若し祇《た》だ此の如くんば、卽ち定めて勝ち易きのみ」と。亮 笑ひ、縱《はな》ちて更に戰はしむ。七縱七禽して、而も亮 猶ほ獲を遣らんとす。獲 止まりて去らずに曰く、「公は天威なり。南人 復た反《そむ》かず」と。遂に滇池に至る。南中 平らぐや、皆 其の渠率を卽けて之を用ふ。或《あるもの》 以て亮を諫む。亮曰く、「若し外人を留むれば、則ち當に兵を留むべし。兵留むれば則ち食ふ所無し。一の易《をさ》めざるなり。加へて夷 新たに傷つき破れ、父兄 死喪す。外人を留めて兵無き者は、必ず禍患を成さん。二の易《をさ》めざるなり。又 夷は累ぬるに廢殺の罪有れば、自ら釁重きを嫌ふ。若し外人を留むるも、終に相 信ぜず。三の易《をさ》めざるなり。今 吾は兵を留めず、糧を運ばずして、而して綱紀 粗ぼ定め、夷・漢 粗ぼ安からんと欲する故のみ」と」と。

[三] 臣松之 案ずるに、劉備は建安十三年を以て敗れ、亮を遣はして呉に使とし、亮は建興五年を以て表を抗《あ》げて北伐せば、傾覆より此れに至るまで整《まさ》に二十年なり。然らば則ち備 始めて亮と相遇ふは、敗軍の前一年の時に在るなり。

［四］漢書地理志に曰く、「瀘惟水は牂牁郡句町縣より出づ」と。

［五］郭沖の三事に曰く、「亮 陽平に屯し、魏延を遣はし、諸軍 兵を幷はせて東下し、亮は惟だ萬人を留めて城を守る。晉の宣帝、二十萬の衆を率ゐて亮を拒み、而るに延の軍と道を錯へ、徑ちに前に至り、亮に當たること六十里の所なり。偵候 宣帝に白し、亮は城中に在り兵は少なく力は弱しと説く。亮も亦た宣帝の至るに垂《なんなん》とするを知るも、已に與に相 偪り、前《すす》みて延の軍に赴かんと欲すれども、相 去ること又 遠く、迹を回りて反追せんとするも、勢は相 及ばず、將士は色を失ひ、其の計を知ること莫し。亮は意氣 自若として、軍中に勅して、皆 旗を臥せ鼓を息め、妄りに菴幔を出づるを得ずとす。又 令して大いに四《よも》の城門を開き、地を埽き却洒す。宣帝 常に亮は持重なりと謂ふも、而るに猥りに勢の弱きを見せれば、其の伏兵有るを疑ひ、是に於て軍を引きて北のかた山に趣く。明日 食するの時、亮 參佐に謂ふに手を拊ちて大いに笑ひて曰く、「司馬懿 必ずや吾が怯なるを謂ひ、將に彊伏有らんとして、山に循ひて走らん」と。候邏 還りて白すに、亮の言ふ所が如し。宣帝 後に知り、深く以て恨と爲す」と。難じて曰く、「案ずるに陽平は漢中に在り。亮 初めて陽平に屯すや、宣帝 尙ほ荊州都督爲りて、宛城に鎭す。曹眞の死後に至りて、始めて亮と關中に於て、相 抗禦するのみ。魏嘗て宣帝を遣りて、宛より西城に由り蜀を伐たしむるも、霖雨に値ひ、果たせず。此れの前後、復た陽平に兵事を交ふること有る無し。就《も》し沖の言が如くんば、宣帝 既に二十萬の衆を擧げ、已に亮の兵は少なく力は弱きを知らば、若し其の伏兵有るを疑ふも、正に防を設け持重す可し。何ぞ便《ただ》ちに走るに至らんや。魏延傳を案ずるに云ふ、延は毎に亮に隨ひて出で、輒ち精兵萬人を請ひ、亮と道を異にし潼關に會せんと欲するも、亮 制して許さず。延 常に亮を謂ひて怯と爲し、己が才用の盡くさざるを歎くなりと。亮 尙ほ延を以て萬人の別統と爲さず。豈に沖の言が如く、頓《にはか》に重兵を將ゐて前に在らしめ、而して輕弱を以て自ら守るを得んや。且つ沖 扶風王と言ふに、宣帝の短を顯彰するは、子に對《むか》ひて父を毀る。理として容れざる所なり。而るに扶風王慨然として沖の言を善しとすと云ふ。故に此の書の擧げ引くもの皆 虛なるを知る」と。

（補注）

（一）崩殂は、死去。崩は皇帝の死去に汎用され、殂は堯の死去にのみ用いられる。『尙書』堯典に、「二十有八載、帝乃殂落」とある。諸葛亮は、劉備の死去を崩殂と表現することで、堯の子孫である漢の後継者と劉備を位置づけている。

（二）宮中・府中は、宮廷と丞相府。諸葛亮のとき蜀漢の事実上の政府となっていた丞相府は、北伐に伴い諸葛亮に随行する。そこで、成都の宮廷との間で意志疎通をはかるため丞相留府を成都に置き、留府長史として張裔、參軍として蔣琬を残して連絡役とした。一方、宮中には、信頼する郭攸之・費禕を侍中、董允を侍郎に配置し、劉禪の補佐役とした。

（三）科は、ここでは、蜀科という法を指す。諸葛亮は、伊籍・法正・劉巴・李嚴と共に蜀科を編纂した（『三國志』卷三十八 伊籍傳）。

（四）侍郎は、黄門侍郎のこと。漢代の官秩は六百石で、定員はない。皇帝の左右に侍従して、外朝と内朝を通じさせることを職掌とした（『後漢書』志二十七 百官四）。

（五）郭攸之は、荊州南陽郡の人、字は演長。このとき、侍中に在任していたが、詳細な履歴は不明である。
（六）董允は、荊州南郡枝江縣の人、字は休昭。のち侍中に昇進し、よく劉禪を訓導したので、董允の在世中は、宦官が政治に介入することはなかった。諸葛亮・蔣琬・費禕と共に「四相」「四英」と称される（『三國志』巻三十九 董允傳）。
（七）向寵は、荊州襄陽郡宜城縣の人。諸葛亮の丞相長史であった向朗の兄の子。このとき、中領軍に在任し、親衛隊を統率していた。夷陵の敗戦の際、向寵の部隊だけが無傷のまま撤退し、劉備に称賛されたという。
（八）參軍は、公府・將軍府の幕僚の職。ここでは丞相留府參軍の蔣琬をさす。石井仁「參軍事考―六朝軍府僚属の起源をめぐって」（『文化』五一―三・四、一九八八年）を參照。また、前文の長史は丞相留府長史の張裔、尙書は陳震をさす。
（九）瀘は、瀘水のこと。チベット高原に源を発する長江上流の古称。現在の金沙江。建興元（二二三）年以来、反乱をおこしていた南中の益州・永昌・牂柯・越嶲の四郡を平定したことをさす。なお、『華陽國志』巻四 南中志には、南中の精兵を蜀郡に移住させたほか、金銀・丹・漆・耕牛・戰馬を供出させ、軍国の用に当てたとされる。
（一〇）鈇鉞は、天子が出征者に生殺与奪の権を与えることを象徴する。鈇はおの、鉞はまさかり。『禮記』王制篇に、「諸侯賜弓矢、然後征。賜鈇鉞、然後殺」とある。
（一一）曲蓋は、太公望呂尙が出征する際に、車上に立てた傘である。『古今注』に、「曲蓋、太公所作也。武王伐紂、大風折蓋、太公因折蓋之形而制曲蓋焉」とある。
（一二）虎賁は、天子の近衛兵。獲物に襲いかかる虎のような獰猛な戦士を意味する「虎奔」を、伝説の勇者孟賁に因み「虎賁」と改めた。これを賜与するの意義については、石井仁「虎賁班劍考――漢六朝の恩賜・殊礼と故事」（『東洋史研究』五九―四、二〇〇一年）を參照。
（一三）孟獲は、建寧郡の人。建興二（二二四）年、雍闓に誘われ反乱に参加したが、南征した諸葛亮に降服した（『三國志』巻三十九 馬良傳附馬謖傳）。

［現代語訳］
建興《けんこう》三（二二五）年春、諸葛亮は軍勢を率いて南征した〔一〕。その年の秋、（南中の反乱を）ことごとく平定した。（この結果、南中より）軍需物資が出て、国はそれにより富み豊かになった〔二〕。そこで軍隊を整備して演習を行い、次の大軍事行動（北伐）にそなえた。建興五（二二七）年、（諸葛亮は）諸軍を率いて北に向かい漢中《かんちゅう》に駐屯した。出陣するにあたって、上疏《じょうそ》して次のように述べた、
先帝（劉備）は創められた事業（漢の復興）がまだ半分にも達していない中道で崩殂《ほうそ》されました。いま天下は三分し、益州《えきしゅう》は疲弊しております。これは誠に危急存亡のときです。それでも近侍の臣下が、宮中内で怠らずに励み、忠の志を持つ臣下が、身を外で忘れて努めているのは、先帝の格別の恩顧を追慕し、これを陛下にお返ししようと考えているためです。（ですから陛下は）かならずお耳を開き、先帝の遺された徳を輝かし、志士の気持ちを広げるべきであります。決してみだりに自分をなおざりにして、誤った喩えを引き道義を失い、忠言・諫言の道を閉ざしてはなりません。宮中と丞相府《じょうしょうふ》はともに一体として、善悪に賞罰を加えるときに、食い違いがあってはなりませ

ん。もし悪事をなし蜀科《しょくか》を犯しあるいは忠善を行う者があれば、かならず担当官庁に下げ渡してその刑罰恩賞を判定させ、陛下の公平な政治の理を明らかにすべきです。決して私情にひかれて、内外で法律に相違を生じさせてはなりません。侍中《じちゅう》の郭攸之《かくゆうし》・費禕《ひい》と侍郎《じろう》の董《とう》允《いん》は、みな忠良実直で、志は忠実で思いは純粋であります。このゆえにこそ先帝は抜擢なさって陛下のもとに（かれらを）遺されたのです。わたしが思いますに、宮中のことは、事の大小の区別なく、すべてこれらの人々に相談し、そののちに施行されれば、必ずや遺漏を補い、広い利益を得られるでしょう。将軍の向寵《しょうちょう》は、性質や行為が善良公平で、軍事に通暁しており、かつて試みに用いられ、先帝はかれを有能であるとおっしゃりました。このゆえにこそ人々の意見は向寵を推挙して中部督《ちゅうぶとく》としたのです。わたしが思いますに、軍中のことは、すべてかれに相談されれば、必ずや軍隊を分裂させず、優劣の区別をつけて（軍を）運用できるでしょう。賢臣に親しみ小人を遠ざけたことは、前漢の興隆した理由でした。小人に親しみ賢臣を遠ざけたことが、後漢の衰微した理由です。先帝がご存命のころ、臣《わたくし》とこのことを議論されるたびに、（後漢末の）桓帝《かんてい》・靈帝《れいてい》に対して歎息痛恨しないことはありませんでした。侍中・尚書《しょうしょ》（の陳震）・（丞相留府）長史《ちょうし》（の張裔）・（丞相留府）參軍《さんぐん》（の蔣琬）は、みな誠実善良で死しても節を曲げないものばかりです。どうか陛下はこれらのものを親愛・信頼してください。そうすれば漢室の興隆は、日を数えて待つことができましょう。

臣《わたくし》はもともと無官の身で、自ら南陽《なんよう》で晴耕雨読の生活をし、乱世に生命を全うするのがせいぜいで、諸侯に名声が届くことなど願っておりませんでした。（しかし）先帝は臣の卑しきことを厭わず、みずから身を屈して、三たび臣を草廬《そうろ》に顧みられ、臣に当世の情勢をお尋ねになりました。これによって感激し、先帝のもとで奔走することを承知しました。そののち（長坂の戦いに）大敗を喫し、任務を敗戦の中に受けて、危難の最中に命令を奉じて（孫呉との同盟に尽力し）、いままで二十一年が経過しました[三]。先帝は臣の慎み深いことを知っておられ、そのため崩御されるにあたり臣に国家の大事を任されました。ご命令を受けてより、日夜憂悶し、委託されたことへの功績をあげず、それにより先帝のご明哲を傷つけることを恐れました。このため五月に瀘水《ろすい》を渡り、不毛の地（である南中）に入りました[四]。いま南方はすでに平定され、軍の装備もすでに充足しましたので、三軍を励まし率いて、北に向かって中原の地を平定すべきであります。願わくば愚鈍の才をつくし、凶悪な（曹魏の）ものどもをうち払い、漢室を復興し、旧都（洛陽）に帰りたいと思います。これこそ臣が先帝のご恩に応え、陛下に忠を尽くすために果たさねばならぬ職責なのです。

利害を斟酌し、進み出て忠言を尽くすのは、郭攸之・費禕・董允の任務です。どうか陛下には、臣には賊を討伐して（漢室を）復興することをおまかせくださり、功績があがらなければ、臣の罪を処断して、先帝の御霊にご報告ください。もし徳を盛んにする言葉がなければ、郭攸之・費禕・董允たちの怠慢を責めて、その罪を明らかにしてください。陛下もまた必ず自ら考え、善き道を採ろうとし、正しい言葉を受け入れて、深く先帝のご遺言に沿うようにご努力ください。臣は大恩を受け感激にたえません。いま遠く離れようとするに当たり、表を前にして涙が流れ、申し上げる言葉を知りません」と。

こうして（諸葛亮は北伐に）出征し、沔陽《べんよう》縣に駐屯した[五]。

[裴松之注]

[一]（劉禪は）詔を下して諸葛亮に金の鈇鉞《ふえつ》を一揃い、曲蓋《きょくがい》を一つ、前後の（車の覆いにつける）羽葆《うほ》と（軍楽隊である）鼓吹《こすい》をそれぞれ一部、虎賁《こほん》六十人を賜った。この事は『諸葛亮集』に記されている。

[二]『漢晉春秋《かんしんしゅんじゅう》』に、「諸葛亮は南中《なんちゅう》に至ると、いたる所で戦いに勝った。孟獲《もうかく》という者が、南蛮と漢族（両方）から心服されていると聞いて、懸賞金をかけてかれを生け捕りにして連れて来させた。捕らえたのちに、陣営の中を見せ、尋ねて、「この軍容はどうかな」と言った。孟獲は答えて、「以前は（蜀漢軍の）虚実を知りませんでしたから、そのため敗退しました。いま恩恵により陣営をみせていただきました。もしただこのようであれば、簡単に勝利を納められます」と言った。諸葛亮は笑うと、（孟獲を）解放しさらに戦わせた。七たび解放して七たび捕らえ、なおも諸葛亮は孟獲を放そうとした。孟獲は止まって去らず、「公は天のご威光をお持ちです。南人は二度と背きません」と言った。かくして滇池《てんち》（雲南省昆明市）まで至った。南中が平定されると、（諸葛亮は行政官に）みな南中の首長を就けてそのまま用いた。あるものが諸葛亮を諫めた。諸葛亮は、「もし外の者を留めれば、兵を留めなければならない。兵を留めれば（その）食糧を得られない。一つ目の治められない理由である。さらに南蛮は（南征により）傷つき敗退し、父兄を失ったばかりである。外の者を留めて兵が無ければ、必ず問題をおこそう。二つ目の治められない理由である。また南蛮は（漢の役人を）追い出し殺害した罪があるので、自ら罪の重さを嫌がっている。もし外の者を留めても、最終的に信頼しあうことができない。三つ目の治められない理由である。いま吾《わたし》は兵を留めず、食糧を運ばず、大きな規則をだいたい定め、南蛮と漢族がだいたい安寧であってほしいと考えているだけである」と言った」とある。

[三] 臣《わたくし》裴松之が考えますに、劉備は建安十三（二〇八）年に敗退し、諸葛亮を派遣して呉に使者とし、諸葛亮は建興五（二二七）年に出師表を上奏して北伐しているので、敗北から出師表に至るまではちょうど二十年である。そうであるならば劉備が始めて諸葛亮と出会ったのは、敗戦の前の一年の時となる。

[四]『漢書』地理志に、「瀘惟水《ろいすい》は牂牁《そうか》郡句町《くてい》縣（雲南省広南の北）より出でている」とある。

[五] 郭沖《かくちゅう》の三事に、「諸葛亮は陽平に駐屯すると、魏延《ぎえん》を派遣して、諸軍は兵をあわせて東に向かい、亮はただ一万人を留めて城を守った。西晉の宣帝《せんてい》（司馬懿）は、二十万の軍勢を率いて諸葛亮（の侵攻）を防いだが、魏延の軍とは道を異にしたので、まっすぐに前に進め、諸葛亮（の城）まで六十里の所に着いた。斥候は宣帝に、諸葛亮は城中に居り軍勢は少なく兵力は弱いと申し上げた。諸葛亮もまた宣帝（の軍）が至ろうとすることを知ったが、すでに差し迫っており、進んで魏延の軍に行こうとしても、互いに遠く離れ、（宣帝の軍の）後から回り込んで追撃しようとしても、軍勢が及ばず、将兵は色を失って、どうして良いか分からなかった。（しかし）諸葛亮は平然としていて、軍中に命じて、すべて軍旗を伏せ陣太鼓を止めて、みだりに陣幔を出ることを禁じた。また令して大いに四方の城門を開き、掃除をして水をまいた。宣帝はいつも諸葛亮は慎重であると思っていたのに、わざわざ軍勢の弱さを見せているので、伏兵があると疑い、そこで軍を引きて北に向かって山に行った。翌日の食事の時、諸葛亮は幕僚に手を打って大笑いをしながら言って、「司馬懿《しばい》は必ずや

吾《わたし》が臆病であると思い、強い伏兵があるだろうと、山に沿って逃げたであろう」とした。斥候が帰って報告すると、諸葛亮の言うようであった。宣帝は後にこれを知り、深く怨みとした」とある。（裴松之は）論難して次のように言った、「考えてみると陽平は漢中《かんちゅう》にある。諸葛亮が最初に陽平に駐屯したとき、宣帝はなお荊州《けいしゅう》都督《ととく》であり、宛城《えんじょう》（河南省南陽市）で鎮守していた。曹眞《そうしん》の死後に至って、初めて諸葛亮と關中《かんちゅう》に、互いに攻防しあったのである。魏はかつて宣帝を派遣して、宛城から西城《せいじょう》を経由して蜀を伐たせたことがあったが、長雨にあい、果たせなかった。これの前後で、陽平で（諸葛亮と司馬懿が）兵を交えたことはない。もし郭沖の言葉のようであれば、宣帝は二十万の軍勢を擁していたうえに、諸葛亮の兵が少なく力は弱いことを知っていたならば、もし亮の伏兵があることを疑っても、備えを設け慎重にすればよい。どうして直ちに逃げることに至ろうか。（『三國志』巻四十）魏延傳を調べてみると、魏延はいつも諸葛亮に随って出撃するたびに、精兵一万人を要請し、亮と違う道から（魏に侵攻して）潼關（陝西省潼関縣）で合流しようと考えていたが、亮は止めて許さなかった。（このため）魏延はいつも諸葛亮を臆病と言い、自分の才能が尽くされないことを嘆いていたという。諸葛亮はなお魏延に一万人の別動隊の指揮をさせなかったのである。どうして郭沖の言葉のように、急に多くの兵を率いて前に進ませ、軽く弱い兵で自分を守ることをするであろうか。かつ郭沖は扶《ふ》風王《ふうおう》（司馬駿）と話しているのに、宣帝の短所を明らかにするのは、子に向かって父を毀損している。理として受け入れられないことである。それなのに扶風王は感動して郭沖の言葉を良しとしたと言っている。このことからこの書（『蜀記』）が挙げて引用するもの（郭沖の五事）はすべて虚妄であることが分かる」と。

【原文】

六年春、揚聲由斜谷道取郿、使趙雲・鄧芝爲疑軍、據箕谷。魏大將軍曹眞、擧衆拒之。亮身率諸軍攻祁山、戎陣整齊、賞罰肅而號令明。南安・天水・安定三郡、叛魏應亮、關中響震[一]。魏明帝、西鎭長安、命張郃拒亮。亮使馬謖督諸軍在前、與郃戰于街亭。謖違亮節度、擧動失宜、大爲郃所破。亮拔西縣千餘家、還于漢中[二]、戮謖以謝衆。上疏曰、臣以弱才、叨竊非據、親秉旄鉞、以厲三軍、不能訓章明法、臨事而懼。至有街亭違命之闕、箕谷不戒之失。咎皆在臣授任無方。臣明不知人、恤事多闇。春秋責帥。臣職是當。請自貶三等、以督厥咎。於是以亮爲右將軍・行丞相事。所總統如前[三]。

[裴松之注]

[一] 魏略曰、始國家以、蜀中惟有劉備。備既死、數歲寂然無聞。是以略無備預。而卒聞亮出、朝野恐懼、隴右・祁山尤甚。故三郡同時應亮。

[二] 郭沖四事曰、亮出祁山、隴西・南安二郡應時降、圍天水、拔冀城、虜姜維、驅略士女數千人還蜀。人皆賀亮、亮顏色愀然有戚容。謝曰、普天之下、莫非漢民。國家威力未擧、使百姓困於豺狼之吻。一夫有死、皆亮之罪。以此相賀、能不爲愧。於是蜀人咸知

亮有吞魏之志、非惟拓境而已。難曰、亮有吞魏之志久矣、不始於此、衆人方知也。且于時師出無成、傷欽而反者衆、三郡歸降而不能有。姜維、天水之匹夫耳、獲之則於魏何損。拔西縣千家、不補街亭所喪、以何爲功、而蜀人相賀乎。

［三］漢晉春秋曰、或勸亮更發兵者。亮曰、大軍在祁山・箕谷、皆多於賊。而不能破賊、爲賊所破者、則此病不在兵少也、在一人耳。今欲減兵省將、明罰思過、校變通之道於將來。若不能然者、雖兵多何益。自今已後、諸有忠慮於國、但勤攻吾之闕、則事可定、賊可死、功可蹻足而待矣。於是考微勞、甄烈壯、引咎責躬、布所失於天下、厲兵講武、以爲後圖。戎士簡練、民忘其敗矣。亮聞孫權破曹休、魏兵東下、關中虛弱。十一月、上言曰、先帝慮漢・賊不兩立、王業不偏安。故託臣以討賊也。以先帝之明、量臣之才、故知臣伐賊、才弱敵彊也。然不伐賊、王業亦亡。惟坐待亡、孰與伐之。是故託臣而弗疑也。臣受命之日、寢不安席、食不甘味。思惟北征、宜先入南。故五月渡瀘、深入不毛、幷日而食。臣非不自惜也。顧王業不得偏全於蜀都、故冒危難以奉先帝之遺意也。而議者謂爲非計。今賊適疲於西、又務於東。兵法乘勞。此進趨之時也。謹陳其事如左。高帝明並日月、謀臣淵深、然涉險被創、危然後安。今陛下未及高帝、謀臣不如良・平、而欲以長計取勝、坐定天下。此臣之未解一也。劉繇・王朗、各據州郡、論安言計、動引聖人。羣疑滿腹、衆難塞胸、今歲不戰、明年不征、使孫策坐大、遂幷江東。此臣之未解二也。曹操智計、殊絕於人、其用兵也、髣髴孫・吳。然困於南陽、險於烏巢、危於祁連、偪於黎陽、幾敗[2](伯)〔北〕山、殆死潼關。然後僞定一時耳。況臣才弱、而欲以不危而定之。此臣之未解三也。曹操五攻昌霸不下、四越巢湖不成、任用李服而李服圖之、委夏侯而夏侯敗亡。先帝每稱操爲能、猶有此失。況臣駑下、何能必勝。此臣之未解四也。自臣到漢中、中間朞年耳。然喪趙雲・陽羣・馬玉・閻芝・丁立・白壽・劉郃・鄧銅等、及曲長・屯將七十餘人、突將・無前・賨叟・青羌・散騎・武騎一千餘人。此皆數十年之內、所糾合四方之精銳、非一州之所有。若復數年、則損三分之二也。當何以圖敵。此臣之未解五也。今民窮兵疲、而事不可息。事不可息、則住與行、勞費正等。而不及[3](虛)〔今〕圖之、欲以一州之地與賊持久。此臣之未解六也。夫難平者、事也。昔先帝敗軍於楚、當此時、曹操拊手、謂天下以定。然後、先帝東連吳・越、西取巴・蜀、擧兵北征、夏侯授首。此操之失計而漢事將成也。然後、吳更違盟、關羽毀敗、秭歸蹉跌、曹丕稱帝。凡事如是、難可逆見。臣鞠躬盡力、死而後已、至於成敗利鈍、非臣之明所能逆覩也。於是有散關之役。此表、亮集所無、出張儼默記。

〔校勘〕

1．中華書局本は、「聲」に作る。
2．百衲本は「伯」に作るが、中華書局本により「北」に改める。
3．百衲本は「虛」に作るが、中華書局本により「今」に改める。

《訓読》

六年春、斜谷道[一]より郿を取らんと揚聲し、趙雲・鄧芝をして疑軍と爲し、箕谷に據らしむ。魏の大將軍の曹眞、衆を擧げて之を拒ぐ。亮身づから諸軍を率ゐ祁山を攻むるに、戎陣 整齊として、賞罰 肅《ととの》ひ、號令 明らかなり。南安・天水・安定の三郡、魏に叛きて亮に應じ、關中 響震す[一]。魏の明帝[二]、西して長安に鎭し、張郃に命じて亮を拒がしむ。亮 馬謖[三]をして諸軍を督し前に在り、郃と街亭に戰はしむ。謖 亮の節度に違ひ、擧動 宜しきを失ひ(四)、大いに郃の破る所と爲る。亮 西縣(五)の千餘家を拔き、漢中に還り[二]、謖を戮《ころ》して以て衆に謝《わ》ぶ。上疏して曰く、「臣 弱才を以て、叨《みだ》りに據るに非ざるを竊み、親ら旄鉞(六)を秉りて、以て三軍を厲ますも、章を訓《をし》へ法を明らかにし、事に臨みて懼るる能はず(七)。街亭に命に違ふの闕、箕谷に戒めざるの失有るに至る。咎は皆 臣の授任 方無きに在り。臣の明は人を知らず、事を恤《をさ》むるに闇多し。春秋に「帥を責む(八)」と。臣の職 是れに當たる。自ら三等を貶《おと》して、以て厥の咎を督《ただ》さんことを請ふ」と。是に於て亮を以て右將軍(九)・行丞相事と爲す。總統する所は前の如し[三]。

[裴松之注]

[一] 魏略に曰く、「始め國家 以《おも》へらく、蜀中に惟だ劉備有るのみと。備 既に死し、數歲 寂然として聲無し。是を以て略ぼ備預すること無し。而るに卒《には》かに亮の出づるを聞き、朝野 恐懼すること、隴右・祁山 尤も甚し。故に三郡 時を同《とも》にして亮に應ず」と。

[二] 郭沖の四事に曰く、「亮 祁山に出で、隴西・南安の二郡 時に應じて降り、天水を圍み、冀城を拔き、姜維を虜にし、士女數千人を驅略して蜀に還る。人 皆 亮に賀すも、亮 顏色 愀然として戚容有り。謝《わ》びて曰く、「普天の下、漢の民に非ざるは莫し(一〇)。國家の威力 未だ擧がらず、百姓をして豺狼の吻に困しましむ。一夫に死有らば、皆 亮の罪なり。此れを以て相 賀すは、能く愧と爲さざらんや」と。是に於て蜀人は咸 亮に魏を吞むの志有り、惟だ境を拓くのみに非ざるを知る」と。難じて曰く、「亮の魏を吞むの志有ること久しく、此れに始まらず、衆人 方に知るべし。且つ時に師 出でて成る無く、傷欲して反る者 衆く、三郡歸降するも而も有《たも》つ能はず。姜維は、天水の匹夫のみ、之を獲れども則ち魏に於て何をか損なはん。西縣の千家を拔くも、街亭に喪ふ所を補へず、何を以て功と爲して、蜀人 相 賀するか」と。

[三] 漢晉春秋に曰く、「或《あるもの》 亮に更に兵を發せん者《こと》を勸む。亮曰く、「大軍 祁山・箕谷に在りしは、皆 賊より多し。而るに賊を破る能はず、賊の破る所と爲る者《は》、則ち此れ病は兵の少なきに在らず、一人に在るのみ。今 兵を減らし將を省き、罰を明らかにし過を思ひ、變通の道を將來に校《くら》べんと欲す。若し然る能はざれば、兵 多しと雖も何の益かあらん。今より已後、諸そ忠を國に慮り、但だ勤を吾の闕に攻むるもの有らば、則ち事は定む可く、賊は死す可く、功は足を蹻《あ》げて待つ可し」と。是に於て微勞を考へ、烈壯を甄らかにし、咎を引きて躬を責め、失ふ所を天下に布き、兵を厲まし武を講じて、以て後圖と爲す。戎士は簡練し、民は其の敗を忘る。亮 孫權の曹休(一一)を破り、魏兵 東下し、關中 虛弱なるを聞く。十一月、上言して曰く、「先帝 漢・賊は兩立せず、王業は偏安せざるを慮る。故に臣に託するに賊を討つを以てせらるなり。先帝の明を以て、臣の才を量るに、故《もと》より臣の賊を伐つに、才は弱く敵は強きを知るなり。然れども賊を伐たざらば、王業も亦た亡びん。惟だ坐して亡ぶるを待つよりは、之を伐つに孰與《いづ》れぞ。是の故に臣に託して疑はれざるなり。臣 命を受けしの日より、寢ぬるも席を安んぜず、食するも味を甘《うま》しとせず(一二)。惟れ北征を思ふに、宜しく先づ南に入るべしと。故に五月瀘を渡り、深く不毛に入り、日を幷はせて食ふ。臣 自惜せざるに非ざるなり。顧《おも》ふに王業は蜀都に偏全するを得べからず、故に危難を冒して以て先帝の遺意を奉ずるなり。而るに議者 謂ふに計に非ずと爲す。今 賊 適《たまたま》々西に疲れ、又 東に務む(一三)。兵法は勞

に乘ずと[一四]。此れ進趨の時なり。謹みて其の事を陳ぶるに左の如し。高帝　明らかなること日月に並び、謀臣は淵深なり、然れども險を涉り創を被り、危くして然る後に安し。今　陛下　未だ高帝に及ばず、謀臣も艮・平[一五]に如《し》かず、而るに長計を以て勝を取り、坐して天下を定めんと欲す。此れ臣の未だ解せざるの一なり。劉繇・王朗、各〻州郡に據り、安を論じて計を言ひ、動《やや》もすれば聖人を引く。羣疑　腹に滿ち、衆難　胸に塞がるも、今歲　戰はず、明年も征せず、孫策[一六]をして坐ながらに大に、遂に江東を幷はせしむ。此れ臣の未だ解せざるの二なり。曹操の智計、人に殊絕し、其の兵を用ふるや、孫[一七]・吳[一八]に髣髴たり。然れども南陽[一九]に困しみ、烏巢[二〇]に險《あや》ふく、祁連[二一]に危ふく、黎陽[二二]に偪《せま》られ、幾《ほとん》ど北山[二三]に敗れ、殆ど潼關[二四]に死せんとす。然る後に一時を僞定するのみ。況んや臣の才　弱く、而も不危を以て之を定めんと欲するをや。此れ臣の未だ解せざるの三なり。曹操　五たび昌霸を攻むるも下さず、四たび巢湖[二五]を越ゆるも成らず、李服[二六]を任用するも而も李服之を圖り、夏侯[二七]に委ぬれども而も夏侯　敗亡す。先帝　毎《つね》に操を稱して能と爲すも、猶ほ此の失有り。況んや臣は駑下なれば、何ぞ能く必ずしも勝たん。此れ臣の未だ解せざるの四なり。臣　漢中に到れしより、中間　朞年のみ。然るに趙雲[二八]・陽羣[二九]・馬玉[三〇]・閻芝[三一]・丁立[三二]・白壽[三三]・劉郃[三四]・鄧銅[三五]ら、及び曲長[三六]・屯將[三七]七十餘人、突將[三八]・無前・賨叟[三九]・青羌・散騎・武騎一千餘人を喪ふ。此れ皆數十年の內、糾合せし所の四方の精銳にして、一州の有する所に非ず。若し復た數年なれば、則ち三分の二を損せん。當に何を以てか敵を圖らん。此れ臣の未だ解せざるの五なり。今　民は窮し兵は疲れ、而も事は息む可からず。事　息む可からざれば、則ち住《とど》まると行くと、勞費　正に等し。而るに今　之を圖るに及ばずして、一州の地を以て賊と持久せんと欲す。此れ臣の未だ解せざるの六なり。夫れ平らげ難き者は、事なり。昔　先帝　軍を楚に敗られ、此の時に當たり、曹操　手を拊《う》ちて、天下　以て定まれりと謂《い》ふ。然る後、先帝　東のかた吳・越と連なり、西のかた巴・蜀を取りて、兵を擧げて北征し、夏侯　首を授く。此れ操の計を失ひて漢の事　將に成らんとするなり。然る後、吳　更《ことさら》に盟に違ひ、關羽は毀敗し、秭歸に蹉跌し、曹丕　帝を稱す。凡そ事は是の如く、逆見す可難《べがた》し。臣　鞠躬盡力[四〇]し、死して後　已《や》まん[四一]。成敗利鈍に至りては、臣の明の能く逆覩《げきと》する所に非ざるなり」と[四二]。是に於て散關の役有り。此の表、亮の集に無き所にして、張儼の默記[四三]に出づ」と。

(補注)

(一)　斜谷道は、陝西省郿縣の南西にある斜谷の北に出るため、この名がある。南は、褒谷口（陝西省漢中市の褒河鎮）から北上するために、褒斜道と呼ぶことが多い。ただし、褒斜道には陳倉（陝西省宝鶏市）に抜ける陳倉道（第二次北伐路）もあるため、郿縣の南西に出る場合には斜谷道、陳倉に出る場合には陳倉道と呼んで区別する。

(二)　明帝は、曹魏の第二代皇帝（在位、二二六～二三九年）。諱は叡、字は元仲。曹丕の子。

(三)　馬謖は、荊州襄陽郡宜城縣の人、字は幼常。「白眉」と称された馬艮の弟。諸葛亮に重用されて参軍となり、南征・北伐に従軍したが、街亭で諸葛亮の命に背き、斬首された（『三國志』巻三十九 馬艮傳附馬謖傳）。

(四)　馬謖の挙動について、『三國志』巻十七 張郃傳は、馬謖が

「南山」に布陣し、水の補給路を断たれたとする。『三國志』巻四十三 王平傳にも、馬謖は「水を捨て山に上り、擧措 煩擾なり」とある。

（五）西縣は、漢陽郡の屬縣。『太平寰宇記』巻百三十三 山南西道一 興元府西縣によれば、諸葛亮は漢中に新たに西縣の縣城（のち諸葛城と称される）を築き、旧西縣の民を住まわせたという。

（六）旄鉞は、節鉞。皇帝から外交権（旄）と軍中の生殺与奪権（鉞）を承認されたことを象徴する。

（七）臨事而懼は、『論語』述而篇に、孔子が、戦いは命知らずの猛者（暴虎憑河、死而無悔者）とではなく、大事に臨んで慎重で、謀略を好んで成功させる者（臨事而懼、好謀而成者）と行いたいと述べていることを踏まえた表現である。

（八）『春秋左氏傳』宣公 傳十二年に、「韓献子 桓子に謂ひて曰く、「彘子、偏師を以て陥らば、子の罪 大なり。子 元帥爲り。師 命を用ひざるは、誰の罪ぞや。屬を失い師を亡はば、罪爲ること已だ重し……」と」とあり、これを踏まえた表現である。

（九）右將軍は、前・後・左・右の四將軍の一つ、九卿（国務長官の職）に比せられる。ここでは、行丞相事（行は、上位職の代行）を兼ねているので、国政は丞相代行として諸葛亮が掌握していた。

（一〇）『詩經』小雅 北山に、「溥天之下、莫非王土。率土之濱、莫非王臣」とあることを踏まえた表現である。

（一一）曹休は、字は文烈。曹操の族子。曹操の挙兵時より従い、曹操から「わが家の千里駒である」と評され、虎豹騎を率いて宿衛にあたり、のち中領軍として中軍を率いた。文帝曹丕の時には、征東大將軍として孫呉に当たり、敗退したが、明帝曹叡の時に、大司馬に昇進した（『三國志』巻九 曹休傳）。

（一二）『史記』巻六十九 蘇秦傳に、「楚王曰、寡人臥不安席、食不甘味」とあることを踏まえた表現である。

（一三）「西に疲れ」とは、蜀漢の建興五（二二七）年、第一次北伐により諸葛亮が涼州に進攻したことに対応したこと、「東に務む」とは、曹魏の太和二（二二八）年、曹休が石亭で孫呉に大敗したことを指す。

（一四）『孫子』虚實篇に、「敵佚能勞之」とあり、軍爭篇に、「以佚待勞」とあることを踏まえた表現である。

（一五）良は、張良。字を子房。漢の高祖劉邦の功臣。代々韓の宰相家。韓が秦に滅ぼされると、巡幸中の始皇帝を博浪沙に襲撃したが失敗。陳勝・呉廣の乱が起きると、劉邦に従ってその軍師となった。秦を破って關中に入り、秦都咸陽をおとし、鴻門の会では劉邦を危地から救い、項羽を追撃して自害に追いやるまで、つねに劉邦の帷幕にあって奇謀をめぐらし、漢を勝利に導いた（『史記』巻五十五 留侯世家）。

（一六）孫策は、揚州呉郡富春縣の人、字を伯符。孫堅の子。袁術配下の將であったが、江東を平定して独立、三國孫呉の基礎を築いた。建安五（二〇〇）年、先に殺害した呉郡太守許貢の食客に襲撃されて重傷を負い、死んだ。のち、孫權により長沙桓王と追尊された（『三國志』巻四十六 孫策傳）。

（一七）孫は、孫子。春秋時代の兵法家である孫武の著とされる。『孫子』は、戦術指南の域を超え、政治・経済上の勝利を主眼に据える戦略書として各時代に重用され、今なお影響力を持つ（『史記』巻六十五 孫子列傳）。曹操は、『孫子』に魏武注と呼ばれる注を附したが、それは現在も『孫子』解釈の定番である。

（一八）呉は、呉子。戦國時代の兵法家である呉起の著とされる。部隊編制の方法、状況・地形ごとの戦い方、騎兵・戦車・弩・弓の運用方法などを説き、『孫子』と並称される（『史記』巻六十五 呉子列傳）。

（一九）南陽は、地名。ここでは、建安二（一九七）年、曹操が張繡に大敗し、長子曹昂を戦死させた戦いを指す。

（二〇）烏巣は、地名。ここでは、建安五（二〇〇）年、曹操が袁紹と対峙し、烏巣を襲撃するまで危機にさらされていた官渡の戦いを指す。

（二一）祁連は、地名。ここでは、建安十二（二〇七）年、曹操が烏桓の居住地である白狼山で、鮮卑軍に遭遇した危機を指す。なお、祁連とは、匈奴が天を呼ぶ言葉で、本来は天山山脈を指すが、曹操が天山に至ったことはなく、北方の地名を象徴的に示すか。『三國志集解』に引く趙一淸は、祁連とは、鄴下の濫口の戦いをいう、とする。

（二二）黎陽は、地名。ここでは、建安八（二〇三）年、曹操が劉表と戦っている背後から、袁紹の長子で黎陽に駐屯していた袁譚に迫られたことを指す。

（二三）北山は、地名。ここでは、建安二十一（二一九）年、曹操が劉備と漢中を争った際、北山の下に米を貯蔵して対峙したものの、黄忠と趙雲に敗れたことを指す。

（二四）潼關は、地名。ここでは、建安十六（二一一）年、曹操が馬超・韓遂と戦った際、濟河の渡河中に馬超に攻撃され、許褚の活躍により危うく死を免れたことを指す。

（二五）巣湖は、地名。ここでは、孫權との合肥（巣湖は合肥の東南）での戦いを指す。曹操は、孫權としばしば戦ったが、滅ぼすことはできなかった。

（二六）李服は、王服、あるいは王子服。董承と共に曹操暗殺を謀ったが、事前に漏れ、誅殺された（『後漢書』列傳六十二 董卓傳）。

（二七）夏侯は、ここでは夏侯淵。曹操より漢中を託されたが、黄忠に斬られた。

（二八）『三國志集解』に引く袁枚は、この「後出師表」は諸葛亮の真作ではなく、これを入れなかった陳壽はまことに良史であるという。これに対して、何焯は、『義門讀書記』巻二十七に、趙雲は建興七（二二九）年に卒し、散關の役は建興六（二二八）年であるから、ここに趙雲死去の記述があることは誤りであるが、「後出師表」は後人の偽託であるとすることはできない。『諸葛亮集』に収録されないことも、時勢を批判するためで、諸葛亮の慎みを示すという。また、『三國志集解』に引く李慈銘や錢振鍠は、孫呉の諸葛恪傳に、「近ごろ家の叔父の表に賊と争競の計を陳ぶるを見」たとあるものが、この「後出師表」であるとする。

（二九）陽羣は、蜀漢の將か。ここ以外に記述はなく、詳細は不明。

（三〇）馬玉は、蜀漢の將か。ここ以外に記述はなく、詳細は不明。

（三一）閻芝は、巴西太守。劉備が猇亭に敗れたとき、諸縣の兵五千人を徴発して不足を補った（『三國志』巻四十三 馬忠傳）。

（三二）丁立は、蜀漢の將か。ここ以外に記述はなく、詳細は不明。

（三三）白壽は、蜀漢の將か。ここ以外に記述はなく、詳細は不明。

（三四）劉郃は、蜀漢の將か。ここ以外に記述はなく、詳細は不明。

（三五）鄧銅は、蜀漢の將か。ここ以外に記述はなく、詳細は不明。

（三六）曲長は、胡三省によれば、軍を構成する「部」の下にある「曲」という単位の長。

（三七）屯將は、胡三省によれば、屯田兵の將。

（三八）突將は、次の無前と共に、敵陣を落とす驍勇の士を率いる將か。後世の資料であるが、『資治通鑑』粛宗寶應元年の条に、「突將王元振將作亂」とあり、胡三省は、「突將、以領驍勇馳突之士」と注を付けている。

（三九）賨叟は、南征の結果、従軍している西南夷の兵か。『三國志集解』に引く何焯の説は、雲南省の西南夷であるという。

（四〇）「鞠躬」は、身をかがめて敬い慎むことで、『論語』郷黨篇に「入公門、鞠躬如也。如不容。立不中門、行不履閾。過位、色勃如也、足躩如也。其言似不足者。攝齊升堂、鞠躬如也。屏氣似不息者。出降一等、逞顏色、怡怡如也。沒階、趨進翼如也。復其位、踧踖如也」とあることを踏まえた表現である。

（四一）「死して後 已む」は、『論語』泰伯篇に、「曾子曰、士不可以不弘毅、任重而道遠。仁以爲己任、不亦重乎。死而後已、不亦遠乎」とあることを踏まえた表現である。

（四二）張儼は、字を子節、呉郡の人。孫呉の大鴻臚として、晉に赴いたが、その帰途に病死した（『三國志』巻四十八 孫晧傳注引『呉録』）。子の張翰は、『晉書』文苑傳に專傳がある。

（四三）默記は、書名。『隋書』巻三十二 經籍志三に「三卷、呉大鴻臚張儼撰」と著録される。ここ以外には、『意林』に佚文一則を残すのみである。

［現代語訳］

建興《けんこう》六（二二八）年春、（諸葛亮は）斜谷道《やこくどう》から出て郿《び》縣（陝西省郿県）を奪うと公言し、趙雲《ちょううん》と鄧芝《とうし》をおとりの軍として、箕谷《きこく》（陝西省漢中市褒河鎮の北西）に布陣させた。魏の大將軍の曹眞《そうしん》は、兵をあげてこれを防いだ。諸葛亮は自ら諸軍を率い祁山《きざん》（甘粛省西和県の東北）を攻撃したが、兵陣は整然とし、賞罰は整い、号令は明らかであった。南安《なんあん》（四川省楽安市）・天水《てんすい》（甘粛省通渭の西）・安定《あんてい》（甘粛省鎮原の南東）の三郡は、魏に背いて諸葛亮に呼応し、關中《かんちゅう》は騒然となった［一］。魏の明帝《めいてい》は、西に向かい長安に鎮座し、張部《ちょうこう》に命じて諸葛亮を防がせた。諸葛亮は馬謖《ばしょく》に諸軍を指揮させて先鋒とし、張部と街亭《がいてい》（甘粛省荘狼県の東南）で戦わせた。（しかし）馬謖は諸葛亮の指示にそむき、行動は妥当性を欠き、大いに張部に破られた。諸葛亮は西縣《せい》（甘粛省天水市の西南）の千余家を移住させ、漢中《かんちゅう》に帰還し［二］、馬謖を死刑にして兵に謝罪した。上奏して、「臣《わたくし》はつたない才能ながら、厚かましくも分不相応な位につき、みずから節鉞《せつえつ》をとって三軍を叱咤しましたが、軍令を周知し軍法を明らかにし、大事に臨んで慎重な態度を取ることができませんでした。街亭では（馬謖が）命令違反の過ちを犯し、箕谷にて（趙雲・鄧芝が）警戒を怠る失策を犯すことになりました。罪はすべて臣が任務を授けた（部下の人選が）適切でなかったことにあります。臣には人を見分ける明哲さがなく、事態に対処するのに配慮を欠いておりました。『春秋《しゅんじゅう》』（宣公 傳十二年）には「（敗戦の責めは）総司令官にある」としております。臣の官職はそれに該当します。みずから（位を）三等級下げ、その罪を糾すことをお願いいたします」とした。こうして諸葛亮を右將軍《ゆうしょうぐん》・行丞相事《こうじょうしょうじ》とした。（国政を）総統することは以前のようであった［三］。

［裴松之注］

［一］『魏略《ぎりゃく》』に、「はじめ曹魏では、蜀漢にはただ（脅威となる者は）劉備がいるだけであると考えていた。劉備はすでに死亡し、数年間ひっそりとして声もなかった。このために（曹魏は）ほと

んど（蜀漢に）あらかじめ備えることがなかった。それなのに急に諸葛亮が出兵したことを聞き、朝野をあげて恐れおののき、隴《ろう》右《ゆう》と祁山《きざん》ではとりわけ激しかった。このため（南安・天水・安定の）三郡は同時に諸葛亮に呼応した」とある。

［二］郭沖《かくちゅう》の四事に、「諸葛亮が祁山より出撃すると、隴西・南安の二郡はすぐに呼応して降服し、（さらに諸葛亮は）天水郡を囲み、冀城《きじょう》（甘粛省甘谷県の東）を抜いて、姜維《きょうい》を捕虜とし、男女数千人を駆りたてて蜀に帰った。人々はみな諸葛亮に祝賀を述べたが、亮の顔色は悲しげで寂しげな様子であった。（そして諸葛亮は）陳謝して、「あまねき天の下に（暮らす民で）、漢の民でない者はない。（しかし）国家の武威がまだ挙がらないために、人々を豺狼の牙に苦しませている。一人の男の死も、みな亮《わたし》の罪である。これしきのことで祝賀されては、かえって恥入るばかりです」と言った。こうして蜀の人々はみな諸葛亮に曹魏を併呑する志があり、ただ国境を広げようとしているのではないことを知った」とある。（裴松之は）論難して次のように言った、「諸葛亮に曹魏を併呑する志があることは久しく、ここで始まるわけではなく、多くの人は知っていたはずである。そのうえこのときは軍隊を出して成果がなく、傷ついて帰る者も多く、三郡は帰降したのに保つことができなかった。姜維は、天水郡の匹夫に過ぎない、これを得たとしても曹魏にいかほどの損失があろうか。西縣の千家を移住させても、街亭で失ったものを補うことはできず、何を功績として、蜀の人々は祝賀を述べたのであろうか」と。

［三］『漢晉春秋《かんしんしゅんじゅう》』に、「ある人が諸葛亮にさらに兵を徴発するように勧めた。諸葛亮は、「大軍が祁山《きざん》・箕谷《きこく》に在ったときには、ともに（兵は）賊（の曹魏）よりも多かった。それなのに賊を破ることができず、賊に破られたのは、このたびの問題点が兵の少なさにはなく、（わたし）一人に在ることを示す。いま兵を減らし将を省き、刑罰を明らかにして過失を反省し、変化適応する道を将来的に考えようとしている。もしそれができなければ、兵が多くとも何の益があろうか。いまから後、国のために忠を尽くそうと考え、ただ吾《わたし》の欠点を責めることを務めようとする者があれば、事は定めることができ、賊は滅び、功は足を挙げて待つことができる」と答えた。こうしてわずかな功労を評価し、烈しい武勇を明らかに称え、（その一方で敗戦の）罪を引き受け自分を責め、失ったものを天下に示し、兵を励まし武を練って、後事への備えとした。（このため）兵士は選び抜かれて練兵され、民はこの敗北を忘れた。（そうした折）諸葛亮は孫権が曹休《そうきゅう》を破り、曹魏の兵が東に向かい、關中《かんちゅう》が弱体化したことを聞いた。（建興六〈二二八〉年）十一月、（「後出師表」を）上言して次のように述べた、「先帝（劉備）は（蜀）漢と賊（の曹魏）とが両立せず、王業は（蜀という地方に）偏って安定してはならぬことを憂慮されました。このため臣《わたくし》に賊を討つことを託されたのです。先帝の明鑑により、臣の才を量《はか》れば、もとより臣が賊を征伐するには、才が弱く敵が強いことを知っておられました。それでも賊を征伐しなければ、王業もまた亡びてしまいます。ただ坐《ざ》して亡びることを待つよりは、賊を征伐する方がよろしいでしょう。このため臣に託して疑わなかったのです。臣は（賊征伐の）命を受けた日から、寝てもふとんに落ち着かず、食べても味をうまいと感じません。北征（の困難さ）を思うにつけ、先に南に入るべきであると考えました。このため（建興三〈二二五〉年）五

月に濾水《ろすい》を渡り、深く不毛（の地である南中）に入り、二日の食事を一日に減らして食べ（る苦労をし）ました。臣は自分（の身を）惜しまないわけではありません。王業は蜀の都（である成都）に偏って安定してはならないと考え、そのために危難を冒して先帝の遺意を奉じているのです。ところが論者は（北伐を良い）計略ではないとしております。いま賊はちょうど西に（北伐への対応に）疲弊し、また東に（孫呉との戦いに）無理をしております。『孫子』の）兵法は労に乗ずるべしといたします。これは進撃の好機なのです。謹しんでその次第を申し上げれば次のようになります。高帝（劉邦）は明らかなことは太陽と月に並び、謀臣は淵深（な知謀を持ったもの）でしたが、それでも険阻（な地）をわたり傷を受けて、危難の後にようやく安寧を得たのです。いま陛下（劉禪）は未だ高帝に及ばず、謀臣も張良《ちょうりょう》や陳《ちん》平《ぺい》よりも劣りますのに、優れた計によって勝利をおさめ、坐して天下を定めようとしております。これが臣の理解できない第一（の点）であります。劉繇《りゅうよう》や王朗《おうろう》は、それぞれ州郡を拠点とし、安寧を論じて（そのための）計略を言い、ともすれば聖人（の言動）を引用しました。（そうした二人への）人々の疑いは腹に満ちあふれ、衆人の難詰は胸を塞ぎましたが、（二人は）今年も戦わず、翌年も遠征せず、孫策を坐ながらにして強大にし、そうして江東を併合させたのです。これが臣の理解できない第二（の点）であります。曹操の智略は、人並外れ、その用兵ぶりは、孫子《そんし》や呉子《ごし》を髣髴《ほうふつ》とさせました。しかしながら（それほどの智略を持つ曹操でも）南陽で（張繡に）困しみ、烏巣《うそう》（河南省延津県の西）で（袁紹に）危うく（敗れそうになり）、祁連で（烏桓に）危うく（殺されそうになり）、黎陽《れいよう》（河南省浚県の北東）で（袁譚に）迫られ、ほとんど北山で（劉備に）敗れ、あやうく潼關《どうかん》（陝西省潼関県）で（馬超に）殺されそうになりました。そうした後に一時的に偽って（天下）を平定したにすぎません。まして臣の才は少なく、しかも危険を犯さずに天下を平定することができるでしょうか。これが臣の理解できない第三（の点）であります。曹操は五たび昌覇《しょうは》を攻めましたが下すことができず、四たび巣湖《そうこ》（安徽省合肥市の南）を越えましたが（孫呉の討伐は）成功せず、李服《りふく》を任用しましたが李服に（暗殺）を謀られ、夏侯淵《かこうえん》に（漢中を）委任しましたが夏侯淵は敗退しました。先帝はいつも曹操を有能と称されておりましたが、（その曹操でも）なおこれらの失態があります。ましてや臣は愚かで才能もないので、どうして必ず勝つことができましょうか。これが臣の理解できない第四（の点）であります。臣が漢中に至ってから、わずか一年しか経っておりません。ところが趙雲《ちょううん》・陽羣《ようぐん》・馬玉《ばぎょく》・閻《えん》芝《し》・丁立《ていりつ》・白壽《はくじゅ》・劉郃《りゅうこう》・鄧銅《とうどう》たち、および曲長《きょくちょう》・屯將《とんしょう》七十余人をはじめ、突將《とつしょう》・無前《むぜん》・賨叟《そうしゅう》・青羌《せいきょう》・散騎《さんき》・武騎《ぶき》の一千人あまりを失いました。これらはすべて数十年の間、集めた各地の精鋭であり、（益州）一州から出したものではありません。もしまた数年経てば、（將兵の）三分の二を失うでしょう。（そうなれば）どのようにして敵と戦うことができましょうか。これが臣の理解できない第五（の点）であります。いま民は困窮し兵は疲弊していますが、それでも戦いは止めるべきではありません。戦いが止められないのであれば、駐留も進攻も、労力と費用は同じです。それなのにいま曹魏と戦わず、一州の地により賊（の曹魏）と持久戦をしようとしております。これが臣の理解できない第六（の点）であります。そもそも完成しにくいものが、物事というものです。むかし先帝は軍を楚《そ》（荊州。長坂坡の戦い）の地に破られ、そのときに、曹操は手を打って、天下はこれによって定まったと言いました。そうしたのち、先帝は東の呉・越（の孫権）と連合して（赤壁で曹操を破り）、西の巴・蜀を取り、兵を挙げて北征して、夏侯淵は首を授けました。これは曹操の計略の失敗で漢の天下統一は成就しようとしておりました。そうしたのち、孫呉はわざと盟約に違い、關羽は倒れ敗れ、（先帝は）秭歸《しき》で敗北して、曹丕《そうひ》が（漢を滅ぼして）皇帝を称しました。およそ物事はこのように、予見することができません。（それでも）臣はひたすら力を尽くして、死ぬまで止めることはありません。（それが）成功するか否か勝利を得るか否かについては、臣の洞察力が予見できることではありません」と。こうして散關《さんかん》（陝西省宝鶏市の南西）の戦役があった。この（後出師《こうすいし》の）表は、『諸《しょ》葛亮集《かつりょうしゅう》』には（収録されてい）無いもので、張儼《ちょうげん》の『默記《もくき》』より出たものである」とある。

【原文】

冬、亮復出散關、圍陳倉。曹眞拒之。亮糧盡而還。魏將王雙、率騎追亮。亮與戰、破之、斬雙。七年、亮遣陳[1]（戒）〔式〕、攻武都・陰平。魏雍州刺史郭淮、率衆欲擊[2]（戒）〔式〕。亮自出至建威。淮退還、遂平二郡。詔策亮曰、街亭之役、咎由馬謖。而君引愆、深自貶抑、重違君意、聽順所守。前年燿師、馘斬王雙、今歲爰征、郭淮遁走、降集氐・羌、興復二郡。威震凶暴、功勳顯然。方今天下騷擾、元惡未梟。君受大任、幹國之重、而久自挹損、非所以光揚洪烈矣。今復君丞相。君其勿辭［一］。

〔裴松之注〕

［一］漢晉春秋曰、是歲、孫權稱尊號、其羣臣以並尊二帝來告。議者咸以爲、交之无益、而名體弗順、宜顯明正義、絕其盟好。亮曰、權有僭逆之心久矣。國家所以略其釁情者、求掎角之援也。今若加顯絕、讎我必深。便當移兵東[3]（戍）〔伐〕、與之角力、須幷其土、乃議中原。彼賢才尚多、將相緝穆、未可一朝定也。頓兵相持、坐而須老、使北賊得計。非算之上者。昔孝文卑辭匈奴、先帝優與吳盟、皆應權通變、弘思遠益、非匹夫之爲[4]（分）〔忿〕者也。今議者咸以、權利在鼎足、不能併力、且志望以滿、无上岸之情。推此、皆似是而非也。何者、其智力不侔、故限江自保。權之不能越江、猶魏賊之不能渡漢、非力有餘而利不取也。若大軍致討、彼高當分裂其地以爲後規、下當略民廣境、示武於內、非端坐者也。若就其不動而睦於我、我之北伐、无東顧之憂、河南之衆、不得盡西。此之爲利、亦已深矣。權僭之罪、未宜明也。乃遣衞尉陳震、慶權正號。

〔校勘〕

1. 百衲本は「戒」に作るが、中華書局本により「式」に改める。
2. 百衲本は「戒」に作るが、中華書局本により「式」に改める。
3. 百衲本は「戍」に作るが、中華書局本により「伐」に改める。
4. 百衲本は「分」に作るが、中華書局本により「忿」に改める。

《訓読》

冬、亮 復た散關より出で、陳倉(一)を圍む。曹眞 之を拒ぐ。亮 糧盡きて還る。魏將の王雙、騎を率ゐて亮を追ふ。亮 與に戰ひ、之を破り、雙を斬る。七年、亮 陳式を遣はし、武都・陰平を攻めしむ。魏の雍州刺史たる郭淮、衆を率ゐて式を擊たんと欲す。亮 自ら出でて建威に至る。淮 退き還り、遂に二郡を平らぐ。亮に詔策して曰く、「街亭の役、咎は馬謖に由る。而るに君 愆《つみ》を引き、深く自ら貶抑すれば、君の意に違ふを重《はば》かり、守る所に聽順す。前年 師を燿《かがや》かせ、王雙を馘《くび》斬り、今歲 爰《ここ》に征して、郭淮 遁走し、氐・羌(二)を降集して、二郡を興復す。威 凶暴を震はせ、功勳 顯然たり。方今《いま》 天下 騷擾し、元惡 未だ梟せられず。君 大任を受け、幹國の重きなるも、而も久しく自ら挹損するは、洪烈を光揚する所以に非ず。今 君を丞相に復す。君 其れ辭すること勿かれ」と[一]。

［裴松之注］

［一］漢晉春秋に曰く、「是の歲、孫權 尊號を稱し、其の羣臣 並《とも》に二帝を尊ぶを以て來り告ぐ。議者 咸 以《い》爲へらく、「之に交はるに益無く、而も名體 順ふ弗くんば、宜しく正義を顯明して、其の盟好を絕つべし」と。亮曰く、「權に僭逆の心有ること久し。國家其の釁情を略する所以の者は、掎角(三)の援を求むればなり。今若し顯絕を加ふれば、我を讎とすること必ず深からん。便《ただ》ちに當に兵を移して東伐し、之と與に力を角《くら》べ、其の土を幷はせるを須ちて、乃ち中原を議すべし。彼れ賢才 尙ほ多く、將相 緝穆し、未だ一朝に定む可からざるなり。兵を頓《とど》めて相 持し、坐して老を須たば、北賊をして計を得しめん。算の上なる者に非ず。昔 孝文 辭を匈奴(四)に卑《ひく》くし、先帝 優して吳と與に盟するは、皆權に應じ變に通じ、弘く遠益を思ひ、匹夫の忿を爲す者に非ざるなり。今 議者 咸 以へらく、權の利は鼎足に在りて、力を併す能はず、且つ志望 滿つるを以て、岸に上るの情無しと。此を推すに、皆 是に似たるも非なり。何者《なんとなれば》、其の智力 侔《ひと》しからず、故に江を限りて自ら保てばなり。權の江を越ゆる能はざるは、猶ほ魏賊の漢を渡る能はざるがごとく、力は餘有れども利もて取らざるに非ざるなり。若し大軍 討を致さば、彼 高きは當に其の地を分け裂きて以て後規を爲すべく、下《ひく》きは當に民を略し境を廣め、武を內に示すべく、端坐する者には非ざるなり。若し其の不動に就くも我に睦まじくせば、我の北伐するや、東顧の憂無く、河南の衆、盡くは西するを得ず。此れ之の利爲るや、亦た已《はなは》だ深し。權の僭(五)の罪は、未だ宜しく明らかにすべからざる(六)なり」と。乃ち衞尉の陳震を遣りて、權の號を正すを慶《いは》はしむ」と。

（補注）

（一）陳倉は、散關を北上した東方にある堅城。このとき、曹魏の守將である郝昭は、必死の防戰につとめ、蜀漢軍を退けた（『三國志』卷三 明帝紀注引『魏略』）。

（二）羌族は、陝西省から甘肅省にかけて分布したチベット系民族。前漢以来しばしば進攻し、後漢はその対策に苦慮、涼州の放棄も議論された。渡邉義浩「後漢の羌・鮮卑政策と董卓」（『三国志研究』一〇、二〇一五年、『三国志よりみた邪馬台国』汲古書院、二〇一六年に所収）を参照。

（三）掎角は、鹿の角と足をつかまえて捕らえることから転じて、前後あい呼応し敵にあたること。『春秋左氏傳』襄公 傳十四年に、「晉禦其上、戎亢其下、秦師不復、我諸戎實然。譬如捕鹿。晉人角之、諸戎掎之」とある。

（四）匈奴は、紀元前三世紀に陰山山脈から勃興した遊牧騎馬民族。冒頓單于の時に全盛期を迎え、前漢の高祖劉邦を白登山の戦いに破ったが、衛青・霍去病らを派遣した武帝の反撃により衰退して、東西に分裂した。渡邉義浩「後漢の匈奴・烏桓政策と袁紹」（『RILASJOURNAL』三、二〇一五年、『三国志よりみた邪馬台国』前掲に所収）を参照。

（五）衛尉は、官名。九卿の一つ。官秩は、中二千石。宮門の衛士を管掌する（『後漢書』志二十六 百官三）。

（六）陳震は、字は孝起、荊州南陽の人。荊州で劉備に従い、蜀郡北部都尉を経て、犍爲太守となった。劉禪が即位すると、尚書を経て尚書令となり、孫呉への使者となった（『三國志』巻三十九 陳震傳）。

［現代語訳］

（建興六〈二二八〉年）冬、諸葛亮はまた散關《さんかん》から出て、陳倉《ちんそう》縣（陝西省宝鶏市の東）を包囲した。曹眞《そうしん》がこれを防いだ。諸葛亮は兵糧がつきて帰還した。曹魏の將軍である王雙《おうそう》は、騎兵を率いて諸葛亮を追撃した。諸葛亮は戦い、これを破り、王雙を斬った。建興七（二二九）年、諸葛亮は陳式《ちんしょく》を派遣して、武都郡《ぶとぐん》・陰平郡《いんぺいぐん》（四川省平武の北西）を攻撃させた。曹魏の雍州刺史《ようしゅうしし》である郭淮《かくわい》は、兵を率いて陳式を撃とうとした。（そこで）諸葛亮はみずから出陣して建威《けんい》城（甘粛省西和県の西）に至った。郭淮は退却し、こうして二郡を平定した。詔して諸葛亮に策《さく》（任命書）を下し、「街亭《がいてい》の役は、罪は馬《ば》謖《しょく》にあった。それなのに君は自分の罪とし、あくまでも自分の位を下げようとしたので、君の意志に違うまいとして、言う通りに許可した。昨年（君は）軍の威を輝かせ、王雙の首を斬り、今年また出征すると、郭淮は遁走し、氐《てい》族・羌《きょう》族を降し集め、二郡を回復した。威は凶暴な敵を震わせ、功績は明らかである。いま天下は騒乱にあり、元凶はまだ曝《さら》し首になっていない。君は大任を受け、国家の柱石でありながら、久しく自ら低位におるのは、大いなる勲功を輝かせることにならない。いま君を丞相に復帰させる。君よ辞退するではないぞ」といった［一］。

［裴松之注］

［一］『漢晉春秋《かんしんしゅんじゅう》』に、「この歳（建興七〈二二九〉年）、孫權が尊号を称し、その臣下たちは共に（蜀漢と孫呉の）二人の皇帝を尊重したいと来訪して告げた。議者たちはみな、「孫呉との国交に益はなく、しかも名分に順っていないので、正義を明確にして、同盟の好みを絶つべきである」と言った。諸葛亮は、「孫權に僭越な逆心（により皇帝を称したい希望）があることは久しい。國《わが》家《きみ》がその離反の情を大目に見てきた理由は、掎角《きかく》の援《たすけ》を求めたためである。いまもし明らかに断交すれば、（孫呉は）我が国を仇敵として必ず深く恨もう。（そうなれば）直ちに兵を移動させて（孫呉を）東に伐ち、孫呉と勢力を争い、孫呉の領土を併合してから、ようやく中原（への北伐）を議せざるを得なくなる。孫呉にはなお賢才が多く、將軍や大臣は仲良く協力しあい、まだ一朝に平定することはできない。兵を駐屯させて互いに対峙し、何もしないまま老いを待てば、北賊（の曹魏）に（有利な）計を立てさせてしまう。（それは）算段として上策ではない。むかし孝《こう》文帝《ぶんてい》が言辞を匈奴《きょうど》に丁重にし、先帝が思いやり深く呉と同盟を

結んだのは、みな権に応じ変に通じたもので、広く遠い益を思い、匹夫の忿《いかり》を持たなかったためである。いま議者たちはみな、孫權の利は（三國の）鼎足にあり、（我が国と）力を合わせ（曹魏を征討す）ることができず、かつ（帝位に即き）志と希望が満ちたことで、岸に上って（曹魏と決戦する）情は無いと思っている。これを考えてみると、すべて正しいようにみえて間違っている。なぜかと言えば、孫吳の智力は（曹魏に）等しくないので、長江を境界として自らを保全しているためである。孫權が長江を越えられないのは、曹魏の逆賊が漢水《かんすい》を渡れないようなもので、余力がありながら取らないことを利としているわけではないのである。もし（蜀漢の）大軍が（曹魏）を征討すれば、孫吳はうまくいけば曹魏の土地を分け裂いて後の算段をなそうとし、まずくとも民を略奪し境界を広め、武を国内に示すために、（蜀漢の曹魏への征討を）座視することはありえない。もし孫吳が動かないとしても我が国と親睦関係にあれば、我々が北伐する際に、東を顧みる憂いはなく、（曹魏の）河南の軍勢が、こぞって西に来ることはできなくなる。この利というものは、たいへん大きなものである。孫權の僭上の罪は、まだ明らかにすべきではない」と言った。そこで衞尉《えいい》の陳震《ちんしん》を派遣して、孫權が皇帝に即いたことを慶賀した」とある。

【原文】

九年、亮復出祁山、以木牛運[一]、糧盡退軍、與魏將張郃交戰、射殺郃[二]。十二年春、亮悉大衆由斜谷出、以流馬運、據武功五丈原、與司馬宣王對於渭南。亮每患糧不繼、使己志不申。是以分兵屯田、爲久駐之基。耕者、雜於渭濱居民之間、而百姓安堵、軍無私焉[三]。相持百餘日、其年八月、亮疾病、卒于軍。時年五十四[四]。及軍退、宣王案行其營壘處所曰、天下奇才也[五]。

[裴松之注]

[一] 漢晉春秋曰、亮圍祁山、招鮮卑軻比能。比能等至故北地石城以應亮。於是魏大司馬曹眞有疾、司馬宣王、自荊州入朝。魏明帝曰、西方事重。非君莫可付者。乃使西屯長安、督張郃・費曜・戴陵・郭淮等。宣王使曜・陵、留精兵四千守上邽、餘衆悉出、西救祁山。郃欲分兵駐雍・郿。宣王曰、料前軍能獨當之者、將軍言是也。若不能當而分爲前後、此楚之三軍、所以爲黥布禽也。遂進。亮分兵留・攻、自逆宣王于上邽。郭淮・費曜等徼亮、亮破之、因大芟刈其麥。與宣王遇于上邽之東、斂兵依險、軍不得交、亮引而還。宣王尋亮至于鹵城。張郃曰、彼遠來逆我、[1](我)請戰不得、謂我利在不戰、欲以長計制之也。且祁山知大軍以在近、人情自固、可止屯於此。分爲奇兵、示出其後。不宜進前而不敢偪、坐失民望也。今亮縣軍食少、亦行去矣。宣王不從、故尋亮。既至、又登山掘營、不肯戰。賈栩・魏平數請戰、因曰、公畏蜀如虎、奈天下笑何。宣王病之。諸將咸請戰。五月辛巳、乃使張郃攻無當監何平於南圍、自案中道向亮。亮使魏延・高翔・吳班赴拒、大破之、獲甲首三千級、玄鎧五千領、角弩三千一百張。宣王還保營。

[二] 郭沖五事曰、魏明帝自征蜀、幸長安、遣宣王督張郃諸軍、雍・涼勁卒三十餘萬、潛軍密進、規向劍閣。亮時在祁山、旌旗・利

器、守在險要、十二更下、在者八萬。時魏軍始陳、幡兵適交。參佐咸以賊衆彊盛、非力不制、宜權停下兵一月、以幷聲勢。亮曰、吾統武行師、以大信爲本、得原失信、古人所惜。去者[2]（東）〔東〕裝以待期、妻子鶴望而計日。雖臨征難、義所不廢。皆催遣令去。於是去者感悅、願留一戰、住者憤踊、思致死命。相謂曰、諸葛公之恩、死猶不報也。臨戰之日、莫不拔刃爭先、以一當十、殺張郃、却宣王。一戰大剋、此信之由也。難曰、臣松之案、亮前出祁山、魏明帝身至長安耳。此年不復自來。且亮大軍在關・隴、魏人何由得越亮徑向劍閣。亮既在戰場、本無久駐之規。而方休兵還蜀、皆非經通之言。孫盛・習鑿齒搜求異同、罔有所遺、而並不多載沖言、知其乖刺多。

[三] 漢晉春秋曰、亮自至、數挑戰。宣王亦表固請戰。使衞尉辛毗持節以制之。姜維謂亮曰、辛佐治仗節而到、賊不復出矣。亮曰、彼本無戰情。所以固請戰者、以示武於其衆耳。將在軍、君命有所不受。苟能制吾、豈千里而請戰邪。魏氏春秋曰、亮使至、問其寢食及其事之煩簡、不問戎事。使對曰、諸葛公、夙興夜寐、罰二十以上、皆親擥焉。所噉食不至數升。宣王曰、亮將死矣。

[四] 魏書曰、亮糧盡勢窮、憂恚歐血。一夕燒營遁走、入谷、道發病卒。漢晉春秋曰、亮卒于郭氏塢。晉陽秋曰、有星赤而芒角、自東北西南流、投于亮營。三投再還、往大還小。俄而亮卒。臣松之以爲、亮在渭濱、魏人躡迹、勝負之形、未可測量。而云歐血、蓋因亮自亡而自誇大也。夫以孔明之略、豈爲仲達歐血乎。及至劉琨喪師、與晉元帝箋亦云、亮軍敗歐血。此則引虛記、以爲言也。其云入谷而卒、緣蜀人入谷發喪故也。

[五] 漢晉春秋曰、楊儀等整軍而出、百姓奔告宣王、宣王追焉。姜維令儀反旗鳴鼓、若將向宣王者。宣王乃退、不敢偪。於是儀結陳而去、入谷然後發喪。宣王之退也、百姓爲之諺曰、死諸葛、走生仲達。或以告宣王。宣王曰、吾能料生、不便料死也。

〔校勘〕

1．中華書局本により「我」の一字を省く。

2．百衲本は「東」に作るが、中華書局本により「東」に改める。

《訓読》

九年、亮 復た祁山に出で、木牛を以て運ぶも[一]、糧 盡きて軍を退くに、魏將の張郃と交戰し、郃を射殺す[二]。十二年春、亮 大衆を悉《つく》して斜谷より出で、流馬を以て運び、武功の五丈原に據り、司馬宣王(一)と與に渭南に對す。亮 毎《つね》に糧の繼がず、己が志をして申ばざらしむるを患ふ。是を以て兵を分ちて屯田し、久駐の基と爲す。耕す者は、渭濱の居民の間に雜はるも、而も百姓 安堵し、軍に私無し[三]。相 持すること百餘日、其の年八月、亮 疾《やま》ひ病《へい》なりて、軍に卒す。時に年五十四なり[四]。軍の退くに及び、宣王 其の營壘の處所を案行して曰く、「天下の奇才なり」と[五]。

[裴松之注]

[一] 漢晉春秋に曰く、「亮 祁山を圍むや、鮮卑(二)の軻比能(三)を招く。比能ら故の北地石城に至りて以て亮に應ず。是に於て魏の大司馬たる曹眞に疾有り、司馬宣王、荊州より入朝す。魏の明帝曰く、

「西方の事 重し。君に非ずんば付す可き者莫し」と。乃ち西して長安に屯し、張郃・費曜(四)・戴陵(五)・郭淮らを督せしむ。宣王 曜・陵をして、精兵四千を留めて上邽を守らしめ、餘衆は悉く出だして、西して祁山を救はしむ。郃 兵を分ちて雍・郿に駐せん

と欲す。宣王曰く(六)、「前軍もて能く獨り之に當たると料《はか》らば、將軍の言 是なり。若し當たる能はずして分ちて前後と爲れば、此れ楚の三軍、黥布(七)の爲に禽《とら》へられし所以なり」と。遂《かく》て進む。亮兵を留・攻に分け、自ら宣王を上邽に逆《むか》ふ。郭淮・費曜ら亮を徼するも、亮 之を破り、因りて大いに其の麥を芟刈す。宣王と上邽の東に遇ふも、兵を斂め險に依り、軍 交はるを得ず、亮 引きて還る。宣王 亮に尋《つ》きて鹵城に至る。張郃曰く、「彼 遠來して我を逆へ、戰を請ふて得ず、我が利は不戰に在りと謂ひ、長計を以て之を制せんと欲するなり。且つ祁山 大軍の以て近に在るを知らば、人の情 自づから固まり、屯を此に止む可し。分ちて奇兵を爲り、其の後に出づるを示さん。宜しく前に進みて敢て偪らず、坐ながらにして民の望を失ふべからざるなり。今 亮の縣軍は食 少なく、亦た行き去らん」と。宣王 從はず、故に亮に尋く。既に至るや、又 山に登りて營を掘り、戰ふを肯ぜず。賈栩(八)・魏平(九) 數〻戰を請ひ、因りて曰く、「公の蜀を畏るること虎の如し、天下の笑を奈何せん」と。宣王 之を病む。諸將は咸 戰を請ふ。五月辛巳、乃ち張郃をして無當監(一〇)の何平(一一)を南圍(一二)に攻め、自ら中道に案《よ》りて亮に向かふ。亮 魏延・高翔(一三)・吳班をして拒に赴かしめ、大いに之を破り、甲首三千級、玄鎧五千領、角弩三千一百張を獲たり。宣王 還りて營を保つ」と。

[二] 郭沖の五事に曰く、「魏の明帝 自ら蜀を征するや、長安に幸し、宣王を遣はして張郃ら諸軍を督せしめ、雍・涼の勁卒 三十餘萬、軍を潛めて密かに進み、劍閣に向かふを規る。亮 時に祁山に在り、旌旗・利器あり、守るに險要に在らば、十に二をば更《こもごも》下し、在る者 八萬なり。時に魏軍 陳を始むるや、幡兵(一四) 交に適《あた》る。參佐は咸 賊の衆 彊盛なるを以て、力に非ずんば制せざれば、宜しく權《かり》に兵を下すを停むこと一月とし、以て聲勢を幷はすべしとす。亮曰く、「吾 武を統べて師を行るに、大信を以て本と爲す。原を得て信を失ふは、古人の惜む所なり(一五)。去る者は束裝して以て期を待ち、妻子は鶴望して日を計る。征難に臨むと雖も、義の廢せざる所なり」と。皆 催《うなが》し遣りて去らしむ。是に於て去る者 感悅し、留りて一《とも》に戰ふを願ひ、住《とど》まる者 憤踊し、思ひて死命を致さんとす。相 謂ひて曰く、「諸葛公の恩は、死して猶ほ報いざるなり。戰に臨むの日、刃を拔きて先を爭はざる莫く、一を以て十に當たり、張郃を殺し、宣王を卻く。一たび戰ひて大いに剋つは、此れ信の由なり」と。難に曰く、「臣 松之 案ずるに、亮 前に祁山に出でしに、魏の明帝 身ら長安に至るのみ。此の年 復た自ら來たらず。且つ亮の大軍 關・隴に在るに、魏人 何に由りて亮を越へ徑ちに劍閣に向かふを得るや。亮 既に戰場に在り、本より久住の規無し。而るに方に兵を休ませ蜀に還らせんとするは、皆 經通の言に非ず。孫盛・習鑿齒 異同を搜求し、遺す所有る罔きも、而も並びに沖の言を載せざるは、其の乖剌すること多きを知る」と。

[三] 漢晉春秋に曰く、「亮 自ら至り、數〻戰を挑む。宣王も亦た表して固く戰を請ふ。衞尉の辛毗(一六)をして持節して以て之を制せしむ。姜維 亮に謂ひて曰く、「辛佐治 節に仗りて到らば、賊 復た出でざらん」と。亮曰く、「彼 本より戰情無し。固く戰ひを請ふ所以の者は、以て武を其の衆に示さんとするのみ。將たるもの軍に在らば、君命も受けざる所有り(一七)。苟しくも能く吾を制せば、豈に千里にして戰を請はんや」と」とある。魏氏春秋に曰く、「亮の使 至るや、其の寢食及《と》其の事の煩簡を問ひ、戎事を問はず。使 對へて曰く、「諸葛公は、夙に興き夜に寐ね、罰 二

十より以上は、皆 親しく焉を擥る。噉食する所は數升に至らず」と。宣王曰く、「亮 將に死せんと」と」と。

[四] 魏書に曰く、「亮 糧は盡き勢は窮まり、憂恚して血を歐く。一夕 營を燒き遁走し、谷に入り、道に病を發して卒す」と。漢晉春秋に曰く、「亮 郭氏塢に卒す」と。晉陽秋(一八)曰く、「星有り赤くして芒角(一九)あり、東北より西南に流れ、亮の營に投ず。三たび投じて再び還り、往は大にして還は小なり。俄にして亮 卒す」と。臣 松之 以爲へらく、亮 渭濱に在るや、魏人 跡を躡《お》ひ、勝負の形、未だ測量す可からず。而るに血を歐くと云ふは、蓋し亮自ら亡ぶるに因りて自ら大を誇るならん。夫れ孔明の略を以て、豈に仲達の爲に血を歐くや。劉琨(二〇) 師を喪ふに至るに及び、晉の元帝(二一)に箋を與へて亦た云ふ、「亮は軍 敗れ血を歐く」と。此れ則ち虛記を引きて、以て言と爲すなり。其の谷に入りて卒すと云ふは、蜀人 谷に入り喪を發するの故に縁《よ》るなりと。

[五] 漢晉春秋に曰く、「楊儀ら軍を整へ出づるや、百姓 奔りて宣王に告げ、宣王 焉を追ふ。姜維 儀をして旗を反し鼓を鳴らし、將に宣王に向はん者が若くせしむ。宣王 乃ち退き、敢て偪らず。是に於て儀 陳を結びて去り、谷に入り然る後に喪を發す。宣王の退くや、百姓 之が諺を爲りて曰く、「死せる諸葛、生ける仲達を走らす」と。或もの以て宣王に告ぐ。宣王曰く、「吾能く生を料《はか》るも、便ち死を料らざるなり」と」と。

(補注)

(一) 司馬宣王は、司馬懿のこと。死後、宣王ついで宣帝の諡号を追贈され、『三國志』は司馬懿を宣王と表記する。裴注に引く『漢晉春秋』によれば、司馬懿は退却する蜀軍を追撃するが、姜維らが反撃の構えを見せると、あえて攻撃をしかけなかったことから、民は「死せる諸葛、生ける仲達を走らす」と称したという。

(二) 鮮卑は、北アジアの遊牧民族。東胡の子孫と言われ、一世紀初めには、匈奴に率いられて後漢に侵入した。匈奴が衰えると、後漢より賞賜を受け、互市を許される代償として、北匈奴や烏桓の中国侵入を防御していた。内田吟風『北アジア史研究 鮮卑柔然突厥篇』(同朋舍出版、一九七五年)を參照。

(三) 軻比能は、鮮卑族の大人。曹操が烏桓を平定すると、歩度根らと共に朝貢。やがて代郡烏桓の帰属をめぐり歩度根と対立したのち、朝貢して附義王となった。しかし、文帝が歩度根に王位を与えると対立、黄初六(二二五)年、幷州刺史の梁習に討伐された。諸葛亮に呼応したのち、青龍三(二三五)年、王雄が送り込んだ韓龍に殺害された(『三國志』巻三十 烏丸鮮卑東夷傳)。

(四) 費曜は、曹魏の將。蘇則らと共に反乱を起こした張進を破り、黄初二(二二一)年、反乱を起こした盧水胡を張既と共に討伐した。のち、諸葛亮に攻められた陳倉の救援に赴き、後將軍まで出世している(『三國志』巻三 明帝紀)。

(五) 戴陵は、曹魏の將。費曜と共に上邽を守ったが、諸葛亮に敗退した(『三國志』巻三 明帝紀)。

(六) 司馬懿の言葉は、『史記』巻九十一 黥布列傳に、「楚發兵與戰徐、僮閒爲三軍、欲以相救爲奇。或說楚將曰、(黥)布善用兵、民素畏之。且兵法、諸侯戰其地爲散地。今別爲三、彼敗吾一軍、餘皆走。安能相救。不聽。布果破其一軍、其二軍散走」とある故事を踏まえている。

(七) 黥布は、英布。六縣の人。黥布と呼ぶのは、壮年のころ法に触れて黥刑を受けたためである。項羽の部将として活躍し、九江王に封じられたが、楚漢の争いの際に、漢の使者隨何に説かれて漢に帰属した。項羽の滅亡後、淮南王に封じられたが、のち叛乱を起こし、劉邦に平定された（『史記』巻九十一 黥布列傳）。

（八）賈栩は、詳細不明。『晉書』巻一 宣帝紀は、「賈嗣」につくる。司馬懿に蜀を恐れること虎のようである、と戦いを求めた（『三國志』巻三十五 諸葛亮傳）。

（九）魏平は、詳細不明。司馬懿に蜀を恐れること虎のようである、と戦いを求めた（『三國志』巻三十五 諸葛亮傳）。

（一〇）無當監は、官名。胡三省は、「無當」とは蜀の軍部の号で、その軍が精勇で、敵人が当たれないことをいう。何平は之を監護したので、「無當監」という官名となったとしている。

（一一）何平は、王平。母方の何氏に養育されたが、後に王姓に戻った。漢中の戦いで劉備に下り、街亭の戦いでは街道に陣を布き、張郃を防いだ。のち、前監軍・鎭北大將軍となり、漢中の軍事・行政を一任された（『三國志』巻四十三 王平傳）。

（一二）南圍は、胡三省によれば、蜀兵が祁山を囲む南の屯營。

（一三）高翔は、蜀漢の將。魏延・吳班と共に、司馬懿の率いる魏軍を迎撃し、これを破った。のち、督前部・右將軍・玄都侯となった（『三國志』巻四十 李嚴傳注）。

（一四）幡兵は、帰還予定の兵。幡は、反。

（一五）『春秋左氏傳』僖公 傳二十五年に、「晉侯圍原、命三日之糧。原不降、命去之。諜出曰、原將降矣。軍吏曰、請待之。公曰、信、國之寶也、民之所庇也。得原失信、何以庇之、所亡滋多。退一舍而原降」とあることを踏まえた文章である。諸葛亮の行動の指針が亮の修めた荊州學の中心經典であった『春秋左氏傳』に置かれていたことは、渡邉義浩「死して後已む──諸葛亮の漢代的精神」（『大東文化大学漢学会誌』四二、二〇〇二年、『三国政権の構造と「名士」』前掲に所収）を参照。

（一六）辛毗は、字を佐治、豫州潁川郡陽翟縣の人。袁氏の滅亡後、曹操に仕え、文帝が即位すると侍中、明帝が即位すると衞尉となった。諸葛亮が五丈原に進軍すると、大將軍軍師・使持節として、全軍に出撃を禁じた（『三國志』巻二十五 辛毗傳）。

（一七）出陣した將が、「君命も受けざる所有」ることは、孫子の故事に基づく。『史記』巻六十五 孫子列傳に、「孫子曰、臣既已受命爲將。將在軍、君命有所不受」とある。

（一八）晉陽秋は、書名。東晉の孫盛の著。東晉の哀帝までの晉の歴史を綴る。『隋書』巻三十三 經籍志二に、「晉陽秋、三十二卷。訖哀帝。孫盛撰」と著録される。

（一九）芒角は、星の光の穂先。

（二〇）劉琨は、字は越石。中山郡魏昌縣の人。八王の乱に際して、司馬顒の討伐に大きく貢献し、永嘉の乱が起こると、拓跋部と結んで漢（前趙）の襲来を阻んだ（『晉書』巻六十二 劉琨傳）。

（二一）元帝は、司馬睿。東晉の建国者。宣帝司馬懿の曾孫、琅邪武王司馬伷の孫。建興四（三一六）年、西晉の愍帝が漢の劉聰に殺害されると、丞相・大都督中外諸軍事として建業で支持を集め、建武元（三一七）年、晉を再興した（『晉書』巻六 元帝紀）。

[現代語訳]

建興《けんこう》九（二三一）年、諸葛亮はまた祁山《きざん》（甘肅省西和県の東北）に出撃し、木牛《もくぎゅう》を使い輸送するも[一]、兵糧が尽き軍を退けたが、（追撃してきた）曹魏の將軍張郃《ちょうこう》と（木門谷で）交戦し、張郃を射殺した[二]。建興《けんこう》十二（二三四）年の春、諸葛亮は大軍を総動員して斜谷《やこく》より出撃し、流馬《りゅうば》を使って輸送して、武功縣《ぶこう》（陝西省武功県の西南）の五丈原《ごじょうげん》（陝西省郿県の西南）を拠点に、司馬懿《しばい》と渭水《いすい》の南で対峙した。諸葛亮はつねづね兵糧（の供給）が続かず、自分の志が実現できないことを残念に思っていた。そこで兵士を分けて屯田し、長い駐屯の基礎とした。耕作する者は、渭水の岸辺で居住民と雑居したが、それでも人々は安心し、軍も私腹を肥やさなかった[三]。互いに対峙すること百日あまり、その年の八月に、諸葛亮は病が篤くなり、軍中に卒した。時に五十四歳であった[四]。蜀軍が撤退すると、司馬《しば》懿《い》は諸葛亮の陣営のあちこちを視察して、「（諸葛亮は）天下の奇才である」と言った[五]。

[裴松之注]

[一]『漢晉春秋《かんしんしゅんじゅう》』に、「諸葛亮は祁山《きざん》を包囲すると、鮮卑《せんぴ》族の軻《か》比能《ひのう》を招いた。軻比能たちは故《もと》の北地郡《ほくち》石城縣《せきじょう》（新疆維吾爾自治区温宿の北西）に至って諸葛亮に呼応した。このとき曹魏の大《だい》司馬《しば》である曹眞《そうしん》は病気になり、司馬宣王が、荊州から入朝した。曹魏の明帝《めいてい》は、「西方の事態が重大である。君でなければ任せられる者はいない」と言った。そこで（司馬懿を）西に向かわせ長安《ちょうあん》に駐屯して、張郃《ちょうこう》・費曜《ひよう》・戴陵《たいりょう》・郭淮《かくわい》たちを監督させた。宣王は費曜・戴陵に、精兵四千を残して上邽縣《じょうけい》を守らせ、そのほかの軍勢はすべて出撃させ、西に向かわせ祁山を救援させた。張郃は兵を分けて雍縣《よう》（陝西省鳳翔の南西）・郿縣《び》に駐屯させたいとした。宣王は、「前軍により単独で敵に当たれると考えれば、将軍の言葉は正しい。もし当たれないのに分けて前軍と後軍となれば、これは楚の三軍が（そのうち一軍が負けると、他の軍が逃げて）、黥布《げいふ》のために捕らえられた結果になる」と言った。こうして（そのまま）進軍した。諸葛亮は兵を駐留軍と攻撃軍とに分け、自分は宣王を上邽縣に迎え撃った。郭淮・費曜たちが諸葛亮を迎撃したが、諸葛亮はこれを破り、そして大いにその地の麦を刈り入れた。（諸葛亮は）宣王と上邽縣の東で遭遇したが、（司馬懿は）兵を引き険固な地により、軍は交戦できず、諸葛亮は（軍を）引いて帰った。宣王は諸葛亮に付いて鹵城《ろじょう》に至った。張郃は、「敵は遠くから来て我が軍を迎え撃ち、戦を求めて得られず、我が軍の利が戦わないことにあると思い、長期の計略により制圧しようとしております。かつ祁山では（我が）大軍が近くにあると知れば、人の情は自然と固まりますので、駐屯してこの地に止まるべきです。（そのうえで軍）を分けて奇兵《きへい》をつくり、敵の後に出ることを示しましょう。前に進みながらあえて迫らず、座視して民の望を失うべきではありません。いま諸葛亮の遠征軍は食糧が少なく、行き去るしかありません」と言った。宣王は従わず、このため諸葛亮に付いていった。すでに至ると、また山に登って陣営をつくり、戦うことを許さなかった。賈栩《かく》と魏平《ぎへい》はたびたび戦いを願い、その際に、「公が蜀を恐れることは虎のようです、天下の笑いをどういたしましょう」と言った。宣王はこれに悩んだ。諸将はみな戦いを求めた。五月辛巳《しんし》、そこで張郃に無當監《むとうかん》の何平《かへい》を南圍《なんい》に攻めさせ、自らは真ん中の道より諸葛亮に向かった。諸葛亮は魏延《ぎえん》・高翔《こうしょう》・呉班《ごはん》を防御に赴かせ、大いにこれを破り、甲首三千級、くろがねの鎧《よろい》五千領、三千一百張の角弩《かくど》を獲た。宣王は帰って陣営を保った」とある。

[二]郭沖《かくちゅう》の五事に、「曹魏の明帝は自ら蜀を征討しようと、長安に行幸し、宣王（司馬懿）を派遣して張郃などの諸軍を監督させ、雍州《ようしゅう》と涼州《りょうしゅう》の強卒が三十余万、軍をひそめて密かに進

み、剣閣《けんかく》（四川省広元市）に向かうことを図った。諸葛亮はそのとき祁山《きざん》にあり、軍旗も武器も整い、守るは険要の地であるため、十分の二を代わる代わる下山させ、（祁山に）ある者は八万であった。魏軍が陣を布き始めたとき、帰還兵は交替の時期にあたっていた。参謀はみな賊の勢力が強大であるので、力でなければ抑えられないので、かりに兵を下山させることを一ヵ月停止し、勢力を結集すべきであるとした。諸葛亮は、「吾《わたし》は軍事を指揮して軍隊を動かすには、大いなる信を根本としている。原《げん》城《じょう》を得るために信を失うことは、古人の惜んだことである。（交代のため）去る者は身支度を整えて期日を待ち、（その）妻子は鶴のように首を長くして（帰って来る）日を数えている。（たとえ）征討な困難に直面するとしても、義として（交代を）中止とすることはできない」と言った。（諸葛亮は）みなを促して帰らせようとした。ここにおいて帰還する者は感激して、留って共に戦うことを願い、留まる者は奮起して、死を懸けて戦おうと思った。互いに語りあって、「諸葛公の恩は、死んでも報いきれないほどである」と言った。戦いに臨む日には、刃を抜いて先を争わないものはなく、一人で十人に当たり、張郃を殺し、宣王を退けた。一度戦って大いに勝利をしたのは、これこそ信のたまものである」とある。（裴松之の）批判に、「臣《わたくし》裴松之が調べてみると、諸葛亮が以前に祁山に出たときに、曹魏の明帝は自ら長安に至っただけである。この年はまた自ら来てはいない。かつ諸葛亮の大軍が關《かん》・隴《ろう》にいるのに、曹魏の人はどのような方法で諸葛亮を越えて直ちに剣閣に向かうことができたのであろうか。諸葛亮は戦場に出たあとは、もともと久しく駐屯する計画はなかった。それなのに兵を休ませて蜀に帰還させるというのは、正しく通じる言辞ではない。孫盛《そんせい》や習鑿歯《しゅうさくし》が（陳壽の本文との）異同を探し求め、残すところがないのに、ともに郭沖《かくちゅう》の言葉を載せないことは、それが（事実から）多く離れていることが分かる」とある。

［三］『漢晉春秋《かんしんしゅんじゅう》』に、「諸葛亮は自らやって来て、しばしば戦いを挑んだ。宣王《せんおう》（司馬懿）もまた上表して強く戦い（の許可）を願った。（曹魏の明帝は）衛尉《えいい》の辛毗《しんぴ》に持節して（皇帝の代理とし）戦いを制止させた。姜維《きょうい》は諸葛亮に言って、「辛佐治《しんさじ》が節を持って至ったので、賊（の司馬懿）はもう出撃しないでしょう」とした。諸葛亮は、「彼はもとから戦う気持ちがない。強く戦いを願った理由は、それにより武をその軍に示そうとしただけである。将というものは軍にあれば、君命も受けないことがある。仮にも吾《わたし》に勝つことができると思ったならば、千里（の彼方）に戦いを願うことがあろうか」と答えた」とある。『魏氏春秋《ぎししゅんじゅう》』に、「諸葛亮の使者が至ると、（司馬懿は）その寝食と仕事の忙しさを問い、軍事を問わなかった。使者は答えて、「諸葛公は、早くに起き夜遅くに眠り、（鞭打ち）二十より以上の罰は、すべて自らこれを処理されます。召し上がるところは数升（二、三合）に至りません」と言った。宣王は、「諸葛亮はまもなく死ぬであろう」と言った」とある。

［四］『魏書《ぎしょ》』に、「諸葛亮は食糧が尽き勢力が窮まり、憂い怒って血を吐いた。ある夜陣営を焼き遁走して、谷に入り、道中で病気になって卒した」とある。『漢晉春秋』に、「諸葛亮は郭氏塢《かくしう》で卒した」とある。『晉陽秋《しんようしゅう》』に、「赤く光の穂を牽いた星が、東北から西南に流れ、諸葛亮の陣営に落ちた。三回落ちて二回は戻ったが（三回目は落ちた）、落ちるときは大きく戻るときは小さ

かった。（星が落ちると）にわかに諸葛亮は卒した」とある。
臣《わたくし》裴松之が考えますに、諸葛亮が渭水《いすい》のほとりにいたとき、曹魏の人々は遅れを取り、勝負の形勢は、まだ予測できなかった。それなのに血を吐いたというのは、諸葛亮が自滅したとすることで自分たちを誇大に言うためであろう。そもそも孔明の智略をもって、どうして仲達《ちゅうたつ》のために血を吐くことがあろうか。劉琨《りゅうこん》が戦いに破れるに至り、東晉の元帝《げんてい》に手紙を送ってまた、「諸葛亮は軍が敗れて血を吐きました」としている。これは嘘の記録を引用し、発言している。（なお）諸葛亮が谷に入って卒したというのは、蜀漢の人々が谷に入って喪を発したことによるのである。
［五］『漢晉春秋』に、「楊儀《ようぎ》たちが軍を整えて出発すると、人々は走って宣王（司馬懿）に告げ、宣王はこれを追撃した。姜維《きょうい》は楊儀に軍旗を翻し陣太鼓を鳴らし、宣王に立ち向かうようにさせた。宣王はそこで撤退し、あえて近づかなかった。こうして楊儀は陣を整えて去り、谷（斜谷）に入った後で喪を発した。宣王が撤退すると、人々はこれの諺を作って、「死せる諸葛、生ける仲達を走らす」と言った。あるものがそれを宣王に告げた。宣王は、「吾《わたし》は生者を相手にすることはできるが、死者を相手にはできない」と言った」とある。

【原文】

亮遺命葬漢中定軍山、因山爲墳、冢足容棺、斂以時服、不須器物。詔策曰、惟君體資文武、明叡篤誠。受遺託孤、匡輔朕躬、繼絶興微、志存靖亂。爰整六師、無歳不征、神武赫然、威鎭八荒。將建殊功於季漢、參伊・周之巨勳。如何不弔、事臨垂克、遘疾隕喪。朕用傷悼、肝心若裂。夫崇德序功、紀行命謚、所以光昭將來、刊載不朽。今使使持節・左中郎將杜瓊、贈君丞相・武鄕侯印綬、謚君爲忠武侯。魂而有靈、嘉茲寵榮。嗚呼哀哉。嗚呼哀哉。初、亮自表後主曰、成都有桑八百株・薄田十五頃。子弟衣食、自有餘饒。至於臣在外任、無別調度、隨身衣食、悉仰於官。不別治生、以長尺寸。若臣死之日、不使內有餘帛、外有贏財、以負陛下。及卒、如其所言。
亮性長於巧思、損益連弩、木牛・流馬、皆出其意。推演兵法、作八陳圖、咸得其要云［一］。亮言・教・書・奏、多可觀、別爲一集。

［裴松之注］

［一］魏氏春秋曰、亮作八務・七戒・六恐・五懼、皆有條章、以訓厲臣子。又損益連弩、謂之元戎。以鐵爲矢、矢長八寸、一弩十矢俱發。亮集載作木牛・流馬法曰、木牛者、方腹曲頭、一脚四足、頭入領中、舌著於腹。載多而行少、宜可大用、不可小使。特行者數十里、羣行者二十里也。曲者爲牛頭、雙者爲牛脚、橫者爲牛領、轉者爲牛足、覆者爲牛背、方者爲牛腹、垂者爲牛舌、曲者爲牛肋、刻者爲牛齒、立者爲牛角、細者爲牛鞅、攝者爲牛鞦軸。牛仰雙轅、人行六尺、牛行四步。載一歳糧、日行二十里、而人不大勞。流馬尺寸之數、肋長三尺五寸、廣三寸、厚二寸二分、左右同。前軸孔分墨去頭四寸、徑中二寸。前脚孔分墨二寸、去前軸孔四寸五分、廣一寸。前杠孔去前脚孔分墨二寸七分、孔長二寸、廣

一寸。後軸孔去前杠分墨一尺五分、大小與前同。後脚孔分墨去後軸孔三寸五分、大小與前同。後杠孔去後脚孔分墨二寸七分、後載剋去後杠孔分墨四寸五分。前杠長一尺八寸、廣二寸、厚一寸五分。後杠與等版方囊二枚、厚八分、長二尺七寸、高一尺六寸五分、廣一尺六寸、毎枚受米二斛三斗。從上杠孔去肋下七寸、前後同。上杠孔去下杠孔分墨一尺三寸、孔長一寸五分、廣七分、八孔同。前後四脚、廣二寸、厚一寸五分。形制如象、靬長四寸、徑面四寸三分。孔徑中三脚杠、長二尺一寸、廣一寸五分、厚一寸四分、同杠耳。

《訓読》

亮 遺命して漢中の定軍山に葬らしめ、山に因りて墳を爲り、冢は棺を容れるに足らしめ、斂むるに時服を以てし、器物を須《もち》ひず。詔策して曰く、「惟ふに君は文武を體資して、明叡篤誠なり。遺託の孤を受け、朕が躬を匡輔し、絶えたるを繼ぎ微《おとろ》へたるを興し、志は亂を靖んずるに存《あ》り。爰《ここ》に六師(一)を整へ、歳として征せざるは無く、神武赫然として、威 八荒を鎭む。將に殊功を季漢に建て、伊・周の巨勳に參ぜんとす。如何ぞ弔《あはれ》まざるや、事に臨み克《かつ》に垂んとするに、疾に遘《あ》ひて隕喪す。朕 用《もつ》て傷悼し、肝心 裂くるが若し。夫れ德を崇め功を序《つい》ぎ、行を紀し謚を命ずるは、將來に光昭して、不朽に刊載する所以なり。今 使持節・左中郎將の杜瓊をして、君に丞相・武鄉侯の印綬を贈らしめ、君に謚して忠武侯と爲す。魂にして靈有らば、茲《こ》の寵榮を嘉《よみ》せよ。ああ哀しいかな。ああ哀しいかな」と。初め、亮 自ら後主に表して曰く、「成都に桑八百株・薄田十五頃有り。子弟の衣食、自づから餘饒有り。臣 外任に在るに至りては、別の調度無く、隨身の衣食は、悉く官に仰ぐ。別に生を治めて、以て尺寸を長ぜず。若し臣 死するの日、內に餘帛有り、外に贏財有りて、以て陛下に負かしめざらん」と。卒するに及びて、其の言ふ所の如し。

亮 性として巧思に長じ、連弩(二)を損益し、木牛・流馬は、皆 其の意より出づ。兵法(三)を推演して、八陳の圖(四)を作るに、咸 其の要を得たりと云ふ[一]。亮の言・教・書・奏に、觀る可きもの多ければ、別に一集(五)を爲る。

[裴松之注]

[一] 魏氏春秋に曰く、「亮 八務・七戒・六恐・五懼を作り、皆 條章有りて、以て臣子を訓厲す。又 連弩を損益し、之を元戎と謂ふ。鐵を以て矢を爲り、矢の長さ八寸、一弩もて十矢 倶に發す。亮集に載する木牛・流馬を作るの法に曰く、「木牛なる者は、方腹曲頭にして、一脚(六)に四足(七)、頭は領中に入り、舌は腹に著く。載は多けれども而も行は少なく、宜しく大に用ふ可くも、小に使ふ可からず。特行する者は數十里、羣行する者は二十里なり。曲なる者は牛頭爲り、雙なる者は牛の脚爲り、橫なる者は牛の領爲り、轉なる者は牛の足爲り、覆なる者は牛の背爲り、方なる者は牛の腹爲り、垂るる者は牛の舌爲り、曲なる者は牛の肋爲り、刻まるる者は牛の齒爲り、立つ者は牛の角爲り、細き者は牛の鞅(八)爲り、攝なる者は牛の鞦軸(九)爲り。牛は雙轅(一〇)に仰《よ》り、人 行くこと六尺なれば、牛 行くこと四步。一歲の糧を載み、日に二十里を行くも、而も人 大いには勞せず。流馬の尺寸の數は、肋は長さ三尺五寸、廣さ三寸、厚さ二寸二分、左右同じ。前軸の孔は分墨(一一)するに頭を去ること四寸、直徑二寸。前脚の孔は分墨するに二寸、前軸の孔を去ること四寸五分、廣さ一寸。前杠の孔は前脚の孔を去ること分墨して二寸七分、孔の長さ二寸、廣さ一寸。後

軸の孔は前杠を去ること分墨して一尺五分、大小は前と同じ。後脚の孔は分墨して後軸の孔を去ること三寸五分、大小は前と同じ。後杠の孔は後脚の孔を去ること分墨して二寸七分、後載の剋は後杠の孔を去ること分墨して四寸五分。前杠は長さ一尺八寸、廣さ二寸、厚さ一寸五分。後杠は等版に與し方嚢二枚、厚さ八分、長さ二尺七寸、高さ一尺六寸五分、廣さ一尺六寸、枚毎に米二斛三斗を受く。上杠の孔は肋の下より去ること七寸、前後同じ。上杠の孔は下杠の孔より去ること分墨して一尺三寸、孔は長さ一寸五分、廣さ七分、八孔同じ。前後四脚、廣さ二寸、厚さ一寸五分。形制は象の如く、軒の長さ四寸、徑面は四寸三分。孔の徑は三脚の杠に中り、長さ二尺一寸、廣さ一寸五分、厚さ一寸四分、杠と同じきのみ」と。

（補注）

（一）六師は、六軍。天子の軍隊。『尚書』泰誓篇下に、「王乃大巡六師」とある。

（二）諸葛亮が改良した連弩は、裴注の引く『魏氏春秋』によれば、鉄製の矢を十本発射でき、「元戎」と呼ばれたという。

（三）『隋書』巻三十四 經籍志三 子部によれば、南朝の梁まで「諸葛亮兵法五巻」が伝えられていた。

（四）八陣の圖は、布陣法を図示したものか。これまで、八陣の圖は、諸葛亮が編み出した変幻自在な方陣とされてきたが、現在、『道藏』などに残る八陣圖は、明代の創作である。出土した『孫臏兵法』八陣には、「陣則知八陣之經、見勝而戰、弗見而諍、此王者之將也。用八陣戰者、因地之利、用八陣之宜」とあり、「八陣」は、具体的な八つの陣という意味ではなく、布陣法という意味で用いられている。

（五）集は、諸葛氏集のこと。諸葛亮の残した文を陳壽が整理・編纂したもの。『三國志』諸葛亮傳に目録が掲げられ、「二十四篇、凡十萬四千一百一十二字」とある。『隋書』巻三十五 經籍志四 集部には、「蜀丞相諸葛亮集二十五巻」とある。

（六）脚は、ジョセフ＝ニーダム（著）、中岡哲郎（他訳）『中国の科学と文明』⑻機械工学［上］（思索社、一九九一年）によれば、車輪。復原図を掲げておく。なお、ニーダムは、木牛・流馬をいずれも一輪車と考え、後漢で用いられていた一輪の運搬具の改良に過ぎない、と理解している。なお、後に脚が「雙」とされるのは、ニーダムによれば、一本の車軸に二つの軸受けがついていたと解釈される。

（七）足は、ニーダム前掲書によれば、転倒を防ぐための側方の補強材。ただし、のちに「轉」とあるも

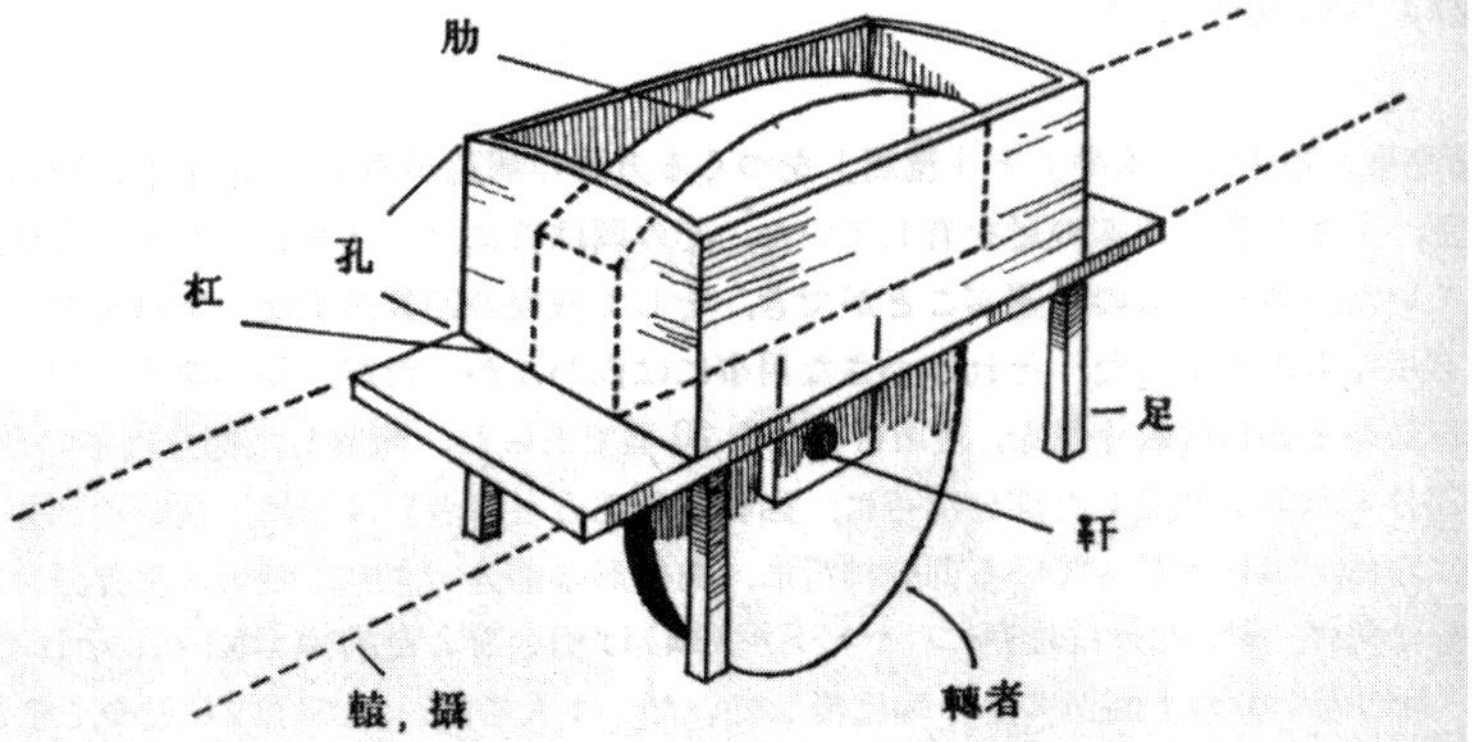

ニーダムによる木牛の復元図（ジョセフ＝ニーダム（著）、中岡哲郎（他訳）『中国の科学と文明』⑻機械工学［上］、342頁）

のを図のように「轉者」と理解するのは、他の「者」との関係上、誤りであろう。

(八) 鞅は、むながい。牛馬の首につける皮ひもである。

(九) 鞦は、しりがい。牛馬の尻につける皮ひもである。

(一〇) 轅は、かじ棒。二本ついており、乗り手はそれにすがる。

(一一) 分墨は、詳細不明。したがって、この部分の訳は仮として、後考を俟つ。

[現代語訳]

諸葛亮は遺命して漢中《かんちゅう》の定軍山《ていぐんざん》(陝西省勉県の東南)に葬らせ、山を利用して墳墓を作り、塚は棺を入れるに足りるだけとし、納棺の際には普段着に身を包ませ、(副葬品に)器物を用いなかった。(後主劉禪は)詔策して、「思うに君は文武の才を体現し、聡明で誠実であった。(先帝の)遺言で託された孤を守り、朕の身を輔け正し、絶えた家を継ぎ衰えた国を興し、志は動乱を安寧することにあった。このため六軍《りくぐん》を整備し、出征しない年はなく、その神武は明らかに輝《き》き、その威光は八荒(世界)を鎮めた。今まさに類まれなる功績を季漢《かん》に立て、伊尹《いいん》・周公《しゅうこう》の巨大な勲功に並ぼうとしていた。どうしたことか(天は)哀れまず、大事に臨み勝利の矢先に、病に罹り身罷った。朕は悼み悲しみ、胸は張り裂けんばかりである。そもそも徳をあがめ功を列挙し、行いを記し諡《おくりな》をつけるのは、(死者の名を)将来に輝かせ、(その名を)不朽に書物に載せるためである。いま使持《しじ》節《せつ》・左中郎将《さちゅうろうしょう》の杜瓊《とけい》を使者に、君に丞相・武郷侯《ぶきょうこう》の印綬を贈らせ、君に諡して忠武侯《ちゅうぶこう》とする。魂になっても靈があるならば、この恩寵栄誉を喜んでほしい。ああ哀しいかな。ああ哀しいかな」といった。これよりさき、諸葛亮は自ら後主に上表して、「成都《せいと》に桑が八百株と痩せた田が十五頃《けい》あります。子弟の衣食は、それで余裕があります。臣が出征いたします時には、特別の仕度もなく、わが身に必要な衣食は、すべて官に仰いでおります。その他に財産を作り、利益を得ることはありません。もし臣が死ぬ日に、内に余分の絹があり、外に余った財産があって、陛下に背くようなことはありません」といっていた。卒するに及び、その言葉のとおりであった。

諸葛亮は生れながら創意工夫にすぐれ、連弩《れんど》を改良し、木牛《もくぎゅう》・流《りゅう》馬《ば》は、みなその創意による。兵法を押し広げ、八陣《はちじん》の図を作ったが、みなその要を得ていたという[一]。諸葛亮の言辞・布告・書簡・上奏には、見るべき文が多いので、別に一つの文集を作成した。

[裴松之注]

[一]『魏氏春秋《ぎししゅんじゅう》』に、「諸葛亮は八務(八つの義務)・七戒(七つの戒め)・六恐(六つの懸念)・五懼(五つの危惧)を作り、みな箇条書きにして、それにより臣下を訓導した。また連弩《れんど》を工夫して、これを元戎《げんじゅう》と呼んだ。鉄により矢をつくり、矢の長さを八寸とし、一つの弩により十本の矢を同時に発射した」とある。『諸葛亮集』に掲載する木牛《ぼくぎゅう》・流馬《りゅうば》の製作方法に、「木牛というものは、腹部は四角で頭部は曲線型で、一本の脚に四つの足があり、頭はうなじに押し込まれており、舌は腹部に取り付けられている。積載量は多いが行程は少なく、大きな用途に適しており、小事に使うことはできない。単独で走行するときは(一日に)数十里、大勢で走行するときは二十里を進む。曲線部は牛の頭であり、並んでいるものは牛の脚であり、横になっているものは牛のうなじであり、転がるものは牛の足であり、覆っているものは牛の背であり、四角いものは牛の腹であり、垂れているもの

は牛の舌であり、曲線になっているものは牛の肋骨《ろっこつ》であり、刻まれているものは牛の歯であり、立っているものは牛の角であり、細いものが牛の鞅《むながい》であり、手に取るようになっているものが牛の鞦《しりがい》の軸である。牛は二本の轅《かじぼう》に仰《よ》り、人が六尺進むと、牛は四歩歩《ある》く。一年分の食糧を積載し、一日に二十里を進むが、それでも人手をそれほど労することはない。流馬の寸法は、肋《ろく》は長さは三尺五寸、広さは三寸、厚さは二寸二分で、左右同じである。前軸の孔《あな》は頭から四寸であり、直径は二寸である。前脚の孔は二寸であり、前軸の孔から四寸五分、広さは一寸である。前杠の孔は前脚の孔より二寸七分、孔の長さは二寸、広さは一寸である。後軸の孔は前杠より一尺五分で、大小は前と同じである。後脚の孔は後軸の孔より三寸五分で、大小は前と同じである。後杠の孔は後脚の孔より二寸七分で、後載の剋は後杠の孔より四寸五分である。前杠は長さは一尺八寸、広さは二寸、厚さは一寸五分である。後杠は等版に繋がり方形の箱が二枚、厚さは八分、長さは二尺七寸、高さは一尺六寸五分、広さは一尺六寸であり、一枚で米二斛三斗を載せる。上杠の孔は肋の下より七寸で、前後は同じである。上杠の孔は下杠の孔より一尺三寸で、孔は長さは一寸五分、広さは七分、八孔とも同じである。前後の四脚は、広さは二寸、厚さは一寸五分である。形は象のようで、軒《けん》（乾した革）の長さは四寸、直径は四寸三分である。孔の直径は三つの脚の杠にあたり、長さは二尺一寸、広さは一寸五分、厚さは一寸四分で、杠と同じである」とある。

【原文】

景耀六年春、詔爲亮立廟於沔陽［一］。秋、魏鎭西將軍鍾會征蜀、至漢川、祭亮之廟、令軍士不得於亮墓所左右芻牧樵採。亮弟均、官至長水校尉。亮子瞻、嗣爵［二］。

〔裴松之注〕

［一］襄陽記曰、亮初亡、所在各求爲立廟。朝議以禮秩不聽。百姓遂因時節、私祭之於道陌上。言事者或以爲、可聽立廟於成都者。後主不從。步兵校尉習隆・中書郎向充等共上表曰、臣聞、周人懷召伯之德、甘棠爲之不伐、越王思范蠡之功、鑄金以存其像。自漢興已來、小善小德而圖形立廟者多矣。況亮德範遐邇、勳蓋季世、王室之不壞、實斯人是賴。而蒸嘗止於私門、廟像闕而莫立、使百姓巷祭、戎夷野祀、非所以存德念功、述追在昔者也。今若盡順民心、則瀆而無典、建之京師、又偪宗廟、此聖懷所以惟疑也。臣愚以爲、宜因近其墓、立之於沔陽、使所親屬以時賜祭。凡其臣故吏欲奉祠者、皆限至廟、斷其私祀、以崇正禮。於是始從之。

［二］襄陽記曰、黃承彥者、高爽開列、爲沔南名士。謂諸葛孔明曰、聞君擇婦。身有醜女、黃頭黑色、而才堪相配。孔明許、即載送之。時人以爲笑樂。鄉里爲之諺曰、莫作孔明擇婦、[1]（止）〔正〕得阿承醜女。

〔校勘〕

1．百衲本は「止」に作るが、中華書局本により「正」に改める。

《訓読》

景耀六年春、詔して亮の爲に廟を沔陽に立つ[一]。秋、魏の鎭西將軍の鍾會 蜀を征し、漢川に至るや、亮の廟を祭り、軍士をして亮が墓所の左右に於て芻牧樵採するを得ざらしむ。亮の弟たる均、官は長水校尉に至る。亮の子たる瞻、爵を嗣ぐ。

[裴松之注]

[一] 襄陽記に曰く、「亮 初めて亡《を》はるや、所在に各〻爲に廟を立つを求む。朝議 禮秩を以て聽さず。百姓 遂に時節に因りて、私かに之を道陌の上に祭る。事を言ふ者 或いは以《い》爲へらく、廟を成都に立つ者《こと》を聽す可しと。後主 從はず。步兵校尉の習隆(一)・中書郎の向充(二)(三)ら共に上表して曰く、「臣 聞くならく、周人 召伯(五)の德を懷ひ、甘棠(六)之が爲に伐られず、越王 范蠡(七)の功を思ひ、金を鑄て以て其の像を存すと。漢 興りてより已來、小善小德にして形を圖《えが》き廟を立つ者多し。況んや亮 德は遐邇に範たりて、勳は季世を蓋ひ、王室の壞れざるは、實に斯の人に是れ賴る。而るに蒸嘗は私門に止まり、廟像は闕けて立つこと莫く、百姓をして巷祭せしめ、戎夷も野に祀るは、德を存し功を念ひ、在昔を述追する者の所以に非ざるなり。今 若《も》し盡く民の心に順はば、則ち瀆して典無く、之を京師に建つれば、又 宗廟に偪り、此れ聖懷の惟れ疑ふ所以なり。臣愚 以爲へらく、宜しく其の墓に近きに因り、之を沔陽に立て、親屬する所をして時を以て祭を賜へ。凡そ其の臣故吏の奉祠せんと欲する者は、皆 廟に至るに限り、其の私祀を斷ちて、以て正禮を崇ばん」と。是に於て始めて之に從ふ」と。

[二] 襄陽記に曰く、「黃承彥(八)なる者は、高爽にして開列、沔南の名士爲り。諸葛孔明に謂ひて曰く、「君 婦を擇ぶと聞く。身に醜女有り、黃頭黑色(九)なるも、而れども才は相 配するに堪ふ」と。孔明 許すや、即《ただ》ちに載せて之を送る。時人 以て笑ひ樂しみと爲す。鄉里(一〇) 之が爲に諺して曰く、「孔明の婦を擇ぶを作すこと莫かれ。正に阿承の醜女を得ん」と」と。

(補注)

(一) 步兵校尉は、官名。宿衛の兵を掌る。北軍中候に屬し、官秩は比二千石（『後漢書』志二十七 百官四）。

(二) 習隆は、荊州襄陽郡の人、習禎の孫、習忠の子。「襄陽の習氏」は、襄陽を代表する豪族。步兵校尉となった。

(三) 中書郎は、官名。のちの中書侍郎。詔誥を掌る。洪飴孫『三国職官表』を參照。

(四) 向充は、荊州襄陽郡の人。向寵の弟。射聲校尉・尙書を歷任した（『三國志』卷四十一 向朗傳附向寵傳）。

(五) 召伯は、召公奭。周の文王の子、武王・周公旦の弟。周公旦とともに武王を助けて殷を滅ぼしたあと、北燕に封ぜられた。『詩經』の「甘棠」の詩は、人々がその治世を追慕したものである。

(六)『詩經』召南 甘棠に、「蔽芾甘棠、勿翦勿伐、召伯所茇」とある。

(七) 范蠡は、春秋時代の越王句踐の臣下。句踐を助けて吳を討ち、會稽の恥をそそいだが、越が天下に覇をとなえると、句踐のもとを去り、海路齊に行った。そこで鴟夷子皮と号し數千万の財をたくわえて齊の宰相となったが、散財して、今度は交易の要地である陶に行って朱公と称し、再び巨万の富を得たという（『史記』卷四十一 越王句踐世家）。『國語』越語下に、「王命工、以良金、范蠡之狀、而朝禮之」とある。

（八）黄承彦は、沔南の名士。『襄陽耆舊傳』によれば、妻は蔡諷の長女で、妻の妹は劉表の後妻となり、妻の弟は蔡瑁である。

（九）黄頭は、子供っぽいことか。黄は、三歳以下の子供のこと。あるいは黒髪ではなかったことか。とりあえず前者にしておく。

（一〇）郷里は、ここでは荊州襄陽郡。諸葛亮の本来の郷里は、徐州琅邪郡であるが、「名士」の存立基盤である名声の場としての「郷里」は、襄陽であった。渡邉義浩「漢魏交替期の社会」（『歴史学研究』六二六、一九九一年、『三国政権の構造と「名士」』前掲に所収）を参照。

［現代語訳］

景耀《けいよう》六（二六三）年の春、詔を下して諸葛亮のために廟を沔陽《べんよう》に立てた［一］。秋、曹魏の鎮西將軍《ちんぜいしょうぐん》の鍾會《しょうかい》が蜀漢を攻撃し、漢川《かんせん》（漢水、現在の漢江）に至ると、諸葛亮の廟を祭り、兵士に亮の墳墓の近くで草を刈り薪を採ることを禁じた。亮の弟である諸葛均《しょかつきん》は、官は長水校尉《ちょうすいこうい》に至った。亮の子である諸葛瞻《しょかつせん》が、爵位（の武鄉侯）を嗣いだ［二］。

［裴松之注］

［一］『襄陽記《じょうようき》』に、「諸葛亮が亡くなると、あちこちでそれぞれ（亮の）ために廟を立てることを求めた。朝廷の議論は禮の秩序に基づき許可しなかった。人々はそこで季節（の祭祀）にかこつけ、秘かに亮を路上で祭った。議論する者の中には、「（亮の）廟を成都《せいと》に立てることを許すべきです」と言うものもあった。後《こう》主《しゅ》（劉禪）は従わなかった。歩兵校尉《ほへいこうい》の習隆《しゅうりゅう》と中書郎《ちゅうしょろう》の向《しょう》充《じゅう》たちは共に上表して、「臣《わたくし》が聞くところでは、周の人々は召伯《しょうはく》（召公奭）の徳を慕って、甘棠《かたなし》の木を召伯のために伐《き》らず、越王《えつおう》（句踐）は范蠡《はんれい》の功を思って、金属を鋳て范蠡の像を残したと申します。漢が勃興して以来、小さな善や小さな徳でも肖像を描かれ廟を立てられた者は多くおります。まして諸葛亮の徳は遠近に範となり、勳は末世を覆い、王室が壊れなかったのは、まことにこの人に頼っていたのです。それなのに（冬の）蒸祭《じょうさい》や（秋の）嘗祭《しょうさい》は個人の家で行われるだけで、廟や像は欠けたまま立つことはなく、人々に巷《ちまた》で祭らせ、異民族に野《や》で祀させるのは、徳を残し功を思い、むかしを追憶するやり方ではございません。今もしすべて民の心に順えば、（禮の秩序を）冒瀆《ぼうとく》して典範がなくなり、（諸葛亮の）廟を京師《けいし》（の成都）に建てれば、やはり（帝室の）宗廟《そうびょう》に近すぎ、陛下の気持ちとして（そのあり方を）疑う理由となるでしょう。臣が愚かにも思いますには、諸葛亮の墳墓に近くであることから、（諸葛亮の）廟を沔陽に立て、親族に時節に応じて祭祀を許されるのがよろしいと存じます。（諸葛亮の）もとの下臣や故吏で祭祀を行いたいものは、みな廟に至らせることに（祭祀を）限定し、その私祭を止めさせ、それにより正しい禮を尊重いたしましょう」と申し上げた。こうして（後主は）これに従った」とある。

［二］『襄陽記』に、「黄承彦《こうしょうげん》というものは、高邁で爽快、沔南の名士である。諸葛孔明に言って、「君は婦を択んでいると聞く。身《わたし》に醜女《しこめ》がおり、子供っぽく色黒であるが、才は妻とするに足りる」とした。孔明が（妻に娶ることを）許すと、すぐに載せて娘を送った。時人はこれを笑い楽しんだ。郷里はこれがために諺して、「孔明の嫁選びを（真似）してはいけない。阿承の醜女を得ることになる」と言った」とある。

【原文】

諸葛氏集目錄

開府作牧第一	權制第二
南征第三	北出第四
計算第五	訓厲第六
綜覈上第七	綜覈下第八
雜言上第九	雜言下第十
貴和第十一	兵要第十二
傳運第十三	與孫權書第十四
與諸葛瑾書第十五	與孟達書第十六
廢李平第十七	法檢上第十八
法檢下第十九	科令上第二十
科令下第二十一	軍令上第二十二
軍令中第二十三	軍令下第二十四

右二十四篇、凡十萬四千一百一十二字。

臣壽等言、臣前在著作郎、侍中・領中書監・濟北侯臣荀勖、中書令・關內侯臣和嶠奏、使臣定故蜀丞相諸葛亮故事。亮毗佐危國、負阻不賓。然猶存錄其言、恥善有遺。誠是大晉光明至德、澤被無疆。自古[1]已來、未之有倫也。輒刪除複重、隨類相從、凡爲二十四篇。篇名如右。

〔校勘〕

1．中華書局本は、「以」につくる。

《訓読》

諸葛氏集目錄

開府作牧第一	權制第二
南征第三	北出第四
計算第五	訓厲第六
綜覈上第七	綜覈下第八
雜言上第九	雜言下第十
貴和第十一	兵要第十二
傳運第十三	與孫權書第十四
與諸葛瑾書(一)第十五	與孟達書第十六
廢李平第十七	法檢上第十八
法檢下第十九	科令上第二十
科令下第二十一	軍令上第二十二
軍令中第二十三	軍令下第二十四

右二十四篇、凡そ十萬四千一百一十二字なり。

臣 壽ら言《まう》す、「臣 前《さき》に著作郎(二)に在り、侍中・領中書監(三)・濟北侯たる臣 荀勖(四)、中書令(五)・關內侯たる臣 和嶠(六)奏して、臣をして故《もと》の蜀の丞相たる諸葛亮の故事を定めしむ。亮は危國を毗佐し、阻を負ひて賓《まつろ》はず。然れども猶ほ其の言を存錄するは、善に遺有るを恥とすればなり。誠に是れ大晉の光明 至德にして、澤被 疆《かぎり》無し。古より已來、未だ之れ倫有らざるなり。輒ち複重を刪除し、類に隨ひて相 從はしめ、凡そ二十四篇と爲す。篇名は右の如し」と。

（補注）

（一）諸葛瑾は、字は子瑜、徐州琅邪郡陽都縣の人、亮の兄。孫權の姉婿の弘咨から評価され、孫権に魯粛と並んで賓客として待遇された。孫権が即位すると、大將軍・左都護に任命され、重臣として孫權を支えた（『三國志』巻五十二 諸葛瑾傳）。

（二）著作郎は、官名。周官の左史。曹魏明帝の太和年間に置かれ、中書省に属した。西晉恵帝の元康二（二九二）年、祕書省に所属を移した。著作郎（大著作郎）一人が史の任務を管掌し、佐著作郎八人が下に置かれた（『晉書』巻二十四 職官志）。

（三）中書監は、官名。魏の武王曹操が置いた祕書令を文帝が中書に改め、監と令を置いた。西晉もこれを継承し、中書監・中書令を置き、詔命を管掌した（『晉書』巻二十四 職官志）。なお、領はここでは侍中との兼官を示す。

（四）荀勗は、字は公曾、豫州潁川郡潁陰縣の人。荀爽の曾孫。西晉武帝の佐命の臣として権力を握り、泰始律令の制定に関与した。武帝の弟司馬攸を齊に出鎮させ、賈充の娘賈南風を皇太子司馬衷に娶らせるよう武帝に勧めている。なお、執筆した図書目録の『中經新簿』は、今日の漢籍分類の基本である「四部分類」の源流となっている（『晉書』巻三十九 荀勗傳）。

（五）中書令は、官名。魏の武王曹操が置いた祕書令を文帝が中書に改め、監と令を置いた。西晉もこれを継承し、中書監・中書令を置き、詔命を管掌した（『晉書』巻二十四 職官志）。

（六）和嶠は、字を長輿、豫州汝南郡西平縣の人、和洽の孫。舅の夏侯玄の人と爲りを慕った。西晉では、中書監と中書令は、同じ車に乗り入朝したが、荀勗を卑しみ車を専有した。太康二（二八一）年に出土した「汲冢書」を整理して『竹書紀年』を著した。その一方で蓄財を好み、杜預から「錢癖有り」と称された（『晉書』巻四十五 和嶠傳）。

［現代語訳］

『諸葛氏集《しょかつししゅう》』目録

開府作牧《かいふさくぼく》第一　權制《けんせい》第二
南征《なんせい》第三　北出《ほくしゅつ》第四
計算《けいさん》第五　訓厲《くんれい》第六
綜覈《そうかく》上第七　綜覈下第八
雜言《ざつげん》上第九　雜言下第十
貴和《きわ》第十一　兵要《へいよう》第十二
傳運《でんうん》第十三　與孫權書《よそんけんしょ》第十四
與諸葛瑾書《よしょかつきんしょ》第十五　與孟達書《よもうたつしょ》第十六
廢李平《はいりへい》第十七　法檢《ほうけん》上第十八
法檢下第十九　科令《かれい》上第二十
科令下第二十一　軍令《ぐんれい》上第二十二
軍令中第二十三　軍令下第二十四

以上（『諸葛氏集』は）二十四篇、すべてで十万四千一百一十二字である。

臣《わたくし》陳壽らは申し上げます、「臣が先に著作郎《ちょさくろう》に就いておりましたおり、侍中《じちゅう》・領中書監《りょうちゅうしょかん》・濟北侯《せいほくこう》の臣荀勗《じゅんきょく》、中書令《ちゅうしょれい》・關內侯《かんだいこう》の臣和嶠《かきょう》は上奏して、臣にもとの蜀の丞相である諸葛亮の故事を整理させることにしました。諸葛亮は危（機に瀕した）国を輔佐し、要害の地をたのんで帰服しませんでした。それでもなお諸葛亮の言辞を記録するのは、善事を残すことを恥とすることによります。まことにこれは大晉の光明が至徳であり、恩沢が果てし無いことを示します。古《いにしえ》より以来、いまだこれに類することはありません。そこで（諸葛亮の言辞の）重複を削除し、分類に従って並べ、すべて二十四篇といたしました。篇名は右のとおりでございます」と。

【原文】

亮少有逸羣之才、英霸之器。身長八尺、容貌甚偉、時人異焉。遭漢末擾亂、隨叔父玄、避難荊州、躬耕于野、不求聞達。時左將軍劉備、以亮有殊量、乃三顧亮於草廬之中。亮深謂備雄姿傑出、遂解帶寫誠、厚相結納。及魏武帝南征荊州、劉琮擧州委質、而備失勢衆寡、無立錐之地。亮時年二十七、乃建奇策、身使孫權、求援吳・會。權既宿服仰備、又覩亮奇雅、甚敬重之、卽遣兵三萬人以助備。備得用與武帝交戰、大破其軍、乘勝克捷、江南悉平。後備又西取益州。益州既定、以亮爲軍師將軍。備稱尊號、拜亮爲丞相・錄尚書事。及備殂沒、嗣子幼弱、事無巨細、亮皆專之。於是外連東吳、內平南越、立法施度、整理戎旅、工械・技巧、物究其極、科敎嚴明、賞罰必信、無惡不懲、無善不顯、至於吏不容奸、人懷自厲、道不拾遺、彊不侵弱、風化肅然也。

《訓読》

亮 少くして逸羣の才、英霸の器有り。身長八尺、容貌 甚だ偉にして、時人 焉を異とす。漢末の擾亂に遭ひ、叔父の玄に隨ひ、難を荊州に避け、躬ら野に耕し、聞達を求めず。時に左將軍の劉備、亮に殊量有るを以て、乃ち三たび亮を草廬の中に顧みる。亮も深く備の雄姿傑出するを謂ひ、遂に帶を解き誠を寫《は》き、厚く相 結納す。魏の武帝荊州に南征するに及び、劉琮 州を擧げて質を委ね、而して備は勢を失ひ衆 寡く、立錐の地無し。亮 時に年二十七、乃ち奇策を建て、身づから孫權に使し、援を吳・會に求む。權 既に宿《つと》に備に服仰し、又亮の奇雅を覩て、甚だ之を敬重し、卽ち兵三萬人を遣はして以て備を助けしむ。備 得て用《もつ》て武帝と交戰し、大いに其の軍を破り、勝に乘じて克捷し、江南 悉く平らぐ。後に備 又 西して益州を取る。益州既に定まるや、亮を以て軍師將軍と爲す。備 尊號を稱するや、亮を拜して丞相・錄尚書事と爲す。備の殂沒するに及び、嗣子 幼弱なれば、事は巨細と無く、亮 皆 之を專らにす。是に於て外は東吳に連なり、內は南越を平らげ、法を立て度を施し、戎旅を整理し、工械・技巧は、物として其の極を究め、科敎は嚴明にして、賞罰は必ず信あり、惡として懲さざるは無く、善として顯はさざるは無ければ、吏は奸を容れず、人は自ら厲まんと懷ひ、道に遺ちたるを拾はず、彊きは弱きを侵さず、風化 肅然たるに至るなり。

[現代語訳]

諸葛亮は幼少より抜群の才能、英雄の器量がありました。身長は八尺、容貌はたいへん傑出し、時人はかれを高く評価しました。漢末の動乱に遭遇し、叔父の諸葛玄《しょかつげん》に従って、荊州《けいしゅう》に避難し、みずから土地を耕やし、名声が（世に）広まることを求めませんでした。そのとき左將軍《さしょうぐん》の劉備《りゅうび》は、諸葛亮に並はずれた器量があるので、そこで三たび諸葛亮を草廬に訪問しました。諸葛亮も劉備の傑出した勇姿に心を動かし、こうして胸襟を開き真心を吐露して、厚く互いに結びつきました。曹魏の武帝《ぶてい》（曹操）が荊州に南征すると、劉琮《りゅうそう》は州をあげて臣服し、このため劉備は軍勢を失い勢力は弱く、身の置き所もなくなりました。諸葛亮はこのとき二十七歳でしたが、そこで奇策をたて、自身で孫權《そんけん》のもとへ使者となり、吳《ご》郡と會稽《かいけい》郡（に勢力を持つ孫權）に救援を求めました。孫權は以前から劉備に敬服しており、さらに諸葛亮の器量と典雅さを見て、たいへんかれを尊重し、直ちに三万の軍勢を派遣して劉備を助けました。劉備はそれを得て武帝と交戦し、（赤壁で）大いにその軍勢を破り、勢いに乗じて勝利を重ね、江南を尽く平定したのです。のちに劉備はまた西に向い益州《えきしゅう》を手に入れました。益州を平定すると、諸葛亮を軍師將軍《ぐんししょうぐん》に任命しました。劉備は帝号を称すると、諸葛亮を丞相《じょうしょう》・錄尚書事《ろくしょうしょじ》に任命しました。劉備が殂（死去）するに及び、後嗣（劉禪）が幼かったので、政事は大小となく、諸葛亮がすべて取り仕切りました。ここにおいて外は東呉《とうご》（孫呉）と同盟し、内は南越《なんえつ》（南蠻）を平定して、法律（蜀科）を作り制度を施き、軍隊を整備し、機械や技術は、すべて極限を究め、法律と命令は厳格かつ明晰で、信賞必罰、悪事をなした者は必ず罰し、善事をなした者は必ず顕彰したため、官吏は悪を受けつけず、人々は自ら努力しようと心がけ、道に落ちているものを拾う人もなく、強者が弱者を侵害することもなくなるに至るほど、その教化は（世の中を）引き締めたのでした。

【原文】

當此之時、亮之素志、進欲龍驤虎視、苞括四海、退欲跨陵邊疆、震蕩宇内。又自以爲、無身之日、則未有能蹈涉中原、抗衡上國者。是以用兵不戢、屢耀其武。然亮才、於治戎爲長、奇謀爲短、理民之幹、優於將略。而所與對敵、或値人傑、加衆寡不侔、攻守異體。故雖連年動衆、未能有克。昔蕭何薦韓信、管仲擧王子城父。皆付己之長、未能兼有故也。亮之器能政理、抑亦管・蕭之亞匹也、而時之名將無城父・韓信。故使功業陵遲、大義不及邪。蓋天命有歸、不可以智力爭也。

《訓読》

此の時に當たりて、亮の素志、進みては龍驤虎視するがごとく、四海を苞括せんと欲し、退きては邊疆に跨陵して、宇內を震蕩せんと欲す。又 自ら以爲へらく、身無きの日、則ち未だ能く中原を蹈み涉り、上國に抗衡する者有らずと。是を以て兵を用ひて戢めず、屢〻其の武を耀かす。然れども亮の才は、治戎に於ては長爲《た》るも、奇謀には短爲りて、民を理むるの幹は、將略よりも優る。而も與に對敵する所、或いは人傑に値ひ、加へて衆寡 侔しからず、攻守 體を異にす。故に連年 衆を動かすと雖も、未だ克つこと有る能はず。昔 蕭何(一)は韓信を薦め、管仲は王子城父(二)を擧ぐるは、皆 己の長を付るに、未だ兼有する能はざるが故なり。亮の器能政理は、抑〻亦た管・蕭の亞匹なるも、而るに時の名將に城父・韓信無し。故に功業をして陵遲し、大義をして及ばざらしむるか。蓋し天命には歸するところ有り、智力を以て爭ふ可からざるなり。

（補注）

（一）蕭何は、前漢建国の功臣。後方より劉邦の兵站を担当し、飢えさせることがなかった。戦後は功臣の筆頭に挙げられ、漢の相國に任じられた。安平侯、諡は文終（『史記』巻五十三 蕭相國世家、『漢書』巻三十九 蕭何傳）。

（二）王子城父は、春秋時代の齊の將軍。王子成父・王子成甫・公子成父とも言う。管仲に推挙されて齊の桓公に仕えた。司馬遷は、孫武・呉子と並称し、『漢書』藝文志には、『王孫』十六篇が著録される。

［現代語訳］

この時にあたり、諸葛亮の本来の志は、進んでは龍が飛びあがり虎が獲物を狙うように、四海を統一し、退いては辺境に盤踞して、天下を震わせることにありました。しかし自ら考えて、自分がいなくなれば、中原を踏破し、強国（の曹魏）と対抗できる者がいなくなると思いました。そのため戦いを止めることはなく、しばしばその武を輝かせました。しかしながら諸葛亮の才能は、軍隊の統御には長じていましたが、奇策では劣り、民を統治する才幹の方が、将としての才略よりも優れていました。しかも敵として戦った相手は、傑出した人物（司馬懿）であり、さらに兵力も対等ではなく、（本来）守備（すべき蜀漢）と攻撃（すべき曹魏）とが逆になっていました。このため連年軍隊を動かしながら、勝つことができなかったのです。むかし蕭《しょう》何《か》は韓信《かんしん》を推薦し、管仲《かんちゅう》は王子城父《おうじせいほ》を推挙しましたが、それはみな自分の長所を考え、（軍事的才能を）兼ね有することができないと考えたためです。諸葛亮の才能や統治能力は、管仲や蕭何に匹敵するものでしたが、当時の名将には王子城父や韓信はおりませんでした。そのため功業は次第に衰え、大義は全うされなかったのでしょう。思うに天命には帰するところがあり、智力で争うことは不可能なのです。

【原文】

青龍二年春、亮帥衆出武功、分兵屯田、爲久駐之基。其秋病卒。黎庶追思、以爲口實。至今梁・益之民咨述亮者、言猶在耳。雖甘棠之詠召公、鄭人之歌子產、無以遠譬也。孟軻有云、以逸道使民、雖勞不怨、以生道殺人、雖死不忿。信矣。論者或怪亮文彩不艷、而過於丁寧周至。臣愚以爲、咎繇大賢也、周公聖人也。考之尚書、咎繇之謨略而雅、周公之誥煩而悉。何則、咎繇與舜・禹共談、周公與[1]（臣）〔羣〕下矢誓故也。亮所與言、盡衆人・凡士。故其文指、不[2]（及得）〔得及〕遠也。然其聲教・遺言、皆經事綜物、公誠之心、形于文墨、足以知其人之意理、而有補於當世。

〔校勘〕

1．百衲本は「臣」につくるが、中華書局本により「羣」に改める。
2．百衲本は「及得」につくるが、中華書局本により「得及」に改める。

《訓読》

青龍二年春、亮 衆を帥ゐて武功に出で、兵を分ちて屯田し、久駐の基と爲す。其の秋 病みて卒す。黎庶 追思して、以て口實と爲す。今に至るも梁（一）・益の民の亮を咨述（二）する者、言は猶ほ耳に在るがごとし。甘棠の召公（三）を詠じ、鄭人の子產（四）を歌ふと雖も、以て遠譬とすること無きなり。孟軻 云へる有り、「逸道を以て民を使はば、勞すと雖も怨まず、生道を以て人を殺さば、死すと雖も忿《いか》らず」と。信《まこと》なるかな。論者 或いは亮の文彩（五） 艷（六）ならずして、丁寧周至に過ぐるを怪しむ。臣愚 以爲へらく、咎繇は大賢なり、周公は聖人なり。之を尚書に考ふるに、咎繇の謨(七)は略にして雅、周公の誥(八)は煩にして悉なり。何となれば則ち、咎繇は舜・禹と與に共に談り、周公は羣下と與に矢誓するが故なり。亮の與に言ふ所は、盡く衆人・凡士なり。故に其の文指、遠きに及ぶを得ざるなり。然れども其の聲教・遺言、皆 事を經《をさ》め物を綜べ、公誠の心、文墨に形《あら》はれ、以て其の人の意理を知りて、當世に補有るに足れり。

（補注）

（一）梁は、梁州。『尚書』禹貢に規定された「九州」の一つで、現在の四川省と陝西省漢中市にあたる。漢代には設置されなかったが、蜀漢を滅ぼした曹魏は、蜀漢の故地を益州と梁州に分割し、梁州の州治を諸葛亮の廟がある沔陽に置いた。

（二）子產は、春秋時代の鄭の宰相。姓は公孫、名は僑、子產は字。鄭の穆公の孫。伯有の乱を収拾した後二十年間、鄭の政治を執り、その手腕と博識により、晉と楚の間に挟まれた鄭を守った。また税制や田制を改革し、中国最初の成文法を作り、法治主義による統治を実現したとされる（『史記』巻四十二 鄭世家）。

（三）孟軻は、孟子。戰國時代の思想家。王道政治・民本思想・革命是認などを唱えた。『孟子』を著したとされる。

（四）『孟子』盡心章句上に、「孟子曰、以佚道使民、雖勞不怨。以生道殺民、雖死不怨殺者」とあり、ほぼ同文。

（五）『晉書』巻八十八 孝友 李密傳に、「（張華）次問、孔明言教何碎。密曰、昔舜・禹、皐陶相與語、故得簡雅。大誥與凡人言、宜碎。孔明與言者無己敵、言教是以碎耳。華善之」とあり、諸葛亮の言教が「碎」であることへ張華の問いに対して、李密が陳壽と同趣旨のことを答えた、とされている。

（六）咎繇は、皐陶。咎陶、皐繇の別名がある。古の名臣で、堯・舜・禹の三代に仕え、とくに舜の下で大理となり法制を定めた。禹は皐繇に禪讓するつもりであったが、その前に没したという（『尚書』皐陶謨、『史記』巻二 夏本紀注引帝王紀）。

（七）咎繇の謨は、『尚書』皐陶謨篇。皐陶と舜・禹との問答を収める。

（八）周公の誥は、『尚書』洛誥篇。周公（周公旦）の洛邑建設視察から洛邑に留まることになるまでを収める。

［現代語訳］

（曹魏の）青龍《せいりゅう》二（二三四年、蜀の建興十二年）春、諸葛亮は軍勢を率いて武功《ぶこう》縣に出陣し、兵を分けて屯田《とんでん》をして、長期駐留の基礎としました。（しかし）その年の秋、病気で亡くなりました。人々は（諸葛亮を）追慕し、語り草にしました。いまでも梁州《りょうしゅう》（陝西省漢中市）・益州《えきしゅう》の民で、諸葛亮を称え述べるものは、（亮の）言葉がなお耳に残っているかのように語ります。甘棠《かたなし》（の詩）は召公《しょうこう》（の徳）を詠じ、鄭《てい》の人々は子產《しさん》（の善政）を歌いましたが、それもはるか遠い譬えとは言えません。孟軻《もうか》（孟子）に次の言葉があります、「安らぎを与える政策で民を使えば、こきつかわれても怨まず、生を尊ぶ政策で人を処刑すれば、殺されても怨まない」と。（この言葉は）信実のこと（だと諸葛亮の政治により分かるの）です。論者の中には諸葛亮の文章がきらびやかでなく、丁寧で周到すぎることを訝しむ者もあります。臣《わたくし》が考えますに、咎繇《こうよう》（皐陶）は大賢であり、周公《しゅうこう》（周公旦）は聖人です。かれら（の文章）を『尚書《しょうしょ》』で考えてみますと、皐陶《こうよう》の謨《ぼ》は簡潔で優雅であり、周公の誥《こう》は煩瑣で周到です。その理由は、皐陶は舜《しゅん》・禹《う》と共に語っており（難しい言葉を簡潔に使えますが）、周公は群臣と共に誓っているからであります。諸葛亮が共に語った相手は、すべて民草や平凡な士人です。このためその文旨は、深遠とはなり得ないのです。しかしながら諸葛亮の教訓や遺言は、すべて事に対処し物を統括したもので、公正誠実の心は、文章に現れ、それにより諸葛亮の意図を知るのに充分であり、現代においても有益なものが含まれています。

【原文】

伏惟、陛下邁蹤古聖、蕩然無忌。故雖敵國誹謗之言、咸肆其辭而無所革諱、所以明大通之道也。謹錄寫、上詣著作。臣壽誠惶誠恐。頓首頓首、死罪死罪。泰始十年二月一日癸巳、平陽侯相臣陳壽上。

《訓読》

伏して惟《おもん》みるに、陛下 蹤を古聖に邁め、蕩然として忌むこと無し。故に敵國の誹謗の言と雖も、咸 其の辭を肆《ほしいまま》にして革諱する所無きは、大通の道を明らかにする所以なり。謹みて錄寫し、上《たてまつ》りて著作に詣《いた》す。臣壽 誠に惶《おそ》れ誠に恐る。頓首頓首、死罪死罪（一）。泰始十年二月一日癸巳、平陽侯相（二）たる臣 陳壽 上《たてまつ》る。

（補注）

（一）頓首頓首、死罪死罪は、上奏文の末尾に附す定型文。皇帝に対して、文書を出すことへの恐縮を示す。

（二）侯相は、縣侯の行政官。平陽縣は、前漢の功臣曹參の封邑で子孫が嗣いでいたが、後漢末には張濟が平陽侯に封建されている。西晉の平陽侯は不明である。

［現代語訳］

伏して思いますに、陛下（西晉の武帝）は古《いにしえ》の聖人に続こうと努力され、のびやかな心で忌み退けられることがありません。それゆえ敵国からの誹謗の言葉であっても、みなその言辞のまま改め隠さず、すべてを拒否しない道を明らかにされております。謹んで（諸葛亮の文章を）採録して書写し、著作郎《ちょさくろう》に上呈いたしました。臣《わたくし》陳壽はまことに恐懼しております。頓首《とんしゅ》頓首、死罪死罪。泰始《たいし》十（二七四）年二月一日癸巳《きし》、平陽侯相《へいようこうしょう》である臣 陳壽が奏上いたします。

【原文】

喬字伯松、亮兄瑾之第二子也。本字仲愼。與兄元遜俱有名於時。論者以爲、喬才不及兄、而性業過之。初亮未有子、求喬爲嗣。瑾啟孫權、遣喬來西、亮以喬爲己適子。故易其字焉。拜爲駙馬都尉、隨亮至漢中［一］。年二十五、建興[1]（元）〔六〕年卒。子攀、官至行護軍・翊武將軍、亦早卒。諸葛恪見誅於吳、子孫皆盡、而亮自有冑裔。故攀還復爲瑾後。

［裴松之注］

［一］亮與兄瑾書曰、喬本當還成都、今諸將子弟、皆得傳運、思惟宜同榮辱。今使喬督五六百兵、與諸子弟傳於谷中。書在亮集。

［校勘］

1. 百衲本は「元」に作るが、中華書局本により「六」に改める。

《訓読》

喬 字は伯松、亮の兄たる瑾の第二子なり。本の字は仲愼。兄の元遜(一)と與に俱に名を時に有《たも》つ。論者 以爲《い》へらく、「喬の才は兄に及ばざるも、性業は之に過ぐ」と。初め亮 未だ子有らざれば、喬を求めて嗣と爲さんとす。瑾 孫權に啟し、喬を遣はして西に來らしめ、亮 喬を以て己が適子と爲す。故に其の字を易ふ。拜して駙馬都尉と爲り、亮に隨ひて漢中に至る[一]。年二十五にして、建興六年に卒す。子の攀(二)、官は行護軍(三)・翊武將軍(四)に至るも、亦た早に卒す。諸葛恪 吳に誅せられ、子孫 皆 盡き、而るに亮 自ら胄裔有り。故に攀 還りて復た瑾の後と爲る。

[裴松之注]

[一] 亮 兄の瑾に書を與へて曰く、「喬は本《もと》 當に成都に還るべきも、今 諸將の子弟、皆 傳運するを得たれば、思惟するに宜しく榮辱を同《とも》にすべしと。今 喬をして五六百兵を督し、諸子弟と與に谷中(五)に傳せしむ」と。書は亮の集に在り。

(補注)

(一) 元遜は、諸葛恪の字。徐州琅邪郡陽都縣の人。諸葛瑾の子。張休・顧譚・陳表と共に孫登の「太子四友」となり、嘉禾九(二四六)年、大將軍となった。孫亮が即位すると、太傅として政權を掌握、建興二(二五三)年、魏に敗れたあと独断専行し、孫峻らの政変で殺された(『三國志』卷六十四 諸葛恪傳)。

(二) 攀は、諸葛攀、諸葛喬の子。行護軍・翊武將軍となった。叔父の諸葛恪が失脚し、祖父の諸葛瑾の家が絶えると、孫吳に行って家を再興した(『三國志』卷六十四 諸葛喬傳)。

(三) 護軍は、軍を指揮する將軍が皇帝の命に背いていないかを監視する軍目付け。一個の軍隊を派遣するに際して、自律的な行動を取ることを牽制し、万一の場合には、それをも処断させようという、中央統制の貫徹を企図した軍事思想が表出した官職である。石井仁「曹魏の護軍について」(『日本文化研究所研究報告』二六、一九九〇年)を参照。

(四) 翊武將軍は、雜号將軍号。諸葛攀以外の就任事例は『三國志』には見られない。

(五) 谷中は、斜谷と漢中の間、すなわち斜谷道を指す。

[現代語訳]

諸葛喬《しょかつきょう》は字を伯松《はくしょう》といい、亮の兄諸葛瑾《しょかつきん》の第二子である。もとの字《あざな》は仲愼《ちゅうしん》という。兄の元遜《げんそん》(諸葛恪)と共に名声を当時に博していた。論者は、「喬の才は兄には及ばないが、性質はこれより優れている」と言った。はじめ諸葛亮はまだ子が生まれなかったので、喬を迎えて後嗣ぎにしようとした。諸葛瑾は孫權に言上して、喬を遣わして西に来させ、諸葛亮は喬を自分の適子とした。そのため字を変えた。拜命して駙馬都尉《ふばとい》となり、諸葛亮に随って漢中《かんちゅう》に至った[一]。(しかし)年二十五で、建興《けんこう》六(二二八)年に卒した。子の攀《はん》は、官が行護《こうご》軍《ぐん》・翊武將軍《よくぶしょうぐん》に至ったが、また早くに卒した。諸葛恪が孫吳で誅殺され、(諸葛瑾の)子孫がみな尽きたとき、諸葛亮は自分の子をもうけていた。このため諸葛攀は(吳に)戻りまた諸葛瑾の後嗣となった。

［裴松之注］

［一］諸葛亮は兄の諸葛瑾《しょかつきん》に書簡を送って、「喬《きょう》は本来ならば成都《せいと》に帰るべきですが、いま諸将の子弟たちは、みな輸送の任務を担当しておりますので、考えますに（喬もかれらと）栄誉も恥辱も共にすべきであります。いま喬に五六百人の兵を監督させ、諸将の子弟たち共に斜谷《やこく》と漢中《かんちゅう》の間で輸送にあたらせています」と言った。（その）書簡は『諸葛亮集』に収められている。

【原文】

瞻字思遠。建興十二年、亮出武功、與兄瑾書曰、瞻今已八歲、(而)[1]聰慧可愛、嫌其早成、恐不爲重器耳。年十七、尚公主、拜騎都尉。其明年、爲羽林中郎將、屢遷射聲校尉、侍中、(尚書)[2]、尚書僕射、加軍師將軍。瞻工書畫、彊識念、蜀人追思亮、咸愛其才敏。每朝廷有一善政・佳事、雖非瞻所建倡、百姓皆傳相告曰、葛侯之所爲也。是以美聲・溢譽、有過其實。景耀四年、爲行都護・衞將軍、與輔國大將軍・南鄉侯董厥、並平尚書事。六年冬、魏征西將軍鄧艾伐蜀、自陰平由景谷道旁入。瞻督諸軍至涪停住、前鋒破、退還、住緜竹。艾遣書誘瞻曰、若降者、必表爲琅邪王。瞻怒、斬艾使。遂戰、大敗、臨陳死。時年三十七。衆皆離散、艾長驅至成都。瞻長子尚、與瞻俱沒［一］。次子京及攀子顯等、咸熙元年、內移河東［二］。

［裴松之注］

［一］干寶曰、瞻雖智不足以扶危、勇不足以拒敵、而能外不負國、內不改父之志。忠孝存焉。華陽國志曰、尚歎曰、父子荷國重恩、不早斬黃皓、以致傾敗。用生何爲。乃馳赴魏軍而死。

［二］案諸葛氏譜云、京字行宗。晉泰始起居注載詔曰、諸葛亮在蜀、盡其心力、其子瞻、臨難而死義。天下之善一也。其孫京、隨才署吏、後爲郿令。尚書僕射山濤啓事曰、郿令諸葛京。祖父亮、遇漢亂分隔、父子在蜀、雖不達天命、要爲盡心所事。京治郿、自復有稱。臣以爲、宜以補東宮舍人、以明事人之(禮)[3]〔理〕、副梁・益之論。京位至江州刺史。

〔校勘〕

1．中華書局本により「而」の一字を省く。
2．中華書局本により「尚書」の二字を省く。
3．百衲本は「禮」につくるが、中華書局本により「理」に改める。

《訓読》

瞻 字は思遠。建興十二年、亮 武功に出づるや、兄の瑾に書を與へて曰く、「瞻は今 已に八歲、聰慧 愛す可きも、其の早成なるを嫌ひ、重器と爲らざるを恐るるのみ」と。年十七にして、公主に尚し、騎都尉（一）を拜す。其の明年、羽林中郎將と爲り（二）、屢〻射聲校尉（三）、侍中、尚書僕射（四）に遷り、軍師將軍を加へらる。瞻 書畫に工みにして、識念彊く、蜀人 亮を追思して、咸 其の才敏を愛す。朝廷に一の善政・佳事有る每に、瞻の建倡する所に非ずと雖も、百姓 皆 傳へて相 告げて曰く、「葛侯の爲す所なり」と。是を以て美聲・溢譽、其の實に過ぐる有り。景耀四年、行都護（五）・衞將軍（六）と爲り、輔國大將軍・南鄉侯の董厥と與に、並びて平尚書事たり。六年冬、魏の征西將軍たる鄧艾蜀を伐ち、陰平より景谷道に由りて旁入す。瞻 諸軍を督して涪に至り停住するも、前鋒 破れ、退き還り、緜竹に住《とど》まる。艾 書を遣りて瞻を誘ひて曰く、「若《も》し降らば、必ず表して琅邪王と爲さん」と。瞻怒り、艾の使を斬る。遂に戰ひ、大いに敗れ、陳に臨みて死す。時に年三十七なり。衆 皆 離散し、艾 長驅して成都に至る。瞻の長子たる尚(七)、瞻と與に倶に沒す[一]。次子の京(八)及《と》攀の子たる顯(九)らは、咸熙元年、河東に內移せらる[二]。

[裴松之注]

[一] 干寶(一〇)曰く、「瞻 智は以て危を扶くるに足らず、勇は以て敵を拒むに足らずと雖も、而も能く外は國に負《そむ》かず、內は父の志を改めず。忠孝 焉に存す」と。華陽國志に曰く、「尚 歎きて曰く、「父子 國に重恩を荷ふも、早《つと》に黃皓を斬らず、以て傾敗を致す。生を用《もっ》て何をか爲せん」と。乃ち魏軍に馳せ赴きて死す」と。

[二] 諸葛氏譜(一一)を案ずるに云ふ、「京 字は行宗」と。晉泰始起居注(一二)に詔を載せて曰く、「諸葛亮 蜀に在り、其の心力を盡くし、其の子たる瞻、難に臨みて義に死す。天下の善は一なり」と。其の孫たる京、才に隨ひ吏に署せられ、後に郿令と爲る。尚書僕射の山濤(一三)の啟事(一四)に曰く、「郿令の諸葛京。祖父の亮、漢の亂に遇ひて分隔せられ、父子 蜀に在り、天命に達せざりと雖も、心を事ふる所に盡すを爲さんと要《ほっ》す。京 郿を治め、自づから復た稱有り。臣 以爲へらく、宜しく以て東宮舍人(一五)に補して、以て人に事ふるの理を明らかにし、梁・益の論に副ふべし」と。京の位は江州刺史に至る。

(補注)

(一) 騎都尉は、官名。羽林の騎兵を監督する。光祿勳に屬し、官秩は比二千石(『後漢書』志二十五 百官二)。

(二) 羽林中郎將は、官名。天子の儀仗兵である羽林の士を率いる。光祿勳に屬し、官秩は比二千石(『後漢書』志二十五 百官二)。

(三) 射聲校尉は、官名。宿衞の兵を掌る。北軍中候に屬し、官秩は比二千石(『後漢書』志二十七 百官四)。

(四) 尙書僕射は、官名。尙書臺の次官。尙書臺は、蜀漢の行政機関の中心であった(『後漢書』志二十六 百官三)。

(五) 都護は、官名。加官であり、軍隊の監察・統御を職掌とする。

(六) 平尙書事は、官名。実質上の行政府である尙書を統括することにより、政治の実権を掌握する。同様の権限を持つ錄尙書事よりは下位の者が加官される。漢代の錄尙書事については、鎌田重雄「漢代の尚書官―領尚書事と録尚書事を中心として」(『東洋史研究』二四―六、一九六八年)を参照。

(七) 尙は、諸葛尙。諸葛瞻の長子。緜竹の戦いで父の瞻と共に戦死した(『三國志』卷三十五 諸葛亮傳)。

(八) 京は、諸葛京。諸葛瞻の次子。西晉に仕え郿令から東宮舍人などを経て、江州刺史に至った(『三國志』卷三十五 諸葛亮傳)。

(九) 顯は、諸葛顯。諸葛亮の養子となった諸葛喬の孫。父の攀が実父の諸葛瑾の家を嗣ぐため孫呉に戻った後も蜀漢に止まり、蜀漢滅亡により、河東郡に徙った(『三國志』卷三十五 諸葛亮傳)。

(一〇) 干寶は、東晉の史家。字を令升。著作郎に起家し、散騎常侍に到る。元帝の勅命により『晉紀』二十卷を撰した(『晉書』卷八十二 干寶傳)。また、天人相關説と関わらない瑞祥と災異が発生する原理を解明するため『搜神記』三十卷を撰し、『周易』『周官禮』に注をつけた（『隋書』巻三十二 經籍志一）。なお、干寶については、渡邉義浩『「古典中国」における小説と儒教』（汲古書院、二〇一七年）を参照。

（一一）諸葛氏譜は、書名。諸葛氏の系譜と考え得るが残存しない。

（一二）晉泰始起居注は、書名。李軌の撰。『隋書』巻三十三 經籍志二に、「晉泰始起居注、二十巻、李軌撰」と著録される。

（一三）山濤は、字は巨源。司隷河内郡懷縣の人。司馬氏と婚姻関係を持ち、吏部尚書など人事系統の官職を歴任する一方で、嵇康・阮籍とも深く交友した（『晉書』巻四十三 山濤傳）。嵇康に与えた絶交書などについては、大上正美『阮籍・嵇康の文学』（創文社、二〇〇〇年）を参照。

（一四）啟事は、書名。『山公啓事』のこと。山濤が吏部尚書などで示した自己の見識に基づく人物評価を公開し、それに基づいて著された書。渡邉義浩「『山公啓事』にみえる貴族の自律性」（『中国文化─研究と教育』六七、二〇〇〇年、『西晉「儒教国家」と貴族制』汲古書院、二〇一〇年に所収）を参照。

（一五）東宮舍人は、官名。皇太子を訓導する東宮官の一つ。

［現代語訳］

諸葛瞻《しょかつせん》は字を思遠《しえん》という。建興《けんこう》十二（二三四）年、諸葛亮は武功縣（の五丈原）に出陣すると、兄の諸葛瑾に書簡を送って、「瞻は今もう八歳で、聡明な愛すべき子ですが、その早成であることが気がかりで、大器にならないのではと恐れております」と言った。（瞻は）十七歳で、公主《こうしゅ》を尚《めと》り、騎都尉《きとい》を拝命した。その翌年に、羽林中郎將《うりんちゅうろうしょう》となり、相継いで射聲校尉《せきせいこうい》、侍中《じちゅう》、尚書僕射《しょうしょぼくや》に遷り、軍師將軍《ぐんししょうぐん》を加えられた。瞻は書画に巧みで、記憶力が高く、蜀の人々は諸葛亮を追慕して、みな瞻の才能を愛した。朝廷に一つでも善政や佳事があるたびに、瞻が言い出したことでなくとも、人々は互いに告げあって、「葛侯のなさったことである」と言った。こうして良い名声と溢れる名誉は、その実よりも過ぎていた。景耀《けいよう》四（二六一）年、行都護《こうとご》・衞《えい》將軍《しょうぐん》となり、輔國大將軍《ほこくだいしょうぐん》・南鄉侯《なんきょうこう》の董厥《とうけつ》と共に、並んで平尚書事《へいしょうしょじ》となった。（景耀）六（二六三）年の冬、曹魏の征西《せいせい》將軍である鄧艾《とうがい》が蜀漢を伐ち、陰平《いんぺい》郡から景谷道《けいこくどう》によって横合いから侵入してきた。瞻は諸軍を指揮して涪《ふ》縣に至り駐留したが、先鋒が敗れたので、退き帰り、緜竹《めんちく》縣に留まった。鄧艾は書簡を送って瞻を誘い、「もし降服するならば、必ず上表して琅邪《ろうや》王としよう」と言った。瞻は怒り、鄧艾の使者を斬った。こうして戦い、大敗して、陣中で死亡した。享年三十七であった。兵はみな離散し、鄧艾は長駆して成都《せいと》に至った。瞻の長子である諸葛尚《しょかつしょう》は、瞻と共に戦死した［一］。次子の諸葛京《しょかつけい》と攀の子である諸葛顯《しょかつけん》たちは、咸熙《かんき》元（二六四）年、河東《かとう》郡（山西省南西部）に内徙された［二］。

［裴松之注］

［一］干寶《かんぽう》は、「諸葛瞻《しょかつせん》はその智は危難を救うに足らず、その勇は敵国を防ぐには足らなかったが、それでも外は国に背かず、内は父の志を改めなかった。忠孝はここに存在する」と言った。『華陽《かよう》國志《こくし》』に、「諸葛尚《しょかつしょう》は歎いて、「父も子も国に重恩を受けながらも、早く黄皓を斬れず、大敗を喫した。生きていて何ができるであろう」と言った。そして魏軍の中に駆け入って死亡した」とある。

［二］『諸葛氏譜《しょかつしふ》』を調べてみると、「諸葛京《しょかつけい》は字を行宗《こうそう》という」とある。『晉泰始起居注《しんたいしききょちゅう》』に（武帝の）詔を載せて、「諸葛亮は

蜀にあり、その心と力を尽くし、亮の子である諸葛瞻は、難に臨んで義に死んだ。天下の善は一つである」とある。諸葛亮の孫である京は、才能によって官吏に任命され、後に郿令《びれい》となった。尚書僕射《しょうしょぼくや》の山濤《さんとう》の『山公啓事《さんこうけいじ》』に、「郿令《びれい》の諸葛京について。祖父の諸葛亮は、漢の混乱に遭遇して遠く隔てられ、父も子も蜀にあり、天命に達しなかったとはいえ、心を仕えた国家に尽くすことを成し遂げようとしました。諸葛京は郿縣を治め、自然とまた高い評判があります。臣《わたくし》が考えますに、京を東宮舎人《とうぐうしゃじん》に任命して、それにより人に仕えることを理を明らかにし、（もとの蜀にあたる）梁州《りょうしゅう》と益州《えきしゅう》の輿論に応えるべきでしょう」とある。諸葛京の位は江州刺史《こうしゅうしし》に至った。

【原文】

董厥者、丞相亮時、爲府令史。亮稱之曰、董令史、良士也。吾毎與之言、思愼宜適。徙爲主簿。亮卒後、稍遷至尚書僕射、代陳祇爲尚書令、遷[1]大將軍、平臺事。而義陽樊建代焉［一］。延熙[2]（二）十四年、以校尉使吳、値孫權病篤、不自見建。權問諸葛恪曰、樊建何如宗預也。恪對曰、才識不及預、而雅性過之。後爲侍中・守尚書令。自瞻・厥・建統事、姜維常征伐在外、宦人黄皓、竊弄機柄、咸共將護、無能匡矯［二］。然建特不與皓和好往來。蜀破之明年春、厥・建倶詣京都、同爲相國參軍。其秋、並兼散騎常侍、使蜀慰勞［三］。

［裴松之注］

［一］案晉百官表、董厥字龔襲、亦義陽人。建字長元。

［二］孫盛異同記曰、瞻・厥等、以維好戰無功、國内疲弊、宜表後主、召還爲益州刺史、奪其兵權。蜀長老、猶有瞻表以閻宇代維故事。晉永和三年、蜀史常璩、説蜀長老云、陳壽嘗爲瞻吏、爲瞻所辱。故因此事、歸惡黄皓、而云瞻不能匡矯也。

［三］漢晉春秋曰、樊建爲給事中、晉武帝、問諸葛亮之治國。建對曰、聞惡必改、而不矜過、賞罰之信、足感神明。帝曰、善哉。使我得此人以自輔、豈有今日之勞乎。建稽首曰、臣竊聞、天下之論、皆謂鄧艾見枉。陛下知而不理、此豈馮唐之所謂雖得頗・牧而不能用者乎。帝笑曰、吾方欲明之。卿言起我意。於是發詔治艾焉。

〔校勘〕

1．『三國志集解』に引く錢大昭は、「大將軍」の上に、「輔國」の二字があるべきとする。

2．中華書局本により、「二」の一字を省く。なお、『三國志集解』に引く錢儀吉は、樊建が孫吳に使者となる話が突然入っているので、ここは、本来の陳壽の文章ではないと主張する。

《訓読》

董厥なる者は、丞相亮の時、府の令史（一）爲り。亮 之を稱して曰く、「董令史は、良士なり。吾 毎に之と與に言ふに、思ひは愼しみ宜しきに適《かな》ふ」。徙りて主簿と爲る。亮 卒せしの後、稍や遷りて尚書僕射に至り、陳祇（二）に代はりて尚書令と爲り、大將軍に遷り、臺事を平す。而して義陽の樊建 焉に代はる［一］。延熙十四年、校尉を以て吳に使ひし、孫權 病ひ篤く、自ら建を見ざるに値ふ。權 諸葛恪に問ひて曰く、「樊建 宗預と何如(三)」と。恪 對へて曰く、「才識は預に及ばざるも、而も雅性は之に過ぐ」と。後に侍中・守尚書令と爲る。瞻・厥・建の統事し、姜維の常に征伐して外に在るより、宦人の黄皓、機柄を竊弄するも、咸 共に將護し、能く匡矯すること無し[二]。然れども建は特《ひと》り皓と和好往來せず。蜀 破れしの明年の春、厥・建は倶に京都に詣り、同に相國參軍と爲る。其の秋、並びに散騎常侍(四)を兼ね、蜀を慰勞せしむ[三]。

[裴松之注]

[一] 晉百官表(五)を案ずるに、「董厥 字は龔襲、亦た義陽の人。建 字は長元なり」と。

[二] 孫盛の異同記(六)に曰く、「瞻・厥ら、維の戰を好み功無く、國内をば疲弊せしむを以て、宜しく後主に表して、召し還して益州刺史と爲し、其の兵權を奪ふべしとす。蜀の長老、猶ほ瞻の表に閻宇(七)を以て維に代ふるの故事有りとす。晉の永和三年、蜀の史たる常璩(八)、蜀の長老に說きて云ふに、「陳壽は嘗て瞻の吏と爲りて、瞻の辱かしむる所と爲る。故に此の事に因り、惡を黄皓に歸し、而して瞻の能く匡矯せざるを云ふなり」と」と。

[三] 漢晉春秋に曰く、「樊建 給事中と爲るや、晉の武帝(一〇)、諸葛亮の治國を問ふ。建 對へて曰く、「惡を聞かば必ず改め、而して過を矜《たも》たず、賞罰の信は、神明を感ぜしむるに足る」と。帝曰く、「善きかな。我をして此の人を得て以て自らをば輔けしむれば、豈に今日の勞有らんや」と。建 稽首して曰く、「臣 竊かに聞くならく、天下の論、皆 鄧艾(一一) 枉せらると謂ふ。陛下 知りて理めざれば、此れ豈に馮唐の所謂る頗(一二)・牧(一三)を得と雖も能く用ひざる者ならんや」と。帝 笑ひて曰く、「吾も方《まさ》に之を明らかにせんと欲す。卿が言は我が意を起す」と。是に於て詔を發して艾を治む」と。

(補注)

(一) 令史は、ここでは、丞相府に所属する吏員。官府によって令史の役割や定員には異同があるが、主として文書を取り扱う。

(二) 陳祗は、字を奉宗、豫州汝南郡の人。許靖の兄の外孫。費禕に評価され、董允の死後、後任の侍中となった。費禕の暗殺後、姜維が征討で多く成都を留守にすると、劉禪を補佐して国政にあたった。董允とは異なり、劉禪に諫言せず、黄皓を容認したので、国政は乱れた(『三國志』巻三十九 陳震傳附陳祗傳)。

(三) 宗預は、字を徳豔、荊州南陽郡安衆縣の人。張飛に従い入蜀し、丞相の諸葛亮に主簿にされ、參軍・右中郎將に昇進する。諸葛亮の没後、呉への使者となり緊張を解き、孫權から鄧芝・費禕に次ぐ評価を与えられた(『三國志』巻四十五 宗預傳)。

(四) 散騎常侍は、官名。皇帝の左右に侍ることを掌る。後漢では、宦官の中常侍にその職務を奪われていたが、曹魏の文帝が復活した(『晉書』巻二十四 職官志)。

(五) 晉百官表は、書名。『隋書』經籍志などには著録されず詳細は不明。『後漢書』の李賢注には、荀綽『晉百官表』注として、引用される。

(六) 異同記は、書名。ここにしか引用されず、詳細は不明である。

(七) 閻宇は、字を文平、荊州南郡の人。馬忠・張表の後任として蜀南部を統治し、右大將軍となった。巴東に都督として派遣され、白帝城を守備した(『三國志』巻四十一 霍峻傳附霍弋傳、巻四十三 馬忠傳)。

（八）常璩は、字を道將、益州蜀郡江原縣の人。成漢の散騎常侍であったが、のち東晉に入った（『晉書』巻九十八 桓溫傳）。著書に『華陽國志』がある。

（九）給事中は、官名。皇帝への顧問応対を掌る。もとは秦官で後漢では置かれなかったが、曹魏が復活した。散騎常侍の下位に置かれ、給事黄門侍郎の上位にあたる（『晉書』巻二十四 職官志）。

（一〇）武帝は、ここでは西晉の建国者である司馬炎。字は安世。在位は二六五～二九〇年。河内郡溫縣の人。司馬懿の孫。毌丘儉の乱を平定した伯父の司馬師、諸葛誕の乱を平定し、蜀漢を滅ぼした父の司馬昭の功績を受けて、曹魏から禪讓され西晉を建国した。さらに、孫吳を滅ぼして、三國を統一したが、賢弟の司馬攸ではなく、暗愚な長子惠帝司馬衷に皇帝位を継がせ、八王の亂を招いた皇帝として、後世の評価は高くない（『晉書』巻三 武帝紀）。

（一一）馮唐は、安陵の人。孝で有名であり、前漢の文帝に仕えて郎中署長となった。文帝に法を緩めるべきことを主張した（『史記』巻一百二 馮唐傳）。『史記』巻一百二 馮唐傳に、「唐曰、主臣。陛下雖得廉頗・李牧、弗能用也」とある。

（一二）頗は、廉頗。戰國趙の將軍。「刎頸の交わり」の故事で有名。藺相如が口先だけで上卿となったことに反発し、藺相如を辱めたが、それに対して藺相如が國を思って対抗しなかったことを知り、刎頸の交わりを結んだ（『史記』巻八十一 廉頗藺相如列傳）。

（一三）牧は、李牧。戰國趙の將軍。匈奴の侵攻を防ぎ、秦の軍勢を二度にわたり撃破した。その功績により武安君に封建されたが、秦の離間の計にかかり、幽繆王に忠誠を疑われて殺害された（『史記』巻八十一 廉頗藺相如傳）。

［現代語訳］

董厥《とうけつ》というものは、丞相諸葛亮の時に、丞相府の令史《れいし》であった。諸葛亮は董厥を称して、「董令史は、良士である。吾はつねに董令史と話をするが、思慮は深く時宜にかなっている」と言った。（董厥はのち令史から）移って（丞相府の）主簿《しゅぼ》となった。諸葛亮が卒した後、次第に昇格して尚書僕射《しょうしょぼくや》に至り、陳祇《ちんし》に代わって尚書令《しょうしょれい》となり、大《たい》将軍《しょうぐん》に遷り、尚書臺《しょうしょだい》を統括した。そして義陽郡《ぎようぐん》（出身）の樊建《はんけん》が董厥に代わっ（て尚書令となっ）た［一］。延熙《えんき》十四（二五一）年、（樊建は）校尉として孫吳に使者となったが、孫權は病気が篤く、自分で樊建に会えなかった。孫權は諸葛恪《しょかつかく》に尋ねて、「樊建は宗預《そうよ》と（比べて）どうであるか」と言った。諸葛恪は答えて、「才能見識は宗預に及びませんが、典雅な性質は宗預に勝っております」と言った。（樊建は）後に侍中《じちゅう》・守尚書令《しゅしょうしょれい》となった。諸葛瞻と董厥と樊建が政事を統括し、姜維《きょうい》が常に遠征して外にいるようになってから、宦官《かんがん》の黄《こう》皓《こう》が、機密を掌握したが、みな互いに守りあい、（政事を）矯正できなかった［二］。それでも樊建はひとり黄皓と仲良くせず往来もしなかった。蜀漢が滅亡した翌（炎興元〈二六三〉）年の春、董厥と樊建は一緒に（曹魏の）京都《けいと》（洛陽）に至り、同時に相國參軍《しょうこくさんぐん》となった。その秋、ともに散騎常侍《さんきじょうじ》を兼ね、（曹魏の相國である司馬昭はかれらに）蜀（の人々）を慰撫させた［三］。

［裴松之注］

［一］『晉百官表《しんひゃっかんひょう》』を調べると、「董厥《とうけつ》は字を龔襲《きょうしゅう》といい、また義陽郡《ぎようぐん》の人である。樊建《はんけん》は字を長元《ちょうげん》という」とある。

［二］孫盛《そんせい》の『異同記《いどうき》』に、「諸葛瞻と董厥たちは、姜維《きょうい》が戦いを好

み功が無く、国内を疲弊させているので、後主に上表して、（姜維を）召し還して益州刺史《えきしゅうしし》となし、その兵権を奪うべきであるとした。蜀の長老は、なお諸葛瞻の上表には閻宇《えんう》を姜維に代えようとしたことが書かれているという。東晉《とうしん》の永和《えいわ》三（三四七）年、蜀の史官である常璩《じょうきょ》は、蜀の長老に説いて、「陳壽《ちんじゅ》はかつて諸葛瞻の吏となり、瞻に辱《はずか》しめられた。このためそのことにより、諸悪を黄皓《こうこう》に押しつけ、そして瞻が政事を正せなかったというのである」と言った」とある。

[三]『漢晉春秋《かんしんしゅんじゅう》』に、「樊建《はんけん》が給事中になると、西晉《せいしん》の武帝は、諸葛亮の治国を尋ねた。樊建は答えて、「悪を聞くと必ず改め、過ちを続けることをせず、賞罰の信頼性は、神明を感動させるに足りるものでした」と申し上げた。武帝は、「立派である。我がこの人を得て自分を輔弼させれば、今日の労苦はなかったであろう」と言った。樊建は頭を地につけて、「臣《わたくし》が秘かに聞くところでは、天下の論は、みな鄧艾《とうがい》は冤罪であると言っております。陛下が知りながら正さなければ、これは馮唐《ふうとう》のいう廉頗《れんぱ》や李牧《りぼく》を得ても用いられないというものではないでしょうか」と。帝は笑って、「吾《わたし》もちょうどこれを明らかにしようと考えていた。卿《きみ》の言葉は我が気持ちを呼び起こしたぞ」と言った。ここにおいて詔を発して鄧艾（が無実であると冤罪）を正した」とある。

【原文】

評曰、諸葛亮之爲相國也、撫百姓、示儀軌、約官職、從權制、開誠心、布公道。盡忠益時者、雖讎必賞、犯法怠慢者、雖親必罰、服罪輸情者、雖重必釋、游辭巧飾者、雖輕必戮。善無微而不賞、惡無纖而不貶。庶事精練、物理其本、循名責實、虛僞不齒。終於邦域之內、咸畏而愛之。刑政雖峻而無怨者、以其用心平而勸戒明也。可謂識治之良才、管・蕭之亞匹矣。然連年動衆、未能成功、蓋應變將略、非其所長歟[一]。

[裴松之注]

[一] 袁子曰、或問、諸葛亮何如人也。袁子曰、張飛・關羽、與劉備俱起、爪牙・腹心之臣、而武人也。晩得諸葛亮、因以爲佐相、而羣臣悅服。劉備足信、亮足重故也。及其受六尺之孤、攝一國之政、事凡庸之君、專權而不失禮、行君事而國人不疑。如此即以爲、君臣・百姓之心欣戴之矣。行法嚴而國人悅服、用民盡其力而下不怨。及其兵出入如賓、行不寇、芻蕘者不獵、如在國中。其用兵也、止如山、進退如風。兵出之日、天下震動、而人心不憂。亮死至今數十年、國人歌思、如周人之思召公也。孔子曰、雍也可使南面。諸葛亮有焉。又問、諸葛亮始出隴右、南安・天水・安定三郡、人反應之。若亮速進、則三郡非中國之有也。而亮徐行不進、既而官兵上隴、三郡復、亮無尺寸之功。失此機、何也。袁子曰、蜀兵輕[1]（鋭）〔脫〕、良將少。亮始出、未知中國彊弱。是以疑而嘗之。且大會者、不求近功。所以不進也。曰、何以知其疑也。袁子曰、初出遲重、屯營重複。後轉降未進兵欲戰。亮勇而能鬬、三郡反而不速應、此其疑徵也。曰、何以知其勇而能鬬也。袁子曰、亮之在街亭也、前軍大破、亮屯去數里、不救。官兵相接、又徐行。此其勇也。亮之行軍、安靜而堅重、安靜則易動、堅重則可以進退。亮法令明、賞罰信。士卒用命、赴險而不顧。此所以能鬬

也。曰、亮[2]帥數萬之衆、其所興造、若數十萬之功。是其奇者也。所至營壘・井竈・圊溷・藩籬・障塞皆應繩墨、一月之行、去之如始至。勞費而徒爲飾好、何也。袁子曰、蜀人輕脫、亮故堅用之。曰、何以知其然也。袁子曰、亮治實而不治名、志大而所欲遠、非求近速者也。曰、亮好治官府・次舍・橋梁・道路、此非急務。何也。袁子曰、小國賢才少。故欲其尊嚴也。亮之治蜀、田疇辟、倉廩實、器械利、蓄積饒、朝會不華、路無醉人。夫本立故末治。有餘力而後及小事。此所以勸其功也。曰、子之論諸葛亮、則有證也。以亮之才而少其功、何也。袁子曰、亮、持本者也。其於應變、則非所長也、故不敢用其短。曰、然則吾子美之、何也。袁子曰、此固賢者之遠矣。安可以備體責也。夫能知所短而不用、此賢者之大也。知所短則知所長矣。夫前識與言而不中、亮之所不用也。此吾之所謂可也。

吳大鴻臚張儼作默記、其述佐篇論亮與司馬宣王書曰、漢朝傾覆、天下崩壞、豪傑之士、競希神器。魏氏跨中土、劉氏據益州、並稱兵海內、爲世霸[3]〔王〕〔主〕。諸葛・司馬二相、遭値際會、託身明主、或收功於蜀漢、或冊名於伊・洛。丕・備旣沒、後嗣[4]（旣）〔繼〕統、各受保阿之任、輔翼幼主、不負然諾之誠。亦一國之宗臣、霸王之賢佐也。歷前世以觀近事、二相優劣、可得而詳也。孔明起巴・蜀之地、蹈一州之土。方之大國、其戰士・人民、蓋有九分之一也。而以貢贄大吳、抗對北敵、至使耕戰有伍、刑法整齊、提步卒數萬、長驅祁山、慨然有飲馬河・洛之志。仲達據天下十倍之地、仗兼幷之衆、據牢城、擁精銳、無禽敵之意、務自保全而已。使彼孔明、自來自去。若此人不亡、終其志意、連年運思、刻日興謀、則涼・雍不解甲、中國不釋鞍、勝負之勢、亦已決矣。昔子產治鄭、諸侯不敢加兵。蜀相其近之矣。方之司馬、不亦優乎。或曰、兵者凶器、戰者危事也。有國者、不務保安境內、綏靜百姓、而好開闢土地、征伐天下、未爲得計也。諸葛丞相、誠有匡佐之才、然處孤絕之地、戰士不滿五萬、自可閉關守險、君臣無事。空勞師旅、無歲不征、未能進咫尺之地、開帝王之基。而使國內受其荒殘、西土苦其役調。魏司馬懿、才用兵衆、未易可輕。量敵而進、兵家所愼。若丞相必有以策之、則未見坦然之勳、若無策以裁之、則非明哲之謂、海內歸向之意也。余竊疑焉。請聞其說。答曰、蓋聞湯以七十里、文王以百里之地而有天下。皆用征伐而定之。揖[5]（遜）〔讓〕而登王位者、惟舜・禹而已。今蜀・魏爲敵戰之國、勢不俱王。自操・備時、彊弱縣殊、而備猶出兵陽平、禽夏侯淵。羽圍襄陽、將降曹仁、生獲于禁。當時、北邊大小憂懼、孟德身出南陽、樂進・徐晃等爲救、圍不卽解。故蔣子通言、彼時有徙許渡河之計、會國家襲取南郡、羽乃解軍。玄德與操、智力多少、士衆衆寡、用兵・行軍之道、不可同年而語、猶能暫以取勝。是時、又無大吳掎角之勢也。今仲達之才、減於孔明、當時之勢、異於曩日。玄德尙與抗衡、孔明何以不可出軍而圖敵邪。昔樂毅以弱燕之衆、兼從五國之兵、長驅彊齊、下七十餘城。今蜀漢之卒、不少燕軍、君臣之接、信於樂毅。加以國家、爲脣齒之援、東西相應、首尾如蛇、形勢重大、不比於五國之兵也。何憚於彼而不可哉。夫兵以奇勝、制敵以智。土地廣狹、人馬多少、未可偏恃也。余觀、彼治國之體、當時旣肅整、遺敎在後。及其辭意懇切、陳進取之圖、忠謀謇謇、義形於主、雖古之管・晏、何以加之乎。

蜀記曰、晉永興中、鎭南將軍劉弘至隆中、觀亮故宅、立碣表閭。命太傅掾犍爲李興爲文曰、天子命我、于沔之陽、聽鼓鼙而永思、庶先哲之遺光、登隆山以遠望、軾諸葛之故鄉。蓋神物應機、大器無方、通人靡滯、大德不常。故谷風發而騶虞嘯、雲雷升而潛鱗驤。摯解褐於三聘、尼得招而褰裳。管豹變於受命、貢感激以回莊。異徐生之摘寶、釋臥龍於深藏。偉劉氏之傾蓋、嘉吾子之周行。夫有知己之主、則有竭命之良。固所以三分我[6]（九）〔漢〕鼎、跨帶我邊荒、抗衡我北面、馳騁我魏疆者也。英哉吾子、獨含天靈。豈神之祗、豈人之精。何思之深、何德之清。異世通夢、恨不同生。推子八陣、不在孫・吳、木牛之奇、則非般模、神弩之功、一何微妙。千井齊甃、又何祕要。昔在顛・夭、有名無迹。孰若吾儕、良籌妙畫。臧文既沒、以言見稱、又未若子、言行並徵。夷吾反坫、樂毅不終、奚比於爾、明哲守沖。臨終受寄、讓過許由。負扆莅事、民言不流。刑中於鄭、敎美於魯、蜀民知恥、河・渭安堵。匪皐則伊、寧彼管・晏。豈徒聖宣、慷慨屢歎。昔爾之隱、卜惟此宅。仁智所處、能無規廓。日居月諸、時殞其夕。誰能不歿、貴有遺格。惟子之勳、移風來世。詠歌餘典、懦夫將厲。遐哉邈矣、厥規卓矣。凡若吾子、難可究已。疇昔之乖、萬里殊塗。今我來思、覿爾故墟。漢高歸魂於豐・沛、太公五世而反周。想魍魎以髣髴、冀影響之有餘。魂而有靈、豈其識諸。

王隱晉書云、李興、密之子、一名安。

〔校勘〕

1．百衲本は「銳」につくるが、『三國志集解』により「脫」に改める。
2．中華書局本は、「率」につくる。
3．百衲本は「王」につくるが、中華書局本により「主」に改める。
4．百衲本は「旣」につくるが、中華書局本により「繼」に改める。
5．百衲本は「遜」につくるが、中華書局本により「讓」に改める。
6．百衲本は「九」につくるが、中華書局本により「漢」に改める。

《訓讀》

評に曰く、「諸葛亮の國に相爲《た》るや、百姓を撫し、儀軌を示し、官職を約《はぶ》き、權制に從ひ、誠心を開き、公道を布く。忠を盡くし時に益する者は、讎と雖も必ず賞し、法を犯し怠慢なる者は、親と雖も必ず罰し、罪に服し情を輸す者は、重しと雖も必ず釋し、辭を游ばせ巧みに飾る者は、輕しと雖も必ず戮す。善は微として賞せざるは無く、惡は纖として貶めざるは無し。庶事に精練して、物は其の本を理《をさ》め、名に循ひ實を責《もと》め、虛僞は齒せず。終に邦域の內に於て、咸 畏れて而も之を愛す。刑政 峻なりと雖も怨む者無きは、其の心を用ひること平らかにして戒を勸むること明らかなるを以てなり。治を織るの良才、管・蕭の亞匹と謂ふ可し。然れども連年 衆を動かし、未だ功を成す能はざるは、蓋し應變の將略、其の長ずる所に非ざるか」と。

[裴松之注]

[一] 袁子に曰く、「或ひと問ふに、「諸葛亮は何如なる人ぞや」と。袁子曰く、「張飛・關羽、劉備と與に倶に起ち、爪牙・腹心の臣なれど、武人なり。晚に諸葛亮を得、因りて以て佐相と爲せば、羣臣 悅服す。劉備 信ずるに足り、亮 重ずるに足るが故なり。其の六尺の孤を受け、一國の政を攝《と》り、凡庸の君に事ふるに及ぶも、權を專らにして禮を失はず、君の事を行ひて國人 疑はず。此の如くんば卽ち以爲へらく、君臣・百姓の心 欣びて之を戴くと。法を行ふこと嚴にして國人 悅服し、民を用ひること其の力を盡くして下 怨まず。其の兵 出入するに及び賓の如く、行くも寇せず、芻蕘する者は獵せざるは、國中に在るが如し。其の兵を用ふるや、止まること山の如く、進退すること風の如し。兵

出づるの日、天下 震動するも、而も人心は憂へず。亮 死して今に至るまで數十年、國人 思ひを歌ふこと、周人の召公を思ふが如きなり。孔子曰く（一）、「雍や南面せしむ可し」と。諸葛亮も焉《これ》有り」と。又 問ふに、「諸葛亮 始めて隴右に出づるや、南安・天水・安定の三郡、人 反して之に應ず。若し亮 速く進まば、則ち三郡は中國の有に非ざるなり。而るに亮 徐ろに行きて進まず、既にして官兵 隴に上り、三郡 復せられ、亮に尺寸の功無し。此れ機を失ふは、何ぞや」と。袁子曰く、「蜀の兵は輕脫にして、良將は少なし。亮 始めて出づるや、未だ中國の彊弱を知らず。是を以て疑ひて之を嘗《こころ》みる。且つ大會する者は、近き功を求めず。所以《ゆゑ》に進まざるなり」と。曰く、「何を以て其の疑ふを知るや」と。袁子曰く、「初めて出づるに遲重にして、屯營も重複す。後に降に轉ずるも未だ兵を進め戰ふを欲せず。亮 勇にして能く鬭ふも、三郡 反するも而も速く應ぜざるは、此れ其の疑ひの徵なり」と。曰く、「何を以て其の勇にして能く鬭ふを知るや」と。袁子曰く、「亮の街亭に在るや、前軍 大いに破れ、亮去ること數里に屯するも、救はず。官兵 相 接するも、又 徐ろに行く。此れ其の勇なり。亮の行軍、安靜にして堅重、安靜なれば則ち動き易く、堅重なれば則ち以て進退す可し。亮の法令は明にして、賞罰は信あり。士卒 命を用《もっ》て、險に赴きて顧みず。此れ能く鬭ふ所以なり」と。曰く、「亮 數萬の衆を帥《ひき》ゐ、其の興造する所、數十萬の功の若し。是れ其の奇なる者なり。至る所の營壘・井竈・圊溷・藩籬・障塞は皆 繩墨に應じ、一月の行も、之を去ること始めて至るが如し。費を勞して徒らに飾好を爲すは、何ぞや」と。袁子曰く、「蜀人は輕脫たれば、亮 故に堅く之を用ふ」と。曰く、「何を以て其の然るを知るや」と。袁子曰く、「亮は實を治めて名を治めず、志は大にして欲する所は遠く、近速を求むる者に非ざるなり」と。曰く、「亮 好みて官府・次舍・橋梁・道路を治むるも、此れ急務に非ず。何ぞや」と。袁子曰く、「小國に賢才 少なし。故に其の尊嚴なるを欲するなり。亮の蜀を治むるや、田疇は辟《ひら》かれ、倉廩は實《み》ち、器械は利《よ》く、蓄積は饒《あま》り、朝會は華ならず、路に醉人無し。夫れ本 立つが故に末 治まる。餘力有りて而る後に小事に及ぶ。此れ其の功に勸むる所以なり」と。曰く、「子の諸葛亮を論ずるは、則ち證有るなり。亮の才を以てして其の功少なきは、何ぞや」と。袁子曰く、「亮は、本を持する者なり。其れ變に應ずるは、則ち長ずる所に非ざるなり。故に敢て其の短を用《もっ》てせず」と。曰く、「然らば則ち吾子の之を美《ほ》むるは、何ぞや」と。袁子曰く、「此れ固《まこと》に賢者の遠きなり。安んぞ體を備ふを以て責む可けんや。夫れ能く短とする所を知りて用ひざるは、此れ賢者の大いなるなり。短とする所を知らば則ち長とする所を知る。夫れ前識と言ひて中らざるは、亮の用ひざる所なり。此れ吾の可と謂ふ所なり」と」と。

　呉の大鴻臚（二）たる張儼 默記を作り、其の述佐篇に亮の司馬宣王に與ふる書を論じて曰く、「漢朝は傾覆し、天下は崩壞して、豪傑の士、競ひて神器を希ふ。魏氏は中土を跨ぎ、劉氏は益州に據り、並びに兵を海內に稱《とな》へ、世の霸主と爲る。諸葛・司馬の二相、際會に遭値し、身を明主に託し、或いは功を蜀漢に收め、或いは名を伊・洛に册す。丕・備 既に沒し、後嗣 統を繼ぎ、各〻保阿の任を受け、幼主を輔翼し、然諾の誠に負《そむ》かず。亦た一國の宗臣、霸王の賢佐なり。前世を歷し以て近事を觀れば、二相の優劣、得て詳かにす可きなり。孔明 巴・蜀の地に起こり、一州の土を蹈む。之を大國に方《くら》ぶれば、其の戰士・人民は、蓋し九分の一有るなり。而るに以て贄を大呉に貢ぎ、北敵に抗對し、耕戰をして伍有るに至らしめ、刑法をば整齊し、步卒數萬を提げ、祁山に長驅し、慨然として馬に河・洛を飮ましむの志有り。仲達は天下十倍の地に據り、兼幷の衆に仗《よ》り、牢城に據り、精銳を擁するも、敵を禽《とら》ふるの意無く、務めて自ら保全するのみ。彼の孔明をして、自ら來たりて自ら去らしむ。若し此の人 亡びず、其の志意を終《きは》め、連年 思ひを運らし、日を刻みて謀を興こさば、則ち涼・雍は甲を解かず、中國は鞍を釋《を》かず、勝負の勢、亦た已に決せり。昔 子產の鄭を治むるや、諸侯は敢て兵を加へず。蜀相も其れ之に近し。之を司馬に方ぶるに、亦た優ならざるや。或ひと曰く、「兵なる者は凶器にして、戰なる者は危事なりと（三）。國を有つ者、境內を保安し、百姓を綏靜するに務めず、而して土地を開闢し、天下を征伐するを好むは、未だ計を得ると爲さざるなり。諸葛丞相は、誠に匡佐の才有るも、然れども孤絕の地に處り、戰士は五萬に滿たざれば、自づから關を閉め險を守り、君臣 事無きとす可きなり。空しく師旅に勞れ、歲として征せざるは無くも、未だ能く咫尺の地を進め、帝王の基を開かず。而して國內をして其の荒殘を受け、西土をして其の役調に苦しましむ。魏の司馬懿は、才は兵衆を用ひ、未だ易《あな》どり輕んず可からず。敵を量りて進むは、兵家の愼しむ所なり。若し丞相 必ず以て之を策する有らば、則ち未だ坦然の勳を見《あら》はさず、若し策無きを以て之を裁すれば、則ち明哲の謂、海內 歸向の意に非ざるなり。余 竊かに焉を疑ふ。請ふらくは其の說を聞かん」と。答へて曰く、「蓋し聞くならく、湯は七十里を以て、文王は百里の地を以てして天下を有つと。皆 征伐を用《もつ》て之を定む。揖讓して王位に登る者は、惟だ舜・禹のみ。今 蜀・魏は敵戰の國爲れば、勢として俱に王たらず。操・備の時より、彊弱は縣殊するも、而も備は猶ほ兵を陽平に出だし、夏侯淵を禽にす。羽は襄陽を圍み、將に曹仁を降さんとし、于禁を生獲す。當時、北邊は大も小も憂懼し、孟德は身づから南陽に出で、樂進・徐晃（四）らをば救ひと爲すも、圍は卽ちには解けず。故に蔣子通（五）言へらく、彼の時 許より徙し河を渡るの計有るも、國家の南郡を襲取するに會せば、羽 乃ち軍を解くと。玄德 操と、智力の多少、士衆の衆寡、用兵・行軍の道、同年にして語る可からざるも、猶ほ能く暫らく以て勝を取る。是の時、又 大呉の掎角の勢無きなり。今 仲達の才は、孔明より減じ、當時の勢は、曩日に異なる。玄德すら尙ほ與に抗衡せしも、孔明 何を以て軍を出して敵を圖るは可ならざるや。昔 樂毅は弱燕の衆を以て、五國の兵を兼ね從へ、彊齊に長驅して、七十餘城を下す。今 蜀漢の卒、燕軍より少からず、君臣の接、樂毅より信なり。加ふるに國家を以て、脣齒の援と爲し、東西 相 應じ、首尾 蛇の如くせば、形勢の重大なること、五國の兵に比せざるなり。何ぞ彼を憚りて可ならざるや。夫れ兵は奇を以て勝ち、敵を制するは智を以てす。土地の廣狹、人馬の多少、未だ偏《ひとへ》に恃む可からざるなり。余の觀るに、彼の治國の體、當時に旣に肅整たりて、遺教は後に在り。其の辭意 懇切にして、進取の圖を陳ぶるに及ぶや、忠謀 謇謇として、義は主に形《あら》はれ、古の管・晏と雖も、何を以て之に加へんや」と」と。

蜀記に曰く、「晉の永興中、鎭南將軍（六）の劉弘（七）隆中に至り、亮の故宅を觀、碣を立て閭を表す。太傅掾（八）たる犍爲の李興（九）に命じて文を爲らしむるに曰く、「天子 我に命じ、沔の陽《きた》に于《ゆ》き、鼓鼙を聽きて永く思ひ（一〇）、先哲の遺光を庶ひ、隆き山に登りて以て遠望し、諸葛の故郷に軾せよと。蓋し神物は機に應じ、大器は方《みち》無く、通人は滯ること靡《な》く、大德は常あらず。故に谷風[一一]發して騶虞[一二]嘯《うそぶ》き、雲雷 升りて潛鱗 驤《あが》る。[一三]摯は褐を三聘に解き、[一四]尼は招を得て裳を褰《から》ぐ。管は命を受くるに豹變し、[一五]貢は感激して以て莊より回《めぐ》らす。徐生の寶を摘むを異とし、臥龍は深藏より釋《はな》たる。劉氏の傾蓋[一六]を偉とし、吾子の周行[一七]を嘉す。夫れ知己の主有らば、則ち竭命の良有り。固《まこと》に我が漢鼎を三分し、我が邊荒に跨帶し、我が北面に抗衡し、我が魏疆に馳騁する所以の者なり。英なるかな吾子、獨り天靈を含む。豈に神の祇なるか、豈に人の精なるか。何ぞ思の深き、何ぞ德の淸き。異世に夢を通じ、生を同じくせざるを恨む。子の八陣を推すに、孫・吳に在らず、木牛の奇は、則ち般[一八]の模に非ず、神弩の功は、一に何ぞ微妙なる。千の井は齊ひ甃《をさ》まり[一九]、又 何ぞ祕要なる。昔 在顚・夭[二〇]は、名有るも迹無し。孰れか吾が儕《ともがら》の、良籌妙畫に若《し》かん。臧文[二一]既に沒し、言を以て稱へらるるも、又 未だ子の、言行 並びに徵あるに若かず。夷吾は反坫[二二]し、樂毅は終はらず、奚《いづく》んぞ爾の、明哲にして沖を守るに比せんや。終はりに臨みて寄を受くるも、讓は許由[二三]に過ぐ。扆《うしろ》を負にして事に莅むも[二四]、民言 流れず。刑は鄭より中り、教は魯より美なり、蜀の民は恥を知り、河・渭は安堵す。皋に匪ざれば則ち伊、寧ろ彼の管・晏なり。豈に徒だ聖宣のみならんや、慷慨 屢〻歎ず。昔 爾の隱れしとき、卜するは惟れ此の宅。仁智の處る所、能く規廓無からんや。日居《よ》月諸《よ》、時《これ》其の夕に殞《し》す。誰か能く歿せざらんや、遺格有るを貴ぶなり。惟れ子の勳は、風を來世に移す。詠歌と餘典は、儒夫をも將ゐ厲す。遐《はる》かなるかな邈《とお》きかな、厥の規は卓《すぐ》れたり。凡そ吾子の若きは、究め已《をは》る可きこと難し。疇昔の乖《そむ》くこと、萬里 塗を殊にす。今 我れ來りて思ひ、爾の故墟を覿る。漢高は魂を豐・沛に歸し[二五]、太公は五世にして周に反る[二六]。魍魎の以て髣髴たるを想ひ、影響の餘有るを冀ふ。魂にして靈有らば、豈に其れ諸を識るか」と。

王隱の晉書に云く、「李興は、密の子[二七]、一の名は安なり」と。

(補注)

(一)『論語』雍也篇に、「雍也可使南面」とあり、同文。

(二) 大鴻臚は、九卿の一つ。諸侯及び異民族との外交を職掌とする。官秩は中二千石（『後漢書』志二十五 百官二）。

(三)『漢書』巻四十九 鼂錯傳に、「兵、凶器。戰、危事也」とあり、字句に異同がある。

(四) 徐晃は、字は公明、司隸河東郡楊縣の人。楊奉から曹操に帰順し、功を重ねて横野將軍となり、于禁・張遼・樂進・張郃と共に名将とうたわれた。曹仁を包囲する關羽を破り、曹丕が魏王になると右將軍となった。曹丕が即位すると、楊侯となったが、太和元（二二七）年に病死した（『三國志』巻十七 徐晃傳）。

(五) 蔣子通は、蔣濟。揚州楚國平阿縣の人。關羽が北上し、曹操が遷都を検討すると、司馬懿と共に孫權に關羽の背後を衝かせることを進言、關羽を破った。曹芳（齊王）のときに太尉に昇進、司馬懿が曹爽に対して正始の政変を起こすと、司馬懿に協力し、曹爽を降伏させた（『三國志』巻十四 蔣濟傳）。

(六) 鎭南將軍は、官名。広義の四征將軍の一つで、都督を兼任することができた（『後漢書』志二十四 百官一）。

(七) 劉弘は、沛國相縣の人。字は叔和。劉馥の子。西晉の末に車騎大將軍、都督荊・交・廣州諸軍事となり、新城郡公に封建され、荊州を統治した（『三國志』巻十五 劉馥傳注引『晉陽秋』）。

(八) 掾は、属官の一つ。太傅など開府の権限を持つ高官が開いた幕府に、属官として所属した。

(九) 李興は、益州犍為郡武陽縣の人。字は雋石。李密の子。文才があり、益州刺史の羅尚の辟召を受け、別駕従事となった。羅尚が李特に攻められた際、鎮南將軍の劉弘へ救援を求め、そのまま劉弘の參軍となった（『晉書』巻八十八 孝友 李密傳）。

(一〇) 『禮記』樂記篇に、「君子聽鼓鼙之聲。則思將帥之臣」とあり、これを踏まえた表現である。

(一一) 『詩經』國風 邶風 谷風に、「習習谷風、以陰以雨」とあり、これを踏まえた表現である。

(一二) 『詩經』國風 召南 騶虞に、「于嗟乎騶虞」とあり、これを踏まえた表現である。

(一三) 摯は、ここでは、伊尹の名。『孟子』萬章章句上に、「伊尹耕於有莘之野……湯三使往聘之」とあり、これを踏まえた表現である。

(一四) 尼は、ここでは孔子。『史記』巻四十七 孔子世家に、「（季康子）以幣迎孔子、孔子歸魯」とあり、これを踏まえた表現である。

(一五) 貢は、ここでは貢禹。琅邪郡の人、字を少翁。前漢の成帝に仕え、たびたび冗費削減を進言、郡國廟の廃止はその提言による。故郷に帰りたいと願ったが、止まるよう言われ、そののち御史大夫となった（『漢書』巻七十二 貢禹傳）。

(一六) 傾蓋は、車を止めて訪れること。『漢書』巻五十一 鄒陽傳に、「文穎曰、傾蓋、猶交蓋駐車也」とある。

(一七) 周行は、賢人が用いられること。『詩經』小雅 鹿鳴の鄭箋に、「周之列位也。……言己維賢是用也」とある。

(一八) 般は、ここでは匠師の般。『禮記』檀弓下の鄭注に、「公輸若、匠師般若之族、多技巧」とある。

(一九) 『周易』井卦 六四に、「象曰、井甃无咎。脩井也」とあり、これを踏まえた表現である。

(二〇) 在顚・夭は、太顚・閎夭。『史記』周本紀に、「太顚・閎夭皆執劍以衞武王」とある。

(二一) 臧文は、臧文仲。姓は臧孫、名を辰。魯の莊公・釐公に仕えた宰相。覇者となった晉の文公にいち早く味方し、陳や衞と同盟を結ぶなど、外交に功が多い（『論語』衞靈公篇）。『春秋左氏傳』襄公 傳二十四年に、「魯有先大夫曰臧文仲、既沒。其言立、其是之謂乎。豹聞之。大上有立德。其次有立功。其次有立言。雖久不廢。此之謂不朽」とある。

(二二) 反坫は、爵をもどす台。本来、國君が修好する際に用いるが、管仲は反坫を設けた。『論語』八佾篇は、「子曰、管仲之器小哉、或曰、管仲儉乎。曰、管氏有三歸。官事不攝。焉得儉乎。曰、然則管仲知禮乎。曰、邦君樹塞門。管氏亦樹塞門。邦君爲兩君之好、有反坫。管氏亦有反坫。管氏而知禮、孰不知禮」とそれを厳しく批判している。

(二三) 許由は、堯のときの隠者。堯から天下を譲られようとし、その話だけでも汚れたとして、潁川で耳を洗ったという（『高士傳』上）。

(二四) 『荀子』儒效篇に、「武王崩、成王幼。周公屏成王而及武王、履天子之籍、負扆而立、諸侯趨走堂下」とあり、これを踏まえた表現である。

(二五) 『史記』巻八 高祖本紀に、「吾雖都關中、萬歳後吾魂魄、猶樂思沛」とあり、これを踏まえた表現である。

(二六)『禮記』檀弓上篇に、「大公封於營丘、比及五世。皆反葬於周」とあり、これを踏まえた表現である。

(二七)密は、李密。益州犍爲郡武陽縣の人。字は令伯。親孝行で知られ、蜀漢では、從事尚書郎・大將軍主簿・太子洗馬を歴任した。西晉の武帝に招聘されたが、九十歳を超えた祖母を置いて洛陽に出られないとして、「陳情事表」と呼ばれる上奏文を著した。祖母の死後、出仕して晉皇室所縁の溫縣令となり治績を挙げたが、蜀漢を賛美し、免官された。のち大中正となった(『晉書』巻八十八 孝友 李密傳)。「陳情事表」は、「出師表」、唐の韓愈の「祭十二郎文」と並び、それぞれ孝・忠・友を表現する「三絶文」と呼ばれたが、「陳情事表」の中で蜀漢を「僞朝」「亡國」と表現していることを朱子に厳しく批判される。

[現代語訳]

評にいう、「諸葛亮は丞相《じょうしょう》として、人々を慰撫し、踏むべき規範を示し、官職を省き、時宜にかなった政策を行い、真心を開き、公正な政治を行なった。忠を尽くしその時に利益となる行為をした者は、仇であっても必ず賞を与え、法律を犯し怠慢な者は、身内であっても必ず罰し、罪に服して反省の情をみせた者は、重罪であっても必ずゆるし、言い訳をしてごまかす者は、軽い罪でも必ず死刑にした。善行は微小なことでも賞さないことは無く、悪行は些細なことでも罰しないことは無かった。あらゆる事柄に精通し、物事はその根源をおさえ、名目と事実が一致するかを調べ、嘘偽りは歯牙にもかけなかった。こうして領内の人々は、みな諸葛亮を畏《おそ》れながらも亮を愛し、刑罰と政治は厳格であったのに怨む者がなかったのは、亮の心くばりが公平で、賞罰が明確であったからである。政治を熟知している良才であり、(春秋時代の)管仲《かんちゅう》・(前漢の)蕭何《しょうか》(といった名宰相に)匹敵するものと言えよう。しかし毎年軍勢を動かしながら、功を成し遂げられなかったのは、考えるに臨機応変の軍略は、亮の得意とするところではなかったからであろうか」と[一]。

[裴松之注]

[一](袁準の)『袁子正論《えんしせいろん》』に、「あるひとが尋ねて、「諸葛亮はどのような人ですか」と言った。袁子《えんし》は、「張飛《ちょうひ》と關羽《かんう》は、劉備《りゅうび》と共に起兵し、爪牙・腹心の臣下であるが、武人である。(劉備は)晩年に諸葛亮を得て、亮を輔弼の大臣にすると、群臣たちは喜んで服した。劉備が信頼するに足り、諸葛亮が重んじるに足りるためである。諸葛亮は幼い孤(の遺託)を受け、一国の政治を代行し、凡庸な君主(劉禪)に仕えることになっても、権力を集中しながら禮を失わず、君主の仕事を行いながら国人は疑わなかった。このようであったので、君臣と民草の心は喜んで諸葛亮を戴いたと思われる。法を行うことが厳正でも国人は喜んで服し、民を用いることがその力を尽くさせても下は怨まなかった。亮の軍隊は出入する際には客人のようであり、行軍しても乱暴せず、薪や草を取る者は猟をしないことは、国内にいるようであった。亮の用兵は、止まるときは山のように、進退するときには風のようであった。兵を出した日には、天下が揺れ動いたが、人心は憂えなかった。亮が死んでから今に至るまで数十年、国人が亮を思って歌うことは、周の人が召公《しょうこう》を思うようであった。孔子は、「雍《よう》(仲弓)は(支配者として)南面させるべきである」と言った。諸葛亮も南面すべき素質を持つものである」と答えた。また(ある人が)尋ねて、「諸葛亮が始めて隴右《ろうゆう》に出ると、南安《なんあん》・天《てん》

水《すい》・安定《あんてい》の三郡は、人々が（曹魏に）反して亮に呼応した。もし亮が速く進めば、三郡は中國（曹魏）の所有ではなかった。それなのに亮はゆっくり行って進まず、ために官兵（曹魏の兵）は隴右に上り、三郡が戻されて、亮には尺寸の功も無かった。このように機を失ったのは、なぜであろうか」と言った。袁子は、「蜀の兵は軽はずみで、良い將は少なかった。亮が最初に（涼州に）出たときには、まだ中國の（地域ごとの兵の）強弱を知らなかった。そこでためらって試したのである。それに大軍を動かす者は、目先の功を求めない。このため進まなかったのである」と答えた。（ある人は）、「どうして亮がためらったことが分かるのか」と尋ねた。袁子は、「最初に出たときは（行動が）鈍重で、屯營も重複していた。後に（三郡が）降服に転じたときにもまだ兵を進めて戦うことを求めなかった。亮は勇敢で戦闘も強かったのに、三郡が（曹魏に）反しても速く呼応しなかったことが、亮がためらっていた証拠である」と答えた。（ある人は）、「どうして亮が勇敢で戦闘も強かったことが分かるのか」と尋ねた。袁子は、「亮が街亭《がいてい》に在るとき、前軍が大敗し、亮はそれから数里のところに駐屯していたのに、救援しなかった。官兵（曹魏の兵）が接近しても、またゆっくりと行った。これがその勇敢さである。亮の行軍は、安定し平静でいて堅牢で重厚、安定し平静でいれば動きやすく、堅牢で重厚であれば進退自在である。亮の法令は明らかで、賞罰は信頼がおける。士卒が命を賭けて、危険に赴き（死を）顧みない。これが戦闘の強かった理由である」と言った。（ある人は）、「亮は数万の兵を率いながらも、その構築したものは、数十万の仕事のようであった。これはその非凡なところである。行く先々の陣營と土壘・井戸と竈《かまど》・圊溷《かわや》・藩籬《まがき》・障塞《とりで》はすべて設計に応じ、一月の行軍であっても、撤退するときには始めて至ったときのように撤去している。労力を費やしていたずらに見栄えをよくしたのは、どうしてであろうか」と尋ねた。袁子は、「蜀人は軽はずみなので、亮は堅実にこれを用いたのである」と答えた。（ある人は）、「どうしてそうであると分かるのか」と尋ねた。袁子は、「亮は実を重んじ名を重んぜず、志は大きく思いは遠く、近くて速いことを求める者ではなかった」と答えた。（ある人は）、「亮は好んで官府・宿場・橋梁・道路を修復したが、これは急務ではない。なぜ行ったのか」と尋ねた。袁子は、「（蜀という）小国では賢才は少なかった。このため威厳が必要であった。亮が蜀を治めると、田畑は開かれ、倉庫は満ち、道具は優れ、貯蔵は余り、朝廷の会議は浮つかず、道に酔っぱらいはいなくなった。そもそも本が立つから末が治まるのである。余力があってその後に小事に手がまわる。これが亮が工事を奨励した理由である」と答えた。（ある人は）、「子《あなた》が諸葛亮を論ずることには、根拠があった。（それでは）亮ほどの才がありながら、その功が少ないのは、なぜであろうか」と尋ねた。袁子は、「亮は、基本を押さえる者である。（戦いの）臨機応変は、得意ではなかった。このためその短所で無理をしなかったのである」と答えた。（ある人は）、「そうであれば吾子《あなた》が亮を褒めるのは、なぜであろうか」と尋ねた。袁子は、「短所で無理をしないことが賢者の優れたところである。どうして完全に備えていることを求めて（亮を）責めることができようか。そもそも短所を知って無理をしないことは、賢者の偉大なところである。短所を知っていれば長所を知ることができる。そもそも予断と言葉が当たらないことは、亮の行わないことである。これこそ吾がよいと思うところである」と言った」とある。

孫呉《そんご》の大鴻臚《だいこうろ》である張儼《ちょうげん》は『黙記《もくき》』を著し、その述佐篇で諸葛亮が司馬宣王《しばせんおう》（司馬懿）に与えた書簡を論じて、「漢朝が傾き覆えり、天下は崩壊して、豪傑の士は、競って神器（帝位）を望んだ。魏氏は中土《ちゅうど》（中原）を跨《また》ぎ支配し、劉氏は益州《えきしゅう》を拠点として、ともに兵を天下に挙げ、世の霸主となった。諸葛亮と司馬懿の二相は、（国家が交替する）機会に遭遇し、身を明主に託して、一方（諸葛亮）は功を蜀漢《しょくかん》にあげ、一方（司馬懿）は名を伊水《いすい》・洛水《らくすい》に刻んだ。曹丕《そうひ》と劉備《りゅうび》はすでに没し、後嗣（の明帝曹叡と後主劉禪）が帝位を継ぎ、それぞれ宰相の任を受け、幼主を輔弼して、（先君との）然諾《ぜんだく》の誠《まこと》に負かなかった。それぞれ一国の宗廟の臣下、霸王の賢才の補佐と言えよう」と言っている。前代を見渡して今の事を見れば、（諸葛亮と司馬懿という）二相の優劣は、詳細にすることができる。孔明は巴《は》・蜀《しょく》の地に起こり、一州の地を拠点とした。これを大国に比べれば、その戦士と人民は、おそらく九分の一に過ぎない。それなのに貢物を（我が）大呉に捧げ、北敵（の曹魏）に対抗し、農民や戦士を伍《ご》に組織させるに至り、刑罰と法律を整え、歩卒数万を引っ提げて、祁《き》山《ざん》にまで長駆し、意気軒昂として馬に黄河《こうが》・洛水《らくすい》（の流れる長安・洛陽を征服して、その水）を飲ませようとする志があった。仲達《ちゅうたつ》は天下（のほぼすべて、蜀漢の）十倍の地を拠点とし、（天下をあまねく）兼ね併せた兵を率い、堅い城を拠点に、精鋭を擁していたが、敵を捕らえようとする意志はなく、自らの保全に務めるだけであった。（その結果）かの孔明に、自ら来征し自ら撤退させていた。もし孔明が死なず、その志を極め、毎年思慮を運らして、毎日策謀を立てれば、涼州《りょうしゅう》と雍州《ようしゅう》は甲冑を解けず、中國（中原）は鞍を置けず、勝敗の行方は、すでに（孔明の勝利に）決していたであろう。むかし子産《しさん》が鄭《てい》を治めると、諸侯はあえて軍を出さなかった。蜀相（諸葛亮）もこれに近い。諸葛亮を司馬懿に比べると、優れていると言えよう。あるひとが、「兵というものは凶器であり、戦というものは危事であると（『漢書』巻四十九 鼂錯傳に、鼂錯が）言っている。国家を統治する者が、国境を保全し、人々を綏撫することに務めず、領土を拡大し、天下を征伐することを好むのは、良計を得ているとは言えない。諸葛丞相は、まことに輔弼の才を持つが、それでも中央から離れた（益州の）地に居り、戦士は五万に満たなければ、自然と關を閉めて険を守り、君臣ともに事を起こさないようすべきである。むなしく軍を遠征に疲れさせ、毎年のように出征して、わずかばかりの地を得ることも、帝王の基《もとい》を開くこともできなかった。そして国内はその荒廃を受け、西域《せいいき》をその徴発に苦しませた。曹魏の司馬懿は、才は軍を率いるに足り、侮り軽んじ難い相手であった。敵（の力量）を考えて進むことは、兵家が慎しみ行うべきことである。もし丞相が必ず司馬懿への策を持っていたのであれば、（司馬懿が）動かないだけで勳功を挙げることはなく、もし（丞相が）策も無く北伐したのであれば、明哲の名と、天下の期待に反したこととなる。わたしは秘かにこれを疑問に思っている。どうかお説を拝聴したい」と言った。答えは次のとおりである、「聞くところでは、（殷の）湯王《とうおう》は七十里（の地）から、（周の）文王《ぶんおう》は百里の地により天下を支配したという（益州の狭さは関係ない）。二人は征伐によって天下を定めた。譲られて王位に登った者は、舜《しゅん》と禹《う》だけである。いま蜀漢と曹魏は敵対国であるから、勢い共に王となることはできない。曹操と劉備の時から、強弱は懸隔していたが、それでも劉備は兵を陽《よう》平關《へいかん》に出して、夏侯淵《かこうえん》を撃破した。關羽は襄陽《じょうよう》を包囲し、曹仁《そうじん》を降服させようし、于禁《うきん》を生け獲りにした。当時、北辺は老いも若きも憂い恐れ、孟徳《もうとく》（曹操）は自身で南陽《なんよう》郡に出向き、樂進《がくしん》と徐晃《じょこう》たちを救援としたが、包囲は直ちには解けなかった。このため蔣濟《しょうさい》は、あのとき（首都を）許《きょ》から遷して黄河を渡ろうとする計もあったが、孫呉が南郡《なんぐん》を襲い奪うことにあえば、關羽《かんう》はようやく軍を解くと言った。劉備は曹操と、智力の多少、士衆の衆寡、用兵・行軍の指揮ぶりで、同列に語れない存在だが、それでもなおよく暫時の勝利を得ることができた。（しかも）このときは、また孫呉が掎角《きかく》の勢（で劉備を援助すること）は無かったのである。いま司馬懿の才は、諸葛亮より劣り、当時の状勢は、昔日とは異なっている。劉備ですらなお曹操と拮抗できたのに、諸葛亮がどうして軍を出して敵を図ってはいけないのであろうか。むかし樂毅《がくき》は弱い燕《えん》の兵により、（燕・趙・魏・韓・楚の）五国の兵を併せ従えて、強い齊《せい》に長駆して（攻め込み）、七十余城を落とした。いま蜀漢の兵は、燕軍よりも多く、君臣の関係は、樂毅（とその君）よりも信がある。加えるに孫呉を、同盟国となし、東西が互いに応じて、首尾が（応じること）蛇のようであるので、勢力が重く大きいことは、五国の兵の比ではない。どうして司馬懿を憚かって無理だとすることがあろうか。そもそも兵は奇策によって勝ち、敵を制するものは智略である。土地の広い狭い、人馬の多少は、ひとえに頼むことができないものである。

余《わたし》が観るには、諸葛亮の治国の体制は、当時にすでに粛然としていて、（亮の）遺教は後に残っている。その言葉は懇切で、進み取る計画に至っては、忠節を尽くした謀《はかりごと》が率直に述べられており、（亮の）義は君主に向かって現れていて、古《いにしえ》の管仲《かんちゅう》や晏嬰《あんえい》でも、どうして亮に加えることができようか」とある。

『蜀記《しょくき》』に、「西晉の永興《えいこう》年間（三〇四～三〇六年）、鎭南將《ちんなんしょう》軍《ぐん》の劉弘《りゅうこう》は隆中《りゅうちゅう》に至り、諸葛亮の旧宅を見て、碑碣《ひけつ》を立てて郷里を顕彰した。太傅掾《たいふえん》である犍爲郡《けんいぐん》の李興《りこう》に命じて文を作らせたがその文には、「天子は我《わたし》に命じ、沔水《べんすい》の北に行き、太鼓と鼙《つつみ》を聴いて永く思い、先哲の残した輝きを受け、高い山に登って遠く望み、諸葛亮の故郷に挨拶せよとした。思うに神物は機に応じ、大器は道が無く、通人は滞らず、大徳は常はない。このため（万物を育む）谷風《こくふう》が起こって騶虞《すうぐ》は嘯《うそぶ》き、雲と雷が登って（水底深く住む）潛鱗《せんりん》はあがる。摯《し》（伊尹）は褐《かつ》（粗末な布）を三度の招聘に解き、尼《じ》（孔子）は招かれて裳《もすそ》をからげた。管仲《かんちゅう》は（桓公から）命を受けて（態度を）豹変し、貢禹《こうう》は（成帝の言葉に）感激して（思いを）故郷から戻した。徐庶《じょしょ》が宝を摘む（ように諸葛亮を推薦したこと）を評価し、臥龍《がりょう》（諸葛亮）は深い蔵より放たれた。劉備が傾蓋《けいがい》したことを偉大し、吾子《ごし》（と呼ぶべき諸葛亮）が周行《しゅうこう》したことを嘉《よみ》する。そもそも己を知る君主がいればこそ、命を尽くす良臣がいる。まことに我が漢の帝位を三分し、我が辺境にまたぎ居り、我が北面に抵抗し、我が魏の領土に駆けめぐった理由である。英《すぐれた》るかな吾子、ひとり天の霊を含む。神の祇（地の神）であるのか、人の精であるのか。なんという思いの深き、なんという徳の清さよ。異なる世に夢を通じて、生を同じくできないことが恨めしい。子《きみ》（諸葛亮）が八陣《はちじん》の図を押し広げたのは、孫子・呉子にはなかったことであり、木牛《ぼくぎゅう》の奇は、般《はん》の模倣ではない、神弩《ど》の功は、ひとえになんと微妙であるか。千の井は整い治まり、またなんと秘要なることか。むかし在巓《してん》と閦天《こうよう》は、名があるが迹《あと》がない。誰が吾が儕《ともがら》（諸葛亮）の、良き謀《はかりごと》と妙なる計画に及ぼうか。臧文仲《ぞうぶんちゅう》は没したあとも、言辞によって称えられているが、また子《きみ》（諸葛亮）の、言葉と行動がともに証拠があることに及ばない。管仲《かんちゅう》は（僭上の禮である）反坫《はんてん》をつくり、樂毅《がくき》は（燕を棄て趙に降って、燕の將として）終わらず、どうして爾《なんじ》（諸葛亮）の、明哲であり虚心を守ることに比べられようか。（劉備の）臨終に（託孤の）寄を受けたが、（「君自ら取るべし」と言われ従わなかった）謙譲は許《きょ》由《ゆう》に過ぎる。（帝位の後ろに立てる衝立である）扆《し》を負《うしろ》にして政事に臨んだが、流言は起こらなかった。刑は鄭《てい》（の子産）より適切で、教は魯《ろ》より美であり、蜀の民は恥を知り、（屯田をした）黃河《こうが》・渭水《いすい》（流域の曹魏の住民たち）は安堵した。皐陶《こうよう》でなければ伊尹《いいん》が、（諸葛亮をたとえるとするならば）管仲《かんちゅう》や晏嬰《あんえい》よりも相応しい。どうしてただ孔子だけであろうか、慷慨してしばしば感嘆するものは。むかし爾《なんじ》（諸葛亮）の隠遁していたとき、占いをしていたのはこの家である。（この家は）仁智の居るところであり、よく規範が無いことがあろうか。太陽よ月よ、これその夕べに死した。（しかし）歿しない者などあろうか、後に遺る風格があることを貴ぶのである。これ子《きみ》（諸葛亮）の勳《いさお》は、風を来世に移した。詠歌と遺された典範は、懦夫をも率い励ますものである。遐《はる》かであるかな邈《とお》きであるかな、その規範は卓越している。およそ吾子（諸葛亮）のような者は、究めおわることが難しい。むかしの日々の過ぎ去ること、万里は道を異にしていく。今我は来て思い、爾（諸葛亮）の故墟を見る。漢の高祖《こうそ》（劉邦）は魂を（故郷の）豐《ほう》・沛《はい》に帰し、太公《たいこう》（古公亶父）は五世で周に反った。魍魎《もうりょう》（諸葛亮の靈魂）が髣髴とするさまを想い、影響（諸葛亮の影と声）が余りあることを冀《こいねが》う。魂に靈があるならば、これを識るであろうか」とある」とある。

王隱《おういん》の『晉書《しんじょ》』に、「李興《りこう》は、李密《りみつ》の子であり、一名を安という」とある。

【原文】

關張馬黃趙傳第六　　蜀書　　國志三十六

關羽傳

關羽字雲長、本字長生、河東解人也。亡命奔涿郡。先主於鄉里合徒衆。而羽與張飛爲之禦侮。先主爲平原相、以羽・飛爲別部司馬、分統部曲。先主與二人寢則同牀、恩若兄弟。而稠人廣坐、侍立終日。隨先主周旋、不避艱險[一]。先主之襲殺徐州刺史車冑、使羽守下邳城、行太守事[二]、而身還小沛。

[裴松之注]

[一] 蜀記曰、曹公與劉備、圍呂布於下邳。關羽啓公、布使秦宜祿行求救。乞娶其妻。公許之。臨破、又屢啓於公。公疑其有異色、先遣迎看、因自留之。羽心不自安。此與魏氏春秋所説無異也。

[二] 魏書云、以羽領徐州。

《訓読》

關張馬黃趙傳第六　　蜀書　　國志三十六

關羽傳

關羽 字は雲長、本の字は長生、河東解の人なり。亡命して涿郡に奔る。先主 鄉里に於て徒衆を合《あつ》む。而して羽 張飛と與に之が禦侮(一)と爲る。先主 平原相と爲るや、羽・飛を以て別部司馬と爲し、分けて部曲(二)を統べしむ。先主 二人と寢ぬれば則ち牀を同じくし、恩は兄弟の若し(三)。而るに稠人 廣坐すれば、侍立すること終日。先主に隨ひて周旋し、艱險を避けず[一]。先主の襲ひて徐州刺史の車冑を殺すや、羽をして下邳城を守り、太守の事を行はしめ[二]、身づから小沛に還る。

[裴松之注]

[一] 蜀記に曰く、「曹公 劉備と與に、呂布を下邳に圍む。關羽 公に啓し、「布 秦宜祿(四)をして救ひを求めに行かしむ。其の妻(五)を娶らんことを乞ふ」と。公 之を許す。破るに臨みて、又 屢〻公に啓す。公 其の異色有るを疑ひ、先に迎へを遣りて看、因りて自ら之を留む。羽 心 自づから安からず」と。此れ魏氏春秋の説く所と異なること無きなり。

[二] 魏書に云ふ、「羽を以て徐州を領せしむ」と。

（補注）

（一）禦侮は、武臣が敵を防ぐこと。『詩經』大雅・緜に、「予曰有禦侮」とある。

（二）部曲は、ここでは私兵のこと。本来、部と曲は軍事編制の単位であるが、のちに隷属民・私兵を意味する語になった。

（三）恩は兄弟の若しとは、君臣関係でありながら、その私恩（私的関係）では兄弟のようであったということ。『三國志演義』において劉備・關羽・張飛の三人が義兄弟の契りを結ぶ「桃園結義」は、この記載を敷衍して作られた。

（四）秦宜祿は、幷州雲中郡の人、秦朗の父。呂布の使者として袁術へ救援を求め、そこで陳滑王の劉寵の娘と結婚させられた（『三國志』巻三 明帝紀）。なお、『華陽國志』巻六には、秦宜祿は、張楊に救援を求めに行ったとある。

（五）秦宜祿の妻は、杜氏。曹操の側室となり、曹林・曹袞・金鄉公主（何晏の妻）を生んだ。秦朗は、連れ子（『三國志』巻三 明帝紀）。

［現代語訳］

關張馬黃趙傳第六　　蜀書　　國志三十六

關羽傳

關羽《かんう》は、字を雲長《うんちょう》、もとの字を長生《ちょうせい》といい、河東郡解縣《かとうぐんかいけん》（山西省臨猗県西南の臨晉鎮）の人である。亡命して涿郡《たくぐん》に出奔した。先主《せんしゅ》（劉備）が郷里（の涿郡）で徒党を集めた。そして關羽は張飛とともに劉備の護衛を務めた。先主が平原相《へいげんしょう》になると、關羽と張飛を別部《べつぶ》司馬《しば》とし、それぞれ私兵を統率させた。先主は二人と寝るときには牀を共にし、恩愛は兄弟のようであった。しかし多くの人が集まっている席では、（劉備の側に）立ち続けること終日であった。先主に随って奔走し、困難を厭わなかった［一］。先主は襲撃して徐州刺史《じょしゅうしし》の車《しゃ》冑《ちゅう》を殺すと、關羽に下邳《かひ》城を守り、太守の政事を代行させ［二］、自身は小沛《しょうはい》に帰った。

［裴松之注］

［一］『蜀記《しょくき》』に、「曹公は劉備と共に、呂布《りょふ》を下邳《かひ》城に包囲した。關羽は曹公に、「呂布は秦宜祿《しんぎろく》に救援を（袁術に）求めに行かせております。（わたしは）その妻を娶りたいと存じます」と申しあげた。曹公はこれを許した。（呂布が）敗れるにあたって、また（關羽は）何度も曹公に申し上げた。曹公は（關羽が何度も言うので）妻が美人であろうと思い、先に迎えをやって（妻を）見て、そのまま自分の手元にこれを留めた。關羽は心が落ち着かなかった」とある。これは『魏氏春秋《ぎししゅんじゅう》』が説くことと同じである。

［二］『魏書《ぎしょ》』に、「（劉備は）關羽に徐州《じょしゅう》を治めさせた」とある。

【原文】

建安五年、曹公東征、先主奔袁紹。曹公禽羽以歸。拜爲偏將軍、禮之甚厚。紹遣大將[1]（軍）顏良、攻東郡太守劉延於白馬。曹公使張遼及羽、爲先鋒擊之。羽望見良麾蓋、策馬刺良於萬衆之中、斬其首還。紹諸將莫能當者。遂解白馬圍。曹公卽表、封羽爲漢壽亭侯。初、曹公壯羽爲人。而察其心神無久留之意、謂張遼曰、卿試以情問之。既而遼以問羽、羽歎曰、吾極知曹公待我厚。然吾受劉將軍厚恩、誓以共死。不可背之。吾終不留。吾要當立效以報曹公乃去。遼以羽言報曹公。曹公義之［一］。及羽殺顏良、曹公知其必去、重加賞賜。羽盡封其所賜、拜書告辭、而奔先主於袁軍。左右欲追之。曹公曰、彼各爲其主。勿追也［二］。

［裴松之注］

［一］傅子曰、遼欲白太祖、恐太祖之殺羽。不白、非事君之道。乃歎曰、公、君父也。羽、兄弟耳。遂白之。太祖曰、事君不忘其本、天下義士也。度何時能去。遼曰、羽受公恩、必立效報公而後去也。

［二］臣松之以爲、曹公知羽不留而心嘉其志、去不遣追、以成其義。自非有王霸之度、孰能至於此乎。斯實曹[2]（氏）〔公〕之休美。

〔校勘〕

1．中華書局本により「軍」の一字を省く。

2．百衲本は「氏」に作るが、中華書局本により「公」に改める。

《訓読》

建安五年、曹公 東征し(一)、先主 袁紹に奔る。曹公 羽を禽にして以て歸る。拜して偏將軍と爲し(二)、之を禮すること甚だ厚し。紹 大將の顔良を遣はし(三)、東郡太守の劉延(四)を白馬に攻めしむ。曹公 張遼及《と》羽をして、先鋒と爲して之を撃たしむ。羽 良の麾蓋(五)を望見し、馬に策《むち》ちて良を萬衆の中に刺し、其の首を斬りて還る。紹の諸將 能く當たる者莫し。遂《かく》て白馬の圍《かこひ》を解く。曹公 即ち表して、羽を封じて漢壽亭侯と爲す。初め、曹公 羽の人と爲りを壯とす。而るに其の心神に久しく留まるの意無きを察し、張遼に謂ひて曰く、「卿 試みに情を以て之を問へ」と。既にして遼 以て羽に問ふに、羽 歎じて曰く、「吾 極めて曹公の我を待するの厚きを知る。然れども吾 劉將軍の厚恩を受け、誓ふに死を共にするを以てす。之に背く可からず。吾 終に留まらず。吾 要《かなら》ず當に效を立てて以て曹公に報い乃ち去るべし」と。遼 羽の言を以て曹公に報ず。曹公 之を義とす[一]。羽の顔良を殺すに及ぶや、曹公 其の必ず去るを知り、重く賞賜を加ふ。羽 盡く其の賜はる所に封し、拜書告辭して、先主に袁の軍に奔る。左右 之を追はんと欲す。曹公曰く、「彼 各〻其の主の爲にす。追ふこと勿かれ」と[二]。

〔裴松之注〕

[一] 傅子に曰く、「遼 太祖に白《まう》さんと欲するも、太祖の羽を殺すを恐る。白さざれば、君に事ふるの道に非ず。乃ち歎じて曰く、「公は、君父なり。羽は、兄弟なるのみ」と。遂に之を白す。太祖曰く、「君に事へて其の本を忘れざるは、天下の義士なり。度るに何れの時に能く去らん」と。遼曰く、「羽 公の恩を受くれば、必ず效を立て公に報い而る後に去らん」と」と。

[二] 臣 松之 以爲へらく、曹公 羽の留まらざるを知りて心に其の志を嘉し、去るも追を遣らず、以て其の義を成さしむ。自づから王霸の度有るに非ざれば、孰か能く此に至らんや。斯れ實に曹公の休美なりと。

（補注）

（一）東征は、ここでは徐州の劉備に遠征すること。前年、劉備は袁術討伐を口実に出陣すると、徐州刺史の車冑を殺して自立し、關羽を下邳太守に任命して下邳城を守らせ、自らは小沛に拠っていた。

（二）偏將軍は、軍の部隊長。同様の職に裨將軍がある。大庭脩「後漢の将軍と将軍仮節」（『関西大学東西研究所紀要』二、一九六九年、『秦漢法制史の研究』創文社、一九八二年に所収）を参照。

（三）顔良は、袁紹の武将。官渡の戦いの緒戦で、東郡太守の劉延を白馬に囲むが、曹操軍の張遼と關羽に討たれた（『三國志』巻六 袁紹傳）。

（四）劉延は、曹操配下の東郡太守。白馬の戦いの際、袁紹配下の顔良に包囲されるが、關羽に救われた（『三國志』巻三十六 關羽傳）。

（五）麾蓋は、指揮官が用いる旗印と車蓋（馬車の上に立てる傘）。

〔現代語訳〕

建安《けんあん》五（二〇〇）年、曹公が（徐州に）東征し、先主は（敗れて）袁紹《えんしょう》のもとに逃げた。曹公は關羽を捕虜にして帰った。拝命して偏《へん》將軍《しょうぐん》とし、關羽を禮遇することたいへん手厚かった。袁紹は大將の顔良《がんりょう》を遣わして、東郡《とうぐん》太守の劉延《りゅうえん》を白馬《はくば》縣（河南省滑県の東）に攻めさせた。曹公は張遼《ちょうりょう》と關羽に、先鋒としてこれを撃たせた。關羽は顔良の旗印と車蓋を遠くから眺めると、馬にむちを入れて（突進し）顔良を大軍の中で刺殺し、その首を斬って戻った。袁紹の諸將は（關羽に）当たれる者がなかった。こうして白馬の包囲を解いた。曹公は直ちに上表して、關羽を封建して漢壽亭侯《かんじゅていこう》とした。これよりさき、曹公は關羽の人となりを勇壮であるとした。しかし關羽の心に久しく（曹操のもとに）留まる意志のないことを察し、張遼に言って、「卿《きみ》が試みに情によってこれを尋ねよ」とした。まもなく張遼が關羽に尋ねると、關羽は嘆息して、「吾《わたし》は曹公が極めて我を厚く待遇していることを知っている。それでも吾は劉將軍の厚い恩を受け、共に死ぬことを誓っている。これに背くことはできない。吾はけっきょく曹公のもとには留まらない。（ただし）吾は必ず手柄を立てて曹公に報いてから立ち去るつもりである」と言った。張遼は關羽の言葉を曹公に報告した。曹公はこれを義であるとした［一］。關羽が顔良を殺すと、曹公は關羽が必ず立ち去ることを思い、重く恩賞を加えた。關羽は曹公から下賜されたものに封をして、書簡をたてまつり暇《いとま》を告げて、劉備のいる袁紹の軍にかけつけた。（曹操の）側近たちは關羽を追いかけようとした。曹公は、「かれと（君たちとは）それぞれ自分の主君のためにしている。追ってはならぬ」と言った［二］。

［裴松之注］

［一］『傅子《ふし》』に、「張遼は太祖（曹操）に（關羽が去ることを）報告しようとしたが、太祖が關羽を殺すことを恐れた。（一方）報告しなければ、君主に仕える道ではない。そこで嘆息して、「曹公は、君父である。關羽は、兄弟に過ぎない」と言った。こうしてこれを報告した。太祖は、「君主に仕えてその根本を忘れないのは、天下の義士である。考えるにいつごろ（關羽は）去るであろうか」と尋ねた。張遼は、「關羽は曹公の恩を受けておりますれば、必ず功績を立て曹公に報いてからその後に去るでしょう」と答えた」とある。

［二］臣《わたくし》松之が考えますに、曹公は關羽が留まらないことを知っていて心に關羽の志を褒め、（關羽が）去っても追手を差し向けず、關羽の義を成就させました。本来的に王者や霸者の度量があるのでなければ、だれがこのような態度を取れましょうか。これは誠に曹公の褒めるべき美点であります。

【原文】

從先主就劉表。表卒、曹公定荊州、先主自樊將南渡江、別遣羽乘船數百艘會江陵。曹公追至當陽長阪、先主斜趣漢津、適與羽船相値、共至夏口［一］。孫權遣兵、佐先主拒曹公。曹公引軍退歸。先主收江南諸郡、乃封拜元勳、以羽爲襄陽太守・盪寇將軍、駐江北。先主西定益州、拜羽董督荊州事。羽聞馬超來降、舊非故人、羽書與諸葛亮、問超人才可誰比類。亮知羽護前、乃答之曰、孟起兼資文武、雄烈過人、一世之傑、黥・彭之徒、當與益德並驅爭先、猶未及髯之絶倫逸羣也。羽美鬚髯、故亮謂之髯。羽省書大悅、以示賓客。

[裴松之注]

[一] 蜀記曰、初、劉備在許、與曹公共獵。獵中、衆散、羽勸備殺公、備不從。及在夏口、飄颻江渚、羽怒曰、往日獵中、若從羽言、可無今日之困。備曰、是時亦爲國家惜之耳。若天道輔正、安知此不爲福邪。　臣松之以爲、備後與董承等結謀、但事泄不克諧耳。若爲國家惜曹公、其如此言何。羽若果有此勸而備不肯從者、將以曹公腹心・親戚、實繁有徒、事不宿構、非造次所行。曹雖可殺、身必不免、故以計而止。何惜之有乎。既往之事、故託爲雅言耳。

《訓読》

先主に從ひて劉表に就く。表 卒し、曹公の荊州を定むるや、先主 樊より將に南して江を渡り、別に羽の乘船數百艘を遣りて江陵に會せしめんとす。曹公 追ひて當陽の長阪に至り、先主 斜めに漢津に趣き、適〻羽の船と相 値ひ、共に夏口に至る[一]。孫權 兵を遣して、先主を佐け曹公を拒ましむ。曹公 軍を引き退き歸る。先主 江南の諸郡を收むるや、乃ち元勳を封拜し、羽を以て襄陽太守・盪寇將軍と爲し、江北に駐せしむ。先主 西のかた益州を定むるや、羽を拜して荊州の事を董督せしむ。羽 馬超の來降せるを聞き、舊《もと》故人に非ざれば、羽 書を諸葛亮に與へ、超の人才 誰と比類す可きかと問ふ。亮 羽の前《さき》を護るを知り、乃ち之に答へて曰く、「孟起は資 文武を兼ね、雄烈 人に過ぎ、一世の傑、黥・彭の(一)徒《ともがら》にして、當に益德と並び驅けて先を爭ふものなれど、猶ほ未だ髯の絶倫逸羣なるに及ばざるなり」と。羽は美しき鬚髯なり、故に亮 之を髯と謂ふ。羽 書を省て大いに悅び、以て賓客に示す。

[裴松之注]

[一] 蜀記に曰く、「初め、劉備 許に在り、曹公と與に共に獵す。獵の中に、衆 散ずれば、羽 備に公を殺すを勸むるも、備 從はず。夏口に在り、江渚を飄颻するに及びて、羽 怒りて曰く、「往日 獵の中に、若し羽の言に從はば、今日の困は無かる可し」と。備曰く、「是の時 亦た國家の爲に之を惜むのみ。若し天道 正を輔けなば、安んぞ此の福と爲らざるを知るや」と」と。　臣 松之 以爲へらく、備 後に董承らと與に謀を結ぶや、但だ事 泄れて克く諧《ととの》はざるのみ。若し國家の爲に曹公を惜まば、其れ此の言を如何せん。羽 若し果たして此の勸め有りて備 從ふを肯ぜざれば、將に以《おも》ふに曹公の腹心・親戚、實に繁く徒有りて、事は宿構せざれば、造次に行ふ所には非ず。曹は殺す可しと雖も、身も必ず免れず、故に計を以てして止む。何ぞ惜むこと之 有らんや。既往の事なれば、故に託して雅言を爲すのみ。

(補注)

(一) 彭は、彭越。昌邑の人。前漢建国の功臣。劉邦が魏の昌邑を攻めることを助け、鉅鹿で旧魏の兵力を集めた。秦は項羽によって滅ぼされたが、彭越には何も与えられなかったので兵を起こし、梁王の地位を約束されると垓下の戦いに参加して項羽を破った。しかし、統一後、高祖は彭越を偽って捕らえ、梁王の地位を取り上げ、呂后の讒言を受け殺害した（『史記』巻九十 彭越傳）。

[現代語訳]

(關羽は) 先主に從って劉表《りゅうひょう》のもとに行った。劉表が卒し、曹公が荊州を定めると、先主は樊《はん》城から南に向かい長江を渡り、別に關羽に数百艘の船を率いて江陵で集まろうとした。（しかし）曹公は（江陵に向かう劉備を）追って當陽《とうよう》の長阪《ちょうはん》（湖北省当陽市の東北）に至り（追いつき）、先主は斜めに漢津《かんしん》に行き、ちょうど關羽の船と出会って、共に夏口《かこう》に至った〔一〕。孫權は兵を派遣して、先主を佐けて（赤壁の戦いで）曹公を拒ませた。曹公は軍を引いて撤退して帰った。先主は江南の諸郡を収めると、ようやく（これまで功績のあった）元勳を拝して、關羽を襄陽《じょうよう》太守・盪寇《とうこう》將軍とし、長江の北に駐屯させた。先主は西の益州《えきしゅう》を定めると、關羽を拝命して荊州の事を統括させた。關羽は馬超《ばちょう》が（劉備に）来降したことを聞き、もとから知り合いではなかったので、關羽は書簡を諸葛亮に与え、馬超の人才が誰と比較できるかを尋ねた。諸葛亮は關羽が先（の自分の地位）を守ろうとしていることを知り、そこでこれに答えて、「孟起《もうき》（馬超）は資質は文武を兼ね備え、雄烈さは人に過ぎ、一代の英傑で、黥《げい》布《ふ》や彭越《ほうえつ》の仲間であり、益徳《えきとく》（張飛）と並んで馬を馳せ先陣を争うほどの人物ではあるが、まだ髯《ひげ》の絶倫逸群であることには及ばない」と言った。關羽は美しき鬚髯《しゅぜん》があり、このため諸葛亮は關羽を髯と言ったのである。關羽は書簡を見てたいへん悦び、それを賓客に示した。

［裴松之注］

〔一〕『蜀記《しょくき》』に、「これよりさき、劉備は許《きょ》におり、曹公と一緒に狩猟をした。狩猟の最中、人々が散ったので、關羽は劉備に曹公を殺すことを勧めたが、劉備は従わなかった。夏口《かこう》におり、長江を彷徨うことになると、關羽は怒って、「むかし狩猟の最中に、もし羽《わたし》の言葉に従われていれば、今日の困窮はなかったでしょう」と言った。劉備は、「あのときはまた国家のために曹操（を殺すこと）を惜しんだだけである。もし天道が正義を助けるものならば、どうしてこれが福とならないことが分かるであろう」と答えた」とある。　臣《わたくし》裴松之が考えるに、劉備はそののち董《とう》承《しょう》たちと共に（曹操暗殺の）陰謀を企て、ただ事が洩れてうまく行かなかっただけである。もし国家のために曹公を惜しんだのであれば、この（董承との陰謀の）言葉はどうするのか。關羽がもし本当にこのように勧めて劉備が聞き入れなかったとすれば、おそらく曹公の腹心や親戚など、とても多くの人がおり、（暗殺の）事は計画がなければ、とっさに行えることではなかったのであろう。曹操は殺すことができても、自身も必ず逃げられない、このため計算をして止めたのである。どうして（曹操を国家のために）惜しむことなどあろうか。過ぎたことであるので、わざと正しい言葉を述べただけである。

【原文】

羽嘗爲流矢所中、貫其左臂。後創雖愈、每至陰雨、骨常疼痛。醫曰、矢鏃有毒、毒入于骨。當破臂作創、刮骨去毒、然後此患乃除耳。羽便伸臂令醫劈之。時羽適請諸將、飲食相對。臂血流離、盈於盤器、而羽割炙引酒、言笑自若。

二十四年、先主爲漢中王、拜羽爲前將軍、假節鉞。是歲、羽率衆攻曹仁於樊。曹公遣于禁助仁。秋、大霖雨、漢水汎溢、禁所督七軍皆沒。禁降羽、羽又斬將軍龐[1]（德）〔悳〕。梁・郟・陸渾羣盜、或遙受羽印號、爲之支黨。羽威震華夏。曹公議徙許都以避其鋭。司馬宣王・蔣濟以爲、關羽得志、孫權必不願也。可遣人勸權躡其後、許割江南以封權、則樊圍自解。曹公從之。先是、權遣使爲子索羽女。羽罵辱其使、不許婚。權大怒[一]。又南郡太守麋芳在江陵、將軍[2](傅)士仁屯公安、素皆嫌羽[3](自)輕己。[4]〔自〕羽之出軍、芳・仁供給軍資、不悉相救。羽言還當治之、芳・仁咸懷懼不安。於是權陰誘芳・仁、芳・仁使人迎權。而曹公遣徐晃救曹仁[二]。羽不能克、引軍退還。權已據江陵、盡虜羽士衆妻子。羽軍遂散。權遣將逆擊羽、斬羽及子平于臨沮[三]。

[裴松之注]

[一] 典略曰、羽圍樊、權遣使求助之、勅使莫速進。又遣主簿先致命於羽。羽忿其淹遲、又自已得于禁等、乃罵曰、狢子敢爾。如使樊城拔、吾不能滅汝邪。權聞之、知其輕己、僞手書以謝羽、許以自往。臣松之以爲荊・吳雖外睦、而內相猜防。故權之襲羽、潛師密發。按呂蒙傳云、伏精兵於䑳䑵之中、使白衣搖櫓、作商賈服。以此言之、羽不求助於權、權必不語羽當往也。若許相援助、何故匿其形迹乎。

[二] 蜀記曰、羽與晃宿相愛、遙共語、但說平生、不及軍事。須臾、晃下馬宣令、得關雲長頭、賞金千斤。羽驚怖、謂晃曰、大兄、是何言邪。晃曰、此國之事耳。

[三] 蜀記曰、權遣將軍擊羽、獲羽及子平。權欲活羽以敵劉・曹。左右曰、狼子不可養。後必爲害。曹公不卽除之、自取大患、乃議徙都。今豈可生。乃斬之。　臣松之按吳書、孫權遣將潘璋、逆斷羽走路、羽至卽斬。且臨沮去江陵二三百里、豈容不時殺羽、方議其生死乎。又云權欲活羽以敵劉・曹、此之不然、可以絕智者之口。吳歷曰、權送羽首於曹公。以諸侯禮葬其屍骸。

〔校勘〕

1. 百衲本は「德」に作るが、中華書局本により「悳」に改める。
2. 中華書局本により、「傅」の一字を省く。
3. 中華書局本により、「自」の一字を省く。
4. 中華書局本により、「自」の一字を補う。

《訓讀》

羽 嘗て流矢の中る所と爲り、其の左臂を貫かる。後に創 愈ゆと雖も、陰雨に至る每に、骨 常に疼痛す。醫曰く、「矢の鏃に毒有りて、毒 骨に入る。當に臂を破り創を作り、骨を刮りて毒を去り、然る後に此の患 乃ち除くべきのみ」と。羽 便ち臂を伸し醫をして之を劈《さ》かしむ。時に羽 適〻諸將を請ひ、飲食して相 對す。臂の血 流離し、盤器に盈つも、而も羽 炙を割き酒を引き、言笑すること自若たり。

二十四年、先主 漢中王と爲るや、羽を拜して前將軍（一）と爲し、節鉞（二）を假す。是の歲、羽 衆を率ゐ曹仁を樊に攻む。曹公 于禁を遣はして仁を助けしむ。秋、大いに霖雨あり、漢水 汎溢し、禁の督する所の七軍 皆 沒す。禁 羽に降り、羽は又 將軍の龐悳（三）を斬る。梁・郟（四）・陸渾（五）らの羣盜、或いは遙かに羽の印號を受け、之の支黨と爲る。羽の威 華夏を震はす。曹公 許都を徙して以て其の鋭を避くるを議す。司馬宣王・蔣濟 以爲《い》へらく、「關羽 志を得るは、孫權 必ず願はざるなり。人を遣はして權に其の後を躡《お》ふを勸め、江南を割きて以て權を封ずるを許さしめば、則ち樊の圍 自づから解けん」と。曹公 之に從ふ。是れより先、權 使を遣はして子の爲に羽の女を索《もと》む。羽 罵りて其の使を辱め、婚を許さず。權 大いに怒る[二]。又 南郡太守の麋芳(六)は江陵に在り、將軍の士仁(七)は公安に屯し、素より皆 羽の己を輕んずるを嫌ふ。羽の軍を出だしてより、芳・仁 軍資を供給するも、悉くは相 救はず。羽 還りて當に之を治むべしと言はば、芳・仁は咸 懼れを懷きて安からず。是に於て權 陰かに芳・仁を誘ひ、芳・仁 人をして權を迎へしむ。而して曹公は徐晃を遣はして曹仁を救はしむ[三]。羽 克つ能はず、軍を引き退き還る。權 已に江陵に據り、盡く羽の士衆の妻子を虜とす。羽の軍 遂《かく》て散ず。權 將を遣はして羽を逆擊し、羽及《と》子の平(八)を臨沮に斬らしむ[三]。

[裴松之注]

[一] 典略に曰く、「羽 樊を圍むや、權 使を遣はして之を助くることを求むるも、使に勅して速く進ましむること莫かれと。又 主簿を遣はして先に命を羽に致す。羽 其の淹遲なるを忿り、又 自ら已に禁らを得たれば、乃ち罵りて曰く、「狢子 敢て爾するや。如使《もし》 樊城を拔かば、吾 汝を滅す能はざるか」と。權 之を聞き、其の己を輕ずるを知り、僞はりて手書もて以て羽に謝び、以て自ら往くを許す」と。臣 松之 以爲へらく、荊・吳 外は睦むと雖も、而も內は相 猜防す。故に權の羽を襲ふは、師を潛め密かに發す。呂蒙傳を按ずるに云へらく、「精兵を䑦䶨の中に伏せ、白衣(九)をして櫓を搖らし、商賈の服を作《き》さしむ」と。此を以て之を言ふや、羽 助を權に求めず、權も必ず羽に當に往くべしと語らざるなり。若し相 援助するを許さば、何の故に其の形迹を匿すや。

[二] 蜀記に曰く、「羽 晃と宿《ひさ》しく相 愛《した》しければ、遙かに共に語るに、但だ平生を說き、軍事に及ばず。須臾にして、晃 下馬して令を宣ぶるに、關雲長の頭を得たるものは、金千斤を賞すと。羽 驚き怖れ、晃に謂ひて曰く、「大兄、是は何の言ぞや」と。晃曰く、「此は國の事のみ」と」と。

[三] 蜀記に曰く、「權 將軍を遣はして羽を擊ち、羽及《と》子の平を獲《とら》ふ。權 羽を活《い》かして以て劉・曹に敵せしめんと欲す。左右曰く、「狼子は養ふ可からず。後に必ずや害を爲さん。曹公 卽ちに之を除かず、自ら大患を取り、乃ち都を徙すを議す。今 豈に生かす可けんや」と。乃ち之を斬る」と。臣 松之 吳書を按ずるに、孫權 將の潘璋(一〇)を遣はして、逆《あらか》じめ羽の走路を斷ち、羽 至りて卽ちに斬ると。且つ臨沮は江陵を去ること二三百里、豈に容《ゆる》して時に羽を殺さず、方に其の生死を議せんとするや。又 權 羽を活《い》かして以て劉・曹に敵せしめんと欲すと云ふ、此れ之の然らざるは、以て智者の口を絕つ可しと。吳歷に曰く、「權 羽の首を曹公に送る。諸侯の禮を以て其の屍骸を葬る」と。

(補注)

(一) 前將軍は、將軍号。大將軍・驃騎將軍・車騎將軍・衞將軍に次ぐ將軍で、方面軍司令官となることができる(『後漢書』志二十四 百官一)。

(二) 節鉞は、旄鉞。皇帝から外交権(節)と軍中の生殺与奪権(鉞)を承認されたことを象徴する。

(三) 龐悳は、涼州南安郡狟道縣の人、字を令明。馬騰・馬超に従い、馬超と共に張魯に身を寄せるが、馬超が劉備に仕えた後、張魯と共に曹操に降服し、立義將軍となった。曹仁が關羽に包囲される中、關羽に斬られた（『三國志』巻十八 龐悳傳）。

（四）郟縣には、關羽の別将が派遣され、許都の南を脅かしていた。『三國志』巻二十六 滿寵傳に、「聞（關）羽遣別將已在郟下、自許以南、百姓擾擾」とある。

（五）陸渾縣では、孫狼が縣の主簿を殺して、關羽に呼応していた。『三國志』巻十一 管寧傳附胡昭傳に、「民孫狼等、因興兵殺縣主簿、作爲叛亂、縣邑殘破。……狼等遂南附關羽。羽授印給兵」とある。このほか、侯音が南陽太守を捕らえ、関羽に呼応していた。『三國志』巻一 武帝紀注に、「曹瞞傳曰、是時南陽閒苦繇役、（侯）音於是執太守東里袞、與吏民共反、與關羽連和」とある。

（六）麋芳は、徐州東海郡朐縣の人、字は子方。麋竺の弟。南郡太守であったが、關羽を裏切って敗死させた。兄の麋竺は、自らを後手に縛って処罰を申し出たが、許された（『三國志』巻三十八 麋竺傳）。

（七）士仁は、幽州廣陽郡の人、字は君義。將軍として公安を守備していたが、呂蒙の派遣した虞翻に説得され、關羽を裏切って敗死させた（『三國志』巻四十五 楊戲傳附『季漢輔臣贊』）。

（八）關平は、司隸河東郡解縣の人。關羽の子。曹仁との戦いの中で、背後から孫權の部下呂蒙に攻め込まれながら、王累・廖化と共に關羽を支え続けたが、孟達・劉封は旧怨を理由に救援を拒否し、關羽と共に麦城で戦死した（『三國志』巻三十六 關羽傳）。

（九）白衣は、無位無官の人。

（一〇）潘璋は、兗州東郡發干縣の人、字を文珪。建安二十（二一五）年、合肥の戦いで活躍して偏將軍となり、關羽との戦いでは、部下の馬忠が關羽・關平・趙累を生け捕りにする功績を挙げ、固陵太守・振威將軍・溧陽侯となった。夷陵の戦いでも部下が馮習を討ち取り、平北將軍・襄陽太守となり、孫權が即位すると、右將軍に昇進した（『三國志』巻五十五 潘璋傳）。

［現代語訳］

關羽はかつて流矢に当たり、その左肘を貫通された。のちに傷は癒えたが、曇りや雨の日のたびに、骨はいつも疼《うず》き痛んだ。医者が、「矢の鏃《やじり》に毒が塗ってあり、毒が骨に入っております。肘を切り裂き傷口を作り、骨を削って毒を取り、そののちにこの痛みはようやく除くことができます」と言った。關羽は直ちに肘を伸ばし医者に切り裂かせた。このとき關羽はたまたま諸将を招き、飲食して応対していた。肘の血が流れ落ち、盤に満ちたが、關羽は炙《しゃ》（あぶり肉）を切り分け酒を引きよせて、談笑すること泰然自若としていた。

（建安）二十四年、先主は漢中《かんちゅう》王となると、關羽を拝命して前將軍《ぜんしょうぐん》とし、節鉞《せつえつ》を与えた。この歳、關羽は兵を率いて曹仁《そうじん》を樊城《はんじょう》に攻めた。曹公は于禁《うきん》を派遣して曹仁を助けさせた。秋、たいへんな長雨が降り、漢水《かんすい》が氾濫して、于禁が統括する七軍はすべて水没した。于禁は關羽に降服し、關羽はまた將軍の龐悳《ほうとく》を斬った。梁《りょう》縣（河南省汝州市の西）・郟《きょう》縣（河南省郟県）・陸渾《りくこん》縣（河南省嵩県の北東）などの群盗のうちには、遥かに關羽から印綬や稱號を受けて、關羽の支党となるものがあった。（こうして）關羽の威勢は華夏（中原）を震わせた。曹公は許都《きょと》を遷都して關羽の鋭鋒を避けることを議した。司《し》馬宣王《ばせんおう》と蔣濟《しょうさい》は、「關羽が志を得ることは、孫權のどうしても願わないところです。使者を派遣して孫權に關羽の背後を襲うことを勧め、江南を分割して孫權を封建することを許させれば、樊城の包囲は自然と解けるでしょう」と言った。曹公はこれに従った。これよりさき、孫權は使者を派遣して子のために關羽の娘を求めた。關羽は罵ってその使者を辱め、婚姻を許さなかった。孫權は大いに怒った[一]。また南郡太守《なんぐんたいしゅ》の麋芳《びぼう》は江陵《こうりょう》にあり、將軍の士仁《しじん》は公安《こうあん》に駐屯していたが、かねてからともに關羽が自己を軽んじることを嫌っていた。關羽が軍を出してから、麋芳と士仁は軍資を供給したが、すべてをあげて協力することはなかった。關羽が帰った後には二人を裁くべしと言っていたので、麋芳と士仁は共に恐れて安心できなかった。ここにおいて孫權は秘かに麋芳と士仁を誘い、麋芳と士仁は人をやって孫權軍を迎えさせた。一方曹公は徐晃《じょこう》を派遣して曹仁を救わせた[二]。關羽は勝つことができず、軍を率いて撤退して帰った。（しかし）孫權（の将である呂蒙）がすでに江陵を占拠して、關羽の将兵の妻子を捕虜にしていた。關羽の軍はこうして四散した。孫權は將軍を派遣して關羽を迎え撃ち、關羽と子の關平《かんぺい》を臨沮《りんしょ》（湖南省遠安の北東）で斬った[三]。

[裴松之注]

[一]『典略《てんりゃく》』に、「關羽が樊城を包囲すると、孫權は使者を派遣して樊城を助けることを求めたが、使者に命じて速く進むことのないようにせよとした。また主簿《しゅぼ》を派遣して先に（支援するとの）申し出を關羽に届けた。關羽はそれが遅かったことを怒り、また自分がすでに于禁《うきん》たちを獲ていたので、このため罵って、「狢子《むじな》はあえて遅れたのか。もし樊城を落とせば、吾《わたし》が汝《おまえ》を滅せないとでもいうのか」と言った。孫權はこれを聞き、關羽が自分を軽んじていることを知り、偽わって手づからの書簡で關羽に詫び、自分が（軍を率いて支援に）行くと約束した」とある。臣《わたくし》 裴松之が考えますに、荊州と呉とは表面では親睦しながらも、内実では互いに疑いあっていました。このため孫權が關羽を襲ったときには、軍隊を潜めて密かに発動したのです。（『三國志』巻五十四）呂蒙傳を調べてみますと、「精兵を𦪇䑸《こうろく》（底の浅い船）の中に伏せ、庶民に櫓を漕がせ、商人の服を着させた」とあります。これにより言えば、關羽は支援を孫權に求めず、孫權も關羽に必ず行きますとは言ってはおりません。もし互いに援助することを認めていれば、何のためにその行為を隠すでしょうか。

[二]『蜀記《しょくき》』に、「關羽は徐晃と久しく互いに敬愛していたので、（対陣の際に）遥かに（遠くから）共に語ったが、ただ世間話をするだけで、軍事には触れなかった。しばらくすると、徐晃は馬から降り令を述べて、關雲長の頭《くび》を得たものには、金千斤を賞すると言った。關羽は驚いて怖れ、徐晃に、「大兄、これはどういうことだ」と言った。徐晃は、「これは国事である」と答えた」とある。

[三]『蜀記』に、「孫權は將軍を派遣して關羽を撃ち、關羽と子の關平を捕らえた。孫權は關羽を生かして劉備と曹操に対抗させようと考えた。側近は、「狼の子は養うことができません。後に必ず害をなすでしょう。曹公は直ちに關羽を除かず、自ら大きな憂い招き、なんと都を徙すことを議しました。いまどうして生かしておくべきでしょうか」と言った。そこでこれを斬った」とある。臣《わたくし》 裴松之が『呉書』を調べてみますに、孫權は將軍の潘璋を派遣して、あらかじめ關羽の敗走路を断ち、關羽が至ると直ちに斬ったとあります。かつ臨沮《りんしょ》は江陵《こうりょう》を去ること二三百里もあり、どうして許してそのときに關羽を殺さず、その生死を議そうとすることがあるでしょうか。また孫權が關羽を生かして劉備と曹操に対抗させようと考えたという、こうしたことがそうでない

ことは、知恵者も（あきれて）口を閉ざすほどです。『吳歴』に、「孫權は關羽の首を曹公に送った。（曹操は）諸侯の禮によって關羽の遺骸を埋葬した」とある。

【原文】

追謚羽曰壯繆侯[一]。子興嗣。興字安國、少有令問、丞相諸葛亮、深器異之。弱冠爲侍中・中監軍、數歳卒。子統嗣、尙公主、官至虎賁中郎將。卒、無子、以興庶子彝續封[二]。

[裴松之注]

[一] 蜀記曰、羽初出軍圍樊、夢豬嚙其足。語子平曰、吾今年衰矣。然不得還。 江表傳云、羽好左氏傳、諷誦略皆上口。

[二] 蜀記曰、龐德子會、隨鍾・鄧伐蜀、蜀破、盡滅關氏家。

《訓読》

羽に追謚して壯繆侯と曰ふ[一]。子の興 嗣ぐ。興 字は安國、少くして令問有り、丞相の諸葛亮、深く器とし之を異とす。弱冠にして侍中・中監軍（一）と爲るも、數歳にして卒す。子の統 嗣ぎ、公主を尙し、官は虎賁中郎將に至る。卒し、子 無ければ、興の庶子たる彝を以て續封せしむ[二]。

[裴松之注]

[一] 蜀記に曰く、「羽 初めて軍を出だして樊を圍み、夢みらく豬其の足を嚙む。子の平に語りて曰く、「吾は今 年 衰ふ。然らば還るを得ず」と」と。 江表傳に云ふ、「羽 左氏傳を好み、諷誦して略ぼ皆 口に上す」と。

[二] 蜀記に曰く、「龐德の子たる會（二）、鍾・鄧の蜀を伐つに隨ひ、蜀破れるや、盡く關氏の家を滅ぼす」と。

（補注）

（一）中監軍は、官名。中軍を監督した。

（二）會は、龐會。涼州南安郡狟道縣の人。龐悳の子。諸葛誕の乱の平定に功があり、鄉侯に封ぜられた。蜀漢を滅ぼす際には、鍾會の命で、胡烈・田續と共に緜竹を陥落させ、のち姜維を追撃した（『三國志』卷十八 龐悳傳）。

[現代語訳]

關羽に追謚して壯繆侯《そうぼく》とした[一]。子の關興《かんこう》が（壯繆侯を）嗣いだ。興は字を安國《あんこく》といい、若いときから評判が高く、丞相の諸葛亮が、深く器としこれを評価した。弱冠で侍中《じちゅう》・中監軍《ちゅうかんぐん》となったが、數年で卒した。子の關統《かんとう》が嗣ぎ、公主を尙《めと》り、官は虎賁中郎將《こほんちゅうろうしょう》に至った。（關統が）卒し、子が無かったので、關興の庶子である關彝《かんい》に（壯繆侯を）續けて嗣がせた[二]。

[裴松之注]

[一]『蜀記』に、「關羽がはじめて軍を出し樊城を囲んだとき、夢をみて豬が關羽の足を嚙んだ。（關羽は）子の關平に語って、「吾《わたし》はもう年を取った。そうであれば帰ることはできない」と言った」とある。 『江表傳《こうひょうでん》』に、「關羽は『春秋左氏傳《しゅんじゅうさしでん》』を好み、暗唱してほぼ口にすることができた」とある。

［二］『蜀記』に、「龐徳の子である龐會《ほうかい》は、鍾會《しょうかい》・鄧艾《とうがい》が蜀漢を伐つことに随い、蜀漢が敗北すると、ことごとく關氏の家を滅ぼした」とある。

【原文】

張飛傳

張飛字益德、涿郡人也。少與關羽倶事先主。羽年長數歳、飛兄事之。先主從曹公破呂布、隨還許。曹公拜飛爲中郎將。先主背曹公依袁紹・劉表。表卒、曹公入荊州、先主奔江南。曹公追之、一日一夜、及於當陽之長阪。先主聞曹公卒至、棄妻子走、使飛將二十騎拒後。飛據水斷橋、瞋目横矛曰、身是張益德也。可來共決死。敵皆無敢近者。故遂得免。

《訓読》

張飛傳

張飛 字は益德（一）、涿郡の人なり。少くして關羽と與に倶に先主に事ふ。羽 年 長ずること數歳なれば、飛 之に兄事す。先主 曹公に從ひて呂布を破るや、隨ひ許に還る。曹公 飛を拜して中郎將と爲さしむ。先主 曹公に背き袁紹・劉表に依る。表 卒するや、曹公 荊州に入り、先主 江南に奔る。曹公 之を追ふこと、一日一夜にして、當陽の長阪に及ぶ。先主 曹公の卒《には》かに至るを聞き、妻子を棄て走り、飛をして二十騎を將ゐ拒後（二）せしむ。飛 水に據り橋に斷ち、目《まなこ》を瞋《いか》らせ矛（三）を横《よこた》へて曰く、「身《われ》は是れ張益德なり。來りて共に死を決す可し」と。敵 皆 敢て近づく者無し。故に遂に免るるを得たり。

（補注）

（一）張飛の字について、『世說新語』の一部の版本をはじめ、『三國志演義』、あるいはそのもととなった元代の『三國志平話』や雜劇などでは「翼德」とする。同音のため変わったとの説、張飛の諱の「飛」から「翼」の字になったという説などがある。

（二）拒後は、軍隊が撤退する際、最後尾に控えて敵の追撃を防ぐこと。殿《しんがり》に同じ。

（三）矛は、長柄の武器の一種。『三國志演義』では、張飛の愛用した矛は蛇矛《だぼう》とされ、一丈八尺（約６ｍ）の長さがあったという。

［現代語訳］

張飛傳

張飛《ちょうひ》は字を益徳《えきとく》といい、涿郡《たくぐん》の人である。若いときから關羽と一緒に先主（劉備）に仕えた。關羽が数歳年長であったため、張飛は關羽に兄事した。先主が曹公（曹操）に従って呂布を破ると、（先主に）随行して許《きょ》にもどった。曹公は張飛を拝命させ中郎將《ちゅうろうしょう》とした。（のち）先主は曹公に背き袁紹（やがては）劉表に身を寄せた。劉表が卒すると、曹公が荊州《けいしゅう》に侵入し、先主は江南《こうなん》（長江以南の地）に逃走した。曹公は先主を追撃し、一昼夜にして、當陽《とうよう》縣の長阪《ちょうはん》で追いついた。先主は曹公（の軍）がにわかに押し寄せたことを聞くと、妻子を見捨てて逃走し、張飛に二十騎を率いてしんがりを務めさせた。張飛は川をたよりに橋に立ちはだかって、目をいからせ矛を横たえて、「われこそは張益徳である。やってきてともに死をかけて戦おうぞ」と言った。敵はみなあえて近づく者はなかった。そのためこうして逃れることができた。

【原文】

先主既定江南、以飛爲宜都太守・征虜將軍、封新亭侯。後轉在南郡。先主入益州、還攻劉璋。飛與諸葛亮等泝流而上、分定郡縣。至江州、破璋將巴郡太守嚴顏、生獲顏。飛呵顏曰、大軍至、何以不降而敢拒戰。顏答曰、卿等無狀、侵奪我州。我州但有斷頭將軍、無有降將軍也。飛怒、令左右牽去斫頭。顏色不變曰、斫頭便斫頭。何爲怒邪。飛壯而釋之、引爲賓客［一］。飛所過戰克、與先主會于成都。益州既平、賜諸葛亮・法正・飛及關羽金各五百斤・銀千斤・錢五千萬・錦千匹。其餘頒賜各有差。以飛領巴西太守。

［裴松之注］

［一］華陽國志曰、初、先主入蜀、至巴郡。顏拊心歎曰、此所謂獨坐窮山、放虎自衞也。

《訓読》

先主 既に江南を定め、飛を以て宜都太守・征虜將軍と爲し、新亭侯に封ず。後 轉じて南郡に在り。先主 益州に入り、還りて劉璋を攻む。飛 諸葛亮らと與に流を泝りて上り、郡縣を分定す。江州に至り、璋の將たる巴郡太守の嚴顏（一）を破り、顏を生獲す。飛 顏を呵《せ》めて曰く、「大軍 至るに、何を以て降らずして敢て拒戰するか」と。顏 答へて曰く、「卿ら狀無く、我が州を侵奪す。我が州には但だ斷頭將軍有るのみにして、降將軍有ること無きなり」と。飛 怒り、左右に令して牽き去り頭を斫《き》らしめんとす。顏 色 變ぜずに曰く、「頭を斫らんとすれば便《ただ》ちに頭を斫れ。何爲《なんす》れぞ怒るや」と。飛 壯として之を釋《ゆる》し、引きて賓客と爲す［一］。飛 過ぐる所に戰ひ克ち、先主と成都に會す。益州 既に平らぎ、諸葛亮・法正・飛及《と》關羽に賜ふこと金各〻五百斤・銀千斤・錢五千萬・錦千匹なり。其の餘の頒賜は各〻差有り。飛を以て巴西太守を領せしむ。

［裴松之注］

［一］華陽國志に曰く、「初め、先主 蜀に入り、巴郡に至る。顏 心《むね》を拊《たた》き歎きて曰く、「此れ所謂る獨り窮山に坐し、虎を放ちて自ら衞るなり」と」と。

（補注）

（一）嚴顏は、益州巴郡臨江縣の人。劉焉・劉璋に仕え、巴郡太守として張飛と戰った。張飛に侵略を罵り、その態度を感嘆されて礼遇され、降服後、劉備政権に仕えた（『華陽國志』巻十）。

［現代語訳］

先主は江南を平定し終わると、張飛を宜都太守《ぎとたいしゅ》・征虜將軍《せいりょしょうぐん》とし て、新亭侯《しんていこう》に封建した。のち転じて南郡太守《なんぐんたいしゅ》となった。先主は益州《えきしゅう》に（張魯を討ちに）入り、（張魯のいた漢中から）帰って劉璋《りゅうしょう》を攻撃した。張飛は諸葛亮たちと一緒に（長江の）流れをさかのぼって、郡縣を手分けして平定した。江州《こうしゅう》縣に到着すると、劉璋の將である巴郡《はぐん》太守の嚴顏《げんがん》を破り、嚴顏を生け獲りにした。張飛は嚴顏を責めて、「大軍が至ったのに、どうして降服せずにあえて抗戦したのか」といった。嚴顏は答えて、「あなたがたは無礼にも、我が益州を侵略した。我が益州にはただ首を斬られる将軍がいるだけで、降服する将軍などいない」といった。張飛は怒り、側近に命令して引きずり出して首を斬ろうとした。嚴顏は顔色ひとつ変えず、「首を斬るならば直ちに首を斬れ。どうして怒ることがあろうか」といった。張飛は勇壮であるとして嚴顏を許し、招いて賓客とした[一]。張飛は通過するところすべてで戦いに勝ち、先主と成都《せいと》縣で再会した。益州が平定し終わると、諸葛亮・法正《ほうせい》・張飛と關羽に賜与すること金それぞれ五百斤、銀千斤、銭五千万、錦千匹であった。そのほかの賜与にはそれぞれ差があった。張飛に巴西《はせい》太守を兼任させた。

[裴松之注]

[一]『華陽國志《かようこくし》』に、「これよりさき、先主は蜀に入り、巴郡《はぐん》に至った。嚴顏は胸をたたいて歎いて、「これはいわゆる一人で奥山に座り、虎を放って我が身を守ろうとするようなものである」といった」とある。

【原文】

曹公破張魯、留夏侯淵・張郃守漢川。郃別督諸軍下巴西、欲徙其民於漢中、進軍宕渠・蒙頭・盪石、與飛相拒五十餘日。飛率精卒萬餘人、從他道邀郃軍交戰。山道迮狹、前後不得相救、飛遂破郃。郃棄馬緣山、獨與麾下十餘人、從間道退、引軍還南鄭。巴土獲安。先主爲漢中王、拜飛爲右將軍・假節。章武元年、遷車騎將軍、領司隸校尉、進封西鄉侯。策曰、朕承天序、嗣奉洪業、除殘靖亂、未燭厥理。今寇虜作害、民被荼毒、思漢之士、延頸鶴望。朕用怛然、坐不安席、食不甘味、整軍誥誓、將行天罰。以君忠毅、侔蹤召虎、名宣遐邇、故特顯命、高墉進爵、兼司于京。其誕將天威、柔服以德、伐叛以刑、稱朕意焉。詩不云乎、匪疚匪棘、王國來極。肇敏戎功、用錫爾祉。可不勉歟。

《訓読》

曹公 張魯を破るや、夏侯淵・張郃を留めて漢川を守らしむ。郃は別に諸軍を督して巴西に下り、其の民を漢中に徙さんと欲し、宕渠・蒙頭・盪石に進軍し、飛と相 拒ぐこと五十餘日。飛 精卒萬餘人を率ゐ、他道より郃の軍を邀《むか》へ交戰す。山道は迮狹なれば、前後 相 救ふを得ず、飛 遂て郃を破る。郃 馬を棄て山に緣り、獨《た》だ麾下の十餘人と與に、間道より退き、軍を引き南鄭に還る。巴土 安きを獲たり。先主 漢中王と爲るや、飛を拜して右將軍・假節と爲す。章武元年、車騎將軍に遷り、司隸校尉を領し、西鄉侯に進封す。策して曰く、「朕 天序を承け、洪業を嗣奉するも、殘を除き亂を靖んずるは、未だ厥の理を燭《てら》さず。今 寇虜 害を作し、民 荼毒を被り、漢を思ふの士、頸を延べ鶴のごとく望む。朕 用《もっ》て怛然たりて、坐するも席を安んぜず、食するも味を甘《うま》しとせず、軍を整へ誥誓し、將に天罰を行はんとす。君の忠毅なること、蹤《あと》を[一]召虎に侔《ひと》しくし、名 遐邇に宣ぶるを以て、故に特に命を顯らかにし、墉を高くし爵を進め、兼ねて京を司らしむ。其れ誕《おお》いに天威を將《おこな》ひ、服《したが》へるを柔らぐるに德を以てし、叛けるを伐つに刑を以てし、朕の意に稱《かな》へよ。詩に云はずや[二]、「疚《や》ましむるに匪《あら》ず棘《すみ》やかにするに匪ず、王國 來り極《ただ》せ。戎《なんぢ》の功を肇《はか》り敏《と》くせば、用《もっ》て爾《なんぢ》に祉《さいはひ》を錫《たま》はん」と。勉めざる可けんや」

と。

（補注）

（一）召虎は、周の宣王の武将。宣王の命により、淮夷を平定した。（『詩經』大雅 江漢）。曹魏では、張遼が文帝から「召虎」と称えられている。

（二）『詩經』大雅 江漢に、「江漢之滸、王命召虎、式辟四方、徹我疆土。匪疚匪棘、王國來極、于疆于理、至于南海。王命召虎、來旬來宣、文武受命、召公維翰。無曰予小子、召公是似、肇敏戎公、用錫爾祉」とあり、節略されている。

［現代語訳］

曹公は張魯を破ると、夏侯淵《かこうえん》と張部《ちょうこう》を留め漢川《かんせん》を守らせた。張部は別に諸軍を指揮して巴西《はせい》に下り、その民を漢中《かんちゅう》に徙民させようと考え、宕渠《こうきょ》・蒙頭《もうとう》・盪石《とうせき》に進軍して、張飛と対峙すること五十余日に及んだ。張飛は精兵万余人を率いて、別の道から張部の軍を迎え撃って交戦した。山道は狭く険しいので、（張部の）前軍と後軍は互いに助け合うことができず、張飛はこうして張部を破った。張部は馬を棄てて山づたいに、ただ麾下の十余人と共に、間道から退却し、軍を引きあげて（漢中の）南鄭《なんてい》に帰った。（張飛が張部を破ったことで）巴は安定を得た。先主が漢中王となると、張飛を拝命して右《ゆう》将軍・假節《かせつ》とした。章武《しょうぶ》元（二二一）年、（先主が即位すると）車騎將軍に遷り、司隷校尉《しれいこうい》を兼任して、西郷侯《せいきょうこう》に昇進して封建された。（先主は）策《さく》書《しょ》を下し、「朕は天命により（漢を嗣ぐ）順序を承《う》け、大業を嗣《つ》ぎ奉じたが、残逆（な曹魏）を除き動乱を鎮めることは、まだ治めおわっていない。いま寇虜は害をなし、民草は塗炭の苦しみを受け、漢を思慕する士人は、首を伸ばし鶴のように（蜀漢を）望んでいる。朕はこのため心が痛み、座っても席に落ち着かず、食べても味が分からないほどで、軍を整へ命を下して、天罰を行おうとしている。君の忠義と勇気は、事績は召虎《しょうこ》に等しく、名は遠近に轟いているので、とくに命を明らかにして、（西郷侯に進み封じて）墉《とりで》を高くし爵位を進め、（司隷校尉を）兼ねて京《みやこ》を司《つかさど》らせた。さあ大いに天威を振い、服従するものを徳によって柔らげ、反乱するものを刑によって討ち、朕の意に叶《かな》え。『詩經』（大雅 江漢）に言うではないか、「病気にさせてはならぬ急がさせてならぬ、わが王国に来させて（中正の教えで態度を）正させよ。汝の徳をはかり、汝に福を賜ろう」と。勉めないではおられようか」といった。

【原文】

初飛雄壯威猛、亞於關羽。魏謀臣程昱等咸稱、羽・飛萬人之敵也。羽善待卒伍而驕於士大夫、飛愛敬君子而不恤小人。先主常戒之曰、卿刑殺既過差。又日鞭撾健兒、而令在左右。此取禍之道也。飛猶不悛。先主伐吳、飛當率兵萬人、自閬中會江州。臨發、其帳下將張達・范彊殺飛、持其首、順流而奔孫權。飛營都督、表報先主。先主聞飛都督之有表也、曰、噫。飛死矣。追謚飛曰桓侯。長子苞、早夭。次子紹嗣、官至侍中・尚書僕射。苞子遵爲尚書、隨諸葛瞻於緜竹、與鄧艾戰死。

《訓読》

初め飛の雄壯威猛なること、關羽に亞《つ》ぐ。魏の謀臣たる程昱(一)ら咸稱すらく、「羽・飛は萬人の敵なり」と。羽は善く卒伍を待ちて士大夫に驕り、飛は君子を愛敬して小人を恤《あは》れまず。先主 常に之を戒めて曰く、「卿の刑殺すること既に過差す。又 日〻に健兒を鞭撾して、而も左右に在らしむ。此れ禍を取るの道なり」と。飛 猶ほ悛《あら》ためず。先主 吳を伐つや、飛 當に兵萬人を率ゐ、閬中より江州に會せんとす。發するに臨み、其の帳下の將たる張達(二)・范彊(三) 飛を殺し、其の首を持ちて、流れに順ひて孫權に奔る。飛の營の都督、表して先主に報ず。先主 飛の都督の表有るを聞くや、曰く、「噫《ああ》。飛 死せり」と。飛を追諡して桓侯と曰ふ。長子の苞(四)、早に夭す。次子の紹 嗣ぎ、官は侍中・尙書僕射に至る。苞の子たる遵(五) 尙書と爲り、諸葛瞻に緜竹に隨ひ、鄧艾と戰ひて死す。

（補注）

（一）程昱は、字を仲德、東郡東阿の人。身長八尺三寸、美しい鬚髯を持ち容貌に優れた。陳宮・呂布が兗州で叛乱した際には、豪族の支持を受けて出身地の東阿縣のほか三縣を死守する。また官渡の戦いでも曹操の拠点をよく保持した。性格は剛戾でよく周囲と対立したが、曹操は程昱が誣告されても変わらず厚遇したという（『三國志』巻十四 程昱傳）。

（二）張達は、張飛の帳下の將。張飛を殺害して、孫呉に亡命した（『三國志』巻三十六 張飛傳）。

（三）范彊は、張飛の帳下の將。張飛を殺害して、孫呉に亡命した（『三國志』巻三十六 張飛傳）。

（四）張苞は、幽州涿郡の人。張飛の長子。夭折した（『三國志』巻三十六 張飛傳）。

（五）張遵は、幽州涿郡の人。張苞の子。官は尙書に至り、蜀漢の滅亡時に、緜竹で戦死した（『三國志』巻三十六 張飛傳）。

［現代語訳］

これよりさき張飛が勇壮で猛烈であることは、關羽に次いだ。曹魏の謀臣である程昱《ていいく》たちはみな、「關羽と張飛は万人に匹敵する」と称した。關羽は兵卒を優遇して士大夫に驕慢で、張飛は君子を敬愛して小人を哀れまなかった。先主は常にこれを戒めて、「卿《そなた》は刑罰で（小人を）殺すことが度を過ぎている。また毎日のように兵士を鞭で叩き、しかも（かれらを）左右に置いている。これは禍を招くやり方である」と言っていた。張飛はそれでも改めなかった。先主が（關羽の仇討ちのため）孫呉を討伐するにあたり、張飛は兵万人を率いて、閬《ろう》中《ちゅう》縣（四川省閬中県）から江州縣で合流しようとした。出発にあたり、その幕下の将である張達《ちょうたつ》・范彊《はんきょう》は張飛を殺し、その首を持って、（長江の）流れにのって孫權のもとに亡命した。張飛の軍營の都督が、上表して先主に報告した。先主は張飛の都督から上表があると聞くと、「ああ。飛は死んだ」と言った。張飛を追諡して桓侯《かんこう》とした。（張飛の）長子の張苞《ちょうほう》は、若くして死んだ。次子の張紹《ちょうしょう》が（爵位を）嗣ぎ、官は侍中・尙書僕射《しょうしょぼくや》に至った。張苞の子である張遵《ちょうじゅん》は尙書となり、諸葛瞻《しょかつせん》に随って緜竹《めんちく》縣に行き、（曹魏の）鄧艾《とうがい》と戦って死んだ。

【原文】

馬超傳

馬超字孟起、右扶風茂陵人也。父騰、靈帝末、與邊章・韓遂等倶起事於西[1](川)〔州〕。初平三年、遂・騰率衆詣長安。漢朝以遂爲鎭西將軍、遣還金城、騰爲征西將軍、遣屯郿。後騰襲長安、敗走、退還涼州。司隸校尉鍾繇鎭關中、移書遂・騰、爲陳禍福。騰遣超隨繇討郭援・高幹於平陽、超將龐德親斬援首。後騰與韓遂不和、求還京畿。於是徵爲衞尉、以超爲偏將軍、封都亭侯、領騰部曲〔一〕。

〔裴松之注〕

〔一〕典略曰、騰字壽成、馬援後也。桓帝時、其父字子碩、嘗爲天水蘭干尉。後失官、因留隴西、與羌錯居。家貧無妻、遂娶羌女、生騰。騰少貧無產業、常從彰山中斫材木、負販詣城市、以自供給。騰爲人長八尺餘、身體洪大、面鼻雄異。而性賢厚、人多敬之。靈帝末、涼州刺史耿鄙、任信姦吏、民王國等及氐・羌反叛。州郡募發民中有勇力者、欲討之。騰在募中。州郡異之、署爲軍[2](行)〔從〕事、典領部衆。討賊有功、拜軍司馬、後以功遷偏將軍、又遷征西將軍、常屯汧・隴之間。初平中、拜征東將軍。是時、西州少穀、騰自表、軍人多乏、求就穀於池陽、遂移屯長平岸頭。而將王承等、恐騰爲己害、乃攻騰營。時騰近出無備、遂破走、西上。會三輔亂、不復來東、而與鎭西將軍韓遂、結爲異姓兄弟。始甚相親、後轉以部曲相侵入、更爲讎敵。騰攻遂、遂走、合衆還攻騰、殺騰妻子、連兵不[3](深)〔解〕。建安之初、國家綱紀殆弛、乃使司隸校尉鍾繇・涼州牧韋端和解之。徵騰還屯槐里、轉拜爲前將軍・假節、封槐里侯。北備胡寇、東備白騎、待士進賢、矜救民命、三輔甚安愛之。十[4](五)〔三〕年、徵爲衞尉。騰自見年老、遂入宿衞。初、曹公爲丞相、辟騰長子超、不就。超後爲司隸校尉督軍從事、討郭援、爲飛矢所中。乃以囊囊其足而戰、破斬援首。詔拜徐州刺史、後拜諫議大夫。及騰之入、因詔拜爲偏將軍、使領騰營。又拜超弟休奉車都尉、休弟鐵騎都尉、徙其家屬皆詣鄴。惟超獨留。

〔校勘〕

1．百衲本は「川」につくるが、中華書局本により「州」に改める。
2．百衲本は「行」につくるが、中華書局本により「從」に改める。
3．百衲本は「深」につくるが、中華書局本により「解」に改める。
4．百衲本は「五」につくるが、中華書局本により「三」に改める。

《訓読》

馬超傳

馬超 字は孟起、右扶風茂陵の人なり。父の騰、靈帝の末に、邊章(一)・韓遂(二)らと與に倶に事を西州に起こす。初平三年、遂・騰 衆を率ゐて長安に詣る。漢朝 遂を以て鎭西將軍と爲し、遣はして金城に還し、騰を征西將軍と爲し、遣はして郿に屯せしむ。後に騰 長安を襲ひ、敗走し、退きて涼州に還る。司隸校尉の鍾繇 關中に鎭し、書を遂・騰に移し、爲に禍福を陳《の》ぶ。騰 超を遣はし繇に隨ひて郭援(三)・高幹(四)を平陽に討たしめ、超の將たる龐德、親《みづか》ら援の首を斬る。後に騰 韓遂と和せず、求めて京畿に還る。是に於て徵して衞尉(五)と爲し、超を以て偏將軍と爲し、都亭侯に封じ、騰の部曲を領せしむ〔一〕。

〔裴松之注〕

〔一〕典略に曰く、「騰 字は壽成、馬援(六)の後なり。桓帝の時、其の父(七) 字は子碩は、嘗て天水蘭干の尉と爲る。後に官を失ひ、因りて隴西に留まり、羌と與に錯居す。家 貧にして妻無く、遂て羌の女を娶り、騰を生む。騰 少くして貧しく產業無ければ、常に彰山の中より材木を斫《き》り、負販するに城市に詣りて、以て自ら供給す。騰の人と爲りは長《たけ》八尺餘り、身體は洪大にして、面鼻は雄異なり。而も性 賢厚なれば、人 多く之を敬ふ。靈帝の末、涼州刺史の耿鄙、姦吏を任信するや、民の王國(八)ら氐・羌と及《とも》に反叛す。州郡 募りて民の中の勇力有る者を發し、之を討たんと欲す。騰 募の中に在り。州郡 之を異とし、署して軍從事と爲し、部衆を典領せしむ。賊を討つに功有り、軍司馬を拜し、後に功を以て偏將軍に遷り、又 征西將軍に遷り、常に汧・隴の間に屯す。初平中、征東將軍を拜す。是の時、西州 穀少なく、騰 自ら表して、軍人 多くして乏しければ、穀を池陽に就くを求め、遂て屯を長平(九)の岸頭に移す。而るに將の王承ら、騰の己の害と爲るを恐れ、乃ち騰の營を攻む。時に騰 近くに出で備へ無し、遂に破走し、西上(一〇)す。會《たまたま》(一一)三輔 亂れ、復た東に來らず、而して鎭西將軍の韓遂と與に、結びて異姓の兄弟と爲る。始めは甚だ相 親しきも、後に轉じて部曲を以て相 侵入し、更めて讎敵と爲る。騰 遂を攻めるや、遂 走り、衆を合して還りて騰を攻め、騰の妻子を殺し、兵を連ねて解けず。建安の初め、國家の綱紀 殆ど弛み、乃ち司隷校尉の鍾繇・涼州牧の韋端(一二)をして之を和解せしむ。騰を徵し還りて槐里に屯せしめ、轉じて拜して前將軍・假節と爲し、槐里侯に封ず。北のかた胡寇に備へ、東のかた白騎(一三)に備へ、士を待ちて賢を進め、民の命を矜救し、三輔 甚だ之を安愛す。十三年、徵して衞尉と爲す。騰 自ら年老ゆを見て、遂て宿衞に入る。初め、曹公 丞相と爲るや、騰の長子たる超を辟するも、就かず。超 後に司隷校尉督軍從事と爲りて、郭援を討ち、飛矢の中る所と爲る。乃ち囊を以て其の足を囊《おほ》ひて戰ひ、破りて援の首を斬る。詔して徐州刺史に拜し、後 諫議大夫に拜す。騰の入るに及ぶや、因りて詔して拜して偏將軍と爲し、騰の營を領せしむ。又 超の弟たる休(一四)を奉車都尉に、休の弟たる鐵(一五)を騎都尉に拜し、其の家屬を徙して皆 鄴に詣らしむ。惟だ超のみ獨り留まる」と。

(補注)

(一) 邊章は、金城郡の人。羌族と親交があった。靈帝の末期に湟中義從胡の北宮伯玉や先零羌と結んで、韓遂とともに涼州で反乱を起した。その勢いは三輔に侵攻するほど盛んで、朝廷の派遣した張溫や皇甫嵩、董卓の軍勢をたびたび破った。獻帝期になると、北宮伯玉ともども韓遂に殺害された(『後漢書』列傳六十二 董卓傳、『三國志』卷一 武帝紀)。木村正雄『中国農民叛乱の研究』(東京大学出版会、一九七九年)を參照。

(二) 韓遂は、字を文約といい、金城郡の人。靈帝の末期に湟中義從胡の北宮伯玉や先零羌、同郡の邊章と結び、反乱を起こした。以後、三十年あまりにわたって、羌族や涼州の在地豪族と離合集散を繰り返しながら、後漢に反抗した。のちに曹操に討伐されて敗走し、羌族のもとに身を寄せるが、やがて曹操を恐れた金城郡の麴演・蔣石らに斬られた(『後漢書』列傳四十八 傅燮傳、同列傳六十二 董卓傳、『三國志』卷一 武帝紀)。

(三) 郭援は、袁尚配下の河內太守。鍾繇は叔父。袁紹の死後、袁尚は曹操の背後を脅かすため、匈奴の呼廚泉に平陽で反乱を起こさせ、郭援と高幹を侵入させた。鍾繇は、張既と傅幹に馬騰を說得させた。郭援は乱戦の中で、馬超を負傷させたが、龐悳に斬首された（『三國志』巻十八 龐悳傳）。

（四）高幹は、字を元才、袁紹の甥。高柔の従兄。張導・郭圖とともに韓馥のもとに赴き、冀州牧の官を袁紹に譲るよう説得する。袁紹が并州を平定すると、并州牧となり、袁紹の死後もその地を守った。しかし、曹操が袁紹の子である袁尚の拠る鄴を陥落させると、これに降伏して、并州刺史に任ぜられる。袁尚が烏桓に逃走した後、曹操に反旗を翻すが、匈奴の協力を得られずに敗北し、荊州に逃走する途中で上洛都尉の王琰に捕らえられ、斬られた（『三國志』巻一 武帝紀、巻六 袁紹傳）。

（五）衞尉は、九卿の一つ。宮中および宮門の警護を職掌とする。官秩は中二千石（『後漢書』志二十五 百官二）。

（六）馬援は、右扶風茂陵縣の人、字を文淵。初め隗囂に敬重され、綏徳將軍となる。やがて隗囂を説得して光武帝に帰順させたが、隗囂が光武帝に反旗を翻すと、自身は光武帝について太中大夫となり、隗囂攻略に参加。のち、隴西太守を拝し羌族を抑え、天下統一後も、徵側・徵貳（チュンチャク・チュンニ）の乱などの異民族平定に尽力した。伏波將軍に至り新息侯に封建された（『後漢書』列傳十四 馬援傳）。

（七）『後漢書』列傳六十二 董卓傳注引『獻帝紀』に、馬騰の父の名は平、扶風の出身である、とみえる。

（八）王國は、漢陽郡の人。韓遂と結んで涼州で叛乱を起こし、その首領に推されて「合衆將軍」と自称する。陳倉縣を包囲して三輔を震撼させるが、前將軍の董卓と左將軍の皇甫嵩に敗れ、韓遂に排斥された（『後漢書』列傳四十八 傅燮傳・列傳六十一 皇甫嵩傳・列傳六十二 董卓傳）。

（九）長平は、ここでは長平阪。『後漢書』本紀九 獻帝紀注に、ほとりに觀があり、池陽宮の南、長安を去ること五十里（約207km）にあたる、とある。

（一〇）西上とは、西に向かって行くこと。中国の地勢は西の方が高く、東の方が低いので、西に行くことを「上」という。

（一一）三輔は、前漢の首都長安を中心とする三つの行政区画。京兆尹（長安を含んでそれ以東）・左馮翊（長陵以北）・右扶風（渭城以西）の総称。前漢武帝の太初元（前一〇四）年に制定され、官庁はみな長安城中に置かれた。大櫛敦弘「漢代三輔制度の形成」（『中国礼法と日本律令制』東方書店、一九九二年）を参照。

（一二）韋端は、京兆尹杜陵縣の人、字を休甫。光祿大夫となった韋誕の父。金元休・第五文休と合わせて「三休」と呼ばれた。建安年間のはじめ、涼州牧として、鍾繇とともに馬騰・韓遂を和睦させた（『三國志』巻七 呂布傳注引『典略』）。

（一三）白騎は、ここでは鮮卑族の騎兵。『三國志集解』に引く姚範の説によれば、『十六國春秋』の前秦錄に、秦人が鮮卑を白虜と呼ぶ事例があり、それとの関わりで考え得るという。

（一四）休は、馬休。右扶風茂陵縣の人。馬騰の子で馬超の弟。官は奉車都尉に至ったが、馬超と韓遂が曹操と潼關で戦った際に、父と共に曹操に殺された（『三國志』巻三十七 馬超傳）。

（一五）鐵は、馬鐵。右扶風茂陵縣の人。馬騰の子で馬超の弟。官は騎都尉に至ったが、馬超と韓遂が曹操と潼關で戦った際に、父と共に曹操に殺された（『三國志』巻三十七 馬超傳）。

［現代語訳］

馬超傳

馬超《ばちょう》は字を孟起《もうき》といい、右扶風茂陵《ゆうふふうもりょう》縣（陝西省興平の北東）の人である。父の馬騰《ばとう》は、靈帝《れいてい》の末期、邊章《へんしょう》・韓遂《かんすい》たちと一緒に西州《せいしゅう》で一旗あげた。初平《しょへい》三（一九二）年、韓遂と馬騰は兵を率いて長安に赴いた。漢朝は韓遂を鎮西《ちんせい》將軍として、派遣して金城《きんじょう》郡に返し、馬騰を征西《せいせい》將軍として、派遣して郿《び》縣に駐屯させた。後に馬騰は長安を襲撃したが、敗走し、退いて涼州《りょうしゅう》に帰った。司隷校尉《しれいこうい》の鍾繇《しょうよう》は關中《かんちゅう》に鎮座すると、書簡を韓遂と馬騰に送り、（かれらの）ために（抵抗した場合と降服した場合の）利害を説明した。馬騰は馬超を派遣して鍾繇に従い郭援《かくえん》と高幹《こうかん》を平陽《へいよう》縣（山西省臨汾市の南西）に討たせ、馬超の將である龐德《ほうとく》が自ら郭援の首を斬った。後に馬騰は韓遂と不仲となり、求めて京畿に帰った。そこで（馬騰を）徴召《ちょうしょう》して衛尉《えいい》として、馬超を偏《へん》將軍として、都亭侯《とていこう》に封建し、馬騰の部曲《ぶきょく》を掌握させた[一]。

［裴松之注］

［一］『典略《てんりゃく》』に、「馬騰《ばとう》は字を壽成《じゅせい》といい、馬援《ばえん》の後裔である。桓《かん》帝《てい》の時に、その父（の平）字を子碩《しけん》は、かつて天水《てんすい》郡蘭干《らんかん》縣（甘肅省東部）の尉《い》となった。後に官位を失うと、そのまま隴西《ろうせい》郡に留まり、羌《きょう》族と共に混じって暮らした。家は貧しく妻が無く、そこで羌族の娘を娶り、馬騰を生んだ。馬騰は若いときから貧しく田畑が無かったので、いつも彰山の中から材木を切り出し、背負って売り歩きに城市に行くことで、自ら生業を立てた。馬騰の人となりは身長が八尺（約184㎝）あまり、体格は広く大きく、顔も鼻も雄偉であった。しかも性格は賢明で信義に厚かったので、人々は多くこれを敬重した。靈帝《れいてい》の末に、涼州刺史《りょうしゅうしし》の耿鄙《こうひ》が、不正な官吏を信任すると、民の王國《おうこく》たちは氐《てい》族や羌族と共に反乱を起こした。州郡（の長官）は民の中から武勇のある者を募集して、これを討とうと考えた。馬騰が募兵の中にいた。州郡は馬騰を評価し、任命して軍從事《ぐんじゅうじ》となし、部隊を指揮させた。賊を討つことに功績があり、軍司馬《ぐんしば》を拝命し、後に軍功により偏將軍《へんしょうぐん》に遷り、また征西將軍《せいせいしょうぐん》に遷り、いつも汧《けん》縣（陝西省隴県）・隴《ろう》縣（甘肅省の張家川縣）のあたりに駐屯していた。初平《しょへい》年間（一九〇～一九三年）、征東《せいとう》將軍を拝命した。このとき、西州（涼州）では穀物が少なく、馬騰は自ら上表して、軍人が多いため乏しいので、穀物を池陽《ちよう》縣（陝西省涇陽の北西）に行って得ることを求め、こうして屯営を長平阪《ちょうへいは》（陝西省涇陽の南西）の岸辺に移した。しかし將軍の王承《おうしょう》たちは、馬騰が自分の害となることを恐れ、そこで馬騰の屯営を攻撃した。そのとき馬騰は近くに出ていて備えが無く、そのため破れ逃れて、西方に上った。たまたま三《さん》輔《ほ》が混乱したので、（征東將軍にも拘らず）また東に来ることはなく、鎮西將軍の韓遂《かんすい》と、（義を）結んで異姓の兄弟となった。始めのころはたいへん親しかったが、後に一転して私兵により互いに攻め合い、改めて仇敵となった。馬騰が韓遂を攻めると、韓遂は敗走し、（また韓遂は）軍勢を糾合して戻って馬騰を攻め、馬騰の妻子を殺し、（こうして）戦いは続き終わらなくなった。建安《けんあん》年間（一九六～二二〇年）の初め、国家の統治は弛緩しており（私闘を断罪できず）、司隷校尉《しれいこうい》の鍾繇《しょうよう》と涼州牧《りょうしゅうぼく》の韋端《いたん》にこれを和解させた。馬騰を徴召して戻って槐里《かいり》縣（陝西省興平の南東）に駐屯させ、転任させて前《ぜん》將軍・假節《かせつ》に拝命して、槐里侯に封建した。（馬騰は）北方では胡族の侵寇に備え、東方では白騎（鮮卑の騎兵）に備え、士人を厚遇し賢人を進め、民の命を救うことに努めたので、三輔はたいへん馬騰に安心して敬愛した。

（建安）十三（二〇八）年、徵召して衛尉《えいい》とした。馬騰は自ら年をとったことを考え、そのため入朝して宿衛にあたった。これよりさき、曹公が丞相となると、馬騰の長子である馬超を辟召したが、（馬超は）就かなかった。馬超は後に司隷校尉督軍従事《しれいこういとくぐんじゅうじ》となって、郭援《かくえん》を討ち、流れ矢に当てられた。そこで囊《ふくろ》でその足を覆って戦い、破って郭援の首を斬った。詔を下して徐州刺史《じょしゅうしし》に拝命し、後に諫議大夫《かんぎたいふ》に拝命した。馬騰が入朝することになると、そのため詔を下して（馬超を）拝命して偏將軍《へんしょうぐん》として、馬騰の屯営を統領させた。また馬超の弟である馬休《ばきゅう》を奉車都尉《ほうしゃとい》に、馬休の弟である馬鐵《ばてつ》を騎都尉《きとい》に拝命し、その家族を徙してみな鄴《ぎょう》県に至らせた。ただ馬超だけが一人（屯営に）留まった」とある。

【原文】

超既統衆、遂與韓遂合從、及楊秋・李堪・成宜等相結、進軍至潼關。曹公與遂・超單馬會語。超負其多力、陰欲突前捉曹公、曹公左右將許褚、瞋目眄之、超乃不敢動。曹公用賈詡謀、離間超・遂、更相猜疑。軍以大敗[一]。超走保諸戎、曹公追至安定。會北方有事、引軍東還。楊阜說曹公曰、超有信・布之勇、甚得羌・胡心。若大軍還、不嚴爲其備、隴上諸郡非國家之有也。超果率諸戎以擊隴上郡縣、隴上郡縣皆應之、殺涼州刺史韋康、據冀城、有其衆。超自稱征西將軍・領幷州牧・督涼州軍事。康故吏民楊阜・姜敍・梁寬・趙衢等、合謀擊超。阜・敍起於鹵城、超出攻之、不能下。寛・衢閉冀城門、超不得入。進退狼狽、乃奔漢中依張魯。魯不足與計事、內懷於邑。聞先主圍劉璋於成都、密書請降[二]。

[裴松之注]

[一] 山陽公載記曰、初、曹公軍在蒲阪、欲西渡。超謂韓遂曰、宜於渭北拒之。不過二十日、河東穀盡、彼必走矣。遂曰、可聽令渡。蹙於河中、顧不快邪。超計不得施。曹公聞之曰、馬兒不死、吾無葬地也。

[二] 典略曰、建安十六年、超與關中諸將侯選・程銀・李堪・張横・梁興・成宜・馬玩・楊秋・韓遂等凡十部、俱反。其衆十萬、同據河・潼、建列營陳。是歲、曹公西征、與超等戰於河・渭之交、超等敗走。超至安定、遂奔涼州。詔收滅超家屬。超復敗於隴上。後奔漢中、張魯以爲都講祭酒、欲妻之以女。或諫魯曰、有人若此不愛其親、焉能愛人。魯乃止。初、超未反時、其小婦弟种留三輔。及超敗、种先入漢中。正旦、种上壽於超。超搥胸吐血曰、闔門百口、一旦同命。今二人相賀邪。後數從魯求兵、欲北取涼州。魯遣往、無利。又魯將楊白等、欲害其能。超遂從武都逃入氐中、轉奔往蜀。是歲、建安十九年也。

《訓読》

超 既に衆を統べ、遂て韓遂と與に合從し、楊秋(一)・李堪(二)・成宜(三)らと及《とも》に相 結びて、軍を進めて潼關に至る。曹公 遂・超と與に單馬もて會語す。超 其の多力に負《たの》み、陰かに前に突《い》で曹公を捉へんと欲するも、曹公の左右の將たる許褚(四)、目を瞋《いか》らせ之を眄《にら》まば、超 乃ち敢て動かず。曹公 賈詡(五)の謀を用ひて、超・遂を離間し、更相《こもごも》猜疑せしむ。軍 以て大敗す[一]。超 走りて諸戎に保ち、曹公 追ひて安定に至る。會《たまたま》北方に事有り、軍を引きて東に還る。楊阜(六) 曹公に説きて曰く、「超は信・布の勇有り、甚だ羌・胡の心を得たり。若し大軍還り、嚴しく其の備へを爲さざれば、隴上(七)の諸郡は國家の有に非ざるなり」と。超 果たして諸戎を率ゐて以て隴上の郡縣を撃ち、隴上の郡縣 皆 之に應じ、涼州刺史の韋康を殺し、冀城に據り、其の衆を有《たも》つ。超 自ら征西將軍・領幷州牧・督涼州軍事と稱す。康の故の吏民たる楊阜・姜敍(八)・梁寬(九)・趙衢(一〇)ら、謀を合はせて超を撃つ。阜・敍は鹵城に起ち、超 出でて之を攻むるも、下す能はず。寬・衢は冀城の門を閉め、超 入るを得ず。進退 狼狽して、乃ち漢中に奔りて張魯に依る。魯 與に事を計るに足らず、內に於邑を懷く。先主の劉璋を成都に圍むを聞きて、密書もて降を請ふ[二]。

[裴松之注]

[一] 山陽公載記に曰く、「初め、曹公の軍 蒲阪に在り、西に渡らんと欲す。超 韓遂に謂ひて曰く、「宜しく渭北に於て之を拒ぐべし。二十日に過ぎずして、河東の穀 盡きて、彼 必ず走らん」と。遂曰く、「聽《ゆる》して渡らしむ可し。河中に蹙《くるし》ましむも、顧《おも》ふに快《こころよ》からずや」と。超の計 施すを得ず。曹公 之を聞きて曰く、「馬兒 死せずんば、吾に葬地無からん」と」と。

[二] 典略に曰く、「建安十六年、超 關中の諸將たる侯選(一一)・程銀(一二)・李堪・張橫(一三)・梁興(一四)・成宜・馬玩(一五)・楊秋・韓遂ら凡そ十部と與に、倶に反す。其の衆 十萬、同に河・潼に據り、列を建て陣を營む。是の歳、曹公 西征し、超らと河・渭の交に戰ひ、超ら敗走す。超は安定に至り、遂は涼州に奔る。詔して收《とら》へて超の家屬を滅す。超 復た隴上に敗る。後に漢中に奔り、張魯 以て都講祭酒(一六)と爲し、之に妻《めあは》すに女を以てせんと欲す。或《あるひと》 魯を諫めて曰く、「人有りて此の若く其の親を愛せざる、焉んぞ能く人を愛すや」と。魯 乃ち止む。初め、超 未だ反せざる時、其の小婦の弟たる种(一七) 三輔に留まる。超 敗るるに及び、种 先づ漢中に入る。正旦、种 壽を超に上る。超 胸を搥《う》ち血を吐きて曰く、「闔門百口、一旦にして命を同にす。今 二人 相 賀すや」と。後に數〻魯より兵を求め、北して涼州を取らんと欲す。魯 往かしむるも、利無し。又 魯の將たる楊白(一八)ら、其の能を害《そこな》はんと欲す。超 遂て武都より逃れて氐中に入り、轉じ奔りて蜀に往く。是の歳、建安十九年なり」と。

(補注)

(一) 楊秋は、涼州の豪族。馬超と共に潼關で曹操と戦って敗れ、建安十六（二一一）年、夏侯淵に降伏した（『三國志』巻九 夏侯淵傳）。

(二) 李堪は、司隸河東郡の人。馬超と共に潼關で曹操と戦い、成宜と共に斬られた（『三國志』巻八 張魯傳）。

(三) 成宜は、關中十部の一人。馬超と共に潼關で曹操と戦い、李堪と共に斬られた（『三國志』巻八 張魯傳）。

(四) 許褚は、豫州沛國譙縣の人、字は仲康。曹操の身辺護衛を一任され、何度も絶体絶命に陥った曹操を救った。馬超が来襲すると、曹操を助けて船に乗せ、雨のような矢を左手で鞍を掲げて防ぎ、右手で櫓を漕いで黄河を渡った。馬超を破った功績により、武衛中郎將に昇進した。法律を遵守し、質朴で重々しく、口数は少なく、虎のように強かったが、普段はぼうっとしていたので

「虎癡」と呼ばれていた（『三國志』巻十八 許褚傳）。

（五）賈詡は、武威郡姑藏縣の人、字を文和。策略に長け、各勢力の参謀を務めたのち、曹操に帰順した。後継者選びに悩む曹操に対して曹丕を推し、文帝の即位後は太尉に任じられた。魏壽郷侯に封ぜられ、肅侯と諡された（『三國志』巻十 賈詡傳）。

（六）楊阜は、天水郡冀縣の人、字を義山。涼州刺史の韋康に召し出されて別駕従事となったが、韋康が馬超に殺されたため、姜敍らとともに挙兵して抵抗した（『三國志』巻二十五 楊阜傳）。

（七）隴上は、『三國志集解』に引く胡三省の説によれば、隴西・南安・漢陽・永陽の諸郡である。

（八）姜敍は、楊阜の妻の兄弟。母の言いつけにより、旧知の楊阜とともに馬超と戦った。母は馬超に殺されたが、西晉の皇甫謐の著した『列女傳』にその言行が残る（『三國志』巻二十五 楊阜傳、同傳注引『列女傳』）。

（九）梁寬は、南安郡の人。楊阜と共に馬超と戦い、楊阜が馬超を引きつけている間に、冀城の門を閉め、馬超の妻子を殺した（『三國志』巻三十六 馬超傳）。

（一〇）趙衢は、南安郡の人。楊阜と共に馬超と戦い、楊阜が馬超を引きつけている間に、冀城の門を閉め、馬超の妻子を殺した（『三國志』巻三十六 馬超傳）。

（一一）侯選は、司隸河東郡の人。馬超と共に潼關で曹操と戦い、程銀と共に漢中に逃れた。建安十六（二一一）年、楊秋と共に夏侯淵に降伏した（『三國志』巻八 張魯傳）。

（一二）程銀は、司隸河東郡の人。馬超と共に潼關で曹操と戦い、侯選と共に漢中に逃れた。建安十六（二一一）年、楊秋と共に夏侯淵に降伏した（『三國志』巻八 張魯傳）。

（一三）張横は、關中十部の一人。馬超と共に潼關で曹操と戦い、敗退した（『三國志』巻三十七 馬超傳注引『典略』）。

（一四）梁興は、關中十部の一人。馬超と共に潼關で曹操と戦った。のち建安十六（二一一）年、漢中で夏侯淵に斬られた（『三國志』巻一 武帝紀）。

（一五）馬玩は、關中十部の一人。馬超と共に潼關で曹操と戦い、敗退した（『三國志』巻三十七 馬超傳注引『典略』）。

（一六）都講祭酒は、官名。張魯が漢中に建設していた宗教王国内での官職である。澤章敏「五斗米道研究の現状と課題」（『三国志研究』二、二〇〇七年）を参照。

（一七）种は、董种か。『三國志集解』に引く趙一清の説によれば、後の注に引く『典略』に「超庶妻董」とあるので、种の姓は「董」であろうとする。

（一八）楊白は、張魯の將。馬超の才能を批判した（『三國志』巻三十七 馬超傳注引『典略』）。なお、『三國志』巻一 武帝紀は「楊昂」・巻四十一 霍峻傳は「楊帛」につくる。

［現代語訳］

馬超は軍を統率し終わると、そののち韓遂と連合し、楊秋《ようしゅう》・李《り》堪《かん》・成宜《せいぎ》たちと共に結んで、軍を進めて潼關《どうかん》に至った。曹公は韓遂・馬超とただ一人馬に乗り会談した。馬超はその腕力に頼み、ひそかに前に出て曹公を捕らえようと考えたが、曹公側近の將軍である許褚《きょちょ》が、眼《まなこ》を怒らせ睨《にら》んでいたので、馬超はあえて動かなかった。曹公は賈詡《かく》の謀略を用い、馬超と韓遂を離間し、互いに疑いあわせた。（馬超の）軍はそのため大敗した［一］。馬超は（氐や羌ら）西戎の中に逃れ、曹公は追いかけて安定《あんてい》郡に至った。たまたま北方で事件があり、(曹操は) 軍を引いて東に帰った。楊阜《ようふ》は曹公に説いて、「馬超は韓信《かんしん》や黥布《げいふ》のような武勇があり、たいへん羌《きょう》族や胡《こ》族の心を得ております。もし大軍が引き上げ、厳しく馬超への備えをしなくなれば、隴上《ろうじょう》の諸郡は国家のものではなくなります」といった。馬超は果たして諸戎を率いて隴上の郡縣を攻撃し、隴上の郡縣はみな馬超に呼応して、涼州刺史の韋康《いこう》を殺し、冀城《きじょう》(冀縣)を拠点として、その兵力を保持した。馬超は自ら征西《せいせい》將軍・領幷州牧《りょうへいしゅうぼく》・督涼州軍事《とくりょうしゅうぐんじ》と称した。韋康のもとの吏民である楊阜・姜敍《きょうじょ》・梁寛《りょうかん》・趙衢《ちょうく》たちは、共謀して馬超を攻撃した。楊阜と姜敍が鹵城《ろじょう》縣(山西省繁峙の北東)で兵を挙げると、馬超は(冀城より)出撃してこれを攻めたが、下すことはできなかった。梁寛と趙衢が(その間に)冀城の門を閉めたので、馬超は入ることができなくなった。(馬超は)進退が窮まり狼狽して、そこで漢中に逃走して張魯《ちょうろ》に身を寄せた。張魯は共に事を計るに足りず、(馬超は)内心に悲しみを懐いた。先主(劉備)が劉璋《りゅうしょう》を成都に包囲したと聞いて、密書により(劉備に)降伏を願い出た[二]。

[裴松之注]

[一]『山陽公載記《さんようこうさいき》』に、「これよりさき、曹公の軍は蒲阪《ほはん》(山西省蒲阪県の西北)にあり、(黄河の)西岸に渡ろうとしていた。馬超は韓遂に言って、「渭水《いすい》の北で曹操を拒ぐべきである。二十日も過ぎずに、河東の穀物は尽き、曹操は必ず逃走するであろう」とした。韓遂は、「自由に渡らせればよい。黄河の中で苦しませるのも、思うとよい気持ちではないか」といった。馬超の計は実行できなかった。曹公はこれを聞いて、「馬の小僧が死ななければ、吾《わたし》には埋葬する土地も無いであろう」といった」とある。

[二]『典略《てんりゃく》』に、「建安十六(二一一)年、馬超は關中《かんちゅう》の諸將である侯選《こうせん》・程銀《ていぎん》・李堪《りかん》・張横《ちょうおう》・梁興《りょうこう》・成宜《せいぎ》・馬玩《ばがん》・楊秋《ようしゅう》・韓《かん》遂《すい》たちあわせて十部と共に、一緒に乱を起こした。その兵力は十万、ともに黄河と潼水《とうすい》により、列をつくって陣営をたてた。この年、曹公は西征して、馬超たちと黄河と渭水の合流地点で戦い、馬超たちは敗走した。馬超は安定《あんてい》郡に逃れ、韓遂は涼州に走った。詔を下して捕らえて馬超の家族を族滅した。馬超はまた隴上で敗れた。後に漢中に逃れ、張魯は馬超を都講祭酒《とこうさいしゅ》とし、馬超に娘を嫁がせようと考えた。あるひとが張魯を諫めて、「人としてこのように自分の親族を愛せない者が、どうして他人を愛せるでしょうか」と言った。張魯はそこで取りやめた。これよりさき、馬超がまだ反乱をしていない時、馬超の小婦《めかけ》の弟である种《ちゅう》は三輔に留まっていた。馬超が敗れるにいたり、种は先に漢中に入った。正月元旦、种は(新年の)寿《ことほぎ》を馬超に申し上げた。馬超は胸を打ち血を吐いて、「一門のすべての者が、一朝にして共に命を落とした。いま二人だけで互いに祝うというのか」と言った。後に(馬超は)しばしば張魯に兵を求め、北に向かって涼州を取ろうとした。張魯は行かせたが、利は無かった。また張魯の將である楊白《ようはく》たちは、馬超の才能を非難しようとした。馬超はこうして武都《ぶと》郡から逃げて氐族の中に入り、転じて逃れて蜀に行った。この年は、建安十九(二一四)年である」とある。

【原文】

先主遣人迎超。超將兵徑到城下。城中震怖、璋卽稽首[一]。以超爲平西將軍、督臨沮、因爲前都亭侯

[二]。先主爲漢中王、拜超爲左將軍・假節。章武元年、遷驃騎將軍・領涼州牧、進封斄鄕侯。策曰、朕以不德、獲繼至尊、奉承宗廟。曹操父子、世載其罪、朕用慘怛、疢如疾首。海內怨憤、歸正反本。暨于氏・羌率服、獯[1]（粥）〔鬻〕慕義。以君信著北土、威武並昭。是以委任授君、抗颺虓虎、兼董萬里、求民之瘼。其明宣朝化、懷保遠邇、肅愼賞罰、以篤漢祜、以對于天下。二年卒。時年四十七。臨沒上疏曰、臣門宗二百餘口、爲孟德所誅略盡、惟有從弟岱。當爲微宗血食之繼、深託陛下。餘無復言。追謚超曰威侯。子承嗣。岱位至平北將軍、進爵陳倉侯。超女配安平王理[三]。

〔裴松之注〕

[一] 典略曰、備聞超至、喜曰、我得益州矣。乃使人止超、而潛以兵資之。超到、令引軍屯城北。超至未一旬而成都潰。

[二] 山陽公載記曰、超因見備待之厚、與備言、常呼備字。關羽怒、請殺之。備曰、人窮來歸我。卿等怒、以呼我字。故而殺之、何以示於天下也。張飛曰、如是、當示之以禮。明日大會、請超入。羽・飛並杖刀立直。超顧坐席、不見羽・飛。見其直也、乃大驚、遂[2]（止）〔一〕不復呼備字。明日歎曰、我今乃知其所以敗。爲呼人主字、幾爲關羽・張飛所殺。自後乃尊事備。臣松之按、以爲、超以窮歸備、受其爵位。何容傲慢而呼備字。且備之入蜀、留關羽鎭荊州。羽未嘗在益土也。故羽聞馬超歸降、以書問諸葛亮超人才可誰比類。不得如書所云。羽焉得與張飛立直乎。凡人行事、皆謂其可也。知其不可、則不行之矣。超若果呼備字、亦謂於理宜爾也。就令羽請殺超、超不應聞。但見二子立直、何由便知以呼字之故、云幾爲關・張所殺乎。言不經理、深可忿疾也。袁暐・樂資等諸所記載、穢雜虛謬、若此之類、殆不可勝言也。

[三] 典略曰、初超之入蜀、其庶妻董、及子秋、留依張魯。魯敗、曹公得之、以董賜閻圃、以秋付魯。魯自手殺之。

〔校勘〕

1. 百衲本は「粥」につくるが、中華書局本により「鬻」に改める。
2. 百衲本は「止」につくるが、中華書局本により「一」に改める。

《訓讀》

先主 人を遣はして超を迎ふ。超 兵を將ゐて徑ちに城下に到る。城中 震怖し、璋 卽ちに稽首す[一]。超を以て平西將軍と爲し、臨沮を督せしめ、前に爲りしに因り都亭侯とす[二]。先主 漢中王と爲るや、超を拜して左將軍・假節と爲す。章武元年、驃騎將軍・領涼州牧に遷り、斄鄕侯に進封せらる。策して曰く、「朕 不德を以て、至尊を獲繼し、宗廟を奉承す。曹操父子は、世〻其の罪を載せ、朕 用て慘怛し、疢《や》むこと疾首の如し(一)。海內 怨憤し、正に歸り本に反らんとす。氏・羌 率服し、獯鬻も義を慕ふに暨《いた》る(二)。以《おも》ふに君が信は北土に著はれ、威武は並びに昭らかなり。是を以て任を委ね君に授け、虓虎(三)を抗颺し、兼ねて萬里を董《ただ》し、民の瘼《やまひ》を求《たづ》ねよ。其れ明らかに朝化を宣《ゆきわたら》せ、遠邇を懷保し、賞罰を肅愼して、以て漢の祜《さいはひ》を篤くし、以て天下に對《こた》へよ」と。二年に卒す。時に年四十七なり。沒するに臨みて上疏して曰く、「臣の門宗二百餘口、孟德が爲に誅せられて略ぼ盡き、惟だ從弟の岱(四)有るのみ。當に微宗の血食の繼と爲すべく、深く陛下に託す。餘に復た言無し」と。超を追謚して威侯と曰ふ。子

の承 嗣ぐ。岱 位は平北将軍に至り、爵は陳倉侯に進む。超の女は安平王の理に配す[三]。

[裴松之注]

[一] 典略に曰く、「備 超の至るを聞き、喜びて曰く、「我 益州を得たり」と。乃ち人をして超を止めしめて、潛かに兵を以て之に資す。超 到るや、軍を引《ひき》ゐて城の北に屯せしむ。超 至り未だ一旬ならずして成都 潰ゆ」と。

[二] 山陽公載記に曰く、「超 備が待するの厚きを見るに因り、備と與に言ふに、常に備の字を呼ぶ。關羽 怒り、之を殺さんと請ふ。備曰く、「人 窮し來りて我に歸す。卿ら怒るに、我が字を呼ぶを以てす。故にして之を殺さば、何を以て天下に示すや」と。張飛曰く、「是の如くんば、當に之に示すに禮を以てせん」と。明日 大いに會し、超に入るを請ふ。羽・飛 並びに刀を 杖《つゑつき》て立ち直《はべ》る。超 坐席を顧るに、羽・飛を見ず。其の直るを見るや、乃ち大いに驚き、遂に一たびだに復た備の字を呼ばず。明日歎じて曰く、「我 今にして乃ち其の敗るる所以を知る。人の主の字を呼ぶが爲に、幾《ほとん》ど關羽・張飛の殺す所と爲る」と。自後乃ち尊びて備に事ふ」と。臣松之 按ずるに、以爲へらく、超は窮するを以て備に歸し、其の爵位を受く。何ぞ傲慢にして備の字を呼ぶを容《うべ》なふや。且つ備の蜀に入るや、關羽を留めて荊州に鎭せしむ。羽 未だ嘗て益土に在らざるなり。故に羽 馬超の歸降せるを聞き、書を以て諸葛亮に超の人才 誰に比類す可しと問ふ。書の云ふ所の如きを得ず。羽 焉んぞ張飛と與に立ち直るを得んや。凡そ人の事を行ふは、皆 其の可なるを謂《おも》ひてなり。其の不可なるを知らば、則ち之を行はず。超 若し果たして備の字を呼ばば、亦た理に於て宜しく爾《しか》すべしと謂へばなり。就令《たとひ》羽 超を殺すを請ふも、超は應に聞くべからず。但だ二子の立ち直るを見、何に由りて便ちに字を呼ぶの故を以てすと知り、幾んど關・張の殺す所と爲ると云ふや。言の理を經ざるは、深く忿疾す可きなり。袁暐(五)・樂資(六)らの 諸《もろもろ》の記載する所、穢雜虛謬なること、此の類の若きは、殆ど勝《あ》げて言ふ可からざるなり。

[三] 典略に曰く、「初め超の蜀に入るや、其の庶妻たる董、及び子の秋、留まりて張魯に依る。魯 敗るるや、曹公 之を得、董を以て閻圃(七)に賜ひ、秋を以て魯に付す。魯 自ら手づから之を殺す」と。

(補注)

(一) 疢如疾首とは、憂いのために心が頭痛を病むように痛むこと。『詩經』小雅 小弁に、「心之憂矣、疢如疾首」とあり、同文。

(二) 獯鬻は、夏の時代の北方の蛮族。漢代の匈奴の祖先であるという(『孟子』梁惠王章句注)。

(三) 虓虎は、怒っている虎、転じて勇猛な兵士たち。『詩經』大雅常武に、「進厥虎臣、闞如虓虎」とあることを踏まえた表現である。

(四) 馬岱は、右扶風茂陵の人。馬超の従弟。建興十二(二三四)年、諸葛亮の死後、楊儀と魏延が対立し、魏延父子が敗れて逃亡したので、これを斬り殺した(『三國志』巻四十 魏延傳)。翌年、兵を率いて魏を攻めたが、牛金に敗れた(『晉書』巻一 宣帝紀)。官は平北将軍に至り、陳倉侯に封建された。

(五) 袁暐は、袁曄。廣陵の人、字は思光。『獻帝春秋』を著した(『三國志』巻五十七 陸瑁傳注)。

(六) 樂資は、晉の著作郎。『山陽公載記』十巻、『春秋後傳』三十一巻を著した。
(七) 閻圃は、巴西郡の人。張魯配下の功曹史として、有用な意見をたびたび呈した。張魯が曹操に帰順すると、張魯の子らとともに列侯に封ぜられた(『三國志』巻八 張魯傳)。

[現代語訳]

先主(劉備)は人を遣わして馬超を出迎えた。馬超は兵を率いてそのまま(成都の)城下に至った。城中は震え恐れて、劉璋《りゅうしょう》は直ちに降伏した[一]。(劉備は)馬超を平西《へいせい》将軍として、臨沮《りんしょ》の都督とし、以前になっていたことから都亭侯《とていこう》とした[二]。先主が漢中王となると、馬超を拝命して左将軍・假節《かせつ》とした。章武《しょうぶ》元(二二一)年、(先主が即位すると)驃騎《ひょうき》将軍・領涼州牧《りょうりょうしゅうぼく》に遷り、斄郷《りきょう》侯に進封された。(先主は)策文を下して、「朕は不徳でありながら、至尊の位を継承し、宗廟を奉承した。曹操父子は、代々その罪を重ね、朕はそれにより心が憂いて、頭は病むように痛む。天下は怨み憤り、(漢の)正統に帰順し本に返ろうとしている。氐《てい》族と羌《きょう》族は服従し、獯鬻《くんいく》も義を慕うに至っている。思うに君《きみ》の信は北方の地に明らかで、威光と武勇はともに昭らかである。このため(驃騎将軍の)任を委《ゆだ》ねて君に授け、虓虎《こうこ》を盛んに用いて、かねて万里を正し、民の苦しみを尋ねよ。さあ明らかに朝廷の教化を行き渡らせ、遠近を懐《なつ》け保ち、賞罰を慎んで、それにより漢の幸いを篤くして、天下(の与望)に答えよ」といった。(章武)二(二二二)年に卒した。時に四十七歳であった。死去に臨み上疏して、「臣《わたくし》の宗族二百余人は、(曹操)孟徳《もうとく》のために誅殺されてほぼ尽き、ただ従弟の馬岱《ばたい》がいるだけです。わずかな宗族の祭祀の後継者となり得るように、深く陛下に託します。ほかに言い遺すことはございません」といった。馬超を追謚して威侯《いこう》とした。子の馬承《ばしょう》が(後を)嗣いだ。馬岱は官位が平北《へいほく》将軍に至り、爵位が陳倉《ちんそう》侯に進んだ。馬超の娘は安平《あんぺい》王の劉理《りゅうり》の妻となった[三]。

[裴松之注]

[一]『典略』に、「劉備は馬超が至ることを聞き、喜んで言った、「我《わたし》は益州を得たぞ」と。そして人を遣わして馬超を留め、密かに兵を馬超に与えた。馬超が(成都城に)到着すると、軍を率いて城の北に駐屯させた。馬超が至って十日も立たずに成都は陥落した」とある。

[二]『山陽公載記《さんようこうさいき》』に、「馬超は劉備が(自分を)待遇することの厚さを見て、劉備と話をするときに、いつも劉備を字(の玄德)で呼んだ。關羽は怒り、馬超を殺すことを願った。劉備は、「人が困窮して来て我《わたし》に帰したのだ。卿《きみ》たちは怒るのに、我の字を呼ぶことを理由としている。それにより馬超を殺せば、何によって天下に(劉備の人としてのあり方を)示すのであろうか」と言った。張飛《ちょうひ》は、「そうならば、馬超に礼を示してやりましょう」と言った。翌日大きな会合を開き、馬超に来るように招いた。關羽と張飛はともに刀をついて(劉備の脇に)侍立した。馬超が座席を眺めると、關羽と張飛がいない。ふたりが侍立しているのを見ると、大いに驚き、そうして一度たりとも劉備の字を呼ばなくなった。翌日(馬超は)嘆息して、「我《わたし》は今になってようやく自分が敗れた理由を知った。人の主君の字を呼んだために、あやうく關羽と張飛に殺されるところであった」と言った。これ以後はようやく尊重して劉備に仕えた」とある。臣裴松之《わたくしはいしょうし》が考え

てみると、思うに、馬超は困窮して劉備に帰順し、その爵位を受けた。どうして傲慢にも劉備の字を呼ぶことができようか。かつ劉備は蜀に入る際に、關羽を留めて荊州に鎮守させていた。關羽はいまだかつて益州に居たことはない。そのため關羽は馬超の帰順を聞いて、書簡により諸葛亮に馬超の人才が誰に比較できるのかを尋ねたのである。本書の言うような（馬超を殺そうとする）ことなどはあり得ない。關羽はどうして張飛と共に侍立することかできようか。そもそも人の行動は、みなその（行動が）よいと思って行うものである。それが不可であることを知れば、これを行うことはない。馬超がもし本当に劉備の字を呼んだのであれば、（それは）また理としてそうすべきだと思ったからである。たとえ關羽が馬超を殺すことを願っても、馬超は聞くことができない。（馬超が）ただ二人の侍立することを見て、どのような理由で直ちに（自分が劉備の）字を呼んだためであると知り、あやうく關羽と張飛に殺されるところであったと言えるのであろうか。言葉が理を経ないで記されることは、深く憂慮すべきことである。袁暐《えんい》や樂資《がくし》たちの多くの記すものが、猥雑で虚偽誤謬のあること、このような類は、ほとんど枚挙に暇もない。

［三］『典略』に、「これよりさき馬超が蜀に入った際に、その庶妻《めかけ》である董《とう》、および子の馬秋《ばしゅう》は、（漢中に）留まって張魯を頼っていた。張魯が敗退すると、曹公はこれを得て、董を閻圃《えんぽ》に賜与し、馬秋を張魯に渡した。張魯は自分の手で馬秋を殺した」とある。

【原文】

黄忠傳

黄忠字漢升、南陽人也。荊州牧劉表、以爲中郎將、與表從子磐、共守長沙攸縣。及曹公克荊州、假行裨將軍、仍就故任、統屬長沙守韓玄。先主南定諸郡、忠遂委質、隨從入蜀。自葭萌受任、還攻劉璋。忠常先登陷陳、勇毅冠三軍。益州既定、拜爲討虜將軍。建安二十四年、於漢中定軍山擊夏侯淵。淵衆甚精、忠推鋒必進、勸率士卒。金鼓振天、歡聲動谷、一戰斬淵。淵軍大敗。遷征西將軍。是歲、先主爲漢中王、欲用忠爲後將軍。諸葛亮說先主曰、忠之名望、素非關・馬之倫也。而今便令同列。馬・張在近、親見其功、尚可喩指。關遙聞之、恐必不悅。得無不可乎。先主曰、吾自當解之。遂與羽等齊位、賜爵關內侯。明年卒、追謚剛侯。子敍、早沒、無後。

《訓読》

黄忠傳

黄忠 字は漢升、南陽の人なり。荊州牧の劉表、以て中郎將と爲し、表の從子たる磐〔一〕と與に、共に長沙の攸縣を守らしむ。曹公 荊州に克つに及び、假に裨將軍〔二〕を行はしめ、仍《な》ほ故の任に就け、長沙守の韓玄に統屬せしむ。先主 南のかた諸郡を定むるや、忠 遂に委質し、隨從して蜀に入る。葭萌より任を受け、還りて劉璋を攻む。忠 常に先登して陳を陷し、勇毅は三軍に冠たり。益州 既に定まり、拜して討虜將軍〔三〕と爲す。建安二十四年、漢中の定軍山に於て夏侯淵を擊つ。淵の衆 甚だ精なるも、忠 鋒を推し必ず進み、士卒を勸率す。金鼓天を振はせ、歡聲 谷を動かし、一戰して淵を斬る。淵の軍 大敗す。征西將軍に遷る。是の歲、先主 漢中王と爲り、忠を用て後將軍と爲さんと欲す。諸葛亮 先主に說きて曰く、「忠の名望、素より關・馬の倫に非ざるなり。而るに今 便ちに列を同じくせしむ。馬・張は近きに在りて、親しく其の功を見れば、尚ほ喩指するも可なり。關は遙かに之を聞かば、恐らくは必ず悅ばず。可ならざる無きを得んや」と。先主曰く、「吾 自ら當に之を解くべし」と。遂に羽らと位を齊しくし、爵關內侯を賜ふ。明年 卒す、剛侯と追諡す。子の敍、早く沒し、後無し。

(補注)

(一) 磐は、劉磐。山陽郡高平郡の人、劉表の從子。長沙郡を守備して、孫策からも警戒され、太史慈と争った(『三國志』巻四十九 太史慈傳)。

(二) 裨將軍は、軍の部隊長。同様の職に偏將軍がある。大庭脩「後漢の将軍と将軍仮節」(前掲)を参照。

(三) 討虜將軍は、雜号将軍の一つ。蜀では黄忠が就いたが、呉では長らく孫權が就いていた。

[現代語訳]

黄忠傳

黄忠《こうちゅう》は字を漢升《かんしょう》といい、南陽《なんよう》郡の人である。荊州牧《けいしゅうぼく》の劉表《りゅうひょう》は、(黄忠を)中郎將《ちゅうろうしょう》となし、劉表の從子《いこと》である劉磐《りゅうばん》と共に、一緒に長沙《ちょうさ》郡の攸《ゆう》縣(湖南省攸県東攸水の南)を守らせた。曹公が荊州を打ち破ると、仮に裨《ひ》將軍を代行させ、そのまま元の任務に就け、長沙太守の韓玄《かんげん》に属させた。先主(劉備)が(荊州の)南方の諸郡を平定すると、黄忠はこうして臣従し、(劉備に)随従して蜀に入った。葭萌《かぼう》縣より任務を受けて、戻って劉璋《りゅうしょう》を攻めた。黄忠はいつも先頭に立って陣を落とし、勇気は三軍の筆頭であった。益州《えきしゅう》が定まると、拝命して討虜《とうりょ》將軍となった。建安二十四(二一九)年、漢中の定《てい》軍山《ぐんさん》において夏侯淵《かこうえん》を攻撃した。夏侯淵の兵はたいへん精鋭であったが、黄忠は鋒を立てあくまでも進み、士卒を励まし率いた。鉦《かね》と太鼓(の音)は天を震わせ、歓声は谷を動かし、一戦して夏侯淵を斬った。夏侯淵の軍は大敗した。(黄忠は)征西《せいせい》將軍に遷った。この歳、先主は漢中王となり、黄忠を後《こう》將軍にしようとした。諸葛亮は先主に説いて、「黄忠の名望は、もともと關羽や馬超の仲間ではありません。それなのにいま直ちに同列にさせようとしております。馬超と張飛は近くにいて、自らその功績を見ておりますので、なお諭すこともできましょう。(しかし)關羽は遥か遠く(の荊州)でこれを聞いただけですので、恐らく必ず悦ばないでしょう。よろしくないのではありませんか」といった。先主は、「吾《わたし》が自ら關羽に説明しよう」と言った。こうして(黄忠は)關羽たちと位を等しくし、關內侯《かんだいこう》の爵位を賜った。(黄忠は)翌年に卒し、剛侯《ごうこう》と追諡した。子の黄敍《こうじょ》は、早く没して、後嗣は無かった。

【原文】

趙雲傳

趙雲字子龍、常山眞定人也。本屬公孫瓚。瓚遣先主爲田楷拒袁紹。雲遂隨從、爲先主主騎[一]。及先主爲曹公所追於當陽長阪、棄妻子南走。雲身抱弱子、卽後主也。保護甘夫人、卽後主母也。皆得免難。遷爲牙門將軍。先主入蜀、雲留荊州[二]。

[裴松之注]

[一] 雲別傳曰、雲身長八尺、姿顏雄偉、爲本郡所擧、將義從吏兵、詣公孫瓚。時袁紹稱冀州牧。瓚深憂州人之從紹也。善雲來附、嘲雲曰、聞貴州人皆願袁氏。君何獨迴心、迷而能反乎。雲答曰、天下訩訩、未知孰是、民有倒縣之厄。鄙州論議、從仁政所在。不爲忽袁公私明將軍也。遂與瓚征討。時先主亦依託瓚。每接納雲、雲得深自結託。雲以兄喪、辭瓚暫歸。先主知其不反、捉手而別。雲辭曰、終不背德也。先主就袁紹、雲見於鄴。先主與雲同床眠臥。密遣雲合募得數百人、皆稱劉左將軍部曲。紹不能知。遂隨先主至荊州。

[二] 雲別傳曰、初、先主之敗、有人言雲已北去者。先主以手戟擿之曰、子龍不棄我走也。頃之、雲至。從平江南、以爲偏將軍、領桂陽太守、代趙範。範寡嫂曰樊氏、有國色。範欲以配雲。雲辭曰、相與同姓、卿兄猶我兄。固辭不許。時有人勸雲納之。雲曰、範迫降耳。心未可測。天下女不少。遂不取。範果逃走、雲無纖介。先是、與夏侯惇戰於博望、生獲夏侯蘭。蘭是雲鄉里人、少小相知。雲白先主活之、薦蘭明於法律、以爲軍正。雲不用自近、其愼慮類如此。先主入益州、雲領留營司馬。此時、先主孫夫人、以權妹驕豪。多將吳吏兵、縱橫不法。先主以雲嚴重、必能整齊、特任掌內事。權聞備西征、大遣舟船迎妹。而夫人內欲將後主還吳、雲與張飛、勒兵截江、乃得後主還。

《訓読》

趙雲傳

趙雲 字は子龍、常山眞定の人なり。本《もと》公孫瓚に屬す。瓚 先主を遣はし田楷を爲《たす》けて袁紹を拒がしむ。雲 遂て隨從し、先主の爲に騎を主る[一]。先主 曹公の當陽の長阪に追ふ所と爲るに及び、妻子を棄て南に走る。雲 身に弱子を抱く、卽ち後主なり。甘夫人を保護す、卽ち後主の母なり。皆 難を免るるを得たり。遷りて牙門將軍(一)と爲る。先主 蜀に入るや、雲 荊州に留まる[二]。

[裴松之注]

[一] 雲別傳(一)に曰く、「雲 身の長《たけ》八尺、姿顏 雄偉なれば、本郡の擧ぐる所と爲り、義從の吏兵を將ゐて、公孫瓚に詣る。時に袁紹 冀州牧を稱す。瓚 深く州人の紹に從ふを憂ふるなり。雲の來附せるを善び、雲を嘲りて曰く、「聞くならく貴州の人は皆 袁氏を願ふと。君 何ぞ獨り心を迴らし、迷ひて能く反するや」と。雲 答へて曰く、「天下 訩訩として、未だ孰《いづ》れが是なるかを知らざるに、民には倒縣のごとき厄有り。鄙州の論議、仁政の在る所に從ふ。袁公を忽《ゆるがせ》にし私に將軍を明《たつと》ぶを爲さざるなり」と。遂て瓚と與に征討す。時に先主も亦た瓚に依託す。每に雲に接納すれば、雲 深く自づから結び託するを得たり。雲 兄の喪を以て、瓚を辭し暫らく歸る。先主 其の反らざるを知り、手を捉りて別る。雲 辭して曰く、「終に德に背かざるなり」と。先主 袁紹に就き、雲 鄴に見ゆ。先主 雲と與《とも》に床を同にして眠臥す。密かに雲を遣はし合募せしめ數百人を得、皆 劉左將軍の部曲と稱す。紹 知る能はず。遂て先主に隨ひ荊州に至る」と。

[二] 雲別傳に曰く、「初め、先主の敗るるや、人有り雲 已に北に去ることを言ふ。先主 手戟を以て之に擿《なげうち》て曰く、「子龍は我を棄て走らざるなり」と。頃之《しばらくして》、雲 至る。從ひて江南を平ら

げ、以て偏將軍と爲り、桂陽太守を領して、趙範に代はる。範の寡嫂 樊氏と曰ひ、國色有り。範 以て雲に配せんと欲す。雲 辭して曰く、「相 與に同姓なれば、卿が兄は猶ほ我が兄のごとし」と。固辭して許さず。時に人有り雲に之を納るるを勸む。雲曰く、「範は迫られて降りしのみ。心 未だ測る可からず。天下に女 少からず」と。遂て取らず。範 果たして逃走し、雲 纖介すること無し。是れより先、夏侯惇と博望に戰ひ、夏侯蘭(三)を生獲す。蘭は是れ雲の鄉里の人、少小にして相 知る。雲 先主に白《まう》し之を活し、蘭の法律に明らかなるを薦めて、以て軍正(四)と爲さしむ。雲 用て自ら近かず。其の愼慮の類は此の如し。先主 益州に入るや、雲 留營司馬(五)を領す。此の時、先主の孫夫人、權の妹なるを以て驕豪たり。多く吳の吏兵を將ゐ、縱橫にして不法たり。先主雲の嚴重なるを以て、必ず能く整齊せんとし、特に任じて內事を掌らしむ。權 備の西征せるを聞き、大いに舟船を遣はして妹を迎ふ。而して夫人は內《ひそ》かに後主を將ゐて吳に還らんと欲す。雲 張飛と與に、兵を勒して江を截り、乃ち後主を得て還る」と。

(補注)

(一) 牙門將軍は、雜号将軍の一つ。あるいは「軍」は衍字で、牙門將のことか。

(二) 雲別傳は、『趙雲別傳』。著者などは不詳。陳壽が著した趙雲傳よりも、趙雲を立派に描く。別傳が史料として偏向を持ち、裴松之に史料批判という史学独自の方法を必要とさせたことは、渡邉義浩「「史」の自立―魏晉期における別伝の盛行について」(『史学雜誌』一一二―四、二〇〇三年、『三国政権の構造と「名士」』前掲に所収)を参照。

(三) 夏侯蘭は、常山國眞定縣の人。夏侯惇の部下であったが、博望の戦いで趙雲に生け捕りにされ、旧知であった趙雲に助命された。のち法律に明るいので、軍正となった(『三國志』巻三十六 趙雲傳注引『趙雲別傳』)。

(四) 軍正は、官名。軍法・規律を掌る。

(五) 留營司馬は、官名。劉備の幕府の司馬であるが、趙雲の場合、とくに内向きの取り締まりにあたった。

[現代語訳]

趙雲傳

趙雲《ちょううん》は字を子龍《しりょう》といい、常山國眞定縣《じょうざんこくしんていけん》(河北省正定県の南)の人である。もとは公孫瓚《こうそんさん》に属していた。公孫瓚は先主(劉備)を派遣して田楷《でんかい》を助けて袁紹《えんしょう》を防がせた。趙雲はこうして(先主に)つき従い、先主のために騎兵を統率した[一]。先主は曹操に當陽《とうよう》の長阪《ちょうはん》で追撃されるに及び、妻子を見捨てて南に逃げた。趙雲は身に(先主の)幼子を抱いた、これが後主《こうしゅ》(劉禪)である。甘夫人《かんふじん》を保護した、これが後主の生母である。(趙雲の働きにより)ともに難を免れることができた。(この功績により)移って牙門將軍《がもんしょうぐん》となった。先主が蜀に入ると、趙雲は荊州《けいしゅう》に留まった[二]。

[裴松之注]

[一]『趙雲別傳《ちょううんべつでん》』に、「趙雲は身の長《たけ》が八尺(約184㎝)、姿や顔つきが雄偉であったので、常山郡から推挙されて、官民の義勇兵を率いて、公孫瓚に至った。このとき袁紹は冀州《きしゅう》牧《ぼく》を称していた。公孫瓚は冀州の人が袁紹に従うことを深く憂いていた。趙雲

がやってきたことを喜び、趙雲をからかって、「聞くところではあなたの州の人はみな袁氏（につくこと）を願っているという。君はどうして一人心をめぐらせて、迷ったのに（正しい側に）戻ることができたのか」と言った。趙雲は答えて、「天下はがやがやと勝手なことを言い、いまだどれが正しいのかを知ることができないのに、民には逆さ吊りにされるような災厄があります。わたしの州の議論は、仁政のある所に従います。袁公を軽視して個人的に將軍を尊重したわけではありません」と言った。こうして公孫瓚と共に征討した。このとき先主（劉備）もまた公孫瓚に身を寄せていた。（先主は）つねに趙雲に接し受入れたので、趙雲は自然と深く結び託することができた。趙雲は兄の喪を理由に、公孫瓚のもとを辞去してしばらく帰ることになった。先主は趙雲が戻らないことを知り、手を取って別れた。趙雲は別れの挨拶をして、「絶対に徳に背くことはございません」と言った。先主が袁紹に身を寄せると、趙雲は（先主に）鄴《ぎょう》縣で見えた。先主は趙雲と牀を共にして眠った。（先主は）秘かに趙雲を派遣し募兵させて数百人を得、みな劉左將軍の部曲《ぶきょく》（私兵）と称した。袁紹は（その動きを）知ることができなかった。こうして（趙雲は）先主に随って荊州に至った」とある。

[二]『趙雲別傳』に、「これよりさき、先主が（長阪で）敗れると、趙雲が北に逃げ去ったと言うものがいた。先主は手戟《しゅげき》を投げつけて、「子龍は我《わたし》を棄て逃げることはない」と言った。ほどなく、趙雲が到着した。（劉備に）従って江南を平定し、偏將軍となり、桂陽《けいよう》太守を兼任して、趙範《ちょうはん》に代わった。趙範の寡《やもめ》の嫂《あによめ》は樊《はん》氏といい、国を傾けるほどの美女であった。趙範は寡嫂を趙雲に娶らせようとした。趙雲は辞退して、「（あなたとわたしは）ともに同姓であるから、卿《あなた》の兄は我の兄のようなものである」と言った。固辞して承知しなかった。そのとき趙雲に寡嫂を娶るよう勧めるものがあった。趙雲は、「趙範は圧迫されて降服しただけです。その心はいまだ測ることができません。天下に女性は大勢おります」と言った。こうして娶らなかった。趙範は果たして逃走したが、趙雲は意にかけることはなかった。これよりさき、夏侯惇《かこうとん》と博望《はくぼう》縣で戦い、夏侯蘭《かこうらん》を生け獲りにした。夏侯蘭は趙雲の郷里の出身で、幼いころから互いに知っていた。趙雲は先主に申し上げ助命し、夏侯蘭が法律に明るいことを薦め、軍正《ぐんせい》とさせた。趙雲はこのため自分から接近しなかった。その慎重な配慮はこのようであった。先主が益州に入ると、趙雲は留營司馬《りゅうえいしば》を兼任した。このとき、先主の孫夫人《そんふじん》は、孫權の妹であることで驕慢であった。多く吳の吏と兵を率い、やりたい放題で法を守らなかった。先主は趙雲が厳格で重厚であることから、必ず整えることができるとして、特別に任命して内うちのことを掌らせた。孫權は劉備が（益州に）西征したことを聞き、多くの船を派遣して妹を迎えた。そのとき孫夫人は秘かに後主《こうしゅ》（劉禪）を連れて吳に帰ろうとした。趙雲は張飛と共に、兵を率いて長江を遮り、ようやく後主を取り戻して帰った」とある。

【原文】

先主自葭萌還攻劉璋、召諸葛亮。亮率雲與張飛等、倶泝江西上、平定郡縣。至江州、分遣雲從外水上江陽、與亮會于成都。成都既定、以雲爲翊軍將軍[一]。建興元年、爲中護軍・征南將軍、封永昌亭侯。遷鎭東將軍。五年、隨諸葛亮駐漢中。明年、亮出軍、揚聲由斜谷道。曹眞遣大衆當之。亮令雲與鄧芝往拒、而身攻祁山。雲・芝兵弱敵彊、失利於箕谷。然斂衆固守、不至大敗。軍退、貶爲鎭軍將軍[二]。

[裴松之注]

[一] 雲別傳曰、益州既定、時議、欲以成都中屋舍及城外園地・桑田分賜諸將。雲駮之曰、霍去病以匈奴未滅、無用家爲。今國賊非但匈奴、未可求安也。須天下都定、各反桑梓、歸耕本土、乃其宜耳。益州人民、初罹兵革、田宅皆可歸還。今安居復業、然後可役調、得其歡心。先主卽從之。夏侯淵敗、曹公爭漢中地、運米北山下、數千萬囊。黃忠以爲可取、雲兵隨忠取米。忠過期不還、雲將數十騎輕行出圍、迎視忠等。値曹公揚兵大出、雲爲公前鋒所擊。方戰、其大衆至、勢偪。遂前突其陳、且鬬且却。公軍散、已復合。雲陷敵、還趣圍。將張著被創、雲復馳馬還營迎著。公軍追至圍。此時、沔陽長張翼在雲圍內。翼欲閉門拒守。而雲入營、更大開門、偃旗息鼓。公軍疑雲有伏兵、引去。雲雷鼓震天、惟以戎弩於後射公軍、公軍驚駭、自相蹂踐、墮漢水中、死者甚多。先主明旦、自來至雲營圍、視昨戰處曰、子龍一身都[1]〔爲〕〔是〕膽也。作樂飮宴至暝。軍中號雲爲虎威將軍。孫權襲荊州、先主大怒、欲討權。雲諫曰、國賊是曹操、非孫權也。且先滅魏、則吳自服。操身雖斃、子丕簒盜。當因衆心、早圖關中、居河・渭上流以討凶逆、關東義士、必裹糧策馬以迎王師。不應置魏、先與吳戰。兵勢一交、不得卒解也。先主不聽、遂東征、留雲督江州。先主失利於秭歸、雲進兵至永安、吳軍已退。

[二]雲別傳曰、亮曰、街亭軍退、兵將不復相錄、箕谷軍退、兵將初不相失、何故。芝答曰、雲身自斷後、軍資・什物、略無所棄、兵將無緣相失。雲有軍資餘絹、亮使分賜將士。雲曰、軍事無利、何爲有賜。其物請悉入赤岸府庫、須十月爲冬賜。亮大善之。

〔校勘〕

1. 百衲本は「爲」につくるが、中華書局本により「是」に改める。

《訓読》

先主 葭萌より還りて劉璋を攻め、諸葛亮を召す。亮 雲と張飛らを率ゐ、倶に江を泝りて西上し、郡縣を平定す。江州に至り、雲を分遣して外水より江陽に上り、亮と成都に會せしむ。成都 既に定まり、雲を以て翊軍將軍(一)と爲す[一]。建興元年、中護軍(二)・征南將軍(三)と爲り、永昌亭侯に封ぜらる。鎭東將軍に遷る。五年、諸葛亮に隨ひて漢中に駐まる。明年、亮 軍を出だし、斜谷道に由ると揚聲す。曹眞 大衆を遣はして之に當たらしむ。亮 雲をして鄧芝と與に往きて拒がしめ、而るに身ら祁山を攻む。雲・芝の兵は弱く敵は彊ければ、利を箕谷に失す。然れども衆を斂め固く守り、大敗するに至らず。軍 退き、貶《おと》されて鎭軍將軍と爲る[二]。

[裴松之注]

[一] 雲別傳に曰く、「益州 既に定まり、時に議すらく、成都の中の屋舍及《と》城外の園地・桑田を以て諸將に分賜せんと欲すと。雲之に駮して曰く、「霍去病(四)は匈奴の未だ滅びざるを以て、家を用《もっ》て爲《つ》くること無し。今 國賊は但だ匈奴のみに非ざれば、未だ安きを求む可からざるなり。天下の都《すべ》て定むるを須《ま》ち、各〻桑梓(五)に

反り、歸りて本土に耕すは、乃ち其の宜なるのみ。益州の人民、初めて兵革に罹れば、田宅は皆 歸し還す可し。今 居に安んじ業に復せしめ、然る後に調を役す可けんば、其の歡心を得ん」と。先主 卽ちに之に從ふ。夏侯淵 敗れ、曹公 漢中の地を爭ひ、米を北山の下に運ぶこと、數千萬囊《のう》なり。黃忠 以て取る可きと爲し、雲の兵 忠に隨ひて米を取る。忠 期を過ぎるも還られば、雲 數十騎を將ゐて輕行もて圍を出で、迎へて忠らを視んとす。曹公 兵を揚げて大いに出づるに値たり、雲 公の前鋒の擊つ所と爲る。方に戰はんとするや、其の大衆 至り、勢 偪らる。遂て前みて其の陣を突き、且つ鬭ひ且つ却く。公の軍 散ずるも、已に復た合す。雲 敵を陷し、還りて圍に趣く。將の張著(六) 創を被らば、雲 復た馬を馳せ營に還りて著を迎ふ。公の軍 追ひて圍に至る。此の時、沔陽長の張翼 雲の圍の內に在り。翼 門を閉ぢ拒守せんと欲す。而るに雲 營に入るや、更に大いに門を開き、旗を偃《ふ》せ鼓を息《や》む。公の軍 雲に伏兵有るを疑ひて、引き去る。雲 雷のごとく鼓し天を震はせ、惟だ戎弩を以て後より公の軍を射る。公の軍 驚駭し、自ら相 蹂踐して、漢水の中に墮ち、死する者 甚だ多し。先主 明旦に、自ら來りて雲の營圍に至り、昨《きのふ》の戰處を視て曰く、「子龍の一身は都《すべ》て是れ膽なり」と。樂を作《な》し飮宴すること暝《くれ》に至る。軍中 雲を號して虎威將軍と爲す。孫權 荊州を襲ふや、先主 大いに怒り、權を討たんと欲す。雲 諫めて曰く、「國賊は是れ曹操にして、孫權に非ざるなり。且つ先に魏を滅ぼさば、則ち吳 自ら服さん。操の身は斃ると雖も、子の丕は簒盜す。當に衆心に因りて、早に關中を圖り、河・渭の上流に居りて以て凶逆を討たば、關東の義士、必ずや糧を裹《つつ》み馬に策《むちう》ちて以て王師を迎へん。應に魏を置き、先に吳と戰ふべからず。兵勢一たび交はらば、卒に解くを得ざるなり」と。先主 聽かず、遂に東征し、雲を留めて江州を督せしむ。先主 利を秭歸に失ふや、雲 兵を進めて永安に至るも、吳軍 已に退く」と。

[二] 雲別傳に曰く、「亮曰く、「街亭の軍 退くや、兵將 復た相 錄せざるも、箕谷の軍 退くや、兵將 初めて相 失せざるは、何の故か」と。芝 答へて曰く、「雲 身自《みづか》ら後ろを斷たば、軍資・什物、略ぼ棄つる所無く、兵將 緣りて相 失せざること無し」と。雲 軍資の餘絹有れば、亮 將士に分賜せしめんとす。雲曰く、「軍事に利無く、何爲ぞ賜有るや。其の物 悉く赤岸の府庫に入れ、十月を須ちて冬賜と爲さんことを請ふ」と。亮 大いに之を善しとす」と。

（補注）

（一）翊軍將軍は、雜号将軍の一つ。

（二）中護軍は、官名。蜀の護軍は、都護・軍師・監軍・參軍などとともに、武官の序列を示す官職として用いられた。

（三）征南將軍は、征東・征西・征南・征北の四征將軍の一つ。方面軍司令官となって征伐を掌る。

（四）霍去病は、前漢武帝期の驃騎將軍。衞皇后および衞青の甥にあたる。渾邪王を降服させ、匈奴を漠北に一掃し、武帝に厚く信賴されたが、二十四歳で病死した（『漢書』卷五十五 霍去病傳）。

（五）桑梓は、鄕里のこと。『詩經』小雅 小弁に、「維桑與梓、必恭敬止」とある。

（六）張著は、蜀漢の將。曹操の大軍に傷を負わされたところを趙雲に救出された（『三國志』卷三十六 趙雲傳注引『趙雲別傳』）。

［現代語訳］

先主は葭萌《かぼう》縣から戻って劉璋《りゅうしょう》を攻め（戦況が不利になると）、諸《しょ》葛亮《かつりょう》を呼び寄せた。諸葛亮は趙雲と張飛《ちょうひ》たちを率い、共に長江をさかのぼって西上し、郡縣を平定した。江州《こうしゅう》縣に至ると、趙雲を分遣隊として外水（岷江《びんこう》）から江陽《こうよう》縣に攻めあがらせ、諸葛亮と成都《せいと》縣で合流させた。成都が平定されると、（先主は）趙雲を翊軍将軍《よくぐんしょうぐん》とした［一］。建興《けんこう》元（二二三）年、中護軍《ちゅうごぐん》・征南将軍《せいなんしょうぐん》となり、永昌《えいしょう》亭侯《ていこう》に封建された。（のちに）鎮東将軍《ちんとうしょうぐん》に転任した。建興五（二二七）年、諸葛亮に従って漢中《かんちゅう》に駐屯した。翌（建興六〈二二八〉）年、諸葛亮は軍を出し、斜谷道《やこくどう》を通ると言いふらした。曹眞《そうしん》は大軍を派遣してこれに当たらせた。諸葛亮は趙雲に鄧芝《とうし》とともに行って（曹眞を）防がせ、自身は祁山《きざん》を攻めた。趙雲と鄧芝の兵は弱く敵は強かったので、箕谷《きこく》で敗れた。それでも兵を集め固く守り、大敗には至らなかった。（蜀）軍が敗退すると、（官位を）おとされて鎮軍将軍《ちんぐんしょうぐん》となった［二］。

［裴松之注］

［一］『趙雲別傳』に、「益州はすでに平定され、その際、成都《せいと》縣の城中の建物と城外の園囿《えんゆう》・桑田《そうでん》を諸将に分け与えようとする議論があった。趙雲はこれに駁論《ばくろん》して、「霍去病《かくきょへい》は匈奴《きょうど》がまだ滅んでいないので、家を建てることがありませんでした。いま国賊はただ匈奴だけではありませんので、まだ安寧を求めるべきではございません。天下のすべてが定まることを待ち、それぞれ郷里に戻り、帰って故郷で耕すことが、いちばんよろしいことなのです。益州の民草は、戦禍にあったばかりですから、田宅はみな（元の持ち主の）ものとして返すべきです。いま住居に安心させ田業に戻し、その後に徴発を行うことができれば、民の歓心を得られましょう」といった。先主は直ちにこれに従った。（曹魏の）夏侯淵《かこうえん》が敗れ、曹公は漢中の地を争い、米穀を北山の下に運び、数千万袋にもなった。黄忠《こうちゅう》はこれを奪い取るべきであるとし、趙雲の兵も黄忠に従って米穀を奪い取りに行った。黄忠が（帰還するとした）期限を過ぎても帰ってこないので、趙雲は数十騎を率いて軽い装備で（戦いの拠点である）圍《い》を出て、迎えて黄忠に会おうとした。曹公が兵をこぞって大いに出撃するのに出くわし、趙雲は曹公の先鋒に攻撃された。戦おうとすると、曹公の大軍が至り、情勢は逼迫した。そこで進んで曹公の陣を突き、戦いながら退いた。曹公の軍は散りぢりになったが、すでにまた合わさった。趙雲は敵を破り、帰って圍に行った。（ところが）将の張著《ちょうちょ》が傷を受けていたので、趙雲はまた馬を走らせ陣營に戻って張著を迎えた。曹公の軍は追撃して圍に至った。このとき、沔陽《べんよう》長の張翼《ちょうよく》が趙雲の圍の内にいた。張翼は門を閉じ拒守しようとした。ところが趙雲は陣營に入ると、さらに大いに門を開き、旗を伏せ太鼓を止めた。曹公の軍は趙雲に伏兵があると疑って、引きあげた。趙雲は雷のように太鼓を天を震わせるほどたたき、ただ戎弩《じゅうど》により後から曹公の軍を射た。曹公の軍は驚き、自ら互いに蹂躙して、漢水の中に落ち、死する者がたいへい多かった。先主は翌日の朝に、自ら来て趙雲の營圍に至り、昨日の戦いの場所を視て、「子龍の一身はすべてこれ胆である」と言った。樂を演奏し宴会すること夕方に至った。軍中は趙雲を号して虎威《こい》将軍とよんだ。孫權が荊州を襲撃すると、先主は大いに怒り、孫權を討とうとした。趙雲は諫めて、「国賊はそもそも曹操であって、孫權ではありません。かつ先に魏を滅ぼせば、呉は自

分から降服いたします。曹操の身は斃れましたが、子の曹丕《そうひ》は（漢を）簒奪し（帝位を）盗みとりました。（それに反発する）多くの人々の心にそって、早く關中《かんちゅう》を図り取り、黄河と渭水《いすい》の上流を拠点として凶逆（なる曹丕）を討てば、關東《かんとう》の義士が、必ずや兵糧を持ち兵馬に鞭打って王師《おうし》を迎えるでしょう。魏をそのままにして、先に吳と戦うべきではありません。戦いが一たび起これば、すぐに解くことはできないものです」と言った。先主は聴かず、こうして東征し、趙雲を留めて江州の都督とした。先主の軍が秭歸《しき》で敗れると、趙雲は兵を進めて永安《えいあん》に至ったが、吳軍はすでに撤退していた」とある。

［二］『趙雲別傳』に、「諸葛亮が、「（馬謖の率いた）街亭《がいてい》の軍が退く際には、將兵はまた互いに見失ったが、箕谷《きこく》の軍が退く際には、將兵は初めて互いに見失わなかったのは、どうしてなのか」と尋ねた。鄧芝《とうし》は、「趙將軍が自ら殿《しんがり》となったので、軍資や器物は、ほぼ棄てること無く、將兵は寄り添って互いに見失うことはありませんでした」と答えた。趙雲（の軍）には軍資の絹にあまりがあったので、諸葛亮は將士に分け賜わせようとした。趙雲は、「戦いに負けたのに、どうして賜与があるのでしょう。その絹はすべて赤岸の倉庫に入れ、十月を待って冬の賜物とすることを願います」と言った。諸葛亮は大いにこれを嘉した」とある。

【原文】

七年卒。追謚曰順平侯。

初先主時、惟法正見謚。後主時、諸葛亮功德蓋世、蔣琬・費禕荷國之重、亦見謚。陳祗寵待、特加殊獎、夏侯霸遠來歸國、故復得謚。於是關羽・張飛・馬超・龐統・黄忠及雲乃追謚、時論以爲榮［一］。雲子統嗣、官至虎賁中郎、督行領軍。次子廣、牙門將、隨姜維沓中、臨陳戰死。

〔裴松之注〕

［一］雲別傳載後主詔曰、雲昔從先帝、功積既著。朕以幼沖、涉塗艱難、賴恃忠順、濟於危險。夫謚所以敘元勳也。外議雲宜謚。大將軍姜維等議、以爲、雲昔從先帝、勞績既著。經營天下、遵奉法度、功效可書。當陽之役、義貫金石、忠以衞上。君念其賞、禮以厚下、臣忘其死。死者有知、足以不1（溺）〔朽〕。生者感恩、足以殞身。謹按謚法、柔賢慈惠曰順、執事有班曰平、克定禍亂曰平。應謚雲曰順平侯。

〔校勘〕

1．百衲本は「溺」につくるが、中華書局本により「朽」に改める。

《訓讀》

七年 卒す。追謚して順平侯（一）と曰ふ。

初め先主の時、惟だ法正のみ謚《おくりな》せらる。後主の時、諸葛亮は功德世を蓋ひ、蔣琬・費禕は國の重きを荷ひて、亦た謚せらる。陳祗は寵待せられ、特に殊獎を加へられ、夏侯霸（二）は遠來して國に歸す、故に復た謚せらるるを得たり。是に於て關羽・張飛・馬超・龐統・黄忠及び雲 乃ち追謚せられ、時論（三） 以て榮と爲す［一］。雲の子たる統（四） 嗣ぎ、官は虎賁中郎、督行領軍に至る。次子の廣、牙門將たりて、姜維に沓中に隨ひ、陳に臨みて戰ひ死す。

[裴松之注]

[一] 雲別傳に後主の詔を載せて曰く、「雲は昔 先帝に從ひ、功積既に著れり。朕 幼沖なるを以て、艱難を涉塗するも、賴りて忠順を恃み、危險を濟《わた》る。夫れ謚は元勳を敍する所以なり。外議は雲は宜しく謚すべし」と。大將軍の姜維ら議すらく、「以爲へらく、雲は昔 先帝に從ひ、勞績 既に著れり。天下を經營し、法度を遵奉し、功效は書す可し。當陽の役、義は金石を貫き、忠は以て上を衞る。君 其の賞を念ひ、禮もて以て下に厚くせば、臣 其の死を忘れん。死者にして知有らば、以て不朽なるに足る。生者にして恩に感ずれば、以て身を殞すに足る。謹みて謚法を按ずるに、柔賢慈惠なるを順と曰ひ、執事に班有るを平と曰ひ、禍亂を克定するを平と曰ふ。應に雲に謚して順平侯と曰ふべし」と。

(補注)

(一) 趙雲は、景耀四（二六一）年三月に、順平侯を追謚（謚を追贈）されている。

(二) 夏侯霸は、沛國譙縣の人、字は仲權。夏侯淵の子。曹魏における正始の政變の際に、關中に駐屯していたが、曹爽と姻戚關係にあったため、連坐を恐れて蜀に降り、車騎將軍となった。そのとき、劉禪は皇子たちを「夏侯氏の甥」と紹介している。張飛の妻は夏侯霸の從妹で、その二人の娘が劉禪の皇后であった。

(三) 督行領軍は、なんらかの都督と領軍を兼任したことの省略表現であるが、ここでは詳細は不明である。

(四) 牙門将は、官名。都督の下に配属される部隊長職。

[現代語訳]

建興《けんこう》七年（二二九）に（趙雲は）卒した。（景耀四〈二六一〉年に）謚《おくりな》を追贈して順平侯《じゅんぺいこう》とした。

これよりさき先主のときには、ただ法正《ほうせい》だけが謚を贈られた。後主のときに、諸葛亮は功と徳が世をおおうほどであるため、蔣琬《しょうえん》と費禕《ひい》は国家の重責を担ったことにより、また謚を贈られた。陳祗《ちんし》は（後主から）寵愛され、特別の待遇を加えられたため、夏侯霸《かこうは》は遠く（曹魏）から（蜀漢）国に帰順したので、このためまた謚を贈られた。ここにおいて關羽・張飛・馬超《ばちょう》・龐統《ほうとう》・黃忠《こうちゅう》および趙雲がようやく謚を贈られ、時の世論は名誉なことであるとした[一]。趙雲の子である趙統《ちょうとう》が（順平侯の爵位を）嗣ぎ、官職は虎賁中郎將、督行領軍《とくこうりょうぐん》に至った。次男の趙廣《ちょうこう》は、牙門將《がもんしょう》となり、姜維《きょうい》に沓中《とうちゅう》（甘肅省舟曲県）まで従い、陣に臨んで戦死した。

[裴松之注]

[一]『趙雲別傳』に後主の詔を載せて、「趙雲はむかし先帝に従い、功績はすでに顕著である。朕は幼少の身で、艱難を踏み歩いたが、（趙雲の）忠順を頼りにして、危機を乗り超えられた。そもそも謚《おくりな》は元勲を叙するためのものである。外朝の議は趙雲は謚すべきであるとしている」とある。大將軍の姜維《きょうい》たちの議では、「考えますに、趙雲はむかし先帝に従い、その労苦功績はすでに顕らかであります。天下を巡り働き、法律を遵守し、功績は記録すべきものがございます。（陛下をお救いした）當陽《とうよう》の役では、義は金石を貫き、忠は至上を守るに十分なものでした。君主がそれを賞することを思い、礼により下に厚くすれば、臣下はそ

の死を忘れます。死者であり知覚があれば、それは不朽とするに足ります。生者であり恩に感じれば、それは身を投げ出すに足りるものです。謹んで謚法《しほう》を調べますに、柔順で賢明で慈愛を持ち恵愛にあふれることを順といい、仕事を行う際に秩序のあることを平といい、災禍や反乱を打ち勝ち平らげることを平といいます。趙雲に謚して順平侯というべきです」とした。

【原文】

評曰、關羽・張飛皆稱萬人之敵、爲世虎臣。羽報效曹公、飛義釋嚴顏、並有國士之風。然羽剛而自矜、飛暴而無恩、以短取敗、理數之常也。馬超阻戎負勇、以覆其族。惜哉。能因窮致泰、不猶愈乎。黄忠・趙雲、彊摯壯猛、並作爪牙。其灌・滕之徒歟。

《訓読》

評に曰く、「關羽・張飛は皆 萬人の敵と稱され、世の虎臣爲り。羽は效を曹公に報い、飛は義もて嚴顏を釋し、並びに國士の風有り。然れども羽は剛にして自ら矜り、飛は暴にして恩無く、短を以て敗を取るは、理數の常なり。馬超は戎《いくさ》を阻むに勇を負み、以て其の族を覆す。惜しいかな。能く窮に因りて泰きを致すは、猶ほ愈《よ》からずや。黄忠・趙雲は、彊摯壯猛にして、並びに爪牙と作《な》れり。其れ灌（一）・滕（二）の徒なるか」と。

（補注）

（一）灌は、前漢建国の功臣であった灌嬰。もとは、睢陽の絹商人であった。劉邦のために力戦し、潁陰侯となった（『史記』巻九十五 灌嬰傳）。灌嬰は騎兵隊長として活躍したので、黄忠を灌嬰になぞらえたのだろう。

（二）滕は、前漢建国の功臣であった夏侯嬰。沛の人。夏侯嬰はかつて滕縣の縣令に任ぜられたので、滕公という。劉邦の御者を務めていたが、項羽に敗れて逃げる際、劉邦が馬車から突き落とした二人の子（のちの惠帝と魯元公主）を救った（『史記』巻九十五 夏侯嬰傳）。そのため、趙雲を滕公になぞらえたのだろう。

［現代語訳］

評にいう、「關羽・張飛はともに万人の敵と称され、天下の虎臣であった。關羽が曹操に功績で報い、張飛が義によって嚴顏《げんがん》を許したことは、ともに國士の風格をそなえている。しかしながら關羽は気性が激しく自信過剰で、張飛は粗暴で恩情がなかったので、（それぞれの）短所によって失敗を招いたのは、物事の道理の常である。馬超は（敵の）軍隊を阻むのに自らの勇猛さをたのみ、それにより一族を滅ぼした。残念なことだ。（ただ、馬超が）困窮した状態から（劉備に従うことで）安泰を招き寄せたのは、よかったといえるのではないか。黄忠と趙雲は、強くて荒々しく勇猛で、ともに爪牙となった。（ふたりはそれぞれ）灌嬰《かんえい》と夏侯嬰《かこうえい》のともがらであろうか」と。

【原文】

龐統法正傳第七　　蜀書　　國志三十七

龐統傳

龐統字士元、襄陽人也。少時樸鈍、未有識者。潁川司馬徽、清雅有知人鑒。統弱冠往見徽。徽採桑於樹上、坐統在樹下、共語自晝至夜。徽甚異之、稱統當爲南州士之冠冕。由是漸顯[一]。後郡命爲功曹。性好人倫、勤於長養。每所稱述、多過其才。時人怪而問之。統答曰、當今天下大亂、雅道陵遲、善人少而惡人多。方欲興風俗、長道業。不美其譚卽聲名不足慕企、不足慕企而爲善者少矣。今拔十失五、猶得其半、而可以崇邁世教、使有志者自勵、不亦可乎。吳將周瑜助先主取荊州、因領南郡太守。瑜卒、統送喪至吳。吳人多聞其名。及當西還、並會昌門、陸績・顧劭・全琮皆往。統曰、陸子可謂駑馬有逸足之力、顧子可謂駑牛能負重致遠也[二]。謂全琮曰、卿好施慕名、有似汝南樊子昭[三]。雖智力不多、亦一時之佳也。績・劭謂統曰、使天下太平、當與卿共料四海之士。深與統相結而還。

[裴松之注]

[一] 襄陽記曰、諸葛孔明爲臥龍、龐士元爲鳳雛、司馬德操爲水鏡、皆龐德公語也。德公、襄陽人。孔明每至其家、獨拜牀下、德公初不令止。德操嘗造德公、値其渡沔、上祀先人墓。德操徑入其室、呼德公妻子、使速作黍、徐元直向云、有客當來就我、與龐公譚。其妻子皆羅列拜於堂下、奔走供設。須臾、德公還、直入相就、不知何者是客也。德操年小德公十歲、兄事之、呼作龐公。故世人遂謂龐公是德公名、非也。德公子山民、亦有令名。娶諸葛孔明小姊、爲魏黃門吏部郎、早卒。子渙、字世文、晉太康中爲牂牁太守。統、德公從子也。少未有識者。惟德公重之、年十八、使往見德操。德操與語、既而歎曰、德公誠知人。此實盛德也。

[二] 張勃吳錄曰、或問統曰、如所目、陸子爲勝乎。統曰、駑馬雖精、所致一人耳。駑牛一日行三百里、所致豈一人之重哉。劭就統宿語、因問、卿名知人。吾與卿孰愈。統曰、陶冶世俗、甄綜人物、吾不及卿。論帝王之祕策、攬倚伏之要最、吾似有一日之長。劭安其言而親之。

[三] 蔣濟萬機論云、許子將褒貶不平、以拔樊子昭而抑許文休。劉曄曰、子昭拔自賈豎、退[1]（難）〔能〕守靜、進能不苟。濟答曰、子昭誠自長幼[2]（皃）〔貌〕潔。然觀其臿齒牙、樹頰胲、吐脣吻、自非文休敵也。胲音改。

〔校勘〕

1. 百衲本は「難」につくるが、中華書局により「能」に改める。
2. 『世説新語』注に引く「萬機論」は、「子昭誠自幼至長、容貌完潔」につくる。百衲本は「皃」につくるが、「貌」に改める。

《訓読》

龐統法正傳第七　　蜀書　　國志三十七

龐統傳

龐統 字は士元、襄陽の人なり。少き時 樸鈍にして、未だ識る者有らず。潁川の司馬徽、清雅にして知人の鑒有り。統 弱冠にして往きて徽に見ゆ。徽 桑を樹上に採り、統を坐して樹の下に在らしめ、共に語ること晝より夜に至る。徽 甚だ之を異とし、統を稱して當に南州(一)の士の冠冕と爲るべしとす。是に由りて漸く顯はる[一]。後に郡命じて功曹と爲す。性は人倫を好み、長養に勤む。毎に稱述する所、多く其の才に過ぐ。時人 怪みて之を問ふ。統 答へて曰く、「當今《いま》天下 大いに亂れ、雅道は陵遲し、善人 少なくして惡人 多し。方に風俗を興し、道業を長らへんと欲す。其の譚を美とせずんば卽ち聲名慕企するに足らず、慕企するに足らずして善を爲す者は少なし。今十を拔き五を失ふも、猶ほ其の半を得、而して以て世教を崇邁し、志有る者をして自ら勵せしむ可けんば、亦た可ならずや」と。吳將の周瑜 先主を助けて荊州を取り、因りて南郡太守を領す。瑜 卒し、統喪を送り吳に至る。吳人 多く其の名を聞く。當に西に還らんとするに及び、並な昌門に會し、陸績(二)・顧劭(三)・全琮(四) 皆 往く。統曰く、「陸子は駑馬なるも逸足の力有りと謂ふ可く、顧子は駑牛なるも能く重きを負ひて遠きを致すと謂ふ可きものなり」と[二]。全琮に謂ひて曰く、「卿は施を好み名を慕ひ、汝南の樊子昭(五)に似たる有り[三]。智力多からずと雖も、亦た一時の佳なり」と。績・劭 統に謂ひて曰く、「使《も》し天下 太平にならば、當に卿と與に共に四海の士を料らん」と。深く統と相 結びて還る。

[裴松之注]

[一] 襄陽記に曰く、「諸葛孔明を臥龍と爲し、龐士元を鳳雛と爲し、司馬德操を水鏡と爲すは、皆 龐德公(六)の語なり。德公は、襄陽の人。孔明 毎に其の家に至り、獨り牀下に拜するも、德公 初めより止めしめず。德操 嘗て德公に造るや、其の沔を渡り、上りて先人の墓を祀るに値ふ。德操 徑ちに其の室に入り、德公の妻子を呼びて、速かに黍を作らしめ、徐元直 向《さき》に云はざるや、「客有り當に來りて我に就き、龐公と與に譚《かた》るべし」と。其の妻子は皆 羅列して堂下に拜し、供設に奔走す。須臾にして、德公 還り、直ちに入りて相 就くも、何者が是れ客なるかを知らざるなり。德操 德公より年小なること十歲なれば、之に兄事し、呼びて龐公と作す。故に世人 遂て龐公は是れ德公の名なると謂ふも、非なり。德公の子たる山民(七)、亦た令名有り。諸葛孔明の小姊を娶り、魏の黃門吏部郎に爲るも、早く卒す。子の渙(八)、字は世文、晉の太康中に牂牁太守と爲る。統は、德公の從子なり。少くして未だ識る者有らず。惟だ德公 之を重んじ、年十八にして、往きて德操に見えしむ。德操 與に語り、既にして歎じて曰く、「德公 誠に人を知る。此れ實に盛德なり」と」と。

[二] 張勃(九)の吳錄(一〇)に曰く、「或ひと統に問ひて曰く、「目する所が如くんば、陸子を勝と爲すか」と。統曰く、「駑馬は精なると雖も、致す所は一人のみ。駑牛は一日 行くこと三百里、致す所は豈に一人の重きならんや」と。劭 統の宿に就きて語り、因りて問ふ、「卿 人を知ると名あり。吾と卿と孰れか愈れり」と。統曰く、「世俗を陶治し、人物を甄綜するは、吾 卿に及ばず。帝王の祕策を論じ、倚伏の要最を攬るは、吾 一日の長有るに似たり」と。劭 其の言に安んじて之に親しむ」と。

[三] 蔣濟の萬機論に云ふ、「許子將(一一)の褒貶は平らかならず、以て樊子昭を拔きて許文休を抑ふ。劉曄(一二)曰く、「子昭 拔きんずるに賈豎よりし、年 耳順に至り、退けば能く靜を守り、進めば能く苟《かりそめ》にせず」と。濟 答へて曰く、「子昭は誠に長幼より貌は潔なり。然れども其の齒牙を臿《うすづ》き、頰胲を樹《お》き、脣吻を吐くを觀れば、自づから文休の敵には非ざるなり」と」と。胲 音は改。

（補注）

（一）南州は、ここでは後漢の都である雒陽（洛陽）の南に位置する荊州をさす。冠冕は第一位、首席の意味。

（二）陸績は、揚州呉郡呉縣の人、字は公紀。父の陸康が廬江太守のとき、袁術のもとで蜜柑を出され、母親に食べさせるため持ち帰ろうとした。孫權の奏曹掾となり、何でも諫言したため、鬱林太守に左遷された。『周易』『太玄』に注をつけ、自らの死ぬ日を予想し、「有漢の志士、呉郡の陸績」から始まる弔文を書き、漢の臣下であるとした（『三國志』巻五十七 陸績傳）。

（三）顧劭は、揚州呉郡語県の人、字は孝則。孫呉の第二代丞相となった顧雍の長子、顧承・顧譚の父。若いとき舅父の陸績と名声を等しくし、孫策の長女を妻とした。豫章太守となったが、三十一歳で卒した（『三國志』巻五十二 顧雍傳）。

（四）全琮は、揚州呉郡錢唐縣の人、字は子璜。父全柔は、孫權の桂陽太守。孫權に仕えて奮威校尉に任ぜられ、山越討伐に功を挙げ偏將軍となった。黃龍元（二二九）年、衞將軍・左護軍・徐州牧に任ぜられた。二宮事件では、步騭や呂岱らと共に孫覇の立太子を支持し、赤烏九（二四六）年、右大司馬・左軍師に昇進した。しかし、孫覇を立太子するまでには至らずに卒した（『三國志』巻六十 全琮傳）。

（五）樊子昭は、汝南郡の人。許劭に評価されて名声を高めた（『後漢書』列傳五十八 許劭傳）。

（六）龐德公は、襄陽の人。荊州牧の劉表にしばしば招かれたが拒否した。その後、妻子を連れて鹿門山に登り、そのまま薬草を採りに行って帰らなかったという（『後漢書』列傳七十三 逸民 龐公傳）。

（七）山民は、龐山民。唐の李世民を避諱するため、龐山人にもつくる（『後漢書』列傳七十三 逸民 龐公傳）。龐德公の子。曹魏に仕えて黃門吏部郎となったが、早世した。

（八）渙は、龐渙、字を世文。龐山民の子。晉の太康年間（二八〇～二八九年）に牂牁太守となった（『三國志』巻三十七 龐統傳）。

（九）張勃は、西晉の人。孫呉の張儼の子。『呉錄』を著した（『隋書』巻三十三 經籍志二）。

（一〇）呉錄は、紀傳體で書かれた呉の史書。西晉の張勃の著（『隋書』巻三十三 經籍志二）。

（一一）許子將は、許劭。子將は字。豫州汝南郡平輿縣の人。人物鑑定に優れ、若き日の曹操を評した逸話は有名である。毎月のはじめに人物評論を行い、「月旦評」と呼ばれた。従兄の許靖と不仲で、そのために時人の評価は下がったという（『後漢書』列傳五十八 許劭傳）。

（一二）劉曄は、揚州淮南郡成悳縣の人、字を子揚。曹操が壽春の陳策討伐に出陣し、揚州の人材を募ったとき蔣濟や胡質と共に曹操に仕えた。曹操に益州平定間もない劉備を攻めること、文帝に孟達の厚遇を止めることを進言したが聴かれなかった。明帝が蜀の討伐を計画したとき、参内して賛意を示したが、退出後は討伐に反対し、国家機密の重要性を示した。官は大鴻臚に至った（『三國志』巻十四 劉曄傳）。

［現代語訳］

龐統法正傳第七　　蜀書　　國志三十七

龐統傳

龐統《ほうとう》は字を士元《しげん》といい、南陽《なんよう》郡襄陽《じょうよう》縣（湖北省襄樊市の南）の人である。若いころは朴訥で地味であり、まだ知られる存在ではなかった。潁川郡《えいせんぐん》出身の司馬徽《しばき》は清廉典雅な人で人物を見抜く鑑定眼があった。龐統は弱冠《じゃっかん》二十歳のころに往って司馬徽に見《まみ》えた。司馬徽は桑を木の上で採り、龐統を木の下に座らせて、共に語ること昼から夜までに及んだ。司馬徽はたいへん龐統をすばらしいとし、龐統を評価して南州（荊州）の士人の首席になるであろうとした。これにより次第に知られるようになった[一]。のちに南陽郡が任命して功曹史《こうそうし》とした。（龐統は）生来は人物評価を好み、人を養成することに努めた。当時の常に褒め述べるところは、多くその人の才よりも過ぎていた。当時の人々は怪しんでその訳を聞いた。龐統は答へて、「いま天下は大いに乱れ、正しい道は衰え、善人は少なく悪人は多くなっています。（そこで）風俗を興隆して、道徳の事業を永続させたいのです。（そのためには）その話を褒めなければ名声を求め慕うには足りず、求め慕うに足りなければ善をなすものは少ないでしょう。いま十人を抜擢して五人に（評価の）失敗をしても、なおその半分を手に入れ、そしてそれにより世の教えを尊び進め、志のある者に自らの励みとさせることができるのであれば、これはこれでよいではないでしょうか」と言った。呉の将軍である周瑜《しゅうゆ》は先主（劉備）を助けて荊州を取り、それにより南郡太守《なんぐんたいしゅ》を兼ねた。周瑜が卒すると、（南陽郡の功曹史である）龐統は遺骸を送って呉郡に至った。呉の人は多く龐統の名を聞き知っていた。（龐統が）西に還ろうとすると、みな昌門《しょうもん》に集まり、陸勣《りくせき》・顧劭《こしょう》・全琮《ぜんそう》らも（見送りに）行った。龐統は、「陸君は駑馬《どば》ですが早足の能力を持つと言うことができ、顧君は駑牛《どぎゅう》ですが重いものを背負い遠くに行くと言うことができます」と言った[二]。（龐統は）全琮に言って、「卿《あなた》は施与を好み名声を慕ひ、汝南《じょなん》郡の樊子《はんし》昭《しょう》と似ています[三]。智力は多くはありませんが、やはり時代の優れた人物です」とした。陸勣と顧劭は龐統に言って、「もし天下が太平になれば、卿《あなた》と一緒に共に天下の士を評価したいものです」とした。（かれらは）深く龐統と互いに結びついて帰っていった。

[裴松之注]

[一]『襄陽記《じょうようき》』に、「諸葛孔明《しょかつこうめい》を臥龍《がりょう》とし、龐士元《ほうしげん》を鳳雛《ほうすう》とし、司馬徳操《しばとくそう》を水鏡《すいきょう》としたのは、みな龐徳公《ほうとくこう》の言葉である。龐徳公は、襄陽の人である。孔明はいつもその家に至り、ひとり牀の下に拝礼していたが、龐徳公は初めから止めさせなかった。司馬徳操がかつて龐徳公（の家に）到ると、徳公は沔水《べんすい》を渡り、上って祖先の墓を祀っていた。司馬徳操は直ちにその室に入り、龐徳公の妻子を呼び、急いで黍を作らせ、徐元直《じょげんちょく》が先に、「客がありましてやって来ると我《わたし》にむかって、龐徳公と共に語りたいとしておりました」と言わなかったかとした。龐徳公の妻子はみな整列して堂下に拝礼すると、接待に奔走した。しばらくすると、龐徳公が帰り、直ちに（室に）入って対面したが、客が何者なのか分からなかった。司馬徳操は龐徳公より十歳の年少であったので、これに兄事し、龐公と呼んだ。このため世間では龐公が龐徳公の名であると思ったが、それは異なる。龐徳公の子である龐山民《ほうさんみん》は、また名声があった。諸葛孔明の下の姉を娶り、魏《ぎ》の黄門吏部《こうもんりぶ》郎《ろう》になったが、早く卒した。（山民の）子の龐渙は、字を世文《せぶん》といい、晉の太康《たいこう》年間（二八〇～二八九年）に牂牁《しょうか》太守となった。龐統は、龐徳公の従子《おい》である。若いときにはまだ知られていなかった。ただ徳公だけがこれを重んじ、十八のときに、行って司馬徳操に見《まみ》えさせた。司馬徳操は共に語り、そして感嘆して、「龐徳公はまことに人物を知っている。龐統は実に盛んな徳を持

つ」と言った」とある。

[二] 張勃《ちょうぼつ》の『呉録《ごろく》』に、「あるひとが龐統に尋ねて、「(陸績と顧劭への)評語のようであれば、陸君を優れているとするのですか」と言った。龐統は、「駑馬は優れたものであっても、運ぶものは一人だけです。駑牛は一日に三百里を行き、運ぶものは一人の重さだけではありません」と答えた。顧劭は龐統の宿まで行って語り、そこで、「卿《あなた》は人を知るという名声があります。吾《わたし》と卿とどちらが優れているでしょうか」と尋ねた。龐統は、「世俗を教化し、人物を見分けることは、吾は卿に及びません。帝王の秘策を論じ、禍福の勘所を把握することは、吾に一日の長があるようです」と答えた。顧劭はその言葉に納得して龐統に親しんだ」とある。

[三] 蔣濟《しょうせい》の「萬機論」に、「許子將《きょししょう》(許劭)の(人物評価の)毀誉褒貶は公平ではなく、樊子昭《はんししょう》を高く持ち上げ許文休《きょぶんきゅう》(許靖)を低く抑えている。劉曄《りゅうよう》は、「樊子昭は商人より身を起こし、六十歳になると、官から退けば静粛を守り、官に就けばいい加減にしなかった」と言う。濟《わたし》は答えて、「樊子昭はまことに幼少から長ずるまで容貌は清潔であった。しかし歯をがちがち鳴らし、頬をピクつかせ、口角泡を飛ばす様子をみると、間違いなく許靖の敵ではない」と言った」とある。胲は音が改である。

【原文】

先主領荊州、統以從事守耒陽令、在縣不治、免官。呉將魯肅、遺先主書曰、龐士元非百里才也。使處治中・別駕之任、始當展其驥足耳。諸葛亮亦言之於先主。先主見與善譚、大器之、以爲治中從事[一]。親待亞於諸葛亮、遂與亮並爲軍師中郎將[二]。亮留鎭荊州、統隨從入蜀。

[裴松之注]

[一] 江表傳曰、先主與統從容宴語、問曰、卿爲周公瑾功曹。孤到呉、聞此人密有白事、勸仲謀相留。有之乎。在君爲君。卿其無隱。統對曰、有之。備歎息曰、孤時危急、當有所求。故不得不往。殆不免周瑜之手。天下智謀之士、所見略同耳。時孔明諫孤莫行。其意獨篤、亦慮此也。孤以、仲謀所防在北、當賴孤爲援、故決意不疑。此誠出於險塗、非萬全之計也。

[二] 九州春秋曰、統說備曰、荊州荒殘、人物殫盡。東有呉孫、北有曹氏、鼎足之計、難以得志。今益州國富民彊、戶口百萬、四部兵馬、所出必具、寶貨無求於外。今可權借以定大事。備曰、今指與吾爲水火者、曹操也。操以急、吾以寬。操以暴、吾以仁。操以譎、吾以忠。毎與操反、事乃可成耳。今以小故而失信義於天下者、吾所不取也。統曰、權變之時、固非一道所能定也。兼弱攻昧、五伯之事。逆取順守、報之以義、事定之後、封以大國、何負於信。今日不取、終爲人利耳。備遂行。

《訓読》

先主 荊州を領するや、統 從事を以て耒陽令を守し、縣に在りて治めず、官を免ぜらる。呉の將たる魯肅、先主に書を遺《おく》りて曰く、「龐士元は百里(一)の才に非ざるなり。治中・別駕(二)の任に處《を》らしめ、始めて當に其の驥足を展《の》ぶべきのみ」と。諸葛亮も亦た之を先主に言ふ。先主見て與に善く譚《だん》じ、大いに之を器として、以て治中從事と爲す[一]。親待すること諸葛亮に亞《つ》ぎ、遂に亮と與に並びて軍師中郎將と爲る[二]。亮は留まりて荊州に鎭し、統は隨從して蜀に入る。

[裴松之注]

[一] 江表傳に曰く、「先主 統と從容として宴語するに、問ひて曰く、「卿は周公瑾の功曹爲り。孤の呉に到るや、此の人 密かに白す事有り、仲謀に相 留めしむを勸むと聞く。之 有るか。君に在りては君の爲にす。卿 其れ隱すこと無かれ」と。統 對へて曰く、「之有り」と。備 歎息して曰く、「孤 時に危急なれば、當に求むる所有るべし。故に往かざるを得ず。殆ど周瑜の手を免れざらんとす。天下の智謀の士、見る所 略ぼ同じきのみ。時に孔明 孤を諫めて行くこと莫かれと。其の意 獨り篤きは、亦た此を慮ればなり。孤 以へらく、仲謀の防ぐ所は北に在り、當に孤を賴りて援と爲さんと。故に意を決して疑はず。此れ誠に險塗に出で、萬全の計に非ざるなり」と」と。

[二] 九州春秋に曰く、「統 備に說きて曰く、「荊州 荒殘し、人物殫盡す。東に呉孫有り、北に曹氏有りて、鼎足の計、以て志を得難し。今 益州 國は富み民は彊く、戸口は百萬、四部の兵馬、出だす所に必ず具へられ、寶貨は外に求むること無し。今 權《かり》に借りて以て大事を定む可し」と。備曰く、「今 指《ただ》ちに吾と水火と爲る者は、曹操なり。操 急を以てせば、吾 寬を以てす。操 暴を以てせば、吾 仁を以てす。操 譎を以てせば、吾 忠を以てす。毎《つね》に操と反せば、事《こと》 乃ち成る可きのみ。今 小故を以して信義を天下に失ふ者は、吾の取らざる所なり」と。統曰く、「權變の時、固より一道もて能く定むる所に非ざるなり。弱を兼ね昧を攻むるは、五伯《は》の事なり。逆もて取るも順もて守り、之に報いるに義を以てし、事 定まるの後に、封ずるに大國を以てせば、何ぞ信に負かん。今日 取らざれば、終に人の利と爲るのみ」と。備 遂に行く」と。

(補注)

(一) 百里は、ここでは縣。「百里の才」とは、百里四方の縣を治める程度の凡庸な才能。

(二) 治中・別駕は、州吏の筆頭である別駕從事・治中從事のこと。後漢末に州の権力が強化されて以降、中央官僚に準じる要職とされた。

[現代語訳]

先主(劉備)が荊州牧《けいしゅうぼく》を領(兼任)すると、龐統は荊州從事《じゅうじ》として耒陽令《らいようれい》を兼任したが、縣にありながら統治をせず、免官された。呉の將である魯肅《ろしゅく》は、先主に書簡を送り、「龐士元は百里の才ではありません。治中從事《じちゅうじゅうじ》や別駕從事《べつがじゅうじ》に就かせ、はじめてその駿足を伸ばすことができるのです」と言った。諸葛亮もまたこれを先主に說いた。先主は(龐統に)会い共にじっくりと語らい、大いにこれを有能として、治中從事とした[一]。(龐統を)親任することは諸葛亮に次ぎ、そうして諸葛亮と並んで軍師中郎將《ぐんしちゅうろうしょう》となった[二]。(劉備が入蜀する際には)諸葛亮は留まり荊州を鎮撫し、龐統は随行して蜀に入った。

[裴松之注]

[一]『江表傳《こうひょうでん》』に、「先主は龐統とのんびりと雑談しているおり

に、尋ねて、「卿《あなた》は周公瑾《しゅうこうきん》（周瑜）の功曹《こうそう》であった。孤《わたし》が呉に行ったとき、あの人は密かに申しよこして、孫權に（わたしを）留めさせるよう勧めたと聞く。これは事実か。君主がいれば君主のためにするものである。卿は隠さないでほしい」と言った。龐統は答えて、「ございました」とした。劉備は歎息して、
「孤はそのとき緊急事態であったので、（孫權に）求めるものがあった。そのため行かざるを得なかったのだ。ほとんど周瑜の手から免れられないところであった。天下の智謀の士は、見るところがほぼ同じである。そのとき孔明は孤を諫めて行ってはなりませんとした。その意見にたいへん熱心であったのは、これを心配したためか。孤は、仲謀《ちゅうぼう》（孫權）の防御する相手は北（の曹操）であり、孤を頼って支援とすると考えていた。このため決心をして疑わなかったのである。これはまことに危険なやり方で、万全の計ではなかった」と言った」とある。

［二］『九州春秋《きゅうしゅうしゅんじゅう》』に、「龐統は劉備に説いて、「荊州は荒廃し、（優れた）人物も尽きました。東には孫呉があり、北には曹氏が鼎《てい》足《そく》の計は、志を得《え》難《が》たくなっております。いま益州は国は富み民は強く、戸口は百万、四方面への兵馬も、出そうとする所に必ず準備ができ、宝貨を外に求めることもありません。いま権宜《けんぎ》の策として（益州を）借りて大事を定めるべきです」と言った。劉備は、「いま直接吾《わたし》と水火の関係にある者は、曹操である。曹操が急にすれば、吾は寛にする。曹操が暴にすれば、吾は仁にする。曹操が譎にすれば、吾は忠にする。常に曹操と反対にすれば、大事は成し遂げられる。いま小さな理由で信義を天下に失うことは、吾の取るところではない」と言った。龐統は、「権変の時代には、ただ一つの道により（天下を）定めることはできません。弱体なものを併合し蒙昧なものを攻めることは、覇者《はしゃ》の事業です。（武力という）逆な手段により取っても（文徳という）順な道により守り、これに報いるには義によって、大事が定まった後に、（益州を取った代わりに）大国に封建すれば、どうして信に背くことになりましょう。いま取らなければ、ついには人の利となるだけです」と言った。劉備はこうして（益州の攻撃に）行った」とある。

【原文】

益州牧劉璋、與先主會涪。統進策曰、今因此會、便可執之。則將軍無用兵之勞而坐定一州也。先主曰、初入他國、恩信未著。此不可也。璋既還成都、先主當爲璋、北征漢中。統復說曰、陰選精兵、晝夜兼道、徑襲成都。璋既不武、又素無預備。大軍卒至、一舉便定。此上計也。楊懷・高沛、璋之名將、各仗彊兵、據守關頭。聞數有牋諫璋、使發遣將軍還荊州。將軍未至、遣與相聞、說荊州有急、欲還救之、並使裝束、外作歸形。此二子既服將軍英名、又喜將軍之去。計必乘輕騎來見。將軍因此執之、進取其兵、乃向成都。此中計也。退還白帝、連引荊州、徐還圖之。此下計也。若沈吟不去、將致大困。不可久矣。先主然其中計、卽斬懷・沛、還向成都、所過輒克。

於涪大會、置酒作樂。謂統曰、今日之會、可謂樂矣。統曰、伐人之國而以爲歡、非仁者之兵也。先主

醉、怒曰、武王伐紂、前歌後舞。非仁者邪。卿言不當。宜速起出。於是統逡巡引退。先主尋悔、請還。統復故位、初不顧謝、飲食自若。先主謂曰、向者之論、阿誰爲失。統對曰、君臣俱失。先主大笑、宴樂如初〔一〕。

〔裴松之注〕

〔一〕習鑿齒曰、夫霸王者、必體仁義以爲本、仗信順以爲宗。一物不具、則其道乖矣。今劉備襲奪璋土、權以濟業、負信違情、德義俱愆。雖功由是隆、宜大傷其敗、譬斷手全軀。何樂之有。龐統懼斯言之泄宣、知其君之必悟。故衆中匡其失、而不脩常謙之道、矯然太當、盡其蹇諤之風。夫上失而下正、是有臣也。納勝而無執、是從理也。有臣則陛隆堂高、從理則羣策[1](必)〔畢〕擧。一言而三善兼明、暫諫而義彰百代。可謂達乎大體矣。若惜其小失而廢其大益、矜此過言、自絕遠讜、能成業濟務者、未之有也。臣松之以爲、謀襲劉璋、計雖出於統、然違義成功、本由詭道。心既内疚、則歡情自戢。故聞備稱樂之言、不覺率爾而對也。備[2](酣宴)〔宴酣〕失時、事同樂禍。自比武王、曾無愧色。此備有非而統無失。其云君臣俱失、蓋分謗之言耳。習氏所論、雖大旨無乖、然推演之辭、近爲流宕也。

〔校勘〕

1．百衲本は「必」につくるが、中華書局本により「畢」に改める。

2．百衲本は「酣宴」につくるが、中華書局本により「宴酣」に改める。

《訓読》

益州牧の劉璋、先主と涪に會す。統 策を進めて曰く、「今 此の會に因り、便ち之を執らふ可し。さすれば則ち將軍 兵を用ふるの勞無くして坐《い》ながらにして一州を定むるなり」と。先主曰く、「初めて他國に入り、恩信 未だ著れず。此れ可ならざるなり」と。璋 既に成都に還り、先主 當に璋の爲に、北のかた漢中を征せんとす。統 復た說きて曰く、「陰かに精兵を選び、晝夜 道を兼ね、徑ちに成都を襲はん。璋 既に武ならず、又 素より預備無し。大軍 卒かに至らば、一擧にして便ち定まらん。此れ上計なり。楊懷・高沛(一)は、璋の名將にして、各〻彊兵に仗《よ》り、關頭(二)に據守す。聞くならく數〻牋有りて璋を諫め、將軍を發遣して荊州に還らしめんとすと。將軍 未だ至らざるに、遣はして與に相 聞し、荊州に急有り、還りて之を救はんと欲すと說き、並びに裝束せしめ、外に歸形を作さん。此の二子 既に將軍の英名に服し、又 將軍の去るを喜ばん。計るに必ず輕騎に乘りて來見せん。將軍 此に因りて之を執らへ、進みて其の兵を取り、乃ち成都に向かはん。此れ中計なり。退きて白帝(三)に還り、連《つゞ》けて荊州に引き、徐ろに還りて之を圖らん。此れ下計なり。若し沈吟して去らずんば、將に大困を致さんとす。久しくす可からず」と。先主 其の中計を然りとし、卽ちに懷・沛を斬り、還りて成都に向かひ、過ぐる所輒ち克つ。

涪に於て大いに會し、酒を置き樂を作す。統に謂ひて曰く、「今日の會、樂しと謂ふ可し」と。統曰く、「人の國を伐ちて以て歡と爲すは、仁者の兵に非ざるなり」と。先主 醉はば、怒りて曰く、「武王紂を伐つに、前に歌ひ後に舞ふと(四)。仁者に非ざるや。卿の言 當たらず。宜しく速やかに起ちて出づべし」と。是に於て統 逡巡(五)して引き退く。先主 尋いで悔み、還らんことを請ふ。統 故の位に復するも、初めより顧謝せず、飲食すること自若たり。先主 謂ひて曰く、「向《さ》者《き》の論、阿誰《たれ》(六)をか失と爲す」と。統 對へて曰く、「君臣 倶に失せり」と。先主 大いに笑ひ、宴樂すること初めの如し[一]。

[裴松之注]

[一] 習鑿齒曰く、「夫れ霸王なる者は、必ず仁義を體して以て本と爲し、信順に仗りて以て宗と爲す。一物だに具はらざれば、則ち其の道 乖《そむ》く。今 劉備 襲ひて璋の土を奪ひ、權《かり》に以て業を濟《な》せんとするは、信に負《そむ》き情に違ひ、德義 倶に愆《あやま》れり。功 是れに由り隆んなりと雖も、宜しく大いに其の敗を傷むこと、譬へば手を斷ちて軀を全くするがごとし。何の樂しみか之れ有らん。龐統 斯の言の泄れ宣ぶるを懼れ、其の君の必ず悟るを知る。故に衆中に其の失を匡して、常謙の道を脩めず、矯然として太だ當たり、其の蹇諤の風を盡くす。夫れ上 失ひて下 正すは、是れ臣有るなり。勝を納れて執るること無きは、是れ理に從ふなり。臣有らば則ち陛は隆く堂は高く、理に從はば則ち羣は策し畢は擧ぐ。一言にして三善兼ね明らかに、暫し諫めて義 百代に彰らかにす。大體に達すと謂ふ可きか。其の小失を惜しみて其の大益を廢て、此の過言を矜り、自ら遠讜を絶つが若くし、能く業を成し務めを濟す者は、未だ之れ有らざるなり」と。 臣 松之 以爲へらく、謀りて劉璋を襲ふ、計は統より出づと雖も、然れども義に違ひて功を成すは、本 詭道よりす。心 既に內に疚《や》めば、則ち歡情は自づから戢まる。故に備の樂しと稱するの言を聞きて、覺へず率爾にして對ふるならん。備 宴の酣に時を失ひ、事は禍を樂しむに同じ。自ら武王に比して、曾て愧ずる色無し。此れ備に非有りて統に失無し。其の君臣 倶に失ふと云ふは、蓋し謗りを分くるの言なるのみ。習氏の論ずる所、大旨は乖ること無しと雖も、然れども推演の辭は、流宕と爲るに近しと。

(補注)

(一) 高沛は、劉璋の武將。張魯の侵攻に備え、白水關(四川省広元市の東北)を守っていた。

(二) 關頭の關は、ここでは白水關のこと。

(三) 白帝は、巫峡(三峡の一つ)の西に位置する巴郡魚復県の県城の名。長江北岸の独立峰に築城され、南と西は長江に面し、東は深い渓谷が自然の堀をなしている。後漢初め、蜀に割拠した公孫述が、魚復を白帝と改めたことに由来する。古来、この地は長江上流の交通の要衝とされ、江關が設けられていた。

(四) 周の武王が殷の紂王を撃ったとき、軍隊が「前歌後舞」したことは、『尙書大傳』に見える。ただし、それは楽しむさまではなく、『漢書』巻九十九下・王莽傳下に、王邑が昆陽を包囲した際、「先に此の城を屠り、敵の血を蹀《ふ》みて進み、前歌後舞せん」と言ったとあるように、兵士を昂揚させ、戦意を高めるための行為であった。

(五) 逡巡は、ここでは即刻の意。周一良『魏晋南北朝史札記』(中華書局 一九八五年)を参照。

(六) 阿誰は、だれの意。「阿」は、ここでは親しみを表す接頭語。

[現代語訳]

益州牧の劉 璋《りゅうしょう》は先主と涪縣《ふけん》で会見した。(そのとき)龐統は策を進めて、「いまこの会見に乗じて、ただちに劉璋を捕えるべきです。

そうすれば将軍は兵を用いる労もなく居ながらに一州を平定できます」と言った。先主は、「他国に入ったばかりで、恩信はまだ明らかになっていない。この策はよろしくない」と言った。劉璋が成都《せいと》に帰ると、（要請に基づき）先主は劉璋のために、北方の漢中《かんちゅう》を征伐しようとした。龐統は再び（先主に）説いて、「ひそかに精鋭を選び、昼夜なく進軍し、ただちに成都を襲撃しましょう。劉璋はもとより武勇がなく、また前もって防備もしていません。大軍がいきなり殺到すれば、一度の戦闘で（成都を）平定できましょう。これが上策です。楊懐《ようかい》と高沛《こうはい》は、劉璋の名将で、それぞれ精強な兵士を擁して、（白水）關の周辺を守備しています。聞くところではしばしば文書で劉璋を諫め、将軍を追い出し荊州に帰還させようといいます。将軍は（白水關に）到着する前に、（使者を）派遣して（楊懐と高沛に）報告させ、荊州に火急の事態があり、帰還してこれを救いたいと説明させ、（わが軍に）旅支度をさせ、外見上は帰還の姿勢をとりましょう。（そうすれば）この二人は将軍の英名に感服しているので、また将軍が撤収することを喜ぶでしょう。考えますに必ず（将軍に敬意を示し）軽装備の馬に乗り（わずかな供まわりで）会いに来ます。将軍はこの機に乗じて二人を捕らえ、（白水關に）進撃してその兵を奪い、そののち成都に向かいましょう。これが中策です。（荊州との州境の）白帝城《はくていじょう》（四川省奉節県）まで撤退して、荊州（の援軍）と連携して、ゆっくり戻って益州攻略を図る。これが下策です。もし考え込んで動かなければ、大いなる困難を呼び込むでしょう。ぐずぐずしてはなりません」とした。先主はその中策を採用して、ただちに楊懐と高沛を斬り、（軍を）反転させて成都に向かい、通る所ごとに勝利した。

涪縣で大いに宴会を開き、酒を盛り音楽を奏でた。（先主が）龐統に、「（戦勝を祝う）今日の宴会は、実に楽しい」と言った。龐統は、「他人の国を討伐してそれを歓びとするのは、仁者の軍ではありません」と言った。先主は酔っていたので、怒り、「（周の）武王《ぶおう》が（殷の）紂王《ちゅうおう》を放伐したとき、前で歌い後ろで舞ったという。（そうであれば武王は）仁者ではないのか。卿《あなた》の言葉は適切ではない。速やかに退出すべきである」と言った。こうして龐統は即刻退出した。先主はすぐに後悔して、（龐統に）戻るように要請した。龐統は元の席に戻ったが、決して（先主に）振り向き詫びようとせず、平然と飲み食いをしていた。先主が言って、「さきほどの議論は、だれが間違っていたのか」とした。龐統は答えて、「君臣ともに間違っておりました」とした。先主は大笑いして、酒宴を楽しむことはもとのとおりであった[一]。

［裴松之注］

［一］習鑿齒《しゅうさくし》は、「そもそも霸者・王者は、必ず仁義を体現することを根本とし、信順に依拠することを原則とする。（そのうち）一つの物さえ備わらなければ、王覇の道から外れることになる。いま劉備が襲撃して劉璋の土地を奪い、権宜により大業を成そうしていることは、信に背き情に違い、徳と義において共に誤っている。功業はこれにより隆んになると言っても、大いにその背徳に傷つくことは、たとえば手を切って身体を全うするようである。そこに何の楽しみがあろうか。龐統は劉備の言葉が漏れ広がることを恐れ、（また）その君（劉備）が必ず悟ることを知っていた。このため大勢の中で劉備の失を匡《ただ》して、常に謙遜であることを忘れ、傲然と強く接して、直言の態度を尽くした。そもそも上が過失を犯したとき下が正すことは、臣下のあり方である。（臣

下の）勝《まさ》った議論を容れて（自分の体面に）固執しないことは、理に従うことである。（正しいあり方の）臣下があれば君主は隆盛し朝廷は安泰で、理に従えば群臣は策を述べすべてが取り上げられる。一つの言葉により三つの善が兼ねて明らかになり、暫時の諫言により義が百代に彰《あき》らかになる。（そうした君臣の関係は）本質に到達していると言うべきであろう。小さな過失を惜しみ大きな利益を棄て、この失言を誇り、自ら遠大な直言を絶つようにしながら、大業を成し任務を果たしたものは、いまだ存在しないのである」と言っている。臣《わたくし》裴松之が考えるに、謀略により劉璋を襲撃する、その計画は龐統から出たといっても、それでも大義に背いて功業を成したことは、もとより偽りの道によることである。心の中で気に病んでいれば、喜びの情は自然とおさまる。そのため劉備の楽しいという言葉を聞いて、（龐統は）思わず咄嗟に答えたのであろう。劉備は宴会の酣に時を失い、事態は禍を楽しんだことに等しい。自らを武王に比《なぞら》えて、まったく恥じる色もなかった。これは劉備に非があり龐統に失は無い。龐統の君臣が共に失したというのは、おそらく非難を分担するための言葉である。習氏の議論は、おおむねは間違っていないが、それでも演繹した持論は、行き過ぎに近い。

【原文】

進圍雒縣。統率衆攻城、爲流矢所中卒。時年三十六。先主痛惜、言則流涕。拜統父議郎、遷諫議大夫。諸葛亮親爲之拜。追賜統爵關内侯、謚曰靖侯。統子宏、字巨師、剛簡有臧否。輕傲尚書令陳祇、爲祇所抑。卒於涪陵太守。統弟林、以荊州治中從事、參鎭北將軍黃權征吳、値軍敗、隨權入魏。魏封列侯、至鉅鹿太守［一］。

［裴松之注］

［一］襄陽記[1]（云）〔曰〕、林婦、同郡習禎妹。禎事在楊戲輔臣贊。曹公之破荊州、林婦與林分隔、守養弱女十有餘年、後林隨黃權降魏、始復集聚。魏文帝聞而賢之、賜牀帳・衣服、以顯其義節。

〔校勘〕

1．百衲本は「云」につくるが、中華書局本により「曰」に改める。

《訓読》

進みて雒縣を圍む。統 衆を率ゐ城を攻むるも、流矢の中《あ》たる所と爲りて卒す。時に年 三十六なり。先主 痛惜し、言へば則ち流涕す。統の父を議郎に拜し、諫議大夫に遷す(一)。諸葛亮 親しく之が爲に拜す。統に爵關内侯を追賜し(二)、謚して靖侯と曰ふ。統の子たる宏(三)、字は巨師、剛簡にして臧否有り。尚書令の陳祇(四)を輕傲して、祇の抑へる所と爲る。涪陵太守に卒す。統の弟たる林(五)、荊州治中從事を以て、鎭北將軍の黃權の征吳に參じ、軍 敗るるに値たり、權に隨ひて魏に入る。魏 列侯に封じ、鉅鹿太守に至る［一］。

［裴松之注］

［一］襄陽記に曰く、「林の婦、同郡の習禎(六)の妹なり。禎の事は楊戲の輔臣贊に在り。曹公の荊州を破るや、林の婦 林と分隔する

も、弱女を守養すること十有餘年、後に林 黄權に随ひ魏に降りて、始めて復た集聚す。魏の文帝 聞きて之を賢とし、牀帳・衣服を賜ひて、以て其の義節を顯らかにす」と。

(補注)

(一) 諫議大夫は、官名。天子の補佐官であり、一定の職責を持たず、下問への回答や郡國への使者など、状況に応じて任務を与えられる。定員は無く、光祿勳に属し、官秩は六百石(『後漢書』志二十五 百官二)。

(二) 關內侯は、爵位の名。二十等ある爵位の上から二番目にあたる。列侯とは異なり、封邑を持たない(『後漢書』志二十八 百官五)。

(三) 宏は、龐宏。襄陽の人、字は巨師。龐統の子。人物評価を好み、蜀漢に仕えたが、陳祇と対立して涪陵太守で卒した(『三國志』巻三十七 龐統傳)。

(四) 陳祇は、豫州汝南郡の人、字は奉宗。許靖の兄の外孫。費禕に評価され、侍中となった。姜維が成都を留守にすると、劉禪を補佐して国政にあたった。劉禪に諫言せず、黄皓を容認したので、国政は乱れた(『三國志』巻三十九 陳震傳附陳祇傳)。

(五) 林は、龐林。襄陽の人。黄權と共に魏に降服して、鉅鹿太守になった(『三國志』巻三十七 龐統傳)。

(六) 習禎は、襄陽の人、字は文祥。諸葛亮と共に荊州學を修め、劉備の入蜀に随行して、廣漢太守に至った(『三國志』巻四十五 楊戲傳『季漢輔臣贊』)。

[現代語訳]

(劉備軍は)進軍して雒縣《らくけん》を包囲した。龐統は兵を率いて城を攻めたが、流矢が当たって卒した。時に三十六歳であった。先主は傷み惜しんで、(龐統のことを)話すたびに涙を流した。龐統の父を議郎《ぎろう》に拝命し、諫議大夫《かんぎたいふ》に遷した。諸葛亮は自ら龐統の父に拜禮した。龐統に爵關內侯《しゃくかんだいこう》を追賜して、諡《おくりな》して靖侯《せいこう》といった。龐統の子である龐宏《ほうこう》は、字を巨師《きょし》といい、剛直で人に媚びず人物評価を好んだ。尚書令《しょうしょれい》の陳祇《ちんし》を軽蔑して、陳祇に抑えられた。涪陵《ふりょう》太守(のとき)に卒した。龐統の弟である龐林《ほうりん》は、荊州《けいしゅう》治中《じちゅう》従事《じゅうじ》として、鎮北《ちんほく》将軍の黄權《こうけん》の孫呉征伐に参加したが、軍が敗れたため、黄權に随って曹魏に入った。曹魏は(龐林を)列侯《れっこう》に封建し、鉅鹿《きょろく》太守に至った[一]。

[裴松之注]

[一]『襄陽記《じょうようき》』に、「龐林の妻は、同郡の習禎《しゅうてい》の妹である。習禎の事績は楊戲《ようぎ》の『季漢輔臣贊《きかんほしんさん》』にある。曹公が荊州を破ると、龐林の妻は龐林と離ればなれになったが、幼い娘を守り育てること十年余り、のちに龐林が黄權に随って曹魏に降服して、ようやくまた一緒になった。曹魏の文帝《ぶんてい》は(話を)聞いて龐林の妻を賢として、牀帳《しょうちょう》(寝台ととばり)と衣服を賜与して、その節義を明らかにした」とある。

【原文】

法正傳

法正字孝直、1(右)扶風郿人也。祖父眞、有清節・高名[二]。建安初、天下饑荒、正與同郡孟達、倶入蜀依劉璋。久之爲新都令、後召署軍議校尉。既不任用、又爲其州邑俱僑客者、所謗無行、志意不得。益州別駕張松、與正相善。忖璋不足與有爲、常竊歎息。松於荊州見曹公還、勸璋絕曹公而自結先主。璋曰、誰可使者。松乃擧正。正辭讓、不得已而往。正既還、爲松稱說先主有雄略、密謀協規、願共戴奉、而未有緣。後因璋聞曹公欲遣將征張魯之有懼心也、松遂說璋宜迎先主、使之討魯、復令正銜命。正既宣旨、陰獻策於先主曰、以明將軍之英才、乘劉牧之懦弱。張松州之股肱、以響應於內。然後資益州之殷富、馮天府之險阻、以此成業、猶反掌也。先主然之。泝江而西、與璋會涪。北至葭萌、南還取璋。

[裴松之注]

[一] 三輔決錄注曰、眞字高卿、少明五經、兼通讖緯。學無常師、名有高才。常幅巾見扶風守。守曰、哀公雖不肖、猶臣仲尼。柳下恵不去父母之邦。欲相屈爲功曹、何如。眞曰、以明府見待有禮、故四時朝覲。若欲吏使之、眞將在北山之北・南山之南矣。扶風守遂不敢以爲吏。初、眞年未弱冠、父在南郡、步往候父、已欲去。父留之待正旦、使觀朝吏會。會者數百人、眞於窗中闚其與父語。畢、問眞孰賢。眞曰、曹掾胡廣、有公卿之量。其後、廣果歷九卿・三公之位。世以服眞之知人。前後徵辟、皆不就。友人郭正等美之、號曰玄德先生。年八十九、中平五年卒。正父衍、字季謀、司徒掾・廷尉左監。

[校勘]

1. 中華書局本により「右」の一字を省く。

《訓讀》

法正傳

法正 字は孝直、扶風郿の人なり。祖父の眞(一)、清節・高名有り[一]。建安の初め、天下 饑荒し、正 同郡の孟達と與に、俱に蜀に入りて劉璋に依る。久之《ひさしくして》 新都令と爲り、後に召されて軍議校尉(二)に署せらる。既に任用せられず、又 其の州邑の俱に僑客と爲る者に、行ひ無しと謗られ、志 意を得ず。益州別駕の張松、正と與に相 善し。璋の與に爲すこと有るに足らざるを忖《おも》ひ、常に竊かに歎息す。松 荊州に於て曹公に見えて還るや、璋に曹公と絕ちて自ら先主と結ぶを勸む。璋曰く、「誰か使とす可き者ぞ」(三)と。松 乃ち正を擧ぐ。正 辭讓するも、已むを得ずして往く。正 既に還り、松が爲に先主は雄略有りと稱說し、密かに謀りて規を協せ、共に戴奉せんことを願ふも、而るに未だ緣有らず。後に璋 曹公の將を遣はして張魯を征せんと欲すを聞き之に懼るる心有るに因りて、松 遂て璋に說きて宜しく先主を迎へ、之に魯を討たしむべしとし、復た正をして命を銜《うけたまは》らしむ。正 既に旨を宣べ、陰かに策を先主に獻じて曰く、「明將軍の英才を以て、劉牧の懦弱に乘ずべし。張松は州の股肱たり、以て內に響應す。然る後に益州の殷富に資《よ》り、天府の險阻に馮らば、此を以て業を成すこと、猶ほ 掌《たなごころ》を反すがごときなり」と。先主 之を然りとす。江を泝りて西し、璋と與に涪に會す。北して葭萌に至り、南に還りて璋を取らんとす。

[裴松之注]

[一] 三輔決錄注に曰く、「眞 字は高卿、少くして五經に明らか

に、兼ねて讖緯に通ず。學に常師無く、名に高才有り。常《かつ》て幅巾もて扶風の守に見ゆ。守曰く、「哀公(四)は不肖と雖も、猶ほ仲尼を臣とす。柳下惠(五)は父母の邦を去らず。相 屈して功曹と爲さんと欲す、何如ぞ」と。眞曰く、「明府の待せらるるに禮有るを以て、故に四時に朝覲す。若し吏として之を使はんと欲さば、眞は將に北山の北・南山の南に在らんとす」と。扶風の守 遂て敢て以て吏と爲さず。初め、眞 年 未だ弱冠ならず、父(六)は南郡に在らば、歩み往きて父を候ひ、已に去らんと欲す。父 之を留め正旦を待ち、朝吏の會を觀せしむ。會する者 數百人、眞 窓中より其の父と與に語るを闚ふ。畢はりて、眞に孰か賢なるを問ふ。眞曰く、「曹掾の胡廣(七)、公卿の量有り」と。其の後、廣 果たして九卿・三公の位を歴す。世 以て眞の人を知るに服す。前後 徵辟せらるも、皆 就かず。友人の郭正ら之を美とし、號して玄德先生と曰ふ。年八十九、中平五年に卒す。正の父たる衍(八)、字は季謀、司徒掾(九)・廷尉左監(一〇)なり」と。

(補注)

(一) 法眞は、司隷扶風郿縣の人、字を高卿。法正の祖父。法衍の子。多くの弟子を教え「關西大儒」と称された（『後漢書』列傳七十三 逸民 法眞傳）。

(二) 軍議校尉は、官名。雑号校尉の一つ。

(三) 『華陽國志』巻五 公孫述・劉二牧志は、「正佯爲不得已行」と伝え、法正の「やむを得ない」が偽りであったとする。

(四) 哀公は、春秋時代の魯國第二十四代の君侯。魯の国政を牛耳る「三桓」の打倒を企てるが敗れ、逆に追放されて客死した（『史記』巻三十三 魯世家）。

(五) 柳下惠は、展禽。春秋時代の魯の大夫。柳下を封地とし、謚を惠といった。字は季。孔子より、その賢才と廉直を称賛されている（『論語』衛靈公篇、微子篇）。

(六) 父は、ここでは法雄。司隷扶風郡郿縣の人、字を文彊。海賊の張伯路らを討伐したほか、地方官を歴任していずれも治政をたたえられた。安帝の元初年間、官にあって卒した（『後漢書』列傳二十八 法雄傳）。

(七) 胡廣は、後漢時代の文人・政治家（九〇～一七二年）。字は伯始。謚号は文恭。若くして学才を認められ、孝廉に挙げられ、以降、尚書郎・尚書僕射・濟陰太守・汝南太守・大司農の官を歴任。のち桓帝擁立の功によって樂安郷侯に封じられ、太尉・太傅に任じられた。法眞との関わりについては、『後漢書』列傳三十四 胡廣傳に、「太守法雄之子眞、從家來省其父。眞頗知人。會歲終應擧、雄勑眞助其求才。雄因大會諸吏、眞自於牖閒密占察之。乃指廣以白雄、遂察孝廉。既到京師、試以章奏、安帝以廣爲天下第一」とあり、法眞の意見により法雄が胡廣を孝廉に察挙したとする。

(八) 衍は、法衍、字は季謀。法眞の子、法正の父。司徒掾・廷尉左監となった（『三國志』巻三十七 法正傳注引『三輔決錄注』）。

(九) 司徒掾は、官名。司徒府の掾屬。官秩は、比二百石から比四百石。定員は三〇から三一人（『後漢書』志二十四 百官一）。

(一〇) 廷尉左監、官名。廷尉の副官（『後漢書』志二十五 百官二）。

[現代語訳]

法正傳

法正《ほうせい》は字を孝直《こうちょく》といい、司隷《しれい》扶風《ふふう》郡郿《び》縣の人である。祖父の法眞《ほうしん》は、清廉な節義と高い名声があった[一]。建安《けんあん》年間（一九六〜二二〇年）の初め、天下が飢饉となり、法正は同郡の孟達《もうたつ》と共に、一緒に蜀に入り劉璋のもとに身を寄せた。しばらくして新都《しんと》縣令となり、後に召されて軍議校尉《ぐんぎこうい》に任命された。（しかし要職には）任用されず、また同じように郷里から（益州に）避難している者に、（法正は）品行が悪いと誹謗され、志を満たせなかった。益州別駕従事《えきしゅうべつがじゅうじ》の張松《ちょうしょう》は、法正と互いに仲がよかった。劉璋が共に大事を行うに足りない人物であることを思い、いつも秘かに歎息していた。張松は（赤壁の戦いの際に）荊州で曹公に謁見して帰ると、劉璋に曹公と（の関係を）絶って自分から先主（劉備）と結ぶことを勧めた。劉璋は、「誰を使者とすべきか」と尋ねた。張松はそこで法正を推挙した。法正は辞退したが、やむを得ずに行った。法正は（使者から）帰ると、張松のために先主は雄略があると褒め説き、秘かに謀って機をあわせ、ともに推戴したいと願ったが、いまだ縁がなかった。のちに劉璋は曹公が將軍を派遣して張魯を征服しようとすることを聞いてこれを恐れる気持ちを持つと（それに）乗じて、張松は劉璋に説いてぜひ先主を迎え、これに張魯を討たせるべきであるとし、また法正に（使者となる）命令を受けさせた。法正は（使者としての）趣旨を述べおわると、秘かに（入蜀の）策を先主に献じて、「明將軍の英才により、劉牧の惰弱に乗じてください。張松は州の股肱ですが、内から呼応いたします。（そうして益州を取った）そののちに益州の盛んな富を元手に、天府と言われる険阻に依拠すれば、これにより大業を成すことは、あたかも掌《たなごころ》を反すようにたやすいものです」といった。先主はこれをその通りであるとした。（そこで劉備は）長江を泝り西に向かい、劉璋と涪《ふ》縣で会見した。（そののち張魯を討つために）北に向かい葭萌《かぼう》に至り、南に戻って劉璋（の益州）を取ろうとした。

[裴松之注]

[一]『三輔決録注《さんぽけつろくちゅう》』に、「法眞《ほうしん》は字を高卿《こうけい》といい、若いころから五經《ごきょう》に明らかで、さらに讖緯《しんい》にも通じていた。学問に定まった師は無く、高才という名声があった。かつて（隱士の幅広の頭巾である）幅巾をかぶって扶風《ふふう》郡の太守に見《まみ》えた。太守は、「（魯の）哀公《あいこう》は不肖であったが、なお仲尼《ちゅうじ》（孔子）を臣下とした。柳下恵《りゅうかけい》は父母の国を去らなかった。（わたしは不肖であるが）無理にでも（あなたを故郷であるこの郡の）功曹史《こうそうし》としたいと思う、どうであろうか」と言った。法眞は、「明府が（わたしを）禮遇されるので、四季ごとにご挨拶に伺っております。もし吏として用いられようとなさるのであれば、眞《わたし》は北山の北や南山の南に住まおうと思います」と答えた。扶風の太守はこうしてあえて（法眞を）吏としなかった。これよりさき、法眞がまだ二十歳前のころ、父（の法雄）が南郡《なんぐん》（太守）に在任していたので、歩いて行って父に伺候し、帰ろうとした。父は留めて正月の元旦まで待たせ、（元旦の）朝吏の會を見せた。会に集まった者は数百人、法眞は窓から父と（吏たちが）語るのを窺った。（会が）終わると、（父は）法眞にだれが賢であるかを問うた。法眞は、「曹掾《そうえん》の胡廣《ここう》は、公卿の器量があります」と答えた。その後、胡廣は果たして九卿・三公を歴任した。世はこれにより法眞の人を鑑《み》る目に感服した。たびたび徴召・辟召されたが、すべて辞退した。友人の郭正《かくせい》たちはそれを美として、号して玄徳《げんとく》先生とよんだ。八十九歳で、中平《ちゅうへい》五（一八八）年に卒した。法正の父である法衍《ほうえん》は、字を季謀《きぼう》といい、司徒掾《しとえん》・廷尉左監《ていいさかん》となった」とある。

【原文】

鄭度說璋曰〔一〕、左將軍縣軍襲我、兵不滿萬、士衆未附、野穀是資、軍無輜重。其計莫若盡驅巴西・梓潼民內涪水以西、其倉廩・野穀、一皆燒除、高壘深溝、靜以待之。彼至、請戰、勿許。久無所資、不過百日、必將自走。走而擊之、則必禽耳。先主聞而惡之、以問正。正曰、終不能用。無可憂也。璋果如正言、謂其羣下曰、吾聞拒敵以安民、未聞動民以避敵也。於是黜度、不用其計。及軍圍雒城、正牋與璋曰、正受[1]（性）〔任〕無術、盟好違損。懼左右不明本末、必並歸咎、蒙恥沒身、辱及執事、是以損身於外、不敢反命。恐聖聽穢惡其聲、故中間不有牋敬、顧念宿遇、瞻望悢悢。然惟前後披露腹心、自從始初以至於終、實不藏情、有所不盡、但愚闇策薄、精誠不感、以致於此耳。今國事已危、禍害在速。雖捐放於外、言足憎尤、猶貪極所懷、以盡餘忠。明將軍本心、正之所知也。實爲區區不欲失左將軍之意、而卒至於是者、左右不達英雄從事之道、謂[2]〔可〕違信黷誓、而以意氣相致、日月相[3]（選）〔遷〕、趨求順耳悅目、隨阿遂指、不圖遠慮爲國深計故也。事變既成、又不量彊弱之勢、以爲左將軍縣遠之衆、糧穀無儲、欲得以多擊少、曠日相持。而從關至此、所歷輒破、離宮・別屯、日自零落。雒下雖有萬兵、皆壞陳之卒、破軍之將、若欲爭一旦之戰、則兵將勢力、實不相當。各欲遠期計糧者、今此營守已固、穀米已積。而明將軍土地日削、百姓日困、敵對遂多、所供遠曠。愚意計之、謂必先竭、將不復以持久也。空爾相守、猶不相堪。今張益德數萬之衆、已定巴東、入犍爲界、分平資中・德陽、三道並侵。將何以禦之。本爲明將軍計者、必謂此軍縣遠無糧、饋運不及、兵少無繼。今荊州道通、衆數十倍、加孫車騎遣弟及李異・甘寧等爲其後繼。若爭客主之勢、以土地相勝者、今此全有巴東、廣漢・犍爲、過半已定、巴西一郡、復非明將軍之有也。計益州所仰惟蜀、蜀亦破壞。三分亡二、吏民疲困、思爲亂者十戶而八。若敵遠則百姓不能堪役、敵近則一旦易主矣。廣漢諸縣、是明比也。又魚復與關頭、實爲益州福禍之門、今二門悉開、堅城皆下、諸軍並破、兵將俱盡。而敵家數道並進、已入心腹、坐守都・雒。存亡之勢、昭然可見。斯乃大略、其外較耳。其餘屈曲、難以辭極也。以正下愚、猶知此事不可復成。況明將軍左右明智用謀之士、豈當不見此數哉。旦夕偸幸、求容取媚、不慮遠圖、莫肯盡心獻良計耳。若事窮勢迫、將各索生、求濟門戶、展轉反覆、與今計異、不爲明將軍盡死難也。而尊門猶當受其憂。正雖獲不忠之謗、然心自謂、不負聖德。顧惟分義、實竊痛心。左將軍從本舉來、舊心依依、實無薄意。愚以爲、可圖變化、以保尊門。

［裴松之注］

〔一〕華陽國志曰、度、廣漢人、爲州從事。

〔校勘〕

1．百衲本は「性」につくるが、『三國志集解』により「任」に改める。

2．中華書局本により「可」の一字を補う。

3．百衲本は「選」につくるが、中華書局本により「遷」に改める。

《訓讀》

鄭度〔一〕 璋に說きて曰く〔二〕、「左將軍は軍を縣《か》け我を襲ひ、兵は萬に滿たず、士衆は未だ附せず、野穀に是れ資りて、軍に輜重無し。其の計 盡く巴西・梓潼の民を驅りて涪水の以西に內《い》れ、其の倉廩・野穀は、一に皆 燒除し、壘を高く溝を深くし、靜にして以て之を待つに若くは莫し。彼れ至り、戰ひを請はば、許すこと勿かれ。久しく資る所無くんば、百日を過ぎずして、必ず將に自づから走らん。走り而して之を擊たば、則ち必ず禽とするのみ」と。先主 聞きて之を惡《にく》み、以て正に問ふ。正曰く、「終に用ふる能はず。憂ふ可きこと無かれ」と。璋 果たして正の言が如く、其の羣下に謂ひて曰く、「吾 敵を拒みて以て民を安んずるを聞くも、未だ民を動かして以て敵を避くるを聞かざるなり」と。是に於て度を黜け、其の計を用ひず。軍の雒城を圍むに及び、正 牋を璋に與へて曰く、「正 任を受け術《すべ》無く、盟好違損す。左右の本末に明らかならず、必ず並びに咎を歸し、恥を蒙り身を沒し、辱め執事に及ぶを懼れ、是を以て身を外に損て、敢て反命せず。聖聽 其の聲に穢惡せらるを恐れ、故に中間に牋敬有らざるも、宿遇を顧念し、瞻望 悢悢たり。然れども惟《おも》ふに前後に腹心を披露し、始初《はじめ》より以て終はりに至るまで、實に情を藏さず、盡くさざる所有るも、但だ愚の闇にして策に薄く、精誠 感ぜず、以て此れを致すのみ。今 國事は已に危く、禍害は速きに在り。外に捐放せられ、言は憎み尤《とが》むるに足ると雖も、猶ほ懷ふ所を貪《さぐ》り極《つ》くして、以て餘忠を盡くさん。明將軍の本心は、正の知る所なり。實に區區爲《た》りて左將軍の意を失はんと欲せざるに、而るに卒《にはか》に是に至れし者は、左右英雄の事に從ふの道に達せず、信に違ひて誓ひを黷して、而も意氣を以て相 致し、日月 相 遷らば、耳に順ひ目を悅ばすを趨り求め、隨ひ阿《おもね》りて指を遂げ、遠く慮ひて國の深計を爲すを圖ざるの故なりと謂ふ可きなり。事變 既に成り、又 彊弱の勢を量らず、以爲へらく左將軍の縣遠の衆は、糧穀に儲へ無ければ、多を以て少を擊ち、日を曠めて相持すを得んと欲すと。而るに關より此こに至るや、歷する所は輒ち破り、離宮・別屯、日ごとに自づから零落す。雒下に萬兵有りと雖も、皆 壞陳の卒、破軍の將にして、若し一旦の戰を爭はんと欲せば、則ち兵將の勢力は、實に相 當たらず。各〻期を遠くし糧を計らんと欲さば、今 此の營 守りは已に固く、穀米は已に積む。而も明將軍の土地は日〻に削られ、百姓は日〻に困しみ、敵對は遂て多く、供する所は遠曠す。愚の意 之を計るに、謂ふに必ずや先に竭き、將た復た以て持久せざるなり。空爾にして相 守るは、猶ほ相 堪へざるがごとし。今 張益德の數萬の衆、已に巴東を定め、犍爲の界に入り、分けて資中・德陽を平らげ、三道より並び侵す。將《は》た何を以て之を禦がんや。本《もと》 明將軍の爲に計りし者は、必ず謂へらく此の軍 遠きより縣け糧無く、饋運 及ばず、兵 少なく繼ぐこと無しと。今 荊州の道通じ、衆は數十倍、加へて孫車騎 弟及《と》李異・甘寧らを遣はして其の後繼と爲す。若し客主の勢を爭ひ、土地を以て相 勝たんとするも、今 此れ巴東を全有し、廣漢・犍爲も、過半は已に定め、巴西の一郡すら、復た明將軍の有に非ざるなり。計るに益州の仰ぐ所 惟だ蜀のみなるも、蜀も亦た破り壞る。三分して二を亡《うしな》ひ、吏民 疲困し、亂を爲さんと思ふ者は十戸にして八なり。若し敵 遠ければ則ち百姓 役に堪ふる能はず、敵 近ければ則ち一旦にして主を易へん。廣漢の諸縣、是れ明らかな比《たぐひ》なり。又 魚復と關頭は、實に益州の福禍の門爲れど、今 二門 悉く開き、堅城は皆 下り、諸軍は並びに破れ、兵將は俱に盡く。而も敵家は數道より並び進み、已に心腹に入るも、坐して都・雒を守るのみ。存亡の勢、昭然として見る可し。斯れ乃ち大略にして、其の外較のみ。其の餘の屈曲は、辭を以て極むるに難きなり。正の下愚を以て、猶ほ此の事 復た成る可からざるを知る。況んや明將軍の左右の明智なる用謀の士は、豈に當に此の數を見ざるべけんや。旦夕 幸を偸み、容を求め媚を取り、遠圖を慮らず、肯て心を盡くして良計を獻ずること莫きのみ。若し事 窮にして勢 迫らば、將《もっ》て各〻生を索め、門戸を濟ふを求め、展轉して反覆し、今とは異を計り、明將軍の爲に難に死を盡くさざるなり。而して尊門は猶ほ當に其の憂ひを受けん。正 不忠の謗りを獲たりと雖も、然れども心に自ら謂へらく、聖德に負かじと。惟の分義を顧みて、實に竊かに心を痛む。左將軍 本より擧來するも、舊心は依依たりて、實に薄意無し。愚 以爲へらく、變化を圖りて、以て尊門を保つ可し」と。

［裴松之注］

［一］華陽國志に曰く、「度は、廣漢の人、州の從事と爲る」と。

（補注）

（一）鄭度は、益州廣漢郡の人。益州從事として、劉璋に巴西・梓潼両郡の民を西に移動させ、穀物を尽く焼き払って守りを固める策を説いたが、聞き入れられなかった（『華陽國志』巻十中 廣漢士女）。

［現代語訳］

鄭度《ていたく》は劉璋《りゅうしょう》に説いて［一］、「左將軍《さしょうぐん》（劉備）は軍を（本拠地から遠くに）架けて我々を襲い、軍勢は一万に満たず、兵士もまだ心服せず、野にある穀物に頼って、軍には輜重《しちょう》がありません。（これに対する）計略としては巴西《はせい》郡・梓潼《しどう》郡のすべての民を駆りたてて涪水《ふすい》より西に移動させ、倉庫の食糧と野にある穀物は、すべてみな焼き払い、土塁を高くし溝を深くして（守りを固め）、動かずに待ち受けるほどよい計はありません。劉備軍が至り、戦いを挑んでも、応じてはなりません。（劉備軍は）しばらく略奪できなければ、（補給が続かず）百日も過ぎずに、必ず自然と敗走しましょう。（劉備軍が）敗走し（わが軍が）これを撃てば、必ず（劉備を）捕虜にすることができます」と言った。先主（劉備）は聞きてこの計略を嫌い、法正に（対策を）尋ねた。法正は、「結局（劉璋は計略を）用いることはできません。心配されるに及びません」と言った。劉璋は果たして法正の言葉のように、その臣下に言って、「吾《わたし》は敵を拒んで民を安んじる策は聞いているが、いまだ民を動かして敵を避ける策を聞いたことはない」とした。こうして鄭度を退け、その計略を用いなかった。（劉備）軍が雒《らく》城を包囲するに及び、法正は書簡を劉璋に送って、「正《わたくし》は任務を受けながら手段がなく、（劉璋・劉備の）同盟は破綻しました。側近の方々は（事の）顚末に明らかではなく、必ずすべての罪を（正に）帰し、恥を受け身を損ない、（さらには）侮辱が政治を取る方（である劉璋）に及ぶことを恐れ、このために身を外に棄てて、あえて戻って報告をいたしませんでした。（劉璋の）聖聴が正の声で汚されることを恐れ、そのため途中でお手紙を差し上げることがありませんでしたが、これまでの知遇を顧みて念うに、悲しみにくれつつ遥かに望みております。しかしながら思いますに何度も真心を披露し、初めから終わりまで、まことに情を隠さず、尽くしていないところがありますが、ただ愚《わたくし》が蒙昧で策略に疎く、誠意は通ぜず、こうした事態を招きました。いま国はすでに危うく、禍は目の前に迫っております。（正は）外に棄て放たれ、その言葉は憎み咎めるに足りるものでしょうが、それでもなお思う所を探り尽くして、それにより残っている忠を尽したいと存じます。明将軍《あなたさま》（劉璋）の御心は、正《わたし》がよく分かっております。まことに（心を）こまごまと使い左将軍《さしょうぐん》（劉備）の意を失わないように望みながら、それでも急にこのような事態に至ったのは、側近たちが英雄（劉備）の行動の仕方を理解せず、信を違え誓いを汚して、そのうえ意地によって行動し、日月が経つと共に、（劉璋の）耳に快く目を悦ばせることだけを求め、迎合阿諛して（自分たちの）目的を遂げ、遠く考えて国の深い計略を立てることを図らなかったためと言うべきです。変事が起こってからも、また勢力の強弱を計らず、左将軍の遠来の軍は、食糧の蓄えがないので、多数（の劉璋軍）により少数（の劉備軍）を撃ち、長期戦で対峙しようと考えております。しかし白水關《はくすいかん》からここ（雒城）に至るまで、（劉備軍が）通過したところはそのたびに打ち破り、離れた拠点や別の駐屯地も、日々自然と零落しております。雒城のあたりに一万の兵があるといっても、みな壊陣の兵、敗軍の将であり、もし一度に戦いを交えようとすれば、兵と将の力は、（劉備軍に）まことに当たるべくもありません。それぞれで長期戦を行い食糧を欠乏させようとすれば、いま（劉備軍の）この陣営は守りは固く、米穀は積み重ねられております。しかも明将軍の土地は日々削られ、人々は日々困しみ、敵対者はこのように多く、（米穀を）供出するところは遠くなっております。愚《わたくし》の計算によりますと、必ずや（劉璋軍の食糧が）先に尽きますので、そうであればまた持久戦も不可能です。当てもなく守ることは、耐えがたいことと言えましょう。いま張益徳《ちょうえきとく》の数万の兵は、すでに巴東《はとう》を平定し、犍爲《けんい》の郡境に入り、（軍を）分けて資中《しちゅう》縣（四川省資中県）や徳陽《とくよう》縣（四川省徳陽市）を平定し、三道より並んで侵入しております。いったいどのようにこれを防げましょうか。もともと明将軍のために計略を立てた者は、この（劉備の）軍は遠くからやってきて兵糧がなく、輸送も追いつかず、兵は少なく続く軍も無いと考えたに違いありません。いま（益州から）荊州への道は通じ、兵は数十倍となり、加えて孫車騎（孫權）は弟と李異《りい》・甘寧《かんねい》たちを派遣して劉備軍の後詰めとしております。もし客（である劉備）と主（である劉璋）の勢いの違いを争い、土地（の広さ）によって勝とうとしても、いま（劉備軍は）巴東をすべて保有し、廣漢《こうかん》郡と犍爲《けんい》郡も、その過半はすでに平定し、巴西の一郡すら、また明将軍の所有ではありません。（このように）数えますと益州（で劉璋）の頼る所はただ蜀郡だけですが、蜀郡もまた破れ壊れております。（益州の）三分の二を失い、吏民は疲弊困窮し、乱を起こそうと思うものは十戸のうち八戸もあります。もし敵が遠ければ人々は（戦いのために必要となる）労役に堪えることができず、敵が近ければ一朝にして主君を変えるでしょう。廣漢郡の諸縣は、明らかな事例です。また魚復《ぎょふく》縣と白水關《はくすいかん》は、まことに益州の福禍の門ですが、いま二門はすべて開き、堅固な城はみな降服して、諸軍は並びに敗れ、兵と將はともに尽きております。しかも敵は数道より並んで進み、すでに（益州の）中心に入っていますが、手をこまねいて都（成都縣）と雒縣を守るだけです。存亡の情勢は、はっきりと見ることができます。これはそれでも大づかみな話で、その外面に過ぎません。その他の詳細につきましては、言葉によって極めることが難かしい状況です。正《わたし》の愚鈍さでも、なお（益州を）守り抜けないと分かります。まして明将軍の側近の才知優れる謀略の士たちは、どうしてこの運命を知らないことがありましょう。（かれらは敗亡を知りながら）朝夕寵愛を盗み、受け入れられることを求めて媚びを売り、遠い計画を考えず、あえて心を尽くして良計を献じることをしないのです。もし事態が困窮して情勢が切迫すれば、それによりそれぞれ生を求め、（自らの）門戸を救うことを求め、寝返りをうつように手のひらを返して、今とは異なる計画を立て、明将軍のため困難に死を尽くすことはありません。そして（劉璋の）尊き家門はなおやはり（滅ぼされて）その憂いを受けるでしょう。正《わたし》は不忠の誹りを得たとはいえ、それでも心に自ら、（劉璋の）聖徳に背かないようにしたいと思っております。こうしたそれぞれのあり方を顧みまして、まことに秘かに心を痛めております。左将軍は今回来攻しておりますが、（劉璋と同盟しようとした）以前の心はなお持たれており、事実（劉璋に）むごい気持ちは持っておりません。愚《わたくし》が思いますに、（状況の）変化を考えられて（降服して）、尊き家門を保つべきです」といった。

〔裴松之注〕

〔一〕『華陽國志《かようこくし》』に、「鄭度は、廣漢《こうかん》郡の人で、州の從事《じゅうじ》となった」とある。

【原文】

十九年、進圍成都。璋蜀郡太守許靖、將踰城降、事覺不果。璋以危亡在近、故不誅靖。璋既稽服、先主以此薄靖不用也。正說曰、天下有獲虚譽而無其實者。許靖是也。然今主公始創大業。天下之人、不可戶說。靖之浮稱、播流四海。若其不禮、天下之人以是謂、主公爲賤賢也。宜加敬重、以眩遠近、追昔燕王之待郭隗。先主於是乃厚待靖〔一〕。以正爲蜀郡太守・揚武將軍。外統都畿、內爲謀主。一飡之德、睚眦之怨、無不報復、擅殺毀傷己者數人。或謂諸葛亮曰、法正於蜀郡太縱橫。將軍宜啓主公、抑其威福。亮答曰、主公之在公安也、北畏曹公之彊、東憚孫權之逼、近則懼孫夫人生變於肘腋之下。當斯之時、進退狼跋。法孝直爲之輔翼、令翻然翺翔、不可復制。如何禁止、法正使不得行其意邪。初、孫權以妹妻先主。妹才捷剛猛、有諸兄之風。侍婢百餘人、皆親執刀侍立。先主每入、衷心常凜凜。亮又知先主雅愛信正、故言如此〔二〕。

〔裴松之注〕

〔一〕孫盛曰、夫禮賢崇德、爲邦之要道。封墓式閭、先王之令軌。故必以體行英邈、高義蓋世、然後可以延視四海、振服羣黎。苟非其人、道不虚行。靖處室則友于不穆、出身則受位非所。語信則夷險易心、論識則殆爲釁首。安在其可寵先而有以感致者乎。若乃浮虚是崇、偸薄斯榮、則秉直仗義之士、將何以禮之。正務眩惑之術、違貴尚之風。譬之郭隗、非其倫矣。臣松之以爲、郭隗非賢、猶以權計蒙寵。況文休名聲夙著、天下謂之英偉、雖末年有瑕、而事不彰徹。若不加禮、何以釋遠近之惑乎。法正以靖方隗、未爲不當。而盛以封墓式閭爲難。何其迂哉。然則燕昭亦非、豈唯劉翁。

至於友于不穆、失由子將。尋蔣濟之論、知非文休之尤。盛又譏其受[1]（任）〔位〕非所。將謂仕於董卓。卓初秉政、顯擢賢俊、受其策爵者森然皆是。文休爲選官、在卓未至之前。後遷中丞、不爲超越。以此爲貶、則荀爽・陳紀之儔、皆應擯棄於世矣。

〔二〕孫盛曰、夫威福自下、亡家害國之道。刑縱於寵、毀政亂理之源。安可以功臣而極其陵肆、嬖幸而藉其國柄者哉。故顚頡雖勤、不免違命之刑、楊干雖親、猶加亂行之戮。夫豈不愛、王憲故也。諸葛氏之言、於是乎失政刑矣。

〔校勘〕

1．百衲本は「任」につくるが、中華書局本により「位」に改める。

《訓読》

十九年、進みて成都を圍む。璋の蜀郡太守たる許靖、將に城を踰え降らんとするも、事 覺れて果たさず。璋 危亡の近きに在るを以て、故に靖を誅せず。璋 既に稽服するや、先主 此を以て靖を薄《いや》しみ用ひざるなり。正 說きて曰く、「天下に虛譽を獲りて其の實無き者有り。許靖 是なり。然れども今 主公 始めて大業を創む。天下の人に、戶ごとに說く可からず。靖の浮稱、四海に播流す。若し其れ禮せざれば、天下の人 是を以て謂へらく、主公 賤賢を爲すなりと。宜しく敬重を加へ、以て遠近を眩《くらま》し、昔 燕王の郭隗（一）を待すを追ふべし」と。先主 是に於て乃ち厚く靖を待す〔一〕。正を以て蜀郡太守・揚武將軍と爲す。外は都畿を統べ、內は謀主と爲る。一飡の德、睚眦の怨、報復せざるは無く、擅《ほしいまま》に己を毀傷せし者 數人を殺す。或《あるひと》 諸葛亮に謂ひて曰く、「法正 蜀郡に於て太だ縱橫たり。將軍 宜しく主公に啟し、其の威福を抑ふるべし」と。亮 答へて曰く、「主公の公安に在りしや、北は曹公の彊きを畏れ、東は孫權の逼るを憚り、近きは則ち孫夫人の變を肘腋の下に生ずるを懼る。斯の時に當たりて、進退 狼跋す。法孝直 之が輔翼と爲り、翻然として翺翔して、復た制す可からざらしむ。如何ぞ禁止して、法正の其の意を行ふを得ざらしむるや。初め、孫權 妹を以て先主に妻《めあは》す。妹 才捷にして剛猛、諸兄の風有り。侍婢百餘人、皆 親ら刀を執りて侍立す。先主 入る每に、衷心より常に凜凜たり。亮 又 先主の雅《もと》より正を愛信するを知り、故に言ふこと此の如し〔二〕。

〔裴松之注〕

〔一〕孫盛曰く、「夫れ賢を禮し德を崇ぶは、邦の要道爲《た》り。墓に封じ閭に式《しょく》するは、先王の令軌なり。故に必ず體行 英邈にして、高義 世を蓋ふを以て、然る後に以て四海に延視し、羣黎を振服す可し。苟くも其の人に非ざれば、道は虛しく行はれず。靖 室に處りては則ち友に穆まず、身を出だしては則ち位を受くるに所に非ず。信を語れば則ち夷險に心を易へ、識を論ずれば則ち殆く釁首と爲る。安んぞ其れ先に寵す可くして感を以て致す有る者に在らずや。若し乃ち浮虛もて是れ崇び、偸薄もて斯れ榮ふれば、則ち直を秉り義に仗るの士、將た何を以てか之を禮さん。正 眩惑の術に務め、貴尚の風に違ふ。之を郭隗に譬ふるも、其の倫に非ず」と。臣松之 以爲へらく、郭隗は賢に非ざるも、猶ほ權計を以て寵を蒙る。況んや文休の名聲 夙に著はれ、天下 之を英偉と謂ひ、末年に瑕有りと雖も、而るに事は彰徹せず。若し禮を加へざれば、何を以て遠近の惑を釋かんや。法正 靖を以て隗に方《くら》ぶるは、未だ當たらずと爲さず。而も盛 墓に封じ閭に式するを以て難と爲す。何ぞ其の迂なるや。然らば則ち燕昭も亦た非なりて、豈に唯だ劉翁のみならんや。友に穆まずに至りては、失は子將に由る。蔣濟の論(二)を尋ぬるに、文休の尤《とが》に非ざるを知る。盛は又 其の位を受くるに所に非ざるを識る。將に董卓に仕ふを謂はんとす。卓 初め政を秉るや、顯らかに賢俊を擢き、其の策爵を受くる者は森然のごとく皆 是れなり。文休 選官(三)と爲るは、卓の未だ至らざるの前に在り。後に中丞に遷るは、超越と爲らず。此を以て貶を爲さば、則ち荀爽(四)・陳紀の儔は、皆 應に世に擯棄せらるるべしと。

[二] 孫盛曰く、「夫れ威福 下よりするは、家を亡ぼし國を害《そこな》ふの道なり。刑 寵により 縱《ほしいまま》にせらるるは、政を毀ち理を亂すの源なり。安んぞ功臣を以てして其の陵肆を極め、嬖幸にして其の國柄を藉りる可き者なるか。故に顚頡(五)は勤むと雖も、違命の刑を免れず、楊干(六)は親なると雖も、猶ほ亂行の戮を加へらる。夫れ豈に愛せざらんや、王憲の故なり。諸葛氏の言、是に於てか政刑に失せり」と。

(補注)

(一) 郭隗は、燕の賢人。燕の昭王より人材登用策を尋ねられた時、まず自分から厚遇して欲しいとした、「まず隗より始めよ」の故事で有名である（『史記』巻三十四 燕召公世家）。

(二) 蔣濟の論は、ここでは先の裴松之注で掲げる「萬機論」を指す。許子將（許劭）の（人物評価の）毀誉褒貶は公平ではなく、樊子昭を高く持ち上げ許文休（許靖）を低く抑えているという。

(三) 選官は、人事官。ここでは董卓のときに許靖が就官していた尚書郎を指す。後出の中丞は、御史中丞（『三國志』巻三十八 許靖傳）。

(四) 荀爽は、豫州潁川郡潁陰縣の人、字を慈明。荀淑の子。杜喬に評価され、「荀氏八龍、慈明無雙」と称された。董卓に厚遇され、九十五日間で司空に至る異例の出世を遂げた（『後漢書』列傳五十二 荀淑傳附荀爽傳）。なお、後出の陳紀は、董卓が政権を掌握すると、やむを得ず五官中郎將となり、侍中・平原相を歴任している。

(五) 顚頡は、春秋時代の晉の士。文公重耳の亡命に従って忠勤を尽くしたが報いられず、僖負羈の屋敷に火を放ち処刑された（『春秋左氏傳』僖公 傳二十八年）。

(六) 楊干は、春秋時代の晉の悼公の弟。隊列を乱し、その御者を魏絳に殺された（『史記』巻三十九 晉世家）。

[現代語訳]

建安《けんあん》十九（二一四）年、（劉備軍は）進軍して成都《せいと》城を包囲した。劉璋の蜀郡《しょくぐん》太守である許靖《きょせい》は、城壁を乗り越えて降服しようとしたが、事が発覚して果たせなかった。劉璋は危機が迫っていたので、そのため許靖を誅殺しなかった。劉璋が降服すると、先主（劉備）はこのために許靖を卑しみ登用しなかった。法正は説いて、「天下には虚名を得ながらその実質がない者がおります。許靖がそれです。しかしいま主公は大業を創められたばかりです。天下の人に、戸ごとに（許靖の実態を）説くことはできません。許靖の虚名は、天下に広まっております。もし（許靖を）礼遇しなければ、天下の人はこれによって主公が賢者を賤しんだと思うでしょう。どうか敬意を持ち丁重に扱われ、それにより世間の目を眩《くら》まし、むかし燕（の昭）王が郭隗《かくかい》を待遇した故事にならうべきです」と言った。先主はこうして厚く許靖を待遇した[一]。法正を蜀郡太守・揚武《ようぶ》將軍とした。（法正は）外では

（蜀郡太守として）畿内を統治し、内では（劉備の）謀略の中心となった。一度の食事の（ようなわずかな）徳にも、にらまれた（ようなわずかな）怨みにも、報復しないことは無く、自分を非難した数人を勝手に殺した。あるひとが諸葛亮に言って、「法正は蜀郡でたいへん好き勝手にしております。將軍はぜひ主公（劉備）に申し上げ、その刑罰と恩賞の権限を抑えるべきです」とした。諸葛亮は、「主公が公《こう》安《あん》縣におられたとき、北は曹公の強大を恐れ、東は孫權の圧迫を憚り、近くは孫夫人が変事を足元に起こすことを懼れておられた。そのときは、進退もままならぬ状態であった。法孝直《ほうこうちょく》は主公を助け翼となって、ひらひらと舞い上がり、（主公が他人から）制御できないようにさせた。どうして禁止して、法正がその意志を行わないようにできようか」と答えた。これよりさき、孫權は妹を先主に嫁がせていた。妹は才気があり剛猛で、兄たちの面影があった。侍婢百余人は、みな自ら刀を持って侍立していた。先主は（奥に）入るたびに、心の底からいつもびくびくしていた。諸葛亮はまた先主が法正を寵愛し信任していることを知っていたので、そのためこのように言ったのである[一]。

［裴松之注］

［一］孫盛《そんせい》は、「そもそも賢者を礼遇し徳ある者を尊重するのは、国家の要となる道である。（賢者に対して）墓に土盛りをして閭（里門）に式《しょく》禮（車軾に手を載せ、身を俯せて敬礼）をするのは、先王のすぐれた規範である。それゆえ必ず身に具わった徳行が英明で、高義が世を覆うような賢者に行って、そののちに（賢者への尊重が）四海に広がり見られ、民草を振い服させることでできる。（尊重の対象が）かりにも相応しい人でなければ、道は虚しく行れない。許靖は家に居るときには親族と仲良くせず、出仕したときには地位を得てはならない所に受けた。（許靖の）信を語れば平常と危機で心を変え（て城から逃げようとし）、識を論ずればあやうく（劉璋により）死刑にされるところであった。どうして（許靖は）先に寵遇すべきで（それにより賢者が尊重されたという）感化により（民草を）致すことがあるものであろうか。もし浮わついた名声で尊重し、軽薄な行動で栄誉を得るのであれば、剛直を取り正義に依拠した士は、さてどのようにこれを礼遇したらよいのであろうか。法正は眩惑の術に務めて、賢者を尊重する気風に反している。許靖を郭隗《かくかい》にたとえているが、（許靖は）郭隗の倫《ともがら》ではない」と言っている。臣《わたくし》裴松之が思いますに、郭隗は賢者ではなく、権宜の計略によって寵愛を受けたものです。まして文休（許靖）の名声は早くから明らかで、天下はこれを英傑と思い、晩年に瑕があったとしても、それでもそのことは明らかになってはおりません。もし礼遇を加えなければ、どのように遠近の疑惑を解くのでしょうか。法正が許靖を郭隗に比べることは、いまだ当たらないとすることはできません。しかも孫盛は墓に土盛りをして閭に式《しょく》することを論難（の根拠）としております。なんと迂遠なことでしょうか。そうであるならば燕の昭王もまた非とされるべきで、どうしてただ劉備だけ（が非難されるの）でしょうか。親族と仲良くせずに至っては、過失は子將（許劭）にあります。蔣濟《しょうせい》の「萬機論」を調べてみますと、文休（許靖）の罪ではないことが分かります。孫盛はまた地位を得てはならない所に受けたとそしっています。董卓《とうたく》に仕えたことを言おうとしているのでしょう。董卓は初めて政治を執ると、明らかに賢俊を抜擢し、その辞令や爵位を受けた者は森のよ

うに（すべて並んで）みなこれでした。文休が選官（の尚書郎）となったのは、董卓がいまだ至る前のことです。後に御史中丞に遷ったことは、（董卓による）異例の抜擢とはなりません。これによって非難をすれば、（董卓に抜擢された）荀爽や陳紀といった人々は、みな世から排斥されるべきことになりましょうと。

［二］孫盛《そんせい》は、「そもそも刑罰や恩賞が下（の者）により行われることは、家を亡ぼし国を損なうの道である。刑罰が寵愛を背景に勝手に行われることは、政治を壊し道理を乱す源である。どうして功臣に思いのままに行わせ、寵臣に国権を笠に着ることを認めるべきであろうか。このため（春秋の晉の）顚頡《てんきつ》は忠勤に励みながらも、命令違反の刑を免れられず、（春秋の晉公の弟である）楊《よう》干《かん》は親族でありながら、隊列を乱して（その御者が）殺戮された。それは愛していなかったからであろうか、王法を優越させるためである。諸葛氏の言葉は、この点で政治と刑罰（の正しいあり方を）失っている」と言っている。

【原文】

二十二年、正說先主曰、曹操一舉而降張魯、定漢中、不因此勢以圖巴・蜀、而留夏侯淵・張郃屯守、身遽北還。此非其智不逮而力不足也。必將內有憂偪故耳。今策淵・郃才略、不勝國之將帥。舉衆往討、則必可克。1（之克）〔克之〕之日、廣農積穀、觀釁伺隙、上可以傾覆寇敵、尊獎王室、中可以蠶食雍・涼、廣拓境土、下可以固守要害、爲持久之計。此蓋天以與我、時不可失也。先主善其策、乃率諸將、進兵漢中、正亦從行。二十四年、先主自陽平南渡沔水、緣山稍前、於定軍・興勢作營。淵將兵來爭其地。正曰、可擊矣。先主命黃忠乘高、鼓譟攻之。大破淵軍、淵等授首。曹公西征、聞正之策曰、吾故知玄德不辦有此。必爲人所教也［一］。

〔裴松之注〕

［一］臣松之以爲、蜀與漢中、其由脣齒也。劉主之智、豈不及此。將計略未展、正先發之耳。夫聽用嘉謀、以成功業、霸王之主、誰不皆然。魏武以爲、人所教、亦豈劣哉。此蓋恥恨之餘辭、非測實之當言也。

〔校勘〕

1．百衲本は「之克」につくるが、中華書局本により「克之」に改める。

《訓読》

二十二年、正 先主に說きて曰く、「曹操 一舉にして張魯を降し、漢中を定むるも、此の勢に因りて以て巴・蜀を圖らずして、夏侯淵・張郃を留め屯守せしめ、身ら遽かに北に還る。此れ其の智 逮ばずして力 足らざるに非ざるなり。必ずや內に憂偪有るを將《もっ》てが故なるのみ。今 淵・郃の才略を策《はか》るに、國の將帥に勝《た》へず。衆を舉げ往きて討たば、則ち必ず克つ可し。之に克つの日、農を廣げ穀を積み、釁を觀て隙を伺はば、上は以て寇敵を傾覆して、王室を尊獎す可く、中は以て雍・涼を蠶食して、境土を廣拓す可く、下は以て要害を固守し、持久の計を爲す可し。此れ蓋し天 以て我に與ふ、時 失ふ可からざるなり」と。先主 其の策を善しとし、乃ち諸將を率ゐて、兵を漢中に進め、正も亦た從ひ行く。二十四年、先主 陽平より南して沔水を渡り、山に緣ひて稍や前み、定軍・興勢に於て營を作る。淵 兵を將ゐ來りて其の地を爭ふ。正曰く、「擊つ可し」と。先主 黃忠に命じ高きに乘じて、鼓譟して之を攻めしむ。大いに淵の軍を破り、淵ら首を授く。曹公 西征して、正の策を聞きて曰く、「吾 故より玄德の此有るを辨《わきま》へざるを知る。必ずや人の教ふる所爲《た》らん」と[一]。

[裴松之注]

[一]臣 松之 以爲へらく、蜀と漢中とは、其れ脣齒に由るなり。劉主の智、豈に此に及ばざらんや。將た計略 未だ展せざるに、正先に之を發するのみ。夫れ嘉謀を聽用して、以て功業を成すは、霸王の主、誰か皆 然らざらん。魏武 以爲へらく、人の教ふる所たらんとせば、亦た豈に劣らざらんや。此れ蓋し恥恨の餘辭にして、實を測るの當言に非ざるのみと。

[現代語訳]

建安二十二（二一七）年、法正は先主に説いて、「曹操は一擧に張魯《ちょうろ》を降服させ、漢中《かんちゅう》を平定しましたが、この勢いに乘じて巴《は》・蜀《しょく》を取ろうとはせず、夏侯淵《かこうえん》と張郃《ちょうこう》を留め駐屯して守備させ、自身は慌てて北に戻りました。これはその智が及ばないためでも力が足りないためでもありません。きっと国内に差し迫った心配事があるためです。いま夏侯淵と張郃の才略を量りますと、国の將帥には耐えられません。兵を擧げ（漢中に）行って討てば、必ず勝つことができます。これに勝ったのちに、農業を広げて穀物を積み、わずかな隙を見つけて油断を窺えば、上は寇敵（の曹操を）を覆して、漢室を尊崇することができ、中は雍州《ようしゅう》と涼州《りょうしゅう》を侵食して、領土を拡大することができ、下は要害を守り、持久の計を行うことができます。これは思うに天が我らに与えたもので、時を失うべきではありません」と言った。先主はその策を良いとして、そうして諸將を率い、兵を漢中に進め、法正もまた從行した。建安二十四（二一九）年、先主は陽平關《ようへいかん》から南に向かい沔水《べんすい》を渡って、山に沿って少しずつ進み、定軍山《ていぐんさん》と興勢《こうせい》に陣営を作った。夏侯淵は兵を率いてやって来てその地を争った。法正は、「擊つべきです」と言った。先主は黃忠《こうちゅう》に命じて高い所から、軍鼓をうちならし喚声をあげながら夏侯淵を攻めさせた。（黃忠は）大いに夏侯淵の軍を破り、夏侯淵たちは首を授けた。曹公は西征して、法正の策を聞き、「吾《わたし》はもとより玄德《げんとく》がこうしたことを弁《わきま》えてはいないと知っていた。きっと人が教えたのであろう」と言った[一]。

[裴松之注]

[一]臣《わたくし》裴松之が思いますに、蜀と漢中とは、脣齒《しんし》の関係にあります。劉主の智が、どうしてこの策に考え及ばないことがありましょうか。あるいは計略がいまだ展開しないうちに、法正が先にこれを発言しただけでしょう。そもそも良き謀《はかりごと》を聞き用いて、それにより功業を成すことは、霸王の主君が、みなそうすることです。魏武《ぎぶ》（曹操）が、（この策は）人が教えたのであろうと考えたとすれば、またなんと劣る考えと言えましょう。これはおそらく悔し紛れの言葉であり、事実を推測したまともな発言ではないのでしょう。

【原文】

先主立爲漢中王、以正爲尙書令・護軍將軍。明年卒。時年四十五。先主爲之流涕者累日。謚曰翼侯。賜子邈爵關內侯。官至奉車都尉・漢陽太守。諸葛亮與正、雖好尙不同、以公義相取。亮每奇正智術。先主既卽尊號、將東征孫權以復關羽之恥、羣臣多諫、一不從。章武二年、大軍敗績、還住白帝。亮歎曰、法孝直若在、則能制主上、令不東行。就復東行、必不傾危矣［二］。

［裴松之注］

［一］先主與曹公爭、勢有不便、宜退。而先主大怒不肯退。無敢諫者。矢下如雨。正乃往當先主前。先主云、孝直避箭。正曰、明公親當矢石、況小人乎。先主乃曰、孝直、吾與汝俱去。遂退。

《訓讀》

先主 立ちて漢中王と爲るや、正を以て尙書令・護軍將軍と爲す（一）。明年 卒す。時に年 四十五なり。先主 之が爲に流涕する者《こと》累日なり。謚して翼侯と曰ふ。子の邈に爵關內侯を賜ふ。官は奉車都尉・漢陽太守に至る。諸葛亮は正と、好尙 同じからずと雖も、公義を以て相 取る。亮 每に正の智術を奇とす。先主 既に尊號に卽き、將に孫權を東征して以て關羽の恥に復《むく》ひんとするや、羣臣 多く諫むるも、一として從はず。章武二年、大軍 敗績して、還りて白帝に住《とど》まる。亮 歎きて曰く、「法孝直 若し在らば、則ち能く主上を制して、東行せしめず。就し復た東行せしも、必ずや傾危せざらん」と［二］。

［裴松之注］

［一］先主 曹公と與に爭ふや、勢 便ならざる有りて、宜しく退くべし。而るに先主 大いに怒り退くを肯ぜず。敢て諫むる者無し。矢 下ること雨の如し。正 乃ち往きて先主の前に當たる。先主云ふ、「孝直 箭を避けよ」と。正曰く、「明公 親ら矢石に當たる。況んや小人をや」と。先主 乃ち曰く、「孝直、吾 汝と與に俱に去らん」と。遂に退く。

（補注）

（一）護軍將軍は、官名。護軍の權限を持つ將軍か。護軍については、石井仁「曹魏の護軍について」（『日本文化研究所研究報告』二六、一九九〇年）を參照。

［現代語訳］

先主は即位して漢中王になると、法正を尙書令《しょうしょれい》・護軍《ごぐん》將軍とした。翌年卒した。時に四十五歳であった。先主はこのため涙を流すこと数日に及んだ。謚して翼侯《よくこう》という。子の法邈《ほうばく》に關內侯《かんだいこう》の爵位を賜った。（法邈の）官は奉車都尉《ほうしゃとい》・漢陽《かんよう》太守に至った。諸葛亮は法正と、好み尊重するところが同じではなかったが、公の義によって互いに接していた。諸葛亮は常に法正の智術を評価していた。先主がすでに皇帝に即位し、孫權を東征して關羽の恥に報復しようとすると、群臣は多く諫めたが、全く従わなかった。章武《しょうぶ》二（二二二）年、大軍が敗退して、（先主は）帰って白帝城《はくていじょう》に留まった。諸葛亮は歎いて、「法孝直がもし存命であれば、主上を制することができ、東征させることはなかった。もしまた東征したとしても、きっと危険を避けられたであろう」といった[一]。

[裴松之注]

[一] 先主が曹公と争ったとき、形勢が不利になり、退却すべきであった。しかし先主は大いに怒って退却を聞き入れなかった。あえて諫める者はなかった。矢は雨のように降り注いだ。法正はそこで行って先主の前に立った。先主は、「孝直《こうちょく》、箭を避けよ」と言った。法正は、「明公が自ら矢石に当たっております。小人が当たるのは当たり前でしょう」と言った。先主はようやく、「孝直、吾《わたし》は汝と共に退こう」と言った。こうして退却した。

【原文】

評曰、龐統雅好人流、經學・思謀、于時荊・楚謂之高俊。法正著見成敗、有奇畫・策算。然不以徳素稱也。儗之魏臣、統其荀彧之仲叔、正其程・郭之儔儷邪。

《訓読》

評に曰く、「龐統 雅《つね》に人流を好み、經學・思謀、時に于て荊・楚之を高俊と謂ふ。法正 著らかに成敗を見、奇畫・策算有り。然れども徳を以て素より稱されざるなり。之を魏臣に儗ふに、統は其れ荀彧の仲叔、正は其れ程・郭の儔儷なるか」と。

[現代語訳]

評にいう、「龐統はつねに人物評価を好み、經學と策謀にすぐれ、このとき荊《けい》・楚《そ》の人々はこれを高俊といった。法正は明らかに成功と失敗を見抜き、奇策と廟算があった。しかしながら徳により普段から称されることはなかった。これを魏の臣下に譬えると、龐統は荀彧《じゅんいく》の兄弟、法正は程昱《ていいく》・郭嘉《かくか》のともがらであろうか」と。

【原文】

許麋孫簡伊秦傳第八　　蜀書　　國志三十八

許靖傳

許靖字文休、汝南平輿人。少與從弟劭俱知名、並有人倫臧否之稱、而私情不協。劭爲郡功曹、排擯靖不得齒敘、以馬磨自給。潁川劉翊爲汝南太守、乃擧靖計吏、察孝廉。除尚書郎、典選擧。靈帝崩、董卓秉政、以漢陽周毖爲吏部尚書、與靖共謀議、進退天下之士、沙汰穢濁、顯拔幽滯。進用潁川荀爽・韓融・陳紀等爲公卿・郡守。拜尚書韓馥爲冀州牧、侍中劉岱爲兗州刺史、潁川張咨爲南陽太守、陳留孔伷爲豫州刺史、東郡張邈爲陳留太守。而遷靖巴郡太守、不就、補御史中丞。馥等到官、各擧兵還向京都、欲以誅卓。卓怒毖曰、諸君言當拔用善士、卓從君計、不欲違天下人心。而諸君所用人、至官之日、還來相圖。卓何用相負。叱毖令出、於外斬之。靖從兄陳相瑒、又與伷合規、靖懼誅、奔伷[一]。伷卒、依揚州刺史陳禕。禕死、吳郡都尉許貢・會稽太守王朗、素與靖有舊、故往保焉。靖收恤親里、經紀振贍、出於仁厚。

[裴松之注]

[一] 蜀記云、靖後自表曰、黨賊求生、情所不忍。守官自危、死不成義。竊念古人當難詭常、權以濟其道。

《訓読》

許麋孫簡伊秦傳第八　　蜀書　　國志三十八

許靖傳

許靖 字は文休、汝南平輿の人なり。少くして從弟の劭と與に俱に名を知られ、並びに人倫臧否の稱有るも、而るに私情は協《かな》はず。劭 郡の功曹と爲るも、靖を排擯して齒敘を得しめざれば、馬磨を以て自ら給す。潁川の劉翊(一) 汝南太守と爲るや、乃ち靖を計吏に擧げ、孝廉に察す。尚書郎に除せられ、選擧を典る。靈帝 崩じ、董卓 政を秉るや、漢陽の周毖を以て吏部尚書と爲し、靖と與と共に謀議して、天下の士を進退し、穢濁を沙汰し、幽滯を顯拔せしむ。潁川の荀爽・韓融(二)・陳紀らを進め用ひて公卿・郡守と爲さしむ。尚書の韓馥(三)を拜して冀州牧と爲し、侍中の劉岱を兗州刺史と爲し、潁川の張咨(四)を南陽太守と爲し、陳留の孔伷(五)を豫州刺史と爲し、東郡の張邈(六)を陳留太守と爲す。而して靖は巴郡太守に遷せらるも、就かず、御史中丞に補せらる。馥ら官に到るや、各〻兵を擧げ還りて京都に向かひ、以て卓を誅せんと欲す。卓 毖に怒りて曰く、「諸君 當に善士を拔用すべしと言はば、卓 君の計に從ひ、天下の人心に違ふを欲せず。而るに諸君の用ひる所の人、官に至るの日より、還り來りて相 圖る。卓 何を用てか相 負むかる」と。毖を叱りて出だしめ、外に之を斬る。靖の從兄たる陳相の瑒、又 伷と與に規を合はすれば、靖 誅を懼れ、伷に奔る[一]。伷 卒し、揚州刺史の陳禕(七)に依る。禕 死すや、吳郡都尉の許貢(八)・會稽太守の王朗、素より靖と舊有り、故に往きて焉に保つ。靖 親里を收恤し、紀を經め振贍すること、仁厚より出づ。

[裴松之注]

[一] 蜀記に云ふ、「靖 後に自ら表して曰く、「賊と黨たりて生を求むるは、情の忍ばざる所なり。官を守り自ら危きは、死すも義を

成せず。竊かに古人難に當たりて常より詭《そむ》き、權《かり》に以て其の道を濟すを念ふ」と」と。

（補注）

（一）劉翊は、豫州潁川郡の人。汝南太守として、許靖を計吏から孝廉に察擧した（『三國志』巻三十八　許靖傳）。

（二）韓融は、豫州潁川郡舞陽縣の人、字を元長。韓韶の子。黨錮の禁に連座したが、董卓が国政を掌握すると大鴻臚に任命された。袁紹・袁術らが反董卓の兵を挙げると、執金吾の胡母班らとともに派遣され、軍を解散するよう説得にあたった。この時、胡母班たちは袁紹に殺害されたが、韓融のみ名声が高かったため赦免された。のちに太僕に就任した（『後漢書』列傳五十二　韓韶傳）。

（三）韓馥は、豫州潁川郡の人、字を文節。董卓のもとで御史中丞から冀州牧となるが、反董卓連合軍に参加。袁紹と共に劉虞を擁立しようとしたが、拒絶された。その後、袁紹の謀略によりその地位を奪われ自殺した（『三國志』巻六　袁紹傳）。

（四）張咨は、豫州潁川郡の人。董卓に抜擢されて南陽太守となったが、孫堅に殺害された（『三國志』巻四十六　孫破虜傳）。

（五）孔伷は、豫州陳留郡の人、字を公緒。豫州刺史として、董卓討伐軍に参加した（『三國志』巻一　武帝紀注）。

（六）張邈は、兗州東平郡壽張縣の人、字を孟卓。「八廚」に数えられた黨人。袁紹や曹操とは旧知であったが、後に袁紹に疎まれる。陶謙討伐を控えた曹操は家族に、自分が帰還せぬ時には張邈を頼れと言い聞かせるほど信頼していたが、曹操の留守の兗州を攻撃した呂布に、陳宮とともに呼応する。曹操に敗れ、部下に殺害された（『三國志』巻七　呂布傳附張邈傳）。

（七）陳禕は、後漢末期の揚州刺史。『三國志』巻一　武帝紀の初平元年の条には、揚州刺史として陳溫が見えるが、同一人物であるかは未詳。

（八）許貢は、後漢末期の呉郡太守。孫策の配下である朱治に敗れた（『三國志』巻四十六　孫討逆傳）。

［現代語訳］

許麋孫簡伊秦傳第八　　蜀書　　國志三十八

許靖傳

許靖《きょせい》は字を文休《ぶんきゅう》といい、汝南《じょなん》郡平輿《へいよ》縣の人である。若くして従弟《いとこ》の許劭《きょしょう》と共に名を知られ、ともに人物評価によって称えられたが、私情は合わなかった。許劭は汝南郡の功曹史《こうそうし》となったが、許靖を排斥して地位を得させなかったので、馬磨きにより自活した。潁川《えいせん》郡の劉翊《りゅうよく》が汝南《じょなん》太守になると、ようやく許靖を上計吏《じょうけいり》に抜擢し、孝廉《こうれん》に察擧した。（許靖は）尚書郎《しょうしょろう》に任命され、選擧を担当した。靈帝《れいてい》が崩御し、董卓《とうたく》が政権を握ると、漢陽《かんよう》郡の周毖《しゅうひ》を吏部尚書《りぶしょうしょ》として、許靖と共に協議して、天下の士を進退させ、汚職を追放し、沈滞していた賢者を抜擢させた。潁川郡の荀爽《じゅんそう》・韓融《かんゆう》・陳紀《ちんき》たちを進め用いて公卿や郡守とさせた。尚書の韓馥《かんふく》を拝命して冀州牧《きしゅうぼく》となし、侍中《じちゅう》の劉岱《りゅうたい》を兗州刺史《えんしゅうしし》となし、潁川郡の張咨《ちょうし》を南陽《なんよう》太守となし、陳留《ちんりゅう》郡の孔伷《こうちゅう》を豫州《よしゅう》刺史となし、東郡の張邈《ちょうばく》を陳留太守とした。そして許靖は巴郡《はぐん》太守に遷されたが、就官せず、御史中丞《ぎょしちゅうじょう》に任命された。韓馥たちは赴任すると、それぞれ兵を挙げて帰って京都《けいと》（洛陽）に向かい、董卓を誅そうとした。董卓は周毖に怒って、「諸君が善士を抜擢すべきと言ったので、卓《わたし》は君の計に従って、天下の人心と違わないようにした。しかし諸君が用いた人たちは、赴任した日から、帰って来て（卓を殺す）謀をしている。卓はどうして背かれたのか」と言った。（董卓は）周毖を叱って出し、外でこれを斬った。許靖の従兄である陳相《ちんしょう》の許瑒《きょちょう》は、また孔伷と共に計画に協力していたので、許靖は誅殺を恐れ、孔伷のもとに亡命した[一]。孔伷が卒すると、（許靖は）揚州《ようしゅう》刺史の陳禕《ちんい》を頼った。陳禕が死ぬと、呉郡都尉《ごぐんとい》の許貢《きょこう》と會稽《かいけい》太守の王朗《おうろう》が、以前より許靖と旧《なじみ》があり、そのため行ってそこで（身を）保った。（その際にも）許靖は親族や同里の人々を収めて慈しみ、規範を定めて賑恤したが、（それは許靖の）仁愛の厚さから出たものであった。

〔裴松之注〕

〔一〕『蜀記《しょくき》』に、「許靖は後に自ら上表して、「賊と仲間になって生を求めることは、情として忍びません。官を守って自らが危いことは、死んでも義を成せません。秘かに古人が困難に当って常道より背き、仮にその道を成そうとしたことを思っております」と言った」とある。

【原文】

孫策東渡江、皆走交州以避其難、靖身坐岸邊、先載附從、疎親悉發、乃從後去。當時見者莫不歎息。既至交阯、交阯太守士燮、厚加敬待。陳國袁徽、以寄寓交州。徽與尚書令荀彧書曰、許文休英才偉士、智略足以計事。自流宕已來、與羣士相隨、每有患急、常先人後己、與九族・中外同其飢寒。其紀綱同類、仁恕惻隱、皆有效事。不能復一二陳之耳。鉅鹿張翔[二]、銜王命使交部、乘勢募靖、欲與誓要、靖拒而不許。靖與曹公書曰、

世路戎夷、禍亂遂合、駑怯偸生、自竄蠻貊、成闊十年、吉凶禮廢。昔在會稽、得所貽書、辭旨款密、久要不忘。迫於袁術方命圮族、扇動羣逆、津塗四塞、雖縣心北風、欲行靡由。正禮師退、術兵前進、會稽傾覆、景興失據、三江・五湖、皆爲虜庭。臨時困厄、無所控告。便與袁沛・鄧子孝等、浮涉滄海、南至交州。經歷東甌・閩・越之國、行經萬里、不見漢地、漂薄風波、絶糧茹草、飢殍薦臻、死者大半。既濟南海、與領守兒孝德相見、知足下忠義奮發、整飭元戎、西迎大駕、巡省中岳。承此休問、且悲且憙、即與袁沛及徐元賢、復共嚴裝、欲北上荊州。會蒼梧諸縣夷・越蠭起、州府傾覆、道路阻絶、元賢被害、老弱並殺。靖尋循渚岸五千餘里、復遇疾癘、伯母隕命、幷及羣從、自諸妻子、一時略盡。復相扶侍、前到此郡、計爲兵害及病亡者、十遺一二。生民之艱、辛苦之甚、豈可具陳哉[三]。懼卒顚仆、永爲亡虜、憂瘁慘慘、忘寢與食。欲附奉朝貢使、自獲濟通、歸死闕庭、而荊州水陸無津、交部驛使斷絶。欲上益州、復有峻防、故官長吏、一不得入。前令交阯太守士威彥、深相分託於益州兄弟、又靖亦自與書、辛苦懇惻、而復寂寞、未有報應。雖仰瞻光靈、延頸企踵、何由假翼自致哉。

知聖主允明、顯授足下專征之任。凡諸逆節、多所誅討、想力競者一心、順從者同規矣。又張子雲昔在京

師、志匡王室。今雖臨荒域、不得參與本朝、亦國家之藩鎭、足下之外援也[三]。若荊・楚平和、王澤南至、足下忽有聲命於子雲、勤見保屬、令得假途由荊州出。不然、當復相紹介於益州兄弟、使相納受。倘天假其年、人緩其禍、得歸死國家、解逋逃之負、泯軀九泉、將復何恨。若時有險易、事有利鈍、人命無常、隕沒不達者、則永銜罪責、入於窬土矣。

昔營邱翼周、杖鉞專征、博陸佐漢、虎賁警蹕[四]。今日足下扶危持傾、爲國柱石、秉師望之任、兼霍光之重。五侯九伯、制御在手。自古及今、人臣之尊、未有及足下者也。夫爵高者憂深、祿厚者責重。足下據爵高之任、當責重之地、言出於口、卽爲賞罰、意之所存、便爲禍福。行之得道、卽社稷用寧、行之失道、卽四方散亂。國家安危、在於足下、百姓之命、縣於執事。自華及夷、顒顒注望。足下任此、豈可不遠覽載籍廢興之由、榮辱之機、棄忘舊惡、寬和群司、審量五材、爲官擇人。苟得其人、雖讎必擧、苟非其人、雖親不授。以寧社稷、以濟下民、事立功成、則繫音於管絃、勒勳於金石。願君勉之。爲國自重、爲民自愛。

翔恨靖之不自納、搜索靖所寄書疏、盡投之于水。

[裴松之注]

[一] 萬機論云、翔字元鳳。

[二] 臣松之以爲、孔子稱、賢者避世、其次避地。蓋貴其識見安危、去就得所也。許靖羇客會稽、閭閻之士。孫策之來、於靖何爲。而乃泛萬里之海、入疫癘之鄉、致使尊弱塗炭、百罹備經、可謂自貽矣。謀臣若斯、難以言智。孰若安時處順、端拱吳・越、與張昭・張紘之儔、同保元吉者哉。

[三] 子雲名津、南陽人、爲交州刺史。見吳志。

[四] 漢書霍光傳曰、光出都肄郎・羽林、道上稱警蹕。未詳虎賁所出也。

《訓読》

孫策 東して江を渡るや、皆 交州に走りて以て其の難を避く。靖 身ら岸邊に坐し、先に附從を載せ、疎親 悉く發せば、乃ち後より去る。時に當りて見る者 歎息せざるは莫し。既に交阯に至るや、交阯太守の士燮(一)、厚く敬待を加ふ。陳國の袁徽(二)、以《すで》に交州に寄寓す。徽 尙書令の荀彧(三)に書を與へて曰く、「許文休は英才偉士にして、智略は以て事を計るに足る。流宕してより已來、羣士と與に相 隨ひ、患急有る每に、常に人を先にし己を後にし、九族・中外(四)と與に其の飢寒を同にす。其の同類を紀綱するに、仁恕にして惻隱なれば、皆 效事有り。復た一二に之を陳ぶる能はざるのみ」と。鉅鹿の張翔(五)[一]、王命を銜《う》け交部に使ひし、勢に乘じて靖を募り、與に誓要せしめんと欲するも、靖 拒みて許さず。靖 曹公に書を與へて曰く、

世 戎夷に路《やぶ》れ、禍亂 遂て合はさり、駑怯 生を偸み、自ら蠻貊に竄《かく》れ、闊を成すこと十年、吉凶の禮だに廢す。昔 會稽に在りしとき、貽る所の書を得、辭旨 款密たれば、久要(六) 忘れず。袁術 命に方《そむ》き族を圮《やぶ》り(七)、羣逆を扇動し、津塗 四塞せるに迫《せま》られ、心は北風に縣ると雖も、行かんと欲するに由靡《な》し。正禮の師 退ぞき、術の兵 前進するや、會稽は傾覆し、景興は據を失ひ、三江・五湖(八)、皆 虜庭と爲

る。時に臨みて困厄するも、控告する所無し。便ち袁沛（九）・鄧子孝（一〇）らと與に、滄海を浮き渉り、南して交州に至る。東甌（一一）・閩・越の國を經歷し、行經すること萬里、漢の地を見ず、風波に漂薄し、絶糧して草を茹《くら》ひ、飢殍して薦《しきり》に臻《いた》り（一二）、死する者 大半なり。既に南海を濟り、領守の兒孝德（一三）と相 見るに、足下 忠義 奮發して、元戎を整飭し、西のかた大駕を迎へ、中岳に巡省するを知る。此の休問を承け、且つ悲しみ且つ憙び、卽《ただ》ちに袁沛及《と》徐元賢と與に、復た共に嚴裝して、北して荊州に上らんと欲す。會《たまたま》 蒼梧の諸縣の夷・越 蠭起し、州府は傾覆し、道路は阻絶して、元賢は害を被り、老弱は並びに殺さる。靖は渚岸に尋循すること五千餘里、復た疾癘に遇ひ、伯母は命を隕し、幷はせて羣從に及び、諸《もろもろ》 の妻子より、一時に略ぼ盡く。復た相 扶侍し、前みて此の郡に到るも、兵の爲に害せられ及び病もて亡する者を計ふるに、十に一二を遺すのみ。生民の艱、辛苦の甚、豈に具さに陳《の》ぶ可けんや[一二]。卒かに顚仆して、永く亡虜と爲らんことを懼れ、憂瘁 慘慘として、寢と食とを忘る。朝貢使に附奉して、自ら濟通するを獲、歸りて闕庭に死せんと欲すれど、而るに荊州の水陸に津無く、交部の驛使は斷絶す。益州に上らんと欲すれど、復た峻防有り、故に官の長吏は、一として入るを得ず。前に交阯太守の士威彥をして、深く相《たす》けを益州の兄弟に分託し、又 靖も亦た自ら書を與へ、辛苦をば懇惻するも、而るに復た寂寞として、未だ報應有らず。光靈を仰瞻し、頸を延し踵を企《つまだ》つと雖も、何に由りてか翼を假り自ら致さんや。

聖主 允《まこと》に明らかにして、足下に專征の任を顯授するを知る。凡そ諸〻の逆節、多く誅討せらるは、想ふに力競する者は心を一にし、順從する者は規を同じくすればなり。又 張子雲（一四） 昔 京師に在りて、王室を匡すを志す。今 荒域に臨み、本朝に參與するを得ずと雖も、亦た國家の藩鎭たりて、足下の外援となる[一三]。若し荊・楚 平和にして、王澤 南に至り、足下 忽かに子雲に聲命有らば、勤めて保屬せられ、途を假りて荊州より出づるを得しめよ。然らずんば、當に復た相けを益州の兄弟に紹介して、相 納受せしめよ。倘《も》し天 其の年を假《あた》へ、人 其の禍を緩め、國家に歸死するを得、逋逃の負を解かば、軀を九泉に泯《ほろぼ》すとも、將《は》た復た何をか恨まん。若し時には險易有り、事には利鈍有り、人の命には常無く、隕沒して達せざれば、則ち永く罪責を銜《う》け、裔土に入《し》なん。

昔 營邱（一五）は周を翼《たす》け、鉞を杖つき專ら征し、博陸（一六）は漢を佐け、虎賁警蹕す[一四]。今日 足下は危きを扶け傾くを持し、國の柱石と爲り、師望の任を秉り、霍光の重を兼ぬ。五侯・九伯だに、制御するは手に在り。古《いにしへ》 より今に及ぶまで、人臣の尊、未だ足下に及ぶ者有らざるなり。夫れ爵 高き者は憂ひ深く、祿 厚き者は責 重し。足下は爵高の任に據り、責重の地に當たり、言 口より出づれば、卽ち賞罰と爲り、意の存する所、便ち禍福と爲る。行ひの道を得れば、卽ち社稷用《もっ》て寧く、行の道を失はば、卽ち四方 散亂す。國家の安危は、足下に在り、百姓の命は、執事に縣《か》かる。華より夷に及ぶまで、顒顒として注望す。足下 此に任ずるに、豈に遠く載籍せる廢興の由、榮辱の機を覽、舊惡を棄忘し、群司を寬和し、五材を審量し、官の爲に人を擇ぶ可からざるや。苟くも其の人を得れば、讎と雖も必ず擧げ、苟くも其の人に非ざれば、親と雖も授けず。以て社稷を寧んじ、以て下民を濟ひ、事は立ち功は成れば、則ち音を管絃に繫け、勳を金石に勒《きざ》まれん。願はくは君 之を勉めよ。國の爲に自重し、民の爲に自愛せよ」と。

翔 靖の自ら納れざるを恨み、靖の寄する所の書疏を搜索し、盡く之を水に投ず。

［裴松之注］

［一］萬機論に云ふ、「翔 字は元鳳」と。

［二］臣松之 以爲へらく、孔子 稱すらく、「賢者は世を避け、其の次は地を避く」と[一七]。蓋し其の安危を識見し、去就に所を得るを貴ぶなり。許靖は會稽に羇客し、閭閻の士たり。孫策の來たるは、靖に於て何をか爲さん。而るに乃ち萬里の海に泛《う》かび、疫癘の郷に入り、尊弱をして塗炭に致らしめ、百罹 備さに經さしむは、自ら貽《おく》ると謂ふ可し。謀臣 斯の若くんば、以て智と言ふに難し。時に安んじ順に處り、吳・越に端拱して、張昭・張紘の儔と[一八]與に、同に元吉を保つ者と孰若《いづれぞ》やと。

［三］子雲 名は津、南陽の人、交州刺史と爲る。吳志に見ゆ。

［四］漢書の霍光傳に曰く[一九]、「光 出でて郞・羽林を都肄し、道上に警蹕を稱《あ》ぐ」と。未だ虎賁の出づる所を詳かにせざるなり。

（補注）

（一）士燮は、交州蒼梧郡廣信縣の人、字は威彥。交阯太守となり、のち交州刺史が殺されると、弟の士壹を合浦太守、士䵋を九眞太守、士武を南海太守とすることを朝廷に上奏、認められて、その勢力を交阯・合浦・九眞・南海に拡大した。建安十五年、孫權が交州に步騭を派遣すると、孫權に降伏した。のち、劉備の支配下の雍闓を孫權に引き込む仲介役を務め、衞將軍・龍編侯となった。黃武五年、九十歳で没した（『三國志』卷四十九 士燮傳）。

（二）袁徽は、陳國の人、袁渙の従弟。徳行で有名で、後漢末の混乱を交州に避けていた（『三國志』卷十一 袁渙傳）。

（三）荀彧は、潁川郡潁陰縣の人、字は文若。荀淑の子。何顒から「王佐の才」と評された。当初仕えていた袁紹を見限って曹操に帰順、曹操からは「吾が子房なり」と劉邦の功臣張良になぞらえられた。獻帝の擁立、郭嘉・陳羣といった人材推挙など、曹操幕下随一の働きをした。しかし、漢への対応をめぐって曹操と対立し、曹操の魏公就任に反対して憂死した。謚は敬侯（『三國志』卷十 荀彧傳、『後漢書』列傳六十 荀彧傳）。

（四）九族・中外は、宗族すべて。九族は祖父の祖父から孫の孫まで、中外は父の姉妹の子と母の兄弟姉妹の子。

（五）張翔は、鉅鹿《きょろく》郡の人、字を元鳳《げんほう》。王命を受けて交州に赴き、許靖を招こうとしたが失敗した（『三國志』卷三十九 許靖傳）。

（六）久要は、古い約束。『論語』憲問篇に、「子路問成人。子曰、若臧武仲之知、公綽之不欲、卞莊子之勇、冉求之藝、文之以禮樂、亦可以爲成人矣。曰、今之成人者、何必然。見利思義、見危授命、久要不忘平生之言。亦可以爲成人矣」とある。

（七）『尙書』堯典に、「吁、咈哉。方命圮族」とあることを踏まえた表現である。

（八）三江・五湖は、諸説あるが、『漢書』地理志の顏師古注によれば、三江は北江・中江・南江、『後漢書』馮衍傳の李賢注によれば、五湖は滆湖・洮湖・射湖・貴湖・太湖であり、太湖以外は、太湖の一部の別称であるという。

（九）袁沛は、沛國相の袁氏。ここでは袁忠のこと。『三國志』卷一武帝紀注『傅子』に、「初、袁忠爲沛相、嘗欲以法治太祖、沛國桓邵亦輕之、及在兗州、陳留邊讓言議頗侵太祖、太祖殺讓、族其家、忠・邵俱避難交州、太祖遣使就太守士燮盡族之」とある。袁忠は、字を正甫。汝南郡の人で、後漢の名門袁氏の一族。同郡出身の范滂と友となり、黨錮事件の際には釈放を求めた。初平年間に沛國相となるも、天下の大乱の際、官を棄てて會稽上虞に客遇し、のち交州に逃れた（『後漢書』巻四十五 袁安傳附袁閎傳）。

（一〇）鄧子孝は、詳細不明。許靖と共に交州に逃れた。

（一一）東甌は、越王勾踐の後裔東甌王が封じられた国で、現在の浙江省温州市付近に存在した。秦の始皇帝により、閩中郡とされた。前漢を建国した劉邦は、騶搖を海陽齊信侯に封じたが、騶搖は恵帝のときに東甌王の称号を与えられた。のち、呉楚七國の乱に加担して滅亡した（『漢書』巻九十五 西南夷兩粤朝鮮傳）。

（一二）『詩經』大雅 雲漢に、「天降喪亂、饑饉薦臻」とあることを踏まえた表現である。

（一三）兒孝德は、ここ以外に見えず、詳細は不明。

（一四）張子雲は、張津。子雲は字、荊州南陽郡の人。交州刺史となった（『三國志』巻四十九 士燮傳）。

（一五）營邱は、春秋時代の齊の都。ここでは、建国者の太公望呂尚を指す。呂尚は、周の文王・武王の軍師を務め、殷との戦いにおいて、周を勝利に導き、のち齊に封建されたという。兵法書『六韜』の著者として仮託される（『史記』巻三十二 齊太公世家）。

（一六）博陸は、ここでは爵位の博陸侯のことで、霍光を指す。

（一七）『論語』憲問篇に、「子曰、賢者避世、其次避地、其次避色、其次避色、子曰、作者七人矣」とあることを踏まえた表現である。

（一八）張紘は、徐州廣陵郡射陽縣の人、字は子綱。孫策の丹陽討伐に従い、のち孫策の命で許に使者として赴き、孫權に討虜將軍の地位と會稽太守の職を与えさせ、自らは會稽東部都尉となった。「漢室匡輔」を基本方針として示し、孫權に呉郡から秣陵（建業）へ拠点を遷すように進めた（『三國志』巻四十六 孫破虜・討逆傳）。

（一九）『漢書』巻六十八 霍光傳に、「光出都肄郎羽林、道上稱趩」とあり、字句に異同がある。

［現代語訳］

孫策《そんさく》が東に向かい長江を渡ると、みな交州《こうしゅう》に逃げてその難を避けた。許靖は自ら岸辺に座り、先に付いてきたものを（船に）乗せ、親しい者もそうでない者もすべて出発すると、ようやく後から（岸を）離れた。このときそれを見た者で歎息しないものはなかった。交阯《こうし》郡（ヴェトナム北部）に至ると、交阯太守の士燮《ししょう》は、手厚く歓待した。陳《ちん》國（河南省淮陽県）の袁徽《えんき》は、これ以前に交州に身を寄せていた。袁徽は尚書令《しょうしょれい》の荀彧《じゅんいく》に書簡を与えて、「許文休は英才を持つ偉大な士で、智略は大事を計るに足ります。他郷に身を寄せて以来、多くの士と一緒に行動し、危急の事態があるたびに、いつも人を先にして自分を後にし、九族・中外と一緒にその飢えや寒さを共にしています。許靖が宗族を規律することは、仁恕に基づき惻隠の情にあふれるので、みな効力があります。このほかいちいち列挙することができないほど（許靖はすぐれているの）です」と言った。鉅鹿《きょろく》郡の張翔《ちょうしょう》は［一］、王命を受け交州に使者となり、権勢に乗じて許靖を招き、忠誠を強要しようとしたが、許靖は従わなかった。許靖は曹公に書簡を与えて（次のように言った）、

世は西戎《せいじゅう》（のような董卓）に敗れ、禍《わざわい》と（黄巾の）乱がそうして合わさり、臆病（なわたし）は生を盗んで、自ら南蠻《なんばん》（の住む交州）に隠れ、ご無沙汰すること十年におよび、（その間）吉禮や凶禮すらできない有り様でした。むかし会稽郡におりましたころ、お送りいただいた書簡を得て、字句が親密でありましたので、古い約束を忘

れてはおりません。袁術《えんじゅつ》が天命に背き一族（の和合）を破り、逆族どもを扇動し、渡し場や道は四方で途絶する状況にあって、北方の地に思いをかけながらも、行こうと思っても手段がありませんでした。正禮《せいれい》（劉繇の字）の軍が退却して、袁術の軍（の一部である孫策）が進撃すると、會稽《かいけい》郡は転覆し、景興《けいこう》（王朗の字）は拠点を失って、江東は、すべて賊の支配下となりました。その時に困り果てたものの、申し出るところはありませんでした。そこで袁忠《えんちゅう》や鄧子孝《とうしこう》たちと一緒に、滄海をわたって、南に向かい交州《こうしゅう》に至りました。東甌《とうおう》・閩《びん》・越《えつ》の国々を通り過ぎ、行き過ぎること万里、漢の地を見ないで、風波に漂白し、食糧がなくなり草を食べ、餓死するものが多くなり、死ぬ者が大半でした。南海を渡り終え、領守の兒孝徳《げいこうとく》に合いましたところ、足下が忠義を奮い立たせて、軍隊を整え、西方に（皇帝の）大駕《たいが》をお迎えし、中岳《ちゅうがく》（嵩山）に巡行されたことを知りました。この喜ばしい知らせを受け、一方で（自らの流浪を）悲しみまた一方で（曹操の成功を）喜び、直ちに袁忠と徐元賢と一緒に、また共に旅支度をして、北に向かい荊州《けいしゅう》に上ろうとしました。たまたま蒼梧《そうご》郡の諸縣の夷と越が反乱を起こし、交州府は転覆し、道路は途絶して、徐元賢は殺され、老いも若きもみな殺されました。靖《わたし》は岸づたいに徐々に五千余里進みましたが、また風土病にかかり、伯母は落命し、随行者にも（被害は）及び、かれらの妻子をはじめ、みな一時に尽き果てました。（それでも）また互いに助け合い、進んでこの（交阯）郡に至りましたが、兵に殺されたものと病気で亡くなった者を計えると、十人に一人二人を残すだけです。民草の艱難、辛苦の甚だしさは、どうして詳細に述べることができましょう[二]。（わたしは）突然につまずき倒れて、永久に亡命者となることを恐れ、憂いは惨《みじ》めな気持ちとなり、寝食を忘れました。朝貢の使者に随行して、自ら（帰還の道を）開き通じて、帰って朝廷に死にたいと考えても、荊州の水陸には渡し場がなく、交州の駅伝は断絶しておりました。益州に上ろうと考えましたが、また禁令があり、このため官の長吏は、一人として入ることができませんでした。先に交阯太守の士威彦《しいげん》（士燮）により、くれぐれも助けるよう益州の兄弟たちに分け伝え、また靖《わたし》も自ら書簡を送り、辛苦を懇請しましたが、また音沙汰がなく、いまだに返答がありません。輝く御心を仰ぎ見て、首を伸ばしつま先立っていますが、どうして翼を借りて飛んでいくことができましょうか。

聖なる天子は誠に明らかで、足下に専ら征伐の任務を明らかに授けていることを知りました。およそさまざまな反逆者が、多く誅討されたのは、思いますに力を競う者が心を一つにし、付き従う者が規を同じにしたためでしょう。また張子雲《ちょうしうん》（張津）はむかし京師にいたころ、王室を正すことを志しておりました。いま最果ての地（の交州）に支配者となり、朝廷に参内できませんが、また國家の藩鎮として、足下の外援となっております[三]。もし荊《けい》・楚《そ》が平和で、王沢が南に至り、足下がにわかに子雲にご命令をかけられる際には、ねんごろに保護を加えられ、（靖が）道を借りて荊州経由で（交州より）出られるようにしてください。そうでなければ、また助けを益州の兄弟に伝えて、受け入れさせてください。もし天が余命を与え、人が禍を緩め、國家に帰り死ぬことができ、逃亡者の罪を許していただければ、身体は九泉《きゅうせん》に滅びようとも、さてまた何の恨むことがありましょうか。もし時世に困難と平安があり、物事に有利不利があり、人の運命に常がなく、命を落として（お側に）至れなければ、永遠に罪責を受け、最果ての地で埋もれるでしょう。

むかし營邱《えいきゅう》（太公望呂尚）は周を助け、（軍の専断権を示す）鉞《えつ》を杖にして専ら征伐を行い、博陸《はくりく》（侯の霍光）は漢を佐け、（天子の親衛隊の）虎賁《こほん》が（霍光のために天子の行幸を示す）警蹕《けいひつ》をしました［四］。今日足下は危機を助け（国の）傾きを支え、国の柱石となり、太公望の任務を行い、霍光の重責を兼ねています。（公・侯・伯・子・男という）五侯も（九州の長である）九伯さえも、その制御を手中にしています。古《いにしえ》より今に及ぶまで、人臣の尊いこと、いまだ足下に及ぶ者はありません。そもそも爵位が高い者は憂いが深く、俸禄が厚い者は責が重いものです。足下は高い爵位の職に拠り、重い責任の地位に当たるため、言葉は口から出れば、直ちに賞罰となり、思いのあるところは、直ちに禍福をもたらします。行為に道があれば、直ちに社稷は安寧となり、行為に道を失えば、直ちに四方は無秩序となります。国家の安定と危機は、足下にあり、百姓の命は、（足下の）政治にかかっております。（そのため）中華から夷狄に及ぶまで、期待をもって注目しています。足下はこれにあたって、むかしの書籍に載っている興廃の理由、栄辱の契機をご覧になり、（人の）旧悪を忘れ去り、多くの役人を寛容に和し、（仁・信・忠・智・勇の）五材を審らかに量り、官のために人を選ばなければなりません。かりにも相応しい人を得れば、仇敵であっても必ず起用し、かりにも相応しい人でなければ、親族であっても（官位を）授けてはなりません。そうして社稷を安寧にし、それにより民草を救済し、大事が達成して功業が完成すれば、（それを讃える）音楽を管絃にのせ、勲功を金石に刻まれるでしょう。どうか君よこれを勉められよ。国のために自重し、民のために自愛せられんことを」と。

張翔は許靖が自分（の招聘）を拒絶したことを恨み、許靖の出した手紙を捜索し、すべてこれらを水に投げ捨てた。

［裴松之注］

［一］『萬機論《ばんきろん》』に、「（張）翔は字が元鳳《げんほう》である」という。

［二］　臣《わたくし》裴松之が考えますに、孔子は、「賢者は世を避け、それに次ぐ者は地を避ける」と称しています。それはかれらが安全と危険を認識し、去就が時宜に適していることを貴んでいるのです。許靖は會稽郡に客寓しており、民間の士でした。孫策が来たことは、許靖（の安危）には関係のないことです。それなのになんと万里の海に浮かび、風土病の土地に入って、尊貴の者から嬰弱な者に塗炭の苦しみをあたえ、無数の憂いを経験させたのは、自ら招いたことであると言うべきです。謀臣がこのようであれば、智とは言い難いものです。その時に安んじ順にいて、呉・越に臣従して、張昭《ちょうしょう》・張紘《ちょうこう》といった者と共に、一緒に高官を保つこととどちらがよかったのでしょうか。

［三］（張）子雲は名を津といい、荊州南陽郡の人であり、交州刺史となった。呉志（『三國志』巻四十九 士燮傳など）に見える。

［四］『漢書』（巻六十八）の霍光傳に、「（霍）光は出て郎と羽林を練りならし、道で警蹕《けいひつ》を行った」とある。いまだ虎賁の出典を詳らかにすることはできない。

【原文】

後劉璋、遂使使招靖、靖來入蜀。璋以靖爲巴郡・廣漢太守。南陽宋仲子、於荊州與蜀郡太守王商書曰、文休倜儻瑰瑋、有當世之具。足下當以爲指南［一］。建安十六年、轉在蜀郡［二］。十九年、先主克蜀、以靖爲左將軍長史。先主爲漢中王、靖爲太傅。及卽尊號、策靖曰、朕獲奉洪業、君臨萬國、夙宵惶惶、懼不能綏。百姓不親、五品不遜。汝作司徒、其敬敷五教、在寬。君其勖哉。秉德無怠、稱朕意焉。

［裴松之注］

［一］益州耆舊傳曰、商字文表、廣漢人、以才學稱、聲問著於州里。劉璋辟爲治中從事。是時、王塗隔絕、州之牧伯、猶七國之諸侯也。而璋懦弱多疑、不能黨信大臣。商奏記諫璋、璋頗感悟。初、韓遂與馬騰作亂關中、數與璋父焉交通信、至騰子超、復與璋相聞、有連蜀之意。商謂璋曰、超勇而不仁。見得不思義、不可以爲脣齒。老子曰、國之利器、不可以示人。今之益部、士美民豐、寶物所出。斯乃狡夫所欲傾覆、超等所以西望也。若引而近之、則由養虎、將自遺患矣。璋從其言、乃拒絕之。荊州牧劉表及儒者宋忠、咸聞其名、遺書與商、敍致殷勤。許靖號爲臧否。至蜀、見商而稱之曰、設使商生於華夏、雖王景興無以加也。璋以商爲蜀郡太守。成都禽堅、有至孝之行。商表其墓、追贈孝廉。又與嚴君平・李弘立祠作銘、以旌先賢。脩學廣農、百姓便之。在郡十載、卒於官。許靖代之。

［二］山陽公載記曰、建安十七年、漢立皇子熙爲濟陰王、懿爲山陽王、敦爲東海王。靖聞之曰、將欲歙之、必固張之。將欲取之、必固與之。其孟德之謂乎。

《訓讀》

後に劉璋、遂に使をして靖を招かしめ、靖 來たりて蜀に入る。璋 靖を以て巴郡・廣漢太守と爲す。南陽の宋仲子、荊州より蜀郡太守の王商(一)に書を與へて曰く、「文休 倜儻瑰瑋にして、當世の具有り。足下は當に以て指南と爲すべし」と［一］。建安十六年、轉じて蜀郡に在り［二］。十九年、先主 蜀に克つや、靖を以て左將軍長史と爲す。先主 漢中王と爲るや、靖を太傅と爲す。尊號に卽くに及び、靖に策して曰く、「朕 洪業を獲奉し、萬國に君臨するに、夙宵 惶惶として、綏ず能はざるを懼る。百姓 親しまず、五品 遜《ととの》はず。汝 司徒と作り、其れ敬しみて五教を敷くに、寬に在れ(二)。君 其れ勖めよや。德を秉りて怠ること無く、朕が意に稱《かな》へ」と。

［裴松之注］

［一］益州耆舊傳に曰く、「商 字は文表、廣漢の人、才學を以て稱せられ、聲問は州里に著る。劉璋 辟して治中從事と爲す。是の時、王塗 隔絕し、州の牧伯、猶ほ七國の諸侯のごときなり。而るに璋は懦弱にして疑くこと多く、大臣を黨信する能はず。商 奏記して璋を諫め、璋 頗る感悟す。初め、韓遂 馬騰と與に亂を關中に作し、數〻璋の父たる焉と交通して信ず。騰の子たる超に至り、復た璋と與に相 聞し、蜀と連なるの意有り。商 璋に謂ひて曰く、「超は勇なるも仁ならず。得を見て義を思はざれば、以て脣齒と爲る可からず。老子曰く、「國の利器は、以て人に示す可からず」と。今の益部、士は美にして民は豐か、寶物の出づる所なり。斯れ乃ち狡夫の傾覆せんと欲する所、超らの西望する所以なり。若し引きて之を近づくは、則ち由《な》ほ虎を養ひ、將《もつ》て自ら患を遺すがごとし」と。璋 其の言に從ひ、乃ち之を拒絕す。荊州牧の劉表及《と》儒者の宋忠、咸 其の名を聞き、書を遺《をく》り商に與へ、敍べて殷勤なるを致す。許靖 臧否を爲すと號せらる。蜀に至り、商を見て之を稱へて曰く、「設《も》し商をして華夏に生まれしむれば、王景興と雖も以て加ふること無きなり」と。璋 商を以

て蜀郡太守と爲す。成都の禽堅(三)、至孝の行有り。商 其の墓を表して、孝廉を追贈す。又 嚴君平(四)・李弘(五)立に與へて祠を立て銘を作り、以て先賢を旌す。學を脩め農を廣め、百姓 之を便とす。郡に在ること十載、官に卒す。許靖 之に代はる」と。

[二] 山陽公載記に曰く、「建安十七年、漢 皇子の熙(六)を立て濟陰王と爲し、懿(七)を山陽王と爲し、敦(八)を東海王と爲す。靖 之を聞きて曰く、「將に之を歙せんと欲さば、必ず固より之を張る。將に之を取らんと欲さば、必ず固より之に與ふ(九)。其れ孟德の謂か」」と。

(補注)

(一) 王商は、字を文表。益州廣漢郡郪縣の人。劉璋の治中從事となり、馬超が信頼できないことを説いた。許靖からもし中原に生まれていれば、王朗でも及ぶまいと評価された(『三國志』卷三十八 許靖傳注引『益州耆舊傳』)。

(二)『尚書』堯典に、舜から契への言葉として、「百姓不親、五品不遜。汝作司徒、敬敷五教、在寛」と載せる。後漢時代にこれを典拠とした「寛」治が尊重されたことは、渡邉義浩「「寛」治から「猛」政へ」(『東方学』一〇二、二〇〇一年、『三国政権の構造と「名士」』前掲に所収)を参照。なお、鄭玄は、五品を「父・母・兄・弟・子」とする。

(三) 禽堅は、字は孟由、蜀郡成都縣の人。至孝であったので、蜀郡太守の王商に碑を立てて顕彰され、孝廉の称号を追贈された(『三國志』卷三十八 許靖傳注引『益州耆舊傳』、『華陽國志』卷十)。

(四) 嚴君平は、嚴遵。蜀郡の人。成都で卜筮をして暮らした。人に正邪を問われても、占いに託して利害を言い、よく自らを保持した(『漢書』卷七十二 王貢兩龔鮑傳序)。

(五) 李弘は、字は仲元、蜀郡成都縣の人。德行により郡の功曹となり、州の從事となって、公正にしてよく諫めた(『華陽國志』卷十)。

(六) 熙は、劉熙。獻帝の子であり、濟陰王となった(『三國志』卷三十九 許靖傳)。

(七) 懿は、劉懿。獻帝の子であり、山陽王となった(『三國志』卷三十九 許靖傳)。

(八) 敦は、劉敦。獻帝の子であり、東海王となった(『三國志』卷三十九 許靖傳)。『三國志集解』に引く錢大昕は、北海王の誤りであるという。

(九)『老子』三十六章に、「將欲歙之、必固張之。……將欲奪之、必固與之」とあり、これを踏まえた表現である。

[現代語訳]

後に劉璋《りゅうしょう》は、ようやく使者に許靖を招かせ、許靖はやってきて蜀に入った。劉璋は許靖を巴郡《はぐん》太守・廣漢《こうかん》太守とした。南陽《なんよう》郡の宋仲《そうちゅう》子《し》(宋忠)は、荊州から蜀郡太守の王商《おうしょう》に書簡を与えて、「文休(許靖)は独立不驤な人物で、世に役立つ才能があります。足下はかれを指南役となさるべきです」と言った[一]。建安《けんあん》十六(二一一)年、(許靖は)転出して蜀郡太守となった[二]。建安十九(二一四)年、先主は蜀(の劉璋)に勝つと、許靖を左將軍長史《さしょうぐんちょうし》とした。先主は漢中王になると、許靖を太傅とした。(先主が)帝位に即くことになると、許靖に策文を与え、「朕《ちん》は大業を受け奉じて、万国に君臨することになったが、朝夕に懼れおののき、(民草を)安寧にできないのではないかと恐れている。人々が睦みあわず、五品（父・母・兄・弟・子の尊卑の秩序）が整っていない。汝は司徒となって、慎んで五教（父の義・母の慈・兄の友・弟の恭・子の孝）を敷く際に、寛であることに努めよ。君それ勉めよ。徳を養い怠ることなく、朕の意にかなえ」とした。

［裴松之注］

［一］『益州《えきしゅう》耆《き》舊傳《きゅうでん》』に、「王商《おうしょう》は字を文表《ぶんひょう》といい、益州廣漢《こうかん》郡の人で、才能と学問により評価され、名声は郷里に鳴り響いた。劉璋は辟召して治中《じちゅう》従事《じゅうじ》とした。このとき、国家の（中央への）道は途絶し、州の牧伯は、あたかも（戰國の）七雄の諸侯のようであった。しかし劉璋は懦弱で疑い深く、重臣を信頼できなかった。王商が奏記により劉璋を諫めると、劉璋は少しく悟るところがあった。これよりさき、韓遂《かんすい》は馬騰《ばとう》と共に乱を關中《かんちゅう》で起こし、しばしば劉璋の父である劉焉《りゅうえん》と連絡して信用されていた。馬騰の子である馬超《ばちょう》に至り、また劉璋と共に連絡を取り合い、蜀と連合しようとした。王商は劉璋に言って、「馬超は勇であるが仁ではありません。利を見て義を思いませんので、唇歯の関係を結ぶべきではありません。『老子《ろうし》』に、「国の利となるものは、人に示してはならない」とあります。いまの益州は、士は優れて民は豊か、宝物を出すところです。これこそ悪知恵のある男が転覆させようと望むものであり、（それが）馬超たちが西に目をつける理由です。もし引き入れこれを近づければ、虎を養い、それにより自ら憂いをもたらすようなものです」とした。劉璋はその言に従い、馬超の申し出を拒絶した。荊州牧《けいしゅうぼく》の劉表《りゅうひょう》と儒者の宋忠《そうちゅう》は、ともに王商の名声を聞いて、書簡を送り王商に与えて、殷勤な挨拶を述べてきた。許靖《きょせい》は人物評価をよくすると言われていた。蜀に至り、王商を見るとこれを称えて、「もし王商が中華に生まれていれば、王景興《おうけいこう》（王朗）といえどもその上となることはできまい」とした。劉璋は王商を蜀郡太守とした。成都縣の禽堅《きんけん》は、至孝の行いがあった。王商はその墓を表彰して、孝廉《こうれん》を追贈した。また嚴君平《げんくんぺい》（嚴遵）と李弘《りこう》のために祠を立てて銘を作って、先賢を旌表した。学問を修めさせ農業を広めて、人々はこれを喜んだ。蜀郡太守となること十年、官に卒した。許靖が王商に代（わり蜀郡太守とな）った」とある。

［二］『山陽公載記《さんようこうさいき》』に、「建安《けんあん》十七（二一二）年、漢は（獻帝の）皇子の劉熙《りゅうき》を立てて濟陰《せいいん》王となし、劉懿《りゅうい》を山陽《さんよう》王となし、劉《りゅう》敦《とん》を東海《とうかい》王とした。許靖はこれを聞いて、「（『老子』三十六章に）あるものを縮めようとすれば、（その前に）必ずいったんこれを大きくするものである。あるものを取ろうとすれば、必ずいったんこれに与える。これは孟德《もうとく》（曹操）のことを言っていたのか」と言った」とある。

【原文】

靖雖年逾七十、愛樂人物、誘納後進、清談不倦。丞相諸葛亮皆爲之拜。章武二年卒。子欽、先靖夭沒。欽子游、景耀中爲尚書。始靖兄事潁川陳紀、與陳郡袁渙・平原華歆・東海王朗等親善。歆・朗及紀子群、魏初爲公輔・大臣、咸與靖書、申陳舊好、情義款至。文多故不載［一］。

〔裴松之注〕

〔一〕魏略王朗與文休書曰、文休足下、消息平安、甚善甚善。豈意、脱別三十餘年而無相見之緣乎。詩人比一日之別於歲月。豈況悠悠歷累紀之年者哉。自與子別、若沒而復浮、若絕而復連者數矣。而今而後、居升平之京師、攀附於飛龍之聖主。儕輩略盡、幸得老與足下並爲遺種之叟。而相去數千里、加有邅蹇之隔、時聞消息於風聲、託舊情於思想、眇眇異處、與異世無以異也。往者、隨軍到荊州、見鄧子孝・桓元將、粗聞足下動靜、云夫子既在益州、執職領郡、德素規矩、老而不墮。是時、侍宿武皇帝於江陵劉景升聽事之上、共道足下於通夜、拳拳飢渴、誠無已也。自天子在東宮、及卽位之後、每會羣賢、論天下髦儁之見在者。豈獨人盡易爲英、士鮮易取最。故乃猥以原壤之朽質、感夫子之情聽、每敍足下、以爲謀首。豈其注意、乃復過於前世。書曰人惟求舊、易稱同聲相應、同氣相求、劉將軍之與大魏、兼而兩之。總此二義、前世邂逅、以同爲睽、非武皇帝之旨。頃者蹉跌、其泰而否、亦非足下之意也。深思書・易之義、利結分於宿好。故遣降者、送吳所獻致名馬・貂・厨。得因無嫌。道初開通、展敍舊情、以達聲問。久闊情慉、非夫筆墨所能寫陳。亦想足下同其志念。今者、親生男女、凡有幾人。年並幾何。僕連失一男一女、今有二男。大兒名肅、年二十九、生於會稽。小兒裁歲餘。臨書愴恨、有懷緬然。

又曰、過聞受終於文祖之言於尚書。又聞歷數在躬、允執其中之文於論語。豈自意、得於老耄之齒、正值天命受於聖主之會、親見三讓之弘辭、觀衆瑞之總集、覩升堂穆穆之盛禮、瞻燔燎焜曜之青烟。于時忽自以爲處唐・虞之運、際於紫微之天庭也。徒慨不得、攜子之手、共列於[1]（世）〔廿〕有二子之數、以聽有唐欽哉之命也。子雖在裔土、想亦極目而迴望、側耳而遐聽、延頸而鶴立也。昔汝南陳公初拜、不依故常、讓上卿於李元禮。以此推之、吾宜退身以避子位也。苟得避子、以竊讓名、然後、[2]（綬）〔緩〕帶委質、游談於平・勃之間、與子共陳往時避地之艱辛、樂酒酣讌、高談大噱、亦足遺憂而忘老。捉筆陳情、隨以喜笑。

又曰、前夏有書而未達、今重有書、而并致前問。皇帝既深悼劉將軍之早世、又愍其孤之不易。又惜使足下・孔明等士人・氣類之徒、遂沈溺於羌夷異種之間、永與華夏乖絕、而無朝聘中國之期緣、瞻睎故土桑梓之望也。故復運慈念而勞仁心、重下明詔以發德音、申敕朗等、使重爲書與足下等。以足下聰明、揆殷勤之聖意、亦足悟海岱之所常在、知百川之所宜注矣。昔伊尹去夏而就殷、陳平違楚而歸漢、猶曜德於阿衡、著功於宰相。若足下能弼人之遺孤、定人之猶豫、去非常之僞號、事受命之大魏、客主兼不世之榮名、上下蒙不朽之常耀、功與事並、聲與勳著、考[3]〔其〕績效、足以超越伊・呂矣。既承詔[4]（直）〔旨〕、且服舊之情、情不能已。若不言足下之所能、陳足下之所見、則無以宣明詔命、弘光大之恩、敍宿昔夢想之思。若天啟衆心、子導蜀意、誠此意有攜手之期。若險路未夷、子謀不從、則懼聲問或否、復面何由。前後二書、言每及斯、希不切然有動於懷。足下周游江湖、以暨南海、歷觀夷俗、可謂偏矣。想子之心、結思華夏、可謂深矣。爲身擇居、猶願中土。爲主擇[5]（居）安、豈可以不繫意於京師、而持疑於荒裔乎。詳思愚言、速示還報也。

〔校勘〕

1. 百衲本は「世」につくるが、中華書局本により「廿」に改める。
2. 百衲本は「綬」につくるが、中華書局本により「緩」に改める。
3. 中華書局本により「其」の一字を補う。

4．百衲本は「直」につくるが、中華書局本により「旨」に改める。
5．中華書局本により「居」の一字を省く。

《訓読》

靖は年七十を逾ゆると雖も、人物を愛樂し、後進を誘納し、淸談(一)して倦まず。丞相の諸葛亮より皆 之が爲に拜す。章武二年に卒す。子の欽(二)、靖に先だちて夭沒す。欽の子たる游(三)、景耀中に尙書と爲る。始め靖 潁川の陳紀に兄事し、陳郡の袁渙(四)・平原の華歆・東海の王朗らと親善たり。歆・朗 及び紀の子たる羣、魏の初め公輔・大臣と爲る。咸 靖に書を與へ、舊好を申し陳べること、情義 款至たり。文多きが故に載せず[一]。

[裴松之注]

[一] 魏略に王朗の文休に與ふる書に曰く、「文休足下、消息平安、甚だ善し甚だ善し。豈に意はんや、脫別すること三十餘年にして相 見ゆるの緣無きをや。詩人(五)は一日の別を歲月に比す。豈に況んや悠悠として累紀の年を歷する者をや。子と別れてより、沒しては復た浮ぶが若く、絕えては復た連なるが若き者 數《ことしばしば》なり。而今而後、升平の京師に居りて、飛龍の聖主に攀附す。儕輩は略ぼ盡くも、幸にも老は足下と與に並びに遺種の叟と爲るを得たり。而るに相 去ること數千里、加ふるに邅蹇の隔有らば、時に消息を風聲に聞き、舊情を思想に託するも、眇眇として處を異にし、異なる世と以て異なる無きなり。往者《さき》に、軍に隨ひ荊州に到り、鄧子孝・桓元將(六)に見え、粗ぼ足下の動靜を聞くも、夫子は既に益州に在り、職を領郡に執り、德 素より規矩たりて、老ひて墮ちざると云ふ。是の時、武皇帝に江陵の劉景升の聽事の上に侍宿し、共に足下を通夜に道《い》ひ、拳拳として飢渴し、誠に已む無きなり。天子は東宮に在りしより、卽位の後に及ぶまで、每《つね》に羣賢を會し、天下の髦儁の見在する者を論ず。豈に獨《た》だ人は盡く英と爲り易く、士は鮮《ことごと》く最を取り易きや(七)。故に乃ち猥りに原壤の朽質を以て、夫子の情聽に感じ、每に足下を敍べて、以て謀首と爲るとす。豈に其の意を注ぐは、乃ち復た前世に過ぎたり。書に(八)人は惟れ舊を求むと曰ひ、易に(九)同聲は相 應じ、同氣は相 求むと稱す。劉將軍の大魏に與《お》けるや、兼ねて之を兩つにす。此の二義を總べ、前世に邂逅するも、同を以て睽と爲るは、武皇帝の旨に非ず。頃者《このごろ》蹉跌し、其の泰にして否なるは、亦た足下の意に非ざるなり。深く書・易の義を思ひ、宿好を結分するを利とせよ。故に降りし者を遣はし、吳の獻致する所の名馬・貂・罽を送る。因を得て嫌ふこと無かれ。道 初めて開き通ずれば、舊情を展敍して、以て聲問に達す。久闊の情 慉《つ》もり、夫れ筆墨の能く寫陳する所に非ず。亦た足下も同に其の志念を想はん。今者《いま》、親生の男女、凡そ幾人か有らん。年は並びに幾何ならん。僕 連《つづ》けて一男一女を失ひて、今 二男有り。大兒の名は肅(一〇)、年は二十九、會稽に生まる。小兒は裁かに歲餘なり。書に臨みて悵恨し、懷ふこと有りて緬然たり」と。

又 曰く、「過《かつ》て終りを文祖に受く(一一)の言を尙書に聞く。又 歷數は躬に在り、允《まこと》に其の中を執れ(一二)の文を論語に聞く。豈に自ら意はんや、老耄の齒を得、正に天命の聖主に受《さず》くるの會に値ひ、親しく三讓の弘辭を見、衆瑞の總集するを觀、堂に升り穆穆の盛禮を覩、燔燎せし焜曜の靑烟を瞻んとは。時に于て忽として自ら以爲へらく、唐・虞の運に處り、紫微の天庭に際《あ》たると。徒らに慨くも得ず、子の手を攜へ、共に廿有二子の數に列して、以て有唐の欽めよの命を聽くを。子 裔土に在りと雖も、想ひは亦た目を極めて迴望し、耳を側だてて遐聽し、頸を延して鶴立せん。昔汝南の陳公(一三) 初めて拜するや、故常に依らず、上卿を李元禮(一四)に讓る。此を以て之を推すに、吾 宜しく身を退けて以て子に位を避けん。苟しくも子に避くを得、以て讓名を竊へば、然る後、緩帶して委質し、平・勃(一五)の間に游談し、子と與に共に往時の避地の艱辛を陳べ、酒を樂み酣讌し、高談して大いに噱《わら》はば、亦た憂ひを遺《わす》れて老を忘るるに足らん。筆を捉りて情を陳べるに、隨ひて以て喜び笑ふ」と。

又 曰く、「前夏 書有るも未だ達せざれば、今 重ねて書有りて、幷はせて前問を致す。皇帝 既に深く劉將軍の早世を悼み、又其の孤の易ならざるを愍む。又 足下・孔明ら士人・氣類の徒をして、遂に羌夷の異種の間に沈溺せしめ、永く華夏と乖絶し、而して中國に朝聘するの期緣無く、故土の桑梓を瞻睎するの望を惜しむ。故に復た慈念を運して仁心を勞し、重ねて明詔を下して以て德音を發し、朗らに申勅して、重ねて書を爲して足下らに與へしむ。以へらく足下は聰明なれば、殷勤の聖意を揆《はか》り、亦た海岱の常に在る所を悟り、百川の宜しく注ぐ所を知るに足らん。昔伊尹は夏を去りて殷に就き、陳平は楚に違ひて漢に歸すも、猶ほ德を阿衡に曜《かがや》かせ、功を宰相に著はす。若し足下 能く人の遺孤を弼《たす》け、人の猶豫を定め、非常の僞號を去り、受命の大魏に事ふれば、客主は不世の榮名を兼ね、上下は不朽の常耀を蒙り、功と事とは並び、聲と勳とは著はれ、其の績效を考ふるに、以て伊・呂を超越するに足れり。既に詔旨を承け、且つ舊の情に服するに、情として已む能はず。若し足下の能ふ所を言ひ、足下の見る所を陳べざれば、則ち以て詔命を宣明し、光大の恩を弘げ、宿昔の夢想の思ひを敍ぶること無し。若し天 衆心を啟き、子 蜀の意を導かば、誠に此の意 攜手の期有り。若し險路 未だ夷らがず、子の謀に從はざれば、則ち聲問 或いは否なるを懼れ、復た面するに何にか由らん。前後の二書、言ふこと斯に及ぶ每に、切然として懷ひを動かす有らざるを希ふ。足下 江湖を周游して、以て南海に曁び、夷俗を歷觀して、徧しと謂ふ可し。子の心を想ふに、思ひを華夏に結ぶこと、深しと謂ふ可し。身の爲に居を擇ぶに、猶ほ中土を願ふ。主の爲に安を擇ぶに、豈に以て意を京師に繫がずして、疑を荒裔に持す可けんや。愚言を詳思し、速かに還報を示さんことを」と。

（補注）

（一）清談は、世俗を超越した議論。清談がのちに、貴族的価値の中心に置かれていくことについては、渡邉義浩「『世説新語』における貴族的価値観の確立」『中国文化―研究と教育』七四、二〇一六年、『「古典中国」における小説と儒教』汲古書院、二〇一七年に所収）を參照。

（二）欽は、許欽。許靖の子。許靖より先に夭折した（『三國志』巻三十九 許靖傳）。

（三）游は、許游。許欽の子。景耀年間（二五八～二六三年）に尙書となった（『三國志』巻三十九 許靖傳）。

（四）袁渙は、豫州陳郡扶樂縣の人、字を曜卿。後漢の司徒袁滂の子。豫州牧の劉備に茂才に推挙され、のち袁術・呂布に仕える。呂布の敗亡後、曹操に仕え、諫議大夫・丞相軍祭酒となり、魏王國の郎中令となった。のち、劉備死去の噂が伝わった際、一人だけ喜ばなかったという（『三國志』巻十一 袁渙傳）。

（五）『詩經』王風 采葛に、「彼采葛兮、一日不見、如三月兮。彼采蕭兮、一日不見、如三秋兮。彼采艾兮、一日不見、如三歳兮」とあることを踏まえた表現である。

（六）桓元將は、未詳。ここ以外に『三國志』には記載がない。

（七）原壤は、孔子の幼なじみ。若いときには遜らず、大きくなってもたいしたことなく、年寄りまで生きて死にもしないので、賊であると言って、孔子は杖でその脛を叩いたという（『論語』憲問篇）。

（八）『尙書』盤庚上に、「人惟求舊、器非求舊惟新」とあり、同文。

（九）『周易』乾卦に、「同聲相應、同氣相求」とあり、同文。

（一〇）肅は、王肅。字を子雍、東海郡郯縣の人。王朗の子。若いころに宋忠のもとで『太玄經』を学び、明帝期に、散騎侍郎・散騎常侍を歴任し、寛容な統治を主張した。その後、議郎・侍中を経て太常に昇進した。司馬氏と婚姻関係を結び、經學を用いて、その勢力伸長を正当化した。また、鄭玄に対抗して經學を体系化しようとし、そのために『孔子家語』を擬作した。死後、衞將軍を追贈されて、景侯と謚された（『三國志』巻十三 王肅傳）。

（一一）『尙書』舜典に、「正月上日、受終于文祖」とあり、字句に異同がある。

（一二）『論語』堯曰に、「堯曰、咨爾舜。天之曆數在爾躬。允執其中」とあり、字句に異同がある。

（一三）陳公は、ここでは陳蕃。汝南郡平輿縣の人、字を仲擧。後漢末の黨人の指導者で「三君」の一人。靈帝即位後は太傅・錄尙書事を務めた。外戚の竇武と宦官の誅殺を議し、逆に中常侍の曹節たちに謀られて、獄死した（『後漢書』列傳五十六 陳蕃傳）。

（一四）李元禮は、李膺。潁川郡襄城縣の人。後漢末の黨人。「八俊」の筆頭で実質的な指導者。二千石を歴任し、宦官の不正を摘発、宦官から最も恐れ恨まれ、延熹九（一六六）年に黨錮を受ける。解除後は長樂少府に就くが、竇武誅殺に伴い罷免された。第二次黨錮で、獄死した（『後漢書』列傳五十七 黨錮 李膺傳）。

（一五）勃は、ここでは周勃。漢初の功臣。沛國の人。劉邦が挙兵すると、中涓となって従軍して劉邦を助け、後事を託せる人物と信頼された。呂氏の専制下では疎外されたが、呂后が死ぬと陳平とともに呂氏一族を誅滅し、代王の劉恆を迎えて文帝とし、右丞相に就いた（『漢書』巻四十 周勃傳）。

［現代語訳］

許靖は七十歳を超えても、人物を愛し好み、後進を導き容れ、清談《せいだん》して止まなかった。丞相の諸葛亮より以下みなこのため許靖に敬意を表した。章武《しょうぶ》二（二二二）年に卒した。子の許欽《きょきん》は、許靖に先だって夭折していた。許欽の子である許游《きょゆう》は、景耀《けいよう》年間（二五八～二六三年）に尙書《しょうしょ》となった。これよりさき許靖は潁川《えいせん》郡の陳紀《ちんき》に兄事し、陳《ちん》郡の袁渙《えんかん》・平原《へいげん》國の華歆《かきん》・東海《とうかい》國の王朗《おうろう》たちと親交があった。華歆と王朗および陳紀の子である陳羣《ちんぐん》は、魏の初めに三公《さんこう》として輔政し（また）大臣となった。みな許靖に書簡を送り、旧交を申し述べ、情義はきわめて厚かった。（ただしその書簡の）文章が長いために（ここには）載せない［一］。

［裴松之注］

［一］『魏略《ぎりゃく》』に王朗《おうろう》の文休《ぶんきゅう》（許靖）に与える書簡（を載せ、次のように述べている、「文休足下、消息によれば平安とのこと、た

いへんよろこばしいことです。どうして、お別れしてから三十年余りもお会いする縁が無いとは思いましょうか。(『詩經』の)詩人は一日の別離を歳月になぞらえております。まして久しく何年もの歳を重ねていればなおさらでしょう。子《あなた》と別れてから、沈んではまた浮ぶような、絶えてはまた連がるようなことにしばしば遭いました。しかし今は、太平の京師に居住し、飛龍のような聖主に引き立てられております。同輩はほぼ尽きましたが、幸いにも老《わたし》は足下と共に生き残った老人となることができました。しかし互いに離れること数千里、さらに種々の障害の間にありますので、時たま消息を風の声に聞き、旧情を思いに託することはありますが、遠く住むところが離れているので、異なる世界に居ることと違いがありません。さきごろ、軍に随行して荊州に至り、鄧子孝《とうしこう》と桓元將《かんげんしょう》に会い、あらまし足下の動静を聞きましたが、夫子《あなた》はすでに益州に居り、郡太守の職に就き、徳はもとより規範となって、老いても堕落していないと申しておりました。そのとき、武皇帝《ぶこうてい》(曹操)に江陵《こうりょう》郡の劉景升《りゅうけいしょう》(劉表)の役所の側で宿衛しましたが、一緒に足下のことを一晩中語り、(足下を求めること)飢えるようで、まことに尽きることがありませんでした。天子(曹丕)は皇太子のころより、即位の後に及ぶまで、つねに賢人を集めて、天下の俊英の現存する者を論じております。いったい人はみな英才となれるわけではなく、士はみな適所に選ばれるわけではありません。このため(わたしは)みだりに原壌《げんじょう》のような朽ちた資質で、孔子の(ような天子)の情愛ある問いかけに感じて、いつも足下を推薦し、謀首となる人物であると申し上げております。その意を注ぐさまは、また過去の時代に勝るといえましょう。『尚書《しょうしょ》』(盤庚)に人は旧知のものを求めると言い、『周易《しゅうえき》』(乾卦)に同じ声は互いに応じ、同じ気は互いに求めると称します。劉(備)將軍は大魏に対して、(『尚書』と『周易』の)二つ(の義)を兼ねて持っておられます。この二義をあわせ持ち、過去にめぐりあいながらも、同から離へなったのは、武皇帝(曹操)の本意ではありません。このごろ思うにまかせず、安泰から危機になったのも、また足下の本意ではありますまい。深く『尚書』と『周易』の義を思い、昔なじみと結ばれることを利としてください。そのため降服した者を派遣し、呉から献上された名馬・貂《てん》・罽《けい》(毛織物)を送ります。訳を汲み取って嫌がらないでください。道路が初めて開通したので、旧情をのべて、ご挨拶いたしました。久闊の情が積もり、筆墨に尽くしがたいものがあります。また足下も同じように思われているのではないでしょうか。いま、生まれた子どもさんは、何人おられますか。年はいくつになりましたか。僕はつづけて一男一女を失い、いま二人の息子がおります。大きい方は名を肅といい、年は二十九で、會稽《かいけい》郡に生まれました。小さい方はまだ数歳です。書簡に向かって悲しみがおこり、思いが高まって果てしがありません」とある。

また(王朗の許靖への書簡)に、「かつて(舜は堯の)文徳ある祖廟で禪讓《ぜんじょう》を受けたという言葉を『尚書』(舜典)で見たことがあります。また、(舜よ。帝王が位を継承する)順序はなんじが身にある。(なんじ帝位に就き)まことに中正の道を取れという言葉を『論語』堯典で見たこともあります。どうして自ら思ったことでしょう、老齢の歳になって、天命が聖主(曹丕)に授けられる瞬間に出会い、親しく(禪讓を三たび辞退する)三讓の立派な言辞を拝見し、多くの瑞祥が集って起こるさまを見、堂上に升りうるわしく盛んな儀禮を体験し、（天を祀るため）炊きあげた輝きわたる青い煙を見ることになろうとは。その時にふと自分は、唐《とう》（堯）と虞《ぐ》（舜）の（禪讓の）交代期に居り、（天帝の宮殿である）紫微宮《しびきゅう》の天帝の朝庭に出席しているのかと思いました。いたずらに嘆いても、子《あなた》と手を携え、ともに（舜のときと同様に魏の臣下の）二十二人の数に並んで、有唐《ゆうとう》（堯）の欽《つつし》めよという（臣下を任命する）命を聴くことはできません。子《あなた》は辺境の地にあっても、思いは目を見開いて遠くを見回し、耳を側だてて彼方の声を聞き、首を伸ばして鶴のように立っていることでしょう。むかし汝南《じょなん》郡の陳蕃《ちんばん》は（太尉を）最初に拝命した際、故事の常例にはよらず、上卿（の地位）を李元禮《りげんれい》（李膺）に譲りました。これにより推論すると、吾《わたし》は身を引いて子《あなた》に位を譲らなければなりません。かりそめにも子《あなた》に譲ることができ、それにより（賢者に）譲ったという名声を得れば、その後には、帯をゆるめて臣下の一員となって、陳平《ちんぺい》と周勃《しゅうぼつ》の間に遊び談じて、子《あなた》と共にむかし地を避けたときの艱難辛苦を述べ、酒を楽しみ談笑して、高らかに談じて大いに笑えば、また憂いを忘れて老いを忘れることができましょう。筆を取って心情を述べると、（そのことを思い筆の）進むたび喜び笑っております」とある。

また（王朗の許靖への書簡）に、「先夏に書簡を差し上げましたが届かないようですので、いま重ねて書簡を出し、あわせて先の趣旨を述べておきます。皇帝（曹丕）は深く劉將軍（劉備）が早世したことを悼まれ、またその孤（劉禪）が容易ではない（前途を持つ）ことを哀れに思っておられます。また足下や孔明（諸葛亮）などの士人や立派な人々を、こうして羌《きょう》族などの夷狄の中に埋没し間に沈溺させ、永遠に中華と離絶して、中國に朝貢する機会もなく、故郷の桑や梓《あずさ》を眺め慕う状況を惜しまれております。そのため再び慈愛の思いをめぐらし仁愛の御心を労されて、重ねて明詔を下して（降服するようにとの）德音を発して、朗《わたし》たちに申しつけて、重ねて書簡をつくり足下たちに与えさせたのです。思いますに足下は聡明ですから、ねんごろな聖意を推し量り、また東海や岱山（のような朝廷）が常にあるべき場所を悟り、百川（の水のような臣下）が注がなければならない場所を知ることができるでしょう。むかし伊尹《いいん》は夏を去って殷に行き、陳平は楚《そ》に背いて漢に帰属しましたが、それでもなお（伊尹は）阿衡《あこう》となって徳を輝かせ、（陳平は）宰相となって功を著しました。もし足下がよく人の遺孤（劉禪）を輔弼し、人（劉禪）の（魏に帰順しようか否かという）ためらいを落ち着かせ、常ではない偽の称号を取り去り、受命している大魏に仕えれば、客主（許靖と劉禪）は不世出な栄光の名声を得て、上も下も不朽の栄光を蒙り、功績と事績は並び立ち、名声と勲功は明らかになり、その功績を考えれば、伊尹や太公望呂尙《りょしょう》を超越するに足るものとなるでしょう。すでに詔旨を承けたまわり、かつ旧情を思う気持ちは、心情として止むことはできません。もし足下ができることを言わず、足下が見る所を述べなければ、詔命を宣明して、輝かしい恩を広げて、むかし夢想した思いを述べることはありません。もし天が人々の心を啓き、子《あなた》が蜀の意向を指導すれば、まことにこれは手を携える時期が来たことになります。もし困難な路がいまだ解消されず、子《あなた》の謀に従わなければ、ご挨拶することもあるいは良くないと恐れ、また面会するにはどのような手段があるのでしょう。前後の二つの書簡では、このことに言及するたび、切実に思いを動揺させないように願っておりました。足下は長江や太湖をめぐり歩き、南海にまで行かれ、夷狄の習俗をご覧になって、遍《あまね》しというべきでしょう。子《あなた》の心を想像しますに、思いを華夏に結ばれていること、深しというべきでしょう。一身のために居住地を選ぶ際にも、なお中原を願います。主君のために居住地を選ぶ際に、どうして思いを京師につながずに、辺境でためらっていてよいものでしょうか。（わたしの）愚かな言葉を詳しく思われ、速かにお返事を下されんことを」とある。

【原文】

麋竺傳

麋竺字子仲、東海朐人也。祖世貨殖、僮客萬人、貲産鉅億[一]。後徐州牧陶謙、辟爲別駕從事。謙卒、竺奉謙遺命、迎先主於小沛。建安元年、呂布乘先主之出拒袁術、襲下邳、虜先主妻子。先主轉軍廣陵海西。竺於是進妹於先主爲夫人、奴客二千、金銀貨幣以助軍資。于時困匱、賴此復振。後曹公表竺領嬴郡太守[二]、竺弟芳爲彭城相、皆去官、隨先主周旋。先主將適荊州、遣竺先與劉表相聞、以竺爲左將軍從事中郎。益州既平、拜爲安漢將軍、班在軍師將軍之右。竺雍容敦雅、而幹翮非所長。是以待之以上賓之禮、未嘗有所統御。然賞賜優寵、無與爲比。

［裴松之注］

［一］搜神記曰、竺嘗從洛歸、未達家數十里、路傍見一婦人。從竺求寄載。行可數里、婦謝去、謂竺曰、我天使也。當往燒東海麋竺家。感君見載、故以相語。竺因私請之。婦曰、不可得不燒。如此、君可馳去。我當緩行、日中火當發。竺乃還家、遽出財物。日中而火大發。

［二］曹公集載公表曰、泰山郡界廣遠、舊多輕悍、權時之宜、可分五縣爲嬴郡、揀選清廉以爲守將。偏將軍麋竺、素履忠貞、文武昭烈。請以竺領嬴郡太守、撫慰吏民。

《訓読》

麋竺傳

麋竺 字は子仲、東海朐の人なり。祖 世〻貨殖し、僮客は萬人、貲産は鉅億たり[一]。後に徐州牧の陶謙、辟して別駕從事と爲す。謙卒するや、竺 謙の遺命を奉じて、先主を小沛より迎ふ。建安元年、呂布 先主の出でて袁術を拒ぐに乘じて、下邳を襲ひ、先主の妻子を虜にす。先主 軍を廣陵の海西に轉ず。竺 是に於て妹を先主に進めて夫人と爲し、奴客二千、金銀貨幣もて以て軍資を助く。時に于て困匱するも、此れに賴りて復た振ふ。後に曹公 竺を表して嬴郡太守を領せしめ[二]、竺の弟たる芳を彭城相と爲すも、皆 官を去り、先主に隨ひて周旋す。先主 將に荊州に適《ゆ》かんとするや、竺を遣はして先に劉表と相 聞せしめ、竺を以て左將軍從事中郎と爲す。益州 既に平らぐや、拜して安漢將軍と爲り、班は軍師將軍の右に在り。竺は雍容敦雅なれども、幹翮は長ずる所に非ず。是を以て之を待すに上賓の禮を以てするも、未だ嘗て統御する所有らず。然れども賞賜優寵すること、與に比を爲すこと無し。

［裴松之注］

［一］搜神記に曰く、「竺 嘗て洛より歸るに、未だ家に達せざるこ

と數十里、路傍に一婦人を見る。竺によりて寄載するを求む。行くこと數里可《ばか》り、婦 謝して去り、竺に謂ひて曰く、「我 天の使なり。當に往きて東海の麋竺の家を焼かんとす。君に載せらるに感ず、故に以て相 語《つ》ぐ」と。竺 因りて私かに之に請ふ。婦曰く、「焼かざる得可からず。此の如くんば、君 馳せ去く可し。我 當に緩行し、日中に火 當に發せん」と。竺 乃ち家に還り、遽かに財物を出す。日中にして火 大いに發す」と。

[二] 曹公集(三)に公の表を載せて曰く、「泰山の郡界は廣遠にして、舊より多く輕悍たれば、權時の宜として、五縣を分けて嬴郡と爲し、清廉なるを揀選して以て守將と爲す可し。偏將軍の麋竺、素より忠貞を履み、文武は昭烈なり。請ふらくは竺を以て嬴郡太守を領し、吏民を撫慰せしめん」と。

(補注)

(一) 班は、班位。官位や爵位とは異なり、礼制上の待遇のことか。

(二) 搜神記は、東晉の干寶が著した鬼神や災異の記録。のちに、志怪小説の祖とされるが、本来は天人相關説では説明しきれない瑞祥と災異の事例集であった。渡邉義浩「『搜神記』の執筆目的と五気変化論」(『東洋文化研究所紀要』一六八、二〇一五年、『「古典中国」における小説と儒教』汲古書院、二〇一七年に所収)を参照。

(三) 曹公集は、曹操の文集。『隋書』巻三十三 經籍志四に、「魏武帝集 二十六巻」と著録される。すでに散逸したが、『曹操集』(中華書局、二〇一三年)などの輯本が出版されている。

[現代語訳]

麋竺傳

麋竺《びじく》は字を子仲といい、徐《じょ》州東海《とうかい》國朐《きょう》縣の人である。祖先は代々商業につとめ、僮客《どうきゃく》(小作)は万人、資産は巨億であった[一]。後に徐州牧の陶謙《とうけん》は、辟召して別駕從事《べつがじゅうじ》とした。陶謙が卒すると、麋竺は陶謙の遺命を受けて、先主(劉備)を小沛《しょうはい》縣から迎えた。建安《けんあん》元(一九六)年、呂布《りょふ》は先主が出撃して袁術《えんじゅつ》を拒いだことに乗じて、下邳《かひ》國を襲撃し、先主の妻子を捕虜にした。先主は軍を廣陵《こうりょう》郡の海西に移動させた。麋竺はそこで妹を先主に進めて夫人として、奴《ぬ》客《きゃく》(奴隷)二千人、金銀貨幣により軍資を助けた。そのとき(先主は)困窮していたが、これに頼って再び勢力を回復した。後に曹公《そうこう》(曹操)は麋竺を表して嬴郡《えいぐん》太守を(偏將軍に)兼ねさせ[二]、麋竺の弟である麋芳を彭城《ほうじょう》相としたが、ともに官を去り、先主に従って転々とした。先主は荊《けい》州に行こうとすると、麋竺を派遣して先に劉《りゅう》表《ひょう》に挨拶させ、麋竺を左將軍從事中郎《さしょうぐんじゅうじちゅうろう》とした。益《えき》州が平定されると、安漢《あんかん》將軍を拝命し、班位は軍師《ぐんし》將軍(諸葛亮)の上にあった。麋竺は温容で誠実であったが、人の統率は得意としなかった。このため上賓の礼で待遇したが、いまだ(軍を)統率することはなかった。それでも(劉備が麋竺に)賞賜を加え優遇することは、共に比較できるものがいなかった。

[裴松之注]

[一]『搜神記《そうじんき》』に、「(麋)竺はかつて洛陽からの帰途、まだ家の手前の数十里で、路傍に一人の婦人を見かけた。(婦人は)麋竺に車に載せて欲しいと頼んだ。数里ばかり行くと、婦人はお礼を行って去り、麋竺に言って、「我《わたし》は天の使いです。ちょうど東海郡麋竺の家を焼きにいくところです。君《あなた》に(車に)載せていただ

いた感謝として、これを教えます」とした。麋竺はそこで秘かに婦人に（焼かないように）お願いをした。婦人は、「焼かないわけには参りません。そのようなことなので、君《あなた》は馳せて行ってください。我《わたし》はゆっくりといき、真昼に火が起こるでしょう」と言った。麋竺はそこで家に帰り、あわてて財物を運び出した。真昼になると火が大いに起こった」とある。

［二］『曹公集《そうこうしゅう》』に曹公の上表文を載せて、「泰山《たいざん》郡の領域は広く遠く、むかしから軽はずみな乱暴者が多いので、権宜の策として、（泰山郡の）五縣を分けて嬴《えい》郡となし、清廉な者を選抜して守將とすべきです。偏將軍の麋竺は、平素より忠貞に励み、文武ともに昭らかです。どうか麋竺に嬴郡太守を兼任させ、吏民を慰撫させましょう」とある。

【原文】

芳爲南郡太守、與關羽共事、而私好攜貳、叛迎孫權、羽因覆敗。竺面縛請罪、先主慰諭、以兄弟罪不相及、崇待如初。竺慚恚發病、歳餘卒。子威、官至虎賁中郎將。威子照、虎騎監。自竺至照、皆便弓馬、善射御云。

《訓読》

芳(一)は南郡太守と爲り、關羽と與に事を共にするも、而も私好 攜貳し、叛きて孫權を迎へ、羽 因りて覆敗す。竺 面縛(二)して罪を請ふも、先主 慰諭し、兄弟を以て罪 相 及ばずとし、崇待すること初めの如し。竺 慚恚して病を發し、歳餘にして卒す。子の威(三)、官は虎賁中郎將に至る。威の子たる照(四)、虎騎監(五)なり。竺より照に至るまで、皆 弓馬を便とし、善く射御すとしか云ふ。

（補注）

（一）芳は、麋芳。麋竺の弟。徐州東海國朐縣の人。南郡太守となったが、關羽と仲違いして背き、關羽敗退の原因となった（『三國志』巻三十八 麋竺傳）。

（二）面縛は、自ら後ろ手に縛って処罰を請うこと。小林春樹「中国史上における「面縛」の機能と性格、およびそれらの変遷について」（『東洋研究』一五五、二〇一〇年）を参照。

（三）威は、麋威。麋竺の子。徐州東海國朐縣の人。虎賁中郎將になった（『三國志』巻三十八 麋竺傳）。

（四）照は、麋照。麋竺の孫。徐州東海國朐縣の人。虎騎監になった（『三國志』巻三十八 麋竺傳）。

（五）虎騎監は、官名。宿衛の士を掌る。『三國志集解』に引く洪飴孫によれば、虎歩監と同じで、漢の武騎常侍の類であるという。

［現代語訳］

麋芳《びぼう》は南郡《なんぐん》太守となり、關羽と共に事に当たったが、性好があわず、背いて孫權軍を迎え入れ、關羽はこれにより敗退した。麋竺は面縛して罪を請うたが、先主は慰撫し、兄弟であっても罪は及ばないとし、当初のように尊重し続けた。麋竺は恥じて病気となり、一年余りで卒した。子の麋威《びい》は、官が虎賁中郎將《こほんちゅうろうしょう》に至った。麋威《びい》の子である麋照《びしょう》は、虎騎監《こきかん》となった。麋竺から麋照に至るまで、みな弓馬を得意とし、善く（弓を）射て（馬を）御したという。

【原文】

孫乾傳

孫乾字公祐、北海人也。先主領徐州、辟爲從事[一]。後隨從周旋。先主之背曹公、遣乾自結袁紹。將適荊州、乾又與麋竺俱使劉表、皆如意指。後表與袁尚書、說其兄弟分爭之變曰、每與劉左將軍・孫公祐共論此事、未嘗不痛心入骨、相爲悲傷也。其見重如此。先主定益州、乾自從事中郎爲秉忠將軍、見禮次麋竺、與簡雍同等。頃之、卒。

［裴松之注］

［一］鄭玄傳云、玄薦乾於州。乾被辟命、玄所擧也。

《訓讀》

孫乾傳

孫乾 字は公祐、北海の人なり。先主 徐州を領し、辟して從事と爲す[一]。後 隨從して周旋す。先主の曹公に背くや、乾を遣はして自ら袁紹に結ぶ。將に荊州に適《ゆ》かんとするや、乾 又 麋竺と與に俱に劉表に使ひし、皆 意指の如くす。後 表 袁尚(一)に書を與へ、其の兄弟分爭の變を說きて曰く、「每に劉左將軍・孫公祐と與に共に此の事を論じ、未だ嘗て心を痛め骨に入り、相 爲に悲傷せずんばあらず」と。其の重んぜらるること此の如し。先主 益州を定むや、乾 從事中郎より秉忠將軍(二)と爲り、禮せらるること麋竺に次ぎ、簡雍と同等なり。頃之《しばらくして》、卒す。

［裴松之注］

［一］鄭玄傳(三)に云ふ、「玄 乾を州に薦む。乾 辟命を被るは、玄の擧ぐる所なり」と。

（補注）

（一）袁尚は、袁紹の末子。父に目をかけられていたため、その死後に長兄の袁譚と跡目争いを起こす。兄に与した曹操に敗れ、遼東に亡命をはかったが、遼東太守の公孫康に斬られた（『三國志』巻六 袁紹傳）。

（二）秉忠將軍は、官名。雜号将軍号の一つ。

（三）鄭玄傳は、『鄭玄別傳』。佐藤文四郎「鄭玄別伝輯考 附引用書目」（『服部先生古稀祝賀記念論文集』一九三六年）を参照。

［現代語訳］

孫乾傳

孫乾《そんけん》は字を公祐《こうゆう》といい、北海《ほっかい》郡（山東省昌楽県）の人である。先主が（左將軍として）徐州牧《じょしゅうぼく》を兼任すると、辟召して從事《じゅうじ》とした[一]。のち（先主に）随従して転々とした。先主は曹公（曹操）に背くと、孫乾を派遣して自分から袁紹と結んだ。荊州に行こうとすると、孫乾はまた麋竺《びじく》と共に劉表《りゅうひょう》に使者となり、みな指示のようにした。後に劉表は袁尚《えんしょう》に書簡を与えて、兄弟が分かれて争うことの事変を説いて、「いつも劉左將軍（劉備）・孫公祐（孫乾）と一緒にこの事を論じ、いまだかつて心を痛め骨髄までしみ入るほど、あなた方のために悲傷しないことはありませんでした」としている。孫乾が尊重されたことはこのようであった。先主が益州を定めると、孫乾は従事中郎《じゅうじちゅうろう》から秉忠《へいちゅう》將軍となり、礼遇されること麋竺に次ぎ、簡雍《かんよう》と同等であった。しばらくして、卒した。

[裴松之注]

[一]『鄭玄傳《じょうげんでん》』に、「鄭玄が孫乾を州に推薦した。孫乾が辟召の命を受けたのは、鄭玄が推挙したことによる」とある。

【原文】

簡雍傳

簡雍字憲和、涿郡人也。少與先主有舊、隨從周旋。先主至荊州、雍與麋竺・孫乾同爲從事中郎、常爲談客、往來使命。先主入益州、劉璋見雍、甚愛之。後先主圍成都、遣雍往說璋。璋遂與雍、同輿而載、出城歸命。先主拜雍爲昭德將軍。優游風議。性簡傲跌宕、在先主坐席、猶箕踞傾倚、威儀不肅、自縱適。諸葛亮已下、則獨擅一榻、項枕臥語、無所爲屈。時天旱禁酒、釀者有刑。吏於人家、索得釀具。論者欲令與作酒者同罰。雍與先主游觀、見一男女行道、謂先主曰、彼人欲行淫。何以不縛。先主曰、卿何以知之。雍對曰、彼有其具、與欲釀者同。先主大笑、而原欲釀者。雍之滑稽、皆此類也[一]。

[裴松之注]

[一]或曰、雍本姓耿。幽州人語、謂耿爲簡。遂隨音變之。

《訓読》

簡雍傳

簡雍 字を憲和、涿郡の人なり。少くして先主と舊有り、隨從して周旋す。先主 荊州に至るや、雍 麋竺・孫乾と與に同に從事中郎と爲り、常に談客と爲り、使命を往來す。先主 益州に入り、劉璋 雍を見て、甚だ之を愛す。後に先主 成都を圍むや、雍を遣はして往きて璋を說かしむ。璋 遂に雍と與に、輿を同《とも》にして載り、城を出て命に歸す。先主 雍を拜して昭德將軍と爲す（一）。優游として風議す。性は簡傲にして跌宕、先主の坐席に在りて、猶ほ箕踞傾倚して、威儀 肅《つつまし》からず、自ら縱適す。諸葛亮より已下には、則ち獨り一榻を擅《もっぱら》にし、項枕して臥語し、爲に屈する所無し。時に天 旱にして酒を禁じ、釀す者に刑有り。吏 人家に於て、索《もと》めて釀具を得たり。論者 酒を作る者と同罰にせしめんと欲す。雍 先主と與に游觀し、一男女の道を行くを見、先主に謂ひて曰く、「彼の人 淫を行はんと欲す。何を以て縛らざる」と。先主曰く、「卿 何を以て之を知る」と。雍 對へて曰く、「彼 其の具有ること、釀せんと欲せし者と同じなり」と。先主 大いに笑ひて、釀せんと欲せし者を原《ゆる》す。雍の滑稽、皆 此の類なり[一]。

[裴松之注]

[一]或ひと曰く、「雍の本の姓は耿なり。幽州の人の語、耿を謂ひて簡と爲す。遂て音に隨ひて之を變ず」と。

（補注）

（一）昭德將軍は、官名。雜号将軍号の一つ。

［現代語訳］

簡雍傳

簡雍《かんよう》は字を憲和《けんわ》といい、幽《ゆう》州涿《たく》郡の人である。若いころから先主と旧知で、随従して転々とした。先主が荊州に至ると、簡雍は麋竺《びじく》・孫《そん》乾《けん》と共に従事中郎《じゅうじちゅうろう》に任じられ、常に談客となり、使者として往来した。先主が益州に入ると、劉璋《りゅうしょう》は簡雍を見て、たいへんこれを愛した。後に先主が成都《せいと》城を包囲したとき、簡雍を遣わして劉璋を説得させた。劉璋はそうして簡雍と一緒に、同じ輿《こし》に載り、城を出て命に服した。先主は簡雍を昭徳《しょうとく》将軍に拝命した。（簡雍は）悠然とした態度で風諫をした。性は傲慢で無頓着、先主の坐にあっても、なお足を投げ出しまっすぐせずに、威儀は慎ましくなく、好き勝手にしていた。諸葛亮より以下（の相手）には、一人で長椅子を占領して、肘枕で寝ころがって話し、人のために屈することはなかった。あるとき日照りが続き酒を禁じ、醸造する者は刑罰に処した。役人がある人の家で、捜索して醸造道具を見つけた。論者は酒を醸造する者と同罰にさせようとした。簡雍は先主と一緒に散策しながら、ある男女の道を行くのを見て、先主に言って、「あの者たちは淫行をしようとしております。どうして捕縛しないのです」とした。先主は、「卿《きみ》はどうしてそれが分かる」と言った。簡雍は答えて、「あの者たちが淫行の道具を持っていることが、醸造しようとした者と同じです」とした。先主は大いに笑って、醸造しようとした者を許した。簡雍の滑稽は、みなこのようであった［一］。

［裴松之注］

［一］あるひとが、「簡雍《かんよう》の本の姓は耿《こう》である。幽州《ゆうしゅう》の人の言葉では、耿を簡と言う。かくて音に随って（文字が）変わったのである」と言っている。

【原文】

伊籍傳

伊籍字機伯、山陽人。少依邑人鎭南將軍劉表。先主之在荊州、籍常往來自託。表卒、遂隨先主南渡江、從入益州。益州既定、以籍爲左將軍從事中郎、見待亞於簡雍・孫乾等。遣東使於吳、孫權聞其才辯、欲逆折以辭。籍適入拜、權曰、勞事無道之君乎。籍既對曰、一拜一起、未足爲勞。籍之機捷、類皆如此。權甚異之。後遷昭文將軍、與諸葛亮・法正・劉巴・李嚴共造蜀科。蜀科之制、由此五人焉。

《訓読》

伊籍傳

伊籍　字は機伯、山陽の人なり。少くして邑人の鎭南將軍たる劉表に依る。先主の荊州に在るや、籍 常に往來して自ら託す。表 卒するや、遂て先主に隨ひ南して江を渡り、從ひて益州に入る。益州 既に定まるや、籍を以て左將軍從事中郎と爲し、待せらること簡雍・孫乾らに亟《つ》ぐ。遣はされて東のかた吳に使ひするや、孫權 其の才辯を聞き、逆《むか》へて折くに辭を以てせんと欲す。籍 適《まさ》に入りて拜するや、權曰く、「無道の君に事ふるに勞せるや」と。籍 既《ただ》ちに對へて曰く、「一拜して一起す、未だ勞と爲すに足らず」(一)と。籍の機捷、類は皆此の如し。權 甚だ之を異とす。後に昭文將軍に遷り、諸葛亮・法正・劉巴・李嚴と與に共に蜀科(二)を造る。蜀科の制、此の五人に由る。

(補注)

(一) 昭文將軍は、官名。雜号将軍号の一つ。

(二) 蜀科は、蜀漢の法令。諸葛亮・法正・劉巴・李嚴と伊籍により作られた(『三國志』巻三十八 許靖傳)。

[現代語訳]

伊籍傳

伊籍《いせき》は字を機伯《きはく》といい、兗《えん》州山陽《さんよう》郡(山東省金郷)の人である。若いときに同郷(山陽郡高平縣)の鎭南《ちんなん》將軍である劉表《りゅうひょう》に身を寄せた。先主が荊州にいたころ、伊籍はいつも往来して自分から(劉備に身を)託した。劉表が卒すると、そうして先主に随って南に向かい長江を渡り、従って益州に入った。益州が平定されると、伊籍を左將《さしょう》軍從事中郎《ぐんじゅうじちゅうろう》となし、待遇は簡雍《かんよう》・孫乾《そんけん》たちに次いだ。派遣されて東の吳に使者となると、孫權《そんけん》はその才能と弁舌を聞き、迎えて言葉で屈伏させようとした。伊籍が入って拜禮すると、孫權は、「無道の君主に仕えることは苦労するのか」と尋ねた。伊籍はすぐに答えて、「(あなたに対しては)一度拜禮して一度起っただけのことです、まだ苦労とするには足りません」と言った。伊籍の機転は、このような類であった。孫權はたいへん伊籍を評価した。後に昭文《しょうぶん》將軍に遷り、諸葛亮・法正・劉巴《りゅうは》・李嚴《りげん》と共に蜀科《しょくか》を造った。蜀科の制定は、この五人の尽力による。

【原文】

秦宓傳

秦宓字子勑、廣漢緜竹人也。少有才學、州郡辟命、輒稱疾不往。奏記州牧劉焉、薦儒士任定祖曰、昔百里・蹇叔以耆艾而定策、甘羅・子奇以童冠而立功。故書美黃髮、而易稱顏淵。固知選士用能、不拘長幼、明矣。乃者以來、海內察擧、率多英雋而遺舊齒。衆論不齊、異同相半、此乃承平之翔步、非亂世之急務也。夫欲救危撫亂、脩己以安人、則宜卓犖超倫、與時殊趣、震驚鄰國、駭動四方、上當天心、下合人意。天人旣和、內省不疚、雖遭凶亂、何憂何懼。昔楚葉公好龍、神龍下之。好僞徹天。何況於眞。今處士任安、仁義直道、流名四遠。如令見察、則一州斯服。昔湯擧伊尹、不仁者遠、何武貢二龔、雙名竹帛。故貪尋常之高而忽萬仞之嵩、樂面前之飾而忘天下之譽、斯誠往古之所重愼也。甫欲鑿石索玉、剖蚌求珠、今乃隨・和炳然、有如皎日。復何疑哉。誠知晝不操燭、日有餘光、但愚情區區、貪陳所見[一]。

[裴松之注]

[一] 益部耆舊傳曰、安、廣漢人。少事聘士楊厚、究極圖籍、游覽京師。還家講授、與董扶俱以學行齊聲。郡請功曹、州辟治中・別駕、終不久居。擧孝廉・茂才、太尉載辟、除博士、公車徵、皆稱疾不就。州牧劉焉表薦安。味精道度、厲節高邈。揆其器量、國之元寶。宜處弼疑之輔、以消非常之咎。玄纁之禮、所宜招命。王塗隔塞、遂無聘命。年七十九、建安七年卒。門人慕仰、爲立碑銘。後丞相亮問秦宓以安所長。宓曰、記人之善、忘人之過。

《訓読》

秦宓傳

秦宓 字は子勑、廣漢緜竹の人なり。少くして才學有り、州郡 辟命するも、輒ち疾と稱して往かず。州牧の劉焉に奏記し、儒士の任定祖（一）を薦めて曰く、「昔 百里（二）・蹇叔（三）は耆艾を以てして策を定め、甘羅（四）・子奇（五）は童冠を以てして功を立つ。故に書（六）に黄髪を美《ほ》めて、而して易（七）に顔淵（八）を稱《たた》ふ。固《まこと》に士を選び能を用ふるに、長幼に拘らざるを知ること、明らけしなり。乃者《さきごろ》より以來、海内の察擧は、率《おほむ》ね英儁多きも而るに舊齒を遺す。衆論 齊しからず、異同 相 半ばするも、此れ乃ち承平の翔歩にして、亂世の急務に非ざるなり。夫れ危を救ひ亂を撫し、己を脩めて以て人を安んぜんと欲すれば、則ち宜しく卓犖すること倫を超え、時と趣を殊にし、鄰國を震驚し、四方を駭動し、上は天心に當たり、下は人意に合《かな》ふべし。天人 既に和し、内省して疚《やま》しからざれば、凶亂に遭ふと雖も、何をか憂へ何をか懼へん。昔 楚の葉公（九） 龍を好み、神龍 之に下る。僞を好むだに天に徹す。何ぞ況んや眞に於てをや。今 處士の任安、仁義直道にして、名は四遠に流る。如《も》し令《し》察せらるれば、則ち一州 斯れ服せん。昔 湯 伊尹を擧ぐるや、不仁の者は遠ざかり、何武（一〇） 二龔（一一）を貢ぐや、名を竹帛に雙ぶ。故に尋常の高を貪りて萬仞の嵩《たかき》を忽《ゆるがせ》にし、面前の飾を樂みて天下の譽を忘るるは、斯れ誠に往古の重《はばか》り愼しむ所なり。肁《はじ》めは石を鑿ち玉を索め、蚌を剖きて珠を求めんと欲するも、今は乃ち隨・和（一二） 炳然として、皎日の如く有り。復た何をか疑はんや。誠に晝に燭を操らざるは、日に餘光有ればなるを知るも、但だ愚情 區區たれば、見る所を貪陳す」と[一]。

[裴松之注]

[一] 益部耆舊傳に曰く、「安は、廣漢の人。少くして聘士（一三）の楊厚に事へ、圖籍を究極し、京師に游覽す。家に還りて講授し、董扶と與に俱に學行を以て聲を齊しくす。郡 功曹に請ひ、州 治中・別駕に辟すも、終に久しく居らず。孝廉・茂才に擧げ、太尉 載辟し、博士に除し、公車もて徵せらるも、皆 疾と稱して就かず。州牧の劉焉 表して安を薦む。精を味ひ度を道《はか》り、節を厲まし邈を高くす。其の器量を揆《はか》るに、國の元寶なり。宜しく弼疑の輔に處らしめ、以て非常の咎を消すべし。玄纁（一四）の禮もて、宜しく招き命ずべき所なりと。王塗 隔塞し、遂に聘命無し。年七十九、建安七年に卒す。門人 慕仰して、爲に碑銘を立つ。後に丞相の亮 秦宓に問ふに安の長ずる所を以てす。宓曰く、「人の善を記し、人の過を忘る」」と。

（補注）

（一）任定祖は、任安。廣漢郡緜竹縣の人、字を定祖。若いころに太學に遊学し、孟氏易を学び受け、複数の經典に兼通した。また同郡出身の楊厚に従って圖讖を学び、その術を究め尽くした（『後漢書』列傳六十九上 儒林 任安傳）。

（二）百里は、百里奚。春秋時代の秦の大夫。小国の虞に仕えていたが、晉の獻公が虞を攻め滅ぼした際に捕虜となる。その後、秦の穆公（繆公）に抜擢され、友人の蹇叔とともに穆公を支えた。その際に、年齢はすでに七十余歳であった（『史記』巻五 秦本紀、巻三十九 晉世家）。

（三）蹇叔は、春秋時代の秦の大夫。穆公に仕えて、鄭の討伐を諫めたが従われなかった。従軍する子を哭して送り敗北を予言、果たして秦は鄭に敗れた（『史記』巻五 秦本紀）。

（四）甘羅は、下蔡の人。甘茂の孫。十二歳で秦の宰相の呂不韋に仕え、趙王への使者となり、河間の五城を割譲させた（『史記』巻七十一 甘茂傳）。

（五）子奇は、春秋時代の齊の賢人。東阿を治めた時に兵器を溶かして農具をつくり、倉廩を出して貧民を救済した。そのとき十八歳であったという（『後漢書』列傳三十四 胡廣傳注引『説苑』）。

（六）『尙書』秦誓に、「尙猷詢茲黄髪、則罔所愆」とあることを踏まえた表現である。

（七）『周易』繫辭下傳に、「子曰、顏氏之子、其殆庶幾乎。有不善未嘗不知、知之未嘗復行也。易曰、不遠復、无祇悔、元吉」とあることを踏まえた表現である。

（八）顏淵は、顏回。春秋時代の魯の人、字を子淵。孔子の弟子で、徳行に秀でた。孔子の弟子中最も優れたが、三十二歳で早卒した（『史記』巻六十七 仲尼弟子列傳）。

（九）葉公は、春秋時代の楚の大夫。姓は沈、名は諸梁、字は子高。葉縣の長官であったため、葉公と呼ばれる。白公勝が乱を起こすや、恵王とともにこれを倒し、恵王を復位させた。なお、『論語』には、孔子との会話が記されている（『史記』巻四十 楚世家、『論語』子路篇）。

（一〇）何武は、蜀郡郫縣の人、字を君公。『易』をおさめ、射策の甲科で郎となり、揚州刺史として活躍した。やがて御史大夫・司空となり、氾鄉侯に封ぜられたが、王莽の擡頭を防ごうとして敗れ、自殺した（『漢書』巻八十六 何武傳）。

（一一）二龔は、龔勝と龔舍。いずれも楚の人で、龔勝は字を君賓。龔舍は字を君倩。同門の友人で、節義と学識から世に「楚の二龔」と呼ばれた。龔勝は何武の推挙で哀帝の光祿大夫となり、龔舍も諫大夫となった。龔舍は早く没したが、龔勝は簒奪した王莽の出仕強要を拒否して餓死した（『漢書』巻七十二 兩龔傳）。

（一二）随・和は、随侯の珠と和氏の璧。随侯の珠は、随侯が道で助けた大蛇により長江からもたらされたという。和氏の璧は、楚の卞和が山中で得た粗玉を宝石と信じて屈せず、数城に匹敵する宝として連城璧とも称されたもの。趙の藺相如が死守した「完璧」の故事で知られる。

（一三）聘士は、皇帝の招聘を受けながら、それに応じなかった隱士。

（一四）玄纁の禮は、皇帝による徵召の儀禮。安車玄纁の禮。安車とは、坐って乗る屋根の低い車（『漢書』巻六十 杜延年傳）、玄纁とは、赤黒い色の帛のこと（『春秋左氏傳』哀公 傳十一年）。

［現代語訳］

秦宓傳

秦宓《しんふく》は字を子勅《しちょく》といい、廣漢《こうかん》郡緜竹《めんちく》縣の人である。若いころから才能と学問があり、州郡が辟召したが、そのたびに病気と称して出仕しなかった。（あるとき）益州牧《えきしゅうぼく》の劉焉《りゅうえん》に上奏して、儒者の任定祖《じんていそ》（任安）を推薦して次のように言った、「むかし百里奚《ひゃくりけい》と蹇叔《けんしゅく》は老人でしたが国策を定め、甘羅《かんら》と子奇《しき》は年少でしたが功業を立てました。このため『尙書《しょうしょ》』（秦誓篇）に黄髪（白髪）を褒め、『周易《しゅうえき》』（繫辭下傳）に（若き）顏淵《がんえん》を称えているのです。（これにより）まことに士を選び有能な者を用いる際には、長幼に拘《こだわ》らないことを知ることが、明白となります。さきごろより、天下の察擧は、おおむね英俊が多く選ばれていますが年長者を残しております。（これについては）多くの者の議論が同じではなく、異同が半ばするでしょうが、（年長者を残すことは）安定した時代のやり方であり、乱世の緊急の方法ではありません。そもそも危機を救い混乱を鎮《しず》め、自己を修養して人を安寧にさせようと考えれば、卓越した才能を比類なく持ち、時世と方向性を異にし、隣国を震えるほど驚かし、四方を騒ぎ立てるほど動かし、上は天の心に当たり、下は人の意にかなうものでなければなりません。天と人がすでに和し、内省して疚《やま》しくなければ、凶乱に遭っても、どうして憂れ懼れることがあるでしょうか。むかし楚《そ》の葉公《しょうこう》が龍を好むと、神龍が葉公のもとに下りました。偽を好んでいても（その思いは）天に達するのです。どうして真の思いが通じないでしょうか。いま處士《しょし》の任安《じんあん》は、仁義と正道であること、その名は四方にまで流伝しております。もし察擧されれば、（益州）一州が服すでしょう。むかし湯王《とうおう》が伊尹《いいん》を挙げると、不仁の者は遠ざかり、何武《かぶ》が（龔勝と龔舎の）二龔《にきょう》を貢擧すると、（二龔は）名を竹帛に並べ（る功績を挙げ）ました。このため通常の高さに甘んじて万仭の高さを無視し、目の前の装飾を楽しんで天下の評判を忘れることは、まことに古《いにしえ》の人の憚り慎むところでした。はじめは石を鑿《うが》って玉を求め、蚌《からすがい》を割いて珠を求めようと望んでおられたでしょうが、今や隨侯《ずいこう》の珠や和氏《かし》の璧（のような才能を持つ任安）がきらきらとして、太陽のように輝いております。また何を迷われることがあるでしょうか。まことに昼に燭を灯さないのは、太陽に有り余る光があればこそであることを知っておりますが、ただ愚情が落ち着きませんので、見解を申し述べました」と[一]。

［裴松之注］

［一］『益部耆舊傳《えきぶききゅうでん》』に、「任安《じんあん》は、廣漢《こうかん》郡の人である。若いころに聘士《へいし》の楊厚《ようこう》に仕え、圖讖《としん》の書籍を究め極くし、京師《けいし》（洛陽）に游学した。家に帰って学問を教え、董扶《とうふ》と共に学問と徳行によって名声を等しくした。廣漢郡は功曹《こうそう》に請い、益州は治中従事《じちゅうじゅうじ》・別《べつ》駕《が》従事《じゅうじ》に辟召したが、結局長くは在任しなかった。（郡は）孝《こう》廉《れん》・（州は）茂才《もさい》に察擧し、太尉《たいい》府に辟召され、博士《はくし》に任命され、（皇帝から）公車《こうしゃ》により徵召されたが、すべて病気と称して就かなかった。益州牧の劉焉《りゅうえん》は上表して任安を薦めた。（そこには）精密を味読して天体の運行を測り、節義を励まして容貌を高く保つ。その器量を計ると、国の元宝である。輔弼の任に置き、常ならざる災異を消すべきである。玄纁《げんくん》の禮により、招き命ずべきものであるとあった。（しかし）王の道は途絶しており、かくて聘命は無かった。年七十九で、建安七（二〇二）年に卒した。門人は慕ぎ仰いで、任安のために碑銘を立てた。後に丞相の諸葛亮は秦宓に任安の長所を尋ねた。秦宓は、「人の善を記憶し、人の過ちを忘却することです」と言った」とある。

【原文】

劉璋時、宓同郡王商爲治中從事、與宓書曰、貧賤困苦、亦何時可以終身。卞和衒玉以燿世、宜一來、與州尊相見。宓答書曰、昔堯優許由、非不弘也、洗其兩耳。楚聘莊周、非不廣也、執竿不顧。易曰、確乎其不可拔。夫何衒之有。且以國君之賢、子爲良輔、不以是時建蕭・張之策、未足爲智也。僕得曝背乎隴畝之中、誦顏氏之簞瓢、詠原憲之蓬戶、時翺翔於林澤、與沮・溺之等儔、聽玄猿之悲吟、察鶴鳴於九皋、安身爲樂、無憂爲福、處空虛之名、居不靈之龜、知我者希、則我貴矣。斯乃僕得志之秋也、何困苦之戚焉。後商爲嚴君平・李弘立祠、宓與書曰、疾病伏匿、甫知足下爲嚴・李立祠。可謂厚黨勸類者也。觀嚴文章、冠冒天下、由・夷逸操、山岳不移。使揚子不歎、固自昭明。如李仲元不遭法言、令名必淪。其無虎豹之文故也。可謂攀龍附鳳者矣。如揚子雲、潛心著述、有補於世、泥蟠不滓、行參聖師、于今海內、談詠厥辭。邦有斯人、以耀四遠、怪子替茲、不立祠堂。蜀本無學士、文翁遣相如東受七經、還敎吏民。於是蜀學比於齊・魯。故地里志曰、文翁倡其敎、相如爲之師。漢家得士、盛於其世。仲舒之徒、不達封禪、相如制其禮。夫能制禮造樂、移風易俗、非禮所秩有益於世者乎。雖有王孫之累、猶孔子大齊桓之霸、公羊賢叔術之讓。僕亦善長卿之化、宜立祠堂、速定其銘。

先是、李權從宓借戰國策。宓曰、戰國從横、用之何爲。權曰、仲尼・嚴平、會聚衆書、以成春秋・指歸之文。故海以合流爲大、君子以博識爲弘。宓報曰、書非史記・周圖、仲尼不采。道非虛無・自然、嚴平不演。海以受淤、歲一蕩淸。君子博識、非禮不視。今戰國反覆儀・秦之術、殺人自生、亡人自存、經之所疾。故孔子發憤作春秋、大乎居正、復制孝經、廣陳德行。杜漸防萌、預有所抑、是以老氏絕禍於未萌。豈不信邪。成湯大聖、覩野魚而有獵逐之失、定公賢者、見女樂而棄朝事［一］。若此輩類、焉可勝陳。道家法曰、不見所欲、使心不亂。是故天地貞觀、日月貞明。其直如矢、君子所履。洪範記災、發於言貌、何戰國之譎權乎哉。

［裴松之注］

［一］臣松之案、書傳、魯定公無善可稱。宓謂之賢者、淺學所未達也。

《訓讀》

劉璋の時、宓が同郡の王商は治中從事爲《た》りて、宓に書を與へて曰く、「貧賤に困苦せらるるが、亦た何れの時に以て身を終ふ可し。卞和（一）は玉を銜《う》りて以て世に燿く。宜しく一たび來りて、州尊と與に相見えん」と。宓 書に答へて曰く、「昔 堯 許由を優し、弘からずに非ざるも、其の兩耳を洗ふ。楚 莊周（二）を聘し、廣からざるに非ざるも、竿を執りて顧ず。易に曰く（三）、「確乎として其れ拔く可からず」と。夫れ何ぞ之を銜ること有らん。且つ國君の賢なるを以て、子は艮輔爲れば、是の時を以て蕭・張の策を建てざれば、未だ智と爲すに足らざるなり。僕 背を隴畝の中に曝《さら》し、顏氏の簞瓢（四）を誦し、原憲（五）の蓬戶を詠ずるを得れば、時に林澤に翺翔し、沮（六）・溺（七）の等儔《ともがら》と與に、玄猿の悲吟を聽き、鶴鳴を九皐に察し、安身を樂と爲し、無憂を福と爲し、空虛の名に處り、不靈の龜に居り、我を知る者 希《すく》なければ、則ち我は貴しとす。斯れ乃ち僕の志を得るの秋《とき》なり、何ぞ困苦の戚あらんや」と。後に商 嚴君平・李弘の爲に祠を立つるや、宓 書を與へて曰く、「疾病もて伏匿すれば、甫《はじ》めて足下の嚴・李の爲に祠を立つを知る。黨を厚くし類を勸むる者と謂ふ可きなり。嚴の文章を觀るに、天下に冠冒し、由・夷（八）のごとき逸操、山岳のごとく移らず。揚子（九）をして歎ぜしめずとも、固より自ら昭明す。李仲元の如きは法言（一〇）に遭はざれば、令名 必ずや淪びん。其の虎豹のごとき文無きが故なり。龍に攀《すが》り鳳に附す者と謂ふ可し。揚子雲の如きは、心を潛めて著述し、世に補ふ有りて、泥蟠に滓《よご》れず、行ひは聖師に參し、今に于ても海內に、厥の辭を談詠せらる。邦に斯の人有りて、以て四遠に耀くも、子の茲を替《す》て、祠堂を立てざるを怪しむ。蜀は本 學士無きも、文翁（一一） 相如を遣はして東して七經（一二）を受け、還りて吏民に教へしむ。是に於て蜀學は齊・魯に比す。故に地里志に曰く（一三）、「文翁 其の教を倡《とな》へ、相如之が師と爲る」と。漢家 士を得て、其の世を盛んにす。仲舒の徒、封禪に達せざれば、相如 其の禮を制す。夫れ能く禮を制し樂を造り、風を移し俗を易ふは、禮もて秩し世に益有る所の者に非ざるや。王孫（一四）の累有りと雖も、猶ほ孔子の齊桓の霸を大《たふと》び、公羊（一五）の叔術（一六）の讓を賢とするがごとし。僕も亦た長卿の化を善とす。宜しく祠堂を立て、速かに其の銘を定むべし」と。

是れより先、李權 宓より戰國策（一七）を借る。宓曰く、「戰國は從横なるも、之を用《もつ》て何をか爲さん」と。權曰く、「仲尼・嚴平、衆書を會聚して、以て春秋・指歸（一八）の文を成す。故に海は流れを合はすを以て大と爲り、君子は博く識るを以て弘と爲る」と。宓 報じて曰く、「書は史記（一九）・周圖に非ずんば、仲尼は采らず。道は虛無・自然に非ずんば、嚴平は演べず。海は以て淤を受くるも、歳に一たび蕩清す。君子は博く識るも、禮に非ずんば視ず。今 戰國は儀・秦の術を反覆し、人を殺すも自らは生き、人を亡すも自らは存し、經の疾む所なり。故に孔子發憤して春秋を作り、正に居るを大なるとし、復た孝經を制して、廣く德行を陳ぶ。漸を杜ざし 萌《きざし》を防ぐに、預め抑ふる所有り、是を以て老氏は禍を未だ萌さざるに絕つ。豈に信ならざらんや。成湯は大聖にして、野魚を覩て獵逐の失有り、定公（二〇）は賢者にして、女樂を見て朝事を棄つ[一]。此の若きの輩類は、焉んぞ勝げて陳ぶ可けんや。道家の法に曰く（二一）、「欲する所を見ざれば、心をして亂れざらしめず」と。是の故に天地は貞觀、日月は貞明たり。其の直なること矢の如きは（二二）、君子の履む所なり。洪範（二三） 災を記し、言貌より發すとす、何ぞ戰國の譎權をや」と。

［裴松之注］

［一］臣 松之 案ずるに、書傳に、魯の定公 善の稱す可き無し。宓之を賢者と謂ふは、淺學の未だ達せざる所なり。

（補注）

（一）卞和は、周代の楚の人。「和氏の璧」（完璧）の故事で知られる（『史記』卷八十三 鄒陽傳）。

（二）莊周は、字は子休。宋の蒙（河南省商邱県）の人。『莊子』の著者とされる。『莊子』の現行本は、西晉の郭象が五十二卷本の雜駁な部分を削って三十三卷（內篇七・外篇十五・雜篇十一）に整理したもので、內篇が最も古く、とくに逍遙遊篇・齊物論篇の二卷は莊周本人の思想の精髓を伝えるものであるという。池田知久『莊子』（学習研究社、一九八三・八六年）を參照。

（三）『周易』乾卦 文言傳に、「確乎其不可拔」とあり、同文。

（四）顏回の清貧については、『論語』雍也篇に、「子曰、賢哉回也。一簞食、一瓢飮、在陋巷。人不堪其憂、回也不改其樂。賢哉回也」とあり、これを踏まえた表現である。

（五）原憲は、春秋時代の魯の人、字を子思。孔子の弟子。孔子は魯の子寇となったとき、憲を家邑の宰とした（『史記』卷六十七 仲尼弟子列傳）。原憲の清貧については、『史記』卷一百二十四 遊俠列傳序に、「原憲終身、空室蓬戶」とあり、これを踏まえた表現である。

（六）沮は、長沮。春秋時代の隱者。子路と問答をした（『史記』卷

四十七 孔子世家、『論語』微氏篇)。

(七) 溺は、桀溺。春秋時代の隠者。子路と問答をした(『史記』巻四十七 孔子世家、『論語』微氏篇)。

(八) 夷は、伯夷。叔齊と共に、孤竹國の王子であった。周の武王が殷の紂王を討伐しようとした際、主君を討伐する不当を批判した。のち、周の粟を食べることを恥じ、首陽山に入って餓死したという(『史記』巻六十一 伯夷・叔齊列傳)。

(九) 揚子は、揚雄。蜀郡成都縣の人、字を子雲。前漢末の思想家。『易』になぞらえて『太玄經』を著し、無欲で心静かな生き方を守ろうとした。また、『論語』を模した『法言』では、王道を論じて道徳による政治を説いた(『漢書』巻八十七 揚雄傳)。

(一〇) 法言は、揚雄の著。道家思想を交えて儒家の王道を解釈し、『論語』にならって師と弟子との対話形式でこれを綴る。十三巻。田中麻紗巳(著)『法言―もうひとつの「論語」』(講談社、一九八八年)を参照。

(一一) 文翁は、揚州廬江郡舒縣の人。前漢の景帝の末年、蜀郡太守となり教化を行い、張叔などを長安で学ばせ、帰還後には郡の高職に就けた。また、學舎を成都の市中につくり、蜀に好學の風をつくりあげた(『漢書』巻五十九 循吏 文翁傳)。ただし、文翁が司馬相如を派遣したことは、秦宓傳にしか見えない。

(一二) 七經は、『詩經』『書經』『春秋』『周易』『禮記』の五經に『論語』『孝經』を加えたもの。それぞれに対応して「七緯」が制作されていた。

(一三) 『漢書』巻二十八下 地理志下に、「巴・蜀……後有王褒・嚴遵・揚雄之徒、文章冠天下。繇文翁倡其教、相如爲之師」とあり、同文。

(一四) 王孫は、ここでは卓王孫。臨邛の富豪。娘婿となった司馬相如を経済的に支えた(『史記』巻一百一十七 司馬相如傳)。秦宓傳は、司馬相如が封禪の禮制を定めたとするが、司馬相如は「封禪書」という封禪を勧める文章を残しただけである。

(一五) 公羊は、ここでは公羊高。徐彦の『春秋公羊傳注疏』に引く戴宏の「序」によれば、戰國時代の齊の人で、孔子の弟子である子夏の門人で、子夏から『春秋』を口授され、『春秋公羊傳』を著したとされる。

(一六) 叔術は、邾子叔術。春秋時代の邾国の第七代君主。兄の邾武公の子である邾子夏父が成人すると君主の地位を譲った(『春秋公羊傳』昭公三十一年)。ただし、叔術には兄嫁を娶ったという傷があること、女性問題を抱えた桓公と同じである。

(一七) 戰國策は、戰國時代の縱横家の弁論集。前漢の劉向が「國策」「國事」「短長」などの名称で呼ばれていた諸書を校定し、合わせて一書三十三篇とし、『戰國策』と名づけたという。沢田正熙『戦国策』(明徳出版社、一九六九年)を参照。

(一八) 指歸は、書名。『老子指歸』。『隋書』巻三十四 經籍志三に、「嚴遵 老子指歸 十一巻」と著録される。

(一九) 史記は、ここでは、孔子が『春秋』を著すときに材料とした魯の史官が著した年代記。こうした考え方が杜預によってまとめられることは、渡邉義浩「「春秋左氏伝序」と「史」の宣揚」(『狩野直禎先生米寿記念 三国志論集』三国志学会、二〇一六年)を参照。

(二〇) 定公は、魯の第二十四代の君主。名を宋。孔子を相に迎えて、齊に対抗したという(『史記』巻三十三 魯周公世家)。

(二一) 『老子』第三章に、「不見所欲、使心不亂」とあり、同文。

（二二）『論語』衛靈公篇に、「子曰、直哉、史魚。邦有道如矢、邦無道如矢。君子哉、蘧伯玉。邦有道則仕、邦無道則可卷而懐之」とあり、これを踏まえた表現である。

（二三）洪範は、『尚書』の篇名。ここでは、『洪範五行傳論』を指すか。前漢の伏生は、『尚書』洪範篇を經としながら、人間の行為に何か間違いが起こると、五行が本来の性質を失うことを説く『洪範五行傳』を著した。これに基づいて歴代の災異の解釈を行ったものが劉向の『洪範五行傳論』である。吉川忠夫・冨谷至『漢書五行志』（平凡社、一九八六年）を参照。

［現代語訳］

劉璋《りゅうしょう》の時に、秦宓と同郡出身の王商《おうしょう》は治中從事《じちゅうじゅうじ》であり、秦宓に書簡を与えて、「貧賤に困苦されていますが、いったい何時まで（そのような状態でおり）身を終えられるつもりなのでしょうか。卞《べん》和《か》は玉を売って世に輝きました。どうか一度いらして、州牧と一緒にお会いしませんか」と言った。秦宓は書簡に答えて、「むかし堯《ぎょう》は許由《きょゆう》を優待し、弘大に扱われましたが、（許由は）その両耳を洗いました。楚《そ》は莊周《そうしゅう》を招聘し、寛広に扱われましたが、（莊周は）竿を執って顧みませんでした。『周易《しゅうえき》』（乾卦 文言傳）に、「確乎《かっこ》として抜く可《べ》からず」とあります。そもそもどうして（孔子のように）売り込む必要があるでしょうか。しかも國君《こくくん》（州牧の劉璋）は賢明であり、子《あなた》が良き輔弼でありますので、このときに蕭何や張良の策を建てられないのであれば、いまだ智とするには足らないでしょう。僕《わたし》は背を隴畝《ろうほ》（田畑）の中にさらし、顔回《がんかい》が箪瓢《たんぴょう》（一椀の飯に一椀の汁）で学問を続けたことを暗誦し、原憲《げんけん》が蓬戸《よもぎど》（あばら屋）を詠じたように清貧に暮らせれば、時々に林や沢をかけめぐり、長沮《ちょうそ》や桀溺《けつげき》など輩《ともがら》と一緒に、玄猿《くろざる》の悲しげな声を聴き、鶴の鳴き声を奥深い沢に感じて、身を安んじることを楽しみとなし、憂いがなきことを幸せとして、人に知られぬ名で、役に立たぬ亀のように、我《わたし》を知る者が少ないほど、我《わたし》は貴いとしております。これが僕《わたし》の志を得るという時なのです、どうして困苦の憂いなどありましょうか」とした。後に王商が嚴君平《げんくんぺい》・李弘のために祠を立てると、秦宓は書簡を与えて、「病に伏せっておりましたので、はじめて足下が嚴君平と李弘のために祠を立てたことを知りました。郷里（の賢者）を厚遇し同類（の顕彰）に勤める行為と言えましょう。嚴君平の文章を見ると、天下に冠たるもので、許由《きょゆう》や伯夷《はくい》のようなずば抜けた節操で、山岳のように移ることはありません。揚雄《ようゆう》に歎ぜられなかったとしても、もとより自分で輝いたことでしょう。李仲元《りちゅうげん》（李弘）のようなものは（揚雄の）『法言《ほうげん》』（による顕彰）がなければ、美名は必ずや滅んでいたでしょう。李弘には虎や豹のような（すぐれた）文章が無いためです。龍や鳳（のような揚雄）にすがり登った者と言えましょう。揚雄という人は、心を潜めて著述に専念し、世を補う功績があり、（王莽の世という）泥の中に汚されず、行動は孔子に習い、今においても天下で、その言辞を語られ続けております。わが邦（益州）にこの人があり、四方の彼方まで輝いているのに、子《あなた》が揚雄を棄て、祠堂を立てないことを怪しみます。（また）蜀はもと学士がおりませんでしたが、文翁《ぶんおう》が司馬相如《しばしょうじょ》を派遣して東に向かい七經を受け、帰って吏民に教えさせ（たことから学問が始まり）ました。こうして蜀學《しょくがく》は齊や魯と比肩したのです。このため（『漢書』巻二十八下）地理志下では、「文翁がその教を倡導し、司馬相如が蜀の師となった」と言っているのです。漢家は（前漢の武帝のとき、郷擧里選により）士を得て、その世を盛んにしました。（しかし）董仲舒《とうちゅうじょ》などは、封禪《ほうぜん》に明らかではなかったため、司馬相如がその礼を制定しました。そもそも禮樂を制定し、風俗を移し易えることは、禮により秩序をつくり世に利益を与えることをしたものではないでしょうか。（司馬相如は）卓王孫《たくおうそん》の（娘を誘惑したという）咎があるとはいえ、それはあたかも孔子が齊の桓《かん》公《こう》の霸業を尊重し、公羊高《くようこう》が叔術《しゅじゅく》の譲国を賢としたようなものでしょう。僕《わたし》もまた長卿《ちょうけい》（司馬相如）の教化を立派であると考えます。どうか（司馬相如のために）祠堂を立て、すみやかにその銘文を定めるべきです」と言った。

これよりさき、李權《りけん》は秦宓から『戰國策《せんごくさく》』を借りた。秦宓は、『戰國策』は從横家《しょうおうか》（外交術）の書ですが、これにより何をしようというのでしょうか」と尋ねた。李權は、「仲尼（孔子）も嚴君平《げんくんぺい》も、多くの書を集めて、『春秋』・『老子指歸《ろうししき》』の文を成しました。そのように海は流れを合わせて広大となり、君子は博《ひろ》く識ることで弘遠となるのです」と言った。秦宓は応えて、「書は（魯の）「史記」や周の圖書でなければ、仲尼（孔子）は採用しませんでした。道は虚無や自然（を説くもの）でなければ、嚴君平は叙述しませんでした。海は泥を受けいれても、歳に一回は洗い清めます。君子は博く識りますが、禮にかなわないものは視ません。いま『戰國策』は張儀《ちょうぎ》や蘇秦《そしん》の術を反復し、人を殺しても自らは生き、人を亡ぼしても自らは存することを説きますが、（それは）經の忌み嫌うものです。そこで孔子は発憤して『春秋』を制作し、正しきに居ることを尊重し、また『孝《こう》經《きょう》』を制作して、広く徳行を述べたのです。（また、悪の）糸口を閉ざし萌芽を防ぐには、あらかじめ抑えることが必要で、このため老子は禍いをまだ兆《きざ》さないうちに絶ったのです。まことに信用できるものです。（殷の）湯王《とうおう》は大聖ですが、野の魚を見ると取りあさるという欠点があり、（魯の）定公《ていこう》は賢者ですが、女樂を見て朝事を棄てました[一]。このような類は、枚挙にいとまがないほどです。道家の法（『老子』第三章）に、「欲望の対象を見なければ、心を乱れさせることはない」とあります。このために天地は正しく示され、日月は正しく明らかなのです。（史魚のように）直であること矢の如きことは、君子の踏襲すべきものです。洪範《こうはん》（五行傳論）は災異を記し、（それは）言葉や容貌より発するとしていますから、どうして『戰國策』の権謀を必要とするでしょうか」と。

［裴松之注］

［一］臣《わたくし》裴松之が考えますに、記録には、魯の定公には称賛すべき善行はありません。秦宓がこれを賢者というのは、（臣のような）浅学にはまだ理解できないことです。

【原文】

或謂宓曰、足下欲自比於巢・許・四皓、何故揚文藻見棡穎乎。宓答曰、僕文不能盡言、言不能盡意。何文藻之有揚乎。昔孔子三見哀公、言成七卷。事蓋有不可嘿嘿也[一]。接輿行且歌、論家以光篇。漁父詠滄浪、賢者以耀章。此二人者、非有欲於時者也。夫虎生而文炳、鳳生而五色。豈以五采自飾畫哉。天性自然也。蓋河・洛由文興、六經由文起。君子懿文德、采藻其何傷。以僕之愚、猶恥革子成之誤。況賢於己者乎[二]。

［裴松之注］

［一］劉向七略曰、孔子三見哀公、作三朝記七篇、今在大戴禮。臣松

之案、中經部有孔子三朝八卷。一卷目錄、餘者所謂七篇。
[二] 臣松之案、今論語作棘子成。子成曰、君子質而已矣。何以文爲。屈於子貢之言、故謂之誤也。

《訓読》

或ひと宓に謂ひて曰く、「足下 自ら巣(一)・許・四皓(二)に比せんと欲さば、何の故に文藻を揚げ楣穎を見《あら》はさんか」と。宓 答へて曰く、「僕の文は言を盡くす能はず、言は意を盡くす能はず。何ぞ文藻の揚がる有らんや。昔 孔子は三たび哀公に見ゑ、言 七卷と成る。事 蓋し嘿嘿とす可からざる有ればなり[一]。接輿(三)は行き且つ歌ひ、論家は以て篇を光《かがや》かす。漁父(四)は滄浪を詠ひ、賢者(五)は以て章を耀かす。此の二人なる者は、時に欲する有る者に非ざるなり。夫れ虎は生まれて文炳あり、鳳は生まれて五色あり。豈に五采を以て自ら畫を飾るものか。天性自然なり。蓋し河・洛は文より興り、六經も文より起る。君子 文徳を懿《うるはし》くするに、采藻 其れ何ぞ傷ならん。僕の愚を以て、猶ほ革子成(六)の誤を恥づ。況んや己より賢なる者をや」と[二]。

[裴松之注]

[一] 劉向の七略(七)に曰く、「孔子 三たび哀公に見ゑ、三朝記七篇を作る、今 大戴禮に在り」と。臣松之 案ずるに、中經部(八)に孔子三朝 八卷有り。一卷は目錄、餘者は所謂る七篇なりと。
[二] 臣松之 案ずるに、今 論語に棘子成に作る。子成曰く、「君子質なるのみ。何を以て文爲るか」と。子貢(九)の言に屈す、故に之を誤まりと謂ふなり。

(補注)

(一) 巣は、ここでは巣父。堯のときの隱者。木の上に住んでいたため、巣父という。許由が耳を洗った川を汚れたとして渡らなかったという（『高士傳』上）。
(二) 四皓は、漢初の隱者。園公・綺里季・夏黄公・甪里先生をいう。彼等は、漢の高祖の徵召を断って商山に隱棲していたが、張良の要請に応じ、皇太子であった惠帝の辟召に応じた。それを知った高祖は、「わたしは太子を替えようと思ったが、あの四人が輔佐についたのは、翼が生えたようなものだ」と嘆じ、惠帝の廢嫡を断念したという（『史記』卷五十五 留侯世家）。
(三) 接輿は、楚の隱者。孔子に、「鳳よ鳳よ何ぞ德の衰へたる」と歌い、孔子を風刺したという（『史記』卷四十七 孔子世家）。
(四) 漁父は、ここでは『楚辭』漁父篇に描かれる隱者。
(五) 賢者は、ここでは屈原を指す。屈原は、名を平という。原は字。戰國楚の王族。懷王に仕えて三閭大夫となるが、讒言により信用を失う。懷王の子である襄王の時、長沙に左遷され、鬱屈をつのらせて汨羅に身を投じた。詩作に巧みで多くの作品を残し、弟子がそれらをまとめて『楚辭』を編纂したとされている（『楚辭』離騷篇序、『史記』卷八十四 屈原列傳）。
(六) 革子成は、棘子成。衛の大夫。『論語』顏淵篇に、「棘子成曰、君子質而已矣。何以文爲矣。子貢曰、惜乎、夫子之說君子也。駟不及舌。文猶質也、質猶文也。虎豹之鞹、猶犬羊之鞹也」とあることを踏まえた文章である。
(七) 七略は、劉向とその子劉歆が制作した図書目録。その思想が儒教を中心に諸子を体系化するものであることは、渡邉義浩「劉歆の「七略」と儒教一尊」（『東洋の思想と宗教』三五、二〇一八年）を參照。

（八）中經部は、『晉武帝中經簿』。『隋書』經籍志によれば、晉の荀勗の撰。はじめて四部分類を採用した。

（九）子貢は、孔子の門人。衞の人。姓は端木、名は賜。子貢は字である。弁舌に巧みで、利殖を得意としていた。魯に仕えたとき、齊・吳・越・晉などに遊説して、外交的手腕を発揮した。孔子の死には六年間喪に服し、のち衞に仕え、齊で死去した（『史記』卷六十七 仲尼弟子列傳）。

［現代語訳］

あるひとが秦宓に言って、「足下が自ら巣父《そうほ》・許由《きょゆう》・四皓《しこう》になぞらえようとするのであれば、どうしたわけで文才を発揮して能力の高さを示さないのでしょうか」とした。秦宓は答えて、「僕の文は言葉（の持つ機能）を尽くすことができず、言葉は意を尽くすことができません。どうして文才が発揮できるでしょうか。むかし孔子は三たび哀公《あいこう》に謁見して、その言葉は七巻（の『孔子三朝記』）に成りました。（当時の）事態がおそらく黙っていることを許さなかったのでしょう［一］。接輿《せつよ》は（孔子の前を）行きながら歌って、『論語』の編者はそれにより微子《びし》篇を輝かせました。漁父は滄浪《そうろう》の水を歌い、賢者（屈原）はそれにより文章を輝かせました。この二人は、当時において（何かを）求める者ではありません。そもそも虎は生まれながらに文様があり、鳳は生まれながら五色なのです。どうして五彩によって自分で絵柄を飾りたてたりしましょうか。天から授かった生まれながらおのずとそうなのです。おそらく河圖《かと》・洛書《らくしょ》は文様から興り、六經も文彩より起ったのでしょう。君子が文徳を美しくするに、文彩はどうして傷になるでしょう。僕が愚であっても、それでも革子成《かくしせい》の誤りを恥じております。まして僕より賢明な方なら言うまでもないでしょう」と言った［二］。

［裴松之注］

［一］劉向《りゅうきょう》の『七略《しちりゃく》』に、「孔子は三たび哀公に謁見して、三朝記七篇を作り、（それは）いま『大戴禮記《だたいらいき》』に収められている」とある。臣《わたくし》裴松之が調べますと、『中經部《ちゅうけいぶ》』に『孔子三朝』八卷とあります。一卷は目録で、残りが（『七略』の）言うところの七篇なのです。

［二］臣 裴松之が調べますと、いま『論語』では棘子成に作ります。（『論語』顏淵篇に）子成は、「君子は質であればよい。どうして文であろう」と言っています。（しかし子成は）子貢の言に屈しました、このためこれを誤まりと言っているのです。

【原文】

先主既定益州、廣漢太守夏侯纂、請宓爲師友祭酒、領五官掾、稱曰仲父。宓稱疾、臥在第舍。纂將功曹古朴・主簿王普、廚膳卽宓第宴談、宓臥如故。纂問朴曰、至於貴州養生之具、實絕餘州矣。不知士人何如餘州也。朴對曰、乃自先漢以來、其爵位者、或不如餘州耳。至於著作爲世師式、不負於餘州也。嚴君平見黃・老作指歸、揚雄見易作太玄、見論語作法言、司馬相如爲武帝制封禪之文、于今天下所共聞也。纂曰、仲父何如。宓以簿擊頰曰［一］、願明府、勿以仲父之言假於小草民。請爲明府陳其本紀。蜀有汶阜之山、江出其腹、帝以會昌、神以建福。故能沃野千里［二］。淮・濟四濆、江爲其首、此其一也。禹生石紐、今之汶山郡是也[三]。昔堯遭洪水、鯀所不治、禹疏江決河、東注于海、爲民除害。生民已來、功莫先者、此其二也。天帝布治房・心、決政參・伐。參・伐則益州分野。三皇乘祇車出谷口、今之斜谷是也[四]。此便鄙州之阡陌。明府以雅意論之、何若於天下乎。於是纂逡巡無以復答。

〔裴松之注〕

[一] 簿、手版也。

[二] 河圖括地象曰、岷山之地、上爲東井絡、帝以會昌、神以建福、上爲天井。左思蜀都賦曰、遠則岷山之精、上爲井絡、天地運期而會昌、景福[1]〔盻〕〔肸〕蠁而興作。

[三] 帝王世紀曰、鯀納有莘氏女曰志、是爲脩己。上山行、見流星貫昴、夢接意感、又呑神珠、臆圮胸折、而生禹於石紐。譙周蜀本紀曰、禹本汶山廣柔縣人也。生於石紐、其地名刳兒坪。見世帝紀。

[四] 蜀記曰、三皇乘祇車出谷口。未詳宓所由知爲斜谷也。

〔校勘〕

1．百衲本は「盻」に作るが、中華書局本により「肸」に改める。

《訓読》

先主 既に益州を定むるや、廣漢太守の夏侯纂、(一)宓を請ひて師友祭酒と(二)爲し、五官掾を(三)領せしめ、稱して仲父と(四)曰ふ。宓 疾と稱し、臥して第舍に在り。纂 功曹の古朴・(五)主簿の王普を(六)將ゐ、廚膳もて宓の第に卽きて宴談するも、宓 臥すること故の如し。纂 朴に問ひて曰く、「貴州の養生の具に至りては、實に餘州に絶す。士人の餘州と何如を知らざるなり」と。朴 對へて曰く、「乃ち先漢より以來、其の爵位ある者は、或いは餘州に如かざるのみ。著作の世の師式と爲るに至りては、餘州に負けざるなり。嚴君平は黃・老を見て指歸を作り、揚雄は易を見て太玄を(七)作り、論語を見て法言を(八)作り、司馬相如は武帝の爲に封禪の文を制すは、今に于て天下の共に聞く所なり」と。纂曰く、「仲父は何如」と。宓 簿を以て頰を擊ちて曰く[一]、「願はくは明府、仲父の言を以て小草民に假すこと勿かれ。請ふらくは明府の爲に其の本紀を陳べん。蜀に汶阜の山有り、江は其の腹より出で、帝は以て昌を會し、神は以て福を建つ。故に能く沃野千里たり[二]。淮・濟ら四瀆は、江を其の首と爲し、此れ其の一なり。禹は石紐に生まる、今の汶山郡 是れなり[三]。昔 堯 洪水に遭ひ、鯀 治めざりし所、禹は江を疏し河を決して、東のかた海に注ぎ、民の爲に害を除く。生民より已來、功の先なる莫き者、此れ其の二なり。天帝は治を房・心に布き、政を參・伐に決す。參・伐は則ち益州の分野なり。三皇 祇車に乘りて谷口より出づるは、今の斜谷 是れなり[四]。此れ便ち鄙州の阡陌なり。明府 雅意を以て之を論ずるに、天下に於て何若ぞ」と。是に於て纂 逡巡して以て復た答ふること無し。

〔裴松之注〕

[一] 簿は、手版なり。

[二] 河圖括地象に曰く、「岷山の地、上は東井絡と(九)爲り。帝は以て昌を會《あつ》め、神は以て福を建て、上りて天井と爲る」と。左思の(一〇)蜀都賦に曰く、「遠くては則ち岷山の精、上りて井絡と爲る。天地は期を運《めぐ》らして昌を會め、景福は肸蠁のごとくして興《おこ》作る」と。

[三] 帝王世紀に(一一)曰く、「鯀 有莘氏の(一二)女を納れ志と曰ふ、是れ脩己

爲り。山に上りて行くに、流星の昴を貫くを見、夢に接し意感じ、又 神珠を呑み、胸の圮け折れるを臆ひて、禹を石紐に生む。譙周の蜀本紀(一三)に曰く、「禹は本《もと》 汶山廣柔縣の人なり。石紐に生まれ、其の地は刳兒坪と名づけらる。世帝紀に見ゆ」と。

［四］蜀記に曰く、「三皇は祇車に乘り谷口より出づ」と。未だ宓の由りて斜谷爲《た》るを知る所を詳らかにせざるなり。

（補注）

（一）夏侯纂は、廣漢太守。秦宓を師友祭酒とし、「仲父」と尊重した（『三國志』巻三十九 秦宓傳）。

（二）師友祭酒は、ここでは郡の屬官。前漢では、太子官の中に見られる官名である。

（三）五官掾は、郡の屬官。郡内の諸曹のことを掌った（『後漢書』列傳十一 任光傳附任隗傳注引『續漢書』）。

（四）仲父は、尊称。齊の桓公が管仲のことを「仲父」と呼んだ事例が有名である。

（五）古朴は、廣漢郡の功曹史（『三國志』巻三十九 秦宓傳）。

（六）王普は、廣漢郡の主簿（『三國志』巻三十九 秦宓傳）。

（七）太玄は、前漢の揚雄が、『周易』にならって著した書物。八十一卦により構成される。辛賢『漢易術数論研究』（汲古書院、二〇〇二年）を参照。

（八）法言は、前漢の揚雄が、道家思想を交えて儒家の王道を解釈し、『論語』にならって師と弟子との対話形式でこれを綴った書物、十三卷。田中麻紗巳（著）『法言―もうひとつの「論語」』（講談社、一九八八年）を参照。

（九）東井絡は、井絡か。『水經注』江水注に引く『河圖括地象』は、「井絡」につくる。

（一〇）左思は、臨淄の人、字は太沖。西晉の詩人。十年の歳月を注いだ大作「三都の賦」は、魏・吳・蜀の首都の繁華のさまを写実的に描く美文で「洛陽の紙価を高める」という言葉が生まれるほど人々に読まれたという。藤原尚「『三都の賦』の表現の特長について」（『中国中世文学研究』七、一九六八年）を参照。

（一一）帝王世紀は、晉の皇甫謐の撰、十卷。三皇より漢魏に至るまでの帝王の記事を収録する（『隋書』巻三十三 經籍志二）。その生成論については、渡邉義浩「『古史考』と『帝王世紀』―儒教に即した上古史と生成論」（『早稲田大学大学院文学研究科紀要』六三、二〇一八年）を参照。

（一二）有莘氏は、殷の始祖である湯王の妃を出した。ここでは有莘氏一族の美女をさす（『史記』巻三 殷本紀）。

（一三）蜀本紀は、譙周の撰。蜀の歴史を記す。

［現代語訳］

先主が益州を平定すると、廣漢太守《こうかん》の夏侯纂《かこうさん》は、秦宓を招聘して師《し》友祭酒《ゆうさいしゅ》となし、五官掾《ごかんえん》を兼任させ、仲父《ちゅうほ》と称した。秦宓は病気と称して、宿舎に寝ていた。夏侯纂は功曹史《こうそうし》の古朴《こぼく》と主簿《しゅぼ》の王普《おうふ》を率い、食膳を持ち秦宓の宿舎に赴き歓談したが、秦宓が寝ていることはもとのとおりであった。夏侯纂は古朴に尋ねて、「貴州（益州）の生み育てた事物は、まことに他の州とは隔絶している。（ただ）士人は他の州とどうなのかは知らない」と尋ねた。古朴は応えて、「前漢より以来、爵位のある者は、あるいは他の州に及ばないかもしれません。（しかし）著書が世の手本となっていることでは、他の州に負けません。嚴君平《げんくんぺい》が黃帝と老子を見て『老子指歸《ろうししき》』を作り、揚雄《ようゆう》が『周《しゅう》易《えき》』を見て『太玄《たいげん》』を作り、『論語』を見て『法言《ほうげん》』を作り、司馬《しば》相如《しょうじょ》が武帝《ぶてい》のために「封禪《ほうぜん》の文」を制作したことは、今に至るまで天下が共に聞くところです」と言った。夏侯纂は、「仲父はどう思われるか」と尋ねた。秦宓は手板で頰を撃って言った[一]、「どうか明府、仲父という言葉を（わたしのような）つまらない民に用いることはお止めください。（わたしは）明府のために蜀の本紀を述べましょう。蜀には汶阜《ぶんふ》の山（岷山《びんざん》）があり、長江はその中腹から流れ出ておりまして、天帝はそれにより昌《さか》んな運氣を集め、鬼神はそれにより幸福をたてました。このため（蜀は）沃野千里となったのです[二]。淮水・濟水（黃河・長江）などの四瀆《しとく》は、長江をその首《こうべ》としますが、これは蜀の（優れた点の）第一です。禹は石紐《せきちゅう》で生まれましたが、今の汶山《ぶんざん》郡がこれです[三]。むかし堯は洪水にあい、鯀《こん》は治められませんでしたが、禹は長江を通し黃河（の堤）を切って、東方の海に注がせ、民のために害を除きました。人が生まれてより以来、功績で（禹の治水より）先とするものはありませんが、これが蜀の（優れた点の）第二です。天帝は統治を房宿《ぼうしゅく》と心宿《しんしゅく》を見て行い、政策を參《しん》宿《しゅん》と伐宿《ばつしゅく》を見て決します。參宿と伐宿は（地上では）益州の分野にあたります。三皇が祇車《ししゃ》に乗って谷口から出たのは、今の斜谷《やこく》に該当します[四]。これがすなわち鄙州《ひしゅう》の地理です。明府のみやびな御心でこれを論じますと、天下において如何な位置になりましょうか」と言った。ここにおいて夏侯纂は逡巡してまた答えることがなかった。

［裴松之注］

［一］簿は、手版《しゅばん》（朝会の席上で手に持つ笏）である。

［二］『河圖括地象《かとかっちしょう》』に、「岷山《びんざん》の地は、天では東井絡《とうせいらく》である。帝は昌運を集め、神は幸福を建て、（その精氣が）上って天井《てんせい》となる」とある。左思《さし》の「蜀都賦《しょくとのふ》」に、「遠くで岷山の精氣が、上って井絡となる。天地は期を運《めぐ》らして昌運を集め、景福は（群がり飛ぶ）肸蠁《きつきょう》のようにおこる」とある。

［三］『帝王世紀《ていおうせいき》』に曰く、「鯀は有莘氏《ゆうしんし》の娘を娶り（名を）志といった。これが脩己《しゅうき》である。山に上って行くと、流星が昴星《ぼうせい》（スバル）を貫くことを見て、夢で（流星と）交わって感じるところがあり、また神珠を呑んで、胸が裂け折れることを感じて、禹を石紐《せきちゅう》で生んだ」とある。譙周《しょうしゅう》の『蜀本紀《しょくほんぎ》』に、「禹はもと汶《びん》山《ざん》郡廣柔《こうじゅう》縣の人である。石紐で生まれたが、その地は刳兒坪《こじへい》と名づけられている。世帝紀に見える」とある。

［四］『蜀記《しょくき》』に、「三皇《さんこう》は祇車《ししゃ》に乗って谷口《やこく》より出た」とある。まだ秦宓が（何により）知って（谷口を）斜谷《やこく》としたかを詳らかにすることはできない」と。

【原文】

益州辟宓爲從事祭酒。先主既稱尊號、將東征吳。宓陳天時必無其利、坐下獄幽閉、然後貸出。建興二年、丞相亮領益州牧、選宓迎爲別駕。尋拜左中郎將・長水校尉。吳遣使張溫來聘、百官皆往餞焉。衆人皆集而宓未往。亮累遣使促之。溫曰、彼何人也。亮曰、益州學士也。及至、溫問曰、君學乎。宓曰、五尺童子皆學。何必小人。溫復問曰、天有頭乎。宓曰、有之。溫曰、在何方也。宓曰、在西方。詩曰、乃眷西顧。以此推之、頭在西方。溫曰、天有耳乎。宓曰、天處高而聽卑。詩云、鶴鳴于九皐。聲聞于天。若其無耳、何以聽之。溫曰、天有足乎。宓曰、有。詩云、天步艱難、之子不猶。若其無足、何以步之。溫曰、天有姓乎。宓曰、有。溫曰、何姓。宓曰、姓劉。溫曰、何以知之。答曰、天子姓劉、故以此知之。溫曰、日生於東乎。宓曰、雖生于東而沒於西。答問如響、應聲而出。於是溫大敬服。宓之文辯、皆此類也。遷大司農、四年卒。初宓見帝系之文、五帝皆同一族、宓辯其不然之本。又論皇帝王霸[1]（養）〔豢〕龍之說、甚有通理。譙允南少時數往諮訪、紀錄其言於春秋然否論、文多故不載。

〔校勘〕

1．百衲本は「養」につくるが、中華書局本により「豢」に改める。

《訓讀》

益州 宓を辟して從事祭酒と爲す。先主 既に尊號を稱し、將に吳を東征せんとす。宓 天の時 必ずしも其の利無きを陳べ、坐して獄に下し幽閉せられ、然る後に貸《ゆるさ》れて出づ。建興二年、丞相の亮 益州牧を領するや、宓を選び迎へて別駕と爲す。尋いで左中郎將・長水校尉を拜す。吳 使の張溫(一)を遣はし來聘せしめ、百官 皆 餞に往く。衆人皆 集まるも宓 未だ往かず。亮 累ねて使を遣はして之を促す。溫曰く、「彼 何人なるや」。亮曰く、「益州の學士なり」と。至るに及び、溫 問ひて曰く、「君 學びたるか」と。宓曰く、「五尺の童子だに皆 學ぶ。何ぞ必ずしも小人のみならん」と。溫 復た問ひて曰く、「天に頭有りや」と。宓曰く、「之れ有り」と。溫曰く、「何くの方に在るや」と。宓曰く、「西方に在り。詩に曰く(二)、「乃ち眷みて西に顧みる」と。此を以て之を推すに、頭は西方に在り」と。溫曰く、「天に耳有りや」と。宓曰く、「天 高きに處りて卑きに聽く。詩に云ふ(三)、「鶴 九皐に鳴く。聲 天に聞ゆ」と。若し其れ耳無んくば、何を以て之を聽かん」と。溫曰く、「天に足有りや」と。宓曰く、「有り。詩に云ふ(四)、「天の步みは艱難、之の子 猶《はか》らず」と。若し其れ足無んくば、何を以て之に步まん」と。溫曰く、「天に姓有りや」と。宓曰く、「有り」と。溫曰く、「何の姓ぞ」と。宓曰く、「姓は劉なり」と。溫曰く、「何を以て之を知る」と。答へて曰く、「天子の姓は劉なり、故に此れを以て之を知る」と。溫曰く、「日は東に生ぜんや」と。宓曰く、「東に生ずと雖も而るに西に沒す」と。答問 響くが如く、聲に應じて出づ。是に於て溫 大いに敬服す。宓の文辯、皆此の類きなり。大司農(五)に遷り、四年 卒す。初め宓、帝系(六)の文に、五帝は皆 同《とも》に一族たりとあるを見、宓 其の然らざるの本を辨ず。又皇・帝・王・霸、豢龍の說を論じ、甚だ通理有り。譙允南 少き時、數〻往きて諮訪し、其の言を春秋然否論に紀錄せしも、文 多きが故に載せず。

（補注）

（一）張溫は、揚州吳郡吳縣の人。張昭から高く評價され、孫登の太子太傅となった。黃武三（二二四）年、輔義中郎將となり、使者として蜀漢へ赴いた。蜀の秦宓と問答をし、諸葛亮に高く評價された。だが、かつて選曹郎に拔擢した曁艷が、名士の人物評價に基づく人事を行うと、孫權は君主の人事權の侵害と考え、これを自殺させ、張溫も死罪にした（『三國志』卷五十七 張溫傳）。

（二）『詩經』大雅 皇矣に、「乃眷西顧」とあり、同文。

（三）『詩經』小雅 鶴鳴に、「鶴鳴于九皐。聲聞于天」とあり、同文。

（四）『詩經』小雅 白華に、「天歩艱難。之子不猶」とあり、同文。

（五）大司農は、九卿の一つ。秦の治粟內史。前漢の景帝が大農令、武帝が大司農と改めた。国家財政の統括を職掌とする（『漢書』巻十九上 百官公卿表上）。

（六）帝系は、書名。ここでは『大戴禮記』帝系篇を指すか。

［現代語訳］

益州は秦宓を辟召して従事祭酒《じゅうじさいしゅ》となした。（先主は）尊號を称すると、呉を東征しようとした。秦宓は天の時が必ずしも利の無いことを陳べ、獄に幽閉されたが、そののち許されて出た。建興《けんこう》二（二二四）年、丞相の諸葛亮が益州牧を兼ねると、秦宓を抜擢して別駕従事《べつがじゅうじ》とした。ついで左中郎將《さちゅうろうしょう》・長水校尉《ちょうすいこうい》を拝命した。（あるとき）呉は使者の張溫《ちょうおん》を派遣して挨拶をさせ、百官はみな餞別に行った。人びとはみな集まったが秦宓はまだ行かなかった。諸葛亮は何度も使者を出して秦宓を促した。張溫は、「かれはどのような人ですか」と尋ねた。亮は、「益州の學士です」と答えた。（秦宓が）至ると、張溫は尋ねて、「君は学問をしましたか」と尋ねた。秦宓は、「五尺の童子ですらみな学びます。どうして小人《わたし》だけでしょうか」と答えた。溫はまた尋ねて、「天に頭はありますか」と言った。宓は、「あります」と答えた。溫は、「どこの方角でしょう」と尋ねた。宓は、「西方にあります。『詩經』（大雅 皇矣）に、「（天は）ぐるりと西に顧みる」とあります。これにより推測すると、（天の）頭は西方にあります」と答えた。溫は、「天に耳はありますか」と尋ねた。宓は、「天は高いところにあり低いところまで聴きます。『詩經』（小雅 鶴鳴）に、「鶴は九皐《きゅうこう》に鳴く。（その）声は天に聞える」とあります。もし耳が無ければ、どうしてこれを聴けましょう」と答えた。溫は、「天に足はありますか」と尋ねた。宓は、「あります。『詩經』（小雅 白華）に、「天の歩みは艱難で、この子は（それを）はからない」とあります。もし足が無ければ、どうして歩けるでしょう」と。溫は、「天に姓がありますか」と尋ねた。宓は、「あります」と答えた。溫は、「何という姓ですか」と尋ねた。宓は、「姓は劉です」と答えた。溫は、「どうしてそれが分かるのです」と尋ねた。答えて、「天子の姓は劉です、そのためこれによって天子の姓が分かるのです」と言った。溫は、「日は東に生まれますが西に沈みます」と答えた。回答は打てば響くようで、声に合わせて（回答が）出た。このため張溫は大いに敬服した。秦宓の文章と弁論は、みなこのようであった。大司農《だいしのう》に遷り、建興《けんこう》四（二二六）年に卒した。これよりさき秦宓は、「帝系《けいてい》」の文に、五帝はみな共に一族とすることを見て、秦宓はそれがそうではないことを弁じた。また皇・帝・王・霸の説と、豢龍の説とを論じて、たいへん理が通っていた。譙周も若い時、しばしば行って訪問し、その言論を『春秋然否論《しゅんじゅうぜんぴろん》』に記録したが、文章が多いので掲載しない。

【原文】

評曰、許靖夙有名譽、既以篤厚爲稱、又以人物爲意。雖行事・擧動、未悉・允當、蔣濟以爲大較廊廟器也[一]。麋竺・孫乾・簡雍・伊籍、皆雍容風議、見禮於世。秦宓始慕肥犢之高、而無若愚之實。然專對有餘、文藻壯美。可謂一時之才士矣。

［裴松之注］

［一］萬機論論許子將曰、許文休者、大較廊廟器也、而子將貶之。若實不貴之、是不明也。誠令知之、蓋善人也。

《訓読》

評に曰く、「許靖は夙に名譽有り、既に篤厚を以て稱と爲し、又人物を以て意と爲す。行事・擧動は、未だ允當を悉くさずと雖も、蔣濟は以て大較には廊廟の器と爲すなり［一］。麋竺・孫乾・簡雍・伊籍は、皆 雍容に風議し、世に禮せらる。秦宓は始め肥遯の高きを慕ふも、而るに愚の若きの實は無し。然るに專對して餘有り、文藻は壯美なり。一時の才士と謂ふ可きなり」と。

［裴松之注］

［一］萬機論に許子將を論じて曰く、「許文休なる者は、大較には廊廟の器なるも、而るに子將 之を貶むる。若し實に之を貴ばざれば、是れ明らかならざるなり。誠に令《も》し之を知らば、蓋ぞ人を善とせざるか」と。

［現代語訳］

評に、「許靖は早くから名声があり、篤実温厚であると称されており、また人物評価に意を用いた。行動や態度は、すべてが妥当であったとは言えないが、蔣濟《しょうさい》は全体としては国政を担う器であるとした［一］。麋竺・孫乾・簡雍・伊籍は、みな伸び伸びとした態度で諷刺をして、世に禮遇された。秦宓は初め世俗から逃れるの高みを慕ったが、愚人のように振る舞う実態は無かった。しかし（他国の使者に）応対して余裕があり、文章は壮麗であった。当時の才士というべきである」という。

［裴松之注］

［一］（蔣濟の）『萬機論《ばんきろん》』に許劭《きょしょう》を論じて、「許靖は、全体としては国政を担う器であったが、それなのに許劭はこれを貶めた。もし本当にこれを貴ばないのであれば、人を見る目がないのである。本当にもしこれを知っていたのであれば、どうして善人としなかったのであろうか」と言っている。

【原文】

董劉馬陳董呂傳第九　蜀書　國志三十九

董和傳

董和字幼宰、南郡枝江人也。其先本巴郡江州人。漢末、和率宗族西遷、益州牧劉璋、以爲牛鞞音髀・江原長、成都令。蜀土富實、時俗奢侈。貨殖之家、侯服・玉食、婚姻・葬送、傾家竭產。和躬率以儉、惡衣・蔬食、防遏踰僭。爲之軌制、所在皆移風變善、畏而不犯。然縣界豪彊、憚和嚴法、說璋轉和爲巴東屬國都尉。吏民老弱相攜、乞留和者數千人。璋聽留二年、還遷益州太守、其清約如前。與蠻夷從事、務推誠心。南土愛而信之。

《訓読》

董劉馬陳董呂傳第九　蜀書　國志三十九

董和傳

董和 字は幼宰、南郡枝江の人なり。其の先は本と巴郡江州の人なり。漢の末、和 宗族を率ゐて西遷し、益州牧の劉璋、以て牛鞞〔音は髀〕・江原の長、成都の令と爲す。蜀土は富實なれば、時に俗 奢侈なり。貨殖の家、侯服・玉食し、婚姻・葬送は、家を傾け產を竭くす。和 躬ら率ゐるに儉を以てし、惡衣・蔬食し、踰僭を防遏す。之が軌制を爲《つく》り、所在は皆 風を移し善に變り、畏れて犯さず。然るに縣界の豪彊、和の嚴法を憚り、璋に說きて和を轉じて巴東屬國都尉と爲さしむ。吏民の老弱 相 攜へて、和を留めんことを乞ふ者 數千人なり。璋 留むるを聽すこと二年、還りて益州太守に遷り、其の清約なること前の如し。蠻夷と與に事に從ひ、務めて誠心を推す。南土 愛して之を信ず。

〔現代語訳〕

董劉馬陳董呂傳第九　蜀書　國志三十九

董和傳

董和《とうわ》は字を幼宰《ようさい》といい、荊州南郡枝江縣《けいしゅうなんぐんぎこうけん》の人である。その先祖はもと益州巴郡江州縣《えきしゅうはぐんこうしゅうけん》の人であった。後漢の末、董和は宗族を率いて西に遷り、益州牧の劉璋は、董和を牛鞞《ぎゅうひ》〔音は髀〕・江原《こうげん》の縣長、成《せい》都《と》の縣令とした。蜀の地方は富み豊かなので、そのとき風俗は奢侈であった。財産家は、諸侯の服を着て玉のような（贅沢な）食事をし、婚姻や葬送は、家を傾け財産を尽くすほどであった。董和は自ら率先して節倹につとめ、粗衣粗食し、僭越な儀礼を禁止した。民のために規制をつくり、至る所で風俗を改め正しい方向に変え、（その威を）恐れて規制を犯させなかった。しかし縣境に住む豪族は、董和の厳しい法を憚り、劉璋に進言して董和を転任させ巴東屬國都尉《はとうぞっこくとい》とさせた。（成都の）吏民は老弱連れ立って、董和を留めて欲しいと乞い（それは）数千人に及んだ。劉璋は（成都令の）留任を二年間許した。（董和は州府に）戻って（そののち）益州太守《えきしゅうたいしゅ》に遷ったが、清約であることは以前のようであった。蠻夷《ばんい》と協力しながら仕事をし、誠意を貫くことにつとめた。南土は愛して董和を信じた。

【原文】

先主定蜀、徵和爲掌軍中郎將、與軍師將軍諸葛亮、並署左將軍・大司馬府事。獻可替否、共爲歡交。自和居官食祿、外牧殊域、内幹機衡、二十餘年、死之日、家無儋石之財。亮後爲丞相、敎與羣下曰、夫參署者、集衆思廣忠益也。若遠小嫌、難相違覆、曠闕損矣。違覆而得中、猶棄弊蹻而獲珠玉。然人心苦不能盡。惟徐元直處茲不惑、又董幼宰參署七年、事有不至、至于十反、來相啟告。苟能慕元直之十一、幼宰之殷勤、有忠於國、則亮可少過矣。又曰、昔初交州平、屢聞得失、後交元直、勤見啟誨。前參事於幼宰、每言則盡、後從事於偉度、數有諫止。雖姿性鄙暗、不能悉納、然與此四子終始好合。亦足以明其不疑於直言也。其追思和如此[一]。

[裴松之注]

[一]偉度者、姓胡、名濟、義陽人。爲亮主簿、有忠蓋之效、故見褒述。亮卒、爲中典軍、統諸軍、封成陽亭侯。遷中監軍・前將軍、督漢中、假節、領兗州刺史、至右驃騎將軍。濟弟博、歷長水校尉、尙書。

《訓読》

先主 蜀を定むるや、和を徴して掌軍中郎將(一)と爲し、軍師將軍の諸葛亮と與に、左將軍・大司馬の府事を並署せしむ。可を獻じ否を替《す》て、共に歡交を爲す。和 官に居り祿を食《は》みしより、外は殊域を牧し、内は機衡を幹すること、二十餘年なるも、死するの日、家に儋石の財無し。亮 後に丞相と爲り、敎を羣下に與へて曰く、「夫れ參署なる者は、衆思を集め忠益を廣むるものなり。若し小嫌に遠《さ》りて、相違覆するを難ずれば、曠闕は損す。違覆して中を得るは、猶ほ弊蹻を棄てて珠玉を獲るがごとし。然れども人の心 盡くす能はざるに苦しむ。惟だ徐元直は茲に處して惑はず、又 董幼宰は參署すること七年、事の至らざる有らば、十反に至り、來たりて相 啟告す。苟くも能く元直の十一、幼宰の殷勤を慕ひ、忠を國に有《たも》たば、則ち亮 過つこと少なかる可し」と。又 曰く、「昔 初めて州平と交はり、屢〻得失を聞き、後に元直と交はり、勤めて啟誨せらる。前に事を幼宰に參《はか》るに、言ふ每に則ち盡くし、後に事を偉度に從ふに、數〻諫止有り。姿性 鄙暗なれば、悉くは納るる能はずと雖も、然れども此の四子と與に終始好く合《かな》へり。亦た以て其の直言に疑はざるを明らかにするに足るなり」と。其の和を追思すること此の如し[一]。

[裴松之注]

[一]偉度なる者は、姓は胡、名は濟、義陽の人なり。亮の主簿と爲り、忠蓋の效有り、故に褒述せらる。亮 卒するや、中典軍(二)と爲り、諸軍を統べ、成陽亭侯に封ぜらる。中監軍・前將軍に遷り、漢中を督し、假節し、兗州刺史を領し、右驃騎將軍に至る。濟の弟たる博、長水校尉、尙書を歷す。

（補注）

（一）掌軍中郎將は、官名。雜号中郎將の一つ。

（二）中典軍は、官名。行官の一つ。蜀漢には、「都護—軍師—監軍—領軍—護軍—典軍—參軍」の序列をもつ官職群が存在したことについては、石井仁「呉・蜀の都督制度とその周辺」（『三国志研究』一、二〇〇六年）を參照。

［現代語訳］

先主は蜀を平定すると、董和を徴召して掌軍中郎將《しょうぐんちゅうろうしょう》となし、軍《ぐん》師《し》將軍の諸葛亮と共に、左將軍・大司馬《だいしば》の府事を共に統轄させた。（董和は）可（とすべき政策）を提案し否（とすべき政策）を破棄して、共によく交わった。董和は官に就き祿を食《は》んでから、外は異民族の居住地域を治め、内は機密を主幹すること、二十年余りであったが、亡くなった日に、家にわずかな財産もなかった。諸葛亮は後に丞相となり、教（書）を配下に与えて、「そもそも共に政策に関わることは、多くの思いを集めて忠のための益を広めるためである。もしわずかな違いに疎遠になり、互いに（意見を）ひっくり返しあうことを嫌がれば、視野の狭さを広めることは損われる。異なる意見をひっくり返して適切な政策を得ることは、たとえば破れた草履を棄てて珠玉を得るようなものである。しかしながら人の心は（意見を交わし）尽くすことができないことに苦しむ。ただ徐元直《じょげんちょく》（徐庶）はこれに対処して惑わず、また董幼宰《とうようさい》（董和）は（共に）參署すること七年、事案（の検討）に至らないことがあれば、十回であっても、やって来て互いに議論を重ねた。せめて元直の十分の一、幼宰の殷勤なさまを慕い、忠を国に尽くし続けることができれば、亮《わたし》も間違えることは少なくなるであろう」といった。また、「むかし初めて崔州平《さいしゅうへい》と交はり、しばしば得失を聞き、後に徐元直と交はり、慎んで教えを受けた。先に仕事を董幼宰に相談すると、言うたびにすべてを述べ、後に仕事を胡偉度《こいど》（胡濟）と従事すると、しばしば諫止を受けた。（亮《わたし》の）資質は暗愚であるので、すべてを受け入れることはできなかったが、それでもこの四人とは終始うまくいった。これもやはりかれらの直言して疑わなかったことを証明するに足りるものである」といった。諸葛亮が董和を追思することはこのようであった［一］。

［裴松之注］

［一］偉度《いど》というものは、姓は胡《こ》、名は濟《せい》、義陽《ぎよう》郡の人である。諸葛《しょかつ》亮《りょう》の主簿《しゅぼ》となり、忠誠を尽くした功績があり、このために褒め述べられている。諸葛亮が卒すると、中典軍《ちゅうてんぐん》となり、諸軍を統べ、成陽亭侯《せいようていこう》に封建された。中監軍《ちゅうかんぐん》・前將軍《ぜんしょうぐん》に遷り、漢中《かんちゅう》の都督となり、假節《かせつ》し、兗州刺史《えんしゅうしし》を兼ね、右驃騎《ゆうひょうき》將軍に至った。胡濟の弟である胡博《こはく》は、長水校尉《ちょうすいこうい》、尚書《しょうしょ》を歴任した。

【原文】

劉巴傳

劉巴字子初、零陵烝陽人也。少知名［一］。荊州牧劉表連辟、及擧茂才、皆不就。表卒、曹公征荊州。先主奔江南、荊・楚羣士、從之如雲、而巴北詣曹公。曹公辟爲掾、使招納長沙・零陵・桂陽［二］。會先主略有三郡、巴不得反使、遂遠適交阯［三］。先主深以爲恨。

［裴松之注］

［一］零陵先賢傳曰、巴祖父曜、蒼梧太守。父祥、江夏太守・盪寇將軍。時孫堅擧兵討董卓、以南陽太守張咨不給軍糧、殺之。祥與同心、南陽士民由此怨祥、擧兵攻之、與戰、敗亡。劉表亦素不善祥、拘巴、欲殺之。數遣祥故所親信人、密詐謂巴曰、劉牧欲相危害、可相隨逃之。如此再三、巴輒不應。具以報表、表乃不殺巴。年十八、郡署戶曹史主記主簿。劉先[1]（主）欲遣周不疑就巴學。巴答曰、昔游荊北、時涉師門、記問之學、不足紀名。內無楊朱守

靜之術、外無墨翟務時之風。猶天之南箕、虛而不用。賜書乃欲令賢甥摧鸞鳳之豔、遊燕雀之宇。將何以啟明之哉。愧於有若無、實若虛。何以堪之。

[二] 零陵先賢傳曰、曹公敗於烏林、還北時、欲遣桓階、階辭不如巴。巴謂曹公曰、劉備據荊州、不可也。公曰、備如相圖、孤以六軍繼之也。

[三] 零陵先賢傳云、巴往零陵、事不成、欲游交州、道還京師。時諸葛亮在臨烝。巴與亮書曰、乘危歷險、到值思義之民、自與之衆、承天之心、順物之性、非余身謀所能勸動。若道窮數盡、將託命於滄海、不復顧荊州矣。亮追謂曰、劉公雄才蓋世、據有荊土、莫不歸德。天人去就、已可知矣。足下欲何之。巴曰、受命而來、不成當還。此其宜也。足下何言邪。

〔校勘〕

1. 中華書局本により「主」の一字を省く。

《訓読》

劉巴傳

劉巴 字は子初、零陵烝陽の人なり。少くして名を知らる[一]。荊州牧の劉表 連辟し、及び茂才に擧ぐるも、皆 就かず。表 卒し、曹公 荊州を征す。先主 江南に奔り、荊・楚の羣士、之に從ふこと雲の如きも、而るに巴 北のかた曹公に詣る。曹公 辟して掾と爲し、長沙・零陵・桂陽を招納せしむ[二]。會〻先主 略して三郡を有《たも》ち、巴 使するも反《かへ》るを得ず、遂に遠く交阯に適《ゆ》く[三]。先主 深く以て恨みと爲す。

〔裴松之注〕

[一] 零陵先賢傳に曰く、「巴の祖父たる曜(一)は、蒼梧太守なり。父の祥(二)は、江夏太守・盪寇將軍なり。時に孫堅 兵を擧げ董卓を討ち、南陽太守の張咨 軍糧を給せざるを以て、之を殺す。祥 與《とも》に心を同にせば、南陽の士民 此れに由り祥を怨み、兵を擧げ之を攻め、與に戰ひ、敗れて亡《し》す。劉表も亦た素より祥と善からざれば、巴を拘へ、之を殺さんと欲す。數〻祥が故の親信する所の人を遣はして、密かに詐りて巴に謂ひて曰く、「劉牧 相 危害せんと欲さば、相 隨ひて之より逃ぐ可し」と。此の如きこと再三なるも、巴 輒ち應ぜず。具さに以て表に報ぜば、表 乃ち巴を殺さず。年 十八、郡 戶曹史主記(三)主簿に署す。劉先 周不(四)疑を遣して巴に學に就かせんと欲す。巴 答へて曰く、「昔 荊北に游び、時に師門を涉るも、記問の學(五)にして、名を紀すに足らず。內に楊朱(六)の守靜の術無く、外に墨(七)翟の務時の風無し。猶ほ天の南の箕(八)、虛にして用ひざるがごとし。賜はりし書には乃ち賢甥の鸞鳳の豔を摧き、燕雀の宇に遊ばしめんと欲すと。將《は》た何を以て之を啟明せんや。有れども無きが若く、實つれども虛の若(九)きを愧づ。何を以て之に堪へん」と」と。

[二] 零陵先賢傳に曰く、「曹公 烏林に敗れ、北に還る時、桓階(一〇)を遣はさんと欲するも、階 辭するに巴に如かずとす。巴 曹公に謂ひて曰く、「劉備 荊州に據る、可ならざるなり」と。公曰く、「備 如し相 圖らば、孤 六軍を以て之に繼がん」と」と。

[三] 零陵先賢傳に云ふ、「巴 零陵に往くも、事 成らず、交州に游び、道りて京師に還らんと欲す。時に諸葛亮 臨烝に在り。巴亮に書を與へて曰く、「危に乘じ險を歷し、思義の民、自ら與《くみ》するの衆に値ふに到り、承天の心、順物の性、余が身の謀る所に能く

勸動せしむるに非ず。若し道は窮まり數は盡くれば、將に命を滄海に託し、復た荊州を顧ず」と。亮 追ひ謂ひて曰く、「劉公の雄才 世を蓋ひ、荊土を據有し、德に歸せざるは莫し。天人の去就、已にして知る可し。足下 何《いづこ》に之《ゆ》かんと欲せんか」と。巴曰く、「命を受けて來り、成らざれば當に還るべし。此れ其の宜なり。足下 何をか言はんや」と。

（補注）

（一）曜は、劉曜。劉巴の祖父。官は蒼梧太守に至った（『三國志』巻三十九 劉巴傳注引『零陵先賢傳』）。

（二）祥は、劉祥。劉巴の父。官は江夏太守・盪寇將軍に至った（『三國志』巻三十九 劉巴傳注引『零陵先賢傳』）。

（三）『三国志集解』に引く陳浩は、「主記」は「主計」ではないかと述べている。

（四）周不疑は、字を元直、あるいは文直。零陵郡重安縣の人。劉先の甥。建安九（二〇四）年、曹操は天才との評判を聞き面会し、自分の娘を嫁がせようとした、不疑は辞退した。曹操は、息子の曹沖とよい仲間だと思っていたが、曹沖が死ぬと不疑が疎ましくなり、刺客に殺させた。時に十七歳であった（『三國志』巻六 劉表傳注引『零陵先賢傳』）。

（五）記問の學は、質問を予想して答えを記憶する学問。『禮記』學記に、「記問之學、不足以爲人師」とある。

（六）楊朱は、『列子』巻七 楊子引注『釋文』によれば、字は子居。墨翟よりもやや後の人物で、「愛己（個人主義）」を説き、墨家の説と天下を二分したという。『列子』巻七は、楊朱に仮託した諸説が収録されている。

（七）墨翟は、墨子。墨家の祖。『史記』巻七十四 孟子荀卿列傳は、宋の大夫であるとし、また孔子の時の人とも、その後の人ともするが、実在は不詳。その思想は『墨子』に集約されている。

（八）箕は、二十八宿の一つ。大崎正次『中国の星座の歴史』（雄山閣出版、一九八七年）によれば、距星は、射手座γ星。

（九）『論語』泰伯篇に、「曾子曰、以能問於不能、以多問於寡、有若無、實若虛、犯而不校。昔者吾友嘗從事於斯矣」とあり、同文。

（一〇）桓階は、字を伯諸といい、荊州長沙郡臨湘縣の人。曹操が荊州を支配すると、丞相掾主簿、趙郡太守となり、魏王になると、虎賁中郎將、侍中に昇った。曹植を寵愛する曹操に、曹丕を後継とすることを進言、文帝期に尙書令・高鄕侯となり、太常として卒した（『三國志』巻二十二 桓階傳）。

［現代語訳］

劉巴傳

劉巴《りゅうは》は字を子初《ししょ》といい、荊州零陵《けいしゅうれいりょう》郡烝陽《じょうよう》縣の人である。若いころから名を知られた［一］。荊州牧《けいしゅうぼく》の劉表《りゅうひょう》は何度も辟召《へきしょう》し、州の茂才《もさい》にも挙げたが、みな就かなかった。劉表が卒し、曹公が荊州に遠征した。先主が江南に奔ると、荊《けい》・楚《そ》の群士で、先主に従う者は雲のように多かったが、だが劉巴は北に向かって曹公に帰参した。曹公は辟召して（丞相府の）掾《えん》となし、長沙《ちょうさ》郡・零陵《れいりょう》郡・桂陽《けいよう》郡を招撫させた［二］。たまたま先主が三郡を攻略したので、劉巴は使命を報告に戻れず、かくて遠く交阯《こうし》郡に行った［三］。先主は深くこれを恨みとした。

［裴松之注］

［一］『零陵先賢傳《れいりょうせんけんでん》』に、「劉巴の祖父である劉曜《りゅうよう》は、蒼梧《そうご》太守であった。父の劉祥《りゅうしょう》は、江夏《こうか》太守・盪寇《とうこう》將軍であった。そのころ孫堅《そんけん》は兵を挙げて董卓《とうたく》を討ち、南陽《なんよう》太守の張咨《ちょうし》が軍糧を供給しなかったので、これを殺した。劉祥は（孫堅と）心を共にしていたので、南陽郡の士民はこれにより劉祥を怨み、兵を挙げてこれを攻め、（劉祥は）戦って、敗れて死んだ。劉表《りゅうひょう》もまた平素から劉祥と良くなかったので、劉巴を捕らえ、これを殺そうと考えた。しばしばむかし（劉祥が）親任していた人を派遣して、秘かに詐って劉巴に言って、「荊州牧《けいしゅうぼく》の劉表は（あなたに）危害を加えようとしているので、わたしと共にこれより逃げましょう」とした。このようなことを再三したが、劉巴はそのたびに応じなかった。詳細にそれを劉表に報告すると、劉表はようやく劉巴を殺さないことにした。十八歳のとき、零陵郡が戸曹史《こそうし》主記《しゅき》主簿《しゅぼ》に任命した。劉先《りゅうせん》は周不疑《しゅうふぎ》をやって劉巴に学問を修めさせようとした。劉巴は答えて、「むかし荊北に遊学し、その時には師門を渉りあるきましたが、（わたしの学問は）記問の學で、名前を書くにも不十分なものです。内に楊朱《ようしゅ》の静を守るの術もなく、外に墨《ぼく》翟《てき》の時務に応じる風もありません。あたかも天の南方にある箕《き》宿《しゅく》が、虚であって（箕《みの》として）用いることのできないようなものです。いただいた書簡にはなんと賢甥の鸞《らん》や鳳《ほう》のような美質を砕き、燕や雀のようなわたしの家に遊学させたいとございました。さてどのようにこれを啓発することができましょうか。（『論語』の）有るけれど無いように、実《み》ちているのに虚のようであるという言葉に恥じるばかりです。どうしてこれに堪えましようか」といった」とある。

［二］『零陵先賢傳』に、「曹公が烏林《うりん》に敗れ、北に帰るとき、桓階《かんかい》を（荊州南部に）派遣しようとしたが、桓階は劉巴には及びませんと辞退した。劉巴は曹公に言って、「劉備が荊州を拠点としています、（荊州を図ることは）よろしくないでしょう」とした。曹公は、「劉備が何か図れば、孤《わたし》は（天子の）六軍《りくぐん》を率いて君に続こう」といった」とある。

［三］『零陵先賢傳』に、「劉巴は（故郷の）零陵郡に行ったが、（曹操の味方をさせる）事は成らず、交州《こうしゅう》に行こうとしたが、途中で京師《けいし》に向かった。そのとき諸葛亮は臨烝《りんじょう》縣にいた。劉巴は諸葛亮に書簡を与えて、「危機にあい危険を侵しましたが、（曹公への）義を思い、自分から味方してくれる者たちに出会うにいたり、天を承《う》ける心、物に順う性は、我が身の望むところに都合よく動かせないことを知りました。もし道が窮まり命数が尽きれば、命を海に託して、二度と荊州を顧ることはありません」といった。諸葛亮は追いかけて言って、「劉公（劉備）の雄才は世を覆い、荊州を保有し、その徳に帰さない者はありません。天と人の去就は、すでに知ることができます。足下はどこに行かれようというのですか（荊州で劉公に仕えませんか）」とした。劉巴は、「命令を受けて来て、成らなければ帰るべきです。それが正しいことです。足下は何をおっしゃるのでしょう」といった」とある。

【原文】

巴復從交阯至蜀［一］。俄而先主定益州。巴辭謝罪負、先主不責［二］。而諸葛孔明數稱薦之、先主辟爲左將軍西曹掾[三]。建安二十四年、先主爲漢中王、巴爲尙書。後代法正爲尙書令。躬履清儉、不治產業。又自以歸附非素、懼見猜嫌、恭默守靜、退無私交、非公事不言[四]。先主稱尊號、昭告于皇天上帝・后土神祇、凡諸文誥策命、皆巴所作也。章武二年卒。卒後、魏尙書僕射陳羣、與丞相諸葛亮書、問巴消息、稱曰劉君子初、甚敬重焉[五]。

[裴松之注]

[一] 零陵先賢傳曰、巴入交阯、更姓爲張。與交阯太守士燮計議不合、乃由牂牁道去。爲益州郡所拘留、太守欲殺之。主簿曰、此非常人、不可殺也。主簿請自送至州。見益州牧劉璋。璋父焉、昔爲巴父祥所舉孝廉、見巴驚喜、每大事輒以咨訪。臣松之案、劉焉在漢靈帝時、已經宗正・太常、出爲益州牧。祥始以孫堅作長沙時、爲江夏太守。不得舉焉爲孝廉、明也。

[二] 零陵先賢傳曰、璋遣法正迎劉備。巴諫曰、備、雄人也。入必爲害。不可內也。既入、巴復諫曰、若使備討張魯、是放虎於山林也。璋不聽。巴閉門稱疾。備攻成都、令軍中曰、其有害巴者、誅及三族。及得巴、甚喜。

[三] 零陵先賢傳曰、張飛嘗就巴宿、巴不與語、飛遂忿恚。諸葛亮謂巴曰、張飛雖實武人、敬慕足下。主公今方收合文武、以定大事。足下雖天素高亮、宜少降意也。巴曰、大丈夫處世、當交四海英雄。如何與兵子共語乎。備聞之、怒曰、孤欲定天下、而子初專亂之。其欲還北、假道於此。豈欲成孤事邪。備又曰、子初才智絕人。如孤可任用之、非孤者難獨任也。亮亦曰、運籌策於帷幄之中、吾不如子初遠矣。若提枹鼓、會軍門、使百姓喜勇、當與人議之耳。初攻劉璋、備與士衆約、若事定、府庫百物、孤無預焉。及拔成都、士衆皆捨干戈、赴諸藏競取寶物。軍用不足、備甚憂之。巴曰、易耳、但當鑄直百錢、平諸物賈、令吏爲官市。備從之。數月之間、府庫充實。

[四] 零陵先賢傳曰、是時、中夏人情未一。聞備在蜀、四方延頸。而備銳意欲即眞。巴以爲、如此示天下不廣。且欲緩之。與主簿雍茂諫備。備以他事殺茂。由是遠人不復至矣。

[五] 零陵先賢傳曰、輔吳將軍張昭、嘗對孫權論巴褊狷、不當拒張飛、太甚。權曰、若令子初隨世沈浮、容悅玄德、交非其人、何足稱爲高士乎。

《訓読》

巴 復た交阯より蜀に至る[一]。俄かにして先主 益州を定む。巴 罪負を辭謝するに、先主 責めず[二]。而も諸葛孔明 數〻稱して之を薦むれば、先主 辟して左將軍西曹掾（一）と爲す[三]。建安二十四年、先主 漢中王と爲り、巴は尙書と爲る。後に法正に代はりて尙書令と爲る。躬づから清儉を履み、產業を治めず。又 自ら歸附するに素に非ざるを以て、猜嫌せらるを懼れ、恭默して靜を守り、退きて私交する無く、公事に非ざれば言はず[四]。先主 尊號を稱し、昭らかに皇天上帝（二）・后土神祇（三）に告ぐるに、凡そ諸〻の文誥策命は、皆 巴の作る所なり。章武二年に卒す。卒せし後、魏の尙書僕射たる陳羣、丞相の諸葛亮に書を與へ、巴の消息を問ひ、稱して劉君子初と曰ひ、甚だ焉を敬重す[五]。

[裴松之注]

［一］零陵先賢傳に曰く、「巴 交阯に入るや、姓を更めて張と爲す。交阯太守の士燮と計議 合はず、乃ち牂牁道より去る。益州郡の拘留する所と爲り、太守 之を殺さんと欲す。主簿曰く、「此れ非常の人、殺す可からざるなり」と。主簿 請ひて自ら送りて州に至る。益州牧の劉璋に見ゆ。璋の父たる焉、昔 巴の父たる祥の擧ぐる所の孝廉爲れば、巴を見て驚き喜び、大事の毎に輒ち以て咨訪す」と。臣松之 案ずるに、劉焉 漢の靈帝の時に在りて、已に宗正・太常を經、出でて益州牧と爲る。祥 始めて孫堅の長沙と作る時を以て、江夏太守と爲る。焉を擧げ孝廉と爲すを得ざること、明らかなり。

［二］零陵先賢傳に曰く、「璋 法正を遣はして劉備を迎へしむ。巴 諫めて曰く、「備は、雄人なり。入らば必ず害と爲らん。內《い》れる可からざるなり」と。既に入るや、巴 復た諫めて曰く、「若し備をして張魯を討たしむれば、是れ虎を山林に放つがごときなり」と。璋 聽かず。巴 門を閉ぢて疾と稱す。備 成都を攻むるに、軍中に令して曰く、「其れ巴を害する者有らば、誅は三族に及ばん」と。巴を得るに及び、甚だ喜ぶ」と。

［三］零陵先賢傳に曰く、「張飛 嘗て巴の宿に就くも、巴 與に語らず。飛 遂に忿恚す。諸葛亮 巴に謂ひて曰く、「張飛は實に武人と雖も、足下を敬慕す。主公 今 方に文武を收合して、以て大事を定めんとす。足下 天素高亮と雖も、宜しく少しく意を降すべきなり」と。巴曰く、「大丈夫 世に處らば、當に四海の英雄と交はるべし。如何ぞ兵子と與に共に語らんや」と。備 之を聞き怒りて曰く、「孤 天下を定めんと欲するも、而るに子初 專ら之を亂す。其れ北に還らんと欲して、道を此に假りるか。豈に孤の事を成さんと欲するや」と。備 又 曰く、「子初の才智 人に絕す。孤の如きは之を任用す可きも、孤に非ざる者は獨り任じ難きなり」と。亮も亦た曰く、「籌策を帷幄の中に運らすは、吾 子初に如かざること遠し。枹鼓を提げ、軍門に會し、百姓をして喜勇せしむが若きは、當に人と與に之を議すべきのみ」と。初め劉璋を攻むるに、備 士衆と約し、若し事 定まれば、府庫の百物、孤 焉に預ること無しと。成都を拔くに及び、士衆 皆 干戈を捨て、諸藏に赴き競ひて寶物を取る。軍用 足らず、備 甚だ之を憂ふ。巴曰く、「易きのみ、但だ當に直百錢（四）を鑄て、諸々の物賈を平らかにし、吏に令して官市を爲《つく》らん」と。備 之に從ふ。數月の間、府庫 充實す」と。

［四］零陵先賢傳に曰く、「是の時、中夏の人情 未だ一ならず。備の蜀に在るを聞きて、四方 頸を延ばす。而るに備は意を銳《と》ぎて眞に卽かんと欲す。巴 以爲へらく、此の如くんば天下に廣からざるを示す。且《しばら》く之を緩めんと欲すと。主簿の雍茂（五）と與に備を諫む。備 他事を以て茂を殺す。是れより遠人 復た至らず」と。

［五］零陵先賢傳に曰く、「輔吳將軍の張昭（六）、嘗て孫權に對して巴の褊狷を論じ、當に張飛を拒むべからず、太《はなは》だ甚しとす。權曰く、「若し子初をして世の沈浮に隨ひ、悅を玄德に容れ、其の人に非ざると交はらしめば、何ぞ稱して高士と爲すに足らんや」と」と。

（補注）

（一）西曹掾は、官名。後漢では三公府に置かれた。官秩は比四百石で、軍府の人事を管掌する（『後漢書』志二十四 百官一 太尉）。

（二）皇天上帝は、昊天上帝のこと。単に上帝ともいう。万物の上に位置してこれを主宰し、つねに公平無私の心で下民の行為をつまびらかにし、これに禍福を下す宇宙の最高神。初出は、『詩經』大雅 雲漢であり、鄭玄は昊天を「天の大號」と述べる。福永光司「昊天上帝と天皇大帝と元始天尊―儒教の最高神と道教の最高神」（『中哲文学会報』二、一九七六年、『道教思想史研究』岩波書店、一九八七年に所収）を参照。

（三）后土神祇は、皇地祇のこと、単に地祇ともいう。昊天上帝に対応する地の最高神。皇天上帝の祭祀が国都の南の郊外（南郊）で行われることに対して、国都の北の郊外（北郊）で祭られた。歴代、天を祭る南郊ほど重視されず、後漢ではしばしば廃絶した。

（四）直百銭は、通行していた五銖錢百枚分の価値を持つことにされた貨幣。

（五）雍茂は、主簿。ここ以外に記録がなく詳細は不明。

（六）輔呉將軍は、官名。雑号將軍号の一つ。

［現代語訳］

劉巴はまた交阯郡《こうしぐん》から蜀に至った［一］。にわかに先主が益州を平定した。劉巴が（これまでの）罪を陳謝すると、先主は責めなかった［二］。しかも諸葛孔明がしばしば称《たた》えて劉巴を推薦したので、先主は辟召《へきしょう》して左將軍西曹掾《せいそうえん》とした［三］。建安二十四（二一九）年、先主が漢中王になると、劉巴は尚書《しょうしょ》となった。後に法正《ほうせい》に代わって尚書《しょうしょ》令《れい》となった。みずから清倹な暮らしをし、田畑を買い財産を増やそうとしなかった。また自分が帰順したのが素志ではなかったので、嫉み疑われることを恐れて、慎み黙って静を守り、退いても私的な交際をせず、公事でなければ発言しなかった［四］。先主が尊号を称して、明らかに皇天上帝《こうてんじょうてい》・后土神祇《こうどしんぎ》に（即位を）告げる際に、それらの文誥《ぶんこう》策命《さくめい》（天に捧げる文章）は、みな劉巴が作文した。章武《しょうぶ》二（二二二）年に卒した。卒した後、魏の尚書僕射《しょうしょぼくや》である陳羣《ちんぐん》が、丞相の諸葛亮に書簡を与え、劉巴の消息を尋ねたが、（劉巴を）称して劉君《りゅうくん》子初《ししょ》といって、たいへんこれを敬重した［五］。

［裴松之注］

［一］『零陵先賢傳』に、「劉巴は交阯《こうし》郡に入ると、姓を改めて張とした。交阯太守の士燮《ししょう》と意見が合わず、そこで牂牁《そうか》道《どう》より去った。（劉巴は）益州郡に捕らえられ、益州太守はこれを殺そうとした。主簿《しゅぼ》が、「これは非常の人です、殺してはなりません」といった。主簿は願い出て自ら送って州府に至った。益州牧の劉《りゅう》璋《しょう》にあった。劉璋の父である劉焉《りゅうえん》は、むかし劉巴の父である劉祥《りゅうしょう》が挙げた孝廉《こうれん》であったので、劉巴を見て驚き喜び、大事のたびごとに諮問した」とある。臣《わたくし》裴松之が考えますに、劉焉は漢の靈帝《れいてい》の時に、すでに宗正《そうせい》・太常《たいじょう》を経て、出て益州牧となりました。劉祥は始めて孫堅《そんけん》が長沙《ちょうさ》太守となった時に、江夏《こうか》太守となっています。劉焉を挙げて孝廉とすることができないことは、明らかです。

［二］『零陵先賢傳』に、「劉璋は法正を派遣して劉備を迎えさせた。劉巴は諫めて、「劉備は、英雄です。（益州に）入れば必ず害となります。入れるべきではありません」といった。すでに入ると、劉巴はまた諫めて、「もし劉備に張魯を討たせれば、これは虎を山林に放つようなものです」といった。劉璋は聴かなかった。劉巴は門を閉じて病気と称した。劉備は成都《せいと》を攻める際に、軍中に命令して、「劉巴を害する者があれば、誅殺は三族に及ぼう」とした。劉巴を得るに及び、（劉備は）たいへん喜んだ」と

ある。

[三]『零陵先賢傳』に、「張飛はかつて劉巴の宿に行ったが、劉巴は共に語らなかった。張飛はこのため激怒した。諸葛亮は劉巴に言って、「張飛はまことに武人ですが、足下《あなた》を敬慕しています。主公は今まさに文武を糾合して、大事を定めようとしております。足下は高い天分をお持ちとはいえ、どうか少しは意を降してください」とした。劉巴は、「大丈夫は世にあって、四海の英雄と交わるべきである。どうして兵子と共に語ることができようか」といった。劉備はこれを聞き怒って、「孤《わたし》が天下を定めようと思うと、子初《ししょ》はいつもこれを乱す。そもそも北に帰ろうと考えて、道をここに仮りているのか。どうして孤の大事を成そうとはしないのか」といった。劉備はまた、「子初の才智は人と隔絶している。孤《わたし》のようなものはこれを任じ用いられるが、孤でなければまかせて任ずることは難しい」といった。諸葛亮もまた、「籌策《ちゅうさく》を帷幄《いあく》の中に運《めぐ》らすことは、吾は子初より劣ること遠い。枹《ばち》と鼓《たいこ》を提《さ》げ、軍門に呼び集め、人々を喜び勇しくさせるようなことであれば、人と共にこれを議論できるのだが」といった。これよりさき劉璋を攻めるときに、劉備は兵士と約束して、もし事が定まれば、府庫のすべての物について、孤《わたし》は関与することはないとした。成都が陥落すると、兵士はみな武器を棄てて、多くの蔵に赴き競って宝物を取った。軍用が足らずに、劉備はたいへんこれを憂えた。劉巴は、「簡単なことです、ただ直《ちょく》百錢《ひゃくせん》を鋳造して、物価を安定させ、官吏に命じて官の市場を作りましょう」といった。劉備はこれに従った。数月のうちに、府庫は充実した」とある。

[四]『零陵先賢傳』に、「このとき、中華の人情はまだ一つではなかった。劉備が蜀にあると聞いて、四方は（劉備が来ることを）待ち望んだ。しかし劉備は（後漢を輔けることではなく）もっぱら皇帝に即位することを望んでいた。劉巴が思うには、このようでは天下に（劉備の器が）広くないことを示してしまう。しばらくこれを緩めようと考えた。（そこで）主簿《しゅぼ》の雍茂《ようぼ》と共に劉備を諫めた。劉備は他事に託《かこ》つけて雍茂を殺した。これより遠方の人はまた至らなくなった」とある。

[五]『零陵先賢傳』に、「輔呉将軍の張昭《ちょうしょう》は、かつて孫権に対して劉巴の狭量を論じ、張飛を拒むべきではない、たいへん甚しいとした。孫権は、「もし子初が世の浮き沈みに随い、玄徳の気にいるようにつとめ、人物ではない者と交われば、どうして高士と称するに足りるであろうか」と言った」とある。

【原文】

馬良傳

馬良字季常、襄陽宜城人也。兄弟五人、並有才名、鄕里爲之諺曰、馬氏五常、白眉最良。良眉中有白毛、故以稱之。先主領荊州、辟爲從事。及先主入蜀、諸葛亮亦從後往、良留荊州。與亮書曰、聞雒城已拔。此天祚也。尊兄應期贊世、配業光國。魄兆見矣[一]。夫變用雅慮、審貴垂明。於以簡才、宜適其時。若乃和光悅遠、邁德天壤、使時閑於聽、世服於道、齊高妙之音、正鄭・衞之聲、並利於事、無相奪倫、此乃管絃之至、牙・曠之調也。雖非鍾期、敢不擊節。先主辟良爲左將軍掾。

[裴松之注]

[一] 臣松之以爲、良蓋與亮結爲兄弟。或相與有親。亮年長、良故呼亮爲尊兄耳。

《訓読》

馬良傳

馬良 字は季常、襄陽宜城の人なり。兄弟五人、並びに才名有り、郷里 之が諺を爲りて曰く、「馬氏の五常、白眉を最良とす」と。良 眉中に白毛有り、故に以て之を稱ふ。先主 荊州を領するや、辟して從事と爲す。先主の蜀に入り、諸葛亮も亦た後より往くに及ぶや、良 荊州に留まる。亮に書を與へて曰く、「聞くならく雒城 已に拔けりと。此れ天の祚《さいはひ》なり。尊兄 期に應じて世を贊《みちび》き、業を配して國を光《かがや》かす。魄兆 見《あら》はる[一]。夫れ變には雅慮を用ひ、審には垂明を貴ぶ。於《ここ》を以て才を簡《えら》ばば、宜しく其の時に適ふべし。若し乃ち光を和らげて遠きを悅ばし、德を天壤に邁めて、時をして聽くに閑《なら》はしめ、世をして道に服さしめ、高妙の音を齊《ととの》へ、鄭・衞の聲(一)を正し、並びに事に利《かな》ひ、相 奪倫すること無くんば、此れ乃ち管絃の至り、牙・曠(二)の調なり。鍾期(三)に非ずと雖も、敢て節を擊たざらんや」と。先主 良を辟して左將軍掾と爲す。

[裴松之注]

[一] 臣 松之 以爲へらく、良 蓋し亮と與に結びて兄弟と爲らん。或いは相 與に親有るか。亮 年長なれば、良 故に亮を呼びて尊兄と爲すのみ。

(補注)

(一) 鄭・衞の聲は、淫らな音樂。人の心を乱すという(『禮記』樂記篇)。

(二) 牙・曠は、ここでは伯牙と師曠。ともに琴の名手。伯牙は、春秋の楚の琴の名人。友人の鍾子期が死ぬと、弦を絶って二度と演奏しなかった(『列子』湯問篇)。師曠は、春秋の晉の樂師。字は子野。音を審びらかにして吉凶を占う。楚が攻めてくると、北風と南風を歌い、南風が競わないので、楚に死者が多いと予言した。『禽經』を著したという(『春秋左氏傳』襄公 傳十八年)。

(三) 鍾期は、鍾子期。春秋時代の楚の人。琴の名人であった伯牙の演奏をよく聴いた。鍾子期が死ぬと、伯牙は弦を絶って二度と演奏しなかった(『列子』湯問篇)。

[現代語訳]

馬良傳

馬良《ばりょう》は字を季常《きじょう》といい、荊州《けいしゅう》襄陽《じょうよう》郡宜城《ぎじょう》縣の人である。兄弟は五人で、いずれも才名があり、郷里はこれの諺をつくって、「馬氏の五常《ごじょう》は、白眉《はくび》を最良とする」といっていた。馬良は眉の中に白い毛があり、そのため白眉といってこれを称えたのである。先主が荊州を領すると、辟召して從事《じゅうじ》とした。先主が蜀に入り、諸葛亮もまた後から(蜀に)行くに及び、馬良は荊州に留まった。諸葛亮に書簡を与えて、「聞くところでは雒城《らくじょう》がすでに陥落したと。これは天の幸いです。尊兄は機運に応じて世を導き、大業を樹立して国を輝かすでしょう。そのほのかな兆《ちょう》が現れています[一]。そもそも変化には正しい思慮を用い、判断には真っ直ぐな明察を貴びます。このことにより才能を選べば、時勢に適合するものが選べるでしょう。もし光を和らげても遠くまでを悦ばせ、徳を天地に進めて、時代に聴いて習わせ、世間に道に服させるよう、高妙な音を整え、(淫らな)鄭《てい》や衛《えい》の音楽を正し、ならびに事に叶《かな》って、互いに奪いあわないようにすれば、これは管絃の至高で、伯牙《はくが》や師曠《しこう》の調べです。鍾子期《しょうしき》でなくとも、拍子をとらないでおられましょうか」と。先主は馬良を辟召《へきしょう》して左將軍掾《えん》とした。

[裴松之注]

[一] 臣《わたくし》裴松之が考えますに、馬良はおそらく諸葛亮と結びて義兄弟となったのでしょう。あるいは互いに親族があったのでしょうか。諸葛亮が年長なので、馬良は諸葛亮を呼んで尊兄としていたのです。

【原文】

後遣使吳。良謂亮曰、今銜國命、協穆二家。幸爲良介於孫將軍。亮曰、君試自爲文。良卽爲草曰、寡君遣掾馬良通聘繼好。以紹昆吾・豕韋之勳。其人吉士、荊楚之令、鮮於造次之華、而有克終之美。願降心存納。以慰將命。權敬待之。

先主稱尊號、以良爲侍中。及東征吳、遣良入武陵招納五溪蠻夷。蠻夷渠帥皆受印號、咸如意指。會先主敗績於夷陵、良亦遇害。先主拜良子秉爲騎都尉。

《訓讀》

後に遣はされて吳に使ひす。良 亮に謂ひて曰く、「今 國命を銜《う》け、二家を協《あは》せ穆《やはら》がせんとす。幸ひにも良が爲に孫將軍に介《とりつ》がん」と。亮曰く、「君 試みに自ら文を爲《つく》れ」と。良 卽ちに草を爲りて曰く、「寡君 掾の馬良を遣はし聘を通じ好を繼がしむ。以て昆吾(一)・豕韋(二)の勳を紹がん。其の人 吉士たりて、荊楚の令、造次の華に鮮《すくな》くも、而も克終の美有り。願はくは心を降して存納せられん。以て將命(三)を慰めん」と。權 之を敬待す。

先主 尊號を稱するや、良を以て侍中と爲す。吳を東征するに及び、良を遣はして武陵に入り五溪の蠻夷を招納せしむ。蠻夷の渠帥 皆 印號を受け、咸 意指の如くす。會〻先主 夷陵に敗績し、良も亦た害に遇ふ。先主 良の子たる秉(四)を拜して騎都尉と爲す。

(補注)

(一) 昆吾は、昆吾氏。夏の時の侯伯。桀王の時に、殷の湯王により滅ぼされた(『史記』卷四十 楚世家)。

(二) 豕韋は、豕韋氏。夏の時の商伯(『國語』鄭語)。

(三) 將命は、取り次ぐこと、取り次ぎの者。『儀禮』聘禮に、「將命於朝」とある。

(四) 秉は、馬秉。襄陽郡宜城縣の人、馬良の子。騎都尉となった(『三國志』卷三十九 馬良傳)。

[現代語訳]

後に(馬良は)派遣されて呉に使者となった。馬良は諸葛亮に言って、「いま国命を受けて、(劉・孫の)二家を協調親睦させることになりました。どうか良《わたし》のために孫將軍に紹介してください」とした。諸葛亮は、「君が試《ため》しに自分で文章を書いてみよ」といった。馬良は直ちに草稿を作り、「寡君《わがきみ》は掾《えん》の馬良を派遣して挨拶をし通好を深めようとされています。それにより昆吾《こんご》氏・豕韋《しい》氏の勳功を受け継ぐ所存です。使者となる人物は優秀であり、荊楚《けいそ》の善士で、華やかさには欠けますが、最後まで続く美しさを持っております。どうか意を枉《ま》げてお見知り置きください。お取り次ぎの方にご高配をねがいます」とした。孫權は馬良を敬意をもって待遇した。

先主が天子に即位すると、馬良を侍中《じちゅう》とした。吳を東征するに及び、馬良を派遣して武陵《ぶりょう》郡に入り五溪《ごけい》の蠻夷を招撫させた。蠻夷の首長はみな印綬と称号を受け、すべて意のままに動いた。たまたま先主が夷陵《いりょう》で敗退し、馬良もまた殺された。先主は馬良の子である馬《ば》秉《へい》を任命して騎都尉《きとい》とした。

【原文】

良弟謖、字幼常、以荊州從事隨先主入蜀、除緜竹・成都令、越嶲太守。才器過人、好論軍計、丞相諸葛亮深加器異。先主臨薨謂亮曰、馬謖言過其實、不可大用。君其察之。亮猶謂不然、以謖爲參軍、毎引見談論、自晝達夜[一]。

[裴松之注]

[一] 襄陽記曰、建興三年、亮征南中、謖送之數十里。亮曰、雖共謀之歷年、今可更惠良規。謖對曰、南中恃其險遠、不服久矣。雖今日破之、明日復反耳。今公方傾國北伐、以事彊賊。彼知官勢内虛、其叛亦速。若殄盡遺類以除後患、既非仁者之情、且又不可倉卒也。夫用兵之道、攻心爲上、攻城爲下。心戰爲上、兵戰爲下。願公服其心而已。亮納其策、赦孟獲以服南方。故終亮之世、南方不敢復反。

《訓読》

良の弟たる謖、字は幼常、荊州從事を以て先主に隨ひ蜀に入り、緜竹・成都令、越嶲太守に除せらる。才器 人に過ぎ、好みて軍計を論じ、丞相の諸葛亮 深く器異とするに加《およ》ぶ。先主 薨ずるに臨みて亮に謂ひて曰く、「馬謖の言は其の實に過ぐ、大用す可からず。君 其れ之を察せよ」と。亮 猶ほ然らずと謂《おも》ひ、謖を以て參軍と爲し、毎に引見して談論し、晝より夜に達す[一]。

[裴松之注]

[一] 襄陽記に曰く、「建興三年、亮 南中を征し、謖 之を送ること數十里なり。亮曰く、「共に之を謀ること歷年と雖も、今 更に良規を惠む可し」と。謖 對へて曰く、「南中 其の險遠なるを恃み、服せざること久し。今日 之を破ると雖も、明日 復た反《そむ》くのみ。今 公 方に國を傾けて北伐して、以て彊賊に事とせんとす。彼 官の勢 内に虛あるを知らば、其の叛も亦た速し。遺類を殄盡して以て後患を除くが若きは、既に仁者の情に非ずして、且つ又倉卒にす可からざるなり。夫れ用兵の道は、心を攻むるを上と爲し、城を攻むるを下と爲す。心もて戰ふを上と爲し、兵もて戰ふを下と爲す。願はくは公 其の心を服せられんのみ」と。亮 其の策を納れ、孟獲を赦して以て南方を服せしむ。故に亮の世を終ふるまで、南方 敢て復た反かず。

[現代語訳]

馬良の弟である馬謖《ばしょく》は、字を幼常《ようじょう》といい、荊州従事《けいしゅうじゅうじ》として先主に随って蜀に入り、緜竹《めんちく》令・成都《せいと》令、越嶲《えっすい》太守に除任された。才能と器量は人より勝り、軍計を論ずることを好み、丞相の諸葛亮はたいへん優れた器量であるとするに及んだ。先主は薨去《こうきょ》するに臨んで諸葛亮に言って、「馬謖の言葉はその実力より過ぎている、重く用いるべきではない。君はこれを察せられよ」とした。諸葛亮はなおそうではないと思い、馬謖を参軍《さんぐん》とし、常に引見して談論し、昼から夜に及んだ［一］。

［裴松之注］

［一］『襄陽記《じょうようき》』に、「建興《けんこう》三（二二五）年、諸葛亮は南中《なんちゅう》を征し、馬謖はこれを数十里も見送った。諸葛亮は、「ともに南中征伐を謀ること何年にもなるが、今さらに良い謀《はかりごと》を授けてほしい」といった。馬謖は応えて、「南中は地形が険阻で遠方であることを恃《たの》み、久しく服従しませんでした。今日これを破ったとしても、明日また背くだけです。これから公は国を傾けて北伐をして、強敵と事を構えようとしています。相手は国家の勢力の内に虚があることを知れば、それを早く背かせようとするでしょう。異民族を滅ぼし尽くして後患を除くようなことは、仁者の情ではないうえに、早くできることでもありません。そもそも用兵の道は、心を攻めるを上策とし、城を攻めるを下策とします。心で戦うことを上策とし、兵で戦うことを下策とします。どうか公は南中の心を服させられますように」とした。諸葛亮はその策を納れ、孟獲《もうかく》を許して南中を心服させた。このため諸葛亮が亡くなるまで、南中がまた背くことはなかった」とある。

【原文】

建興六年、亮出軍向祁山。時有宿將魏延・吳壹等、論者皆言、以爲宜令爲先鋒。而亮違衆拔謖、統大衆在前。與魏將張郃戰于街亭、爲郃所破、士卒離散。亮進無所據、退軍還漢中。謖下獄物故。亮爲之流涕。良死時年三十六、謖年三十九［一］。

［裴松之注］

［一］襄陽記曰、謖臨終與亮書曰、明公視謖猶子、謖視明公猶父。願深惟殛鯀興禹之義、使平生之交不虧於此、謖雖死無恨於黄壤也。于時十萬之衆、爲之垂涕。亮自臨祭、待其遺孤若平生。蔣琬後詣漢中、謂亮曰、昔楚殺得臣、然後文公喜可知也。天下未定而戮智計之士、豈不惜乎。亮流涕曰、孫武所以能制勝於天下者、用法明也。是以楊干亂法、魏絳戮其僕。四海分裂、兵交方始。若復廢法、何用討賊邪。習鑿齒曰、諸葛亮之不能兼上國也、豈不宜哉。夫晉人規林父之後濟、故廢法而收功。楚成闇得臣之益己、故殺之以重敗。今蜀僻陋一方、才少上國。而殺其俊傑、退收駑下之用、明法勝才、不師三敗之道。將以成業、不亦難乎。且先主誡謖之不可大用、豈不謂其非才也。亮受誡而不獲奉承、明謖之難廢也。爲天下宰匠、欲大收物之力、而不量才節任、隨器付業。知之大過、則違明主之誡、裁之失中、卽殺有益之人。難乎其可與言智者也。

《訓読》

建興六年、亮軍を出だして祁山に向かふ。時に宿將に魏延・吳壹ら有れば、論者皆言ふに、「以爲へらく宜しく令して先鋒と爲すべし」と。而るに亮 衆に違ひて謖を拔き、大衆を統べて前に在らしむ。魏將の張郃と街亭に戰ひ、郃の破る所と爲り、士卒 離散す。亮 進むに據る所無く、軍を退けて漢中に還る。謖 獄に下りて物故す。亮 之が爲に涕《なみだ》を流す。良 死せし時、年三十六、謖は年三十九なり［一］。

［裴松之注］

［一］襄陽記に曰く、「謖 終はりに臨み亮に書を與へて曰く、「明公 謖を視ること猶ほ子のごとく、謖 明公を視ること猶ほ父のごとし。願はくは深く鯀（一）を殛《ころ》し禹を興すの義を惟《おも》ひ、平生の交をして此に虧《か》かしまざれば、謖 死すと雖も黄壤に恨み無きなり」と。時に于て十萬の衆、之が爲に垂涕す。亮 自ら祭に臨み、其の遺孤を待すること平生の若し。蔣琬 後に漢中に詣り、亮に謂ひて曰く、「昔 楚 得臣（二）を殺し、然る後に文公 喜ぶを知る可きなり。天下 未だ定まらざるに而るに智計の士を戮《ころ》すは、豈に惜しからざるや」と。亮 流涕して曰く、「孫武 能く勝ちを天下に制する所以の者は、法を用ふること明らかなればなり。是を以て楊干 法を亂すや、魏絳（三） 其の僕を戮す。四海 分裂し、兵交 方に始まらんとす。若し復た法を廢さば、何を用《もっ》て賊を討たんや」と。習鑿齒曰く、「諸葛亮の上國を兼ぬる能はざるや、豈に宜《むべ》ならざるや。夫れ晉人 林父（四）の後に濟《な》すを規《は》かる、故に法を廢して而《もっ》て功を收む。楚成 得臣の己を益すに闇《くら》し、故に之を殺して以て敗を重ぬ。今 蜀は一方に僻陋し、才は上國より少し。而るに其の俊傑を殺し、退きて駑下の用を收め、法を勝才に明らかにし、三敗の道（五）を師とせず。將た以て業を成すは、亦た難からずや。且つ先主 謖の大用す可からざるを誡むるに、豈に其の非才なるを謂はざるや。亮 誡を受くるも而も奉承するを獲ざるは、謖の廢し難きに明らかなり。天下の宰匠と爲り、大いに物の力を收めんと欲し、而るに才を量り任を節《さだ》め、器に隨ひて業を付せず。之を知るに過ち大《おほ》くして、則ち明主の誡に違ひ、之を裁くに中を失して、卽ち有益の人を殺す。難きかな其れ與に智を言ふ可き者や」と」と。

（補注）

（一）鯀は、禹の父。堯のとき水利を行ったが、成功しなかった。舜により追放された（『尚書』堯典）。

（二）得臣は、成得臣、字は子玉。春秋時代の楚の成王に仕えた。晉の文公と中軍を率いて城濮の戰いに敗れ、成王に殺された。その死後、文公は大いに喜んだ（『春秋左氏傳』宣公 傳十二年）。

（三）魏絳は、春秋時代の晉の大夫。魏悼子の子。悼公に仕えて政治を任され、戎翟と融和した。謚は昭子（『史記』卷四十四 魏世家）。

（四）林父は、ここでは荀林父。春秋時代の晉の將軍。成公の命で陳を討ち、楚を擊破した。のち、景公の命で楚と戰って敗れ、死を乞うたが、もとの地位に戻された（『史記』卷三十九 晉世家）。

（五）三敗の道は、ここでは魯の莊公が三度の敗戰にも拘らず、曹沫を將軍として起用し續け、曹沫が齊の桓公を脅してそれまで取られた土地を取り返したことを指す（『史記』卷二十六 刺客列傳）。

［現代語訳］

建興六（二二八）年、諸葛亮は（北伐の）軍を出して祁山《きざん》に向かった。そのとき宿将には魏延《ぎえん》や呉壹《ごい》らがいたので、論者はみな、「考えますに（魏延や呉壹に）令を下し先鋒とすべきです」と言った。しかし諸葛亮は人々（の意見とは）と異なり馬謖を抜擢し、大軍を統率して先鋒とさせた。（馬謖は）魏將の張郃《ちょうこう》と街亭《がいてい》で戦い、張郃に敗れ、士卒は離散した。諸葛亮は進もうにも拠点が無く、軍を退けて漢中《かんちゅう》に帰った。馬謖は（軍令に背いた罪で）獄に下って死去した。諸葛亮はこれのために涙を流した。馬良は亡くなったとき、年は三十六歳、馬謖は年は三十九歳であった[一]。

[裴松之注]

[一]『襄陽記《じょうようき》』に、「馬謖は臨終の際に諸葛亮に書簡を与えて、「明公は謖《わたし》を子のように扱われ、謖は明公を父のように仰いでまいりました。どうか（舜が治水に失敗した）鯀《こん》を殺し（その子の）禹《う》を用いた義を思われ、平生の交わりどおりにしていただければ、謖は死んでも冥土で恨みはございません」といった。このとき十万の兵は、このために涙を流した。諸葛亮は自ら祭祀に臨み、馬謖の遺孤を平素と同じように待遇した。蔣琬《しょうえん》が後に漢中《かんちゅう》に至り、諸葛亮に言って、「むかし楚が子玉得臣《しぎょくとくしん》を殺して、そうした後で（はじめて晉の）文公《ぶんこう》は喜んだことを知るべきです。天下がいまだ定まっていないのに智計の士を殺すことは、惜しくないでしょうか」とした。諸葛亮は涙を流して、「孫武《そんぶ》が勝って天下を制し得た理由は、法を用いることが明らかであったためである。これにより楊干《ようかん》が法を乱すと、魏絳《ぎこう》はその従僕を殺した。天下が分裂し、戦争が始まろうとしている。もしまた法を廃すれば、どのように賊を討てようか」と答えた。習鑿齒《しゅうさくし》はいう、「諸葛亮が上國（力の上の華北にある曹魏）を兼併できなかったことも、当然ではないだろうか。そもそも晉人《しん》は（楚に敗れた）荀《じゅん》林父《りんぽ》が後に成し遂げると考えたので、法を廃して成功を収めた。楚《そ》の成王《せいおう》は子玉得臣《しぎょくとくしん》が自己の利となることに疎かったので、これを殺して敗北を重ねた。いま蜀は一地方に偏在し、才人は上國より少ない。それなのに俊傑を殺し、退いて鈍才の起用を行い、法を優れた才能の者に厳しくし、三敗（したのち魯を全うした曹沫）の道を手本としなかった。なかなか大業を成し遂げることは、難かしくないだろうか。しかも先主は馬謖の重用すべきでないことを誡《いまし》めていたのに、その非才であることを思わなかったのであろうか。諸葛亮が誡めを受けながらも従うことができなかったのは、馬謖を廃し難かったためであることは明らかである。天下の宰相となり、大いに人の力を結集しようとしながら、才を量って任務を定め、器に従って業務を行わせなかった。人を知ることに過ちが多く、明主の誡めに違い、人を裁くことに的を外して、有益な人を殺した。難しいものであるかな共に智を語るべき者は」と」とある。

【原文】

陳震傳

陳震字孝起、南陽人也。先主領荊州牧、辟爲従事、部諸郡。隨先主入蜀。蜀既定、爲蜀郡北部都尉、因易郡名、爲汶山太守、轉在犍爲。建興三年、入拜尚書、遷尚書令、奉命使呉。七年、孫權稱尊號。以震爲衛尉、賀權踐阼。諸葛亮與兄瑾書曰、孝起忠純之性、老而益篤、及其贊述東西歡樂和合、有可貴者。震入呉界、移關候曰、東之與西、驛使往來、冠蓋相望、申盟初好、日新其事。東尊應保聖祚、告燎受符、剖判土宇、天下響應、各有所歸。於此時也、以同心討賊、則何寇不滅哉。西朝君臣、引領欣賴。震以不才、得充下使、奉聘敍好、踐界踊躍、入則如歸。獻子適魯、犯其山諱、春秋譏之。望必啓告、使行人睦焉。卽日、張旍誥衆、各自約誓。順流漂疾、國典異制、懼或有違。幸必斟誨、示其所宜。震到武昌。孫權與震升壇歃盟、交分天下、以徐・豫・幽・青屬吳、幷・涼・冀・兗屬蜀、其司州之土、以函谷關爲界。震還、封城陽亭侯。九年、都護李平、坐誣罔廢。諸葛亮與長史蔣琬・侍中董允書曰、孝起前臨至吳、爲吾說、正方腹中有鱗甲、鄕黨以爲不可近。吾以爲、鱗甲者但不當犯之耳。不圖復有蘇・張之事出於不意。可使孝起知之。十三年、震卒。子濟嗣。

《訓読》

陳震傳

陳震 字は孝起、南陽の人なり。先主 荊州牧を領するや、辟して從事と爲し、諸郡を部せしむ。先主に随ひて蜀に入る。蜀 既に定まり、蜀郡北部都尉と爲り、郡の名を易《あらた》むるに因りて、汶山太守と爲り、轉じて犍爲に在り。建興三年、入りて尙書を拜し、尙書令に遷り、命を奉じて吳に使ひす。七年、孫權 尊號を稱す。震を以て衞尉と爲し、權の踐阼を賀せしむ。諸葛亮 兄の瑾に書を與へて曰く、「孝起の忠純の性、老ひて益〻篤く、其の東西の歡樂和合を贊述するに及ぶや、貴ぶ可きこと有る者なり」と。震 吳の界に入り、關候に移して曰く、「東と西とは、驛使 往來し、冠蓋 相 望み、盟初の好みを申《かさ》ね、日〻其の事を新たにす。東尊 應に聖祚を保たんとし、受符を告燎し、土宇を剖判すれば、天下 響應して、各〻歸する所有り。此の時に於てや、心を同《とも》にして以て賊を討たば、則ち何ぞ寇 滅びざらんや。西朝の君臣、領《くび》を引き欣賴す。震 不才なるを以て、下使に充てらるを得、聘を奉じて好みを敍《の》ぶるに、界を踐むに踊躍し、入りては則ち歸るが如し。獻子（一） 魯に適《ゆ》き、其の山の諱を犯し、春秋 之を譏る。望むらくは必ず啓告せられ、行人をして睦ましめんことを。卽日、旍を張り衆に誥げ、各〻自ら約誓せん。流れに順ひ漂疾するも、國典は制を異にすれば、或いは違有るを懼る。幸《ねが》はくは必ず斟誨せられ、其の宜しき所を示せ」と。震 武昌に到る。孫權 震と與に壇に升り歃《すす》り盟して、交〻《こも》天下を分け、徐・豫・幽・青を以て吳に屬せしめ、幷・涼・冀・兗を蜀に屬せしめ、其れ司州の土は、函谷關を以て界と爲す。震 還り、城陽亭侯に封ぜらる。九年、都護の李平、誣罔に坐して廢せらる。諸葛亮 長史の蔣琬・侍中の董允に書を與へて曰く、「孝起 吳に至るに臨む前、吾が爲に說くに、正方の腹中に鱗甲有り、鄕黨は以て近づく可からずと爲すと。吾 以爲へらく、鱗甲なる者は但だ當に之を犯さざらんとするのみと。圖らずや復た蘇・張の事 不意に出づること有るを。孝起をして之を知らしむ可し」と。十三年、震 卒す。子の濟（二） 嗣ぐ。

（補注）

（一）獻子は、范獻子。士鞅のこと。春秋時代の晉の卿。魯に使者となって具山と敖山の名を尋ね、魯の獻公具と武公敖の諱を犯した（『國語』晉語、『春秋左氏伝』桓公 傳六年）。

（二）濟は、陳濟。南陽郡の人。陳震の子。父の死後、城陽亭侯を嗣いだ（『三國志』巻三十九 陳震傳）。

［現代語訳］

陳震傳

陳震《ちんしん》は字を孝起《こうき》といい、荊州南陽郡《けいしゅうなんよう》の人である。先主が荊州牧を兼ねると、辟召《へきしょう》して従事《じゅうじ》とし、諸郡を管轄させた。先主に随って蜀に入った。蜀が平定されると、蜀郡北部屬國都尉《しょくぐんほくぶぞっこくとい》となり、郡の名を変更することによって、汶山《ぶんざん》太守となり、転任して犍爲《けんい》太守となった。建興《けんこう》三（二二五）年、（朝廷に）入って尚書《しょうしょ》を拝命し、尚書令に遷り、命を奉じて呉へ使者となった。建興七（二二九）年、孫權が尊号を称した。陳震を衞尉《えいい》として、孫權の即位をお祝いさせた。諸葛亮は兄の諸葛瑾《しょかつきん》に書簡を与えて、「孝起の忠純な性格は、老いてますます篤くなり、東西両国の融合と歓楽を賛え述べるには、貴ぶべき存在です」といった。陳震は呉の国境に入ると、関所の役人に布告文を渡して、「東（の呉）と西（の蜀）とは、連絡の使者が往来して、（使者の）冠や（使者の車の）傘が互いに望めるほど、盟約の初めから好《よし》みを重ね、日々その事を新たにしてまいりました。東の至尊（孫權）が聖祚《せいそ》を保とうとして、受命《じゅめい》の符《ふ》を天に告祭し、土地を分け明らかにされたので、天下は響き応じて、それぞれ帰す所がありました。この時において、心を共にして賊（の魏）を討てば、寇（の魏）は滅びることでしょう。西朝（蜀）の君臣は、首を延ばし喜び頼りとしております。震《わたし》は不才であるのに、使者に充《あ》てられ、挨拶を奉じて友好の意を述べにまいりましたが、国境を越えることに喜び踊り、入国することが帰国するかのようです。（かつて）范獻子《はんけんし》は魯に行き、山の（名で先君の）諱を犯し、『春秋』はこれを譏《そし》っております。どうか（諱む言葉があれば）必ず教えていただき、使者を（呉の方々と）睦ませてくださいますように。即日、旗を掲げ衆に告げて、それぞれ（諱を犯さぬように）誓約させます。流れに載って慌ただしくまいりましたが、国典は（国ごとに）制を異にしますので、あるいは違いのあることを恐れております。どうか事情を斟酌されて、よろしき所をお示しください」といった。陳震は武昌縣《ぶしょう》（湖北省武昌県）に至った。孫權は陳震と共に壇に登って血を歃《すす》って盟約し、天下をそれぞれ分け、徐州・豫州・幽州・青州を呉に所属させ、并州・涼州・冀州・兗州を蜀に所属させ、司州の地は、函谷關《かんこくかん》を界とした。陳震は帰国後、城陽亭侯《じょうようていこう》に封建された。建興九（二三一）年、中都護《ちゅうとご》の李平《りへい》（李嚴）が、出まかせの言い訳をした罪で免職となった。諸葛亮は丞相留府長史《じょうしょうりゅうふちょうし》の蔣琬《しょうえん》と侍中《じちゅう》の董允《とういん》に書簡を与えて、「孝起は呉に行く前に、吾《わたし》のために、正方《せいほう》（李嚴）の腹の中には鱗甲《りんこう》（腹の中の針）があり、郷里の人も近づけないとしていると言ってくれた。吾は、鱗甲というものは触れなければよいと思っていた。まさか蘇秦《そしん》や張儀《ちょうぎ》（のような口先のごまかし）のことが不意に出るとは思ってもみなかった。孝起に知らせてやらなければならない」といった。建興十三（二三五）年、陳震は卒した。子の陳濟《ちんせい》が（城陽亭侯の）後を嗣《つ》いだ。

【原文】

董允傳

董允字休昭、掌軍中郎將和之子也。先主立太子、允以選爲舍人、徙洗馬。後主襲位、遷黄門侍郎。丞相亮將北征、住漢中、慮後主富於春秋、朱紫難別、以允秉心公亮、欲任以宮省之事。上疏曰、侍中郭攸之・費禕・侍郎董允等、先帝簡拔以遺陛下、至於斟酌規益、進盡忠言、則其任也。愚以爲、宮中之事、事無大小、悉以咨之、必能裨補闕漏、有所廣益。若無興德之言、則戮允等以彰其慢。亮尋請禕爲參軍。允遷爲侍中、領虎賁中郎將、統宿衞親兵。攸之性素和順、備員而已[一]。獻納之任、允皆專之矣。允處事爲防制、甚盡匡救之理。後主常欲采擇以充後宮。允以爲、古者天子后妃之數、不過十二。今嬪嬙已具、不宜增益。終執不聽。後主益嚴憚之。尚書令蔣琬、領益州刺史、上疏以讓費禕及允。又表允、內侍歷年、翼贊王室、宜賜爵土以褒勳勞。允固辭不受。後主漸長大、愛宦人黃皓。皓便辟佞慧、欲自容入。允常上則正色匡主、下則數責於皓。皓畏允、不敢爲非。終允之世、皓位不過黃門丞。

[裴松之注]

[一] 楚國先賢傳曰、攸之、南陽人、以器業知名於時。

《訓読》

董允傳

董允 字は休昭、掌軍中郎將たる和の子なり。先主 太子を立つるや、允 選を以て舍人（一）と爲り、洗馬（二）に徙る。後主 位を襲《つ》ぐや、黃門侍郎に遷る。丞相の亮 將に北征せんとし、漢中に住むに、後主の春秋に富み、朱紫 別ち難きを慮り、允の心を秉ること公亮なるを以て、任するに宮省の事を以てせんと欲す。上疏して曰く、「侍中の郭攸之・費禕・侍郎の董允らは、先帝 簡拔して以て陛下に遺せり。損益を斟酌し、進みて忠言を盡すに至りては、則ち其の任なり。愚 以爲へらく、宮中の事、事の大小と無く、悉く以て之に咨れば、必ず能く闕漏を裨補し、廣益する所有らん。若し興德の言無くんば、則ち允らを戮して、以て其の咎を彰《あら》はせ。亮 尋《つぎ》て禕を請ひて參軍と爲す。允 遷りて侍中と爲り、虎賁中郎將を領し、宿衞の親兵を統ぶ。攸之 性 素より和順なれば、備員するのみ[一]。獻納の任は、允 皆 之を專らにす。允 事に處するに防制を爲し、甚だ匡救の理を盡くす。後主 常に采擇して以て後宮を充たさんと欲す。允 以《い》爲へらく、「古《いにしへ》は天子の后妃の數、十二を過ぎず。今 嬪嬙 已に具はり、宜しく增益すべからず」と。終に執るを聽《ゆる》さず。後主 益〻之を嚴憚す。尚書令の蔣琬、益州刺史を領するや、上疏して以て費禕及《と》允に讓る。又 允を表して、內侍すること歷年、王室を翼贊すれば、宜しく爵土を賜ひて以て勳勞を褒むべしとす。允 固辭して受けず。後主 漸く長大にして、宦人の黃皓を愛す。皓は便辟佞慧たりて、自ら容入せんと欲す。允 常に上は則ち色を正して主を匡し、下は則ち數〻皓を責む。皓 允を畏れ、敢て非を爲さず。允の世を終はるまで、皓の位 黃門丞（三）を過ぎず。

[裴松之注]

[一] 楚國先賢傳（四）に曰く、「攸之は、南陽の人、器業を以て名を時に知らる」と。

（補注）

（一）舍人は、ここでは、太子舍人。官秩は二百石。太子の東宮の宿直を行うことを職掌とする（『後漢書』志二十七 百官四）。

（二）洗馬は、ここでは、太子洗馬。官秩は比六百石。皇帝官の謁者のような任務を行う。皇太子が出御する際には、先頭に立って威儀を正した（『後漢書』志二十七 百官四）。

（三）黄門丞は、官名。黄門令の副官。宦官の専任。宮中に仕える多数の宦官の統括を補助した（『後漢書』志二十六 百官三）。

（四）楚國先賢傳は、書名。晉の張方の撰。『隋書』巻三十三 玆籍志二に、「楚國先賢傳贊 十二巻 晉張方撰」と著録されている。

［現代語訳］

董允傳

董允《とういん》は字を休昭《きゅうしょう》といい、掌軍中郎將《しょうぐんちゅうろうしょう》である董和の子である。先主が太子を立てると、董允は選ばれて太子舍人《たいししゃじん》となり、太子洗馬《たいしせんば》に移った。後主が即位すると、黄門侍郎《こうもんじろう》に遷った。丞相の諸葛亮は北伐しようとして、漢中《かんちゅう》郡に駐屯するにあたり、後主が年若く、分別が付きにくいことを配慮し、董允が心を貫き公明正大であることから、宮中の諸事を任せたいと思った。上疏して、「侍中《じちゅう》の郭攸之《かくゆうし》・費禕《ひい》と侍郎《じろう》の董允《とういん》は、先帝が抜擢なさって陛下のもとに（かれらを）遺されたのです。利害を斟酌し、進み出て忠言を尽くすのは、その任務です。わたしが思いますに、宮中のことは、事の大小の区別なく、すべてこれらの人々に相談すれば、必ずや遺漏を補い、広い利益を得られるでしょう。もし徳を盛んにする言葉がなければ、董允たちを殺して、その罪を明らかにしてください」といった。諸葛亮は続いて費禕を招いて參軍《さんぐん》とした。董允は移って侍中《じちゅう》となり、虎賁中郎將《こほんちゅうろうしょう》を兼ね、宿衛の親兵を統率した。郭攸之は性質がもとからおとなしかったので、官位にあるだけであった［一］。（後主へ忠言を）献じ納める役目は、董允がすべて専ら当たっていた。董允は物事に対処する際に（落ち度がないよう）防止することを旨として、たいへん（後主を）正し救う理を尽くした。後主はいつも（女性を）採択して後宮を充たそうとしていた。董允は、「古《いにしえ》は天子の后妃の数は、十二人を過ぎませんでした。いま宮女はすでに備わっており、増やすべきではありません」と言って、ついに採用させなかった。後主はますます董允を憚った。尚書令《しょうしょれい》の蔣琬《しょうえん》は、益州刺史《えきしゅうしし》を兼任すると、上疏して（益州刺史を）費禕《ひい》と董允に譲ろうとした。また上表して、（董允が）何年も宮中で（天子に）侍《はべ》り、王室を助けてきたので、爵位と土地を賜与して勳功を褒めるべきであるとした。董允は固辞して受けなかった。後主はしだいに大人になると、宦官の黄皓《こうこう》を寵愛した。黄皓は媚びへつらい頭もよく、自分から（後主に）受け入れられようとした。董允はいつも上は顔色を正して後主を匡正し、下はしばしば黄皓を責めた。黄皓は董允を畏れ、あえて悪事をなさなかった。董允が亡くなるまで、黄皓の地位は黄門丞《こうもんじょう》に過ぎなかった。

［裴松之注］

［一］『楚國先賢傳《そこくせんけんでん》』に、「郭攸之《かくゆうし》は、南陽《なんよう》郡の人であり、器量と学識により名に当時に知られていた」とある。

【原文】

允嘗與尙書令費禕・中典軍胡濟等共期游宴。嚴駕已辦、而郎中襄陽董恢詣允脩敬。恢年少官微、見允停出、逡巡求去。允不許曰、本所以出者、欲與同好游談也。今君已自屈、方展闊積。舍此之談、就彼之宴、非所謂也。乃命解驂、禕等罷駕不行。其守正下士、凡此類也[一]。延熙六年、加輔國將軍。七年、以侍中守尚書令、爲大將軍費禕副貳。九年卒[二]。

[裴松之注]

[一] 襄陽記曰、董恢字休緒、襄陽人。入蜀、以宣信中郎副費禕使吳。孫權嘗大醉問禕曰、楊儀・魏延、牧豎小人也。雖嘗有鳴吠之益於時務、然既已任之、勢不得輕。若一朝無諸葛亮、必爲禍亂矣。諸君憒憒、曾不知防慮於此。豈所謂貽厥孫謀乎。禕愕然四顧視、不能卽答。恢目禕曰、可速言、儀・延之不協、起於私忿耳。而無黥・韓難御之心也。今方掃除彊賊、混一區夏、功以才成、業由才廣。若捨此不任、防其後患、是猶備有風波而逆廢舟楫。非長計也。權大笑樂。諸葛亮聞之、以爲知言。還未滿三日、辟爲丞相府屬、遷巴郡太守。臣松之案、漢晉春秋亦載此語、不云董恢所教、辭亦小異。此二書俱出習氏而不同若此。本傳云恢年少官微。若已爲丞相府屬、出作巴郡、則官不微矣。以此疑習氏之言爲不審的也。

[二] 華陽國志曰、時蜀人以諸葛亮・蔣琬・費禕及允爲四相、一號四英也。

《訓読》

允 嘗て尚書令の費禕・中典軍の胡濟らと與に共に游宴を期す。嚴駕(一) 已に辨し、而して郎中たる襄陽の董恢(二) 允に詣りて敬を脩む。恢年は少く官は微なれば、允の出づるを停むを見て、逡巡して去らんと求む。允 許さずに曰く、「本 出づる所以の者は、同好と與に游談せんと欲せしのみ。今 君 已に自ら屈し、方に闊積を展《の》べんとす。此の談を舍《お》きて、彼の宴に就くは、謂ふ所に非ざるなり」と。乃ち命じて驂を解かしめ、禕ら駕を罷めて行かず。其の正を守り士に下ること、凡そ此の類なり[一]。延熙六年、輔國將軍を加ふ。七年、侍中を以て尚書令を守し、大將軍の費禕の副貳と爲る。九年に卒す[二]。

[裴松之注]

[一] 襄陽記に曰く、「董恢 字は休緒、襄陽の人なり。蜀に入り、宣信中郎を以て費禕に副して吳に使ひす。孫權 嘗て大いに醉ゐて禕に問ひて曰く、「楊儀・魏延は、牧豎の小人なり。嘗て鳴吠の時務に益すること有りと雖も、然れども既《すで》已に之に任ずれば、勢として輕んずるを得ず。若し一朝 諸葛亮無くんば、必ずや禍亂を爲さん。諸君 憒憒として、曾て慮ひを此れに防ぐを知らず。豈に所謂る厥の孫謀を貽《おく》らんや(三)」と。禕 愕然として四《よも》に顧視し、卽ちに答ふる能はず。恢 禕に目して曰く、「速やかに言ふ可くは、儀・延の不協は、私忿より起こるのみ。而して黥・韓の御し難きの心無きなり。今 方に彊賊を掃除し、區夏を混一せんとするに、功は才を以て成り、業は才に由りて廣ぐ。若し此を捨て任ぜず、其の後患を防がば、是れ猶ほ風波有るに備へて逆《あらかじ》め舟楫を廢するがごとし。長計に非ざるなり」と。權 大いに笑ひ樂しむ。諸葛亮 之を聞き、以て言を知ると爲す。還りて未だ三日に滿たざるに、辟して丞相府の屬と爲し、巴郡太守に遷す」と。臣松之 案ずるに、漢晉春秋も亦た此の語を載せるも、董恢の教ふる所と云はず、辭も亦た小《すこ》しく異なる。此の二書は俱に習氏より出づるも而も同じからざること此の若し。本傳は恢の年は

少くして官は微なるを云ふ。若し已に丞相府の屬と爲り、出でて巴郡と作らば、則ち官 微ならず。此を以て習氏の言審《まこと》に的《あた》らざるを爲すを疑ふなり。

[二] 華陽國志に曰く、(四)「時に蜀人 諸葛亮・蔣琬・費禕及《と》允を以て四相と爲し、一に四英と號するなり」と。

(補注)

(一) 嚴駕は、車を整備すること。

(二) 董恢は、字を休緒といい、荊州襄陽郡の人。入蜀ののち、宣信中郎として費禕の副使として孫呉に使者となり、臨機応変の応答をして諸葛亮に辟召されて、丞相府屬となり、巴郡太守となった(『三國志』巻三十九 董允傳注引『襄陽記』)。

(三)『詩經』大雅 文王有聲に、「武王豈不仕、詒厥孫謀」とあり、これを踏まえた表現である。

(四)『華陽國志』巻七 劉後主志に、「於時蜀人以諸葛亮・蔣・費及允爲四相、一號四英」とあり、字句に異同がある。

[現代語訳]

董允はあるとき尚書令の費禕《ひい》・中典軍《ちゅうてんぐん》の胡濟《こせい》たちと一緒に遊びに出かけ宴を催そうとした。車馬の準備を終えたあとで、郎中《ろうちゅう》である襄陽《じょうよう》郡出身の董恢《とうかい》が董允のもとに挨拶に来た。董恢は年若く官位も低かったので、董允が出かけるのを止めようとすることを見て、逡巡して退出を求めた。董允は認めず、「もともと出かけるわけは、同好のものと一緒に歓談しようと思っただけである。いま君は自らやってきて、積み重なった思いを述べようとしている。この談論を棄てて、その宴に行くことは、考えられない」といった。そして驂《そえうま》を(車から)外させ、費禕らも車馬の準備を罷めて行かなかった。董允の正しさを貫き士に遜《へりくだ》ることは、およそこのようであった[一]。延熙《えんき》六(二四三)年、輔國《ほこく》将軍を加えられた。延熙七(二四四)年、侍中として尚書令を兼任して、大將軍である費禕の副となった。延熙九(二四六)年に卒した[二]。

[裴松之注]

[一]『襄陽記《じょうようき》』に、「董恢《とうかい》は字を休緒《きゅうちょ》といい、襄陽郡の人である。蜀に入り、宣信中郎《せんしんちゅうろう》となり費禕の副使として孫呉に使者となった。孫權はあるとき大いに酔って費禕に尋ね、「楊儀《ようぎ》と魏延《ぎえん》は、牧童ほどの小人である。かつては鷄鳴狗盗のような働きが当時にあったとはいえ、それでもすでに(要職に)任命すれば、勢いとして軽視することはできない。もしあるとき諸葛亮がいなくなれば、必ず禍乱をなそう。諸君ははっきりとさせず、その憂いをどのように防ぐかを知らない。それでは(『詩經』大雅 文王有聲にあるような、子孫に)良い謀《はかりごと》をおくるとは言えないのではないか」といった。費禕は愕然として四方を見渡し、即答できなかった。董恢は費禕に目くばせをして、「簡単に申し上げますと、楊儀と魏延の不和は、私怨から起こっているだけです。(前漢の高祖に反乱を起こした)黥布《げいふ》や韓信《かんしん》のような御し難い心はありません。いまは強敵を打ち払い、中華を統一しようとしておりますので、功は才により成り、業は才により広がります。もしこれを任用せず、後の憂いを防げば、それはあたかも波風(で船が転覆すること)に備えてあらかじめ船を使わないようなものです。優れた計とは申しません」と答えた。孫權は大いに笑い楽しんだ。諸葛亮はこれを聞き、言葉を知るものであるとした。

（使者から）帰って三日も経たないうちに、辟召して丞相府《じょうしょうふ》の屬《ぞく》とし、（のちに）巴郡太守《はぐんたいしゅ》に移った」とある。臣《わたくし》裴松之が考えますに、『漢晉春秋』もまたこの話を載せていますが、董恢が告げた言葉とはせず、言辞も少し異っております。この二書は共に習鑿齒《しゅうさくし》が著したものですが同じでないことはこのようです。本伝では董恢の年は若く官は低いと言っております。もしすでに丞相府の屬となり、出て巴郡太守であれば、官は低くありません。これにより習鑿齒の言辞が詳細には当たっていないと疑わざるを得ません。

［二］『華陽國志《かようこくし》』に、「このとき蜀の人々は諸葛亮・蔣琬・費禕と董允を四相とした、あるいは四英と呼んだ」とある。

【原文】

陳祗代允爲侍中、與黃皓互相表裏、皓始預政事。祗死後、皓從黃門令爲中常侍・奉車都尉、操弄威柄、終至覆國。蜀人無不追思允。及鄧艾至蜀、聞皓姦險、收閉、將殺之、而皓厚賂艾左右、得免。

《訓讀》

陳祗 允に代はりて侍中と爲り、黃皓と互ひに相 表裏し、皓 始めて政事に預る。祗の死後、皓 黃門令より中常侍・奉車都尉と爲り、威柄を操弄し、終には國を覆すに至る。蜀人 允を追思せざるは無し。鄧艾の蜀に至るに及び、皓の姦險なるを聞き、收《と》らへ閉ぢ、將に之を殺さんとするも、而るに皓 厚く艾の左右に賂《まひなひ》し、免るるを得たり。

［現代語訳］

陳祗《ちんし》は董允に代わって侍中となり、黃皓《こうこう》と互いに助け合い、黃皓が初めて政事に関与した。陳祗の死後、黃皓は黃門令《こうもんれい》から中常侍《ちゅうじょうじ》・奉《ほう》車都尉《しゃとい》となり、権力をほしいままにし、ついに国を転覆させるに至った。蜀の人々で董允を追慕しないものはなかった。鄧艾が蜀に至ると、黃皓が悪逆であることを聞き、捕らえて幽閉し、これを殺そうとしたが、黃皓は鄧艾の側近に厚く贈賄し、免れることができた。

【原文】

祗字奉宗、汝南人、許靖兄之外孫也。少孤、長於靖家。弱冠知名、稍遷至選曹郞。矜厲有威容、多技藝、挾數術。費禕甚異之。故超繼允內侍。呂乂卒、祗又以侍中守尙書令、加鎭軍將軍。大將軍姜維、雖班在祗上、常率衆在外、希親朝政。祗上承主指、下接閹豎、深見信愛、權重於維。景耀元年卒、後主痛惜、發言流涕、乃下詔曰、祗統職一紀、柔嘉惟則、幹肅有章、和義利物、庶績允明。命不融遠、朕用悼焉。夫存有令問、則亡加美謚。謚曰忠侯。賜子粲爵關內侯、拔次子裕爲黃門侍郞。自祗之有寵、後主追怨允日深、謂爲自輕。由祗媚茲一人、皓構間浸潤故耳。允孫宏、晉巴西太守［一］。

［裴松之注］

［一］臣松之以爲、陳羣子泰、陸遜子抗、傳皆以子繫父、不別載姓。

及王肅・杜恕・張承・顧劭之流、莫不皆然。惟董允獨否。未詳其意。當以允名位優重、事跡踰父故邪。夏侯玄・陳表並有騂角之美、而亦如泰者、魏書總名此卷云諸夏侯曹傳、故不復稍加品藻。陳武與表俱至偏將軍、以位不相過故也。

《訓読》

祇 字は奉宗、汝南の人、許靖の兄の外孫なり。少くして孤、靖の家に長ず。弱冠にして名を知られ、稍や遷りて選曹郎(一)に至る。矜厲にして威容有り、技藝多く、數術を挾む。費禕 甚だ之を異とす。故に超へて允を繼ぎて內侍す。呂乂 卒するや、祇 又 侍中を以て尙書令を守し、鎭軍將軍を加へらる。大將軍の姜維、班は祇の上に在りと雖も、常に衆を率ゐて外に在り、朝政を親しくすること希なり。祇 上は主の指を承け、下は閹豎に接し、深く信愛せられ、權は維より重し。景耀元年に卒し、後主 痛惜して、言を發するごとに流涕し、乃ち詔を下して曰く、「祇 職を統ぶること一紀、柔嘉は惟だ則となり、幹肅にして章有り、義に和し物を利し、庶績 允《まこと》に明らかなり。命は融遠ならざるも、朕は用て焉を悼む。夫れ存して令問有らば、則ち亡《し》すに美諡を加ふ。諡して忠侯と曰ふ」と。子の粲(二)に爵關內侯を賜ひ、次子の裕(三)を拔きて黃門侍郎と爲す。祇の寵有りてより、後主 追ひて允を怨むこと日〻に深く、謂《おも》ひて自ら輕ぜらると爲す。祇の茲の一人に媚び、皓 間を搆《かま》へ浸潤するによりての故なるのみ。允の孫の宏(四)、晉の巴西太守なり[一]。

[裴松之注]

[一] 臣 松之 以爲へらく、陳羣の子たる泰(五)、陸遜の子たる抗(六)、傳は皆 子を以て父に繫け、別に姓を載せず。王肅・杜恕(七)・張承(八)・顧劭の流に及ぶや、皆 然らざるは莫し。惟だ董允のみ獨り否《しか》らず。未だ其の意を詳らにせず。當《は》た允の名位優《はなは》だ重く、事跡 父を踰ゆるを以ての故なるか。夏侯玄・陳表(九) 並びに騂角の美(一〇)有るに、而るに亦た泰の如き者は、魏書は總《あ》げて此の卷を名づけて諸夏侯曹傳と云ふ、故《ことさら》に復た稍や品藻を加へず。陳武(一一)と表は俱に偏將軍に至り、位 相 過ぎざるを以ての故なり。

(補注)

(一) 選曹郎は、官名。尙書臺の屬官で、人事を担当する。

(二) 粲は、陳粲。汝南郡の人。陳祇の長子。陳祇の死後、爵關內侯を賜与された（『三國志』巻三十九 陳祇傳）。

(三) 裕は、陳裕。汝南郡の人。陳祇の次子。陳祇の死後、黃門侍郎に抜擢された（『三國志』巻三十九 陳祇傳）。

(四) 宏は、董宏。南郡枝江人の人。董允の孫。西晉の巴西太守となった（『三國志』巻三十九 陳祇傳）。

(五) 泰は、陳泰。字は玄伯。豫州潁川郡許縣の人。陳羣の子。征西將軍として狄道の戦いで姜維を撃破した。司馬昭の意を受けた賈充が成濟に皇帝の曹髦を弑殺させると、賈充の処刑を主張した（『三國志』巻二十二 陳羣傳附陳泰傳）。

(六) 抗は、陸抗。字は幼節。揚州吳郡吳縣の人。陸遜の子。魏の諸葛誕の乱を支援して征北將軍となり、步闡が晉に降服すると、これを滅ぼした。晉の羊祜と対峙しながらも尊重しあい、それを聞いた孫皓から咎められ、やがて卒した（『三國志』巻五十八 陸遜傳附陸抗傳）。

(七) 杜恕は、字を務伯、司隸京兆郡杜陵縣の人。杜畿の子。弘農・河東太守を経て、幽州刺史・護烏桓校尉となったが、弾劾されて庶民に落とされた（『三國志』巻十六 杜畿傳附杜恕傳）。

（八）張承は、字を仲嗣、徐州彭城郡の人。張昭の子。孫權の口添えで諸葛瑾の娘を後妻にもらった。孫和が太子になると、後妻の生んだ子が妃となった（『三國志』巻五十二 張昭傳附張承傳）。

（九）陳表は、字を文奥、揚州廬江郡松滋縣の人。陳武の庶子。諸葛恪らと「太子四友」となる。山越討伐に活躍し、偏將軍となった（『三國志』巻五十五 陳武傳附陳表傳）。

（一〇）『論語』雍也篇に、「子謂仲弓曰、犂牛之子、騂且角、雖欲勿用、山川其舍諸」とあることを踏まえた表現である。

（一一）陳武は、字を子烈、揚州廬江郡松滋縣の人。孫權のとき、五校尉の督となった。二一五年、合肥の戦いで戦死した（『三國志』巻五十五 陳武傳）。

［現代語訳］

陳祗《ちんし》は字を奉宗《ほうそう》といい、汝南《じょなん》郡の人で、許靖《きょせい》の兄の外孫である。若くして父をなくし、許靖の家で成長した。弱冠（二十歳）で名を知られ、次第に昇進して選曹郎《せんそうろう》に至った。慎み深くおごそかで威厳があり、多藝で、天文暦法を習得していた。費禕《ひい》はたいへん陳祗を評価し、このため抜擢され董允を継いで（天子に）内侍した。呂乂《りょがい》が卒すると、陳祗はまた侍中《じちゅう》として尚書令《しょうしょれい》を兼任し、鎭軍《ちんぐん》將軍を加えられた。大將軍の姜維《きょうい》は、班位は陳祗の上にあったが、常に軍を率いて外にあり、朝政を自ら執ることは希であった。陳祗は上は君主の指図に従い、下は宦官とつながって、深く信愛され、權力は姜維よりも重かった。景耀《けいよう》元（二五八）年に卒し、後主は痛惜して、言葉を発するごとに涙をながし、そして詔を下して、「陳祗は職務を統べること十二年、柔和で善良なことは規範となり、中核は厳粛で規律があり、義に和し人を利し、多くの功績がまことに明らかである。生命は永遠のものではないが、朕はこれをたいへん悼んでいる。そもそも存命中に美名があれば、死して後に美しい諡《おくりな》を加えるものである。諡して忠侯《ちゅうこう》と名づける」といった。子の陳粲《ちんさん》に爵關內侯《しゃくかんだいこう》を賜い、次子の陳《ちん》裕《ゆう》を抜擢して黄門侍郎《こうもんじろう》とした。陳祗が寵愛されてから、後主は後から董允を日々深く怨むようになり、自分が軽んじられたと思った。陳祗がこの一人（後主）に媚び、黄皓が悪口を言って染み込ませたためである。董允の孫の董宏《とうこう》は、晉の巴西《はせい》太守である［一］。

［裴松之注］

［一］臣《わたくし》裴松之が考えますに、陳羣《ちんぐん》の子である陳泰《ちんたい》、陸遜《りくそん》の子である陸抗《りくこう》、（かれらの）傳記はすべて子を父に附し、別に姓をあげて載せることはありません。王肅《おうしゅく》・杜恕《とじょ》・張承《ちょうしょう》・顧劭《こしょう》といった人々も、すべてそうなっております。ただ董允だけがひとり異なります。いまだその意図を測りかねております。董允の名声と地位がたいへん重く、事跡が父を超えているためなのでしょう。夏侯玄《かこうげん》と陳表《ちんひょう》はともに父を超える才能でしたが、それでもまた（陳羣傳に附される）陳泰《ちんたい》と同じ扱いであるのは、「魏書」（の夏侯玄）はその巻がまとめて諸夏侯曹傳と名付けられているので、特別に評価を加えなかったのでしょう。（また「吳書」の）陳武《ちんぶ》と陳表はともに偏將軍に至っており、地位が同じだったことがその理由でしょう。

【原文】

呂乂傳

呂乂字季陽、南陽人也。父常、送故將[1](軍)劉焉入蜀、値王路隔塞、遂不得還。乂少孤、好讀書鼓琴。初先主定益州、置鹽府校尉、較鹽鐵之利。後校尉王連、請乂及南陽杜祺・南鄕劉幹等、並爲典曹都尉。乂遷新都・緜竹令、乃心隱卹。百姓稱之、爲一州諸城之首。遷巴西太守。丞相諸葛亮、連年出軍、調發諸郡、多不相救。乂募取兵五千人詣亮、慰喩檢制、無逃竄者。徙爲漢中太守、兼領督農、供繼軍糧。亮卒、累遷廣漢・蜀郡太守。蜀郡一都之會、戶口衆多。又亮卒之後、士伍亡命、更相重冒、姦巧非一。乂到官、爲之防禁、開喩勸導、數年之中、漏脫自出者萬餘口。後入爲尙書、代董允爲尙書令。衆事無留、門無停賓。乂歷職內外、治身儉約、謙靖少言、爲政簡而不煩、號爲清能。然持法刻深、好用文俗吏。故居大官、名聲損於郡縣。延熙十四年卒。子辰、景耀中爲成都令。辰弟雅、謁者。雅清厲有文才、著格論十五篇。

杜祺歷郡守・監軍・大將軍司馬、劉幹官至巴西太守。皆與乂親善、亦有當時之稱、而儉素守法、不及於乂。

〔校勘〕

1. 中華書局本により「軍」の一字を省く。

《訓読》

呂乂傳

呂乂 字は季陽、南陽の人なり。父の常（一）、故將（二）の劉焉を送り蜀に入り、王路の隔塞するに値ひて、遂に還るを得ず。乂 少くして孤、書を讀み琴を鼓すを好む。初め先主の益州を定むるや、鹽府校尉（三）を置き、鹽鐵の利を較《もっぱ》らにす。後 校尉の王連（四）、乂及び南陽の杜祺（五）・南鄕の劉幹（六）らを請ひ、並びに典曹都尉（七）と爲す。乂 新都・緜竹令に遷り、乃ち隱卹を心とす。百姓 之を稱へ、一州諸城の首と爲す。巴西太守に遷る。丞相の諸葛亮、連年 軍を出だし、諸郡に調發するに、多く相 救はず。乂 募りて兵五千人を取りて亮に詣らしむるに、慰喩し檢制すれば、逃竄する者無し。徙りて漢中太守と爲り、兼ねて督農（八）を領し、軍糧を供繼す。亮 卒するや、累《しき》りに廣漢・蜀郡太守に遷る。蜀郡は一都の會、戶口 衆多なり。又 亮の卒せしの後、士伍 亡命し、更《こも》ゞ相 重冒して、姦巧は一に非ず。乂 官に到るや、之が防禁を爲し、開喩し勸導して、數年の中、漏脫の自ら出ずる者 萬餘口なり。後に入りて尙書と爲り、董允に代はりて尙書令と爲る。衆事 留むること無く、門に停まりたる賓無し。乂 內外を歷職し、身を治め儉約し、謙靖して言少なく、政を爲すは簡にして煩しからず、號して清能と爲す。然るに法を持すこと刻深にして、好みて文俗の吏を用ふ。故に大官に居るも、名聲 郡縣に損はる。延熙十四年に卒す。子の辰（九）、景耀中に成都令と爲る。辰の弟たる雅（一〇）は、謁者なり。雅 清厲にして文才有り、格論十五篇を著す。

杜祺は郡守・監軍・大將軍司馬を歷し、劉幹は官 巴西太守に至る。皆 乂と親しみ善し。亦た當時の稱有るも、儉素にして法を守ること、乂に及ばず。

（補注）

（一）常は、呂常。呂乂の父。荊州南陽郡の人。劉焉を送って蜀に入り、戦乱のため荊州に戻れなくなった（『三國志』巻三十九 呂乂傳）。

（二）故將は、もとの太守。劉焉は南陽太守であったため、呂常は南陽郡の屬吏として辟召された故吏であったと考えられる。

（三）鹽府校尉は、官名。司鹽校尉ともいう。塩の専売を統率した。

（四）王連は、字を文儀、荊州南陽郡の人。劉璋のとき益州に移り、梓潼縣令となり、劉備に降伏しなかった。のち司鹽校尉となり、塩の専売を管掌し、蜀郡太守・興業將軍に昇進した後にも、鹽府の仕事を担当した。二二三年、丞相長史となり、諸葛亮自らが南征に赴くことを諫めた（『三國志』巻四十一 王連傳）。

（五）杜祺は、荊州南陽郡の人。典曹都尉として塩の専売にあたった。のち、監軍・大將軍司馬を歴任した（『三國志』巻三十九 呂乂傳）。

（六）劉幹は、荊州南鄉郡の人。典曹都尉として塩の専売にあたった。官は巴西太守に至った（『三國志』巻三十九 呂乂傳）。

（七）典曹都尉は、官名。塩の専売を分掌した。

（八）督農は、官名。軍糧の供給を担当した。

（九）辰は、呂辰。荊州南陽郡の人。呂乂の子。成都縣令となった（『三國志』巻三十九 呂乂傳）。

（一〇）雅は、呂雅。荊州南陽郡の人。呂乂の子。謁者となった（『三國志』巻三十九 呂乂傳）。

［現代語訳］

呂乂傳

呂乂《りょがい》は字を季陽《きよう》といい、南陽《なんよう》郡の人である。父の呂常《りょじょう》は、故將の劉焉《りゅうえん》を送って蜀に入り、（戦乱のため）国家の道が隔て塞がれたことに遭い、結局（南陽郡に）帰れなくなった。呂乂は若くして父を失い、書を読み琴を弾くことを好んだ。はじめ先主が益州を定めると、鹽府校尉《えんふこうい》を置き、塩鉄を専売して利益をあげた。後に校尉の王連《おうれん》は、呂乂および南陽郡出身の杜祺《とき》・南鄉《なんきょう》郡出身の劉幹《りゅうかん》たちを招いて、みな典曹都尉《てんそうとい》とした。（のち）呂乂は新都《しんと》縣令・緜竹《めんちく》縣令に移り、そこでいたわりを旨とする政治をした。人々はこれを称え、一州諸縣の中の第一とした。巴西《はせい》太守に遷った。丞相の諸葛亮は、毎年軍を出し、諸郡から徴発したが、不足する場合が多かった。呂乂は募兵五千人を集めて諸葛亮に至らせる際に、いたわり諭して取り締まりをしたので、逃亡するものは無かった。遷って漢中《かんちゅう》太守となり、督農《とくのう》を兼ねて、軍糧を供給した。諸葛亮が卒すると、引き続き廣漢《こうかん》太守・蜀郡《しょくぐん》太守に遷った。蜀郡は大都会で、戸口が多かった。また諸葛亮が卒した後、士卒は亡命し、それぞれ互いに（戸籍を）いつわって、悪逆を重ねた。呂乂は官に到ると、これを防ぎ禁止して、教えさとして導き勧め、数年間で、（戸籍の）漏脱していた状態から自ら出てくる者は一万余りであった。後に（中央政府に）入って尚書《しょうしょ》となり、董允《とういん》に代わって尚書令となった。多くの事務は滞留せず、門には待っている客もなかった。呂乂は内外の官職を歴任し、身を治め倹約し、謙虚で口数が少なく、政治は簡便で煩雑でなく、清能と評された。しかし法を守ることは厳しく、好んで法を尊重する吏を用いた。このため大官に居りながら、名声は郡縣に（居たころよりも）劣った。延熙《えんき》十四（二五一）年に卒した。子の呂辰《りょしん》は、景耀《けいよう》年間（二五八～二六三年）に成都縣令となった。呂辰の弟である呂雅《りょが》は、謁者《えっしゃ》となった。呂雅は清廉厳格で文才があり、『格論《かくろん》』十五篇を著した。

杜祺は郡守・監軍《かんぐん》・大將軍司馬《だいしょうぐんしば》を歴任し、劉幹《りゅうかん》は官が巴西《はせい》太守に至った。みな呂乂と親しく睦んだ。（二人は）やはり当時に名声があったが、倹約質素で法を守ることは、呂乂に及ばなかった。

【原文】

評曰、董和蹈羔羊之素、劉巴履清尙之節。馬良貞實、稱爲令士、陳震忠恪、老而益篤。董允匡主、義形於色。皆蜀臣之良矣。呂乂臨郡則垂稱、處朝則被損。亦黄・薛之流亞矣。

《訓読》

評に曰く、「董和は羔羊の素(一)を蹈み、劉巴は清尙の節を履む。馬良は貞實、稱して令士と爲し、陳震は忠恪、老ひて益〻篤し。董允は主を匡《ただ》し、義は色に形《あら》はる。皆 蜀臣の良なり。呂乂は郡に臨むときは則ち稱を垂らし、朝に處るときは則ち損はれる。亦た黄(二)・薛(三)の流亞なり」と。

(補注)

(一)『詩經』國風 羔羊に、「羔羊之皮、素絲五紽。退食自公、委蛇委蛇。羔羊之革、素絲五緎。委蛇委蛇、自公退食。羔羊之縫、素絲五總。委蛇委蛇、退食自公」とある詩を踏まえた表現である。鄭玄の箋によれば、節倹が讃えられているという。

(二)黄は、黄覇。字は次公、淮陽郡陽夏縣の人。前漢武帝の末年に出仕し、宣帝期には丞相となった。地方での政治は徳による教化を旨として、民に慕われた。だが、丞相としての威厳は、前任者の丙吉・魏相・于定國らに及ばなかった(『漢書』巻八十九 循吏 黄覇傳)。

(三)薛は、薛宣。字を贛君、東海郡郯縣の人。前漢成帝の丞相。地方統治の評判は高く、また法律に明るく、國の制度に習熟していたが、經義に詳しくないため、丞相としては高く評価されなかった(『漢書』巻八十三 翟方進傳)。

［現代語訳］

評にいう、「董和《とうわ》は(『詩經』)羔羊《こうよう》の節倹を行い、劉巴《りゅうは》は清廉高尚な節を行った。馬良《ばりょう》は誠実で、令名を讃えられ、陳震《ちんしん》は忠実で慎み深く、老いてますます篤実であった。董允《とういん》は君主を正し、道義は顔色に現れた。みな蜀漢の良き臣下である。呂乂《りょがい》は郡に臨んでは称賛され、朝廷にいるときは評判をおとした。また黄覇《こうは》・薛宣《せっせん》と同類である」と。

【原文】

劉彭廖李劉魏楊傳第十　蜀書　國志四十

劉封傳

劉封者、本羅侯寇氏之子、長沙劉氏之甥也。先主至荊州、以未有繼嗣、養封爲子。及先主入蜀、自葭萌還攻劉璋。時封年二十餘、有武藝、氣力過人。將兵俱與諸葛亮・張飛等、泝流西上、所在戰克。益州既定、以封爲副軍中郎將。

《訓読》

劉彭廖李劉魏楊傳第十　蜀書　國志四十

劉封傳

劉封なる者は、本とは羅侯(一)たる寇氏の子、長沙の劉氏の甥なり。先主 荊州に至るに、未だ繼嗣有らざるを以て、封を養ひて子と爲す。先主蜀に入るに及ぶや、葭萌より還りて劉璋を攻む。時に封 年二十餘、武藝有り、氣力 人に過ぐ。兵を將ゐて俱に諸葛亮・張飛らと與に、流を泝《さかのぼ》りて西に上り、所在に戰ひ克つ。益州 既に定むるや、封を以て副軍中郎將(二)と爲す。

(補注)

(一)『三國志集解』に引く趙一清の説によれば、羅侯は地名であり、沈家本によれば、『續漢書』郡國志に長沙郡には羅縣があるため、羅侯國になったとすれば、永和五(一四〇)年以降であるという。しかし、後文の孟達の手紙では、劉封に羅侯を嗣ぐべきと述べており、地名ではなく爵位とすべきであろう。

(二) 副軍中郎將は官名。雑号中郎將の一つ。

［現代語訳］

劉彭廖李劉魏楊傳第十　蜀書　國志四十

劉封傳

劉封《りゅうほう》という者は、もとは羅侯《らこう》である寇氏《こうし》の子で、長沙《ちょうさ》郡の劉氏の甥である。先主は荊州《けいしゅう》に至ると、まだ継嗣がないので、封を養子とした。先主は蜀に入ると、葭萌《かぼう》より戻って劉璋《りゅうしょう》を攻めた。そのとき劉封は二十歳あまり、武藝があり、気力は人より勝っていた。兵を率いて諸葛亮《しょかつりょう》や張飛《ちょうひ》らと一緒に、(長江の)流れを遡って西に上ぼり、至るところで戦いに勝った。益州《えきしゅう》が平定されると、劉封を副軍《ふくぐん》中郎將《ちゅうろうしょう》とした。

【原文】

初劉璋遣扶風孟達副法正、各將兵二千人、使迎先主。先主因令達幷領其衆、留屯江陵。蜀平後、以達爲宜都太守。建安二十四年、命達從秭歸北攻房陵。房陵太守蒯祺、爲達兵所害。達將進攻上庸、先主陰恐達難獨任、乃遣封自漢中乘沔水、下統達軍、與達會上庸。上庸太守申耽擧衆降。遣妻子及宗族詣成都。先主加耽征北將軍、領上庸太守、員鄉侯如故。以耽弟儀爲建信將軍・西城太守、遷封爲副軍將軍。自關羽圍樊城・襄陽、連呼封・達、令發兵自助。封・達辭以山郡初附、未可動搖、不承羽命。會羽覆敗、先主恨之。又封與達忿爭不和、封尋奪達鼓吹。達既懼罪、又忿恚封、遂表辭先主、率所領降魏［一］。魏文帝、善達之姿才・容觀、以爲散騎常侍・建武將軍、封平陽亭侯。合房陵・上庸・西城三郡[1]〔爲新城郡、以〕達領新城太守。遣征南將軍夏侯尙・右將軍徐晃、與達共襲封。達與封書曰、

［裴松之注］

［一］魏略載達辭先主表曰、伏惟、殿下將建伊・呂之業、追桓・文之功、大事草創、假勢吳・楚。是以有爲之士、深覩歸趣。臣委質已來、愆戾山積。臣猶自知、況於君乎。今王朝以興、英俊鱗集。臣內無輔佐之器、外無將領之才、列次功臣、誠自愧也。臣聞、范蠡識微、浮於五湖、咎犯謝罪、逡巡於河上。夫際會之間、請命乞身。何則、欲絜去就之分也。況臣卑鄙、無元功・巨勳自繫於時、竊慕前賢、早思遠恥。昔申生至孝見疑於親、子胥至忠見誅於君、蒙恬拓境而被大刑、樂毅破齊而遭讒佞。臣每讀其書、未嘗不慷慨・流涕。而親當其事、益以傷絕。何者、荊州覆敗、大臣失節、百無一還。惟臣尋事、自致房陵・上庸、而復乞身、自放於外。伏想、殿下聖恩感悟、愍臣之心、悼臣之舉。臣誠小人、不能始終。知而爲之、敢謂非罪。臣每、聞交絕無惡聲、去臣無怨辭。臣過奉教於君子。願君王勉之也。

〔校勘〕

1．中華書局本により、「爲新城郡、以」の五字を補う。

《訓読》

初め劉璋 扶風の孟達を遣はし法正に副《そ》へ、各〻兵二千人を將ゐ、先主を迎へしむ。先主 因りて達をして其の衆を幷はせ領し、留めて江陵に屯せしむ。蜀 平らぐの後、達を以て宜都太守と爲す。建安二十四年、達に命じて秭歸より北して房陵を攻めしむ。房陵太守の蒯祺（一）、達の兵の害する所と爲る。達 將に上庸に進攻せんとするも、先主 陰かに達の獨り任じ難きを恐れ、乃ち封を遣はして漢中より沔水に乘り、下りて達の軍を統べ、達と上庸に會せしむ。上庸太守の申耽（二）衆を擧げて降る。妻子及《と》宗族を遣して成都に詣らしむ。先主 耽に征北將軍（三）を加へ、上庸太守を領し、員鄉侯たること故の如くす。耽の弟（五）たる儀を以て建信將軍（四）・西城太守と爲し、封を遷して副軍將軍と爲す。關羽 樊城・襄陽を圍みしより、連《しき》りに封・達を呼び、兵を發して自らを助けしむ。封・達 辭するに山郡 初めて附し、未だ動搖せしむ可からざるを以てし、羽の命を承けず。羽の覆敗するに會ひ、先主之を恨む。又 封と達とは忿爭して和ならず、封 尋《つい》で達の鼓吹を奪ふ。達既に罪を懼れ、又 封に忿恚し、遂て表して先主に辭し、領する所を率ゐ魏に降る［一］。魏の文帝、達の姿才・容觀を善とし、以て散騎常侍・建武將軍（六）と爲し、平陽亭侯に封ず。房陵・上庸・西城の三郡を合はせ新城郡と爲し、達を以て新城太守を領せしむ。征南將軍の夏侯尙（七）・右將軍の徐晃を遣はし、達と與に共に封を襲はしむ。達 封に書を與へて曰く、

［裴松之注］

［一］魏略に達の先主に辭するの表を載せて曰く、「伏して惟《おも》ふに、殿下 將に伊・呂（八）の業を建て、桓・文の功を追ひ、大事をば草創し、勢を吳・楚に假りんとす。是を以て有爲の士、深く歸趣を覩たり。臣 委質してより已來、愆戾 山のごとく積む。臣 猶ほ自

ら知る、況んや君に於てをや。今 王朝 以て興り、英俊 鱗集す。臣 内に輔佐の器無く、外に將領の才無きも、功臣に列次せらるるは、誠に自ら愧づるなり。臣 聞くならく、范蠡は微なるを識り、五湖に浮び、咎犯(九)は罪を謝して、河上に逡巡すと。夫れ際會の間、命を請ひ身を乞ふ。何則《なんとなれば》、去就の分を絜くせんと欲すればなり。況んや臣 卑鄙にして、元功・巨勳もて自づから時に繫《かか》ること無く、竊かに前賢を慕ひ、早に遠恥を思ふをや。昔 申生は至孝にして親に疑はれ、子胥(一〇)は至忠にして君に誅せられ、蒙恬(一一)は境を拓きて大刑を被り、樂毅は齊を破りて讒佞に遭ふ。臣 其の書を讀む毎に、未だ嘗て慷慨・流涕せずんばあらず。而も親ら其の事に當たり、益〻以て傷絶す。何者《なんとなれば》、荊州 覆敗し、大臣 節を失ひ、百に一の還るもの無ければなり。惟《ここ》に臣 事を尋ね、自ら房陵・上庸を致し、而して復た身を乞ひて、自ら外に放つ。伏して想ふに、殿下 聖恩もて感悟せよ、愍臣の心、悼臣の擧を。臣 誠に小人にして、始終を能くせず。知りて之を爲せば、敢て罪に非ずと謂はんや。臣 毎に、交絶を聞くも惡聲すること無く、去臣は怨辭すること無しとす。臣 過(一二)ちて教を君子に奉ず。願はくは君王 之れ勉めんや」と。

(補注)

(一) 蒯祺は、荊州南郡中盧縣の人。諸葛亮の長姉を妻とした(『襄陽耆舊記』蒯欽の条)。後漢末に房陵太守となったが、孟達の兵により殺された(『三國志』卷四十 劉封傳)。

(二) 申耽は、字を義擧。申儀の兄。張魯に通じたのち、曹操に仕え、上庸都尉となったが、劉備に攻められて降服した(『三國志』卷四十 劉封傳注引『魏略』)。

(三) 征北將軍は、官名。四征將軍の一つで、都督を帯び方面軍司令官になることができた。石井仁「四征将軍の成立をめぐって」(『古代文化』四五―一〇、一九九三年)を参照。

(四) 建信將軍は、官名。雑号将軍の一つ。

(五) 副軍將軍は、官名。雑号将軍の一つ。

(六) 建武將軍は、第四品。曹魏に置かれた。

(七) 夏侯尚は、字を伯仁、豫州沛國譙縣の人。夏侯淵の従子。夏侯玄の父。文帝の親友。文帝が即位すると、征南將軍・都督南方諸軍事として、孟達・徐晃と共に劉封・申耽を撃破し、征南大將軍となった。のち荊州牧となったが、病死した(『三國志』卷九 夏侯尚傳)。

(八) 呂は、太公望呂尚。周の文王・武王の軍師を務め、殷との戦いにおいて、周を勝利に導き、のち齊に封建された。兵法書『六韜』の著者と仮託される(『史記』卷三十二 齊太公世家)。

(九) 咎犯は、狐偃のこと。重耳(晉の文公)の外戚。趙衰と並び、重耳と亡命を共にした家臣の筆頭。重耳の即位後も、その覇業を補佐した(『史記』卷三十九 晉世家)。

(一〇) 子胥は、伍子胥(伍員)のこと。春秋末期の人。はじめ楚に仕えたが、父の伍奢と兄の伍尚が楚の平王に殺されたため復讐を誓い亡命する。のちに呉王闔閭に仕えて楚を破り、すでに死亡していた平王の墓を暴いて、その屍を鞭打った。闔閭の死後、その子である夫差を補佐したが、後に誅殺された(『國語』吳語)。

(一一) 蒙恬は、秦の將軍。始皇帝に信頼され、北辺に駐屯して萬里の長城を修築した。宦官の趙高らに謀られ、公子の扶蘇とともに自殺した(『史記』卷八十八 蒙恬列傳)。

(一二) 『三国志集解』は、「過」は「故」に作るのではないか、と指摘するが、そのまま読んだ。

［現代語訳］

これよりさき劉璋は扶風《ふふう》郡の孟達《もうたつ》を派遣して法正《ほうせい》の副將とし、それぞれ兵二千人を率いて、先主を迎えさせた。先主はそこで孟達にそれらの兵をあわせて率いさせ、留めて江陵《こうりょう》郡に駐屯させた。蜀が平定された後、孟達を宜都《ぎと》太守とした。建安二十四（二一九）年、孟達に命じて秭歸《しき》縣から北に向かい房陵《ぼうりょう》郡（河北省房縣）を攻撃させた。房陵太守の蒯祺《かいき》は、孟達の兵に殺された。孟達は上庸《じょうよう》郡に進攻しようとしたが、先主は秘かに孟達ひとりに任せにくいことを恐れ、そこで劉封を派遣して漢中より沔水《べんすい》を使い、下って孟達の軍を統率するため、孟達と上庸郡で落ち合わせた。上庸太守の申耽《しんたん》は兵を挙げて降服した。（そこで申耽の）妻子と宗族を派遣して成都《せいと》縣に至らせた。先主は申耽に征北《せいほく》將軍を加え、上庸太守を兼任し、員鄉《いんきょう》侯であることは元のようにした。申耽の弟である申儀《しんぎ》を建信《けんしん》將軍・西城《せいじょう》太守となし、劉封を遷して副軍《ふくぐん》將軍とした。關羽は樊城《はんじょう》と襄陽《じょうよう》を包囲したときから、しきりに劉封と孟達を呼び、兵を動員して自分を助けさせようとした。劉封と孟達は山あいの郡が従属したばかりなので、まだ動揺させられないことを辞退の理由として、關羽の命を承けなかった。關羽が敗退すると、先主はこれを恨んだ。また劉封と孟達は争いあって仲が悪く、劉封はやがて孟達の鼓吹《こすい》（軍楽隊）を奪った。孟達は罪を懼れ、また劉封に怒って、かくて上表して先主に別れを告げ、領する兵を率いて魏に降服した［一］。魏の文帝《ぶんてい》は、孟達の才能や容姿をよみして、散騎常侍《さんきじょうじ》・建武《けんむ》將軍となし、平陽亭侯《へいようていこう》に封建した。房陵・上庸・西城の三郡を合わせ新城《しんじょう》郡となし、孟達に新城太守を兼任させた。征南《せいなん》將軍の夏侯尚《かこうしょう》・右《ゆう》將軍の徐晃《じょこう》を派遣して、孟達と一緒に劉封を襲撃させた。孟達は劉封に書簡を与えて次のように言った、

［裴松之注］

［一］『魏略《ぎりゃく》』に孟達が先主のもとを辞した上表を載せて次のように言っている、「伏して思いますに、殿下（劉備）は伊尹《いいん》・呂尚《りょしょう》の業績を建て、桓公《かんこう》・文公《ぶんこう》の功績を追って、大事を始められ、勢力を吳・楚に仮りようとしておられます。このために有為の士は、深く（自分の）居場所を見つけることができたのです。臣《わたくし》はお仕えして以来、罪を山のように積んで参りました。臣すら自覚しておりますので、主君はもちろんお分かりのことでしょう。いま王朝は興隆し、英俊は群集しております。臣は内では輔佐の器が無く、外では将領の才も無いのに、功臣の次に列せられているのは、まとこに自ら恥じるものです。臣が聞くところでは、范蠡《はんれい》は（自分の力が）微であることを知り、（句踐から去って）五湖に浮び、（重耳の亡命に従った）咎犯《きゅうはん》は罪を謝して、（入國の際に）黄河のほとりで逡巡したと申します。（二人は）さあ機運に乗ずべきというときに、辞職を願い出ております。なぜかと言えば、去就の分を潔くしたいと考えたからです。まして臣は卑しく、自然と時代に関わるような画期的な大きな勲功をあげたことはなく、秘かに前代の賢人を慕い、早くから将来の恥辱を思って参りました。むかし申生《しんせい》は至孝であるのに親に疑はれ、伍子胥《ごししょ》は至忠であるのに君に誅され、蒙恬《もうてん》は国境を拓《ひら》いたのに大刑（死罪）を受け、樂毅《がくき》は齊を破ったのに讒言に遭いました。臣はその書籍を読むたびに、悲憤慷慨して涙を流さずにはおられませんでした。しかも自身がそのような事態にいたり、ますます痛ましく絶望しております。なぜかと申しますと、荊州（で關羽）が大敗

し、大臣は忠節を失って（敵に降服し）、百人に一人の帰るものもなかったからです。ここに臣は事（の原因）を求め、自ら房《ぼう》陵《りょう》郡・上庸《じょうよう》郡をお返しし、そして辞去して、自らを外に放とうと考えます。伏して思いますに、殿下は聖恩によりご理解くださいませ、哀れな臣の心情、傷んだ臣の行動を。臣はまことに小人であり、（臣下として）始めと終わりを全うすることができません。知っていながら行うことですので、あえて罪ではないとは思いません。臣はつねに、交際を断ったことを聞いても相手を非難せず、（主君のもとを）去る臣下は怨みごとを言わないと聞いております。臣は誤って教えを君子に奉じ（主君にお仕えし）ておりました。願わくは君王にはますますお盛んでありますように」と。

【原文】

古人有言、疏不間親、新不加舊。此謂上明下直、讒慝不行也。若乃權君・譎主、賢父・慈親、猶有忠臣蹈功以罹禍、孝子抱仁以陷難。種・商・白起、孝己・伯奇、皆其類也。其所以然、非骨肉好離、親親樂患也。或有恩移愛易、亦有讒間其間、雖忠臣不能移之於君、孝子不能變之於父者也。勢利所加、改親爲讎。況非親親乎。故申生・衞伋・禦寇・楚建稟受形之氣、當嗣立之正、而猶如此。今足下與漢中王、道路之人耳。親非骨肉而據勢權、義非君臣而處上位、征則有偏任之威、居則有副軍之號、遠近所聞也。自立阿斗爲太子已來、有識之人、相爲寒心。如使申生從子輿之言、必爲太伯。衞伋聽其弟之謀、無彰父之譏也。且小白出奔、入而爲霸。重耳踰垣、卒以克復。自古有之、非獨今也。

夫智貴免禍、明尚夙達。僕揆、漢中王慮定於內、疑生於外矣。慮定則心固、疑生則心懼。亂禍之興作、未曾不由廢立之間也。私怨・人情、不能不見。恐左右必有以間於漢中王矣。然則疑成怨聞、其發若踐機耳。今足下在遠、尚可假息一時。若大軍遂進、足下失據而還。竊相爲危之。昔微子去殷、智果別族。違難背禍、猶皆如斯〔一〕。今足下棄父母而爲人後、非禮也。知禍將至而留之、非智也。見正不從而疑之、非義也。自號爲丈夫、爲此三者、何所貴乎。以足下之才、棄身來東、繼嗣羅侯、不爲背親也。北面事君、以正綱紀、不爲棄舊也。怒不致亂、以免危亡、不爲徒行也。加陛下新受禪命、虛心側席、以德懷遠。若足下翻然內向、非但與僕爲倫、受三百戶封、繼統羅國而已、當更剖符大邦、爲始封之君。陛下大軍、金鼓以震、當轉都宛・鄧。若二敵不平、軍無還期。足下宜因此時早定良計。易有利見大人、詩有自求多福。行矣。今足下勉之、無使狐突閉門不出。

封不從達言。

〔裴松之注〕

〔一〕國語曰、智宣子、將以瑤爲後。智果曰、不如霄也。宣子曰、霄也佷。對曰、霄也佷在面。瑤之賢於人者五、其不逮者一也。美鬢長大則賢、射御足力則賢、技藝[1]〔異俗〕〔畢給〕則賢、巧文辯惠則賢、彊毅果敢則賢。如是而甚不仁。以五者賢陵人、而不仁行之、其誰能待之。若果立瑤也、智宗必滅。不聽。智果別族于太史氏、爲輔氏。及智氏亡、惟輔果在焉。

〔校勘〕

1．百衲本は「異俗」に作るが、中華書局本により「畢給」に改める。

《訓読》

「古人に言有り(一)、「疏は親を間《へだ》てず、新は舊に加《おさ》へず」と。此れ上は明にして下は直なれば、讒慝 行はざるを謂ふなり。若《も》し乃ち權君・譎主、賢父・慈親なるも、猶ほ忠臣に功を蹈みて以て禍に罹り、孝子に仁を抱きて以て難に陷るもの有り。種(二)・啇(三)・白起(四)、孝己(五)・伯奇(六)は、皆 其の類なり。其の然る所以は、骨肉は離を好み、親親は患を樂《ねが》ふに非ざればなり。或いは恩は移り愛は易る有り、亦た其の間を讒間するもの有れば、忠臣と雖も之を君に移す能はず、孝子も之を父に變ずる能はざる者なり。勢利の加ふる所、親も改まり讎と爲る。況んや親親に非ざるをや。故に中生・衞伋(七)・禦寇(八)・楚建(九)は受形の氣を稟け、嗣立の正に當たるも、而るに猶ほ此の如し。今 足下と漢中王とは、道路の人なるのみ。親は骨肉に非ずして勢權に據り、義は君臣に非ずして上位に處り、征しては則ち偏任の威有り、居りては則ち副軍の號有るは、遠近の聞く所なり。阿斗を立て太子と爲してより已來、有識の人、相 爲めに寒心す。如し申生をして子輿(一〇)の言に從はしむれば、必ずや太伯(一一)と爲らん。衞伋 其の弟の謀を聽かば、彰父の譏《そしり》無きなり。且つ小白は出奔して、入りて霸と爲る。重耳は垣を踰えて(一二)、卒に以て克復す。古より之れ有り、獨り今のみに非ざるなり。

夫れ智は禍を免るるを貴び、明は夙達するを尙ぶ。僕 揆《はか》るに、漢中王の慮は内に定まり、疑は外に生ず。慮 定まれば則ち心は固く、疑 生ずれば則ち心は懼る。亂禍の興《おこ》り作るは、未だ曾て廢立の間に由らずんばなし。私怨・人情は、見《あらは》れざること能はず。恐らくは左右 必ず以て漢中王に間《そし》るもの有らん。然らば則ち疑は成り怨は聞こえ、其の發するは機を踐むが若きのみ。今 足下は遠きに在れば、尙ほ息を一時に假る可し。若し大軍 遂に進まば、足下 據を失ひて還る。竊かに相 爲めに之を危ぶむ。昔 微子は殷を去り、智果は族と別る。難を違《さ》け禍に背くは、猶ほ皆 斯の如し[一]。今 足下 父母を棄てて人の後と爲るは、禮に非ざるなり。禍の將に至らんとするを知りて之に留まるは、智に非ざるなり。正しきを見るも從はず之を疑ふは、義に非ざるなり。自ら號して丈夫と爲すも、此の三者を爲すは、何ぞ貴ぶ所ならんや。足下の才を以て、身を棄て來り東して、繼ぎて羅侯を嗣ぐは、背親爲《た》らざるなり。北面して君に事へて、以て綱紀を正すは、棄舊爲らざるなり。怒りて亂を致さず、以て危亡を免るるは、徒行爲らざるなり。加へて陛下 新たに禪命を受け、心を虛しくし席を側《そばだ》て、德を以て遠きを懷けんとす。若し足下 翻然として内に向かへば、但だ僕と倫と爲り、三百戸の封を受け、羅國を繼統するのみに非ず、當に更に符を大邦に剖き、始封の君と爲るべし。陛下の大軍、金鼓もて以て震はせ、當に都を宛・鄧に轉ぜんとす。若し二敵平らがざれば、軍は期に還ること無し。足下 宜しく此の時に因り早に良計を定むべし。易(一三)に大人を見るに利《よろ》しと有り、詩(一四)に自ら多福を求むと有る。行はんかな。今 足下 之に勉め、狐突(一五)をして門を閉ぢ出ださしむること無かれ」と。

封 達の言に從はず。

［裴松之注］

［一］國語に曰く、（一六）「智宣子、將に瑤を以て後と爲さんとす。智果曰く、「宵に如かざるなり」と。宣子曰く、「宵は佷なり」と。對へて曰く、「宵や佷なるは面に在り。瑤の人より賢なる者は五、其の逮ばざる者は一なり。美鬢長大なれば則ち賢、射御足力なれば則ち賢、技藝畢給なれば則ち賢、巧文辯惠なれば則ち賢、彊毅果敢なれば則ち賢なり。是の如くなるも甚だ仁ならず。五者の賢を以て人を陵《しの》ぎて、仁ならずして之を行へば、其れ誰ぞ能く之を待せん。若《も》し果たして瑤を立つれば、智宗 必ずや滅びん」と。聽かず。智果 族を太史氏に別れ、輔氏と爲る。智氏 亡ぶに及び、惟だ輔果のみ在り」と。

（補注）

（一）『春秋左氏傳』隱公 傳三年に、「且夫賤妨貴、少陵長、遠間親、新間舊、小加大、淫破義。所謂六逆也」とあり、これを踏まえた表現である。

（二）種は、大夫種。春秋時代の越の大夫。姓は文、名は種、字を子禽。越王の句踐に仕え、范蠡とともに富国強兵に務め、呉への復讐を達成させた。しかし、呉の滅亡後、用済みとなり句踐に自殺を命じられた（『史記』巻四十一 越王句踐世家）。

（三）商は、商鞅。戰國秦の政治家。魏で法家の術を学び、秦の孝公に仕え、君主を頂点とする強力な中央集権体制の設立を説き、富国強兵策を実践させ、秦を一躍西方の軍事大国にまで押し上げた（『史記』巻六十八 商君傳）。太田幸男「商鞅変法の再検討・補正」（『歴史学研究』四八三、一九八〇年）を参照。

（四）白起は、戰國時代の秦の將軍。秦の昭王に仕え、韓・魏・楚を破り武安君と号し、長平の戦いで趙に大勝した。のち、昭王の信任を失い、咸陽から追放されて自殺した（『史記』巻七十三 白起傳）。

（五）孝己は、殷の高宗の子。後妻の讒言によって殺害された。

（六）伯奇は、周の名臣である尹吉甫の子。後妻と異母弟の伯封に放逐されたという。

（七）衞伋は、衞の太子。しかし、父の宣公が齊から娶った後妻の子を即位させるため殺された（『春秋左氏傳』莊公 傳十六年）。

（八）禦寇は、陳の太子。しかし、父の宣公が後妻の子を即位させるため殺された（『史記』巻五十六 陳丞相世家）。

（九）楚建は、楚の太子。しかし、父の平王が太子のために娶った妻を奪ったため、宋に亡命した（『春秋左氏傳』昭公 傳二十年）。

（一〇）子輿は、士蔿。申生に逃げることを勧めた（『春秋左氏傳』閔公 傳元年）。

（一一）太伯は、周の太王の子。太王が末子の季歴に國を譲りたがっていることを察し、次弟の仲雍とともに呉越の地に移住し、春秋呉國の祖となったという（『史記』巻三十一 呉太伯世家）。

（一二）『春秋左氏傳』僖公 傳五年に、「公使寺人披伐蒲。重耳曰、君父之命不校。乃徇曰、校者、吾讎也、踰垣而走。披斬其袪、遂出奔翟」とあることを踏まえた表現である。

（一三）『周易』乾卦・訟卦に「利見大人」とあり、同文。

（一四）『詩經』大雅 文王に、「自求多福」とあり、同文。

（一五）狐突は、晉の臣下。太子の申生に戦いを止めるよう諫言して、謗られ、疑いを晴らすため一歩も外に出なかった（『國語』巻十五 晉語九）。

（一六）『國語』巻十五 晉語九に、「智宣子、將以瑤爲後。智果曰、不如宵也。宣子曰、霄也佷。對曰、霄也佷在面。瑤也佷在心、心佷國敗、面佷不害。瑤之賢于人者五、其不逮者一也。美鬢長大則賢、射御足力則賢、技藝畢給則賢、巧文辯惠則賢、彊毅果敢則賢。如是而甚不仁。以其五賢陵人、而以不仁行之、其誰能待之。若果立瑤也、智宗必滅。弗聽。智果別族于太史爲輔氏。及智氏之亡也、唯輔果在」とあり、節略されている。

［現代語訳］

「古人の言に、「他人は親族を隔《へだ》てず、新参は古参を抑えつけない」とあります。これは上に明主があり下に直臣がおれば、讒言や隠匿が行われないことを言っております。もしもそれが権君や譎主（であればもちろん）、賢父・慈親であっても、なお忠臣が功績を積みながら禍いを受け、孝子が仁を抱きながら苦難に陥ることがあります。（忠臣でありながら殺された）大夫種《しょう》・商鞅《しょうおう》・白起《はっき》、（後妻に殺された孝子の）孝己《こうき》・伯奇《はくき》は、みなこの事例にあたります。そうなった理由は、親が（子を）裏切ることを好み、親が（子の）患難を願ったためではありません。あるいは恩愛が移り変わり、また間を引き裂くものがあれば、忠臣であっても君主（の気持ち）を移すことはできず、孝子でも父（の気持ち）を変えることはできないものなのです。権勢や利益が加わることで、親でさえ変わって讎《あだ》となります。まして親親ではない者はどうでしょうか。このため申生《しんせい》・衞伋《えいきゅう》・禦寇《ぎょこう》・楚《そ》建《けん》は（親から）授かった体と氣を受け、嗣子の正しい地位にありながら、それでもなおあのよう（に愛姫の子を立てるため父に殺されるよう）な有り様でした。いま足下と漢中王とは、行きずりの人にすぎません。親（族関係）は骨肉ではないのに権勢を握り、義は君臣ではないのに上位に居り、遠征すれば一方の責任者としての威を持ち、出陣しなくとも副軍将軍の号を持っていることは、遠近の者が聞くところです。阿斗《あと》を立てて太子としてより、有識者は、足下のために心を凍らせております。もし申生が子輿《しよ》の言に従っ（て晉から出奔し）ていれば、必ず（呉を支配した）太伯《たいはく》となっていたでしょう。衞伋が弟の（亡命）計画を聞き入れていれば、父君（宣公）への批判はなかったでしょう。また小白《しょうはく》（齊の桓公）は出奔したことで、（後に齊に）入國して覇者となりました。重耳《ちょうじ》（晉の文公）は垣を越えて（逃走し）、最後には復帰することができました。（こうしたことは）古《いにしえ》よりあることで、何も今に始まったことではないのです。

そもそも智は禍いを免れることを尊び、明は（事態を）早く察することを尊びます。僕が思うに、漢中王の気持ちは内では定まっており、疑いは外（劉封）に生じております。気持ちが定まれば心は固くなり、疑いが生じれば心は恐れます。禍乱が興るのは、（太子の）廃立に関係するものと決まっております。私怨や人情は、表に出さずにはおられません。恐らく側近は必ず漢中王に（劉封のことを）謗《そし》っているでしょう。そうなれば疑いは（真実と）成り怨みは聞こえ、禍乱が発するのは引き金をひくだけです。いま足下は遠い場所にいるので、なお一息つけています。もし大軍が進攻すれば、足下は拠り所を失って帰還します。秘かに足下のために危惧いたします。むかし微子《びし》は殷を去り、智果《ちか》は一族と別れました。難を避け禍を遠ざけるために、みなそのようにしたのです[一]。いま足下は父母を棄て人の後嗣となっていますが、（それは）禮に悖《もと》ることです。禍いが至ろうとするのを知ってそこに留まることは、智ではありません。正しいことを見ながら従わずこれを疑うことは、義ではありません。自ら号して丈夫と言っているのに、この三つを行うことは、貴ぶことではありません。足下の才能を持ち、身を棄てて（曹魏に）来て東に行き、羅侯を嗣ぐことは、親に背くことではありません。北面して（曹魏の）君主に仕えて、綱紀を正すことは、旧を棄てることではありません。怒って乱に至らず、危亡を免れることは、むだな行いではありません。加えて陛下（文帝）は新たに禪讓の天命を受け、心を虚しく席を設けて、徳により遠方を懐き従わせようとしております。もし足下が（態度を）翻して曹魏に向かえば、ただ僕と同輩となり、三百戸の封邑を受け、羅國を継承するだけではなく、さらに大国を領地としてもらい、始封の君主となるのです。陛下の大軍は、金鼓を轟かせて、都を宛縣や鄧縣《とう》（湖北省襄樊市の北西）に転じようとしております。もし（蜀と呉の）二敵が平定されなければ、軍は定まった時期でも帰還することはありません。足下はどうかこの時節により早く良計を定めるべきです。『周易』（乾卦）に「大人を見ることに利がある」とあり、『詩經』（大雅 文王）に「自ら多福を求める」とあります。行うべきです。いま足下はこれに勉め、狐突《ことつ》のように門を閉ざして出なかったことを（僕に）取らせないでください」と。

劉封は孟達の言葉に従わなかった。

［裴松之注］

［一］『國語』に、「智宣子《ちせんし》は、智瑤《ちよう》を後嗣にしようとした。智果《ちか》は、「智霄《ちしょう》には及びません」と言った。宣子は、「霄は強情である」と言った。（智果は）応えて、「霄の強情なのは顔つきだけです。瑤が人より勝っている点は五つ、その及ばない点は一つです。鬚《ひげ》が美しく立派な体格であることに優れ、射撃と御車と腕力に優れ、技藝を兼ね備えることに優れ、文章が巧みで弁舌が爽やかであることに優れ、豪気で果断であることに優れています。このようでありながらたいへん仁ではありません。五つの優れた点で人を凌《しの》ぎ、仁ではなくこれを行えば、さて誰がこれを待遇できましょう。もし瑤を立てれば、智宗は必ず滅びるでしょう」と言った。（智宣子は）聴かなかった。智果は宗族を太史《たいし》氏に（申し出て）別れ、輔《ほ》氏となった。智氏が亡ぶに及んで、ただ輔果だけが生き残った」とある。

【原文】

申儀叛封、封破走還成都。申耽降魏、魏假耽懷集將軍、徙居南陽。儀魏興太守、封[1]（眞）〔員〕鄕侯、屯洵口［二］。封既至、先主責封之侵陵達、又不救羽。諸葛亮慮封剛猛、易世之後、終難制御、勸先主因此除之。於是賜封死、使自裁。封歎曰、恨不用孟子度之言。先主爲之流涕。達本字子敬、避先主叔父敬、改之［三］。

［裴松之注］

［二］魏略曰、申儀兄名耽、字義擧。初在西平・上庸間、聚衆數千家、後與張魯通、又遣使詣曹公。曹公加其號爲將軍、因使領上庸都尉。至建安末、爲蜀所攻、以其郡西屬。黄初中、儀復來還、詔即以兄故號加儀、因拜魏興太守、封列侯。太和中、儀與孟達不和、數上言達有貳心於蜀。及達反、儀絶蜀道、使救不到。達死後、儀詣宛見司馬宣王。宣王勸使來朝。儀至京師。詔轉儀拜樓船將軍、在禮請中。

［三］封子林爲牙門將。咸熙元年、內移河東。達子興爲議督軍、是歲徙還扶風。

〔校勘〕

1．百衲本は「眞」に作るが、中華書局本により「員」に改める。

《訓読》

申儀（一）封に叛し、封 破《やぶ》れ走《のが》れて成都に還る。申耽の魏に降るや、魏 耽に懷集將軍（二）を假《あた》へ、居を南陽に徙さしむ。儀は魏興太守たりて、員鄉侯に封ぜられ、洵口に屯す[一]。封 既に至るや、先主 封の達に侵陵せられ、又 羽を救はざるを責む。諸葛亮 封の剛猛たりて、易世の後に、終には制御し難きを慮り、先主に勸め此に因りて之を除く。是に於て封に死を賜ひ、自裁せしむ。封 歎じて曰く、「孟子度の言を用ひざるを恨む」と。先主 之が爲に流涕す。達は本と字を子敬たりしも、先主の叔父の敬を避け、之を改む[二]。

[裴松之注]

[一] 魏略に曰く、「申儀の兄 名は耽、字は義擧。初め西平・上庸の間に在り、衆を聚むること數千家、後に張魯と通じ、又 使を遣はして曹公に詣らしむ。曹公 其れに號を加へて將軍と爲し、因りて上庸都尉を領せしむ。建安の末に至り、蜀の攻むる所と爲り、其の郡を以て西に屬す。黃初中、儀 復た來り還らば、詔して卽ちに兄の故號を以て儀に加へ、因りて魏興太守に拜し、列侯に封ず。太和中、儀 孟達と和せず、數〻上言して達 蜀に貳心有りとす。達の反するに及び、儀 蜀の道を絕ち、救をして到らしめず。達 死せしの後、儀 宛に詣り司馬宣王に見ゆ。宣王 勸めて來朝せしむ。儀 京師に至る。詔して儀を轉じて樓船將軍（三）に拜するに、禮は請中に在り」と。

[三] 子の林を封じて牙門將と爲す。咸熙元年、河東に內移す。達の子の興は議督軍と爲るも、是の歲 徙りて扶風に還る。

〔補注〕

（一）申儀は、申耽の弟。劉封と共に夏侯玄と戰ったが、劉封を裏切って、魏に降服した（『三國志』卷四十 劉封傳）。

（二）懷集將軍は、将軍号。曹魏では五品官であった。

（三）樓船將軍は、将軍号。曹魏では五品官であった。

〔現代語訳〕

申儀《しんぎ》は劉封に背き、劉封は敗退して成都に帰った。申耽《しんたん》が魏に降服すると、魏は申耽に懷集《かいしゅう》将軍を与え、南陽郡に移り住まわせた。申儀は魏興《ぎこう》太守となり、員鄉侯《いんきょうこう》に封建され、洵口《じゅんこう》に駐屯した[一]。劉封が戻ると、先主は劉封が孟達に侵し破られ、さらに關羽を救わなかったことを責めた。諸葛亮は劉封が剛猛であり、代替わりのあとに、結局は制御し難くなることを考慮し、先主に勧めてこれを理由に劉封を除いた。こうして劉封に死を賜い、自裁させた。劉封は嘆息して、「孟子度《もうしど》（孟達）の言葉を用いなかったことが恨めしい」と言った。先主は劉封のために涙を流した。孟達はもとの字《あざな》を子敬《しけい》といったが、先主の叔父の敬を避け、これを子度に改めた[二]。

[裴松之注]

[一]『魏略』に、「申儀の兄は名を耽《たん》、字を義擧《ぎきょ》という。はじめ西平・上庸のあたりで、衆を数千家集めていたが、後に張魯と通じ、また使者を派遣して曹公に参上させた。曹公は申耽に将軍号を与え、さらに上庸都尉《じょうようとい》を兼任させた。建安年間（一九六～二

二〇年）の末年に至り、蜀に攻められ、上庸郡ごと蜀に属した。黃初年間（二二〇～二二六年）、申儀がまた（魏に）帰順したので、詔して直ちに兄のもとの号を申儀に与え、そして魏興太守《ぎこうたいしゅ》に任命し、列侯に封建した。太和年間（二二七～二三三年）、申儀は孟達と仲が悪く、しばしば上言して孟達は蜀に（通じて）二心があるとした。孟達が反すると、申儀は蜀との交通路を絶ち、救援を到らせなかった。孟達が死んだのち、申儀は宛《えん》縣に参上して司馬宣王《しばせんおう》に謁見した。宣王は参内することを勧めた。申儀は京師に至った。詔して申儀を樓船《ろうせん》將軍に転任させ、礼は諸侯の格式とした」とある。

［一二］（劉封の）子の劉林《りゅうりん》を任命して牙門將《がもんしょう》とした。咸熙《かんき》元（二六四）年、河東《かとう》郡に内徙した。孟達の子の孟興《もうこう》は議督軍《ぎとくぐん》であったが、この歳に従って扶風《ふふう》郡に帰った。

【原文】

彭羕傳

彭羕字永年、廣漢人。身長八尺、容貌甚偉。姿性驕傲、多所輕忽。惟敬同郡秦子勑、薦之於太守許靖曰、昔高宗夢傅說、周文求呂尙。爰及漢祖、納食其於布衣。此乃帝王之所以倡業垂統、緝熙厥功也。今明府稽古皇極、允執神靈、體公劉之德、行勿翦之惠。淸廟之作、於是乎始、褒貶之義、於是乎興。然而六翮未之備也。伏見處士緜竹秦宓、膺山甫之德、履雋生之直、枕石漱流、吟詠縕袍、偃息於仁義之途、恬惔於浩然之域。高概節行、守眞不虧。雖古人潛[1]（道）〔遁〕、蔑以加旃。若明府能招致此人、必有忠讜落落之譽、豐功厚利、建跡[2]（之）〔立〕勳。然後紀功於王府、飛聲於來世、不亦美哉。

〔校勘〕

1．百衲本は「道」に作るが、中華書局本により「遁」に改める。

2．百衲本は「之」に作るが、中華書局本により「立」に改める。

《訓読》

彭羕傳

彭羕 字は永年、廣漢の人なり。身の長 八尺、容貌 甚だ偉なり。姿性驕傲にして、輕忽する所多し。惟《た》だ同郡の秦子勑のみを敬し、之を太守の許靖に薦めて曰く、「昔 高宗(一)は傅說(二)を夢み、周文(三)は呂尙(四)を求む。爰に漢祖に及ぶや、食其(五)を布衣より納る。此れ乃ち帝王の業を倡《とな》へ統を垂れ、厥の功を緝熙する所以なり。今 明府 古の皇極を稽《かんが》へ、允《まこと》に神靈を執り、公劉(六)の德を體し、勿翦(七)の惠を行ふ。淸廟(八)の作、是に於て始まり、褒貶の義、是に於て興る。然り而して六翮(一〇) 未だ之れ備はらざるなり。伏して見るに處士(九)の緜竹の秦宓、山甫の德を膺《いだ》き、雋生(一一)の直を履み、石を枕にし流れに漱《くちそそ》ぎ、吟詠して縕袍し、偃息するに仁義の途に於てし、恬惔するに浩然の域に於てす。高概の節行、眞を守りて虧かず。古人の潛遁と雖も、以て旃《これ》に加ふる蔑《な》し。若し明府 能く此の人を招致せば、必ず忠讜落落の譽、功を豐かにし利を厚くし、跡を建て勳を立つる有り。然る後に功を王府に紀し、聲を來世に飛ばさば、亦た美ならずや」と。

（補注）

（一）高宗は、殷の王。帝武丁のこと。帝武丁は、殷の第二十代の王。賢人の傅説を宰相に任用し、殷の中興を果たした（『史記』巻三 殷本紀、巻二十八 封禪書）。

（二）傅説は、殷の高宗の宰相。刑徒として傅險での工事に従事していたが、高宗に見出され、殷を大いに治めたという。傅險を姓とし、傅説と号された（『史記』巻三 殷本紀）。

（三）周文は、周の文王、姫昌。周の創始者である武王の父。太公望呂尙を挙用し、周の興隆の基礎を築いた（『史記』巻四 周本紀）。天下の三分の二を有しながら、殷に臣下として仕えた、と孔子は高く評価している（『論語』泰伯篇）。

（四）呂尙は、太公望呂尙。周の文王・武王の軍師を務め、殷との戦いにおいて、周を勝利に導き、のち齊に封建された。兵法書『六蹈』はその著作として仮託されている（『史記』巻三十二 齊太公世家）。

（五）食其は、酈食其。陳留郡高陽縣の人。劉邦の説客として活躍したが、齊王の田廣を説いて歴下の守備をやめさせて危機を防いだ際に、韓信が齊を攻めたので、田廣に煮殺された（『史記』巻九十七 酈食其傳）。

（六）公劉は、周の遠祖の一人。戎狄の間に居住したが、后稷の業を修め、農業に務めたという（『史記』巻四 周世家）。

（七）勿剪は、周の召公の遺徳を思い、人々が甘棠の木を斬らなかったこと（『詩經』召南 甘棠）。

（八）清廟は、歌の一種。周公が、文王の徳をたたえて作ったとされる。廟祭に奏する（『詩經』周頌 清廟）。

（九）處士は、士で未だ出仕していないものをいう（『孟子』滕文公篇下）。

（一〇）山甫は、仲山甫。樊穆仲のこと。周の宣王に仕えた名宰相（『史記』本紀四 周本紀）。

（一一）雋生は、ここでは雋不疑。勃海の人、字は曼倩。『春秋』を修めて郡文學となり、州郡に名を知られ、武帝の末年に青州刺史となった。昭帝期に京兆尹となり、北闕に現れた衞太子を自称する男を『春秋』の義に基づいて捕縛したことで、昭帝に称賛された（『漢書』巻七十一 雋不疑傳）。

［現代語訳］

彭羕傳

彭羕《ほうよう》は字を永年《えいねん》といい、廣漢《こうかん》郡の人である。身長は八尺、容貌はたいへん魁偉であった。性格は傲慢で、（人を）軽んじることが多かった。ただ同じ廣漢郡の秦子勑《しんしちょく》（秦宓《しんふく》）だけを尊敬し、これを廣漢太守の許靖《きょせい》に薦めて曰く、「むかし（殷の）高宗《こうそう》は傅説《ふえつ》を夢にみて、周の文王《ぶんおう》は（太公望）呂尙《りょしょう》を探し出しました。さらに漢の高祖劉邦に及ぶと、酈食其《れきいき》を無官から取り立てました。これこそ帝王が大業を先導し王統を伝え、その功績を輝かせた理由です。いま明府《あなた》は古《いにしえ》の帝王相伝の大法を考え、まことに神霊（のような英知）を持ち、公劉《こうりゅう》の徳を備え、（召公の）勿剪《ぶっせん》の恩を施しておられます。（その結果、『詩經』が政治を讃えるために収録した）清廟《せいびょう》の作成が、ここにおいて始まり、（『春秋』が明確に示すような）褒貶の義が、ここにおいて興っています。しかしながら六つの羽（のような臣下は）まだ備わってはおりません。伏して見ますに處士《しょし》の緜竹《めんちく》縣の秦宓は、仲山《ちゅうざん》甫《ほ》の徳を抱き、雋不疑《しゅんふぎ》の直を行い、石を枕にし流れに漱《くちそそ》ぐ（ような清廉な）暮らしをし、詩を吟じて粗末な衣服をまとい、憩《いこ》うのは仁義の途《みち》において、安らかなのは浩然の（氣を養う）地域においてです。高い節行を持ち、真を守って欠くことがありません。古《いにしえ》の隠逸であっても、これに加えることはできません。もし明府がこの人を招致できれば、必ず忠義あふれる人との名誉と、豊かな功績と厚い利益と、足跡を建て勲功を立てることができましょう。そののちに功績を王府に記録し、名声を来世に飛び及ぼせば、すばらしいことではないでしょうか」と。

【原文】

羕仕州、不過書佐。後又爲衆人所謗毀於州牧劉璋。璋髡鉗羕爲徒隷。會先主入蜀、泝流北行。羕欲納説先主、乃往見龐統。統與羕非故人、又適有賓客。羕徑上統牀臥、謂統曰、須客罷當與卿善談。統客既罷、往就羕坐。羕又先責統食、然後共語、因留信宿、至于經日。統大善之、而法正宿自知羕、遂並致之先主。先主亦以爲奇、數令羕宣傳軍事、指授諸將。奉使稱意、識遇日加。成都既定、先主領益州牧、拔羕爲治中從事。羕起徒歩、一朝處州人之上、形色囂然、自矜・得遇滋甚。諸葛亮雖外接待羕、而內不能善。屢密言先主、羕心大志廣、難可保安。先主既敬信亮、加察羕行事、意以稍疏。左遷羕爲江陽太守。

《訓讀》

羕 州に仕ふるも、書佐（一）に過ぎず。後に又 衆人の爲に州牧の劉璋に謗毀せらる。璋 羕を髡鉗して徒隷と爲す。會〻先主 蜀に入り、流れを泝り北行す。羕 説を先主に納れんと欲し、乃ち往きて龐統を見る。統 羕と故人に非ず、又 適〻賓客有り。羕 徑ちに統の牀臥に上り、統に謂ひて曰く、「客の罷《まか》るを須《ま》ちて當に卿と與に善く談ぜん」と。統の客 既に罷り、往きて羕の坐に就く。羕 又 先に統に食を責《もと》め、然る後に共に語り、因りて留まりて信宿（二）し、經日に至る。統 大いに之を善しとし、而も法正 宿自《あらかじめ》羕を知れば、遂に並びて之を先主に致す。先主も亦た以て奇と爲し、數〻羕をして軍事を宣傳し、諸將に指授せしむ。使を奉じて意に稱ひ、識遇 日〻に加はる。成都 既に定まり、先主 益州牧を領するや、羕を拔きて治中從事と爲す。羕 徒歩より起ち、一朝に州人の上に處《を》らば、形色 囂然なるも、自ら遇を得たるを矜《ほこ》ること滋〻甚だし。諸葛亮 外は羕を接待すと雖も、而るに內は善とする能はず。屢〻密かに先主に言ひ、羕 心は大にして志は廣くも、保ち安んず可難しと。先主 既に亮を敬信し、加へて羕の行事を察し、意 以て稍や疎んず。羕を左遷して江陽太守と爲す。

（補注）

（一）書佐は、州書佐。門功曹書佐・簿曹書佐・典郡書佐などが置かれ、主に文書をつかさどった（『後漢書』志二十七 百官四）。

（二）信宿は、二泊すること。『詩經』周頌 有客に、「有客信信」とあり、毛傳に、「再宿曰信」とある。

［現代語訳］

彭羕《ほうよう》は益州《えきしゅう》に仕えたが、書佐《しょさ》に過ぎなかった。後にまた人々から益州牧の劉璋《りゅうしょう》に悪口を言われた。劉璋は彭羕を髡鉗《こんけん》（髪を剃り首枷を）して労役囚とした。たまたま先主（劉備）が蜀に入り、流れを遡って北方に向かった。彭羕は自説を先主に受け入れてもらおうと思い、そこで出かけて龐統《ほうとう》と会った。龐統は彭羕と知り合いではなく、またちょうどお客さんがあった。彭羕はまっすぐに龐統の寝台に登り、龐統に言って、「客の帰るのを待って君と共に十分に話そう」とした。龐統の客が帰ったあと、（龐統は）彭羕のところに来て座った。彭羕はまた先に龐統に食事を求め、その後に共に語り、そのまま留って二泊して、日を過ごした。龐統はたいへん彭羕を良しとし、しかも法正《ほうせい》も昔から彭羕を知っていたので、こうして共に彭羕を先主に薦めた。先主もまた彭羕を奇とし、しばしば彭羕に軍事について広く伝えさせ、諸將に指示させた。使者として（先主の）意にかない、知遇は日ごとに加わった。成都《せいと》が平定され、先主は益州牧を領すると、彭羕を抜擢して治中 従事《じちゅうじゅうじ》とした。彭羕は労役囚から起用され、一朝にして益州の人々の上に立ったので、容貌は無欲そうにみえたが、寵遇を得たことを鼻にかける様子が次第にひどくなった。諸葛亮は表向きは彭羕を持ち上げていたが、内心では良しとできなかった。しばしば秘かに先主に言って、彭羕は心が大きく志が広いけれども、安定を保つことは難しいでしょうとした。先主は諸葛亮を敬信しており、加えて彭羕の様子を観察して、次第に疎んじるようになった。彭羕を左遷して江陽太守《こうようたいしゅ》とした。

【原文】

羕聞當遠出、私情不悅、往詣馬超。超問羕曰、卿才具秀拔、主公相待至重、謂卿當與孔明・孝直諸人齊足並驅。寧當外授小郡、失人本望乎。羕曰、老革荒悖、可復道邪〔一〕。又謂超曰、卿爲其外、我爲其內、天下不足定也。超羇旅歸國、常懷危懼。聞羕言大驚、默然不答。羕退、具表羕辭。於是收羕付有司。

〔裴松之注〕

〔一〕揚雄方言曰、[1]（滅）〔悈〕・鰓・乾・都・[2]（耆）〔耇〕・革、老也。郭璞注曰、皆老者、皮[3]（色）〔毛〕枯瘁之形也。臣松之以爲、皮去毛曰革。古者、以革爲兵、故語稱兵革。革猶兵也。羕罵備爲老革、猶言老兵也。

〔校勘〕

1．百衲本は「滅」に作るが、中華書局本により「悈」に改める。
2．百衲本は「耆」に作るが、中華書局本により「耇」に改める。
3．百衲本は「色」に作るが、中華書局本により「毛」に改める。

《訓読》

羕 當に遠出すべしと聞き、私情 悅ばず、往きて馬超に詣る。超 羕に問ひて曰く、「卿が才具 秀拔にして、主公 相 待つこと至重、謂へらく卿は當に孔明・孝直の諸人と與に足を齊《そろ》へて並びて驅くべしと。寧ろ當に外に小郡を授《う》くるは、人の本望を失はんか」と。羕曰く、「老革 荒悖にして、復た道《い》ふ可けんや」と〔一〕。又 超に謂ひて曰く、「卿は其の外と爲り、我は其の內と爲らば、天下 定むるに足らざらんや」と。超 羇旅して國に歸さば、常に危懼を懷く。羕の言を聞き大いに驚き、默然《と》として答へず。羕 退くや、具さに羕の辭を表す。是に於て羕を收らへ有司に付す。

〔裴松之注〕

〔一〕揚雄の方言〔一〕に曰く、「悈・鰓・乾・都・耇・革は、老なり」

と。郭璞[二]の注に曰く、「皆 老なる者は、皮毛 枯瘁の形なり」と。 臣松之 以爲へらく、皮 毛を去るを革と曰ふ。 古者《いにしへは》、革を以て兵を爲る、故に語に兵革と稱す。革は猶ほ兵のごときなり。 羕 備を罵りて老革と爲すは、猶ほ老兵と言ふがごときなり。

(補注)

(一) 方言は、前漢の揚雄が著した字書。古今および各地方の同義語を類別し、通用範囲を注記している。晉の郭璞が注を附した。周祖謨『方言校箋』(中華書局、一九九三年) は校訂も整い優れた本である。

(二) 郭璞は、西晉の学者。字を景純。五行や天文・卜筮をよくしたが、王敦の乱の際、その出兵を凶と断じて殺された(『晉書』巻七十二 郭璞傳)。『山海經』や『穆天子傳』の注釋には怪異なものに対する関心が、『爾雅』や『三蒼』『方言』の注釋には古文奇字に対する関心がうかがわれる。

[現代語訳]

彭羕は遠方に転出させられると聞き、私情ではおもしろくなく、馬《ば》超《ちょう》に会いに行った。馬超は彭羕に尋ねて、「卿《きみ》は才能が抜群で、主公が待遇することも重く、卿は孔明《こうめい》(諸葛亮) や孝直《こうちょく》(法正) らと足並みを揃えて活躍されるものと思っていました。外の小郡 (の太守) を受けるのは、本来の希望に外れるのではないでしょうか」と言った。彭羕は、「老革《じいさん》(劉備) はぼけてわけが分からず、お話にならない」と言った[一]。また馬超に言って、「卿が外を受け持ち、我《わたし》が内を受け持てば、天下のことは定めるに足りるでしょう」とした。馬超は流浪のすえ国家に帰順したので、常に危機感を懐いていた。彭羕の言葉を聞くとたいへん驚いて、黙って答えなかった。彭羕が帰ると、詳細に彭羕の言辞を報告した。こうして彭羕を捕らえ担当の役人に渡した。

[裴松之注]

[一] 揚雄《ようゆう》の『方言《ほうげん》』に、「㦉・鰓・乾・都・耇・革は、老という意味である」とある。郭璞の注に、「みな老というものは、皮と毛が枯れかさかさになった形態である」とある。 臣《わたくし》 裴松之考えますに、皮の毛を取ったものを革と言います。むかしは、革によって武器をつくりました、そのため兵革という言葉があるのです、革は武器というような意味です。彭羕が劉備を罵って老革としたのは、老兵と言ったようなことになります。

【原文】

羕於獄中與諸葛亮書曰、僕昔有事於諸侯、以爲、曹操暴虐、孫權無道、振威闇弱、其惟主公有霸王之器、可與興業致治。故乃翻然有輕擧之志。會公來西、僕因法孝直自衒鬻、龐統斟酌其間、遂得詣公於葭萌、指掌而譚、論治世之務、講霸王之義、建取益州之策。公亦宿慮明定、卽相然贊、遂擧事焉。僕於故州不免凡庸、憂於罪罔、得遭風雲激矢之中、求君得君、志行名顯、從布衣之中擢爲國士、盜竊茂才。分子之厚、誰復過此[一]。羕一朝狂悖、自求葅醢、爲不忠不義之鬼乎。先民有言、左手據天下之圖、右手刎咽喉、愚夫不爲也。

況僕頗別菽麥者哉。所以有怨望意者、不自度量、苟以爲首興事業。而有投江陽之論、不解主公之意、意卒感激、頗以被酒、侻失老語。此僕之下愚、薄慮所致、主公實未老也。且夫立業、豈在老少。西伯九十、寧有衰志。負我慈父、罪有百死。至於內外之言、欲使孟起立功北州、戮力主公、共討曹操耳。寧敢有他志邪。孟起說之是也、但不分別其間、痛人心耳。昔每與龐統共相誓約、庶託足下末蹤、盡心於主公之業、追名古人、載勳竹帛。統不幸而死、僕敗以取禍。自我[1]（惰）〔墮〕之、將復誰怨。足下、當世伊・呂也。宜善與主公計事、濟其大猷。天明地察、神祇有靈、復何言哉。貴使足下明僕本心耳。行矣努力、自愛、自愛。羕竟誅死、時年三十七。

〔裴松之注〕

［一］臣松之以爲、分子之厚者、羕言劉主分兒子厚恩、施之於己。故其書後語云、負我慈父、罪有百死也。

〔校勘〕

1．百衲本は「惰」に作るが、中華書局本により「墮」に改める。

《訓讀》

羕 獄中より諸葛亮に書を與へて曰く、「僕 昔 諸侯に事ふる有り、以爲へらく、曹操は暴虐、孫權は無道、振威は闇弱、其れ惟だ主公のみ霸王の器有り、與に業を興し治を致す可しと。故に乃ち翻然として輕擧の志有り。會〻公 西に來たれば、僕 法孝直に因り自ら衒鬻し、龐統 其の間を斟酌して、遂て公に葭萌に詣るを得、掌を指して譚《かた》り、治世の務を論じ、霸王の義を講じ、益州を取るの策を建つ。公も亦た宿慮 明定し、卽ちに相 然贊し、遂に事を擧ぐ。僕 故州に於て凡庸を免れず、罪罔に憂ふも、風雲激矢の中に遭ひ、君を求めて君を得、志は行はれ名は顯はれ、布衣の中より擢せられて國士と爲り、茂才を盜竊するを得たり。分子の厚、誰か復た此に過ぎんや［一］。羕一朝に狂悖し、自ら菹醢を求め、不忠・不義の鬼と爲らんや。先民に言有り、左手に天下の圖を據り、右手に咽喉を刎ぬるは、愚夫も爲さざるなりと。況んや僕は頗る菽麥を別つ者かな。所以《ゆゑ》に怨望の意有る者は、自ら度量せず、苟くも以爲へらく首《はじ》めに事業を興すと。而も江陽に投ずるの論有り、主公の意を解せず、意 卒に感激し、頗る以て酒を被り、侻《かろがろ》しく老の語を失す。此れ僕の下愚にして、薄慮の致す所、主公 實に未だ老ならざるなり。且つ夫れ業を立つるは、豈に老少に在らん。西伯は九十にして、寧ぞ志 衰ふること有らん。我が慈父に負き、罪は百死有り。內外の言に至るや、孟起をして功を北州に立たしめ、力を主公に戮《あ》はせ、共に曹操を討たんと欲せしのみ。寧ぞ敢て他志有らんや。孟起 之を說くは是なり、但だ其の間を分別せず、人心を痛めしのみ。昔 每に龐統と與に共に相 誓約し、庶くは足下の末蹤に託し、心を主公の業に盡くし、名を古人に追ひ、勳を竹帛に載せんと。統 不幸にして死し、僕 敗れて以て禍を取る。自ら我之に墮つ、將《は》た復た誰をか怨まん。足下、當世の伊・呂なり。宜しく善く主公と與に事を計り、其の大猷を濟《な》すべし。天は明にして地は察し、神祇に靈有らば、復た何をか言はんや。貴《ねが》はくは足下をして僕の本心を明らかしむるのみ。行ひて努力せよ、自愛せよ、自愛せよ」と。羕 竟に誅死す、時に年三十七なり。

［裴松之注］

［一］臣松之 以爲へらく、分子の厚なる者は、羕 言へらく劉主 兒子の厚恩を分けて、之を己に施すと。故に其の書の後に語りて云ふ、「我が慈父に負く、罪は百死有るなり」と。

［現代語訳］

彭羕は獄中から諸葛亮に書簡を与えて、「僕はむかし諸侯に仕えたことがありますが、考えるに、曹操は暴虐、孫權は無道、振威《しんい》（將軍の劉璋）は闇弱で、ただ主公（劉備）だけが霸王の器を持ち、共に大業を興し（安定した）統治を致せる方でした。このため心を翻して（お仕えするため）飛んでいきたいという志を持ちました。たまたま主公が西に来たので、僕は法孝直《ほうこうちょく》（法正）によって自らを売り込み、龐統《ほうとう》がその間を取り持って、主公に葭萌《かぼう》でお会いすることができ、掌《たなごころ》を指して語り、治世の要務を論じ、霸王の義を講じて、益州を取る策を建てました。主公もまたこれまでの思いを明らかに定め、直ちに賛同して、そうして事を挙げました。僕は益州において凡庸な存在で、罪禍に遭いましたが、矢が飛び交う風雲の時勢にめぐり遭い、（良き）君主を求めて（良き）君主を得、志は行われ名は明らかとなり、無官から抜擢されて国士となり、州を代表する才能を盗みとるまでにいたりました。（主公の）子に分けるような厚い恩愛を受けること、誰がわたしより過ぎるでしょうか［一］。（それなのに）羕《わたし》は一朝にして狂い道をはずれ、自ら（死刑にされて死体を）塩漬けにされることを求め、不忠・不義の鬼となるのでしょうか。先人に言葉があり、左手で天下の図を取り、右手で咽喉を刎ねることは、愚夫もしないと申します。まして僕は何とか豆と麦の区別はつく男です。したがって怨望の意志を持つようになったのは、自ら（の力量）を計らず、軽々しくも始めに（益州平定の）事業を起こした者はわたしであると考えたことにあります。しかも江陽郡に左遷されるとの議論があり、主公の意向を理解せず、思いを結局高ぶらせ、したたか酒を飲んで、（主公を）老と呼ぶ失態を犯したのです。これは僕が下愚であり、思慮の至らなさの致すところで、主公はまことにいまだ老ではございません。かつそもそも大業を立てるには、老年も年少もありません。西伯（周の文王）は九十歳で、志が衰えることがありませんでした。我が慈父（である主公）に背き、罪は百死に当たります。（自分が）内（馬超が）外の言辞に至りましては、孟起《もうき》（馬超）を北州（涼州）に立たせ、力を主公と合わせて、共に曹操を討とうと考えただけでした。どうして他の思いがありましょうか。孟起がこれを報告したことは正しいことですが、ただその間（の事情）を弁えず、人心を痛ませただけです。むかし常に龐統と共に互いに誓約し、ねがわくは足下の後から着いていき、心を主公の大業に尽くし、名声を古人に追って、勲功を竹帛に載せようと語り合っておりました。龐統は不幸にも死に、僕は失敗して罪禍を招きました。自分からわたしはこれに落ちたのです、また誰を怨むことがありましょう。足下は、当世の伊尹《いいん》や呂尚《りょしょう》です。どうかよく主公と共に大事を計り、その大いなる道を成し遂げてください。天地は明察で、神祇に霊がありますので、これ以上何を申し上げましょう。願わくは足下に僕の本心を明かしたかったのです。努力なさって、ご自愛ください、ご自愛ください」といった。彭羕はついに誅死した、時に三十七歳であった。

［裴松之注］

〔一〕臣 裴松之が考えますに、分子の厚というものは、彭羕が言うには劉主が子への厚恩を分けて、それを自分に施したということです。このためその書簡の後で語って、「我が慈父（である主公）に背き、罪は百死に当たります」と言っているのです。

【原文】

廖立傳

廖立廖音理救反字公淵、武陵臨沅人。先主領荊州牧、辟爲從事。年未三十、擢爲長沙太守。先主入蜀、諸葛亮鎭荊土。孫權遣使、通好於亮、因問士人、皆誰相經緯者。亮答曰、龐統・廖立、楚之良才。當贊興世業者也。建安二十年、權遣呂蒙、奄襲南三郡。立脫身走、自歸先主。先主素識待之、不深責也、以爲巴郡太守。二十四年、先主爲漢中王、徵立爲侍中。後主襲位、徙長水校尉。

《訓読》

廖立傳

廖立 廖 音は理救の反 字は公淵、武陵臨沅の人なり。先主 荊州牧を領するや、辟して從事と爲す。年 未だ三十ならず、擢して長沙太守と爲す。先主 蜀に入るや、諸葛亮 荊土に鎭す。孫權 使を遣はして、好みを亮に通じ、因りて士人を問ひ、皆 誰か相 經緯する者ぞと。亮 答へて曰く、「龐統・廖立は、楚の良才なり。當に世業を贊興すべき者なり」と。建安二十年、權 呂蒙を遣はし、奄《たちま》ち南の三郡を襲はしむ。立 身を脫して走り、自ら先主に歸す。先主 素より之を識待すれば、深くは責めず、以て巴郡太守と爲す。二十四年、先主 漢中王と爲るや、立を徵して侍中と爲す。後主 位を襲《つ》ぐや、長水校尉に徙る。

［現代語訳］

廖立傳

廖立《りょうりつ》は［廖は音が理救の反］字を公淵《こうえん》といい、武陵《ぶりょう》郡臨沅県《りんげん》（湖南省常徳市）の人である。先主が荊州牧を兼任すると、辟召して従事《じゅうじ》とした。まだ三十歳前に、抜擢して長沙《ちょうさ》太守とした。先主が蜀に入ると、諸葛亮が荊州を鎮守した。孫權は使者を派遣して、諸葛亮に友好の意を伝え、そのとき士人（の才能）を尋ねて、だれが（諸葛亮と）ともに（荊州を）治められる者であるのかと聞いた。諸葛亮は答えて、「龐統《ほうとう》と廖立は、楚《そ》の良才です。代々に伝える功業を補佐し興隆できるものです」といった。建安《けんあん》二十（二一五）年、孫權は呂蒙《りょもう》を派遣して、急に（荊州）南部の三郡を襲わせた。廖立は自分だけ脱出して逃れ、先主のもとに帰った。先主はもともと廖立を認め優待していたので、深くは責めず、巴郡《はぐん》太守とした。建安二十四（二一九）年、先主が漢中《かんちゅう》王になると、廖立を徵召して侍中《じちゅう》とした。後主が（天子の）位を嗣ぐと、長水校尉《ちょうすいこうい》に移った。

【原文】

立本意自謂、才名宜爲諸葛亮之貳。而更游散在李嚴等下、常懷怏怏。後丞相掾李[1]（部）〔邵〕・蔣琬至。立計曰、軍當遠出、卿諸人好諦其事。昔先[2]（主）〔帝〕不取漢中、走與吳人爭南三郡、卒以三郡與吳人、徒勞役吏士、無益而還。既亡漢中、使夏侯淵・張郃深入于巴、幾喪一州。後至漢中、使關侯身死無孑遺、上庸覆敗、徒失一方。是羽怙恃勇名、作軍無法、直以意突耳。故前後數喪師衆也。如向朗・文恭、凡俗之人耳。恭作治中無綱紀。朗昔奉馬良兄弟、謂爲聖人。今作長史、素能合道。中郎郭演長、從人者耳。不足與經大事、而作侍中。今弱世也、欲任此三人、爲不然也。王連流俗、苟作掊克、使百姓疲弊、以致今日。[3]（郃）［邵］・琬具白其言於諸葛亮。亮表立曰、長水校尉廖立、坐自貴大、臧否羣士、公言國家不任賢達而任俗吏。又言萬人率者皆小子也、誹謗先帝、疵毀衆臣。人有言國家兵衆簡練、部伍分明者、立擧頭視屋、憤咤作色曰、何足言。凡如是者、不可勝數。羊之亂羣、猶能爲害。況立託在大位、中人以下、識眞僞邪［二］。於是廢立爲民、徙汶山郡。立躬率妻子、耕殖自守。聞諸葛亮卒、垂泣歎曰、吾終爲左衽矣。後監軍姜維、率偏軍經汶山、詣立、稱立意氣不衰、言論自若。立遂終徙所。妻子還蜀。

［裴松之注］

［二］亮集有亮表曰、立奉先帝無忠孝之心、守長沙則開門就敵、領巴郡則有闇昧闒茸其事、隨大將軍則誹謗譏訶、侍梓宮則挾刃斷人頭於梓宮之側。陛下即位之後、普增職號、立隨比爲將軍、面語臣曰、我何宜在諸將軍中。不表我爲卿、上當在五校。臣答、將軍者、隨大比耳。至於卿者、正方亦未爲卿也。且宜處五校。自是之後、怏怏懷恨。詔曰、三苗亂政、有虞流宥。廖立狂惑、朕不忍刑。亟徙不毛之地。

［校勘］

1．百衲本は「郃」につくるが、中華書局本により「邵」に改める。
2．百衲本は「主」につくるが、中華書局本により「帝」に改める。
3．百衲本は「郃」につくるが、中華書局本により「邵」に改める。

《訓読》

立 本意に自ら謂へらく、才名 宜しく諸葛亮の貳爲るべしと。而も更に游散せられて李嚴らの下に在れば、常に怏怏を懷く。後に丞相掾の李邵（一）・蔣琬 至る。立 計りて曰く、「軍 當に遠く出でんとす、卿ら諸人 好く其の事を諦《あき》らかにせよ。昔 先帝 漢中を取らず、走りて呉人と南三郡を爭ひ、卒《つゐ》に三郡を以て呉人に與へ、徒らに吏士を勞役し、益無くして還る。既に漢中を亡《うしな》ひ、夏侯淵・張郃をして深く巴に入らしめ、幾んど一州を喪はんとす。後に漢中に至り、關侯をして身ら死し孑遺無からしめ、上庸は覆敗し、徒らに一方を失ふ。是れ羽 勇名を怙恃して、軍を作すに法無く、直だ意を以て突くのみ。故に前後に數〻師衆を喪ふのみ。向朗・文恭（二）の如きは、凡俗の人なるのみ。恭は治中と作るも綱紀無し。朗は昔 馬良兄弟を奉じて、謂ひて聖人と爲す。今 長史と作るも、素《いたづら》に能く道に合はせるのみ（三）。中郎の郭演長は、人に從ふ者なるのみ。與に大事を經《はか》るに足らざるも、而も侍中と作る。今は弱世なり、此の三人に任せんと欲するは、然からずと爲すなり。王連は俗に流れ、苟しくも掊克を作し、百姓をして疲弊せしめ、以て今日を致す」と。邵・琬 具さに其の言を諸葛亮に白す。亮 立を表して曰く、「長水校尉の廖立は、坐《ゐなが》らに自ら貴大に、羣士を臧否し、國家は賢達を任ぜずして俗吏を任ずと公言す。又 萬人の率者を言ひて皆 小子なりとし、先帝を誹謗し、衆臣を疵毀す。人に國家の兵衆は簡練、部伍は分明と言ふ者有らば、立 頭を擧げ屋を視て、憤咤として色を作して曰く、「何ぞ言ふに足らんや」と。凡そ是の如き者は、勝げて數ふ可からず。羊の羣を亂すだに、猶ほ能く害を爲す。況んや立は託せられて大位に在らば、中人より以下、眞僞を識らんや」と[一]。是に於て立を廢して民と爲し、汶山郡に徙す。立 躬ら妻子を率ゐ、耕殖して自ら守る。諸葛亮の卒するを聞くや、垂泣して歎じて曰く、「吾 終に左衽(四)と爲らん」と。後に監軍の姜維、偏軍を率ゐて汶山を經、立に詣り、立の意氣 衰へず、言論 自若たりと稱す。立 遂に徙所に終はる。妻子は蜀に還る。

[裴松之注]

[一] 亮集に亮の表有りて曰く、「立 先帝に奉《つか》ふるに忠孝の心無く、長沙を守りては則ち門を開き敵に就き、巴郡を領しては則ち闇昧にして其の事を闒茸する有り、大將軍に隨ひては則ち誹謗して譏訶し、梓宮に侍りては則ち刃を挾み人頭を梓宮の側に斷たんとす。陛下 卽位の後、普《あまね》く職號を增し、立も比に隨ひ將軍と爲るも、臣に面語して曰く(五)、「我 何ぞ宜しく諸將軍の中に在るべきか。我を表して卿と爲さず、上は當に五校(六)に在るべしとするか」と。臣 答へて、「將軍なるは、大比に隨ふのみ。卿に至りては、正方も亦た未だ卿爲らざるなり。且く宜しく五校に處るべし」と。是れよりの後、怏怏として恨みを懷く」と。詔して曰く、「三苗(七) 政を亂すも、有虞 流宥せり。廖立 狂惑するも、朕 刑するに忍ばず。亟《すみや》かに不毛の地に徙せ」と」と。

(補注)

(一) 李邵は、字を永南といい、益州廣漢郡郪縣の人。劉備が蜀を定めると益州書佐部從事となり、諸葛亮に辟召されて丞相西曹掾となった。北伐のときには、治中從事として成都に留まった（『三國志』巻四十五 楊戲傳）。

(二) 文恭は、字を仲寶といい、益州梓潼郡の人。益州の治中從事、丞相參軍となった（『華陽國志』巻十下 梓潼人士）。

(三) 素能合道の四字は、「素より能く道に合《かな》ふ」と讀むのが普通であるが、それでは文脈に合わない。南宋の蕭常の『續後漢書』は、「素」を「豈」につくる。このように改めれば、文脈は通じるが、管見の限りの版本に異同がないため、そのまま訓讀した。

(四) 左衽は、襟を左前にする夷狄の衣服の着かた。轉じて、夷狄のこと。『尙書』畢命篇に、「四夷左衽」とあり、僞孔傳に、「言東夷・西戎・南蠻・北狄、被髮左衽之人」とある。

(五) 廖立の発言部分について、『三國志集解』に引く李慈銘は、「將」の字を衍字、「上」の字を「止」とすべきとする。このように改めれば、文脈は通じるが、管見の限りの版本に異同がないため、そのまま訓讀した。

(六) 五校とは、步兵校尉・屯騎校尉・越騎校尉・長水校尉・射聲校尉の北軍五營のこと（『後漢書』列傳七十七 西羌傳注）。

(七) 三苗は、太古、現在の湖南省岳陽、湖北省武漢、江西省九江一帶に住んでいたという異民族の名称。舜により放逐された（『尙書』堯典篇）。

[現代語訳]

廖立は本心から自ら、（自分の）才能と名声は諸葛亮に次ぐものであると思っていた。しかしながら要職につけられず李嚴《りげん》たちの下におかれたので、常に怏怏《おうおう》として気分が晴れなかった。後に丞相掾《じょうしょうえん》の李《り》邵《しょう》と蔣琬《しょうえん》がやってきた。廖立は意見を述べて、「軍は遠征に出ようとしているが、君たちはここに至った経緯をよく理解しておくように。むかし先帝は漢中《かんちゅう》を取らずに、逃げて呉の人々と（荊州の）南三郡を争い、結局は三郡を呉の人々に与え、いたずらに役人と兵士を疲労させて、利益なく戻ってきた。漢中を失った後には、夏侯淵《かこうえん》と張部《ちょうこう》に深く巴郡《はぐん》に侵入され、あやうく一州を失うところであった。後に漢中に至ったが、（そのために）關侯《かんこう》の身を滅ぼし一人の生存者もなくさせ、上庸郡《じょうよう》は大敗し、いたずらに一地方を失った。これは關羽《かんう》が勇名を頼んで、軍を起こす際に規範なく、ただ思いのままに突撃したためである。このため前後にわたりたびたび軍勢を失ったのである。向朗《しょうろう》と文恭《ぶんきょう》のようなものどもは、平凡な人物である。文恭は治中従事《じちゅうじゅうじ》となったが（行動に）規範がない。向朗はむかし馬良《ばりょう》兄弟を尊重して、聖人と言っていた。いま長史《ちょうし》となったが、ただ単に道に合わせているだけである。中郎《ちゅうろう》の郭演長《かくえんちょう》（郭攸之）は、人に従うだけのものである。共に大事を謀るには足りないのに、侍中《じちゅう》となっている。今は衰えた時代であり、この三人に任せるのは、不適切である。王連《おうれん》は（司鹽校尉《しえんこうい》として塩の専売により商人のように利益をあげて政治を）俗に塗《まみ》れさせ、自ら誇っているが、人々を疲弊させて、今日（の疲弊した国情）をもたらした」と言った。李邵と蔣琬は詳細に廖立の言葉を諸葛亮に申し上げた。諸葛亮は廖立を上表して、「長水校尉《ちょうすいこうい》の廖立は、何もせずに尊大にかまえ、群士を評価し、国家は賢人を任用せず俗吏を任用していると公言しております。また万人を率いる者をみな小人であるとし、先帝を誹謗し、多くの臣下を毀損しています。ある人が国家の兵士は選ばれ鍛練されて、部隊の組織は明確であると言うと、廖立は頭を挙げて屋根を見つめながら、憤然として血相を変え、「どうして言うに足りようか」と言ったといいます。およそこのような事例は、数えることができないほどです。羊が群れを乱すことでさえ、なお害といたします。ましてや廖立は、（国家の）委託を受け高位に居るのですから、普通以下の人々は、（廖立の言葉の）真偽を知ることができましょうか」と言った[一]。こうして廖立を廃して庶民となし、汶山郡《ぶんざん》に流した。廖立は自ら妻子を率い、農耕して（生活を）守った。諸葛亮が卒したことを聞くと、涙を流し嘆いて、「吾《わたし》は結局（二度と用いられることなく汶山郡に居住したまま）左衽《さじん》（夷狄）となるであろう」と言った。後に監軍《かんぐん》の姜維《きょうい》は、一部隊を率いて汶山郡を通過し、廖立のもとを訪れ、廖立の意気は衰えず、言論は自若であったと称えた。廖立はついに配所で卒した。（そののち）妻子は蜀に戻った。

[裴松之注]

[一]『諸葛亮集《しょかつりょうしゅう》』に諸葛亮の上表文を収録して、「廖立は先帝に仕えるに忠孝の心がなく、長沙《ちょうさ》郡を守っては門を開き敵を迎え入れ、巴《は》郡を担当しては蒙昧で職務をいいかげんにし、大将軍《だいしょうぐん》に随行しては誹謗して批判し、（先帝の）柩《ひつぎ》に侍《はべ》っては刃で人の頭を柩の側で断とうとしました。陛下が即位した後、みなに職号を増し、廖立も序列に従って将軍となりましたが、臣《わたくし》に面と向かって、「我《わたし》がどうして諸将の中にいるのでしょうか。（あなたは）我を上表して卿《けい》とせず、陛下は（わたしを）五校に居れとするのですか」と言いました。臣は答えて、「将軍となったのは、全体の序列に従っただけである。卿に至っては、正方《せいほう》（李嚴）もまた未だ卿とはなっていない。しばらく五校に居るべきである」

と申しました。これより後、（廖立は）怏怏として恨みを抱くようになったのです」と申し上げた。（後主は）詔して、「三苗《さんびょう》が政治を乱しても、虞舜《ぐしゅん》は（三苗を）流刑にしただけで殺さなかった。廖立は狂い惑っているが、朕は死刑にするには忍びない。すみやかに（廖立を）不毛の地に移せ」と言った」と言っている。

【原文】

李嚴傳

李嚴字正方、南陽人也。少爲郡職吏、以才幹稱。荊州牧劉表、使歷諸郡縣。曹公入荊州時、嚴宰秭歸。遂西詣蜀。劉璋以爲成都令、復有能名。建安十八年、署嚴爲護軍、拒先主於緜竹。嚴率衆降先主、先主拜嚴裨將軍。成都既定、爲犍爲太守・興業將軍。二十三年、盜賊馬秦・高勝等、起事於郪。音凄。合聚部伍數萬人、到資中縣。時先主在漢中、嚴不更發兵、但率將郡士五千人討之、斬秦・勝等首。枝黨星散、悉復民籍。又越嶲夷率高定、遣軍圍新道縣。嚴馳往赴救、賊皆破走。加輔漢將軍、領郡如故。章武二年、先主徵嚴詣永安宮、拜尚書令。三年、先主疾病。嚴與諸葛亮並受遺詔輔少主。以嚴爲中都護、統內外軍事、留鎭永安。建興元年、封都鄉侯、假節、加光祿勳。四年、轉爲前將軍。以諸葛亮欲出軍漢中、嚴當知後事、移屯江州、留護軍陳到駐永安、皆統屬嚴。嚴與孟達書曰、吾與孔明俱受寄託。憂深責重、思得良伴。亮亦與達書曰、部分如流、趨捨罔滯、正方性也。其見貴重如此［一］。八年、遷驃騎將軍。以曹眞欲三道向漢川、亮命嚴將二萬人赴漢中。亮表嚴子豐爲江州都督、督軍、典嚴後事。亮以明年當出軍、命嚴以中都護署府事。嚴改名爲平。

［裴松之注］

［一］諸葛亮集、有嚴與亮書、勸亮宜受九錫、進爵稱王。亮答書曰、吾與足下相知久矣、可不復相解。足下方誨以光國、戒之以勿拘之道。是以未得默已。吾本東方下士、誤用於先帝、位極人臣、祿賜百億。今討賊未效、知己未答。而方寵齊・晉、坐自貴大、非其義也。若滅魏斬叡、帝還故居、與諸子並升、雖十命可受、況於九邪。

《訓讀》

李嚴傳

李嚴 字は正方、南陽の人なり。少くして郡の職吏と爲り、才幹を以て稱せらる。荊州牧の劉表、諸〻の郡縣を歷せしむ。曹公 荊州に入りし時、嚴 秭歸に宰たり。遂て西して蜀に詣る。劉璋 以て成都令と爲し、復た能名有り。建安十八年、嚴を署して護軍と爲し、先主を緜竹に拒ましむ。嚴 衆を率ゐて先主に降り、先主 嚴を裨將軍に拜す。成都 既に定まるや、犍爲太守・興業將軍と爲す。二十三年、盜賊の馬秦（一）・高勝（二）ら、事を郪に起こす。音は凄。部伍を合聚すること數萬人、資中縣に到る。時に先主 漢中に在らば、嚴 更に兵を發せず、但だ郡士五千人を率將《ひき》ゐて之を討ち、秦・勝らの首を斬る。枝黨 星のごとく散じ、悉く民籍に復す。又 越嶲の夷率たる高定、軍を遣はして新道縣を圍む。嚴 馳せ往きて救ひに赴き、賊は皆 破れ走る。輔漢將軍(三)を加へ、郡を領すること故の如し。章武二年、先主 嚴を徵して永安宮に詣らしめ、尙書令に拜す。三年、先主 疾《やま》ひ病《あつ》し。嚴 諸葛亮と與に並び遺詔を少主を輔けよと受く。嚴を以て中都護(四)と爲し、內外の軍事を統べ、留めて永安に鎭せしむ。建興元年、都鄕侯に封じ、假節し、光祿勳を加ふ。四年、轉じて前將軍と爲る。諸葛亮 軍を漢中に出ださんと欲し、嚴 當に後事を 知《つかさど》ると以《おも》ひ、屯を江州に移し、護軍の陳到(五)を留め永安に駐し、皆 嚴に統屬せしむ。嚴 孟達に書を與へて曰く、「吾 孔明と與に倶に寄託を受く。深く責重を憂ひ、良伴を得んことを思ふ」と。亮も亦た達に書を與へて曰く、「部分流るるが如く、趨捨に滯る罔《な》きは、正方の性なり」と。其の貴重せらるること此の如し[一]。八年、驃騎將軍(六)に遷る。曹眞 三道より漢川に向はんと欲するを以て、亮 嚴に命じて二萬人を將ゐて漢中に赴かしむ。亮 嚴の子たる豐(七)を表して江州都督と爲し、軍を督(八)し、嚴の後事を典らしむ。亮 明年 當に軍を出ださんとするを以て、嚴に命じて中都護を以て府事(九)を署せしむ。嚴 名を改め平と爲す。

[裴松之注]

[一] 諸葛亮集に、嚴の亮に與ふる書有り、亮に勸めて宜しく九錫を受け、爵を進めて王と稱すべしとす。亮 書に答へて曰く、「吾と足下は相 知ること久しきも、復た相 解せざる可し。足下 方に誨ふるに國を光かすを以てし、之を戒むるに拘ること勿きの道を以てす。是を以て未だ默するを得ざるのみ。吾 本 東方の下士、先帝に誤用せられ、位 人臣を極め、祿 百億を賜ふ。今 討賊 未だ效あらず、知己 未だ答へず。而るに寵を齊(一〇)・晉(一一)に方《くら》べ、坐《ゐ》ながらにして自ら貴大なるは、其の義に非ざるなり。若し魏を滅ぼし叡(一二)を斬り、帝は故居に還り、諸子と與に並び升らば、十命と雖も受く可し、況んや九に於てをや」と。

(補注)

(一) 馬秦は、盜賊。郪縣で反乱を起こしたが、李嚴に平定された(『三國志』卷四十 李嚴傳)。

(二) 高勝は、盜賊。郪縣で反乱を起こしたが、李嚴に平定された(『三國志』卷四十 李嚴傳)。

(三) 輔漢將軍は、官名。雜號將軍号の一つ。

(四) 中都護は、官名。中軍を指揮する。

(五) 陳到は、字を叔至、豫州汝南郡の人。古くから劉備に随従し、官は征西將軍に至った(『三國志』卷四十五 楊戲傳引『季漢輔臣贊』)。

(六) 驃騎將軍は、官名。大將軍に続く武官の第二位として、前漢武帝期に置かれた。後漢では、文官の三公に比せられた(『後漢書』志二十四 百官一)。

(七) 豐は、李豐。荊州南陽郡の人。李嚴の子。官は朱提太守に至った(『三國志』卷四十 李嚴傳)。

(八) 『三國志集解』に引く胡三省は、江州都督督軍と官名として読む。『華陽國志』卷七 劉後主志には、「(諸葛)亮乃加嚴中都護、以嚴子豐爲江州都督」とある。

(九) 府事は、『三國志集解』に引く胡三省の解釈によれば、ここでは漢中留府の府事か。

(一〇) 齊は、ここでは齊の桓公。齊の桓公が「九錫」を受けたことは、『春秋公羊傳』莊公元年に、「王使榮叔、來錫桓公命。錫者何、賜也」とあり、何休の注に「諸侯禮有九錫、一曰車馬、二曰

衣服、三曰樂則、四曰朱戶、五曰納陛、六曰虎賁、七曰弓矢、八曰鈇鉞、九曰秬鬯」とある。

（二）晉は、ここでは晉の文公。『春秋左氏傳』僖公 傳二十八年に、「丁未、獻楚俘于王。駟介百乘・徒兵千。鄭伯傅王。用平禮也。已酉。王享醴。命晉侯宥。王命尹氏及王子虎・內史叔興父、策命晉侯爲侯伯。賜之大輅之服、戎輅之服、彤弓一、彤矢百、玈弓矢千、秬鬯一卣、虎賁三百人。曰、王謂叔父。敬服王命、以綏四國、糾逖王慝。晉侯三辭、從命。曰、重耳敢再拜稽首、奉揚天子之丕顯休命。受策以出。出入三覲」とある。

（三）叡は、曹叡。曹魏の明帝。字は元仲。文帝曹丕の子。二二六年、二十二歳で帝位に即き、翌年、孟達の反乱を司馬懿に防がせると、二二八年からの諸葛亮の侵攻に対して、自ら長安に出鎮し、張部に街亭で馬謖を破らせた。二三四年、諸葛亮が五丈原で陣没すると、翌年より宮殿の大規模な造営を始める。二三八年、司馬懿に公孫淵討伐を命ずるが病篤く、二三九年、司馬懿と曹爽に後事を託して崩御した（『三國志』巻三 明帝紀）。

［現代語訳］

李嚴傳

李嚴《りげん》は字を正方《せいほう》といい、南陽《なんよう》郡の人である。若くして南陽郡の官吏となり、才幹によって称された。荊州牧《けいしゅうぼく》の劉表《りゅうひょう》は、多くの郡縣（の長官）を歴任させた。曹公《そうこう》が荊州に侵入した時、李嚴は（益州に近い）秭歸《しき》縣の長官であった。そのまま西に行って蜀に至った。（益州牧の）劉璋《りゅうしょう》は李嚴を成都令《せいとれい》とし、また有能との評判があった。建《けん》安《あん》十八（二一三）年、李嚴を任命して護軍《ごぐん》とし、先主（劉備）を緜竹《めんちく》縣で拒ませた。李嚴は兵を率いて先主に降伏し、先主は李嚴を裨《ひ》將軍に拜命した。成都が平定されると、犍爲太守《けんいたいしゅ》・興業《こうぎょう》將軍とした。建安二十三（二一八）年、盗賊の馬秦《ばしん》と高勝《こうしょう》たちが、乱を郪《せい》縣（四川省中江県の南東）で起こした。（郪の）音は凄《せい》である。部隊を糾合すること数万人となり、資中《しちゅう》縣に至った。このとき先主が漢中《かんちゅう》にいたので、李嚴は改めて兵を徴発せず、ただ郡の兵士五千人を率いてこれを討ち、馬秦と高勝たちの首を斬った。残党は四散し、すべて民の戸籍に戻った。また越嶲《えっすい》郡の首領である高定《こうてい》が、軍を派遣して新道《しんどう》縣（四川省雷波県の西北）を包囲した。李嚴は駆けつけて救援に赴き、賊はみな敗走した。（李嚴に）輔漢《ほかん》將軍を加え、（犍爲《けんい》）郡（太守）を兼任することは元の通りとした。章武《しょうぶ》二（二二二）年、先主は李嚴を召して永安宮《えいあんきゅう》に至らせ、尚書令《しょうしょれい》に拜命した。章武三（二二三）年、先主は病が篤くなった。李嚴は諸葛亮と共に並んで少主（劉禪）を輔《たす》けよとの遺詔を受けた。（劉備は）李嚴を中都護《ちゅうとご》とし、内外の軍事を統べ、留めて永安に鎮守させた。建興《けんこう》元（二二三）年、（劉禪は李嚴を）都《と》郷侯《きょうこう》に封建し、假節《かせつ》を与え、光祿勳《こうろくくん》を加えた。建興四（二二六）年、転じて前《ぜん》將軍となった。諸葛亮は軍を漢中に出そうと考え、李嚴が後事を掌握すると思って、（李嚴を）移して（巴郡の治所の）江州《こうしゅう》縣に駐屯させ、護軍《ごぐん》の陳到《ちんとう》を留めて永安に駐屯させ、みな李嚴に属させた。李嚴は孟達《もうたつ》に書簡を与えて、「吾《わたし》は孔明と共に（先主から）寄託を受けました。深く重責を憂い、良き助力者を得たいと思っております」と言った。諸葛亮もまた孟達に書簡を与えて、「部隊編成が流れるようで、進退に渋滞しないのは、（まさしく字のように）正方《せいほう》の性による」と言った。その尊重されることはこのようであった［二］。建興八（二三〇）年、驃騎《ひょうき》將軍に遷った。曹眞《そうしん》が三つの道から漢川《かんせん》に向かおうとしたので、諸葛亮は李嚴に命じて二万人を率いて漢中に赴かせた。諸葛亮は李嚴の子である李豐《りほう》を上表して江州《こうしゅう》都督《ととく》とし、軍を監督させ、李嚴の後事を掌握させた。諸葛亮は翌年軍を出そうとして、李嚴に命じて中都護のまま漢中留府《かんちゅうりゅうふ》の諸事を統括させた。李嚴は名を改めて平とした。

[裴松之注]

[一]『諸葛亮集《しょかつりょうしゅう》』に、李嚴が諸葛亮に与えた書簡があり、諸葛亮に勧めて九錫《きゅうせき》を受け、爵位《しゃくい》を進めて王と称するべきであるとしている。諸葛亮は書簡に答えて、「吾《わたし》と足下《あなた》は知りあってから久しいですが、それでも理解しあえていないようです。足下は（わたしに九錫を受け）国家を輝かせよとお教えになり、こだわるべきではないとお戒めになりました。このため（わたしも）黙ってはおられなくなりました。吾はもともと東方の下士で、先帝に誤まって用いられ、位は人臣を極め、祿は百億を賜わりました。いま賊の討伐は未だ効果なく、（先帝の）知遇に未だお答えできておりません。それなのに（九錫を受けるという）寵遇を齊《せい》（の桓公）と晉《しん》（の文公）に比べられ、何もせずに尊大であるのは、義ではありません。もし魏を滅ぼし曹叡《そうえい》を斬り、皇帝が（洛陽の）故居に戻られ、諸君と共に出世するのであれば、十命でも受けましょう、ましては九などを（辞退しましょうか）」と言った。

【原文】

九年春、亮軍祁山、平催督運事。秋夏之際、値天霖雨、運糧不繼。平遣參軍狐忠・督軍成藩喩指、呼亮來還。亮承以退軍。平聞軍退、乃更陽驚、説軍糧饒足、何以便歸。欲以解己不辦之責、顯亮不進之愆也。又表後主、説軍僞退、欲以誘賊與戰。亮具出其前後手筆書疏本末、平違錯章灼。平辭窮情竭、首謝罪負。於是亮表平曰、自先帝崩後、平所在治家、尙爲小惠、安身求名、無憂國之事。臣當北出、欲得平兵以鎭漢中、平窮難縱橫、無有來意。而求以五郡爲巴州刺史。去年臣欲西征、欲令平主督漢中、平説司馬懿等開府辟召。臣知平鄙情欲因行之際偪臣取利也、是以表平子豐督主江州、隆崇其遇、以取一時之務。平至之日、都委諸事、羣臣上下、皆怪臣待平之厚也。正以大事未定、漢室傾危、伐平之短、莫若褒之。然謂平情在於榮利而已。不意平心顚倒乃爾。若事稽留、將致禍敗。是臣不敏。言多增咎[一]。乃廢平爲民、徙梓潼郡[二]。十二年、平聞亮卒、發病死。平常冀亮當自補復、策後人不能、故以激憤也[三]。豐官至朱提太守[四]。

[裴松之注]

[一] 亮公文上尙書曰、平爲大臣、受恩過量、不思忠報、横造無端、危恥不辦、迷罔上下。論獄棄科、導人爲姦、1(狹情)〔情狹〕志狂、若無天地。自度姦露、嫌心遂生、聞軍臨至、西嚮託疾還沮・漳、軍臨至沮、復還江陽。平參軍狐忠、勤諫乃止。今簒賊未滅、社稷多難、國事惟和、可以克捷。不可苞含、以危大業。輒與行中軍師・車騎將軍・都鄉侯臣劉琰、使持節・前軍師・征西大將軍・領涼州刺史・南鄭侯臣魏延、前將軍・都亭侯臣袁綝、左將軍・領荊州刺史・高陽鄉侯臣吳壹、督前部・右將軍・玄鄉侯臣高翔、督

後部・後將軍・安樂亭侯臣吳班、領長史・綏軍將軍臣楊儀、督左部・行中監軍・揚武將軍臣鄧芝、行前監軍・征南將軍臣劉巴、行中護軍・偏將軍臣費禕、行前護軍・偏將軍・漢成亭侯臣許允、行左護軍・篤信中郎將臣丁咸、行右護軍・偏將軍臣劉敏、行護軍・征南將軍・當陽亭侯臣姜維、行中典軍・討虜將軍臣上官雝、行中參軍・昭武中郎將臣胡濟、行參軍・建義將軍臣閻晏、行參軍・偏將軍臣爨習、行參軍・裨將軍臣杜義、行參軍・武略中郎將臣杜祺、行參軍・綏戎都尉盛勃、領從事中郎・武略中郎將臣樊岐等議、輒解平任、免官祿・節傳・印綬・符策、削其爵土。

〔二〕諸葛亮又與平子豐敎曰、吾與君父子戮力以奬漢室、此神明所聞、非但人知之也。表都護典漢中、委君於東關者、不與人議也。謂至心感動、終始可保、何圖中乖乎。昔楚卿屢絀、亦乃克復。思道則福、應自然之數也。願寬慰都護、勤追前闕。今雖解任、形業失故、奴婢・賓客百數十人。君以中郎參軍居府、方之氣類、猶爲上家。若都護思負一意、君與公琰推心從事者、否可復通、逝可復還也。詳思斯戒、明吾用心。臨書長歎、涕泣而已。

〔三〕習鑿齒曰、昔管仲奪伯氏駢邑三百、沒齒而無怨言。聖人以爲難。諸葛亮之使廖立垂泣、李平致死、豈徒無怨言而已哉。夫水至平而邪者取法、鏡至明而醜者無怒。水鏡之所以能窮物而無怨者、以其無私也。水鏡無私、猶以免謗。況大人・君子懷樂生之心、流矜恕之德、法行於不可不用、刑加乎自犯之罪、爵之而非私、誅之而不怒。天下有不服者乎。諸葛亮於是可謂能用刑矣。自秦・漢以來、未之有也。

〔四〕蘇林漢書音義曰、朱音銖。提音如北方人名匕曰提也。

〔校勘〕

1．百衲本は「狹情」につくるが、中華書局本により「情狹」に改める。

《訓読》

九年春、亮 祁山に軍し、平 運事を催督す。秋夏の際、天の霖雨に値ひ、運糧 繼《つ》かず。平 參軍の狐忠・督軍(二)の成藩(二)を遣はして指を喩《つ》げ、亮を呼びて來還せしむ。亮 承て以て軍を退く。平 軍の退くを聞き、乃ち更に陽《いつ》はり驚き、軍糧 饒り足るに、何を以て便ち歸ると說く。以て己が辦《つと》めざるの責を解き、亮が進まざるの愆を顯らかにせんと欲すればなり。又 後主に表して、軍は僞り退き、以て賊を誘ひて與に戰はんと欲すと說く。亮 具さに其の前後の手筆の書疏の本末を出ださば、平の違錯 章灼たり。平 辭に窮し情に竭き、罪負を首謝す。是に於て亮 平を表して曰く、「先帝の崩ぜし後より、平 所在に家を治め、小惠を爲すを尙び、身を安んじ名を求め、國を憂ふるの事無し。臣 當に北出せんとし、平の兵を得て以て漢中を鎭ぜしめんと欲するも、平 難を縱橫に窮め、來意有る無し。而も五郡を以て巴州刺史と爲るを求む。去年 臣 西征せんと欲し、平をして漢中に主督せしめんと欲するも、平 司馬懿ら開府し辟召するを說く。臣 平の鄙情行の際に因り臣に偪りて利を取らんと欲するを知るや、是を以て平の子たる豐を表して江州を督主せしめ、其の遇を隆崇して、以て一時の務を取る。平 至るの日、都《すべ》て諸事を委ぬれば、羣臣上下、皆 臣の平を待するの厚きを怪しむなり。正《まこと》に大事 未だ定まらず、漢室 傾危するを以て、平の短を伐《なじ》るより、之を襃むるに若《し》くは莫きなればなり。然るに謂ふに平の情は榮利に在るのみと。意《おも》はざりき平の心の顚倒すること乃ち爾《しか》らんとは。若し事 稽留せば、將に禍敗を致さん。是れ臣の不敏なり。言 多ければ咎を增さん」と〔一〕。乃ち平を廢して民と爲し、梓潼郡に徙す[二]。十二年、平 亮の卒するを聞き、病を發して死す。平 常に亮の當に自ら補復せんことを冀《こひねが》ふも、後人能はざるを策《はか》り、故に以て激憤するなり[三]。豐の官 朱提太守に至る[四]。

[裴松之注]

[一] 亮 公文もて尙書に上《たてまつ》りて曰く、「平 大臣と爲り、恩を受くること量を過ぐるも、忠報を思はず、橫造して端無く、危恥も辨ぜず、上下を迷罔す。獄を論ずるに科を棄て、人を導くに姦を爲し、情は狹く志は狂ふこと、天地無きが若し。自ら姦の露はれるを度り、嫌心(三) 遂て生じ、軍の臨み至るを聞きて、西に嚮ひ疾に託して沮・漳に還り、軍の臨みて沮に至るや、復た江陽に還らんとす。平の參軍たる狐忠、勤め諫めて乃ち止む。今 簒賊 未だ滅びず、社稷 多難なれば、國事は和を惟《おも》ひ、以て克捷す可し。苞含して、以て大業を危くす可からず。輒ち行中軍師・車騎將軍・都鄉侯たる臣 劉琰(四)、使持節・前軍師(五)・征西大將軍(六)・領涼州刺史・南鄭侯たる臣 魏延、前將軍・都亭侯たる臣 袁綝(七)、左將軍・領荊州刺史・高陽鄉侯たる臣 吳壹、督前部(八)・右將軍・玄鄉侯たる臣 高翔、督後部(九)・後將軍(一〇)・安樂亭侯たる臣 吳班、領長史・綏軍將軍(一一)たる臣 楊儀、督左部(一二)・行中監軍・揚武將軍たる臣 鄧芝、行前監軍(一三)・征南將軍たる臣 劉巴(一四)、行中護軍・偏將軍たる臣 費禕、行前護軍(一五)・偏將軍・漢成亭侯たる臣 許允(一六)、行左護軍(一七)・篤信中郎將(一八)たる臣 丁咸(一九)、行右護軍(二〇)・偏將軍たる臣 劉敏(二一)、行護軍・征南將軍・當陽亭侯たる臣 姜維、行中典軍(二二)・討虜將軍たる臣 上官雝(二三)、行中參軍(二四)・昭武中郎將(二五)たる臣 胡濟、行參軍・建義將軍(二六)たる臣 閻晏(二七)、行參軍・偏將軍たる臣 爨習(二八)、行參軍・裨將軍たる臣 杜義(二九)、行參軍・武略中郎將(三〇)たる臣 杜祺、行參軍・綏戎都尉(三一)たる盛勃(三二)、領從事中郎・武略中郎將たる臣 樊岐(三三)らと與に議し、輒ち平の任を解き、官祿・節傳・印綬・符策を免じ、其の爵土を削らん」と。

[二] 諸葛亮 又 平の子たる豐に教を與へて曰く、「吾 君が父子と力を戮《あは》せて以て漢室を奬《たす》くるは、此れ神明の聞く所、但だ人の之を知るに非ざるなり。都護を表し漢中を典《つかさど》らし、君に東關を委ねしは、人の議に與《あづか》らざるなり。至心 感動して、終始 保つ可しと謂ふも、何ぞ圖らん中ごろに乖《そむ》かんとは。昔 楚の卿 屢〻絀《しりぞ》けらるも、亦た乃ち克復す(三四)。道を思はば則ち福あるは、自然の數に應ずるなり。願はくは都護を寬慰し、勤めて前闕を追はんことを。今 任を解かれ、形業 故を失ふと雖も、奴婢・賓客は百數十人あり。君も中郎參軍を以て府に居らば、之を氣類に方《くら》ぶるに、猶ほ上家爲らん。若し都護 負を思ひ意を一にし、君 公琰と與に心を推し事に從はば、否は復た通ず可く、逝は復た還る可きなり。詳かに斯の戒を思ひ、吾が心を用ふるを明らかにせよ。書に臨みて長く歎じ、涕泣するのみ」と。

[三] 習鑿齒曰く、「昔 管仲は伯氏の駢邑三百を奪ふも、齒《よはひ》を沒するも怨言無し(三五)。聖人 以て難しと爲す。諸葛亮の廖立をして垂泣し、李平をして致死せしむは、豈に徒だ怨言無きのみや。夫れ水は至平にして邪者は法を取り、鏡は至明にして醜者は怒ること無し。水鏡の能く物を窮めて怨み無き所以の者は、其の無私を以てなり。水鏡だに無私なれば、猶ほ以て謗りを免る。況んや大人・君子の樂生の心を懷ひ、矜恕の德を流し、法は用ひざる可からざるに行ひ、刑は自ら之を犯すの罪に加へ、之を爵して私に非ず、之を誅して怒らずをや。天下に服せざる者有るや。諸葛亮 是に

於て能く刑を用ふと謂ふ可し。秦・漢より以來、未だ之れ有らざるなり」と。

[四] 蘇林(三六)の漢書音義に曰く、「朱 音は銖。提 音は北方の人 匕を名づけて提と曰ふが如きなり」と。

(補注)

(一) 督軍は、軍を監督する権限。ここでは官名か。石井仁「都督考」(『東洋史研究』五一―三、一九九二年)を参照。

(二) 成藩は、督軍。ここ以外に資料はなく、詳細は不明。

(三) 沮・漳について、後出する沮も含め『三國志集解』は、ともに呉の地であることから、誤りであろうとする。

(四) 劉琰は、字を威碩、豫州魯國の人。劉備が豫州刺史のとき、従事となり、入蜀後に固陵太守となった。のち、車騎將軍まで昇進したが、国政には関与せず、また、魏延との折り合いが悪く、成都に戻された。妻の胡氏が後宮に一ヵ月留まったことを疑い、暴力を振るい、処刑された(『三國志』巻四十 劉琰傳)。

(五) 前軍師は、官名。ここでは、諸葛亮の丞相府内における地位の序列を示す行官として用いられている。石井仁「諸葛亮・北伐軍団の組織と編成について—蜀漢における軍府の発展形態」(『東北大学東洋史論集』四、一九九〇年)を参照。

(六) 征西大將軍は、官名。四征将軍の一つ。大は、征西將軍よりも讓位であることを示す。

(七) 袁綝は、前將軍・都亭侯。ここ以外に資料はなく、詳細は不明である。

(八) 督前部は、官名。ここでは、軍隊への監督権を示す。

(九) 督後部は、官名。ここでは、軍隊への監督権を示す。

(一〇) 後將軍は、官名。比卿將軍の一つ。

(一一) 綏軍將軍は、官名。雜號將軍号の一つ。

(一二) 督左部は、官名。ここでは、軍隊への監督権を示す。

(一三) 行前監軍は、官名。ここでは、諸葛亮の丞相府内における地位の序列を示す行官として用いられている。

(一四) 『三國志集解』に引く盧明楷によれば、劉巴は、巻三十九に専傳を持つ劉巴(字は子初)とは別人か。後者は章武二(二二二)年に卒しており、征南將軍にも就いていない。

(一五) 行前護軍は、官名。ここでは、諸葛亮の丞相府内における地位の序列を示す行官として用いられている。

(一六) 許允は、行前護軍・偏將軍・漢成亭侯。ここ以外に資料はなく、詳細は不明である。

(一七) 行左護軍は、官名。ここでは、諸葛亮の丞相府内における地位の序列を示す行官として用いられている。

(一八) 篤信中郎將は、官名。雜號中郎將号の一つ。

(一九) 丁咸は、行左護軍・篤信中郎將。ここ以外に資料はなく、詳細は不明である。

(二〇) 行右護軍は、官名。ここでは、諸葛亮の丞相府内における地位の序列を示す行官として用いられている。

(二一) 劉敏は、荊州零陵郡湘郷縣の人。蔣琬の外弟。蔣琬と共に名を知られ、荊州で劉備に出仕した。左護軍・揚威將軍として、王平と共に漢中に鎮し、雲亭侯に封建された(『三國志』巻四十四 蔣琬傳)。

(二二) 行中典軍は、官名。ここでは、諸葛亮の丞相府内における地位の序列を示す行官として用いられている。

(二三) 上官雝は、行中典軍・討虜將軍。ここ以外に資料はなく、詳細は不明である。
（二四）行中參軍は、官名。ここでは、諸葛亮の丞相府内における地位の序列を示す行官として用いられている。
（二五）昭武中郎將は、官名。雜號中郎將号の一つ。
（二六）建義將軍は、官名。雜號將軍号の一つ。
（二七）閻晏は、行參軍・建義將軍。ここ以外に資料はなく、詳細は不明である。
（二八）爨習は、益州建寧郡愈元縣の人、李恢の伯母の夫。建寧郡の豪族で、劉璋の建伶令となった。行參軍・偏將軍を経て領軍に至った（『三國志』巻四十三 李恢傳）。
（二九）杜義は、行參軍・裨將軍。ここ以外に資料はなく、詳細は不明である。
（三〇）武略中郎將は、官名。雜號中郎將号の一つ。
（三一）綏戎都尉は、官名。雜號都尉号の一つ。
（三二）盛勃は、行參軍・綏戎都尉。ここ以外に資料はなく、詳細は不明である。
（三三）樊岐は、領從事中郎・武略中郎將。ここ以外に資料はなく、詳細は不明である。
（三四）『論語』公冶長篇に、「子張問曰、令尹子文、三仕爲令尹、無喜色。三已之、無慍色。舊令尹之政、必以告新令尹。何如也。子曰、忠矣。曰、仁矣乎。曰、未知。焉得仁」とある記述を踏まえている。
（三五）『論語』憲問篇に、「或問子產、子曰、惠人也。問子西。曰、彼哉、彼哉。問管仲。曰、人也、奪伯氏駢邑三百、飯疏食、沒齒無怨言」とある記述を踏まえている。
（三六）蘇林は、兗州陳留郡の人、字を孝友。文帝の時に博士となり、散騎常侍に至り、安成亭侯に封ぜられた。『漢書音義』のほか、『孝經』の注を著している（『三國志』巻二十一 劉劭傳注引『魏略』）。

［現代語訳］

建興《けんこう》九（二三一）年春、諸葛亮は祁山《きざん》に軍陣をはり、李平は（軍事物資の）輸送を総監した。夏から秋にかけて、天の霖雨《りんう》（長雨）にあい、輸送が続かなかった。李平は參軍《さんぐん》の狐忠《こちゅう》（馬忠）と督軍《とくぐん》の成藩《せいはん》を派遣して（兵糧が続かないとの劉禪の）指示を告げ、諸葛亮を呼んで帰還させた。諸葛亮は（指示を）承《うけたまわ》って軍を退いた。李平は軍の退いたことを聞くと、なんと改めて偽って驚き、兵糧は余り足りているのに、どうして戻ってきたのかと説いた。それにより自分が勤めなかった責任をのがれ、諸葛亮が進まなかった罪を明らかにしようとしたのである。また後主《こうしゅ》に上表して、軍は偽って退き、それにより賊を誘って戦おうとしておりますと説明した。諸葛亮が詳細に事の前後の（李平の）自筆の手紙を整理して提出したので、李平の違背は明確になった。李平は（弁解の）言葉に窮し（言い抜けようとする）情も尽き、罪悪について頭を下げて詫びた。そこで諸葛亮は李平について上表して、「先帝が崩御された後から、李平は行く先々で家産を治め、小さな恩恵を行うことを尊び、保身に勤め名声を求めて、国事を憂えることがありませんでした。臣《わたくし》が北伐しようとし、李平の兵により漢中を鎮守させようと考えましても、李平は問題をいろいろと言い立て、来る気がありませんでした。さらに五郡により（巴州をつくり、自分が）巴州《はしゅう》刺史《しし》となることを求めました。昨年臣が西征しようとし、李平に漢中を主管させようと考えましたが、李平は司馬懿《しばい》たちが開府し辟召《へきしょう》する（権限を持っており、自分も同等の権限が欲しい）ことを説きました。臣は李平の卑しい性根が出発の間際を利用して臣に迫り利を得ようと考えていることを知り、このために李平の子である李豐《りほう》を上表して江州《こうしゅう》を監督させ、その待遇を高めて、その場の協力を得たのです。李平が（漢中に）やってきた日、すべての諸事を委ねたので、群臣は上下を問わず、みな臣の李平を待遇することの厚さを怪しみました。（それは）まことに大事が未だ定まらず、漢室が傾き危ういので、李平の短所を責めるよりも、これを褒めた方がよいためでした。しかし李平の情は栄誉と利益だけにあると考えておりました。まさか李平の心が傾き倒れていることがこれほどまでとは思いませんでした。もし事態を遅らせますと、災禍を招きましょう。これは臣の不明のためです。（言い訳の）言葉が多いほど（臣の）罪が増しましょう」と申し上げた[二]。そこで李平を廃して庶民とし、梓《し》潼《とう》郡に流した[三]。建興《けんこう》十二（二三四）年、李平は諸葛亮が卒したことを聞いて、病気になって死んだ。李平はいつも諸葛亮が自分を復職させてくれることを期待していたが、（諸葛亮の）後任にはできないことを判断して、痛憤して病気になったのである[三]。李豐の官は朱《しゅ》提《し》太守に至った[四]。

［裴松之注］

[一] 諸葛亮は公文で尚書《しょうしょ》に上奏して、「李平は大臣となり、恩を多すぎるほど受けましたが、忠で報いることを思わず、適当な話を根拠なくつくり、危険も恥もわきまえず、上下を惑わせました。裁判では蜀科《しょくか》に基づかず、人を悪事へと導き、情は狭く志は狂っていることは、天地がないようなものでした。自ら悪事の露顕を予測して、猜疑心を生じ、軍が到着すると聞いて、西に向かって病気に託《かこ》つけて沮《しょ》・漳《しょう》の地に帰り、軍が沮縣に到着すると、さらに江陽《こうよう》縣に帰ろうとしました。李平の參軍《さんぐん》である狐忠《こちゅう》（馬忠）が、勉めて諫めてようやく思い止まりました。いま（漢を）簒奪した賊（である曹魏）はまだ滅ばず、国家は多難ですので、国の政事は和を尊び、勝利を得るべきです。（善悪を）包みこんで、大業を危くするべきではありません。さっそく行中軍師《こうちゅうぐんし》・車騎《しゃき》將軍・都郷侯《ときょうこう》である臣劉琰《りゅうえん》、使持節《しじせつ》・前軍師《ぜんぐんし》・征西《せいせい》大將軍・領《りょう》涼州《りょうしゅう》刺史《しし》・南鄭侯《なんていこう》である臣魏延《ぎえん》、前將軍・都亭侯《とていこう》である臣袁綝《えんちん》、左將軍・領荊州刺史・高陽郷侯《こうようきょうこう》である臣呉壹《ごい》、督前《とくぜん》部《ぶ》・右《ゆう》將軍・玄郷侯《げんきょうこう》である臣高翔《こうしょう》、督後部・後將軍・安樂亭侯《あんらくていこう》である臣呉班《ごはん》、領長史《りょうちょうし》・綏軍《すいぐん》將軍である臣楊儀《ようぎ》、督左部・行《こう》中監軍《ちゅうかんぐん》・揚武《ようぶ》將軍である臣鄧芝《とうし》、行前監軍《こうぜんかんぐん》・征南《せいなん》將軍である臣劉巴《りゅうは》、行中護軍《こうちゅうごぐん》・偏《へん》將軍である臣費禕《ひい》、行前護軍・偏將軍・漢《かん》成亭侯《せいていこう》である臣許允《きょいん》、行《こう》左護軍・篤信中郎將《とくしんちゅうろうしょう》である臣丁咸《ていかん》、行右護軍《ゆうごぐん》・偏將軍である臣劉敏《りゅうびん》、行護軍・征南將軍・當陽《とうよう》亭侯である臣姜維《きょうい》、行中典軍《こうちゅうてんぐん》・討虜《とうりょ》將軍である臣上官雝《じょうかんよう》、行中參《こうちゅうさん》軍《ぐん》・昭武《しょうぶ》中郎將である臣胡濟《こせい》、行參軍・建義《けんぎ》將軍である臣閻《えん》晏《あん》、行參軍・偏將軍である臣爨習《さんしゅう》、行參軍・裨《ひ》將軍である臣杜《と》義《ぎ》、行參軍・武略《ぶりゃく》中郎將である臣杜祺《とき》、行參軍・綏戎《すいじゅう》都尉である盛勃《せいぼつ》、領從事中郎《りょうじゅうじちゅうろう》・武略《ぶりゃく》中郎將である臣樊岐《はんき》らと共に議し、直ちに李平の任務を解き、官祿・節傳《せつでん》・印綬《いんじゅ》・符策《ふさく》を召しあげ、その爵土《しゃくど》を没収いたします」と言った。

[二] 諸葛亮はまた李平の子である李豐《りほう》に教書を与えて、「吾《わたし》が君の父子と力を合わせて漢室を輔けてきたのは、神明も聞くところであり、ただ人が知るだけではない。都護《とご》（李平）を上表して漢《かん》中《ちゅう》を掌《つかさど》らせ、君に東關《とうかん》（江州）を委ねたのは、（わたしが定めたもので）他の人が議に関わったものではない。（君ら父子の漢

室への思いに）心の底から感動して、終生変わらないものだと思っていたのに、どうして途中で背かれるなどと思おうか。むかし楚《そ》の卿《けい》（令尹の子文）はしばしば退けられたが、またやがて復活した。道を思えば幸福になるのは、自然の定めに応じたことである。どうか都護を労《いたわ》り慰《なぐさ》め、つとめて先の過ちを正すように。いま解任され、もとの資格は失ったといっても、奴婢や賓客は百数十人もある。君も中郎參軍《ちゅうろうさんぐん》として丞相留府《じょうしょうりゅうふ》に居るのだから、これを同類に比べると、なお上等であろう。もし都護が罪を思い志を専一にし、君が公琰《こうえん》（蔣琬）と共に心を尽くして仕事に従事すれば、閉ざされた運はまた通じ、過ぎ去った時はまた戻すことができる。明らかにこの戒めを思い、吾が心を用いたこと明らかにせよ。書簡に臨んで長く歎き、涙を流すだけである」と言った。

［三］ 習鑿齒《しゅうさくし》は、「むかし管仲《かんちゅう》は伯《はく》氏の駢邑《べんゆう》三百戸を奪ったが、（伯氏は）生涯を終えるまで怨みごとを言わなかった。聖人はこれを難しいことだとしている。諸葛亮が（死んだあと、刑を与えていた）廖立《りょうりつ》に涙を流させ、李平《りへい》に死をもたらしたのは、ただ怨みごとを言わないだけではない（それよりも優れている）。そもそも水は至平であることで邪《よこしま》な者が規範とし、鏡は至明であることで醜い者が怒らない。水鏡の物を窮めて怨みがない理由は、その無私による。水鏡すら無私により、なお謗《そし》りを免れている。ましてや大人や君子が楽生の心を思い、矜恕《じじょ》の徳を流し、法は用いざるを得ないときだけ行い、刑は自ら犯した罪だけに加え、爵を与えるのに私《わたくし》せず、誅するのに怒らないのであれば（誹《そし》られないことは）言うまでもない。天下に服さない者などあろうか。諸葛亮はここにおいてよく刑を用いたと言うべきである。秦・漢より以来、いまだなかったことである」といっている。

［四］ 蘇林《そりん》の『漢書音義《かんじょおんぎ》』に、「朱は音が銖である。提は音が北方の人が匕《ひ》を呼んで提《し》というようなときの音である」とある。

【原文】

劉琰傳

劉琰字威碩、魯國人也。先主在豫州、辟爲從事。以其宗姓、有風流、善談論、厚親待之。遂隨從周旋、常爲賓客。先主定益州、以琰爲固陵太守。後主立、封都鄕侯、班位每亞李嚴、爲衞尉・中軍師・後將軍、遷車騎將軍。然不豫國政、但領兵千餘、隨丞相亮諷議而已。車服・飮食、號爲侈靡、侍婢數十、皆能爲聲樂。又悉教誦讀魯靈光殿賦。建興十年、與前軍師魏延不和、言語虛誕、亮責讓之。琰與亮牋謝曰、琰稟性空虛、本薄操行、加有酒荒之病。自先帝以來、紛紜之論、殆將傾覆。頗蒙明公本其一心在國、原其身中穢垢、扶持全濟、致其祿位、以至今日。閒者迷醉、言有違錯、慈恩含忍、不致之于理、使得全完、保育性命。雖必克己責躬、改過投死、以誓神靈、無所用命、則靡寄顏。於是亮遣琰還成都、官位如故。

《訓読》

劉琰傳

劉琰 字は威碩、魯國の人なり。先主 豫州に在るや、辟して從事と爲す。其の宗姓なりて、風流有り、談論を善くするを以て、厚く之を親待す。遂て隨從して周旋し、常に賓客と爲る。先主 益州を定むるや、琰を以て固陵太守と爲す。後主 立つや、都郷侯に封じ、班位は毎に李嚴に亟《つ》ぎ、衞尉・中軍師・後將軍と爲り、車騎將軍に遷る。然れども國政に豫《あづか》らず、但だ兵 千餘を領し、丞相の亮に隨ひて諷議するのみ。車服・飲食、號して侈靡と爲し、侍婢 數十、皆 能く聲樂を爲す。又 悉く敎へて魯靈光殿の賦(一)を誦讀せしむ。建興十年、前軍師の魏延と和せず、言語 虛誕なれば、亮 之を責讓す。琰 亮に牋を與へ謝りて曰く、「琰は稟性 空虛にして、本より操行薄く、加ふるに酒荒の病有り。先帝より以來、紛紜の論、殆んど將に傾覆せんとす。頗る明公の其の一心 國に在るに本づき、其の身中の穢垢なるを原《ゆる》し、扶持し全濟するを蒙りて、其の祿位を致し、以て今日に至る。間《さき》者《ごろ》迷醉し、言に違錯有るも、慈恩もて含忍し、之を理に致さず、全完を得さしめ、性命を保育す。必ず己を克《つつし》み躬を責め、過を改め死に投じ、以て神靈に誓ふと雖も、用命する所無くんば、則ち顏を寄するところ靡し」と。是に於て亮 琰を遣《や》りて成都に還すも、官位は故の如し。

(補注)

(一) 魯靈光殿の賦は、後漢の王延壽が、前漢景帝の子である魯恭王の劉餘が魯國に建てた宮殿の華美と莊厳をうたった賦。『文選』巻十一に収録される。

[現代語訳]

劉琰傳

劉琰《りゅうえん》は字を威碩《いせき》といい、魯國《ろこく》（山東省曲阜市）の人である。先主が豫州牧《よしゅうぼく》のとき、辟召《へきしょう》して従事《じゅうじ》とした。（劉備は劉琰が）宗族の姓を持ち、風流があり、談論を得意としたので、厚く待遇した。こうして（劉備に）随従して各地をまわり、常に賓客となった。先主は益《えき》州《しゅう》を平定すると、劉琰を固陵《こりょう》太守とした。後主が即位すると、都《と》郷侯《きょうこう》に封建し、班位はいつも李嚴《りげん》に次ぎ、衛尉《えいい》・中軍師《ちゅうぐんし》・後《こう》將軍となり、車騎《しゃき》將軍に昇進した。それでも国政には関与せず、ただ兵を千余りを持ち、丞相《じょうしょう》の諸葛亮《しょかつりょう》に随って風諭や議論をするだけであった。車服や飲食は、豪華と称され、侍婢《じひ》は数十人、みな歌や音楽を得意とした。また全員に教えて（自分が魯國出身なので）「魯靈光殿《ろれいこうでん》の賦《ふ》」を暗誦させた。建興《けんこう》十（二三二）年、前軍師の魏延《ぎえん》と不和となり、（魏延を批判する）言葉が虚妄であったため、諸葛亮はこれを詰問した。劉琰は諸葛亮に文書を送り謝罪して、「琰《わたし》は天性から空虚で、もともと素行が悪く、加えて酒乱の病があります。先帝の御世より、物議をかもし、ほとんど破滅するところでした。（そこを）たいそう明公《あなた》がわたしは一重に国家に思っているとされ、わたしの身の汚れを許し、支えて救ってくださったおかげで、俸祿と官位を保って、今日に至れております。さきごろ酩酊して、誤ったことを申しましたが、恩愛により堪忍してくださり、わたしを司法に委ねず、一身を全うさせ、生命を保たせていただきました。必ず己《おのれ》を慎み我が躬《み》を責め、過ちを改め命を捧げて、神靈に誓いますが、ご命令いただくところが無ければ、どこに行けばよいか分かりません」と申し上げた。そこで諸葛亮は劉琰を成都《せいと》に帰還させ、官位はもとのとおりとした。

【原文】

琰失志慌惚。十二年正月、琰妻胡氏、入賀太后。太后令特留胡氏、經月乃出。胡氏有美色、琰疑其與後主有私、呼[1]（卒）五百撾胡、至於以履搏面、而後棄遣。胡具以告言琰、琰坐下獄。有司議曰、卒非撾妻之人、面非受履之地。琰竟棄市。自是大臣妻母、朝慶遂絕。

〔校勘〕

1．中華書局本により「卒」の一字を省く。

《訓読》

琰 志を失ひ慌惚たり。十二年正月、琰の妻たる胡氏、入りて太后に賀す。太后 特に胡氏を留めしめ、月を經て乃ち出づ。胡氏 美色有らば、琰 其の後主と私有るを疑ひ、五百(一)を呼びて胡を撾《う》ち、履《くつ》を以て面《おもて》を搏ちて、後に棄遣するに至る。胡 具さに以て琰を告言し、琰 坐して獄に下さる。有司 議して曰く、「卒は妻を撾つの人に非ず、面は履を受くるの地に非ず」と。琰 竟に棄市(二)せらる。是れより大臣の妻母、朝慶すること遂に絶ゆ。

〔補注〕

(一) 五百は、伍佰（『後漢書』列傳六十八 宦者 曹節傳注）。吏卒のこと。

(二) 棄市は、処刑されて市場で晒されること。

〔現代語訳〕

劉琰は志を失ってぼんやりとしていた。建興《けんこう》十二（二三四）年正月、劉琰の妻である胡《こ》氏は、（朝廷に）入って穆皇太后《ぼくこうたいごう》に賀詞を述べた。穆皇太后は特別に胡氏を留めさせ、ひと月たってようやく退出した。胡氏は美人であったので、劉琰は胡氏が後主と私通したのではないかと疑い、五百《ごはく》を呼び胡氏を鞭《むち》打ち、履《くつ》で顔を殴って、その後に放逐した。胡氏は詳細に劉琰を告訴し、劉琰は罪とされ獄に繋がれた。担当の役人は議して、「吏卒は妻を鞭打つ人ではなく、顔は履を受ける場所ではない」と言った。劉琰はついに棄市《きし》された。これより大臣の妻や母が、朝賀に参内することはこうして絶えた。

【原文】

魏延傳

魏延字文長、義陽人也。以部曲隨先主入蜀。數有戰功、遷牙門將軍。先主爲漢中王、[1]（遷）〔還〕治成都、當得重將以鎭漢川。衆論以爲、必在張飛。飛亦以心自許。先主乃拔延爲督漢中・鎭遠將軍・領漢中太守。一軍盡驚。先主大會羣臣、問延曰、今委卿以重任。卿居之欲云何。延對曰、若曹操擧天下而來、請爲大王拒之。偏將十萬之衆至、請爲大王吞之。先主稱善、衆咸壯其言。先主踐尊號、進拜鎭北將軍。建興元年、封都亭侯。五年、諸葛亮駐漢中、更以延爲督前部・領丞相司馬・涼州刺史。八年、使延西入羌中。魏後將軍費瑤・雍州刺史郭淮、與延戰于陽谿、延大破淮等、遷爲前軍師・征西大將軍・假節、進封南鄭侯。

〔校勘〕

1．百衲本は「遷」につくるが、『三國志集解』により「還」に改める。

《訓読》

魏延傳

魏延 字は文長、義陽の人なり。部曲を以て先主に随ひ蜀に入る。數〻戰功有り、牙門將軍に遷る。先主 漢中王と爲り、還りて成都に治し、當に重將を得て以て漢川を鎭めんとす。衆論 以爲へらく、必ず張飛に在りと。飛も亦た心を以て自ら許す。先主 乃ち延を拔き督漢中・鎭遠將軍・領漢中太守と爲す。一軍 盡く驚く。先主 大いに羣臣を會し、延に問ひて曰く、「今 卿に委ぬるに重任を以てす。卿 之に居るに云何《いかん》せんと欲す」と。延 對へて曰く、「若し曹操 天下を擧げて來たらば、請ふ大王の爲に之を拒《ふせ》がん。偏將 十萬の衆 至らば、請ふ大王の爲に之を呑まん」と。先主 善しと稱《たた》へ、衆は咸 其の言を壯とす。先主 尊號を踐むや、進みて鎭北將軍を拜す。建興元年、都亭侯に封ず。五年、諸葛亮 漢中に駐し、更めて延を以て督前部・領丞相司馬（一）・涼州刺史と爲す。八年、延をして西のかた羌中に入らしむ。魏の後將軍たる費瑤・雍州刺史の郭淮、延と陽谿に戰ひ、延 大いに淮らを破り、遷りて前軍師・征西大將軍・假節と爲り、南鄭侯に進封せらる。

（補注）

（一）丞相司馬は、官名。丞相府の屬官。

［現代語訳］

魏延傳

魏延《ぎえん》は字を文長《ぶんちょう》といい、義陽《ぎよう》郡（河南省信陽市）の人である。部《ぶ》曲《きょく》として先主に随って蜀に入った。しばしば戦功があり、牙門《がもん》将軍に遷った。先主が漢中王《かんちゅうおう》となり、戻って成都《せいと》県を（益州の）治所とすると、重みのある将軍により漢川《かんせん》を鎮守させようとした。人々は、必ずや（その任にあたる者は）張飛《ちょうひ》であろうと思った。張飛もまた自ら内心そうであろうと思っていた。先主はなんと魏延を抜擢し督漢《とくかん》中《ちゅう》・鎮遠《ちんえん》将軍・領漢中太守とした。一軍はみな驚いた。先主は大いに群臣を集め、魏延に問い、「いま卿《きみ》に重任を授けた。卿は任にあたりどうしようと思っているか」と言った。魏延は応えて、「もし曹操が天下（の兵）を挙げて攻め寄せれば、大王のためにこれを拒ぎましょう。方面軍指令が十万の兵を率いてくれば、大王のためにこれを呑みこみましょう」と言った。先主は良しと称え、人々はみなその言葉を壮とした。先主が尊号を称すると、昇進して鎮北《ちんほく》将軍を拝命した。建興《けんこう》元（二二三）年、都亭侯《とていこう》に封建した。建興五（二二七）年、諸葛亮は漢中に駐屯すると、改めて魏延を督前部《とくぜんぶ》・領丞相司馬《じょうしょうしば》・涼州《りょうしゅう》刺史《しし》とした。建興八（二三〇）年、魏延に西方の羌中《きょうちゅう》に侵入させた。魏の後《こう》将軍である費瑤《ひよう》（費曜）と雍州《ようしゅう》刺史の郭淮《かくわい》は、魏延と陽《よう》谿《けい》で戦い、魏延は大いに郭淮たちを破り、遷って前軍師・征西《せいせい》大将軍・假節《かせつ》となり、南鄭侯《なんていこう》に進み封建された。

【原文】

延毎隨亮出、輒欲請兵萬人、與亮異道會于潼關、如韓信故事、亮制而不許。延常謂亮爲怯、歎恨己才用之不盡［二］。延既善養士卒、勇猛過人、又性矜高、當時皆避下之。唯楊儀不假借延、延以爲至忿、有如水火。十二年、亮出北谷口、延爲前鋒。出亮營十里、延夢頭上生角、以問占夢趙直。直詐延曰、夫麒麟有角而不用。此不戰而賊欲自破之象也。退而告人曰、角之爲字、刀下用也。頭上用刀、其凶甚矣。

［裴松之注］

［一］魏略曰、夏侯楙爲安西將軍、鎭長安。亮於南鄭、與羣下計議。延曰、聞夏侯楙少、主壻也。怯而無謀。今假延精兵五千、負糧五千、直從襃中出、循秦嶺而東、當子午而北、不過十日可到長安。楙聞延奄至、必乘船逃走。長安中、惟有御史・京兆太守耳。橫門邸閣與散民之穀、足周食也。比東方相合聚、尚二十許日。而公從斜谷來、必足以達。如此則一擧而咸陽以西可定矣。亮以爲、此縣危不如安。從坦道可以平取隴右。十全必克而無虞。故不用延計。

《訓読》

延 毎《つね》に亮に隨ひて出づるに、輒ち兵萬人を請ひ、亮と道を異にし潼關に會すること、韓信の故事が如くせんと欲するも、亮 制して許さず。延 常に亮を謂ひて怯と爲し、己が才用の盡さざるを歎恨す［一］。延 既に善く士卒を養ひ、勇猛 人に過ぎ、又 性は矜高なれば、當時 皆 避けて之に下る。唯だ楊儀のみ延に假借せず、延 以て至忿と爲し、水火の如く有り。十二年、亮 北谷口に出で、延を前鋒と爲す。亮の營を出づること十里、延 頭上に角の生ずるを夢み、以て占夢(一)の趙直(二)に問ふ。直 延を詐りて曰く、「夫れ麒麟は角有るも用ひず。此れ戰はずして賊 自破せんと欲するの象なり」と。退きて人に告げて曰く、「角の字爲《た》るや、刀の下に用なり。頭上に刀を用ふるは、其の凶たること甚し」と。

［裴松之注］

［一］魏略に曰く、「夏侯楙(三) 安西將軍(四)と爲り、長安に鎭す。亮 南鄭に於て、羣下と與に計議す。延曰く、「聞くならく夏侯楙は少く、主の壻なり。怯にして謀無し。今 延に精兵五千、負糧五千を假し、直ちに襃中より出で、秦嶺に循ひて東し、子午に當たりて北すれば、十日に過ぎず長安に到る可し。楙 延の奄《ただ》ちに至るを聞かば、必ずや船に乘りて逃走せん。長安の中、惟だ御史(五)・京兆太守有るのみ。橫門の邸閣(六)と散民の穀、食を周くするに足るなり。東方 相 合聚するの 比《ころほひ》、尚ほ二十許日あり。而して公は斜谷より來たらば、必ず以て達するに足りん。此の如くんば則ち一擧にして咸陽より以西は定む可し」と。亮 以《い》爲へらく、「此れ縣危なれば安きに如かず。坦道より以て平らかに隴右を取るべし。十全 必ず克ちて虞れ無しと。故に延の計を用ひず」と」と。

(補注)

(一) 占夢は、官名。夢を占う。

(二) 趙直は、占夢。『三國志』卷四十一 楊洪傳注引『益部耆舊傳雜記』、『三國志』卷四十四 蔣琬傳でも、占いを披露している。

(三) 夏侯楙は、字を子林、豫州沛國譙縣の人、夏侯惇の子。妻は曹操の娘の清河公主。魏の侍中、尚書、安西將軍、鎭東將軍などを歷任した（『三國志』卷九 夏侯惇傳）。

(四) 安西將軍は、官名。広義の四征將軍の一つ。都督を帶び、方面軍司令官になることができた。

(五) 御史は、ここでは督軍御史。『三國志集解』に引く胡三省によれば、このとき督軍御史と京兆太守が長安を守っていたという。

（六）邸閣は、食糧貯蔵庫。日野開三郎「東夷伝用語解２―邸閣」（『東洋史学』六、一九五二年）を参照。

［現代語訳］

魏延はつねに諸葛亮に随って出陣するたびに、兵一万人を求め、亮とは異なる道から（魏に進攻し）潼關《どうかん》で落ち合うという、韓信《かんしん》の故事のようにしたいと思ったが、亮は制止して許さなかった。魏延はつねに諸葛亮を卑怯者と言い、自分の才能が十分発揮できないことを嘆き怨みに思っていた［一］。魏延はよく兵卒を養成し、勇猛は並はずれ、また性格は驕慢であったため、当時（の人々は）みな敬遠し謙った。ただ楊儀《ようぎ》だけは魏延に容赦なく、魏延は最も怒りを抱き、水と火のような関係であった。建興《けんこう》十二（二三四）年、諸葛亮は北谷口《ほくこくこう》に出陣し、魏延を先鋒とした。亮の陣營を出たところ十里で、魏延は頭の上に角が生えた夢を見て、占夢《せんむ》の趙直《ちょうしょく》に（その意味を）尋ねた。趙直は魏延を偽って、「そもそも麒麟は角がありますが用いません。これは戦わずに賊が自壊しようとしている象《しょう》です」と言った。退座して人に告げて、「角の字というものは、刀の下に用がある。頭の上に刀を用いる（夢を見る）のは、たいへんな凶夢である」と言った。

［裴松之注］

［一］『魏略《ぎりやく》』に、「夏侯楙《かこうぼう》が安西《あんせい》將軍となり、長安《ちょうあん》に鎮守した。諸葛亮は南鄭《なんてい》縣で、配下と共に計略を議論した。魏延が、「聞くところでは夏侯楙は若く、（清河）公主の壻《むこ》です。卑怯で謀略が無いといいます。いま延《わたし》に精兵五千、携帯兵糧五千人分をお貸しくだされば、直ちに褒中《ほうちゅう》縣（陝西省漢中市の北）より出で、秦嶺《しんれい》山脈に従って東に向かい、子午山《しごさん》に当たって北に向かえば、十日も掛からず長安に到達できます。夏侯楙は延が突然至ったことを聞けば、必ずや船に乗って逃走するでしょう。長安城の中は、ただ督軍御史《とくぐんぎょし》と京兆太守《けいちょうたいしゅ》がいるだけです。横門《こうもん》の邸閣《ていかく》（に貯蔵される食糧）と逃散した民の穀物で、食糧を行き渡らせることができます。（魏の）東方が軍勢を集めるころまでには、なお二十日ばかりあります。（諸葛）公は（その間に）斜谷《やこく》より来られれば、必ず間に合います。このようにすれば一挙に咸陽《かんよう》縣（陝西省咸陽市の北東）より西は定められます」と言った。諸葛亮は、これは危険な計であるので安全な方がよい。平坦な道から無理せずに隴右《ろうゆう》を取る。（それが）十全で必ず勝って心配がないと考えた。このため魏延の計を用いなかった」と言った」とある。

【原文】

秋、亮病困、密與長史楊儀・司馬費禕・護軍姜維等、作身歿之後退軍節度。令延斷後、姜維次之。若延或不從命、軍便自發。亮適卒、祕不發喪。儀令禕往揣延意指。延曰、丞相雖亡、吾自見在。府親官屬、便可將喪還葬。吾自當率諸軍擊賊。云何以一人死廢天下之事邪。且魏延何人。當爲楊儀所部勒、作斷後將乎。因與禕共作行留部分、令禕手書與己連名、告下諸將。禕紿延曰、當爲君還解楊長史。長史文吏、稀更軍事。必不違命也。禕出門馳馬而去。延尋悔、追之已不及矣。延遣人覘儀等、遂使欲案亮成規、諸營相次引軍還。延大怒、[1]（纔）〔攙〕儀未發、率所領徑先南歸、所過燒絕閣道。延・儀各相表叛逆。一日之中、羽檄交至。後主以問侍中董允・留府長史蔣琬。琬・允咸保儀疑延。儀等槎山通道、晝夜兼行、亦繼延後。延先至、據南谷口、遣兵逆擊儀等。儀等令何平在前禦延。平叱延先登曰、公亡、身尚未寒、汝輩何敢乃爾。延士衆知曲在延、莫爲用命、軍皆散。延獨與其子數人逃亡、奔漢中。儀遣馬岱追斬之、致首於儀。儀起自踏之曰、庸奴。復能作惡不。遂夷延三族。初、蔣琬率宿衞諸營赴難北行、行數十里、延死問至、乃旋。原延意、不北降魏而南還者、但欲除殺儀等。平日諸將素不同、冀時論必當以代亮。本指如此、不便背叛［一］。

〔裴松之注〕

［一］魏略曰、諸葛亮病、謂延等云、我之死後、但謹自守、愼勿復來也。令延攝行己事、密持喪去。延遂匿之、行至褒口、乃發喪。亮長史楊儀、宿與延不和、見延攝行軍事、懼爲所害、乃張言、延欲擧衆北附。遂率其衆攻延。延本無此心、不戰軍走。追而殺之。臣松之以爲、此蓋敵國傳聞之言。不得與本傳爭審。

〔校勘〕

1．百衲本は「纔」につくるが、中華書局本により「攙」に改める。

《訓讀》

秋、亮 病に困しみ、密かに長史の楊儀・司馬の費禕・護軍の姜維らと與に、身 歿せしの後の退軍の節度を作る。延をして後を斷たしめ、姜維 之に次ぐ。若し延 或いは命に從はざれば、軍 便ちに自ら發す。亮 適〻卒し、祕して喪を發せず。儀 禕をして往きて延が意指を揣《さぐ》らしむ。延曰く、「丞相 亡《し》すと雖も、吾 自ら見在す。府親の官屬、便ちに喪を將ゐて還り葬す可し。吾 自ら當に諸軍を率ゐ賊を擊つべし。云何《いかん》ぞ一人の死を以て天下の事を廢せんや。且つ魏延は何人ぞ。當に楊儀の部勒する所と爲りて、斷後の將と作るべけんや」と。因りて禕と與に共に行留の部分を作し、禕をして手書もて己と與に名を連ねしめ、諸將に告下せんとす。禕 延を紿《あざむ》きて曰く、「當に君が爲に還りて楊長史に解くべし。長史は文吏にして、軍事を更《へ》ること稀れなり。必ず命に違はざるなり」と。禕 門を出で馬を馳せて去る。延 尋《には》かに悔い、之を追ふも已に及ばず。延 人を遣はして儀らを覘はせ、遂て使に亮の成規を案ぜしめんと欲するに（一）、諸營 相 次ぎ軍を引きて還る。延 大いに怒り、儀の未だ發せざるに攙（二）して、領する所を率ゐ徑ちに先に南に歸り、過ぐる所の閣道を燒絕す。延・儀 各〻相 叛逆すと表す。一日の中、羽檄（三） 交《こも》〻至る。後主 以て侍中の董允・留府長史の蔣琬に問ふ。琬・允 咸《とも》に儀を保《うけあ》ひ延を疑ふ。儀ら山を槎《き》（四）り道を通じ、晝夜兼行して、亦た延の後に繼ぐ。延 先に至り、南谷口に據り、兵を遣はして儀らを逆擊せしむ。儀ら何平をして前に在りて延を禦がしむ。平 延の先登を叱して曰く、「公 亡《みまか》りて、身 尚ほ未だ寒からざるも、汝輩《なんぢら》 何ぞ敢て乃ち爾るや」と。延の士衆 曲は延に在るを知らば、爲に命を用ひるもの莫く、軍 皆 散ず。延 獨だ其の子數人と與に逃亡し、漢中に奔る。儀 馬岱を遣はして追ひて之を斬り、首を儀に致らしむ。儀 起ちて自ら之を踏みて曰く、「庸奴め。復た能く惡を作すや不《いな》や」と。遂て延の三族を夷《たひら》ぐ。初め、蔣琬 宿衞の諸營を率ゐ難に赴き北行するも、行くこと數十里に、延の死の問《たより》至り、乃ち旋《かへ》る。延の意を原《たづ》ぬるに、北のかた魏に降らずして南して還る者は、但だ儀らを除き殺さんと欲するのみ。平日 諸將素より同じからず、時論の必ず當に以て亮に代はるべきを 冀《こひねが》ふなり。本指は此の如く、便ち背叛せず[二]。

[裴松之注]

[一] 魏略に曰く、「諸葛亮 病むや、延らに謂ひて云く、「我の死後、但だ謹みて自ら守り、愼みて復た來ること勿かれ」と。延を して己の事を攝行し、密かに喪を持し去らしむ。延 遂て之を匿し、行きて褒口に至り、乃ち喪を發す。亮の長史たる楊儀、宿《ひさ》しく延と和せざれば、延の軍事を攝行するを見、害する所と爲るを懼れ、乃ち張言するに、「延は衆を擧げて北に附せんと欲す」と。遂に其の衆を率ゐ延を攻む。延は本より此の心無くんば、戰はずして軍 走《やぶ》る。追ひて之を殺す」と。 臣松之 以爲へらく、「此れ蓋し敵國傳聞の言ならん。本傳と審を爭ふを得ず」と。

(補注)

(一) 遂使欲案亮成規について、『三國志集解』は、「使」は「便」の誤りではないかとし、『資治通鑑』が「使欲」を省略していることを指摘する。

(二) 攙は、『三國志集解』に引く胡三省によれば、後より前を争うこと。

(三) 羽檄は、国家有事の際に用いる急速を要する文書。木簡に鳥の羽を挟んで、速達であることを示す（『史記』巻九十三 陳豨傳注）。

(四) 南谷は、『三國志集解』に引く胡三省によれば、ここでは褒谷。褒斜道は、南口を褒、北口を斜という。

[現代語訳]

（建興十二〈二三四〉年）秋、諸葛亮は病に苦しみ、密かに丞相《じょうしょう》長史《ちょうし》の楊儀《ようぎ》・丞相司馬《じょうしょうしば》の費禕《ひい》・護軍《ごぐん》の姜維《きょうい》らと共に、自分が死んだ後の撤兵の指示を作った。（それは）魏延に（殿《しんがり》として魏の）追撃を断たせ、姜維はその前を行く。もし魏延が命令に従わないことがあれば、軍は直ちに出発する（というものであった）。諸葛亮が卒すると、秘して喪を発表しなかった。楊儀は費禕に行かせて魏延の意志を探らせた。魏延は、「丞相が死んだといっても、吾は健在である。丞相府の官属は、直ちに遺体を運んで帰り葬儀をするとよい。吾はもちろん諸軍を率いて賊を撃つ。どうして一人の死によって天下の事を廃せるか。かつ魏延を何者だと思っているのか。楊儀に指示されて、殿《しんがり》の将となれるものか」と言った。こうして費禕と一緒に（丞相の遺体と共に成都に）行くもの（と魏延と共に漢中に）留まるものの区別を行い、費禕に自筆で自分と共に名を連ねさせ、諸將に告知させようとした。費禕は魏延を欺いて、「君《あなた》のために戻って楊長史に説明いたします。長史は文官で、軍事の経験はほとんどありません。必ず命に背かないでしょう」と言った。費禕は（魏延の陣）門を出ると馬を馳せて去った。魏延はすぐに後悔し、これを追ったがすでに及ばなかった。魏延は人を遣って楊儀たちの（状況を）窺わせ、それにより使者に諸葛亮の計画を調べさせようとすると、諸陣營は相継いで軍を退け帰還していく。魏延は大いに怒り、楊儀がまだ出発しないうちに先まわりをし、指揮下の軍を率い直ちに先に南に帰り、通過した先々の桟道を焼き落とした。魏延と楊儀はそれぞれ互いが叛逆したと上表した。一日中、羽檄《うげき》が次々に至った。後主は侍中《じちゅう》の董允《とういん》と丞相留《じょうしょうりゅう》府長史《ふちょうし》の蔣琬《しょうえん》に（どちらが反逆者か）尋ねた。蔣琬と董允は共に楊儀を支持し魏延を疑った。楊儀たちは山を切り開き道を通じ、昼夜兼行して、また魏延の後から続いた。魏延は先に到着すると、南谷口《なんこくこう》を拠点に、兵を派遣して楊儀を迎え撃たせた。楊儀たちは何平《かへい》（王平）を前方に置いて魏延を防がせた。何平は魏延の先鋒を叱咤し、「諸葛公が亡くなられ、まだその遺体が冷たくならないうちに、おまえたちはどうしてこのようなことをするのだ」と言った。魏延の士卒は非は魏延にあることを知っていたので、（魏延の）命令に従う者はなく、軍はみな四散した。魏延はただ息子数人と共に逃亡し、漢中に出奔した。楊儀は馬岱を派遣して追って魏延を斬り、首を楊儀に送らせた。楊儀は起ちあがり自ら魏延の首を踏んで、「庸われ奴隷め。これでも悪事がなせるか」と言った。こうして魏延の三族を皆殺しにした。これよりさき、蔣琬は宿衛の諸營を率い危難に駆けつけようと北に向かったが、数十里も行くと、魏延の死の知らせが至り、そこで戻った。魏延の気持ちを考えてみると、北方の魏に降服せず南に帰ったというのは、ただ楊儀たちを除き殺そうと思っただけであろう。ふだんから諸將の同意を得られなかったが、当時の輿論が魏延を諸葛亮に代わるべきとしてくれることを期待したのである。（魏延の）本意はこのようで、反乱ではなかった［二］。

［裴松之注］

［二］『魏略《ぎりゃく》』に、「諸葛亮は病気になると、魏延たちに言って、「我《わたし》の死後、ただ慎んで自国を守り、（攻めることは）慎み再び来てはならぬ」とした。魏延に自分の仕事を代行させ、秘かに遺体を持ち去らせた。魏延はこうして諸葛亮の死を隠し、行って褒《ほう》口《こう》に至り、ようやく喪を発した。諸葛亮の長史であった楊儀は、長らく魏延と不和であったので、魏延が軍事を代行することを見て、殺されることを恐れ、そこで互いに争いあって、「魏延は兵を挙げて北（の魏）に降服しようとしております」と言った。こうしてその兵を率いて魏延を攻めた。魏延はもともと背く心はなかったので、戦わずに軍は敗れた。（楊儀は）追って魏延を殺した」とある。臣《わたくし》裴松之が考えますに、「これはおそらく敵国の伝聞の言葉でしょう。本傳と正しさを争うことはできません」と。

【原文】

楊儀傳

楊儀字威公、襄陽人也。建安中、爲荊州刺史傅羣主簿。背羣而詣襄陽太守關羽。羽命爲功曹、遣奉使西詣先主。先主與語論軍國計策、政治得失、大悅之、因辟爲左將軍兵曹掾。及先主爲漢中王、拔儀爲尙書。先主稱尊號、東征吳、儀與尙書令劉巴不睦、左遷遙署弘農太守。建興三年、丞相亮以爲參軍、署府事、將南行。五年、隨亮漢中。八年、遷長史、加綏軍將軍。亮數出軍、儀常規畫分部、籌度糧穀、不稽思慮、斯須便了。軍戎節度、取辦於儀。亮深惜儀之才幹、憑魏延之驍勇、常恨二人之不平、不忍有所偏廢也。十二年、隨亮出屯谷口。亮卒于敵場。儀既領軍還、又誅討延、自以爲功勳至大、宜當代亮秉政。呼都尉趙正以周易筮之、卦得家人、默然不悅。而亮平生密指、以儀性狷狹、意在蔣琬。琬遂爲尙書令・益州刺史。儀至、拜爲中軍師、無所統領、從容而已。

《訓読》

楊儀傳

楊儀 字は威公、襄陽の人なり。建安中、荊州刺史の傅羣（一）の主簿と爲る。羣に背きて襄陽太守の關羽に詣る。羽 命じて功曹と爲し、遣はして使を奉じて西して先主に詣らしむ。先主 與に語りて軍國の計策、政治の得失を論じ、大いに之を悅び、因りて辟して左將軍兵曹掾（二）と爲す。先主 漢中王と爲るに及び、儀を拔きて尙書と爲す。先主 尊號を稱し、東して吳に征するや、儀 尙書令の劉巴と睦まず、左遷せられ弘農太守を遙署す。建興三年、丞相の亮 以て參軍と爲し、府事を署せしめ、將ゐて南行す。五年、亮に漢中に隨ふ。八年、長史に遷り、綏軍將軍を加へらる。亮 數〻軍を出だすや、儀 常に分部を規畫し、糧穀を籌度するに、思慮を稽《とど》めず、斯《こ》れを須《ま》つこと便《ただ》ちに了《おは》る。軍戎の節度、辦を儀に取る。亮 深く儀の才幹を惜み、魏延の驍勇に憑《たよ》らば、常に二人の平らかならざるを恨むも、偏廢する所有るに忍ばざるなり。十二年、亮に隨ひ出でて谷口に屯す。亮 敵場に卒す。儀 既に軍を領し還り、又 延を誅討せば、自ら以爲へらく功勳は至大なり、宜しく當に亮に代はりて政を秉るべしと。都尉の趙正（三）を呼びて周易を以て之を筮るも、卦は家人を得、默然として悅ばず。而して亮 平生より密かに指するに、儀の性 狷狹なるを以て、意は蔣琬に在り。琬 遂て尙書令・益州刺史と爲る。儀 至り、拜して中軍師と爲るも、統領する所無く、從容たるのみ。

（補注）

（一）傅羣は、曹操が任命した荊州刺史。ここ以外に資料はなく、詳細は不明である。

（二）左將軍兵曹掾は、官名。当時左將軍であった劉備の左將軍府の属官。

（三）趙正は、都尉。ここ以外に資料はなく、詳細は不明である。

［現代語訳］

楊儀傳

楊儀は字を威公《いこう》といい、襄陽郡《じょうようぐん》の人である。建安《けんあん》年間（一九六～二二〇年）、荊州刺史《けいしゅうしし》の傅羣《ふぐん》の主簿《しゅぼ》となった。（楊儀は）傅羣に背いて襄陽《じょうよう》太守の關羽《かんう》のもとに至った。關羽は命じて（襄陽郡の）功曹《こうそう》史《し》とし、派遣して使命を奉じて西に向かい先主に至らせた。先主は共に語り軍事と国政の計略と政策、政治の得失を論じて、大いに楊儀を気に入り、そのまま辟召して左將軍兵曹掾《さしょうぐんへいそうえん》とした。先主が漢中王《かんちゅうおう》となるに及び、楊儀を抜擢して尙書《しょうしょ》とした。先主が皇帝を称し、東に向かい吳に遠征したおり、楊儀は尙書令《しょうしょれい》の劉巴《りゅうは》と不和で、左遷されて弘農《こうのう》太守を遥領した。建興《けんこう》三（二二五）年、丞相の諸葛亮は楊儀を丞相參軍《じょうしょうさんぐん》とし、丞相府の事務を管掌させ、（楊儀を）率いて南征に行った。建興五（二二七）年、諸葛亮に漢中に随行した。建興八（二三〇）年、丞相長史《じょうしょうちょうし》に遷り、綏軍《すいぐん》將軍を加えられた。諸葛亮がしばしば軍を出すごとに、楊儀は常に部隊編成を計画し、兵糧を計算したが、考えあぐねることはなく、待つ間もなく直ちに処理した。軍隊の手配は、楊儀が扱った。諸葛亮は深く楊儀の才能を惜み、魏延の剛勇を頼ったので、常に二人が不仲であることを残念に思っていたが、一人だけを廃することは忍びなかった。建興十二（二三四）年、（楊儀は）諸葛亮に随って出陣し谷口《こくこう》に駐屯した。諸葛亮は敵の領内で卒した。楊儀はすでに軍を率いて帰還し、さらに魏延を誅滅したので、自分で考えるには功績は最大であり、諸葛亮に代わって政治を執るべきであるとした。都尉《とい》の趙正《ちょうせい》を呼んで『周易』によりこれを占ったところ、（家庭内の役割を担う）「家人《かじん》」の卦《か》が出たので、黙然として楽しまなかった。諸葛亮はふだんから秘かに指示して、楊儀の性質が狷介であることから、（後継者の）意中は蔣琬《しょうえん》にあった。蔣琬はこうして尚書令《しょうしょれい》・益州刺史《えきしゅうしし》となった。楊儀が（成都に）至ると、拝命して中軍師《ちゅうぐんし》となったが、統轄するものは無く、手持ち無沙汰であった。

【原文】

初、儀爲先主尙書、琬爲尙書郎。後雖俱爲丞相參軍・長史、儀每從行、當其勞劇、自惟年宦先琬、才能踰之。於是怨憤形于聲色、歎咤之音發於五內。時人畏其言語不節、莫敢從也。惟後軍師費禕往慰省之。儀對禕恨望、前後云云。又語禕曰、往者丞相亡沒之際、吾若舉軍以就魏氏、處世寧當落度如此邪。令人追悔、不可復及。禕密表其言。十三年、廢儀爲民、徙漢嘉郡。儀至徙所、復上書誹謗。辭指激切、遂下郡收儀。儀自殺、其妻子還蜀［一］。

［裴松之注］

［一］楚國先賢傳云、儀兄慮、字威方。少有德行、爲江南冠冕。州郡禮召、諸公辟請、皆不能屈。年十七夭。鄉人號曰德行楊君。

《訓読》

初め、儀 先主の尙書爲《た》りしとき、琬は尙書郎爲り。後 俱に丞相參軍・長史と爲ると雖も、儀は每に從行し、其の勞劇に當たらば、自ら惟ふに年宦は琬に先んじ、才能も之を踰ゆと。是に於て怨憤は聲色に形《あら》はれ、歎咤の音は五內より發す。時人 其の言語に節あらざるを畏れ、敢て從ふもの莫きなり。惟だ後軍師の費禕 往きて之を慰省す。儀 禕に對ひて恨望し、前後に云云す。又 禕に語りて曰く、「往者《さきごろ》丞相 亡沒の際、吾 若し軍を舉げて以て魏氏に就かば、世に處りて寧ろ當に落度すること此の如きや。人をして追悔せしめども、復た及ぶ可からず」と。禕 密かに其の言を表す。十三年、儀を廢して民と爲し、漢嘉郡に徙す。儀 徙所に至るや、復た上書して誹謗す。辭指 激切なれば、遂に郡に下して儀を收《と》らへしむ。儀 自殺し、其の妻子は蜀に還る［一］。

［裴松之注］

［一］楚國先賢傳に云ふ、「儀の兄の慮、字は威方。少くして德行有り、江南の冠冕と爲る。州郡 禮召し、諸公 辟請するも、皆 屈する能はず。年十七にして夭す。鄉人 號して德行楊君と曰ふ」と。

［現代語訳］

これよりさき、楊儀が先主の尙書《しょうしょ》であったとき、蔣琬《しょうえん》は尙書郎《しょうしょろう》であった。のち共に丞相參軍《じょうしょうさんぐん》・長史《ちょうし》になったとはいえ、楊儀は常に（諸葛亮に）随行し、その激務に当たってきたので、自分では年功序列は蔣琬に先んじ、才能もこれを超えていると考えていた。ここにおいて怨み憤りは声と顔色に現れ、歎き叱咤する声は体中から聞こえた。時の人びとは楊儀の言葉に節度がないことを恐れ、あえて付き合うものはなかった。ただ後軍師《こうぐんし》の費禕《ひい》は出かけて楊儀を慰労した。楊儀は費禕に恨みつらみを述べ、何度も繰り返した。また費禕に語って、「さきごろ丞相が亡くなられた際、吾《わたし》がもし軍を挙げて魏氏に赴けば、世にあってこれほどまでに落ちぶれることはなかったであろうに。人は後悔をしても、及ばないものである」と言った。費禕は密かにこの言葉を上奏した。建興《けんこう》十三（二三五）年、楊儀を廃して庶民とし、漢嘉《かんか》郡に流した。楊儀は配所に至ると、また上書して誹謗した。言葉が激烈であったので、ついに郡に命じて楊儀を捕らえた。楊儀は自殺し、その妻子は蜀郡《しょくぐん》に帰った［一］。

［裴松之注］

［一］『楚國先賢傳《そこくせんけんでん》』に、「楊儀の兄の楊慮《ようりょ》は、字を威方《いほう》という。若いころから徳行があり、江南の（人びとの）頂点であった。荊州や襄陽郡《じょうようぐん》が禮を備えて辟召《へきしょう》し、多くの三公が辟召したが、みな招くことはできなかった。十七歳で夭折した。郷里の人は号して「徳行楊君」と呼んだ」とある。

【原文】

評曰、劉封處嫌疑之地、而思防不足以自衞。彭羕・廖立以才拔進、李嚴以幹局達、魏延以勇略任、楊儀以當官顯、劉琰舊仕、並咸貴重。覽其舉措、迹其規矩、招禍取咎、無不自己也。

《訓読》

評に曰く、「劉封 嫌疑の地に處り、而も思防 足らず以て自ら衞る。彭羕・廖立は才を以て拔進せられ、李嚴は幹局を以て達せられ、魏延は勇略を以て任ぜられ、楊儀は當官を以て顯はれ、劉琰は舊仕たれば、並びに咸 貴重せらる。其の擧措を覽、其の規矩を迹づくに、禍を招き咎を取るは、己によらざるは無きなり」と。

［現代語訳］

評にいう、「劉封《りゅうほう》は嫌疑をかけられながらも、防ごうとする想いが足らず自ら守ろうとした。彭羕《ほうよう》と廖立《りょうりつ》は才により拔擢され、李嚴《りげん》は才幹により用いられ、魏延《ぎえん》は勇略により任じられ、楊儀《ようぎ》は実務により評価され、劉琰《りゅうえん》は古くから仕えたため、並びにみな尊重された。その行動を見、その品行をたどると、禍《わざわい》を招き罪を得たのは、すべて自分によるのである」と。

【原文】

霍王向張楊費傳第十一　蜀書　國志四十一

霍峻傳

霍峻字仲邈、南郡枝江人也。兄篤、於郷里合部曲數百人。篤卒、荊州牧劉表令峻攝其衆。表卒、峻率衆歸先主。先主以峻爲中郎將。先主自葭萌南還襲劉璋、留峻守葭萌城。張魯遣將楊帛誘峻、求共守城。峻曰、小人頭可得、城不可得。帛乃退去。後璋將扶禁・向存等、帥萬餘人由閬水上、攻圍峻。且一年、不能下。峻城中兵纔數百人、伺其怠隙、選精鋭出撃、大破之、即斬存首。先主定蜀、嘉峻之功、乃分廣漢爲梓潼郡、以峻爲梓潼太守・裨將軍。在官三年、年四十卒。還葬成都。先主甚悼惜、乃詔諸葛亮曰、峻既佳士、加有功於國、欲行酹。遂親率群僚臨會弔祭。因留宿墓上。當時榮之。

《訓読》

霍王向張楊費傳第十一　蜀書　國志四十一

霍峻傳

霍峻 字は仲邈、南郡枝江の人なり。兄の篤、(一) 郷里に於て部曲を合はせること數百人なり。篤 卒し、荊州牧の劉表 峻をして其の衆を攝《をさ》めしむ。表 卒するや、峻 衆を率ゐて先主に歸す。先主 峻を以て中郎將と爲す。先主 葭萌より南して還りて劉璋を襲ふに、峻を留め葭萌城を守らしむ。張魯 將の楊帛(二)を遣はして峻を誘ひ、共に城を守るを求めしむ。峻曰く、「小人の頭は得可くも、城は得可からず」と。帛 乃ち退去す。後 璋の將たる扶禁(三)・向存(四)ら、萬餘人を帥ゐて閬水より上り、攻めて峻を圍む。一年に且《なんなんと》するも、下す能はず。峻の城中の兵 纔か數百人なるも、其の怠隙を伺ひ、精鋭を選び出撃し、大いに之を破り、即ち存の首を斬る。先主 蜀を定むるや、峻の功を嘉し、乃ち廣漢を分ちて梓潼郡を爲り、峻を以て梓潼太守・裨將軍と爲す。官に在ること三年、年 四十にて卒す。還りて成都に葬る。先主 甚だ悼惜し、乃ち諸葛亮に詔して曰く、「峻 既に佳士にして、加ふるに國に功有れば、行きて酹せんと欲す」と。遂て親ら群僚を率ゐ弔祭に臨會す。因りて墓上に留宿す。當時 之を榮となす。

(補注)

(一) 篤は、霍篤。荊州南郡枝江縣の人。霍峻の兄。郷里で数百人の私兵を集めたが卒し、その集団は霍峻に継承された(『三國志』巻四十一 霍峻傳)。

(二) 楊帛は、張魯の將。ここ以外に記録はなく、詳細は不明である。

(三) 扶禁は、劉璋の將。ここ以外に記録はなく、詳細は不明である。

(四) 向存は、劉璋の將。ここ以外に記録はなく、詳細は不明である。

[現代語訳]

霍王向張楊費傳第十一　蜀書　國志四十一

霍峻傳

霍峻《かくしゅん》は字を仲邈《ちゅうばく》といい、荊州南郡枝江縣《けいしゅうなんぐんしこうけん》の人である。兄の霍篤《かくとく》は、郷里で私兵を糾合すること数百人であった。霍篤が卒すると、荊《けい》州牧《しゅうぼく》の劉表《りゅうひょう》は霍峻にその兵をおさめさせた。劉表が卒すると、霍峻は兵を率いて先主に帰服した。先主は霍峻を中郎將《ちゅうろうしょう》とした。先主は葭萌《かぼう》縣から南に向かい戻って劉璋《りゅうしょう》を襲撃する際、霍峻を留めて葭萌城を守らせた。張魯《ちょうろ》は將の楊帛《ようはく》を派遣して霍峻を誘い、共に城を守ろうと求めさせた。霍峻は、「小人《わたし》の首は得られても、城は得られん」と言った。楊帛はそこで退散した。後に劉璋の將である扶禁《ふきん》と向存《しょうぞん》たちが、一万人余りを率いて閬水《ろうすい》から遡り、攻めて霍峻を包囲した。（だが）一年近くたっても、落とせなかった。霍峻の城中の兵はわずか数百人であったが、敵の油断をうかがい、精鋭を選んで出撃し、大いにこれを破り、そうして向存の首を斬った。先主が蜀を平定すると、霍峻の功績を称えて、廣漢《こうかん》郡を分けて梓潼《しとう》郡をつくり、霍峻を梓潼太守・裨《ひ》將軍にした。官に在ること三年、四十歳で卒した。戻して成都《せいと》に埋葬した。先主はたいへん哀悼し、そこで諸葛亮に詔して、「霍峻は良き士であり、加えて国家に功績があるので、行って酹《らい》（酒を地に注いで祭ること）をしたいと思う」といった。こうして自ら群臣を率いて弔祭に臨んだ。そして墓上に留まり宿泊した。当時の人々はこれを名誉とした。

【原文】

子弋、字紹先、先主末年、爲太子舍人。後主踐阼、除謁者。丞相諸葛亮、北駐漢中、請爲記室。使與子喬共周旋游處。亮卒、爲黃門侍郎。後主立太子璿、以弋爲中庶子。璿好騎射、出入無度。弋援引古義、盡言規諫、甚得切磋之體。後爲參軍・庲降屯副貳都督。又轉護軍、統事如前。時永昌郡夷獠、恃險不賓、數爲寇害。乃以弋領永昌太守、率偏軍討之。遂斬其豪帥、破壞邑落。郡界寧靜。遷監軍・[1]〔翊軍〕將軍、領建寧太守。還統南郡事。景耀六年、進號安南將軍。是歲、蜀幷于魏。弋與巴東・領軍襄陽羅憲、各保全一方、擧以內附。咸因仍前任、寵待有加［一］。

［裴松之注］

［一］漢晉春秋曰、霍弋聞魏軍來。弋欲赴成都、後主以備敵既定、不聽。及成都不守、弋素服號哭、大臨三日。諸將咸勸宜速降。弋曰、今道路隔塞、未詳主之安危。大故・去就、不可苟也。若主上與魏和、見遇以禮、則保境而降、不晚也。若萬一危辱、吾將以死拒之。何論遲速邪。得後主東遷之問、始率六郡將守上表曰、臣聞、人生於三、事之如一。惟難所在、則致其命。今臣國敗主附、守死無所。是以委質、不敢有貳。晉文王善之、又拜南中都督、委以本任。後遣將兵救援呂興、平交阯・日南・九眞三郡、功封列侯、進號崇賞焉。弋孫彪、晉越嶲太守。　襄陽記曰、羅憲字令則。父蒙、避亂於蜀、官至廣漢太守。憲少以才學知名、年十三能屬文。後主立太子、爲太子舍人、遷庶子・尙書吏部郎、以宣信校尉再使於吳、吳人稱美焉。時黃皓預政、衆多附之、憲獨不與同。皓恚、左遷巴東太守。時右大將軍閻宇、都督巴東、爲領軍。後主拜憲爲宇副貳。魏之伐蜀、召宇西還、留宇二千人、令憲守永安城。尋聞成都敗、城中擾動、江邊長吏、皆棄城走、憲斬稱成都亂者一人。百姓乃定。得後主委質問至、乃帥所統、臨于都亭三日。吳聞蜀敗、起兵西上、外託救援、內欲襲憲。憲曰、本朝傾覆、吳爲脣齒、不恤我難而徼其利、背盟違約。且漢已亡、吳何得久。寧

能爲吳降虜乎。保城繕甲、告誓將士、厲以節義、莫不用命。吳聞鍾・鄧敗、百城無主、有兼蜀之志、而巴東固守、兵不得過、使步協率衆而西。憲臨江拒射、不能禦。遣參軍楊宗突圍北出、告急安東將軍陳騫、又送文武印綬・任子詣晉王。協攻城、憲出與戰、大破其軍。孫休怒、復遣陸抗等帥衆三萬人增憲之圍。被攻凡六月日而救援不到、城中疾病[2](太)〔大〕半。或說憲奔走之計。憲曰、夫爲人主、百姓所仰。危不能安、急而棄之、君子不爲也。畢命於此矣。陳騫言於晉王。遣荊州刺史胡烈救憲、抗等引退。晉王卽委前任、拜憲淩江將軍、封萬年亭侯。會武陵四縣、擧衆叛吳。以憲爲武陵太守・巴東監軍。泰始元年、改封西鄂縣侯。憲遣妻子居洛陽、武帝以子襲爲給事中。三年冬、入朝。進位冠軍將軍・假節。四年三月、從帝宴于華林園。詔問蜀大臣子弟、後問先輩宜時敘用者。憲薦蜀郡常忌・杜軫・壽良、巴西陳壽、南郡高軌、南陽呂雅・許國、江夏費恭・琅邪諸葛京、汝南陳裕。卽皆敘用、咸顯於世。憲還、襲取吳之巫城、因上伐吳之策。憲方亮嚴正、待士不倦、輕財好施、不治產業。六年薨。贈安南將軍、謚曰烈侯。子襲、以淩江將軍領部曲、早卒。追贈廣漢太守。襲子徽、順陽內史、永嘉五年爲王如所殺。此作獻、名與本傳不同、未詳孰是也。

〔校勘〕

1. 中華書局本により、「翊軍」の二字を補う。
2. 百衲本は「太」につくるが、中華書局本により「大」に改める。

《訓読》

子の弋、字は紹先、先主の末年、太子舍人と爲る。後主 踐阼するや、謁者に除す。丞相の諸葛亮、北のかた漢中に駐するや、請ひて記室と爲す。子の喬と與に共に周旋し游處せしむ。亮 卒するや、黃門侍郎と爲る。後主 太子の璿を立つるや、弋を以て中庶子と爲す。璿 騎射を好み、出入するに度無し。弋 古義を援引し、言を盡くして規諫すること、甚だ切磋の體を得たり。後 參軍・庲降屯副貳都督と爲る。又 護軍に轉ずるも、事を統ぶること前の如し。時に永昌郡の夷獠、險を恃みて賓《まつろ》はず、數〻寇害を爲す。乃ち弋を以て永昌太守を領し、偏軍を率ゐて之を討たしむ。遂に其の豪帥を斬り、邑落を破壞す。郡界 寧靜たり。監軍・翊軍將軍に遷り、建寧太守を領す。還りて南郡の事を統ぶ。景耀六年、號を安南將軍に進む。是の歲、蜀 魏に幷はさる。弋 巴東・領軍たる襄陽の羅憲と與に、各〻一方を保全し、擧げて以て內附す。咸 仍《そ》の前任に因り、寵待 加へらるる有り〔一〕。

〔裴松之注〕

〔一〕漢晉春秋に曰く、「霍弋 魏軍の來たるを聞く。弋 成都に赴かんと欲するも、後主は敵に備ふは旣に定まるを以て、聽さず。成都 守らざるに及び、弋 素服して號哭し、大いに臨《こく》すること三日。諸將 咸 宜しく速やかに降るべきを勸む。弋曰く、「今 道路 隔塞し、未だ主の安危を詳らかにせず。大故・去就は、苟《かりそ》めにす可からざるなり。若し主上 魏と和し、遇せらるること禮を以てすれば、則ち境を保ちて降るも、晚からざるなり。若し萬一危辱せらるれば、吾 將に死を以て之を拒がんとす。何ぞ遲速を論ぜんや」と。後主 東遷の問を得、始めて六郡の將守を率ゐ上表して曰く、「臣 聞くならく、人 三に生くるも、之に事ふること一の如くす。惟だ難 在る所には、則ち其の命を致すと。今 臣 國は敗れ主は附し、死を守るに所無し。是を以て質を委ね、敢て貳有らず」と。晉の文王 之を善しとし、又 南中都督に拜し、委ぬるに本任を以てす。後に將兵を遣ゐ呂興(九)を救援し、交阯・日南・九眞の三郡を平らげ、功もて列侯に封ぜられ、號を進めて崇賞せらる。弋の孫の彪(一〇)、晉の越嶲太守なり」と。　襄陽記に曰く、「羅憲 字は令則。父は蒙(一一)、亂を蜀に避け、官は廣漢太守に至る。憲少くして才學を以て名を知られ(一二)、年十三にして能く文を屬《つづ》る。後主 太子を立つるや、太子舍人と爲り、庶子(一三)・尙書吏部郎(一四)に遷り、宣信校尉(一五)を以て再び吳に使ひし、吳人 焉を稱美す。時に黃皓 政に預り、衆 多く之に附すも、憲 獨り與に同にせず。皓 恚り、巴東太守に左遷す。時に右大將軍の閻宇、巴東を都督し、領軍と爲る。後主 憲を拜して宇の副貳と爲す。魏の蜀を伐つや、宇を召し西に還らしめ、宇の二千人を留め、憲をして永安城を守らしむ。尋《つい》で成都の敗るるを聞き、城中 擾動し、江邊の長吏、皆 城を棄て走《のが》るれば、憲 成都の亂を稱する者一人を斬る。百姓 乃ち定まる。後主の委質の問 至るを得て、乃ち統ぶる所を帥ゐ、都亭に臨《こく》すること三日なり。吳 蜀の敗るるを聞き、兵を起こし西して上り、外は救援に託し、內は憲を襲はんと欲す。憲曰く、「本朝 傾覆し、吳は脣齒爲るに、我が難を恤まずして其の利を徼《もと》め、盟に背き約に違ふ。且つ漢 已に亡《ほろ》ばば、吳 何ぞ久しきを得ん。寧んぞ能く吳の降虜と爲らんや」と。城を保ち甲を繕ひ、將士に告誓し、厲ますに節義を以てすれば、命を用ひざるは莫し。吳 鍾・鄧の敗れ、百城に主無きを聞き、兼蜀の志有るも、而も巴東 固守し、兵 過ぐるを得ず、步協(一六)をして衆を率ゐて西せしむ。憲 江に臨みて拒射するも、禦ぐ能はず。參軍の楊宗(一七)を遣はして圍を突き北のかた出だし、急を安東將軍(一八)の陳騫(一九)に告げ、又 文武の印綬・任子を送りて晉王に詣す。協 城を攻め、憲 出でて與に戰ひ、大いに其の軍を破る。孫休 怒り、復た陸抗らを遣はして衆三萬人を帥ゐて憲の圍を增す(二〇)。攻めらるること凡そ六月日なるも而も救援 到らず、城中は疾病するもの大半なり。或《あるもの》 憲に奔走の計(二一)を說く。憲曰く、「夫れ人の主と爲るものは、百姓の仰ぐ所なり。危なるに安んずる能はず、急にして之を棄つるは、君子は爲さざるなり。命 此に畢《を》へん」と。陳騫 晉王に言ふ。荊州刺史の胡烈(二二)を遣はして憲を救はしめ、抗ら引き退く。晉王 卽ち前任を委ね、憲を凌江將軍(二三)に拜し、萬年亭侯に封ず。會〻武陵の四縣、衆を擧げ吳に叛く。憲を以て武陵太守・巴東監軍と爲す。泰始元年、改めて西鄂縣侯に封ず。憲 妻子を遣《や》りて洛陽に居らしめ、武帝 子の襲(二四)を以て給事中と爲す。三年冬、入朝す。位を冠軍將軍(二五)・假節に進む。四年三月、帝に從ひ華林園に宴す。詔して蜀の大臣の子弟を問ひ、後に先輩の宜しく時に敍用すべき者を問ふ。憲 蜀郡の常忌(二六)・杜軫(二七)・壽良(二八)、巴西の陳壽、南郡の高軌(二九)、南陽の呂雅・許國(三〇)、江夏の費恭(三一)、琅邪の諸葛京、汝南の陳裕を薦む。卽ち皆 敍用せられ、咸 世に顯はる。憲 還るや、襲ひて吳の巫城を取り、因りて伐吳の策を上《たてまつ》る。憲 方亮嚴正にして、士を待ちて倦まず、財を輕んじ施を好み、產業を治めず。六年 薨ず。安南將軍を贈り、諡して烈侯と曰ふ。子の襲、凌江將軍を以て部曲を領すも、早く卒す。廣漢太守を追贈す。襲の子の徽、順陽內史(三二)たるも、永嘉五年 王如(三三)の殺す所と爲る」と。此れ獻(三四)に作り、名は本傳と同じからざるも、未だ孰れか是なるかを詳らかにせざるなり。

(補注)

(一) 記室は、官名。ここでは、諸葛亮の丞相府の記室。

(二) 中庶子は、官名。ここでは、太子中庶子のこと。

(三) 切磋は、『論語』學而篇に、「子貢曰、貧而無諂、富而無驕、何如。子曰、可也。未若貧而樂道、富而好禮者也。子貢曰、詩云、如切如磋、如琢如磨、其斯之謂與。子曰、賜也、始可與言詩已矣。告諸往而知來者也」とあることを踏まえた表現である。

(四) 庲降屯副貳都督は、官名。副貳は次官。庲降都督の屯所が平夷縣にあり、建興十一（二三三）年、馬忠が劉冑の乱を平定したことで味縣に移り、ようやく南中の直接統治が実行されることは、渡邉義浩「諸葛亮の外交政策」（『三国志よりみた邪馬台国』汲古書院、二〇一六年）を参照。

(五) 南郡は、『三國志集解』に引く趙一淸によれば、「南中」の誤り。首肯し得る見解だが、管見の限りの版本に異同がないため、そのままの言葉で訳出しておく。

(六) 安南將軍は、官名。広義の四征將軍の一つ。

(七) 領軍は、官名。軍の掌握を職掌とする。

(八) 三は、『三國志集解』に引く胡三省によれば、ここでは父と母と君主のこと。

(九) 呂興は、もと吳將。蜀漢の降伏を機に、交阯・日南・九眞の三郡を率いて、霍弋を通じて魏に降伏した（『三國志』巻四 陳留王紀）。

(一〇) 彪は、霍彪。荊州南郡枝江縣の人。霍弋の子。西晉の越嶲太守となった（『三國志』巻四十一 霍峻傳）。

(一一) 蒙は、羅蒙。荊州襄陽郡の人。戦乱を蜀に避け、蜀漢の廣漢太守となった（『晉書』巻五十七 羅憲傳）。

(一二) 『晉書』巻五十七 羅憲傳に、「師事譙周、周門人稱爲子貢」とある。

(一三) 庶子は、官名。太子庶子。太子の顧問応対を掌る。

(一四) 尙書吏部郎は、官名。人事を掌る。

(一五) 宣信校尉は、官名。洪飴孫『三國職官表』によれば、蜀漢で置かれた。使者となることを任務とする。

(一六) 步協は、徐州臨淮郡淮陰縣の人。步騭の子。步騭の後を嗣ぎ、孫吳の撫軍將軍に至った（『三國志』巻五十二 步騭傳）。

(一七) 楊宗は、參軍。ここ以外に資料はなく詳細は不明である。

(一八) 安東將軍は、官名。広義の四征將軍の一つ。

(一九) 陳騫は、徐州廣陵郡東陽縣の人、字は休淵。陳矯の子。曹魏の尙書となり、行安東將軍として諸葛誕の反乱の平定に功があった。征南大將軍・都督荊州諸軍事となり、西晉が成立すると、車騎將軍、都督揚州諸軍事となった。のち太尉・大司馬を歴任した（『晉書』巻三十五 陳騫傳）。

(二〇) 陸抗は、このとき鎭軍將軍として、西陵を都督していた。

(二一) 『晉書』巻五十七 羅憲傳によれば、南方の牂牁郡か北方の上庸郡に逃れる計略であった。

(二二) 胡烈は、雍州安定郡臨涇縣の人、字は玄武。胡遵の子。征蜀護軍として、鍾會の先鋒となり、鍾會の乱の際に幽閉されたが、救出された。荊州刺史として、羅憲を救出した。西晉の成立後、秦州刺史として、鮮卑の禿髮樹機能の乱で戦死した（『晉書』巻三十五 陳騫傳など）。

(二三) 淩江將軍は、官名。雜號將軍号の一つ。長江を陵駕し、吳・會稽を平定する意という。『晉書』は陵江將軍につくる。

(二四) 襲は、羅襲。荊州襄陽郡の人。羅憲の子。西晉の給事中、順陽内史となったが、晉に反乱を起こした王如に殺された（『晉書』巻五十七 羅憲傳）。

（二五）冠軍將軍は、官名。雜號將軍号の一つ。

（二六）常忌は、蜀郡江原縣の人、字を茂通。孝で聞こえ、蜀漢の謁者、黄門侍郎となった。西晉に仕えて騎都尉となり、河內令に任ぜられた（『華陽國志』卷十一 後賢志）。

（二七）杜軫は、蜀郡成都縣の人、字を超宗。若くして譙周に仕え、郡の功曹史となった。才学を称され、犍爲太守、益州大中正となった（『華陽國志』卷十一 後賢志）。

（二八）壽良は、蜀郡成都縣の人、字を文叔。父も祖父も犍爲太守であった。春秋三傳を修め、五經に兼通し、散騎黄門侍郎となった。武帝に抜擢され、散騎常侍、大長秋となった（『華陽國志』卷十一 後賢志）。

（二九）高軌は、荊州南郡の人。『三國志集解』に引く沈家本は、高翔の後裔ではないかとする。

（三〇）許國は、荊州南陽郡の人。『三國志集解』に引く沈家本は、許慈の後裔ではないかとする。

（三一）費恭は、荊州江夏郡鄳縣の人。費禕の孫。尚書郎となったが、早く卒した（『三國志』卷四十四 費禕傳注引『禕別傳』）。

（三二）順陽內史は、順陽王國の行政長官。西晉武帝の太康十（二八九）年、國相は內史に名称を変更され、內史が皇族の代わりに王國で行政を担当した。

（三三）王如は、雍州京兆郡新豐縣の人。多くの流民を率いて西晉に反乱を起こし、大將軍と称して、一時石勒とも結んだが、飢饉に見舞われ、王敦に帰服した。のち王敦に利用され、王棱を殺したが、王敦に誅殺された（『晉書』卷一百 王如傳）。

（三四）現行本では、すでに改められていて「獻」に作らない。『三國志集解』に引く何焯は、『晉書』の校文に『襄陽耆舊傳』では「獻」に作っていたという。

［現代語訳］

子の霍弋《かくよく》は、字を紹先《しょうせん》といい、先主の末年、太子舎人《たいししゃじん》となった。後主は即位すると、謁者《えっしゃ》に任命した。丞相の諸葛亮が、北方の漢中《かんちゅう》に駐屯すると、要請して丞相記室《じょうしょうきしつ》とした。子の諸葛喬《しょかつきょう》と一緒に方々を周り対処させた。諸葛亮が卒すると、黄門侍郎《こうもんじろう》になった。後主は太子に劉璿《りゅうせん》を立てると、霍弋を太子中庶子《たいしちゅうしょし》とした。劉璿は騎射を好み、（宮中の）出入りに節度がなかった。霍弋は古義を引用し、言葉を尽くして諫め、（それは）たいへんに（太子の人格を）磨くものであった。後に參軍《さんぐん》・庲降屯副貳都督《らいこうとんふくじととく》となった。また護軍《ごぐん》に転じたが、（庲降屯の）事を統轄することは以前と同様であった。このとき永《えい》昌《しょう》郡の夷狄である獠《りょう》族は、要害を頼りに服従せず、たびたび侵寇した。そこで霍弋に永昌《えいしょう》太守を兼任し、方面軍を率いてこれを討伐させた。かくてその首領を斬り、村落を破壊した。郡の境界は安寧平穏となった。（霍弋は）監軍《かんぐん》・翊軍《よくぐん》將軍に遷り、建寧《けんねい》太守を兼任した。戻って南郡（南中）の事を統轄した。景耀《けいよう》六（二六三）年、号を安南《あんなん》將軍に進めた。この歳、蜀は魏に併合された。霍弋は巴東《はとう》都督・領《りょう》軍《ぐん》である襄陽《じょうよう》郡出身の羅憲《らけん》と共に、それぞれ一つの地域を保ち守り、そのまま（晉に）帰服した。（そこで）みなそれぞれの前任の官に留められ、寵遇を加えられた［一］。

［裴松之注］

［一］『漢晉春秋《かんしんしゅんじゅう》』に、「霍弋《かくよく》は魏軍が来寇したことを聞いた。霍弋は成都《せいと》に赴こうとしたが、後主は敵への備えはすでに定まったとして、許さなかった。成都が陥落するに及び、霍弋は喪服をき

て号泣し、大いに哭禮《こくれい》すること三日であった。諸将はみな速やかに降伏することを勧めた。霍弋は、「いま交通は途絶し、いまだ主君の安否もわからない。（降伏するという）大きな悪事と進退は、かりそめに行ってはならない。もし主君が魏と講和し、禮により待遇されていれば、境界を保って降伏しても、遅くはない。もし万一（主君が）危険や恥辱を受けていれば、吾《わたし》は死を覚悟でそれを防ぎたい。どうして早い遅いを論ずる必要があろうか」と言った。後主が東に遷ったとの報告を得て、はじめて六郡の将と守を率いて上表して、「臣《わたくし》が聞くところでは、人は（両親と君主という）三により生きていますが、これに仕えることは一のようにするものです。ただ（三者に）難があれば、その命を捧げるべきであると申します。いま臣は国家は敗退し主君は帰服し、死を貫く所がありません。このため臣禮をとり、あえて二心を抱きません」と言った。晉の文王《ぶんおう》（司馬昭）はこれを善しとし、また（霍弋を）南中都督《なんちゅうととく》に拝命し、もとの任務を委ねた。（霍弋は）のちに將兵を率いて呂興《りょこう》を救援し、交阯《こうし》・日南《にちなん》（ヴェトナム中部）・九眞《きゅうしん》（ヴェトナム中部）の三郡を平定し、功により列侯に封建され、号を進めて褒賞された。霍弋の孫の霍彪《かくひょう》は、晉の越嶲《えっすい》太守となった」と。『襄陽記《じょうようき》』に、「羅憲《らけん》は字を令則《れいそく》という。父は羅蒙《らもう》といい、戦乱を蜀に避け、官は廣漢《こうかん》太守に至った。羅憲は若いころから才能と学問で名声があり、十三歳で良く文章を綴った。後主が太子を立てると、太子舎人《たいししゃじん》となり、太子庶子《たいししょし》・尚書吏部郎《しょうしょりぶろう》に遷り、宣信校尉《せんしんこうい》として二度孫呉に使者となり、呉の人はこれを褒めたたえた。このとき（宦官の）黄皓が政治に関与し、多くの者は黄皓に従っていたが、羅憲はひとりこれに与《くみ》さなかった。黄皓は怒り、巴東《はとう》太守に左遷した。このとき右《ゆう》大将軍《だいしょうぐん》の閻宇《えんう》が、巴東の都督《ととく》となり、領軍《りょうぐん》となっていた。後主は羅憲を拝命して閻宇の副貳都督《ふくじととく》とした。曹魏が蜀漢を伐つと、閻宇を西に召還し、閻宇の兵二千人を留め、羅憲に永安《えいあん》城を守らせた。続いて成都が敗れたと聞くと、永安城内は混乱し、長江付近の長官は、みな城を棄てて逃げたので、羅憲は成都が混乱していると触れ回るもの一人を斬った。人々はようやく落ち着いた。後主が降伏したとの報告が至ったので、そこで配下を率いて、（永安の）都亭《とてい》で哭すること三日であった。孫呉は蜀漢が敗れたと聞き、兵を起こし西に攻め上がり、外は救援にかこつけ、内は羅憲を襲おうと考えた。羅憲は、「わが朝廷は転覆し、孫呉は脣歯の関係であるのに、わが難を哀れまず利を求め、盟約に違背した。かつ蜀漢がすでに滅んだ以上、孫呉はどうして久しく命脈を保てよう。どうして呉の降虜になれるだろうか」と言った。城に立て籠もり武器をつくろい、將と兵士に告げ誓って、節義によって励ましたので、命を聞かないものはなかった。孫呉は鍾會《しょうかい》と鄧艾《とうがい》が敗れ、多くの城に主がいないと聞いて、蜀を併合しようと野心を抱いたが、巴東が固く守り、兵は通過できず、歩協《ほきょう》に軍勢を率いて西に向かわせた。羅憲は長江に臨んで弓を射て拒んだが、防ぐことができなかった。參軍《さんぐん》の楊宗《ようそう》を派遣して包囲を突破し北方に送り出し、急を安東《あんとう》將軍の陳騫《ちんけん》に告げさせ、また文武百官の印綬と人質を送り晉王に至らせた。歩協が永安城を攻撃すると、羅憲は（城外に）出て戦い、大いにその軍を破った。孫休《そんきゅう》は怒り、また陸抗《りくこう》たちを派遣して兵三万人を率いて羅憲の包囲を増強した。攻撃されつづけること約六ヵ月を経っても救援は至らず、城中は病気にかかるものが大半となった。あるものは羅憲に逃亡する計略を説いた。羅憲は、「そもそも人の主となるものは、人々が仰ぐものである。危機であるのに安寧にできず、急に人々を棄てることは、君子はしないものである。命をここで終えよう」と言った。陳騫は（切迫した状況を）晉王に申し上げた。（晉王は）荊州刺史《けいしゅうしし》の胡烈《これつ》を派遣して羅憲を救援させ、陸抗たちは撤退した。晉王は直ちに以前の任務を委ね、羅憲を淩江將《りょうこう》軍に拝命し、萬年亭侯《ばんねんていこう》に封建した。たまたま武陵《ぶりょう》郡の四縣が、兵を挙げて孫呉に背いた。羅憲を武陵太守・巴東監軍《はとうかんぐん》とした。泰《たい》始《し》元（二六五）年あらためて西鄂縣侯《せいがくけんこう》に封建した。羅憲は妻子をやって洛陽に居住させ、武帝は子の羅襲《らしゅう》を給事中《きゅうじちゅう》とした。泰始三（二六七）年冬、（羅憲は）入朝した。位を冠軍《かんぐん》將軍・假節に進めた。泰始四（二六八）年三月、武帝に従って華林園《かりんえん》で宴遊した。（武帝は）詔して蜀漢の大臣の子弟（の様子）を尋ね、そののち（蜀の）先輩たちでこのとき任用すべき者を下問した。羅憲は蜀郡の常忌《じょうき》・杜軫《としん》・壽良《じゅりょう》、巴西郡の陳壽《ちんじゅ》、南郡の高軌《こうき》、南陽郡の呂雅《りょが》・許國《きょこく》、江夏郡の費恭《ひきょう》、琅邪國の諸葛京《しょかつけい》、汝南郡の陳裕《ちんゆう》を推薦した。みな即座に任用され、並んで世に名を明らかにした。羅憲は任地に戻ると、孫呉の巫城《ふじょう》を襲撃して取り、それに基づき孫呉討伐の策を上奏した。羅憲は品行方正で明らかで厳かで、士を待遇することに倦《う》まず、財を軽くみて施《ほどこ》しを好み、財産を増やさなかった。泰始六（二七〇）年に薨去した。安南《あんなん》將軍を贈り、烈侯《れつこう》と諡《おくりな》した。子の羅襲《らしゅう》は、淩江《りょうこう》將軍として私兵を統領したが、早く卒した。廣漢《こうかん》太守を追贈した。羅襲の子の羅《ら》徽《き》は、順陽內史《じゅんようだいし》であったが、永嘉《えいか》五（三一一）年に王如《おうじょ》に殺された」とある。ここ（『襄陽記』）では（羅憲の憲を）獻に作り、名が本傳と同じではないが、どちらが正しいか明らかではない。

【原文】

王連傳

王連字文儀、南陽人也。劉璋時入蜀、爲梓潼令。先主起事葭萌、進軍來南、連閉城不降。先主義之、不強偪也。及成都既平、以連爲什邡令、轉在廣都、所居有績。遷司鹽校尉、較鹽鐵之利。利入甚多、有裨國用。於是簡取良才以爲官屬。若呂乂・杜祺・劉幹等、終皆至大官、自連所拔也。遷蜀郡太守・興業將軍、領鹽府如故。建興元年、拜屯騎校尉、領丞相長史、封平陽亭侯。時南方諸郡不賓、諸葛亮將自征之。連諫以爲、此不毛之地、疫癘之鄉。不宜以一國之望、冒險而行。亮慮諸將才不及己、意欲必往、而連言輒懇至、故停留者久之。會連卒。子山嗣、官至江陽太守。

《訓読》

王連傳

王連 字は文儀、南陽の人なり。劉璋の時に蜀に入り、梓潼令と爲る。先主 事を葭萌に起こし、軍を進め南に來たるに、連は城を閉ぢて降らず。先主 之を義とし、強いて偪らざるなり。成都 既に平らぐに及び、連を以て什邡令と爲し、轉じて廣都に在り、居る所 績有り。司鹽校尉（一）に遷り、鹽鐵の利を較す。利 入ること甚だ多く、國用に裨する有り。是に於て良才を簡取して以て官屬と爲す。呂乂・杜祺・劉幹らの若き、終に皆 大官に至るは、自ら連の拔く所なり。建興元年、蜀郡太守・興業將軍に遷るも、鹽府を領すること故の如し。

屯騎校尉を拜し、丞相長史を領し、平陽亭侯に封ぜらる。時に南方の諸郡賓《まつろ》はず、諸葛亮將に自ら之を征せんとす。連諫めて以爲《い》へらく、此れ不毛の地、疫癘の鄉なり。宜しく一國の望を以て、險を冒して行くべからずと。亮諸將の才の己に及ばざるを慮り、意は必ず往かんと欲するも、而るに連の言輒ち懇《ねんご》ろに至らば、故に停留する者《こと》之を久しくす。會〻連卒す。子の山（二）嗣ぎ、官は江陽太守に至る。

（補注）

（一）司鹽校尉は、官名。塩の専売を掌る。呂乂傳では、「鹽府校尉」に作るが、『三國志集解』に引く沈家本は、司鹽校尉は鹽府を掌るので、鹽府校尉とも言う、と理解する。

（二）山は、王山。王連の子。官は江陽太守に至った（『三國志』巻四十一 王連傳）。

［現代語訳］

王連傳

王連《おうれん》は字を文儀《ぶんぎ》といい、荊州南陽《けいしゅうなんよう》郡の人である。劉璋《りゅうしょう》の時に蜀に入り、梓潼《しとう》令となった。先主が兵を葭萌《かぼう》に挙げ、軍を進めて南に来たが、王連は城を閉ざして降伏しなかった。先主はこれを義とし、強いて迫らなかった。成都が平定されるに及び、王連を什邡《じゅうほう》令とし、転じて廣都《こうと》令となったが、至る所で業績をあげた。司鹽校尉《しえんこうい》に遷り、専売して塩鉄の利を得た。利益があがることたいへん多く、国の必要に大いに応えた。このため良才を選抜して屬官とした。呂乂《りょがい》・杜祺《とき》・劉幹《りゅうかん》たちのような者は、ついにみな大官に至ったが、（かれらは）王連自らが抜擢したものたちである。蜀郡太守・興業《こうぎょう》將軍に遷ったが、鹽府《えんぷ》を統括することは元のとおりであった。建興《けんこう》元（二二三）年、屯騎校尉《とんきこうい》を拝命し、丞相長史《じょうしょうちょうし》を兼任して、平陽亭侯《へいようていこう》に封建された。このとき南方の諸郡が服従せず、諸葛亮は自らこれを遠征しようとしていた。王連は諫めて、「ここは不毛の地、疫病の郷です。一国の望みを担う方が、危険を冒して行くべきではありません」といった。諸葛亮は諸將の才能が自分に及ばないことを考え、必ず行こうと思っていたが、それでも王連の言葉がいつも懇《ねんご》ろなので、久しいこと（南征を）思い止まっていた。たまたま王連が卒した。子の王山《おうさん》が嗣ぎ、官は江陽《こうよう》太守に至った。

【原文】

向朗傳

向朗字巨達、襄陽宜城人也［一］。荊州牧劉表以爲臨沮長。表卒、歸先主。先主定江南、使朗督秭歸・夷道・巫[1]（山）・夷陵四縣軍民事。蜀既平、以朗爲巴西太守。頃之轉任牂牁、又徙房陵。後主踐阼、爲步兵校尉、代王連領丞相長史。丞相亮南征、朗留統後事。五年、隨亮漢中。朗素與馬謖善、謖逃亡、朗知情不擧。亮恨之、免官還成都。數年、爲光祿勳。亮卒後、徙左將軍、追論舊功、封顯明亭侯、位特進。初、朗少時雖涉獵文學、然不治素檢、以吏能見稱。自去長史、優游無事垂三十年［二］、乃更潛心典籍、孜孜不倦。年踰八十、猶手自校書、刊定謬誤、積聚篇卷、於時最多。開門接賓、誘納後進。但講論古義、不干時事、以是見稱。上自執政、下及童冠、皆敬重焉。延熙十年卒［三］。子條嗣、景耀中爲御史中丞［四］。

〔裴松之注〕

〔一〕襄陽記曰、朗少師事司馬德操、與徐元直・韓德高・龐士元皆親善。

〔二〕臣松之案、朗坐馬謖免長史、則建興六年中也。朗至延熙十年卒、整二十年耳。此云三十、字之誤也。

〔三〕襄陽記曰、朗遺言戒子曰、傳稱、師克在和、不在衆。此言天地和則萬物生、君臣和則國家平、九族和則動得所求、靜得所安。是以聖人守和、以存以亡也。吾楚國之小子耳。而早喪所天、爲二兄所誘養。使其性行不隨祿利以墮。今但貧耳。貧非人患。惟和爲貴。汝其勉之。

〔四〕襄陽記曰、條字文豹、亦博學多識。入晉爲江陽太守・南中軍司馬。

〔校勘〕

1．中華書局本により「山」の一字を省く。

《訓読》

向朗 字は巨達、襄陽宜城の人なり〔一〕。荊州牧の劉表 以て臨沮長と爲す。表 卒するや、先主に歸す。先主 江南を定むるや、朗をして秭歸・夷道・巫・夷陵の四縣の軍民の事を督せしむ。蜀 既に平らぎ、朗を以て巴西太守と爲す。頃之《しばらくして》 牂牁に轉任し、又 房陵に徙る。後主 踐阼するや、歩兵校尉と爲り、王連に代はりて丞相長史を領す。丞相の亮 南征するや、朗 留まりて後事を統ぶ。五年、亮に漢中に隨ふ。朗 素より馬謖と善く、謖 逃亡するに、朗 情を知るも擧げず。亮 之を恨み、官を免じて成都に還す。數年にして、光祿勳と爲る。亮 卒せしの後、左將軍に徙り、追ひて舊功を論じ、顯明亭侯に封じ、位 特進なり。初め、朗 少き時 文學に涉獵すと雖も、然れども素檢を治めず、吏能を以て稱せらる。長史を去りてより、優游事無きこと三十年に垂《なんなん》とし〔二〕、乃ち更めて心を典籍に潛め、孜孜として倦まず。年 八十を踰え、猶ほ手自《てづから》書を校し、謬誤を刊定し、篇卷を積聚すること、時に於て最も多し。門を開き賓と接し、後進を誘納す。但だ古義を講論して、時事に干《かかは》らず、是を以て稱せらる。上は執政より、下は童冠に及ぶまで、皆 焉を敬重す。延熙十年に卒す〔三〕。子の條(一) 嗣ぎ、景耀中に御史中丞と爲る〔四〕。

〔裴松之注〕

〔一〕襄陽記に曰く、「朗 少くして司馬德操に師事し、徐元直・韓德高・龐士元と皆 親善す」と。

〔二〕臣松之 案ずるに、朗 馬謖に坐し長史を免ぜらるるは、則ち建興六年中なり。朗 延熙十年に至り卒すれば、整に二十年なるのみ。此に三十と云ふは、字の誤りなり。

〔三〕襄陽記に曰く、「朗 遺言して子を戒めて曰く、『傳(二)に稱すらく、「師の克つは和に在り、衆に在らず」と。此れ天地 和すれば則ち萬物 生じ、君臣 和すれば則ち國家 平らかに、九族和すれば則ち動きて求むる所を得、靜かにして安ずる所を得るを言ふなり。是を以て聖人 和を守り、以て存し以て亡ぶなり。吾 楚國の小子なるのみ。而も早に天とする所を喪ひ、二兄の誘養する所と爲る。其の性行をして祿利に隨ひて以て墮ちざらしむ。今 但だ貧なるのみ。貧は人の患ひに非ず。惟だ和を貴しと爲せ。汝 其れ之に勉めよ』」と。

〔四〕襄陽記に曰く、「條 字は文豹、亦た博學多識なり。晉に入りて江陽太守・南中軍司馬と爲る」と。

（補注）

（一）條は、向條。荊州襄陽郡宜城縣の人、字は文豹、向朗の子。蜀漢に仕えて御史中丞となり、西晉に仕えて江陽太守・南中軍司馬となった（『三國志』巻四十一 向朗傳）。

（二）『春秋左氏傳』桓公 傳十一年に、「師克在和、不在衆」とあり、同文。

［現代語訳］

向朗傳

向朗《しょうろう》は字を巨達《きょたつ》といい、荊州襄陽郡宜城縣《けいしゅうじょうようぐんぎじょうけん》の人である［一］。荊《けい》州牧《しゅうぼく》の劉表《りゅうひょう》は臨沮長《りんしょちょう》とした。劉表が卒すると、先主に帰服した。先主が江南を定めると、向朗に秭歸《しき》・夷道《いどう》・巫《ふ》・夷陵《いりょう》の四縣の軍民の統治を監督させた。蜀が平定されると、向朗を巴西《はせい》太守とした。しばらくして牂牁《そうか》太守に転任し、また房陵《ぼうりょう》太守に従った。後主が即位すると、歩兵校尉《ほへいこうい》となり、王連《おうれん》に代わって丞相長史《じょうしょうちょうし》を兼任した。丞相の諸葛亮が南征すると、向朗は（成都に）留まって後事を統括した。建興《けんこう》五（二二七）年、諸葛亮（の北伐）に漢中《かんちゅう》に随従した。向朗はむかしから馬謖《ばしょく》と仲がよく、（街亭の戦いに敗れ）馬謖が逃亡した際、向朗は事情を知りながら報告しなかった。諸葛亮はこれを恨み、官を免じて成都に返した。数年後、光祿勳《こうろくくん》となった。諸葛亮が卒した後、左將軍《さしょうぐん》に徙り、追って過去の功績を論じ、顯明亭侯《けんめいていこう》に封建し、位は特進《とくしん》とした。これよりさき、向朗は若いころ学問を広く修めたが、それでも普段の品行が悪く、実務能力で評価された。丞相長史を免官されてから、ゆったりと何事もなく三十年になろうとして［二］、ようやく改めて心を典籍に向かわせ、孜孜《しし》と勉めて倦まなかった。八十歳を越えても、なお手づから書物を校勘し、誤謬を訂正し、書籍を収集することは、そのとき最も多かった。門を開いて賓客と接し、後進を教え導いた。ただ古義を論ずるだけで、時事には言及せず、これにより評価された。上は執政から、下は童子に至るまで、みな向朗を尊敬した。延熙《えんき》十（二四七）年に卒した［三］。子の向條《しょうじょう》が嗣ぎ、景耀《けいよう》年間（二五八～二六三年）に御史中丞《ぎょしちゅうじょう》となった［四］。

［裴松之注］

［一］『襄陽記《じょうようき》』に、「向朗は若いころ司馬徳操《しばとくそう》（司馬徽）に師事し、徐元直《じょげんちょく》（徐庶）・韓徳高《かんとくこう》（韓嵩）・龐士元《ほうしげん》（龐統）といずれも親しかった」とある。

［二］臣《わたくし》裴松之が考えますに、向朗が馬謖に連座し丞相長史を免官されたのは、建興六（二二八）年中のことです。向朗が延熙十（二四七）年に至って卒するのであれば、ちょうど二十年となります。ここに三十と言っているのは、字の誤りです。

［三］『襄陽記』に、「向朗は遺言して子を戒めて、『春秋左氏《しゅんじゅうさし》傳《でん》』（桓公 傳十一年）に、「戦いに勝つのは人の和にあり、人の多さによらない」とある。この言葉は天地が和すれば万物が生まれ、君臣が和すれば国家が平和になり、九族が和すれば動いては求めるものが手に入り、静かにしては安寧を得るということである。このために聖人は和を守り、それにより存在しそれにより滅亡する。吾《わたし》は楚國《そこく》の小人に過ぎない。しかも早くに天とする所（である父）を失い、二人の兄に誘《いざな》い養われた。その性行を祿利に随って堕ちないようにしていただいた。いまは貧であるだけである。貧は人の憂いではない。ただ和を貴いものとせよ。汝ら

努力せよ」と言った」とある。
[四]『襄陽記』に、「向條《しょうじょう》は字を文豹といい、また博学多識であった。西晉に仕えて江陽《こうよう》太守・南中軍司馬《なんちゅうぐんしば》となった」とある。

【原文】
朗兄子寵、先主時爲牙門將。秭歸之敗、寵營特完。建興元年、封都亭侯、後爲中部督、典宿衞兵。諸葛亮當北行、表與後主曰、將軍向寵、性行淑均、曉暢軍事、試用於昔、先帝稱之曰能。是以衆論舉寵爲督。愚以爲、營中之事、悉以咨之、必能使行陳和睦、優劣得所也。遷中領軍。延熙三年、征漢嘉蠻夷、遇害。寵弟充、歷射聲校尉・尚書[一]。

[裴松之注]
[一] 襄陽記曰、魏咸熙元年六月、鎭西將軍衞瓘、至於成都、得璧・玉印各一枚、文似成・信字。魏人宣示百官、藏于相國府。充聞之曰、吾聞譙周之言、先帝諱備、其訓具也。後主諱禪、其訓授也。如言劉已具矣、當授與人也。今中撫軍名炎、而漢年極於炎興。瑞出成都、而藏之於相國府。此殆天意也。是歲、拜充爲梓潼太守。明年十二月而晉武帝卽尊位。炎興於是乎徵焉。孫盛曰、昔公孫自以起成都、號曰成氏。二玉之文、殆述所作乎。

《訓讀》
朗の兄の子たる寵、先主の時 牙門將と爲る。秭歸の敗、寵の營 特《ひと》り完《まっ》たし。建興元年、都亭侯に封じ、後に中部督と爲し、宿衞兵を典《つかさど》らしむ。諸葛亮 當に北行せんとし、表して後主に與へて曰く、「將軍の向寵は、性行 淑均、軍事に曉暢し、昔に試用せられ、先帝之を稱して能と曰へり。是を以て衆論 寵を擧げて督と爲す。愚 以爲へらく、營中の事、悉く以て之に咨らば、必ず能く行陳をして和睦し、優劣をして所を得しめん」と。中領軍に遷る。延熙三年、漢嘉の蠻夷を征し、害に遇ふ。寵の弟の充(一)、射聲校尉・尚書を歷す[一]。

[裴松之注]
[一] 襄陽記に曰く、「魏の咸熙元年六月、鎭西將軍の衞瓘、成都に至り、璧・玉の印 各〻一枚を得、文は成・信の字に似たり。魏人 百官に宣示し、相國府に藏む。充 之を聞きて曰く、「吾 譙周の言を聞くに、先帝の諱は備、其の訓は具《そなふ》なり。後主の諱は禪、其の訓は授《さづく》なり。劉は已に具はり、當に人に授け與ふべしと言ふが如し。今 中撫軍の名は炎にして、而も漢の年は炎興に極まる。瑞は成都より出でて、而も之を相國府に藏む。此れ殆ど天意なり」と。是の歲、充を拜して梓潼太守と爲す。明年十二月にして晉の武帝 尊位に卽く。炎興 是に於てか焉に徵《あらは》る」と。孫盛曰く、「昔 公孫 自ら成都に起こるを以て、號して成氏と曰ふ。二玉の文、殆ど述の作る所か」と。

(補注)
(一) 充は、向充。向寵の子。射聲校尉・尚書を歷任した(『三國志』卷四十一 向朗傳附向寵傳)。

[現代語訳]
向朗の兄の子である向寵《しょうちょう》は、先主のとき牙門將《がもんしょう》となった。秭歸《しき》

の戦いで敗れた際、向寵の陣営だけひとり無傷であった。建興《けんこう》元（二二三）年、都亭侯《とていこう》に封建し、後に中部督《ちゅうぶとく》となし、宿衛兵を掌握させた。諸葛亮は北伐しようとし、出師《すいし》の表を後主に与えて、「将軍の向寵《しょうちょう》は、性質や行為が善良公平で、軍事に通暁しており、かつて試みに用いられ、先帝はかれを有能であるとおっしゃりました。このゆえにこそ人々の意見は向寵を推挙して中部督としたのです。わたしが思いますに、軍中のことは、すべてかれに相談されれば、必ずや軍隊を分裂させず、優劣の区別をつけて（軍を）運用できるでしょう」と言った。中領軍《ちゅうりょうぐん》に遷った。延熙三（二四〇）年、漢嘉《かんか》郡の蠻夷を征伐して、殺害された。向寵の弟の向充《しょうじゅう》は、射聲校尉《せきせいこうい》・尚書を歴任した［一］。

［裴松之注］

［一］『襄陽記《じょうようき》』に、「魏の咸熙《かんき》元（二六四）年六月、鎭西《ちんせい》將軍の衞《えい》瓘《かん》は、成都に至り、璧と玉の印それぞれ一枚を得たが、（印の）文字は成と信の字に似ていた。魏の人々は百官に示したのち、相國《しょうこく》府に蔵《おさ》めた。向充はこれを聞いて、『吾《わたし》が譙周の言葉を聞いたところでは、先帝の諱《いみな》は備、其の訓《いみ》は具《そなう》である。後主の諱は禪、其の訓は授《さずく》である。劉氏はすでに具わり、まさに人に授け与えるべしと言っているようなものである。いま（もとの）中撫軍《ちゅうぶぐん》（司馬炎）の名は炎であり、しかも漢の年号は炎興《えんこう》で極まった。瑞祥は成都から出て、しかもこれを（やがて相國となる司馬炎の）相國府に蔵められた。これ（の印の文字が示す信《まこと》に成る）はほとんど天意である』といった。この歳、向充を拝命して梓潼《しとう》太守とした。翌（咸熙二〈二六五〉）年十二月に晉の武帝は帝位に即いた。炎興はここで（即位の徴候であったことが）明らかになった」とある。孫盛《そんせい》は、「むかし公孫述《こうそんじゅつ》は自ら成都に起こったことにより、国号を成氏《せいし》といった。二玉の文は、おそらく公孫述が記したものではなかろうか」と言っている。

【原文】

張裔傳

張裔字君嗣、蜀郡成都人也。治公羊春秋、博涉史・漢。汝南許文休入蜀、謂裔、幹理敏捷、是中夏鍾元常之倫也。劉璋時、擧孝廉、爲魚復長、還州署從事、領帳下司馬。張飛自荊州由墊江入、璋授裔兵、拒張飛於德陽陌下。軍敗、還成都。爲璋奉使詣先主。先主許以禮其君而安其人也。裔還、城門乃開。先主以裔爲巴郡太守。還爲司金中郎將、典作農戰之器。先是、益州郡殺太守正昂。耆率雍闓、恩信著於南土、使命周旋、遠通孫權。乃以裔爲益州太守、徑往至郡。闓遂趦趄不賓、假鬼教曰、張府君如瓠壺。外雖澤而內實麤。不足殺。令縛與吳。於是遂送裔於權。

《訓読》

張裔傳

張裔 字は君嗣、蜀郡成都の人なり。公羊春秋を治め、史・漢を博涉す。汝南の許文休 蜀に入り、裔を謂ひて、「幹理 敏捷たりて、是れ中夏の鍾元常の 倫《ともがら》なり」と。劉璋の時、孝廉に擧げられ、魚復長と爲り、州に還り從事に署せられ、帳下司馬を領す（一）。張飛 荊州より墊江に由りて入るや、璋 裔に兵を授け、張飛を德陽の陌下に拒がしむ。軍 敗れ、成都に還る。璋の爲に使を奉じて先主に詣る。先主 許すに其の君を禮するを以てして其の人を安んずるなり。裔 還るや、城門 乃ち開く。先主 裔を以て巴郡太守と爲す。還して司金中郎將(二)と爲し、農戰の器を作るを典らしむ。是より先、益州郡 太守の正昂(三)を殺す。耆率の雍闓、恩信 南土に著はれ、使命 周旋して、遠く孫權に通ず。乃ち裔を以て益州太守と爲し、徑ちに往きて郡に至らしむ。闓 遂て趦趄して賓はず、鬼に假り教して曰く、「張府君は瓠壺の如し。外は澤と雖も而るに內は實に麤たり。殺すに足らず。縛せしめて吳に與へん」と。是に於て遂に裔を權に送る。

(補注)

(一) 帳下司馬は、官名。州の屬官。

(二) 司金中郎將は、官名。農業や戦争の用具を作ることを掌る。

(三) 正昂は、益州太守。益州郡の反乱により殺された（『三國志』卷四十一 張裔傳）。

[現代語訳]

張裔傳

張裔《ちょうえい》は字を君嗣《くんし》といい、益州蜀郡成都縣の人である。春秋公羊《しゅんじゅうくよう》學《がく》を修め、『史記《しき》』・『漢書《かんじょ》』に広く通じた。汝南《じょなん》郡の許文休《きょぶんきゅう》（許靖）は蜀に入ると、張裔を評価して、「才能があり頭の回転が早く、中華で言えば鍾元常《しょうげんじょう》（鍾繇）の仲間である」と言った。劉璋《りゅうしょう》のとき、孝廉に察擧され、魚復《ぎょふく》長となり、州に戻り州從事《しゅうじゅうじ》に任命され、帳下司馬《ちょうかしば》を兼ねた。張飛《ちょうひ》が荊州から墊江《てんこう》沿いに侵入すると、劉璋は張裔に兵を授け、張飛を德陽《とくよう》縣の陌下《はくか》で防がせた。軍は敗れ、成都に帰った。劉璋のために使者となって先主のもとに至った。先主は張裔の君主（劉璋）を礼遇すると承諾して張裔を安心させた。張裔が戻ると、（成都の）城門が開かれた。先主は張裔を巴郡《はぐん》太守とした。（成都に）戻して司金中郎將《しきんちゅうろうしょう》として、農業や戦争の用具を作ることを掌らせた。これよりさき、益州郡が太守の正昂《せいこう》を殺した。指導者の雍闓《ようがい》は、恩信が南中に明らかで、方々に使者を派遣して、遠く孫權《そんけん》にも通じた。そこで（劉備は）張裔を益州太守とし、直ちに行って益州郡に至らせた。雍闓はそのままぐずぐずして服従せず、鬼《き》（神霊）に仮託してお告げを出して、「張府君は瓠《ひさご》の壺《つぼ》のようだ。外は光沢があるが内は実に粗雑である。殺すにも足りない。縛らせて吳に与えよ」と言った。こうして張裔を孫權に送った。

【原文】

會先主薨、諸葛亮遣鄧芝使吳。亮令芝言次可從權請裔。裔自至吳數年、流徙伏匿、權未之知也。故許芝遣裔。裔臨發、權乃引見。問裔曰、蜀卓氏寡女、亡奔司馬相如。貴土風俗、何以乃爾乎。裔對曰、愚以、卓氏之寡女、猶賢於買臣之妻。權又謂裔曰、君還、必用事西朝、終不作田父於閭里也。將何以報我。裔對曰、裔負罪而歸、將委命有司。若蒙徼倖得全首領、五十八已前父母之年也、自此已後大王之賜也。權言笑歡悅、有器裔之色。裔出閤、深悔不能陽愚、卽便就船、倍道兼行。權果追之、裔已入永安界數十里、追者不能及。

《訓読》

會〻先主 薨じ、諸葛亮 鄧芝を遣はし吳に使ひせしむ。亮 芝に令し言次に權に從りて裔を請ふ可しと。裔 吳に至りてより數年、流徙し伏匿せば、權 未だ之を知らざるなり。故に芝に裔を遣はすを許す。裔 發するに臨み、權 乃ち引見す。裔に問ひて曰く、「蜀の卓氏の寡女、司馬相如に亡奔す。貴土の風俗、何を以て乃ち爾るか」と。裔 對へて曰く、「愚 以へらく、卓氏の寡女は、猶ほ買臣(一)の妻より賢なり」と。權 又 裔に謂ひて曰く、「君 還らば、必ず西朝に用事せられ、終に田父と閭里に作らざるなり。將《は》た何を以て我に報いん」と。裔 對へて曰く、「裔 罪を負ひて歸らば、將に命を有司に委ねんとす。若し徼倖を蒙り首領を全くするを得なば、五十八より已前は父母の年なれど、此れより已後は大王の賜なり」と。權 言笑して歡悦し、裔を器とするの色有り。裔 閤を出づるや、深く愚を陽《いつは》る能はざるを悔み、卽便《ただ》ちに船に就き、道を倍して兼行す。權 果たして之を追ふも、裔 已に永安の界に入ること數十里、追ふ者 及ぶ能はず。

（補注）

（一）買臣は、朱買臣。揚州吳郡吳縣の人、字は翁子。貧しいなかで勉学に励み、武帝に東越についての上奏を認められ、會稽太守となって東越を破った。なお、その妻は、夫が出世するのを待ちきれず離婚した（『漢書』巻六十四上 朱買臣傳）。

［現代語訳］

たまたま先主が薨去《こうきょ》すると、諸葛亮は鄧芝《とうし》を派遣して孫吳に使者とならせた。諸葛亮は鄧芝に命じ言葉のついでに孫權から張裔をもらい受ける交渉をせよとした。張裔は孫吳に至ってから数年、流れあるき潜伏していたので、孫權はこれを知らなかった。このため鄧芝に張裔の出国を認めた。張裔の出発に臨み、孫權はようやく引見した。張裔に尋ねて、「蜀の卓王孫《たくおうそん》の娘は、司馬相如《しばしょうじょ》と駆け落ちした。君の土地の風俗は、どうしてそうなのか」と言った。張裔は答えて、「愚《わたし》が思いますに、卓王孫の娘は、（夫が出世するのを待ちきれず離婚した吳の）朱買臣《しゅばいしん》の妻よりは賢でしょう」と言った。孫權はまた張裔に言って、「君は帰れば、必ず西朝（蜀漢）で用いられ、最後まで田舎の親父になることはない。さてどのように我《わたし》に報いてくれるであろう」とした。張裔は答えて、「裔《わたくし》は罪を負って帰国しますので、命を担当の役人に委ねます。もし幸いにも首が全うされれば、五十八歳までは父母よりいただいた年ですが、これより以後は大王の賜りものです」とした。孫權は笑って喜び、張裔を器量があるとした様子であった。張裔は閤《こう》（宮中の小門）を出ると、（自分を）愚と偽れなかったことを後悔し、直ちに船に行き、倍の速さで昼夜兼行し（て蜀に戻っ）た。孫權は果たしてこれを追ったが、張裔はすでに永安《えいあん》の国境に入ること数十里で、追う者は及ばなかった。

【原文】

旣至蜀、丞相亮以爲參軍、署府事、又領益州治中從事。亮出駐漢中、裔以射聲校尉領留府長史。常稱曰、公賞不遺遠、罰不阿近。爵不可以無功取、刑不可以貴勢免。此賢愚之所以僉忘其身者也。其明年、北詣亮諮事、送者數百、車乘盈路。裔還書與所親曰、近者涉道、晝夜接賓、不得寧息。人自敬丞相長史、男子張君嗣附之。疲倦欲死。其談啁流速、皆此類也[二]。少與犍爲楊恭友善。恭早死、遺孤未數歲。裔迎留、與分屋而居、事恭母如母。恭之子息長大、爲之娶婦、買田宅・産業、使立門戶。撫恤故舊、振贍衰宗、行義甚至。加輔漢將軍、領長史如故。建興八年卒。子翬嗣。翬音忙角反、見字林、曰翬、思貌也。歷三郡守・監軍。翬弟都、太子中庶子。

［裴松之注］

［一］臣松之以爲、談啁貴於機捷、書疏可容留意。今因書疏之巧、以著談啁之速、非其理也。

《訓読》

既に蜀に至るや、丞相の亮 以て參軍と爲し、府事を署し、又 益州治中從事を領せしむ。亮 出でて漢中に駐するや、裔 射聲校尉を以て留府長史を領す。常に稱して曰く、「公 賞は遠きを遺さず、罰は近きに阿《おも》ねらず。爵は功無きを以て取る可からず、刑は貴勢を以て免る可からず。此れ賢愚の僉 其の身を忘るる所以の者なり」と。其の明年、北のかた亮に詣りて事を諮るに、送る者 數百、車乘 路に盈つ。裔 還りて書を親しむ所に與へて曰く、「近者《ちかごろ》 道に涉るに、晝夜 賓に接し、寧息するを得ず。人 自づから丞相長史を敬し、男子たる張君嗣は之に附す。疲倦して死せんと欲す」と。其の談啁 流速なること、皆 此の類なり［一］。少くして犍爲の楊恭（一）と友として善し。恭 早に死し、遺孤 未だ數歲ならず。裔 迎留し、與に屋を分ちて居らしめ、恭の母に事ふること母の如くす。恭の子息 長大せば、之が爲に婦を娶り、田宅・産業を買ひ、門戶を立てしむ。故舊を撫恤し、衰宗を振贍して、行義 甚だ至れり。輔漢將軍を加へ、長史を領すること故の如し。建興八年に卒す。子の翬（二） 嗣ぐ。翬 音は忙角の反、字林（三）に見へ、翬を曰ひて、思貌なりとす。三の郡守・監軍を歷す。翬の弟の都（四）、太子中庶子たり。

［裴松之注］

［一］臣松之 以爲へらく、談啁は機捷なるを貴び、書疏は意を留むるを容れる可しと。今 書疏の巧に因りて、以て談啁の速きを著《あき》らかにするは、其の理に非ざるなり。

（補注）

（一）楊恭は、益州犍爲郡の人。張裔と仲がよかったが早卒した。その子と母は、張裔が面倒をみた（『三國志』卷四十一 張裔傳）。

（二）翬は、張翬。益州蜀郡成都縣の人。張裔の子。郡守・監軍を歷任した（『三國志』卷四十一 張裔傳）。

（三）字林は、書名。晉の呂沈の撰。『說文解字』の流れを汲む字書で五卷本であったという。『隋書』卷三十二 經籍志一に著錄がある。

（四）都は、張都。益州蜀郡成都縣の人。張裔の子。太子中庶子となった（『三國志』卷四十一 張裔傳）。

［現代語訳］

蜀に到着すると、丞相の諸葛亮は（張裔を）參軍《さんぐん》とし、丞相府の事務を掌握させ、また益州治中從事《えきしゅうじちゅうじゅうじ》を兼任させた。諸葛亮が出て漢中に駐屯すると、張裔は射聲校尉《せきせいこうい》として丞相留府長史《じょうしょうりゅうふちょうし》を兼任した。常に（諸葛亮を）称して、「（諸葛）公は賞については遠くにいる者を残さず、罰については身近な者におもねらなかった。爵は功も無く取ることはできず、刑は貴く勢力があっても免れることはできなかった。これが賢人も愚人もみなその身を忘れる理由である」といった。その翌年、北方の諸葛亮のもとに至り政事を相談しにいくと、見送る者が数百人にもなり、路上に満ちた。張裔は帰って書簡を親しい者に与え、「ちかごろ道路を歩いていると、昼も夜も賓客に接し、休むこともできません。人は自然と丞相長史を尊敬しますが、男子である張君嗣《ちょうくんし》（張裔）はそのおまけです。疲れて死にそうです」といった〔一〕。その面白い話が流れるように出てくることは、みなこのようであった。若いころ犍爲《けんい》郡の楊恭《ようきょう》と友人として仲がよかった。楊恭は早く死に、遺児はまだ数歳であった。張裔は迎え留め、家を分けて居住させ、楊恭の母に仕えること（自分の）母のようであった。楊恭の子が大きくなると、そのため妻を娶り、田宅と生業を買って、一家を構えさせた。むかし馴染みをいたわり、没落した宗族を援助して、その義行はたいへん行き届いていた。輔漢《ほかん》將軍を加え、丞相長史を兼任することは元のとおりであった。建興《けんこう》八（二三〇）年に卒した。子の張毣《ちょうぼく》が嗣いだ。毣は音が忙角の反で、『字林《じりん》』に見える。毣を言って、思貌であるとする。三つの郡守と監軍を歴任した。張毣の弟の張都《ちょうと》は、太子中庶子《たいしちゅうしょし》となった。

〔裴松之注〕

〔一〕臣《わたくし》裴松之が考えますに、面白い話は機敏であることを尊重し、書簡は意志を留めることを含むべきです。いま書簡の巧みさによって、面白い話の速さを明らかにするのは、理にもとっています。

【原文】

楊洪傳

楊洪字季休、犍爲武陽人也。劉璋時歷部諸郡。先主定蜀、太守李嚴命爲功曹。嚴欲徙郡治舍、洪固諫不聽。遂辭功曹、請退。嚴欲薦洪於州、爲蜀部從事。先主爭漢中、急書發兵。軍師將軍諸葛亮以問洪。洪曰、漢中則益州咽喉、存亡之機會。若無漢中則無蜀矣。此家門之禍也。方今之事、男子當戰、女子當運。發兵何疑。時蜀郡太守法正、從先主北行。亮於是表洪領蜀郡太守。衆事皆辦、遂使卽眞。頃之、轉爲益州治中從事。

《訓読》

楊洪傳

楊洪 字は季休、犍爲武陽の人なり。劉璋の時 部を諸郡に歷す。先主 蜀を定むるや、太守の李嚴 命じて功曹と爲す。嚴 郡治の舍を徙さんと欲するも、洪 固く諫めて聽かず。遂て功曹を辭し、退かんことを請ふ。嚴 洪を州に薦めんと欲し、蜀部從事と爲す（一）。先主 漢中を爭ひ、急書もて兵を發す。軍師將軍の諸葛亮 以て洪に問ふ。洪曰く、「漢中は則ち益州の咽喉なれば、存亡の機會なり。若し漢中無くんば則ち蜀無し。此れ家門の禍ひなり。方今《ただいま》の事、男子は當に戰ふべく、女子は當に運ぶべし。兵を發するに何をか疑ふ」と。時に蜀郡太守の法正、先主に從ひて北行す。亮 是に於て洪を表して蜀郡太守を領せしむ。衆事 皆 辦ずれば、遂て卽ちに眞とせしむ。頃之《しばらくして》、轉じて益州治中從事と爲る。

（補注）

（一）この一文について、『三國志集解』は、「欲」を衍字、「蜀」を「益」であるとするが、管見の限りの版本に異同がないため、そのまま訳出しておく。

［現代語訳］

楊洪傳

楊洪《ようこう》は字を季休《ききゅう》といい、益州犍爲郡武陽縣《えきしゅうけんいぐんぶようけん》の人である。劉璋《りゅうしょう》のとき官吏を諸郡で歴任した。先主が蜀を定めると、犍爲太守の李嚴《りげん》は命じて功曹史《こうそうし》とした。李嚴は郡治の役所を移転しようとしたが、楊洪は固く諫めて許さなかった。こうして功曹史を止め、（官を）退くことをねがった。李嚴は楊洪を州に薦め、蜀部從事《しょくぶじゅうじ》とした。先主は漢中を争い、至急の文書で兵を徴発した。軍師《ぐんし》將軍の諸葛亮はそれを楊洪に尋ねた。楊洪は、「漢中は益州の喉元であれば、（今は）存亡の分かれ目です。もし漢中が無ければ蜀もありません。これは家門の禍いです。現在の事態では、男子は戦うべき、女子は輸送すべきです。兵を徴発するのに何を疑うことがありましょう」と答えた。このとき蜀郡太守の法正《ほうせい》は、先主に従って北（の漢中）に行っていた。諸葛亮はそこで楊洪を上表して蜀郡太守を兼ねさせた。すべての政事を処理したので、（楊洪を）直ちに真（の蜀郡太守）とした。しばらくして、移って益州治中從事《じちゅうじゅうじ》となった。

【原文】

先主既稱尊號、征呉不克、還住永安。漢嘉太守黃元、素爲諸葛亮所不善。聞先主疾病、懼有後患、擧郡反、燒臨邛城。時亮東行省疾、成都單虛。是以元益無所憚。洪卽啓太子、遣其親兵、使將軍陳曶・鄭綽討元。衆議以爲、元若不能圍成都、當由越嶲據南中。洪曰、元素性凶暴、無他恩信、何能辦此。不過乘水東下、冀主上平安、面縛歸死。如其有異、奔呉求活耳。勅曶・綽、但於南安峽口遮、卽便得矣。曶・綽承洪言、果生獲元。洪建興元年賜爵關內侯、復爲蜀郡太守・忠節將軍。後爲越騎校尉、領郡如故。

《訓読》

先主 既に尊號を稱し、呉を征するも克たず、還りて永安に住む。漢嘉太守の黃元、素より諸葛亮の不善とする所と爲る。先主の疾 病《へい》なるを聞き、後患有るを懼れ、郡を擧げて反し、臨邛城を燒く。時に亮 東行して疾を省み、成都は單虛たり。是を以て元 益〻憚かる所無し。洪 卽ち太子に啓し、其の親兵を遣はし、將軍の陳曶・鄭綽（一）をして元を討たしむ。衆議 以《い》爲へらく、「元 若し成都を圍む能はざれば、當に越嶲より南中に據らん」と。洪曰く、「元 素より性は凶暴にして、他に恩信無くんば、何ぞ能く此れを辦ぜん。水に乘りて東下し、主上の平安を冀ひ、面縛して死に歸すに過ぎず。如し其れ異有らば、呉に奔りて活を求むるのみ。曶・綽に勅して、但だ南安峽口に於て遮らば、卽《ただ》便ちに得ん」と。曶・綽 洪の言を承け、果たして元を生獲す。洪 建興元年に爵關內侯を賜り、復た蜀郡太守・忠節將軍（二）と爲る。後に越騎校尉（三）と爲るも、郡を領すること故の如し。

（補注）

（一）鄭綽は、將軍。陳曶と共に黃元の乱を平定した（『三國志』卷四十一 楊洪傳）。

（二）忠節將軍は、官名。蜀が置いた。雜號將軍号の一つ。

（三）越騎校尉は、官名。五營校尉の一つ。北軍中候に属し、宿衞の兵をつかさどった。楊鴻年『漢魏制度叢考』（武漢大学出版社、二〇〇五年）を参照。

〔現代語訳〕

先主はすでに皇帝を称し、孫吳を征伐したが勝てず、帰って永安城《えいあん》に留まった。漢嘉《かんか》太守の黃元《こうげん》は、前から諸葛亮に良くないとされていた。先主の病気が重いことを聞き、後の憂いがあることを恐れ、漢嘉郡を挙げて反乱をおこし、臨邛《りんきょう》城を焼いた。このとき諸葛亮は東（の永安）に行って病気を見舞っており、成都は空であった。このため黃元はますます憚かる所がなかった。楊洪は直ちに太子（劉禪）に申し上げ、その親衛兵を派遣して、將軍の陳曶《ちんこつ》と鄭綽《ていしゃく》に黃元を討たせるべきであるとした。人々は、「黃元はもし成都を包囲できなければ、越巂《えっすい》郡を経由して南中を拠点としよう」と言った。楊洪は、「黃元はもともと性は凶暴で、他人に恩信を施していないので、どうしてそれができましょう。流れに乗って東に下り、陛下がお元気であることを願って、後ろ手に自らを縛り死罪を請うしかありません。もし（陛下に）異変があれば、孫吳に亡命して生き延びようとするだけです。陳曶と鄭綽に命じて、ただ南安峡《なんあんきょう》の入り口を遮断すれば、すぐさま捕らえることができます」と言った。陳曶と鄭綽は楊洪の言葉の通りにし、果たして黃元を生け獲りにした。楊洪は建興《けんこう》元（二二三）年に爵關內侯《しゃくかんだいこう》を賜り、また蜀郡太守・忠節《ちゅうせつ》將軍となった。後に越騎《えっき》校尉《こうい》となったが、蜀郡太守を兼任することは元のようであった。

【原文】

五年、丞相亮北住漢中、欲用張裔爲留府長史、問洪何如。洪對曰、裔天姿明察、長於治劇、才誠堪之。然性不公平、恐不可專任。不如留向朗。朗情僞差少、裔隨從目下、效其器能、於事兩善。初、裔少與洪親善。裔流放在吳、洪臨裔郡、裔子郁給郡吏、微過受罰、不特原假。裔後還聞之、深以爲恨、與洪情好有損。及洪見亮出、至裔許、具說所言。裔答洪曰、公留我了矣。明府不能止。時人或疑洪意自欲作長史、或疑洪知裔自嫌、不願裔處要職、典後事也。後裔與司鹽校尉岑述不和、至于忿恨。亮與裔書曰、君昔在1（栢）〔陌〕下、營壞、吾之用心、食不知味。後流迸南海、相爲悲歎、寢不安席。及其來還、委付大任、同獎王室、自以爲、與君古之石交也。石交之道、擧讎以相益、割骨肉以相明、猶不相謝也。況吾但委意於元儉、而君不能忍邪。論者由是明洪無私。

〔校勘〕

1．百衲本は「栢」につくるが、中華書局本により「陌」に改める。

《訓讀》

五年、丞相の亮 北のかた漢中に住《とど》まるに、張裔を用ひて留府長史と爲さんと欲し、洪に問ふに何如と。洪 對へて曰く、「裔は天姿 明察にして、劇を治むるに長じ、才 誠に之に堪ふ。然れども性 公平ならざれば、恐らくは專らに任ず可からず。向朗を留むるに如かず。朗は情僞 差や少なければ、裔 目下に隨從して、其の器能を效《あら》はさば、事に於て兩善せん」と。初め、裔 少くして洪と親善す。裔 流放せられて吳に在り、洪 裔の郡に臨むや、裔の子の郁[一] 郡吏に給し、微過もて罰を受くるも、特に原《ゆる》し假《あた》へず。裔 後に還りて之を聞き、深く以て恨みと爲し、洪と情好 損する有り。洪 亮に見え出づるに及び、裔の許に至り、具さに言ふ所を說く。裔 洪に答へて曰く、「公 我を留め了《おはん》ぬ。明府 止むる能はず」と。時人 或いは洪の意は自ら長史に作らんと欲すと疑ひ、或いは洪は裔の自ら嫌ふを知り、裔の要職に處り、後事を典するを願はずと疑ふなり。後に裔 司鹽校尉の岑述[二]と不和にして、忿恨に至る。亮 裔に書を與へて曰く、「君 昔 陌下に在り、營 壞れしとき、吾の心を用ふること、食べるも味を知らざるなり。後に南海に流迸するに、相 爲めに悲歎し、寢ぬるも席を安ぜざるなり。其の來り還るに及び、大任を委付し、同に王室を獎け、自ら以爲へらく、君と與に古の石交するなりと。石交の道は、讐を擧げて以て相 益し、骨肉を割きて以て相 明らかにするに、猶ほ相 謝せざるなり。況んや吾 但だ意を元儉に委ぬるのみに、而も君 忍ぶ能はざるや」と。論者 是に由り洪の無私を明らかにす。

(補注)

(一) 郁は、張郁。益州蜀郡成都の人。張裔の子。郡に仕えたが微罪で罰せられた(『三國志』卷四十一 楊洪傳)。

(二) 岑述は、司鹽校尉。ここ以外に記載はなく、詳細は不明である。『三國志集解』に引く沈家本は、後出の「元儉」を岑述の字とするが、盧弼は「元儉」が廖化の字であることを指摘する。

[現代語訳]

建興五(二二七)年、丞相の諸葛亮は北方の漢中に駐留するので、張裔《ちょうえい》を用いて丞相留府長史《じょうしょうりゅうふちょうし》にしようと思い、楊洪《ようこう》にどうかと尋ねた。楊洪は答えて、「張裔は天性明敏で、激務の処理を得意とし、才はまことに丞相留府長史に耐えられます。しかし性質が公平ではないので、おそらく一人で任せるべきではありません。向朗《しょうろう》を留めた方がよいでしょう。向朗は表裏が少ないので、張裔はその下に従わせ、その能力を発揮させれば、政事に二人の能力が活かせます」とした。これよりさき、張裔は若いころ楊洪と親しくしていた。張裔が流浪させられて吳におり、楊洪が張裔の(故郷の)蜀郡を統治すると、張裔の子の張郁《ちょういく》が郡吏として仕え、微罪で罰を受けたが、(楊洪は)とくに許すことはしなかった。張裔は後で帰ってこれを聞き、深く恨みとして、楊洪との友情は損なわれていた。楊洪は諸葛亮に見え退出すると、張裔のもとに至り、詳細に述べたことを説明した。張裔は楊洪に答えて、「諸葛公は我《わたし》を留めよう。明府《あなた》が止めることはできない」とした。当時の人々はあるいは楊洪の意図は自分が丞相留府長史になろうと考えたのではないかと疑い、あるいは楊洪は張裔が自分を嫌っていることを知り、張裔が要職にいて、後事を掌ることを願わなかったのではないかと疑った。後に張裔は司鹽校尉の岑述《しんじゅつ》と不和で、仇敵となった。諸葛亮は張裔に書簡を与えて、「君がむかし陌下にいて、陣営が崩壊したとき、吾《わたし》は心配で、食べても味が分からなかった。後に南海に流浪すると、悲歎して、寝てもぐっすり休めなかった。君が帰ってくると、大任を委ね、ともに王室を助け、自分では、君と古の金石の交わりを持つと思っていた。金石の交わりでのあり方は、仇を挙げても利益をもたらし、骨肉を割いても互いに明らかにしあい、なお互いに断らないものである。まして吾はただ期待を元《げん》儉《けん》にかけただけなのに、君は我慢もしてくれないのか」といった。論者はこれにより楊洪に私心がなかったことをはっきりと知った。

【原文】

洪少不好學問、而忠清・款亮、憂公如家、事繼母至孝。六年卒官。始洪爲李嚴功曹。嚴未[1](至)〔去〕至犍爲而洪已爲蜀郡。洪迎門下書佐何祇、有才策・功幹、舉郡吏。數年爲廣漢太守。時洪亦尚在蜀郡。是以西土咸服諸葛亮能盡時人之器用也［一］。

［裴松之注］

［一］益部耆舊傳雜記曰、每朝會、祇次洪坐。嘲祇曰、君馬何駛。祇曰、故吏馬不敢駛、但明府未著鞭耳。衆傳之以爲笑。祇字君肅、少寒貧、爲人寬厚通濟、體甚壯大。又能飮食、好聲色、不持節儉。故時人少貴之者。嘗夢井中生桑、以問占夢趙直。直曰、桑非井中之物、會當移植。然桑字四十下八、君壽恐不過此。祇笑言、得此足矣。初仕郡、後爲督軍從事。時諸葛亮用法峻密、陰聞祇游戲放縱、不勤所職、嘗奄往錄獄。衆人咸爲祇懼。祇密聞之、夜張灯火見囚、讀諸解狀。諸葛晨往、祇悉已闇誦、答對・解釋、無所凝滯。亮甚異之。出補成都令。時郫縣令缺、以祇兼二縣。二縣戶口猥多、切近都治、饒諸奸穢。每比人、常眠睡、値其覺寤、輒得奸詐。衆咸畏祇之發摘、或以爲有術。無敢欺者。使人投算、祇聽其讀而心計之、不差升合。其精如此。汶山夷不安、以祇爲汶山太守、民夷服信。遷廣漢。後夷反叛、辭[2]〔曰〕、令得前何府君、乃能安我耳。時難[3]〔復〕屈祇、拔祇族人爲[4]〔之〕。汶山復得安。轉祇爲犍爲。年四十八卒、如直所言。後有廣漢王離、字伯元、亦以才幹顯。爲督軍從事、推法平當、稍遷、代祇爲犍爲太守。治有美績、雖聰明不及祇、而文采過之也。

〔校勘〕

1．百衲本は「至」につくるが、中華書局本により「去」に改める。
2．中華書局本により「曰」の一字を補う。
3．中華書局本により「復」の一字を補う。
4．中華書局本により「之」の一字を補う。

《訓読》

洪 少くして學問を好まざるも、而れども忠清・款亮にして、公を憂ふること家の如く、繼母に事へ至孝たり。六年 官に卒す。始め洪 李嚴の功曹爲り。嚴 未だ犍爲を去らざるに而るに洪は已に蜀郡と爲る。洪 門下書佐(一)の何祇(二)を迎へ、才策・功幹有れば、郡吏に擧ぐ。數年にして廣漢太守と爲る。時に洪も亦た尚ほ蜀郡に在り。是を以て西土 咸 諸葛亮の能く時人の器用を盡くすに服するなり［一］。

［裴松之注］

［一］益部耆舊傳雜記に曰く、「朝會の每に、祇 洪に次ぎて坐す。祇を嘲《あざけ》りて曰く、「君の馬は何ぞ駛《はや》し(三)」と。祇曰く、「故吏の馬は敢て駛からず、但だ明府 未だ鞭を著けざるのみ」と。衆 之を傳へて以て笑と爲す。祇 字は君肅、少くして寒貧、人と爲り寬厚にして通濟、體 甚だ壯大なり。又 能く飮食し、聲色を好み、節儉を持さず。故に時人 之を貴ぶ者少し。嘗て井中に桑の生ずるを夢みて、以て占夢の趙直に問ふ。直曰く、「桑は井中の物に

非ず、會《かならず》 當に移植すべし。然も桑の字(四)は四十の下に八、君の壽 恐らくは此を過ぎず」と。祇 笑ひて言ふ、「此を得れば足る」と。初め郡に仕へ、後に督軍從事(五)と爲る。時に諸葛亮 法を用ひること峻密なれば、陰かに祇の游戲 放縱にして、職とする所に勤めざるを聞き、嘗て奄《には》かに往きて獄を錄す。衆人 咸 祇の爲に懼る。祇 密かに之を聞き、夜に灯火を張り囚を見、諸の解狀を讀む。諸葛 晨に往き、祇 悉く已に闇誦し、答對・解釋すること、凝滯する所無し。亮 甚だ之を異とす。出でて成都令に補せらる。時に郫縣の令 缺き、祇を以て二縣を兼ねしむ。二縣の戶口 猥りに多く、都治に切近し、諸の奸穢なるもの饒《おお》し。每に人を比するに、常に眠睡し、其の覺寤に値たらば、輒ち奸詐を得たり。衆 咸 祇の發摘を畏れ、或いは以爲へらく術有らんと。敢て欺く者無し。人をして算を投《い》れしめ、祇 其の讀を聽きて心に之を計《かぞ》へ、升合するに差あらず。其の精なること此の如し。汶山の夷 安からざれば、祇を以て汶山太守と爲すや、民夷 服信す。廣漢に遷る。後に夷 反叛し、辭して曰く、「前の何府君を得しめば、乃ち能く我を安んずるのみ」と。時に復た祇を屈し難く、祇の族人を拔き之と爲す。汶山 復た安きを得たり。祇を轉じて犍爲と爲す。年四十八にして卒すること、直の言ふ所が如し。後に廣漢の王離(六)、字は伯元有り、亦た才幹を以て顯はる。督軍從事と爲り、法を推すこと平當、稍や遷りて、祇に代はり犍爲太守と爲る。治に美績有り、聰明は祇に及ばざると雖も、文采は之に過ぐるなり」と。

(補注)

(一) 門下書佐は、官名。郡の屬吏。文書を掌る。

(二) 何祇は、益州蜀郡の人、字は君肅。寛容で情に厚く、督軍從事、成都令を経て、廣漢・犍爲太守に至った(『三國志』卷四十一 楊洪傳注引『益部耆舊傳雜記』)。

(三) 井波律子(訳)『正史 三国志』5(ちくま学芸文庫、一九九三年)は、「何駛」は「何祇」とかけたのであろう、と指摘する。

(四) 「桑」の俗字である「桒」について、『三國志集解』に引く沈家本は、四方が四十で(十が四カ所にある)、下が八であるとする。

(五) 督軍從事は、官名。州の屬官。

(六) 王離は、益州廣漢郡の人、字は伯元。法を適用することが公平で犍爲太守となった(『三國志』卷四十一 楊洪傳注引『益部耆舊傳雜記』)。

[現代語訳]

楊洪は若いころ学問を好まなかったが、忠清・誠実明晰で、公事を憂えることは家事のようで、継母に仕えて至孝であった。建興六(二二八)年に官に卒した。これよりさき楊洪は(犍爲太守)李嚴の功曹《こうそう》史《し》であった。李嚴がまだ犍爲太守《けんいたいしゅ》のうちに楊洪はすでに蜀郡太守となった。楊洪は門下書佐《もんかしょさ》の何祇《かし》を迎え、才幹と功績があったので、郡吏に挙げた。数年で(何祇は)廣漢《こうかん》太守となった。そのとき楊洪もまたなお蜀郡太守であった。これにより益州はみな諸葛亮が当代の人物の能力を引き出すことに感服した[一]。

[裴松之注]

[一]『益部耆舊傳雜記《えきぶききゅうでんざっき》』に、「朝會のたびに、何祇《かし》は楊洪の次席に

座った。（楊洪は）何祇をからかって、「君の馬はどうして早いのか」と言った。何祇は、「故吏《わたし》の馬はむやみに早くはありません、ただ明府《あなたさま》がまだ鞭をいれてませんので」と言った。人々はこれを伝えて笑話とした。何祇は字を君肅《くんしゅく》といい、若いころから地位がなく貧困であったが、人となりは寛厚でさばけていて、体躯はとても大きかった。またよく飲食をし、音楽と女性を好み、節度を持たなかった。このため当時の人でこれを貴ぶ者は少なかった。かつて井戸の中に桑が生える夢を見、そこで占夢《せんむ》の趙直《ちょうちょく》に尋ねた。趙直は、「桑は井戸の中の物ではなく、必ず植えかえなければならない。しかも桑の字は四十の下に八を書くので、君《あなた》の寿命はおそらくこれを過ぎまい」と答えた。何祇は笑って言った、「四十八を得れば十分である」と。最初は蜀郡に仕え、後に督軍従事《とくぐんじゅうじ》となった。このとき諸葛亮は法を用いることが厳格であったので、秘かに何祇が遊蕩三昧で、職務に勤めないと聞き、かつて不意に行って牢獄を調査した。多くの人々はみな何祇のために恐れた。何祇は秘かにこれを聞くと、夜に火を灯して囚人を見て、それぞれの罪状書を読んだ。諸葛亮が朝に往くと、何祇はみなすでに暗誦していて、応対や説明に、滞ることはなかった。諸葛亮はたいへん何祇を評価した。出て成都令《せいとれい》に補任された。このとき郫縣令《ひけんれい》は欠けており、何祇に二縣（の長官）を兼ねさせた。二縣の戸口はやたらと多く、都に近接していて、もろもろ奸悪なものが多かった。いつも人を取り調べると、常に居眠りをし、その起きるところにあたると、そのたびに奸詐を暴いた。多くの者はみな何祇の摘発を畏れ、あるいは術があると思っていた。あえて（何祇を）欺く者はなかった。人に算木を入れさせながら、何祇はその読みあげを聴いて心でこれを計え、暗算して狂いがなかった。その精密であることはこのようであった。汶《ぶん》山《ざん》郡の夷狄が安定しないので、何祇を汶山太守とすると、民草も夷狄も服従して信頼した。廣漢《こうかん》太守に遷った。後に（汶山郡の）夷狄は反乱を起こし、言葉を述べて、「前の何府君《かふくん》を戻してくれれば、我々を安寧にすることができる」とした。このときまた何祇を送り出すのは難しく、何祇の一族を抜擢して汶山太守とした。汶山郡はまた安定を得た。何祇を転じて犍爲《けんい》太守とした。四十八歳で卒したことは、趙直の言うとおりであった。後に廣漢郡の王離《おうり》、字を伯元《はくげん》というものがあり、また実務の才によって出世した。督軍従事となり、法を公平に執行し、次第に昇進して、何祇に代わり犍爲太守となった。治績があがり、聡明さは何祇には及ばなかったが、文章は何祇より優れていた」とある。

【原文】

費詩傳

費詩字公擧、犍爲南安人也。劉璋時爲緜竹令、先主攻緜竹時、詩先擧城降。成都既定、先主領益州牧、以詩爲督軍從事、出爲牂牁太守、還爲州前部司馬。先主爲漢中王、遣詩拜關羽爲前將軍。羽聞黃忠爲後將軍。羽怒曰、大丈夫終不與老兵同列。不肯受拜。詩謂羽曰、夫立王業者、所用非一。昔蕭・曹與高祖少小親舊。而陳・韓亡命後至、論其班列、韓最居上、未聞蕭・曹以此爲怨。今漢王以一時之功、隆崇於漢升、然意之輕重、寧當與君侯齊乎。且王與君侯、譬猶一體、同休等戚、禍福共之。愚爲君侯、不宜計官號之高下、爵祿之多少爲意也。僕一介之使、銜命之人。君侯不受拜、如是便還。但相爲惜此擧動、恐有後悔耳。羽大感悟、遽卽受拜。

《訓読》

費詩傳

費詩 字は公擧、犍爲南安の人なり。劉璋の時 緜竹令と爲り、先主の緜竹を攻むる時、詩 先に城を擧げて降る。成都 既に定むるや、先主 益州牧を領し、詩を以て督軍從事と爲し、出でて牂牁太守と爲し、還りて州前部司馬と爲す(一)。先主 漢中王と爲るや、詩を遣はして關羽を拜して前將軍と爲す。羽 黃忠の後將軍と爲るを聞く。羽 怒りて曰く、「大丈夫 終に老兵と與《とも》に列を同にせず」と。受拜するを肯ぜず。詩 羽に謂ひて曰く、「夫れ王業を立つる者は、用ひる所 一に非ず。昔 蕭・曹(二) 高祖と少小より親舊たり。而るに陳・韓 亡命して後に至り、其の班列を論ずるや、韓は最も上に居るも、未だ蕭・曹の此を以て怨と爲すを聞かず。今 漢王 一時の功を以て、漢升を隆崇するも、然れども意の輕重は、寧ぞ當に君侯と齊しかるべきや。且つ王と君侯とは、譬ふれば猶ほ一體がごとく、休《よろこび》を同《とも》にし 戚《かなしみ》を等しくし、禍福 之を共にす。愚 君侯の爲めに、宜しく官號の高下、爵祿の多少を計り意と爲すべからざるなり。僕は一介の使、銜命の人なり。君侯は受拜せず、是の如くんば便ち還る。但だ相 爲めに此の擧動を惜しみ、後悔有るを恐るるのみ」と。羽 大いに感悟し、遽かに卽ちに受拜す。

(補注)

(一) 州前部司馬は、益州前部司馬。官名。州の屬官。

(二) 曹は、曹參。沛國の人で、前漢建国の功臣。劉邦の挙兵に参加し、あらゆる戦闘に参加して手柄を立て、武官のなかでは功臣の筆頭とされた。蕭何の死後、相國に任じられ、その賢明さを賞賛された。黃老思想の信奉者としても知られる(『史記』卷五十四 曹相國世家、『漢書』卷三十九 曹參傳)。

[現代語訳]

費詩傳

費詩《ひし》は字を公擧《こうきょ》といい、益州《えきしゅう》犍爲郡南安縣《けんいぐんなんあんけん》の人である。劉璋《りゅうしょう》のとき緜竹令《めんちくれい》となり、先主が緜竹を攻撃した際、費詩は先んじて城を挙げて降服した。成都が平定されると、先主は(左將軍に)益州牧を兼任し、費詩を督軍從事《とくぐんじゅうじ》とし、外に出して牂牁《そうか》太守とし、戻して益州《えきしゅう》前部司馬《ぜんぶしば》とした。先主は漢中王《かんちゅうおう》となると、費詩を派遣して關羽《かんう》を拜命して前《ぜん》將軍とした。關羽は黃忠《こうちゅう》が後《こう》將軍となったことを聞いた。關羽は怒って、「大丈夫《だいじょうぶ》は絶対に老兵と列を共にしないぞ」と言った。(前將軍を)拜命することを聞かなかった。費詩は關羽に言って、「そもそも王業を立てる者が、用いる者は一種類ではありません。むかし蕭何《しょうか》と曹參《そうしん》は高祖《こうそ》(劉邦)と若いころから親しい古馴染でした。しかし陳平《ちんぺい》と韓信《かんしん》が(項羽から)亡命し後から(劉邦集団に)至り、その席次を論じますと、韓信が最も上となりましたが、いまだ蕭何と曹參がこれを怨んだとは聞いておりません。いま漢王は一時の功績により、漢升《かんしょう》(黃忠)を尊崇していますが、しかしながら思いの軽重は、どうして君侯《あなたさま》と等しいはずがありましょうか。かつ漢王と君侯とは、たとえれば一体のようなもので、喜びを共にし悲しみを等しくし、禍福を共にするものです。愚《わたくし》は君侯のために、官號の高下や、爵祿の多少を計って気になさるべきではないと考えます。僕《わたくし》は一介の使者で、命を伝える人間です。君侯は（前將軍を）拜命されません、このようであれば直ちに帰ります。ただ（君侯の）ために この行為を残念に思い、後悔なさることを恐れるだけです」とした。關羽は大いに感じ悟り、にわかに直ちに（前將軍を）拜命した。

【原文】

後羣臣議欲推漢中王稱尊號。詩上疏曰、殿下以曹操父子偪主簒位、故乃羇旅萬里、糾合士衆、將以討賊。今大敵未克、而先自立、恐人心疑惑。昔高祖與楚約、先破秦者王。及屠咸陽、獲子嬰、猶懷推讓。況今殿下未出門庭、便欲自立邪。愚臣誠不爲殿下取也。由是忤指、左遷部永昌從事〔一〕。建興三年、隨諸葛亮南行、歸至漢陽縣。降人李鴻來詣亮。亮見鴻。時蔣琬與詩在坐。鴻曰、間過孟達許、適見王沖從南來。言往者達之去就、明公切齒、欲誅達妻子、賴先主不聽耳。達曰、諸葛亮見顧有本末。終不爾也。盡不信沖言。委仰明公、無復已已。亮謂琬・詩曰、還都當有書與子度相聞。詩進曰、孟達小子。昔事振威不忠、後又背叛先主。反覆之人、何足與書邪。亮默然不答。亮欲誘達以爲外援。竟與達書曰、往年南征、歲[1]（未及）〔末乃〕還。適與李鴻會於漢陽、承知消息、慨然永歎。以存足下平素之志、豈徒空託名榮貴爲乖離乎。嗚呼孟子、斯實劉封侵陵足下、以傷先主待士之義。又鴻道王沖造作虛語、云足下量度吾心、不受沖說。尋表明之言、追平生之好、依依東望、故遣有書。達得亮書、數相交通、辭欲叛魏。魏遣司馬宣王征之、卽斬滅達。亮亦以達無款誠之心、故不救助也。蔣琬秉政、以詩爲諫議大夫、卒於家。

〔裴松之注〕

〔一〕習鑿齒曰、夫創本之君、須大定而後正己、纂統之主、俟速建以係衆心。是故、惠公朝虜而子圉夕立、更始尙存而光武擧號。夫豈忘主徼利、社稷之故也。今先主糾合義兵、將以討賊。賊彊禍大、主沒國喪、二祖之廟、絕而不祀。苟非親賢、孰能紹此。嗣祖配天、非咸陽之譬。杖正討逆、何推讓之有。於此時也、不知速尊有德以奉大統、使民欣反正、世覩舊物、杖順者齊心、附逆者同懼、可謂闇惑矣。其黜降也宜哉。臣松之以爲、鑿齒論議、惟此論最善。

〔校勘〕

1．百衲本は「未及」につくるが、中華書局本により「末乃」に改める。

《訓読》

後に羣臣 議して漢中王を推し尊號を稱せしめんと欲す。詩 上疏して曰く、「殿下 曹操父子の主に偪り位を簒ふを以て、故に乃ち萬里に羇旅し、士衆を糾合し、將に以て賊を討たんとす。今 大敵 未だ克たざるに、而るに先に自ら立つは、人心 疑惑せんことを恐る。昔 高

祖 楚と與に約すに、先に秦を破る者は王たらんと。咸陽を屠り、子嬰を獲らふるに及びても、猶ほ推讓を懷く。況んや今 殿下 未だ門庭を出でざるに、便ち自立せんと欲するをや。愚臣 誠に殿下の爲に取らざるなり」と。是に由り指に忤《さから》ひ、部永昌從事(一)に左遷せらる[二]。建興三年、諸葛亮に隨ひ南行し、歸りて漢陽縣に至る。降人の李鴻(二) 來りて亮に詣る。亮 鴻を見る。時に蔣琬と詩と坐に在り。鴻曰く、「間《このごろ》 孟達の許を過るに、適〻王沖(三)の南より來たるを見る。言ふに往者《さき》に達の去就に、明公 切齒せられ、達の妻子を誅せんと欲するも、先主 聽かざるに賴るのみと。達曰く、「諸葛亮の見顧に本末有り。終に爾らざるなり」と。盡く沖の言を信ぜず。明公を委仰すること、復た已已《いい》すること無し」と。亮 琬・詩に謂ひて曰く、「都に還りて當に書して子度に與へ相 聞すること有るべし」と。詩 進みて曰く、「孟達は小子なり。昔 振威に事へて忠ならず、後に又 先主に背叛す。反覆の人、何ぞ書を與ふるに足らんや」と。亮 默然として答へず。亮 達を誘ひて以て外援と爲さんと欲す。竟に達に書を與へて曰く、「往年 南征し、歲末に乃ち還る。適〻李鴻と漢陽に會し、消息を承知し、慨然として永く嘆ず。以《おも》ふに足下は平素の志を存するに、豈に徒らに空しく名を榮貴に託し乖離を爲さんや。嗚呼 孟子よ、斯れ實に劉封 足下を侵陵して、以て先主 待士の義を傷つく。又 鴻は王沖の虛語を造作して道《い》ふに、足下 吾が心を量度し、沖の說を受けずと云ふ。表明の言を尋ね、平生の好《よしみ》を追ひ、依依として東望し、故に遣はして書有り」と。達 亮の書を得、數〻相 交通し、辭して魏に叛せんと欲す。魏 司馬宣王を遣はして之を征し、卽ちに斬り達を滅ぼす。亮も亦た達に款誠の心無きを以て、故に救ひ助けざるなり。蔣琬 政を秉るや、詩を以て諫議大夫と爲すも、家に卒す。

［裴松之注］

［一］習鑿齒曰く、「夫れ創本の君は、大いに定まるを須ちて而《もっ》て己を正すを後にし、纂統の主は、速かに建つるを俟ちて以て衆心を係《か》く。是の故に、惠公(四) 朝に虜となりて子の圉(五)は夕《ゆふべ》に立ち、更始(六)尚ほ存するに光武は號を擧ぐ。夫れ豈に主を忘れ利を徼《もと》むるや、社稷の故なり。今 先主 義兵を糾合して、將に以て賊を討たんとす。賊は彊く禍は大きく、主は沒し國は喪び、二祖の廟、絕へて祀られず。苟くも親賢に非ずんば、孰か能く此れを紹《つ》がん。祖を嗣ぎて天に配すは、咸陽の譬に非ず。正に杖り逆を討つに、何の推讓や之れ有らん。此の時に於てや、速かに有德を尊びて以て大統を奉じ、民をして正に反るを欣び、世に舊物を覩《み》せしめ、順に杖る者の心を齊《ととの》へ、逆に附す者の懼れを同にせしむを知らざるは、闇惑と謂ふ可し。其の黜降するや宜《むべ》なるかな」と。臣松之以爲へらく、鑿齒の論議、惟《こ》れ此の論 最も善し。

（補注）

（一）部永昌從事は、官名。益州の屬官である部從事の中で、永昌郡を担当する。

（二）李鴻は、蜀漢への降服者。諸葛亮に孟達の様子を伝えた（『三國志』卷四十一 費詩傳）。

（三）王沖は、益州廣漢郡の人。牙門將となり、江州都督の李嚴に属していた。李嚴に憎まれ、罪を恐れて曹魏に降服し、樂陵太守となった（『三國志』卷四十一 費詩傳注引『蜀世譜』）。

（四）惠公は、夷吾。晉の獻公の子。驪姬の乱が起こると出奔し、秦の穆公の援助を受け、帰国・即位した。即位後は、穆公との約定を破ったのみならず、逆に秦を攻撃したが、敗れた。

（五）圉は、懐公。晉の惠公の子。惠公が秦に敗れると人質とされ、秦の穆公に懐嬴を妻とされた。秦から逃げ帰国した翌年、父が死去して即位した。だが、秦の援助を受けた重耳が帰国し、殺害された。

（六）更始は、劉玄、字を聖公。光武帝の族兄である。新市・平林の兵に擁立されて帝位に就き、更始帝と称される。王莽の敗亡とともに長安に入ったが、赤眉に攻撃されて死去した（『後漢書』列傳一 劉玄傳）。

［現代語訳］

後に群臣は議して漢中王（劉備）を推して皇帝号を称させようとした。費詩は上疏して、「殿下は曹操父子が主上（獻帝）に迫り位を簒奪したため、そこで万里（の彼方の益州）に身を寄せ、士衆を糾合して、賊を討とうとしておられます。いま大敵に勝利を得ないうちに、先に自ら即位することは、人心が疑惑することを恐れます。むかし高《こう》祖《そ》（劉邦）は楚《そ》（の項羽）と共に約して、先に秦を破った者が王となるとしました。（首都の）咸陽《かんよう》を陥落させ、（秦王の）子嬰《しえい》を捕らえるに及んでも、なお譲られる気持ちを抱いておりました。ましてや今殿下はまだ門庭を出ないうちに、直ちに自立されようというのですか。愚臣《わたくし》はまことに殿下のために賛成できません」といった。これにより（先主の）意向に逆らい、益州の部永昌従事《ぶえいしょうじゅうじ》に左遷された［二］。建興《けんこう》三（二二五）年、諸葛亮に随って南征し、帰りに漢陽縣《かんようけん》（貴州省威寧の南東）に至った。降服者の李鴻《りこう》が諸葛亮のもとに来た。諸葛亮は李鴻を引見した。このとき蔣琬と費詩とが共に坐にいた。李鴻は、「さきごろ孟達のもとを訪れましたが、たまたま王沖《おうちゅう》が南から来ているのに会いました。（王沖が）言ふには先の孟達の去就に明公《あなたさま》（諸葛亮）が歯ぎしりして怒られ、孟達の妻子を誅そうとしましたが、先主が許さなかったのでよかったとのことでした。（すると）孟達は、「諸葛亮の見識には筋道がある。けっしてそのようなことはない」と申しました。すべて王沖の言葉を信じなかったのです。（孟達が）明公を頼り仰いでいること、云々するまでもございません」といった。諸葛亮は蔣琬と費詩に言って、「都に帰ったら手紙を書いて子度《しど》（孟達）に与えて連絡をとるべきである」とした。費詩は進んで、「孟達は小人です。むかし振威《しんい》（将軍の劉璋）に仕えて忠を尽くさず、後また先主に背きました。反復常ない人です、どうして書簡を与えるに足りるでしょうか」といった。諸葛亮は黙ったまま答えなかった。諸葛亮は孟達を誘って外からの支援としようと考えていた。ついに孟達に書簡を与えて、「先年に南征し、歳末にようやく帰りました。たまたま李鴻と漢陽縣であい、（あなたの）消息をうかがい、慨然と永く嘆きました。思うに足下《あなた》は平素の（漢室を復興するという）志を保たれているのに、どうして無駄に空しく名を栄貴に託し（志から）離れているのでしょうか。ああ孟君よ、まことに劉封が足下を侵害して、先主が士を（厚く）待遇するという義を傷つけました。また李鴻は王沖が虚言を創作して伝えたのに、足下が吾《わたし》の心を量り、王沖の虚言を受けいれなかったと教えてくれました。明確な言葉を思い、平生の好《よし》みを追って、心惹《ひ》かれて東を望み、このため（使者を）遣わして書簡をお送りいたします」と。孟達は諸葛亮の書簡を得て、しばしば互いに連絡をして、（魏臣を）辞め曹魏に背こうとした。曹魏は司馬宣王《しばせんおう》（司馬懿）を派遣してこれを遠征し、直ちに斬り孟達を滅ぼした。諸葛亮もまた孟達に誠実な心が無いことから、救い助けなかった。蔣琬が政治を執ると、費詩を諫議大夫《かんぎたいふ》としたが、家で卒した。

［裴松之注］
［一］ 習鑿歯《しゅうさくし》は、「そもそも創業の君主は、（天下が）大いに定まることを待って自分（の地位）を正すことを後にし、継体の君主は、（自分が）速やかに建つことを待って多くの人の心を繋ぐものである。このために、（晉の）恵公《けいこう》が朝に（秦の）捕虜となると子の圉《ぎょ》（晉の懐公）は夕方に即位し、更始帝《こうしてい》がなお存命中に光武帝は帝號を称した。そもそれ（二人は）どうして主君を忘れ（自分の）利益を求めるものであろうか、社稷《しゃしょく》のためなのである。いま先主は義兵を糾合して、賊（の曹操）を討とうとしている。賊は強く禍は大きく、主君は没し国家は滅び、（高祖劉邦・世祖劉秀という漢の）二祖の廟は、絶えて祀られていなかった。いやしくも宗室の賢者でなければ、誰がこれを嗣ぐことができよう。祖を嗣いで天に合わせ祀る（天子の）地位に就くことは、（劉邦が即位しなかった）咸陽の譬《たとえ》とは異なる。正によって逆を討つのに、何を謙譲する必要があろうか。この時において、速やかに有徳の者を尊んで大統を奉じさせ、民に正に帰ることを喜ばせ、世に旧《もと》の制度を見させ、順による者の心を整えさせ、逆に附す者に恐れを共にさせるのを知らないことは、暗愚で惑った態度というべきである。費詩を左遷したことは当然である」と言っている。臣《わたくし》裴松之が考えますに、習鑿歯の論議は、この論が最も優れております。

【原文】
王沖者、廣漢人也。爲牙門將、統屬江州督李嚴。爲嚴所疾、懼罪降魏。魏以沖爲樂陵太守［一］。

［裴松之注］
［一］ 孫盛蜀世譜曰、詩子立、晉散騎常侍。自後益州諸費有名位者、多是詩之後也。

《訓読》
王沖なる者は、廣漢の人なり。牙門將と爲り、江州督の李嚴に統屬す。嚴の疾《にく》む所と爲り、罪を懼れ魏に降る。魏 沖を以て樂陵太守と爲す［一］。

［裴松之注］
［一］ 孫盛の蜀世譜に曰く、「詩の子の立（一）、晉の散騎常侍なり。自後益州の諸費にして名位有る者は、多く是れ詩の後なり」と。

（補注）
（一）立は、費立。益州犍爲郡南安縣の人。費詩の子。晉の散騎常侍となった。

［現代語訳］
王沖《おうちゅう》という者は、益州廣漢郡《えきしゅうこうかんぐん》の人である。牙門將《がもんしょう》となり、江州《こうしゅう》都督《ととく》の李嚴《りげん》に属していた。李嚴に憎まれ、罪を恐れて曹魏に降服した。曹魏は王沖を樂陵《らくりょう》太守とした［一］。

［裴松之注］
［一］ 孫盛《そんせい》の『蜀世譜《しょくせいふ》』に、「費詩の子の費立《ひりつ》は、晉の散騎常侍《さんきじょうじ》で

ある。これ以後益州《えきしゅう》の費氏で名声と地位のある者は、多く費詩の後裔である」とある。

【原文】

評曰、霍峻孤城不傾、王連固節不移、向朗好學不倦、張裔膚敏應機、楊洪乃心忠公、費詩率意而言、皆有可紀焉。以先主之廣濟、諸葛之準繩、詩吐直言、猶用陵遲。況庸后乎哉。

《訓読》

評に曰く、「霍峻は孤城に傾かず、王連は固節 移らず、向朗は學を好みて倦まず、張裔は膚敏（一）にして機に應じ、楊洪は乃心《だいこう》（二）忠公たり、費詩は意に率《したが》ひて言ひ、皆 紀す可き有り。先主の廣濟、諸葛の準繩を以てだに、詩 直言を吐きて、猶ほ用て陵遲せらる。況んや庸后をや」と。

（補注）

（一）『詩經』大雅 文王に、「殷士膚敏」とあり、毛傳に、「膚、美敏、疾也」とある表現を踏まえている。

（二）『尚書』周書 康王の誥に、「雖爾身在外、乃心罔不在王室」とある表現を踏まえている。

［現代語訳］

評に言う、「霍峻《かくしゅん》は孤城を守り動揺せず、王連《おうれん》は固い節義が移らず、向朗《しょうろう》は学問を好んで倦まず、張裔《ちょうえい》は英敏で臨機応変で、楊洪《ようこう》は衷心から忠義で公正で、費詩《ひし》は意志に従って言い、みな記録に値するものである。先主の広い度量、諸葛亮の公平な態度でも、費詩は直言を吐いて、出世できなかった。凡庸な（君主や執政者の）場合なら言うまでもない」と。

【原文】

杜周杜許孟來尹李譙郤傳第十二　蜀書　國志四十二

杜微傳

杜微字國輔、梓潼涪人也。少受學於廣漢任安。劉璋辟爲從事、以疾去官。及先主定蜀、微常稱聾、閉門不出。建興二年、丞相亮領益州牧、選迎皆妙簡舊德。以秦宓爲別駕、五梁爲功曹、微爲主簿。微固辭。轝而致之。既致、亮引見微。微自陳謝。高以微不聞人語、於坐上與書曰、服聞德行、飢渴歷時。清濁異流、無緣咨覯。王元泰・李伯仁・王文儀・楊季休・丁君幹・李永南兄弟・文仲寶等、每歎高志、未見如舊。猥以空虛、統領貴州。德薄任重、慘慘憂慮。朝廷[1]（主公）今年始十八、天姿仁敏、愛德下士。天下之人、思慕漢室。欲與君因天順民、輔此明主、以隆季興之功、著勳於竹帛也。以謂、賢愚不相爲謀、故自割絕、守勞而已、不圖自屈也。微自乞老病求歸。亮又與書答曰、曹丕簒弑、自立爲帝、是猶土龍・芻狗之有名也。欲與羣賢因其邪僞、以正道滅之。怪君未有相誨、便欲求還於山野。丕又大興勞役、以向吳・楚。今因丕多務、且以閉境勤農、育養民物、並治甲兵、以待其挫、然後伐之、可使兵不戰民不勞而天下定也。君但當以德輔時耳。不責君軍事、何爲汲汲欲求去乎。其敬微如此。拜爲諫議大夫、以從其志。

〔校勘〕

1．中華書局本により「主公」の二字を省く。

《訓読》

杜周杜許孟來尹李譙郤傳第十二　蜀書　國志四十二

杜微傳

杜微 字は國輔、梓潼涪の人なり。少くして學を廣漢の任安より受く。劉璋 辟して從事と爲すも、疾を以て官を去る。先主 蜀を定むるに及ぶや、微 常に聾と稱し、門を閉ぢて出でず。建興二年、丞相の亮 益州牧を領するや、選迎するに皆 舊德を妙簡す。秦宓を以て別駕と爲し、五梁〔一〕を功曹と爲し、微を主簿と爲す。微 固辭す。轝して之を致す。既に致すや、亮 微を引見す。微 自ら謝を陳ぶ。高《たふと》ぶに微の人語を聞かざるを以て、坐上に於て書を與へて曰く、「德行を服聞し、飢渴して歷時す。清濁 流を異にし、咨覯に緣る無し。王元泰・李伯仁〔二〕・王文儀・楊季休・丁君幹〔三〕・李永南兄弟・文仲寶ら、每に高志を歎ずれば、未だ見ざるも舊の如し。猥りに空虛を以て、貴州を統領す。德は薄く任は重く、慘慘として憂慮す。朝廷は今年始めて十八、天姿 仁敏にして、德を愛し士に下る。天下の人、漢室を思慕す。君と與に天に因り民に順ひ、此の明主を輔け、以て季興の功を隆《おこ》し、勳を竹帛に著はさんと欲するなり。以《おも》謂ふに、賢愚は相 謀を爲さず、故に自づから割絕し、勞を守るのみにして、自ら屈するを圖らざらん」と。微 自ら乞ふに老病もて歸るを求む。亮 又 書を與へて答へて曰く、「曹丕 簒弑し、自ら立ちて帝と爲るは、是れ猶ほ土龍・芻狗の名有るのみがごときなり。羣賢と與に其の邪僞に因り、正道を以て之を滅ぼさんと欲す。君の未だ相 誨ふること有らず、便《ただ》ちに求めて山野に還らんと欲するを怪しむ。丕 又 大いに勞役を興して、以て吳・楚に向かふ。今丕の多務に因り、且《しばら》く以て境を閉ぢ農を勸め、民物を育養し、並びに甲兵を治めて、以て其の挫を待ち、然る後に之を伐たば、兵は戰はず民は勞せしめずして天下定む可きなり。君但だ當に徳を以て時に輔くべきのみ。君に軍事を責《もと》めざるに、何爲すれぞ汲汲として去るを求めんと欲せんや」と。其の微を敬すること此の如し。拜して諫議大夫と爲し、以て其の志に從ふ。

（補注）

（一）五梁は、益州犍爲郡南安縣の人、字を德山。儒学と節操により評価された。議郎から諫議大夫・五官中郎將に昇進した（『三國志』巻四十二 杜微傳附五梁傳）。

（二）李伯仁は、ここ以外に資料がなく詳細は不明。

（三）丁君幹は、ここ以外に資料がなく詳細は不明。『三國志集解』に引く錢大昕は、出師表に見える丁立ではないかという。

［現代語訳］

杜周杜許孟來尹李譙郤傳第十二　蜀書　國志四十二

杜微傳

杜微《とび》は字を國輔《こくほ》といい、益州《えきしゅう》梓潼《しとう》郡涪《ふ》縣の人である。若いころ学問を廣漢《こうかん》郡の任安《じんあん》より受けた。劉璋《りゅうしょう》は辟召して州從事《しゅうじゅうじ》としたが、病気を理由に官を辞した。先主《せんしゅ》が蜀を平定すると、杜微は常に聾と称し、門を閉じて出仕しなかった。建興《けんこう》二（二二四）年、丞相の諸葛亮が益州牧を兼任すると、（屬官に）選び迎えたものにはみな以前から徳望を持つものを抜擢した。秦宓《しんみつ》を別駕從事《べつがじゅうじ》とし、五梁《ごりょう》を功曹從《こうそうじゅう》事《じ》とし、杜微を主簿《しゅぼ》とした。杜微は固辞した。（諸葛亮は）車をまわして杜微を迎えた。杜微を到着させると、諸葛亮は杜微を引見した。杜微は自ら（出仕できないことを）詫びた。（諸葛亮は）杜微が（聾のため）言葉を聞けないことに配慮し、対座しながら書簡を与えて次のように言った、「（あなたの）徳行を伝え聞き、いつお会いできるかと渇望しておりました。（しかし）清流と濁流は流れを異にしますので、お目にかかる機会はありませんでした。王元泰《おうげんたい》（王謀）・李伯《りはく》仁《じん》・王文儀《おうぶんぎ》（王連）・楊李休《ようりきゅう》（楊洪）・丁君幹《ていくんかん》・李永南《りえいなん》（李邵）兄弟・文仲寶《ぶんちゅうほう》（文恭）たちは、いつも（あなたの）高い志を感嘆しておりますので、お会いしたことはなくても旧知のようでした。（わたしは）みだりに内実もないまま、あなたの州を統轄しております。徳は薄く任は重く、心をいためつつ憂慮しております。天子（劉禪）は今年十八歳になられたばかりで、天性より仁敏で、徳を愛し士に謙《へりくだ》られます。天下の人は、漢室を思慕しております。君と共に天の時により民の望に順って、この明主を輔弼し、季漢《きかん》を興隆する功績をあげ、勳功を竹帛に著そうと考えております。思いますに、賢者と愚者は謀《はかりごと》を共にしませんので、このため自然と関わりを断たれ、（出仕せずに）労苦（の多い生活）を守られるだけで、自ら屈して（出仕されることを）お考えにならないのでしょう」と。杜微は自ら老いて病もあるため（出仕せずに）帰ることを求めた。諸葛亮はまた書簡を与えて答え次のように言った、「曹丕《そうひ》は（漢を）簒奪し（愍帝《びんてい》を）弑殺して、自ら立って皇帝となったことは、これは（豊作を祈って農民がつくる）土龍《どりゅう》や芻狗《すうく》が名だけのような（偽《いつわり》の）ことです。多くの賢人と共に曹丕の邪道を理由に、正道により曹丕を討ち滅ぼそうと考えております。君がまだ（何も）教えることもなく、直ちに求めて山野に帰ろうとすることを不思議に思います。曹丕はまた大いに労役を起こして、吳と楚に向かっております。いま曹丕が忙しいことに乗じて、しばらく国境を閉鎖して農業に勧め、民とその暮らしを育て養い、甲冑を着た兵を整え治めて、曹丕が挫折することを待ち、その後に曹丕を討伐すれば、兵を戦わせず民を労せずに天下を定めることができます。君はただその徳によって時々の政治を輔《たす》けてくだされればよいのです。君に軍事を求めていないのに、どうしてあわてて去ることを求めようと考えるのでしょうか」と。諸葛亮が杜微を敬愛することはこのようであった。拝命して諫議大夫《かんぎたいふ》とし、杜微の志に従った。

【原文】

五梁者、字德山、犍爲南安人也。以儒學・節操稱。從議郎遷諫議大夫・五官中郎將。

《訓読》

五梁なる者は、字は德山、犍爲南安の人なり。儒學・節操を以て稱せらる。議郎より諫議大夫・五官中郎將に遷る。

[現代語訳]

五梁《ごりょう》というものは、字を德山《とくざん》といい、益州犍爲郡《えきしゅうけんいぐん》南安縣《なんあん》の人である。儒學と節操により評価された。議郎《ぎろう》から諫議大夫・五官中郎將《ごかんちゅうろうしょう》に昇進した。

【原文】

周羣傳

周羣字仲直、巴西閬中人也。父舒、字叔布、少學術於廣漢楊厚、名亞董扶・任安。數被徵、終不詣。時人有問、春秋讖曰、代漢者當塗高。此何謂也。舒曰、當塗高者、魏也。鄉黨學者、私傳其語。羣少受學於舒、專心候業。於庭中作小樓、家富多奴、常令奴更直於樓上視天災、纔見一氣、卽白羣。羣自上樓觀之、不避晨夜。故凡有氣候、無不見之者。是以所言多中。州牧劉璋、辟以爲師友從事[一]。先主定蜀、署儒林校尉。先主欲與曹公爭漢中、問羣。羣對曰、當得其地、不得其民也。若出偏軍、必不利。當戒愼之。時州後部司馬蜀郡張裕亦曉占候、而天才過羣[二]。諫先主曰、不可爭漢中。軍必不利。先主竟不用裕言、果得地而不得民也。遣將軍吳蘭・雷銅等入武都、皆沒不還、悉如羣言。於是舉羣茂才。

[裴松之注]

[一] 續漢書曰、建安七年、越巂有男子化爲女人。時羣言、哀帝時亦有此。將易代之祥也。至二十五年、獻帝果封于山陽。十二年十月、有星孛于鶉尾。荊州分野、羣以爲、荊州牧將死而失土。明年秋、劉表卒、曹公平荊州。十七年十二月、星孛于五諸侯。羣以爲、西方專據土地者、皆將失土。是時、劉璋據益州、張魯據漢中、韓遂據涼州、宋建據枹罕。明年冬、曹公遣偏將擊涼州。十九年、獲宋建、韓遂逃于羌中被殺。其年秋、璋失益州。二十年秋、曹公攻漢中、張魯降。

[二] 裕字南和。

《訓読》

周羣傳

周羣 字は仲直、巴西閬中の人なり。父の舒(一)、字は叔布、少くして術を廣漢の楊厚に學び、名は董扶・任安に亞ぐ。數ゝ徵せらるるも、終に詣らず。時人 問ふもの有り、「春秋讖(二)に曰く、「漢に代はる者は當塗高なり」と。此れ何の謂ぞ」と。舒曰く、「當塗高なる者は、魏なり」と。鄕黨の學者、私かに其の語を傳ふ。羣 少くして學を舒に受け、候業に專心す。庭中に於て小樓を作り、家は富み奴多ければ、常に奴をして更ゝ《こも》樓上に直《とのゐ》して天災を視、纔かに一氣見《あら》はるれば、卽ちに羣に白せしむ。羣 自ら樓に上りて之を觀ること、晨夜を避けず。故に凡そ氣候有れば、之を見ざる者無し。是を以て言ふ所多く中る。州牧の劉璋、辟して以て師友從事(三)と爲す[一]。先主 蜀を定むるや、儒林校尉(四)に署す。先主 曹公と漢中を爭はんと欲し、羣に問ふ。羣 對へて曰く、「當に其の地を得るも、其の民を得べからざらんとするなり。若し偏軍を出ださば、必ず利あらず。當に戒めて之を愼むべし」と。時に州の後部司馬たる蜀郡の張裕(五)も亦た占候に曉かにして、天才なること羣に過ぐ[二]。先主を諫めて曰く、「漢中を爭ふ可からず。軍に必ず利あらず」と。先主 竟に裕の言を用ひず、果たして地を得るも民を得ざるなり。將軍の吳蘭・雷銅らを遣りて武都に入らしむるも、皆 沒して還らざること、悉く羣の言が如し。是に於て羣を茂才に擧ぐ。

[裴松之注]

[一] 續漢書に曰く、「建安七年、越嶲に男子の化して女人と爲る有り。時に羣 言へらく、「哀帝の時も亦た此れ有り。將に易代せんとするの祥なり」と。二十五年に至り、獻帝 果たして山陽に封ぜらる。十二年十月、星有り鶉尾(六)に孛《はい》す。荊州の分野なれば、羣 以爲へらく、荊州牧 將に死して土を失はんとすと。明年の秋、劉表 卒し、曹公 荊州を平らぐ。十七年十二月、星 五諸侯(七)に孛す。羣 以爲へらく、西方に土地を專據する者は、皆 將に土を失はんとすと。是の時、劉璋は益州に據り、張魯は漢中に據り、韓遂は涼州に據り、宋建(八)は枹罕に據る。明年の冬、曹公 偏將を遣はして涼州を擊たしむ。十九年、宋建を獲《と》らへ、韓遂は羌中に逃るるも殺さる。其の年の秋、璋 益州を失ふ。二十年の秋、曹公 漢中を攻め、張魯 降る」と。

[二] 裕 字は南和なり。

(補注)

(一) 舒は、周舒。益州巴西郡閬中縣の人、字は叔布。若いころに(予占の)術を廣漢郡の楊厚に学び、名声は董扶・任安に次いだ。しばしば徵召されたが出仕しなかった(『三國志』巻四十二 周羣傳)。

(二) 春秋讖は、書名。緯書の一つ。中村璋八『重修緯書集成』巻四下 春秋下(明徳出版社、一九九二年)に輯本がある。

(三) 師友從事は、官名。州の屬官。

(四) 儒林校尉は、官名。洪飴孫『三國職官表』によれば、定員一名で蜀漢が置いた。

(五) 張裕は、益州蜀郡の人、字は南和。劉璋の從事として、先主と劉璋の涪縣での会見に同席し、劉備を嘲笑。のち劉備の死去を予言して殺害された(『三國志』巻四十二 周羣傳)。

(六) 鶉尾は、十二次の一つ。張の十七度から軫の十一度までをいう。十二支では巳の方位にあり、楚の分野であり、荊州に属する

(『晉書』巻十一 天文志上)。

(七) 五諸侯は、星宿の名。太微垣に属する。橋本敬造『中国占星術の世界』(東方書店、一九九三年) によれば、距星は、かみのけ座第六星。

(八) 宋建は、涼州隴西郡鉫罕縣の人。三十年に渡り涼州で独立、河首平漢王を自称していたが、夏侯淵が率いる征伐軍の前に一月余りで降伏した (『三國志』巻九 夏侯淵傳)。

[現代語訳]

周羣傳

周羣《しゅうぐん》は字を仲直《ちゅうちょく》といい、益州《えきしゅう》巴西《はせい》郡閬中《ろうちゅう》縣の人である。父の周舒《しゅうじょ》は、字を叔布《しゅくふ》といい、若いころに (予占の) 術を廣漢《こうかん》郡の楊厚《ようこう》に学び、名声は董扶《とうふ》・任安《じんあん》に次いだ。しばしば徴召されたが、ついに至らなかった。当時の人に問うものがあり、『春秋讖《しゅんじゅうしん》』に、「漢に代わる者は當塗高《とうとこう》である」とあります。これは何を言っているのでしょうか」と聞かれた。周舒は、「當塗高というものは、魏のことである」とした。郷里の学者は、秘かにその言葉を伝えた。周羣は若いころから学問を周舒より受け、(予占を行う) 候業《こうぎょう》に専心した。庭の中に小さな楼を作り、家が豊かで奴隷が多かったので、いつも奴隷に代わるがわる楼の上で宿直して天の災異を監視させ、わずか一つの氣でも現れれば、すぐに周羣に報告させた。周羣は自ら楼に上ってこれを観たが、(それは) 昼も夜もお構いなしであった。このためおよそ氣候があれば、これを見ないことはなかった。これによって予言は多く的中した。益州牧《えきしゅうぼく》の劉璋《りゅうしょう》は、辟召して師友従事《しゆうじゅうじ》とした[一]。先主が蜀を定めると、儒林校尉《じゅりんこうい》に任命した。先主は曹公と漢中を争おうと考え、周羣に (その吉凶を) 尋ねた。周羣は応えて、「漢中の地を得ることができますが、その民を得ることはできないでしょう。もし方面軍を出せば、必ず利がありません。戒めこれを慎むべきです」と言った。このとき益州の後部司馬《こうぶしば》である蜀郡の張裕《ちょうゆう》もまた候による占いに明らかで、天賦の才を持つことは周羣に過ぎていた[二]。(張裕は) 先主を諫めて、「漢中を争うべきではありません。軍に必ず利がありません」と言った。先主はついに張裕の言葉を用いず、果たして (漢中の) 地を得たが民を得ることはできなかった。將軍の呉蘭《ごらん》と雷銅《らいどう》たちを派遣して武都《ぶと》郡に入らせたが、みな戦死して戻らなかったことは、すべて周羣の言葉のとおりであった。ここにおいて周羣を茂才《もさい》に察擧した。

[裴松之注]

[一]『續漢書《しょくかんしょ》』に、「建安《けんあん》七 (二〇二) 年、越嶲《えっすい》郡で男子が変化して女人になることがあった。そのとき周羣は、「(前漢の) 哀帝《あいてい》の時もまたこれがあった。(天が国家を) 代え (天子の姓を) 易えようとしている予兆である」と言った。(建安) 二十五 (二二〇) 年に至り、(後漢の) 獻帝《けんてい》は果たして (禪讓して) 山陽公《さんようこう》に封建された。(建安) 十二 (二〇七) 年十月、彗星があり鶉尾《じゅんび》宿に流れた。荊州《けいしゅう》の分野であったので、周羣は、荊州牧が死んで土地を失うであろうと考えた。翌年の秋、劉表《りゅうひょう》が卒し、曹公は荊州を平定した。(建安) 十七 (二一二) 年十二月、彗星が五諸《ごしょ》侯《こう》宿に流れた。周羣は、西方で土地を占拠している者は、みな土地を失うであろうと考えた。この時、劉璋《りゅうしょう》は益州を拠点とし、張魯《ちょうろ》は漢中郡を拠点とし、韓遂《かんすい》は涼州を拠点とし、宋建《そうけん》は枹罕《ふかん》縣を拠点としていた。翌年の冬、曹公は方面軍の將 (として夏侯

淵）を派遣して涼州を攻撃させた。（建安）十九（二一四）年、宋建を捕らえ、韓遂は羌族の中に逃れたが殺された。その年の秋、劉璋が益州を失った。（建安）二十（二一五）年の秋、曹公は漢中を攻め、張魯は降服した」とある。

［二］（張）裕は字を南和《なんか》という。

【原文】

裕又私語人曰、歳在庚子、天下當易代、劉氏祚盡矣。主公得益州、九年之後、寅卯之間當失之。人密白其言。初、先主與劉璋會涪時、裕爲璋從事、侍坐。其人饒鬚、先主嘲之曰、昔吾居涿縣、特多毛姓。東西南北、皆諸毛也。涿令稱曰、諸毛繞涿居乎。裕卽答曰、昔有作上黨潞長、遷爲涿令[1]（涿令）者、去官還家。時人與書、欲署潞則失涿、欲署涿則失潞。乃署曰潞涿君。先主無鬚、故裕以此及之。先主常銜其不遜、加忿其漏言、乃顯裕諫爭漢中不驗、下獄、將誅之。諸葛亮表請其罪。先主答曰、芳蘭生門、不得不鉏。裕遂棄市。後魏氏之立、先主之薨、皆如裕所刻。又曉相術、毎舉鏡視面、自知刑死、未嘗不撲之於地也。羣卒、子巨頗傳其術。

〔校勘〕

1．中華書局本により「涿令」の二字を省く。

《訓読》

裕 又 私かに人に語りて曰く、「歳は庚子に在り、天下 當に易代し、劉氏の祚 盡きんとす。主公 益州を得たりしも、九年の後、寅卯の間に當に之を失はんとす」と。人 密かに其の言を白《まう》す。初め、先主 劉璋と涪に會せし時、裕 璋の從事爲《た》りて、坐に侍る。其の人 饒鬚たれば、先主 之を嘲りて曰く、「昔 吾 涿縣に居りしに、特に毛姓多し。東西南北、皆 諸毛なり。涿令 稱して曰く、「諸毛 涿を繞《めぐ》りて居るか」と」と。裕 卽ちに答へて曰く、「昔 上黨の潞長と作り、遷りて涿令と爲りし者有りて、官を去り家に還る。時人 書を與ふるに、潞と署せんと欲すれば則ち涿を失ひ、涿と署せんと欲すれば則ち潞を失ふ。乃ち署して潞涿君と曰ふ」と。先主 鬚無し、故に裕 此を以て之に及ぼす。先主 常に其の不遜たりしを銜《ふく》み、忿《いかり》を其の漏言に加へ、乃ち裕の漢中を諫爭するに驗《しるし》なきを顯らかにし、獄に下し、將に之を誅せんとす。諸葛亮 表して其の罪を請ふ。先主 答へて曰く、「芳蘭も門に生ずれば、鉏《す》かざるを得ず」と。裕 遂に棄市せらる。後に魏氏の立ち、先主の薨ずるは、皆 裕の刻む所の如し。又 相術に曉らかにして、毎に鏡を擧げて面《おもて》を視、自ら刑死するを知りて、未だ嘗て之を地に撲《うちつけ》ずんばあらざるなり。羣 卒するや、子の巨[一] 頗る其の術を傳ふ。

（補注）

（一）巨は、周巨。益州巴西郡閬中縣の人。周羣の子。父の予占の術をよく伝えたという（『三國志』巻四十二 周羣傳）。

［現代語訳］

張裕《ちょうゆう》はまた秘かに人に語って、「歳は庚子《こうし》（延興元〈二二〇〉）の年、天下は（国家が）代わり（天子の姓も）易わり、劉氏の命数は尽きるであろう。主公（劉備）は（建安十九〈二一四〉年に）益州を得たが、九年の後、寅（章武二〈二二二〉）年から卯（章武三〈二二三〉）年の間に（薨去して）これを失うであろう」と言った。ある人が密かにその言葉を（劉備に）申し上げた。これよりさき、先主が劉璋と涪《ふ》縣で会見したとき、張裕は劉璋の従事《じゅうじ》として、坐に侍っていた。その容貌が鬚《ひげ》もじゃであったので、先主はこれを嘲って、「むかし吾《わたし》が涿《たく》縣に居たとき、とくに毛という姓の者が多かった。東西南北、みな毛姓であった。涿の縣令は、「多くの毛が涿（啄〈口〉と同義）をめぐっているようだ」と称した」と言った。張裕は直ちに答えて、「むかし上黨《じょうとう》郡の潞《ろ》の縣長となり、遷って涿縣の令となった者があり、官を辞め家に戻りました。当時の人が書簡を与えるときに、（もとの）潞（縣長）と書こうとすれば（もとの）涿（縣令）であったことを無視することになり、涿と書こうとすると潞を無視することになります。そこで書くときに潞涿君（潞は露と同義で口のまわりに毛がないという意味）としました」と言い返した。先主は鬚《あごひげ》がなく、ゆえに張裕はこの話で鬚がないことを当て擦《こす》ったのである。先主は常に張裕が不遜であったことを根にもち、その怒りを（漢の滅亡と劉備の死去を）漏らした言葉に加えて、そこで張裕が漢中を（攻めて取れないと）諫争した発言が当たらなかったことを問題として、獄に下し、これを誅殺しようとした。諸葛亮は上表してその罪を（減免するよう）請うた。先主は答えて、「芳しい蘭も門に生えれば、抜かないわけにはいかない」と言った。張裕はこうして棄市された。後に魏氏（曹丕）が即位し、先主が薨去したのは、みな張裕が時を予言したとおりであった。また（張裕は）人相術にも明らかで、つねに鏡をとりあげ顔をみて、自分が刑死することを知ると、鏡を地面に叩きつけないことはなかった。周羣が卒すると、子の周巨《しゅうきょ》がたいへんよくその術を伝えた。

【原文】

杜瓊傳

杜瓊字伯瑜、蜀郡成都人也。少受學於任安、精究安術。劉璋時辟爲從事。先主定益州領牧、以瓊爲議曹從事。後主踐阼、拜諫議大夫、遷左中郎將、大鴻臚、太常。爲人靜默少言、闔門自守、不與世事。蔣琬・費禕等皆器重之。雖學業入深、初不視天文有所論說。後進通儒譙周、常問其意。瓊答曰、欲明此術甚難。須當身視、識其形色。不可信人也。晨夜苦劇、然後知之、復憂漏泄。不如不知。是以不復視也。周因問曰、昔周徵君、以爲、當塗高者魏也。其義何也。瓊答曰、魏、闕名也。當塗而高、聖人取類而言耳。又問周曰、寧復有所怪邪。周曰、未達也。瓊又曰、古者、名官職不言曹。始自漢已來、名官盡言曹、吏言屬曹、卒言侍曹。此殆天意也。瓊年八十餘、延熙十三年卒。著韓詩章句十餘萬言、不教諸子、内學無傳業者。周緣瓊言、乃觸類而長之曰。春秋傳著、晉穆侯、名太子曰仇、弟曰成師。師服曰、異哉、君之名子也。嘉耦曰妃、怨偶曰仇。今君名太子曰仇、弟曰成師。始兆亂矣。兄其替乎。其後果如服言。及漢靈帝名二子曰史侯・董侯、既立爲帝、後皆免爲諸侯。與師服言相似也。先主諱備、其訓具也。後主諱禪、其訓授也。如言劉已具矣、當授與人也。意者甚於穆侯・靈帝之名子。後宦人黃皓、弄權於內。景耀五年、宮中大樹、無故自折。周深憂之、無所與言。乃書柱曰、衆而大、期之會。具而授、若何復。言曹者衆也、魏者大也。衆而大、天下其當會也。具而授、如何復有立者乎。蜀既亡、咸以周言爲驗。周曰、此雖己所推尋、然有所因。由杜君之辭而廣之耳。殊無神思・獨至之異也。

《訓讀》

杜瓊傳

杜瓊 字は伯瑜、蜀郡成都の人なり。少くして學を任安に受け、安の術を精究す。劉璋の時 辟せられて從事と爲る。先主の益州を定め牧を領するや、瓊を以て議曹從事と爲す。後主の踐阼するや、諫議大夫を拜し、左中郎將、大鴻臚、太常に遷る。人と爲り靜默にして言少なく、門を閤《と》じて自ら守り、世事に與らず。蔣琬・費禕ら皆 之を器重す。學業は深きに入ると雖も、初めより天文を視ずして論說する所有り。後進の通儒たる譙周、常《かつ》て其の意を問ふ。瓊 答へて曰く、「此の術を明らかにせんと欲するも甚だ難し。須く當に身ら視て、其の形色を識るべし。人を信ず可からざるなり。晨夜 苦劇して、然る後に之を知り、復た漏泄するを憂ふ。知らずに如かず。是を以て復た視ざるなり」と。周 因りて問ひて曰く、「昔 周徵君、以爲《い》へらく、當塗高なる者は魏なりと。其の義は何ぞや」と。瓊 答へて曰く、「魏は、闕の名なり。塗に當たりて而して高しは、聖人 類を取りて言ふのみ」と。又 周に問ひて曰く、「寧ぞ復た怪しむ所有らんや」と。周曰く、「未だ達せざるなり」と。瓊 又 曰く、「古者、官職を名づくるに曹と言はず。始めて漢より已來、官に名づくるに盡く曹と言ひ、吏は曹に屬すと言ひ、卒は曹に侍ると言ふ。此れ殆ど天意なり」と。瓊 年八十餘にして、(二)延熙十三年に卒す。韓詩(一)章句十餘萬言を著すも、諸子に敎へず、內學は業を傳ふる者無し。周 瓊の言に緣り、乃ち類に觸れて之を長ぜしめて曰ふ。春秋(三)傳に著はすに、「晉の穆(四)侯、太子を名づけて仇と曰ひ、弟を成師と曰ふ。師服曰く、「異なるかな、君の子を名づくるや。嘉耦を妃と曰ひ、怨偶を仇と曰ふ。今君 太子を名づけて仇と曰ひ、弟を成師と曰ふ。始めて亂を兆《きざ》せり。兄は其れ替《すた》れんか」と。其の後 果たして服が言の如し」と。漢の靈帝 二子を名づけ史侯・董侯と曰ふに及びては、既に立ちて帝と爲るも、後に皆 免ぜられて諸侯と爲る。師服の言と相 似たり。先主 諱は備、其の訓は具はるなり。後主の諱は禪、其の訓は授くるなり。劉已に具はり、當に人に授け與へんとすと言ふが如きなり。意者《おもふ》に穆侯・靈帝の子を名づくるよりも甚しと。後に宦人の黃皓、權を內に弄ぶ。景耀五年、宮中の大樹、故無くして白づから折る。周 深く之を憂ふるも、與に言ふ所無し。乃ち柱に書きて曰く、「衆にして大なれば、期の會ならん。具はりて授くれば、若何《いか》にして復せん」と。言ふこころは曹なる者は衆なり、魏なる者は大なり。衆にして大なるは、天下 其れ當に會せんとするなり。具はりて授くれば、如何ぞ復た立つ者有らんや。蜀 既に亡ぶるや、咸 周の言を以て驗と爲す。周曰く、「此れ己の推尋する所と雖も、然るに因る所有り。杜君の辭に由りて之を廣げしのみ。殊に神思・獨至の異無きなり」と。

（補注）

（一）韓詩は、『詩經』の解釈の一つ。前漢文帝の博士である韓嬰の撰。景帝の時、齊詩・魯詩と共に學官に立てられ、「三家詩」と併称された。後漢では建武元年に博士官が置かれている。現在は佚文と外傳のみ残存する。吉田照子『韓詩外傳』（明徳出版社、一九九三年）を参照。

（二）內學は、ここでは益州伝統の讖緯の学。蜀學に同じ。益州の讖緯の学については、吉川忠夫「蜀における讖緯の学の伝統」（『讖緯思想の総合的研究』国書刊行会、一九八四年）を参照。

（三）『春秋左氏傳』桓公 傳二年に、「初晉穆侯之夫人姜氏、以條之役生太子。命之曰仇。其弟以千畝之戰生。命之曰成師。師服曰、異哉君子之名子也。夫名以制義、義以出禮、禮以體政、政以正民。是以政成而民聽。易則生亂。嘉耦曰妃、怨耦曰仇、古之命也。今君命大子曰仇、弟曰成師。始兆亂矣。兄其替乎」とあり、節略されている。

（四）穆侯は、晉の君主。姓は姫、名は費王。獻侯の子。太子に仇（文侯）、末子に成師（桓叔）と名付け、師服はこれを不吉とし禍乱を予言した。穆侯の死後、弟の殤叔が即位したが、仇は出奔の後に殤叔を殺し、文侯として即位する。その死後、子の昭侯が即位するが、大臣の潘父が昭侯を殺し、成師（桓叔）を迎えようとする。桓叔は敗れ、昭侯の子の孝侯が即位した（『史記』巻三十九 晉世家）。

[現代語訳]

杜瓊傳

杜瓊《とけい》は字を伯瑜《はくゆ》といい、益州蜀《しょく》郡成都《せいと》縣の人である。若いころ經《けい》學《がく》を任安《じんあん》より受け、任安の占術に精通した。劉璋《りゅうしょう》のとき辟召されて從事《じゅうじ》となった。先主が益州《えきしゅう》を平定し益州牧を兼任すると、杜瓊を議《ぎ》曹從事《そうじゅうじ》とした。後主が即位すると、諫議大夫《かんぎたいふ》を拝命し、左中郎《さちゅうろう》將《しょう》、大鴻臚《だいこうろ》、太常《たいじょう》に遷った。（杜瓊の）人となりは寡黙で言葉少なく、門を閉じて交際せず、世間の事に関わらなかった。蔣琬《しょうえん》・費禕《ひい》たちはみな杜瓊を尊重した。（杜瓊の）学業は奥深いものであったが、当初から（蜀學伝統の）天文を視ることはなく予言をしていた。後進の通儒である譙周《しょうしゅう》は、かつてその意図を尋ねた。杜瓊は答えて、「この（氣候を観察して予占をする）術を極めようとしてもたいへん難しいものである。必ず自ら（氣候を）観察して、その形や色を識らなければならない。人（の報告）を信じることはできない。昼も夜も苦労を重ね、そうした後で予占を知ると、こんどは世に漏れることを憂える。知らないに越したことはない。このために（天文を）視ないのである」と言った。譙周《しょうしゅう》はそこで尋ねて、「むかし周徵君《しゅうちょうくん》（周舒）は、當塗高《とうとこう》というものは魏であるとおっしゃいました。その意味はどのようなことでしょうか」と言った。杜瓊は答えて、「魏は、闕《けつ》の名である。塗《みち》に当って高いというのは、聖人が類推できるものを取って言っただけである」と言った。（杜瓊は）また譙周に尋ねて、「なにかまだ疑問な点があるかね」と言った。譙周は、「まだよく理解できません」と答えた。杜瓊はまた、「古《いにしえ》は、官職を名付けて曹とは言わなかった。漢になって始めて、官を名づけてすべて曹と言い、吏は曹に属すと言い、卒は曹に侍《はべ》ると言うようになった。これはほとんど天の意志である」と言った。杜瓊は八十歳余りで、延熙《えんき》十三（二五〇）年に卒した。『韓詩章句《かんししょうく》』十余万言を著したが、子たちには教えず、內學（である予占）を伝授することはなかった。譙周は杜瓊の言葉（の解釈方法）により、すなわち（他の）類似（の事象）にあてはめることを拡大して次のように言った。『春秋左氏傳』（桓公傳二年）に、「晉の穆侯《ぼくこう》は、太子を名付けて仇といい、弟を成師《せいし》といった。師服《しふく》は、「間違っております、君の子の名付け方は。良いつれあいを妃といい、悪いつれあいを仇と言います。いま君は太子を名付けて仇といい、弟を成師といたしました。ここに始めて乱が兆《きざ》しました。兄は廃位されるでしょう」と言った。そののち果たして師服の言葉のようになった」とある。漢の靈帝《れいてい》が二子を名付けて史侯《しこう》・董侯《とうこう》としたことに至っては（さらに悪い名付け方で）、すでに即位して皇帝となっても、のちにみな廃位されて諸侯となった。師服の言とよく似ている。先主は諱《いみな》を備といい、其の訓は具《そな》わるである。後主の諱は禪といい、その訓は授けるである。劉は（与える準備が）すでに具わり、人に授け与えようとすると言っているようなものである。思うに穆侯・靈帝が子を名付けたよりも（その弊害は）甚だしい。後に宦官の黄皓《こうこう》が、権力を宮中で欲しいままにした。景耀《けいよう》五（二六二）年、宮中の大樹が、理由なくひとりでに折れた。譙周は深くこれを憂いたが、語る相手はいなかった。そこで柱に書いて、「衆にして大であれば、期が会する。具わって授ければ、どうして復《ふたた》びしようか」とした。言いたいことは曹というものは衆であり、魏というものは大である。（曹魏に集まる人々が）衆《おお》くて大きければ、天下はまさに際会《さいかい》する（国家が代わる）であろう。（漢の天子が）備わって授ければ、どうして再び即位するものがあろうか。蜀が滅亡したのち、みな譙周のことばを験《しるし》があるものとした。譙周は、「これは自分が推し広めたものであるが、しかし基づくところはある。杜君の言辞によりこれを広げただけである。ことさらに神のような思いや独自に至った特異なことではない」と言った。

【原文】

許慈傳

許慈字仁篤、南陽人也。師事劉熙、善鄭氏學、治易・尚書・三禮・毛詩・論語。建安中、與許靖等俱自交州入蜀。時又有魏郡胡潛字公興、不知其所以在益土。潛雖學不沾洽、然卓犖彊識。祖宗制度之儀、喪紀五服之數、皆指掌畫地、擧手可采。先主定蜀、承喪亂歷紀、學業衰廢。乃鳩合典籍、沙汰衆學。慈・潛並爲學士、與孟光・來敏等、典掌舊文。値庶事草創、動多疑議、慈・潛更相克伐、謗讟忿爭、形於聲色。書籍有無、不相通借、時尋楚撻、以相震攇。攇、虚晩反。其矜己妒彼、乃至於此。先主愍其若斯、羣僚大會、使倡家假爲二子之容、傚其訟鬩之狀。酒酣樂作、以爲嬉戲。初以辭義相難、終以刀杖相屈、用感切之。潛先沒、慈後主世、稍遷至大長秋、卒［一］。子勛傳其業、復爲博士。

［裴松之注］

［一］孫盛曰、蜀少人士。故慈・潛等並見載述。

《訓読》

許慈傳

許慈　字は仁篤、南陽の人なり。劉熙に師事し、鄭氏の學を善くし、易・尚書・三禮（一）・毛詩（二）・論語を治む。建安中、許靖らと與に俱に交州より蜀に入る。時に又 魏郡の胡潛（三）字は公興なるもの有り、其の益土に在る所以を知らず。潛は學 沾洽ならざると雖も、然れども卓犖なる彊識あり。祖宗制度の儀、喪紀五服の數、皆 掌《たなごころ》に指し地に書き、手を擧げて采る可きがごとし。先主 蜀を定むるも、喪亂 紀を歷《めぐ》るを承け、學業 衰廢す。乃ち典籍を鳩合し、衆學を沙汰す。慈・潛 並びに學士と爲り、孟光・來敏(四)らと與に、舊文を典掌す。庶事の草創に値たり、動《やや》もすれば疑議多く、慈・潛 更〻相 克伐し、謗讟し忿爭して、聲色に形《あら》はる。書籍の有無、相 通借せず、時に楚撻を尋《う》ちて、以て相 震攇す。攇は、虛晚の反。其の己を矜《ほこ》り彼を妒《そし》るは、乃ち此れに至れり。先主 其の斯の若きを愍《あはれ》み、羣僚 大いに會するに、倡家をして假りに二子の容《かたち》を爲し、其の訟鬩の狀に傚はしむ。酒 酣《たけなは》にして樂 作こるに、以て嬉戲と爲す。初め辭義を以て相 難ずるも、終には刀杖を以て相 屈せしめ、用《もっ》て之を感切せしむ。潛 先に沒し、慈は後主の世、稍や遷りて大長秋(五)に至り、卒す［一］。子の勛(六) 其の業を傳へ、復た博士と爲る。

［裴松之注］

［一］孫盛曰く、「蜀は人士少なし。故に慈・潛ら並びに載述せらる」と。

（補注）

（一）三禮は、『儀禮』『禮記』『周禮』の総称。前二者が今文で、『周禮』は古文で書かれている。鄭玄が『周禮』を「禮經」として中心に置き、「三禮」のすべてに注をつけることで、「三禮體系」が形成された。

（二）毛詩は、『詩經』毛傳のこと。他の三傳が今文であることに対して、古文であった。鄭玄が箋をつけたことで尊重され、現在まで伝わった。

（三）胡潛は、冀州魏郡の人、字を公興。蜀漢の先主に仕え、許慈と争った（『三國志』巻四十二 許慈傳）。

（四）來敏は、荊州義陽郡新野縣の人、字は敬達。後漢の司空來豔の子。劉備の典學校尉となった。諸葛亮の丞相府に辟召され、軍祭酒・輔軍將軍となったが免官された。左傳をよくし、『三倉』・『廣雅』に詳しく、文字の校正を好んだ（『三國志』巻四十二 來敏傳）。

（五）大長秋は、官名。後漢では宦官が任じられ、皇后に従い、その言辭を預かり、謁見を手配し、行幸に同道することを職掌とする。官秩は二千石（『後漢書』志二十七 百官四）。蜀漢では、士人も任命された。

（六）勛は、許勛。荊州南陽の人。許慈の子。博士となった（『三國志』巻四十二 許慈傳）。

［現代語訳］

許慈傳

許慈《きょじ》は字を仁篤《じんとく》といい、荊州南陽郡《けいしゅうなんようぐん》の人である。劉熙《りゅうき》に師事し、鄭玄《じょうげん》の學をよくし、『周易《しゅうえき》』・『尚書《しょうしょ》』・「三禮《さんらい》」・『毛詩《もうし》』・『論語《ろんご》』を治めた。建安《けんあん》年間（一九六～二二〇年）、許靖《きょせい》たちと一緒に交州《こうしゅう》から蜀に入った。このときまた冀州魏郡《きしゅうぎぐん》の胡潛《こせん》字を公興《こうきょう》というものがいたが、かれが益州に居る理由は分からない。胡潛は学問は広くなかったが、それでも卓越した記憶力があった。祖宗《そそう》制度の儀礼も、喪紀《そうき》五服《ごふく》の程度も、みな掌《てのひら》に指で書き地面に描くほどであり、（記憶を取り出すことは）手をあげて取るようであった。先主は蜀を定めたが、戦乱が時を経たことを承け、学業は衰退していた。そこで典籍を集め、諸学を整理した。許慈と胡潛は並んで学士となり、孟光《もうこう》・來敏《らいびん》たちと共に、古典を統轄した。諸事が草創期であったため、ややもすれば異論も多く、許慈と胡潛は互いにそれぞれ攻撃しあい、誹謗しあって怒り争い、声や顔色に出るほどであった。書籍の有無を、互いに融通することもなく、時には鞭打って、互いに脅しあった。摅は、虚晩の反である。その自分を誇り相手を嫉妬することは、これほどひどかった。先主は二人がそのような関係であることを憐れみ、群臣を大いに集め、俳優に真似をして二人の格好をさせ、その争う様子をみせた。酒が酣《たけなわ》となり音楽がおこると、それを喜劇とした。最初は言葉で非難しあい、ついには刀や杖で屈伏させ（るさまを演じて）、それにより反省させた。胡潛が先に卒し、許慈は後主の時に、だんだんと昇進して大長秋《だいちょうしゅう》に至って、卒した［一］。（許慈の）子の許勛《きょくん》は父の学業を伝え、また博士《はくし》となった。

［裴松之注］
［一］孫盛《そんせい》は、「蜀漢は人士が少ない。このため許慈や胡潛《こせん》たちがみな（『蜀書』に）掲載されるのである」と言っている。

【原文】
孟光傳
孟光字孝裕、河南洛陽人、漢太尉孟郁之族［一］。靈帝末爲講部吏。獻帝遷都長安、遂逃入蜀。劉焉父子待以客禮。博物識古、無書不覽、尤銳意三史、長於漢家舊典。好公羊春秋而譏呵左氏。每與來敏爭此二義、光常譊譊讙咋。譊音奴交反。讙音休袁反。咋音徂格反。先主定益州、拜爲議郎、與許慈等並掌制度。後主踐阼、爲符節令、屯騎校尉、長樂少府、遷大司農。延熙九年秋、大赦。光於衆中責大將軍費禕曰、夫赦者、偏枯之物、非明世所宜有也。衰弊窮極、必不得已、然後乃可權而行之耳。今主上仁賢、百僚稱職、有何旦夕之危、倒懸之急。而數施非常之恩、以惠姦宄之惡乎。又鷹隼始擊、而更原宥有罪、上犯天時、下違人理。老夫耄朽、不達治體、竊謂斯法難以經久。豈具瞻之高美、所望於明德哉。禕但顧謝踧踖而已。光之指摘痛癢、多如是類。故執政重臣、心不能悅、爵位不登。每直言無所回避、爲代所嫌。太常廣漢鐔承［二］・光祿勳河東裴儁等、年資皆在光後、而登據上列、處光之右、蓋以此也［三］。

［裴松之注］
［一］續漢書曰、郁、中常侍孟賁之弟。
［二］華陽國志曰、承字公文、歷郡守、少府。
［三］傅暢裴氏家記曰、儁字奉先、魏尚書令潛弟也。儁姊夫爲蜀中長史、儁送之。時年十餘歲。遂遭漢末大亂、不復得還。既長知名、爲蜀所推重也。子越、字令緒、爲蜀督軍。蜀破、遷還洛陽、拜議郎。

《訓読》
孟光傳
孟光 字は孝裕、河南洛陽の人、漢の太尉たる孟郁（一）の族なり［一］。靈帝の末 講部吏（二）と爲る。獻帝 都を長安に遷すに、遂に逃げて蜀に入る。劉焉父子 待するに客禮（三）を以てす。博物にして古を識り、書にして覽ざるは無く、尤も意を三史に銳ぎ、漢家の舊典（四）に長ず。公羊春秋を好みて左氏を譏呵す。來敏と此の二義を爭ふ每に、光 常に譊譊として讙咋す。譊 音は奴交の反。讙 音は休袁の反。咋 音は徂格の反。先主益州を定むるや、拜して議郎と爲り、許慈らと與に並びに制度を掌る。後主 踐阼するや、符節令(五)、屯騎校尉、長樂少府(六)と爲り、大司農に遷る。延熙九年の秋、大赦あり。光 衆中に於て大將軍の費禕を責めて曰く、「夫れ赦なる者は、偏枯の物なれば、明世の宜しく有るべき所に非ざるなり。衰弊し窮極して、必ず已を得ずして、然る後に乃ち權にして之を行ふ可きのみ。今 主上は仁賢にして、百僚は職に稱ひ、何ぞ旦夕の危、倒懸の急有らん。而るに數〻非常の恩を施して、以て姦宄の惡に惠まんや。又 鷹隼 撃つを始むるに、而も更〻有罪を原宥せば、上は天の時を犯し、下は人の理に違はん。老夫 耄朽にして、治體に達せざるも、竊(七)かに謂へらく斯の法は經を以て久しくし難しと。豈に瞻の高美を具へ、明德に望む所なるかな」と。禕 但だ顧謝して踧踖するのみ。光の指摘の痛癢なること、多く是の類が如し。故に執政の重臣、心に悅ぶ能はず、爵位は登らず。每に直言して回避する所無く、代(八)の嫌ふ所と爲る。太常たる廣漢の鐔承(九)[二]・光祿勳たる河東の裴儁(一〇)ら、年資は皆 光の後に在るも、而も上列に登擄し、光の右《うへ》に處るは、蓋し此を以てならん[三]。

[裴松之注]

[一] 續漢書に曰く、「郁は、中常侍の孟賁(一一)の弟なり」と。

[二] 華陽國志に曰く、「承 字は公文、郡守、少府を歴す」と。

[三] 傅暢の裴氏家記(一二)に曰く、「儁 字は奉先、魏の尙書令たる潛(一三)の弟なり。儁の姊夫 蜀中長史(一四)と爲り、儁 之を送る。時に年 十餘歲なり。遂に漢末の大亂に遭ひ、復た還るを得ず。既に長ずるに名を知られ、蜀の推重する所と爲るなり。子の越(一五)、字は令緒、蜀の督軍と爲る。蜀 破れ、遷りて洛陽に還り、議郎を拜す」と。

(補注)

(一) 孟郁は、『三國志集解』に引く梁章鉅によれば、孟彧。孟彧は司隸河南郡の人で、靈帝期に太尉になっている(『後漢書』本紀八 靈帝紀)。

(二) 講部吏は、官名。ここだけにしか資料はなく、詳細は不明。

(三) 三史は、ここでは『史記』『漢書』『東觀漢記』を指す。やがて唐に范曄の『後漢書』の地位が高まると、三史は『史記』『漢書』『後漢書』を指すようになる。

(四) 漢家の舊典は、漢家の故事。漢の政治などの先例である漢家の故事が、儒教經典と並んで後漢の国政の典範となっていたことは、渡邉義浩「後漢における礼と故事」(『両漢における易と三礼』汲古書院、二〇〇六年、『後漢における「儒教国家」の成立』汲古書院、二〇〇九年に所収)を參照。

(五) 符節令は、官名。後漢では定員は一人で、官秩は六百石。符節を掌り、使者に節を授ける業務に携わった(『後漢書』志二十六 百官三)。蜀漢もほぼ同様と考えられる。

(六) 長樂少府は、官名。皇后の大長秋と同様の役割を皇太后のために行う。皇太后の宮殿を長樂宮ということから名付けられる。後漢では官秩は二千石で、官位は大長秋より上である(『後漢書』志二十七 百官四)。

(七) 『詩經』小雅 節南山に、「赫赫師尹、民具爾瞻」とあることを踏まえた表現である。

(八) 代は、ここでは世。『三國志集解』は、唐代に李世民の「世」を避けた鈔本が、そのまま継承されたと推測する。

（九）鐔承は、益州廣漢の人、字は公文。郡守・少府を歴任し、太常となった（『三國志』巻四十二 孟光傳）。
（一〇）裴儁は、司隷河東郡聞喜縣の人、字は奉先。曹魏の裴潛の弟。蜀漢の光祿勲となった（『三國志』巻四十二 孟光傳注引『裴氏家記』）。
（一一）孟賁は、後漢の宦官。曹操の祖父である曹騰と共に順帝に仕えた（『後漢書』志十一 天文中）。
（一二）裴氏家記は書名。著書の傳暢と共に不明。『隋書』經籍志には、裴松之の『裴氏家傳』を著録する。河東の裴氏に伝わっていた書籍か。
（一三）潛は、裴潛。司隷河東郡聞喜縣の人、字は文行。曹操に仕え、代郡太守として烏桓の反乱を平定した。文帝が即位すると、散騎常侍となり、明帝期には、河南尹、太尉軍師を経て、大司農となった（『三國志』巻二十三 裴潛傳）。
（一四）蜀中長史は、官名。ここだけにしか資料はなく、詳細は不明。
（一五）越は、裴越。司隷河東郡聞喜縣の人、字は令緒。蜀漢の督軍となったが、蜀漢の滅亡後、西晉の議郎となった（『三國志』巻四十二 孟光傳注引『裴氏家記』）。

[現代語訳]

孟光傳

孟光《もうこう》は字を孝裕《こうゆう》といい、司隷河南郡洛陽縣《しれいかなんぐんらくようけん》の人で、後漢《ごかん》の太尉《たいい》である孟郁《もういく》の一族である[一]。靈帝《れいてい》期の末年に講部吏《こうぶり》となった。獻帝が都を長安に遷すと、そのまま逃げて蜀に入った。劉焉《りゅうえん》父子は（孟光を）客礼で待遇した。博物で古《いにしえ》に詳しく、書籍で見ていないものはなく、もっとも「三史《さんし》」を研鑽し、「漢家《かんか》の故事《こじ》」に詳しかった。春秋公羊學《しゅんじゅうくようがく》を好み春秋左氏學《さしがく》を批判した。來敏《らいびん》と（公羊と左氏の）二つの『春秋』の義（の正しさ）を争うたび、孟光はいつもわぁわぁと大声でわめいた。譊《どう》は音が奴交の反。讙《けん》は音が休袁の反。咋《さ》は音が徂格の反。先主が益州を定めると、拝命して議郎《ぎろう》となり、許慈《きょじ》たちと共に並んで制度を掌った。後主が即位すると、符節令《ふせつれい》、屯騎校尉《とんきこうい》、長樂《ちょうらく》少府《しょうふ》となり、大司農《だいしのう》に遷った。延熙《えんき》九（二六四）年の秋に、大赦があった。孟光は大勢の中で大將軍の費禕《ひい》を責め、「そもそも赦というものは、偏ったものであり、明らかな世であるべきものではない。疲弊して行き詰まって、どうしてもやむを得ず、そうした後ようやく權《かり》のものとして行うべきものである。いま主上は仁賢で、百官は職を全うし、どうして旦夕の危機や、喫緊の急があろう。それなのにたびたび非常の恩恵を施して、姦悪な者に恵むのか。また鷹や隼《はやぶさ》（のような曹魏）への攻撃を始めるときに、代わる代わる罪有る者を許すことは、上は天の時を犯し、下は人の理に違《たが》う。老夫は耄碌《もうろく》して、政治には通達しないが、秘かに考えるにこの法は經《けい》（規範）として久しく保ち難い。どうして（民の）仰ぎ見るような立派さを備え、明徳に期待するものであろうか」と言った。費禕はただ詫びて恐縮するだけであった。孟光の指摘が痛烈であることは、多くこのようであった。このため政治を執る重臣は、心から（孟光を）好むことができず、爵位は上がらなかった。つねに直言して回避することがなく、世に憚られた。太常《たいじょう》である廣漢《こうかん》郡の鐔承《たんしょう》[二]・光祿勳《こうろくくん》である河東《かとう》郡の裴儁《はいしゅん》たちは、年功はともに孟光に劣っていたが、それでも上位に登り、孟光の上にいたのは、おそらくこのためであろう[三]。

[裴松之注]

[一]『續漢書《しょくかんじょ》』に、「孟郁《もういく》は、中常侍《ちゅうじょうじ》の孟賁《もうほん》の弟である」とあ

る。

〔二〕『華陽國志』に、「鐔承《たんしょう》は字を公文《こうぶん》といい、郡守、少府《しょうふ》を歴任した」とある。

〔三〕傅暢《ふちょう》の『裴氏家記《はいしかき》』に、「裴儁《はいしゅん》は字を奉先《ほうせん》といい、曹魏の尚書令《しょうしょれい》である裴潛《はいせん》の弟である。裴儁の姉の夫が蜀中長史《しょくちゅうちょうし》となり、裴儁はこれを送っ（て蜀に入っ）た。このとき十歳余りであった。そうして漢末の大乱に遭い、帰ることができなかった。成長すると名を知られ、蜀で尊重された。子の裴越《はいえつ》は、字を令緒《れいしょ》といい、蜀の督軍《とくぐん》となった。蜀が滅亡すると、移って洛陽《らくよう》に帰り、議郎《ぎろう》を拝命した」と。

【原文】

後進文士祕書郎郤正、數從光諮訪。光問正太子所習讀、幷其情性・好尚。正答曰、奉親虔恭、夙夜匪懈、有古世子之風。接待羣僚、擧動出於仁恕。光曰、如君所道、皆家戸所有耳。吾今所問、欲知其權略・智調何如也。正曰、世子之道、在於承志竭歡。既不得妄有所施爲。且智調藏於胸懷、權略應時而發。此之有無、焉可豫設也。光解正愼宜不爲放談、乃曰、吾好直言、無所回避。每彈射利病、爲世人所譏嫌。[1]（疑）省君意、亦不甚好吾言、然語有次。今天下未定、智意爲先。智意雖有自然、然[2]（不）〔亦〕可力彊致也。此儲君讀書、寧當傚吾等竭力博識、以待訪問。如博士探策講試以求爵位邪。當務其急者。正深謂光言爲然。後光坐事免官、年九十餘卒。

〔校勘〕

1．中華書局本により「疑」の一字を省く。

2．百衲本は「不」に作るが、中華書局本により「亦」に改める。

《訓読》

後進の文士たる祕書郎（一）の郤正、數〻光に從ひて諮訪す。光 正に太子の習ふ所の讀、幷びに其の情性・好尙を問ふ。正 答へて曰く、「親を奉ずること虔恭にして、夙夜 懈たるに匪ず、古の世子の風有り。羣僚を接待するに、擧動は仁恕より出づ」と。光曰く、「君の道《い》ふ所の如きは、皆 家戸に有る所のみ。吾 今 問ふ所は、其の權略・智調の何如を知らんと欲するなり」と。正曰く、「世子の道は、志を承け歡を竭くすに在り。既に妄りに施爲する所有るを得ず。且つ智調は胸懷に藏し、權略は時に應じて發す。此の有無は、焉んぞ豫じめ設く可けんや」と。光 正の愼宜にして放談を爲さざるを解し、乃ち曰く、「吾 直言を好み、回避する所無し。每に利病を彈射し、世人の譏嫌する所と爲る。君の意を省るに、亦た甚しくは吾が言を好まざるも、然れども語に次有り。今 天下 未だ定まらざれば、智意をば先と爲す。智意は自然に有ると雖も、然れども亦た力め彊て致す可きなり。此れ儲君の讀書、寧ろ當に吾らに傚ひ力を博識に竭くし、以て訪問を待つべし。博士の策を探り試に講じて以て爵位を求むるが如きなるや。當に其の急なる者を務むべし」と。正 深く謂ふに光の言を然りと爲す。後に光 事に坐して官を免ぜられ、年九十餘にて卒す。

（補注）

（一）祕書郎は、官名。祕書令に屬す。皇帝の側近官。

[現代語訳]

後進の文士である祕書郎《ひしょろう》の郤正《げきせい》は、たびたび孟光のもとを訪問した。孟光は郤正に皇太子（劉璿）が修めている讀書、ならびに皇太子の性情と好みを尋ねた。郤正は答えて、「親に仕えては恭しく、朝から晩まで怠ることなく、古《いにしえ》の太子の風があります。群臣と接する際には、その振る舞いが仁愛に基づいております」といった。孟光は、「君の言うようなことは、みな普通の家庭にもあることだ。吾《わたし》がいま聞いているのは、皇太子の権略と才知がどうかを知りたいと思っているのである」と言った。郤正は、「太子の道は、（親の）志を承けて（親の）歓《よろこび》を尽くすことにあります。勝手に行動することはできません。しかも才知は胸に隠すもの、権略は時に応じて発するものです。これの有無が、どうしてあらかじめ予測することができましょうか」と答えた。孟光は郤正が愼重で言葉を選びいい加減に話さないことを理解し、そして言った、「吾《わたし》は直言を好み、回避することがない。常に欠点を打ち抜き、人々から嫌われている。君の思いを推察すると、また吾が言葉をそれほど好んではいないが、それでも応答には筋道がある。いま天下は定っていないので、才知を優先するものである。才知は自然に存在するが、それでもまた努めて無理に付けるべきである。そこで皇太子の讀書は、われわれにならって博識に力を尽くし、それにより尋ね問う（ようになる）ことを待つべきである。博士が対策を探して試験に応じて爵位を求めるようであってはならない。（君は皇太子に才知をつけることを）急務とすべきである」と。郤正は深く孟光の言葉をその通りであると思った。後に孟光は事件により官を免じられ、九十歳余りで卒した。

【原文】

來敏傳

來敏字敬達、義陽新野人、來歙之後也。父豔、爲漢司空[一]。漢末大亂、敏隨姊[1]（夫）奔荊州。姊夫黃琬是劉璋祖母之姪。故璋遣迎琬妻。敏遂俱與姊入蜀、常爲璋賓客。涉獵書籍、善左氏春秋、尤精於倉・雅訓詁、好是正文字。先主定益州、署敏典學校尉。及立太子、以爲家令。後主踐阼、爲虎賁中郎將。丞相亮住漢中、請爲軍祭酒・輔軍將軍、坐事去職[二]。亮卒後、還成都爲大長秋、又免、後累遷爲光祿大夫、復坐過黜。前後數貶削、皆以語言不節、擧動違常也。時孟光亦以樞機不愼、議論于時、然猶愈於敏。俱以其耆宿學士見禮於世、而敏荊楚名族、東宮舊臣、特加優待。是故廢而復起。後以敏爲執愼將軍、欲令以官重自警戒也。年九十七、景耀中卒。子忠、亦博覽經學、有敏風。與尚書向充等並能協贊大將軍姜維。維善之、以爲參軍。

[裴松之注]

[一] 華嶠後漢書曰、豔好學下士、開館養徒衆。少歷顯位、靈帝時、位至司空。

[二] 亮集有教曰、將軍來敏、對上官顯言、新人有何功德而奪我榮資與之邪。諸人共憎我、何故如是。敏年老狂悖、生此怨言。昔成都初定、議者以爲、來敏亂羣。先帝以新定之際、故遂含容、無所禮用。後劉子初選以爲太子家令、先帝不悅而不忍拒也。後主[21]

〔上〕卽位、吾闇於知人、遂復擢爲將軍・祭酒、違議者之審見、背先帝所疎外。自謂、能以敦厲薄俗、帥之以義。今既不能、表退職、使閉門思愆。

〔校勘〕

1．中華書局本により「夫」の一字を省く。

2．中華書局本により「上」の一字を加える。

《訓読》

來敏傳

來敏 字は敬達、義陽新野の人、來歆(一)の後なり。父の豔(二)、漢の司空と爲る［一］。漢末の大亂に、敏 姊に隨ひ荊州に奔る。姊の夫たる黃琬(三)は是れ劉璋の祖母の姪なり。故に璋 琬の妻を迎へしむ。敏 遂に俱に姊と與に蜀に入り、常に璋の賓客と爲る。書籍を涉獵し、左氏春秋を善くし、尤も倉(四)・雅(五)の訓詁に精《くは》しく、好みて文字を是正す。先主 益州を定むるや、敏を典學校尉(六)に署す。太子を立つるに及び、以て家令と爲す。後主 踐阼するや、虎賁中郎將と爲る。丞相の亮 漢中に住《とど》まるに、請ひて軍祭酒・輔軍將軍(七)と爲すも、事に坐し職を去る［二］。亮 卒せしの後、成都に還りて大長秋と爲るも、又 免ぜられ、後 累遷して光祿大夫と爲るも、復た過黜に坐す。前後 數〻貶削せらるは、皆語言 節あらず、擧動 常と違ふを以てなり。時に孟光も亦た樞機を以て愼まず、時に議論せらるるも、然れども猶ほ敏より愈れり。俱に其の耆宿の學士なるを以て世に禮せられ、而も敏は荊楚の名族にして、東宮の舊臣たれば、特に優待を加へらる。是の故に廢せらるるも而も復た起つ。後に敏を以て執愼將軍(八)と爲せしは、官の重きを以て自ら警戒せしめんと欲するなり。年九十七にて、景耀中に卒す。子の忠(九)、亦た經學を博覽し、敏の風有り。尙書の向充らと與に並びて能く大將軍の姜維を協贊す。維 之を善《よみ》し、以て參軍と爲す。

［裴松之注］

［一］華嶠の後漢書に曰く、「豔 學を好み士に下り、館を開き徒衆を養ふ。少くして顯位を歷し、靈帝の時、位 司空に至る」と。

［二］亮集に教有りて曰く、「將軍の來敏、上官に對して顯らかに言ふに、「新人に何の功德有りて我が榮資を奪ひて之に與ふるや。諸人 共に我を憎むは、何の故に是の如き」と。敏は年 老ひ狂悖にして、此の怨言を生む。昔 成都 初めて定まり、議者 以《い》爲へらく、「來敏 羣を亂す」と。先帝 新たに定むるの際を以て、故に遂に含容するも、禮用する所無し。後に劉子初 選びて以て太子家令(一〇)と爲し、先帝 悅ばざるも而も拒むに忍びざるなり。後に主上 卽位するや、吾 人を知るに闇《くら》く、遂に復た擢して將軍・祭酒と爲し、議者の審見に違ひ、先帝の疎外する所に背く。自ら謂へらく、能く以て薄俗を敦厲し、之を帥ゐるに義を以てすと。今既に能はず、表して職を退けて、門を閉ぢて愆《つみ》を思はしむ」と。

（補注）

（一）來歆は、荊州南陽郡新野縣の人。字を君叔。光武帝とは縁戚関係。対隗囂政策を任され、建武十（三四）年に隗純を降伏させた。そのほか、先零羌を破るなど功績をあげるが、建武十一（三五）年、蜀征伐の最中、公孫述の將軍である環安の刺客により暗殺された。諡は節侯（『後漢書』列傳五 來歙傳）。

（二）來豔は、荊州南陽郡新野縣の人、字を季德。來歷の孫。司空となったが罷免され、光和元（一七八）年、再び司空に登るが、その年の九月に薨じた（『後漢書』列傳五 來歙傳附來歷傳）。

（三）黄琬は、荊州江夏郡安陸縣の人、字を子琰。黄瓊の孫。陳蕃と心をあわせ、反宦官勢力をもり立てたが、中傷を受けて失脚、禁錮の処分を受けた（『後漢書』列傳五十一 黄瓊傳附黄琬傳）。

（四）倉は、三蒼。字書。前漢の閭里書師が、李斯の著とされる『蒼頡』七章に、趙高の著とされる『爰歷』六章、胡母敬の著とされる『博學』七章を併せ、『蒼頡篇』、またの名を『三蒼』五十五章としたという（『漢書』巻三十 藝文志）。現在は散逸し、『玉函山房輯佚書』などに輯本がある。また、魏晉には、『蒼頡篇』と揚雄『訓纂篇』、賈魴『滂喜篇』を合巻したものが『三蒼』として流通した。

（五）雅は、廣雅か。廣雅は字書。曹魏の張揖の撰。『爾雅』にならって訓詁を記す。三巻（『隋書』巻三十二 經籍志一）。

（六）典學校尉は、官名。洪飴孫『三國職官表』によれば、蜀漢で置かれ、定員は一名。

（七）輔軍將軍は、官名。洪飴孫『三國職官表』によれば、蜀漢で置かれ、定員は一名。

（八）執愼將軍は、官名。洪飴孫『三國職官表』によれば、蜀漢で置かれ、定員は一名。

（九）忠は、來忠。荊州義陽郡新野縣の人、來敏の子。姜維をよく補佐し、參軍となった（『三國志』巻四十二 來敏傳）。

（一〇）家令は、ここでは太子家令。太子の湯沐邑を管理した（『通典』巻三十 職官十二 東宮官）。

［現代語訳］

來敏傳

來敏《らいびん》は字を敬達《けいたつ》といい、荊州《けいしゅう》義陽郡《ぎようぐん》新野縣《しんやけん》の人で、來歙《らいきゅう》の後裔である。父の來豔《らいえん》は、後漢の司空となった［一］。漢末の大乱に、來敏は姉に随って荊州に逃げた。姉の夫である黄琬《こうえん》は劉璋《りゅうしょう》の祖母の姪《てつ》（おい）であった。このため劉璋は黄琬の妻を迎えさせた。來敏はこうして姉と共に蜀に入り、常に劉璋の賓客となった。書籍を広く読みあさり、『春秋左氏傳《しゅんじゅうさしでん》』をよくし、最も『三蒼《さんそう》』と『廣雅《こうが》』の訓詁に詳しく、文字を正すことを好んだ。先主は益州を平定すると、來敏を典《てん》學校尉《がくこうい》に任命した。皇太子を立てるに及び、太子家令《たいしかれい》とした。後主が即位すると、虎賁中郎將《こほんちゅうろうしょう》となった。丞相の諸葛亮が漢中に駐屯すると、要請して軍祭酒《ぐんさいしゅ》・輔軍《ほぐん》將軍としたが、事件に坐して職を去った［二］。諸葛亮が卒した後、成都に帰って大長秋《だいちょうしゅう》となったが、また免官され、後にたびたび移って光祿大夫《こうろくたいふ》となったが、また過失で免官された。前後たびたび免官されたのは、すべて言葉に節度がなく、行動が異常であったことによる。このとき孟光《もうこう》もまた重要な官に居ながら慎まず、時の人々から議論されたが、それでもなお來敏よりはましであった。ともに年老い学者として世間から礼遇され、しかも來敏は荊州の名族出身で、（陛下の）東宮からの旧臣であったので、とくに優待を加えられた。このために廃されてもまた起用された。後に來敏を執愼《しっしん》將軍としたのは、官の（名の）重みにより自ら戒めさせようとしたのである。九十七歳で、景耀《けいよう》年間（二五八～二六三年）に卒した。子の來忠《らいきゅう》は、また經學を博覧し、來敏の風があった。尚書の向充《しょうじゅう》らと共に並んで能く大將軍の姜維《きょうい》を補佐した。姜維はこれを嘉《よみ》して、參軍《さんぐん》とした。

［裴松之注］

［一］華嶠《かきょう》の『後漢書』に、「來豔《らいえん》は学問を好み士に下り、館を開

いて人々を養った。若いころから高位を歴任し、靈帝《れいてい》の時に、位が司空《しくう》に至った」とある。

[二]『諸葛亮集《しょかつりょうしゅう》』に教《きょう》を載せ、「將軍の來敏は、上官に対して明らかに、「新人に何の功績や徳行があって我《わたし》の栄誉ある地位を奪いこれに与えるのか」と言った。人々が共に我を憎むのは、どうしてこのようなのか」と言った。來敏は年老いて常軌を逸して、この怨み言を言った。むかし成都が初めて定まったとき、議者は、「來敏は群を乱す」と言った。先帝は（益州を）新たに定めた際であったので、そのまま我慢されたが、禮遇して用いることはなかった。後に劉子初《りゅうししょ》（劉巴）が選んで太子家令とすると、先帝は喜ばなかったが拒むには忍びなかった。後に主上が即位すると、吾《わたし》は人を見る目がなく、また抜擢して輔軍將軍・軍祭酒とし、議者の見識に違い、先帝が疎外したことに背いた。自分としては、軽薄な風俗を純朴にさせ、道義により指導してほしいと思ったのである。いまそれは叶わず、上表して退職させ、門を閉じて罪を反省させよう」とある。

【原文】

尹默傳

尹默字思潛、梓潼涪人。益部多貴今文而不崇章句。默知其不博、乃遠游荊州、從司馬德操・宋仲子等受古學。皆通諸經史。又專精於左氏春秋、自劉歆條例、鄭衆・賈逵父子・陳元・1(方)服虔注說、咸略誦述、不復按本。先主定益州領牧、以爲勸學從事。及立太子、以默爲僕、2(射)以左氏傳授後主。後主踐阼、拜諫議大夫。丞相亮住漢中、請爲軍祭酒。亮卒、還成都、拜太中大夫、卒。子宗傳其業、爲博士[一]。

[裴松之注]

[一] 宋仲子後在魏。魏略曰、其子與魏諷謀反、伏誅。魏太子答王朗書曰、昔石厚與州吁游、父碏知其與亂。韓子昵田蘇、穆子知其好仁。故君子游必有方、居必就士。誠有以也。嗟乎、宋忠無石子先識之明、老罹此禍。今雖欲願行滅親之誅、立純臣之節、尚可得邪。

[校勘]

1. 中華書局本により「方」の一字を省く。
2. 中華書局本により「射」の一字を省く。

《訓讀》

尹默傳

尹默 字は思潛、梓潼涪の人なり。益部 多く今文を貴びて章句を崇ばず。默 其の博からざるを知りて、乃ち遠く荊州に游び、司馬德操・宋仲子らより古學を受く。皆 諸經史に通ず。又 左氏春秋に專精し、劉歆の條例(一)より、鄭衆・賈逵父子(二)・陳元(三)・服虔(四)の注說、咸 略ぼ誦述し、復た本を按ぜず。先主 益州を定め牧を領するや、默を以て勸學從事と爲す。太子を立つるに及び、默を以て僕と爲し(五)、左氏傳を以て後主に授けしむ。後主 踐阼するや、諫議大夫を拜す。丞相の亮 漢中に住まるや、請ひて軍祭酒と爲す。亮 卒するや、成都に還り、太中大夫を拜し、卒す。子の宗(六) 其の業を傳へ、博士と爲る[一]。

[裴松之注]

[一] 宋仲子 後に魏に在り。魏略に曰く、「其の子 魏諷[七]と與に謀反し、誅に伏す。魏の太子 王朗の書に答へて曰く、「昔 石厚[八] 州吁[九]と與に游び、父の碏[一〇] 其の亂に與るを知る[一一]。韓子[一二] 田蘇[一三]と昵《むつ》み、穆子[一四] 其の仁を好むを知る[一五]。故に君子 游ぶに必ず方有り[一六]、居らば必ず士に就く。誠に以《ゆゑ》有るなり。嗟乎《ああ》、宋忠 石子の先識の明無く、老ひて此の禍に罹る。今 滅親の誅を行ひ、純臣の節を立つを願はんと欲すと雖も、尚ほ得可けんや」と」と。

（補注）

（一）鄭衆は、字を仲師。鄭興の子。『春秋左氏傳』に通じ、『易經』『詩經』をよくした。使者として匈奴に赴き、單于に屈服せず、その様を蘇武に比された。のち左馮翊として治績を残し、章帝の建初六（八一）年に大司農となり、建初八（八三）年に卒した（『後漢書』列傳二十六 鄭興傳附鄭衆傳）。

（二）賈逵は、字を景伯。司隷扶風郡平陵縣の人。賈誼の九世孫。『春秋左氏傳』『國語』に通暁し、『左氏解詁』『國語解詁』を著した。父の賈徽は、劉歆より左傳春秋を受け、左氏條例二十一篇を作った（『後漢書』列傳二十六 賈逵傳）。

（三）陳元は、交州蒼梧郡廣信縣の人、字は長孫。『春秋左氏傳』を王莽に授けた陳欽の子。『春秋左氏傳』を博士官に立てることに尽力し、光武帝に立學を認めさせたが、自身が死去して沙汰止みとなった（『後漢書』列傳二十六 陳元傳）。

（四）服虔は、後漢末の儒者。字は子愼。司隷河南郡滎陽縣の人。中平末に九江太守となった。『春秋左氏傳解誼』など多くの著作を残した（『後漢書』列傳六十九下 儒林 服虔傳）。

（五）僕は、ここでは太子僕。後漢では、定員一名で、官秩は千石。車馬を掌った（『後漢書』志二十七 百官四）。

（六）宗は、尹宗。益州梓潼郡涪縣の人。尹默の子。父の学問を継承して、博士となった（『三國志』巻四十二 尹默傳）。

（七）魏諷は、兗州濟陰郡の人、字を子京。ひそかに徒党を組み、また長樂衛尉の陳禕とともに鄴を襲おうと謀ったが、陳禕が怖じ気づき、太子に白状したという（『三國志』巻一 武帝紀）。

（八）石厚は、衞の莊公の上卿である石碏の子。州吁の側近として、州吁と共に父の石碏に殺された（『春秋左氏傳』隱公 傳四年）

（九）州吁は、衞の莊公の妾の子。戦いを好み、兄の桓公を殺して衞の君主になった。だが、莊公の上卿であった石碏が、陳の桓公と協力して、殺害した（『春秋左氏傳』隱公 傳四年）。

（一〇）石碏は、衞の莊公の上卿。州吁と共に息子の石厚を殺し、「大義 親を滅す」と評された（『春秋左氏傳』隱公 傳四年）。

（一一）以上の叙述は、『春秋左氏傳』隱公 傳三年に、「（衞）公子州吁、嬖人之子也。有寵而好兵、公弗禁。莊姜惡之。石碏諫曰、臣聞愛子、敎之以義方。……」とあり、『春秋左氏傳』隱公 傳四年に、「九月、衞人使右宰醜。涖殺州吁于濮。石碏使其宰獳羊肩。涖殺石厚于陳。君子曰、石碏、純臣也。惡州吁而厚與焉。大義滅親、其是之謂乎」とある記述を踏まえている。

（一二）韓子は、ここでは韓起。韓宣子。晉の悼公のもと、趙武と共に国政にあたった。前五四六年に弭兵の會盟により、楚・齊・鄭・宋などとの講和を実現させた（『春秋左氏傳』襄公 傳七年）。

（一三）田蘇は、晉の賢人。韓起と交際していた（『春秋左氏傳』襄公 傳七年）。

（一四）穆子は、ここでは韓無忌。韓厥の嫡長子。不治の病に罹って嫡子の座を辞退し、韓起が代わって韓厥の後を嗣いだ（『春秋左氏傳』襄公 傳七年）。

（一五）『春秋左氏傳』襄公 傳七年に、「十月、晉韓獻子告老、公族穆子有廢疾、將立之。……無忌不才、讓其可乎。請立起也。與田蘇游、而曰好仁。……立之。不亦可乎」とある記述を踏まえる。

（一六）『論語』里仁篇に、「子曰、父母在、子不遠遊、遊必有方」とある記述を踏まえた表現である。

［現代語訳］

尹默傳

尹默《いんもく》は字を思潜《しせん》といい、益州梓潼《しとう》郡涪《ふ》縣の人である。益州は多く今文學《きんぶんがく》を尊重して（訓詁を主とする古文學系の）章句《しょうく》の學を重視しなかった。尹默はそれが博くないことを知って、そこで遠く荊州に遊学し、司馬徳操《しばとくそう》（司馬徽）・宋仲子《そうちゅうし》（宋忠）たちから古文學を受けた。みな多くの經史に通じた。また『春秋左氏傳』に精通し、劉歆《りゅうきん》の（伝えた）條例《じょうれい》から、鄭衆《ていしゅう》・（賈徽と）賈逵《かき》の父子・陳元《ちんげん》・服虔《ふくけん》の注説まで、みなほぼ暗唱して、書籍を調べる必要がなかった。先主が益州を定め益州牧を兼ねると、（尹默を）勸學從事《かんがくじゅうじ》とした。皇太子を立てるに及び、尹默を太子僕《たいしぼく》とし、『春秋左氏傳』を後主に授けさせた。後主が即位すると、諫議大夫《かんぎたいふ》を拝命した。丞相の諸葛亮が漢中に駐屯すると、要請して軍祭酒《ぐんさいしゅ》とした。諸葛亮が卒すると、成都に帰り、太中大夫《たいちゅうたいふ》を拝命して、卒した。子の尹宗《いんそう》は父の学問を伝え、博士となった［一］。

［裴松之注］

［一］宋仲子（宋忠）は後に曹魏に仕えた。『魏略《ぎりゃく》』に、「宋忠の子は魏諷《ぎふう》と共に謀反し、誅殺された。魏の王太子《おうたいし》（曹丕）は王朗《おうろう》の書簡に答えて、「むかし石厚《せきこう》は州吁《しゅうく》と共に遊び、父の石碏《せきさく》は（我が子が）その乱に関与していることを知った。韓子《かんし》（韓起）は田蘇《でんそ》と親しみ、穆子《ぼくし》（韓無忌）はその仁を好むことを知った。このため君子は游ぶには必ず同じ場所であり、居るには必ず立派な士に就くものである。まことに理由のあることである。ああ、宋忠には石碏の先見の明は無く、老いてこの禍いにかかった。今となっては（大義に）親を滅しての（我が子の）誅殺を行い、純臣の節義を立てようと願ったとしても、どうしてできようか」と言った」とある。

【原文】

李譔傳

李譔字欽仲、梓潼涪人也。父仁、字德賢、與同縣尹默、俱游荊州、從司馬徽・宋忠等學。譔具傳其業、又從默講論義理、五經・諸子、無不該覽。加博好技藝、算術・卜數・醫藥・弓弩・機械之巧、皆致思焉。始爲州書佐、尙書令史。延熙元年、後主立太子、以譔爲庶子、遷爲僕。[1](射)轉中散大夫、右中郎將、猶侍太子。太子愛其多知、甚悅之。然體輕脫、好戲啁。故世不能重也。著古文易・尙書・毛詩・三禮・左氏傳・太玄指歸、皆依準賈・馬、異於鄭玄。與王氏殊隔、初不見其所述、而意歸多同。景耀中卒。時又有漢中陳術、字申伯。亦博學多聞、著釋問七篇・益部耆舊傳及志、位歷三郡太守。

〔校勘〕

1．中華書局本により「射」の一字を省く。

《訓読》

李譔傳

李譔 字は欽仲、梓潼涪の人なり。父の仁、字は德賢、同縣の尹默と與に、倶に荊州に游び、司馬徽・宋忠らに從ひて學ぶ。譔 具さに其の業を傳へ、又 默に從ひ義理を講論せられ、五經・諸子、該覽せざるは無し。加へて博く技藝を好み、算術・卜數・醫藥・弓弩・機械の巧、皆 思ひを致す。始め州書佐、尙書令史と爲る。延熙元年、後主 太子を立つるや、譔を以て庶子と爲し、遷して僕と爲す。中散大夫(一)、右中郎將に轉ずるも、猶ほ太子に侍る。太子 其の多知なるを愛し、甚だ之を悅ぶ。然れども體は輕脫にして、戲啁を好む。故に世に重ぜらる能はざるなり。古文の易・尙書・毛詩・三禮・左氏傳(三)・太玄の指歸(二)を著すに、皆 準を賈・馬に依り、鄭玄に異なる。王氏と殊に隔たり、初め其の述ぶる所を見ざるも、而も意歸 多く同じ。景耀中に卒す。時に又 漢中の陳術(四)、字は申伯なるもの有り。亦た博學 多聞にして、釋問七篇・益部耆舊傳及び志を著し、位は三郡の太守を歷す。

（補注）

（一）中散大夫は、官名。天子の補佐官であり、一定の職責を持たず、下問への回答や郡國への使者など、状況に応じて任務を与えられる。定員は無く、光祿勳に屬し、官秩は六百石（『後漢書』志二十五 百官二）。

（二）指歸は、解釈書。『三國志集解』によれば、『經典釋文』敍錄に、「梓潼李欽仲、著左氏指歸」とあり、字の「欽仲」は、『華陽國志』とも同様であるという。

（三）王氏は、ここでは王肅。司馬懿・宋忠らの荊州學の影響を受けながら、反鄭玄の經學体系をつくりあげた。渡邉義浩「王肅の祭天思想」（『中国文化―研究と教育』六六、二〇〇八年、『西晉「儒教国家」と貴族制』汲古書院、二〇一〇年に所収）を参照。

（四）陳術は、益州漢中郡の人。字は申伯。新城・魏興・上庸の太守を歴任した（『華陽國志』巻十一）。

［現代語訳］

李譔傳

李譔《りそん》は字を欽仲《きんちゅう》といい、益州《えきしゅう》梓潼郡《しとうぐん》涪縣《ふけん》の人である。父の李仁《りじん》は、字を德賢《とくけん》といい、同縣の尹默《いんもく》と共に、一緒に荊州に游学し、司馬徽《しばき》や宋忠《そうちゅう》たちに従って学んだ。李譔は詳しく父の学問を伝え、また尹默に従って義理を講論されて、五經と諸子（の書籍）で、精密に読まないものはなかった。加えて広く技術や六藝を好み、算術・卜數《ぼくすう》・醫藥・弓弩《きゅうど》・機械のからくりまで、みな考えをめぐらせた。初め州《しゅう》書佐《しょさ》、尙書令史《しょうしょれいし》となった。延熙《えんき》元（二三八）年、後主が皇太子（劉璿）を立てると、李譔を太子庶子《たいししょし》とし、遷して太子僕《たいしぼく》とした。中散《ちゅうさん》大夫《たいふ》、右中郎將《ゆうちゅうろうしょう》に転じたが、なお皇太子に近侍した。皇太子は李譔の知識の多いことを愛し、たいへんこれを喜んだ。しかし（李譔は）元来軽薄で、ふざけることを好んだ。このため世に重じられなかった。古文の『周易《しゅうえき》』・『尙書《しょうしょ》』・『毛詩《もうし》』・「三禮《さんらい》」・『春秋左氏傳《しゅんじゅうさしでん》』・『太玄經《たいげんきょう》』の「指歸《しき》」を著したが、みな基準を賈逵《かき》と馬融《ばゆう》に取り、鄭玄《じょうげん》とは異なっていた。王肅とは離れており、最初から王肅の述べるところを見ていないが、それでも解釈や結論は多く同じであった。景耀《けいよう》年間（二五八～二六三年）に卒した。このときにまた漢中《かんちゅう》郡の陳術《ちんじゅつ》、字は申伯《しんはく》というものがいた。また博学多識で、『釋問《しゃくもん》』七篇・『益部耆舊傳《えきぶききゅうでん》』および『益部耆舊志《えきぶききゅうし》』を著し、官位は三郡の太守を歴任した。

【原文】

譙周傳

譙周字允南、巴西西充國人也。父岍、字榮始、治尚書、兼通諸經及圖・緯。州郡辟請、皆不應、州就假師友從事。周幼孤、與母兄同居。既長、耽古篤學、家貧未嘗問產業、誦讀典籍、欣然獨笑、以忘寢食。研精六經、尤善書札。頗曉天文、而不以留意。諸子文章、非心所存、不悉徧視也。身長八尺、體貌素朴、性推誠不飾、無造次辯論之才、然潛識內敏。

《訓読》

譙周傳

譙周 字は允南、巴西西充國の人なり。父の岍(一)、字は榮始、尙書を治め、諸經及《と》圖・緯に兼通す。州郡 辟請するも、皆 應ぜず、州 就きて師友從事を假す。周 幼くして孤なれば、母の兄と與に居を同じくす。既に長じて、古に耽《たのし》みて學に篤く、家 貧なれど未だ嘗て產業を問はず、典籍を誦讀し、欣然として獨り笑ひ、以て寢食を忘る。六經を研精し、尤も書札に善し。頗る天文に曉らかなるも、以て意に留めず。諸子の文章は、心の存する所に非ざれば、悉くは偏視せざるなり。身の長《たけ》八尺、體貌は素朴にして、性は誠を推して飾らず、造次に辯論するの才無くも、然れども識を潛め內に敏し。

（補注）

（一）岍は、音未詳。淸の吳任臣の『字彙補』には、「音未詳、人名」として、譙周傳を挙げる。

［現代語訳］

譙周《しょうしゅう》は字を允南《いんなん》といい、益州巴西郡西充國縣《えきしゅうはせいせいじゅうこく》（四川省南充市）の人である。父の譙岍は、字を榮始《えいし》といい、『尙書《しょうしょ》』を修め、諸經と河圖・緯書に兼ね通じた。州と郡は辟召したが、みな応ぜず、州は（譙岍の家に）行って師友從事《しゆうじゅうじ》を与えた。譙周は幼くして父を失ったので、母の兄と一緒に暮らした。成長したのちには、古《いにしえ》を楽しんで学問に精を出し、家は貧しかったがいまだかつて経営を問題にしたことはなく、典籍を朗誦し、うれしそうに一人で笑い、寝食を忘れるほどであった。六經《りくけい》を研鑽し、とりわけ書簡に巧みであった。たいへん天文に明らかであったが、（その異変を）意に留めることはなかった。諸子百家の文章は、関心から逸《はず》れていたので、すべてあまねく見たわけではない。身長は八尺、風貌は素朴で、性格は誠実で飾らず、とっさに弁論する才は無かったが、見識を秘め明敏な頭脳を持っていた。

【原文】

建興中、丞相亮領益州牧、命周爲勸學從事［一］。亮卒於敵庭、周在家聞問、卽便奔赴。尋有詔書禁斷、惟周以速行得達。大將軍蔣琬領刺史、徙爲典學從事、總州之學者。

[裴松之注]

[一] 蜀記曰、周初見亮、左右皆笑。既出、有司請推笑者。亮曰、孤尚不能忍、況左右乎。

《訓読》

建興中、丞相の亮 益州牧を領するや、周に命じて勸學從事と爲す[一]。亮 敵庭に卒し、周 家に在りて問《もん》を聞き、卽便《ただち》に奔り赴く。尋いで詔書有りて禁斷するも、惟だ周のみ速やかに行くを以て達するを得たり。大將軍の蔣琬 刺史を領するや、徙して典學從事(一)と爲し、州の學者を總べしむ。

[裴松之注]

[一] 蜀記に曰く、「周 初めて亮に見ゆるや、左右 皆 笑ふ。既に出で、有司 笑ふ者を推《せ》めんと請ふ。亮曰く、「孤すら尚ほ忍ぶ能はず、況んや左右をや」と」と。

(補注)

(一) 典學從事は、官名。州の屬官。州の学者を総括した。

[現代語訳]

建興《けんこう》年間（二二三～二三七年）、丞相の諸葛亮が益州牧《えきしゅうぼく》を兼任すると、譙周に命じて勸學從事《かんがくじゅうじ》とした[一]。諸葛亮が敵の領内（の五丈原）で卒し、譙周は家でその知らせを聞くと、即座に（五丈原に弔問に）走り赴いた。やがて詔書があり（弔問にいくことを）禁止したが、ただ譙周だけは速やかに行ったことで到達することができた。大將軍の蔣琬《しょうえん》は益州刺史《えきしゅうしし》を兼任すると、遷して典學從事《てんがくじゅうじ》として、州の学者を総括させた。

[裴松之注]

[一]『蜀記《しょくき》』に、「譙周がはじめて諸葛亮に会ったとき、（その様子を見て）左右の者はみな笑った。（譙周が）退出すると、所管の役人は笑った者の処分を求めた。諸葛亮は、「孤《わたし》ですらがまんできなかったのだから、まして左右の者は仕方あるまい」と言った」とある。

【原文】

後主立太子、以周爲僕、轉家令。時後主頗出游觀、增廣聲樂。周上疏諫曰、昔王莽之敗、豪傑並起、跨州據郡、欲弄神器。於是賢才・智士、思望所歸、未必以其勢之廣狹、惟其德之薄厚也。是故於時、更始・公孫述及諸有大衆者、多已廣大、然莫不快情恣欲、怠於爲善、游獵飲食、不恤民物。世祖初入河北、馮異等勸之曰、當行人所不能爲。遂務理冤獄、節儉飲食、動遵法度。故北州歌歎、聲布四遠。於是鄧禹自南陽追之、吳漢・寇恂未識世祖、遙聞德行、遂以權計擧漁陽・上谷突騎、迎于廣阿。其餘望風慕德者邳彤・耿純・劉植之徒、至于輿病齎棺、繈負而至者、不可勝數。故能以弱爲彊、屠王郎、呑銅馬、折赤眉而成帝業也。及在洛陽、嘗欲小出、車駕已御、銚期諫曰、天下未寧、臣誠不願陛下細行數出。卽時還車。及征隗囂、潁川盜起。世祖還洛陽、但遣寇恂往。恂曰、潁川以陛下遠征、故姦猾起叛。未知陛下還、恐不時降。陛下自臨、潁川賊必卽降。遂至潁川、竟如恂言。故非急務、欲小出不敢、至於急務、欲自安不爲。故帝者之欲善也如此。故傳曰、百姓不徒附。誠以德先之也。今漢遭厄運、天下三分、雄哲之士、思望之時也。陛下天姿至孝、喪踰三年、言及隕涕、雖曾・閔不過也。敬賢任才、使之盡力、有踰成・康。故國内和一、大小勠力、臣所不能陳。然臣不勝大願、願復廣人所不能者。夫輓大重者、其用力苦不衆。拔大艱者、其善術苦不廣。且承事宗廟者、非徒求福祐、所以率民尊上也。至於四時之祀、或有不臨、池苑之觀、或有仍出。臣之愚滯、私不自安。夫憂責在身者、不暇盡樂。先帝之志、堂構未成、誠非盡樂之時。願省減樂官・後宮所增造、但奉脩先帝所施、下爲子孫節儉之教。徙爲中散大夫、猶侍太子。

《訓讀》

後主 太子を立つるや、周を以て僕と爲し、家令に轉ぜしむ。時に後主 頗る出でて游觀し、聲樂を增廣す。周 上疏して諫めて曰く、「昔 王莽の敗るるや、豪傑 並びに起り、州に跨がり郡に據り、神器を弄ばんと欲す。是に於て賢才・智士、歸する所を思ひ望むも、未だ必ずしも其の勢の廣狹を以てせず、其の德の薄厚を惟《おも》ふなり。是の故に時に於て、更始・公孫述及び諸〻の大衆を有する者は、多く已に廣大なるも、然れども情を快くし欲を恣《ほしいまま》にせざるは莫く、善を爲すに怠り、游獵し飲食して、民物を恤まず。世祖 初めて河北に入るや、馮異（一）ら之に勸めて曰く、「當に人の爲す能はざる所を行ふべし」と。遂て務めて冤獄を理《をさ》め、飲食を節儉し、動きは法度に遵ふ。故に北州 歌歎し、聲は四遠に布く。是に於て鄧禹は南陽より之を追ひ、吳漢・寇恂（二）は未だ世祖を識らざるも、遙かに德行を聞き、遂て權計を以て漁陽・上谷の突騎（三）を擧げて、廣阿に迎ふ。其の餘 風を望み德を慕ふ者なる邳彤（四）・耿純・劉植（五）の徒、病を輿《の》せ棺を齎し、繈負して至る者、勝げて數ふ可からざるに至る。故に能く弱を以て彊と爲り、王郎（六）を屠り、銅馬（七）を呑み、赤眉（八）を折《くじ》きて帝業を成すなり。洛陽に在るに及び、嘗て小出せんと欲し、車駕 已に御すも、銚期（九） 諫めて曰く、「天下 未だ寧らかざれば、臣 誠に陛下の細行して數〻出づるを願はず」と。卽時に車を還す。隗囂を征するに及びて、潁川の盜 起こる。世祖 洛陽に還り、但だ寇恂を遣はして往かしむ。恂曰く、「潁川 陛下の遠征するを以て、故に姦猾 叛を起こす。未だ陛下の還るを知らざれば、恐らくは時に降らず。陛下 自ら臨まば、潁川の賊 必ず卽ちに降らん」と。遂て潁川に至り、竟に恂が言の如し。故に急務に非ずんば、小出せんと欲するも敢へてせず、急務に至らば、自安せんと欲するも爲さず。故《もと》より帝者の善を欲するや此の如し。故に傳に曰く、「百姓 徒らに附せず」と。誠に德を以て之に先だつ。今 漢は厄運に遭ひ、天下は三分し、雄哲の士、思望の時なり。陛下は天姿 至孝にして、喪は三年を踰え、言は涕を隕すに及び、曾（一〇）・閔（一一）と雖も過ぎざるなり。賢を敬し才を任じ、之をして力を盡くさしむるは、成・康（一二）を踰ゆる有り。故に國内は一に和し、大小は力を勠はせ、臣 陳ぶる能はざる所なり。然れども臣 大願に勝へず、願はくは復た人の能はざる所の者を廣げんことを。夫れ大重を輓く者は、其の力を用ふること衆《おほ》からざるに苦しむ。大艱を抜く者は、其の善術の廣からざるに苦しむ。且つ事を宗廟に承くる者、徒らに福祐を求むるに非ざるは、民を率ゐて上を尊ぶ所以なり。四時の祀に至りては、或いは臨まざること有るに、池苑の觀には、或いは仍《しき》りに出づること有り。臣の愚滯なる、私かに自ら安んぜず。夫れ憂責 身に在る者は、樂を盡くすに暇あらず。先帝の志、堂構 未だ成らざれば、誠に樂を盡くすの時に非ざるなり。願はくは樂官・後宮の增し造る所を省き減らし、但だ先帝の施す所を奉脩し、下は子孫が節儉の教と爲さん」と。徙りて中散大夫と爲るも、猶ほ太子に侍る。

(補注)

(一) 馮異は、潁川郡父城縣の人、字を公孫。雲臺二十八將の一人。劉秀が司隸校尉として洛陽に入城した際に帰参。『孫子』に通じ、多くの戦功をあげたが誇ることなく、諸將が功績自慢を始めると、樹下に身を避けて語らないので「大樹將軍」と称された。建武十（三四）年、隗純・公孫述軍と天水で対陣し、その最中に病没した。征西大將軍、陽夏侯（『後漢書』列傳七 馮異傳）。

(二) 寇恂は、上谷郡昌平縣の人、字を子翼。雲臺二十八將の一人。上谷郡の著姓。耿況とともに光武帝に帰順。士大夫として名声が高く、關中における鄧禹の役割を河北で担った。將より相としての働きが大きい。執金吾、雍奴侯（『後漢書』列傳六 寇恂傳）。

(三) 突騎は、敵中に突き入る精鋭騎兵。漁陽・上谷の突騎は、騎馬民族の烏桓を吸収した勇猛な騎兵として知られていた。劉秀軍の強さはこれに負う（『後漢書』列傳八 吳漢傳）。

(四) 邳肜は、邳肜。信都郡の人、字を偉君。雲臺二十八將の一人。初め王莽の和成卒正（鉅鹿太守）、のち劉秀の河北攻略の際に帰順。王郎の挙兵に応ぜず、鉅鹿城を守り通し、信都太守の任光らに合流。以降、親征の際は常に劉秀の左右に付き従った。太常、靈壽侯（『後漢書』列傳十一 邳肜傳）。

(五) 劉植は、鉅鹿郡昌城縣の人、字を伯先。雲臺二十八將の一人。王郎の挙兵に際し、宗族・賓客を率いて昌城縣を守り、劉秀に合流。王郎に従っていた眞定王の劉揚（郭皇后の叔父）を説得し、十万余の兵とともに劉秀側に寝返らせた。のち、密縣の賊を討ち、陣没。驍騎將軍、昌成侯（『後漢書』列傳十一 劉植傳）。

(六) 王郎は、卜者。成帝の子である劉子輿と称し、劉秀の河北徇撫の際に挙兵。河北の諸州を従え、邯鄲を中心に一大勢力を作り上げた。時に劉秀を窮地に追い込んだが、のち再び勢力を盛り返した劉秀軍によって討伐された（『後漢書』列傳十二 彭寵傳）。

(七) 銅馬は、王莽末期の反乱集団。更始二（二四）年には、河北の鉅鹿郡・清河郡で活動した。頭領は東山の荒禿・上淮の況ら。木村正雄『中国古代農民反乱の研究』（東京大学出版会、一九七九年）を参照。

(八) 赤眉は、王莽末年に蜂起した武装集団。識別のために眉を赤く塗った。首領は樊崇。東海國・琅邪郡を中心に勢力をのばし、王莽の軍と戦い、のちに洛陽の更始帝に降る。しばらくして反旗を翻すと、劉盆子を立てて更始帝を殺害。長安に籠もるが、建武三（二七）年、光武帝に降伏した（『後漢書』列傳一 劉盆子傳）。

(九) 銚期は、潁川郡郟縣の人、字は次況。雲臺二十八將の一人。劉秀に潁川郡で辟召され、赤眉との戦いに活躍した。衞尉、安成侯（『後漢書』列傳十 銚期傳）。

（一〇）曾は、曾子。南武城の人、名は參、字は子輿。春秋時代の思想家。孔子の弟子として孝道に通じ、『孝經』を著したと伝えられる。林秀一『孝經』（明徳出版社、一九七九年）を参照。

（一一）閔は、閔損。字は子騫。孔子の弟子で、孔子より十五歳年下。孝行で知られ、『論語』先進篇には、「孝なるかな閔子騫」という孔子の言葉が伝わる（『史記』巻六十七 仲尼弟子列傳）。

（一二）康は、康王。西周第三代の王。成王の子。成王の遺命を受けた召公・畢公に輔佐され、文王・武王の事業をさらに発展させて、天下を安定させた（『史記』巻四 周本紀）。

［現代語訳］

後主は皇太子を立てると、譙周を太子僕《たいしぼく》とし、太子家令《たいしかれい》に転任させた。そのとき後主はひんぱんに遊覧に出かけ、（宮中の）歌手や楽団を増員した。譙周は上疏して諫めて、「むかし王莽《おうもう》が敗退しますと、豪傑が並び起こり、州を越え郡に拠り、（天子の地位の象徴である）神器を弄ぼうとしました。ここにおいて賢才と智士は、帰順する勢力を思い望みましたが、（その基準は）必ずしもその勢力の大小ではなく、その徳の厚いか薄いかを考えました。このためその時には、更始《こうし》帝《てい》や公孫述《こうそんじゅつ》およびもろもろの大軍を持つ者は、多くすでに広大な勢力でしたが、しかし快楽のまま欲望をほしいままにしないものはなく、善をなすことを怠《おこた》り、狩猟や宴会に明け暮れ、民を哀れみませんでした。世祖光武帝《せいそこうぶてい》がはじめて河北に入ると、馮異《ふうい》たちは光武帝に勧めて、「人のできないことをすべきです」と言いました。そこで（光武帝は）冤罪の者を再審理し、飲食を倹約し、法令規則に従って行動しました。このため北部の州は（光武帝の徳を）歌い感嘆して、その名声は四方に行き渡りました。こうして鄧禹《とうう》は南陽《なんよう》郡から（光武帝を慕って）追いかけ、呉漢《ごかん》と寇恂《こうじゅん》は世祖と面識がないのに、遥かに徳行を聞いて、そうして権謀を用いて漁陽《ぎょよう》郡（北京市密雲の南西）・上谷《じょうこく》郡（河北省懐来の南東）の突騎《とっき》を挙げて、廣阿《こうあ》縣（河北省隆平県）に（光武帝を）迎えました。そのほか（光武帝の）評判を聞き徳を慕った者である邳彤《ひゆう》・耿純《こうじゅん》・劉植《りゅうしょく》といった人々、病身を車に載せ棺《かんおけ》を携え、子どもを背にして至る者など、数えきれない人々が（光武帝のもとに）至りました。このために弱者から強者となり、王郎《おうろう》を滅ぼし、銅馬《どうば》を呑み込み、赤眉《せきび》を屈伏させて帝業を成し遂げたのです。（光武帝が）洛陽《らくよう》に居るとき、少し外出しようとして、車駕にすでに整っているのに、銚期《ちょうき》は諫めて、「天下はいまだ安寧ではないので、臣《わたくし》は陛下がお忍びでしばしば外出することを願いません」と言いました。（すると光武帝は）即座に車を戻しました。隗囂《かいごう》を征討すると、潁川《えいせん》郡で盗賊が蜂起しました。世祖は洛陽に帰還すると、ただ寇恂を派遣して（潁川郡に）行かせようとしました。寇恂は、「潁川郡は陛下が遠征したので、悪い輩が反乱を起こしました。まだ陛下が帰還していることを知らなければ、恐らくすぐには降伏しないでしょう。陛下が自ら行かれれば、潁川郡の賊は必ず直ちに降伏します」と言いました。こうして（光武帝が）潁川郡に至ると、寇恂の言葉の通りになりました。このため（光武帝は）急務でなければ、少し外出しようと思ってもあえてせず、急務であれば、動かずにいようと思っても出かけました。もとより皇帝が善を思うことはこのようなものなのです。ですから言い伝えにも、「人々はただ附き従うことはない」というのです。まことに徳を用いることを従わせることより先にすべきなのです。いま漢は厄運にめぐりあわせ、天下は三分し、英雄や明哲の士は、（帰順すべき方を）思い望んでいる時です。陛下は天性より至孝であられ、喪は三年を越え、言葉を聞くと涙を落とし、曾《そう》子《し》や閔損《びんそん》といっても（陛下を）越えるものではありません。賢才を尊敬して任命し、かれらに力を尽くさせることは、（周の）成王《せいおう》や康王《こうおう》を越えております。このため国内は一つにまとまり、大小の者は力をあわせ、臣が申し上げることはございません。それでも臣は大願もだしがたく、どうかまた（光武帝のように）人のできないことにまで広げて欲しいと思っております。そもそも重い荷車を輓《ひ》くものは、その力の用い方が多くないことに苦しむものです。大きい困難から脱却するものは、その良い方法が広くないことに苦しむものです。しかも大事を宗廟に承け（天子となっ）た御方が、たんに幸福を求めるだけではないのは、民を率いて天を尊ぶ必要があるためなのです。四時の祭祀には、臨席されないことがあるのに、池苑の遊覧には、しきりに出席されておられます。臣は愚かであり、密かに自分で安心することができません。そもそも心配や責任を身に持つ者は、歓楽を尽くす暇《いとま》はありません。先帝の志は、まだ形になっておりませんので、まことに歓楽を尽くす時ではございません。どうか樂官《がくかん》や後宮《こうきゅう》を増やし造ることは省《はぶ》き減らし、ただ先帝の作られたものを継承して、後世の子孫への節約の教えとされますように」と言った。（官を）遷って中《ちゅう》散大夫《さんたいふ》となったが、なお皇太子（の劉璿）に侍った。

【原文】

　于時軍旅數出、百姓彫瘁、周與尚書令陳祇、論其利害、退而書之、謂之仇國論。其辭曰、因餘之國小、而肇建之國大。並爭於世而爲仇敵。因餘之國有高賢卿者、問於伏愚子曰、今國事未定、上下勞心。往古之事、能以弱勝彊者、其術何如。伏愚子曰、吾聞之、處大無患者恆多慢、處小有憂者恆思善。多慢則生亂、思善則生治、理之常也。故周文養民、以少取多、勾踐卹衆、以弱斃彊、此其術也。賢卿曰、曩者項彊漢弱、相與戰爭、無日寧息。然項羽與漢約、分鴻溝爲界、各欲歸息民。張良以爲、民志既定、則難動也。尋帥追羽、終斃項氏。豈必由文王之事乎。肇建之國、方有疾疢、我因其隙、陷其邊陲、覬增其疾而斃之也。伏愚子曰、當殷・周之際、王侯世尊、君臣久固、民習所專。深根者難拔、據固者難遷。當此之時、雖漢祖安能杖劍鞭馬而取天下乎。當秦罷侯置守之後、民疲秦役、天下土崩、或歲改主、或月易公、鳥驚獸駭、莫知所從。於是豪彊並爭、虎裂狼分、疾博者獲多、遲後者見呑。今我與肇建皆傳國易世矣。既非秦末鼎沸之時、實有六國並據之勢。故可爲文王、難爲漢祖。夫民疲勞則騷擾之兆生、上慢下暴則瓦解之形起。諺曰、射幸數跌、不如審發。是故智者不爲小利移目、不爲意似改步。時可而後動、數合而後擧。故湯・武之師、不再戰而克、誠重民勞而度時審也。如遂極武黷征、土崩勢生、不幸遇難、雖有智者、將不能謀之矣。若乃奇變縱横、出入無間、衝波截轍、超谷越山、不由舟楫而濟盟津者、我愚子也、實所不及。

　後遷光祿大夫、位亞九列。周雖不與政事、以儒行見禮、時訪大議、輒據經以對。而後生好事者、亦咨問所疑焉。

《訓読》

時に于て軍旅 數〻出だされ、百姓 彫瘁すれば、周 尚書令の陳祇と與に、其の利害を論じ、退きて之を書き、之を仇國論と謂ふ。其の辭に曰く、「因餘の國(一)は小なるも、而も肇建の國(二)は大なり。並びて世に爭ひて仇敵と爲る。因餘の國に高賢卿(三)なる者有り、伏愚子(四)に問ひて曰く、「今 國事 未だ定まらず、上下は心を勞す。往古の事、能く弱を以て彊に勝つ者、其の術は何如」と。伏愚子曰く、「吾 之を聞く、大に處りて患ひ無き者は恆に慢《あなどり》多く、小に處りて憂ひ有る者は恆に善を思ふ。慢多ければ則ち亂を生じ、善を思はば則ち治を生ずるは、理の常なり。故に周文 民を養ひ、少を以て多を取り、勾踐(五) 衆を卹《あはれ》み、弱を以て彊を斃《たお》す、此れ其の術なり」と。賢卿曰く、「曩者《さきに》項は彊く漢は弱く、相 與に戰爭するに、日〻に寧息無し。然れども項羽 漢と與に約し、鴻溝より分ちて界と爲し、各〻歸りて民を息《いこ》はさんと欲す。張良 以爲へらく、民の志 既に定まれば、則ち動かし難きなりと。帥を尋いで羽を追ひ、終に項氏を斃す。豈に必ずしも文王の事に由らんや。肇建の國、方に疾疢有らば、我 其の隙に因り、其の邊陲を陷れ、其の疾を增して之を斃すを覬《ねが》ふなり」と。伏愚子曰く、「殷(六)・周の際に當たりて、王侯 世〻尊く、君臣 久しく固く、民は專にする所に習ふ。根を深くする者は拔き難く、固きに據る者は遷し難し。此の時に當たりては、漢祖と雖も安んぞ能く劍に杖つき馬に鞭うちて天下を取らんや。秦 侯を罷め守を置くの後に當たりて、民は秦の役に疲れ、天下 土崩し、或いは歲ごとに主を改め、或いは月ごとに公を易へ、鳥すら驚き獸だに駭き、從ふ所を知ること莫し。是に於て豪彊 並び爭ひ、虎裂し狼分して、疾く博き者は多きを獲、遲く後の者は呑せらる。今 我 肇建と與に皆 國を傳へ世を易ふ。既に秦末の鼎沸の時に非ず、實に六國の並據の勢に有り。故に文王と爲る可く、漢祖と爲り難し。夫れ民 疲勞するときは則ち騷擾の兆 生じ、上は慢《あなど》り下は暴《みだ》るるときは則ち瓦解の形 起こる。諺に曰く、「幸を射んとし數〻跌《つまづ》くは、審らかにし發するに如かず」と。是の故に智者は小利の爲に目を移さず、意似の爲に歩を改めず。時 可にして後に動き、數 合《かな》ひて後に擧ぐ。故に湯・武の師、再び戰はずして克つは、誠に民の勞を重んじて時を度ること審らかなればなり。如し遂《すす》みて武を極《いた》し征を黷《しばしばけが》さば、土崩の勢 生ず。不幸にして難に遇はば、智者有ると雖も、將《は》た之を謀る能はず。若乃《もし》奇變すること縱橫にして、出入するに間無く、波を衝き轍を截《た》ち、谷を超へ山を越へ、舟楫に由らずして盟津に濟る者は、我が愚子や、實に及ばざる所なり」と」と。

後に光祿大夫に遷り、位は九列に亞ぐ。周 政事に與らずと雖も、儒行を以て禮せられ、時に大議を訪《はか》るに、輒ち經に據りて以て對ふ。而して後生の好事者は、亦た疑ふ所を咨問す。

(補注)

(一) 因餘の國は、譙周の『仇國論』で設けられる架空の国。先人の余業を継承する国のことで、蜀漢を暗示する。

(二) 肇建の國は、譙周の『仇國論』で設けられる架空の国。始めて建てられた国のことで、曹魏を暗示する。

(三) 高賢卿は、譙周の『仇國論』に現れる架空の人物。曹魏への北伐を続ける姜維を暗示する。

(四) 伏愚子は、譙周の『仇國論』に現れる架空の人物。曹魏への北伐に反対する譙周の立場を代弁する。

(五) 勾踐は、春秋時代の越王。宿敵の関係にあった呉王闔閭を敗死させたが、その二年後、闔閭の遺命をうけた子の夫差に會稽山で敗れた。許されて帰国した勾踐は、腹心の范蠡らとともに會稽山の恥を忘れることなく力を養い、ついに呉を滅ぼした（『史記』巻四十一 越世家）。

（六）殷は、中国古代の王朝。三代（夏・殷・周）の一つ。はじめ、始祖の契が商の地に封ぜられたのに因み国号を商としたが、盤庚が殷の地（河南省安陽市付近）に遷都してからは殷と号した。初代の湯王から数えて二十八代、六百年以上にわたり、祭政一致の支配を行った。紂王が暴虐の限りを尽くして天下が乱れたため、周の武王に滅ぼされた（『史記』巻三 殷本紀）。

[現代語訳]

このとき軍隊がしばしば出され、人々が疲弊していたので、譙周は尚書令《しょうしょれい》の陳祗《ちんし》と一緒に、その利害を論じ、（宮中を）退いてこれを記述し、それを「仇國論《きゅうこくろん》」と呼んだ。その文辞には、「因餘《いんよ》の国は小さいが、肇建《ちょけん》の国は大きかった。並んで天下を争って仇敵となった。因餘の国に高賢卿《こうけんけい》というものがおり、伏愚子《ふくぐし》に尋ねて、「いま国家の大事は未だ定まっておらず、上も下も心を労しております。むかしの出来事で、弱により強に勝ったものは、どのような手段をとったのでしょうか」といった。伏愚子は、「わたしはこう聞いております、強大な立場におり憂いのないものは常に傲慢なことが多く、弱小な立場におり憂いのあるものは常に善を思うものであると。傲慢なことが多ければ乱を生じ、善を思えば治を生じることは、理数の常です。このため周の文王《ぶんおう》は民を養い、少数により多数を制し、（越王の）勾踐《こうせん》は衆を哀れんで、弱により強を倒しました、これがその手段です」と答えた。高賢卿は、「さきごろ項羽《こうう》は強く漢は弱く、互いに戦争をして、日々休息することはありませんでした。けれども項羽は漢と盟約して、鴻溝《こうこう》を（領地を）分ける境界とし、それぞれ帰って民を息わせようとしました。張良《ちょうりょう》は、民の志がすでに定まってしまえば、動かすことは難しいと思いました。（そこで）戦争を続けて項羽を追いかけ、遂に項羽を倒しました。どうして（弱が強を倒す手段が）文王の（民を養う）事例だけによりましょうか。肇建の国は、ちょうど弱点がありますので、わたしはその隙から、辺境を陥れ、弱点を広げてこれを倒すことを願っているのです」といった。伏愚子は、「殷《いん》と周《しゅう》の（交替の）際には、王侯は代々尊く、君臣は久しく（上下関係が）出来上がり、民は専ら（支配される自分の地位に）馴染んでおりました。根が深いものは抜きにくく、堅固に拠るものは移しにくいものです。このときであれば、漢の高祖劉邦《りゅうほう》であっても剣に杖《つえ》つき馬に鞭《むち》うって天下を取ることができたでしょうか。秦《しん》が諸侯を罷めて郡守を置いた後には、民が秦の労役に疲弊し、天下が土のように崩れ、あるいは歳ごとに君主を改め、あるいは月ごとに公を変え、鳥や獣すらも驚き、従う所を知りませんでした。ここにおいて豪傑は並びに争い、虎や狼が（獲物を）引き裂くように、速く広い者は多くのものを獲得し、遅く後からの者は併呑されたのです。（しかし）いまわたし（の国）は肇建（の国）と同じように国を伝え君主を変えております。（こうした情勢は）すでに秦末の鼎《かなえ》の沸きたつような時期とは異なり、まことに（戦國の）六國が並び立っているような情勢にあります。このため（民を養って弱から強になった）文王となるべきで、（戦いを続けて弱が強を倒した）漢の高祖となることは難しいのです。そもそも民が疲弊するときには騒乱の兆《きざ》しが生じ、上が傲慢で下が乱れているときには（国家に）瓦解の形が生まれます。（このため）諺《ことわざ》では、「まぐれ当たりを期待して射てたびたび失敗するよりは、詳しく調べてから射た方がよい」というのです。このために智者は小利のために目を移さず、よく似たもののために歩幅を変えることはありません。時期がよくなった後に動き、時運がめぐり来た後に行動を起こすのです。湯王《とうおう》・武王《ぶおう》の軍隊が、二度と戦うことなく勝利をおさめたのは、まことに民の疲労を重く見て時を図ることが慎重であったためなのです。もし進んで武を行い征伐を何回もけがせば、土のように崩れる情勢が生じます。不幸にも危難に遭遇すれば、智者がいても、もはやこれを謀ることはできません。もし奇策を縦横にめぐらし、（軍を）出し入れするのに絶え間がなく、（前の軍のため、まだゆれている）波を衝いて（軍を出し、前の軍の）轍《わだち》を断って（軍を出し）、谷を超え山を越え、舟に乗らずに盟津《めいしん》をわたるような（冒険を犯す）ことは、愚かなわたしには、まことに（考えが）及ばないところであります」と言った」とある。

のちに光禄大夫《こうろくたいふ》に遷り、位は九卿《きゅうけい》に次いだ。譙周は政事に関わらなかったが、儒教と（それに基づく）行動によって礼遇され、時に（国家の）大問題を諮問すると、そのたびに經典に依拠して答えた。そして後進の知的関心の深い者は、また疑問点を尋ねた。

【原文】

景耀六年冬、魏大將軍鄧艾克江由、長驅而前。而蜀本謂敵不便至、不作城守調度。及聞艾已入陰平、百姓擾擾、皆迸山野、不可禁制。後主使羣臣會議、計無所出。或以爲、蜀之與吳、本爲和國、宜可奔吳。或以爲、南中七郡、阻險斗絕、易以自守、宜可奔南。惟周以爲、自古已來、無寄他國爲天子者也。今若入吳、固當臣服。且政理不殊、則大能呑小、此數之自然也。由此言之、則魏能幷吳、吳不能幷魏明矣。等爲小稱臣、孰與爲大。再辱之恥、何與一辱。且若欲奔南、則當早爲之計。然後可果。今大敵以近、禍敗將及。羣小之心、無一可保。恐發足之日、其變不測。何至南之有乎。羣臣或難周曰、今艾以不遠、恐不受降、如之何。周曰、方今東吳未賓。事勢不得不受。[1]〔之受〕〔受之〕之後、不得不禮。若陛下降魏、魏不裂土以封陛下者、周請身詣京都、以古義爭之。衆人無以易周之理。

〔校勘〕

1．百衲本は「之受」に作るが、中華書局本により「受之」に改める。

《訓読》

景耀六年冬、魏の大將軍たる鄧艾 江由に克ち、長驅して前《すす》む。而るに蜀 本より敵 便ちに至らざると謂ひ、城守の調度を作らず。艾の已に陰平に入るを聞くに及び、百姓 擾擾とし、皆 山野に迸《はし》り、禁制す可からず。後主 羣臣をして會議せしむも、計の出づる所無し。或《あるもの》 以《い》爲へらく、「蜀の吳とは、本より和國爲《た》れば、宜しく吳に奔る可し」と。或《あるもの》 以《い》爲へらく、「南中の七郡は、阻險斗絕して、以て自づから守り易ければ、宜しく南に奔る可し」と。惟だ周のみ以爲へらく、「古より已來、他國に寄りて天子爲《た》る者無きなり。今 若し吳に入らば、固より當に臣服すべし。且つ政理 殊ならざれば、則ち大 能く小を呑むは、此れ數の自然なり。此れに由りて之を言へば、則ち魏は能く吳を幷はせ、吳は魏を幷はす能はざること明らかなり。小が爲に臣と稱すを等《はか》り、大の爲にすと孰與《いづれ》ぞ。再辱の恥は、一辱に何與《いづれ》ぞ。且つ若し南に奔らんと欲すれば、則ち當に早に之が爲に計るべし。然る後に果たす可し。今 大敵 近づくを以て、禍敗 將に及ばんとす。羣小の心、一に保つ可き無し。恐らくは足を發するの日、其の變 測らず。何ぞ南に至るの有らんや」と。羣臣 或いは周を難じて曰く、「今 艾 以て遠からざれば、恐らくは降を受けざらん、之を如何せん」と。周曰く、「方今《いま》 東吳 未だ賓《まつろ》はず。事勢として受けざるを得ず。之を受けるの後は、禮せざるを得ず。若し陛下 魏に降り、魏 土を裂きて以て陛下を封ぜずんば、周 請ふ身づから京都に詣り、古義を以て之を爭はん」と。衆人 以て周の理に易ふるもの無し。

(補注)

(一) 七郡は、ここでは越巂郡・朱提郡・牂牁郡・雲南郡・興古郡・建寧郡・永昌郡を指す。

[現代語訳]

景耀《けいよう》六(二六三)年冬、曹魏の大將軍である鄧艾《とうがい》が江由《こうゆう》縣を破り、長駆して進軍してきた。しかし蜀漢はもともと敵は直ちには至らないと思っており、城を守備する準備もしていなかった。鄧艾がすでに陰平《いんぺい》郡に入ったと聞くに及び、人々は騒然として、みな山野に逃げ、禁止できなかった。後主は群臣を集め議論させたが、良計が出ることはなかった。あるものは、「蜀漢と孫吳とは、本来同盟国ですので、吳に出奔すべきです」と言った。あるものは、「南中《なんちゅう》の七郡は、険阻で隔絶した土地で、もとより守り易いので、南中に出奔すべきです」と言った。ただ譙周だけは、「古《いにしえ》よりこのかた、他国に身を寄せて天子であった者はおりません。今もし吳に入れば、当然(孫吳の天子に)臣従すべきです。かつ政治の正しさが異ならなければ、大国が小国を併呑するのは、理の自然です。こうしたことから言えば、曹魏が孫吳を併呑でき、孫吳が曹魏を併呑できないのは明らかです。小国のために臣と称そうとするのは、大国のためとどちらがよいでしょう。再び辱《はずかし》められる恥は、一度の辱めとどちらがよいでしょう。またもし南中に出奔しようと考えるのであれば、早くからそのために計画をしておくべきでした。そののちに(南中への出奔は)果たすことができます。いま大敵が近づき、災禍が及ぼうとしております。小人たちの心は、一つに保つことはできません。おそらく(南中に)出発する日には、何の変事があるか予測できません。どうして南中に至れるでしょう」と言った。群臣のなかには譙周を批判して、「いま鄧艾は遠くないところまで来ており、おそらく降伏を受けないでしょう、(その場合は)どうするのでしょう」というものもあった。譙周は、「いま孫吳は未だ(曹魏に)服従していません。情勢として(曹魏は蜀漢の降伏を)受けないわけにはいきますまい。降伏を受けた後には、礼遇せざるを得ません。もし陛下が曹魏に降り、曹魏が土地を割いて陛下を封建しなければ、周《わたくし》が自身で京都《みやこ》に至り、古の義により封建するよう諫争いたします」と言った。譙周の議論の正しさを動かせる者はなかった。

【原文】

後主猶疑於入南。周上疏曰、或說陛下、以北兵深入、有欲適南之計。臣愚以爲不安。何者、南方遠夷之地、平常無所供爲、猶數反叛、自丞相亮南征、兵勢偪之、窮乃幸從。是後供出官賦、取以給兵、以爲愁怨。

此患國之人也。今以窮迫、欲往依恃、恐必復反叛、一也。北兵之來、非但取蜀而已、若奔南方、必因人勢衰、及時赴追、二也。若至南方、外當拒敵、內供服御、費用張廣、他無所取、耗損諸夷必甚。甚必速叛、三也。昔王郎以邯鄲僭號、時世祖在信都、畏偪於郎、欲棄還關中。邳彤諫曰、明公西還、則邯鄲城民不肯捐父母、背城主、而千里送公。其亡叛可必也。世祖從之、遂破邯鄲。今北兵至、陛下南行、誠恐邳彤之言復信於今、四也。願陛下早爲之圖、可獲爵土。若遂適南、勢窮乃服、其禍必深。易曰、亢之爲言、知得而不知喪、知存而不知亡。知得失存亡而不失其正者、其惟聖人乎。言聖人知命而不苟必也。故堯・舜以子不善、知天有授、而求授人。子雖不肖、禍尚未萌。而迎授與人、況禍以至乎。故微子以殷王之昆、面縛銜璧而歸武王。豈所樂哉、不得已也。於是遂從周策。劉氏無虞、一邦蒙賴、周之謀也[一]。

[裴松之注]

[一] 孫綽評曰、譙周說後主降魏、可乎。曰、自爲天子而乞降請命、何恥之深乎。夫爲社稷死則死之、爲社稷亡則亡之。先君正魏之篡、不與同天矣。推過於其父、俛首而事讎、可謂苟存。豈大居正之道哉。孫盛曰、春秋之義、國君死社稷、卿・大夫死位。況稱天子而可辱於人乎。周謂萬乘之君、偷生苟免、亡禮希利、要冀微榮、惑矣。且以事勢言之、理有未盡。何者、禪雖庸主、實無桀・紂之酷、戰雖屢北、未有土崩之亂、縱不能君臣固守、背城借一、自可退次東鄙以思後圖。是時、羅憲以重兵據白帝、霍弋以強卒鎮夜郎。蜀土險狹、山水峻隔、絕巘・激湍、非步卒所涉。若悉取舟楫、保據江州、徵兵南中、乞師東國、如此則姜・廖五將、自然雲從、吳之三師、承命電赴。何投寄之無所而慮於必亡邪。魏師之來、褰國大擧。欲追則舟楫靡資、欲留則師老多虞。且屈伸有會、情勢代起、徐因思奮之民、以攻驕惰之卒、此越王所以敗闔閭、田單所以摧騎劫也。何爲匆匆遽自囚虜、下堅壁於敵人、致斫石之至恨哉。葛生有云、事之不濟則已耳、安能復爲之下。壯哉斯言、可以立懦夫之志矣。觀古燕・齊・荊・越之敗、或國覆主滅、或魚縣鳥竄、終能建功立事、康復社稷、豈曰天助、抑亦人謀也。向使懷苟存之計、納譙周之言、何邦基之能構、令名之可獲哉。禪既闇主、周實駑臣。方之申包・田單・范蠡・大夫種、不亦遠乎。

《訓読》

後主 猶ほ南に入らんと疑ふ。周 上疏して曰く、「或《あるもの》 陛下に説くに、北兵 深く入るを以て、南に適かんと欲するの計有りと。臣 愚以爲へらく安らがずと。何者《なんとなれば》、南方は遠夷の地にして、平常 供爲する所無くも、猶ほ數々反叛し、丞相の亮 南征して、兵勢もて之に偪りてより、窮まりて乃ち幸ひにも從ふ。是の後 官賦を供出し、取りて以て兵を給せしむれば、以て愁怨と爲す。此れ國を患ふの人なり。今 窮迫を以て、往きて依恃せんと欲すれば、恐らくは必ず復た反叛せん、一なり。北兵の來たるは、但だ蜀を取るのみに非ず、若し南方に奔らば、必ず人の勢 衰ふるに因り、及時に赴き追はん、二なり。若し南方に至り、外は當に敵を拒がんとし、內は服御を供ふれば、費用は張廣し、他に取る所無くんば、諸夷を耗損すること必ず甚だしき。甚だしかば必ず速かに叛す、三なり。昔 王郎 邯鄲を以て號を僭し、時に世祖 信都に在り、郎に偪らるるを畏れ、棄てて關中に還らんと欲す。邳肜 諫めて曰く、「明公 西に還らば、則ち邯鄲の城民 父母を捐て、城主に背きて、千里に公を送るを肯ぜず。其の亡叛するは必とす可きなり」と。世祖 之に從ひ、遂て邯鄲を破る。今 北兵 至り、陛下 南に行かば、誠に邳肜の言 復た今に信となるを恐る、四なり。願はくは陛下 早に之が爲に圖り、爵土を獲《う》可し。若し遂に南に適き、勢 窮まりて乃ち服さば、其の禍は必ず深し。易に曰く（一）、「亢の言爲るや、得るを知りて喪ふを知らず、存を知りて亡を知らず。得失存亡を知りて其の正を失はざる者は、其れ惟だ聖人のみか」と。言ふこころは聖人 命を知りて苟も必とせざるなり。故に堯・舜 子の不善を以て、天の授くる有るを知りて、求めて人に授く。子 不肖と雖も、禍は尙ほ未だ萌《きざ》さず。而るに迎へて人に授與すれば、況んや禍 以て至るや。故に微子 殷王の昆を以て、面縛し璧を銜へて武王に歸す。豈に樂しむ所ならんや、已むを得ざればなり」と。是に於て遂に周の策に從ふ。劉氏 虞れ無く、一邦 賴を蒙るは、周の謀なり[一]。

[裴松之注]

[一] 孫綽（二） 評して曰く、「譙周 後主に說きて魏に降るは、可なるか。曰く、「自ら天子爲《た》りて降を乞ひ命を請ふは、何ぞ恥の深きや。夫れ社稷の爲に死なば則ち之に死し、社稷の爲に亡《ほろ》ばば則ち之に亡びん。先君は魏の簒を正し、與に天を同じくせず。過ちを其の父に推し、首を俛せて讎に事ふは、苟も存すと謂ふ可し。豈に大いに正に居るの道ならんや」と。孫盛曰く、「春秋の義に、國君は社稷に死し（三）、卿・大夫は位に死すと。況んや天子と稱して人に辱《はづかしめ》らる可けんや。周 萬乘の君に謂ひて、生を偸みて苟くも免れ、禮を亡《な》みして利を希《のぞ》み、微榮を要《もと》め冀ふは、惑へるかな。且つ事勢を以て之を言はば、理 未だ盡さざる有り。何《なんと》者《なれば》、禪は庸主と雖も、實に桀・紂の酷《ひど》きは無く、戰ひは屢〻北《はし》ると雖も、未だ土崩の亂有らず。縱《たと》ひ君臣 固く守り、城を背に一を借す能はざるも、自ら退きて東鄙に次し以て後圖を思ふ可きなり。是の時、羅憲は重兵を以《ひき》ゐて白帝に據り、霍弋は強卒を以ゐて夜郎に鎭す。蜀土は險狹にして、山水は峻隔、絕巘・激湍は、步卒の涉る所に非ず。若し悉く舟楫を取り、保ちて江州に據り、兵を南中に徵し、師を東國に乞はば、此の如くんば則ち姜・廖の五將は、自然に雲のごとく從ひ、吳の三師は、命を承け電《いかづち》のごとく赴かん。何ぞ投寄するの所無くして必ず亡びるを慮《おもんぱか》るや。魏師の來るは、國を褰《あ》げての大擧なり。追はんと欲すれば則ち舟楫に資靡《な》く、留まらんと欲すれば則ち師に老《つか》れ虞れ多し。且つ屈伸は會有り、情勢は代りて起こらば、徐ろに思奮の民に因り、以て驕惰の卒を攻むるは、此れ越王の闔閭（四）を敗りし所以、田單（五）の騎劫（六）を摧《くじ》く所以なり。何爲《なんすれ》ぞ匆匆として遽かに自ら囚虜たりて、堅壁を敵人に下し、斫石（七）の至恨を致さんや。葛生 云へる有り（八）、「事の濟《な》らずんば則ち已むのみ、安んぞ能く復た之が下と爲らんや」と。壯なる哉 斯の言、以て懦夫の志を立たしむ可し。古の燕・齊・荊・越の敗を觀るに、或いは國は覆り主は滅び、或いは魚縣し鳥竄するも、終に能く功を建て事を立て、社稷を康復するは、豈に天助と曰はんや、抑《そもそ》も亦た人の謀なり。向《も》使《し》苟存の計を懷き、譙周の言を納るれば、何ぞ邦基の能く構へ、令名の獲る可けんや。禪 既に闇主にして、周 實に駑臣なり。之を申包（九）・田單・范蠡・大夫種に方《くら》ぶれば、亦た遠からずや」と。

(補注)

(一)『周易』乾卦 文言傳に、「亢之爲言也、知進而不知退、知存而不知亡。……知得退存亡而不失其正者、其唯聖人乎」とあり、節略され、字句に異同がある。

(二)孫綽は、字を興公、太原郡中都縣の人。東晉に仕え、著作郎、廷尉などを歴任した。文才により名声が高く「天臺山賦」のほか、玄言詩を残した(『晉書』巻五十六 孫楚傳附孫綽傳)。

(三)『禮記』曲禮下には、「國君死社稷、大夫死衆、士死制」とある。

(四)闔閭は、呉王諸樊の子。父の諸樊は弟の季札に王位を継がせようとしたため、即位できなかったが、刺客の專諸により呉王の僚を殺害して即位した(『史記』巻八十六 刺客列傳)。

(五)田單は、戰國時代の齊の將軍。千頭の牛の角に刃を結び付け、尾に火をつけて突進させた火牛の計により、燕の軍を破ったという(『史記』巻八十二 田單傳)。

(六)騎劫は、戰國時代の燕の將軍。燕の惠王が不仲な樂毅を解任した代わりに將軍となった。樂毅は趙に亡命し、やがて燕は齊に敗れた(『史記』巻三十四 燕召公世家)。

(七)姜維の兵士は、後主が降服したことを聞き、みな怒って「拔刀砍石」した、という『三國志』巻四十四 姜維傳の記述を踏まえている。

(八)『三國志』巻三十五 諸葛亮傳に、「若事之不濟、此乃天也。安能復爲之下乎」とある言葉を踏まえている。

(九)申包胥は、春秋末の楚の大夫。伍子胥とは友人であったが、伍子胥が、父と兄の仇を討つために楚に攻め込むと、申包胥は秦に赴き、七日にわたって日夜泣き続けて援軍を請うた。秦の援軍を得た楚は呉を撃退し、楚王はかれに褒賞を与えようとしたが、受けなかった(『史記』巻五 秦本紀、巻六十六 伍子胥列傳)。

[現代語訳]

後主はなお南中《なんちゅう》に入ろうかと迷っていた。譙周は上疏して、「あるものは陛下に説いて、北方の(曹魏)軍が深く入っているので、南中に行く計がございますとしております。臣である愚《わたくし》が考えますに(その策は)安寧ではございません。なぜかと言えば、南方は遠夷《おんい》の地であり、日ごろは徴税いたしませんが、それでもしばしば反乱をおこし、丞相の諸葛亮が南征して、軍勢によりかれらに迫りましたので、窮まってようやく幸いにも従ったのです。そののち官が賦役《ふえき》を出させ、兵を供給させましたが、(南中は)それを恨んでおります。これは国を煩わしいと思う人々です。いま追い詰められて、(南中に)行って拠ろうとしても、(南中は負担が増えることを嫌い)必ずまた反乱の恐れがあります、(これが南中に行くべきではない理由の)第一です。北方の(曹魏)軍が来襲したのは、ただ蜀を取るためだけではないので、もし南中に逃走すれば、必ずわれわれの勢力が衰えたことに乗じ、準備の整い次第追いかけてくるでしょう、(これが南中に行くべきではない理由の)第二です。もし南中に至り、外は敵を拒ごうとし、内は(陛下の)衣服や車駕を整えれば、費用は膨大となり、他に取る所が無ければ、諸蠻夷《ばんい》を消耗させることが必ず甚だしくなります。甚だしければ(諸蠻夷は)必ず速かに反乱を起こします、(これが南中に行くべきではない理由の)第三です。むかし王郎《おうろう》は邯鄲《かんたん》県(河北省邯鄲市)を拠点に天子号を僭称し、そのとき世祖《せいそ》(光武帝)は信都《しんと》郡(河北省冀縣)におり、王郎に逼迫されることを畏れて、(信都郡を)棄てて關中《かんちゅう》に帰ろうとしました。邳彤《ひゆう》は諫めて、「明公が西に帰れば、邯鄲の城民は父母を棄て、城主に背き、千里の彼方に明公を送ることを承知しないでしょう。かれらが逃亡反乱することは必然とすべきです」と言いました。世祖はこれに従って、そうして邯鄲を破りました。いま北方の軍が至り、陛下が南中に行けば、まことに邳彤の言葉がまた今において真実となることを恐れます、（これが南中に行くべきではない理由の）第四です。どうか陛下は早くこのために考えられ、爵位と領地を獲得すべきです。もしそうして南中に行き、勢が窮まってからようやく服従すれば、その禍《わざわい》は必ず深くなります。『周易《しゅうえき》』（乾卦　文言傳）に、「亢《こう》という言葉は、得ることを知って失うことを知らず、存を知って亡を知らない。得失存亡を知ってその正しさを失わない者は、ただ聖人だけであろう」とございます。言いたいことは聖人は運命を知ってむやみに固執しないということです。このため堯《ぎょう》と舜《しゅん》は子が不善であるため、天が（命を）授ける者が（別に）あることを知って、探してその人に（天子の地位を）授けました。子が不肖であっても、禍はなお萌《きざ》していなかったにも拘《かかわ》らずに（そのようにしたの）です。それなのに探して人に授与すれば、どうして禍が至るでしょうか。このため微子《びし》は殷（の紂）王の兄でありながら、（罪人のように）自ら後ろ手に縛られ（死者のように）璧をくわえて（周の）武王《ぶおう》に帰順したのです。どうして楽しんでそうしたのでしょう、やむを得なかったのです」と言った。ここにおいて（後主は）譙周の策に従った。劉氏が恐れを無くし、一つの国が頼ったのは、譙周の謀《はかりごと》であった。

［裴松之注］

［一］孫綽《そんしゃく》は評して、「譙周が後主に説いて魏に降ったことは、正しかったのであろうか。（それは）「自ら天子でありながら降服を乞い助命を請うのは、なんと大きな恥辱であろう。そもそも（君主が）社稷《しゃしょく》のために死ねば（臣下は）ともに死に、社稷のために滅びればともに滅びるものである。先君（劉備）は曹魏の簒奪を正し、ともに天を抱かなかった。（それなのに劉禪が帝位に即いた）過ちを父にまで及ぼし、頭を垂れて仇に仕えたのは、いたずらに生き延びたと言うべきである。どうして正に居るの道であると言えようか」といった。孫盛《そんせい》は、『春秋』の義（正しくは『禮記』曲禮下）では、國君は社稷のために死に、卿・大夫は地位のために死ぬものである。まして天子と称して人に恥辱を受けてよいものであろうか。譙周が万乗の君に言って、生を盗んでいたずらに生き延び、礼を無《な》みして利を望み、わずかな栄誉を求めたのは、誤っている。さらに情勢から言っても、（譙周の判断に）道理は尽くされていない。なぜかと言えば、劉禪は凡庸な君主であったが、実際に桀《けつ》王や紂《ちゅう》王の酷《ひど》さは無く、戦いしばしば敗北したといっても、まだ（国家が）崩壊するような反乱はなかった。たとえ君臣が固く守って、城を背に一戦を交えられなかったとしても、自分で退却して東の田舎に留まり後の手だてを考えるべきであった。このとき、羅憲《らけん》は重装備の兵を率いて白帝《はくてい》城《じょう》を拠点とし、霍弋《かくよく》は強い兵卒を率いて夜郎《やろう》を鎮守していた。蜀の土地は険しく狭く、山水は峻厳に隔たり、絶壁と激流は、歩兵が渉れるものではない。もしすべての船舶を収め、江州《こうしゅう》を保ち拠点とし、兵を南中《なんちゅう》から徴発し、（救援の）軍を東の孫呉に乞えば、このようであれば姜維《きょうい》や廖化《りょうか》らの五將は、自然と雲のように従い、孫呉の三軍は、命を承けて雷のように駆けつけたであろう。どうして身を寄せる所が無いので必ず滅びると憂慮することがあったであろうか。魏軍の来寇は、国をあげての大挙であ

る。追撃しようとすれば船舶がなく、駐留しようとすれば軍は疲れ不安も多い。かつ（時の）良し悪しには巡り合わせがあり、情勢（の不利・有利）は代わる代わる起こるものであるから、ゆっくりと奮い立とうとする民により、奢りだらけた（曹魏）の兵を攻めることは、越王（勾踐）が闔閭《こうりょ》を破った理由であり、田單《でんたん》が騎劫《きごう》を挫《くじ》いた理由である。どうしてあわてふためき自分から囚虜となり、堅固な城壁を敵にあけわたし、石を斬るような恨みを招いたのであろうか。諸葛亮は（孫權に対して）次のように言った、「事が成就しないようなことがあれば終わりにするだけです。どうして曹操の下につくことなどできましょうか」と。この言葉はまことに壮烈であり、臆病者の志すら奮い立たせる。古《いにしえ》の燕《えん》・齊《せい》・荊《けい》（楚）・越《えつ》の敗北を見ると、あるいは国は転覆し君主は死に、あるいは（君主が）捕らわれ逃亡しても、最後には功業を樹立し、社稷を復興しているが、それはどうして天の助けと言えようか、（それは）人の 謀《はかりごと》 によるのである。もし（かれらが）いたずらに生き延びる計を懐き、譙周の言葉を受け入れていたならば、どうして国の基《もとい》をつくりあげ、高い名声を得ることなどできたであろうか。劉禪は暗愚な君主であり、譙周は実に駄目な臣下である。これを申包胥《しんほうしょ》・田單・范蠡《はんれい》・大夫種《たいふしょう》に比べると、なんと大きな相違があることだろう」と言った。

【原文】

時晉文王爲魏相國。以周有全國之功、封陽城亭侯。又下書辟周。周發至漢中、困疾不進。咸熙二年夏、巴郡文立、從洛陽還蜀、過見周。周語次、因書版示立曰、典午忽兮、月酉沒兮。典午者謂司馬也、月酉者謂八月也。至八月而文王果崩[一]。晉室踐阼、累下詔所在發遣周。周遂輿疾詣洛、泰始三年至。以疾不起、就拜騎都尉、周乃自陳無功而封、求還爵土、皆不聽許。

［裴松之注］

［一］華陽國志曰、文立字廣休、少治毛詩・三禮、兼通羣書。刺史費禕命爲從事、入爲尙書郞。復辟禕大將軍東曹掾、稍遷尙書。蜀幷于魏、梁州建、首爲別駕從事、擧秀才。晉泰始二年、拜濟陰太守、遷太子中庶子。立上言、故蜀大官及盡忠死事者子孫、雖仕郡國、或有不才、同之齊民爲劇。又諸葛亮・蔣琬・費禕等子孫、流徙中畿、各宜量才敍用、以慰巴・蜀之心、傾吳人之望。事皆施行。轉散騎常侍、獻可替否、多所補納。稍遷衞尉、中朝服其賢雅、爲時名卿。咸寧末卒。立章奏・詩賦・論頌、凡數十篇。

《訓読》

時に晉の文王 魏の相國爲り[一]。周の國を全くするの功有るを以て、陽城亭侯に封ず。又 書を下して周を辟す。周 發して漢中に至るも、疾に困みて進めず。咸熙二年夏、巴郡の文立[二]、洛陽より蜀に還り、過りて周を見る。周 語次に、書版に因り立に示して曰く、「典午は忽として、月酉に沒す」と。典午とは司馬を謂ふなり、月酉とは八月を謂ふなり。八月に至りて文王 果たして崩ず[一]。晉室 踐阼するや、累《しき》りに詔を下して所在に周を發遣せしむ。周 遂て疾を輿《たす》けて洛に詣り、泰始三年に至る。疾を起《い》えざるを以て、就きて騎都尉に拜す。周 乃ち自ら功無くして封ぜらるを陳べ、爵土を還すを求むるも、皆 聽許せず。

［裴松之注］

［一］華陽國志に曰く、「文立 字は廣休、少くして毛詩・三禮を治め、羣書に兼通す。刺史の費禕 命じて從事と爲し、入りて尙書郎と爲る。復た禕の大將軍東曹掾に辟せられ、稍く尙書に遷る。蜀 魏に幷はされ、梁州 建つや、首《はじ》めて別駕從事と爲り、秀才に擧げらる。晉の泰始二年、濟陰太守を拜し、太子中庶子に遷る。立 上言するに、「故の蜀の大官及び忠を盡くし事に死せし者の子孫、郡國に仕ふと雖も、或いは不才有らんか、之を齊民に同じくするは劇と爲す。又 諸葛亮・蔣琬・費禕らの子孫、中畿に流徙すれば、各〻宜しく才を量りて敍用して、以て巴・蜀の心を慰め、吳人の望《のぞ》を傾くべし」と。事 皆 施行せらる。散騎常侍に轉じ、可を獻じ否を替き、補納する所多し。稍く衞尉に遷り、中朝其の賢雅に服し、時の名卿と爲る。咸寧の末に卒す。立の章奏・詩賦・論頌は、凡そ數十篇なり」と。

（補注）

（一）相國は、官名。上公の官で、印綬は金印紫綬。秦代に設置された官で、国政を総攬した。前漢では、高祖期に丞相を相國に改称したが、惠帝・呂后期になると左・右丞相に再編された。以後、後漢獻帝期に董卓が就任するまで、相國は用いられなかった（『漢書』巻十九 百官公卿表上、『後漢書』志二十四 百官一）。

（二）文立は、字は廣休、益州巴郡の人。費禕に抜擢され、蜀漢の尚書に至った。蜀漢が滅ぼされると、曹魏の梁州別駕從事となり、西晉に仕えて散騎常侍、衞尉となった。蜀漢の旧臣の子孫を抜擢することを上奏し、聞き入れられた（『三國志』巻四十二 譙周傳注引『華陽國志』）。

［現代語訳］

このとき晉《しん》の文王《ぶんおう》（司馬昭）は魏の相國《しょうこく》であった。譙周に国を全うした功績があることで、陽城亭侯《ようじょうていこう》に封建した。また文書を下して譙周を（相國府に）辟召《へきしょう》した。譙周は出発して漢中に至ったが、病気に苦しみ進めなかった。咸熙《かんき》二（二六五）年夏、巴郡《はぐん》の文立《ぶんりつ》が、洛陽から蜀に帰り、（その途中で）立ち寄って譙周に面会した。譙周は話のついでに、書版に（書いた文字に）より文立に示して、「典午《てんご》は突然、酉《とり》の月に没する」といった。典午（馬を司《つかさど》る）とは司馬をいい、月の酉とは八月をいう。八月に至って文王は果たして崩御した［一］。晉室が帝位につくと、何度も詔を下して所轄に譙周を出発させた。譙周はそのため病気の体を車に載せて洛陽に向かい、泰始《たいし》三（二六六）年に着いた。病気が癒えないため、（譙周のもとに）赴いて騎《き》都《と》尉《い》に拝命した。譙周はそこで自ら功績も無く封建されていると述べ、爵位と封土をお返しすることを求めたが、許されなかった。

［裴松之注］

［一］『華陽國志《かようこくし》』に、「文立《ぶんりつ》は字を廣休《こうきゅう》といい、若いころに『毛詩《もうし》』と「三禮《さんらい》」を修め、多くの書籍に兼ね通じた。益州刺史《えきしゅうしし》の費禕《ひい》は命じて從事《じゅうじ》とし、（朝廷に）入って尙書郎《しょうしょろう》となった。また費禕に大將軍東曹掾《だいしょうぐんとうそうえん》に辟召《へきしょう》され、しばらくすると尙書《しょうしょ》に遷った。蜀漢が曹魏に併合され、梁州《りょうしゅう》が設置されると、（梁州で）初めての別駕從事《べつがじゅうじ》となり、秀才《しゅうさい》に察擧された。晉の泰始《たいし》二（二六六）年、濟陰太守《せいいんたいしゅ》を拝命し、太子中庶子《たいしちゅうしょし》に遷った。文立

は上奏して、「もとの蜀漢の大官と忠を尽くして国事に死んだ者の子孫は、郡國に仕えておりますが、不才の者もあるようですが、これを庶民と同じく扱っているのは厳しいことです。また諸葛亮・蔣琬《しょうえん》・費禕たちの子孫は、畿内《きだい》に流れ従っておりますので、それぞれ才を計って任用し、それにより巴・蜀の心を慰め、呉の人々の望みを（晉朝に）傾けるべきです」と言った。事柄はすべて施行された。散騎常侍《さんきじょうじ》に移り、よいことを献じ悪いことは除き、補い受け入れられることが多かった。しばらくすると衛《えい》尉《い》に遷り、朝廷はその賢明さと優雅さに服して、当時の名卿となった。咸寧《かんねい》年間（二七五～二八〇年）の末に卒した。文立の上奏文・詩賦《しふ》・論頌《ろんしょう》は、あわせて数十篇であった」とある。

【原文】

五年、予嘗爲本郡中正、清定事訖、求休還家、往與周別。周語予曰、昔孔子七十二、劉向・揚雄七十一而沒。今吾年過七十、庶慕孔子遺風、可與劉・揚同軌。恐不出後歲、必便長逝、不復相見矣。疑周以術知之、假此而言也。六年秋、爲散騎常侍、疾篤不拜、至冬卒[一]。凡所著述、撰定法訓・五經論・古史考[1]（書）之屬百餘篇[二]。周三子、熙・賢・同。少子同頗好周業、亦以忠篤質素爲行、舉孝廉、除錫令・東宮洗馬。召不就[三]。

[裴松之注]

[一] 晉陽秋載詔曰、朕甚悼之、賜朝服一具・衣一襲・錢十五萬。周息熙上言、周臨終屬熙曰、久抱疾、未曾朝見。若國恩賜朝服・衣物者、勿以加身。當還舊墓、道險行難、豫作輕棺。殯斂已畢、上還所賜。詔還衣服、給棺直。

[二] 益部耆舊傳曰、益州刺史董榮、圖畫周像於州學、命從事李通頌之曰、抑抑譙侯、好古述儒。寶道懷眞、鑒世盈虛。雅名・美迹、終始是書。我后欽賢、無言不譽。攀諸前哲、丹青是圖。嗟爾來葉、鑒茲顯模。

[三] [2]周長子熙。熙子秀、字元彥。晉陽秋曰、秀性淸靜、不交於世。知將大亂、豫絕人事、從兄弟及諸親里不與相見。州郡辟命、及李雄盜蜀、安車徵秀、又雄叔父驤・驤子壽辟命、皆不應。常冠鹿皮、躬耕山藪。永和三年、安西將軍桓溫平蜀、表薦秀曰、臣聞、大朴既虧、則高尚之標顯、道喪時昏、則忠貞之義彰。故有洗耳投淵以振玄邈之風、亦有秉心矯迹以惇在三之節。是以上代之君、莫不崇重斯軌、所以篤俗訓民、靜一流競。伏惟、大晉應符御世、運無常通、時有屯蹇。神州丘墟、三方圮裂、兔罝絕響於中林、白駒無聞於空谷。斯有識之所悼心、大雅之所歎息者也。陛下聖德嗣興、方恢天緒。臣昔奉役、有事西土、鯨鯢既縣、思宣大化。訪諸故老、搜楊潛逸。庶武羅於羿・浞之墟、想王蠋於亡齊之境。竊聞、巴西譙秀、植操貞固、抱德肥遁、揚淸渭波。于時皇極遘道消之會、羣黎蹈顚沛之艱、中華有顧瞻之哀、幽谷無遷喬之望。凶命屢招、姦威仍偪、身寄虎吻、危同朝露。而能抗節玉立、誓不降辱、杜門絕跡、不面僞庭。進免龔勝亡身之禍、退無薛方詭對之譏。雖園・綺之棲商・洛、管寧之默遼海、方之於秀、殆無以過。于今西土、以爲美談。夫旌德禮賢、化道之所先、崇表殊節、聖哲之上務。方今六合未康、豺狼當路、遺黎偷薄、義聲弗聞。益宜振起道義之徒、以敦流遁之弊。若秀蒙薄帛之徵、足以鎭靜頹

風、軌訓囂俗、幽遐仰流、九服知化矣。及蕭敬叛亂、避難宕渠川中、鄉人・宗族馮依者以百數。秀年八十、衆人以其篤老、欲代之負擔、秀拒曰、各有老弱、當先營救。吾氣力自足堪此。不以垂朽之年累諸君也。後十餘年、卒於家。

〔校勘〕

1．中華書局本により、「書」の一字を省く。

2．百衲本は、「周長子熙。熙子秀、字元彥」を陳壽の本文とするが、『三國志集解』により、「周長子熙。熙子秀、字元彥」を裴注に移す。

《訓讀》

五年、予 嘗て本郡の中正(一)爲《た》りて、清定の事 訖《を》はり、休を求め家に還り、往きて周と別る。周 予に語りて曰く、「昔 孔子は七十二、劉向(二)・揚雄は七十一にして沒す。今 吾が年 七十を過ぐ。庶《こひねがは》くは孔子の遺風を慕ひ、劉・揚と與に軌を同じくす可し。恐らくは後歲を出でず、必ずや便ち長逝し、復た相 見ざらん」と。疑ふらくは周 術を以て之を知り、此れに假りて言ひしならん。六年秋、散騎常侍と爲るも、疾 篤く拜せず、冬に至りて卒す［一］。凡そ著述する所、法訓(三)・五經論(四)・古史考(五)の屬 百餘篇を撰定す［二］。周の三子は、熙(六)・賢(七)・同(八)なり。少子の同 頗る周の業を好み、亦た忠篤質素を以て行と爲し、孝廉に擧げられ、錫令・東宮洗馬に除せらる。召さるるも就かず［三］。

［裴松之注］

［一］晉陽秋に詔を載せて曰く、「朕 甚だ之を悼み、朝服一具《そろへ》・衣一襲《かさね》・錢十五萬を賜ふ」と。周の息たる熙 上言するに、「周 臨終に熙に屬して曰く、『久しく疾を抱き、未だ曾て朝見せず。若し國恩もて賜ひし朝服・衣物なる者は、以て身に加ふること勿かれ』と。舊墓に還るに當たり、道は險しく行《みちゆき》は難ければ、豫め輕棺を作る。殯斂 已に畢はれば、賜はりし所を上《たてまつ》り還さん」と。詔して衣服を還し、棺の直《あたひ》を給せよと」と。

［二］益部耆舊傳に曰く、「益州刺史の董榮(九)、周の像を州學に圖畫せしめ、從事の李通(一〇)に命じて之に頌せしめて曰く、『抑抑たる譙侯は、古を好み儒を述ぶ。道を寶とし眞を懷き、世の盈虛を鑒《み》る。雅名・美迹、終始《つぶさ》に是に書す。我が后は賢を欽《うやま》ひ、言として譽めざるは無く、諸〻の前哲を攀《した》ひ、丹青もて是に圖《えが》く。嗟爾《ああなんぢ》ら來葉のものよ、茲《こ》の顯らかなる模を鑒《み》よ』」と。

［三］周の長子は熙。熙の子は秀(一一)、字は元彥。晉陽秋に曰く、「秀が性は清靜にして、世に交らず。將に大亂あらんとするを知り、豫め人事を絕ち、從兄弟及び諸親里 與に相 見ず。州郡 辟命し、李雄 蜀を盜み、安車もて秀を徵し、又 雄の叔父たる驤(一二)・驤の子たる壽(一三) 辟命するに及ぶも、皆 應ぜず。常に鹿皮を冠り、躬ら山藪を耕す。永和三年、安西將軍の桓溫(一四) 蜀を平らぐるや、秀を表薦して曰く、『臣 聞くならく、大朴 既に虧くれば、則ち高尚の標 顯はれ、道は喪《ほろ》び時は昏《くら》ければ、則ち忠貞の義 彰はると。故に耳を洗ひ(一五)淵に投じて(一六)以て玄邈の風を振るふもの有り、亦た心を秉り迹を矯《ただ》して以て在三の節を惇くするもの有り。是を以て上代の君、斯の軌を崇重せざる莫きは、俗を篤くし民を訓《をし》へ、流競を靜一にする所以なり。伏して惟《おもん》みるに、大晉 符に應じて世を御するも、運に常通無く、時に屯蹇有り。神州は丘墟にして、三方は圮裂し、兔罝(一七)は響きを中林に絕ち、白駒(一八)は空谷に聞ゆる無し。

斯れ有識の心を悼ましむる所、大雅の歎息する所の者なり。陛下聖德もて嗣ぎて興り、方に天緒を恢《ひろ》む。臣は昔 役を奉じ、西土に事有り、鯨鯢(一九) 既に縣《くびくく》り、大化を宣べんことを思ふ。諸〻の故老を訪ね、潛逸を搜楊す。武羅(二〇)を羿・浞の墟に庶ひ、王蠋(二一)を亡齊の境に想ふ。竊かに聞くに、巴西の譙秀、操を植《た》つること貞固にして、德を抱きて肥遁し、淸渭の波を揚ぐと。時に皇極は道消の會に遘《あ》ひ、羣黎 顚沛の艱を蹈み、中華に顧瞻の哀有り、幽谷に遷喬の望無し。凶命は屢〻招き、姦威は仍《しき》りに偪り、身は虎吻に寄り、危は朝露に同じ。而るに能く節を抗げて玉立し、誓ひて降辱せず、門を杜ぢ跡を絕ちて、僞庭に面《むか》はず。進みては襲勝(二二)亡身の禍を免れ、退きては薛方(二三) 詭對の譏《そしり》無し。園(二四)・綺(二五)の商・洛に棲み、管寧(二六)の遼海に黙すと雖も、之を秀に方《くら》ぶるに、殆んど以て過ぐること無し。今に于て西土、以て美談と爲す。夫れ德を旌《あらは》し賢を禮するは、化道の先にする所、殊節を崇表するは、聖哲の上務なり。方今《いま》六合 未だ康からず、豺狼は路に當たり、遺黎は偸〻薄く、義聲は聞こゆること弗し。益〻宜しく道義の徒を振起して、以て流遁の弊を敦くすべし。若し秀 薄帛の徵を蒙らば、以て頹風を鎭靜し、囂俗を軌訓し、幽遐は流れを仰ぎ、九服は化を知るに足らん」と。蕭敬(二七) 叛亂するに及び、難を宕渠川の中に避け、鄕人・宗族の馮依する者 百を以て數ふ。秀は年八十、衆人 其の篤老なるを以て、之に代はりて擔を負はんと欲するも、秀 拒みて曰く、「各〻老弱有り、當に先に營救すべし。吾が氣力 自ら此れに堪ふるに足らん。垂朽の年を以て諸君を累《わづら》はせざるなり。後十餘年にして、家に卒す。

（補注）

(一) 中正は、官名。人事を掌る。西晉の九品中正制度においては、任官希望者に鄕品と狀を与えた。宮崎市定『九品官人法の研究―科挙前史』（東洋史研究会、一九五六年）を参照。

(二) 劉向は、本名は更生、字は子政、豫州沛國の人。高祖劉邦の同父弟である楚元王劉交の子孫。春秋學を修め災異の解釈に通じ『洪範五行傳論』を著した。また、宮中の図書を校勘して分類目録「別錄」をつくり、その事業は子の劉歆に引きつがれ「七略」として結実した。また、『說苑』『新序』『列女傳』を編纂した。渡邉義浩「劉向の『列女伝』と春秋三伝」（『斯文』一三三、二〇一八年）を参照。

(三) 法訓は、譙周の著書。『隋書』卷三十四 經籍志三に、「譙子法訓 八卷」と著録されるが、散逸した。

(四) 五經論は、譙周の著書。『隋書』卷三十二 經籍志一に、「五經然否論 五卷」と著録されるが、散逸した。

(五) 古史考は、譙周の著書。散逸したが、『史記』の三家注などに断片的に残存。史の起源を探り、生成論を持つ。渡邉義浩「『古史考』と『帝王世紀』―儒教に即した上古史と生成論（『早稲田大学大学院文学研究科紀要』六三、二〇一八年）を参照。

(六) 熙は、譙熙。譙周の長子。巴西郡西充國縣の人（『三國志』卷四十二 譙周傳）。

(七) 賢は、譙賢。譙周の中子。巴西郡西充國縣の人（『三國志』卷四十二 譙周傳）。

(八) 同は、譙同。譙周の末子。巴西郡西充國縣の人。譙周の学問を継承し、孝廉に察擧され、西晉の錫令・東宮洗馬となった（『三國志』卷四十二 譙周傳）。

(九) 董榮は、益州刺史。尙書右僕射に至った（『晉書』卷一百十二苻生傳）。

（一〇）李通は、益州從事。譙周を称える絵に頌を附した（『三國志』卷四十二 譙周傳注引『益部耆舊傳』）。

（一一）秀は、譙秀、字を元彥。益州巴西郡西充國縣の人。譙熙の子。大乱を予知し、世間と交わらず、多くの辟召・徵召を拒絶した（『三國志』卷四十二 譙周傳注引『晉陽秋』）。

（一二）驤は、李驤。字を玄龍、略陽郡臨渭縣の人。兄の李特に従って、挙兵し、甥の李雄が成漢を建てると、太傅となった（『晉書』卷一百二十一 李雄傳）。

（一三）壽は、李壽。字を武考、略陽郡臨渭縣の人。李驤の子。李雄の死後、錄尚書事として輔政となり、李期を廃して即位し、国号を成から漢に改めた（『晉書』卷一百二十一 李壽傳）。

（一四）桓溫は、字を元子、譙國龍亢縣の人。後漢の儒學者桓榮の後裔。東晉の安西將軍・持節・都督荊司雍益梁寧六州諸軍事として成漢を滅ぼし、のちに洛陽を奪還するなどの大功を挙げた。東晉で専制を振るい禪讓を目指したが、謝安らに防がれた（『晉書』卷九十八 桓溫傳）。

（一五）『史記』卷六十一 伯夷列傳注引皇甫謐『高士傳』に、「堯又召爲九州長、（許）由不欲聞之、洗耳於潁水濱」などとあることを踏まえた表現である。

（一六）『莊子』讓王篇に、「舜以天下讓其友北人無擇。北人無擇曰、異哉。后之爲人也。居於畎畝之中、而遊堯之門。不若是而已、又欲以其辱行漫我。吾羞見之。因自投淸泠之淵」とあることを踏まえた表現である。

（一七）『詩經』國風 周南 兔罝に、「肅肅兔罝、施于中林」とあることを踏まえた表現である。

（一八）『詩經』小雅 白駒に、「皎皎白駒、在彼空谷」とあることを踏まえた表現である。

（一九）鯨鯢は、雄のくじらと雌のくじら。悪人のたとえ。『春秋左氏傳』宣公 傳十二年に、「古者明王、伐不敬。取其鯨鯢而封之、以爲大戮」とあることを踏まえた表現である。

（二〇）武羅は、羿の良臣。しかし、羿に棄てられ、羿は寒浞を重用した。『史記』卷二 夏本紀に、「羿恃其善射、不修民事、淫于田獸、棄其良臣武羅・伯姻・熊髡・尨圉而信寒浞」とあることを踏まえた表現である。

（二一）王蠋は、戰國時代の齊の良臣。齊が燕の樂毅に敗れたとき、樂毅に招聘されたが、二君にまみえず自殺した（『史記』卷八十二 田單列傳）。

（二二）龔勝は、前漢末期の人、字は君賓。同じく楚の出身である龔舍とともに「兩龔」と呼ばれた。王莽に出仕を求められたが自殺した（『漢書』卷七十二 龔勝傳）。

（二三）薛方は、齊の人、字は子容。郡掾祭酒となり、徵召を受けたが就かず、王莽は安車で招いたが、巧妙に言い逃れて就かなかった（『漢書』卷七十二 鮑宣傳）。

（二四）園は、東園公。四皓の一人。秦漢の際、商山に隠遁していたが、張良が惠帝を支える者として挙げた（『史記』卷五十五 留侯世家）。

（二五）綺は、綺里季。四皓の一人。秦漢の際、商山に隠遁していたが、張良が惠帝を支える者として挙げた（『史記』卷五十五 留侯世家）。

（二六）管寧は、字を幼安、青州北海郡朱虛縣の人。平原の華歆、同郷の邴原と遊学して、陳寔に師事し、のちに乱を遼東に避けた。司徒の華歆が推挙し、文帝は太中大夫に任じ、明帝も光祿勲に任じたが、辞退した（『三國志』巻十一 管寧傳）。

（二七）蕭敬は、蕭敬文。征西督護であったが、征虜將軍の楊謹を殺して反乱を起こした（『晉書』巻五十八 周訪傳附周撫傳）。

［現代語訳］

（泰始）五（二六九）年、予《わたし》（陳壽）はかつて本郡（巴西郡）の中正《ちゅうせい》であり、人物評価の仕事が終わって、休みを求めて家に帰り、行って譙周に別れの挨拶をした。譙周は予に語って、「むかし孔子は七十二、劉向《りゅうきょう》と揚雄《ようゆう》は七十一で没した。いま吾が年は七十を過ぎた。願わくは孔子の遺風を慕い、劉向と揚雄と軌を同じくしたいものだ。おそらくは次の歳を迎えず、必ずや長い旅路に出るであろうから、また会うことはあるまい」と言った。おそらく譙周は（蜀學の占）術によってこれを知り、孔子の話に託《かこ》つけて言ったのであろう。（泰始）六（二七〇）年の秋、散騎常侍《さんきじょうじ》となったが、病が篤く拝命できず、冬に至って卒した［一］。およそ（譙周の）著述したものは、『法訓《ほうくん》』・『五經論《ごけいろん》』・『古史考《こしこう》』などの類で百余篇を撰定した［二］。譙周の三子は、譙熙《しょうき》・譙賢《しょうけん》・譙同《しょうどう》である。末っ子の譙同はたいへん譙周の学問を好み、また忠篤で質素を旨に行動して、孝廉《こうれん》に察擧されれ、錫令《せきれい》・東宮洗馬《とうぐうせんば》に任命された。召し出されたが就任しなかった［三］。

［裴松之注］

［一］『晉陽秋《しんようしゅう》』に詔を載せ、「「朕《ちん》はたいへんこれ（譙周の死）を悼み、朝服《ちょうふく》一揃い・衣服一重ね・銅銭十五万を賜与する」とある。譙周の子息である譙熙《しょうき》は上言して、「周は臨終に熙《わたし》に委嘱して、「久しく病気をかかえ、まだ一度も朝見していない。もし国恩により賜与された朝服や衣物があれば、この身に着せてはならない」と申しておりました。故郷の墓に帰るにあたって、道は険しく道中は難渋しますので、あらかじめ軽い棺を作りました。殯《ひん》（かりもがり）も斂《れん》（のうかん）もすでに終わりましたので、賜わったものを奉りお返しいたします」と言った。詔《みことのり》して衣服を戻し、棺の代金を与えようとした」とある。

［二］『益部耆舊傳《えきぶききゅうでん》』に、「益州刺史《えきしゅうしし》の董榮《とうえい》は、譙周の像を州の学校に描かせ、従事《じゅうじ》の李通《りつう》に命じて絵に頌《しょう》を書かせて、「礼儀正しい譙侯は、古《いにしえ》を好み儒學を祖述した。道理を宝とし真実を懐き、世の盛衰を見抜いた。優雅な名声と大いなる足跡は、つぶさにここに記される。我が主君は賢を敬い、言葉として誉めないことは無く、もろもろの前哲を慕い、丹青によりここに描いた。ああ汝ら後世のものよ、この明らかな模範を鏡とせよ」とした」とある。

［三］譙周の長子は譙熙《しょうき》である。譙熙の子は譙秀《しょうしゅう》で、字を元彦《げんげん》という。『晉陽秋《しんようしゅう》』に、「譙秀の性は清静で、世間と交わらなかった。大乱の発生を予知し、あらかじめ人間関係を絶ち、従兄弟《いとこ》や親族でもあい見えることはなかった。益州や巴西郡が辟召し、李《り》雄《ゆう》が蜀を奪うと、安車《あんしゃ》（揺れないようにした特別車）で譙秀を徴召し、また李雄の叔父である李驤《りじょう》と李驤の子である李壽《りじゅ》も辟召するに及んだが、みな応じなかった。つねに鹿皮の冠をかぶり、みずから山野で農耕をした。永和《えいわ》三（三四七）年、安西《あんせい》將軍の桓《かん》溫《おん》は蜀を平定すると、譙秀を上奏文で推薦して、「臣《わたくし》が聞くところでは、純朴な道が廃れてしまえば、世俗を超脱する気風が現れ、道が滅び時勢が暗くなれば、忠貞の義が明らかになると申し

ます。このため耳を洗い淵に（身を）投じて高邁な風気を振るうものが現れ、またしっかりとした心を持ち行為を正して（父・師・君の）三への節義を厚くするものもあったのです。このため上代の君主が、そうした規範を尊重したのは、風俗を篤くし民を教え、不安定な世を鎮めるためでした。伏して考えますに、大晉は（天命の）符《ふ》に応じて世の中を統御しておりますが、天運は常に順調なものではなく、時に行き詰まることもあります。神州《しんしゅう》（中原）は廃墟となり、（東晉が支配する南を除く）三方は引き裂かれ、兎の罠をかける音の響きは林に絶え、白馬の嘶《いなな》きは空谷に聞こえません。これは有識者に心を悼《いた》ませ、優れて正しい人に歎息させる事態です。陛下は聖徳により（帝位を）嗣いで興り、天の（与えた大業の）端緒を広められています。臣《わたくし》はむかし役目を受けて、西方で戦い、鯨鯢《げいげい》（悪人）をすでに首縊《くびくく》り、大いなる教化を述べようと思いました。多くの故老を訪ね、隠れている逸民を探索しました。武羅《ぶら》を羿《げい》や寒浞《かんそく》の（支配する）廃墟に求め、王蠋《おうしょく》を亡齊《ぼうせい》の境域に想いました。秘かに聞くところでは、巴西郡の譙秀《しょうしゅう》は、操を守ること貞潔で、徳を抱いて悠然と隠遁し、清らかな渭水《いすい》の波を揚げているようだといいます。いま皇極《こうぎょく》（帝王の位）は道が消滅する命運にあい、民草は転倒するような艱難を受け、中華には（棄ててしまった蜀を）顧みる哀れがあり、深い谷（に囲まれた蜀）には（登用されて）官位が昇進する望みもありません。（譙秀には李雄らの）凶命がしばしば招き、悪い脅しがしきりに迫り、身は虎口に近づき、危うさは朝露と同じでした。それなのに（譙秀は）よく節義を高めて玉のように立ち、誓って降り屈せず、門を閉ざし足跡を絶って、偽の朝廷に見向きもしませんでした。進んでは龔勝《きょうしょう》が身を滅ぼした禍を免れ、退いては薛方《せっほう》が出まかせの対応をしたという譏《そし》りも受けませんでした。東園公《とうえんこう》・綺里季《いりき》が商山《しょうざん》・洛水《らくすい》に隠棲し、管寧《かんねい》が遼東《りょうとう》の海辺で隠逸したといっても、譙秀に比べれば、ほとんど優っておりません。今も益州は、これを美談としています。そもそも徳を顕彰し賢を礼遇することは、教化の政道の優先することで、節義の尊重は、聖主の務めです。いま六合《りくごう》（天地四方）はいまだ安定せず、豺《やまいぬ》や狼が路に（出るように凶悪人が）横行し、生き残りの民は軽薄で、節義の評判が聞こえることはありません。道義心のある人々を振い起こし、ますます世俗を逃れることの弊害を正すべきです。もし譙秀が（賢者を招く礼である）薄い帛の徴召を受ければ、それにより頽廃した風俗を鎮静化し、汚濁した俗世を規範づけるに足り、（そうすれば）遠方もそうした流れを仰ぎ慕い、天下のすべてが教化を知るでしょう」とした。蕭敬文《しょうけいぶん》が叛乱を起こすに及び、宕渠《こうきょ》川のほとりに避難したが、郷人や宗族の依拠するものは百を単位に数えるほどであった。（そのとき）譙秀は八十歳で、多くの人は譙秀が高齢なので、代わって荷物を担ごうとしたが、譙秀は断って、「それぞれ老弱者があろうから、そちらを先に救いなさい。吾《わたし》の気力はまだこれに堪えられるものがある。死にそうな年で諸君を煩わせたくはない」といった。後十年余りで、家に卒した」とある。

【原文】

郤正傳

郤正字令先、河南偃師人也。祖父儉、靈帝末、爲益州刺史、爲盜賊所殺。會天下大亂、故正父揖因留蜀。

揖爲1（大）將軍孟達營都督、隨達降魏、爲中書令史。正本名纂。少以父死母嫁、單煢隻立、而安貧好學、博覽墳籍。弱冠能屬文、入爲祕書吏、轉爲令史、遷郎、至令。性澹於榮利、而尤耽意文章、自司馬・王・揚・班・傅・張・蔡之儔遺文・篇賦、及當世美書・善論、益部有者、則鑽鑿推求、略皆寓目。自在內職、與宦人黃皓比屋周旋、經三十年。皓從微至貴、操弄威權。正既不爲皓所愛、亦不爲皓所憎。是以官不過六百石、而免於憂患。

〔校勘〕

1．『三國志集解』により、「大」の一字を省く。

《訓讀》

郤正傳

郤正 字は令先、河南偃師の人なり。祖父の儉(一)、靈帝の末に、益州刺史と爲るも、盜賊の殺す所と爲る。會〻天下 大いに亂れ、故に正の父たる揖(二) 因りて蜀に留まる。揖 將軍の孟達の營都督と爲り、達に隨ひて魏に降り、中書令史と爲る。正 本の名は纂。少くして父は死し母は嫁するを以て、單煢隻立するも、而も貧に安んじ學を好み、墳籍を博覽す。弱冠にして能く文を屬《つづ》り、入りて祕書吏と爲り、轉じて令史と爲り、郎に遷り、令に至る。性は榮利に澹にして、尤も意を文章に耽《ふけ》り、司馬・王(三)・揚・班(四)・傅(五)・張(六)・蔡(七)の 儔《ともがら》 の遺文・篇賦より、當世の美書・善論に及ぶまで、益部に有る者は、則ち鑽鑿して推求し、略ぼ皆 寓目す。內職に在りてより、宦人の黃皓と屋を比《つら》ね周旋すること、三十年を經たり。皓 微より貴に至り、威權を操弄す。正 既に皓の愛する所と爲らざるも、亦た皓の憎む所と爲らず。是を以て官は六百石を過ぎざるも、而も憂患より免る。

（補注）

（一）儉は、郤儉。司隸河南郡偃師縣の人、郤正の祖父。後漢の靈帝の末年に益州刺史となったが、賊に殺された（『三國志』四十二 郤正傳）。

（二）揖は、郤揖。司隸河南郡偃師縣の人、郤正の父。孟達の營都督となり、孟達と共に曹魏に降服して、中書令史となった（『三國志』四十二 郤正傳）。

（三）王は、王褒。字は子淵、蜀の人。劉向・張子僑・華龍らと共に詩賦の才を漢の宣帝に見出され、諫大夫として宣帝に重遇された（『漢書』卷六十四下 王褒傳）。

（四）班は、班固。字は孟堅。班彪の子、班超の兄。父の遺稿を受け継いで『漢書』を撰した。また賦に優れ、「兩都賦」は『文選』の冒頭に収録される。牧角悦子『経国と文章—漢魏六朝文学論』（汲古書院、二〇一八年）を参照。

（五）傅は、傅毅。字は武仲、右扶風茂陵の人。明帝期に「迪志詩」を制作した。竇憲の司馬となり、班固と並称された（『後漢書』列傳七十上 文苑 傅毅傳）。

（六）張は、張衡。字は平子。荊州南陽郡西鄂縣の人。文才に優れ「二京賦」を作った。『東觀漢記』の編纂にも携わった（『後漢書』列傳四十九 張衡傳）。

（七）蔡は、蔡邕。字は伯喈、兗州陳留郡圉縣の人。博学で文章に優れ、数術や天文に詳しく、音律に精通して琴の名手でもあった。

司空の董卓に召されて祭酒となり、侍御史、尚書、左中郎將に昇進したが、董卓が王允に誅されたおり、罪に坐して獄死した。詩文を収めた『蔡中郎集』、名物制度を論じた『獨斷』がある（『後漢書』列傳五十下 蔡邕傳下）。

［現代語訳］

郤正傳《げきせい》

郤正は字を令先《れいせん》といい、司隷河南郡偃師縣《しれいかなんぐんえんしけん》の人である。祖父の郤儉《げきけん》は、靈帝《れいてい》期の末年に、益州刺史《えきしゅうしし》となったが、盜賊に殺された。たまたま天下が大いに乱れ、このため郤正の父である郤揖《げきしゅう》はそのまま蜀に留まった。郤揖は將軍である孟達《もうたつ》の營都督《えいととく》となり、孟達に随って魏に降服して、中書令史《ちゅうしょれいし》となった。郤正はもとの名を纂《さん》という。若いころ父は死に母は再婚したので、一人ぼっちで暮らしたが、それでも貧困に安んじ学問を好み、典籍を博覧した。弱冠（二十歳）でよく文章を綴り、（宮中に）入って祕書吏《ひしょり》となり、転じて祕書令史《ひしょれいし》となり、祕書郎《ひしょろう》に遷り、祕書令《ひしょれい》に至った。性質は栄誉や利益に淡白で、最も文章に心を寄せ、司馬相如《しばしょうじょ》・王褒《おうほう》・揚雄《ようゆう》・班固《はんご》・傅毅《ふき》・張衡《ちょうこう》・蔡邕《さいよう》などの類の残した文章や辞賦から、当世の美しい書簡や善い議論に及ぶまで、益州にあるものは、研鑽し追究し、ほぼすべてに目を通した。宮中の官職に就いてから、宦官の黄皓《こうこう》と屋根を並べて働き、三十年を経過した。黄皓は微賤より高位に至り、権力を操縦した。郤正は黄皓に愛されなかったが、また黄皓に憎まれなかった。このため官は六百石を過ぎなかったが、（黄皓の讒言による）憂いからは免れた。

【原文】

依則先儒、假文見意、號曰釋譏。其文繼於崔駰達旨。其辭曰、或有譏余者曰、聞之前記、夫事與時並、名與功偕。然則名之與事、前哲之急務也。是故創制作範、匪時不立、流稱垂名、匪功不記、名必須功而乃顯。事亦俟時以行止、身沒名滅、君子所恥。是以達人研道、探賾索微、觀天運之符表、考人事之盛衰、辯者馳說、智者應機、謀夫演略、武士奮威、雲合霧集、風激電飛、量時揆宜、用取世資、小屈大申、存公忽私、雖尺枉而尋直、終揚光以發輝也。今三方鼎跱、九有未乂、悠悠四海、嬰丁禍敗、嗟道義之沈塞、愍生民之顚沛。此誠聖賢拯救之秋、烈士樹功之會也。吾子以高朗之才、珪璋之質、兼覽博闚、留心道術、無遠不致、無幽不悉。挺身取命、幹茲奧祕、躊躇紫闥、喉舌是執、九考不移、有入無出［二］、究古今之眞僞、計時務之得失。雖時獻一策、偶進一言、釋彼官責、慰此素飧、固未能輸竭忠款、盡瀝胸肝、排方入直、惠彼黎元、俾吾徒草鄙並有聞焉也。盍亦綏衡緩轡、回軌易塗、輿安駕肆、思馬斯徂、審厲揭以投濟、要夷庚之赫憮、播秋蘭以芳世、副吾徒之[1]（彼）〔披〕圖、不亦盛與。

［裴松之注］

［二］尚書曰、三載考績、三考黜陟幽明。九考則二十七年。

〔校勘〕

1．百衲本は「彼」に作るが、中華書局本により「披」に改める。

《訓讀》

先儒に依則し、文を假りて意を見《あら》はし、號して釋譏と曰ふ。其の文崔駰（一）の達旨に繼ぐ。其の辭に曰く、「或いは余を譏る者有りて曰く、「之を前記（二）に聞くに、夫れ事は時と並び、名は功と偕《とも》にすと。然らば則ち名と事とは、前哲の急務なり。是の故に制を創り範を作るは、時に匪ざれば立たず、稱を流し名を垂るるは、功に匪ざれば記さず、名は必ず功を須《ま》ちて乃ち顯はる。事も亦た時を俟ちて以て行止し、身沒し名　滅するは、君子の恥づる所なり。是を以て達人　道を研ぎ、賾を探り微を索め、天運の符表を觀、人事の盛衰を考へ、辯者は說を馳せ、智者は機に應じ、謀夫は略を演《の》べ、武士は威を奮ひ、雲のごとく合し霧のごとく集まり、風のごとく激し電のごとく飛び、時を量り宜しきを揆り、用《もっ》て世資を取り、小しく屈し大いに申《の》び、公を存し私を忽《ゆるがせ》にし、尺枉《まが》ると雖も而も尋《ひろ》直び、終に光を揚げて以て輝きを發するなり。今　三方　鼎跱し、九有　未だ乂《をさ》まらず、悠悠たる四海は、嬰丁　禍敗し、道義の沈塞するを嗟《なげ》き、生民の顚沛するを愍む。此れ誠に聖賢　拯救の秋《とき》にして、烈士　樹功の會なり。吾子　高朗の才、珪璋の質を以て、兼て覽て博く覵《うかが》ひ、心を道術に留め、遠きを致さざるは無く、幽《くら》きを悉《つ》くさざるは無し。身を挺し命を取り、茲の奧祕を幹《つかさど》り、紫闥に躊躇し、喉舌　是れ執り、九考　移らず、入る有りて出づる無く〔二〕、古今の眞僞を究め、時務の得失を計る。時に一策を獻じ、偶〻一言を進め、彼の官責を釋き、此の素飡を慰《ふさ》ぐと雖も、固より未だ能く忠款を輸《いた》し竭くし、盡く胸肝を瀝《なが》し、方を排し直を入れ、彼の黎元に惠むに、吾が徒をして草鄙に並びに焉を聞《ぶん》せしむるに有らざるなり。盍ぞ亦た綏衡し轡を緩め、軌を回《めぐら》し塗を易へ、安駕の肆（五）を輿せ、馬斯の徂《ゆ》く（三）を思ひ、厲揭（四）を審らかにし以て濟に投じ、夷庚の赫憮を要め、秋蘭を播《はな》ちて以て世を芳ばしくし、吾徒の披圖に副《そ》ふ、亦た盛んならずや」と。

〔裴松之注〕

〔一〕尚書に曰く（六）、「三載にして績を考へ、三考して幽明を黜陟す」と。九考は則ち二十七年なり。

（補注）

（一）崔駰は、字を亭伯、幽州涿郡安平縣の人。若いころから經書や百家の言に精通し、太學で班固と並び名声を博した。文學にも優れ、「四巡頌」を作り、章帝が古禮に則って四方を巡狩したことを称えた。和帝期には、車騎將軍の竇憲に辟召されて掾屬・主簿を歴任した（『後漢書』列傳四十二　崔駰傳）。

（二）前記は、ここでは『禮記』。『禮記』樂記篇に、「故事與時並、名與功偕」とある。

（三）『詩經』魯頌　駉に、「思無邪、思馬斯徂」とあることを踏まえた表現である。

（四）『詩經』國風　邶に、「匏有苦葉、濟有深涉。深則厲、淺則揭」とあることを踏まえた表現である。

（五）『春秋左氏傳』成公　傳十八年に、「今將崇諸侯之姦、而披其地。以塞夷庚」とあることを踏まえた表現である。

（六）『尚書』舜典に、「三載考績、三考黜陟幽明」とあり、同文。

〔現代語訳〕

先儒に依拠して、文章を仮託して（自分の）意見を表現し、「釋《しゃく》譏《き》」と名付けた。その文は崔駰《さいえん》の「達旨《たっし》」を継承している。その言葉に、「ある人が余《わたし》を譏《そし》ってこう言った、「前代の記（『禮記』樂記篇）には、そもそも（人の）行事は時期によって定まり、名声は功績によって決まるとある。そうであれば名声と行事は、前代の賢者の急務である。このために制度を創設し規範を作るには、時期でなければ立てられず、評判を流し名声を挙げるには、功績がなければ記されず、名声は必ず功績を俟《ま》ってはじめて現れる。行事もまた時を俟って進行あるいは中止し、身が没して名が滅びるのは、君子の恥じることである。このために達人は道を研鑽し、奥深い道理を探り微《かす》かな予兆を求め、天運の兆しを観察し、人事の盛衰を考え、弁者は説を述べ、智者は機会に応じ、謀略家は計略を述べ、武士は武威を奮い、雲のように合し霧のように集まり、風のように荒れ雷のように飛んで、時の良いときを測り、世の中の資《かて》を取り、小し屈して大きく伸び、公を大切に私を省みず、一尺縮んでも一尋《ひろ》（八尺）伸び、最後は光を揚げて輝きを発する。いま三國が鼎立し、世界はいまだ治まらず、広大な四海では、若い者が敗れ、道義が沈滞することを嘆き、生民の苦しむことを哀れむ。これは誠に聖人賢者が救いに赴くべき秋《とき》で、烈士が功を樹立する機会である。吾子《きみ》は高く朗らかな才と、玉のような資質を持ち、広く書物に兼通し、心を儒教に留め、深遠なものを致さないことはなく、暗いものを尽くさないことはない。身を挺して命を受け、宮中の秘密を掌り、紫闥《したつ》（宮中）を動きまわり、喉舌《こうぜつ》（陛下の言葉）を取り扱い、九度の勤務評定でも異動せず、（宮中に）入ったままで出ることはなく[一]、古今の真偽を究め、時務の得失を計っている。時おり一策を献じ、たまたま一言を進めて、その職責を果たし、その給料（分の働き）を満たしているが、もとより忠誠を尽くし、ことごとく胸や肝の思いを尽くし、正言を並べ直言を入れ、かの民草に恵んで、われわれ卑しきものたちにみなこれを聞かせることはない。どうしてまたたづなを引き轡《くつわ》をゆるめ、車をめぐらして道をかえ、安駕（楽な車）の列に乗り、ひたすら馬を走らせ、（水の）浅い深いを明らかにして渡し場に行き、美しい平坦な道を求め、秋蘭の香りを広げて世を芳ばしくし、吾が徒（黄皓の一派）の意図に沿うことも、盛んなことではないか」と。

［裴松之注］

［一］『尚書《しょうしょ》』（舜典）に、「三年で（諸官の）成績を考査し、三回考査して暗愚を退け賢明を挙げる」とある。九考は二十七年となる。

【原文】

余聞而歎曰、嗚呼、有若云乎邪。夫人心不同、實若其面。子雖光麗、既美且豔、管闚筐舉、守厥所見。未可以言八紘之形埒、信萬事之精練也。

或人率爾、仰而揚衡曰、是何言與。是何言與。

余應之曰、虞帝以面從爲戒、孔聖以悅己爲尤。若子之言、良我所思、將爲吾子論而釋之。昔在鴻荒、矇昧肇初、三皇應籙、五帝承符、爰曁夏・商、前典攸書。姬衰道缺、霸者翼扶、嬴氏慘虐、吞嚼八區。於是從橫雲起、狙詐如星、奇衺蠭動、智故萌生。或飾眞以讎僞、或挾邪以干榮、或詭道以要上、或鬻技以自矜。背正崇邪、棄直就佞、忠無定分、義無常經。故鞅法窮而慝作、斯義敗而姦成、呂門大而宗滅、韓辯立而身刑。夫何故哉。利回其心、寵耀其目、赫赫龍章、鑠鑠車服、媮幸苟得、如反如仄、淫邪荒迷、恣睢自極、和鸞未調而身在轅側、庭宁未踐而棟折榱覆。天收其精、地縮其澤、人弔其躬、鬼芟其頟。初升高岡、終隕幽壑、朝含榮潤、夕爲枯魄。是以賢人・君子、深圖遠慮、畏彼咎戾、超然高擧、寧曳尾於塗中、穢濁世之休譽。彼豈輕主慢民、而忽於時務哉。蓋易著行止之戒、詩有靖恭之歎、乃神之聽之而道使之然也。

《訓読》

余 聞きて歎じて曰く、「嗚呼、云ふが若きこと有るや。夫れ人の心 同じからざるは、實に其の面《おもて》の若し。子 光麗にして、既に美にして且つ豔と雖も、管闚筐擧にして、厥の見る所を守るのみ。未だ以て八紘の形埒を言ひ、萬事の精練を信《の》ぶ可からざるなり」と。

或人 率爾として、仰ぎて衡を揚げて曰く、「是れ何と言ふや。是れ何と言ふや」と。

余 之に應じて曰く、「虞帝(一)は面從を以て戒と爲し、孔聖は己を悅ばしむを以て尤《とが》と爲す。子の言が若きは、艮に我の思ふ所なれば、將に吾子の爲に論じて之を釋せん。昔 鴻荒に在り、矇昧なる肇の初め、三皇(二)は籙に應じ、五帝は符を承け、爰《ここ》に夏(三)・商に曁《およ》ぶは、前典の書す攸《ところ》なり。姬 衰へて道 欽き、霸者 翼扶するも、嬴氏 慘虐にして、八區を呑嚼す。是に於て從橫 雲のごとく起り、狙詐 星の如く、奇衺蠭動し、智 故に萌生す。或いは眞を飾りて以て僞を讎《こた》へ、或いは邪を挾みて以て榮を干《もと》め、或いは詭道もて以て上を要《ねが》ひ、或いは鬻技もて以て自ら矜る。正に背き邪を崇び、直を棄て佞に就き、忠に定分無く、義に常經無し。故に鞅の法 窮まりて慝 作《おこ》り、斯の義(四) 敗れて姦成り、呂の門 大いにして宗 滅び、韓の辯 立ちて身 刑せらる。夫れ何の故なるかな。利 其の心を回《かへ》し、寵 其の目を耀かし、赫赫たる龍章、鑠鑠たる車服、幸を媮《ぬす》み苟も得れば、反するが如く仄するが如く、淫邪荒迷、恣睢《ほしいまま》にして自ら極まり、和鸞の未だ調はざるも而も身は轅側に在り、庭宁の未だ踐まざるも棟は折れ榱は覆るがごとし。天は其の精を收め、地は其の澤を縮め、人は其の躬を弔ひ、鬼は其の頟を芟《か》る。初めは高岡に升り、終はりは幽壑に隕ち、朝は榮潤を含み、夕は枯魄と爲る。是を以て賢人・君子、深く遠慮を圖り、彼《か》の咎戾を畏れ、超然と高擧して、寧ろ尾を塗中に曳くも、濁世の休譽を穢とす。彼《か》れ豈に主を輕んじ民を慢り、而して時務を忽《ゆるがせ》にするや。蓋し易(五)に行止の戒を著し、詩(六)に靖恭の歎有るは、乃ち神の之を聽きて道之を然らしむればなり。

(補注)

(一) 虞帝は、舜のこと。中国の伝説中の帝王。姓は姚、名を重華。堯の禪讓により帝位につき、天下を治めたとされる(『史記』巻一 五帝本紀)。

(二) 三皇は、中国の伝説上の帝王。『史記』は天皇・地皇・人皇あるいは泰皇とし、『風俗通義』は伏羲・女媧・神農とし、『白虎通』は伏羲・神農・燧人とし、『帝王世紀』は、伏犧・神農・黃帝とするなど諸説がある。

(三) 夏は、中国古代の王朝で、三代(夏・殷・周)の一つ。始祖である禹は黃帝の子孫といわれ、舜のときに発生した大洪水を一三年かけて治めた。のちに舜から帝位を譲られ、夏后と称した。その死後は子孫が位を継ぎ、最初の世襲王朝となった(『史記』巻二 夏本紀)。

（四）李は、李斯。戰國末期の思想家・政治家。荀子に師事して儒家の禮説を学びつつ、これに法家の説を加え独自の思想とした。秦の始皇帝に仕えて丞相となり、律令を定め、秦の中央集権制を確立した。始皇帝の死後、趙高とともに二世皇帝の胡亥を擁立するが、のち趙高によって謀殺された（『史記』巻八十七 李斯傳）。

（五）『周易』艮卦に、「彖曰、艮止也。時止則止、時行則行」とあることを踏まえた表現である。

（六）『詩經』小雅 小明に、「嗟爾君子、無恆安處。靖共爾位、正直是與」とあることを踏まえた表現である。

［現代語訳］

余《わたし》は聞いて嘆息して、「嗚呼《ああ》、言うようなことがあろうか。そもそも人の心が同じでないことは、まことにその顔のようである。子《あなた》（の言葉）は輝き麗しく、美しいうえに艶があるが、見識がせまく、その見える範囲に固執している。いまだ八紘《はっこう》（宇宙）の形態を言い、すべての事象の精練さを述べられてはいない」と言った。

あるひとは慌てて、首をあげ衡《こう》（目と眉の間）をあげながら、「これはいかなる意味か。これはいかなる意味か」と言った。

余はこれに応じて言った、「虞帝《ぐてい》は面従を戒め、孔子は自分を喜ばすことを罪とした。子《あなた》の言葉のようなことは、まことに我《わたし》が考えてきたことであるので、吾子《あなた》のために論じて説明しよう。太古のむかし、蒙昧《もうまい》なその初め、三皇《さんこう》は籙《ろく》（天命の徵《しるし》）に応じ、五帝《ごてい》は符《ふ》（天命の記録）を承け、そののち夏・商（殷）に及んだことは、前代の典籍が記録するところである。姫《き》（周）が衰えて道が欠け、霸者《はしゃ》が（それを）助けたが、嬴氏《えいし》（秦）は残虐で、世界を併吞した。ここにおいて從橫家《しょうおうか》が雲のように起こり、詐術は星のように多く、ひどい邪道が蠢動《しゅんどう》し、狡智が萌え出でた。あるものは真を飾って偽を答え、あるものは邪を抱いて栄誉を求め、あるものは詭道《きどう》により君主に取り入り、あるものは技術により自ら誇った。正に背き邪を尊び、直を棄て佞《ねい》に付き、忠には身分相応の対応が無く、義には普遍の原則がなかった。このため商鞅《しょうおう》の法家政治がきわまると悪事がおこり、李斯《りし》の義が敗れると（趙高が権力を握る）姦事が完成し、呂不韋《りょふい》の一派が大きな勢力を持つと宗族が滅び、韓非《かんび》の弁が立つと自身が刑罰をうけた。それはなぜであろうか。利がその心を変え、寵愛がその目をくらませ、きらきらした龍の章《かざり》と、うるわしい車服を、（君主の）寵愛を盗んでかりそめにも手に入れれば、そっくりかえるように、淫行邪悪に荒《すさ》み迷い、欲しいままに自ら極まり、鈴の音がまだ響かないうちに身は轅《ながえ》の外におち、庭先に踏みいらないうちに棟《むなぎ》が折れ榱《たるき》が砕けるようなものである。天はその精を取りあげ、地はその恩沢をひっこめ、人はその躬を葬り、鬼は其の額をけずる。初めは高い岡に登りながら、終わりは暗い谷に落ち、朝には栄えたつやつやな身も、夕には枯れた魄となる。このために賢人と君子は、深く遠い慮りを考え、かの過ちを恐れ、超然と世俗を逃れて、尾を泥の中に曳《ひ》くよりも、濁世の名誉を汚穢なものとした。かれらはどうして主君を軽んじ民を侮り、時務をおろそかにしたのであろうか。思うに『周易《しゅうえき》』（艮卦）に動と静（を時に応ずること）の戒を著し、『詩經《しきょう》』（小雅 小明）に（官位に）安んずることの歎があるのは、神《しん》がこれを受入れ道がこれをそのようにさせているからである。

【原文】

自我大漢、應天順民、政治之隆、皓若陽春、俯憲坤典、仰式乾文、播皇澤以熙世、揚茂化之醲醇、君臣履度、各守厥眞。上垂詢納之弘、下有匡救之責、士無虛華之寵、民有一行之迹、粲乎亹亹、尙此忠益。然而道有隆窳、物有興廢、有聲有寂、有光有翳。朱陽否於素秋、玄陰抑於孟春、羲和逝而望舒係、運氣匿而耀靈陳。沖・質不永、桓・靈墜敗、英雄雲布、豪傑蓋世、家挾殊議、人懷異計。故從横者欻披其胸、狙詐者暫吐其舌也。

《訓讀》

我が大漢、天に應じ民に順ひてより、政治の隆、皓として陽春の若く、俯しては坤典に憲《のっ》とり、仰ぎては乾文に式《のっ》とり、皇澤を播《ひろ》げて以て世を熙《かがや》かせ、茂化の醲醇を揚げ、君臣 度を履き、各〻厥の眞を守る。上は詢納の弘を垂れ、下は匡救の責有り、士に虛華の寵無く、民に一行の迹有り、粲として亹亹《びび》たりて、此の忠益を尙ぶ。然り而して道に隆窳有り、物に興廢有り、聲有り寂有り、光有り翳有り。朱陽は素秋に否《ふさが》り、玄陰は孟春に抑へられ、羲和 逝きて望舒 係り、運氣 匿れて耀靈 陳《つらな》たり。沖（一）・質（二）は永からず、桓（三）・靈は墜敗し、英雄 雲のごとく布り、豪傑 世を蓋ひ、家ごとに殊議を挾み、人ごとに異計を懷く。故に從横者は欻《にはか》に其の胸を披《ひら》き、狙詐者は暫く其の舌を吐くなり。

〔補注〕

（一）沖は、沖帝。後漢の第九代皇帝（在位、一四四～四五年）。外戚の梁冀により擁立されたが、翌年死去した（『後漢書』本紀四沖帝紀）。

（二）質は、質帝。後漢第十代皇帝（在位、一四五～四六年）。千乘王劉鴻の子。沖帝の崩御後、大將軍梁冀に擁立されたが、梁冀を「跋扈將軍」と呼んで批判し、毒殺された（『後漢書』本紀六質帝紀）。

（三）桓は、桓帝。後漢の第十一代皇帝（在位、一四六～一六七年）。十五歳で即位したが、梁太后が臨朝し、外戚の梁冀が專横を極めた。のち、宦官の協力により梁氏を族誅したが、以後は宦官が横暴となり、李膺・陳蕃らを領袖とする黨人と対立し、黨錮の禁を惹起した。浮圖（佛陀）と老子を尊崇し、儒教一尊の風潮に新しい気運を開き、音楽を愛好して、琴瑟をよくした（『後漢書』本紀七 桓帝紀）。

［現代語訳］

わが大漢《たいかん》は、天命に応じ民草に順ってより、政治の隆盛するさまは、光り輝く陽春のようで、伏しては地の規範に則り、仰いでは天の現象に則り、大いなる恩沢を広げて世を輝かせ、豊かな教化の芳醇なる成果を掲げ、君臣ともに法度に従い、それぞれの真を守った。上（天子）は諫言を入れる寛弘を示し、下（臣下）は正し救う責任を果たし、士には表面を飾るだけの寵愛はなく、民には（最重要な）一つの行い（である孝）が重んじられ、燦然と輝きこつこつ努力して、この忠による利益をもたらした。しかしながら道には盛衰があり、物には興廃があり、音が聞こえるときがあれば静寂があり、光があるときがあれば影がある。陽の氣は秋には衰え、陰の氣は春には抑えられ、羲和《ぎか》（太陽の使者）が去れば望舒《ぼうじょ》（月の御者）が続き、雲の氣が隠れると日の光が現れる。沖帝《ちゅうてい》・質帝《しってい》は夭折し、桓帝《かんてい》・靈帝《れいてい》は失政し、英雄は雲のように並び立ち、豪傑は世を蓋い、家ごとに異なる議論を行い、人ごとに異なる計を懐いた。このため、従横家《しょうおうか》はにわかにその胸を開き（策を述べ）、詐欺師はその場しのぎのいい加減な言葉を吐いた。

【原文】

今天綱已綴、德樹西鄰、丕顯祖之宏規、縻好爵於士人、興五教以訓俗、豐九德以濟民、肅明祀以礿祭、幾皇道以輔眞。雖跱者未一、僞者未分、聖人垂戒、蓋均無貧。故君臣協美於朝、黎庶欣戴於野、動若重規、靜若疊矩。濟濟偉彥、元凱之倫也。有過必知、顏子之仁也、侃侃庶政、冉・季之治也、鷹楊鷙騰、伊・望之事也。總羣俊之上略、含薛氏之三計、敷張・陳之祕策、故力征以勤世、援華英而不遑、豈暇脩枯簳於榛穢哉。

《訓讀》

今　天綱　已に綴り、德　西鄰に樹《た》ち、顯祖の宏規を丕《おおい》にし、好爵を士人に縻《つな》ぎ、五教を興して以て俗を訓《をし》へ、九德（一）を豐かにして以て民を濟ひ、明祀を肅《おごそか》にして以て礿祭し、皇道を幾《はじめ》て以て眞を輔く。跱者は未だ一ならず、僞者は未だ分からざると雖も、聖人　戒を垂るれば、蓋し均しく貧するもの無からん。故に君臣　美を朝に協《あは》せ、黎庶　戴を野に欣び、動くには重規の若く、靜かなるには疊矩の若し。濟濟たる偉彥、元凱（二）の倫なり。過ち有れば必ず知るは、顏子の仁なり、侃侃たる庶政は、冉（三）・季（四）の治なり、鷹楊鷙騰は、伊・望の事なり。羣俊の上略を總べ、薛氏（五）の三計を含み、張・陳の祕策を敷く、故に力征して以て世に勤め、華英を援けて遑《いとま》あらず、豈に枯簳を榛穢に脩むるに暇《いとま》あらんや。

（補注）

（一）九德は、諸説あるが、『尚書』皐陶謨篇では、「寛而栗、柔而立、愿而恭、亂而敬、擾而毅、直而溫、簡而廉、剛而塞、彊而義」としている。

（二）元凱は、八元八凱。八元は、高陽氏の才子八人で、蒼舒・隤敳・檮戭・大臨・尨降・庭堅・仲容・叔達のこと。八凱は、高辛氏の才子八人で、伯奮・仲堪・叔獻・季仲・伯虎・仲熊・叔豹・季貍のこと。いずれも堯のとき用いられず、舜のときに用いられた（『春秋左氏傳』文公　傳十八年）。

（三）冉は、冉有。孔子の弟子。字を子有、名を求という。孔子より二十九歳の年少で、季氏の宰（執事）をつとめた。子路と並んで、政事に評価が高い（『史記』卷六十七　仲尼弟子列傳）。

（四）季は、季路。子路のこと。孔子の門人で十哲の一人。魯の出身。姓は仲、名は由。子路は字である。勇を好んで正義感が強く、直情径行であった。時折孔子に食ってかかったが、孔子はその率直さを愛した。衞の大夫の孔悝に仕えたが、君位の争いが起こり、反乱の鎮圧に赴き、かえって殺された（『史記』卷六十七　仲尼弟子列傳）。

（五）薛氏は、薛鑒。劉邦のために黥布の取り得る三つの計略を予測した（『史記』卷九十一　黥布列傳）。

［現代語訳］

いま天綱《てんこう》は（わが蜀漢により）すでに綴《つづ》り直され、德は西方に立ち、皇祖の規範を大いにし、高爵により士人に繫がり、五教《ごきょう》（仁・義・禮・智・信）を興隆して世俗を教化し、九徳《きゅうとく》を豊かにして民を救い、祭祀を厳粛にして礿祭《やくさい》（春の祭り）を行い、大いなる道を始めて真（の国のあり方）を輔けていく。対峙するもの（曹魏と孫吳）はまだ統一されず、偽せもの（曹魏と孫吳）はまだ（真が蜀漢であることを）分かっていないが、聖天子が訓戒を述べれば、おそらく均しく貧しいものが無くなろう。このため君臣は美を朝廷につくりあげ、民草は（聖天子を）戴くことを野に喜び、動くときには重い規範のように、静かなときには重なる定規のように（規範に従う）。多士済済の優れた人物たちは、八元八凱《はちげんはちがい》に匹敵する。過ちがあれば必ず知ることは、顏回《がんかい》の仁であり、剛直な行政は、冉有《ぜんゆう》・季路《きろ》（子路）の統治であり、鷹や鷙《あらどり》が飛び跳ねる（ような武勇）は、伊尹《いいん》・太公望《たいこうぼう》の軍事である。このような俊才たちの優れた謀略を統合し、薛《せつ》氏の三計を考慮し、張良《ちょうりょう》・陳平《ちんぺい》の秘策を下敷きにし、征伐に努力して世に勤め、英才を登用して暇《いとま》もないので、どうして枯れた竹の皮（のような自分）を雑草の中から拾い上げる暇などあるだろうか。

【原文】

然吾不才、在朝累紀、託身所天、心焉是恃。樂滄海之廣深、歎嵩岳之高跱、聞仲尼之贊商、感鄉校之益己。彼平仲之和羹、亦進可而替否。故矇冒瞽說、時有攸獻。譬遒人之有采于市閭、游童之吟詠乎疆畔。庶以增廣福祥、輸力規諫。若其合也、則以闇協明、進應靈符。如其違也、自我常分、退守己愚。進退任數、不矯不誣、循性樂天、夫何恨諸。此其所以既入不出、有而若無者也。狹屈氏之常醒、濁漁父之必醉、溷柳季之卑辱、褊夷叔之高懟。合不以得、違不以失、得不克詘、失不慘悴。不樂前以顧軒、不就後以慮輊、不[1]（粥）〔鬻〕譽以干澤、不辭愆以忌絀。何責之釋。何飧之卹。何方之排。何直之入。九考不移、固其所執也。

〔校勘〕

1．百衲本は、「粥」に作るが、中華書局本により「鬻」に改める。

《訓読》

然れども吾が不才、朝に在りて紀を累《かさ》ね、身を天とする所に託し、心是《こ》れ恃《たの》む。滄海の廣深を樂しみ、嵩岳の高跱を歎き、仲尼の贊商（一）を聞き、鄉校の己を益すに感ず。彼の平仲の和羹も、亦た可を進めて否を替ふ。故に矇冒 瞽說し、時に獻ずる攸《ところ》有り。譬ふれば遒人（二）の市閭に采《と》る有り、游童の疆畔に吟詠するなり。以て福祥を增廣するを庶ひ、力を輸《つく》して規諫す。若し其の合ふときは、則ち闇を以て明に協ひ、進みて靈符に應ず。如し其の違ふときは、自ら我が常分、退きて己の愚を守るのみ。進退は數に任せ、矯《いつは》らず誣《あざむ》かず、性に循ひ天を樂しまば、夫れ何をか諸《これ》を恨まん。此れ其の既に入りて出でざる所以にして、有りて無きが若き者なり。屈氏の常に醒めたるを狹しとし、漁父の必ず醉うを濁とし、柳季（三）の卑辱を溷《けがれ》るとし、夷叔の高懟を褊《せま》しとす。合しても以て得ず、違ひても以て失はず、得ても克詘せず、失ふも慘悴せず。前を樂しみて以て軒（四）を顧みず、後に就きて以て輊を慮ぱからず、譽を鬻《かし》ぎて以て澤を干《もと》めず、愆を辭して以て絀を忌まず。何の責をか之れ釋《と》かん。何の飧《めし》をか之れ卹《うれへ》ん。何の方をか之れ排せん。何の直をか之れ入れん。九考 移らざるは、固より其の執る所なり。

（補注）
（一）贊商は、商（子夏）を孔子が褒めること。『論語』八佾篇に、「子夏問曰、巧笑倩兮、美目盼兮、素以爲絢兮、何謂也。子曰、繪事後素。曰、後禮乎。子曰、起予者商也。始可與言詩已矣」とある。
（二）遒人は、路を歩いて輿論を採取する官。『尚書』胤征篇に、「遒人以木鐸徇於路」とある。
（三）柳季は、柳下惠。展禽。春秋魯の大夫。柳下を封地とし、謚を惠といい、字は季。孔子より、賢才と廉直を称賛された（『論語』衞靈公篇、微子篇）。
（四）軒は、車の前が高くあがること。輊はその逆。『詩經』小雅六月に、「戎車既安、如輊如軒」とある。

［現代語訳］
しかし吾《わたし》は不才ながら、朝廷にあって年を重ね、一身を天とする所（天子）に託し、心はこれに頼っている。滄海の広さ深さを楽しみ、嵩山《すうざん》の高い大きさに嘆じ、孔子が子夏《しか》を褒めるのを聞き、郷校が己（の学問）を益したことに感銘する。かの平仲《へいちゅう》（晏嬰）の和羹《わこう》（君主の輔佐）も、また善を進めて悪を代えた。このために愚者（なわたし）もでたらめを述べて、時には献策することもある。たとえれば遒人《しゅうじん》が市場や田舎で採取したり、遊ぶ童子が田の畔《あぜ》で吟詠するようなものである。それにより（国家の）幸福を増し広げることを願い、力を尽くして諫める。もしそれが合ったときは、暗愚が明主と一致したことになり、進んで瑞祥に応じた。もしそれが違うときには、自分のいつものあり方として、退いて自分の愚かさを守るだけである。進退は命数にまかせ、偽らず欺かず、本性に従い天命を楽しめば、そもそも何を怨もうか。これがその既に（宮中に）入って出ない理由であり、（才能が）有るようで無いようなものなのである。屈原《くつげん》が常に醒《さ》めていることを狭いとし、漁父が必ず酔うことを濁っているとし、柳季《りゅうき》（柳下惠）の（身を）卑しめ屈辱を受けることを汚らわしいとし、伯夷《はくい》と叔齊《しゅくせい》の高潔さを狭いとする。（君主の意向と）合っても（何も）得ず、違っても（何も）失わず、得ても卑屈にならず、失っても心を傷ませない。前を楽しんで軒《けん》を顧みず、後に行って輊《ち》を心配せず、名誉を売ることで恩沢を求めず、罪を犯さないことで失脚を避けない。いかなる責任を釈明しようか。いかなる食事を憂いようか。いかなる正しさを排除しようか。いかなる直言を受入れようか。九度の勤務評定でも異動しないのは、もとよりわたしが取ってきた生き方なのである。

【原文】
方今朝士山積、髦俊成羣、猶鱗介之潛乎巨海、毛羽之集乎鄧林、游禽逝不爲之尠、浮魴臻不爲之殷。且陽靈幽於唐葉、陰精應於商時、陽旴請而洪災息、桑林禱而甘澤滋［一］。行止有道、啟塞有期。我師遺訓、不怨不尤。委命恭己、我又何辭。辭窮路單。將反初節、綜墳典之流芳、尋孔氏之遺藝、綴微辭以存道、憲先軌而投制、韙叔肸之優游、美疎氏之遐逝、收止足以言歸、汎皓然以容裔、欣環堵以恬娛、免咎悔於斯世、顧茲心之未泰、懼末塗之泥滯、仍求激而增憤、肆中懷以告誓。昔九方考精於至貴、秦牙沈思於殊形［二］。薛燭察寶以飛譽［三］、瓠梁託絃以流聲［四］。齊隸拊髀以濟文［五］、楚客潛寇以保荊［六］。雍門援琴而挾說［七］、韓哀秉轡而馳名［八］。盧敖翱翔乎玄闕、若士竦身于雲清［九］。余實不能齊技於數子。故乃靜然守已而自寧。

［裴松之注］

［一］淮南子曰、禹爲水、以身請于陽盱之河、湯苦旱、以身禱於桑林之際。聖人之憂民、如此其明也。呂氏春秋曰、昔殷湯克夏桀而天下大旱、三年不收。湯乃以身禱於桑林曰、余一人有罪、無及萬方。萬方有罪、在余一人。無以一人之不敏、使上帝毀傷民之大命。湯於是剪其髮、攦其爪、自以爲犧牲、用祈福于上帝。民乃甚悅。雨乃大至。

［二］淮南子曰、秦穆公謂伯樂曰、子之年長矣、子姓有可使求馬者乎。對曰、良馬者、可以形容筋骨相也、相天下之馬者、若滅若沒若失、若亡其一。若此馬者、絶塵卻轍。臣之子皆下才也。可告以良馬而不可告以天下之馬。天下之馬、臣有所與共儋纏采薪九方堙。此其相馬、非臣之下也、請見之。穆公見之、使之求馬。三月而反報曰、已得馬矣、在於沙丘。穆公曰、何馬也。對曰、牝而黃。使人往取之、牡而驪。穆公不悅。召伯樂而問之曰、敗矣、子之所使求馬者也、毛物・牝牡尚弗能知。又何馬之能知。伯樂喟然太息曰、一至此乎。是乃所以千萬[1](里)臣而無數者也。若堙之所觀者天機也。得其精而忘其麤、在其內而忘其外。見其所見而不見其所不見、視其所視而遺其所不視。若彼之所相者、乃有貴乎馬者。馬至、而果天下之馬也。淮南子又曰、伯樂・寒風・秦牙・葛青、所相各異、其知馬一也。蓋九方觀其精、秦牙察其形。

［三］越絶書曰、昔越王句踐有寶劍五枚、聞於天下。客有能相劍者名薛燭。王召而問之、吾有寶劍五、請以示子。乃取豪曹・巨闕。薛燭曰、皆非也。又取純鈎・湛盧。燭曰、觀其劍鈔、爛爛如列宿之行。觀其光、渾渾如水之將溢于塘。觀其文、渙渙如冰將釋。此所謂純鈎邪。王曰、是也。王曰、客有直之者、有市之鄉三、駿馬千匹、千戶之都二、可乎。薛燭曰、不可。當造此劍之時、赤堇之山破而出錫、若邪之谿涸而出銅、雨師掃灑、雷公擊鼓、太一下觀、天精下之、歐冶乃因天之精、悉其伎巧。一曰純鈎、二曰湛盧。今赤堇之山已合、若邪之谿深而不測、歐冶子已死。雖傾城量金、珠玉竭河、獨不得此一物。有市之鄉三、駿馬千匹、千戶之都二、亦何足言與。

［四］淮南子曰、瓠巴鼓瑟而鱏魚聽之。又曰、瓠梁之歌可隨也、而以歌者不可爲也。

［五］臣松之曰、按此謂孟嘗君田文下坐客、能作雞鳴以濟其厄者也。凡作雞鳴、必先拊髀、以傚雞之拊翼也。

［六］淮南子曰、楚將子發、好求技道之士。楚有善爲偸者、往見曰、聞君求技道之士。臣偸也、願以技備一卒。子發聞之、衣不及帶、冠不暇正、出見而禮之。左右諫曰、偸者、天下之盜也。何爲禮之。君曰、此非左右之所得與。後無幾何、齊興兵伐楚。子發將師以當之。兵三卻。楚賢大夫皆盡其計而悉其誠、齊師愈彊。於是卒偸進請曰、臣有薄技、願爲君行之。君曰、諾。偸卽夜出、解齊將軍之帳、而獻之子發。子發使人歸之曰、卒有出採薪者、得將軍之帳、使使歸於執事。明日又復往取枕。子發又使歸之。明日又復往取簪。子發又使歸之。齊師聞之大駭、將軍與軍吏謀曰、今日不

去、楚軍恐取吾頭矣。卽旋師而去。

［七］桓譚新論曰、雍門周以琴見。孟嘗君曰、先生鼓琴、亦能令文悲乎。對曰、臣之所能令悲者、先貴而後賤、昔富而今貧、擯壓窮巷、不交四鄰。不若身材高妙、懷質抱眞、逢讒罹謗、怨結而不得信。不若交歡而結愛、無怨而生離、遠赴絕國、無相見期。不若幼無父母、壯無妻兒、出以野澤爲鄰、入用堀穴爲家、困于朝夕、無所假貸。若此人者、但聞飛鳥之號、秋風鳴條、則傷心矣、臣一爲之援琴而長太息、未有不悽惻而涕泣者也。今若足下、居則廣廈高堂、連闥洞房、下羅帷、來清風。倡優在前、諂諛侍側、揚激楚、舞鄭妾、流聲以娛耳、練色以淫目。水戲則舫龍舟、建羽旗、鼓釣乎不測之淵。野游則登平原、馳廣囿、強弩下高鳥、勇士格猛獸。置酒娛樂、沈醉忘歸。方此之時、視天地曾不若一指、雖有善鼓琴、未能動足下也。孟嘗君曰、固然。雍門周曰、然臣竊爲足下有所常悲。夫角帝而困秦者君也。連五國而伐楚者又君也。天下未嘗無事、不從卽衡。從成則楚王、衡成則秦帝。夫以秦・楚之彊而報弱薛、猶磨蕭斧而伐朝菌也。有識之士、莫不爲足下寒心。天道不常盛、寒暑更進退。千秋萬歲之後、宗廟必不血食。高臺既已傾、曲池又已平、墳墓生荊棘、狐狸穴其中。游兒・牧豎、躑躅其足而歌其上曰、孟嘗君之尊貴、亦猶若是乎。於是孟嘗君喟然太息、涕淚承睫而未下。雍門周引琴而鼓之、徐動宮・徵、叩角・羽、終而成曲。孟嘗君遂歔欷而就之曰、先生鼓琴、令文立若亡國之人也。

［八］呂氏春秋曰、韓哀作御。王襃聖主得賢臣頌曰、及至駕齧膝、參乘旦、王良執靶、韓哀附輿、縱馳騁騖、忽如景靡、過都越國、蹶如歷塊、追奔電、逐遺風、周流八極、萬里一息。何其遼哉。人馬相得也。

［九］淮南子曰、盧敖游乎北海、經乎太陰、入乎玄闕、至於蒙轂之上、見一士焉。深目而玄準、戾頸而鳶肩、豐上而殺下、軒軒然方迎風而舞。顧見盧敖、慢然下其臂、犢逃乎碑下。盧敖俯而視之、方卷龜殼而食合梨。盧敖乃與之語曰、惟敖爲背羣離黨。窮觀於六合之外者、非敖而已乎。敖幼而好游、長不喻解。周行四極、惟北陰之不闚、今卒睹夫子於是。子殆可與敖爲交乎。若士者、齤然而笑曰、嘻乎。子中州民、寧肯而遠至此。此猶光乎日月而戴列星、陰陽之所行、四時之所生。此其比夫不名之地、猶突奧也。若我南游乎罔㝗之野、北息于沈墨之鄉、西窮冥冥之黨、東貫鴻濛之光。此其下無地而上無天、聽焉無聞、視焉則眴。此其外猶有沈沈之汜。其餘一舉而千萬里、吾猶未能之在。今子游始至于此。乃語窮觀、豈不亦遠哉。然子處矣。吾與汗漫期於九垓之上、吾不可以久。若士舉臂而竦身、遂入雲中。盧敖仰而視之弗見、乃止曰、吾比夫子也、猶黃鵠之與壤蟲。終日行不離咫尺、自以爲遠、不亦悲哉。

〔校勘〕

1．中華書局本により「里」の一字を省く。

《訓読》

方今《いま》朝士 山のごとく積み、髦俊 羣を成し、猶ほ鱗介の巨海に潜み、毛羽の鄧林に集ふがごとく、游禽 逝くも之を尠《すく》なきと爲さず、浮魴 臻《いた》るも之を殷《さか》んと爲さず。且つ陽靈 唐葉に幽《かく》れ、陰精 商の時に應じ、陽盱に請ひて洪災 息《や》み、桑林に禱りて甘澤 滋る［一］。行止に道有り、啟塞に期有り。我が師の遺訓〔二〕に、怨まず尤めずと。命に委ね己を恭しみ、我 又 何をか辭せん。辭 窮り路 單《ひと》つなり。將に初節に反らんとし、墳典の流芳を綜べ、孔氏の遺藝を尋ね、微辭を綴りて以て道を存し、先軌に憲《のっと》りて制に投じ、叔肸の優游を韙《よし》とし、疎氏の遐逝を美とし、止足を收めて以て歸を言ひ、皓然に汎《う》かびて以て裔を容れ、環堵を欣びて以て恬をば娯しみ、咎悔を斯の世に免れ、茲の心の未だ泰らがずを顧り、末塗の泥滯するを懼れ、仍りに激を求めて憤を增し、中懷を肆《つら》ねて以て告誓す。昔 九方は精を至貴に考へ、秦牙は思ひを殊形に沈む[二]。薛燭は寶を察して以て譽を飛ばし[三]、瓠梁は絃に託して以て聲を流す[四]。齊の隸は髀を拊して以て文を濟ひ[五]、楚の客は寇に潛みて以て荊を保つ[六]。雍門は琴を援けて說を挾み[七]、韓哀は轡を秉りて名を馳す[八]。盧敖は玄闕に翺翔し、若《こ》の士は身を雲清に竦《た》つ[九]。余は實に技を數子と齊しくする能はず。故に乃ち靜然として已を守りて自ら寧《やすん》ず」と。

[裴松之注]

[一] 淮南子(二)に曰く、「禹 水を爲《をさ》むるや、身を以て陽盱の河に請ひ、湯 旱《ひでり》に苦しむや、身を以て桑林の際に禱る。聖人の民を憂ふること、此の如く其れ明らかなり」と。呂氏春秋(三)に曰く、「昔 殷湯 夏桀に克つも天下 大いに旱し、三年 收《をさ》めず。湯 乃ち身を以て桑林に禱りて曰く、「余 一人《いちにん》に罪有り、萬方に及ぼすこと無かれ。萬方に罪有らば、余 一人に在り。一人の不敏なるを以て、上帝 民の大命を毀傷せしむること無かれ」と。湯 是に於て其の髮を剪り、其の爪を攦《き》り、自ら以て犧牲と爲り、用《もっ》て福を上帝に祈る。民 乃ち甚だ悅ぶ。雨 乃ち大いに至る」と。

[二] 淮南子に曰く(四)、「秦の穆公(五) 伯樂(六)に謂ひて曰く、「子の年 長じたり、子が姓に馬を求めしむる可き者有るか」と。對へて曰く、

「良馬なる者は、形容筋骨を以て相するを以てす可きなるも、天下の馬を相する者は、滅する若く沒する若く失するが若く、その一を亡ふが若し。此の若くの馬は、塵を絶ち轍を卻《さ》る。臣の子 皆 下才なり。告ぐるに良馬を以てす可きも告ぐるに天下の馬を以てす可からず。天下の馬は、臣 與に儋纆采薪を共する所のものたる九方堙なるもの有り。此れ其の馬を相するに、臣の下に非ざれば、請ふ之を見えしめんことを」と。穆公 之を見、之をして馬を求めしむ。三月にして反り報じて曰く、「已に馬を得たり、沙丘に在り」と。穆公曰く、「何の馬ぞ」と。對へて曰く、「牝にして黃なり」と。人をして往きて之を取らしむれば、牡にして驪なり。穆公 悅ばず。伯樂を召して之を問ひて曰く、「敗れたり、子の馬を求めせし所の者は、毛物・牝牡だに尙ほ知る能はず。又 何の馬をか之れ能く知らん」と。伯樂 喟然として太息して曰く、「一に此れに至るか。是れ乃ち臣を千萬にするも數無き所以の者なり。堙の觀る所の若き者は天機なり。其の精を得て其の麤を忘れ、其の內を在《み》て其の外を忘る。其の見る所を見て其の見ざる所を見ず、其の視る所を視て其の視ざる所を遺《す》つ。彼の相する所の若き者は、乃ち馬よりも貴き者有り」と。馬 至れば、果たして天下の馬なり」と。淮南子 又 曰く(七)、「伯樂・寒風・秦牙・葛靑は、相する所 各〻異なるも、其の馬を知るは一なり」と。蓋し九方は其の精を觀、秦牙は其の形を察するなり。

[三] 越絕書(八)に曰く、「昔 越王の句踐(九)に寶劍五枚有り、天下に聞こゆ。客に能く劍を相する者有り名は薛燭(一〇)といふ。王 召して之に問ひ、「吾に寶劍五有り、請ふらくは以て子に示さん」と。乃ち豪曹・巨闕を取る。薛燭曰く、「皆 非なり」。又 純鈞・湛盧を取る。燭曰く、「其の劍鈔を觀るに、爛爛たること列宿の行くが如し。其の光を觀るに、渾渾たること水の將に塘に溢れんとするが如し。其の文を觀るに、渙渙たること冰の將に釋《と》けんとするが

如し。此れ所謂る純鈎なるか」と。王曰く、「是なり」と。王曰く、「客に之を直《あたひ》する者有り、市の鄕三、駿馬千匹、千戸の都二有りと、可なるか」と。薛燭曰く、「可ならず。此の劍の造る時に當たり、赤堇の山 破れて錫を出だし、若邪の谿《たに》 涸《か》れて銅を出だし、雨師は掃灑し、雷公は擊鼓し、太一は觀より下り、天精は之に下り、歐冶（一一）は乃ち天の精に因り、其の伎巧を悉す。一に純鈎と曰ひ、二に湛盧と曰ふ。今 赤堇の山は已に合し、若邪の谿は深くして測れず、歐冶子は已に死す。城を傾け金を量り、珠玉河を竭くすと雖も、獨り此の一物を得ず。市の鄕三、駿馬千匹、千戸の都二有るも、亦た何ぞ言ふに足らんや」と」と。

[四] 淮南子に曰く（一二）、「瓠巴 瑟を鼓して鱏魚だに之を聽く」と。又曰（一三）く、「瓠梁の歌は隨ふ可きなるも、而も以て歌は爲す可からざるなり」と。

[五] 臣松之曰く、「按ずるに此れ孟嘗（一四）君田文の下坐客、能く雞鳴を作して以て其の厄を濟ふを謂ふ者なり。凡そ雞鳴を作すは、必ず先に髀を拊し、以て雞の拊翼に傚ふなり」と。

[六] 淮南子に曰く（一五）、「楚の將たる子發、好みて技道の士を求む。楚に善く偸を爲す者有り、往きて見えて曰く、「君は技道の士を求むと聞く。臣は偸なり、願はくは技を以て一卒に備はらん」と。子發 之を聞き、衣は帶するに及ばず、冠は正すに暇《いとま》あらず、出でて見えて之を禮す。左右 諫めて曰く、「偸なる者は、天下の盜なり。何爲れぞ之を禮する」と。君曰く、「此れ左右の與《あづか》り得る所に非ず」と。後に幾何《いくばく》も無く、齊 兵を興して楚を伐つ。子發 師を將ゐて以て之に當たる。兵 三たび卻《しりぞ》く。楚の賢大夫 皆其の計を盡くして其の誠を悉くすも、齊の師 愈〻彊し。是に於て卒偸 進み請ひて曰く、「臣に薄技有り、願はくは君の爲に之を行はん」と。君曰く、「諾」と。偸 卽ちに夜に出で、齊の將軍の帳を解きて、之を子發に獻ず。子發 人をして之を歸さしめて曰く、「卒 出でて薪を採る者有り、將軍の帳を得たれば、使をして執事に歸さしむ」と。明日 又 復び往きて枕を取る。子發 又 使をして之を歸さしむ。明日 又 復び往きて簪を取る。子發 又 使をして之を歸さしむ。齊師 之を聞き大いに駭《おどろ》き、將軍 軍吏と與に謀りて曰く、「今日 去らずんば、楚軍 恐らくは吾が頭を取らん」と。卽ちに師を旋《めぐら》して去る」と。

[七] 桓譚（一六）の新論（一七）に曰く、「雍門周（一八） 琴を以て見ゆ。孟嘗君曰く、「先生 琴を鼓し、亦た能く文をして悲しましむるか」と。對へて曰く、「臣の能く悲しましむる所の者は、先に貴くして後に賤し く、昔 富みて今 貧しく、窮巷に擯壓して、四鄰に交はらず。若《し》からずんば身材は高妙にして、質を懷き眞を抱くも、讒に逢ひ謗に罹《かか》り、怨結して信《の》びるを得ざるものなり。若からずんば交歡して愛を結ぶも、怨み無くして生きながらに離れ、遠く絕國に赴きて、相 見ゆる期無きものなり。若からずんば幼くして父母無く、壯にして妻兒無く、出でては野澤を以《もっ》て鄰と爲し、入りては堀穴を用《もっ》て家と爲し、朝夕に困しむも、假貸する所無きものなり。此の若きの人は、但だ飛鳥の號、秋風の鳴條を聞かば、則ち心を傷《いたま》しめば、臣 一たび之が爲に琴を援れば而《もっ》て長く太息し、未だ悽惻して涕泣せずんば有らざる者なり。今 足下の若きは、居りては則ち廣厦な高堂、連闥する洞房にて、羅帷を下し、淸風を來たす。倡優は前に在り、諂諛は側に侍り、激楚を揚げ、鄭妾を舞はせ、流聲は以て耳を娛ませ、練色は以て目を淫す。水戲すれば則ち龍舟に舫《なら》ひ、羽旗を建て、鈞を不測の淵に鼓す。野游すれば則ち平原に登り、廣囿を馳せ、強弩は高鳥を下し、勇士は猛

獸を格す。酒を置きて娯樂し、沈醉して歸るを忘る。此の時に方《あた》りて、天地を視るも曾て一指に若かざれば、善く琴を鼓す有ると雖も、未だ足下を動かす能はざるなり」と。孟嘗君曰く、「固《まこと》に然り」と。雍門周曰く、「然らば臣 竊かに足下の爲に常に悲しむ所有り。夫れ帝を角《あらそ》ひて秦を困《くる》しむる者は君なり。五國を連ねて楚を伐つ者も又 君なり。天下 未だ嘗て事無くんばあらず、從にあらざれば卽ち衡なり。從 成れば則ち楚王、衡 成れば則ち秦帝なり。夫れ秦・楚の彊きを以てして弱薛に報ずるは、猶ほ蕭斧を磨きて朝菌を伐つがごときなり。有識の士、足下の爲に寒心せざるは莫し。天道は常には盛ならず、寒暑は更《こも》ゝ進退す。千秋萬歳の後、宗廟 必ずや血食せざらん。高臺 既《すで》已に傾き、曲池又 已に平らぎ、墳墓に荊棘を生じ、狐狸 其の中に穴す。游兒・牧豎、其の足を躑躅して其の上に歌ひて曰く、「孟嘗君の尊貴も、亦た猶ほ是の若《ごと》しか」と。是に於て孟嘗君 喟然として太息し、涕涙をして睫に承け未だ下らず。雍門周 琴を引きて之を鼓し、徐ろに宮・徵を動かし、角・羽を叩き、終にして曲を成す。孟嘗君 遂に歔欷して之に就きて曰く、「先生の琴を鼓すや、文をして立ちどころに亡國の人の若くならしむるなり」と」と。

[八] 呂氏春秋に曰く(一九)、「韓哀 御と作る」と。王褒の聖主 賢臣を得るの頌に曰く、「及びては齧膝に駕し、乘旦に參し、王良 靶を執り、韓哀 輿に附くに至り、縱《ほしいまま》に馳せ騁《は》せて騖《は》せれば、忽として景靡の如く、都を過ぎ國を越へ、蹶《はし》ること塊を歷するが如く、奔電を追ひ、遺風を逐ひ、八極に周流し、萬里 一たび息《いこ》ふ。何ぞ其れ遼《はるか》なるや。人馬 相 得たり」と。

[九] 淮南子に曰く(二〇)、「盧敖(二一) 北海に游び、太陰を經、玄闕に入り、蒙轂の上に至るに、一士を見る。深目にして玄準、戾頸にして鳶肩、豐上にして殺下、軒軒然として方に風を迎へて舞ふ。顧みて盧敖を見、慢然として其の臂を下し、碑下に遁逃す。盧敖 俯して之を視れば、方に龜殼を卷して合梨を食ふ。盧敖 乃ち之と語りて曰く、「惟だ敖のみ羣に背き黨に離るるを爲す。六合の外に窮觀する者は、敖のみに非ざるか。敖 幼くして游を好み、長ずるに喩解せず。四極を周行するも、惟だ北陰のみ闚《うかが》はず、今 卒に夫子を是に睹《み》る。子 殆ど敖と交を爲す可きか」と。若《こ》の士なる者、齤然として笑ひて曰く、「嘻乎《ああ》。子は中州の民か、寧ぞ肯て遠く此に至れるや。此れ猶ほ日月に光《てら》されて列星を戴き、陰陽の行《めぐ》る所、四時の生る所なり。此れ其れ夫の不名の地に比すれば、猶ほ突奧のごとくなり。我の若きは南は罔宦の野に游び、北は沈墨の鄉に息ひ、西は冥冥の黨に窮め、東は鴻濛の光を貫く。此れ其の下に地無くて上は天無く、聽けども聞こゆること無く、視れども眴《み》ゆること無し。此れ其の外に猶ほ沈沈の汜有り。其の餘は一擧して千萬里なるも、吾 猶ほ未だ之に在る能はず。今 子の游ぶこと此に至るに始まる。乃ち窮觀を語るも、豈に亦た遠からざるや。然れども子は處れ。吾 汗漫と九垓の上に期す、吾 以て久しくす可からず」と。若《こ》の士は臂を擧げて身を竦《そびや》かし、遂に雲中に入る。盧敖 仰ぎて之を視れども見えず、乃ち止めて曰く、「吾の夫子に比するや、猶ほ黃鵠と壤蟲のごとし。終日 行けども咫尺を離れず、自ら以て遠しと爲す、亦た悲しからずや」と」と。

(補注)

(一)『論語』憲問篇に、「子曰、莫我知也夫。子貢曰、何爲其莫知子也。子曰、不怨天、不尤人、下學而上達。知我者、其天乎」とある。

(二) 淮南子は、書名。前漢の宗室である淮南王の劉安によって編纂された。無爲・清静と外界への因循を旨とする道家思想を基調に、儒家・法家を初めとする諸子百家の思想も援引する。有馬卓也『淮南子の政治思想』(汲古書院、一九九八年)を参照。引用部分は、『淮南子』脩務訓に、「禹之爲水、以身解于陽盱之河。湯旱、以身禱于桑山之林。聖人憂民、如此其明也」とあり、字句に異同がある。

(三) 呂氏春秋は、書名。秦の呂不韋が食客・賓客に命じて編集させた書物。十二紀・八覽・六論の二十六巻からなり、「呂覽」とも呼ばれる。先秦時代の諸子百家の学説・説話などを収集した一種の百科全書で、中国思想史研究上の重要な史料となっている。沼尻正隆『呂氏春秋の思想的研究』(汲古書院、一九九七年)を参照。当該箇所は、『呂氏春秋』季秋紀 順民に、「昔者湯克夏而正天下、天大旱、五年不收。湯乃以身禱於桑林、曰余一人有罪、無及萬夫。萬夫有罪、在余一人。無以一人之不敏、使上帝鬼神傷民之命。於是翦其髮、鄽其手、以身爲犧牲、用祈福於上帝、民乃甚說、雨乃大至」とあり、字句に異同がある。

(四)『淮南子』道應訓に、「秦穆公謂伯樂曰、子之年長矣。子姓有可使求馬者乎。對曰、良馬者、可以形容筋骨相也。相天下之馬者、若滅若失、若亡其一。若此馬者、絕塵弭轍。臣之子皆下材也、可告以良馬、而不可告以天下之馬。臣有所與供儋纆采薪者方九堙、此其于馬、非臣之下也。請見之。穆公見之、使之求馬。三月而反報曰、已得馬矣。在於沙丘。穆公曰、何馬也。對曰、牡而黃。使人往取之、牝而驪。穆公不說。召伯樂而問之曰、敗矣。子之所使求者。毛物、牝牡弗能知、又何馬之能知。伯樂喟然大息曰、一至此乎。是乃其所以千萬臣而無數者也。若堙之所觀者、天機也。得其精而忘其粗、在內而忘其外、見其所見而不見其所不見、視其所視而遺其所不視。若彼之所相者、乃有貴乎馬者。馬至、而果千里之馬」とあり、字句に異同がある。

(五) 穆公は、春秋時代の秦の君主。「羊皮換相」の故事で有名な百里奚や、蹇叔などの賢臣を得た。晉の獻公の娘を妻とし、晉が獻公の死後混乱に陥ると、獻公の子である夷吾を助けて即位させた。夷吾が約束を破り秦に攻め込むと、これを撃破。また、後の晉の文公である重耳が身を寄せると厚遇し、その帰国と即位を助けた。のち、百里奚の反対を聞かず鄭・晉を攻撃し、崤に大敗を喫し、以後は西方平定に専心し、秦が強国となる基礎を築いた(『史記』巻五 秦本紀)。

(六) 伯樂は、秦の穆公のころの人で、馬を見分ける名人であったという(『韓詩外傳』巻七)。

(七)『淮南子』齊俗訓に、「伯樂・韓風・秦牙・管青、所相各異、其知馬一也」とあり、同文。

(八) 越絶書は、書名。『隋書』巻三十三 經籍志二に、子貢の作として『越絕書』十六巻が記録されるが定かではない。吳越の興亡を記録したもので、地方史としての価値も持つとされる。引用部分は、外傳記寶劍に、「昔越王句踐有寶劍五、聞於天下。客有能相劍者名薛燭、王召而問之、吾有寶劍五、請以示之。薛燭對曰、愚理不足以、言大王請不得已。乃召掌者、王使取豪曹。薛燭對曰、豪曹非寶劍也。夫寶劍五色、並見莫能相勝。豪曹已擅名矣。非寶劍也。王曰、取巨闕。薛燭曰、皆非寶劍也。寶劍者、金錫和銅而不離、今巨闕已離矣。非寶劍也。王曰、然巨闕初成之時、吾坐於露壇之上、宮人有四駕、白鹿而過者、車奔鹿驚。吾引劍而指

之四駕上、飛揚不知其絶也。穿銅釜絶鐵鑷胥中決如粢米、故曰巨闕。王取純鈞。薛燭聞之、忽如敗。有頃、懼如悟下階而深惟簡衣而坐望之手振、拂揚其華、捽如芙蓉。始出觀其釽爛如列星之行、觀其光渾渾如水之溢於塘、觀其斷巖巖如瑣石、觀其才煥煥如冰釋。此所謂純鈞耶。王曰、是也。客有直之者、有市之鄉二、駿馬千四、千戶之都二可乎。薛燭對曰、不可當造此劍之時、赤堇之山破而出錫。若耶之溪涸、而出銅雨師掃灑雷公擊橐蛟龍捧鑪。天帝裝炭太一下、觀天精下之歐冶、乃因天之精神、悉其伎巧造爲大刑三・小刑二。一曰湛盧、二曰純鈞、三曰勝邪、四曰魚腸、五曰巨闕。吳王闔廬之時、得其勝邪、魚腸湛盧。闔廬無道子女死殺生以送之、湛盧之劍去之、如水行秦過楚。楚王臥而寤得吳王湛盧之劍。將首魁漂而存焉。秦王聞而求不得、興師擊楚、曰與我湛盧之劍、還師去。汝楚王不與時。闔廬又以魚腸之劍、刺吳王僚使披腸夷之甲三事。闔廬使專諸爲秦炙魚者引劍而刺之。遂弑王僚此其小試於敵邦、未見其大用於天下也。今赤堇之山已合若耶溪深而不測、羣神不下歐冶子卽死雖、復傾城量金珠玉竭河、猶不能得此。一物有市之鄉二、駿馬千四、千戶之都二、何足言哉」とあり、大きく節略されている。

（九）句踐は、春秋末の越の王（在位、前四九六～前四六五年）。「勾踐」ともいう。父の允常以来、隣国の呉とは宿敵の関係にあった。父の死後、句踐が立って呉王闔閭を破ると、闔閭の遺命をうけた子の夫差は、二年後に句踐を會稽山に下して父の仇に報いた。許されて帰国した句踐は、范蠡らとともに臥薪嘗膽して會稽山の恥を忘れることなく力を養い、ついに呉を討ってこれを滅ぼした（『史記』巻四十一 越王句踐世家）。

（一〇）薛燭は、剣相を見る名人。純鈞という剣は、城を傾けて金を量り、珠玉で河を竭しても二度と得られない、と言った（『越絶書』外傳記寶劍）。

（一一）歐冶は、刀鍛冶。娘が莫耶で、同門の干將に嫁ぎ、ともに中国を代表する刀鍛冶とされる。

（一二）『淮南子』説山訓に、「瓠巴鼓瑟、而淫魚出聽」とあり、字句に異同がある。

（一三）『淮南子』齊俗訓に、「狐梁之歌可隨也、而所以歌者不可爲也」とあり、字句に異同がある。

（一四）孟嘗君は、田文。戰國時代の齊の王族、戰國四君の一人（?～前二七九年ごろ）。薛（山東省滕県）に封ぜられた父、靖郭君田嬰のあとを継ぐと、食客数千人を招いて厚遇、名声を博した（『史記』巻七十五 孟嘗君列傳）。

（一五）『淮南子』道應訓に、「楚將子發好求技道之士。楚有善爲偸者、往見曰、聞君求技道之士、臣偸也、願以技齎一卒。子發聞之、衣不給帶、冠不暇正、出見而禮之。左右諫曰、偸者、天下之盜也、何爲之禮。君曰、此非左右之所得與。後無幾何、齊興兵伐楚。子發將師以當之、兵三卻。楚賢大夫皆盡其計而悉其誠、齊師愈強。於是市偸進請曰、臣有薄技、願爲君行之。子發曰諾。子發、解齊將軍之幬帳而獻之。子發使人歸之、曰、卒有出薪者、得將軍之帳、使歸于執事。明又復往取其枕、子發又使歸之。明日又復往取其簪、子發又使歸之。齊師聞之大駭、將軍與軍吏謀曰、今日不去、楚軍恐取吾頭。卽還師而去」とあり、字句に異同がある。

（一六）桓譚は、後漢時代の儒者。字は君山、豫州沛國の人。光武帝が宣揚した讖緯思想に否定的な態度を貫き、六安郡丞に左遷される途中で病気した（『後漢書』列傳十八上 桓譚傳）。著書の『新論』は、『隋書』巻三十四 經籍志三には、「桓子新論 十七巻」と著録されるが、散逸した。

（一七）新論は、書名、桓譚の撰。当時盛んであった神仙・讖緯などの迷信を唯物主義的立場から批判し、その立場は王充『論衡』に引き継がれた。もとは、本造・王覇・求輔以下の全二十九篇あったとされるが、宋代以後に散逸した。

（一八）雍門周は、戰國時代の齊の人。琴の名手であった。なお、雍門とは齊の西門のことであり、その近くに住んでいたため、氏としたという（『淮南子』覽冥篇、『論衡』感虚篇）。

（一九）『呂氏春秋』審分覽 勿躬篇に、「寒哀作御」とあり、文字に異同がある。

（二〇）『淮南子』道應訓に、「盧敖游乎北海、經乎太陰、入乎玄闕、至於蒙轂之上、見一士焉、深目而玄鬢、涙注而鳶肩、豐上而殺下、軒軒然方迎風而舞、顧見盧敖慢然下其臂、遁逃碑下。盧敖就而視之、方卷龜殼而食蛤梨。盧敖與之語曰、唯敖爲背群離黨、窮觀於六合之外者、非敖而已乎。敖幼而好游、至長不渝、周行四極、唯北陰之未窺、今卒睹夫子於是、子殆可與敖爲友乎。若士者齤然而笑曰、嘻。子中州民、寧肯而遠至此。此猶光乎日月而載列星、陰陽之所行、四時之所生、此比夫不名之地、猶窔奧也。若我南游乎岡㝗之野、北息于沉墨之鄉、西窮冥冥之黨、東貫鴻濛之光、此其下無地而上無天、聽焉無聞、視焉則眴、此其外猶有汰沃之汜、其餘一舉而千萬里、吾猶未能之在。今子游始於此、乃語窮觀、豈不亦遠哉。然子處矣、吾與汗漫期於九垓之上、吾不可以久駐。若士擧臂而竦身、遂入雲中。盧敖仰而視之、弗見乃止駕、柸治、悖若有喪也、曰、吾比夫子、猶黃鵠之與壤蟲也、終日行不離咫尺、自以爲遠、不亦悲哉」とあり、文字に異同がある。

（二一）盧敖は、秦の始皇帝のときの方士。蓬萊山に不死の薬を求めると称して信任を得たが、のち危険を察して逃亡した（『史記』巻六 始皇本紀）。

［現代語訳］

いま朝廷の士人は山のように多く、俊英が群れを成し、（わたし一人がいなくなろうが加わろうが）あたかも魚が大海にひそみ、鳥が（大きな）鄧林《とうりん》に集まるように、飛び回る鳥が立ち去っても少ないとはせず、泳ぐ魴《ほう》が加わっても盛んになるほどではない。そのうえ陽の靈氣が唐《とう》（堯）の時代に弱まると、陰の精氣が商《しょう》（殷）の時代に応じ、陽旰《ようく》の河に祈ると洪水の災異が息《や》み、桑林に祈ると恵みの雨が潤った［一］。（そのように人の）進退には道理があり、（天運の）開閉には時期がある。我が師（孔子）の遺訓に、「（天を）怨まず（人を）尤《とが》めず」とある。天命に（身を）委ね自己を慎み、我《わたし》はまた何を辞退しよう。言葉は窮まり（我が）道は一つである。まさに初心に帰り、典籍の流した芳香を総合し、孔子の残した六藝《りくげい》を研究し、微妙な言辞を綴って道を残し、先の規範に則って制に従い、叔肸《しゅくきつ》（叔向）の落ち着きを評価し、疏氏《そし》の遠き旅立ちを称《たた》え、止《や》め足りることを尊重して（郷里に）帰ることを言い、白い水に浮かんで悠然と去り、小さな家を喜んで無欲恬淡を楽しみ、咎めと悔いをこの世に残さず、この心がまだ安らがないことを反省し、先の道が泥で停滞することを恐れ、しきりに刺激を求めて発奮し、内に抱く思いを列ねて告げ誓う。むかし九方《きゅうほう》（堙）は最高（の馬）に潜む精気を考え、秦牙《しんが》は（馬の）外形より沈思した［二］。薛燭《せつしょく》は宝剣を見分け名誉をあげ［三］、瓠梁《こりょう》は絃《げん》に託して名声を流布した［四］。齊《せい》の奴隷は髀《もも》を拊《たた》いて田文《でんぶん》を済い［五］、楚の食客は敵に侵入して荊（楚）を保った［六］。雍門《ようもん》は琴を手にして説明を行い［七］、韓哀《かんあい》は轡《くつわ》を秉って名を馳せた［八］。盧敖《ろごう》は玄闕《げんけつ》山に飛翔し、かの士は身を雲の彼方に屹立させた［九］。余《わたし》は事実（これらの）技藝をかれら数人と同じく持つことはできない。そこでひっそりと自分の生き方を守り自分で寧《やすん》ずることにしよう」と。

［裴松之注］

［一］『淮南子《えなんじ》』（脩務訓）に、「（夏の）禹《う》王は黄河を治める際に、身を挺して陽盱《ようく》の黄河に祈り、（殷の）湯《とう》王は（民が）干ばつに苦しむと、身を挺して桑林《そうりん》に祈った。聖人が民を憂うことは、このように明らかである」とある。『呂氏春秋』（季秋紀 順民）に、「むかし殷の湯王《とうおう》は夏の桀王《けつおう》に勝ったが天下は大いに旱《ひでり》となり、三年も収穫がなかった。湯王はそこで身を挺して桑林に祈って、「余《わたし》ひとりに罪はございます、万民に及ぼさないでいただきたい。万民に罪があったとしても、（それは）余ひとりの罪です。（わたし）ひとりが至らなかったがために、上帝は（鬼神に）民の命を奪い傷つけさせることを止めてください」と言った。湯王はそしてその髪を切り、其の爪を切り、我が身が犧牲となり、幸いを上帝に祈った。民はそこでたいへん悦んだ。雨はすると大いに降った」とある。

［二］『淮南子』（道應訓）に、「秦の穆公《ぼくこう》が伯樂《はくらく》に言って、「子《きみ》は年老いた、子の一族に馬を見立てられる者がおるか」とした。答えて、「（並の）良馬であれば、容姿と筋骨で見立てることもできますが、天下の馬を見立てることは、（その馬が）滅びそうで捉えようもなく（心身を）喪失しているようで、定まったあり方をしておりません。こうした（天下の）馬（が走るとき）は、塵一つたてず足跡もとどめません。臣《わたくし》の子はみな才能がありません。良馬を見立てることはできますが天下の馬をすることはできません。天下の馬（を見立てられる者に）は、臣とともに荷役や炊飯をしている九方堙《きゅうほういん》というものがおります。この者は馬を見立てるのに、臣の下ではございませんので、どうか引見くださいますように」と申し上げた。穆公はこれを引見し、馬を探させた。三ヵ月で戻り報告して、「（天下の）馬を見つけました、沙丘におります」と言った。穆公は、「どんな馬だ」と尋ねた。「牝《めす》の黄色（の馬）です」と答えた。人をやって取りに行かせたところ、牡《おす》で黒色だった。穆公は機嫌をそこねた。伯樂を召して問いただして、「失敗した、子が馬を探させた者は、毛色や雄雌の区別もできない。どんな馬を見立てられるというのか」と言った。伯樂はびっくりして長く嘆息して、「（九方堙は）なんとそこまで至っていましたか。これはなんと臣《わたくし》（のような者）を千人万人集めても及ばないものでございます。九方堙が観ているものは天機《てんき》です。その精髄を得てその末梢を忘れ、その内を観察してその外を忘却する。その見るべきところを見てその見るに及ばないところを見ず、その注視するところを注視してその注視に及ばないところを捨てております。九方堙の見立てのようなものは、なんと馬（を見立てる）より貴いものがあります」と言った。馬が至ると、果たして天下の馬であった」とある。また『淮南子』（道應訓）に、「伯樂・寒風・秦牙・葛青は、（馬を）見立てる方法はそれぞれ異なっていたが、馬を知っているという点では同じであった」とある。おそらく九方堙は馬の精髄を観察し、秦牙は馬の形態を観察したのであろう。

［三］『越絶書《えつぜつしょ》』（外傳記寶劍）に、「むかし越王の句踐《こうせん》のもとに宝剣

が五振りあり、天下に有名であった。食客に剣を見立てる者がおり名を薛燭《せつしょく》といった。王は召して薛燭に、「吾《わたし》には宝剣が五振りあり、それを子《きみ》に見せたい」と言った。そうして豪曹《ごうそう》と巨闕《きょけつ》を取りよせた。薛燭は、「ともに（宝剣では）ありません」と言った。また純鈎《じゅんこう》・湛盧《たんろ》を取りよせた。薛燭は、「この剣の鈔《しょう》を観ますと、爛爛として星宿が繋がり行くかのようです。この剣の光を観ますと、渾渾《こんこん》として水が塘《とう》から溢れだそうとするようです。この剣の文を観ますと、渙渙《かんかん》として氷が溶けだそうとするようです。これがあの純鈎ですか」と言った。王は、「そうだ」と言った。王は、「食客の中にこれを値踏みするものがあり、市場のついた郷《むら》三つ、駿馬千匹、千戸の都《しろ》二つとしているが、どうであろう」と言った。薛燭は、「だめです。この剣の造る時には、赤菫《せききん》の山が裂けて錫《すず》を出し、若邪《じゃくや》の谿《たに》が枯れて銅を出し、雨師《うし》（雨の神）が洗い清め、雷公《らいこう》（雷の神）が太鼓をうち、太一《たいいつ》（天の神）は宮観より下って見に来て、天の精氣がこれに下り、歐冶子《おうやし》（刀鍛冶）はそうして天の精氣により、その伎巧を尽くしました。一振りを純鈎といい、二振りを湛盧といいます。いま赤菫の山はすでに合わさり、若邪の谿は深くて測れず、歐冶子はすでに死にました。城を傾け金を量り、珠玉が河を尽くしても、この一振りを得ることはできません。市場のついた郷三つ、駿馬千匹、千戸の都二つであっても、どうして言うに足りるでしょうか」と」とある。

［四］『淮南子』（説山訓）に、「瓠巴《こは》が瑟《しつ》をつまびくと鱏魚《じんぎょ》（かじき）もこれを聴いた」とある。また（齊俗訓）に、「瓠梁《こりょう》の歌は真似て歌えるが、（本当の）歌をうたうことはできない」とある。

［五］ 臣裴松之《わたくしはいしょうし》は、「考えてみますとこれは孟嘗君田文《もうしょうくんでんぶん》の下位の食客が、鶏の鳴き声をまねて孟嘗君の危ういところを救ったことをいいます。およそ鶏の鳴き声をまねるには、必ず先に腿《もも》を打ち、鶏の羽ばたくことをまねするものです」と申し上げます。

［六］『淮南子』（道應訓）に、「楚の將である子發《しはつ》は、好んで特技を持つ士を求めた。楚によく盗みをする者があり、行って面会を求め、「君は特技を持つ士を求めておられると聞きます。臣《わたし》は（偸《ゆ》という）盗人です、どうか特技により兵卒とならせてください」と言った。子發はこれを聞くと、衣は帯をするのももどかしく、冠は正す暇《いとま》もなく、出迎えて拝礼した。側近は諫めて、「偸という者は、天下の盗人です。どうして拝礼などするのです」と言った。君は、「これは左右《なんじら》の与《あずか》り知るところではない」といった。そののち間もなく、齊《せい》が兵を起こして楚を伐った。子發は軍を率いてこれに当たった。（しかし楚の）軍は三たび退いた。楚の賢大夫はみな計を尽くし誠を尽くしたが、齊の軍はますます強かった。このときに卒の偸が進み出て、「臣《わたし》に拙き技があります、どうか君のために行わせてください」とねがった。君は、「わかった」といった。偸は直ちに夜に出発すると、齊の將軍の帳《とばり》を解き（盗んで）、これを子發に献じた。子發は人にこれを返させ、「卒に（外に）出て薪を採る者があり、將軍の帳を得たので、使者に執事までお返しさせます」といった。明日また再び行って枕を取った。子發はまた使者に返させた。明後日また再び行って簪《かんざし》を取った。子發はまた使者に返させた。齊の軍はこれを聞いて大いに驚き、將軍は軍吏と相談して、「今日帰らなければ、楚軍は恐らく吾が首を取ろう」と言った。直ちに軍を返して去った」とある。

［七］桓譚《かんたん》の『新論《しんろん》』に、「雍門周《ようもんしゅう》は琴（の名手であること）により（孟嘗君に）お目通りをした。孟嘗君は、「先生は琴をひき、また文《わたし》を悲しませられるか」と尋ねた。答えて、「臣《わたし》が悲しませられる者は、以前高貴であったが後に落ちぶれ、むかし富んでいたが今は貧しく、裏町で相手にされず縮《ちぢ》こまり、まわりとも付きあっていないものたちです。そうでなければ資質は優れていて、質素で純真を抱きながら、讒言にあい誹謗を受け、怨みが結ばれて解けないものたちです。そうでなければ喜びを尽くして愛を結びながら、怨みも無いのに生きながらに離れ、遥か遠い国に赴いて、互いに会う機会のないものたちです。そうでなければ幼くして父母を失い、壮年になって妻子が無く、外では野山を隣とし、内では穴を掘って家とし、朝夕に困しんでも、借りる宛もないものたちです。このような人たちは、ただ烏《う》が飛ぶ音、秋風が枝を鳴らす音を聞けば、心を傷めるので、臣《わたし》が一たびこのために琴をひけば長く溜め息をつき、痛ましい思いにかられ涙を流さずにはおられないものたちです。いま足下《あなた》のような方は、住んでは広く大きな高い堂、連らなる門に奥深い部屋で、薄絹の帷《とばり》をおろし、清らかな風を吹き込ませます。藝人は前にならび、たいこもちは側に侍り、激しい楚の歌をうたい、（艶っぽい）鄭《てい》の妾《しょう》を舞わせ、流れる歌は耳を娯《たのし》ませ、（美女の）練り絹の色は目を喜ばせています。水遊びをすれば（王の）龍舟になぞらえ、旗を建て、釣りを底のしれない淵でします。野遊びをすれば平原に登り、広い苑囿《えんゆう》を馳せ、強い弩《ど》は高い鳥を落とし、勇士は猛獣を倒します。酒を置いて娯楽して、深く酔って帰ることを忘れる。こうした時には、天地を視ても一つの指のようであれば、よく琴をひいたとしても、足下を動かすことはできないのです」と言った。孟嘗君は、「まことにそのとおりである」と言った。雍門周は、「しかしながら臣《わたし》は秘かに足下のために常に悲しむことがあります。そもそも帝を争い秦《しん》を苦しめている者は君です。五国を連ね楚《そ》を伐ったのもまた君です。天下はいまだかつて有事が無くなったことはありません、合従《がっしょう》でなければ連衡《れんこう》です。（六国同盟である）合従策が成れば楚が王で、（秦との個別同盟である）連衡策が成れば則ち秦が帝です。そもそも秦と楚の強さで（孟嘗君の領地である）弱い薛《せつ》に報復することは、あたかも鋭い斧を磨いて朝（生えて夕方には萎《しぼ》む）菌《きのこ》を伐つようなものです。識者は、足下のために心の凍る思いをしていないものはありません。天道は常には盛んではなく、寒い暑いは互いに進み退きます。（孟嘗君が）死去した後、その宗廟《そうびょう》は必ずや絶えるでしょう。高い楼閣は傾き、曲れる池も平らになり、墳墓には荊棘《いばら》が生え、狐や狸がその中に住むでしょう。子どもや牧童は、その足を踏みならしながら墓の上で、「孟嘗君の尊貴も、やはりこのようになるのか」と歌うでしょう」と言った。ここで孟嘗君は深く溜め息をつき、流れる涙は睫《まつげ》にたまって落ちなかった。雍門周は琴を引き寄せこれをひき、ゆっくりと宮《きゅう》と徴《ち》（の音）をならし、角《かく》と羽《う》（の音）をならして、ついに一曲をひいた。孟嘗君はこうしてすすり泣きながら雍門周のもとに行き、「先生が琴をひくと、文《わたし》をすぐに亡国の人のようにさせた」と言った」とある。

［八］『呂氏春秋《りょししゅんじゅう》』（審分覽 勿射篇）に、「韓哀《かんあい》が御者となる」とある。王褒《おうほう》の聖主が賢臣を得るの頌《しょう》に、「（名馬の）齧膝《げっしつ》に駕し、（名馬の）乗旦《じょうたん》を参《そえうま》とし、（名御者の）王良《おうりょう》が靶《たづな》を執り、（名御者）の韓哀が同乗するに至り、ほしいままに駆けめぐ

って、あっという間に日の影が消えるようで、都を過ぎ国を越え、走ること塊《つちくれ》を蹴散らすようで、稲妻を追い、疾風を追い、八方をあまねく巡り、万里で一回休む。なんと遥かなことか。人と馬の呼吸があっている」とある。

［九］『淮南子』（道應訓）に、「盧敖《ろごう》は北海に遊び、太陰《たいいん》を経て、玄《げん》闕山《けつざん》に入り、蒙轂《もうこく》の頂上に至ると、一人の士を見た。目はくぼみもみあげは黒黒、首は太く肩はいかり、額は広く顎《あご》はとがり、軽やかに風に乗って舞っていた。振り返って盧敖を見ると、ゆっくりと臂《ひじ》を下ろし、石碑のもとに身を隠した。盧敖は後を追ってみると、ちょうど亀の甲羅に腰をおろし蛤《はまぐり》を食べていた。盧敖はそこでこれに語り、「敖《わたし》はただ世俗を離れて暮らすものです。六合《りくごう》（天地四方）の外を隅まで見極めた者は、敖だけでしょう。敖は幼少のころから遠遊を好み、成長しても変わりませんでした。四極をあまねく行きましたが、ただ北陰の地だけ行ったことがなく、今ついに夫子《あなた》をこうして見ました。子は敖と交わりを結べる方です」と言った。かの士は、歯を見せて大きく笑って、「おお。子《きみ》は中国の民だな、どうしてあえて遠くここに至ったのか。ここは（北の果てだが、なお）日月に照らされて列星を戴き、陰陽がめぐり、四時の生じるところである。（真の北の果てである）かの不名の地に比べれば、なお片隅のようなものだ。我のようなものは南は罔宦《もうりょう》の野に遊び、北は沈墨《しんぼく》の郷に息い、西は冥冥《めいめい》の党に極め、東は鴻濛《こうもう》の光を貫く。ここまでくれば下に地は無く上に天は無く、聴いても聞こえず、視ても見えない。しかもその外にはなお沈沈《しんしん》の汜がある。その向こうは一望千万里であるが、吾はなおそこに行ったことはない。いま子の遠遊はここに至ることに始まる。それで遊観を極めたように語るが、まだ遠くないことがあろうか。それでも子はここに居なさい。吾は汗漫《かんまん》と九垓《きゅうがい》の上で約束があるので、吾はゆっくりしてられないだ」と言った。かの士は臂をあげて身をそびやかすと、雲の中に入った。盧敖は仰いでこれを視たが見えず、そこで止めて、「吾を夫子に比べると、あたかも黄鵠《こうこく》と地を這《は》う虫のようだ。終日行っても（かの世界では）一尺も離れない、（それなのに）自分で遠いとしている、悲しいことではないか」と言った」とある。

【原文】

景耀六年、後主從譙周之計、遣使請降于鄧艾、其書、正所造也。明年正月、鍾會作亂成都、後主東遷洛陽。時擾攘倉卒、蜀之大臣無翼從者、惟正及殿中督汝南張通、捨妻子單身隨侍。後主賴正相導宜適、擧動無闕、乃慨然歎息、恨知正之晩。時論嘉之。賜爵關內侯。泰始中、除安陽令、遷巴西太守。泰始八年詔曰、正昔在成都、顚沛守義、不違忠節、及見受用、盡心幹事、有治理之績。其以正爲巴西太守。咸寧四年卒。凡所著述詩・論・賦之屬、垂百篇。

《訓読》

景耀六年、後主 譙周の計に從ひ、使を遣はして降を鄧艾に請ふに、其の書、正の造る所なり。明年正月、鍾會 亂を成都に作し、後主 東のかた洛陽に遷る。時に擾攘し倉卒なれば、蜀の大臣 翼從する者無く、惟だ正及《と》殿中督たる汝南の張通、妻子を捨て單身もて隨侍す。後主 正の相導 宜しく適《かな》ふに賴り、擧動に闕くること無く、乃ち慨然として歎息し、正を知るの晩きを恨む。時論 之を嘉《よみ》す。爵關內侯を賜ふ。泰始中、安陽令に除せられ、巴西太守に遷る。泰始八年詔して曰く、「正 昔 成都に在り、顚沛に義を守り、忠節を違へず、受用せらるに及び、心を盡くして事を 幹《つかさど》り、治理の績有り。其れ正を以て巴西太守と爲せ」と。咸寧四年に卒す。凡そ著述する所の詩・論・賦の屬《たぐひ》、百篇に 垂《なんなん》とす。

[現代語訳]

景耀《けいよう》六（二六三）年、後主は譙 周《しょうしゅう》の計に従い、使者を派遣して降服を鄧艾《とうがい》に申し出たが、その書簡は、郤正が書いたものである。翌年正月、鍾 會《しょうかい》が乱を成都《せいと》で起こし、後主は東の洛陽《らくよう》に遷った。このときは混乱し慌ただしければ、蜀の大臣で随行する者はなく、ただ郤正と殿中督《でんちゅうとく》である汝南《じょなん》郡の張 通《ちょうつう》が、妻子を捨てて単身で随行した。後主は郤正の輔導よろしきを得て、挙動に欠けることがなく、ようやく嘆きながら溜め息をついて、郤正を知るのが遅かったと恨んだ。当時の議論はこれを嘉《よみ》した。爵關內侯《しゃくかんだいこう》を賜った。泰始《たいし》年間（二六五～二七五年）に、安陽《あんよう》令に叙任され、巴西《はせい》太守に遷った。泰始八（二七二）年に詔して、「郤正はむかし成都にいて、（国家の）転覆にも義を守り、忠節を誤らず、任用されては、心を尽くし政事を行い、治績をあげた。そこで郤正を巴西太守とせよ」とした。咸寧《かんねい》四（二七八）年に卒した。およそ著述した詩・論・賦の類は、百篇になろうとしていた。

【原文】

評曰、杜微脩身隱靜、不役當世、庶幾夷・皓之槩。周羣占天有徵、杜瓊沈默愼密、諸生之純也。許・孟・來・李、博涉多聞、尹默精于左氏。雖不以德業爲稱、信皆一時之學士。譙周詞理淵通、爲世碩儒、有董・揚之規。郤正文辭燦爛、有張・蔡之風。加其行止、君子有取焉。二子處晉事少、在蜀事多。故著于篇[一]。

[裴松之注]

[一] 張璠以爲、譙周所陳降魏之策、蓋素料劉禪懦弱、心無害戾、故得行也。如遇忿肆之人、雖無他算、然矜殉鄙恥、或發怒妄誅、以立一時之威、快其斯須之意者、此亦夷滅之禍云。

《訓読》

評に曰く、「杜微は身を脩め隱靜し、當世に役せず、夷・皓の 槩《みさを》を 庶幾《こひねが》ふ。周羣は天に徵有るを占ひ、杜瓊は沈默し愼密す、諸生の純なり。許・孟・來・李は、博涉多聞にして、尹默は左氏に精たり。德業を以て稱せらるを爲さずと雖も、信《まこと》に皆 一時の學士なり。譙周は詞理淵通、世の碩儒爲《た》りて、董・揚の規有り。郤正は文辭 燦爛たりて、張・蔡の風有り。加へて其の行止は、君子 焉を取る有り。二子晉に處りて事 少なく、蜀に在りて事 多し。故に篇に著す」と[一]。

[裴松之注]

[一] 張璠 以爲へらく、「譙周 陳ぶる所の降魏の策は、蓋し素より劉禪の懦弱を料り、心に害戾無し、故に行ふを得るならん。如し忿肆の人に遇ひ、他算無きと雖も、然れども鄙恥に矜殉し、或いは怒を發して誅を妄りにして、以て一時の威を立て、其の斯須の

意を快くせんとする者なれば、此れ亦た夷滅の禍ありとしか云ふ」と。

［現代語訳］

評にいう、「杜微《とび》は身を修めて隠棲し、当代では仕事をせず、伯夷《はくい》や四皓《しこう》の節操を願った。周羣《しゅうぐん》は天に示された予兆を占い、杜瓊《とけい》は沈黙して慎重で、学者の純粋なものである。許慈《きょじ》・孟光《もうこう》・來敏《らいびん》・李譔《りせん》は、博学多識で、尹默《いんもく》は『春秋左氏傳』に精通していた。徳行により称されなかったが、まことにみな一代の学者である。譙周《しょうしゅう》は文章の解釈に広く通じ、当代の碩儒であって、董仲舒《とうちゅうじょ》や揚雄《ようゆう》の水準に達していた。郤正《げきせい》は文章が燦爛《さんらん》としていて、張衡《ちょうこう》・蔡邕《さいよう》の風があった。加えてその出処進退は、君子が取るべきものである。（譙周と郤正の）二子は西晉における事績は少なく、蜀漢における事績が多い。このため篇に収録した」と［一］。

［裴松之注］

［一］張璠《ちょうはん》は、「譙周《しょうしゅう》が述べた魏に降服する策は、おそらくもとから劉禪の懦弱《だじゃく》を考え、（譙周に）危害を与えないと思ったので、行うことができたのだろう。もし怒りやすい専制的な君主であれば、他に手段がなくとも、それでも恥辱を受けることをいやがり、あるいは怒りを発してみだりに誅殺を行い、それにより一時的にでも権威を立て、束の間でも快くなろうとしたのであれば、これはまた一族皆殺しの禍いとなった」と言った。

【原文】

黄李呂馬王張傳第十三　蜀書　國志四十三

黄權傳

黄權字公衡、巴西閬中人也。少爲郡吏、州牧劉璋召爲主簿。時別駕張松建議、宜迎先主、使伐張魯。權諫曰、左將軍有驍名、今請到、欲以部曲遇之、則不滿其心、欲以賓客禮待、則一國不容二君。若客有泰山之安、則主有累卵之危。可但閉境、以待河清。璋不聽、竟遣使迎先主、出權爲廣漢長。及先主襲取益州、將帥分下郡縣。郡縣望風景附、權閉城堅守。須劉璋稽服、乃詣降先主。先主假權偏將軍[一]。及曹公破張魯、魯走入巴中。權進曰、若失漢中、則三巴不振。此爲割蜀之股臂也。於是先主以權爲護軍、率諸將迎魯。魯已還南鄭、北降曹公。然卒破杜濩・朴胡、殺夏侯淵、據漢中、皆權本謀也。

[裴松之注]

[一] 徐衆評曰、權既忠諫於主、又閉城拒守。得事君之禮。武王下車、封比干之墓、表商容之閭、所以大顯忠賢之士、而明示所貴之旨。先主假權將軍、善矣。然猶薄少、未足彰忠義之高節、而大勸爲善者之心。

《訓読》

黄李呂馬王張傳第十三　蜀書　國志四十三

黄權傳

黄權 字は公衡、巴西閬中の人なり。少くして郡吏と爲り、州牧の劉璋 召して主簿と爲す。時に別駕の張松 建議すらく、「宜しく先主を迎へて、張魯を伐たしむべし」と。權 諫めて曰く、「左將軍 驍名有り、今 到るを請はば、部曲を以て之を遇せんと欲すれば、則ち其の心を滿たさず、賓客を以て禮待せんと欲すれば、則ち一國に二君を容れず。若し客に泰山の安き有らば、則ち主に累卵の危き有り。但だ境を閉ぢて、以て河清を待つ可し」と。璋 聽かず、竟に使を遣はして先主を迎へ、權を出だして廣漢長と爲す。先主 益州を襲ひ取るに及びて、將帥 郡縣を分け下す。郡縣 風を望み景附するも、權 城を閉ざして堅守す。劉璋の稽服するを須《ま》ち、乃ち詣りて先主に降る。先主 權に偏將軍を假す[一]。曹公の張魯を破るに及び、魯 走《のが》れて巴中に入る。權 進みて曰く、「若し漢中を失はば、則ち三巴 振はず。此れ蜀の股臂を割くと爲す」と。是に於て先主 權を以て護軍と爲し、諸將を率ゐて魯を迎へしむ。魯 已に南鄭に還り、北のかた曹公に降る。然れども卒に杜濩(一)・朴胡(二)を破り、夏侯淵を殺し、漢中に據るは、皆 權の謀に本づくなり。

[裴松之注]

[一] 徐衆(三)の評に曰く、「權 既に主を忠諫し、又 城を閉ざして拒守す。君に事ふるの禮を得たり。武王 車より下りて、比干(四)の墓を封じ、商容(五)の閭を表はすは、大いに忠賢の士を顯らかにして、貴ぶ所の旨を明示する所以なり。先主 權を將軍に假すは、善きかな。然れども猶ほ薄少のごとく、未だ忠義の高節を彰はして、大いに善を爲す者を勸むるの心に足らず」と。

(補注)

（一）杜濩は、巴郡の板楯蠻。曹操から巴西太守に任命されたが、劉備に敗れた（『三國志』巻八 張魯傳）。

（二）朴胡は、巴郡の板楯蠻。曹操から巴東太守に任命されたが、劉備に敗れた（『三國志』巻八 張魯傳）。

（三）徐衆は、『三國志集解』によれば、晉の散騎常侍。『舊唐書』巻四十六 經籍上に、「三國評三巻 徐衆撰」と著録される。

（四）比干は、殷末の王子。殷最後の紂王を諫めたが殺害され、聖人の胸には七つの穴があるかどうかを調べるために、紂王に胸を暴かれた（『史記』巻三 殷本紀）。

（五）商容は、殷の臣。賢人で、民から愛されていたが、紂王に罷免された（『史記』巻三 殷本紀）。『韓詩外傳』巻二によると、紂王を諫めようとしたが叶わず、太行山に引き籠もった。武王は紂王を伐つと、三公にしようとしたが、断ったという。

［現代語訳］

黄李呂馬王張傳第十三　　蜀書　　國志四十三

黄權傳

黄權《こうけん》は字を公衡《こうこう》といい、益州巴西郡閬中縣《えきしゅうはせいぐんろうちゅうけん》の人である。若くして郡吏となり、益州牧の劉璋《りゅうしょう》が辟召《へきしょう》して主簿《しゅぼ》とした。このとき別駕《べつが》從事《じゅうじ》の張松《ちょうしょう》は建議して、「ぜひ先主（劉備）を迎えて、張魯《ちょうろ》を伐たせるべきであります」とした。黄權は諫めて、「左將軍は勇名があり、いま到ることを請うと、部曲《ぶきょく》（部隊長）としてこれを待遇しようとすれば、その心を満たせず、賓客《ひんきゃく》としてこれを礼遇しようとすれば、一國で二君を容れることはできません。もし客（劉備）に泰山《たいざん》の（ような）安定があれば、主（劉璋）に累《かさ》ねた卵のような危険があります。ただ州の境を閉じて、混乱が終わることを待つべきです」と言った。劉璋は聴かず、ついに使者を派遣して先主を迎え、黄權を（朝廷の外に）出して廣漢長《こうかんちょう》とした。先主が益州を襲い取ると、その諸將は郡縣を手分けして降した。郡縣は風を望んで影のように劉備に付いたが、黄權は城を閉ざして堅く守った。（黄權は）劉璋が降服することを待ち、ようやく先主に至って降服した。先主は黄權に偏《へん》將軍《しょうぐん》（の地位）を与えた［一］。曹公が張魯を破るに及び、張魯は敗れて巴中《はちゅう》に入った。黄權は進み出で、「もし漢中《かんちゅう》を失えば、三巴《さんぱ》（巴郡・巴東郡・巴西郡の勢力）は振いません。これは蜀の股と臂《ひじ》を割くことになります」と言った。ここにおいて先主は黄權を護軍《ごぐん》となし、諸將を率いて張魯を迎えさせた。張魯はすでに南鄭《なんてい》縣に帰り、北の曹公に降服していた。しかし最後には杜濩《とこ》と朴胡《ふこ》を破り、夏侯淵《かこうえん》を殺して、漢中を拠点としたのは、みな黄權の謀《はかりごと》に本づくのである。

［裴松之注］

［一］徐衆《じょしゅう》の『三國評《さんごくひょう》』に、「黄權は主君を忠諫し、また城を閉ざして拒守した。君に仕える禮を得た。（周の）武王は車から下りると、比干《ひかん》の墓を封じ、商容《しょうよう》の閭《りょ》（郷里）を表彰したのは、大いに忠賢の士を顕彰して、貴ぶことの主旨を明示するためである。先主が黄權を將軍としたのは、善いことである。しかしなお徳は薄く少ないようで、未だ忠義の高節を顕彰し、大いに善を為す者を奨励するには不十分である」とある。

【原文】

先主爲漢中王、猶領益州牧、以權爲治中從事。及稱尊號、將東伐吳。權諫曰、吳人悍戰、又水軍順流、進易退難。臣請、爲先驅以嘗寇、陛下宜爲後鎭。先主不從、以權爲鎭北將軍、督江北軍以防魏師。先主自在江南。及吳將軍陸議、乘流斷圍、南軍敗績、先主引退。而道隔絶、權不得還。故率將所領降于魏。有司執法、白收權妻子。先主曰、孤負黃權、權不負孤也。待之如初[一]。

[裴松之注]

[一] 臣松之以爲、漢武用虛罔之言、滅李陵之家、劉主拒憲司所執、宥黃權之室。二主得失縣邈遠矣。詩云、樂只君子、保艾爾後。其劉主之謂也。

《訓讀》

先主 漢中王と爲りて、猶ほ益州牧を領し、權を以て治中從事と爲す。尊號を稱するに及びて、將に東して吳を伐たんとす。權 諫めて曰く、「吳人は戰ひに悍《つよ》く、又 水軍は流れに順ひ、進み易く退き難し。臣 請ふらくに、先驅と爲りて以て寇を嘗《こころ》み、陛下 宜しく後鎭と爲るべし」と。先主 從はず、權を以て鎭北將軍と爲し、江北の軍を督して以て魏の師を防がしむ。先主 自ら江南に在り。吳の將軍たる陸議、流れに乘り圍を斷つに及び、南軍 敗績し、先主 引き退く。而して道 隔絶し、權 還るを得ず。故に領する所を率將《ひき》ゐて魏に降る。有司 法を執り、權の妻子を收《と》らへんと白す。先主曰く、「孤 黃權に負くも、權は孤に負かざるなり」と。之を待すること初めの如し[一]。

[裴松之注]

[一] 臣 松之 以爲へらく、「漢武 虛罔の言を用ひ、李陵(一)の家を滅ぼし、劉主 憲司の執る所を拒み、黃權の室を宥《ゆる》す。二主の得失 縣《はる》かに邈遠なり。詩に云ふ(二)、「只《こ》の君子を樂しみ、爾《なんぢ》の後を保んじ艾《やしな》はん」と。其れ劉主の謂ひなり」と。

(補注)

(一) 李陵は、前漢の將軍。李廣の孫。騎射をよくし、武帝のとき騎都尉となり、匈奴と戰い捕虜となった。武帝は一族を誅殺したが、その際、李陵を弁護して司馬遷も死罪となり、宦官となって罪を贖った(『史記』卷一百九 李將軍列傳)。

(二) 『詩經』小雅 南山有臺に、「樂只君子、保艾爾後」とあり、同文。

[現代語訳]

先主は漢中王となり、なお益州牧を兼ね、黃權を治中從事《じちゅうじゅうじ》とした。(劉備は)天子を称するに及び、東に向かい吳を討伐しようとした。黃權は諫めて、「吳人は戦いに強く、また水軍は流れに順って、進み易く退き難いものです。臣《わたくし》が願いますに、(臣が)先陣となって侵寇を試みますので、陛下は後詰めをなさりますように」と言った。先主は従わず、黃權を鎭北《ちんぽく》將軍となし、長江の北岸の軍を指揮して曹魏の軍を防がせた。先主は自ら(軍を率いて)長江の南に至った。吳の將軍である陸議《りくぎ》(陸遜)が、流れに乗って圍《い》(軍営)を破り、(蜀漢の)南軍は敗退し、先主は引き退いた。そのため道は隔絶し、黃權は帰れなくなった。このため配下の軍を率いて曹魏に降服した。担当の役人は法をたてに、黃權の妻子を捕らえましょうと申し上げた。先主は、「孤《わたし》は黃權に背いたが、黃權は孤に背いていない」と言った。その妻子を待遇することは初めのようであった[一]。

［裴松之注］

［一］臣《わたくし》 裴松之が思いますに、「漢の武帝は虚妄の言を取り上げ、李陵《りりょう》の家を滅ぼし、劉主（劉備）は司法が捕らえることを拒み、黃權の妻子を許しました。二人の君主の得失の差は非常に大きなものがあります。『詩經』（小雅 南山有臺）に、「この君子を楽しみ、汝の子孫を安んじ養おう」とあります。これは劉主のことを言うのです」と。

【原文】

魏文帝謂權曰、君捨逆效順、欲追蹤陳・韓邪。權對曰、臣過受劉主殊遇、降吳不可、還蜀無路、是以歸命。且敗軍之將、免死爲幸。何古人之可慕也。文帝善之、拜爲鎭南將軍、封育陽侯、加侍中、使之陪乘。蜀降人或云誅權妻子。權知其虛言、未便發喪［二］。後得審問、果如所言。及先主薨問至、魏羣臣咸賀而權獨否。文帝察權有局量、欲試驚之、遣左右詔權、未至之間、累催相屬、馬使奔馳、交錯於道。官屬・侍從、莫不碎魄、而權擧止・顏色自若。後領益州刺史、徙占河南。大將軍司馬宣王深器之、問權曰、蜀中有卿輩幾人。權笑而答曰、不圖明公見顧之重也。宣王與諸葛亮書曰、黃公衡、快士也。每坐起歎述足下、不去口實。景初三年、蜀延熙二年、權遷車騎將軍・儀同三司［三］。明年卒、諡曰景侯。子邕嗣。邕無子、絕。

［裴松之注］

［二］漢魏春秋曰、文帝詔令發喪。權答曰、臣與劉・葛推誠相信、明臣本志。疑惑未實、請須後問。

［三］蜀記曰、魏明帝問權、天下鼎立。當以何地爲正。權對曰、當以天文爲正。往者熒惑守心而文皇帝崩、吳・蜀二主平安。此其徵也。

《訓讀》

魏の文帝 權に謂ひて曰く、「君 逆を捨て順に效《いた》るは、蹤《あと》を陳・韓に追はんと欲するか」と。權 對へて曰く、「臣 劉主の殊遇を過ぎて受け、吳に降る可からず、蜀に還るに路無んば、是を以て命に歸す。且つ敗軍の將、死を免るるを幸ひと爲す。何ぞ古人の慕ふ可けんや」と。文帝 之を善しとし、拜して鎭南將軍と爲し、育陽侯に封じ、侍中を加へ、之をして陪乘せしむ。蜀の降人 或いは權の妻子 誅せられしと云ふ。權 其の虛言なるを知り、未だ便ちに喪を發せず［二］。後に審問を得れば、果たして言ふ所の如し。先主 薨ぜしの問 至るに及び、魏の羣臣 咸 賀するも而も權 獨り否《しか》らず。文帝 權の局量有るを察し、試みに之を驚かさんと欲し、左右を遣りて權に詔し、未だ至らざるの間、累《しき》りに催《うなが》し相 屬《つら》ね、馬使 奔り馳せ、交〻道に錯《つ》ぐ。官屬・侍從、魄を碎かざる莫きも、而も權の擧止・顏色 自若たり。後に益州刺史を領し、徙りて河南を占む。大將軍の司馬宣王 深く之を器とし、權に問ひて曰く、「蜀中に卿が輩 幾人有らん」と。權 笑ひて答へて曰く、「圖らず明公の見顧の重きや」と。宣王 諸葛亮に書を與へて曰く、「黄公衡は、快士なり。坐起する毎に足下を歎述し、口實より去らず」と。景初三年、蜀の延熙二年、權 車騎將軍・儀同三司(一)に遷る[二]。明年 卒す、諡して景侯と曰ふ。子の邕(二) 嗣ぐ。邕に子無く、絶ゆ。

[裴松之注]

[一] 漢魏春秋に曰く、「文帝 詔して喪を發せしむ。權 答へて曰く、「臣 劉・葛と誠を推し相 信ずれば、臣の本志を明らかにす。疑惑 未だ實ならず、請ふらくは後問を須《ま》たん」と」と。

[二] 蜀記に曰く、「魏の明帝 權に問ひ、「天下は鼎立す。當に何れの地を以て正と爲すべし」と。權 對へて曰く、「當に天文を以て正と爲すべし。往者《さきごろ》熒惑 心(三)を守して而して文皇帝 崩じ、吳・蜀の二主は平安たり。此れ其の徵なり」と」と。

(補注)

(一) 儀同三司は、その儀制を三司、つまり三公になぞらえること。延平元(一〇六)年に、鄧騭が拜命したのが最初の事例である。

(二) 邕は、黄邕。益州巴西郡閬中縣の人。父は黄權。曹魏の育陽侯を嗣いだ。子なく卒した(『三國志』卷四十三 黄權傳)。

(三) 心は、心宿。二十八宿の一つ。大崎正次『中国の星座の歴史』(前掲)によれば、距星は、さそり座σ星。

[現代語訳]

曹魏の文帝《ぶんてい》は黄權《こうけん》に言って、「君が逆(主の劉備)を捨て順(主の曹丕)に至ったのは、(項羽から劉邦に至った)陳平《ちんぺい》や韓信《かんしん》のあとを追おうと思ったのか」とした。黄權は答えて、「臣《わたくし》は劉主(劉備)の特別な礼遇を過分に受け、吳に降ることができず、蜀に帰る路が無いので、このため帰順いたしました。かつ敗軍の將は、死を免れることだけでも幸いといたします。どうして古人を慕うことなどできましょうか」と言った。文帝はこれを良しとして、拜命して鎭南《ちんなん》將軍とし、育陽侯《いくようこう》に封建して、侍中《じちゅう》を加官し、黄權を(自らの馬車に)同乗させた。蜀漢から降服したある者が黄權の妻子は誅殺されたといった。黄權はそれが虚言であると知り、まだ直ちに喪を発しなかった[一]。後に詳しい報告を得ると、果たして(黄權の)言うとおりであった。先主が薨去したとの報告が至ると、曹魏の群臣はみな祝賀したが黄權だけはひとりそうしなかった。文帝は黄權の器量が大きいことを察し、ためしに黄權を驚かそうと考えて、側近を派遣して黄權を詔を出して(呼び)、まだ至らないうちに、しきりに催促して繰り返し、馬に乗った使者が走りまわり、互いに道に続いた。官属や侍従で、魂を失わないものはなかったが、それでも黄權の挙動と顔色は自若としていた。後に益州刺史《えきしゅうしし》を遥領し、異動して河南尹《かなんいん》となった。大將軍の司馬宣王《しばせんおう》は高く黄權を評価し、黄權に尋ねて、「蜀では卿《あなた》のような方は何人おられるのでしょう」と尋ねた。黄權は笑って、「明公《あなたさま》の(わたしへの)尊重ぶりがこれほど重いとは思いませんでした」と答えた。司馬宣王は諸葛亮に書簡を与えて、「黄公衡は、快士です。座ったり立ったりするたびにいつも足下《あなた》への感嘆を述べ、話題にしないことはありません」といった。景初《けいしょ》三(二三九)年、蜀漢の延熙《えんき》二年、黄權は車騎《しゃき》將軍・儀同三司《ぎどうさんし》に遷った[二]。翌年に卒し、諡《おくりな》して景侯《けいこう》という。子の黄邕《こうよう》が(育陽侯を)嗣いだ。黄邕に子は無く、(家は)絶えた。

〔裴松之注〕

〔一〕『漢魏《かんぎ》春秋《しゅんじゅう》』に、「文帝は詔して（黄權に）喪を発せさせようとした。黄權は答えて、「臣《わたくし》は劉備・諸葛亮と誠意を交わし互いに信じ合っておりますので、臣の本心を分かってくれているはずです。疑惑はまだ事実ではありません、どうか後の報告を待たせてください」といった」とある。

〔二〕『蜀記《しょくき》』に、「曹魏の明帝《めいてい》が黄權に尋ねて、「天下は三分しておる。どの地を正統となすべきか」といった。黄權は答えて、「天文によって正統を定めるべきです。さきごろ熒惑星《けいわくせい》（火星）が心宿《しんしゅく》を守し文皇帝《ぶんこうてい》が崩御されましたが、呉・蜀の二主は何もありませんでした。これがその徴《しるし》であります」と言った」とある。

【原文】

權留蜀子崇、爲尙書郞、隨衞將軍諸葛瞻拒鄧艾。到涪縣、瞻盤桓未進。崇屢勸瞻、宜速行據險、無令敵得入平地。瞻猶[1]（與）〔豫〕未納。崇至于流涕。會艾長驅而前、瞻卻戰至緜竹。崇帥厲軍士、期於必死、臨陳見殺。

〔校勘〕

1．百衲本は、「與」に作るが、『三國志集解』により、「豫」に改める。

《訓読》

權の蜀に留まりし子の崇〔一〕、尙書郞と爲り、衞將軍の諸葛瞻に隨ひて鄧艾を拒ぐ。涪縣に到り、瞻 盤桓として未だ進まず。崇 屢〻瞻に勸めて、宜しく速く行きて險に據り、敵をして平地に入るを得さしむこと無かるべしと。瞻 猶ほ豫《ためら》ひて未だ納れず。崇 流涕するに至る。會〻艾 長驅して前み、瞻 卻きて緜竹に至りて戰ふ。崇 軍士を帥《ひき》ゐ厲し、必死を期し、陳に臨みて殺さる。

〔補注〕

（一）崇は、黄崇。益州巴西郡閬中縣の人。父は黄權。蜀漢に残され、尙書郞となり、諸葛瞻と共に、緜竹で鄧艾と戦い、戦死した（『三國志』巻四十三 黄權傳）。

〔現代語訳〕

黄權の蜀に残った子である黄崇《こうすう》は、尙書郞《しょうしょろう》となり、衞《えい》將軍の諸葛《しょかつ》瞻《せん》に随って鄧艾《とうがい》を拒いだ。涪《ふ》縣に到り、諸葛瞻は躊躇して未だ進まなかった。黄崇はたびたび諸葛瞻に勧めて、速く行き天険に拠り、敵に平地に入らせないようにすべきであるとした。諸葛瞻はなお躊躇《ためら》って（黄崇の進言を）聞き納れなかった。黄崇は涙を流すに至った。たまたま鄧艾は長駆して進み、諸葛瞻は退いて緜竹《めんちく》縣に至り戦った。黄崇は兵士を率い励まし、決死の覚悟で戦い、陣の中で殺された。

【原文】

李恢傳

李恢字德昂、建寧俞元人也。仕郡督郵、姑夫爨習爲建伶令、有違法之事、恢坐習免官。太守董和以習方土大姓、寢而不許[一]。後貢恢于州、涉道未至、聞先主自葭萌還攻劉璋。恢知璋之必敗、先主必成、乃託名郡使、北詣先主、遇於緜竹。先主嘉之、從至雒城、遣恢至漢中交好馬超。超遂從命。成都既定、先主領益州牧、以恢爲功曹、書佐、主簿。後爲亡虜所誣、引恢謀反。有司執送、先主明其不然、更遷恢爲別駕從事。章武元年、庲降都督鄧方卒。先主問恢、誰可代者。恢對曰、人之才能、各有長短。故孔子曰、其使人也器之。且夫明主在上、則臣下盡情。是以先零之役、趙充國曰、莫若老臣。臣竊不自量、惟陛下察之。先主笑曰、孤之本意、亦已在卿矣。遂以恢爲庲降都督・使持節・領交州刺史、住平夷縣[二]。

[裴松之注]

[一] 華陽國志曰、習後官至領軍。

[二] 臣松之訊之蜀人、云庲降地名、去蜀二千餘里。時未有寧州、號爲南中、立此職以總攝之。晉泰始中、始分爲寧州。

《訓讀》

李恢傳

李恢 字は德昂、建寧兪元の人なり。郡に仕へ督郵たりしが、姑夫の爨習 建伶令と爲り、法に違ふの事有りて、恢 習に坐し免官せらる。太守の董和 習の方土の大姓(一)なるを以て、寢《や》みて許さず[一]。後に恢を州に貢すも、道を涉りて未だ至らざるに、先主の葭萌より還りて劉璋を攻むるを聞く。恢 璋の必ず敗れ、先主の必ず成るを知り、乃ち名を郡使に託し、北して先主に詣り、緜竹に遇ふ。先主 之を嘉し、從へて雒城に至り、恢を遣はして漢中に至り好《よし》みを馬超と交《むす》ばしむ。超 遂て命に從ふ。成都 既に定まるや、先主 益州牧を領し、恢を以て功曹、書佐、主簿と爲す。後に亡虜の誣《し》ふる所と爲り、恢を謀反に引く。有司 執らへ送るも、先主 其の然らざるを明らかにし、更に恢を遷して別駕從事と爲す。章武元年、庲降都督(二)の鄧方(三) 卒す。先主 恢に問ふに、「誰か代ふ可き者ぞ」と。恢 對へて曰く、「人の才能、各〻に長短有り。故に孔子曰く(四)、「其の人を使ふには之を器にす」と。且つ夫れ明主 上に在らば、則ち臣下は情を盡くす。是を以て先零(五)の役に、趙充國(六)曰く、「老臣に若くは莫し」と。臣 竊かに自ら量らざれば、惟れ陛下 之を察せよ」と。先主 笑ひて曰く、「孤の本意も、亦た已に卿に在り」と。遂て恢を以て庲降都督・使持節・領交州刺史と爲し、平夷縣に住《とど》めしむ[二]。

[裴松之注]

[一] 華陽國志に曰く、「習は後に官 領軍に至る」と。

[二] 臣 松之 之を蜀人に訊ぬるに、庲降は地名、蜀を去ること二千餘里なりと云ふ。時に未だ寧州有らず、號して南中と爲し、此の職を立て、以て之を總べ攝《をさ》めしむ。晉の泰始中、始めて分ちて寧州と爲す。

(補注)

(一) 大姓は、豪族。『華陽國志』卷四 南中志に、「分其羸弱、配大姓焦・雍・婁・爨・孟・量・毛・李爲部曲」とある。

(二) 庲降都督は、建安十九(二一四)年、劉備が南中を支配するために置き、南昌縣を治所とした（『華陽國志』巻四 南中志）。庲降は、招来・降服の意味。

（三）鄧方は、荊州南郡の人、字は孔山。荊州従事として劉備の入蜀に随従し、犍爲屬國都尉、朱提太守となったのち、安遠將軍・庲降都督となり、南昌縣に駐屯していた（『三國志』巻四十五 楊戲傳所引『季漢輔臣贊』）。

（四）『論語』子路篇に、「子曰、君子易事而難説也。説之不以道、不説也。及其使人也、器之。小人難事而易説也。説之雖不以道、説也。及其使人也、求備焉」とあり、字句に異同がある。

（五）先零は、西羌の一種族。前漢の武帝期より勢力を拡大し、後漢の安帝期には帝號を称するほど強大な勢力を築いた。しばしば後漢の支配領域に侵入し、桓帝期には三輔を脅かすまでに至った（『後漢書』列傳七十七 西羌傳）。

（六）趙充國は、涼州隴西郡上邽縣の人、字は翁孫。武帝のとき匈奴と戦い、霍光とともに宣帝を擁立した。後將軍として先零羌と戦い、降伏した羌族を金城郡屬國に居住させた（『漢書』巻六十九 趙充國傳）。

［現代語訳］

李恢傳

李恢《りかい》は字を德昂《とくこう》といい、益州《えきしゅう》建寧郡《けんねいぐん》兪元縣《ゆげんけん》（雲南省澄江県）の人である。建寧郡に仕えて督郵《とくゆう》であったが、姑《おば》の夫の爨習《さんしゅう》が建伶《けんれい》令となり、法を犯し、李恢も爨習に連座して免官された。（ところが）建寧太守の董和《とうわ》は爨習が地方の大姓《たいせい》（豪族）であることから、不問に附し（罪に当てることを）許さなかった［一］。後に李恢を益州に推挙したが、（成都に赴く）道を歩いて未だ着かないうちに、先主が葭萌《かぼう》から戻って劉璋《りゅうしょう》を攻めたことを聞いた。李恢は劉璋が必ず敗れ、先主が必ず成功すると判断して、そこで名を郡の使者と託《かこ》つけ、北に向かい先主のもとに至り、緜竹《めんちく》縣で会った。先主は李恢を評価し、随従させて雒城《らくじょう》に至り、李恢を派遣して漢中に至らせ友好関係を馬超《ばちょう》と結ばせた。馬超はこうして（劉備の）命に従った。成都がすでに平定されると、先主は（左將軍に）益州牧を兼任し、李恢を功曹《こうそう》、書佐《しょさ》、主《しゅ》簿《ぼ》とした。後に逃亡者に誣告され、李恢が謀反したと巻き込まれた。担当の役人が捕らえて送ったが、先主はそれが違うことを明らかにし、さらに李恢を異動して別駕従事《べつがじゅうじ》とした。章武元（二二一）年、庲降都督《らいこうととく》の鄧方《とうほう》が卒した。先主は李恢に尋ねて、「誰が代わりになるべきであろうか」とした。李恢は答えて、「人の才能には、それぞれに長短があります。このため孔子は、「人を使うときには長所に応じた使い方をする」と言ったのです。それにおよそ明主が上にいれば、臣下は情を尽くします。このために先零《せいれい》羌との戦いで、趙充國《ちょうじゅうこく》は、「老臣にまさる者はおりません」と言ったのです。臣《わたくし》は秘かに自ら（が適しているとは）謀れませんので、どうか陛下これを察してください」とした。先主は笑って、「孤《わたし》の本意も、またすでに卿《きみ》にある」といった。こうして李恢を庲降都督《らいこうととく》・使持節《しじせつ》・領交州《りょうこうしゅう》刺史《しし》とし、平《へい》夷《い》縣（貴州省華節県の南東）に駐屯させた［二］。

［裴松之注］

［一］『華陽國志《かようこくし》』に、「爨習《さんしゅう》は後に官は領軍《りょうぐん》に至った」とある。

［二］臣《わたくし》裴松之がこれを蜀人に尋ねましたところ、庲降は地名であり、蜀から二千余里のところと申しております。このときはまだ寧州《ねいしゅう》がなく、南中《なんちゅう》と言っており、この職を立て、南中を統べ治めさせました。西晉の泰始《たいし》年間（二六五～二七四年）に、始めて

（益州を）分けて寧州といたしました。

【原文】

先主薨、高定恣睢於越嶲、雍闓跋扈於建寧、朱褒反叛於牂牁。丞相亮南征、先由越嶲、而恢案道向建寧。諸縣大相糾合、圍恢軍於昆明。時恢衆少敵倍、又未得亮聲息、紿謂南人曰、官軍糧盡、欲規退還。吾中間久斥鄉里、乃今得旋。不能復北、欲還與汝等同計謀、故以誠相告。南人信之、故圍守怠緩。於是恢出撃、大破之、追奔逐北、南至槃江、東接牂牁、與亮聲勢相連。南土平定、恢軍功居多、封漢興亭侯、加安漢將軍。後軍還、南夷復叛、殺害守將。恢身往撲討、鉏盡惡類、徙其豪帥于成都、賦出叟・濮耕牛・戰馬・金銀・犀革、充繼軍資、于時費用不乏。

《訓讀》

先主 薨ずるや、高定は越嶲に恣睢《ほしいまま》にし、雍闓は建寧に跋扈し、朱褒は牂牁に反叛す。丞相の亮 南征するに、先に越嶲よりし、而して恢は道を案じて建寧に向かふ。諸縣 大いに相 糾合し、恢の軍を昆明に圍む。時に恢 衆は少なく敵は倍し、又 未だ亮の聲息を得られざれば、紿《あざむ》きて南人に謂ひて曰く、「官軍の糧 盡き、退き還ることを規《はか》らんと欲す。吾 中間《なかごろ》 久しく鄉里を斥《す》て、乃ち今 旋《かへ》るを得たり。復た北すること能はざれば、還りて汝らと計謀を同にせんと欲し、故に誠を以て相 告ぐ」と。南人 之を信じ、故に圍守すること怠緩たり。是に於て恢 出撃し、大いに之を破り、奔るを追ひて北に逐ひ、南は槃江に至り、東は牂牁に接し、亮と聲勢 相 連なる。南土 平定せられ、恢 軍功 多きに居《よ》り、漢興亭侯に封じ、安漢將軍を加ふ。後に軍還るや、南夷 復た叛き、守將を殺害す。恢 身ら往きて撲討し、惡類を鉏盡し、其の豪帥を成都に徙し、賦をば叟・濮の耕牛・戰馬・金銀・犀革より出だし、軍資を充繼せしめば、時に于て費用 乏しからず。

［現代語訳］

先主が薨去すると、高定《こうてい》は越嶲《えっすい》郡で勝手な行動を取り、雍闓《ようがい》は建寧《けんねい》郡で我が物顔にのさばり、朱褒《しゅほう》は牂牁《そうか》郡で反乱を起こした。丞相の諸葛亮は南征する際に、先に越嶲郡から行き、そして李恢は道を調べて建寧郡に向かった。諸縣は大いに兵を糾合して、李恢の軍を昆明《こんめい》（雲南省昆明市）に包囲した。このとき李恢は兵が少なく敵は倍で、また諸葛亮からの消息も得られなかったので、欺《あざむ》いて南人に言って、「官軍の兵糧は尽き、撤退して帰ることを計画している。吾《わたし》はこのところ久しく郷里から離れ、ようやく今帰ることができた。再び北に行くことはできないので、帰っておまえたちと謀《はかりごと》を共にしようと考え、このため本心から告げるのである」と言った。南人はこれを信じ、このため包囲が緩くなった。ここで李恢は出撃し、大いに南人を破り、逃げるのを追って北に逐いはらい、南は槃江《はんこう》に至り、東は牂牁郡に接し、諸葛亮の勢力と繫がることができた。南土が平定されると、李恢は軍功が多いことにより、漢興亭侯《かんこうていこう》に封建され、安漢将軍《あんかんしょうぐん》を加えられた。後に（南征の）軍が（成都に）帰ると、南夷はまた背き、守將を殺害した。李恢は自ら行って討伐し、悪党を殺し尽くし、その豪帥を成都に徙民し、賦を叟《そう》族と濮《ぼく》族の耕牛・戦馬・金銀・犀革《さいかく》（犀の角）より出し、軍資を充実させたので、そのときに（国家の）

費用は乏しくなくなった。

【原文】

建興七年、以交州屬吳、解恢刺史。更領建寧太守、以還居本郡。徙居漢中、九年卒。子遺嗣。恢弟子球、羽林右部督、隨諸葛瞻拒鄧艾、臨陳授命、死于緜竹。

《訓讀》

建興七年、交州 吳に屬するを以て、恢の刺史を解く。更めて建寧太守を領して、以て還りて本郡に居る。居を漢中に徙し、九年に卒す。子の遺(一) 嗣ぐ。恢の弟の子たる球、(二) 羽林右部督たり(三)て、諸葛瞻に隨ひ鄧艾を拒み、陳に臨みて命を授け、緜竹に死す。

(補注)

(一) 遺は、李遺。益州建寧郡兪元縣の人、李恢の子。漢興亭侯を嗣いだ(『三國志』巻四十三 李恢傳)。

(二) 球は、李球。益州建寧郡兪元縣の人、李恢の弟の子。官は羽林右部督に至り、緜竹の戦いで死去した(『三國志』巻四十三 李恢傳)。

(三) 羽林右部督は、官名。羽林右部を都督した。

[現代語訳]

建興《けんこう》七(二二九)年、(孫呉との中国分割協定により)交州が孫呉に属したため、李恢の交州刺史を解いた。改めて建寧《けんねい》太守を兼任して、帰って本郡(建寧郡)に居住した。住居を漢中に移し、建興九(二三一)年に卒した。子の李遺《りい》が(漢興亭侯を)嗣いだ。李恢の弟の子である李球《りきゅう》は、羽林右部督《うりんゆうぶとく》として、諸葛瞻に従って鄧艾を拒み、戦陣の中で命を捧げ、緜竹《めんちく》で死去した。

【原文】

呂凱傳

呂凱字季平、永昌不韋人也［一］。仕郡五官掾、功曹。時雍闓等聞先主薨於永安、驕黠滋甚。都護李嚴與闓書六紙、解喩利害。闓但答一紙曰、蓋聞、天無二日、土無二王、今天下鼎立、正朔有三。是以遠人惶惑、不知所歸也。其桀慢如此。闓又降於吳、吳遙署闓爲永昌太守。永昌既在益州郡之西、道路壅塞、與蜀隔絕、而郡太守改易。凱與府丞蜀郡王伉、帥厲吏民、閉境拒闓。闓數移檄永昌、稱說云云。凱答檄曰、天降喪亂、奸雄乘釁、天下切齒、萬國悲悼。臣妾大小、莫不思竭筋力、肝腦塗地、以除國難。伏惟、將軍世受漢恩、以爲當躬聚黨衆、率先啟行、上以報國家、下不負先人、書功竹帛、遺名千載。何期、臣僕吳越、背本就末乎。昔舜勤民事、隕于蒼梧、書籍嘉之、流聲無窮。崩于江浦、何足可悲。文・武受命、成王乃平。先帝龍興、海內望風、宰臣聰睿、自天降康。而將軍不覩盛衰之紀、成敗之符、譬如野火在原、蹈履河冰。火滅冰泮、將何所依附。曩者將軍先君雍侯、造怨而封、竇融知興、歸志世祖、皆流名後葉、世歌其美。今諸葛丞相、英才挺出、深覩未萌、受遺託孤、翊贊季興、與衆無忌、錄功忘瑕。將軍若能翻然改圖、易跡更步、古人不難追、鄙土何足宰哉。蓋聞、楚國不恭、齊桓是責、夫差僭號、晉人不長。況臣於非主、誰肯歸之邪。竊惟古義、臣無越境之交。是以前後有來無往。重承告示、發憤忘食。故略陳所懷。惟將軍察焉。凱威恩內著、爲郡中所信、故能全其節。

[裴松之注]

[一] 孫盛蜀世譜曰、初、秦徙呂不韋子弟・宗族於蜀漢。漢武帝時、開西南夷、置郡縣、徙呂氏以充之。因曰不韋縣。

《訓讀》

呂凱傳

呂凱 字は季平、永昌不韋の人なり[一]。郡に仕へて五官掾、功曹たり。時に雍闓ら先主の永安に薨ずるを聞き、驕黠たること滋〻甚だし。都護の李嚴 闓に書六紙を與へ、利害を解喩す。闓 但だ一紙のみにて答へて曰く、「蓋し聞くならく、天に二日無く、土に二王無しと。今 天下 鼎立して、正朔 三有り。是を以て遠人 惶惑し、歸する所を知らざるなり」と。其の桀慢たること此の如し。闓は又 呉に降り、呉は闓を遙署して永昌太守と爲す。永昌は既に益州郡の西に在り、道路 壅塞し、蜀と隔絶し、而も郡太守 改易す。凱 府丞たる蜀郡の王伉(一)と與に、吏民を帥ゐ厲まし、境を閉ぢ闓を拒む。闓 數〻檄を永昌に移し、說を稱して云云す。凱 檄に答へて曰く、「天 喪亂を降し、奸雄 釁に乘ずるや、天下は切齒し、萬國は悲悼す。臣妾大小、筋力を竭くし、肝腦 地に塗れるも、以て國難を除かんと思はざるは莫し。伏して惟ふに、將軍 世〻漢の恩を受くれば、以爲へらく當に躬ら黨衆を聚め、率先し啟行して、上は以て國家に報じ、下は先人に負かず、功を竹帛に書し、名を千載に遺すべしと。何ぞ期せん、呉越に臣僕し、本に背き末に就くや。昔 舜 民事に勤め、蒼梧に隕《お》つも、書籍 之を嘉し、聲を無窮に流す。江浦に崩ずるも、何ぞ悲しむ可きに足らん。文・武 命を受け、成王 乃ち平らぐ。先帝 龍興し、海內風を望み、宰臣は聰睿なれば、天より康きを降ろす。而るに將軍盛衰の紀、成敗の符を覩ざること、譬ふれば野火の原に在り、河冰を蹈履するが如し。火 滅し 冰 泮《と》くれば、將《は》た何れの所にか依附せん。曩者《さきに》將軍の先君たる雍侯(二)は、怨を造《いた》すも封ぜられ、竇融は興るを知りて、志を世祖に歸し、皆 名を後葉に流し、世〻其の美を歌ふ。今 諸葛丞相、英才は挺出し、深く未萌を覩、遺を受け孤を託せられ、季興を翊贊し、衆と忌むこと無く、功を錄して瑕を忘る。將軍若し能く翻然として圖を改め、跡を易へ歩みを更むれば、古人 追《つか》ひ難からず、鄙土 何ぞ宰するに足らんや。蓋し聞くならく、楚國 恭へざれば、齊桓 是れ責め、夫差 僭號すれば、晉人 長とせず(三)(四)。況んや主に非ざるに臣すれば、誰か肯へて之に歸さんや。竊かに古義を惟《おも》ふに、臣に越境の交無し。是を以て前後に來有るも往無し。重ねて告示を承け、憤りを發して食を忘る。故に略ぼ懷ふ所を陳ぶ。惟れ將軍焉を察せよ」と。凱の威恩 内に著はれ、郡中の信ずる所と爲れば、故に能く其の節を全くす。

[裴松之注]

[一] 孫盛の蜀世譜に曰く、「初め、秦 呂不韋の子弟・宗族を蜀漢に徙す。漢の武帝の時、西南夷を開き、郡縣を置き、呂氏を徙して以て之に充《あ》つ。因りて不韋縣と曰ふ」と。

（補注）

（一）王伉は、益州蜀郡の人。呂凱と協力し雍闓の侵攻を防ぎ、反乱の平定後、永昌太守となった（『三國志』巻四十三 呂凱傳）。

（二）雍侯は、ここでは雍齒。豫州沛國の人。劉邦から郷里を任されたが裏切った。のち、再び劉邦に仕え、論功行賞の際に、劉邦が最も憎む者でありながら、張良の策で什方侯に封建された（『史記』巻五十五 留侯世家）。

（三）夫差は、春秋時代の吳王（在位、前四九六～前四七三年）。越王句踐に敗死した父闔閭の遺言をうけ、精兵を率い句踐を破ったが、伍子胥の諫言をきかずに助命した。のち句踐に攻められ、敗れて自殺した（『史記』巻三十一 吳太伯世家）。

（四）『春秋左氏傳』哀公 傳十三年に、「秋七月辛丑、盟。吳晉爭先。吳人曰、於周室、我爲長。晉人曰、於姬姓、我爲伯。……乃先晉人」とあることを踏まえた記述である。

［現代語訳］

呂凱傳

呂凱《りょがい》は字を季平《きへい》といい、益州永昌郡不韋縣《えきしゅうえいしょうぐんふいけん》（雲南省保山市の北東）の人である[一]。永昌郡に仕えて五官掾《ごかんえん》、功曹史《こうそうし》となった。このとき雍闓《ようがい》たちは先主が永安《えいあん》城で薨去したことを聞いて、驕慢で狡猾なことますます甚だしかった。都護《とご》の李嚴《りげん》は雍闓に六紙におよぶ書簡を与え、利害を説明した。雍闓はただ一紙で答えて、「聞くところでは、天に二つの太陽は無く、地に二人の王は無いと言います。いま天下は鼎立して、（従うべき暦である）正朔《せいさく》が三つもあります。このため遠人は恐怖困惑して、誰に帰すればよいのか分かりません」と言った。その凶暴傲慢であることはこのようであった。雍闓はまた孫呉《そんご》に降服し、孫呉は雍闓に遙領《ようりょう》させて永昌《えいしょう》太守とした。永昌郡はすでに益州郡の西にあり、道路が塞がり、蜀とは隔絶して、しかも郡太守が交替したところであった。呂凱は府丞《ふじょう》である蜀郡の王伉《おうこう》と共に、吏民を率い励まし、国境を閉じ雍闓を拒んだ。雍闓はたびたび檄文《げきぶん》を永昌郡に送り、いろいろと述べたてた。呂凱は檄文に答えて、「天が動乱を降し、奸雄が間隙に乗じますと、天下の人々は切歯扼腕し、万国の人々は悲悼に暮れました。臣も妾も老いも若きも、筋力の限りを尽くし、肝脳を地にまみれさせて、国難を除こうと思わないものはありませんでした。伏して考えますに、（雍闓）将軍は代々漢の恩を受けており、まさに自ら仲間と兵を集め、率先して行動を明らかにし、上は国家に報じ、下は先人に背かず、功を竹帛に書し、名を千載に残すべきでしょう。どうして思ったのでしょうか、呉越《ごえつ》に臣従し、根本に背いて末端に就くことを。むかし舜《しゅん》は民事に勤め、蒼梧《そうご》で崩御しても、書籍はこれを嘉《よみ》し、名声を無窮に流しております。長江のほとりに崩御しても、どうして悲しむに足りるでしょうか。（周の）文王《ぶんおう》と武王《ぶおう》は天命を受け、成王《せいおう》がようやく（天下を）平定しました。先帝（劉備）が龍のように勃興すると、天下は伝え聞いて心を寄せ、宰相（諸葛亮）は聡明ですので、天から平安が降されました。それなのに将軍が盛衰の法則、成敗の符牒を見ないことは、たとえば野火の原におり、黄河の氷を踏むようなものです。火が消え氷が解ければ、さてどこに依拠されるつもりなのでしょう。むかし将軍の先君である雍侯《ようこう》（雍齒）は、（劉邦から）怨まれながらも封建され、竇融《とうゆう》は（劉秀が）興ることを知って、志を世祖《せいそ》に帰し、ともに名声を後世に残し、代々その美を歌われています。いま諸葛丞相は、英才が傑出し、深く（物事を）予兆のうちに見抜き、遺孤《いこ》（劉禪）を託せられ、（漢の）

季《すえ》の興隆を翼賛し、人々に猜疑心で繋がることなく、功績を記録して過失を忘れます。將軍がもしすっかり心を入れ替え、行動を変更すれば、古人も追うことができない（功績をあげる）ことになり、（永昌郡のような）辺鄙な土地などどうして支配するに足りましょう。おそらく聞くところでは、楚國《そ》が（天子に恭しく）仕えなければ、齊《せい》の桓《かん》公《こう》がこれを責め、（呉の）夫差《ふさ》が僭号すると、晉《しん》人は（會盟で夫差を）上位としませんでした。まして君主でないものに臣従すれば、誰があえてこれに帰すでしょうか。秘かに古義を思いますに、臣下で国境を超え（て君主に臣従す）ることはありません。このために何回か（文書が）来ましたが返事をしませんでした。重ねて告示をうけ、感情が高まって食べることを忘れました。このため思うところの概略を述べました。どうか將軍にはご推察ください」と言った。呂凱の威光と恩愛は永昌郡内に明らかで、郡中の信じる所となっていたので、よく（雍闓に対抗して）節義を全うすることができた。

［裴松之注］

［一］孫盛《そんせい》の『蜀世譜《しょくせいふ》』に、「これよりさき、秦《しん》の呂不韋《りょふい》の子弟・宗族を蜀漢に徙した。漢の武帝《ぶてい》の時、西南夷《せいなんい》（の土地）を開き、郡縣を置き、呂氏を徙してそこにあてた。このため不韋縣《ふいけん》という」とある。

【原文】

及丞相亮南征討闓、既發在道、而闓已爲高定部曲所殺。亮至南、上表曰、永昌郡吏呂凱・府丞王伉等、執忠絶域、十有餘年、雍闓・高定偪其東北、而凱等守義不與交通。臣不意、永昌風俗敦直乃爾。以凱爲雲南太守、封陽遷亭侯。會爲叛夷所害、子祥嗣。而王伉亦封亭侯、爲永昌太守［一］。

［裴松之注］

［一］蜀世譜曰、呂祥後爲晉南夷校尉、祥子及孫世爲永昌太守。李雄破寧州、諸呂不肯附、擧郡固守。王伉等亦守正節。

《訓読》

丞相の亮 南征して闓を討ち、既に發して道に在るに及び、而るに闓 已に高定の部曲の殺す所と爲る。亮 南に至るや、上表して曰く、「永昌郡の吏の呂凱・府丞の王伉ら、忠を絶域に執ること、十有餘年、雍闓・高定 其の東北に偪るも、而も凱ら義を守りて與に交通せず。臣 意はざりき、永昌の風俗 敦直なること乃ち爾らんとは」と。凱を以て雲南太守と爲し、陽遷亭侯に封ず。會《たまたま》叛夷の害する所と爲り、子の祥(一) 嗣ぐ。而して王伉も亦た亭侯に封ぜられ、永昌太守と爲る［一］。

［裴松之注］

［一］蜀世譜に曰く、「呂祥は後に晉の南夷校尉と爲り、祥の子及び孫 世〻永昌太守と爲る。李雄 寧州を破るや、諸呂 附すを肯ぜず、郡を擧げて固守す。王伉らも亦た正節を守る」と。

（補注）

（一）祥は、呂祥。益州永昌郡不韋縣の人。呂凱の子。陽遷亭侯を嗣ぎ、西晉の南夷校尉となった（『三國志』巻四十三 呂凱傳注引『蜀世譜』）。

［現代語訳］

丞相の諸葛亮が南征して雍闓《ようがい》を討ち、すでに出発して途上にあるとき、雍闓はすでに高定《こうてい》の部曲に殺された。諸葛亮は南に至ると、上表して、「永昌《えいしょう》郡の郡吏の呂凱《りょがい》と府丞《ふじょう》の王伉《おうこう》たちは、忠を絶遠の地に尽くすこと、十年余りで、雍闓と高定がその東北に迫っても、呂凱たちは義を守って往来しませんでした。臣《わたくし》は、永昌郡の風俗が誠実で正直なことがこれほどまでとは思いませんでした」と言った。呂凱を雲南《うんなん》太守となし、陽遷亭侯《ようせんていこう》に封建した。たまたま背いた夷狄に殺され、子の呂祥《りょしょう》が（陽遷亭侯を）嗣いだ。そして王伉もまた亭侯に封建され、永昌太守となった［一］。

［裴松之注］

［一］『蜀世譜《しょくせいふ》』に、「呂祥はのちに西晉の南夷校尉《なんいこうい》となり、呂祥の子孫は代々永昌太守となった。李雄《りゆう》が寧州《ねいしゅう》を破ると、呂氏は服従を拒否し、永昌郡を挙げて固く守った。王伉たちもまた正節を貫いた」とある。

【原文】

馬忠傳

馬忠字德信、巴西閬中人也。少養外家、姓狐、名篤、後乃復姓、改名忠。爲郡吏、建安末擧孝廉、除漢昌長。先主東征、敗績猇亭、巴西太守閻芝發諸縣兵五千人以補遺闕、遣忠送往。先主已還永安、見忠與語、謂尙書令劉巴曰、雖亡黃權、復得狐篤。此爲世不乏賢也。建興元年、丞相亮開府、以忠爲門下督。三年、亮入南、拜忠牂牁太守。郡丞朱褒反。叛亂之後、忠撫育卹理、甚有威惠。八年、召爲丞相參軍、副長史蔣琬署留府事。又領州治中從事。明年、亮出祁山、忠詣亮所、經營戎事。軍還、督將軍張嶷等討汶山郡叛羌。十一年、南夷豪帥劉冑反、擾亂諸郡。徵庲降都督張翼還、以忠代翼。忠遂斬冑、平南土。加忠監軍・奮威將軍、封博陽亭侯。初、建寧郡殺太守正昂、縛太守張裔於吳。故都督常駐平夷縣。至忠、乃移治味縣、處民夷之間。又越嶲郡亦久失土地、忠率將太守張嶷、開復舊郡。由此就加安南將軍、進封彭鄉亭侯。延熙五年還朝、因至漢中、見大司馬蔣琬、宣傳詔旨。加拜鎭南大將軍。七年春、大將軍費禕、北禦魏敵、留忠成都、平尙書事。禕還、忠乃歸南。十二年卒。子脩嗣［一］。

［裴松之注］

［一］脩弟恢。恢子義、晉建寧太守。

《訓読》

馬忠傳

馬忠 字は德信、巴西閬中の人なり。少くして外家に養はれ、姓は狐、名は篤たるが、後に乃ち姓を復し、名を忠に改む。郡吏と爲り、建安の末に孝廉に擧げられ、漢昌長に除せらる。先主 東征し、猇亭に敗績するや、巴西太守の閻芝 諸縣の兵五千人を發して以て遺闕を補はんとし、忠を遣はして送り往かしむ。先主 已に永安に還り、忠を見て與に語り、尙書令の劉巴に謂ひて曰く、「黃權を亡ふと雖も、復た狐篤を得たり。此れ世に賢の乏しからざるが爲なり」と。建興元年、丞相の亮 開府し、忠を以て門下督(一)と爲す。三年、亮 南に入り、忠を牂牁太守に拜す。郡丞の朱褒 反《そむ》く。叛亂の後、忠 撫育し卹理して、甚だ威惠有り。八年、召して丞相參軍と爲し、長史の蔣琬に副とし留府の事を署せしむ。又 州の治中從事を領す。明年、亮 祁山に出づるや、忠 亮の所に詣り、戎事を經營す。軍 還るや、將軍の張嶷らを督して汶山郡の叛羌を討つ。十一年、南夷の豪帥たる劉冑 反き、諸郡を擾亂す。庲降都督の張翼を徵し還して、忠を以て翼に代ふ。忠遂に冑を斬り、南土を平らぐ。忠に監軍・奮威將軍(二)を加へ、博陽亭侯に封ず。初め建寧郡、太守の正昂を殺し、太守の張裔を縛りて呉に於《ゆ》かしむ。故に都督は常に平夷縣に駐まる。忠に至りて、乃ち治を味縣に移し、民夷の間に處る。又 越巂郡も亦た久しく土地を失はば、忠太守の張嶷を率《ひき》ゐ、舊郡を開復す。此れに由り就きて安南將軍を加へ、進めて彭鄉亭侯に封ず。延熙五年に朝に還り、因りて漢中に至り、大司馬の蔣琬に見へ、詔旨を宣傳す。加へて鎭南大將軍を拜す。七年春、大將軍の費禕、北のかた魏敵を禦ぎ、忠を成都に留め、平尚書事(三)たらしむ。禕 還るや、忠 乃ち南に歸る。十二年に卒す。子の脩(四)嗣ぐ[一]。

[裴松之注]

[一] 脩の弟は恢。恢の子たる義(五)は、晉の建寧太守なり。

(補注)

(一) 門下督は、官名。丞相府門下督のこと。

(二) 奮威將軍は、官名。雜号將軍号の一つ。

(三) 平尚書事は、加官。蜀漢の国政の中核である尙書臺を総覧する権限を持つが、諸葛亮などが加えられた錄尙書事よりも、低い地位を示す。

(四) 脩は、馬脩。益州巴西郡閬中縣の人。馬忠の子。父の死後、彭鄉亭侯を嗣いだ。弟は恢（『三國志』巻四十三 馬忠傳）。

(五) 義は、馬義。益州巴西郡閬中縣の人。馬忠の孫。晉の建寧太守となった（『三國志』巻四十三 馬忠傳注）。

[現代語訳]

馬忠傳

馬忠《ばちゅう》は字を德信《とくしん》といい、益州巴西郡閬中《はせいぐんろうちゅう》縣の人である。若いころに外家《がいか》（母の実家）で養育され、姓は狐《こ》、名は篤《とく》であったが、後にようやく姓を（馬に）戻し、名を忠に改めた。郡吏となり、建安《けんあん》年間（一九六～二二〇年）の末に孝廉《こうれん》に察擧され、漢昌長《かんしょうちょう》に除任された。先主が東征し、猇亭《おうてい》の戦いに敗れると、巴西《はせい》太守の閻芝《えんし》は諸縣の兵五千人を徵発してそれにより（敗戦で）欠けた分を補おうとし、馬忠を派遣して送り往かせた。先主はすでに永安《えいあん》城に帰り、馬忠を見て共に語り、尙書令《しょうしょれい》の劉巴《りゅうは》に言って、「黃權《こうけん》を失ったといっても、また狐篤《ことく》を得た。これは世の中に賢人が乏しくないためである」とした。建興《けんこう》元（二二三）年、丞相の諸葛亮が開府し、馬忠を門下督《もんかとく》とした。建興三（二二五）年、諸葛亮が南征すると、馬忠を牂牁《そうか》太守に拜命した。牂牁郡丞《ぐんじょう》の朱褒《しゅほう》が反乱を起こしていた。反乱の後なので、馬忠は（民を）労《いたわ》り育て賑恤《しんじゅつ》しながら統治し、たいへん威厳と恩恵があった。建興八（二三〇）年、召して丞相參軍《じょうしょうさんぐん》となし、丞相長《ちょう》史《し》の蔣琬《しょうえん》の副官として（丞相）留府《りゅうふ》の事務を掌らせた。また州の治《じ》中從事《ちゅうじゅうじ》を兼任した。翌（建興九〈二三一〉）年、諸葛亮が祁山《きざん》に出ると、馬忠は諸葛亮のもとに至り、軍事を経営した。軍が帰ると、將軍の張嶷《ちょうぎょく》たちを監督して汶山《ぶんざん》郡の背いた羌《きょう》族を討った。建興十一（二三三）年、南夷の大首長である劉冑《りゅうちゅう》が背き、諸郡をかき回した。庲降都督《らいこうととく》の張翼《ちょうよく》を召し返し、馬忠を張翼の代わりとした。馬忠はついに劉冑を斬り、南土を平定した。馬忠に監軍《かんぐん》・奮威《ふんい》將軍を加え、博陽亭侯《はくようていこう》に封建した。これよりさき建寧《けんねい》郡（旧益州郡）は、太守の正昂《せいこう》を殺し、太守の張裔《ちょうえい》を縛って吳に送っていた。このため庲降都督は常に平夷《へいい》縣に駐留していた。馬忠に至って、ようやく治所を味《ばい》縣（雲南省曲靖の西）に移し、民と夷狄の間に居るようになった。また越嶲《えっすい》郡も久しく土地を失っていたので、馬忠は太守の張嶷を率いて、旧土を回復した。これによりその場で安南《あんなん》將軍を加え、進んで彭《ほう》郷《きょう》亭侯に封建した。延熙《えんき》五（二四二）年に朝廷に戻り、よって漢中《かんちゅう》に至り、大司馬《だいしば》の蔣琬と会い、（後主の）詔の主旨を伝えた。加えて鎭南《ちんなん》大將軍を拝命した。延熙七（二四四）年春、大將軍の費禕《ひい》は、北方に曹魏の敵襲を防ぎ、馬忠を成都に留めて、平尚書事《へいしょうしょじ》とさせた。費禕が帰ると、馬忠はそこで南に戻った。延熙十二（二四九）年に卒した。子の馬脩《ばしゅう》が（彭郷亭侯を）嗣いだ[一]。

[裴松之注]

[一] 馬脩の弟は馬恢《ばかい》である。馬恢の子である馬義《ばぎ》は、晉の建寧《けんねい》太守となった。

【原文】

忠爲人寛濟有度量、但詼啁大笑、忿怒不形於色。然處事能斷、威恩並立。是以蠻夷畏而愛之。及卒、莫不自致喪庭、流涕盡哀。爲之立廟祀、迄今猶在。

《訓読》

忠 人と爲り寛濟にして度量有り、但だ詼啁し大笑して、忿怒は色に形《あらは》さず。然れども事に處るに能く斷じ、威恩 並びに立つ。是を以て蠻夷 畏れて之を愛す。卒するに及び、自ら喪庭に致し、流涕して哀を盡くさざるは莫し。之が爲に廟祀を立て、今に迄るまで猶ほ在り[二]。

（補注）

（一）『三國志集解』に引く『大清一統志』によれば、馬忠の碑は、曲靖府の南寧縣にあるという。

[現代語訳]

馬忠は人となりが寛容で度量があり、ただ冗談を言って大笑いをして、怒りは顔に出さなかった。それでも政事では能く決断し、威厳と恩恵が両立していた。これにより蠻夷は畏れて馬忠を愛した。（馬忠が）卒するに及び、自ら葬儀の場に至り、涙を流して哀悼を尽くさないものはなかった。馬忠のために廟祀《みたまや》を立て、今（西晉）に至るまでなお存在している。

【原文】

張表、時名士、清望踰忠。閻宇、宿有功幹、於事精勤。繼踵在忠後、其威風・稱績、皆不及忠［一］。

［裴松之注］

［一］益部耆舊傳曰、張表、肅子也。華陽國志云、表、張松子。未詳。閻宇字文平、南郡人也。

《訓讀》

張表（一）は、時の名士なり、清望は忠を踰ゆ。閻宇は、宿《ひさ》しく功幹有り、事に於て精勤す。踵《あと》を繼ぎて忠の後に在るも、其の威風・稱績は、皆 忠に及ばず［一］。

［裴松之注］

［一］益部耆舊傳に曰く、「張表は、肅の子なり」と。華陽國志に云ふ、「表は、張松の子なり」と。未だ詳《つまびら》かならず。閻宇 字は文平、南郡の人なり。

《補注》

（一）張表は、益州蜀郡の人。張肅、あるいは張松の子。蜀漢に仕えて評価が高かった（『三國志』巻四十三 馬忠傳）。

［現代語訳］

張表《ちょうひょう》は、時の名士であり、清望は馬忠を越えた。閻宇《えんう》は、久しく功績を挙げ、事務に精勤した。後を継いで馬忠の後任となったが、その威風と評価は、ともに馬忠に及ばなかった［一］。

［裴松之注］

［一］『益部耆舊傳《えきぶききゅうでん》』に、「張表は、張肅《ちょうしゅく》の子である」とある。『華陽國志《かようこくし》』に、「張表は、張松《ちょうしょう》の子である」とある。詳細は明らかではない。閻宇は字を文平《ぶんぺい》といい、南郡《なんぐん》の人である。

【原文】

王平傳

王平字子均、巴西宕渠人也。本養外家何氏、後復姓王。隨杜濩・朴胡詣洛陽、假校尉。從曹公征漢中、因降先主、拜牙門將、裨將軍。建興六年、屬參軍馬謖先鋒。謖舍水上山、擧措煩擾。平連規諫謖。謖不能用、大敗於街亭。衆盡星散、惟平所領千人、鳴鼓自持。魏將張郃、疑其伏兵、不往偪也。於是平徐徐收合諸營遺迸、率將士而還。丞相亮既誅馬謖及將軍張休・李盛、奪將軍黃襲等兵、平特見崇顯、加拜參軍、統五部兼當營事、進位討寇將軍、封亭侯。九年、亮圍祁山、平別守南圍。魏大將軍司馬宣王攻亮、張郃攻平。平堅守不動、郃不能克。十二年、亮卒於武功。軍退還、魏延作亂、一戰而敗、平之功也。遷後典軍・安漢將軍、副車騎將軍吳壹住漢中、又領漢中太守。十五年、進封安漢侯、代壹督漢中。延熙元年、大將軍蔣琬住沔陽、平更爲前護軍、署琬府事。六年、琬還住涪、拜平前監軍・鎭北大將軍、統漢中。

《訓讀》

王平傳

王平 字は子均、巴西宕渠の人なり。本 外家の何氏に養はれ、後に姓を王に復す。杜濩・朴胡に随ひ洛陽に詣り、校尉に假せらる。曹公に従ひ漢中を征し、因りて先主に降り、牙門將、裨將軍を拜す。建興六年、參軍の馬謖が先鋒に屬す。謖 水を舍て山に上り、擧措 煩擾たり。平 連《しき》りに謖を規諫す。謖 用ふる能はず、大いに街亭に敗る。衆盡く星のごとく散じ、惟だ平の領する所の千人のみ、鼓を鳴らし自ら持す。魏將の張郃、其の伏兵あるを疑ひ、往きて偪らざるなり。是に於て平 徐徐に諸營の遺迸を收合し、將士を率ゐて還る。丞相の亮既に馬謖及び將軍の張休(一)・李盛(二)を誅し、將軍の黃襲(三)らの兵を奪ふも、平は特に崇顯せられ、加へて參軍を拜し、五部(四)を統べ兼ねて營事に當たり、位を討寇將軍に進め、亭侯に封ぜらる。九年、亮 祁山を圍み、平 別に南圍を守る。魏の大將軍たる司馬宣王は亮を攻め、張郃は平を攻む。平 堅く守りて動かざれば、郃 克つ能はず。十二年、亮 武功に卒す。軍 退き還り、魏延 亂を作すも、一戰にして敗るるは、平の功なり。後典軍・安漢將軍に遷り、車騎將軍の吳壹の副たりて漢中に住《とど》まり、又 漢中太守を領す。十五年、進みて安漢侯に封ぜられ、壹に代はりて漢中を督す。延熙元年、大將軍の蔣琬 沔陽に住まるや、平 更に前護軍と爲り、琬の府事を署す。六年、琬 還りて涪に住まるや、平を前監軍・鎭北大將軍に拜し、漢中を統べしむ。

(補注)

(一) 張休は、蜀漢の將軍。街亭の戦いで敗れ、馬謖と共に誅殺された(『三國志』卷四十三 王平傳)。

(二) 李盛は、蜀漢の將軍。街亭の戦いで敗れ、馬謖と共に誅殺された(『三國志』卷四十三 王平傳)。

(三) 黃襲は、蜀漢の將軍。街亭の戦いで敗れ、率いる兵を没収された(『三國志』卷四十三 王平傳)。

(四) 五部は、南中の異民族の強力な兵で構成された飛軍の一つ。『華陽國志』卷四 南中志に、「移南中勁卒、青羌萬餘家於蜀、爲五部・無當・無前、號爲飛軍」とある。

[現代語訳]

王平傳

王平《おうへい》は字を子均《しきん》といい、益州《えきしゅう》巴西郡宕渠縣《はせいぐんこうきょけん》の人である。もと外家(母方)の何《か》氏に養われ、後に姓を王に戻した。杜濩《とこ》と朴胡《ふこ》に随い洛陽《らくよう》に至り、校尉《こうい》を与えられた。曹公に従い漢中《かんちゅう》を征伐し、そこで先主に降服して、牙門將《がもんしょう》、裨《ひ》將軍を拝命した。建興《けんこう》六(二二八)年、參軍《さんぐん》の馬謖《ばしょく》の先鋒に属した。馬謖は水場を棄てて山に上り、指示する措置は繁雑であった。王平はしきりに馬謖を諫めた。馬謖は(王平の諫言を)用いることができず、大いに街亭《がいてい》の戦いで敗れた。兵はことごとく星のように散り、ただ王平が率いる千人だけが、太鼓を鳴らし自重していた。曹魏の將の張郃《ちょうこう》は、伏兵があると疑い、行って迫らなかった。そこで王平は徐々に諸營の残留兵を収容し、將兵を率いて帰還した。丞相の諸葛亮はすでに馬謖および將軍の張休《ちょうきゅう》と李盛《りせい》を誅殺し、將軍の黃襲《こうしゅう》らの兵を奪ったが、王平はとくに尊重され、加えて參軍を拝命し、五部《ごぶ》の兵を統率させて軍營の仕事に当たり、位を討寇《とうこう》將軍に進め、亭侯《ていこう》に封建された。建興九(二三一)年、諸葛亮は祁山《きざん》を包囲し、王平は別に南の圍《い》(陣營)を守った。曹魏の大將軍である司馬宣王《しばせんおう》は諸葛亮を攻め、張郃《ちょうこう》は王平を攻めた。王平は堅く守って動かなかったので、張郃は勝てなかった。建興十二(二三四)年、諸葛亮が武功《ぶこう》縣に卒した。軍は撤退して帰り、(その際に)魏延《ぎえん》が乱を起こしたが、一戦で敗退したのは、王平の功績である。後典《こうてん》軍《ぐん》・安漢《あんかん》将軍に遷り、車騎《しゃき》将軍の呉壹《ごい》の副として漢中に駐屯し、また漢中太守を兼ねた。建興十五（二三七）年、進んで安漢侯《あんかんこう》に封建され、呉壹に代わって漢中都督《かんちゅうととく》となった。延熙《えんき》元（二三八）年、大将軍の蔣琬が沔陽《べんよう》に駐屯すると、王平はさらに前護軍《ぜんごぐん》となり、蔣琬の大将軍府の事を掌った。延熙六（二四三）年、蔣琬が帰って涪《ふ》縣に駐屯すると、王平を前監軍《ぜんかんぐん》・鎮北《ちんほく》大将軍に拝命し、漢中を統率させた。

【原文】

七年春、魏大將軍曹爽、率步騎十餘萬向漢川、前鋒已在駱谷。時漢中守兵不滿三萬、諸將大驚。或曰、今力不足以拒敵、聽當固守漢・樂二城。遇賊令入、比爾間、涪軍足得救關。平曰、不然。漢中去涪垂千里。賊若得關、便爲禍也。今宜先遣劉護軍・杜參軍據興勢、平爲後拒。若賊分向黄金、平率千人下自臨之。比爾間、涪軍行至。此計之上也。惟護軍劉敏與平意同、卽便施行。涪諸軍及大將軍費禕自成都相繼而至、魏軍退還、如平本策。是時、鄧芝在東、馬忠在南、平在北境、咸著名迹。

《訓読》

七年春、魏の大將軍たる曹爽、步騎十餘萬を率ゐ漢川に向かひ、前鋒は已に駱谷に在り。時に漢中の守兵は三萬に滿たず、諸將 大いに驚く。或《あるもの》曰く、「今 力は以て敵を拒ぐに足らざれば、聽して當に固く漢・樂の二城を守るべし。賊 令《たと》ひ入るに遇ふも、爾る 比《ころほひ》の間、涪の軍 關(一)を救ふを得るに足らん」と。平曰く、「然らず。漢中 涪を去ること千里に 垂《なんなん》とす。賊 若し關を得なば、便ちに禍と爲るなり。今 宜しく先に劉護軍・杜參軍を遣はして興勢に據らしめ、平は後拒と爲るべし。若し賊 分けて黄金に向かはば、平 千人を率ゐ下りて自ら之に臨まん。爾る比の間、涪の軍 行〻至らん。此れ計の上なるものなり」と。惟だ護軍の劉敏 平の意と同じくするのみも、卽《ただ》便ちに施行す。涪の諸軍及び大將軍の費禕 成都より相 繼ぎて至り、魏軍 退き還ること、平の策に本づくが如し。是の時、鄧芝は東に在り、馬忠は南に在り、平は北境に在りて、咸 名迹を著はす。

（補注）

（一）關は、ここでは關城。『三國志集解』によれば、俗名を張魯城といい、陽平關にあたるという。

［現代語訳］

延熙《えんき》七（二四四）年春、曹魏の大将軍である曹爽《そうそう》は、歩兵と騎兵十万余りを率いて漢川《かんせん》に向かい、先鋒はすでに駱谷《らくこく》に至った。このとき漢中の守備兵は三万に満たず、諸将は大いに驚いた。あるものは、「いま力は敵を拒ぐには足りないので、（敵の侵入を）許して固く漢《かん》城《じょう》と樂城《らくじょう》の二城を守るべきです。賊がたとえ侵入しても、そうこうする間に、涪《ふ》縣の軍が陽平關《ようへいかん》を救うことができましょう」と言った。王平は、「そうではない。漢中は涪縣から離れること千里にも及ぶ。賊がもし陽平關を得れば、直ちに禍いとなる。いまは先に劉護軍《りゅうごぐん》（劉敏）と杜參軍《とさんぐん》（杜祺）を派遣して興勢山《こうせいざん》を拠点とさせ、平《わたし》は後詰めとなるべきである。もし賊が（軍を）分けて黄金谷《おうごんこく》に向かえば、平が千人を率い下って自らこれに対応しよう。そうこうする間に、涪縣の軍がそろそろ至るであろう。これが上計というものである」と言った。ただ護軍の劉敏《りゅうびん》が王平と意を同じくしただけだが、直ちに実行した。涪縣の諸軍および大將軍の費禕《ひい》が成都《せいと》より相継いで至り、曹魏の軍が撤退したことは、王平の策に基づいているかのようであった。このとき、鄧芝《とうし》は東（江州）にいて、馬忠《ばちゅう》は南（建寧）にいて、王平は北境（漢中）にいて、みな（国境を守り）名声を残した。

【原文】

平生長戎旅、手不能書、其所識不過十字。而口授作書、皆有意理。使人讀史・漢諸紀傳、聽之、備知其大義、往往論說不失其指。遵履法度、言不戲謔、從朝至夕、端坐徹日、憺無武將之體。然性狹侵疑、爲人自輕、以此爲損焉。十一年卒、子訓嗣。

《訓讀》

平 戎旅に生長し、手づから書す能はず、其の識る所は十字に過ぎず。而るに口授もて書を作り、皆 意理有り。人をして史・漢の諸紀傳を讀ましめ、之を聽き、備さに其の大義を知り、往往 論說するに其の指を失せず。法度を遵履し、言に戲謔せず、朝より夕に至るまで、端坐して日を徹し、憺《かたくな》に武將の體無し。然れども性は狹く侵し疑ひ、人と爲りは自づから輕く、此を以て焉を損ふと爲す。十一年に卒し、子の訓〔一〕嗣ぐ。

（補注）

（一）訓は、王訓。益州巴西郡宕渠縣の人。王平の子。父の死後、安漢侯を嗣いだ（『三國志』卷四十三 王平傳）。

［現代語訳］

王平は軍旅の中で成長し、手で（文字を）書くことができず、知るものは十字に過ぎなかった。しかし口述で文書を作り、みな意味が通っていた。人に『史記《しき》』と『漢書《かんじょ》』の本紀《ほんぎ》や列傳《れつでん》を読ませ、これを聴いて、詳細に史書の大義を知り、時おり論説するとその本質を失わなかった。法律規則を遵守し、冗談を言わず、朝から夕方まで、一日中きちんと坐り、かたくなに武将の体裁はなかった。しかしながら性格は狭量で疑い深く、人となりは軽薄で、これが欠点となっていた。延熙《えんき》十一（二四八）年に卒し、子の王訓《おうくん》が（安漢侯を）嗣いだ。

【原文】

初、平同郡漢昌句扶、句古候反。忠勇寬厚、數有戰功、功名・爵位亞平。官至左將軍、封宕渠侯〔一〕。

［裴松之注］

〔一〕華陽國志曰、後張翼・廖化並爲大將軍。時人語曰、前有王・句、後有張・廖。

《訓讀》

初め、平の同郡たる漢昌の句扶〔一〕、句は古候の反。忠勇にして寬厚、數〻戰功有り、功名・爵位は平に亞ぐ。官は左將軍に至り、宕渠侯に封ぜらる〔一〕。

［裴松之注］

[一] 華陽國志に曰く、「後に張翼・廖化 並びに大將軍と爲る。時人 語りて曰く、「前に王・句有り、後に張・廖有り」と」と。

(補注)

(一) 句扶は、巴西郡漢昌縣の人。功績と爵位は王平に次ぎ、官は左將軍に至った(『三國志』卷四十三 王平傳)。

[現代語訳]

これよりさき、王平と同じ(巴西)郡の漢昌縣《かんしょう》(四川省巴中市)出身である句扶は、句《こう》(の音)は古候の反である。忠誠で勇気があって寛大で、たびたび戦功があり、功名と爵位は王平に次いだ。官は左將軍に至り、宕渠侯《こうきょこう》に封建された[一]。

[裴松之注]

[一]『華陽國志《かようこくし》』に、「のちに張翼《ちょうよく》と廖化《りょうか》がならんで大將軍となった。当時の人々は語って、「前に王・句《こう》あり、後に張・廖あり」と言った」とある。

【原文】

張嶷傳

張嶷字伯岐、巴郡南充國人也[一]。弱冠爲縣功曹。先主定蜀之際、山寇攻縣、縣長捐家逃亡。嶷冒白刃、攜負夫人、夫人得免。由是顯名、州召爲從事。時郡內士人龔祿・姚伷位二千石、當世有聲名、皆與嶷友善。建興五年、丞相亮北住漢中、廣漢・緜竹山賊張慕等鈔盜軍資、劫掠吏民。嶷以都尉將兵討之。嶷度其鳥散、難以戰禽、乃詐與和親、尅期置酒。酒酣、嶷身率左右、因斬慕等五十餘級、渠帥悉殄。尋其餘類、旬日清泰。後得疾病困篤、家素貧匱。廣漢太守蜀郡何祗、名爲通厚、嶷宿與疎闊、乃自轝詣祗、託以治疾。祗傾財醫療、數年除愈。其黨道信義皆此類也。拜爲牙門將、屬馬忠、北討汶山叛羌、南平四郡蠻夷、輒有籌畫・戰克之功[二]。十四年、武都氐王苻健請降。遣將軍張尉往迎。過期不到、大將軍蔣琬深以爲念。嶷平之曰、苻健求附款至。必無他變。素聞健弟狡黠、又夷狄不能同功。將有乖離、是以稽留耳。數日、問至、健弟果將四百戶就魏、獨健來從。

[裴松之注]

[一] 益部耆舊傳曰、嶷出自孤微、而少有通壯之節。

[二] 益部耆舊傳曰、嶷受兵馬三百人、隨馬忠討叛羌。嶷別督數營在先、至他里。邑所在高峻。嶷隨山立上四五里、羌於要厄作石門、於門上施牀、積石於其上、過者下石槌擊之、無不糜爛。嶷度不可得攻、乃使譯告曉之曰、汝汶山諸種反叛、傷害良善。天子命將討滅惡類。汝等若稽顙過軍、資給糧費、福祿永隆、其報百倍。若終不從、大兵致誅、雷擊電下、雖追悔之、亦無益也。耆帥得命、即出詣嶷、給糧過軍。軍前討餘種、餘種聞他里已下、悉恐怖失所、或迎軍出降、或奔竄山谷、放兵攻擊、軍以克捷。後南夷劉冑又反、以馬忠爲督庲降討冑。嶷復屬焉、戰鬭常冠軍首、遂斬冑。平南事訖、牂牁興古獠種復反。忠令嶷領諸營往討。嶷內招降得二千

人、悉傳詣漢中。獨り健のみ來從す。

《訓読》

張嶷傳

張嶷 字は伯岐、巴郡南充國の人なり[一]。弱冠にして縣の功曹と爲る。先主 蜀を定めしの際、山寇 縣を攻め、縣長 家を捐《す》て逃亡す。嶷 白刃を冒し、夫人を攜負し、夫人 免るるを得たり。是に由り名を顯はし、州 召して從事と爲す。時に郡内の士人たる龔祿(一)・姚伷(二)は位 二千石たりて、當世に聲名有るも、皆 嶷と友として善し。建興五年、丞相の亮 北のかた漢中に住まるや、廣漢・緜竹の山賊たる張慕(三)ら軍資を鈔盜し、吏民を劫掠す。嶷 都尉を以て兵を將ゐて之を討つ。嶷 其の鳥散して、以て戰禽し難きを度り、乃ち詐りて與に和親し、期を剋《き》め酒を置く。酒 酣《たけなは》にして、嶷 身ら左右を率ゐ、因りて慕ら五十餘級を斬り、渠帥 悉く殄《ほろ》ぶ。其の餘類を尋ね、旬日にして清泰たり。後に疾病を得て困篤するも、家 素より貧匱たり。廣漢太守たる蜀郡の何祗、名は通厚爲《た》れば、嶷 宿《ひさ》しく與に疎闊なるも、乃ち自ら轝《よ》して祗に詣り、託するに疾を治むを以てす。祗 財を傾けて醫療し、數年にして除き愈ゆ。其の道を黨とし義を信ずるは皆 此の類なり。拜して牙門將と爲り、馬忠に屬し、北して汶山の叛羌を討ち、南して四郡の蠻夷を平らぐるに、輒ち籌畫・戰克の功有り[二]。十四年、武都氐王の苻健 降らんと請ふ。將軍の張尉(四)を遣はして迎へに往かしむ。期過ぐるも到らず、大將軍の蔣琬 深く以て念と爲す。嶷 之を平《やはら》げて曰く、「苻健 附を求むるの 款《まこと》至れり。必ずや他に變ずること無からん。素より聞くに健の弟は狡黠たりと、又 夷狄は功を同にする能はず。將に乖離有らんとし、是を以て稽留するのみ」と。數日にして、問至り、健の弟 果たして四百戸を將ゐ魏に就き、獨り健のみ來從す。

[裴松之注]

[一] 益部耆舊傳に曰く、「嶷 孤微より出づるも、而も少くして通壯の節有り」と。

[二] 益部耆舊傳に曰く、「嶷 兵馬三百人を受け、馬忠に隨ひて叛羌を討つ。嶷 別に數營を督して先に在り、他里に至る。邑の在る所は高峻たり。嶷 山に隨ひて立ち上ること四五里、羌 要厄に於て石門を作り、門上に於て牀を施し、石を其の上に積み、過ぐる者に石を下し之を槌擊して、糜爛せざるは無し。嶷 攻むること得可からざるを度り、乃ち譯をして之に告曉して曰く、「汝ら汶山の諸種 反叛し、良善を傷害す。天子 將に命じて惡類を討滅せよとす。汝ら若し稽顙して軍を過《よぎ》らせ、糧費を資給せば、福祿は永く隆んにして、其の報は百倍なり。若し終に從はずんば、大兵 致り誅すること、雷《いかづち》のごとく擊ち 電《いなづま》のごとく下り、追ひて之を悔むと雖も、亦た益無きなり」と。耆帥 命を得て、即ちに出でて嶷に詣り、糧を給し軍を過らす。軍 前みて餘種を討つに、餘種 他里の已に下るを聞き、悉く恐れ怖《おのの》き所を失ひ、或いは軍を迎へ出で降り、或いは山谷に奔竄すれば、兵を放ちて攻擊し、軍以て克捷す。後に南夷の劉冑 又 背き、馬忠を以て庲降に督為りて冑を討たしむ。嶷 復た焉に屬し、戰鬭すること常に軍首に冠たりて、遂に冑を斬る。南を平らぐの事 訖はりて、牂牁興古の獠種 復た反く。忠 嶷をして諸營を領し往き討たしむ。嶷 招降を內《い》れ二千人を得、悉く傳《おく》りて漢中に詣らしむ」と。

(補注)

（一）龔祿は、字を德緒、益州巴西郡安漢縣の人。劉備の入蜀後、郡の從事、牙門將となった。建興三（二二五）年に越嶲太守となり、諸葛亮の南征に従い、異民族に殺害された（『三國志』卷四十五 楊戲傳引『季漢輔臣贊』）。

（二）姚伷は、字を子緒、益州巴西郡閬中縣の人。劉備の入蜀後、功曹、書佐となり、建興元（二二三）年、廣漢太守となった。諸葛亮の丞相府掾、參軍となり、尚書僕射に至った（『三國志』卷四十五 楊戲傳引『季漢輔臣贊』）。

（三）張慕は、廣漢・緜竹の山賊。都尉の張嶷に討伐された（『三國志』卷四十三 張嶷傳）。

（四）張尉は、蜀漢の將軍。降伏を願い出た氐王の苻堅を迎えにいき、使命を果たした（『三國志』卷四十三 張嶷傳）。

［現代語訳］

張嶷傳

張嶷《ちょうぎょく》は字を伯岐《はくき》といい、益州巴郡南充國縣《えきしゅうはぐんなんじゅうこくけん》の人である［一］。弱冠二十歳で南充國縣の功曹《こうそう》となった。先主が蜀を定めた際、山賊が南充國縣を攻め、縣長は家を棄てて逃亡した。張嶷は白刃をかいくぐり、夫人を背負って助け、夫人は免れることができた。これにより名声が高くなり、益州が辟召して從事《じゅうじ》とした。このとき巴郡の士人である龔祿《きょうろく》と姚伷《ようちゅう》は位が（太守である）二千石《にせんせき》で、当世に名声があったが、ともに張嶷と友として親しくした。建興《けんこう》五（二二七）年、丞相の諸葛亮が北の漢中に駐屯すると、廣漢《こうかん》・緜竹《めんちく》の山賊である張慕《ちょうぼ》たちが軍資を盗み、吏民を殺した。張嶷は都尉《とい》として兵を率いてこれを討った。張嶷は張慕たちが鳥散して、戦い捕らえることが難しいと考え、そこで騙《だま》して和親をし、時を定めて酒宴を設けた。酒も酣《たけなは》のころ、張嶷は自ら側近を率いて、張慕たち五十人余りの首を斬り、首領はすべて滅んだ。その残党を掃討し、十日あまりで片づけた。のちに病気が篤くなったが、家は昔から貧乏であった。廣漢太守である蜀郡の何祇《かし》は、博愛の人という名声があったので、張嶷は久しく疎遠であったが、そこで自分で輿に乗り何祇のもとに至り、病気を治してくれるよう託した。何祇は財産を傾けて治療し、数年で治癒した。張嶷が道（理に通じたもの）を仲間とし義（理に厚いもの）を信頼することはみなこのようであった。拝命して牙門將《がもんしょう》となり、馬忠《ばちゅう》に属し、北に行って汶山《ぶんざん》郡の背いた羌《きょう》族を討ち、南に行って四郡の蠻夷《ばんい》を平定したが、そのたびに策を立て戦に勝つ功績があった［二］。延熙《えんき》十四（二五一）年、武都《ぶと》郡の氐《てい》王である苻健《ふけん》が降伏しようと願い出た。將軍の張尉《ちょうい》を派遣して迎えに行かせた。期日が過ぎても至らないので、大將軍の蔣琬《しょうえん》はたいへん心配した。張嶷はこれを和らげて、「苻健が帰服を求める気持ちは至誠からきています。必ずや（帰服先を曹魏や孫呉など）他に変更することは無いでしょう。（ただ）かねて聞くところでは苻健の弟は狡賢いようで、また夷狄は功績を共にできないものです。分裂しようとしており、このために遅れているのでしょう」と言った。数日たつと、報告が入り、苻健の弟は果たして四百戸を率いて曹魏に行き、ただ苻健だけが来附した。

［裴松之注］

［一］『益部耆舊傳《えきぶききゅうでん》』に、「張嶷は父もなく微賤の出であるが、若いころから大人びた節義があった」とある。

［二］『益部耆舊傳』に、「張嶷は兵馬三百人を受け、馬忠に随い背いた羌《きょう》族を討った。張嶷は別に数營を統率して先鋒となり、他《た》里《り》に至った。村のあるところは高く険しかった。張嶷が山に沿っ

て登ること四、五里いくと、羌族は要所に石門を作り、門の上に床をつくり、石をその上に積んで、過ぎる者に石を落として攻撃し、潰れないものはなかった。張嶷は攻められないと考え、そこで通訳に告げ説得して、「汝ら汶山《ぶんざん》の諸族は反乱を起こし、善良な者を傷つけ殺した。天子は將軍に命じて悪族を討ち滅ぼせとされている。汝らがもし頭を地につけて服従し軍を通して、兵糧を提供すれば、福禄は永く盛んとなり、その報いは百倍である。もし遂に従わなければ、大軍が至り誅殺すること、雷が撃ち稲妻が落ちるようで、後から悔んでも、仕方がないぞ」と言った。首長は命令を聞くと、直ちに出て張嶷のもとに至り、兵糧を提供し軍を通過させた。軍が進んで他の種族を討つと、他の種族は他里がすでに降伏したと聞き、尽く恐れ戦《おのの》き我を失い、あるいは軍を出迎えて降伏し、あるいは山谷に逃走したので、兵を発して攻撃して、軍は勝利をおさめた。後に南夷の劉冑《りゅうちゅう》がまた背いたので、馬忠を庲降都督《らいこうととく》として劉冑を討たせた。張嶷はまた馬忠に属し、戦うときに常に軍の先頭に立ち、ついに劉冑を斬った。南を平定し終わると、牂牁《そうか》郡興古《こうこ》縣の獠《りょう》族がまた背いた。馬忠は張嶷に諸營を統括して行って討たせた。張嶷は降伏者を招きいれて二千人を得て、すべて送って漢中に至らせた」とある。

【原文】

初越嶲郡、自丞相亮討高定之後、叟夷數反、殺太守龔祿・焦璜。是後太守不敢之郡、只住[1]（安定）〔安上〕縣。去郡八百餘里、其郡徒有名而已。時論欲復舊郡、除嶷爲越嶲太守。嶷將所領往之郡、誘以恩信、蠻夷皆服、頗來降附。北徼捉馬最驍勁、不承節度。嶷乃往討、生縛其帥魏狼、又解縱告喩、使招懷餘類。表拜狼爲邑侯、種落三千餘戸皆安土供職。諸種聞之、多漸降服。嶷以功賜爵關內侯。

〔校勘〕

1．百衲本は「安定」に作るが、中華書局本により「安上」に改める。

《訓読》

初め越嶲郡、丞相の亮高定を討つよりの後、叟夷數〻反き、太守の龔祿・焦璜[一]を殺す。是の後太守、敢て郡に之《ゆ》かず、只《た》だ安上縣に住《とど》まる。郡を去ること八百餘里、其の郡徒だ名有るのみ。時論舊郡を復さんと欲し、嶷を除して越嶲太守と爲す。嶷領する所を將ゐ往きて郡に之き、誘ふに恩信を以てすれば、蠻夷皆服し、頗る來りて降附す。北の徼の捉馬は最も驍勁にして、節度を承けず。嶷乃ち往きて討ち、其の帥たる魏狼[二]を生縛し、又解き縱《はな》ちて告喩し、餘類を招懷せしむ。表して狼を拜し邑侯と爲し、種落三千餘戸は皆土を安んじ職を供す。諸種之を聞き、多く漸く降服す。嶷功を以て爵關內侯を賜ふ。

（補注）

（一）焦璜は、越嶲太守。蜀漢に反乱を起こした高定により殺された（『華陽國志』巻三 蜀志）。

（二）魏狼は、越嶲郡の捉馬族の首領。張嶷に捕らえられたあと許され、降伏して邑侯となった（『三國志』巻四十三 張嶷傳）。

［現代語訳］

これよりさき越嶲郡《えっすい》は、丞相の諸葛亮が高定《こうてい》を討ってより後、叟夷《そうい》がたびたび背き、越嶲太守の龔禄《きょうろく》と焦璜《しょうこう》を殺した。こののち太守は、あえて郡に行かず、ただ安上《あんじょう》縣に止まっていた。（安上縣は）越嶲郡から離れること八百里余りで、越嶲郡はただ名前があるだけであった。時の議論は旧郡を復そうとし、張嶷を除任して越嶲太守とした。張嶷は配下を率いて越嶲郡に行き、（叟夷を）恩信で誘うと、蠻夷はみな服し、多くやって来て降伏した。北の境域の捉馬《そくば》族は最も精強で、指示に従わなかった。張嶷はそこで行って討伐し、その首領である魏狼《ぎろう》を生け捕りにし、また解き放って告喩し、残党を招致させた。上表して魏狼を拝命して邑侯《ゆうこう》となし、種族の部落三千戸余りはみな土地を安堵し職を提供した。諸種族はこれを聞き、次第に多く降服した。張嶷は功績により關内侯《かんだいこう》の爵位を賜った。

【原文】

蘇祁邑君冬逢・逢弟隗渠等、已降復反。嶷誅逢。逢妻、旄牛王女、嶷以計原之。而渠逃入西徼。渠剛猛捷悍、爲諸種深所畏憚、遣所親二人詐降嶷、實取消息。嶷覺之、許以重賞、使爲反間、二人遂合謀殺渠。渠死、諸種皆安。又斯都耆帥李求承、昔手殺龔祿、嶷求募捕得、數其宿惡而誅之。

《訓読》

蘇祁の邑君たる冬逢(一)・逢の弟たる隗渠(二)ら、已に降るも復た反す。嶷 逢を誅す。逢の妻は、旄牛王の女なれば、嶷 計を以て之を原《ゆる》す。而して渠は西徼に逃入す。渠は剛猛にして捷悍し、諸種の深く畏憚する所と爲り、親しむ所二人を遣はして詐りて嶷に降らしめ、實は消息を取る。嶷 之を覺り、許すに重賞を以てし、反間と爲さしめ、二人は遂て謀を合はせて渠を殺す。渠 死するや、諸種 皆 安んず。又 斯都の耆帥たる李求承(三)、昔 手づからに龔祿を殺さば、嶷 求め募りて捕へ得て、其の宿惡を數へて之を誅す。

（補注）

（一）冬逢は、蘇祁の首長。一度降伏したのちに背いて、張嶷に誅殺された。妻は、旄牛王の娘であったため許された（『三國志』巻四十三 張嶷傳）。

（二）隗渠は、蘇祁の首長である冬逢の弟。西方国境に逃げ込んだが、もとの部下に殺された（『三國志』巻四十三 張嶷傳）。

（三）李求承は、斯都の首長。越嶲太守の龔祿を殺害したが、張嶷に捕らわれ処刑された（『三國志』巻四十三 張嶷傳）。

［現代語訳］

（越嶲郡）蘇祁《そき》の首長である冬逢《とうほう》と冬逢の弟である隗渠《かいきょ》たちは、すでに降伏したがまた背いた。張嶷は冬逢を誅殺した。冬逢の妻は、旄《ぼう》牛王《ぎゅうおう》の娘なので、張嶷は計がありこれを許した。いっぽう隗渠は西方の境界に逃げこんだ。隗渠は勇猛で精悍であり、諸部族は深く恐れ憚っていたが、信頼する二人を派遣して詐って張嶷に降伏させ、実際には情報を得ていた。張嶷はこれに気がつき、重い褒賞を約束して、二重スパイとし、二人はこうして謀を合わせて隗渠を殺した。隗渠が死ぬと、諸部族はみな安心した。また（越巂郡）斯都《しと》の首長である李《り》求承《きゅうしょう》は、むかし自分の手で龔祿《きょうろく》を殺したので、張嶷は探し出して捕えると、その長年の悪事を数えて誅殺した。

【原文】

始嶷以郡郛宇頽壞、更築小塢。在官三年、徙還故郡、繕治城郭、夷種男女莫不致力。

定莋・臺登・卑水三縣、去郡三百餘里。舊出鹽鐵及漆、而夷徼久自固食。嶷率所領奪取、署長吏焉。嶷之到定莋、定莋率豪狼岑、槃木王舅、甚爲蠻夷所信任。忿嶷自侵、不自來詣。嶷使壯士數十直往收致、撻而殺之。持尸還種、厚加賞賜、喻以狼岑之惡。且曰、無得妄動、動卽殄矣。種類咸面縛謝過。嶷殺牛饗宴、重申恩信、遂獲鹽鐵、器用周贍。

漢嘉郡界旄牛夷種類四千餘戶、其率狼路、欲爲姑壻冬逢報怨、遣叔父離將逢衆相度形勢。嶷逆遣親近齎牛酒勞賜、又令離[1]（姊）逆逢妻宣暢意旨。離旣受賜、幷見其姊、姊弟歡悅、悉率所領將詣嶷。嶷厚加賞待、遣還。旄牛由是輒不爲患。

郡有舊道、經旄牛中至成都、旣平且近。自旄牛絕道、已百餘年、更由安上、旣險且遠。嶷遣左右齎貨幣賜路、重令路姑喻意。路乃率兄弟妻子悉詣嶷、嶷與盟誓、開通舊道。千里肅清、復古亭驛。奏封路爲旄牛㽛毗王、遣使將路朝貢。後主於是加嶷憮戎將軍、領郡如故。

〔校勘〕

1．中華書局本により「姊」の一字を省く。

《訓読》

始め嶷 郡の郛宇 頽壞せしを以て、更めて小塢を築く。官に在ること三年、徙りて故郡に還り、城郭を繕治するに、夷種の男女 力を致さざるは莫し。

定莋・臺登・卑水の三縣、郡を去ること三百餘里なり。舊《もと》は鹽鐵及《と》漆を出だすも、而るに夷の徼 久しく自ら固(一)して食す。嶷 領する所を率ゐて奪取し、長吏に署せしめんとす。嶷の定莋に到るや、定莋の率豪たる狼岑(二)は、槃木王の舅にして、甚だ蠻夷の信任する所と爲る。嶷の自ら侵すを忿り、自ら來り詣らず。嶷 壯士數十をして直ちに往きて收《と》らへ致らしめ、撻《むちう》ちて之を殺す。尸を持ちて種に還し、厚く賞賜を加へ、喻すに狼岑の惡を以てす。且つ曰く、「妄りに動くを得ること無し、動かば卽ちに殄《つ》くさん」と。種類 咸 面縛して過ちを謝す。嶷 牛を殺して饗宴し、重ねて恩信を申べ、遂て鹽鐵を獲り、器用 周贍す。

漢嘉の郡界に旄牛夷の種類四千餘戶あり、其の率たる狼路(三)、姑の壻の冬逢の爲に怨を報ひんと欲し、叔父の離(四)を遣はし逢の衆を將ゐて形勢を相 度《はか》らしむ。嶷 逆《むか》へて親近を遣はし牛酒を齎《もたら》して勞賜し、又 離をして逢の妻を逆へ意旨を宣暢せしむ。離 旣に賜を受け、幷はせて其の姊を見れば、姊弟は歡悅し、悉く領する所を率ゐて將《もっ》て嶷に詣る。嶷 厚く賞待を加へ、遣はし還す。旄牛 是より輒ち患と爲らず。

郡に舊道有り、旄牛の中を經て成都に至り、旣に平らかにして且つ近し。旄牛 道を絕《と》ぢてより、已に百餘年、更めて安上よりするも、既に険にして且つ遠し。嶷 左右を遣はして貨幣を齎し路に賜ひ、重ねて路の姑をして意を喩さしむ。路 乃ち兄弟妻子を率ゐて悉く嶷に詣り、嶷 與に盟誓して、舊道を開通す。千里 肅清たりて、古の亭驛を復す。奏して路を封じて旄牛畇毗王と爲し、使を遣はして路を將ゐて朝貢せしむ。後主 是に於て嶷に(五)憮戎將軍を加へ、郡を領すること故の如くす。

(補注)

(一)『三國志集解』に引く趙一清によれば、「固」は「錮」。独占すること。

(二)狼岑は、越嶲郡定莋縣の夷狄の首領。張嶷による鹽鐵の奪取に抵抗し、殺された(『三國志』巻四十三 張嶷傳)。

(三)狼路は、漢嘉郡の旄牛夷の首領。張嶷が叔母の夫である冬逢を殺した報復をしようとしたが、張嶷の恩信を受け、旄牛畇毗王に封建された(『三國志』巻四十三 張嶷傳)。

(四)離は、狼離。狼路の叔父。狼路の命で張嶷を攻めようとしたが、姉を返され、恩恵を受けて、張嶷に帰順した(『三國志』巻四十三 張嶷傳)。

(五)憮戎將軍は、官名。雑号將軍号の一つ。

[現代語訳]

はじめ張嶷は(越嶲)郡府の建物が崩壊していたので、改めて小さな塢《う》(とりで)を築いた。(越嶲太守の)官にあること三年、もとの郡府に移り帰り、城郭を修繕すると、異民族の男女は労力を提供しないものはなかった。

(越嶲郡の)定莋縣《ていさく》(四川省塩源の北東)・臺登縣《たいとう》(四川省冕寧の南)・卑水縣《ひすい》(四川省昭覚の北東)の三縣は、越嶲郡府から三百里余りも離れていた。むかしは鹽《しお》と鐵《てつ》および漆《うるし》を(国家に)出したが、異民族との境界では久しいこと自分たちで独占して消費していた。張嶷は配下を率いて奪い取り、長吏に管理させようとした。張嶷が定莋縣に至ると、定莋縣の首長である狼岑《ろうしん》は、槃木王《ばんぼくおう》の舅であり、たいへん蠻夷から信任されていた。張嶷が自ら侵入したことに怒り、自分からはやって来なかった。張嶷は壮士数十人に直ちに行って捕らえて連れてこさせ、鞭打ってこれを殺した。死体は部族に返し、厚く賞賜を加え、狼岑の悪を諭した。かつ、「みだりに動くな、動けば直ちに滅ぼすぞ」と言った。部族はみな面縛して謝罪した。張嶷は牛を殺して宴会をし、重ねて恩信を述べ、こうして鹽と鐵を取り、必要なものが行きわたった。

漢嘉郡《かんか》の郡の境に旄牛夷《ぼうぎゅうい》の部族四千戸余りがあり、その首長である狼路《ろうろ》は、姑《おば》の壻である冬逢《とうほう》のため怨みに報いようとして、叔父の狼《ろう》離《り》を派遣して冬逢の兵を率いて形勢を窺わせた。張嶷は(狼離を)迎えて側近を派遣し牛酒を贈ってねぎらい、また狼離に冬逢の妻を迎えて(自分の)意志を述べ明らかにさせた。狼離はすでに贈り物を受け、あわせてその姉に会ったので、姉弟は感激し、すべての配下を率いて張嶷のもとに至った。張嶷は厚く恩賞を加え、(部族のもとに)返した。旄牛夷はこれより憂いとならなくなった。

漢嘉郡《かんか》には旧道があり、旄牛《ぼうぎゅう》の中を経由して成都に至り、平坦で近かった。(しかし)旄牛夷が道を閉じてから、すでに百年余りがたち、改めて安上《あんじょう》を経由する道としていたが、険阻で遠かった。張嶷は側近を派遣して貨幣を狼路《ろうろ》に贈り、重ねて狼路の姑《おば》から(自分の)意志を喩させた。狼路はそこで兄弟妻子を率いて尽く張嶷に至り、張嶷は共に盟を誓って、旧道を開通した。千里は粛清となり、古《いにしえ》の駅亭は復興された。上奏して狼路を封建して旄牛昫毗王《ぼうぎゅうこうひおう》となし、使者を派遣して狼路を率いて朝貢させた。後主はここにおいて張嶷に憮《ぶ》戎《じゅう》将軍を加え、越嶲太守を兼ねることはもとの通りとした。

【原文】

嶷初見費禕爲大將軍、恣性汎愛、待信新附太過、嶷書戒之曰、昔岑彭率師、來歙杖節、咸見害於刺客。今明將軍位尊權重、宜鑒前事、少以爲警。後禕果爲魏降人郭脩所害。

吳太傅諸葛恪、以初破魏軍、大興兵衆以圖攻取。侍中諸葛瞻、丞相亮之子、恪從弟也。嶷與書曰、東主初崩、帝實幼弱。太傅受寄託之重、亦何容易。親以周公之才、猶有管・蔡流言之變。霍光受任、亦有燕・蓋・上官逆亂之謀。賴成・昭之明、以免斯難耳。昔每聞、東主殺生賞罰、不任下人、又今以垂沒之命、卒召太傅、屬以後事、誠實可慮。加吳・楚剽急、乃昔所記、而太傅離少主、履敵庭、恐非良計長算之術也。雖云東家綱紀肅然、上下輯睦、百有一失、非明者之慮邪。取古則今、今則古也。自非郎君進忠言於太傅、誰復有盡言者也。旋軍廣農、務行德惠、數年之中、東西並擧、實爲不晚。願深採察。恪竟以此夷族。嶷識見多如是類。

《訓読》

嶷 初め費禕 大將軍と爲り、性を恣《ほしいまま》にして汎く愛し、新附するものを待信すること太《はなは》だ過ぎたるを見て、嶷 書して之を戒めて曰く、「昔 岑彭(一)は師を率ゐ、來歙は節を杖つくも、咸 刺客に害せらる。今 明將軍 位は尊く權は重く、宜しく前事を鑒み、少しく以て警を爲せ」と。後に禕 果たして魏の降人たる郭脩(二)の害する所と爲る。

吳の太傅たる諸葛恪、初めて魏軍を破るを以て、大いに兵衆を興して以て攻取せんと圖る。侍中の諸葛瞻は、丞相たる亮の子、恪の從弟なり。嶷 書を與へて曰く、「東主 初めて崩じ、帝 實に幼弱たり。太傅 寄託の重きを受くるは、亦た何ぞ容易ならん。親は周公の才を以てだに、猶ほ管(三)・蔡(四)流言の變有り。霍光 任を受くるや、亦た燕(五)・蓋(六)・上官(七)逆亂の謀有り。成・昭の明なるに賴りて、以て斯の難を免るるのみ。昔 每に聞くならく、東主は殺生賞罰、人に下すに任せず。又 今 垂沒の命を以て、卒《には》かに太傅を召し、屬するに後事を以てするは、誠實《まこと》に慮る可し。加ふるに吳・楚の剽急たるは、乃ち昔の記す所、而るに太傅少主を離れ、敵庭を履むは、良計長算の術に非ざるを恐るるなり。東家の綱紀 肅然として、上下 輯睦すと云ふと雖も、百に一失有らば、明者の慮に非ざるや。古を取れば則ち今、今は則ち古なり。郎君 忠言を太傅に進むるに非ずんば、誰か復た言を盡くす者有らんや。軍を旋《めぐら》し農を廣め、務めて德惠を行ひ、數年の中、東西並びに擧ぐるも、實に晩からずと爲す。願はくは深く察を採らん」と。恪 竟に此を以て族を夷《たひらげ》らる。嶷の識見 是の如き類ひ多し。

(補注)

(一) 岑彭は、荊州南陽郡棘陽縣の人、字を君然。雲臺二十八將の一人。王莽・更始帝と仕え、劉秀には河内討伐より帰参。その軍は整斉とし、少しも乱れるところがなかったという。公孫述討伐の際、「彭亡」の地にて刺客に暗殺された。征南大將軍、舞陽侯

（『後漢書』列傳七 岑彭傳）。

（二）郭脩は、字は孝先。涼州西平の人。姜維に捕虜とされ、蜀漢の左將軍となっていたが、費禕を殺害した。曹魏は詔を下して、長樂郷侯に追封し、威侯と諡している（『三國志』巻四 三少帝 齊王芳紀注引『魏氏春秋』）。

（三）管は、管叔。管叔鮮は、周の武王の同母弟。成王のとき、蔡叔度とともに反乱を起こし、周公旦に誅殺された（『史記』巻三十五 管蔡世家）。

（四）蔡は、蔡叔。蔡叔度は、周の武王の同母弟。成王のとき、管叔鮮とともに反乱を起こし、周公旦に誅殺された（『史記』巻三十五 管蔡世家）。

（五）燕は、燕王劉旦。武帝の子、昭帝の兄。自分が即位できなかったことを恨み、上官桀らにそそのかされて姉の鄂邑長公主と共に霍光と対立。昭帝と霍光を殺し即位しようと謀ったが、発覚して自殺した（『漢書』巻六十三 武五王 燕剌王旦傳、巻九十七上 外戚 孝昭上官皇后傳）。

（六）蓋は、鄂邑蓋公主。武帝の子。上官桀らにそそのかされて、弟の燕王劉旦と共に霍光と対立。霍光の暗殺を謀ったが、発覚した（『漢書』巻六十三 武五王 燕剌王旦傳）。

（七）上官桀は、昭帝の皇后である上官氏の祖父。武帝の遺詔により左將軍となり、霍光とともに昭帝を輔佐した。のちに霍光を謀殺し、昭帝を廃し燕王劉旦を擁立しようと謀るが、計画が漏れ霍光に誅殺された（『漢書』巻九十七 外戚傳上 孝昭上官皇后傳）。

［現代語訳］

張嶷は初めて費禕《ひい》が大將軍となり、本性のままに博愛し、新しく帰順した者をあまりにも信用しすぎるのを見て、書簡を出して戒めて、「むかし岑彭《しんほう》は軍を率い、來歙《らいきゅう》は節を杖にしながらも、共に刺客に殺されました。いま明將軍の地位は高く権力は重いので、どうか先の事例を鑑みて、少しは警戒をしてください」と言った。後に費禕は果たして曹魏から降伏した郭脩《かくしゅう》に殺された。

孫呉の太傅《たいふ》である諸葛恪《しょかつかく》は、はじめて曹魏軍を破り、大いに兵を興して（曹魏を）攻め取ろうと考えた。侍中《じちゅう》の諸葛瞻《しょかつせん》は、丞相である諸葛亮の子、諸葛恪の従弟にあたる。張嶷は書簡を（諸葛瞻に）与えて、「東主（孫權）は崩御されたばかりで、皇帝は実に幼弱です。太傅は（幼主を）寄託される重みを受けたのであり、どうして容易なことでしょうか。親族は周公《しゅうこう》の才ですら、なお管叔《かんしゅく》と蔡叔《さいしゅく》の流言による変がありました。（親族ではない）霍光《かっこう》が（幼主寄託の）任を受けると、また燕王劉旦《えんおうりゅうたん》と鄂邑蓋公主《がくゆうがいこうしゅ》と上官桀《じょうかんけつ》の反乱の謀略がありました。成王《せいおう》と昭帝《しょうてい》の明哲さによって、（周公と霍光は）この難を免れただけです。むかしいつも聞いていたところでは、東主は生殺与奪と賞罰について、人に任せなかったといいます。それがいま臨終の遺命により、にわかに太傅を召し、後事を託した事情は、まことに配慮しなければなりません。加えて呉《ご》・楚《そ》（という地域）が荒々しく軽はずみなことは、むかしの書籍に記すところですのに、それなのに太傅が幼主から離れ、敵庭を踏むのは、良い計略や長期的配慮ではないと恐れます。東家の綱紀は粛然として、上下は仲睦まじいとはいえ、百に一つの失敗があれば、聡明な者も予測しえないことが起こりましょう。古に事例を取れば今が判断でき、今の判断では古の事例のようになります。郎君《あなた》が忠言を太傅に進めなければ、誰が言葉を尽くすでしょうか。軍隊を引きあげ農業を広め、務めて徳行と恩恵を行い、数年のうち、東（の孫呉と）西（の蜀漢）がともに（曹魏に兵を）挙げても、まことに遅くはありません。どうか深く察せられますように」と言った。諸葛恪はついにこれにより一族みな殺しとされた。張嶷の見識は、多くこのようであった。

【原文】

在郡十五年、邦域安穆。屢乞求還、乃徴詣成都。1(夷民)〔民夷〕戀慕、扶轂泣涕、過旄牛邑、邑君襁負來迎、及追尋至蜀郡界。其督相率隨嶷朝貢者百餘人。嶷至、拜盪寇將軍。慷慨壯烈、士人咸多貴之。然放蕩少禮、人亦以此譏焉[一]。是歲延熙十七年也。魏狄道長李簡密書請降、衞將軍姜維、率嶷等因簡之資以出隴西[二]。既到狄道、簡悉率城中吏民出迎軍。軍前與魏將徐質交鋒、嶷臨陳隕身、然其所殺傷亦過倍。既亡、封長子瑛西鄉侯、次子護雄襲爵。南土越嶲民夷聞嶷死、無不悲泣、爲嶷立廟、四時・水旱輒祀之[三]。

[裴松之注]

[一] 益部耆舊傳曰、時車騎將軍夏侯霸謂嶷曰、雖與足下疎闊、然託心如舊。宜明此意。嶷答曰、僕未知子、子未知我。大道在彼、何云託心乎。願三年之後、徐陳斯言。有識之士、以爲美談。

[二] 益部耆舊傳曰、嶷風溼固疾、至都寖篤、扶杖然後能起。李簡請降、衆議狐疑、而嶷曰必然。姜維之出、時論以嶷初還股疾、不能在行中。由是嶷自乞肆力中原、致身敵庭。臨發、辭後主曰、臣當値聖明、受恩過量、加以疾病在身、常恐一朝隕沒、辜負榮遇。天不違願、得豫戎事。若涼州克定、臣爲藩表守將。若有未捷、殺身以報。後主慨然爲之流涕。

[三] 益部耆舊傳曰、余觀張嶷儀貌辭令、不能駭人。而其策略足以入算、果烈足以立威、爲臣有忠誠之節、處類有亮直之風。而動必顧典、後主深崇之。雖古之英士、何以遠踰哉。蜀世譜曰、嶷孫奕、晉梁州刺史。

〔校勘〕

1．百衲本は「夷民」に作るが、中華書局本により「民夷」に改める。

《訓読》

郡に在ること十五年、邦域は安穆たり。屢〻乞ひて還るを求め、乃ち徴されて成都に詣る。民夷 戀慕して、轂を扶けて泣涕し、旄牛の邑を過ぐるや、邑君 襁負して來り迎へ、及び追尋して蜀郡の界に至る。其の督 相 率ゐ嶷に隨ひて朝貢する者は百餘人なり。嶷 至り、盪寇將軍を拜す。慷慨にして壯烈、士人 咸 多く之を貴とす。然れども放蕩にして禮少なく、人 亦た此を以て焉を譏る[一]。是の歲 延熙十七年なり。魏の狄道長たる李簡(一) 密書もて降らんと請ひ、衞將軍の姜維、嶷らを率ゐて簡の資に因りて以て隴西に出づ[二]。既に狄道に到るや、簡 悉く城中の吏民を率ゐ出でて軍を迎ふ。軍 前みて魏將の徐質(二)と鋒を交へ、嶷 陳に臨み身を隕とすも、然れども其の殺傷する所は亦た倍に過ぐ。既に亡するや、長子の瑛(三)を西鄉侯に封じ、次子の護雄(四) 爵を襲《つ》ぐ。南土の越嶲の民夷 嶷の死を聞くや、悲泣せざるは無く、嶷の爲に廟を立て、四時・水旱ごとに輒ち之を祀る[三]。

[裴松之注]

[一] 益部耆舊傳に曰く、「時に車騎將軍の夏侯霸 嶷に謂ひて曰く、「足下と疎闊なると雖も、然れども心を託すこと舊の如し。宜しく此の意を明らかにせよ」と。嶷 答へて曰く、「僕 未だ子を知らず、子は未だ我を知らず。大道は彼に在り、何ぞ心を託すと云はんや。願はくは三年の後、徐ろに斯の言を陳べよ」と。有識の士、以て美談と爲す」と。

[二] 益部耆舊傳に曰く、「嶷 風溼に固疾あり、都に至りて寖〻篤く、杖に扶けられ然る後に能く起つ。李簡 降らんと請ひ、衆議狐疑するも、而も嶷は必ず然りと曰ふ。姜維の出づるや、時論嶷 初めて還り股疾あるを以て、行中に在る能はずと。是れより嶷 自ら力を中原に肆《つ》くし、身を敵庭に致すを乞ふ。發するに臨み、後主に辭して曰く、「臣 聖明に値ふに當たり、恩を受くること量を過ぎ、加へて疾病 身に在るを以て、常に一朝に隕沒し、辜 榮遇に負くを恐る。天 願ひに違はず、戎事に豫るを得たり。若し涼州 克定せば、臣 藩表の守將と爲らん。若し未だ捷《か》たざる有らば、身を殺して以て報ひん」と。後主 慨然として之が爲に流涕す」と。

[三] 益部耆舊傳に曰く、「余 張嶷の儀貌辭令を觀るに、人を駭《おどろか》す能はず。而るに其の策略は以て算に入るに足り、果烈は以て威を立つに足り、臣と爲りては忠誠の節有り、類に處しては亮直の風有り。而も動くには必ず典を顧み、後主 深く之を崇ぶ。古の英士と雖も、何を以て遠く踰えんや」と。蜀世譜に曰く、「嶷の孫たる奕(五)、晉の梁州刺史なり」と。

(補注)

(一) 李簡は、曹魏の隴西郡狄道縣の縣令、姜維に降伏して、蜀漢の將となった。その降伏を疑う者もあったが、張嶷が保証して、姜維が受けいれた（『三國志』卷四十三 張嶷傳)。

(二) 徐質は、曹魏の將軍。狄道縣で姜維と戦い、張嶷を戦死させたが、まもなく姜維の反撃を受けて戦没した（『三國志』卷四十四 姜維傳)。

(三) 瑛は、張瑛。益州巴郡南充國縣の人。張嶷の長子。父の戦死により、西鄉侯に封建された（『三國志』卷四十三 張嶷傳)。

(四) 護雄は、張護雄。益州巴郡南充國縣の人。張嶷の次子。父の戦死後、關内侯の爵位を嗣いだ（『三國志』卷四十三 張嶷傳)。

(五) 奕は、張奕。益州巴郡南充國縣の人。張嶷の孫。晉の梁州刺史となった（『三國志』卷四十三 張嶷傳注引『蜀世譜』)。

[現代語訳]

越巂《えっすい》郡に在ること十五年、領域は安寧であった。たびたび請いて帰ることを求め、ようやく召されて成都に至った。民も夷も（張嶷を）恋い慕って、（車の）轂《こしき》にすがって泣き、旄牛《ぼうぎゅう》の村を過ぎると、首長が子を背負って迎えに来て、そして送っていって蜀郡の界まで至った。その首長で連れ立って張嶷に随って朝貢する者は百人余りであった。張嶷は（成都に）至り、盪寇《とうこう》將軍を拜命した。（人となりは悪事を）怒り嘆き壮烈で、士人はみな多く張嶷を貴とした。しかし放蕩で禮が少なく、人はまたこれにより張嶷を訾《そし》った[一]。この歳は延熙《えんき》十七（二五四）年であった。曹魏の狄道長《てきどうちょう》である李簡《りかん》が密書により降伏したいと願い、衞《えい》將軍の姜維《きょうい》は、張嶷たちを率いて李簡の助けを頼りに隴西《ろうせい》郡に出た[二]。すでに狄道縣に到ると、李簡は尽く城中の吏民を率いて出て軍を迎えた。軍は進んで曹魏の將軍である徐質《じょしつ》と戦い、張嶷は戦陣に臨んで落命したが、それでも張嶷の殺傷した敵は味方の倍以上であった。（張嶷が）卒すると、長子の張瑛《ちょうえい》を西郷侯に封建し、次子の張護雄《ちょうごゆう》は（關内侯の）爵位を嗣いだ。南土の越嶲郡の民夷は張嶷の死を聞くと、悲しみ泣かないものは無く、張嶷のために廟を立て、四時《しいじ》と水旱ごとにこれを祀った［三］。

［裴松之注］

［一］『益部耆舊傳《えきぶききゅうでん》』に、「このとき車騎《しゃき》將軍の夏侯霸《かこうは》は張嶷に言って、「足下《あなた》とは疎遠でしたが、それでも心を託すこと旧知のようです。どうかこの気持ちを明らかに知ってください」とした。張嶷は答えて、「僕《わたし》はまだ子《きみ》を知らず、子はまだ我を知らない。（友情の）大道は彼方にあり、どうして心を託すと言えようか。どうか三年の後、ゆっくりとその言葉を述べられよ」と言った。有識者は、これを美談とした」とある。

［二］『益部耆舊傳』に、「張嶷は（南土の）風と湿気で持病があり、都に至るといよいよ篤く、杖に助けられてようやく立てた。李簡《りかん》が降伏をねがい、衆議は疑ったが、張嶷は必ず降伏すると言った。姜維《きょうい》が出陣するとき、時の（朝廷の）議論は張嶷は帰ったばかりで足が悪いので、行くことはできないとした。これにより張嶷は自ら力を中原《ちゅうげん》に尽くし、身を敵の領土に致すことを願った。出発するに臨んで、後主に別れを告げ、「臣《わたし》は聖明（な君主）に出会うことができ、過分にご恩を受け、加えて病気持ちで、常にある朝に急に没し、栄遇に負く罪となることを恐れておりました。天は願いに違わず、軍事に預かることができました。もし涼州を平定できれば、臣は外藩の守將となります。もしまだ勝てなければ、身を殺してご恩に報います」と言った。後主は慨然として張嶷のために涙を流した」とある。

［三］『益部耆舊傳』に、「余《わたし》（陳壽）が張嶷の容貌や言辞を見るかぎり、人を驚かすようなものはなかった。それでもその策略は廟算《びょうざん》に建てるに足り、果烈は威光を立てるに足り、臣としては忠誠の節義があり、異類（異民族）に対処しては公明で率直な風格があった。しかも行動するには必ず典拠を踏まえ、後主も深くこれを尊重した。古《いにしえ》の英士でも、張嶷を遠く超えることはできようか」とある。『蜀世譜《しょくせいふ》』に、「張嶷の孫である張奕《ちょうえき》は、晉の梁州刺史《りょうしゅうしし》である」とある。

【原文】

評曰、黄權弘雅思量、李恢公亮志業、呂凱守節不回、馬忠擾而能毅［一］、王平忠勇而嚴整、張嶷識斷明果。咸以所長、顯名發迹。遇其時也。

［裴松之注］

［一］尚書曰、擾而毅。鄭玄注曰、擾、馴也。致果曰毅。

《訓読》

評に曰ふ、「黄權は弘雅にして思量、李恢は公亮にして業を志《こころざ》し、呂凱は守節して回《よこしま》ならず、馬忠は擾にして能く毅［一］、王平は忠勇にして嚴整、張嶷は識斷にして果を明らかにす。咸 長とする所を以て、名を顯はし迹を發す。其の時に遇へばなり」と。

［裴松之注］

［一］尚書に曰く、「擾にして毅」と。鄭玄の注に曰く、「擾は、馴

なり。果を致すを毅と曰ふ」と。

（補注）

（一）『尚書』皐陶謨に、「擾而毅」とあり、鄭玄注に、「擾、馴也。致果曰毅」とあり、同文。

［現代語訳］

評にいう、「黄権《こうけん》は度量が広く思慮深く、李恢《りかい》は公正で明らかで業務を志向し、呂凱《りょがい》は節操を守って邪《よこしま》でなく、馬忠《ばちゅう》はおとなしくて果断であり［一］、王平《おうへい》は忠勇であり厳整、張嶷《ちょうぎょく》は優れた見識を持ち果敢に行動した。みな長所により、名声をあげ事績を残した。（かれらが必要とされる）時代に遭遇したからである」と。

［裴松之注］

［一］『尚書《しょうしょ》』（皐陶謨）に、「擾《じょう》であり毅《き》である」とある。鄭玄《じょうげん》の注に、「擾は、馴《じゅん》（おとなしい）である。果を致す（断行する）ことを毅という」とある。

【原文】

蔣琬費禕姜維傳第十四　　蜀書　　國志四十四

蔣琬傳

蔣琬字公琰、零陵湘鄉人也。弱冠與外弟泉陵劉敏俱知名。琬以州書佐隨先主入蜀、除廣都長。先主嘗因游觀奄至廣都、見琬衆事不理、時又沈醉。先主大怒、將加罪戮。軍師將軍諸葛亮請曰、蔣琬、社稷之器、非百里之才也。其爲政以安民爲本、不以脩飾爲先。願主公重加察之。先主雅敬亮、乃不加罪。倉卒但免官而已。琬見推之後、夜夢有一牛頭在門前、流血滂沱。意甚惡之、呼問占夢趙直。直曰、夫見血者、事分明也。牛角及鼻、公字之象。君位必當至公。大吉之徵也。頃之、爲什邡令。先主爲漢中王、琬入爲尚書郎。建興元年、丞相亮開府、辟琬爲東曹掾。擧茂才、琬固讓劉邕・陰化・龐延・廖淳。亮教答曰、思惟背親捨德、以殄百姓、衆人既不隱於心。實又使遠近不解其義。是以君宜顯其功擧、以明此選之清重也。遷爲參軍。五年、亮住漢中、琬與長史張裔統留府事。八年、代裔爲長史、加撫軍將軍。亮數外出、琬常足食足兵以相供給。亮每言、公琰託志忠雅、當與吾共贊王業者也。密表後主曰、臣若不幸、後事宜以付琬。

《訓讀》

蔣琬費禕姜維傳第十四　　蜀書　　國志四十四

蔣琬傳

蔣琬 字は公琰、零陵湘鄉の人なり。弱冠にして外弟たる泉陵の劉敏と與に倶に名を知らる。琬 州書佐を以て先主に隨ひ蜀に入り、廣都長に除せらる。先主 嘗て游觀に因り奄《たちま》ち廣都に至り、琬の衆事理めず、時に又 沈醉するを見る。先主 大いに怒り、將に罪戮を加へんとす。軍師將軍の諸葛亮 請ひて曰く、「蔣琬は、社稷の器にして、百里(一)の才に非ざるなり。其れ政を爲すは民を安ずるを以て本と爲し、脩飾するを以て先と爲さず。願はくは主公 重く之を加へ察せよ」と。先主は亮を雅敬すれば、乃ち罪を加へず。倉卒に但だ官を免ずるのみ。琬 推《せ》めらるの後、夜に一牛の頭有りて門前に在り、血を流すこと滂沱なるを夢む。意 甚だ之を惡み、呼びて占夢の趙直に問《と》ふ。直曰く、「夫れ血を見る者は、事に分明なればなり。牛の角及鼻、公の字の象なり。君の位 必ずや當に公に至らん。大いに吉の徵なり」と。頃之《しばらくして》、什邡令と爲る。先主 漢中王と爲るや、琬 入りて尚書郎と爲る。建興元年、丞相の亮 開府し、琬を辟して東曹掾と爲す。茂才に擧ぐるも、琬 固く劉邕(二)・陰化(三)・龐延(四)・廖淳に讓る。亮 教して答へて曰く、「思ふに惟れ親に背き德を捨て、以て百姓を殄くすは、衆人既に心に隱《やすら》かならず。實に又 遠近をして其の義を解せざらしむなり。是を以て君 宜しく其の功擧を顯はし、以て此の選の清重なるを明らかにすべきなり」と。遷りて參軍と爲る。五年、亮 漢中に住《とど》まり、琬長史の張裔と與に留府の事を統《す》ぶ。八年、裔に代はりて長史と爲り、撫軍將軍(五)を加へらる。亮 數〻外に出づるに、琬 常に食を足し兵を足して以て相 供給す。亮 毎に言ふ、「公琰 志を託して忠雅たり、當に吾と與に共に王業を贊《たす》くる者なり」と。後主に密表して曰く、「臣に若し不幸あらば、後事は宜しく以て琬に付すべし」と。

(補注)

(一) 百里は、ここでは縣長のこと。縣の長官は百里四方を治めると観念されていた。

(二) 劉邕は、字を南和、荊州襄陽郡の人。先主に従って蜀に入り、巴郡太守となり、鎭南將軍、右將軍に至り、中郷侯に封建された(『三國志』巻四十五 楊戲傳『季漢輔臣贊』)。

(三) 陰化は、呉に使者となって、孫權に「盡くさず」と評価されたことが伝わる(『三國志』巻四十五 鄧芝傳)。

(四) 龐延は、扶風の人の事例が、『三國志』巻十五 張既傳にあるが、別人の可能性もある。それ以外はここのみに記載されるだけで詳細は不明。

(五) 撫軍將軍は、官名。雑号將軍号の一つ。

[現代語訳]

蔣琬費禕姜維傳第十四　　蜀書　　國志四十四

蔣琬傳

蔣琬《しょうえん》は字を公琰《こうえん》といい、荊州零陵郡湘郷縣《けいしゅうれいりょうぐんしょうきょうけん》の人である。弱冠(二十歳)で外弟《いとこ》である泉陵《せんりょう》縣(湖南省零陵)の劉敏《りゅうびん》とともに名を知られた。蔣琬は(荊州の)州書佐《しゅうしょさ》として先主に随って蜀に入り、廣都長《こうとちょう》に除任された。先主はかつて遊覧のついでに突然に廣都《こうと》縣に至り、蔣琬が政事を治めず、そのときまた泥酔していたのを見た。先主は大いに怒り、処罰を加えようとした。軍師《ぐんし》將軍の諸葛亮は、「蔣琬は、社稷の器で、百里の才ではありません。そもそも政事を行うには民を安寧にすることを根本として、(自らを)飾りたてることは先主にはいたしません。どうか主公には重くこれを察せられますように」と請うた。先主は諸葛亮を敬重していたので、そこで罪を加えなかった。その場で官を免じるに止めた。蔣琬は責められた後、夜に一頭の牛が門の前におり、血をだらだらと流す夢をみた。内心とてもこれを憎み、占夢《せんむ》の趙直《ちょうちょく》を呼んで尋ねた。趙直は、「そもそも血を見るものは、事態を分析して明瞭なためです。牛の角と鼻は、公の字の象《しるし》です。君の位は必ずや公に至るでしょう。大吉の徴《しるし》です」といった。しばらくして、什邡《じゅうほう》縣令となった。先主が漢中王となると、蔣琬は(朝廷に)入って尚書郎《しょうしょろう》となった。建興《けんこう》元(二二三)年、丞相の諸葛亮は開府すると、蔣琬を辟召して東曹掾《とうそうえん》とした。(州の)茂才《もさい》に挙げたが、蔣琬は固く劉邕《りゅうよう》・陰化《いんか》・龐延《ほうえん》・廖淳《りょうじゅん》(廖化)に譲った。諸葛亮は教書として答えて、「思うに親しい者に背き(その人がたとえば推挙するという)徳を棄て、それにより(出世せずに)百姓を滅ぼすことは、多くの人が心に憂いとするものである。また誠に遠近に事態の義(正しさ)を理解させられないことでもある。このために君はぜひその功績を明らかにし、茂才に選ばれることが正しく重みのあることを明らかにすべきである」とした。遷りて參軍《さんぐん》となった。建興《けんこう》五(二二七)年、諸葛亮が漢中に駐屯すると、蔣琬は長史《ちょうし》の張《ちょう》裔《えい》と共に(成都に置かれた)丞相留府《じょうしょうりゅうふ》のことを統轄した。建興八(二三〇)年、張裔に代わって丞相留府長史となり、撫軍《ぶぐん》將軍を加えられた。諸葛亮がたびたび外に出ると、蔣琬は常に食を足し兵を足して(遠征軍に)供給した。諸葛亮は常に、「公琰《こうえん》(蔣琬)は(漢室復興に)志を託し忠誠であり、吾《わたし》と共に王業を助けるものである」と言っていた。(また、諸葛亮は)後主に密表して、「臣《わたくし》にもし不幸があらば、後事はどうか蔣琬に託されますように」と言った。

【原文】

亮卒、以琬爲尚書令、俄而加行都護・假節、領益州刺史。遷大將軍・錄尚書事、封安陽亭侯。時新喪元帥、遠近危悚。琬出類拔萃、處羣僚之右、既無戚容、又無喜色。神守舉止、有如平日。由是衆望漸服。延熙元年、詔琬曰、寇難未弭、曹叡驕凶、遼東三郡苦其暴虐、遂相糾結、與之離隔。叡大興衆役、還相攻伐。曩秦之亡、勝・廣首難。今有此變、斯乃天時。君其治嚴、總帥諸軍屯住漢中、須呉舉動、東西掎角、以乘其釁。又命琬開府、明年就加爲大司馬。

《訓読》

亮 卒するや、琬を以て尚書令と爲し、俄かにして行都護・假節を加へ、益州刺史を領せしむ。大將軍・錄尚書事に遷り、安陽亭侯に封ぜらる。時に新たに元帥を喪ひ、遠近 危悚す。琬 類より出でて萃より拔かれ、羣僚の右に處るも、既に戚容無く、又 喜色無し。神守も舉止も、平日の如きこと有り。是に由り衆望 漸く服す。延熙元年、琬に詔して曰く、「寇難 未だ弭まず、曹叡 驕凶にして、遼東三郡其の暴虐に苦しみ、遂に相 糾結し、之と離隔す。叡 大いに衆役を興し、還《ま》た相 攻伐す。曩《さき》に秦の亡びるや、勝(一)・廣(二) 難を首《はじ》む。今 此の變有るは、斯れ乃ち天の時なり。君 其れ治嚴(三)し、諸軍を總帥して漢中に屯住し、呉の舉動するを須《ま》ち、東西 掎角して、以て其の釁に乘ぜよ」と。又 琬に命じて開府せしめ、明年 就き加へて大司馬と爲す。

(補注)

(一) 勝は、陳勝。陽城の人。秦末の農民反乱の指導者。字は涉。二世皇帝の時、大澤鄕において呉廣とともに挙兵する。陳王と自称して国号を張楚と定め、秦に対抗したが、章邯の率いる秦軍に大敗した。その後、呉廣が幕下の田臧に殺されると勢力が衰え、やがて自身も部下の莊賈に殺された。この陳勝・呉廣の乱が口火となって項羽・劉邦ら群雄が挙兵し、ついには秦を滅亡に追いこんだ（『史記』巻四十八 陳涉世家）。

(二) 廣は、呉廣。陽城の人。秦末の農民反乱の指導者。陳勝と共に秦に対して反乱を起こしたが、幕下の田臧に殺された（『史記』巻四十八 陳涉世家）。

(三) 治嚴は、治裝と同義。装備を治め、戦いや旅の準備をすること。後漢のとき明帝の諱である莊を嚴と改めたことから成立した言葉。

[現代語訳]

諸葛亮が卒すると、蔣琬を尚書令《しょうしょれい》とし、まもなく行都護《こうとご》・假節《かせつ》を加え、益州刺史《えきしゅうしし》を兼ねさせた。大將軍《だいしょうぐん》・錄尚書事《ろくしょうしょじ》に遷り、安陽亭《あんようてい》侯《こう》に封建された。このとき（蜀漢は）元帥（の諸葛亮）を失ったばかりで、遠きも近きも危惧していた。蔣琬は同類の集まりから抜擢され、群臣の上に置かれたが、それを悲しむこともなく、また喜ぶこともなかった。心も態度も、平生と変わらなかった。これにより衆望は次第に（蔣琬に）服した。延熙《えんき》元（二三八）年、蔣琬に詔して、「敵の侵寇はいまだ止まず、曹叡《そうえい》は驕慢で凶暴なので、遼東《りょうとう》三郡はその暴虐に苦しみ、ついに互いに結んで、これに離反した。曹叡は大いに兵役を起こし、また討伐を行っている。先に秦が滅びた際には、陳《ちん》勝《しょう》・呉廣《ごこう》の乱が初めとなった。いま遼東に変があるのは、これは天の時である。君よさあ戦いを準備し、諸軍を総督して漢中に駐屯し、孫呉が兵を動かすことを待ち、東西が掎角《きかく》の勢をとって、曹魏の隙に乗ぜよ」といった。また蔣琬に命じて開府させ、翌（延熙二〈二三九〉）年（使者を派遣して）その場で加えて大司馬《だいしば》とした。

【原文】

東曹掾楊戲、素性簡略、琬與言論、時不應答。或欲搆戲於琬曰、公與戲語而不見應。戲之慢上、不亦甚乎。琬曰、人心不同、各如其面。面從後言、古人之所誡也。戲欲贊吾是耶、則非其本心、欲反吾言、則顯吾之非。是以默然。是戲之快也。又督農楊敏曾毀琬曰、作事憒憒、誠非及前人。或以白琬。主者請推治敏。琬曰、吾實不如前人、無可推也。主者重據聽不推、則乞問其憒憒之狀。琬曰、苟其不如、則事不當理。事不當理、則憒憒矣。復何問邪。後敏坐事繫獄。衆人猶懼其必死。琬心無適莫、得免重罪。其好惡存道、皆此類也。

《訓読》

東曹掾の楊戲、素より性 簡略にして、琬と與に言論するに、時として應答せず。或《あるもの》 戲を琬に搆《かま》へんと欲して曰く、「公 戲と與に語るも而も應ぜられず。戲の上を慢《あなど》るや、亦た甚だしからずや」と。琬曰く、「人の心 同じからざること、各〻其の面《おもて》の如し。(一)面從して後ち言ふは、古人の誡むる所なり。(二)戲 吾が是《ぜ》に贊せんと欲せんや、則ち其の本心に非ず、吾が言に反せんと欲すれば、則ち吾の非を顯らかにす。是を以て默然たり。是れ戲の快《こころよ》きなり」と。又 督農の楊敏 曾て琬を毀《そし》りて曰く、「事を作すこと憒憒にして、誠に前人に及ばず」と。或 以て琬に白す。主者 敏を推治せんと請ふ。琬曰く、「吾 實に前人に如ず、推す可きこと無きなり」と。主者 重ねて聽すに據り推さずんば、則ち其の憒憒の狀を問はんことを乞ふ。琬曰く、「苟くも其れ如らずんば、則ち事 理に當たらず。事 理に當たらざれば、則ち憒憒なり。復た何ぞ問ふや」と。後に敏 事に坐し獄に繫がる。衆人猶ほ其れ必ず死すと懼る。琬 心に適莫無く、(三)重罪を免るるを得たり。其の好惡に道を存すること、皆 此の類なり。

（補注）

（一）『春秋左氏傳』襄公 傳三十一年に、「子產曰、人心之不同、如其面焉」とあることを踏まえた文章である。

（二）『尚書』益稷篇に、「汝無面從、退有後言」とあることを踏まえた文章である。

（三）『論語』里仁篇に、「子曰、君子之於天下也、無適也、無莫也。義之與比」とあることを踏まえた文章である。

［現代語訳］

東曹掾《とうそうえん》の楊戲《ようぎ》は、もともと性質が大まかで、蔣琬と共に議論していても、応答しない時があった。あるものが楊戲を陥れようとして蔣琬に、「公が楊戲と語っておられるとき（楊戲に）応答されておりませんでした。楊戲の上の者を侮る態度は、ひどすぎないでしょうか」と言った。蔣琬は、「人の心が同じでないことは、それぞれの表情のようなものである。面従して後から（文句を）言うことは、古人の戒めたところである。楊戲は吾《わたし》が正しいとすることに賛成しようと思えば、その本心ではなく、吾の主張に反対しようと思えば、吾の非を明らかにすることになる。このために黙っていたのである。これは楊戲の快いところである」と言った。また督農《とくのう》の楊敏《ようびん》はかつて蔣琬を毀損して、「政事を行うことが憒憒《かいかい》として（乱れて）、誠に前任者（の諸葛亮）に及ばない」と言った。あるものがこれを蔣琬に報告した。担当官は楊敏を取り調べましょうと願った。蔣琬は、「吾《わたし》は誠に前任者に及ばない、調べるべきことはない」と言った。担当官は重ねて許されて調べないのであれば、その憒憒という状態を問い質《ただ》したいと願った。蔣琬は、「かりにも及ばないのであれば、政事は理に当たらない。政事が理に当たらなければ、（乱れて）憒憒とする。また何を問うのか」と言った。後に楊敏は事件に連座し獄に繫がれた。衆人は必ず（楊敏は）死罪になると恐れた。蔣琬は心に敵も味方も無く、（このため楊敏は）重罪を免れることができた。蔣琬の好き嫌いが道理を備えていることは、みなこのようであった。

【原文】

琬以爲、昔諸葛亮數闚秦川、道險運艱、竟不能克、不若乘水東下。乃多作舟船、欲由漢・沔襲魏興・上庸。會舊疾連動、未時得行。而衆論咸謂、如不克捷、還路甚難、非長策也。於是遣尙書令費禕・中監軍姜維等喩指。琬承命上疏曰、芟穢弭難、臣職是掌。自臣奉辭漢中、已經六年。臣既闇弱、加嬰疾疢、規方無成、夙夜憂慘。今魏跨帶九州、根擤滋蔓、平除未易。若東西幷力、首尾掎角、雖未能速得如志、且當分裂蠶食、先摧其支黨。然吳期二三、連不克果。俯仰惟艱、實忘寢食。輒與費禕等議、以涼州胡塞之要、進退有資、賊之所惜。且羌・胡乃心思漢如渴、又昔偏軍入羌、郭淮破走。算其長短、以爲事首、宜以姜維爲涼州刺史。若維征行、銜持河右、臣當帥軍爲維鎭繼。今涪水陸四通、惟急是應。若東北有虞、赴之不難。由是琬遂還住涪。疾轉增劇、至九年卒、謚曰恭。

《訓読》

琬 以爲へらく、昔 諸葛亮 數〻秦川を闚《うかが》ふも、道は險にして運ぶは艱く、竟に克つ能はざれば、水に乘りて東下するに若《し》かずと。乃ち多く舟船を作り、漢・沔より魏興・上庸を襲はんと欲す。會〻舊疾連《しき》りに動《おこ》り、未だ時に行くを得ず。而るに衆論 咸 謂へらく、如《も》し克捷せずんば、還路は甚だ難く、長策に非ざるなりと。是に於て尙書令の費禕・中監軍の姜維らを遣はして喩指せしむ。琬 命を承て上疏して曰く、「穢を芟《か》り難を弭《と》めるは、臣の職 是れ掌る。臣 辭を漢中に奉じてより、已に六年を經たり。臣 既に闇弱たりて、加ふるに疾疢に嬰《かか》り、規方 成る無く、夙夜 憂慘す。今 魏は九州を跨帶し、根擤 滋《ます》〻蔓《はびこ》り、平らげ除くは未だ易からず。若し東西 力を幷はせ、首尾掎角すれば、未だ速く志の如くを得る能はずと雖も、且《しばら》く當に分裂して蠶食し、先に其の支黨を摧《くじ》くべし。然れども吳 二三を期すも、連りに克果せず。俯仰するごとに艱《くる》しみを惟《おも》ひ、實に寢食を忘る。輒ち費禕らと與に議するに以へらく、涼州は胡塞の要、進退に資有り、賊の惜しむ所なりと。且つ羌・胡は乃ち心に漢を思ふこと渴くが如く、又 昔 偏軍 羌に入り、郭淮 破走す。其の長短を算するに、以て事の首《はじ》めと爲せば、宜しく姜維を以て涼州刺史と爲すべし。若し維征行して、河の右を銜持せば、臣 當に軍を帥ゐて維の鎭繼と爲るべし。今 涪は水陸もて四《よも》に通じ、惟れ急に是れ應ず。若し東北に虞れ有らば、之に赴くも難からず」と。是に由り琬 遂て還りて涪に住《とど》まる。疾 轉《うた》た增劇し、九年に至りて卒す、謚して恭と曰ふ。

（補注）

（一）克果について、胡三省は、克は能、果は決であるとし、全体の文意を呉が決然として兵を進めることがない、と解釈する。

［現代語訳］

蔣琬は、むかし諸葛亮がたびたび秦川《しんせん》を狙いながら、道が険しく漕運が難しく、ついに勝てなかったので、川を下って東に行く方がよいと考えた。そこで多くの船を造り、漢水《かんすい》・沔水《べんすい》から魏興《ぎこう》郡・上庸《じょうよう》郡を襲おうとした。たまたま持病が頻りにおこり、まだ実行する時を得なかった。しかし人々の議論ではみな、もし勝てなければ、帰路はたいへん難しく、良策ではないとしていた。そこで尚書令《しょうしょれい》の費禕《ひい》と中《ちゅう》監軍《かんぐん》の姜維《きょうい》らを派遣して（蔣琬に後主の）聖旨を伝えさせた。蔣琬は命を受け上疏して、「（曹魏という）汚穢を除き（蜀漢の）難を止めるのは、臣《わたくし》の職が掌ることです。臣がご命令を漢中に奉じてから、すでに六年が経《た》ちました。臣は闇弱であるうえ、病気に掛かり、計略が成らず、夙夜に憂悶しております。いま魏は九州を跨《また》ぎ持ち、（悪の）根はますます蔓延《はびこ》り、平らぎ除くことは未だ容易ではありません。もし東（の孫呉）と西（の蜀漢）が力を合わせ、首と尾で掎角《きかく》の勢力を保てば、早く志のような（曹魏を滅ぼす）ことはできないとしても、しばらくは（曹魏の領土を）分け取り蚕食して、先にその支党を挫《くじ》くことはできます。しかしながら呉は二度三度と約束しながら、何度も兵を進めようとしませんでした。起居するごとにその苦しみを思うと、誠に寝食を忘れるほどです。そのたびに費禕たちと共に議論しますに、涼州《りょうしゅう》は胡族《こぞく》の塞《とりで》のある要地で、（軍を）進退することに助けがあるので、賊（の曹魏）が大事にしている所です。かつ羌族《きょうぞく》・胡族はなお心に漢を思うこと渇くようで、またむかし一軍が羌中に入り、郭淮《かくわい》を破ったこともありました。その長短を算《はか》りますと、（涼州を取ることが）事の初めとなりますので、姜維を涼州《りょうしゅう》刺《し》史《し》とするべきです。もし姜維が征伐に行き、河の右を制圧すれば、臣は軍を率いて姜維の後詰めとなります。いま涪《ふ》縣は水陸で四方に通じ、急な事態にも対応できます。もし東北に危険があれば、これに赴くことも難しくありません」と言った。これにより蔣琬はこうして帰って涪縣に駐屯した。（しかし）病気は次第に悪化し、延熙《えんき》九（二四六）年に至って卒した、謚して恭という。

【原文】

子斌嗣、爲綏武將軍・漢城護軍。魏大將軍鍾會、至漢城、與斌書曰、巴蜀賢智文武之士多矣。至於足下・諸葛思遠、譬諸草木、吾氣類也。桑梓之敬、古今所敦。西到、欲奉瞻尊大君・公侯墓、當洒掃墳塋、奉祠致敬。願告其所在。斌答書曰、知惟臭味意眷之隆。雅託通流、未拒來謂也。亡考昔遭疾疢、亡於涪縣。卜云其吉、遂安厝之。知君西邁、乃欲屈駕脩敬墳墓。視予猶父、顏子之仁也。聞命感愴、以增情思。會得斌書報、嘉歎意義、及至涪、如其書云。

後主既降鄧艾、斌詣會於涪、待以交友之禮。隨會至成都、爲亂兵所殺。斌弟顯、爲太子僕。會亦愛其才學、與斌同時死。

《訓読》

子の斌(一) 嗣ぎ、綏武將軍(二)・漢城護軍と爲る。魏の大將軍たる鍾會、漢城に至り、斌に書を與へて曰く、「巴蜀は賢智たる文武の士 多し。足下・諸葛思遠に至りては、諸〻の草木に譬ふれば、吾が氣の類(三)なり。桑梓の敬は、古今 敦くする所なり。西に到らば、瞻の尊大君・公侯(四)の墓を奉じ、當に墳塋を洒掃して、祠を奉り敬を致さんと欲す。願はくは其の所在を告げんことを」と。斌 書に答へて曰く、「惟れ臭味もて 眷《ともがら》 と意《おも》ふの 隆《さかん》を知る。雅託通流は、未だ來たるを拒まずと謂ふなり。亡考は昔 疾疢に遭ひ、涪縣に亡《し》す。卜は其の吉を云はば、遂に之に安厝す。君の西に邁《すす》み、乃ち駕を屈して墳墓を脩敬せんと欲するを知る。予を視ること父の猶くするは(五)、顏子の仁なり。命を聞き感愴して、以て情思を增す」と。會 斌の書報を得て、意義に嘉び歎じ、涪に至るに及びて、其の書の如くすとしか云ふ。

後主 既に鄧艾に降るや、斌 會に涪に詣り、待せらるるに交友の禮を以てす。會に隨ひ成都に至り、亂兵の殺す所と爲る。斌の弟たる顯(六)、太子僕爲《た》り。會 亦た其の才學あるを愛するも、斌と與に時を同じくして死す。

(補注)

(一) 斌は、蔣斌。荊州零陵郡湘鄉縣の人。蔣琬の子。綏武將軍・漢城護軍となったが、曹魏の鍾會に降服し、鍾會とともに殺された（『三國志』巻四十四 鍾會傳）。

(二) 綏武將軍は、官名。雜号將軍号の一つ。

(三) 我が氣は、ここでは種族を共にするところではないとする『白虎通』の人々に、夷狄は中和の氣の生ずるところではないとする『白虎通』の夷狄観を持つ者が多かったことは、渡邉義浩『三国志からみた邪馬台国—国際関係と文化を中心として』（汲古書院、二〇一六年）を參照。

(四) 公侯は、蔣琬のこと。『三國志集解』は、「公」は蔣琬の諡である「恭」に作るべきであるという。

(五) 『論語』先進篇に、「子曰、回也視予猶父也。予不得視猶子也」とあることを踏まえた表現である。

(六) 顯は、蔣顯。荊州零陵郡湘鄉縣の人。蔣琬の子。太子僕であったが、曹魏の鍾會に降服し、鍾會とともに殺された（『三國志』巻四十四 鍾會傳）。

[現代語訳]

子の蔣斌《しょうひん》が（安陽亭侯を）嗣《つ》ぎ、綏武《すいぶ》將軍・漢城護軍《かんじょうごぐん》となった。曹魏の大將軍である鍾會《しょうかい》は、漢城に至ると、蔣斌に書簡を与えて、「巴蜀《はしょく》は才智に優れた文武の士が多くおります。足下《あなた》や諸葛思遠《しょかつしえん》（諸葛瞻）に至っては、多くの草木に譬《たと》えれば、吾《わたし》と氣を同じくします。祖先への恭敬は、古今より篤くするものです。西に至ったならば、諸葛瞻の尊大君《そんだいくん》（諸葛亮）と公侯《こうこう》（蔣琬）の墓に詣で、墳墓を清掃して、祭祀を行い敬意を表したいと存じます。どうかその所在をお教えください」といった。蔣斌は書簡に答えて、「（草木に譬えれば）同じ香りにより 眷《ともがら》 であると思うとおっしゃる盛んさを知りました。雅びやかな委託や世事を離れた交流は、来るを拒まずと申します。亡考《なきちち》はむかし病気に罹り、涪《ふ》縣で亡くなりました。占い師は（その地を）吉と申しますので、そのままそこに安置しております。君が西に進み、そこで駕を枉げて墳墓に敬意を表してくださると知りました。予《わたし》を視ること父のようにするというのは、顔淵《がんえん》の仁です。命を聞き感激して、思いを増しております」といった。鍾會は蔣斌の書簡での知らせを得て、その思いと文義に喜び嘆じて、涪縣に至るに及び、その書簡のとおりに（蔣琬の墳墓に参詣）したという。

後主がすでに鄧艾《とうがい》に降服すると、蔣斌は鍾會のもとに涪縣に詣り、交友の礼により待遇された。鍾會に随って成都に至り、乱兵に殺された。蔣斌の弟である蔣顯《しょうけん》は、太子僕《たいしぼく》であった。鍾會はまた蔣顯の才学を愛したが、蔣斌と一緒に同じ時に死んだ。

【原文】

劉敏、左護軍・揚威將軍、與鎭北大將軍王平倶鎭漢中。魏遣大將軍曹爽襲蜀時、議者或謂、但可守城、不出拒敵、必自引退。敏以爲、男女布野、農穀栖畝。若聽敵入、則大事去矣。遂帥所領與平據興勢、多張旗幟、彌亙百餘里。會大將軍費禕從成都至、魏軍卽退、敏以功封雲亭侯。

《訓読》

劉敏は、左護軍・揚威將軍たりて、鎭北大將軍の王平と與に倶に漢中に鎭す。魏 大將軍の曹爽を遣はして蜀を襲はせし時、議者 或いは謂ふ、「但だ城を守る可く、出でざりて敵を拒まば、必ず自ら引き退かん」と。敏 以爲《い》へらく、「男女 野に布き、農穀 畝に栖《とど》む。若し敵の入るを聽《ゆる》さば、則ち大事 去らん」と。遂て領する所を帥ゐ平と與に興勢に據り、多く旗幟を張り、百餘里に彌亙す。大將軍の費禕成都より至るに會し、魏軍 卽ちに退き、敏 功を以て雲亭侯に封ぜらる。

［現代語訳］

劉敏《りゅうびん》は、左護軍《さごぐん》・揚威《ようい》將軍であり、鎭北《ちんほく》大將軍の王平《おうへい》と共に漢中に鎮守した。曹魏が大將軍の曹爽《そうそう》を派遣して蜀を襲わせた時、議者のあるものは、「ただ城を守るべきで、（外に）出ないで敵を拒めば、（敵は）必ず自ら撤退しよう」と言った。劉敏は、「男も女も野に工作し、農穀は農地に置いてある。もし敵の侵入を許せば、（国家を守る）大事は終わる」と言った。こうして配下の軍を率いて王平と共に興勢《こうせい》を拠点とし、多くの旗《はた》や幟《のぼり》を立てること、百里余りに及んだ。大將軍の費禕《ひい》が成都から至るに及び、魏軍は直ちに撤退し、劉敏は功績により雲亭侯《うんていこう》に封建された。

【原文】

費禕傳

費禕字文偉、江夏鄳人也。鄳音盲。少孤、依族父伯仁。伯仁姑、益州牧劉璋之母也。璋遣使迎仁、仁將禕游學入蜀。會先主定蜀、禕遂留益土、與汝南許叔龍・南郡董允齊名。時許靖喪子、允與禕欲共會其葬所。允白父和請車。和遣開後鹿車給之。允有難載之色、禕便從前先上。及至喪所、諸葛亮及諸貴人悉集、車乘甚鮮。允猶神色未泰、而禕晏然自若。持車人還、和問之、知其如此、乃謂允曰、吾常疑汝於文偉優劣未別也。而今而後、吾意了矣。

《訓読》

費禕傳

費禕 字は文偉、江夏鄳の人なり。鄳 音は盲。少くして孤、族父の伯仁（一）に依る。伯仁の姑は、益州牧たる劉璋の母なり。璋 使を遣はして仁を迎へ、仁 禕を將ゐ游學して蜀に入る。先主の蜀を定むるに會し、禕 遂に益土に留まり、汝南の許叔龍（二）・南郡の董允と名を齊しくす。時に許靖 子を喪ひ、允と禕 共に其の葬所に會せんと欲す。允 父の和に白して車を請ふ。和 開後の鹿車を遣りて之に給す。允 載り難きの色有るも、禕 便ち前より先に上る。喪所に至るに及び、諸葛亮及び諸貴人 悉く集ひ、車乘 甚だ鮮《あざや》かなり。允 猶ほ神色 未だ泰らがざるも、而るに禕は晏然として自若たり。車を持する人 還り、和 之を問ひ、其の此の如きを知り、乃ち允に謂ひて曰く、「吾 常に汝の文偉に於けるや 優劣 未だ別たざるを疑ふなり。今よりして後、吾が意 了せり」と。

（補注）

（一）伯仁は、費伯仁。荊州江夏郡鄳縣の人。費禕の族父。費禕を養い、ともに姑の子である劉璋のもとに身を寄せた。『三國志集解』に引く趙一清は、『季漢輔臣贊』にみえる費觀（字は賓伯）と同一人物と考えるが、劉璋の母は、費觀の族姑とあり、字も異なる。ただ、後文には、單に「仁」と字を表記しており、安定しない。

（二）許叔龍は、豫州汝南郡平輿縣の人である許靖の一族か。ここ以外に資料はなく、詳細は不明である。

［現代語訳］

費禕傳

費禕《ひい》は字を文偉《ぶんい》といい、荊州江夏郡鄳縣《けいしゅうこうかぐんぼうけん》の人である。鄳は音が盲《ぼう》である。幼いころ父を失い、族父の費伯仁《ひはくじん》のもとに身を寄せた。伯仁の姑《おば》は、益州牧である劉璋《りゅうしょう》の母である。劉璋は使者を派遣して伯仁を迎え、伯仁は費禕を率いて游学し蜀に入った。先主が蜀を定めた際に、費禕はそのまま益州に留まり、豫《よ》州汝南《じょなん》郡の許叔龍《きょしゅくりゅう》・荊州南《なん》郡の董允《とういん》と名を等しくした。このとき許靖は子を失い、董允と費禕は共にその葬儀に行こうとした。董允は父の董和《とうわ》に申しあげて車をお願いした。董和は後ろが開いた鹿車《ろくしゃ》（小さな車）をよこして董允に使わせた。董允は（粗末な車に）乗るのを嫌がったが、費禕は直ちに前から先に乗った。葬儀場に至ると、諸葛亮と多くの貴人がすべて集まっており、車はたいへん立派であった。董允はなお顔が不安げであったが、費禕は泰然自若としていた。御者が帰り、董和はこれを問い、それがこのようであったことを知り、そこで董允に言って、「吾《わたし》はいつも汝と文偉《ぶんい》（費禕）とを比べて優劣つけ難いと迷っていた。今より後は、吾の思いははっきりした」とした。

【原文】

先主立太子、禕與允倶爲舍人、遷庶子。後主踐位、爲黄門侍郎。丞相亮南征還、羣寮於數十里逢迎。年位多在禕右、而亮特命禕同載、由是衆人莫不易觀。亮以初從南歸、以禕爲昭信校尉使吳。孫權性既滑稽、嘲啁無方、諸葛恪・羊衜等、才博果辯、論難鋒至。禕辭順義篤、據理以答、終不能屈［一］。權甚器之、謂禕曰、君天下淑德、必當股肱蜀朝。恐不能數來也［二］。還、遷爲侍中。亮北住漢中、請禕爲參軍。以奉使稱旨、頻煩至吳。建興八年、轉爲中護軍、後又爲司馬。値軍師魏延與長史楊儀相憎惡、每至並坐爭論、延或擧刃擬儀、儀泣涕橫集。禕常入其坐閒、諫喩分別。終亮之世、各盡延・儀之用者、禕匡救之力也。亮卒、禕爲後軍師。頃之、代蔣琬爲尙書令［三］。琬自漢中還涪、禕遷大將軍・錄尙書事。

［裴松之注］

［一］禕別傳曰、孫權每別酌好酒以飮禕、視其已醉、然後問以國事、並論當世之務、辭難累至。禕輒辭以醉、退而撰次所問、事事條答、無所遺失。

［二］禕別傳曰、權乃以手中常所執寶刀贈之。禕答曰、臣以不才、何以堪明命。然刀所以討不庭、禁暴亂者也。但願大王勉建功業、同奬漢室。臣雖闇弱、終不負東顧。

［三］禕別傳曰、于時戰國多事、公務煩猥。禕識悟過人、每省讀書記、擧目暫視、已究其意旨。其速數倍於人、終亦不忘。常以朝晡聽事、其閒接納賓客、飮食嬉戲。加之博弈、每盡人之歡、事亦不廢。董允代禕爲尙書令、欲斅禕之所行、旬日之中、事多愆滯。允乃歎曰、人才力相縣若此甚遠。此非吾之所及也。聽事終日、猶有不暇爾。

《訓讀》

先主 太子を立つるや、禕 允と與に倶に舍人と爲り、庶子に遷る。後主 位を踐むや、黃門侍郎と爲る。丞相の亮 南征して還り、羣寮 數十里に於て逢迎す。年位は多く禕の右に在るも、而も亮は特に禕に命じて同に載せしめ、是に由り衆人 觀を易へざるは莫し。亮 初めて南より歸るを以て、禕を以て昭信校尉(一)と爲し吳に使ひせしむ。孫權 性は旣に滑稽にして、嘲啁して方無く、諸葛恪・羊衜(二)らは、才は博く果《つよ》く辯じ、論難は鋒至たり。禕 辭は順に義は篤く、理に據りて以て答へ、終に屈する能はず［一］。權 甚だ之を器とし、禕に謂ひて曰く、「君は天下の淑德なれば、必ず當に蜀朝に股肱たるべし。恐らくは數〻來る能はざるなり」と［二］。還り、遷りて侍中と爲る。亮 北のかた漢中に住まるや、禕を請ひて參軍と爲す。使を奉じ旨に稱《かな》ふを以て、頻煩に吳に至る。建興八年、轉じて中護軍と爲り、後に又 司馬と爲る。軍師の魏延と長史の楊儀 相 憎惡するに値たり、並坐して爭論するに至る每に、延 或いは刃を擧げ儀に擬し、儀 泣涕して橫集す。禕 常に其の坐の閒に入り、諫喩し分別す。亮の世を終はるまで、各〻延・儀の用を盡くせしむる者は、禕の匡救の力なり。亮 卒するや、禕 後軍師と爲る。頃之《しばらくして》、蔣琬に代はりて尙書令と爲る［三］。琬 漢中より涪に還るや、禕 大將軍・錄尙書事に遷る。

［裴松之注］

［一］禕別傳(三)に曰く、「孫權 別れる每に好酒を酌みて以て禕に飮ましめ、其の已に醉ふを視て、然る後に問ふに國事を以てし、並びに當世の務を論じ、辭難 累りに至る。禕 輒ち辭するに醉を以てし、退きて問ふ所を撰次し、事事に條答して、遺失する所無し」と。

［二］禕別傳に曰く、「權 乃ち手中に常に執る所の寶刀を以て之に

贈る。禕 答へて曰く、「臣 不才なるを以て、何ぞ以て明命に堪へん。然れども刀は庭《まつろ》はざるを討ち、暴亂する者を禁ずる所以なり。但だ願はくは大王 勉めて功業を建て、同に漢室を奬けんことを。臣 闇弱と雖も、終に東顧に負かず」と」と。

〔三〕禕別傳に曰く、「時に于て戰國なれば事多く、公務は煩猥たり。禕の識悟 人に過ぎ、書記を省讀する毎に、目を擧げて暫く視れば、已に其の意旨を究む。其の速きこと人に數倍し、終に亦た忘れず。常に朝晡を以て事を聽き、其の間 賓客に接納し、飮食し嬉戲す。之に加ふるに博弈[四]し、毎に人の歡を盡くし、事も亦た廢せず。董允 禕に代はり尚書令と爲り、禕の行ふ所を斆ばんと欲するも、旬日の中、事 多く愆滯す。允 乃ち歎きて曰く、「人の才力 相 縣《へだた》ること此の若く甚だ遠きか。此れ吾の及ぶ所に非ざるなり。事を聽くこと終日、猶ほ暇あらざる有るのみ」と」と。

（補注）

（一）昭信校尉は、官名。雜号校尉号の一つ。

（二）羊衜は、荊州南陽郡の人。太子中庶子となり、のち公孫淵を支援するよう勧め、遼東に派遣された。のち始興太守となり、桂陽太守のまま死去した（『三國志』巻四十七 吳主傳ほか）。曹魏の羊衜（羊祜の父）とは別人。

（三）禕別傳は、書名。費禕の伝記を描いたもの。『隋書』經籍志に著録がなく、詳細は不明である。

（四）博弈は、娯楽の一つ。囲碁・すごろく・博打の一種と言われるが詳細は不明。三国時代の博弈については、高橋康浩「「博弈論」と儒教的理念」（『三国志研究』五、二〇一〇年、『韋昭研究』汲古書院、二〇一一年に所収）を参照。

〔現代語訳〕

先主が太子（に劉禪）を立てると、費禕は董允《とういん》と共に太子舍人《たいししゃじん》となり、太子庶子《たいししょし》に遷った。後主（劉禪）が即位すると、黄門侍郎《こうもんじろう》となった。丞相の諸葛亮が南征して帰り、群臣は数十里先まで迎えにでた。年齢も地位も多くは費禕の上であったが、それでも諸葛亮は特別に費禕に命じて共に（馬車に）載せ、これにより衆人は（費禕への）見方を変えないものはなかった。諸葛亮は南征より帰った当初、費禕を昭信校尉《しょうしんこうい》として孫吳に使者とさせた。孫權は生来口達者で、（人を）からかって止まらず、諸葛恪《しょかつかく》・羊衜《ようどう》たちは、才は広く弁が立ち、論難は鋭かった。費禕は言葉も正しく義も篤く、理に拠って対応したので、ついに屈伏させられなかった〔一〕。孫權はたいへん費禕を評価し、費禕に言って、「君は天下の淑徳であれば、必ず蜀朝の股肱となるべきである。恐らくはしばしば来ることはできまい」とした〔二〕。

（費禕は成都に）帰り、遷って侍中《じちゅう》となった。諸葛亮は北方の漢中に駐屯すると、費禕を呼んで參軍《さんぐん》とした。使命を奉じて旨にかなったので、何度も孫吳に至った。建興《けんこう》八（二三〇）年、転じて中護軍《ちゅうごぐん》となり、後にまた司馬《しば》となった。軍師《ぐんし》の魏延《ぎえん》と長史《ちょうし》の楊儀《ようぎ》は互いに憎悪するにあたって、並んで坐って争いに至るごとに、魏延はあるいは刃を挙げて楊儀に突きつけ、楊儀は泣いて（味方を）集め交わった。費禕はつねに両者の坐の間に入り、諫め喩して対立を止めた。諸葛亮が世を去るまで、それぞれ魏延と楊儀に仕事（に力）を尽くさせたのは、費禕の匡し救う力による。諸葛亮が卒すると、費禕は後軍師《こうぐんし》となった。しばらくして、蔣琬に代って尚書令《しょうしょれい》となった〔三〕。蔣琬が漢中から涪縣に帰ると、費禕は大將軍・録尚書事《ろくしょうしょじ》に遷った。

［裴松之注］

［一］『禕別傳《いべつでん》』に、「孫權は別れるたびに良い酒を酌んで費禕に飲ませ、費禕がすでに酔ったのを見て、その後に国事を問い、並びに当世の情勢を論じ、次々と論難をふっかけた。費禕はそのたびに酔いを理由に辞去し、退いて問われたことを整理し、事項ごとに箇条書きにして答え、遺漏するところがなかった」とある。

［二］『禕別傳』に、「孫權はそこで常に手に執る宝刀を費禕に贈った。費禕は答えて、「臣《わたくし》は不才ですので、どうして恩賜に応えられるでしょう。それでも刀は王命に逆らう者を討ち、暴乱する者を禁じるものです。ただどうか大王は勉めて功業を建てられ、ともに漢室を助けられんことを。臣は闇弱ですが、最後まで東の（孫權の）恩顧に背きません」と言った」とある。

［三］『禕別傳』に、「このときは戦いの時代なので政事は多く、公務は繁雑であった。費禕の認識能力は人並外れ、記録を読むたびに、目をあげて暫く見れば、すでにその趣旨を究めていた。その速いことは人に数倍し、また（内容を）最後まで忘れることはなかった。常に朝夕と政事を聴き、其の間に賓客に応対し、飲食して遊戯した。さらに加えて博弈《ばくえき》も行い、常に人の楽しみを尽くし、政事もまた廃さなかった。董允が費禕に代わって尚書令《しょうしょれい》となり、費禕の行うことを真似しようとしたが、十日もせず、政事は多く延滞した。董允はそこで嘆いて、「人の才の力量が互いに隔たることはこのようにたいへん遠いのか。これは吾《わたし》が及ぶところではない。政事を一日中聴いて、なお暇などあるわけがない」と言った」とある。

【原文】

延熙七年、魏軍次于興勢、假禕節、率衆往禦之。光祿大夫來敏、至禕許別、求共圍棊。于時羽檄交馳、人馬擐甲、嚴駕已訖、禕與敏留意對戲、色無厭倦。敏曰、向聊觀試君耳。君信可人。必能辦賊者也。禕至、敵遂退。封成鄉侯［一］。琬固讓州職、禕復領益州刺史。禕當國功名、略與琬比［二］。十一年、出住漢中。自琬及禕、雖自身在外、慶賞・刑威、皆遙先諮斷、然後乃行。其推任如此。後十四年夏、還成都、成都望氣者云、都邑無宰相位。故冬復北屯漢壽。延熙十五年、命禕開府。十六年、歲首大會、魏降人郭循在坐。禕歡飲沈醉、爲循手刃所害。謚曰敬侯。子承嗣、爲黃門侍郎。承弟恭、尚公主［三］。禕長女配太子璿爲妃。

［裴松之注］

［一］殷基通語曰、司馬懿誅曹爽、禕設甲乙論平其是非。甲以爲、曹爽兄弟、凡品・庸人、苟以宗子枝屬、得蒙顧命之任。而驕奢僭逸、交非其人、私樹朋黨、謀以亂國。懿奮誅討、一朝殄盡、此所以稱其任、副士民之望也。乙以爲、懿[1]（感）〔憾〕曹仲付己不一、豈爽與相干。事勢不專、以此陰成疵瑕。初無忠告侃爾之訓、一朝屠戮、攙其不意、豈大人經國篤本之事乎。若爽信有謀主之心、大逆已搆、而發兵之日、更以芳委爽兄弟、懿父子從後閉門舉兵、蹙而向芳、必無悉寧。忠臣爲君深慮之謂乎。以此推之、爽無大惡明矣。若懿以爽奢僭、廢之刑之可也。滅其尺口、被以不義、絕子丹血食、及何晏子、魏之親甥、亦與同戮、爲僭濫不當矣。

［二］禕別傳曰、禕雅性謙素、家不積財。兒子皆令布衣素食、出入不從車騎、無異凡人。

［三］禕別傳曰、恭爲尚書郎、顯名當世、早卒。

〔校勘〕

1．百衲本は「感」につくるが、『三國志集解』により「憾」に改める。

《訓読》

延熙七年、魏軍 興勢に次《やど》るや、禕に節を假し、衆を率ゐ往きて之を禦がしむ。光祿大夫の來敏、禕が許《もと》に至りて別れ、共に圍棊するを求む。時に于て羽檄 交馳し、人馬 擐甲して、嚴駕 已に訖はるも、禕 敏と與に意を留め對戲し、色に厭倦無し。敏曰く、「向《さき》に聊《いささ》か君を觀試するのみ。君は信《まこと》に人に可《か》なり。必ずや能く賊を辦ずる者なり」と。禕 至るや、敵 遂に退く。成鄉侯に封ぜらる［一］。琬 固く州職を讓るや、禕 復た益州刺史を領す。禕 國に當たる功名、略ぼ琬と比す［二］。十一年、出でて漢中に住《とど》まる。琬より禕に及ぶや、自身は外に在ると雖も、慶賞・刑威、皆 遙かに先に諮斷し、然る後に乃ち行ふ。其の推任せらるること此の如し。後 十四年夏、成都に還るも、成都の望氣者 云ふ、「都邑に宰相の位無し」と。故に冬 復た北して漢壽に屯す。延熙十五年、禕に命じて開府せしむ。十六年、歲首大いに會するに、魏の降人たる郭循 坐に在り。禕 歡飲して沈醉し、循の手づから刃もて害する所と爲る。諡して敬侯と曰ふ。子の承 嗣ぎ、黃門侍郎と爲る。承の弟たる恭(二)、公主に尙す［三］。禕の長女 太子の璿に配して妃と爲る。

［裴松之注］

［一］殷基の通語(四)に曰く、「司馬懿 曹爽を誅するや、禕 甲乙の論を設け其の是非を平《ひょう》す。甲は以爲《い》へらく、「曹爽の兄弟は、凡品・庸人なれど、苟も宗子の枝屬を以て、顧命の任を蒙るを得たり。而るに驕奢し僭逸して、其の人に非ざると交はり、私《ひそ》かに朋黨を樹《た》て、以て國を亂すを謀る。懿 奮ひて誅討し、一朝にして殄ぼし盡くすは、此れ其の任に稱《かな》ひ、士民の望に副ふ所以なり」と。乙は以爲へらく、「懿 曹仲の己に付すこと一ならざるを憾むは、豈に爽 與に相 干するや。事勢 專らならず、此を以て陰かに疵瑕と成す。初め侃爾の訓を忠告すること無く、一朝にして屠戮し、其の意《おも》はざるを攙《さ》すは、豈に大人 國を經《をさ》め本を篤くするの事なるや。若し爽に信《まこと》に主を謀るの心有らば、大逆 已に構へて、兵を發するの日、更めて芳(五)を以て爽の兄弟に委ね、懿の父子は後《しり》へに從ひ門を閉《と》ざして兵を擧げ、蹙《せま》りて芳に向かふは、必ずしも寧を悉《つ》くすこと無し。忠臣 君の爲に深く之を慮《おもんぱか》ると謂はんや。此を以て之を推すに、爽に大惡無きこと明らかなり。懿 爽の奢僭を以て、之を廢し之を刑するが若きは可なり。其の尺口を滅ぼし、被むらすに不義を以てし、子丹の血食を絕やし、何晏(六)の子に及ぼし、魏の親甥も、亦た與に同に戮するは、僭濫爲《た》りて當たらざるなり」と」と。

［二］禕別傳に曰く、「禕 雅性 謙素にして、家に財を積まず。兒子皆 布衣素食せしめ、出入するに車騎を從へざること、凡人と異なること無し」と。

［三］禕別傳に曰く、「恭 尙書郎と爲り、名を當世に顯はすも、早に卒す」と。

（補注）

（一）承は、費承。荊州江夏郡鄳縣の人。費禕の子。父の死後、成郷侯を嗣ぎ、官は黄門侍郎に至った（『三國志』巻四十四 費禕傳）。

（二）恭は、費恭。荊州江夏郡鄳縣の人。費禕の孫。公主を娶り、尚書郎となったが、早く卒した（『三國志』巻四十四 費禕傳）。

（三）殷基は、雲陽の人。孫呉の零陵太守であった殷禮の子。西晉の尚書左丞になった（『三國志』巻五十二 顧雍傳附顧邵傳注）。

（四）通語は、書名。『隋書』巻三十四 經籍三に、「通語十卷、晉尚書左丞殷興撰」と著録され、殷興につくる。

（五）芳は、曹芳。字を蘭卿。豫州沛國譙縣の人。明帝曹叡の養子。曹爽の残党である李豐が夏侯玄を大將軍とする政変を企て露顕すると、司馬師に迫られた郭皇太后により、政変の背後に居たことを理由に廃位された（『三國志』巻四 三少帝紀）。

（六）何晏は、字を平叔。荊州南陽郡の人。後漢の大將軍何進の孫。母の尹氏が曹操の側室となり、連れ子として曹操に寵愛されたが、曹丕に目の敵にされた。曹爽に抜擢されると、老子の「無爲」の思想に基づき、君主権力の強化を目指したが、司馬懿に殺された（『三國志』巻九 何晏傳）。

［現代語訳］

延熙《えんき》七（二四四）年、魏軍が興勢《こうせい》に駐屯すると、費禕に節を与え、兵を率いて行きこれを防がせた。光祿大夫《こうろくたいふ》の來敏《らいびん》は、費禕のもとに至り別れを述べ、ともに囲碁をすることを求めた。そのとき（軍事の）緊急文書が飛び交い、人も馬も鎧をつけ、戦車の整備もすでに終わっていたが、費禕は來敏と共に熱中して対局し、飽きる様子はなかった。來敏は、「さきほどは少し君《あなた》を試しただけです。君は誠に（曹魏軍を迎え撃つ）適任者です。必ずや賊を破ることができましょう」と言った。費禕が至ると、敵はそのため撤退した。成郷侯《せいきょうこう》に封建された［一］。蔣琬が強く益州の職を譲ったので、費禕はまた益州刺史を兼任した。費禕は国家に対する功績と名声では、ほぼ蔣琬と匹敵した［二］。延熙十一（二四八）年、出陣して漢中に駐屯した。蔣琬から費禕に至るまで、自分は（朝廷の）外にあっても、（朝廷の）恩賞と刑罰は、みな遥かに先に諮問して、その後にようやく行われた。その信任されることはそのようであった。のち延熙十四（二五一）年の夏、成都に帰ったが、成都の（運気を見て占う）望氣者《ぼうきしゃ》は、「都には宰相の位がありません」と言った。このため冬また北に行って漢壽縣《かんじゅ》に駐屯した。延熙十五（二五二）年、費禕に命じて開府させた。延熙十六（二五三）年、歳の初めの大きな朝會に、曹魏から降服した郭循が坐にあった。費禕は楽しく飲んで酔いつぶれ、郭循に手に持った刃で殺された。謚して敬侯という。子の費承が（成郷侯を）嗣ぎ、（官は）黄門侍郎《こうもんじろう》となった。費承の弟である費恭《ひきょう》は、公主《こうしゅ》を娶った［三］。費禕の長女は太子の劉璿《りゅうせん》に嫁いで妃となった。

［裴松之注］

［一］殷基《いんき》の『通語《つうご》』に、「司馬懿《しばい》が曹爽《そうそう》を誅殺すると、費禕は甲乙の二論を立ててその是非を評論した。甲は、「曹爽の兄弟は、凡庸な人間であったが、いやしくも宗室のはしくれとして、（明帝より）遺言により後事にあたるように託されている。それなのに驕り高ぶり僭越で、人として優れていない者と交際し、私的に朋党をつくり、国を乱すことを謀った。司馬懿が奮い立って討伐をし、一朝にして滅ぼし尽くしたのは、その任務にふさわしく、士

や民の希望に沿っていた」という。乙は、「司馬懿は曹仲《そうちゅう》（明帝、字を元仲）が（後事を）自分一人に託さなかったことを怨んだが、（それは）どうして曹爽が関わることであろうか。政事で専制できず、このため秘かに（曹爽の粗《あら》を探して）傷をつけた。初めに和楽の教えを忠告することも無く、一朝にして殺戮し、その不意を刺すのは、どうして大人《たいじん》が国家を経営し根本を重視するさまであろうか。もし曹爽に本当に主君を陥れる心があれば、（司馬懿は）大逆がすでに計画され、兵を挙げる日に、改めて（皇帝の）曹芳《そうほう》を曹爽の兄弟に委ね、司馬懿父子は後に従い門を閉ざして兵を挙げ、迫って曹芳に（軍を）向かわせたのは、必ずしも安寧を尽くしてはいない。忠臣が君主のために深く考慮したと言えないであろう。このことから推測すると、曹爽に大悪が無かったことは明らかである。司馬懿が曹爽の奢りと僭越を理由に、曹爽を廃し刑するようなことはかまわない。（しかし）その乳飲み子を滅ぼし、不義という罪名をあて、子丹《したん》（曹眞）の血統を絶やし、（罪を）何晏《かあん》の子にまで及ぼし、魏室の親しい甥まで、また共に殺戮したのは、僭越で（権力の）濫用であり正しいことではない」とした」とある。

[二]『禕別傳』に、「費禕はまことに性質が謙遜質素で、家に財産を積まなかった。子はみな質素な服を着させ簡素な食事をとらせ、出入りに車騎を従えないことは、普通の人と異なることはなかった」とある。

[三]『禕別傳』に、「費恭《ひきょう》は尚書郎《しょうしょろう》となり、その時代に名声をあげたが、早く卒した」とある。

【原文】

姜維傳

姜維字伯約、天水冀人也。少孤、與母居。好鄭氏學[一]。仕郡上計掾、州辟爲從事。以父冏昔爲郡功曹、値羌戎叛亂、身衞郡將、沒於戰場、賜維官中郎、參本郡軍事。建興六年、丞相諸葛亮軍向祁山。時天水太守適出案行、維及功曹梁緒・主簿尹賞・主記梁虔等從行。太守聞蜀軍垂至、而諸縣響應、疑維等皆有異心、於是夜亡保上邽。維等覺太守去、追遲至城門、城門已閉不納。維等相率還冀、冀亦不入維。維等乃俱詣諸葛亮。會馬謖敗於街亭、亮拔將西縣千餘家及維等還、故維遂與母相失[二]。亮辟維爲倉曹掾、加奉義將軍、封當陽亭侯。時年二十七。亮與留府長史張裔・參軍蔣琬書曰、姜伯約忠勤時事、思慮精密、考其所有、永南・季常諸人不如也。其人、涼州上士也。又曰、須先教中虎步兵五六千人。姜伯約甚敏於軍事、既有膽義、深解兵意。此人心存漢室、而才兼於人。畢教軍事、當遣詣宮、覲見主上[三]。後遷中監軍・征西將軍。

［裴松之注］

[一] 傅子曰、維爲人好立功名、陰養死士、不脩布衣之業。

[二] 魏略曰、天水太守馬遵、將維及諸官屬、隨雍州刺史郭淮、偶自西至洛門案行。會聞亮已到祁山、淮顧遵曰、是欲不善。遂驅東還上邽。遵念所治冀縣界在西偏、又恐吏民樂亂、遂亦隨淮去。時維謂遵曰、明府當還冀。遵謂維等曰、卿諸人[1]（回）〔回〕復信、皆賊也。各自行。維亦無如遵何、而家在冀、遂與郡吏上官子脩等還

冀。冀中吏民、見維等大喜、便推令見亮。二人不獲已、乃共詣亮。亮見、大悅。未及遣迎冀中人、會亮前鋒爲張郃・費繇等所破、遂將維等卻縮。維不得還、遂入蜀。諸軍攻冀、皆得維母・妻子、亦以維本無去意、故不[2](殺)〔沒〕其家、但繫保官以延之。此語與本傳不同。

[三] 孫盛雜記曰、初、姜維詣亮、與母相失。復得母書、令求當歸。維曰、良田百頃、不在一畝、但有遠志、不在當歸也。

〔校勘〕

1．百衲本は「回」に作るが、『三國志集解』により「叵」に改める。

2．百衲本は「殺」に作るが、『三國志集解』により「沒」に改める。

《訓讀》

姜維傳

姜維 字は伯約、天水冀の人なり。少くして孤、母と與に居る。鄭氏の學を好む[一]。郡に仕へて上計掾(一)たり、州 辟して從事と爲す。父の囧(二) 昔 郡の功曹と爲り、羌戎の叛亂に値ひ、身づから郡將を衞り、戰場に沒するを以て、維に官 中郎を賜ひ、本郡の軍事に參ぜしむ。建興六年、丞相の諸葛亮の軍 祁山に向かふ。時に天水太守 適〻出でて案行し、維及《と》功曹の梁緒(三)・主簿の尹賞(四)・主記の梁虔(五)ら從行す。太守 蜀軍 至るに垂んとして、諸縣 響き應ずるを聞き、維ら皆 異心有るを疑ひ、是に於て夜に亡れて上邽を保つ。維ら太守の去るを覺り、追ひて城門に至る 遲《ころをひ》、城門 已に閉ぢて納れず。維ら相 率ゐて冀に還るも、冀も亦た維を入れず。維ら乃ち倶に諸葛亮に詣る。會〻馬謖 街亭に敗れ、亮 西縣の千餘家及《と》維らを拔き將《ひき》ゐ還り、故に維遂て母と相 失ふ[二]。亮 維を辟して倉曹掾(六)と爲し、奉義將軍(七)を加へ、當陽亭侯に封ず。時に年二十七なり。亮 留府長史の張裔・參軍の蔣琬に書を與へて曰く、「姜伯約 時事に忠勤し、思慮は精密にして、其の有する所を考ふるに、永南・季常の諸人も如かざるなり。其の人、涼州の上士なり」と。又 曰く、「須く先づ中虎步兵の五六千人を敎ふべし。姜伯約 甚だ軍事に敏く、既に膽義有り、深く兵の意を解す。此の人 心は漢室に存して、才は人を兼ぬ。軍事を敎へ畢はれば、當に遣はして宮に詣り、主上に覲見せしめん」と[三]。後に中監軍・征西將軍に遷る。

[裴松之注]

[一] 傅子に曰く、「維 人と爲り功名を立つるを好み、陰かに死士を養ひ、布衣の業を脩めず」と。

[二] 魏略に曰く、「天水太守の馬遵(八)、維及《と》諸〻の官屬を將ゐ、雍州刺史の郭淮に隨ひ、偶〻西より洛門に至るまでを案行す。會〻亮の已に祁山に到るを聞き、淮 遵を顧みて曰く、「是れ善ならざらんと欲す」と。遂に東に驅けて上邽に還る。遵 治する所の冀縣の界 西偏に在るを念ひ、又 吏民 亂を樂《ねが》ふを恐れ、遂に亦た淮に隨ひて去る。時に維 遵に謂ひて曰く、「明府 當に冀に還るべし」と。遵 維らに謂ひて曰く、「卿ら諸人 復た信じ叵《がた》し、皆賊なり」と。各〻自ら行く。維も亦た遵を如何とする無く、而も家は冀に在らば、遂に郡吏の上官子脩(九)らと與に冀に還る。冀中の吏民、維らを見て大いに喜び、便ちに推して亮に見えしむ。二人は已むを獲ず、乃ち共に亮に詣る。亮 見て、大いに悅ぶ。未だ遣はして冀中の人を迎ふるに及ばざるに、會〻亮の前鋒 張郃・

費禕らの破る所と爲り、遂に維らを將ゐて卻縮す。維 還るを得ず、遂に蜀に入る。諸軍 冀を攻め、皆 維の母・妻子を得るも、亦た維 本より去る意無きを以て、故に其の家を沒せず、但だ保官に繫ぎて以て之を延《まね》かんとす」と。此の語 本傳と同じからず。

［三］孫盛の雜記に曰く、「初め、姜維 亮に詣り、母と相 失ふ。復た母の書を得るに、令して當に歸るべきを求む。維曰く、「良田百頃あらば、一畝に在らず、但だ遠志有らば、當に歸るべきに在らざるなり」と」と。

（補注）

（一）上計掾は、官名。上計とは、毎年郡國から計吏を上京させ、会計報告させることを主旨とし、一年間の会計・政務報告と貢献物の上納に止まらず、中央政府と地方郡國との間の貢納・従属関係、さらには中華・夷狄関係の更新をすることである。鎌田重雄「郡国の上計」（『史潮』一二―三・四、一九四三年、『秦漢政治制度の研究』日本学術振興会、一九六二年に所収）を参照。

（二）冏は、姜冏。涼州天水郡冀縣の人、姜維の父。天水郡の功曹史として羌族の叛乱の際に、郡太守を守って戦死した（『三國志』巻四十四 姜維傳）。

（三）梁緒は、曹魏の天水郡の功曹史。姜維と共に、諸葛亮に降服した（『三國志』巻四十四 姜維傳）。

（四）尹賞は、曹魏の天水郡の主簿。姜維と共に、諸葛亮に降服した（『三國志』巻四十四 姜維傳）。

（五）梁虔は、曹魏の天水郡の主記。姜維と共に、諸葛亮に降服した（『三國志』巻四十四 姜維傳）。

（六）倉曹掾は、官名。丞相府の倉曹掾。

（七）奉義將軍は、官名。雜號將軍号の一つ。

（八）馬遵は、天水太守。諸葛亮の第一次北伐に際し、巡察中であったため、郡治の冀縣に戻らず、逃亡した（『三國志』巻四十四 姜維傳注引『魏略』）。

（九）上官子脩は、天水郡の郡吏。ここ以外に記載はなく、詳細は不明である。

［現代語訳］

姜維傳

姜維《きょうい》は字を伯約《はくやく》といい、涼州天水《てんすい》郡冀《き》縣の人である。若いころ孤となり、母と共に暮らした。鄭玄《じょうげん》の學を好んだ［一］。天水郡に仕えて上計掾《じょうけいえん》となり、益州が辟召して從事《じゅうじ》とした。父の姜冏《きょうけい》がむかし天水郡の功曹史《こうそうし》となり、羌族の叛乱に際して、身をもって天水郡の太守を守り、戰場に没したことを理由に、姜維に中郎《ちゅうろう》の官を賜与し、天水郡の軍事に参与させた。建興《けんこう》六（二二八）年、丞相の諸葛亮の軍が祁山《きざん》に向かった。このとき天水太守（の馬遵）はたまたま巡察に出かけ、姜維と功曹史の梁緒《りょうちょ》・主簿《しゅぼ》の尹賞《いんしょう》・主記《しゅき》の梁虔《りょうけん》たちが随行していた。郡太守は蜀軍が至ろうとし、（天水郡の）諸縣が（諸葛亮に）呼応したと聞くと、姜維たちにはみな異心があると疑い、ここにおいて夜に逃亡して上邽《じょうけい》縣に立て籠もった。姜維たちが太守の去ったことを知り、追って城門に至ったころには、城門はすでに閉じられ入れなかった。姜維たちは互いに（兵を）率いて冀縣に帰ったが、冀縣もまた姜維を入れなかった。姜維たちはそこで共に諸葛亮に帰服した。たまたま馬謖《ばしょく》が街亭《がいてい》の戦いで敗れ、諸葛亮が西縣《せいけん》の千余家と姜維たちを抜き率いて帰ったため、姜維はこうして母と離ればなれになった[二]。諸葛亮は姜維を辟召して倉曹掾《そうそうえん》とし、奉義《ほうぎ》將軍を加え、當陽亭侯《とうようていこう》に封建した。このとき二十七歳であった。諸葛亮は留府《りゅうふ》長史《ちょうし》の張裔《ちょうえい》と參軍《さんぐん》の蔣琬《しょうえん》に書簡を与えて、「姜伯約は時々の政治に忠実に勤務し、思慮は精密で、その持つ才能を考えると、永南《えいなん》（李邵）・季常《きじょう》（馬良）の諸人も及ばないものがある。この者は、涼州の上士である」と言った。また、「（姜維には）まず中虎歩兵《ちゅうこほへい》の五、六千人を教練させねばならない。姜伯約はたいへん軍事に敏達して、度胸も義理もあり、深く兵の思いを理解している。この人の心は漢室にあり、才能は人の二倍はある。軍事の教練が終われば、派遣して宮中に詣り、主上（劉禪）に謁見させよう」と言った[三]。後に中監《ちゅうかん》軍《ぐん》・征西《せいせい》將軍に遷った。

[裴松之注]

[一]『傅子《ふし》』に、「姜維は人となりとして功名を立てることを好み、秘かに死士を養い、庶民の生業は行わなかった」とある。

[二]『魏略《ぎりゃく》』に、「天水太守の馬遵《ばじゅん》は、姜維と多くの屬官を率い、雍州刺史《ようしゅうしし》の郭淮《かくわい》に随って、ちょうど西《せい》城から洛門《らくもん》（甘肅省武山縣の北東）に至るまでを巡行していた。たまたま諸葛亮がすでに祁山《きざん》に至ったと聞き、郭淮は馬遵を顧みて、「これは良くないことになるぞ」と言った。こうして東に駆けて上邽《じょうけい》縣に帰った。馬遵は（天水郡の）治所がある冀《き》縣の境域が西に偏った場所にあることを思い、また（冀縣の）吏民が乱を願っていることを恐れ、こうしてまた郭淮に随って去った。このとき姜維は馬遵に言って、「明府は冀縣に帰るべきです」とした。馬遵は姜維たちに言って、「卿《きみ》たちのことはもう信じられない、みな賊である」とした。それぞれ自分たちで行くことになった。姜維もまた馬遵をどうしようもなく、しかも家は冀縣にあったので、こうして郡吏の上官子脩《じょうかんししゅう》たちと共に冀縣に帰った。冀縣の吏民は、姜維たちを見て大いに喜び、直ちに推薦して諸葛亮に合わせた。二人はやむを得ず、そこで共に諸葛亮のもとに詣った。諸葛亮は姜維と会って、大いに悦んだ。まだ冀縣の人を迎える者を遣わしていないうちに、たまたま諸葛亮の先鋒（の馬謖）が張郃《ちょうこう》と費繇《ひよう》（費曜）たちに敗れ、そのため（諸葛亮は）姜維たちを率いて退却した。姜維は帰ることができず、こうして蜀に入った。（曹魏の）諸軍は冀縣を攻め、姜維の母と妻子をみな得たが、姜維がもともと去る意志が無かったことから、その家を（奴隷に）落とさず、ただ（人質を収容する）保官《ほかん》に繫いで姜維を招こうとした」とある。この話は本傳と同じではない。

[三] 孫盛《そんせい》の『雜記《ざっき》』に、「これよりさき、姜維は諸葛亮に降服し、母と離ればなれになった。ふたたび母の書簡を得ると、命じて戻ってくるよう求めていた。姜維は、「良田が百頃《けい》あれば、一畝《ほ》しかない所には帰りません、ただ遠い志があれば、戻るべきではありません」と言った」とある。

【原文】

十二年、亮卒、維還成都、爲右監軍・輔漢將軍、統諸軍、進封平襄侯。延熙元年、隨大將軍蔣琬住漢中。琬既遷大司馬、以維爲司馬、數率偏軍西入。六年、遷鎭西大將軍、領涼州刺史。十年、遷衞將軍、與大將軍費禕共錄尙書事。是歲、汶山平康夷反、維率衆討定之。又出隴西・南安・金城界、與魏大將軍郭淮・夏侯霸等戰於洮西。胡王治無戴等擧部落降、維將還安處之。十二年、假維節、復出西平、不克而還。維自以練西方風俗、兼負其才武、欲誘諸羌・胡、以爲羽翼。謂自隴以西可斷而有也。毎欲興軍大擧、費禕常裁制不從。與其兵不過萬人[一]。

[裴松之注]

[一] 漢晉春秋曰、費禕謂維曰、吾等不如丞相亦已遠矣。丞相猶不能定中夏、況吾等乎。且不如保國治民、敬守社稷。如其功業、以俟能者、無以爲希冀徼倖而決成敗於一擧。若不如志、悔之無及。

《訓読》

十二年、亮 卒するや、維 成都に還り、右監軍・輔漢將軍と爲り、諸軍を統べ、進みて平襄侯に封ぜらる。延熙元年、大將軍の蔣琬に隨ひ漢中に住まる。琬 既に大司馬に遷り、維を以て司馬と爲し、數〻偏軍を率ゐて西に入らしむ。六年、鎭西大將軍に遷り、涼州刺史を領す。十年、衞將軍に遷り、大將軍の費禕と與に共に錄尙書事たり。是の歲、汶山平康の夷 反し、維 衆を率ゐ討ちて之を定む。又 隴西・南安・金城の界に出で、魏の大將軍たる郭淮・夏侯霸らと洮西に戰ふ。胡王の治無戴ら部落を擧げて降り、維 將ゐ還りて安んじ之を處らしむ。十二年、維に節を假し、復た西平に出だすも、克たずして還る。維 自ら西方の風俗に練《な》れるを以て、兼ねて其の才武を負ひ、諸〻の羌・胡を誘ひて、以て羽翼と爲さんと欲す。謂へらく隴より以西は斷ちて有つ可きなりと。毎に軍を興し大擧せんと欲するも、費禕常に裁制して從はず。其の兵を與ふること萬人に過ぎず[一]。

[裴松之注]

[一] 漢晉春秋に曰く、「費禕 維に謂ひて曰く、「吾ら丞相に如かざること亦た已に遠し。丞相すら猶ほ中夏を定むる能はず、況んや吾らをや。且《しばら》く國を保ち民を治め、社稷を敬守するに如かず。其れ功業の如きは、以て能者を俟ち、徼倖を希冀して成敗を一擧に決せんと以爲《おも》ふこと無し。若し志の如からざれば、之を悔ゆるも及ぶこと無し」と」と。

[現代語訳]

建興《けんこう》十二（二三四）年、諸葛亮が卒すると、姜維は成都に帰り、右《ゆう》監軍《かんぐん》・輔漢《ほかん》將軍となり、諸軍を統率し、進んで平襄侯《へいじょうこう》に封建された。延熙《えんき》元（二三八）年、大將軍の蔣琬《しょうえん》に随い漢中に駐屯した。蔣琬がすでに大司馬《だいしば》に遷ったのち、姜維を司馬《しば》とし、しばしば方面軍を率いて西に入らせた。延熙六（二四三）年、鎭西《ちんせい》大將軍に遷り、涼州刺史《りょうしゅうしし》を兼任した。延熙十（二四七）年、衞《えい》將軍に遷り、大將軍の費禕《ひい》と共に錄尙書事《ろくしょうしょじ》となった。この歲、汶山《ぶんざん》郡平康《へいこう》縣の夷狄が反乱を起こし、姜維は兵を率いて討ってこれを平定した。また隴西《ろうせい》郡・南《なん》安《あん》郡・金城《きんじょう》郡の境界に出て、曹魏の大將軍である郭淮《かくわい》や夏侯霸《かこうは》たちと洮西《とうせい》で戦った。胡《こ》王の治無戴《ちむたい》たちが部落をあげて降服し、姜維は率い帰って安寧にしてこれを住まわせた。延熙十二（二四九）年、姜維に節を与え、また西平《せいへい》縣に出兵させたが、勝てずに帰った。姜維は自分が西方の風俗に慣れており、さらにその才能と武力を頼んで、多くの羌族や胡族を誘って、味方にしようと考えていた。（それにより）隴《ろう》より西は（曹魏から）切り取って保持できると思っていた。いつも軍を興して大挙して進もうと望んだが、費禕が常に抑えて従わなかった。（費禕が）姜維に兵を与えることは一万人を過ぎなかった〔一〕。

〔裴松之注〕

〔一〕『漢晉春秋《かんしんしゅんじゅう》』に、「費禕は姜維に言って、「吾《われ》らは丞相（諸葛亮）に及ばないことはるかに遠い。丞相ですら中華を定められなかった、ましては吾らでは。しばらくは国を保ち民を治め、社稷を慎み守るに越したことはない。功業については、能力のある者を待つことにし、僥倖《ぎょうこう》を頼んで勝敗を一挙に決そうと思うことはしまい。もし思いのとおりにいかなければ、悔いても悔やみきれない」とした」とある。

【原文】

十六年春、禕卒。夏、維率數萬人出石營、經董亭、圍南安。魏雍州刺史陳泰、解圍至洛門、維糧盡退還。明年、加督中外軍事。復出隴西、守狄道長李簡舉城降。進圍襄武、與魏將徐質交鋒、斬首破敵、魏軍敗退。維乘勝多所降下、拔[1]（河間）〔河關〕・狄道・臨洮三縣民還。後十八年、復與車騎將軍夏侯霸等俱出狄道、大破魏雍州刺史王經於洮西。經衆死者數萬人。經退保狄道城、維圍之。魏征西將軍陳泰、進兵解圍、維卻住鍾題。

〔校勘〕

1．百衲本は「河間」に作るが、『三國志集解』により「河關」に改める。

《訓読》

十六年の春、禕 卒す。夏、維 數萬人を率ゐ石營に出で、董亭を經て、南安を圍む。魏の雍州刺史たる陳泰、圍を解きて洛門に至り、維 糧 盡きて退き還る。明年、督中外軍事を加ふ〔一〕。復た隴西に出で、守狄道長の李簡 城を舉げて降る。進みて襄武を圍み、魏將の徐質と鋒を交へ、首を斬り敵を破り、魏軍 敗退す。維 勝ちに乘じ降下する所多く、河關・狄道・臨洮の三縣の民を拔き還る。後に十八年、復た車騎將軍の夏侯霸らと與に倶に狄道に出で、魏の雍州刺史たる王經を洮西に大破す。經の衆 死する者 數萬人なり。經 退きて狄道城を保ち、維 之を圍む。魏の征西將軍たる陳泰、兵を進めて圍を解き、維 卻き鍾題に住まる。

〔補注〕

（一）督中外軍事は、加官。中軍および外軍に対する都督権を持つ。

〔現代語訳〕

延熙《えんき》十六（二五二）年の春、費禕が卒した。夏、姜維は数万人を率いて石營《せきえい》に出陣し、董亭《とうてい》を経由して、南安《なんあん》を包囲した。曹魏の雍州《ようしゅう》刺史《しし》である陳泰《ちんたい》は、包囲を解いて洛門《らくもん》に至り、姜維は食糧が尽きて撤退し帰った。翌（延熙十七〈二五三〉）年、（姜維に）督中外軍事《とくちゅうがいぐんじ》を加えた。また隴西《ろうせい》に出陣し、守狄道長《しゅてきどうちょう》の李簡《りかん》が城をあげて降服した。進んで襄武《じょうぶ》縣（甘粛省隴西の南東）を包囲し、魏將の徐質《じょしつ》と交戦して、首を斬り敵を破って、魏軍は敗退した。姜維は勝利に乗じて降服させるところが多く、河關《かかん》・狄道《てきどう》・臨洮《りんとう》の三縣の民を抜いて帰った。のち延熙十八（二五四）年、また車騎《しゃき》將軍の夏侯霸《かこうは》たちと共に狄道縣に出陣し、曹魏の雍州刺史である王經《おうけい》を洮西《とうせい》に大破した。王經の兵で死亡した者は数万人であった。王經は撤退して狄道城を保ち、姜維はこれを包囲した。曹魏の征西《せいせい》将軍である陳泰は、兵を進めて包囲を解き、姜維は退いて鍾題《しょうだい》に駐屯した。

【原文】

十九年春、就遷維爲大將軍。更整勒戎馬、與鎭西大將軍胡濟期會上邽、濟失誓不至。故維爲魏大將鄧艾所破於段谷、星散流離、死者甚衆。衆庶由是怨讟、而隴已西亦騷動不寧。維謝過引負、求自貶削。爲後將軍、行大將軍事。

二十年、魏征東大將軍諸葛誕反於淮南、分關中兵東下。維欲乘虛向秦川、復率數萬人出駱谷、徑至沈嶺。時長城積穀甚多而守兵乃少。聞維方到、衆皆惶懼。魏大將軍司馬望拒之、鄧艾亦自隴右、皆軍于長城。維前住亡水、皆倚山爲營。望・艾傍渭堅圍。維數下挑戰、望・艾不應。景耀元年、維聞誕破敗、乃還成都。復拜大將軍。

《訓読》

十九年の春、就きて維を遷して大將軍と爲す。更めて戎馬を整勒し、鎭西大將軍の胡濟と上邽に會するを期するも、濟 誓を失ひて至らず。故に維は魏の大將たる鄧艾の段谷に破る所と爲り、星散し流離して、死する者 甚だ衆し。衆庶 是より怨讟して、隴より已西も亦た騷動して寧からず。維 過ちを謝《わ》び負を引き、自ら貶削するを求む。後將軍と爲し、大將軍の事を行はしむ。

二十年、魏の征東大將軍たる諸葛誕 淮南に反し、關中の兵を分かちて東下す。維 虛に乘じて秦川に向かはんと欲し、復た數萬人を率ゐ駱谷を出で、徑ちに沈嶺に至る。時に長城 穀を積むこと甚だ多くして守兵は乃ち少し。維の方に到らんとするを聞き、衆は皆 惶懼す。魏の大將軍たる司馬望(一) 之を拒ぎ、鄧艾も亦た隴右より、皆 長城に軍す。維 前みて亡水に住まり、皆 山に倚りて營を爲る。望・艾 渭に傍《よ》り圍を堅くす。維 數〻下りて戰ひを挑むも、望・艾 應ぜず。景耀元年、維 誕の破敗するを聞き、乃ち成都に還る。復た大將軍を拜す。

(補注)

(一)司馬望は、字は子初、司隷河内郡溫縣の人。司馬孚の子。若いころ伯父の司馬朗の養子となり、皇帝曹髦に重用された。司馬昭が権力を掌握すると、征西將軍・持節・都督雍涼二州諸軍事を拝命し、蜀漢を迎え撃った。その功績で司徒となり、孫呉を防いだのち、大司馬となって卒した(『三國志』巻四 三少帝紀)。

[現代語訳]

延熙《えんき》十九(二五六)年の春、(遠征先に)行って姜維を遷して大将軍とした。改めて軍馬を整頓し、鎮西《ちんせい》大将軍の胡濟《こせい》と上邽《じょうけい》縣に落ち合うことを期したが、胡濟は約束を守れず至らなかった。このため姜維は曹魏の大将である鄧艾《とうがい》に段谷《だんこく》(甘粛省天水の西南)で敗れ、(兵は)ちりぢりに離散して、死者がたいへん多かった。人々はこれによりたいへん怨み、隴より西もまた騒乱がおこり安定しなかった。姜維は過ちを詫び責任を取って、自ら(の地位)を下げることを求めた。

後《こう》將軍とし、大將軍の事を代行させた。
　延熙二十（二五七）年、曹魏の征東《せいとう》大將軍である諸葛誕《しょかつたん》が淮南《わいなん》で反乱を起こし、（曹魏は）關中《かんちゅう》の兵を分けて東に下らした。姜維は虛に乗じて秦川《しんせん》に向かおうと考え、また数万人を率い駱谷《らくこく》を出て、直ちに沈嶺《しんれい》に至った。このとき長城《ちょうじょう》（陝西省盧県の東南）には穀物がたいへん積まれているのに守兵は少なかった。姜維が至ろうとしていることを聞くと、兵はみな恐れおののいた。曹魏の大將軍である司馬望《しばぼう》はこれを拒ぎ、鄧艾もまた隴右《ろうゆう》から、みな長城に軍を出した。姜維は進んで亡水《ぼうすい》に駐屯し、みな山によって陣營をつくった。司馬望と鄧艾は渭水《いすい》によって圍《い》（とりで）を堅めた。姜維はしばしば（山から）下って戦いを挑んだが、司馬望と鄧艾は応じなかった。景耀《けいよう》元（二五八）年、姜維は諸葛誕が敗れたことを聞き、ようやく成都に帰った。また大將軍を拝命した。

【原文】
　初、先主留魏延鎭漢中、皆實兵諸圍以禦外敵、敵若來攻、使不得入。及興勢之役、王平捍拒曹爽、皆承此制。維建議、以爲錯守諸圍、雖合周易重門之義、然適可禦敵、不獲大利。不若使聞敵至、諸圍皆斂兵聚穀、退就漢・樂二城、使敵不得入平、且重關鎭守以捍之。有事之日、令游軍並進以伺其虛。敵攻關不克、野無散穀、千里縣糧、自然疲乏。引退之日、然後諸城並出、與游軍幷力搏之、此殄敵之術也。於是令督漢中胡濟卻住漢壽、監軍王含守樂城、護軍蔣斌守漢城、又於西安・建威・武衞・石門・武城・建昌・臨遠皆立圍守。

《訓読》
　初め、先主 魏延を留め漢中を鎭《しづ》めしめ、皆 兵を諸〻の圍に實たして以て外敵を禦ぎ、敵 若し來攻するも、入るを得ざらしむ。興勢の役に及び、王平 曹爽を捍拒するは、皆 此の制を承くればなり。維 建議すらく、「以爲へらく諸〻の圍を錯へ守るは、周易(一)の重門の義に合《かな》ふと雖も、然れども敵を禦ぐ可きに適《かな》ふも、大利を獲ず。敵の至るを聞かば、諸〻の圍は皆 兵を斂め穀を聚め、退きて漢・樂の二城に就き、敵をして平に入るを得ざらしめ、且つ重關もて鎭守して以て之を捍《ふせ》がしむに若かず。事 有るの日は、游軍をして並びに進みて以て其の虛を伺はしむ。敵 關を攻むるも克たず、野に散穀無く、千里に糧を縣くれば、自然と疲乏す。引きて退くの日に、然る後に諸城 並びに出で、游軍と與に力を幷はせて之を搏つは、此れ敵を殄《ほろぼ》すの術なり」と。是に於て督漢中の胡濟をして卻きて漢壽に住まらしめ、監軍の王含(二)は樂城を守り、護軍の蔣斌は漢城を守り、又 西安・建威・武衞・石門・武城・建昌・臨遠に於て皆 圍を立てて守らしむ。

（補注）
（一）『周易』繫辭下傳に、「重門擊柝、以待暴客、蓋取諸豫」とあり、これを踏まえた表現である。
（二）王含は、監軍。五千の兵で樂城を守り、鍾會と戦った（『三國志』巻四十四 姜維傳）。

［現代語訳］
　これよりさき、先主は魏延《ぎえん》を留めて漢中に鎮守させ、みな兵をそれぞれの圍《い》（とりで）に満たして外敵を防ぐことにし、敵がもし来攻し

ても、入れないようにさせた。興勢《こうせい》の戦役の際に、王平《おうへい》が曹爽《そうそう》（の侵寇）を防いだのは、みなこの制度を継承していたためである。姜維は建議して、「考えてみますにそれぞれの圍を交錯させて守るのは、『周易《しゅうえき》』（繫辭下傳）にいう「重門の義」にかなっておりますが、それでも敵を防ぐのにはよいのですが、大勝を得ることはできません。敵が至ったことを聞けば、それぞれの圍はみな武器と穀物を集め、退いて漢城《かんじょう》と樂城《らくじょう》の二城に行き、敵に平地に入られないようにし、かつ大きな関所で鎮守してこれを防いだ方がよいと思われます。有事の際には、遊軍を並び進めて敵の虚をうかがわせます。敵は関所を攻めても勝てず、野には散穀がなく、千里の彼方から食糧を運んでいれば、自然と疲弊します。（敵が）引き退くときに、そののちに諸城から並びに出て、遊軍と力を合わせてこれを討つのが、敵を滅ぼす方法であります」と言った。ここにおいて漢中都督《かんちゅうととく》の胡濟《こせい》を退かせ漢壽《かんじゅ》縣に駐屯させ、監軍《かんぐん》の王含《おうがん》が樂城を守り、護軍《ごぐん》の蔣斌《しょうひん》が漢城を守り、また西安《せいあん》・建威《けんい》・武衛《ぶえい》・石門《せきもん》・武城《ぶじょう》・建昌《けんしょう》・臨遠《りんえん》においてみな圍を立てて守らせた。

【原文】

五年、維率衆出漢、侯和爲鄧艾所破、還住沓中。維本羈旅託國、累年攻戰、功績不立、而宦官黃皓等弄權於內、右大將軍閻宇與皓協比。而皓陰欲廢維樹宇。維亦疑之、故自危懼、不復還成都[一]。六年、維表後主、聞鍾會治兵關中、欲規進取。宜並遣張翼・廖化督諸軍分護陽安關口・陰平橋頭、以防未然。皓徵信鬼巫、謂敵終不自致、啟後主寢其事、而羣臣不知。及鍾會將向駱谷、鄧艾將入沓中、然後乃遣右車騎廖化詣沓中爲維援、左車騎張翼・輔國大將軍董厥等詣陽安關口以爲諸圍外助。比至陰平、聞魏將諸葛緒向建威、故住待之。月餘、維爲鄧艾所摧、還住陰平。鍾會攻圍漢・樂二城、遣別將進攻關口。蔣舒開城出降、傅僉格鬭而死[二]。會攻樂城、不能克、聞關口已下、長驅而前。翼・厥甫至漢壽、維・化亦舍陰平而退、適與翼・厥合、皆退保劍閣以拒會。會與維書曰、公侯以文武之德、懷邁世之略、功濟巴・漢、聲暢華夏、遠近莫不歸名。每惟疇昔、嘗同大化。吳札・鄭喬、能喩斯好。維不答書、列營守險。會不能克、糧運縣遠、將議還歸。

[裴松之注]

[一] 華陽國志曰、維惡黃皓恣擅、啟後主欲殺之。後主曰、皓趨走小臣耳。往董允切齒、吾常恨之。君何足介意。維見皓枝附葉連、懼於失言、遜辭而出。後主勑皓詣維陳謝。維說皓求沓中種麥、以避內逼耳。

[二] 漢晉春秋曰、蔣舒將出降。乃詭謂傅僉曰、今賊至不擊而閉城自守、非良圖也。僉曰、受命保城、惟全爲功。今違命出戰、若喪師負國、死無益矣。舒曰、子以保城獲全爲功。我以出戰克敵爲功。請各行其志。遂率衆出。僉謂其戰也、至陰平、以降胡烈。烈乘虛襲城、僉格鬭而死。魏人義之。蜀記曰、蔣舒爲武興督、在事無稱。蜀命人代之、因留舒助漢中守。舒恨、故開城出降。

《訓読》

五年、維 衆を率ゐて漢(一)を出で、侯和に鄧艾の破る所と爲り、還りて沓中に住まる。維 本より羈旅にして國に託し、累年 攻戰するも、功績は立たず、而も宦官の黃皓ら權を內に 弄《もてあそ》び、右大將軍の閻宇皓と協比す。而して皓 陰かに維を廢して宇を樹てんと欲す。維も亦た之を疑ふ、故に自ら危懼し、復た成都に還らず[一]。六年、維 後主に表すらく、「聞くならく鍾會 兵を關中に治め、進み取るを規らんと欲すと。宜しく並びに張翼・廖化を遣はし諸軍を督して陽安關の口・陰平橋の頭を分護せしめ、以て未然を防ぐべし」と。皓 鬼巫を徵信し、敵 終に自ら致らずと謂《おも》ひ、後主に啓して其の事を寢ましむるも、而も羣臣は知らず。鍾會の將に駱谷に向かひ、鄧艾の將に沓中に入らんとするに及びて、然る後に乃ち右車騎の廖化を遣はして沓中に詣《おく》り維の援と爲し、左車騎の張翼・輔國大將軍の董厥らを陽安關の口に詣りて以て諸〻の圍の外助と爲さしむ。陰平に至る 比《ころほひ》、魏の將たる諸葛緒 建威に向かふを聞き、故に住《とどま》りて之を待たしむ。月餘にして、維は鄧艾の摧く所と爲り、還りて陰平に住まる。鍾會 漢・樂の二城を攻圍し、別將を遣はして關の口に進攻せしむ。蔣舒(二)は城を開きて出で降り、傅僉(三)は格鬭して死す[二]。會 樂城を攻め、克つ能はざるも、關の口 已に下るを聞きて、長驅して前む。翼・厥 甫《はじ》めて漢壽に至り、維・化も亦た陰平を舍《す》てて退き、適〻翼・厥と合し、皆退きて劍閣を保ちて以て會を拒む。會 維に書を與へて曰く、「公侯文武の德を以て、邁世の略を懷き、功は巴・漢に濟《な》り、聲は華夏に暢《の》べ、遠近 名に歸せざるは莫し。每に疇昔《むかし》を惟《おも》ふに、嘗ては大化を同にす。吳札・鄭喬(四)は、能く斯の好を喩《つ》ぐ」と。維 書に答へず、營を列ねて險を守る。會 克つ能はず、糧運 遠きより縣くれば、將に還歸せんことを議す。

［裴松之注］

［一］華陽國志に曰く、「維 黃皓の恣擅を惡み、後主に啓して之を殺さんと欲す。後主曰く、「皓は趨走の小臣なるのみ。往《さき》に董允も切齒し、吾 常に之を恨む。君 何ぞ意に介するに足らんや」と。維皓の枝附葉連するを見、失言を懼れ、遜辭して出づ。後主皓に勑し維に詣りて陳謝せしむ。維 皓に說きて沓中に麥を種うるを求め、以て內逼を避くるのみ」と。

［二］漢晉春秋に曰く、「蔣舒 將に出でて降らんとす。乃ち詭《あざむ》きて傅僉に謂ひて曰く、「今 賊 至るに擊たずして城を閉ぢ自ら守るは、良圖に非ざるなり」と。僉曰く、「命を受け城を保たば、惟だ全くするを功と爲す。今 命に違ひて出でて戰ひ、若し師を喪ひ國に負かば、死だに益無し」と。舒曰く、「子は城を保ち全きを獲るを以て功と爲せ。我は出でて戰ひ敵に克つを以て功と爲す。請ふらくは各〻其の志を行はん」と。遂に衆を率ゐて出づ。僉 其の戰ふを謂ふや、陰平に至り、以て胡烈に降る。烈 虛に乘じて城を襲ひ、僉 格鬭して死す。魏人 之を義とす」と。蜀記に曰く、「蔣舒 武興督と爲り、事に在りて稱無し。蜀 人に命じて之を代へ、因りて舒を留めて漢中の守を助けしむ。舒 恨み、故に城を開きて出でて降る」と。

（補注）

（一）漢について、蕭常の『續後漢書』は削除しており、衍字の可能性は高いが、漢の文字を欠く『三國志』の版本はないので、漢を漢城と解釈し、訳出しておく。

（二）蔣舒は、漢中の武興督。傅僉と共に、陽安關を守備していたが、傅僉を欺いて、胡烈に降伏した（『三國志』卷四十四 姜維傳注引『漢晉春秋』)。

(三) 傅僉は、荊州義陽郡の人。傅肜の子。夷陵の戦いでの父の死により左中郎將となり、關中都督となった。蔣舒と共に陽安關を守備していたが、蔣舒が降服したため、戦って死んだ(『三國志』巻四十四 姜維傳注引『漢晉春秋』)。

(四) 吳札は、吳の季札。春秋時代の吳の賢人。父の吳王壽夢は、末子の季札に王位を伝えようとしたが、これを固辞し、延陵に封建されて「延陵の季札」と呼ばれた。晏嬰や子産と交わり、謹慎保身を説いた(『史記』巻三十一 吳太伯世家)。なお、後出の鄭喬(姫僑)は、鄭の子産。

[現代語訳]

景耀《けいよう》五(二六二)年、姜維は兵を率いて漢城から出撃し、侯和《こうわ》(甘粛省臨潭県の東)で鄧艾に敗れ、帰って沓中縣《とうちゅう》に駐屯した。姜維はもともと故郷を離れ蜀漢に身を寄せ、連年攻め戦いながら、功績を挙げられず、しかも宦官の黄皓《こうこう》たちは権力を朝廷内で欲しいままにし、右大將軍《うだいしょうぐん》の閻宇《えんう》は黄皓と協力していた。そして黄皓は秘かに姜維を廃して閻宇を立てようとしていた。姜維もまたそれを疑っており、このため危惧して、また成都に帰らなかった[一]。景耀六(二六三)年、姜維は後主に上表して、「聞くところでは鍾會《しょうかい》が兵を關中で整え、進攻を図ろうとしております。どうか張翼《ちょうよく》と廖化《りょうか》を派遣して諸軍を監督して陽安關《ようあんかん》の入口と陰平橋《いんぺいきょう》のたもとをそれぞれ守らせ、まだ起きていない危機を防がれるべきです」と申し上げた。黄皓は鬼神を使う巫をかたく信じていたので、敵は進攻してこないと思い、後主に申しあげて姜維の上奏を取り上げさせなかったが、それを群臣は知らなかった。鍾會が駱谷《らくこく》に向かい、鄧艾《とうがい》が沓中《とうちゅう》に入ろうとするに及んで、その後でようやく右車騎《うしゃき》將軍の廖化を派遣して沓中に至り姜維の支援とし、左車騎將軍の張翼と輔國《ほこく》大將軍の董厥《とうけつ》たちを陽安關の入口に至らせそれぞれの圍《い》の外援とさせようとした。陰平に至るころに、曹魏の將軍である諸葛緒《しょかつちょ》が建威《けんい》に向かっていることを聞き、このため留まってこれを待たせた。一ヵ月ほどで、姜維は鄧艾に敗れ、帰って陰平に駐屯した。鍾會は漢城・樂城の二城を包囲し、別將(の胡烈)を派遣して陽安關の入口に進攻させた。蔣舒《しょうじょ》は城を開いて降服し、傅僉《ふせん》は格闘して戦死した[二]。鍾會は樂城を攻め、勝つことができなかったが、陽安關がすでに落ちたことを聞くと、長駆して前進した。張翼と董厥がようやく漢壽縣《かんじゅ》に至り、姜維と廖化もまた陰平を捨てて撤退して、ちょうど張翼・董厥と合流し、みな退いて劍閣《けんかく》を保って鍾會を拒んだ。鍾會は姜維に書簡を与えて、「公侯《あなた》は文武の徳を持ち、世人を超える武略を懐いて、功績は巴漢に成り、名声は中華に聞こえ、近きも遠きもその名に帰さない者はありません。いつも昔のことを思うと、かつては(中華の皇帝の)大いなる教化を共にしておりました。吳の季札《きさつ》と鄭《てい》の子産《しさん》は、(国は異なるものの)よしみを告げあうことがございました」と言った。鍾會は勝つことができず、兵糧を遠くから運んでいるため、帰還することを議論した。

[裴松之注]

[一]『華陽國志《かようこくし》』に、「姜維は黄皓《こうこう》の専横を憎み、後主に申し上げこれを殺そうとした。後主は、「黄皓は使い走りの小臣に過ぎない。むかしも董允《とういん》が目の敵にし、吾《わたし》はつねにそれを恨んでいた。君がどうして意に介するに足りようか」と言った。姜維は黄皓が(後主の)枝葉となっていることを見て、失言を恐れ、言葉

を控えて退出した。後主は黄皓に命じて姜維のもとにいって陳謝させた。姜維は黄皓に説いて沓中で麦を種え（屯田をし）たいと求め、宮中内からの圧迫を避けた」とある。

［二］『漢晉春秋《かんしんしゅんじゅう》』に、「蔣舒《しょうじょ》は（城を）出て降ろうとしていた。そこで欺いて傅僉《ふせん》に言って、「いま賊が至ったのに撃たずに城を閉じて自ら守ることは、良計ではない」とした。傅僉は、「命を受けて城を守っているので、全うすることが功である。いま命に違って出て戦い、もし軍を失い国に背けば、死んでも益がない」といった。蔣舒は、「子《きみ》は城を保ち全うすることを功とせよ。我は出て戦い敵に克つことを功とする。どうかそれぞれの志を行おう」といった。こうして兵を率いて（城を）出た。傅僉は蔣舒が戦うと思っていたが、陰平に至り、（傅僉は）胡烈《これつ》に降伏した。胡烈は虚に乗じて城を襲い、傅僉は格闘して死んだ。魏人はこれを義とした」とある。『蜀記《しょくき》』に、「蔣舒は武興督《ぶこうとく》となり、仕事にあたって評価がなかった。蜀漢は人に命じこれを代え、そこで蔣舒を留めて漢中の守りを助けさせた。蔣舒は恨み、このため城を開いて出て降伏した」とある。

【原文】

而鄧艾自陰平由景谷道傍入、遂破諸葛瞻於緜竹。後主請降於艾、艾前據成都。維等初聞瞻破、或聞後主欲固守成都、或聞欲東入吳、或聞欲南入建寧。於是引軍由廣漢・郪道以審虛實。尋被後主勅令、乃投戈放甲、詣會於涪軍前。將士咸怒、拔刀砍石［一］。

［裴松之注］

［一］干寶晉紀云、會謂維曰、來何遲也。維正色流涕曰、今日見此爲速矣。會甚奇之。

《訓読》

而るに鄧艾は陰平より景谷道を由《へ》て傍入し、遂に諸葛瞻を緜竹に破る。後主 降を艾に請ひ、艾 前みて成都に據る。維ら初め瞻の破るるを聞き、或いは後主 成都を固守せんと欲すと聞き、或いは東して吳に入らんと欲すと聞き、或いは南して建寧に入らんと欲すと聞く。是に於て軍を引き廣漢・郪道よりして以て虛實を審《つまびらか》にせんとす。尋いで後主の勅令を被れば、乃ち戈を投げ甲を放り、會に涪の軍前に詣る。將士 咸 怒り、刀を拔き石を砍《き》る［一］。

［裴松之注］

［一］干寶の晉紀に云ふ、「會 維に謂ひて曰く、「來たること何ぞ遲きや」と。維 色を正し流涕して曰く、「今日 此に見ること速きと爲す」と。會 甚だ之を奇とす」と。

［現代語訳］

しかし鄧艾《とうがい》は陰平から景谷道《けいこくどう》を経由して（劍閣を通らない）脇道から侵入し、そうして諸葛瞻《しょかつせん》を緜竹縣《めんちく》で破った。後主は降服を鄧艾に請い、鄧艾は進んで成都を占領した。姜維たちは諸葛瞻が破れたことを聞いた当初、あるいは後主は成都を固守しようとしていると聞き、あるいは東に進んで吳に入ろうとしていると聞き、あるいは南に進んで建寧郡《けんねい》に入ろうとしていると聞いた。そこで軍を引いて廣漢《こうかん》縣と郪《し》縣の街道から（帰還して、情報の）虚実を明らかにしようとした。ついで（降服せよとの）後主の勅令を受けると、なんと武器を投げ甲冑を放りすてて、涪《ふ》縣にいた鍾會の軍に（降服をしに）至った。將兵はみな怒り、刀を抜いて石を斬った［一］。

［裴松之注］

［一］干寶《かんぽう》の『晉紀《しんき》』に、「鍾會は姜維に言って、「来るのがどうして遅かったのだ」とした。姜維は顔色を正し涙を流して、「今日ここに見《まみ》えることを早すぎると思っています」と言った。鍾會はこれをたいへん評価した」とある。

【原文】

會厚待維等、皆權還其印號・節蓋。會與維出則同轝、坐則同席。謂長史杜預曰、以伯約比中土名士、公休・太初不能勝也［二］。會既構鄧艾、艾檻車徵。因將維等詣成都、自稱益州牧以叛［三］。欲授維兵五萬人、使爲前驅。魏將士憤怒、殺會及維。維妻子皆伏誅［三］。

［裴松之注］

［一］世語曰、時蜀官屬皆天下英俊、無出維右。

［二］漢晉春秋曰、會陰懷異圖。維見而知其心、謂可構成擾亂以圖克復也。乃詭說會曰、聞君自淮南已來、算無遺策、晉道克昌、皆君之力。今復定蜀、威德振世、民高其功、主畏其謀。欲以此安歸乎。夫韓信不背漢於擾攘、以見疑於既平、大夫種不從范蠡於五湖、卒伏劍而妄死。彼豈闇主・愚臣哉。利害使之然也。今君大功既立、大德已著、何不法陶朱公泛舟絶迹、全功保身、登峨嵋之嶺、而從赤松游乎。會曰、君言遠矣、我不能行。且爲今之道、或未盡於此也。維曰、其他則君智力之所能、無煩於老夫矣。由是情好歡甚。華陽國志曰、維教會誅北來諸將、既死、徐欲殺會、盡坑魏兵、還復蜀祚。密書與後主曰、願陛下忍數日之辱。臣欲使社稷危而復安、日月幽而復明。　孫盛晉陽秋曰、盛以永和初從安西將軍平蜀、見諸故老、及姜維既降之後、密與劉禪表疏、說欲僞服事鍾會、因殺之以復蜀土、會事不捷、遂至泯滅、蜀人於今傷之。盛以爲古人云、非所困而困焉、名必辱、非所據而據焉、身必危。既辱且危、死其將至、其姜維之謂乎。鄧艾之入江由、士衆鮮少、維進不能奮節緜竹之下、退不能總帥五將、擁衞蜀主、思後圖之計。而乃反覆於逆順之間、希違情於難冀之會、以衰弱之國、而屢觀兵於三秦、已滅之邦、冀理外之奇擧、不亦闇哉。　臣松之以爲、盛之譏維、又爲不當。于時鍾會大衆、既造劍閣、維與諸將列營守險、會不得進、已議還計。全蜀之功、幾乎立矣。但鄧艾詭道傍入、出於其後、諸葛瞻既敗、成都自潰。維若回軍救內、則會乘其背。當時之勢、焉得兩濟。而責維不能奮節緜竹、擁衞蜀主、非其理也。會欲盡坑魏將以擧大事、授維重兵、使爲前驅。若令魏將皆死、兵事在維手、殺會復蜀、不爲難矣。夫功成理外、然後爲奇。不可以事有差[1]（牙）〔互〕、而抑謂不然。設使田單之計、邂逅不會、復可謂之愚闇哉。

［三］世語曰、維死時見剖、膽如[2]（斗）〔升〕大。

〔校勘〕

1．百衲本は「牙」に作るが、『三國志集解』により「互」に改める。

2. 百衲本は「斗」に作るが、『三國志集解』により「升」に改める。

《訓読》

會 厚く維らを待し、皆 權《かり》に其の印號・節蓋を還す。會 維と出づれば則ち轝を同にし、坐すれば則ち席を同にす。長史の杜預(一)に謂ひて曰く、「伯約を以て中土の名士に比するに、公休・太初も勝る能はざるなり」と[一]。會 既に鄧艾を構《しく》み、艾 檻車もて徵さる。因りて維らを將ゐて成都に詣り、自ら益州牧と稱して以て叛す[二]。維に兵五萬人を授け、前驅と爲さしめんと欲す。魏の將士 憤怒し、會及《と》維を殺す。維の妻子 皆 誅に伏す[三]。

[裴松之注]

[一] 世語に曰く、「時に蜀の官屬 皆 天下の英俊なれど、維の右に出づるもの無し」と。

[二] 漢晉春秋に曰く、「會 陰かに異圖を懷く。維 見て其の心を知り、擾亂を構成して以て克復を圖る可きなりと謂ふ。乃ち詭りて會に說きて曰く、「聞くならく君 淮南より已來、算に遺策無く、晉道 克く昌んなるは、皆 君の力なりと。今 復た蜀を定め、威德 世に振ひ、民は其の功を高《たうた》び、主は其の謀を畏る。此を以て安こに歸せんと欲するや。夫れ韓信は漢に擾攘に背かず、以て既平に疑はれ、大夫種は范蠡に五湖に從はず、卒に劍に伏して妄りに死す。彼れ豈に闇主・愚臣なるや。利害の之を然らしむるなり。今 君 大功 既に立ち、大德 已に著はれ、何ぞ陶朱公舟を泛べて迹を絕ち、功を全くし身を保つに法り、峨嵋の嶺に登りて、赤松(二)に從ひて游ばざらんや」と。會曰く、「君の言や遠く、我 行ふ能はず。且つ今の道と爲すは、或いは未だ此に盡きざらん」と。維曰く、「其の他なれば則ち君の智力の能くする所なれば、老夫を煩はすこと無し」と。是れより情好 歡《したし》むこと甚し」と。華陽國志に曰く、「維 會をして北來の諸將を誅せしめ、既に死すれば、徐《おもむ》ろに會を殺し、盡く魏の兵を坑《あなうめ》にし、復た蜀の祚を還さんと欲す。密かに書を後主に與へて曰く、「願はくは陛下 數日の辱を忍ばれんことを。臣 社稷をして危くして復た安んじ、日月をして幽《かす》かにして復た明るくせしめんと欲す(三)」と。

孫盛の晉陽秋に曰く、「盛 永和の初めを以て安西將軍の蜀を平らぐに從ひ、諸〻の故老を見るに、姜維 既に降りしの後、密かに劉禪に表疏を與へ、僞服して鍾會に事へ、因りて之を殺して以て蜀土を復さんと欲するも、會の事 捷たず、遂に泯滅に至るを說くに及ぶや、蜀人 今に於ても之を傷む。盛 以爲《おも》ふに古人云へらく(四)、困《くる》しむ所に非ずして焉に困しまば、名は必ず辱められ、據る所に非ずして焉に據らば、身は必ず危ふしと。既に辱められ且つ危ふきは、死 其れ將に至らんとは、其れ姜維の謂なるか。鄧艾の江由に入るや、士衆 鮮《すくな》きも、維 進みては緜竹の下に節を奮ふ能はず、退きては五將を總帥して、蜀主を擁衞し、後圖の計を思ふ能はず。而るに乃ち逆順の間を反覆し、情に違ひて冀ひ難きの會に希ひ、衰弱の國を以てして、屢〻兵を三秦に觀、已に滅びしの邦もて、理外の奇擧を冀ふは、亦た闇《くら》からずや」と。 臣松之 以爲へらく、「盛の維を譏るは、又 當たらずと爲す。時に于て鍾會の大衆、既に劍閣に造《いた》り、維 諸將と與に營を列ねて險を守らば、會 進むを得ず、已に還るの計を議す。蜀を全くするの功、幾んど立たんとす。但だ鄧艾 詭道より傍入し、其の後に出でなば、諸葛瞻 既に敗れ、成都 自ら潰ゆ。維若し軍を回らせ內を救はば、則ち會 其の背に乘ぜん。當時の勢、焉んぞ兩濟を得んや。而るに維を責むるに緜竹に奮節し、蜀主を擁衞する能はずとするは、其の理に非ざるなり。會 盡く魏將を坑して以て大事を擧げんと欲して、維に重兵を授け、前驅と爲さしむ。若し魏將をして皆 死し、兵事を維の手に在らしむれば、會を殺し蜀を復するは、難きと爲さず。夫れ功は理の外に成して、然る後に奇と爲す。事に差牙有るを以てして、抑《しりぞ》けて然らずと謂ふ可からず。設使《もし》田單の計、邂逅 會せずんば、復た之を愚闇と謂ふ可けんや」と。

［三］世語に曰く、「維 死せし時 剖せられ、膽は升の大なるが如し」と。

（補注）

（一）杜預は、司隷京兆尹杜陵縣の人。字は元凱。司馬昭の妹高陸公主を娶り、尙書郎に任官した。蜀漢・孫吳討伐に軍才をみせたほか、律曆の作成、農業水利事業、孟津河橋の設置など、多方面にわたって才能を発揮した。なお、孫吳平定の後には占領地の治政に意を砕き、民の敬愛をあつめた。その一方で、老年まで經籍の研究に潛心し、一家の學を成した。著書に、『春秋左氏經傳集解』『春秋釋例』がある（『晉書』卷三十四 杜預傳）。渡邉義浩『西晉「儒教国家」と貴族制』（汲古書院、二〇一〇年）を参照。

（二）赤松は、赤松子。古の仙人。神農のときの雨師で、のち崑崙山に入って仙人となった（『史記』卷五十五 留侯世家）。

（三）安西將軍は、官名。四征將軍の一つ。ここでは具体的には、桓溫をさす。桓溫は、豫州譙國龍亢縣の人、字は元子。成漢を滅ぼして蜀を平定したほか、洛陽を一時的に奪回し、禪讓を目指したが、謝安らに妨害され卒した（『晉書』卷九十八 桓溫傳）。

（四）『周易』繫辭下傳に、「子曰、非所困而困焉、名必辱、非所據而據焉、身必危。既辱且危、死期將至」とあり、ほぼ同文。注の「其」は「期」であろうが、「其」のまま訳す。

［現代語訳］

鍾會は手厚く姜維たちを待遇し、みな仮にかれらの印號と節と車蓋を返した。鍾會は姜維と外出すれば車を共にし、坐にあれば敷物を共にした。長史の杜預《どよ》に言って、「伯約《はくやく》（姜維）を中華の名士に比べると、公休《こうきゅう》（諸葛誕）や太初《たいしょ》（夏侯玄）も勝ることはできない」とした［一］。鍾會が鄧艾を失脚させると、鄧艾は檻車で召還された。そこで（鍾會は）姜維たちを率いて成都に至り、自ら益州牧《えきしゅうぼく》と称して曹魏に反乱を起こした［二］。（鍾會は）姜維に兵五万人を授けて、先鋒としようと考えた。曹魏の將兵は憤怒し、鍾會と姜維を殺した。姜維の妻子もみな誅殺された［三］。

［裴松之注］

［一］『世語《せご》』に、「このとき蜀漢の官僚はみな天下の英俊であったが、姜維の上に出るものはなかった」とある。

［二］『漢晉春秋《かんしんしゅんじゅう》』に、「鍾會は秘かに（曹魏に）反乱を起こす意図を抱いていた。姜維は会見して鍾會の反逆の心を知り、騷乱を起こして（蜀漢の）復興を図るべきであると考えた。そこで偽って鍾會に説いて、「聞くところでは君《あなた》は淮南《わいなん》（の毌丘儉・諸葛誕の乱）より以来、廟算して遺策なく、晉（王の）道がよく盛んとなったのは、みな君の力によると申します。いままた蜀を平定

し、その威徳は世に振るい、民はその功績を尊び、主君（の司馬昭）はその謀略を恐れることでしょう。こうした状況の中でどこに身を置こうとされるのですか。そもそも韓信《かんしん》は漢に対して混乱期に背かなかったために、平時になってから疑われ、大夫種《たいふしょう》は（主君の勾踐の気持ちを見抜いた）范蠡《はんれい》が五湖に逃れたことに従わず、ついに剣に伏して無駄に死にました。かれらは暗愚な君主・愚かな臣下であったのではありません。利害がかれらをそうさせたのです。いま君は大功をすでに立て、大いなる徳はすでに現れており、どうして陶朱公《とうしゅこう》（范蠡）が舟を浮かべて行方をくらまし、功績を全うして身を保ったことにならって、峨嵋山《がびさん》の頂きに登り、（仙人の）赤松子《せきしょうし》に従って遊ばないのでしょうか」と言った。鍾會は、「君《きみ》の言葉は深遠で、我《わたし》には行えない。かつ今の道は、あるいはこれだけとは限るまい」と答えた。姜維は、「そのほか（の反乱という手段）であれは君の智力により行えることですので、老夫《わたし》を煩わすことはないでしょう」と言った。これより情好がたいへん親しくなった」とある。『華陽國志《かようこくし》』に、「姜維は鍾會に北来の諸將を誅殺させ、かれらが死んだあと、おもむろに鍾會を殺し、すべて曹魏の兵を坑《あなうめ》にして、また蜀の国家を取り戻そうと考えた。（そこで）秘かに書簡を後主に与えて、「どうか陛下には数日の屈辱を忍ばれますように。臣《わたくし》は国家を危くして復た安寧にし、（皇帝・皇后陛下の）日月（のような輝き）を微かにして復た明るくさせようと考えております」と申し上げた」とある。

孫盛《そんせい》の『晉陽秋《しんようしゅう》』に、「盛《わたし》は永和《えいわ》年間（三四五～三五六年）の初めに安西《あんせい》將軍（の桓溫）が蜀を平定したのに随従し、もろもろの故老と会い、姜維が降服した後、秘かに劉禪に上表を送り、偽って降服して鍾會に仕え、それにより鍾會を殺して蜀漢を復興しようと考えたが、鍾會の蜂起が失敗し、ついに滅亡に至ったことを説くに及ぶと、蜀人は今でもこれを傷む。盛《わたし》が考えるに古人（孔子）が言う、苦しむべきでないことに苦しめば、名は必ず辱められ、拠るべきでないことに拠れば身は必ず危ういと。すでに辱められて危うければ、死が至ろうという言葉は、姜維のことを言っていよう。鄧艾が江由《こうちゅう》に入った際、その兵力は少なかったが、姜維は進んでは緜竹《めんちく》で節義を奮わすことができず、退いては五將の総帥でありながら、蜀主を擁護し、後の謀《はかりごと》を考えられなかった。それなのになんと逆と順の間を行ったり来たりし、（鍾會の）情を裏切り期待できない機会を願い、衰弱の国でありながら、しばしば兵を三秦《さんしん》に出し、已に滅んだ邦により、理の外にある奇功をこいねがったのは、暗愚ではなかろうか」とある。

臣《わたくし》裴松之が考えますに、「孫盛《そんせい》が姜維を謗《そし》ることは、当たってはおりません。このとき鍾會の大軍は、すでに剣閣《けんかく》に至り、姜維は諸將と共に陣營を列ねて険塞を守っていたので、鍾會は進むことができず、すでに帰還の計を議しておりました。蜀を全うする功績は、ほとんど立とうとしていたのです。ただ鄧艾が間道から抜けて入り、姜維の後ろに出たので、諸《しょ》葛瞻《かっせん》が敗れ、成都が自ら崩壊したのです。姜維がもし軍をめぐらせ内を救えば、鍾會はその背後を襲ったことでしょう。当時の情勢として、どうして共に救うことができましょうか。それなのに姜維を責めるのに緜竹で節義を奮えず、蜀主を擁護できなかったとするは、理ではありません。鍾會はすべての魏將を穴埋めして大事を挙げようと考え、姜維に大きな兵力を授けて、先鋒としたのです。もし魏將をみな殺しにし、兵が姜維の手にあれば、鍾會を殺し蜀漢を復興することは、難しくはありません。そもそも功は理の外で成就して、そののちに奇とされるものです。事に行き違いがあったことを理由に、退《しりぞ》けてそうではないと言うべきではありません。もし田單《でんたん》の計も、巡り合わせが悪ければ、またこれを愚かとでも言うのでしょうか」と。

[三]『世語《せご》』に、「姜維は死んだとき解剖され、その胆は一升ますほどの大きさであった」とある。

【原文】

郤正著論論維曰、姜伯約據上將之重、處羣臣之右、宅舍弊薄、資財無餘、側室無妾媵之褻、後庭無聲樂之娛、衣服取供、輿馬取備、飲食節制、不奢不約、官給費用、隨手消盡。察其所以然者、非以激貪厲濁、抑情自割也。直謂如是爲足、不在多求。凡人之談、常譽成毀敗、扶高抑下。咸以姜維投厝無所、身死宗滅、以是貶削、不復料擿、異乎春秋褒貶之義矣。如姜維之樂學不倦、清素節約、自一時之儀表也[一]。

維昔所俱至蜀、梁緒官至大鴻臚、尹賞執金吾、梁虔大長秋。皆先蜀亡沒。

[裴松之注]

[一]孫盛曰、異哉郤氏之論也。夫士雖百行、操業萬殊、至於忠孝義節、百行之冠冕也。姜維策名魏室、而外奔蜀朝、違君徇利、不可謂忠。捐親苟免、不可謂孝。害加舊邦、不可謂義。敗不死難、不可謂節。且德政未敷而疲民以逞、居禦侮之任而致敵喪守。於夫智勇、莫可云也。凡斯六者、維無一焉。實有魏之逋臣、亡國之亂相。而云人之儀表、斯亦惑矣。縱維好書而微自藻潔、豈異夫盜者分財之義、而程・鄭降階之善也。臣松之以爲、郤正此論、取其可稱、不謂維始終行事皆可準則也。所云一時儀表、止在好學與儉素耳。本傳及魏略皆云維本無叛心、以急逼歸蜀。盛相譏貶、惟可責其背母。餘既過苦、又非所以難郤正也。

《訓読》

郤正 論を著はし維を論じて曰く、「姜伯約は上將の重きに據り、羣臣の右に處《を》るも、宅舍は弊薄にして、資財に餘り無く、側室に妾媵の褻無く、後庭に聲樂の娛無く、衣服は供を取り、輿馬は備を取り、飲食は節制し、奢せず約せず、官給の費用、手に隨ひて消盡す。其の然る所以の者を察するに、以て貪を激し濁を厲まし、情を抑へ自ら割《た》つに非ざるなり。直《ただ》に是の如きを足と爲し、多くを求むるに在らずと謂へばなり。凡そ人の談は、常に成を譽《ほ》め敗を毀《こぼ》ち、高きを扶《たす》け下《ひく》きを抑ふ。咸 姜維の投厝 所無く、身は死し宗は滅ぶを以《おも》ひ、以て是れを貶削し、復た料擿せざるは、春秋褒貶の義と異ならんや。姜維の學を樂しみて倦まず、清素にして節約なるが如きは、自づから一時の儀表なり」と[一]。

維 昔 俱に蜀に至りし所、梁緒は官 大鴻臚に至り、尹賞は執金吾、梁虔は大長秋なり。皆 蜀の亡ぶに先んじて沒す。

[裴松之注]

[一]孫盛曰く、「異なるかな郤氏の論や。夫れ士に百行あり、操業は萬殊ありと雖も、忠孝義節に至りては、百行の冠冕なり。姜維 名を魏室に策するも、而るに外は蜀朝に奔り、君に違ひて利を徇《もと》むるは、忠と謂ふ可からず。親を捐て苟しくも免るるは、孝と謂

ふ可からず。害をば舊邦に加ふるは、義と謂ふ可からず。敗るるも難に死せざるは、節と謂ふ可からず。且つ德政 未だ敷かざるに而も民を疲れしむるに遑《はや》きを以てし、禦侮の任に居るに而も敵を致して守を喪《うしな》ふ。夫の智勇に於て、云ふ可きこと莫きかな。凡そ斯の六者、維は一も無きなり。實に有魏の逋臣、亡國の亂相なり。而るに人の儀表と云ふや、斯れ亦た惑へるかな。縱《たと》ひ維書を好みて微かに自ら藻潔なるも、豈に夫れ盜者 分財の義、而して程鄭(一) 降階の善と異らんや」と。 臣 松之 以爲へらく、「郤正の此の論は、其の稱す可きを取りて、維の始終の行事 皆準則す可しとは謂はざるなり。云ふ所の一時の儀表は、止《た》だ好學と儉素に在るのみ。本傳及《と》魏略は皆 維に本 叛心無く、急に逼らるるを以て蜀に歸すを云ふ。盛の相 譏貶するは、惟だ其の母に背くを責む可きのみ。餘は既に過苦にして、又 郤正を難ずる所以に非ざるなり」と。

(補注)

(一) 程鄭は、春秋時代の晉の人。平公の寵愛を受けて下軍佐となったが、人にへりくだる方法を尋ね、かえって批判された(『春秋左氏傳』襄公 傳二十四年)。

[現代語訳]

郤正《げきせい》は論を著わして姜維を論じて、「姜伯約《きょうはくやく》は上將の重い地位に拠り、群臣の上に居りながら、住宅は粗末で、資産に余分は無く、側室に妾《めかけ》をおく猥雑さは無く、後庭に声楽の楽しみも無く、衣服は供給されるものを着、輿馬《よば》は備えられたものを用い、飲食は節制し、豪奢ではなく吝嗇《りんしょく》ではなく、官が給する費用は、そのまま使い尽くされた。そうした理由を察すると、貪欲なものを激励し、感情を抑えて自己を抑制したのではない。ただそのままで足りるとし、多くを求めることがなかったと思うからである。およそ人の議論は、常に成功を褒め失敗を貶《けな》し、高位を持ち上げ下位を抑える。みな姜維の身の寄せ所がなく、自身は死に宗族が滅んだことを思い、姜維を批判して、また検討しないのは、『春秋《しゅんじゅう》』の毀誉褒貶の義とは異なろう。姜維が學を楽しんで倦まず、清素で節約であったようなことは、自然と一時の儀表なのである」と言った[一]。

姜維がむかし共に蜀漢に至ったものは、梁緒《りょうちょ》は官が大鴻臚《だいこうろ》に至り、尹賞《いんしょう》は執金吾《しっきんご》、梁虔《りょうけん》は大長秋《だいちょうしゅう》となった。みな蜀漢の滅亡より前に没した。

[裴松之注]

[一] 孫盛は、「おかしなものである郤《げき》氏の論は。そもそも士には百行があり、節操は多くの種類があるといっても、忠孝義節というものは、百行の冠冕《かんべん》(頂点)である。姜維は名を魏室に登録しながら、蜀朝に出奔し、君主に背いて利を求めており、忠ということはできない。親を捨てて死から免れたのであるから、孝ということはできない。もと仕えていた国家(曹魏)に害を加えたのであるから、義ということはできない。敗れても難に死ななかったのであるから、節ということはできない。かつ徳政を行わないうちに民を早く疲弊させ、護衛の任務にありながら敵を侵入させて守りを失った。その智勇においても、言うべきことはない。およそこの六者(忠孝義節智勇)のうち、姜維は一つも持っていない。まことに曹魏の亡命の臣下、亡国(蜀漢)の乱れた宰相である。それなのに人の儀表と言うのは、何を惑っているのか。たと

え姜維が書籍を好みわずかに清廉であったとしても、（それは）盗賊が財を分ける義、そして程鄭《ていてい》が遜ろうとした善と異なることはない」と言った。　臣《わたくし》 裴松之が考えますに、「郤正のこの論は、姜維の称すべきことを取るだけで、姜維のすべての行事をみな準則とすべきであると言ってはおりません。言うところの一時の儀表は、ただ好学と節倹にあるだけです。本傳と『魏略《ぎりゃく》』はともに姜維にはもともと叛心が無く、急に迫られて蜀漢に帰属したと言っております。孫盛の批判のなかでは、ただその母に背いたことだけを責めるべきであります。ほかは（姜維への批判として）過酷であり、また郤正（の論）を難ずる理由になっておりません」と。

【原文】

評曰、蔣琬方整有威重、費禕寬濟而博愛、咸承諸葛之成規、因循而不革。是以邊境無虞、邦家和一。然猶未盡治小之宜、居靜之理也[一]。姜維粗有文武、志立功名。而翫衆黷旅、明斷不周、終致隕斃。老子有云、治大國者猶烹小鮮。況於區區蕞爾、而可屢擾乎哉[二]。

[裴松之注]

[一] 臣松之以爲、蔣・費爲相、克遵畫一、未嘗徇功妄動、有所虧喪。外却駱谷之師、內保寧緝之實。治小之宜、居靜之理、何以過於此哉。今譏其未盡而不著其事。故使覽者不知所謂也。

[二] 干寶曰、姜維爲蜀相、國亡主辱弗之死、而死於鍾會之亂、惜哉。非死之難、處死之難也。是以古之烈士、見危授命、投節如歸。非不愛死也、固知命之不長而懼不得其所也。

《訓読》

評に曰ふ、「蔣琬は方整にして威重有り、費禕は寬濟にして博愛あり、咸 諸葛の成規を承け、因循して革めず。是を以て邊境に虞無く、邦家は一に和す。然れども猶ほ未だ治小の宜、居靜の理を盡くさざるなり[一]。姜維は粗ぼ文武有り、志は功名を立つるにあり。而るに衆を(二)翫《もてあそ》び旅を黷《けが》し、明斷 周からず、終に隕斃を致す。老子に云へる有り、大國を治むる者は猶ほ小鮮を烹るがごとしと。況んや區區たる蕞爾に於て、而も屢〻擾す可きかな」と[二]。

[裴松之注]

[一] 臣 松之 以爲へらく、「蔣・費の相爲るや、克く畫一に遵ひ、未だ嘗て功を徇《もと》め妄りに動き、虧喪する所有らず。外に駱谷の師を却け、內に寧緝の實を保つ。治小の宜、居靜の理、何を以て此に過ぎんや。今 其の未だ盡さざるを譏りて其の事を著さず。故に覽る者をして所謂《いはれ》を知らしめざるなり」と。

[二] 干寶曰く、「姜維の蜀相爲るや、國は亡び主は辱めらるるも之に死なず、而るに鍾會の亂に死するは、惜しいかな。死の難きに非ず、死に處るの難きなり。是を以て古の烈士は、危を見て命を授け、節を投ずること歸するが如し。死を愛《を》しまずに非ざるなり、固より命の長からざるを知りて其の所を得ざるを懼るるなり」と。

(補注)

(一)『老子』第六十章に、「治大國若烹小鮮」とあり、字句に異同がある。

〔現代語訳〕

評にいう、「蔣琬《しょうえん》は正しく整って威厳があり、費禕《ひい》は寛容で博愛であり、ともに諸葛亮の定めた規範を承け、守り続けて改めなかった。これにより辺境には恐れがなく、国家は一に和合した。しかしなお(蔣琬は廣都縣長を全うせず)未だ小国を治める宜しきと、(費禕は宴会の場で暗殺され)静かに居るという理を尽くしてはいなかった〔一〕。姜維はほぼ文武を兼ね、志は功名を立てることにあった。しかし軍勢を軽々しく扱い軍旅を汚し、明晰な配慮を十分にせず、遂に破滅を招いた。『老子《ろうし》』に言葉があり、大国を治めることは小魚を烹《に》るようなものだという。ましてやちっぽけな小国で、しかもしばしば乱してよいはずがあろうか」と〔二〕。

〔裴松之注〕

〔一〕 臣《わたくし》 裴松之が考えますに、「蔣琬と費禕は宰相として、よく(国家の方針を諸葛亮のそれ)一つに従い、いまだかつて功を求めてみだりに動き、(領地を)失うことはありませんでした。外には駱谷《らくこく》の役を退け、内には安寧の実態を保ちました。小国を治める宜しきと、静かに居るという理は、どうしてこれに過ぎることがあるでしょうか。いまそれが尽されていないと誹《そし》るだけでその事例を記されていません。このために読者にはその理由が知らされてはおりません」と。

〔二〕 干寶《かんぽう》は、「姜維が蜀漢の宰相となり、国家は亡び主君は辱められてもこれに死なず、鍾會の乱に死んだことは、惜しいことである。死ぬことが難しいのではなく、死ぬ場所が難しいのである。このため古の烈士は、危機を見ると命を投げだし、節義を貫いて死ぬことは帰えるかのようであった。死を惜しまないのではなく、もとより命が長くないことを知って死に場所を得られないことを恐れたのである」と言った。

【原文】

鄧張宗楊傳第十五　　蜀書　　　　國志四十五

鄧芝傳

鄧芝字伯苗、義陽新野人、漢司徒禹之後也。漢末入蜀、未見知待。時益州從事張裕善相、芝往從之。裕謂芝曰、君年過七十、位至大將軍、封侯。芝聞巴西太守龐羲好士、往依焉。先主定益州、芝爲郫邸閣督。先主出至郫、與語、大奇之、擢爲郫令、遷廣漢太守。所在清嚴有治績、入爲尚書。

《訓読》

鄧張宗楊傳第十五　　蜀書　　　　國志四十五

鄧芝傳

鄧芝 字は伯苗、義陽新野の人、漢の司徒たる禹[一]の後なり。漢の末に蜀に入るも、未だ知待せられず。時に益州從事の張裕 相を善くし、芝 往きて之に從ふ。裕 芝に謂ひて曰く、「君 年 七十を過ぎ、位 大將軍に至り、侯に封ぜらん」と。芝 巴西太守の龐羲 士を好むと聞き、往きて焉に依る。先主 益州を定むるや、芝を郫の邸閣の督と爲す。先主 出でて郫に至り、與に語り、大いに之を奇とし、擢きて郫令と爲し、廣漢太守に遷す。所在に清嚴にして治績有り、入りて尚書と爲る。

（補注）

（一）禹は、鄧禹。荊州南陽郡新野縣の人、字を仲華。雲臺二十八將の筆頭。光武帝からは、前漢建国の功臣である張良にたとえて「勝ちを千里に決する」者と称され、晩年は明帝の太傅を務めた。孫娘は和帝の鄧皇后。太傅・高密侯、謚して元侯という（『後漢書』列傳六 鄧禹傳）。

［現代語訳］

鄧張宗楊傳第十五　　蜀書　　　　國志四十五

鄧芝傳

鄧芝《とうし》は字を伯苗《はくびょう》といい、荊州《けいしゅう》義陽郡新野縣《ぎようぐんしんやけん》の人で、漢の司徒《しと》である鄧禹《とうう》の後裔である。後漢の末期に蜀に入ったが、まだ知られて待遇されることはなかった。このとき益州從事《えきしゅうじゅうじ》の張裕《ちょうゆう》は人相占いを得意とし、鄧芝は行ってこれに従った。張裕は鄧芝に言って、「君は七十歳を過ぎて、位が大將軍に至り、侯に封建されるであろう」とした。鄧芝は巴西《はせい》太守の龐羲《ほうぎ》が士を好むと聞き、行ってこれに依った。先主が益州を定めると、鄧芝を郫《ひ》縣の邸閣の督とした。先主が出て郫縣に至り、共に語り、大いに鄧芝を評価して、抜擢して郫令とし、廣《こう》漢《かん》太守に遷した。所在で清厳な政治を行い治績があがり、（朝廷に）入って尚書《しょうしょ》となった。

【原文】

先主薨於永安。先是、吳王孫權請和。先主累遣宋瑋・費禕等、與相報答。丞相諸葛亮、深慮權聞先主殂隕、恐有異計、未知所如。芝見亮曰、今主上幼弱、初在位、宜遣大使重申吳好。亮答之曰、吾思之久矣。未得其人耳。今日始得之。芝問其人爲誰。亮曰、卽使君也。乃遣芝脩好於權。權果狐疑、不時見芝。芝乃自表請見權曰、臣今來亦欲爲吳。非但爲蜀也。權乃見之、語芝曰、孤誠願與蜀和親、然恐蜀主幼弱、國小勢偪、爲魏所乘、不自保全。以此猶豫耳。芝對曰、吳・蜀二國四州之地、大王命世之英、諸葛亮亦一時之傑也。蜀有重險之固、吳有三江之阻、合此二長、共爲脣齒、進可幷兼天下、退可鼎足而立。此理之自然也。大王今若委質於魏、魏必上望大王之入朝、下求太子之內侍。若不從命、則奉辭伐叛。蜀必順流、見可而進。如此、江南之地、非復大王之有也。權默然良久曰、君言是也。遂自絕魏、與蜀連和、遣張溫報聘於蜀。蜀復令芝重往。權謂芝曰、若天下太平、二主分治、不亦樂乎。芝對曰、夫天無二日、土無二王。如幷魏之後、大王未深識天命者也、君各茂其德、臣各盡其忠、將提枹鼓、則戰爭方始耳。權大笑曰、君之誠款、乃當爾邪。權與亮書曰、丁厷掞張[一]、陰化不盡。和合二國、唯有鄧芝。及亮北住漢中、以芝爲中監軍・揚武將軍。亮卒、遷前軍師・前將軍、領兗州刺史、封陽武亭侯。頃之爲督江州。權數與芝相聞、饋遺優渥。延熙六年、就遷爲車騎將軍、後假節。十一年、涪陵國人、殺都尉反叛。芝率軍征討、即梟其渠帥。百姓安堵[二]。十四年卒。

[裴松之注]

[一] 掞音夷念反、或作豔。臣松之案、漢書禮樂志曰、長離前掞光耀明。左思蜀都賦、摛藻掞天庭。孫權蓋謂、丁厷之言、多浮豔也。

[二] 華陽國志曰、芝征涪陵、見玄猿緣山。芝性好弩、手自射猿、中之。猿拔其箭、卷木葉塞其創。芝曰、嘻、吾違物之性。其將死矣。一曰、芝見猿抱子在樹上、引弩射之、中猿母。其子爲拔箭、以木葉塞創。芝乃歎息、投弩水中、自知當死。

《訓読》

先主 永安に薨ず。是れより先、吳王の孫權 和を請ふ。先主 累ねて宋瑋・費禕らを遣はして、與に相 報答せしむ。丞相の諸葛亮、深く權の先主の殂隕せしを聞き、恐らく異計有るを慮《おもんぱか》るも、未だ如《いかん》とする所を知らず。芝 亮に見えて曰く、「今 主上 幼弱にして、初めて位に在り、宜しく大使を遣はして重ねて吳に好《よしみ》を申すべし」と。亮 之に答へて曰く、「吾 之を思ふこと久し。未だ其の人を得ざるのみ。今日 始めて之を得たり」と。芝 其の人を問ひて誰と爲す。亮曰く、「卽ち使君なり」と。乃ち芝を遣はして好を權に脩めしむ。權 果たして狐疑し、時に芝を見ず。芝 乃ち自ら表して權に見ゆるを請ひて曰く、「臣は今 來たりて亦た吳の爲にせんと欲す。但だ蜀の爲にするに非ざるなり」と。權 乃ち之を見て、芝に語りて曰く、「孤 誠に蜀と和親せんと願ふも、然れども蜀主 幼弱にして、國は小さく勢は偪られ、魏の乘ずる所と爲り、自ら保全せざるを恐る。此を以て猶豫するのみ」と。芝 對へて曰く、「吳・蜀の二國は四州の地にして、大王は命世の英、諸葛亮も亦た一時の傑なり。蜀に重險の固有り、吳に三江の阻有り、此の二長を合はせ、共に脣齒と爲らば、進みては天下を幷兼す可く、退きては鼎足して立つ可し。此れ理の自然なり。大王は今 若し魏に委質すれば、魏は必ず上は大王の入朝を望み、下は太子の內侍を求む。若し命に從はざれば、則ち辭を奉じて叛を伐たん。蜀は必ず流れに順ひ、可を見て進まん。此の如くんば、江南の地は、復た大王の有に非ざるなり」と。權 默然とすること良《や》や久しくして曰く、「君の言や是なり」と。遂て自ら魏と絶ち、蜀と連和し、張溫を遣はして蜀に報聘す。蜀 復た芝をして重ねて往かしむ。權 芝に謂ひて曰く、「若し天下 太平にして、二主 分治せば、亦た樂しからずや」と。芝 對へて曰く、「夫れ天に二日無く、土に二王無しと(一)。如し魏を幷はすの後は、大王 未だ深く天命を識らざる者なれば、君は各〻其の德を茂んにし、臣は各〻其の忠を盡くし、將は枹鼓を提げて、則ち戰爭 方に始まらんとするのみ」と。權 大いに笑ひて曰く、「君の誠款たるや、乃ち當に爾るべきか」と。權 亮に書を與へて曰く、「丁厷(二)は掞張[一]、陰化は不盡なり。二國を和合せしむるものは、唯だ鄧芝有るのみ」と。亮 北のかた漢中に住まるに及び、芝を以て中監軍・揚武將軍と爲す。亮 卒するや、前軍師・前將軍に遷り、兗州刺史を領し、陽武亭侯に封ぜらる。頃之《しばらくして》 督江州と爲る。權數〻芝と相 聞し、遺を饋《をく》ること優渥なり。十一年、涪陵國(三)の人、都尉を殺して反叛す。芝 軍を率ゐて征討し、卽ちに其の渠帥を梟す。百姓 安堵す[二]。十四年に卒す。

[裴松之注]

[一] 掞 音は夷念の反、或いは豔に作る。臣 松之 案ずるに、漢書 禮樂志に曰く、「長離 前に掞《かがや》き光耀 明らかなり」と。左思の蜀都賦に、「藻を摛《の》べて天庭を掞かす」と。孫權 蓋し謂《い》へらく、「丁厷の言、浮豔多きなり」と。

[二] 華陽國志に曰く、「芝 涪陵に征し、玄猿の山に緣《そ》ふを見る。芝 性 弩を好み、手《て》自づから猿を射、之に中《あ》つ。猿 其の箭を拔き、木葉を卷きて其の創を塞ぐ。芝曰く、「嘻《ああ》、吾 物の性に違ふ。其れ將に死せん」と」と。一に曰く、「芝 猿の子を抱き樹の上に在るを見、弩を引き之を射、猿の母に中つ。其の子 爲に箭を拔き、木葉を以て創を塞ぐ。芝 乃ち歎息して、弩を水中に投じ、自ら當に死すべきを知る」と。

（補注）

（一）『禮記』曾子問に、「孔子曰、天無二日、土無二王」とある。『孟子』萬章上に、「孔子曰、天無二日、民無二王」とあり、『禮記』はこれに依拠したのであろう。

（二）丁厷は、蜀漢の使者。吳の孫權に「掞張（浮わついた飾りが多い）」と評された（『三國志』卷四十五 鄧芝傳）。『華陽國志』では丁宏につくる。

（三）『三國志集解』は、後主傳に「涪陵國」とあることからも、「涪陵屬國」につくるべきであるという。そのとおりであろうが、管見の限りそのような版本はないので、ここではそのまま訳出した。

[現代語訳]

先主が永安《えいあん》で薨去《こうきょ》した。これよりさき、吳王の孫權が和睦を請うた。先主は何回も宋瑋《そうい》（宗瑋）と費禕《ひい》らを派遣して、互いに答礼させていた。丞相の諸葛亮は、孫權が先主の崩殂《ほうそ》したことを聞き、恐らく異なった計略を立てることを深く心配していたが、まだどうして良いか分からなかった。鄧芝《とうし》は諸葛亮にあって、「いま主上（劉禪）は幼弱で、即位されたばかりですので、大使を派遣して重ねて吳に友好の意を申し述べるべきです」と言った。諸葛亮はこれに答えて、「吾《わたし》もそれを久しく考えていた。まだ（大使に適した）人を得られなかっただけである。今日はじめて人を得た」といった。鄧芝がその人は誰ですかと尋ねた。諸葛亮は、「もちろん使君《きみ》である」と言った。そうして鄧芝を派遣して孫權と修好（のための使者と）した。孫權は果たして疑い、すぐに鄧芝と会わなかった。鄧芝はそこで自ら上表して孫權に謁見することを請い、「臣《わたくし》がいま来たのはまた呉のためを願ってのことです。ただ蜀のためではありません」と言った。孫權はようやくこれと会って、鄧芝に語って、「孤《わたし》も本当は蜀と和親したいと願っているが、それでも蜀の君主は幼弱で、国は小さく勢力は圧迫され、曹魏に乗じられて、自ら（国を）保てないのではないかと恐れている。このために躊躇《ためら》っているだけである」とした。鄧芝は応えて、「呉と蜀の二国は（荊州・揚州・交州・益州をあわせた）四州の地であり、大王は命世の英傑、諸葛亮もまた一代の傑相であります。蜀には重なる天険の固めがあり、呉には三江の隔《へだ》てがあり、この二つの長所を合わせ、ともに脣歯《しんし》となれば、進んでは天下を兼併することができ、退いても鼎足《ていそく》して立つことができます。これが理の自然なのです。大王が今もし魏に臣従されれば、魏は必ず上は大王の入朝を望み、下は太子の内侍《ないじ》を求めるでしょう。もし命に従わなければ、辞を掲げて反逆者（として呉）を伐つでしょう。（そのとき）蜀は必ず（長江の）流れに順って、好機をはかって進軍するでしょう。このようになれば、江南《こうなん》の地は、二度と大王のものではなくなるのです」といった。孫權は黙ったまま少したって、「君の言葉は正しい」と言った。こうして自分から魏と（の関係を）絶ち、蜀と同盟して、張溫《ちょうおん》を派遣して蜀に返礼させた。蜀もまた鄧芝に重ねて（呉に）行かせた。孫權は鄧芝に言って、「もし天下が太平となり、二人の君主が（中国を）二分統治すれば、また楽しいではないか」とした。鄧芝は応えて、「そもそも天に二つの太陽は無く、土には二人の王はいないと申します。もし魏を併合した後には、大王はまだ深く（蜀漢が中国を統一するという）天命を理解しておられませんので、君主はそれぞれその徳を盛んにし、臣下はそれぞれその忠を尽くし、將は枹《ばち》と太鼓《たいこ》を提《さ》げて、戦争が始まろうとするだけです」とした。孫權は大いに笑って、「君の誠実であることよ、もちろんそのよう（な答えに）になるであろうな」といった。孫權は諸葛亮に書簡を与えて、「丁厷《ていこう》は浮わついた飾りが多く[一]、陰化《いんか》は言葉が足りない。二国を和合させるものは、ただ鄧芝がいるだけである」と言った。諸葛亮は北の漢中に駐屯するに及び、鄧芝を中監軍《ちゅうかんぐん》・揚武《ようぶ》將軍とした。諸葛亮が卒すると、前軍師《ぜんぐんし》・前將軍に遷り、兗州刺史《えんしゅうしし》を兼任し、陽武亭侯《ようぶていこう》に封建された。しばらくして江州都督《こうしゅうととく》となった。孫權はたびたび鄧芝と互いに連絡をしあい、贈りものを丁重に与えた。延熙《えんき》六（二四三）年、（江州で）その場で任命して車騎《しゃき》將軍に移し、のちに假節《かせつ》した。延熙十一（二四八）年、涪陵《ふりょう》（屬）國の民が、都尉《とい》を殺して反乱を起こした。鄧芝は軍を率いて征討し、直ちに反乱の頭目をさらし首にした。人々は安堵した[二]。延熙十四（二五一）年に卒した。

［裴松之注］

［一］掞《えん》は音が夷念の反である、あるいは豔につくる。臣《わたくし》裴松之が調べますに、『漢書《かんじょ》』禮樂志《れいがくし》に、「（靈鳥の）長離は前に掞《かがや》き光が明らかである」とあります。左思《さし》の「蜀都《しょくと》の賦《ふ》」に、「文章を述べて天庭を掞《かがや》かす」とあります。孫權はおそらく、「丁厷《ていこう》の言葉は、浮わついた飾りが多い」と言ったのでしょう。

［二］『華陽國志《かようこくし》』に、「鄧芝は涪陵《ふりょう》國に遠征し、黒猿が山に沿っていくのを見た。鄧芝は性来弩《ど》を好んでおり、手ずから猿を射て、これに当てた。猿はその矢を抜き、木の葉を巻いてその傷をふさいだ。鄧芝は、「ああ、吾《わたし》は物の本性に違った。まもなく死ぬ

であろう」と言った」とある。ある本では、「鄧芝は猿が子を抱いて木の上にいるのを見て、弩を引いてこれを射て、猿の母に当てた。その子は（母の）ために矢を抜き、木の葉により傷をふさいだ。鄧芝はそこで歎息して、弩を水中に投げ、自ら死ぬべきことを知った」とある。

【原文】

芝爲[1]（大）將軍二十餘年、賞罰明斷、善卹卒伍。身之衣食資仰於官、不苟素儉。然終不治私產、妻子不免飢寒、死之日家無餘財。性剛簡、不飾意氣、不得士類之和。於時人少所敬貴、唯器異姜維云。子良、襲爵、景耀中爲尙書左選郎、晉朝廣漢太守。

〔校勘〕

1．中華書局本により「大」の一字を省く。

《訓讀》

芝 將軍爲《た》ること二十餘年、賞罰は明斷にして、善く卒伍を卹む。身の衣食は資 官に仰ぎ、苟くも素儉せず。然れども終に私產を治めず、妻子は飢寒を免れず、死するの日 家に餘財無し。性は剛簡にして、意氣を飾らず、士類の和を得ず。時の人に於て敬貴する所少きも、唯だ姜維のみ器異とすとしか云ふ。子の良(一)、爵を襲《つ》ぎ、景耀中に尙書左選郎と爲り、晉朝の廣漢太守たり。

(補注)

（一）良は、鄧良。荊州義陽郡新野縣の人。鄧芝の子。父の死後、陽武亭侯の爵位を嗣ぎ、尙書左選郎となった。蜀漢の滅亡後、晉に仕えて廣漢太守に至った（『三國志』巻四十五 鄧芝傳）。

［現代語訳］

鄧芝が將軍であること二十年余り、賞罰は明確で、よく兵卒を労《いたわ》った。自身の衣食は元手を官から供給され、いやしくも質素や倹約をしなかった。それでも全く私産を治めず、妻子は飢えや寒さを免れず、死んだ日に家に余財は無かった。性格は剛気で簡素、感情を表に出したので、名士間の和を得られなかった。当代人で（鄧芝が）尊敬するものは少なかったが、ただ姜維だけはその才能を評価していたという。子の鄧良が、（陽武亭侯の）爵位を嗣ぎ、景耀《けいよう》年間（二五八～二六三年）に尚書《しょうしょ》左選郎《させんろう》となり、晉朝の廣漢《こうかん》太守となった。

【原文】

張翼傳

張翼字伯恭、犍爲武陽人也。高祖父司空浩、曾祖父廣陵太守綱、皆有名迹〔一〕。先主定益州領牧、翼爲書佐。建安末、擧孝廉、爲江陽長、徙涪陵令、遷梓潼太守、累遷至廣漢、蜀郡太守。建興九年、爲庲降都督・綏南中郎將。翼性持法嚴、不得殊俗之歡心。耆率劉冑背叛作亂、翼擧兵討冑。冑未破、會被徵當還。羣下咸以爲、宜便馳騎即罪。翼曰、不然。吾以蠻夷蠢動不稱職、故還耳。然代人未至。吾方臨戰場、當運糧積穀、爲滅賊之資。豈可以黜退之故而廢公家之務乎。於是統攝不懈、代到乃發。馬忠因其成基以破殄冑。丞相亮聞而善之。亮出武功、以翼爲前軍都督、領扶風太守。亮卒、拜前領軍、追論討劉冑功、賜爵關內侯。延熙元年、入爲尙書、稍遷督建威、假節。進封都亭侯、征西大將軍。

〔裴松之注〕

〔一〕益部耆舊傳曰、浩字叔明、治律・春秋、游學京師、與廣漢鐔粲・漢中李郃・蜀郡張霸、共結爲友善。大將軍鄧騭辟浩、稍遷尙書僕射。出爲彭城相、薦隱士閭丘遵等、徵拜廷尉。延光三年、安帝議廢太子、唯浩與太常桓焉・太僕來歷、議以爲不可。順帝初立、拜浩司空。年八十三卒。續漢書曰、綱字文紀、少以三公子經明行脩擧孝廉。不就司徒辟、以高第爲侍御史。漢安元年、拜光祿大夫、與侍中杜喬等八人、同日受詔、持節分出、案行天下貪廉。墨綬有罪便收、刺史・二千石以驛表聞。威惠淸忠、名振郡國、號曰八儁。是時、大將軍梁冀、侵擾百姓、喬等七人、皆奉命四出、唯綱獨埋車輪於洛陽都亭不去。曰、豺狼當路、安問狐狸。遂上書曰、大將軍梁冀・河南尹不疑、蒙外戚之援、荷國厚恩、以芻蕘之姿、安居阿保、不能敷揚五敎、翼贊日月。而專爲封豕長蛇、肆其貪饕、甘心好貨、縱恣無厭、多樹諂諛以害忠良。誠天威所不赦、大辟所宜加也。謹條其無君之心十五事於左。皆忠臣之所切齒也。書奏御、京師震悚。時冀妹爲皇后、內寵方盛、冀兄弟權重於人主。順帝雖知綱言不誣、然無心治冀。冀深恨綱。會廣陵賊張嬰等、衆數萬人殺刺史・二千石。冀欲陷綱、乃諷尙書以綱爲廣陵太守。若不爲嬰所殺、則欲以法中之。前太守往、輒多請兵。及綱受拜、詔問當得兵馬幾何。綱對曰、無用兵馬。遂單車之官。徑詣嬰壘門、示以禍福。嬰大驚懼、走欲閉門。綱又於門外罷遣吏兵、留所親者十餘人、以書語其長老素爲嬰所信者、請與相見、問以本變、因示以詔恩、使還請嬰。嬰見綱意誠、卽出見綱。綱延置上坐、問其疾苦、禮畢、乃謂之曰、前後二千石、多非其人、杜塞國恩、肆其私求。鄉郡遠、天子不能朝夕聞也。故民人相聚以避害。二千石信有罪矣。爲之者乃非義也。忠臣不欺君以自榮、孝子不損父以求福。天子聖[1]（人）〔仁〕、欲文德以來之。故使太守來、思以爵祿相榮、不願以刑也。今誠轉禍爲福之時也。若聞義不服、天子赫然發怒、大兵雲合。豈不危乎。宜深計其利害。嬰聞、泣曰、荒裔愚人、數爲二千石所侵枉、不堪其困。故遂相聚偸生。明府仁及草木、乃嬰等更生之澤。但恐投兵之日、不免孥戮耳。綱曰、豈其然乎。要之以天地、誓之以日月。方當相顯以爵位。何禍之有乎。嬰曰、苟赦其罪、得全首領、以就農畝、則抱戴沒齒。爵祿非所望也。嬰雖爲大賊、起於狂暴、自以爲必死、及得綱言、曠然開明、乃辭還營。明日、遂將所部萬餘人、與妻子面縛詣綱降。綱悉釋縛慰納、謂嬰曰、卿諸人一旦解散、方垂盪然。當條名上之、必受封賞。嬰曰、乞歸故業、不願以穢名汙明時也。綱以其至誠、乃各從其意、親爲安處居宅。子弟欲爲吏者、隨才任職、欲爲民者、勸以農桑。田業並豐、南州晏然。論功、綱當封、爲冀所遏絕、故不得侯。天子美其功、徵欲用之。嬰等上書、乞留在郡二歲。建康元年、病卒官。時年三十六。嬰等三百餘人、皆衰杖送綱喪至洛陽、葬訖、爲起冢立祠、四時奉祭、思慕如喪考妣。天子追念不已、下詔褒揚、除一子爲郎。

〔校勘〕

1. 百衲本は「人」に作るが、中華書局本により「仁」に改める。

《訓読》

張翼傳

張翼 字は伯恭、犍爲武陽の人なり。高祖父たる司空の浩(一)、曾祖父たる廣陵太守の綱(二)、皆 名迹有り[一]。先主 益州を定め牧を領するや、翼 書佐と爲る。建安の末、孝廉に擧げられ、江陽長と爲り、涪陵令に徙り、梓潼太守に遷り、累遷して廣漢、蜀郡太守に至る。建興九年、庲降都督・綏南中郎將(三)と爲る。翼は性 法を持すること嚴にして、殊俗の歡心を得ず。耆率の劉胄 背叛して亂を作し、翼 兵を擧げ胄を討つ。胄 未だ破れざるに、會〻徵を被り當に還るべしと。羣下咸 以爲へらく、「宜しく便ちに騎を馳せて罪に即くべし」と。翼曰く、「然らず。吾 蠻夷の蠢動するを以て職に稱はず、故に還るのみ。然るに代人 未だ至らず。吾 方に戰場に臨み、糧を運び穀を積むに當たりて、賊を滅ぼすの資を爲らん。豈に黜退の故を以てして公家の務を廢す可けんや」と。是に於て統攝すること懈《おこた》らず、代 到りて乃ち發す。馬忠 其の成基に因りて以て胄を破り殄《ほろ》ぼす。丞相の亮 聞きて之を善《よ》みす。亮 武功に出づるや、翼を以て前軍都督と爲し、扶風太守を領せしむ。亮 卒するや、前領軍を拜し、劉胄を討ちしの功を追論して、爵關內侯を賜ふ。延熙元年、入りて尙書と爲り、稍や遷りて督建威、假節たり。進みて都亭侯に封ぜられ、征西大將軍たり。

[裴松之注]

[一] 益部耆舊傳に曰く、「浩 字は叔明、律・春秋を治め、京師に游學し、廣漢の鐔粲(四)・漢中の李部(五)・蜀郡の張霸(六)と與に、共に結びて友善爲《た》り。大將軍の鄧騭(七) 浩を辟し、稍や遷りて尙書僕射たり。出でて彭城相と爲り、隱士の閻丘邈(八)らを薦し、徵せられて廷尉を拜す。延光三年、安帝 太子を廢するを議するに、唯だ浩 太常の桓焉(九)・太僕の來歷(一〇)と與に、議して以て不可と爲す。順帝(一一) 初めて立つや、浩を司空に拜す。年 八十三にて卒す。續漢書に曰く、「綱 字は文紀、少くして三公子にして經は明らかに行は脩まるを以て孝廉に擧げらる。司徒 辟するに就かず、高第を以て侍御史と爲る。漢安元年、光祿大夫を拜し、侍中の杜喬(一二)ら八人と與に、日を同じくして詔を受け、節を持し分かれ出で、天下の貪廉を案行す。墨綬(一三)は罪有らば便ちに收《と》らへ、刺史・二千石は驛を以て表聞す。威惠清忠なれば、名は郡國に振るひ、號して八儁(一四)と曰ふ。是の時、大將軍の梁冀(一五)、百姓を侵擾し、喬ら七人、皆 命を奉じて四《よも》に出づるも、唯だ綱のみ獨り車輪を洛陽の都亭に埋めて去らず。曰く(一六)、「豺狼は路に當たる、安んぞ狐狸を問はん」と。遂て上書して曰く、「大將軍の梁冀・河南尹(一七)の不疑(一八)は、外戚の援を蒙り、國の厚恩を荷ひ、芻蕘の姿を以て、阿保に安居し、五教(一九)を敷揚し、日月を翼贊する能はず。而るに專ら封豕長蛇(二〇)と爲り、其の貪饕を肆《ほしいまま》にし、心を好貨に甘し、縱恣《ほしいまま》にして厭くこと無く、多く諂諛を樹てて以て忠良を害す。誠に天威の赦さざる所、大辟の宜しく加ふべき所なり。謹みて其の君を無《なみ》するの心十(二一)五事を左に條す。皆 忠臣の切齒する所なり」と。書 奏御せられ、京師 震悚す。時に冀の妹(二二)は皇后と爲り、內寵 方に盛んにして、冀の兄弟は權 人主より重し。順帝 綱の言 誣ならざるを知ると雖も、然れども冀を治する心無し。冀 深く綱を恨む。會〻廣陵の賊たる張嬰(二三)ら、數萬人を衆《あつ》め刺史・二千石を殺す。冀 綱を陷れんと欲し、乃ち尙書に諷して綱を以て廣陵太守と爲さしむ。若し嬰の殺す所と爲らずんば、則ち法を以て之に中《あ》てんと欲

す。前の太守 往くごとに、輒ち多く兵を請ふ。綱の受拜するに及び、詔問して當に兵馬 幾何《いくばく》を得んとすと。綱 對へて曰く、「兵馬を用ひること無し」と。遂て單車もて官に之く。徑《ただ》ちに嬰の壘門に詣り、示すに禍福を以てす。嬰 大いに驚き懼れ、走りて門を閉ぢんと欲す。綱 又 門外に吏兵を罷遣せしめ、親しむ所の者十餘人を留め、書を以て其の長老の素より嬰の信ずる所と爲る者に語り、與に相 見るを請ひ、問ふに本の變を以てし、因りて示すに詔恩を以てし、還りて嬰に請はしむ。嬰 綱の意 誠なるを見て、卽ちに出でて綱に見ゆ。綱 延きて上坐に置き、其の疾苦を問ひ、禮 畢はりて、乃ち之に謂ひて曰く、「前後の二千石、多く其の人に非ず、國恩を杜塞し、其の私求を肆にす。鄕郡は遠く、天子 朝夕に聞く能はざるなり。故に民人 相 聚りて以て害を避く。二千石 信に罪有り。之を爲す者も乃ち義に非ざるなり。忠臣は君を欺《あざむ》かずして以て自ら榮へ、孝子は父を損はずして以て福を求む。天子は聖仁にして、文德もて以て之を來さんと欲す。故に太守をして來らしめ、思ふに爵祿を以て相 榮へ、刑を以てするを願はざるなり。今 誠に禍を轉じて福と爲すの時なり。若し義を聞き服せずんば、天子 赫然として怒を發し、大兵 雲のごとく合す。豈に危ふからんや。宜しく深く其の利害を計るべし」と。嬰 聞き、泣きて曰く、「荒裔の愚人、數〻二千石の侵枉する所と爲り、其の困に堪へず。故に遂に相 聚りて生を偸む。明府の仁 草木に及び、乃ち嬰を更生の澤に等《ま》つ。但し恐るるは投兵の日、孥戮を免がれざるのみを」と。綱曰く、「豈に其れ然るや。之を要《ちか》ふに天地を以てし、之を誓ふに日月を以てす。方に當に相 顯するに爵位を以てすべし。何の禍か之れ有らんや」と。嬰曰く、「苟くも其の罪を赦され、首領を全くするを得なば、以て農畝に就き、則ち抱戴して齒《よはひ》を沒す。爵祿は望む所に非ざるなり」と。嬰は大賊と爲り、狂暴に起ち、自ら必ず死すと以爲《おも》ふと雖も、綱の言を得るに及び、曠然として開明し、乃ち辭して營に還る。明日、遂て將ゐる所の部 萬餘人、妻子と與に面縛して綱に降るに詣る。綱 悉く縛を釋きて慰納し、嬰に謂ひて曰く、「卿ら諸人 一旦に解散し、方に盪然に垂《なんな》んとす。當に名を條し之を上して、必ず封賞を受《さづ》けん」と。嬰曰く、「乞ふらくは故の業に歸り、穢名を以て明時を汙《けが》すを願はざるなり」と。綱 其の至誠なるを以て、乃ち各〻其の意に從ひ、親しく爲に居宅に安處せしむ。子弟の吏と爲らんと欲する者は、才に隨ひて職に任じ、民に爲らんと欲する者は、勸むるに農桑を以てす。田業 並びに豐かにして、南州 晏然たり。功を論じ、綱 當に封ぜらるべくも、冀の遏絶する所と爲り、故に侯を得ず。天子 其の功を美《ほ》め、徵して之を用ひんと欲す。嬰ら上書して、留まりて郡に在ること二歲を乞ふ。建康元年、病みて官に卒す。時に年三十六なり。嬰ら三百餘人、皆 衰杖して綱の喪を送りて洛陽に至り、葬訖はりて、爲に冢を起て祠を立て、四時に奉祭し、思慕すること考妣を喪《うしな》ふが如し。天子 追念して已まず、詔を下して褒揚し、一子を除して郎と爲す」と。

（補注）

（一）張浩は、『後漢書』では、張晧。字を叔明、益州犍爲郡武陽縣の人。前漢高祖の功臣である張良の子孫。安帝が皇太子劉保（のちの順帝）を廃位しようとした際には、桓焉・來歷らとともに皇太子を擁護したが、聞き入れられなかった。順帝即位後、司空に任ぜられたが、罷免される。その後、廷尉となるが、まもなく死去した（『後漢書』列傳四十六 張晧傳）。犍爲張氏については、狩野直禎『後漢政治史の研究』（同朋舍、一九九三年）を参照。

（二）張綱は、益州犍爲郡武陽縣の人、字を文紀。張晧の子。最年少で順帝の八使巡行に選ばれ、外戚の梁冀と厳しく対決した（『後漢書』列傳四十六 張晧傳附張綱傳）。

（三）綏南中郎將は、雜号中郎將号の一つ。蜀漢で置かれた。

（四）鐔粲は、益州廣漢郡郪縣の人、字を子誦。陳禪とも交友関係があったという（『華陽國志』卷十中）。

（五）李郃は、益州漢中郡南鄭縣の人。五經に通じ、河洛風星をよくした。宦官の孫程らとは別に、順帝の擁立を謀っていたが、孫程らに先んじられ功績に顕れなかった（『後漢書』列傳七十二上 方術 李郃傳）。

（六）張覇は、字は伯饒、益州蜀郡成都縣の人。数歳で孝行と謙譲を知り、「張曾子」と呼ばれた。樊儵について嚴氏公羊春秋を受け、繁雑な言葉が多いと減らして二十万言を作り、改めて「張氏學」と名づけた。徵召され、侍中となったが卒した（『後漢書』列傳二十六 張覇傳）。

（七）鄧騭は、字を昭伯。鄧皇太后の兄。鄧太后の臨朝に伴って車騎將軍に任命され、その政務を助けた。常に謙譲して高位にあることを憚り、專横の振る舞いをしなかった。のち大將軍、位は特進に登ったが、安帝の建光元（一二一）年、弟の鄧悝らが誣告され大逆罪に当てられ、これに連坐して、自殺した（『後漢書』本紀十上 皇后 和熹鄧皇后紀）。

（八）閻丘遯は、隱士。彭城相の張浩（張晧）に推挙された（『三國志』卷四十五 張翼傳注引『益部耆舊傳』）。

（九）桓焉は、順帝の太傅。まだ皇太子であった順帝がその地位を追われようとした際、來歷・張晧らと擁護の論陣を張り、順帝の即位と共に太傅に任じられた。永建三（一二八）年、淸廉の士を辟召しないとの理由で太傅を廢され太常となる。永建五（一三〇）年、太尉となったが、漢安元（一四二）年、罷免された（『後漢書』本紀六 順帝紀）。

（一〇）來歷は、字を伯珍。建國の功臣である來歙の曾孫で、母は明帝の娘である武安公主。皇太子であった劉保（のちの順帝）擁護派の中心人物で、順帝即位後に衞尉となり、さらに車騎將軍に任じられたが、母の喪のため官を退いた。のちまた辟されて大鴻臚となり、陽嘉二（一三三）年、官に卒した。征羌侯（『後漢書』列傳五 來歙傳附來歷傳）。

（一一）順帝は、劉保、後漢の第八代皇帝（在位、一二五～四四年）。安帝の皇太子であったが、一度は宦官の江京・樊豐のために廢される。のち同じく宦官の孫程らによって擁立されて帝位についた。したがって治世中、宦官の勢力が增大した（『後漢書』本紀六 順帝紀）。

（一二）杜喬は、司隷河内郡林慮縣の人、字を叔榮。順帝期の八使巡行の際、泰山太守の李固を天下第一と推し、外戚の梁冀に連なる地方官を次々と弾劾した。以後、梁冀專横に正面から立ち向かい、朝野の仰ぎ見るところとなったが、梁冀により殺害された（『後漢書』列傳五十三 杜喬傳）。

（一三）墨綬は、黑色の印綬。ここでは、縣令・縣長のこと（『後漢書』卷五 安帝紀注）。

（一四）八儁は、八使とも言い、順帝期に勅命により地方を巡行した監察官の総称。具体的には、侍中の周擧、侍中・守光祿大夫の杜喬、守光祿大夫の周栩・馮羨、尙書・守光祿大夫の欒巴、侍御史・守光祿大夫の張綱、兗州刺史・守光祿大夫の郭遵、太尉長史・守光祿大夫の劉班の八人を指す（『後漢書』列傳五十一 周擧傳）。

（一五）梁冀は、順帝の梁皇后の兄。自分を批判した質帝を殺害するなど、後漢史上、最も国政を私物化した外戚である（『後漢書』列傳二十四 梁統傳附梁冀傳）。渡邉義浩「外戚」（『後漢国家の支配と儒教』雄山閣出版、一九九五年）を参照。

（一六）『漢書』巻七十七 孫寶傳に、「（侯）文曰、豺狼横道、不宜復問狐狸」とあることを踏まえた表現である。

（一七）河南尹は、官名。首都洛陽の行政を職掌とする。官秩は中二千石と他郡の太守より高く、九卿に匹敵する（『後漢書』志二十七 百官四）。

（一八）不疑は、梁不疑。梁商の子、梁冀の弟。外戚の子弟として河南尹に登り、また潁陽侯一万戸に封ぜられた。經書を好み士を養うことを兄である梁冀に嫌われたことから、兄弟の不和を恥じて朝廷から退いた。梁冀誅殺の際には既に他界していたため、刑を免れた（『後漢書』列傳二十四 梁商傳付梁冀傳）。

（一九）『尚書』堯典篇に、「汝作司徒、敬敷五教在寛」とある言葉を踏まえた表現である。

（二〇）『春秋左氏傳』定公 傳四年に、「吳爲封豕長蛇、以荐食上國」とある申包胥の言葉を踏まえた表現である。

（二一）『春秋左氏傳』桓公 傳二年に、「無君之心、而後動於惡」とある言葉を踏まえた表現である。

（二二）梁冀の妹は、順烈梁皇后。大將軍梁商の娘。十三歳で掖庭に入り、皇后に立てられた後も、驕慢なところがなかった（『後漢書』巻十下 順烈梁皇后紀）。

（二三）張嬰は、順帝期の盜賊。廣陵郡を中心に強大な勢力を誇ったが、廣陵太守の張綱に説得され、降伏した。張綱の死後、その喪に服し、遺体を本貫地である犍爲郡に葬送して、墳墓を造営した（『後漢書』列傳四十六 張綱傳）。

〔現代語訳〕

張翼傳

張翼《ちょうよく》は字を伯恭《はくきょう》といい、益州犍爲《けんい》郡武陽《ぶよう》縣の人である。高祖父である司空《しくう》の張浩《ちょうこう》、曾祖父である廣陵《こうりょう》太守の張綱《ちょうこう》は、ともに名声と事績があった［一］。先主が益州を平定し益州牧を兼任すると、張翼は書佐《しょさ》となった。建安《けんあん》年間（一九六～二二〇年）の末、孝廉《こうれん》に察擧され、江陽長《こうようちょう》となり、涪陵令《ふりょうれい》にうつり、梓潼《しとう》太守にうつり、さらに遷って廣漢《こうかん》太守、蜀郡《しょくぐん》太守に至った。建興《けんこう》九（二三一）年、庲降都督《らいこうととく》・綏南中郎將《すいなんちゅうろうしょう》となった。張翼は本性より法の執行が厳しく、異民族から喜ばれなかった。（異民族の）首長の劉冑《りゅうちゅう》が反乱を起こし、張翼は兵を挙げて劉冑を討った。劉冑を破れないうちに、召し返されて（成都に）帰ることになった。部下はみな、「どうか直ちに馬を走らせて罪（の弁明）に赴いてください」と言った。張翼は、「そうではない。吾《わたし》は蠻夷の蠢動《しゅんどう》により職に称《かな》わず、帰るだけである。だが交代の者はまだ至ってはいない。吾は戦場に臨んで、兵糧を運び穀物を積む職務に当たりつづけ、賊を滅ぼす基礎をつくりたい。どうして退けられたからといってそれを理由に国家の仕事を止めることができようか」と言った。こうして（戦いの）指揮を取り続けて怠らず、交代が至ってようやく出発した。（交代した）馬忠《ばちゅう》は張翼が成した基礎により劉冑を破り滅ぼした。丞相の諸葛亮は（これを）聞いて張翼を善《よし》とした。諸葛亮が武功に出ると、張翼を前軍都督《ぜんぐんととく》とし、扶風太守《ふふうたいしゅ》を遥領させた。諸葛亮が卒すると、前領軍《ぜんりょうぐん》を拝命し、劉冑を討った功を追って論じて、爵關內侯《しゃくかんだいこう》を賜った。延熙《えんき》元（二三八）年、（朝廷に）入って尚書《しょうしょ》となり、少し遷って建威都督《けんいととく》、假節《かせつ》となった。進んで都亭侯《とていこう》に封建され、征西《せいせい》大將軍となった。

[裴松之注]

[一]『益部耆舊傳《えきぶききゅうでん》』に、「張浩《ちょうこう》は字を叔明《しゅくめい》といい、律と『春秋』を治め、京師に游学し、廣漢《こうかん》郡の鐔粲《たんさん》・漢中《かんちゅう》郡の李郃《りこう》・蜀郡の張霸《ちょうは》と共に、結んで友としてよかった。大將軍の鄧騭《とうしつ》が張浩を辟召し、（張浩は）次第に遷って尚書僕射《しょうしょぼくや》となった。（朝廷を）出て彭城相《ほうじょうしょう》となり、隠士の閭丘邈《りょきゅうばく》などを推薦し、徵召されて廷尉《ていい》を拝命した。延光《えんこう》三（一二四）年、安帝《あんてい》が太子を廃位することを議したおり、張浩はただ太常《たいじょう》の桓焉《かんえん》・太僕《たいぼく》の來歴《らいれき》と共に、それを不可と議した。順帝《じゅんてい》が即位すると、張浩を司空《しくう》に拝命した。八十三歳で卒した」とある。『續漢書《しょくかんじょ》』に、「張綱《ちょうこう》は字を文紀《ぶんき》といい、若くして（孝廉に若年で挙げられる）三公子《さんこうし》であるうえ經書に明らかで行状が修まっているため孝廉に察擧された。司徒《しと》が辟召《へきしょう》したが就かず、高第《こうだい》（成績優秀）により侍御史《じぎょし》となった。漢安《かんあん》元（一四二）年、光祿大夫《こうろくたいふ》を拝命し、侍中《じちゅう》の杜喬《ときょう》たち八人と共に、同日に詔を受け、節《せつ》を持し分かれて出発し、天下の（官僚の）貪欲と清廉を調べまわった。墨綬《ぼくじゅ》は罪があれば直ちに捕らえ、州刺史《しし》と二千石《にせんせき》（太守）は驛馬《えきば》によって上表して以聞《いぶん》（報告）した。（みな）威厳と恩恵があり清廉で忠義であるので、名は郡國に轟き、号して「八雋《はちしゅん》」といった。このとき、大將軍の梁冀《りょうき》は、人々を侵害し騒擾しており、杜喬《ときょう》たち七人が、みな命を奉じて四方に出ても、ただ張綱だけは一人（巡行に用いる車の）車輪を洛陽《らくよう》の都亭《とてい》に埋もれさせて行かなかった。「豺狼《さいろう》（山犬と狼、梁一族）が路（政務と道路のかけ言葉）に当たっている、どうして狐や狸を問題としよう」と言った。かくて上書して、「大將軍の梁冀と河南尹《かなんいん》の梁不疑《りょうふぎ》は、外戚を理由に引き立てられ、国家の厚い恩恵を享受し、草刈りと樵《きこり》の（ような貧しい）才能をもって、宰相の任にのうのうとしておりますが、（本来の宰相の勤めである）五教《ごきょう》を宣揚して、太陽と月（のような皇帝と皇后）を輔翼できずにおります。それなのにひたすら大きい豚や長い蛇（のような残虐な存在）となり、私欲を思うがままに追求し、財貨のことばかり考え、限りなく欲しいままに振る舞い、多くの（自分に）おもねる者を官職に就け忠義に篤く善良な者を排斥しております。まことに天子のご威光の許すべきものではなく、死刑に処すべきものであります。謹んで梁冀らの君主を軽んじる気持ちを示す十五の事柄を箇条書きにいたします。（これらは）すべて忠臣の切歯扼腕するものです」と言った。上奏文が奏上されると、京師は震え上がった。このとき梁冀の妹は皇后となり、順帝の寵愛が盛んであり、梁冀兄弟は権力が君主よりも重かった。順帝は張綱の上言が間違っていないと分かりながら、それでも梁冀を処罰できると思えなかった。梁冀は深く張綱を恨んだ。たまたま廣陵《こうりょう》郡の賊である張嬰《ちょうえい》らが、数万人を集めて徐《じょ》州刺史《しゅうしし》と廣陵太守を殺した。梁冀は張綱を陥れようと思い、そこで尚書《しょうしょ》に示唆して張綱を廣陵太守とさせた。もし張嬰に殺されなければ、（反乱の未平定などに託《かこ》つけ）法に当て（て処刑し）ようと考えた。前任の廣陵太守は行くたびに、多くの兵を請うた。張綱が（廣陵太守を）受けると、詔して兵馬はどのくらい必要かと尋ねた。張綱は、「兵馬を用いることはありません」と

答えた。かくて車一つで赴任した。（廣陵郡に着くと張綱は）直ちに張嬰の軍門に至って、（降伏した場合と抵抗した場合の）禍福を示した。張嬰はたいへん驚き恐れ、走って門を閉じようとした。張綱はそこで門の外にいた吏兵を去らせ、身辺警護の十余人だけを留め、文書によりその長老で普段から張嬰に信じられているものに語って、会見するように申し入れ、この事変の根本（的な原因）を尋ね、恩赦の詔《みことのり》を示し、帰って張嬰に（恩赦の詔を）受けるよう請わせた。張嬰は張綱の誠実な思いを見て、直ちに出てきて張綱に謁見した。張綱は（張嬰を）招いて上坐に座らせ、その辛く苦しかったことを尋ね、礼が終わると、（張嬰に）言って、「前後の太守は、多く適任ではなく、国恩を途絶し、その私的な要求を欲しいままにした。廣陵郡は遠く、天子が朝夕に（その情況を）聞くことはできない。このため民草は互いに集まって害を避けたのである。太守はまことに罪がある。（ただ）反乱を起こしたことも義ではない。忠臣は君主を欺かずに自ら栄え、孝子は父を損なわずに福を求める。天子は聖仁であり、文徳により諸君を召撫したいと考えられている。このため太守《わたし》を派遣され、爵禄により互いに栄え、刑により罰することを願わなかったのであると思う。いまは誠に禍を転じて福と為す機会である。もし義を聞き服さなければ、天子は激しく怒りを発せられ、大兵が雲のように集まろう。危ういことではないか。どうか深くその利害を考えるように」とした。張嬰は（張綱の話を）聞き、泣いて、「遠い荒れ地の愚人は、しばしば太守に侵害され、その苦しみに堪えられませんでした。このためついに集まりあって（反乱を起こし）生を盗みました。明府《あなたさま》の仁は草木にも及び、ようやく嬰《わたし》を更生の恩沢に導いてくださいました。ただ心配なことは武器を棄てた日に、殺戮を免がれないことだけです」と答えた。張綱は、「どうしてそんなことがあろうか。（殺戮しないことを）天地に誓い、太陽と月に誓おう。間違いなく爵位を与えて顕彰しよう。何の禍があろうか」と言った。張嬰は、「かりにも罪を許していただき、首が繋がれば、農地に赴き、（ご恩を）いただいて生涯を終えます。爵禄は望むところではございません」と言った。張嬰は大賊となり、暴動を起こし、自ら必ず死ぬと思っていたが、張綱の言葉を得るにいたり、（希望が）広く開き明らかになり、そうして辞して陣営に帰った。翌日、こうして率いていた万余人は、妻子と共に面縛して張綱に降りに訪れた。張綱はことごとく縛を解き慰撫して、張嬰に言って、「卿《きみ》たちは一朝にして解散し、（反乱は）洗い清められようとしている。名を箇条書きにして上奏し、必ず封賞を授けよう」とした。張嬰は、「どうか旧業に戻り、穢れた名により明らかな時を汚すことのないよう願います」と言った。張綱はその至誠をみて、そこでそれぞれの意志に従い、親しくかれらが自宅で落ち着けるようにさせた。子弟で吏になりたい者は、才に随って職に任じ、民になりたい者は、農桑を勧めた。農耕も産業も共に豊かになり、南州（徐州）は安寧となった。その功績を論じ、張綱は封建されるべきであったが、梁冀に妨害されたため、封侯されなかった。天子はその功績を褒め、徴召して張綱を用いようと考えた。張嬰らは上書して、廣陵郡にあと二年（張綱が太守として）留まることをお願いした。建康元（一四四）年、病気により官に就いたまま卒した。時に三十六歳であった。張嬰たち三百人余りは、みな（喪に服する人がつく）衰杖《さいじょう》をついて張綱の喪《なきがら》を送って洛陽に至り、葬儀が終わると、（張綱の）ために冢《つか》を起て祠《ほこら》を立てて、四時《しいじ》に祭りを行い、思慕することは考妣《ちちはは》を失ったようであった。天子は思い已まず、詔を下して褒め称え、一人の子を叙任して郎とした」とある。

【原文】

十八年、與衞將軍姜維倶還成都。維議復出軍。唯翼廷爭。以爲、國小民勞。不宜黷武。維不聽、將翼等行、進翼位鎭南大將軍。維至狄道、大破魏雍州刺史王經、經衆死於洮水者以萬計。翼曰、可止矣。不宜復進。進或毀此大功。維大怒。曰、爲蛇畫足。維竟圍經於狄道、城不能克。自翼建異論、維心與翼不善、然常牽率同行。翼亦不得已而往。景耀二年、遷左車騎將軍、領冀州刺史。六年、與維咸在劍閣、共詣降鍾會于涪。明年正月、隨會至成都、爲亂兵所殺〔一〕。

〔裴松之注〕

〔一〕華陽國志曰、翼子微、篤志好學。官至廣漢太守。

《訓読》

十八年、衞將軍の姜維と與に倶に成都に還る。維 復た軍を出だすことを議す。唯だ翼のみ廷に爭ふ。以爲《い》へらく、「國は小さく民は勞す。宜しく武を黷すべからず」と。維 聽かず、翼らを將《ひき》ゐて行き、翼の位を鎭南大將軍に進む。維 狄道に至り、大いに魏の雍州刺史たる王經を破り、經の衆の洮水に死せし者 萬を以て計ふ。翼曰く、「止まる可し。宜しく復た進むべからず。進まば或いは此の大功を毀《きず》つけん」と。維 大いに怒る。曰く、「蛇の爲に足を畫くか」と。維 竟に經を狄道に圍むも、城 克つ能はず。翼 異論を建つるより、維 心に翼と善からず、然れども常に牽率し同行せしむ。翼も亦た已むを得ずして往く。景耀二年、左車騎將軍に遷り、冀州刺史を領す。六年、維と與に咸 劍閣に在り、共に降りて鍾會に涪に詣る。明年正月、會に隨ひて成都に至り、亂兵の殺す所と爲る〔一〕。

〔裴松之注〕

〔一〕華陽國志に曰く、「翼の子たる微〔一〕、篤志にして學を好む。官は廣漢太守に至る」と。

（補注）

（一）微は、張微。益州犍爲郡武陽縣の人、張翼の子。官は廣漢太守に至った（『三國志』巻四十五 張翼傳注引『華陽國志』）。

〔現代語訳〕

延熙《えんき》十八（二五五）年、衞《えい》將軍の姜維《きょうい》と共に成都に帰った。姜維はまた軍を出すことを議した。ただ張翼だけが朝廷で争った。（張翼は）「国は小さく民は労苦しています。みだりに兵を用いて武徳を汚すべきではありません」と言った。姜維は聞かず、張翼たちを率いて出征し、張翼の位を鎭南《ちんなん》大將軍に進めた。姜維は狄道《てきどう》に至り、大いに曹魏の雍州《ようしゅう》刺史《しし》である王經《おうけい》を破り、王經の兵で洮水《とうすい》に死んだ者は数万を計えた。張翼は、「止まるべきです。これ以上進むべきではありません。進めばこの大功を傷つけるかもしれません」と言った。姜維は大いに怒った。（張翼は）「蛇のために足を描くのですか」と言った。姜維はついに王經を狄道に包囲したが、城は抜けなかった。張翼が異論を述べてから、姜維は心の中では張翼と良くなく、それでも常に率いて同行させていた。張翼もまた已むを得ずに行った。景耀《けいよう》二（二五九）年、左車騎《さしゃき》將軍に遷り、冀州《きしゅう》刺史を遥領した。景耀六（二六三）年、姜維と共にみな剣閣《けんかく》にあり、共に鍾會《しょうかい》に降伏して涪《ふ》城に至った。翌年正月、鍾會に随って成都に至り、乱兵に殺された［一］。

［裴松之注］

［一］『華陽國志《かようこくし》』に、「張翼の子である張微《ちょうび》は、志が篤く学問を好んだ。官は廣漢《こうかん》太守に至った」とある。

【原文】

宗預傳

宗預字德豔、南陽安衆人也。建安中、隨張飛入蜀。建興初、丞相亮以爲主簿。遷參軍・右中郎將。及亮卒、吳慮魏或承衰取蜀、增巴丘守兵萬人、一欲以爲救援、二欲以事分割也。蜀聞之、亦益永安之守、以防非常。預將命使吳。孫權問預曰、東之與西、譬猶一家。而聞西更增白帝之守、何也。預對曰、臣以爲、東益巴丘之戍、西增白帝之守、皆事勢宜然、倶不足以相問也。權大笑、嘉其抗直、甚愛待之、見敬亞於鄧芝・費禕。遷爲侍中、徙尚書。延熙十年、爲屯騎校尉。時車騎將軍鄧芝、自江州還、來朝。謂預曰、禮、六十不服戎。而卿甫受兵、何也。預答曰、卿七十不還兵。我六十何爲不受邪［一］。芝性驕傲、自大將軍費禕等、皆避下之。而預獨不爲屈。預復東聘吳。孫權捉預手、涕泣而別曰、君每銜命結二國之好。今君年長、孤亦衰老。恐不復相見。遺預大珠一斛［二］、乃還。遷後將軍、督永安、就拜征西大將軍、賜爵關內侯。景耀元年、以疾徵還成都。後爲鎭軍大將軍、領兗州刺史。時都護諸葛瞻、初統朝事。廖化過預、欲與預共詣瞻許。預曰、吾等年踰七十。所竊已過。但少一死耳。何求於年少輩而屑屑造門邪。遂不往。

［裴松之注］

［一］臣松之以爲、芝以年嘲預、是不自顧。然預之此答、觸人所忌。載之記牒、近爲煩文。

［二］吳歷曰、預臨別、謂孫權曰、蜀土僻小、雖云鄰國、東西相賴。吳不可無蜀、蜀不可無吳、君臣憑恃。唯陛下重垂神慮。又自說、年老多病、恐不復得奉聖顏。孫盛曰、夫帝王之保、唯道與義。道義既建、雖小可大、殷・周是也。苟任詐力、雖彊必敗、秦・項是也。況乎居偏鄙之城、恃山水之固、而欲連橫萬里、永相資賴哉。昔九國建合從之計、而秦人卒併六合。囂・述營輔車之謀、而光武終兼隴・蜀。夫以九國之彊、隴・漢之大、莫能相救、坐觀屠覆。何者、道德之基不固、而彊弱之心難一故也。而云吳不可無蜀、蜀不可無吳、豈不諂哉。

《訓読》

宗預傳

宗預 字は德豔、南陽安衆の人なり。建安中、張飛に隨ひて蜀に入る。建興の初め、丞相の亮 以て主簿と爲す。參軍・右中郎將に遷る。亮 卒するに及び、呉 魏の或いは衰を承け蜀を取るを慮り、巴丘の守兵を增すこと萬人、一は以て救援と爲さんと欲し、二は以て分割を事とせんと欲するなり。蜀 之を聞き、亦た永安の守を益して、以て非常を防ぐ。預 命を將《もっ》て呉に使ひす。孫權 預に問ひて曰く、「東の西とは、譬ふれば猶ほ一家のごとし。而るに聞くならく西 更めて白帝の守を增すは、何ぞや」と。預 對へて曰く、「臣 以爲へらく、東 巴丘の戍《まもり》を益さば、西 白帝の守りを增すは、皆 事勢の宜しく然るべきところ、倶に以て相 問ふに足らざるなり」と。權 大いに笑ひ、其の抗直を嘉みし、甚だ之を愛待し、敬せらるること鄧芝・費禕に亞ぐ。遷りて侍中と爲り、尚書に徙る。延熙十年、屯騎校尉と爲る。時に車騎將軍の鄧芝、江州より還りて、來朝す。預に謂ひて曰く、「禮(一)に、六十にして戎に服せずと。而るに卿 甫《はじ》めて兵を受くるは、何ぞや」と。預 答へて曰く、「卿は七十にして兵を還さず。我六十 何爲《なんす》れぞ受けざるや」と〔一〕。芝の性 驕傲なれば、大將軍の費禕らより、皆 避けて之に下る。而るに預 獨り爲に屈せず。預 復た東して呉に聘す。孫權 預の手を捉り、涕泣して別れて曰く、「君 每に命を銜《う》け二國の好《よしみ》を結ぶ。今 君は年長にして、孤も亦た衰老す。恐らくは復た相 見ず」と。預に大珠一斛を遺《をく》る〔二〕。乃ち還る。後將軍に遷り、永安に督し、就きて征西大將軍を拜し、爵關內侯を賜はる。景耀元年、疾を以て徵せられ成都に還る。後に鎭軍大將軍と爲り、兗州刺史を領す。時に都護の諸葛瞻、初めて朝事を統ぶ。廖化預を過ぎり、預と與に共に瞻の許に詣らんと欲す。預曰く、「吾らの年 七十を踰えたり。竊む所 已に過ぎたり。但だ一死を少《か》くのみ。何を年少の輩に求めて屑屑として門に造るや」と。遂に往かず。

［裴松之注］

〔一〕 臣 松之以爲《おも》へらく、芝 年を以て預に嘲《たはむ》るるは、是れ自ら顧みず。然れども預の此の答へは、人の忌む所に觸れる。之を記牒に載せるは、煩文爲《た》るに近し。

〔二〕 呉歷に曰く、「預 別れに臨み、孫權に謂ひて曰く、「蜀土は僻小なれば、鄰國と云ふと雖も、東西 相 賴る。呉は蜀無かる可からず、蜀も呉無かる可からず、君臣 憑恃す。唯だ陛下 重ねて神慮を垂れよ」と。又 自ら說くに、「年 老ひ病ひ多く、恐らくは復た聖顏を奉ずるを得ざらん」と」と。孫盛曰く、「夫れ帝王の保つは、唯だ道と義のみ。道義 既に建たば、小と雖も大となる可し、殷・周は是れなり。苟くも詐力に任さば、彊きと雖も必ず敗れん、秦・項は是れなり。況んや偏鄙の城に居り、山水の固に恃《たよ》りて、横に連なること萬里にして、永く相 資賴せんと欲するをや。昔 九國(二) 合從の計を建つるも、而も秦人 卒に六合を併はす。囂・述 輔車の謀を營むも、而も光武 終に隴・蜀を兼ぬ。夫れ九國の彊き、隴・漢の大を以て、相 救ふ能はず、坐ながらにして屠覆を觀る。何者《なんとなれば》、道德の基 固からずして、彊弱の心一にし難きの故なり。而るに呉は蜀無かる可からず、蜀も呉無かる可からずと云ふは、豈に 諂《よこしま》 ならずや」と。

（補注）

（一）『禮記』內則篇に、「五十不從力政。六十不與服戎。七十不與賓客之事。八十齊喪之事弗及也」とあり、字句に異同がある。

（二）九國は、秦・韓・魏・晉・燕・齊・楚の「戰國の七雄」から秦を除いた六國に、宋・衞・中山の三國を加えたもの（『史記』卷六 秦始皇本紀索隱）。

［現代語訳］

宗預傳

宗預《そうよ》は字を德豔《とくえん》といい、荊州南陽《なんよう》郡安衆《あんしゅう》縣の人である。建安《けんあん》年間（一九六〜二二〇年）、張飛《ちょうひ》に随って蜀に入った。建興《けんこう》年間（二二三〜二三七年）の初め、丞相の諸葛亮は宗預を主簿《しゅぼ》とした。參軍《さんぐん》・右《ゆう》中郎將《ちゅうろうしょう》に遷った。諸葛亮が卒するに及び、孫呉は曹魏があるいは（諸葛亮の死去による）衰退につけこみ蜀を取るのではないかと心配し、巴丘《はきゅう》（湖南省岳陽市）の守備兵を一万人増員し、第一には救援しようと考え、第二には（蜀の）分割に対処しようと考えた。蜀漢はこれを聞き、また永安《えいあん》の守備を増加して、非常事態を防いだ。宗預は命をうけ孫呉に使者となった。孫權は宗預に尋ねて、「東（孫呉）と西（蜀漢）とは、譬《たと》えれば一家のようなものである。それなのに聞くところでは西（蜀漢）は改めて白帝城《はくていじょう》（永安）の守備を増したというが、それはなぜであろうか」と言った。宗預は応えて、「臣《わたくし》が思いますに、東（孫呉）が巴丘の駐屯兵を益せば、西（蜀漢）が白帝城の守備を増員することは、みな勢いとして当然のことで、互いに問いただすまでもないことです」と言った。孫權は大いに笑って、その剛直を嘉《よ》みし、たいへん宗預を寵愛して待遇し、（使者として）敬愛されることは鄧芝《とうし》・費禕《ひい》に次いだ。遷って侍中《じちゅう》となり、尚書《しょうしょ》にうつった。延熙《えんき》十（二四七）年、屯騎校尉《とんきこうい》となった。このとき車騎《しゃき》將軍の鄧《とう》芝《し》が、江州《こうしゅう》から帰り、来朝した。宗預に言って、『禮記《らいき》』には、六十歳になれば軍事に従事しないとある。それなのに卿《きみ》が初めて兵を受けたのは、どうしてか」とした。宗預は答えて、「卿《あなた》は七十歳になっても兵を返しません。我《わたし》は六十歳（であれば）どうして受けないことがありましょう」といった［一］。鄧芝は性来驕慢なので、大將軍の費禕より以下、みな避けてこれに遜《へりくだ》っていた。しかし宗預はひとり屈することはなかった。宗預はまた東に向かい孫呉に聘禮《へいれい》に行った。孫權は宗預の手をとり、涙を流して別れを告げ、「君はいつも命を受け二国の好みを結んできた。いま君は高齢であり、孤《わたし》もまた老いさらばえた。恐らくは再び会うことはあるまい」と言った。宗預に大きな真珠一石を贈った［二］。そうして帰還した。後《こう》將軍に遷り、永《えい》安都督《あんととく》となり、任地で征西《せいせい》大將軍を拝命し、爵關内侯《しゃくかんだいこう》を賜った。景《けい》耀《よう》元（二五八）年、病気により召されて成都に帰った。後に鎮軍《ちんぐん》大將軍となり、兗州刺史《えんしゅうしし》を遥領した。このとき都護《とご》の諸葛瞻《しょかつせん》が、初めて朝廷の政事を統べた。廖化《りょうか》は宗預を訪れ、宗預と共に諸葛瞻のもとに参上しようと考えた。宗預は、「われわれの年齢は七十を越えた。（朝廷より）いただいた地位はすでに身にある。ただ死を欠くだけである。年少の輩《やから》に何を求めてこせこせと門に至るのか」と言った。こうして行かなかった。

［裴松之注］

［一］臣《わたくし》裴松之が考えますに、鄧芝が年齢により宗預に戯れたのは、自分を棚にあげております。しかしながら宗預のこの答えも、人の嫌がる所に触れるものです。これを記録に載せることは、文章の無駄に等しいでしょう。

［二］『呉歴《ごれき》』に、「宗預は別れに臨んで、孫權に言って、「蜀の国土は僻地で小さいので、隣国と言いましても、東（孫呉）西（蜀漢）は頼りあって存在しております。孫呉は蜀漢が無くてはならず、蜀漢も孫呉が無くてはならず、君臣が頼みの綱としております。どうか陛下には重ねて神慮をお示しください」とした。また自ら言って、「年は老いて病いが多く、恐らく再び聖顔を拝顔す

ることはできないでしょう」とした」とある。孫盛《そんせい》は、「そもそも帝王の保つべきものは、ただ道と義だけである。すでに道義がたてば、小国も大国となることができ、殷《いん》と周《しゅう》はこれである。かりにも偽りや力に任せれば、強国といっても必ず敗れるものであり、秦《しん》と項羽《こうう》はこれである。まして辺鄙な城を拠点に、山水の堅固に頼り、横に万里の彼方と連合して、久しく互いに依存しようと考えても可能であろうか。むかし九國が合従《がっしょう》策を建てたが、秦人はついに天下を併合した。隗囂《かいごう》と公孫述《こうそんじゅつ》が同盟の謀を営んだが、光武帝はついに隴《ろう》と蜀を兼併した。そもそも九國の強さ、隴西と漢中の大きさによっても、互いに救うことはできず、滅亡を傍観した。なぜかと言えば、道徳の基礎が固くなく、強者と弱者の心を一つにすることが難しかったためである。それなのに孫呉は蜀漢が無くてはならず、蜀漢も孫呉が無くてはならないと言っているのは、邪道ではないであろうか」と言っている。

【原文】

廖化字元倹、本名淳、襄陽人也。爲前將軍關羽主簿、羽敗、屬呉。思歸先主、乃詐死、時人謂爲信然、因攜持老母晝夜西行。會先主東征、遇於秭歸。先主大悅、以化爲宜都太守。先主薨、爲丞相參軍、後爲督廣武、稍遷至右車騎將軍・假節・領幷州刺史、封中鄕侯。以果烈稱、官位與張翼齊、而在宗預之右[一]。

咸熙元年春、化・預倶內徙洛陽、道病卒。

[裴松之注]

[一] 漢晉春秋曰、景耀五年、姜維率衆出狄道。廖化曰、兵不戢、必自焚、伯約之謂也。智不出敵、而力少於寇。用之無厭、何以能立。詩云、不自我先、不自我後。今日之事也。

《訓読》

廖化 字は元倹、本の名は淳、襄陽の人なり。前將軍の關羽の主簿と爲るも、羽 敗れ、呉に屬す。先主に歸すことを思ひ、乃ち詐はりて死し、時人 謂ひて信然と爲せば、因りて老母を攜持して晝夜 西行す。會〻先主 東征し、秭歸に遇ふ。先主 大いに悅び、化を以て宜都太守と爲す。先主 薨ずるや、丞相參軍と爲り、後に督廣武と爲り、稍や遷りて右車騎將軍・假節・領幷州刺史に至り、中鄕侯に封ぜらる。果烈を以て稱せられ、官位は張翼と齊しくして、宗預の右に在り[一]。

咸熙元年の春、化・預 倶に洛陽に內徙し、道に病みて卒す。

[裴松之注]

[一] 漢晉春秋に曰く、「景耀五年、姜維 衆を率ゐて狄道に出づ。廖化曰く、「兵 戢めざるは、必ず自ら焚く(一)とは、伯約の謂なり。智 敵を出でず、而も力 寇より少なし。之を用ひて厭くこと無くんば、何を以て能く立たん。詩に云はずや、我より先だたず、我より後れず(二)と。今日の事なり」と」と。

(補注)

(一)『春秋左氏傳』隱公 傳四年に、「夫兵猶火也。弗戢將自焚也」とあり、これを踏まえた表現である。

(二)『詩經』小雅 正月に、「不自我先、不自我後」とあり、同文。

［現代語訳］

廖化《りょうか》は字を元倹《げんけん》、本の名を淳《じゅん》といい、荊州襄陽《じょうよう》郡の人である。前将軍の關羽の主簿《しゅぼ》となったが、關羽が敗れ、呉に属した。先主に帰参することを思い、そこで偽って死に、当時の人がそれを本当と思ったので、老母を連れて昼夜兼行して西に向かった。たまたま先主が東征したので、秭歸《しき》縣で遇うことができた。先主はたいへん喜び、廖化を宜都《ぎと》太守とした。先主が薨去すると、丞相參軍《じょうしょうさんぐん》となり、後に廣武《こうぶ》都督《ととく》となり、やや遷って右車騎《ゆうしゃき》将軍・假節《かせつ》・領幷州刺史《りょうへいしゅうしし》に至り、中鄉侯《ちゅうきょうこう》に封建された。果烈により称され、官位は張翼《ちょうよく》と等しく、宗預《そうよ》の上にあった［一］。

咸熙《かんき》元（二六四）年の春、廖化と宗預は共に洛陽に移住したが、道中で病気になり卒した。

［裴松之注］

［一］『漢晉春秋《かんしんしゅんじゅう》』に、「景耀《けいよう》五（二六二）年、姜維は兵を率いて狄道《てきどう》に出た。廖化は、「（『春秋左氏傳』隱公 傳四年に）戦争を止めなければ、必ず自分の身を焼くとあるのは、伯約《はくやく》のことを言っている。智は敵を上まわらず、力も寇よりは弱い。兵を用いて厭くこと無く戦っても、どうして存立できようか。『詩經《しきょう》』（小雅 正月）に言うではないか、（いま行われていることが、どうして）我より先ではなく、我より後ではないかと。今日のことである」といった」とある。

【原文】

楊戲傳

楊戲字文然、犍爲武陽人也。少與巴西程祁公弘・巴郡楊汰季儒・蜀郡張表伯達並知名。戲每推祁以爲冠首。丞相亮深識之。戲年二十餘、從州書佐爲督軍從事。職典刑獄、論法決疑、號爲平當。府辟爲屬、主簿。亮卒、爲尙書右選部郎、刺史蔣琬請爲治中從事史。琬以大將軍開府、又辟爲東曹掾。遷南中郎參軍、副貳庲降都督、領建寧太守。以疾徵還成都、拜護軍、監軍。出領梓潼太守、入爲射聲校尉、所在淸約不煩。延熙二十年、隨大將軍姜維出軍至芒水。戲素心不服維、酒後言笑、每有傲弄之辭。維外寬內忌、意不能堪、軍還、有司承旨奏戲、免爲庶人。後景耀四年卒。

《訓読》

楊戲傳

楊戲 字は文然、犍爲武陽の人なり。少くして巴西の程祁[一]公弘・巴郡の楊汰[二]季儒・蜀郡の張表伯達と並びて名を知らる。戲 每に祁を推して冠首と爲す。丞相の亮 深く之を識る。戲 年二十餘、州書佐より督軍從事と爲る。職は刑獄を典どり、法を論じ疑を決するに、號して平當と爲す。府 辟して屬、主簿と爲す。亮 卒するや、尙書右選部郎と爲り、刺史の蔣琬 請ひて治中從事史と爲す。琬 大將軍を以て開府するや、又 辟して東曹掾と爲す。南中郎參軍に遷り、副貳庲降都督たりて、建寧太守を領す。疾を以て徵せられ成都に還り、護軍、監軍を拜す。出でて梓潼太守を領し、入りて射聲校尉と爲り、所在に淸約にして煩しからず。延熙二十年、大將軍の姜維の軍を出だしに隨ひて芒水に至る。戲 素より心 維に服せざれば、酒の後 言笑するに、毎に傲弄の辭有り。維 外は寛なれど内に忌み、意 堪ふる能はず、軍還り、有司 旨を承けて戲を奏し、免じて庶人と爲す。後 景耀四年に卒す。

(補注)

(一) 程祁は、益州巴西郡閬中縣の人、字は公弘。程畿の子。二十歳で夭折した（『三國志』巻四十五 楊戲傳季漢輔臣贊）。

(二) 楊汰は、益州巴郡の人、字は季儒。若くして楊戲と共に名を知られたが夭折した（『三國志』巻四十五 楊戲傳）。

[現代語訳]

楊戲傳

楊戲《ようぎ》は字を文然《ぶんぜん》といい、益州犍爲《けんい》郡武陽《ぶよう》縣の人である。少くして巴《は》西《せい》郡の程祁《ていき》（字を）公弘《こうこう》・巴郡の楊汰《ようたい》（字を）季儒《きじゅ》・蜀郡の張表《ちょうひょう》（字を）伯達《はくたつ》と並んで名を知られた。楊戲はいつも程祁を推して第一としていた。丞相の諸葛亮は（楊戲も優れると）深く知っていた。楊戲は二十歳余りで、州書佐《しゅうしょさ》から督軍從事《とくぐんじゅうじ》となった。（督軍從事の）職は刑と獄を掌り、法を論じて疑わしい事件を決するが、公平妥当と評された。丞相府が辟召して屬《ぞく》、主簿《しゅぼ》とした。諸葛亮が卒すると、尚書右選部郎《しょうしょゆうせんぶろう》となり、益州《えきしゅう》刺史《しし》の蔣琬《しょうえん》が招いて治中從事史《じちゅうじゅうじし》とした。蔣琬が大將軍として開府すると、また辟召して東曹掾《とうそうえん》とした。南中郎參軍《みなみちゅうろうさんぐん》に遷り、副貳庲降都督《ふくじらいこうととく》となり、建寧《けんねい》太守を兼任した。病気により召し返され成都に帰り、護軍《ごぐん》、監軍《かんぐん》を拝命した。（成都から）出て梓潼《しとう》太守を兼任し、（朝廷に）入って射聲校尉《せきせいこうい》となり、それぞれの職場で清約で簡素な仕事をした。延熙《えんき》二十（二五七）年、大將軍の姜維が軍を出すのに随って芒水《ぼうすい》に至った。楊戲はもとから姜維に心服していなかったので、酒が入った後の談笑で、いつも嘲笑する言葉を吐いた。姜維は上辺は寛容であったが内心は嫌悪し、堪えがたい気持ちを抱き、軍が戻ると、担当の役人は（姜維の）示唆を受けて楊戲を弾劾し、免じて庶人とした。のち景耀《けいよう》四（二六一）年に卒した。

【原文】

戲性雖簡惰省略、未嘗以甘言加人、過情接物。書符指事、希有盈紙。然篤於舊故、居誠存厚。與巴西韓儼・黎韜童幼相親厚、後儼痼疾廢頓、韜無行見捐、戲經紀振卹、恩好如初。又時人謂譙周無當世才、少歸敬者、唯戲重之、嘗稱曰、吾等後世、終自不如此長兒也。有識以此貴戲。

張表有威儀風觀、始名位與戲齊、後至尚書、督庲降・後將軍、先戲沒。祁・汰各早死[一]。

[裴松之注]

[一] 戲同縣後進有李密者、字令伯。華陽國志曰、密祖父光、朱提太守。父早亡。母何氏、更適人。密見養於祖母。治春秋左氏傳、博覽多所通涉、機警辯捷。事祖母以孝聞、其侍疾則泣涕側息、日夜不解帶、膳飲湯藥、必自口嘗。本郡禮命不應、州辟從事、尚書郎、大將軍主簿、太子洗馬。奉使聘吳。吳主問蜀馬多少。對曰、官用有餘、人間自足。吳主與羣臣汎論道義、謂寧爲人弟。密曰、願爲人兄矣。吳主曰、何以爲兄。密曰、爲兄供養之日長。吳主及羣臣皆稱善。蜀平後、征西將軍鄧艾聞其名、請爲主簿、及書招、

欲與相見、皆不往。以祖母年老、心在色養。晉武帝立太子、徵爲太子洗馬。詔書累下、郡縣偪遣。於是密上書曰、臣以險釁、夙遭閔凶。生孩六月、慈父見背。行年四歲、舅奪母志。祖母劉、愍臣孤弱、躬見撫養。臣少多疾病、九歲不行。零丁孤苦、至於成立。既無伯叔、終鮮兄弟。門衰祚薄、晚有兒息。外無朞功強近之親、內無應門五尺之童、煢煢孑立、形影相弔。而劉早嬰疾病、常在牀蓐。臣侍湯藥、未曾廢離。逮奉聖朝、沐浴清化、前太守臣逵、察臣孝廉、後刺史臣榮、擧臣秀才。臣以供養無主、辭不赴命。詔書特下、拜臣郎中。尋蒙國恩、除臣洗馬。猥以微賤、當侍東宮。非臣隕首所能上報。臣具表聞、辭不就職。詔書切峻、責臣逋慢、郡縣偪迫、催臣上道、州司臨門、急於星火。臣欲奉詔奔馳、則劉病日篤、苟順私情、則告訴不許。臣之進退、實爲狼狽。伏惟、聖朝以孝治天下。凡在故老、猶蒙矜愍。況臣孤苦、特爲尤甚。且臣少仕僞朝、歷職郎署。本圖宦達、不矜名節。今臣亡國賤俘、至微至陋。猥蒙拔擢、寵命優渥。豈敢盤桓、有所希冀。但以、劉日薄西山、氣息奄奄。人命危淺、朝不慮夕。臣無祖母、無以至今日、祖母無臣、亦無以終餘年。母孫二人、更相爲命。是以區區、不敢廢遠。臣今年四十有四、祖母劉今年九十有六。是臣盡節於陛下之日長、報養劉之日短也。烏鳥私情、願乞終養。臣之辛苦、非徒蜀之人士及二州牧伯所見明知。皇天・后土、實所共鑒。願陛下矜愍愚誠、聽臣微志。庶劉僥倖、保卒餘年。臣生當隕首、死當結草。臣不勝犬馬怖懼之情。武帝覽表曰、密不空有名也。嘉其誠款、賜奴婢二人、下郡縣供養其祖母奉膳。及祖母卒、服終、從尚書郎爲河內溫縣令、政化嚴明。中山諸王每過溫縣、必責求供給、溫吏民患之。及密至、中山王過縣、欲求芻茭・薪蒸。密牋引高祖過沛、賓禮老幼、桑梓之供、一無煩擾、伏惟明王孝思惟則、動識先戒。本國望風、式歌且舞、誅求之碎、所未聞命。自後諸王過、不敢有煩。隴西王司馬子舒深敬友密、而貴勢之家憚其公直。密去官、爲州大中正、性方直、不曲意勢位。後失荀勖・張華指、左遷漢中太守。諸王多以爲冤。一年去官、年六十四卒。著述理論十篇、安東將軍胡熊與皇甫士安並善之。

《訓読》

戲は性 簡惰にして省略すと雖も、未だ嘗て甘言を以て人に加へ、情を過ごして物に接せず。書符もて指事するに、紙に盈つる有ること希なり。然れども舊故に篤く、誠に居り厚きを存す。巴西の韓儼(一)・黎韶(二)と童幼より相 親厚し、後に儼は痼疾もて廢頓し、韶は行無く捐せらるるも、戲 紀を經るも振卹し、恩好は初めの如し。又 時人 譙周を謂ひて世の才に當つるもの無しとし、歸敬する者少きも、唯だ戲のみ之を重んじ、嘗に稱して曰く、「吾らの後世、終に自づから此の長兒に如かざるなり」と。有識 此を以て戲を貴ぶ。

張表は威儀風觀有り、始め名位 戲と齊しく、後に尙書、督庲降・後將軍に至り、戲に先んじて沒す。祁・汰は各〻早く死す[一]。

[裴松之注]

[一] 戲の同縣の後進に李密(三)なる者有り、字は令伯。華陽國志に曰く、「密の祖父たる光(四)は、朱提太守なり。父は早く亡《し》す。母は何氏、更めて人に適《とつ》ぐ。密 祖母に養はる。春秋左氏傳を治め、博覽して通涉する所多く、機警にして辯捷たり。祖母に事へて孝を以て聞え、其の疾に侍りては則ち泣涕して側息し、日夜 帶を解かず、膳飲湯藥は、必ず自ら口もて嘗《な》む。本郡 禮命するも應ぜず、州 從事に辟し、尙書郎、大將軍主簿、太子洗馬たり。使を

奉じて吳に聘す。吳主 蜀の馬の多少を問ふ。對へて曰く、「官用は餘り有り、人間は自づから足れり」と。吳主 羣臣と與に汎く道義を論じ、寧ろ人の弟に爲らんと謂ふ。密曰く、「願はくは人の兄と爲らん」と。吳主曰く、「何を以てか兄と爲らん」と。密曰く、「兄と爲れば供養の日 長し」と。吳主及《と》羣臣 皆 善と稱す。蜀 平らぐの後、征西將軍の鄧艾 其の名を聞き、請ひて主簿と爲し、書もて招き、與に相 見んと欲するに及ぶも、皆 往かず。祖母の年 老ひ、心は色養に在るを以てなり。晉の武帝 太子を立つるに、徵して太子洗馬と爲す。詔書 累《しき》りに下り、郡縣 逼(五)を偪る。是に於て密 上書して曰く、「臣 險釁を以て、夙に閔凶に遭ふ。生孩(六) 六月にして、慈父に背かる。行年 四歲にして、舅 母の志を奪ふ(七)。祖母の劉、臣の孤弱なるを愍み、躬ら見て撫養す。臣 少くして疾病多く、九歲にして行《ある》かず。零丁 孤苦して、成立に至る。既に伯叔無く、終に兄弟鮮し。門は衰へ祚は薄く、晚くに兒息有り。外に朞功(八)強近の親無く、內に應門五尺の童無く、煢煢として孑立し、形と影と相 弔ふ。而して劉は早に疾病に嬰《かか》り、常に牀蓐に在り。臣 湯藥に侍《はべ》り、未だ曾て廢離せず。聖朝を奉じ、淸化に沐浴するに逮《およ》び、前に太守の臣逵、臣を孝廉に察し、後に刺史の臣榮、臣を秀才に擧ぐ。臣 供養するに主無きを以て、辭して命あるも赴かず。詔書 特に下り、臣を郎中に拜す。尋《つい》で國恩を蒙り、臣を洗馬に除す。猥りに微賤なるを以て、東宮に侍するに當たる。臣 首を隕《おと》すも能く上報する所に非ず。臣 具《つぶ》さに表もて聞するに、辭して職に就かず。詔書 切に峻《きび》しく、臣の逋《のが》れ慢《おこた》るを責め、郡縣 偪迫して、臣に上道を催《うなが》し、州司 門に臨み、星火より急なり。臣 詔を奉じて奔《は》せ馳《か》けんと欲すれば、則ち劉の病 日〻に篤く、苟《いやしく》も私情に順はば、則ち告訴すれども許されず。臣の進退、實に狼狽を爲す。伏して惟みるに、聖朝 孝を以て天下を治む(九)。凡そ故老に在りてすら、猶ほ矜愍を蒙る。況んや臣の孤苦なること、特に尤も甚しと爲すものをや。且つ臣 少くして僞朝に仕へ、職を郎署に歷たり。本より宦達を圖り、名節に矜らず。今 臣は亡國の賤俘にして、至微至陋なり。猥りに拔擢(一二)を蒙り、寵命 優渥(一〇)たり。豈に敢て盤桓(一一)して、希冀《こひねが》ふ所有らんや。但だ以《おも》ふに、劉の日は西山に薄《せま》りて、氣息は奄奄たり。人命は危淺にして、朝に夕べを慮らず。臣 祖母無くんば、以て今日に至る無く、祖母 臣無くんば、亦た以て餘年を終ふる無し。母と孫二人、更〻相 命と爲る。是を以て區區として、敢て廢て遠ざからず。臣 今年 四十有四にして、祖母の劉 今年 九十有六なり。是れ臣の節を陛下に盡くすの日は長く、劉を報養するの日は短きなり。烏鳥の私情、願はくは養ひ終へんことを乞ふ。臣の辛苦、徒だ蜀の人士及《と》二州の牧伯の明らかに知らるる所のみに非ず。皇天・后土も、實に共に鑒《かんがみ》る所なり。願はくは陛下 愚誠を矜愍し、臣の微志を聽されんことを。庶《こひねがは》くは劉は僥倖、餘年を卒《を》ふるを保たんことを。臣は生きて當に首を隕《おと》すべく、死しては當に草を結ぶ(一三)べし。臣 犬馬怖懼の情に勝《た》へず」と。武帝 表を覽て曰く、「密 空しく名有らざるなり」と。其の誠款を嘉《よみ》し、奴婢二人を賜ひ、郡縣に下して其の祖母を供養し膳を奉ぜしむ。祖母 卒し、服 終はるに及び、尙書郎より河內の溫縣令と爲り、政化 嚴明たり。中山の諸王 溫縣を過ぎる每に、必ず供給を責め求め、溫の吏民 之を患ふ。密の至るに及び、中山の王 縣を過ぎり、芻茭・薪蒸を求めんと欲す。密 牋にて高祖の沛を過ぎり、老幼に賓禮し、桑梓の供、一も煩擾無きを引き、「伏して惟《おもんみ》るに、明王の孝思 惟れ則り、動きては先戒となるを識る。本國 風を望み、式《もっ》て歌ひ且つ舞ひ、誅求の碎、未だ命を聞かざる所なり」とす。自後 諸王 過ぎるも、敢て煩すこと有らず。隴西王の司馬子舒(一四) 深く密を敬友するも、而も貴勢の家 其の公直を憚る。密 官を去り、州大中正(一五)と爲るも、性は方直たれば、意を勢位に曲げず。後に荀勖・張華(一六)の指を失ひ、漢中太守に左遷せらる。諸王 多く以て寃と爲す。一年にして官を去り、年六十四にて卒す。理論十篇を著述し、安東將軍の胡熊(一七) 皇甫(一八)士安と與に並びに之を善とす。

(補注)

(一) 韓儼は、益州巴西郡の人。楊戲の幼なじみ。病気により廃人となったが、楊戲が面倒を見続けた(『三國志』巻四十五 楊戲傳)。

(二) 黎韜は、益州巴西郡の人。楊戲の幼なじみ。身持ちが悪く誰からも相手にされなかったが、楊戲が面倒を見続けた(『三國志』巻四十五 楊戲傳)。

(三) 李密は、益州犍爲郡武陽縣の人、字は令伯。蜀漢に仕えて尚書郎、太子洗馬などを歴任した。蜀滅亡後、晉の武帝より出仕を命じられると、老いた祖母を養うため出仕できない旨を記した「陳情表」を提出、武帝はこれを評価した。祖母の喪が明けると晉に出仕したが、張華の機嫌を損ねて左遷され、旧蜀漢を賛美して官を一時追われた。最後は大中正になり、六十四歳で卒した(『三國志』巻四十五 楊戲傳注引『華陽國志』)。

(四) 光は、李光。益州犍爲郡武陽縣の人、李密の祖父。官は朱提太守となった(『三國志』巻四十五 楊戲傳注引『華陽國志』)。

(五) 閔凶は、親の喪。『春秋左氏傳』宣公 傳十二年に、「寡君少遭閔凶、不能文」とあることを踏まえた表現である。

(六) 生孩は、みどりご。『孟子』盡心章句上に、「孩提之童、無不知愛其親者」とあることを踏まえた表現である。

(七) 奪母志は、再婚させること。『詩經』鄘風 柏舟に、「衞世子共伯蚤死。其妻守義。父母欲奪而嫁之」とあることを踏まえた表現である。

(八) 朞功は、喪に服する間柄の親族。朞は一年、大功は九ヵ月、小功は五ヵ月。

(九) 西晉が、「孝」を国政の中心に置いたことは、渡邉義浩「杜預の諒闇説と皇位継承問題」(『大東文化大学漢学会誌』四四、二〇〇五年、『西晉「儒教国家」と貴族制』汲古書院、二〇一〇年に所収を参照)。

(一〇) 優渥は、恵みの厚いこと。『詩經』小雅 信南山に、「既優既渥、既霑既足」とあることを踏まえた表現である。

(一一) 盤桓は、ぐずぐずして気持ちの定まらないこと。『周易』屯卦初九に、「盤桓、利居貞」とあることを踏まえた表現である。

(一二) 辟召・徴召などを辞退し、隠遁することで、さらなる高位の官を得ることができたことは、渡邉義浩『人事の三国志―変革期の人脈・人材登用・立身出世』(朝日新聞出版、二〇一九年)を参照。

(一三) 結草は、死後に恩に報いること。『春秋左氏傳』宣公 傳十五年に、「及輔氏之役、顆見老人。結草以亢杜回。杜回躓而顚。故獲之」とあることを踏まえた表現である。

(一四) 司馬子舒は、司馬泰。東武城戴侯の司馬馗の子。八王の一人である司馬越の父。隴西王となり、安西將軍・都督關中軍事を経て司空・太尉を歴任し、高密王となった(『晉書』巻三十七 宗室高密文獻王泰傳）。

（一五）州大中正は、郡中正の上に置かれた人事官。宮崎市定『九品官人法の研究—科挙前史』（東洋史研究会、一九五六年）を参照。

（一六）張華は、范陽郡方城縣の人。博学で文章をよくし、讖緯・方術の書に精通した。その作「鷦鷯賦」が阮籍に認められて一躍名を知られ、官界に入った。西晉武帝の孫呉平定を推進して勳功を挙げたが、八王の乱に際して、趙王倫の政権奪取に従わず殺された。著書に『博物志』十巻がある（『晉書』巻三十六 張華傳）。

（一七）胡熊は、楚國壽春の人、字は季象。胡質の子。官は征南將軍に至った（『三國志』巻二十一 胡質傳注引『晉陽秋』）。

（一八）皇甫士安は、皇甫謐。安定郡朝那縣の人、字は士安。終生、官に仕えず、玄晏先生と号して、『帝王世記』などの著述につとめた。門下からは、摯虞などの学者を輩出した（『晉書』巻五十一 皇甫謐傳）。

［現代語訳］

楊戲は性格がさっぱりして怠惰であり（仕事を）省略することはあったが、一度も甘言により人に取り入り、感情を入れ込んで人に接することはなかった。書簡により指示する際には、紙一枚にすべて書くことは稀であった。それでも昔なじみに手あつく、誠実に対処して厚情を貫いた。巴西《はせい》郡の韓儼《かんげん》と黎韜《れいとう》とは幼少より互いに親しく、後に韓儼は持病のため廃人となり、黎韜は行いが悪くて見捨てられたが、楊戲は年を経ても援助を続け、恩沢と愛情はむかしのとおりであった。また当時の人々は譙周《しょうしゅう》を世間に役立つ才が無いとし、尊敬する者も少なかったが、ただ楊戲だけはこれを尊重し、つねに称して、「吾《わたし》たちの子孫は、結局この背の高い小僧に叶わないであろう」とした。有識者はこれにより楊戲を貴んだ。

張表《ちょうひょう》は威儀と風貌をそなえ、はじめは名声と地位を楊戲と等しくし、後に尚書、庲降都督《らいこうととく》・後《こう》將軍に至り、楊戲より先に没した。程《てい》祁《き》・楊汰《ようたい》はそれぞれ早く死んだ［一］。

［裴松之注］

［一］楊戲と同じ（武陽）縣の後進に李密《りみつ》という者がおり、字を令伯《れいはく》といった。『華陽國志《かようこくし》』に、「李密の祖父である李光《りこう》は、朱提《しゅてい》太守であった。父は早く卒した。母は何《か》氏で、改めて人に嫁いだ。李密は祖母に養われた。『春秋左氏傳《しゅんじゅうさしでん》』を治め、（書物を）博覧して多くのことに通暁し、頭の回転が早く弁が立った。祖母に仕えて孝により名声があり、祖母の病気に付き添った際には泣きながら息をひそめ、昼も夜も帯を解かず、食事や薬を飲む際には、必ず自ら口で嘗《な》め（てから進め）た。本郡（犍爲郡）が禮により招いたが応ぜず、州は従事《じゅうじ》に辟召し、尚書郎《しょうしょろう》、大將軍主簿《だいしょうぐんしゅぼ》、太子洗馬《たいしせんば》となった。使者となって孫呉に聘禮した。呉主は蜀の馬の数を尋ねた。答えて、「官が用いるものには余りがあり、民間では自然と足りております」と言った。呉主は群臣と共に広く道義を論じ、人の弟になりたいと言った。李密は、「人の兄になりたいです」といった。呉主は、「なぜ兄になりたいのか」と言った。李密は、「兄であれば（親を）面倒をみる日が長いからです」と答えた。呉主と群臣はみな善《よし》と称した。蜀が平定された後、征西《せいせい》將軍の鄧艾《とうがい》がその名声を聞き、要請して主簿となし、書簡で招いて、会見しようと考えるに及んだが、（李密は）行かなかった。祖母が年老い、（李密の）心が孝養を尽くすことにあったためである。晉の武帝《ぶてい》が皇太子を立てた際、徵召して太子洗馬《たいしせんば》

とした。詔書が何度も下り、郡縣は（李密に）都を訪れるように迫った。ここにおいて李密は上書して、「臣《わたくし》は不幸な生まれにより、早くから父母との死別に遭いました。生まれて六ヵ月で、父にみまかられました。四歳のとき、舅は母の志を奪い（再婚させました）。祖母の劉は、臣が孤弱であることを愍み、みずから慈しみ養い育ててくれました。臣は若いころ病気がちで、九歳でも歩けませんでした。孤独で苦しみながら、ようやく成人いたしました。すでに伯父も伯母もなく、また兄弟も多くはありません。一門は衰え福は薄く、晩年にようやく児《こ》を授かりました。外には喪に服せる有力な親族はなく、内には来客を取り次ぐ五尺の童児もなく、ほそぼそと一人きりで、形と影とが慰め合うような暮らしでした。そのうえ（祖母の）劉は以前より病気に罹《かか》り、つねに寝床におります。臣は湯薬《とうやく》につきそい、かつて側から離れたことはありません。聖朝（西晉）を奉じ、よき教化に浴するに及んで、先には犍爲《けんい》太守の臣逵《き》が、臣《わたくし》を孝廉《こうれん》に察擧し、後には益《えき》州刺史《しゅうしし》の臣榮《えい》が、臣《わたくし》を秀才《しゅうさい》に察擧しました。臣は（祖母の）世話をする者がいないため、辞退をして命令がありましたがいきませんでした。（これについて）詔書が特別に下され、臣は郎《ろう》中《ちゅう》を拝命しました。さらに国恩を受け、臣は太子洗馬《たいしせんば》に除任されました。みだりに微賤の身でありながら、東宮《とうぐう》（皇太子）に侍べることになったのです。臣は首を落としても（このご恩に）報いることはできません。臣は詳細に上表を奉り、辞退して職に就きませんでした。（これについて）詔書はたいへん厳しく、臣の逃れ怠慢であることを責め、郡縣は迫り、臣に上京することを促し、州の役人は門に臨んで、流星のように急にせき立てます。臣は詔を奉じて馳せ参じようとすれば、劉の病気が日に日に重くなり、もしも私情に従えば、理由をご説明しても許されません。臣の進退は、まことにどうしてよいか分かりません。伏して思いますに、聖朝は孝によって天下を治めております。およそ普通の老人にまで、なお憐れみをかけられております。まして臣のような孤独で辛苦しているものには、さらに憐れみをおかけいただけないでしょうか。かつ臣は若いときに僞朝（蜀漢）に仕え、尚書《しょうしょ》郎《ろう》などを歴任しております。もともと官の出世を図り、（隠遁により）名節を矜《ほこ》るものではありません。いま臣は亡国の卑しい捕虜であり、最も微賤なものであります。みだりに抜擢を受け、恩寵の命は恵み深いものです。どうしてぐずぐずとして官に就かず、さらなる高位を求めることなどありましょうか。ただ思いますに、劉の寿命は日ごとにいまわの際に近づき、息も絶え絶えであります。人の命は儚く、朝には夕べのことが分かりません。臣は祖母が無ければ、今日に至ることは無く、祖母は臣が無ければ、また余命を全うすることができません。祖母と孫の二人が、かわるがわる互いの命となっているのです。このためくよくよとしても、あえて（祖母を）捨てて遠くに行くことはできません。臣は今年で四十四歳で、祖母の劉は今年で九十六歳です。臣の節義を陛下に尽くすための日は長く、劉を報養するための日は短いと言えましょう。烏鳥《からす》の（雛のとき受けた恩を成長してから返すような）私情でありますが、どうか最後まで祖母の面倒を見させてください。臣の辛苦は、ただ蜀の人々と（益州・梁州の）二州の牧伯《ぼくはく》が明らかに知っているだけではありません。皇天《こうてん》も后土《こうど》も、まことに共に御覧されるものです。どうか陛下は愚誠を憐れみ、臣の微志を許してくださりますように。どうか劉に幸いを与えられ、余命を終えることを許しくださりますように。臣は生きては死に値する罪がありますが、死した後からでもご恩に報いたいと思います。臣は（このようなお願いを申し上げ）犬馬の恐れ多い気持ちにたえません」と言った。武帝《ぶてい》は上表を見て、「李密はいたずらに名声が高いわけではないな」と言った。李密の真心を嘉《よみ》し、奴婢を二人賜い、郡縣に命じて李密の祖母を世話をさせ食事を提供させた。祖母が卒し、服喪が終わると、李密は尙書《しょうしょ》郎《ろう》から河内《かだい》郡の溫《おん》縣令となり、政治と教化は厳しく明確であった。中山《ちゅうざん》郡の諸王は溫縣を過ぎるたびに、必ず必要な品々を厳しく求め、溫縣の吏民はこれを憂いていた。李密が赴任してから、中山郡の王が溫縣を過ぎり、馬草と薪《まき》を求めようとした。李密は書簡に（前漢の）高祖《こうそ》劉邦《りゅうほう》が（故郷である）沛《はい》縣を過ぎった際には、老人と幼児を大切にし、桑梓《そうし》（郷里）に求めることなど、何ひとつ煩わせなかったことを引用して、「伏して考えますに、明王の孝行はみなが則《のっと》り、行動は先例として戒めになると思われます。（溫縣は司馬氏の）本國（郷里）ですから（諸王を）仰ぎ慕い、歌って舞うほどですが、こまごまとした要求は、（劉邦の事例に則り）命を聞かないことであります」と述べた。こののち諸王が（溫縣を）過ぎっても、あえて煩すことはなかった。隴西《ろうせい》王の司馬子舒《しばしじょ》（司馬泰）は深く李密を尊敬して友とした。貴族の家は李密の公直さを憚った。李密は（溫縣令の）官を去り、州大中正《しゅうだいちゅうせい》となったが、性質は正直であったので、勢力のある家におもねらなかった。後に荀勖《じゅんきょく》と張華《ちょうか》の意向にそむき、漢中《かんちゅう》太守に左遷された。諸王は多くこれを冤罪とした。一年で官を去り、六十四歳で卒した。『理論』十篇を著し、安東《あんとう》將軍の胡熊《こゆう》は皇甫士安《こうほしあん》（皇甫謐）と共に並んでこれを善《よし》とした。

【原文】

戲以延熙四年著季漢輔臣贊。其所頌述、今多載于蜀書。是以記之於左。自此之後卒者、則不追諡。故或有應見稱紀而不在乎篇者也。其戲之所贊而今不作傳者、余皆注疏本末於其辭下。可以粗知其髣髴云爾。

《訓読》

戲 延熙四年を以て季漢輔臣贊を著す。其の頌述する所、今 多く蜀書に載す。是を以て之を左に記す。此れよりの後 卒する者は、則ち追ひて諡せず。故に或いは應に紀に稱せらるべくして篇に在らざる者有るなり。其の戲の贊する所にして今 傳を作らざる者は、余 皆 本末を其の辭の下に注疏す。以て粗ぼ其の髣髴たるを知る可しと爾《しか》云ふ。

［現代語訳］

楊戲は延熙《えんき》四（二四一）年に季漢輔臣贊《きかんほしんさん》を著わした。その頌述した者たちは、いま多く蜀書《しょくしょ》に載せた。このためにこれを左に記載する。季漢輔臣贊が著された（延熙四〈二四一〉年以）後に卒した者は、追ってその者の美が書かれてはいない。このためあるいは記録して称されるべき者で篇にない者もある。楊戲が賛美した者でいま傳を作らなかった者は、余（陳壽）がみなその履歴を楊戲の言葉の下に注記した。それによりほぼその人物の輪郭を知ることができる。

【原文】

昔文王歌德、武王歌興。夫命世之主、樹身行道、非唯一時、亦由開基植緒、光于來世者也。自我中漢之末、王綱棄柄、雄豪並起、役殷難結、生人塗地。於是世主感而慮之、初自燕・代則仁聲洽著、行自齊・魯則英風播流、寄業荊・郢則臣主歸心、顧援呉・越則賢愚賴風、奮威巴・蜀則萬里肅震、厲師庸・漢則元寇斂迹。故能承高祖之始兆、復皇漢之宗祀也。然而姦凶・懟險、天征未加、猶孟津之翔師、復須戰於鳴條也。天祿有終、奄忽不豫。雖攝歸一統、萬國合從者、當時儁乂扶攜翼戴、明德之所懷致也。蓋濟濟有可觀焉。遂乃並述休風、動于後聽。其辭曰、

《訓読》

昔 文王は德を歌はれ、武王は興を歌はる。(一) 夫れ命世の主、身を樹て道を行ふは、唯だ一時に非ず、亦た由りて基を開き緒を植ゑ、來世を光《かがや》かす者なり。我が中漢の末より、王綱 柄を棄て、雄豪 並びに起こり、役は殷《さか》んにして難は結び、生人は地に塗《まみ》る。是に於て世主 感じて之を慮り、初めに燕・代よりすれば則ち仁聲 洽《あまね》く著はれ、行くに齊・魯よりすれば則ち英風 播流し、寄業するに荊・郢よりすれば則ち臣主 心を歸し、援を顧《ま》つに呉・越よりすれば則ち賢愚 風に賴り、威を奮ふに巴・蜀よりすれば則ち萬里 肅震し、師を厲《はげ》ますに庸・漢よりすれば則ち元寇 迹を斂《をさ》む。故に能く高祖の始兆を承け、皇漢の宗祀を復するなり。然り而して姦凶・懟險に、天征 未だ加へざること、猶ほ孟津(二)の師を翔《かへ》し、復た戰ひを鳴條に須《ま》つがごときなり。天祿に終はり有り、奄忽として不豫たり。一統に歸し攝《す》ぶと雖も、萬國 合從せし者は、當時の儁乂 扶攜し翼戴して、明德の懷くる所を致せばなり。蓋し濟濟たりて觀る可き有り。遂て乃ち並びに休風を述べ、後聽を動かしめん。其の辭に曰く、

(補注)

(一)『詩經』周頌 維天之命に、「於乎不顯、文王之德之純」とあり、周頌 執競に、「執競武王、無競維烈」とあることを踏まえた文章である。

(二) 孟津は、洛陽の北の黄河の渡し場。周の武王が殷の紂王を討ったときに、八百諸侯が會盟した(『史記』巻四 周本紀)。

[現代語訳]

むかし(周の)文王《ぶんおう》は(『詩經』周頌 維天之命に)徳を歌われ、武王《ぶおう》は(『詩經』周頌 執競に)勃興を歌われた。そもそも命世の主が、身を立てて道を行うのは、ただ一時だけではなく、また(それに)よって(国家の)基《もとい》を開き端緒を植え、来世を輝かせるものである。我が中漢《ちゅうかん》(後漢)の末期より、王権は力を失い、豪傑が並び起ち、戦役は盛んで兵難は増え、民草は塗炭の苦しみにおちた。ここにおいて命世の主(である先主劉備)は(天命を)感じて世の危機を慮り、初めに燕《えん》・代《だい》(の地である幽州)から(挙兵)すると仁との評判はあまねく行き渡り、行って齊《せい》・魯《ろ》(の地である徐州)から(統治)すると英風は広がり流れ、寄寓して荊《けい》・郢《えい》(の地である荊州)から(客将として支援)すれば君主も臣下も心を寄せ、支援を待ちに呉《ご》・越《えつ》(の地である揚州)から(同盟を)すると賢者も愚者もその威風を頼り、武威を奮って巴《は》・蜀《しょく》(の地である益州)から(国家建設を)すると万里は粛然と振るい、軍隊を出兵するのに庸《よう》・漢《かん》(の地である漢中)から(曹操と争奪戦を)すると侵略者は撤退した。このた

め高祖の始めをうけて（天命の）兆《きざし》を継承し、皇漢《こうかん》の宗廟の祭祀を回復できたのである。しかしながら姦凶（な曹魏）と陰険（な孫呉）に、天誅をまだ加えなかったことは、あたかも（周の武王が殷を征伐する気運が熟さないとして）孟津《もうしん》の軍を返し、また鳴條《めいじょう》で戦うことを待ったようなものである。（しかし）天寿には終わりがあり、（先主は）突然に重い病気となった。（人々の気持ちが漢の大《だい》）一統《いっとう》に帰し（それを）統べたとはいえ、いたるところで（先主が）合從《がっしょう》することができたのは、当時の儁乂たちが（先主を）扶翼して推戴し、明徳が懐《なつ》けた者たちを至らせたからである。おそらく（それは多士《たし》）濟《せい》濟《せい》として見るべきものがある。そこで（先主のもとに集った多士を）並べて美風を述べ、後世の人々の耳目を動かそう。その辞《ことば》は次のとおりである、

【原文】

皇帝遺植、爰滋八方、別自中山、靈精是鍾、順期挺生、傑起龍驤。始于燕・代、伯豫君荊、呉・越憑賴、望風請盟、挾巴跨蜀、庸漢以弁。乾坤復秩、宗祀惟寧、躡基履迹、播德芳聲。華夏思美、西伯其音、開慶來世、歷載攸興。

贊昭烈皇帝

忠武英高、獻策江濱、攀呉連蜀、權我世眞。受遺阿衡、整武齊文、敷陳德教、理物移風、賢愚競心、僉忘其身。誕靜邦內、四裔以綏、屢臨敵庭、實耀其威、研精大國、恨於未夷。

贊諸葛丞相

《訓読》

「皇帝の遺植、爰《ここ》に八方に滋《しげ》り、中山より別れ、靈精 是れ鍾《あつ》まり、期に順ひて挺生し、傑起 龍驤す。燕・代より始め、豫に伯たり荊に君たり、呉・越 憑り頼り、風を望み盟を請ひ、巴を挾《さしはさ》みて蜀に跨《また》がり、庸漢 以て弁はす。乾坤 復た秩《ととの》ひ、宗祀 惟《ここ》に寧んじ、基の履迹を躡《ふ》み、徳を播き聲を芳《かぐ》はす。華夏 美を思ひ、西伯 其れ音《おと》づれ、慶《さいは》ひを來世に開き、歴載 興す攸なり。

昭烈皇帝を贊《たた》ふ

忠武は英高にして、江濱に獻策し、呉を攀《ひ》き蜀に連ね、我が世の眞を權《と》る。遺を受け阿衡たりて、武を整へ文を齊へ、陳べて德教を敷き、物を理《をさ》め風を移さば、賢愚 心を競はせ、僉 其の身を忘る。誕《おほ》ひに邦内を靜め、四裔は以て綏《やす》らぎ、屢〻敵庭に臨み、實に其の威を耀《かがや》かし、大國を研精するも、未だ夷《たひら》げざるを恨む。

諸葛丞相を贊ふ

［現代語訳］

「皇帝のご子孫は、八方に広がり、中山靖王《ちゅうざんせいおう》より分かれ、霊精が集まり、運期に順って生を受けられ、英傑は起ちあがり龍が天に登るようであった。燕《えん》・代《だい》（の地である幽州）より起兵し、豫州《よしゅう》に牧伯《ぼくはく》となり荊州《けいしゅう》に君主となり、呉《ご》・越《えつ》は拠り頼り、風を望んで同盟を請い、巴《は》を挟んで蜀《しょく》にまたがり、庸漢《ようかん》（漢中）を併合された。天地はまた秩序立てられ、宗廟の祭祀は安寧になり、（漢家の）基《もとい》の跡を踏み、名声を広げ恩徳を布いた。中華はその美を思い、西伯《せいはく》（周の文王）がまた訪れたように、（国家を樹立する）幸いを来世に開き、歴代に（わたる季漢を）興された。

昭烈《しょうれつ》皇帝を賛える

忠武侯《ちゅうぶこう》（諸葛亮）は英明高邁で、長江のほとりで（曹操を破る）策を献じ、呉（の孫権）を引いて蜀と連盟させ、我が（季漢が）世の真（の国家）であることを明確にした。遺託（劉禪を託す遺言）を受け宰相として、文武をととのえ、徳教を述べ広め、人々を治め風俗を移したので、賢者も愚者も心を競わせ、みなその身を忘れ（て国に尽くし）た。大いに国内を静め、四方の辺境は安定し、しばしば敵の領土に攻め込み、まことにその武威を輝かせ、大国（の領土）を削り取ったが、平定できなかったことは残念であった。

諸葛丞相を賛える

【原文】

司徒清風、是咨是臧、識愛人倫、孔音鏘鏘。

賛許司徒

關・張赳赳、出身匡世、扶翼攜上、雄壯虎烈。藩屏左右、翻飛電發、濟于艱難、賛主洪業、侔迹韓・耿、齊聲雙德。交待無禮、並致姦慝。悼惟輕慮、隕身匡國。

賛關雲長・張益德

《訓讀》

司徒は清風、是れ咨り是れ臧《くら》べ、愛して人倫を識り、孔音 鏘鏘たり。

許司徒を賛ふ

關・張は赳赳たりて、身を出だし世を匡し、扶翼して上に攜《つらな》り、雄壯にして虎烈たり。左右に藩屏し、翻るがごとく飛び電《いかづち》がごとく發し、艱難を濟ひ、主の洪業を賛《たす》け、迹を韓・耿に侔《ひと》しくし、聲を齊《そろ》へ德を雙《そろ》ふ。交待に禮無く、並びに姦慝を致す。惟の輕慮ありて、身を隕《お》とし國を匡《か》くを悼む。

關雲長・張益德を賛ふ

[現代語訳]

司徒《しと》（許靖）は清からな風格を持ち、（人々を）はかり比べて、人物を愛して評価し、大いなる名声が響きわたった。

許司徒を賛える

關羽と張飛は猛々《たけだけ》しく、一身を差し出して世を正し、羽翼となって先主に従い、雄壮で虎烈であった。（先主の）左右で藩屏となり、翻《ひるがえ》るように飛び雷電のように発して、困難を救い、先主の大業を助け、事績を（劉邦を助けた）韓信《かんしん》と（劉秀を助けた）耿弇《こうえん》に等しくし、名声と徳義を兼ね揃えた。（しかし士の）待遇に礼がなく、ともに凶事を招いた。この軽慮があり、身を落とし国（の領土）を欠いたことを悼《いた》む。

關雲長《かんうんちょう》・張益德《ちょうえきとく》を賛える

【原文】

驃騎奮起、連横・合從、首事三秦、保據河・潼。宗計於朝、或異或同、敵以乘釁、家破軍亡。乖道反德、託鳳攀龍。

賛馬孟起

翼侯良謀、料世興衰、委質于主、是訓是諮、暫思經算、覩事知機。
　贊法孝直
軍師美至、雅氣曄曄。致命明主、忠情發臆。惟此義宗、亡身報德。
　贊龐士元
將軍敦壯、摧峰登難、立功立事、于時之幹。
　贊黃漢升

《訓読》
驃騎は奮起し、連横・合從し、事を三秦に首《はじ》め、保ちて河・潼に據る。計を朝に宗するも、或いは異に或いは同《とも》にすれば、敵釁に乗ずるを以て、家は破れ軍は亡ぶ。道に乖き德に反するも、鳳に託し龍に攀《すが》る。
　馬孟起を贊ふ
翼侯は謀《はかりごと》を良くし、世の興衰を料《はか》り、主に委質し、是れ訓《をし》へ是れ諮り、暫《にはか》に經算を思ひ、事を覩《み》るに機を知る。
　法孝直を贊ふ
軍師は美の至り、雅氣曄曄たり。命を明主に致し、忠情臆より發す。惟れ此の義宗、身を亡ひて德に報ゆ。
　龐士元を贊ふ
將軍は敦く壯たりて、峰を摧《くだ》き難きに登り、功を立て事を立て、時の幹たり。
　黃漢升を贊ふ

[現代語訳]

驃騎《ひょうき》（將軍の馬超）は奮いたって、（諸勢力と）連衡《れんこう》・合從《がっしょう》策を行い、三秦《さんしん》の地に旗揚げし、黃河《こうが》・潼關《どうかん》を拠点とした。計略は朝廷を宗としながらも、あるいは離反しあるいは同盟したので、敵にその隙に乗じられ、一族は滅び軍隊は亡んだ。道に背き徳に反していたが、（最後には）鳳や龍（のような先主）に身を託してすがった。
　馬孟起《ばもうき》を賛える
翼侯《よくこう》（法正）は謀《はかりごと》を得意とし、世の盛衰を予測し、先主に臣礼をとり、意見を述べ諮問を受け、すぐさま正しい計略を考え、事態を見て（天の）機を知った。
　法孝直《ほうこうちょく》を賛える
軍師《ぐんし》（龐統）は美の至りで、風雅な気質が輝いていた。命を明主（先主）に捧げ、忠の情は胸の奥から発した。これこそ義の宗であり、身を失って徳に報いた。
　龐士元《ほうしげん》を賛える
將軍（黃忠）は（義に）あつい壮士で、（敵の）鉾を砕き難局を打開し、功績を立て事績をあげ、当時の中心であった。
　黃漢升《こうかんしょう》を賛える

【原文】
掌軍清節、亢然恆常、讜言惟司、民思其綱。
　贊董幼宰
安遠彊志、允休允烈、輕財果壯、當難不惑、以少禦多、殊方保業。
　贊鄧孔山
孔山名方、南郡人也。以荊州從事隨先主入蜀。蜀既定、爲犍爲屬國都尉、因易郡名、爲朱提太守。遷爲安遠將軍・庲降都督、住南昌縣。章武二年卒。失其行事、故不爲傳。

《訓読》

掌軍は清節、亢然にして恆常、讜言 惟《ただ》れ司し、民 其の綱を思ふ。

董幼宰を贊ふ

安遠は志を彊くし、允に休《うるはし》く允に烈しく、財を輕んじ果壯たり、難に當たりて惑はず、少を以て多を禦《ふせ》ぎ、殊方 業を保つ。

鄧孔山を贊ふ

孔山 名は方、南郡の人なり。荊州從事を以て先主に隨ひて蜀に入る。蜀 既に定まるや、犍爲屬國都尉と爲り、郡名を易ふるに因り、朱提太守と爲る。遷りて安遠將軍・庲降都督と爲り、南昌縣に住まる。章武二年に卒す。其の行事を失ふ、故に傳を爲《つく》らず。

［現代語訳］

掌軍《しょうぐん》將軍（董和）は清い節を持ち、意気高らかで恒常心を持ち、直言により（君主を）正し、民はその道義を思慕した。

董幼宰《とうようさい》を賛える

安遠《あんえん》將軍（鄧方）は志を強くし、まことに麗しくまことに烈しく、財を軽んじて果断で、難局に当たって惑わず、少数により多数を防ぎ、異民族の地域において仕事を続けた。

鄧孔山《とうこうざん》を賛える

（鄧）孔山は名を方といい、荊州南郡《なんぐん》の人である。荊州從事《けいしゅうじゅうじ》として先主に随って蜀に入った。蜀が定まると、犍爲屬國都尉《けんいぞっこくとい》となり、郡名が代わったことにより、朱提《しゅてい》太守となった。遷って安遠《あんえん》將軍・庲降《らいこう》都督《ととく》となり、南昌《なんしょう》縣に駐屯した。章武《しょうぶ》二（二二二）年に卒した。その事績を失ったので、傳を作らなかった。

【原文】

揚威才幹、欷歔文武。當官理任、衎衎辯舉。圖殖財施、有義有敍。

贊費賓伯

賓伯名觀、江夏鄳人也。劉璋母、觀之族姑。璋又以女妻觀。觀建安十八年參李嚴軍、拒先主於緜竹、與嚴俱降。先主既定益州、拜爲裨將軍、後爲巴郡太守・江州都督。建興元年、封都亭侯、加振威將軍。觀爲人善於交接。都護李嚴性自矜高、護軍輔匡等年位與嚴相次、而嚴不與親褻。觀年少嚴二十餘歲、而與嚴通狎如時輩云。年三十七卒。失其行事、故不爲傳。

《訓読》

揚威は才幹あり、文武に欷歔す。官に當たり任を理《をさ》め、衎衎として辯擧す。財施を圖殖し、義有り敍有り。

費賓伯を贊ふ

賓伯 名は觀、江夏鄳の人なり。劉璋の母は、觀の族姑なり。璋 又 女を以て觀に妻はす。觀 建安十八年に李嚴の軍に參じ、先主を緜竹に拒ぎ、嚴と與に倶に降る。先主 既に益州を定むるや、拜して裨將軍と爲り、後に巴郡太守・江州都督と爲る。建興元年、都亭侯に封じ、振威將軍を加ふ。觀 人と爲り交接に善し。都護の李嚴 性は自ら矜り高く、護軍の輔匡(一)ら年位は嚴と相 次ぐも、而るに嚴は與に親褻せず。觀は年 嚴より少きこと二十餘歳、而るに嚴と通狎すること時輩の如きとしか云ふ。年三十七にて卒す。其の行事を失ふ、故に傳を爲らず。

（補注）

（一）輔匡は、荊州襄陽郡の人、字を元弼。先主と共に入蜀し、巴郡太守となり、建興年間に、鎭南將軍に遷り、右將軍となり中鄕侯に封建された（『三國志』巻四十五 楊戲傳引『季漢輔臣贊』）。

［現代語訳］

揚威將軍《ようい》（費觀）は才能があり、文武に（優れ）感嘆すべきものがあった。官についてはは任務を治め、楽しげに処理した。財産を増やし施し、義があり限度もあった。

費賓伯《ひひんはく》を賛える

賓伯は名を觀《かん》といい、荊州江夏《こうか》郡鄳《ぼう》縣の人である。劉璋《りゅうしょう》の母は、費觀の族姑《おば》である。劉璋はまた娘を費觀に嫁がせた。費觀は建安《けんあん》十八（二一三）年に李嚴《りげん》の軍に参加し、先主を緜竹《めんちく》城に拒ぎ、李嚴と共に（先主に）降服した。先主が益州を平定すると、拝命して裨《ひ》將軍となり、後に巴郡《はぐん》太守・江州都督《こうしゅうととく》となった。建興《けんこう》元（二二三）年、都亭《とてい》侯《こう》に封建し、振威《しんい》將軍を加えた。費觀の人となりは交際を得意とした。都護《とご》の李嚴は生まれながらに自尊心が強く、護軍《ごぐん》の輔匡《ほきょう》たちは年齢や官位が李嚴に次いでいたものの、李嚴は共に親しむことはなかった。費觀は年齢は李嚴より若いこと二十歳余り、それなのに李嚴と打ち解ける様子は同年配のようであったという。三十七歳で卒した。その事績を失ったので、傳を作らなかった。

【原文】

屯騎主舊、固節不移。既就初命、盡心世規。軍資所恃、是辯是裨。

賛王文儀

尚書清尚、勅行整身。抗志存義、味覽典文。倚其高風、好侔古人。

賛劉子初

安漢雍容、或婚或賓。見禮當時、是謂循臣。

賛麋子仲

少府修愼、鴻臚明眞、諫議隱行、儒林天文。宣班大化、或首或林。

賛王元泰・何彥英・杜輔國・周仲直

《訓読》

屯騎は舊を主とし、固節 移らず。既に初めて命に就くや、心を世規に盡くす。軍資の恃る所、是れ辯じ是れ 裨《おぎな》ふ。

王文儀を贊ふ

尚書は清尚、行ひを 勅《つつし》み身を整ふ。志を抗《たか》くし義を存し、典文を味覽す。其の高風に倚り、好《このみ》を古人に侔《ひと》しくす。

劉子初を贊ふ

安漢は雍容、或いは婚たり或いは賓たり。當時に禮せられ、是れ循臣と謂ふ。

麋子仲を贊ふ

少府は修愼、鴻臚は明眞、諫議は隱行、儒林は天文なり。大化を宣班し、或いは首たり或いは林たり。

王元泰・何彦英・杜輔國[一]・周仲直を贇ふ

（補注）

（一）杜輔國は、杜微。『三國志』巻四十二 杜微傳では、「杜國輔」につくる。

［現代語訳］

屯騎校尉《とんきこうい》（王連）は旧（君の劉璋）を主《あるじ》とし続け、節操が固く心変わりしなかった。（劉璋が降服して先主より）任命を受けると、心を世の規範となるように尽くした。（北伐の）軍資の頼る所となり、任務を遂行して（兵站を）補給した。

王文儀《おうぶんぎ》を賛える

尚書《しょうしょ》（劉巴）は清廉高尚で、行いを慎み身を整えた。志を高く持ち義を貫き、古典を味読した。その高雅な風流により、好尚を古人と等しくした。

劉子初《りゅうししょ》を賛える

安漢《あんかん》将軍（麋竺）は温容で、（先主の）親族であり賓客であった。当時に礼遇された、循臣《じゅんしん》と言えよう。

麋子仲《びしちゅう》を賛える

少府《しょうふ》（王謀）は身を修め慎しみ深く、大鴻臚《だいこうろ》（何宗《かそう》）は明晰で誠実であり、諫議大夫《かんぎたいふ》（杜微）は隠者として生き、儒林校尉《じゅりんこうい》（周羣）は天文に明るかった。（みな先主の）大いなる教化を分かち広め、中心となり一員となった。

王元泰《おうげんたい》・何彦英《かげんえい》・杜輔國《とほこく》・周仲直《しゅうちゅうちょく》を賛える

【原文】

王元泰名謀、漢嘉人也。有容止・操行。劉璋時、爲巴郡太守、還爲州治中從事。先主定益州領牧、以爲別駕。先主爲漢中王、用荊楚宿士零陵賴恭爲太常、南陽黄柱爲光祿勳、謀爲少府。建興初、賜爵關內侯、後代賴恭爲太常。恭・柱・謀皆失其行事、故不爲傳。恭子厷、爲丞相西曹令史、隨諸葛亮於漢中、早夭。亮甚惜之、與留府長史・參軍張裔・蔣琬書曰、令史失賴厷、掾屬喪楊顒。爲朝中損益多矣。顒亦荊州人也。後大將軍蔣琬問張休曰、漢嘉前輩有王元泰、今誰繼者。休對曰、至於元泰、州里無繼。況鄙郡乎。其見重如此[一]。

［裴松之注］

［一］襄陽記曰、楊顒字子昭、楊儀宗人也。入蜀、爲巴郡太守、丞相諸葛亮主簿。亮嘗自校簿書。顒直入諫曰、爲治有體、上下不可相侵。請爲明公以作家譬之。今有人使奴執耕稼、婢典炊爨、雞主司晨、犬主吠盜、牛負重載、馬涉遠路、私業無曠、所求皆足、雍容高枕、飲食而已。忽一旦盡欲以身親其役、不復付任、勞其體力、爲此碎務、形疲神困、終無一成。豈其智之不如奴婢・雞狗哉。失爲家主之法也。是故古人稱、坐而論道、謂之三公、作而行之、謂之士大夫。故邴吉不問橫道死人而憂牛喘、陳平不肯知錢穀之數。云自有主者、彼誠達於位分之體也。今明公爲治、乃躬自校簿書、流汗竟日、不亦勞乎。亮謝之。後爲東曹屬典選擧。顒死、亮垂泣三日。

《訓讀》

王元泰 名は謀、漢嘉の人なり。容止・操行有り。劉璋の時、巴郡太守と爲り、還りて州の治中從事と爲る。先主 益州を定め牧を領するや、以て別駕と爲す。先主 漢中王と爲り、荊楚の宿士たる零陵の賴恭を用ひて太常と爲し、南陽の黃柱を光祿勳と爲し、謀を少府と爲す。建興の初め、爵關內侯を賜ひ、後に賴恭に代はりて太常と爲る。恭・柱・謀は皆 其の行事を失ふ、故に傳を爲らず。恭の子たる厷、丞相西曹令史と爲り、諸葛亮に漢中に隨ふも、早に夭せり。亮 甚だ之を惜しみ、留府長史・參軍の張裔・蔣琬に書を與へて曰く、「令史には賴厷を失ひ、掾屬には楊顒を喪ふ。朝中の損益と爲ること多し」と。顒も亦た荊州の人なり。後に大將軍の蔣琬 張休に問ひて曰く、「漢嘉の前輩に王元泰なるもの有り、今 誰か繼ぐ者ぞ」と。休 對へて曰く、「元泰に至りては、州里に繼ぐもの無し。況んや鄙郡をや」と。其の重んぜらるること此の如し[一]。

[裴松之注]

[一] 襄陽記に曰く、「楊顒 字は子昭、楊儀の宗人なり。蜀に入り、巴郡太守と爲り、丞相諸葛亮の主簿たり。亮 嘗て自ら簿書を校す。顒 直ちに入り諫めて曰く、「治を爲すに體有り、上下 相 侵す可からず。請ふらくは明公の爲に家を作すを以て之を譬へん。今 人有り奴をして耕稼を執らしめ、婢に炊爨を典らしめ、雞主に晨を司らしめ、犬主に盜に吠えしめ、牛は重載を負ひ、馬は遠路を涉らば、私業に曠きこと無く、求むる所 皆 足し、雍容して枕を高くし、飲食するのみ。忽として一旦に 盡《ことごと》く身を以て其の役を親しくし、復た付任せず、其の體力を勞し、此の碎務を爲さんと欲すれば、形は疲れ神は困しむも、終に一として成ること無し。豈に其の智の奴婢・雞狗に如かざらんや。家主の法爲るを失へばなり。是の故に古人 稱すらく(一)、坐して道を論ず、之を三公と謂ひ、作《た》ちて之を行ふ、之を士大夫と謂ふと。故に邴吉(二)は橫道に死人あるを問はずして牛の喘ぐを憂ひ、陳平は錢穀の數を知るを肯ぜず。自づから主有ると云ふ者は、彼ら誠に位分の體に達するものなり。今 明公 治を爲すに、乃ち躬《みづか》ら簿書を校し、汗を流し日を竟《を》ふるは、亦た勞せざるや」と。亮 之を謝す。後に東曹屬と爲り選擧を典る。顒 死するや、亮 垂泣すること三日」と。

(補注)

(一)『周禮』冬官 考工記に、「坐而論道、謂之王公。作而行之、謂之士大夫」とあり、これを踏まえた文章である。

(二) 邴吉は、豫州魯國の人、字を少卿。獄吏の出身で、詩と禮に通曉し、宣帝の擁立に力があり、丞相になった。麒麟閣十一功臣の一人(『漢書』巻七十四 邴吉傳)。

[現代語訳]

王元泰《おうげんたい》は名を謀《ぼう》といい、益州漢嘉《かんか》郡の人である。礼容挙措は慎み深く節操があった。劉璋《りゅうしょう》のとき、巴郡《はぐん》太守となり、帰って益州の治中從事《ちゅうじゅうじ》となった。先主が益州を平定し益州牧《えきしゅうぼく》を兼任すると、別駕《べつが》從事《じゅうじ》とした。先主は漢中王《かんちゅうおう》になると、荊州の名族である荊州零陵《れいりょう》郡の賴恭《らいきょう》を用いて太常《たいじょう》とし、荊州南陽《なんよう》郡の黃柱《こうちゅう》を光祿勳《こうろくくん》とし、王《おう》謀《ぼう》を少府《しょうふ》とした。建興《けんこう》年間(二二三～二三七年)の初め、爵關內侯《しゃくかんだいこう》を賜り、後に賴恭に代って太常《たいじょう》となった。賴恭・黃柱・王謀はみなその事績を失ったので、傳を作らなかった。頼恭の子である頼厷《らいこう》は、丞相西曹令史《じょうしょうせいそうれいし》となり、諸葛亮（の北伐）に漢中に随ったが、つとに夭折した。諸葛亮はたいへんこれを惜しみ、留府長史《りゅうふちょうし》の張裔《ちょうえい》と參軍《さんぐん》の蔣琬《しょうえん》に書簡を与えて、「令史《れいし》では頼厷を失い、掾屬《えんぞく》では楊顒《ようぎょう》を喪《うしな》った。朝廷の大きな損失である」といった。楊顒もまた荊州の人である。後に大將軍の蔣琬が張休《ちょうきゅう》に問うて、「漢嘉郡の先輩に王元泰というものがあったが、今は誰がこれを継ぐ（才能を持つ）ものであるか」と言った。張休は応えて、「王元泰に至っては、州でも継ぐものがおりません。ましてや鄙《わ》が郡では」といった。その尊重されることはこのようであった［一］。

［裴松之注］
［一］『襄陽記《じょうようき》』に、「楊顒《ようぎょう》は字を子昭《ししょう》といい、楊儀《ようぎ》の宗族である。蜀に入り、巴郡《はぐん》太守となり、丞相諸葛亮の主簿《しゅぼ》となった。諸葛亮はあるとき自ら帳簿を点検していた。楊顒は直ちに入って諫めて、「政治を行うには体裁があり、上下は互いに侵すべきではありません。どうか明公のために家を治めることでこれを譬《たと》えてみましょう。今ある人が奴隷に耕作を行わせ、奴婢に炊飯を担当させ、雞《にわとり》に晨《あさ》（を告げること）を担当させ、犬に盗賊に吠えることを担当させ、牛は重い荷物を運び、馬は遠い道を行けば、（それぞれの）自分の仕事に広すぎることはなく、求めることはみな行われ、悠然として枕を高くし、飲食するだけです。（ところが）突然に一朝にすべてを自分がその仕事を行い、また委任せず、その体力を労して、この煩雑な務めを行おうとすれば、身体は疲れ精神は苦しめども、ついに一つもできることはありません。どうしてその人の智が奴婢や雞や犬に劣ることがありましょうか。家の主人としてのあり方を失っているからです。このために古人は、坐して道を論ずるもの、これを三公《さんこう》と言い、立ち働き（仕事を）行うもの、これを士大夫《したいふ》というと申しました。このため邴吉《へいきつ》は道端に死人がいてもそれを問うことはなく（陰陽の不和を示す）牛の喘《あえ》ぎを憂い、陳平《ちんぺい》は銭穀の数を知ることを承知しませんでした。自然とそれぞれに担当者があるといったのは、彼らがまことに地位による分担という体裁に熟達していたためでしょう。いま明公が政治を行うのに、なんと自ら帳簿を点検し、汗を流して一日を終わるのは、あまりにも働きすぎではないでしょうか」と言った。諸葛亮はこれを感謝した。後に東曹屬《とうそうぞく》となり選挙を担当した。楊顒が死ぬと、諸葛亮は涙を流すこと三日であった」とある。

【原文】
何彦英名宗、蜀郡郫人也。事廣漢任安、學精究安術。與杜瓊同師而名問過之。劉璋時、爲犍爲太守。先主定益州領牧、辟爲從事祭酒。後援引圖讖、勸先主卽尊號。踐阼之後、遷爲大鴻臚。建興中卒。失其行事、故不爲傳。子雙、字漢偶。滑稽談笑、有淳于髡・東方朔之風。爲雙柏長、早卒。

《訓読》
何彦英 名は宗、蜀郡郫の人なり。廣漢の任安に事へ、學びて安の術を精究す。杜瓊と師を同じくするも名問 之に過ぐ。劉璋の時、犍爲太守と爲る。先主 益州を定め牧を領するや、辟して從事祭酒と爲す。後に圖讖を援引し、先主に尊號に卽くを勸む。踐祚の後、遷りて大鴻臚と爲る。建興中に卒す。其の行事を失ふ、故に傳を爲らず。子の雙、字は漢偶。滑稽談笑すること、淳于髡・東方朔の風有り。雙柏長と爲り、早く卒す。

［現代語訳］

何彦英《かげんえい》は名を宗《そう》といい、蜀郡《しょくぐん》郫縣《ひけん》の人である。廣漢《こうかん》郡の任安《じんあん》に仕え、学んで任安の術を究め尽くした。杜瓊《とけい》と師が同じであったが名声は杜瓊より上であった。劉璋《りゅうしょう》のとき、犍爲《けんい》太守《たいしゅ》となった。先主は益州を平定し益州牧を領すると、辟召して從事祭酒《じゅうじさいしゅ》とした。後に圖讖《としん》を引用して、先主に天子への即位を勧進した。（先主が）即位した後、昇進して大鴻臚《だいこうろ》となった。建興《けんこう》年間（二二三～二三七年）に卒した。その事績を失ったため、傳を作らなかった。子の何雙《かそう》は、字を漢偶《かんぐう》という。機知に富んだ諧謔を交えて談笑するさまは、淳于髡《じゅんうけい》や東方朔《とうほうさく》の面影があった。雙柏縣長《そうはくけんちょう》となったが、早く卒した。

【原文】

車騎高勁、惟其泛愛。以弱制彊、不陷危墜。

贊吳子遠

子遠名壹、陳留人也。隨劉焉入蜀。劉璋時、爲中郎將、將兵拒先主於涪、詣降。先主定益州、以壹爲護軍・討逆將軍、納壹妹爲夫人。章武元年、爲關中都督。建興八年、與魏延入南安界、破魏將費瑤、徙亭侯、進封高陽鄉侯、遷左將軍。十二年、丞相亮卒、以壹督漢中、車騎將軍・假節、領雍州刺史、進封濟陽侯。十五年卒。失其行事、故不爲傳。壹族弟班、字元雄、大將軍何進官屬吳匡之子也。以豪俠稱、官位常與壹相亞。先主時、爲領軍。後主世、稍遷至驃騎將軍・假節、封緜竹侯。

《訓読》

車騎は高勁、惟れ其れ泛愛あり。弱を以て彊を制し、危墜に陷らず。

吳子遠を贊ふ

子遠 名は壹、陳留の人なり。劉焉に隨ひて蜀に入る。劉璋の時、中郎將と爲り、兵を將ゐ先主を涪に拒ぎ、降るに詣る。先主 益州を定むるや、壹を以て護軍・討逆將軍と爲し、壹の妹を納れて夫人と爲す。章武元年、關中都督と爲る。建興八年、魏延と與に南安の界に入り、魏將の費瑤を破り、亭侯に徙り、進みて高陽鄉侯に封ぜられ、左將軍に遷る。十二年、丞相の亮 卒するや、壹を以て漢中に督せしめ、車騎將軍・假節たりて、雍州刺史を領す。進みて濟陽侯に封ぜらる。十五年に卒す。其の行事を失ふ、故に傳を爲らず。壹の族弟たる班、字は元雄、大將軍たる何進の官屬たる吳匡の子なり。豪俠を以て稱せられ、官位は常に壹と相 亞ぐ。先主の時、領軍と爲る。後主の世、稍や遷りて驃騎將軍・假節に至り、緜竹侯に封ぜらる。

［現代語訳］

車騎《しゃき》將軍（吳懿）は意気高く強く、博愛であった。弱により強を制し、危機に陥らなかった。

吳子遠《ごしえん》を賛える

子遠は名を壹《い》といい、豫《よ》州陳留《ちんりゅう》郡の人である。劉焉《りゅうえん》に随って蜀に入った。劉璋《りゅうしょう》のとき、中郎將《ちゅうろうしょう》となり、兵を率いて先主を涪《ふ》城に拒いだのち、降伏に来た。先主は益州を定めると、呉壹を護軍《ごぐん》・討逆《とうぎゃく》將軍となし、呉壹の妹を納れて夫人とした。章武《しょうぶ》元（二二一）年、關中都督《かんちゅうととく》となった。建興《けんこう》八（二三〇）年、魏延《ぎえん》と共に南安《なんあん》郡の境界に進入し、魏將の費瑤《ひよう》を破り、亭侯にうつり、進んで高陽郷侯《こうようきょうこう》に封建され、左將軍に遷った。建興十二（二三四）年、丞相の諸葛亮が卒すると、呉壹を漢中都督《かんちゅうととく》とし、車騎《しゃき》將軍・假節《かせつ》として、雍州刺史《ようしゅうしし》を兼ねさせた。進んで濟陽侯《せいいんこう》に封建された。建興十五（二三七）年に卒した。その事績を失ったので、傳を作らなかった。呉壹の族弟である呉班《ごはん》は、字を元雄《げんゆう》といい、大將軍である何進《かしん》の属官である呉匡《ごきょう》の子である。豪俠により称えられ、官位は常に呉壹に次いだ。先主のとき、領軍《りょうぐん》となった。後主の世に、やや遷って驃騎《ひょうき》將軍・假節《かせつ》に至り、緜竹侯《めんちくこう》に封建された。

【原文】

安漢宰南、奮撃舊郷、翦除蕪穢、惟刑以張、廣遷蠻・濮、國用用彊。

贊李德昂

輔漢惟聰、既機且惠、因言遠思、切問近對。贊時休美、和我業世。

贊張君嗣

鎭北敏思、籌畫有方、導師禳穢、遂事成章。偏任東隅、末命不祥、哀悲本志、放流殊疆。

贊黃公衡

越騎惟忠、厲志自祗、職于內外、念公忘私。

贊楊季休

《訓読》

安漢は南に宰たりて、奮ひて舊郷を撃ち、蕪穢を翦除し、惟れ刑以て張り、廣く蠻・濮を遷し、國用 用て彊《つよ》し。

李德昂を贊ふ

輔漢は惟れ聰たりて、既に機にして且つ惠、因りて遠思を言ひ、近對に切問す。時の休美なるを贊し、我が業世を和す。

張君嗣を贊ふ

鎭北は敏思、籌畫は方有り、師を導き穢を禳《はら》ひ、事を遂《と》げ章を成す。東隅に偏任し、末命は不祥たりて、本志を哀悲し、殊疆に放流せらる。

黃公衡を贊ふ

越騎は惟れ忠たりて、志を厲《はげま》し自ら祗《つつし》み、內外に職《つと》め、公を念《おも》ひ私を忘る。

楊季休を贊ふ

［現代語訳］

安漢《あんかん》將軍（李恢）は南方の長官となり、奮いたって故郷（の悪人）を撃ち、悪逆な者を排除し、刑罰を設け、広く蠻族と濮《ぼく》族を遷し、国用はそれにより強くなった。

李德昂《りとくこう》を賛える

輔漢《ほかん》將軍（張裔）は聡明で、機敏と敬愛を兼ね備え、それにより遠き計略を言い、近き対策にもきちんと答えた。（諸葛亮の政治が行われている）時が立派であることを賛美し、我が朝廷を和合させた。

張君嗣《ちょうくんし》を賛える

鎮北《ちんほく》將軍（黄權）は鋭敏な思考を持ち、戦略は筋道があり、軍を率いて悪を打ち払い、任務を遂行して功績を成した。（ところが）東の隅（である長江の北岸）に一人で任じられ（て曹魏に降服し）、末年は不祥で、（蜀漢を輔けたい）本来の志（が実現できないこと）を悲しみ、異境に放逐された。

黄公衡《こうこうこう》を賛える

越騎校尉《えっきこうい》（楊洪）は忠であり、志を励まして自ら慎み、内と外の職をつとめ、公を思って私を忘れた。

楊季休《ようききゅう》を賛える

【原文】

征南厚重、征西忠克、統時選士、猛將之烈。

賛趙子龍・陳叔至

叔至名到、汝南人也。自豫州隨先主、名位常亞趙雲、俱以忠勇稱。建興初、官至永安都督・征西將軍、封亭侯。

《訓読》

征南は厚重、征西は忠克、時の選士を統べ、猛將の烈たり。

趙子龍・陳叔至を贊ふ

叔至 名は到、汝南の人なり。豫州より先主に隨ひ、名位は常に趙雲に亞ぎ、俱に忠勇を以て稱せらる。建興の初め、官は永安都督・征西將軍に至り、亭侯に封ぜらる。

［現代語訳］

征南《せいなん》將軍（趙雲）は重厚、征西《せいせい》將軍（陳到）は忠誠で、その時の精鋭を統べ、猛将の烈しさがあった。

叔至《しゅくし》は名を到《とう》といい、豫州汝南《じょなん》郡の人である。豫州から先主に随い、名声と地位は常に趙雲に次ぎ、共に忠義と武勇により称された。建興《けんこう》年間（二二三～二三七年）の初め、官は永安都督《えいあんととく》・征西《せいせい》將軍に至り、亭侯に封建された。

趙子龍《ちょうしりょう》・陳叔至《ちんしゅくし》を賛える

【原文】

鎮南粗強、監軍尙篤、並豫戎任、任自封裔。

贊輔元弼・劉南和

輔元弼名匡、襄陽人也。隨先主入蜀。益州既定、爲巴郡太守。建興中、徙鎮南、爲右將軍、封中鄉侯。

劉南和名邕、義陽人也。隨先主入蜀。益州既定、爲江陽太守。建興中、稍遷至監軍・後將軍、賜爵關內侯、卒。子式嗣。少子武、有文、與樊建齊名、官亦至尙書。

《訓読》

鎮南は粗強、監軍は尙篤、並びに戎任に豫《あづか》り、任 自づから裔に封ぜらる。

輔元弼・劉南和を贊ふ

輔元弼 名は匡、襄陽の人なり。先主に隨ひて蜀に入る。益州 既に定まるや、巴郡太守と爲る。建興中、鎭南に徙り、右將軍と爲り、中郷侯に封ぜらる。

劉南和 名は邕、義陽の人なり。先主に隨ひて蜀に入る。益州 既に定まるや、江陽太守と爲る。建興中、稍や遷りて監軍・後將軍に至り、爵關內侯を賜はるも、卒す。子の式 嗣ぐ。少子の武、文有り、樊建と名を齊しくし、官は亦た尚書に至る。

［現代語訳］

鎭南《ちんなん》將軍（輔匡）は荒っぽく強く、監軍《かんぐん》（劉邕）は篤実で、ともに軍事に関与し、任務に（成功して）末裔まで封建された。

輔元弼《ほげんひつ》・劉南和《りゅうなんか》を賛える

輔元弼は名を匡《きょう》といい、荊州襄陽郡《じょうようぐん》の人である。先主に随って蜀に入った。益州が平定されると、巴郡《はぐん》太守となった。建興年間《けんこう》（二二三～二三七年）に、鎭南《ちんなん》將軍に遷り、右將軍となり、中郷侯《ちゅうきょうこう》に封建された。

劉南和《りゅうなんか》は名を邕《よう》といい、荊州義陽郡《ぎようぐん》の人である。先主に随って蜀に入った。益州が平定されると、江陽《こうよう》太守となった。建興年間《けんこう》（二二三～二三七年）に、やや遷って監軍《かんぐん》・後將軍《こうしょうぐん》に至り、爵關內侯を賜わったが、卒した。子の劉式《りゅうしき》が（關內侯の後を）嗣いだ。少子の劉《りゅう》武《ぶ》は、文才があり、樊建《はんけん》と名声を等しくして、官はまた尚書《しょうしょ》に至った。

【原文】

司農性才、敷述允章、藻麗辭理、斐斐有光。

贊秦子勑

正方受遺、豫聞後綱、不陳不僉、造此異端。斥逐當時、任業以喪。

贊李正方

文長剛粗、臨難受命、折衝外禦、鎭保國境。不協不和、忘節言亂。疾終惜始、實惟厥性。

贊魏文長

威公狷狹、取異衆人。閑則及理、逼則傷侵。舍順入凶、大易之云。

贊楊威公

《訓読》

司農は性 才あり、敷述 允《まこと》に章らかにして、藻麗たる辭理、斐斐として光有り。

秦子勑を贊ふ

正方は遺を受け、豫りて後綱を聞くも、陳べず僉《とも》にせず、此の異端を造す。當時に斥逐せられ、任業 以て喪《うしな》ふ。

李正方を贊ふ

文長は剛粗、難に臨み命を受け、外禦を折衝して、國境を鎭保す。協せず和せず、節を忘れ亂を言ふ。終りを疾《にく》み始めを惜しむも、實に惟れ厥の性なり。

魏文長を贊ふ

威公は狷狹、異を衆人に取る。閑《しづか》なるときは則ち理に及び、逼られしときには則ち傷つけ侵す。順を舍《す》て凶に入るは、大易の云ふがごとし。

楊威公を贊ふ

〔現代語訳〕

大司農《だいしのう》（秦宓）は天賦の才があり、上奏を述べてたいへん明確で、華麗な文章は論理正しく、きらきらと輝いていた。

　秦子勅《しんしちょく》を賛える

正方《せいほう》（李嚴）は遺命を受け、（先主の）後の政事に関与したが、述べず共にせず、道ならぬ行動をした。当時に排斥され、任務も業績も失った。

　李正方を賛える

文長《ぶんちょう》（魏延）は剛毅で粗野で、困難に臨んで（漢中を守る）命を受け、外敵を防ぎ戦い、国境を鎮守した。（しかし人と）協調せず調和せず、節義を忘れて反乱（の意志）を述べた。最後の行動を憎み最初の行動を惜しむが、（最後の行動を招いたのは）まことにその本性であった。

　魏文長を賛える

威公《いこう》（楊儀）は狷介で、衆人とは異なる。平静なときには理に基づき、切迫すると（人を）傷つけ侵害した。順を捨てて凶に入ったのは、大いなる『周易《しゅうえき》』の言うとおりである。

　楊威公を賛える

【原文】

季常良實、文經勤類、士元言規、處仁聞計、孔休・文祥、或才或臧、播播述志、楚之蘭芳。

　贊馬季常・衞文經・韓士元・張處仁・殷孔休・習文祥

文經・士元、皆失其名實・行事・郡縣。處仁本名存、南陽人也。以荊州從事隨先主入蜀、南次至雒、以爲廣漢太守。存素不服龐統、統中矢卒、先主發言嘉歎、存曰、統雖盡忠可惜、然違大雅之義。先主怒曰、統殺身成仁。更爲非也。免存官。頃之、病卒。失其行事、故不爲傳。

孔休名觀、爲荊州主簿、別駕從事、見先主傳。失其郡縣。文祥名禎、襄陽人也。隨先主入蜀、歷雒・郫令、[1]（南）廣漢太守。失其行事。子忠、官至尚書郎［一］。

〔裴松之注〕

［一］襄陽記曰、習禎有風流、善談論、名亞龐統、而在馬良之右。子忠、亦有名。忠子隆、爲步兵校尉、掌校祕書。

〔校勘〕

1．中華書局本により「南」の一字を省く。

《訓讀》

季常は良實、文經は勤類、士元は言規、處仁は計を聞き、孔休・文祥は、或いは才あり或いは臧《よ》く、播播として志を述べ、楚の蘭芳たり。

　馬季常・衞文經・韓士元・張處仁・殷孔休・習文祥を贊ふ

文經・士元は、皆 其の名實・行事・郡縣を失ふ。處仁は本の名は存、南陽の人なり。荊州從事を以て先主に隨ひ蜀に入り、南して次し雒に至り、以て廣漢太守と爲る。存 素より龐統に服せず、統 矢に中《あ》たり卒し、先主 言を發して嘉して歎ずるや、存曰く、「統 忠を盡くし惜む可しと雖も、然れども大雅の義に違ふ」と。先主 怒りて曰く、「統 身を殺して仁を成す。更《ことさら》に非と爲すや」と。存の官を免ず。頃之《しばらくして》、病みて卒す。其の行事を失ふ、故に傳を爲らず。

孔休 名は觀、荊州主簿、別駕從事と爲る、先主傳に見ゆ。其の郡縣を失ふ。文祥 名は禎、襄陽の人なり。先主に随ひ蜀に入り、雒・郫令、廣漢太守を歴す。其の行事を失ふ。子の忠、官は尚書郎に至る[一]。

[裴松之注]

[一] 襄陽記に曰く、「習禎 風流有り、談論を善くし、名は龐統に亞ぎて、馬良の右に在り」と。子の忠、亦た名有り。忠の子たる隆、歩兵校尉と爲り、祕書を校するを掌る。

[現代語訳]

季常（馬良）は誠実、文經は勤勉、士元は言葉が正しく、處仁（張存）は計を聞き、孔休（殷觀）・文祥（習禎）は、あるいは才がありあるいは良く、悠々と志を述べ、楚の芳蘭であった。

馬季常《ばきじょう》・衛文經《えいぶんけい》・韓士元《かんしげん》・張處仁《ちょうしょじん》・殷孔休《いんこうきゅう》・習文祥《しゅうぶんしょう》を賛える

衛文經と韓士元は、ともにその名と事績と郡縣を失った。張處仁はもとの名を存といい、荊州南陽《なんよう》郡の人である。荊州從事《けいしゅうじゅうじ》として先主に随って蜀に入り、南にむかい雒《らく》に至り、廣漢《こうかん》太守となった。張存《ちょうそん》はかねてから龐統《ほうとう》を尊重しておらず、龐統が矢に当たって卒し、先主が言葉を発して（龐統を）褒め（その死を）歎くと、張存は、「龐統は忠を尽くし惜しむべきですが、それでも大雅の義（君子の道）には反しておりました」と言った。先主は怒って、「龐統は身を殺して仁を成したのだ。それをわざわざ非とするのか」と言った。張存の官を免じた。しばらくして、病気で卒した。その事績を失ったので、傳を作らなかった。

殷孔休は名を觀《かん》といい、荊州主簿《けいしゅうしゅぼ》、別駕從事《べつがじゅうじ》となったことが、先主傳に見える。その郡縣を失った。習文祥は名を禎《てい》といい、荊州襄陽《じょうよう》郡の人である。先主に随って蜀に入り、雒《らく》令、郫《ひ》令、廣漢《こうかん》太守を歴任した。その事績を失った。子の習忠《しゅうちゅう》は、官が尚書郎《しょうしょろう》に至った[一]。

[裴松之注]

[一]『襄陽記《じょうようき》』に、「習禎《しゅうてい》は風流があり、談論を得意とし、名は龐統に次ぎ、馬良《ばりょう》の上にあった」とある。子の習忠は、また名声があった。習忠の子である習隆《しゅうりゅう》は、歩兵校尉《ほへいこうい》となり、宮中の書籍の校勘を掌った。

【原文】

國山休風、永南耽思。盛衡・承伯、言藏言時。孫徳果鋭、偉南篤常。徳緒・義彊、志壯氣剛。濟濟脩志、蜀之芬香。

贊王國山・李永南・馬盛衡・馬承伯・李孫徳・李偉南・龔徳緒・王義彊

國山名甫、廣漢郪人也。好人流・言議。劉璋時、爲州書佐。先主定蜀後、爲緜竹令、還爲荊州議曹從事。

隨先主征吳、軍敗於秭歸、遇害。子祐、有父風、官至尙書右選郎。

永南名邵、廣漢郪人也。先主定蜀後、爲州書佐、部從事。建興元年、丞相亮辟爲西曹掾。亮南征、留邵爲治中從事。是歲卒[一]。

[裴松之注]

[一] 華陽國志曰、邵兄邈、字漢南、劉璋時爲牛鞞長。先主領牧、爲從事、正旦命行酒、得進見。讓先主曰、振威以將軍宗室肺腑、委以討賊。元功未效、先寇而滅。邈以將軍之取鄙州、甚爲不宜也。先主曰、知其不宜、何以不助之。邈曰、匪不敢也、力不足耳。有司將殺之。諸葛亮爲請、得免。久之、爲犍爲太守、丞相參軍・安漢將軍。建興六年、亮西征。馬謖在前敗績、亮將殺之。邈諫以秦赦孟明、用伯西戎、楚誅子玉、二世不競。失亮意、還蜀。十二年、亮卒、後主素服發哀三日。邈上疏曰、呂祿・霍禹未必懷反叛之心、孝宣不好爲殺臣之君、直以臣懼其偪、主畏其威、故姦萌生。亮身杖彊兵、狼顧虎視。五大不在邊、臣常危之。今亮殞沒、蓋宗族得全、西戎靜息、大小爲慶。後主怒、下獄誅之。

《訓讀》

國山は休風、永南は耽思たり。盛衡・承伯は、藏を言ひ時を言ふ。孫德は果鋭、偉南は篤常たり。德緒・義彊は、志は壯にして氣は剛たり。濟濟として志を脩め、蜀の芬香たり。

王國山・李永南・馬盛衡・馬承伯・李孫德・李偉南・龔德緒・王義彊を贊ふ

國山 名は甫、廣漢郪の人なり。人流・言議を好む。劉璋の時、州の書佐と爲る。先主 蜀を定めし後、緜竹令と爲り、還りて荊州の議曹從事と爲る。先主に隨ひて吳を征し、軍 秭歸に敗れ、害に遇ふ。子の祐、父の風有り、官は尙書右選郎に至る。

永南 名は邵、廣漢郪の人なり。先主 蜀を定めし後、州の書佐、部從事と爲る。建興元年、丞相の亮 辟して西曹掾と爲す。亮 南征するや、邵を留めて治中從事と爲す。是の歲 卒す[一]。

[裴松之注]

[一] 華陽國志に曰く、「邵の兄の邈、字は漢南、劉璋の時 牛鞞長と爲る。先主 牧を領するや、從事と爲し、正旦に命じて酒を行《や》らしめ、進見するを得たり。先主を讓《せ》めて曰く、「振威は將軍の宗室の肺腑たるを以て、委ぬるに賊を討つを以てす。元功 未だ效あらざるに、先に寇して滅ぼす。邈 以《おも》ふに將軍の鄙州を取るは、甚だ宜しからずと爲すなり」と。先主曰く、「其の宜しからざるを知らば、何を以て之を助けざる」と。邈曰く、「敢てせざるに匪ざるなり、力 足らざるのみ」と。有司 將に之を殺さんとす。諸葛亮 爲に請ふて、免るるを得たり。久之《ひさしくして》、犍爲太守、丞相參軍・安漢將軍と爲る。建興六年、亮 西征す。馬謖 前に在りて敗績し、亮 將に之を殺さんとす。邈 諫めるに秦 孟明(一)を赦して、用《もっ》て西戎に伯《は》たり、楚 子玉(二)を誅して、二世 競はざるを以てす。亮の意を失ひ、蜀に還る。十二年、亮 卒するや、後主 素服して哀を發すること三日なり。邈 上疏して曰く、「呂祿(三)・霍禹(四) 未だ必ずしも反叛の心を懷かず、孝宣 臣を殺すの君と爲るを好まざるも、直だ臣は其の偪を懼れ、主は其の威を畏るるを以て、故に姦萌 生ず。亮 身づから彊兵を杖つき、狼顧し虎視す。

五大は邊に在《お》かざれば、(五) 臣 常に之を危《あや》ぶむ。今 亮 殞沒し、蓋し宗族は全きを得、西戎は靜息し、大小は慶を爲さん」と。後主怒り、獄に下して之を誅す」と。

(補注)

(一) 孟明は、春秋時代の秦の人。百里奚の子。穆公に仕えて、鄭を討って晉に三敗したが、なお用いられ晉を圧倒、穆公を西戎の覇者とした(『春秋左氏傳』文公 傳三年)。

(二) 子玉は、春秋時代の楚の人。成得臣、子玉は字。楚の令尹となり、晉・齊・秦の連合軍と城濮で戦って敗れ、楚の成王から死を賜った(『史記』巻四十 楚世家)。

(三) 呂祿は、高祖呂皇后の甥。趙王・上將軍となり北軍を統率し、呂氏の天下を支えた。呂后の死後、酈寄の計略にかかって將軍の印綬を返上し、これにより北軍の指揮権を奪った周勃に捕らえられ、誅殺された(『漢書』巻三 高后紀)。

(四) 霍禹は、霍光の子。宣帝の大司馬となり、妹の霍皇后らと政権を壟断する。宣帝を廃位し帝位に就こうと企てたため、捕らえられ腰斬された。博陸侯(『漢書』巻六十八 霍光傳)。

(五)『春秋左氏傳』昭公 傳十一年に、「臣聞、五大不在邊、五細不在庭。親不在外、羈不在內」とあることを踏まえた表現である。なお、五大(五種の権貴の臣)について、杜預は、木・火・土・金・水の五官の長とするが、賈逵は、太子・母弟・貴重の公子・公孫・累世の正卿とする。

[現代語訳]

國山(王甫)は立派な風格を持ち、永南(李邵)は考えが深かった。盛衡(馬勳)・承伯(馬齊)は、(胸の中に)隠したものを言い時勢を語った。孫德(李福)は果断気鋭で、偉南(李朝)は(志が)篤く恒常心があった。德緒(龔祿)・義彊(王士)は、志は勇壮で剛気であった。(これらは多士)濟濟として志を修め、蜀の良き香りであった。

王國山《おうこくさん》・李永南《りえいなん》・馬盛衡《ばせいこう》・馬承伯《ばしょうはく》・李孫德《りそんとく》・李偉南《りいなん》・龔德《きょうとく》緒《しょ》・王義彊《おうぎきょう》を贊える

王國山は名を甫《ほ》といい、益州廣漢《こうかん》郡郪《し》縣の人である。人物評価と議論を好んだ。劉璋《りゅうしょう》の時、益州の書佐《しょさ》となった。先主が蜀を平定した後、緜竹《めんちく》令となり、帰って荊州の議曹從事《ぎそうじゅうじ》となった。先主に随って呉を征伐し、軍は秭歸《しき》で敗れ、殺害された。子の王祐《おうゆう》は、父の面影があり、官は尙書右選郎《しょうしょゆうせんろう》に至った。

李永南は名を邵《しょう》といい、益州廣漢郡郪縣の人である。先主が蜀を平定した後、益州の書佐、部從事《ぶじゅうじ》となった。建興《けんこう》元(二二三)年、丞相の諸葛亮が辟召して西曹掾《せいそうえん》とした。諸葛亮は南征すると、李邵を留めて治中從事《じちゅうじゅうじ》とした。この歳に卒した[一]。

[裴松之注]

[一]『華陽國志《かようこくし》』に、「李邵《りしょう》の兄の李邈《りばく》は、字を漢南《かんなん》といい、劉《りゅう》璋《しょう》の時に牛鞞長《ぎゅうひちょう》となった。先主は益州牧を兼任すると、從事《じゅうじ》とし、正月元旦に命じて酒をついで回らせ、(李邈は先主に)謁見することができた。(そこで)先主を責めて、「振威《しんい》將軍(劉璋)は將軍《あなた》(劉備)が宗室の一族なので、賊(の張魯)を討つことを委任したのです。その大功がまだあがっていないうちに、先に(益州に)侵攻して(劉璋を)滅ぼしました。邈《わたくし》は將軍が我が益州を取ることは、たいへんよろしくないと思います」といっ

た。先主は、「それがよろしくないことを知っていたならば、どうして劉璋を助けなかったのか」と答えた。李邈は、「あえてしなかったわけではありません、力が足りなかっただけです」と言った。担当の役人はこれを殺そうとした。諸葛亮が（李邈の）ために請願して、免れることができた。久しくして、犍爲《けんい》太守、丞相府參軍《さんぐん》・安漢《あんかん》將軍となった。建興《けんこう》六（二二八）年、諸葛亮は西征した。馬謖《ばしょく》が先陣として敗退し、諸葛亮はこれを殺そうとした。李邈は諫めて秦が孟明《もうめい》を許して、それにより西戎《せいじゅう》の覇者となり、楚が子玉《しぎょく》を誅殺して、二代にわたり振るわなかった例をあげた。諸葛亮の好意を失い、蜀に帰った。建興十二（二三四）年、諸葛亮が卒すると、後主は白い喪服をつけて哀悼の意を発すること三日であった。李邈は上疏して、「呂祿《りょろく》と霍禹《かくう》はいまだ必ずしも反乱の心を懐いておらず、孝宣帝《こうせんてい》は臣下を殺した君主となるのを好みませんでしたが、ただ臣下は君主からの圧迫を恐れ、君主は臣下の威勢を恐れたことにより、邪悪（な反乱）が発生しました。諸葛亮は自身で強力な兵力を率い、狼や虎のように（君主の地位を）狙っていました。五種の権貴の臣下は辺境に置いてはならないので、臣《わたくし》はいつもこれを危険に思っておりました。いま諸葛亮は死に、おそらく（皇帝の）宗族は安泰となり、西戎は安息し、臣下の大も小も慶賀をしているでしょう」と言った。後主は怒り、獄に下してこれを誅殺した」とある。

【原文】

盛衡名勳、承伯名齊、皆巴西閬中人也。勳劉璋時爲州書佐。先主定蜀、辟爲左將軍屬、後轉州別駕從事、卒。齊爲太守張飛功曹。飛貢之先主、爲尙書郞。建興中、從事、丞相掾。遷廣漢太守、復爲[1]（飛）參軍。亮卒、爲尙書。勳・齊皆以才幹自顯見。歸信於州黨、不如姚伷。

伷字子緒、亦閬中人。先主定益州後、爲功曹、書佐。建興元年、爲廣漢太守。丞相亮北駐漢中、辟爲掾。並進文武之士。亮稱曰、忠益者莫大於進人。進人者各務其所尙。今姚掾並存剛柔、以廣文武之用。可謂博雅矣。願諸掾各希此事、以屬其望。遷爲參軍。亮卒、稍遷爲尙書僕射。時人服其眞誠・篤粹。延熙五年卒。在作贊之後。

〔校勘〕

1. 中華書局本により「飛」の一字を省く。

《訓読》

盛衡 名は勳、承伯 名は齊、皆 巴西閬中の人なり。勳は劉璋の時 州の書佐と爲る。先主 蜀を定むるや、辟して左將軍屬と爲し、後に轉じて州の別駕從事たるも、卒す。齊は太守の張飛の功曹と爲る。飛 之を先主に貢し、尙書郞と爲す。建興中、從事、丞相掾たり。廣漢太守に遷り、復た參軍と爲る。亮 卒するや、尙書と爲る。勳・齊は皆 才幹を以て自づから顯見す。信を州黨に歸すること、姚伷に如かず。

伷 字は子緒、亦た閬中の人なり。先主 益州を定めし後、功曹、書佐と爲る。建興元年、廣漢太守と爲る。丞相の亮 北のかた漢中に駐するや、辟して掾と爲す。文武の士を並べ進む。亮 稱して曰く、「忠益なる者は人を進むるより大なるは莫し。人を進むる者は各〻其の尚ぶ所に務む。今 姚掾は剛柔を並び存して、以て文武の用を廣む。博雅なると謂ふ可し。願はくは諸掾 各〻此の事を希ひて、以て其の望に屬《およ》べ」と。遷りて參軍と爲る。亮 卒するや、稍や遷りて尚書僕射と爲る。時人 其の眞誠・篤粹に服す。延熙五年に卒す。贊を作るの後に在り。

［現代語訳］

馬盛衡《ばせいこう》は名を勳《くん》といい、馬承伯《ばしょうはく》は名を齊《せい》といい、ともに益州巴西《はせい》郡閬中《ろうちゅう》縣の人である。

馬勳は劉璋のとき益州の書佐《しょさ》となった。先主が蜀を平定すると、辟召して左將軍屬《ぞく》とし、後に轉じて益州の別駕從事《べつがじゅうじ》となったが、卒した。馬齊は巴西太守の張飛の功曹史《こうそうし》となった。張飛がこれを先主に貢士として送り、（先主は）尚書郎《しょうしょろう》とした。建興《けんこう》年間（二二三～二三七年）、從事《じゅうじ》、丞相掾《えん》となった。廣漢《こうかん》太守に遷り、また參軍《さんぐん》となった。諸葛亮が卒すると、尚書となった。馬勳と馬齊はともに才能によって自然と出世した。信頼を州に得ていたことは、姚伷《ようちゅう》には及ばなかった。

姚伷は字を子緒《しちょ》といい、また益州巴西郡閬中縣の人である。先主が益州を平定した後、功曹《こうそう》、書佐《しょさ》となった。建興《けんこう》元（二二三）年、廣漢《こうかん》太守となった。丞相の諸葛亮は北方の漢中に駐屯すると、辟召して掾とした。（姚伷は）文武の士を共に進めた。諸葛亮はそれを称えて、「忠益というものは人を進めるより重大なことはない。人を進める者はそれぞれその尊重するところに努力する。いま姚掾は剛と柔を並び持ち、それにより文武の有用な者を広く進めた。博雅であると言えよう。どうか諸掾もそれぞれこのことにならって、わたしの期待に答えてほしい」と言った。遷って參軍《さんぐん》となった。諸葛亮が卒すると、やや遷って尚書僕射《しょうしょぼくや》となった。時人はその誠実と篤実に服した。延熙《えんき》五（二四二）年に卒した。（楊戲が）贊を作った後のことである。

【原文】

孫德名福、梓潼涪人也。先主定益州後、爲書佐、西充國長、成都令。建興元年、徙巴西太守、爲江州督・揚威將軍。入爲尚書僕射、封平陽亭侯。延熙初、大將軍蔣琬出征漢中、福以前監軍領司馬、卒［一］。

［裴松之注］

［一］益部耆舊雜記曰、諸葛亮於武功病篤、後主遣福省侍、遂因諮以國家大計。福往具宣聖旨、聽亮所言、至別去數日、忽馳思未盡其意、遂卻騎馳還見亮。亮語福曰、孤知君還意。近日言語、雖彌日有所不盡、更來一決耳。君所問者、公琰其宜也。福謝、前實失不諮請公、如公百年後、誰可任大事者。故輒還耳。乞復請、蔣琬之後、誰可任者。亮曰、文偉可以繼之。又復問其次、亮不答。福還、奉使稱旨。福爲人精識果鋭、敏於從政。子驤、字叔龍、亦有名、官至尚書郎、廣漢太守。

《訓読》

孫德 名は福、梓潼涪の人なり。先主 益州を定めし後、書佐、西充國長、成都令と爲る。建興元年、巴西太守に徙り、江州督・揚威將軍と爲る。入りて尚書僕射と爲り、平陽亭侯に封ぜらる。延熙の初、大

將軍の蔣琬 漢中に出征するや、福 前監軍を以て司馬を領するも、卒す[二]。

[裴松之注]

[一] 益部耆舊雜記に曰く、「諸葛亮 武功に病ひ篤く、後主 福を遣はして省侍せしめ、遂て因りて諮るに國家の大計を以てす。福往きて具《つぶ》さに聖旨を宣《の》べ、亮の言ふ所を聽き、別れ去るに至ること數日、忽として思ひを馳せ未だ其の意を盡くさずとし、遂て騎を卻《かへ》し馳せ還りて亮に見ゆ。亮 福に語りて曰く、「孤 君の還るの意を知る。近日 言語し、日を彌《かさ》ねたると雖も盡くさざる所有り、更めて一たび來たらば決せんとするのみ。君の問ふ所の者は、公琰 其れ宜しきなり」と。福 謝《わ》び、前に實に失ひて公に諮り請はざるは、如《も》し公 百年の後、誰か大事を任ず可き者ぞ。故に輒ち還るのみ。乞ふらく復た請ふ、「蔣琬の後、誰か任ず可き者ぞ」と。亮曰く、「文偉 以て之を繼がしむ可し」と。又 復《かさ》ねて其の次を問ふも、亮 答へず。福 還り、使を奉じて旨に稱《かな》ふ。福 人と爲り精識にして果鋭、政に從ふに敏なり。子の驤、字は叔龍、亦た名有り、官は尙書郎、廣漢太守に至る」と。

[現代語訳]

李孫徳《りそんとく》は名を福《ふく》といい、益州梓潼《しとう》郡涪《ふ》縣の人である。先主が益州を平定した後、書佐《しょさ》、西充國長《せいじゅうこくちょう》、成都令《せいとれい》となった。建興《けんこう》元（二二三）年、巴西《はせい》太守に遷り、江州都督《こうしゅうととく》・揚威《ようい》將軍となった。（朝廷に）入って尙書僕射《しょうしょぼくや》となり、平陽亭侯《へいようていこう》に封建された。延熙《えんき》年間（二三八～二五七年）の初め、大將軍の蔣琬《しょうえん》が漢中に出征すると、李福は前監《ぜんかん》軍《ぐん》として司馬《しば》を兼任したが、卒した[二]。

[裴松之注]

[一]『益部耆舊雜記《えきぶききゅうざっき》』に、「諸葛亮は武功《ぶこう》縣で病気が篤くなり、後主は李福《りふく》を派遣して見舞い侍らせ、それにより国家の大計を諮問した。李福は行って詳細に聖旨を述べ、諸葛亮の言う所を聴き、別れ去ってから数日に至り、突然思いを馳せてまだその意を尽くしていないとして、かくて馬を戻し馳せ帰って諸葛亮に謁見した。諸葛亮は李福に、「孤《わたし》は君が戻ってきた意図が分かる。ちかごろ議論をし、日を重ねたといっても意を尽くさない所があり、改めてもう一度（李福が）来たならば決めようとしていた。君の問う者は、公琰《こうえん》（蔣琬）がよい」と言った。李福は詫び、この前はすっかり忘れていた公に諮問したいことは、もし公が百年（死後）の後、誰に大事を任《まか》すべきかということです。このためもう一度戻りました。どうかまたお教えください、「蔣琬の後は、誰に任すべきでしょうか」と言った。諸葛亮は、「文偉《ぶんい》（費禕）に蔣琬を継がせるべきである」と言った。また重ねて費禕の次を尋ねたが、諸葛亮は答えなかった。李福は帰り、使命を奉じて思し召しにかなった。李福は人となりが精密で決断力があり、政治を行うに敏捷であった。子の李驤《りじょう》は、字を叔龍《しゅくりゅう》といい、また名声があり、官は尙書郎《しょうしょろう》、廣漢《こうかん》太守に至った」とある。

【原文】

偉南名朝、永南兄。郡功曹、擧孝廉、臨邛令。入爲別駕從事。隨先主東征吳、章武二年卒於永安[一]。

[裴松之注]

[一] 益部耆舊雜記曰、朝又有一弟、早亡。各有才望、時人號之李氏三龍。華陽國志曰、羣下上先主爲漢中王。其文、朝所造也。臣松之案耆舊所記、以朝・邵及早亡者爲三龍。邈之狂直、不得在此數。

《訓讀》

偉南 名は朝、永南の兄なり。郡の功曹たりて、孝廉に擧げられ、臨邛令たり。入りて別駕從事と爲る。先主に隨ひて吳を東征し、章武二年に永安に卒す[一]。

[裴松之注]

[一] 益部耆舊雜記に曰く、「朝に又 一弟有り、早に亡《し》す。各〻才望有り、時人 之を李氏の三龍と號す」と。華陽國志に曰く、「羣下 先主を上して漢中王と爲す。其の文、朝の造る所なり」と。臣 松之 耆舊の記する所を案ずるに、朝・邵及び早に亡せし者を以て三龍と爲さん。邈の狂直、此の數に在るを得ざらん。

[現代語訳]

李偉南《りいなん》は名を朝《ちょう》といい、李永南《りえいなん》の兄である。廣漢《こうかん》郡の功曹《こうそう》となり、孝廉に察擧され、臨邛令《りんこうれい》となった。入って別駕從事《べつがじゅうじ》となった。先主に隨って吳を東征し、章武《しょうぶ》二（二二二）年に永安《えいあん》城で卒した[一]。

[裴松之注]

[一]『益部耆舊雜記《えきぶききゅうざっき》』に、「李朝《りちょう》にはまた一人の弟があったが、早く死んだ。それぞれ才能と名望があり、時人はこれを李氏の三龍と号した」とある。『華陽國志《かようこくし》』に、「群臣が先主を漢中王に推挙した。その文章は、李朝が作ったものである」とある。臣《わたくし》裴松之が『益部耆舊雜記』の記述を考えますに、李朝・李邵《りしょう》と早く死んだ弟を三龍とするのでしょう。李邈《りばく》の狂ったような率直さでは、この数に入れられないでしょう。

【原文】

德緒名祿、巴西安漢人也。先主定益州、爲郡從事、牙門將。建興三年、爲越嶲太守、隨丞相亮南征、爲蠻夷所害。時年三十一。弟衡、景耀中爲領軍。義彊名士、廣漢郪人、國山從兄也。從先主入蜀後、擧孝廉、爲符節長、遷牙門將、出爲宕渠太守、徙在犍爲。會丞相亮南征、轉爲益州太守、將南行、爲蠻夷所害。

《訓讀》

德緒 名は祿、巴西安漢の人なり。先主 益州を定むるや、郡の從事、牙門將と爲る。建興三年、越嶲太守と爲り、丞相の亮の南征に隨ひ、蠻夷の害する所と爲る。時に年 三十一なり。弟の衡[一]、景耀中に領軍と爲る。義彊 名は士、廣漢郪の人、國山の從兄なり。先主に從ひて蜀に入りし後、孝廉に擧げられ、符節長と爲り、牙門將に遷り、出でて宕渠太守と爲り、徙りて犍爲に在り。丞相の亮 南征するに會し、轉じて益州太守と爲り、將に南行せんとするに、蠻夷の害する所と爲る。

（補注）

（一）衡は、龔衡。益州巴西郡安漢縣の人。龔祿の弟。景耀年間に、領軍となった（『三國志』巻四十五 楊戲傳引『季漢輔臣贊』）。

［現代語訳］

龔德緒《きょうとくしょ》は名を祿《ろく》といい、益州巴西《はせい》郡安漢《あんかん》縣の人である。先主が益州を平定すると、巴西郡の從事《じゅうじ》、牙門將《がもんしょう》となった。建興《けんこう》三（二二五）年、越巂《えっすい》太守となり、丞相の諸葛亮の南征に随ったが、蠻夷に殺された。時に三十一歳であった。弟の龔衡《きょうこう》は、景耀《けいよう》年間（二五八～二六三年）に領軍《りょうぐん》となった。王義彊《おうぎきょう》は名を士《し》といい、益州廣漢《こうかん》郡郪《し》縣の人で、王國山《おうこくざん》（王甫）の從兄である。先主に從って蜀に入った後、孝廉に察擧され、符節長《ふせっちょう》となり、牙門將に遷り、出て宕渠《こうきょ》太守となり、遷って犍爲《けんい》太守となった。丞相の諸葛亮が南征するにあたり、転じて益州《えきしゅう》太守となり、南に行こうとしたが、蠻夷に殺された。

【原文】

休元輕寇、損時致害、文進奮身、同此顚沛。患生一人、至於弘大。

贊馮休元・張文進

休元名習、南郡人。隨先主入蜀。先主東征吳、習爲領軍、統諸軍、大敗於猇亭。

文進名南、亦自荊州隨先主入蜀。領兵從先主征吳、與習俱死。時又有義陽傅肜、先主退軍、斷後拒戰、兵人死盡。吳將語肜令降。肜罵曰、吳狗。何有漢將軍降者。遂戰死。拜子僉爲左中郎。後爲關中都督、景耀六年、又臨危授命。論者嘉其父子奕世忠義［一］。

［裴松之注］

［一］蜀記載晉武帝詔曰、蜀將軍傅僉、前在關城、身拒官軍、致死不顧。僉父肜、復爲劉備戰亡。天下之善一也。豈由彼此以爲異。僉息著・募、後沒入奚官、免爲庶人。

《訓読》

休元は寇を輕んじ、時を損なひ害を致し、文進は奮身するも、此の顚沛を同《とも》にす。患ひは一人に生じ、弘大に至る。

馮休元・張文進を贊ふ

休元 名は習、南郡の人なり。先主に隨ひて蜀に入る。先主 吳を東征するに、習 領軍と爲り、諸軍を統《す》ぶるも、猇亭に大敗す。

文進 名は南、亦た荊州より先主に隨ひて蜀に入る。兵を領し先主に從ひて吳を征し、習と與に俱に死す。時に又 義陽の傅肜［二］有り、先主 軍を退《ひ》くに、後を斷ち戰を拒み、兵人 死に盡く。吳將 肜に語りて降を令す。肜 罵りて曰く、「吳狗。何ぞ漢の將軍に降る者有らんや」と。遂て戰死す。子の僉を拜して左中郎と爲す。後に關中都督と爲り、景耀六年、又 危きに臨みて命を授く。論者 其の父子 奕世の忠義を嘉す［一］。

［裴松之注］

［一］蜀記に晉の武帝の詔を載せて曰く、「蜀の將軍たる傅僉、前に關城に在りて、身づから官軍を拒ぎ、死を致すも顧みず。僉の父

たる彤、復た劉備の爲に戰ひ亡《し》す。天下の善は一なり。豈に彼此により以て異を爲さん」と。僉の息たる著(二)・募(三)、後に奚官(四)に沒入せらるるも、免ぜられて庶人と爲る。

（補注）

（一）傅彤は、荊州義陽郡の人。傅僉の父。夷陵の戰いで殿軍をつとめ、降伏を拒否して死んだ（『三國志』巻四十五 楊戲傳引『季漢輔臣贊』）。

（二）著は、傅著。荊州義陽郡の人。傅僉の子。蜀漢の滅亡後、奚官で奴隷とされたが、父の傅僉の死が晉の武帝に評価され、開放され庶人となった（『三國志』巻四十五 楊戲傳注引『蜀記』）。

（三）募は、傅募。荊州義陽郡の人。傅僉の子。蜀漢の滅亡後、奚官で奴隷とされたが、父の傅僉の死が晉の武帝に評価され、開放され庶人となった（『三國志』巻四十五 楊戲傳注引『蜀記』）。

（四）奚官は、官名。晉から置かれ、馬を養うことを掌る（『晉書』巻二十四 職官志）

［現代語訳］

休元（馮習）は敵を軽んじ、時を失い害を招き、文進（張南）は奮戦したが、この敗北で共に命を失った。災難は一人《いちにん》に生じ、広く大きくなった。

馮休元《ふうきゅうげん》・張文進《ちょうぶんしん》を賛える

馮休元は名を習《しゅう》といい、荊州南郡《なんぐん》の人である。先主に随って蜀に入った。先主が呉を東征する際、馮習は領軍《りょうぐん》となり、諸軍を統べたが、猇亭《こう》で大敗した。

張文進は名を南《なん》といい、また荊州から先主に随って蜀に入った。兵を率いて先主に従って呉を征し、馮習と共に死んだ。このときまた荊州義陽郡の傅彤《ふゆう》がおり、先主が軍を引く際に、後を断って殿《しんがり》となり、兵は死に尽きた。呉将は傅彤に語って降伏を命じた。傅彤は罵って、「呉の狗《いぬ》め。どうして漢の将軍に降伏する者がおろうか」といった。かくて戦死した。子の傅僉《ふせん》を拝命して左中郎《さちゅうろう》とした。（傅僉は）後に關中都督《かんちゅうととく》となり、景耀《けいよう》六（二六三）年、また（国家の）危機に臨んで命を捧げた。論者は傅彤父子が二代にわたり忠義であったことを讃えた［一］。

［裴松之注］

［一］『蜀記《しょくき》』に晉の武帝《ぶてい》の詔を載せて、「蜀の将軍である傅僉《ふせん》は、先に關城で、自ら官軍を拒ぎ、死ぬことも顧みなかった。傅僉の父である傅彤《ふゆう》も、また劉備のために戦い死んだ。天下の善は一つである。どうしてあれとこれで異なるであろうか」とある。傅僉の子息である傅著《ふちょ》と傅募《ふぼ》は、（蜀漢の滅亡）後に奚官《けいかん》に奴隷とされていたが、免じられて庶人となった。

【原文】

江陽剛烈、立節明君。兵合遇寇、不屈其身、單夫隻役、隕命於軍。

贊程季然

季然名畿、巴西閬中人也。劉璋時爲漢昌長。縣有賨人、種類剛猛、昔高祖以定關中。巴西太守龐羲、以天下擾亂、郡宜有武衞、頗招合部曲。有讒於璋、説羲欲叛者。璋陰疑之。羲聞、甚懼、將謀自守、遣畿子郁宣旨、索兵自助。畿報曰、郡合部曲、本不爲叛。雖有交搆、要在盡誠。若必以懼、遂懷異志、非畿之所聞。幷勅郁曰、我受州恩、當爲州牧盡節。汝爲郡吏、當爲太守效力。不得以吾故有異志也。羲使人告畿曰、爾子在郡。不從太守、家將及禍。畿曰、昔樂羊爲將、飲子之羹、非父子無恩、大義然也。今雖復羹子、吾必飲之。羲知畿必不爲己、厚陳謝於璋、以致無咎。璋聞之、遷畿江陽太守。先主領益州牧、辟爲從事祭酒。後隨先主征吳、遇大軍敗績。泝江而還、或告之曰、後追已至、解船輕去、乃可以免。畿曰、吾在軍、未曾爲敵走、況從天子而見危哉。追人遂及畿船。畿身執戟戰、敵船有覆者。衆大至、共擊之、乃死。

公弘後生、卓爾奇精、夭命二十、悼恨未呈。

贊程公弘

公弘、名祁、季然之子也。

《訓読》

江陽は剛烈、節を明君に立つ。兵 合して寇に遇ひ、其の身を屈せず、單夫 隻《ひと》り役し、命を軍に隕《お》とす。

程季然を贊ふ

季然 名は畿、巴西閬中の人なり。劉璋の時 漢昌長と爲る。縣に賨人有り、種類 剛猛たりて、昔 高祖 以て關中を定む。巴西太守の龐羲、天下 擾亂し、郡 宜しく武衞有るべきを以て、頗る部曲を招合す。璋に讒するもの有り、羲 叛せんと欲する者《こと》を說く。璋 陰かに之を疑ふ。羲 聞きて、甚だ懼れ、將に自守を謀らんとし、畿の子たる郁を遣はして旨を宣《の》べ、兵を索め自ら助けしむ。畿 報じて曰く、「郡 部曲を合はせるは、本《もと》より叛する爲ならず。交搆有りと雖も、要は誠を盡くすに在り。若し必ず懼るるを以て、遂に異志を懷かんとすれば、畿の聞する所に非ず」と。幷はせて郁に勅して曰く、「我 州の恩を受くれば、當に州牧の爲に節を盡くすべし。汝は郡吏爲れば、當に太守の爲に力を效すべし。吾が故を以て異志有るを得ざるなり」と。羲 人をして畿に告げしめて曰く、「爾の子 郡に在り。太守に從はずんば、家 將に禍ひ及ばん」と。畿曰く、「昔 樂羊（一） 將と爲り、子の羹を飲むは、父子に恩無きに非ず、大義 然らしむるなり。今 復た子を羹にせらると雖も、吾は必ず之を飲まん」と。羲 畿の必ず己の爲にせざるを知り、厚く謝を璋に陳べ、以て咎無きを致す。璋 之を聞き、畿を江陽太守に遷す。先主 益州牧を領するや、辟して從事祭酒と爲す。後に先主に隨ひて吳を征し、大軍の敗績するに遇ふ。江を泝りて還るも、或ひと之に告げて曰く、「後追 已に至らん、船を解き輕くして去れば、乃ち以て免る可し」と。畿曰く、「吾 軍に在りて、未だ曾て敵の爲に走《に》げず、況んや天子に從ひて危きを見るをや」と。追人 遂に畿の船に及ぶ。畿 身づから戟を執り戰ひ、敵船に覆る者有り。衆 大いに至り、共に之を擊ち、乃ち死す。

公弘は後生なるも、卓爾として奇精、命 二十に夭し、未だ呈せざるを悼恨す。

程公弘を贊ふ

公弘、名は祁、季然の子なり。

（補注）

（一）樂羊は、戰國時代の魏の人。中山君から届けられたわが子の羹を平気ですすり、そのうえで中山を陥落させた『戰國策』魏策一）。

［現代語訳］

江陽（程畿）は剛毅鮮烈として、節義を明君に立てた。合戦して敵に遇い、その身を屈せず、ひとりただ戦い、命を軍に落とした。

程季然《ていきぜん》を賛える

程季然は名を畿《き》といい、益州巴西《はせい》郡閬中《ろうちゅう》縣の人である。劉璋の時に漢昌《かんしょうちょう》長となった。閬中縣には賨人《そうじん》（板楯蠻）がおり、剛猛な種族で、むかし高祖劉邦《こうそりゅうほう》は（賨人を）用いて關中《かんちゅう》を平定した。巴西太守の龐羲《ほうぎ》は、天下が騒ぎ乱れ、巴西郡も武装すべきであると思い、多くの部曲《ぶきょく》（私兵）を糾合した。劉璋に讒言するものがあり、龐羲が反乱を起こそうとしておりますと説いた。劉璋は密かにこれを疑った。龐羲はそれを聞き、たいへん恐れ、自分で守りを固めようとして、程畿の子である程郁《ていいく》を派遣してその考えを述べ、兵を求め助けさせようとした。程畿は応えて、「巴西郡が部曲を合わせたのは、もとより反乱を起こすためではありません。行き違いがあったとしても、肝心なことは誠意を尽くすことにあります。もし恐れるからといって、反乱の意志を抱かれるのであれば、畿《わたし》の関知することではありません」といった。あわせて程郁を戒めて、「我《わたし》は州の恩を受けているので、州牧のために節義を尽くすべきである。汝《おまえ》は郡吏であれば、太守のために力をいたすべきである。吾《わたし》のために異なる志を持ってはならない」といった。龐羲は人を使い程畿に告げさせて、「爾《きみ》の子は郡にいる。太守に従わなければ、家人に禍いが及ぼう」といった。程畿は、「むかし樂羊《がくよう》は將となり、子の羹《あつもの》を飲みましたが、（それは）父子に恩が無いためではありません、大義がそうさせたのです。いままた子を羹にされても、吾は必ずこれを飲みます」と言った。龐羲は程畿が必ず自分のために行動しないことを知り、深く劉璋に謝罪を述べ、それにより処罰を受けなかった。劉璋はこれを聞いて、程畿を江《こう》陽《よう》太守に遷した。先主が益州牧を兼任すると、辟召して從事祭酒《じゅうじさいしゅ》とした。後に先主に随って呉を征伐し、大軍は敗退した。長江を泝って帰ったが、あるひとが告げて、「追手が至ろうとしております、船を解いて軽くして去れば、それで逃げることができます」といった。程畿は、「吾《わたし》は軍にあって、いまだかつて敵のために逃げたことはなく、まして天子に従っているときに危ういもなにもあるか」と言った。追手はついに程畿の船に至った。程畿は自ら戟《ほこ》をとって戦い、敵船には覆《くつがえ》るものもあった。兵が大いに至り、ともに程畿を撃って、ようやく死んだ。

公弘《こうこう》（程祁）は若輩であったが、卓越した精神力を持ち、二十歳で夭折し、それを発揮できなかったことを悼み怨む。

程公弘《ていこうこう》を賛える

公弘は、名を祁《き》といい、鄭季然《ていきぜん》（鄭畿）の子である。

【原文】

古之奔臣、禮有來偪。怨興司官、不顧大德。靡有匡救、倍成奔北。自絶于人、作笑二國。

麋芳・士仁・郝普・潘濬。

麋芳字子方、東海人也。爲南郡太守。士仁字君義、廣陽人也。爲將軍、住公安、統屬關羽。與羽有隙、叛迎孫權。郝普字子太、義陽人。先主自荊州入蜀、以普爲零陵太守。爲吳將呂蒙所譎、開城詣蒙。潘濬字承明、武陵人也。先主入蜀、以爲荊州治中、典留州事。

亦與關羽不穆。孫權襲羽、遂入吳。普至廷尉、濬至太常、封侯[二]。

[裴松之注]

[一] 益部耆舊雜記、載王嗣・常播・衞繼三人。皆劉氏王蜀時人。故錄于篇。王嗣字承宗、犍爲資中人也。其先、延熙世以功德顯著。舉孝廉、稍遷西安圍督・汶山太守、加安遠將軍。綏集羌・胡、咸悉歸服。諸種素桀惡者、皆來首降。嗣待以恩信。時北境得以寧靜。大將軍姜維每出北征、羌・胡出馬・牛・羊・氊毦及義穀裨軍糧、國賴其資。遷鎭軍、故領郡。後從維北征、爲流矢所傷、數月卒。戎夷會葬、贈送數千人、號呼涕泣。嗣爲人美厚篤至、衆所愛信。嗣子及孫、羌・胡見之如骨肉、或結兄弟。恩至於此。常播字文平、蜀郡江原人也。播仕縣主簿、功曹。縣長廣都朱游、建興十五年中、被上官誣劾以逋沒官穀、當論重罪。播詣獄訟爭、身受數千杖、肌膚刻爛、毒痛慘至、更歷三獄、幽閉二年有餘。每將考掠、吏先驗問、播不答、言但急行罰、無所多問。辭終不撓、事遂分明。長免刑戮。時唯主簿楊玩亦証明其事、與播辭同。衆咸嘉播忘身爲君、節義抗烈。舉孝廉、除郪長、年五十餘卒。書於舊德傳、後縣令潁川趙敦圖其像、贊頌之。衞繼字子業、漢嘉嚴道人也。兄弟五人。繼父爲縣功曹。繼爲兒時、與兄弟隨父游戲庭寺中。縣長蜀郡成都張君無子、數命功曹呼其子省弄、甚憐愛之。張因言宴之間、語功曹欲乞繼。功曹卽許之、遂養爲子。繼敏達夙成、學識通博、進仕州郡、歷職清顯。而其餘兄弟四人、各無堪當世者、父恆言己之將衰、張明府將盛也。時法禁以異姓爲後。故復爲衞氏。屢遷拜奉車都尉、大尙書、忠篤信厚、爲衆所敬。鍾會之亂、遇害成都。

《訓讀》

古の奔臣、禮に來偪有り。司官を怨興し、大德を顧みず。匡救有ること靡《な》く、倍《そむき》成りて北に奔《に》ぐ。自ら人に絕ち、笑を二國に作す。

麋芳・士仁・郝普[一]・潘濬[二]

麋芳 字は子方、東海の人なり。南郡太守と爲る。士仁 字は君義、廣陽の人なり。將軍と爲り、公安に住まり、關羽に統屬す。羽と隙有り、叛きて孫權を迎ふ。郝普 字は子太、義陽の人なり。先主 荊州より蜀に入るや、普を以て零陵太守と爲す。吳將の呂蒙の譎《あざむ》く所と爲り、城を開きて蒙に詣る。潘濬 字は承明、武陵の人なり。先主 蜀に入るや、以て荊州治中と爲り、留まりて州の事を典る。亦た關羽と穆《むつ》まず。孫權 羽を襲ふや、遂に吳に入る。普は廷尉に至り、濬は太常に至り、侯に封ぜらる」と[二]。

[裴松之注]

[一] 益部耆舊雜記に、王嗣・常播・衞繼の三人を載す。皆 劉氏の蜀に王たるの時の人なり。故に篇に錄す。王嗣 字は承宗、犍爲資中の人なり。其の先、延熙の世に功德を以て顯著たり。孝廉に舉げられ、稍や遷りて西安圍督、汶山太守たり、安遠將軍を加へらる。羌・胡を綏集し、咸 悉く歸服す。諸種の素より桀惡なる者、皆 來りて首《はじ》めて降る。嗣 待するに恩信を以てす。時に北境以て寧靜を得たり。大將軍の姜維 出でて北征する每に、羌・胡馬・牛・羊・氊毦及義穀を出だして軍糧を裨《たす》け、國 其の資に賴る。鎭軍に遷り、故のごとく郡を領す。後に維に從ひて北征し、流矢の傷つく所と爲り、數月にして卒す。戎夷 葬に會し、贈送

すること數千人、號呼して涕泣す。嗣 人と爲り美厚にして篤至、衆の愛信する所なり。嗣の子及《と》孫、羌・胡 之を見ること骨肉の如く、或いは結びて兄弟たり。恩 此れに至る。常播 字は文平、蜀郡江原の人なり。播 縣に仕へて主簿、功曹なり。縣長たる廣都の朱游（三）、建興十五年中、上官 誣劾せらるるに官穀を逋沒するを以てし、當に重罪に論ぜられんとす。播 獄に詣り訟爭し、身に數千杖を受け、肌膚は刻爛し、毒痛は慘至するも、更に三獄を歷し、幽閉せらるること二年有餘たり。將に考掠せんとする每に、吏 先に驗問するも、播 答へず、「但だ急ぎ罰を行へ、多く問ふ所無かれ」と。辭 終に撓《みだ》れず、事 遂て分明す。長 刑戮を免る。時に唯だ主簿の楊玩も亦た其の事を證明し、播の辭と同じ。衆は咸 播の身を忘れ君の爲にし、節義 抗烈たるを嘉す。舊德孝廉に擧げ、郪長に除せらるるも、年 五十餘にして卒す。舊德傳に書せられ、後の縣令たる潁川の趙敦 其の像を圖き、之に贊頌す。衞繼 字は子業、漢嘉嚴道の人なり。兄弟は五人なり。繼の父 縣の功曹爲《た》り。繼の兒爲りし時、兄弟と與に父に隨ひて庭寺の中に游戲す。縣長たる蜀郡成都の張君 子無く、數〻功曹に命じて其の子を呼び省弄し、甚だ之を憐愛す。張 因りて宴の間に言ひ、功曹に語りて繼に乞はんと欲す。功曹 卽ち之を許し、遂て養ひて子と爲す。繼 敏達にして夙成、學識は通博なれば、進みて州郡に仕へ、職を歷て淸顯たり。而るに其の餘の兄弟四人、各〻世に當たるに堪ふる者無くんば、父 恆に己の將に衰へんとし、張明府の將に盛んとならんとするを言ふなり。時の法異姓を以て後と爲すを禁ず。故に復た衞氏と爲る。屢〻遷りて奉車都尉、大尙書を拜し、忠篤にして信厚、衆の敬する所と爲る。鍾會の亂に、害に成都に遇ふ。

（補注）

（一）郝普は、荊州義陽郡の人、字は子太。零陵太守であったが、呉の呂蒙にだまされ開城した。呉では廷尉に至った（『三國志』卷四十五 楊戲傳引『季漢輔臣贊』）。

（二）潘濬は、荊州武陵郡の人、字は承明。荊州治中從事として諸葛亮の入蜀後も荊州に残ったが、關羽と折り合いが悪く、呉に降伏した。呉では太常に至った（『三國志』卷四十五 楊戲傳引『季漢輔臣贊』）。なお、この四名だけが官職や字ではなく、名を記されることは批判と考えてよく、百衲本には「贊」の字がない。

（三）朱游は、益州蜀郡廣都縣の人。江原縣の縣長であったが、誣告され、重い罪に当てられようとしたが、常播に救われた（『三國志』卷四十五 楊戲傳注引『益部耆舊雜記』）。

［現代語訳］

古《いにしえ》の逃亡の臣は、踏み行うべき事情として迫られていることがあった。（ところがこの四人は）司令官に怨みを抱き、（君主の）大德を顧みなかった。（国家を）正し救う功績もなく、反逆が成って逃亡した。自ら人から見放され、（蜀・呉）二国の笑いものとなった。

糜芳《びぼう》・士仁《しじん》・郝普《かくふ》・潘濬《はんしゅん》

糜芳は字を子方《しほう》といい、徐州東海《とうかい》郡の人である。南郡太守となった。士仁《しじん》は字を君義《くんぎ》といい、幽州廣陽《こうよう》郡の人である。將軍となり、公《こう》安《あん》に駐屯し、關羽に屬していた。關羽と対立があり、背いて孫權（軍）を迎えいれた。郝普《かくふ》は字を子太といい、荊州義陽《ぎよう》郡の人である。先主は荊州より蜀に入ると、郝普を零陵《れいりょう》太守とした。呉將の呂《りょ》蒙《もう》に欺かれ、城を開いて呂蒙に降伏した。潘濬《はんしゅん》は字を承明《しょうめい》といい、荊州武陵《ぶりょう》郡の人である。先主が蜀に入ると、荊州の治中従事《じちゅうじゅうじ》となり、留まって荊州の政事を掌った。また關羽と不和であった。孫權が關羽を襲擊すると、かくて呉に入った。郝普は（孫呉の）廷尉《ていい》に至り、潘濬は（孫呉の）太常《たいじょう》に至り、諸侯に封建された」とある［二］。

［裴松之注］

［一］『益部耆舊雜記《えきぶききゅうざっき》』に、王嗣《おうし》・常播《じょうはん》・衛繼《えいけい》の三人を記載している。みな劉氏が蜀に王であった時の人である。このため篇に記録する。王嗣は字を承宗《しょうそう》といい、益州犍爲《けんい》郡資中《しちゅう》縣の人である。王嗣の祖先は、延熙《えんき》年間（二三八〜二五七年）の功績と徳行によって顕著であった。（王嗣は）孝廉に挙げられたのち、やや遷って西安圍督《せいあんいとく》、汶山《ぶんざん》太守となり、安遠《あんえん》将軍を加えられた。羌《きょう》族と胡《こ》族を懐《なつ》け集め、みなすべて帰服した。諸種族の中でもとから悪逆であるものたちも、皆やってきて初めて降伏した。王嗣は恩信によって（異民族を）待遇した。そのとき北の国境は静寧となった。大將軍の姜維《きょうい》が出て北征するたびに、羌族と胡族は馬・牛・羊・毛織物と穀物を出して軍糧を助け、国はその資に頼った。（王嗣は）鎮軍《ちんぐん》將軍に遷り、もとのように汶山郡太守を兼任した。後に姜維に従って北征し、流矢《りゅうし》に傷つけられ、数ヵ月で卒した。異民族は葬儀に参列し、野辺送りをするものは数千人におよび、涙を流して声をあげて泣いた。王嗣は人となりが人情に厚く実篤で、人々が愛し信じた。王嗣の子と孫は、羌族と胡族がこれを見ること肉親のようで、あるいは結んで兄弟となった。その恩はこれほどであった。常播《じょうはん》は字を文平《ぶんぺい》といい、益州蜀郡江《こう》原《げん》縣の人である。常播は縣に仕えて主簿《しゅぼ》、功曹《こうそう》となった。縣長である廣都《こうと》縣の朱游《しゅゆう》が、建興《けんこう》十五（二三七）年に、上官に誣告されたが（それは）官の穀物を横領したためとされ、重罪に当てられようとしていた。常播は獄に出頭して弁護し、身に数千杖を受けて、皮膚は傷つき爛《ただ》れ、痛めつけられて悲惨な目にあい、さらに三度の獄を経て、幽閉されること二年余りであった。拷問されるたびに、獄吏が先に取り調べたが、常播は答えず、「ただ急いで罰を加えよ、多く問う必要はない」と言った。証言は遂に乱れず、事態はこうしてはっきりした。縣長は刑死を免れた。このときただ主簿《しゅぼ》の楊玩《ようがん》もまたその事を証明し、常播の証言と同じであった。人々はみな常播が身を忘れ君のために行動し、節義が壮烈であったことを褒めた。孝廉に察擧され、郪《し》長に除任されたが、五十歳余りで卒した。（この話は）『舊德傳《きゅうとくでん》』に書かれ、後の縣令である潁川《えいせん》郡の趙敦《ちょうとん》はその像を描き、これに贊頌を加えた。衛繼《えいけい》は字を子業《しぎょう》といい、益州漢嘉《かんか》郡嚴道《げんどう》縣の人である。兄弟は五人であった。衛繼の父は縣の功曹《こうそう》であった。衛繼が子供のとき、兄弟と一緒に父に随って官舎の中で遊んでいた。縣長である蜀郡成都縣の張君は子が無く、しばしば功曹に命じてその子を呼んで観察しながら遊び、たいへん衛繼を可愛がった。張君はそして宴会の雑談の間に、功曹に語って衛繼を（養子に）欲しいと乞うた。功曹は直ちにこれを許し、（衛繼は）こうして養子となった。（衛繼は）頭の回転が早く早熟で、学識は広かったので、進んで州郡に仕え、職を歴任して顕貴になった。しかしそのほかの兄弟四人は、それぞれ世に出る才がなく、父はつねに自分（の家）は衰えていき、張明府（の家）は盛んとなるであろうと言った。このとき法では異姓を後嗣とすることを禁じていた。このため復た衛氏となった。しばしば遷って奉車都尉《ほうしゃとい》、大尚書《だいしょうしょ》を拝命

し、忠で篤実にして信義に厚く、人々に尊敬された。鍾會《しょうかい》の乱の際、成都で殺された。

【原文】

評曰、鄧芝堅貞簡亮、臨官忘家。張翼亢姜維之鋭、宗預禦孫權之嚴、咸有可稱。楊戲商略、意在不羣。然智度有短、殆罹世難云。

《訓読》

評に曰く、「鄧芝は堅貞にして簡亮、官に臨みて家を忘る。張翼は姜維の鋭を亢《さへぎ》り、宗預は孫權の嚴を禦《ふせ》ぐ。咸 稱す可きもの有り。楊戲は略を商《はか》るも、意は羣れざるに在り。然れども智度に短有り、世難に罹るに殆《ちか》しとしか云ふ」と。

［現代語訳］

評にいう、「鄧芝《とうし》は堅実貞正で簡素明亮（な人柄）で、仕事に臨んで家を忘れた。張翼《ちょうよく》は姜維の鋭気に対抗し、宗預《そうよ》は孫權の威厳を防いだ。ともに評価すべきである。楊戲《ようぎ》は（仕事を）省略することを図ったが、その意図は群れないことにあった。しかしながら知識と度量に欠点があり、危うく災難にかかるところであったという」と。

全譯三國志　本卷八册　別卷一册　總目錄

編者略歴

渡邉　義浩（わたなべ　よしひろ）1962年生。
早稲田大學文學學術院教授。

仙石　知子（せんごく　ともこ）1971年生。
早稲田大學文學學術院講師。

全譯三國志　第六册

二〇一九年十一月二十二日

編　者　渡邉義浩
　　　　仙石知子
題　字　關　俊史
發行者　三井久人
印　刷　モリモト印刷株式會社

發　行　汲古書院
〒102-0072 東京都千代田區飯田橋二―五―四
電　話　〇三（三二六五）九七六四
FAX　〇三（三二二二）一八四五

第一回配本

ISBN 978-4-7629-6646-0 C 3322

KYUKO-SHOIN,CO.,LTD. TOKYO

〔補注索引〕

1．人名

２．官爵

3．書名

4．語彙